Enciclopedia Práctica Profesional de

TURISMO,
HOTELES
Y RESTAURANTES

EL TURISMO

La industria turística está formada por un conjunto de empresas interrelacionadas al servicio de los que viajan, tanto dentro de cada país como en el extranjero. El turismo establece conexión entre las personas, las formas de viajar, los alojamientos y los medios. Son un conjunto de empresas económicamente relacionadas —venta de viajes al por menor, empresas ferroviarias, líneas aéreas, alquiler de automóviles, cruceros, hoteles y restaurantes— que poseen muchas características en común.

Algunas de las técnicas que precisan son similares. Por ejemplo, el trato con el público adquiere una importancia muy particular en todas ellas.

Actualmente empieza a reconocerse la importancia social, económica y política de los viajes y del turismo, una de las industrias de más rápido crecimiento de las existentes en el mundo. Los economistas estudian los efectos directos e indirectos que suponen los viajes sobre las economías nacionales y regionales, y los sociólogos consideran sus consecuencias sociales. Este reconocimiento debió hacerse mucho tiempo atrás.

A mediados de los años noventa, los ingresos por turismo internacionales ascendieron a más de 225 mil millones de dólares USA, lo que representa el ocho por ciento del total de exportaciones de mercancías y el treinta por ciento de las exportaciones de servicios. El turismo se clasificó en primer lugar entre los grupos de exportaciones mundiales, por delante del petróleo, los vehículos automóviles y el equipamiento electrónico.

A principios de los años noventa, U.S. Travel Data Center informó que en los últimos diez años la tasa de crecimiento de empleo en la industria turística dobló la tasa de crecimiento total del empleo en Estados Unidos, ya que había aumentado más del cuarenta por ciento desde 1981. A mediados de los años noventa, la industria turística se había convertido en el segundo sector generador de empleo del país después de los servicios sanitarios. En ese mismo año, U.S. Travel Data Center estimó que los impuestos devengados por las industrias turísticas a los gobiernos federal, estatales y locales ascenderían a 52 mil millones de dólares.

Ya en la década de los noventa, el Centro de Datos sobre Viajes de Estados Unidos informó que 5,9 millones de personas estaban empleadas directamente en este sector, lo que representaba más del cinco por ciento del total de empleo (descontando el sector agrícola). En cuanto al empleo indirecto generado por el gasto turístico y el gasto inducido por los trabajadores del sector se cifró en cerca de doce millones de puestos de trabajo.

Inevitablemente, estas cifras son aproximadas, ya que en gran parte dependen de la forma en que se defina viajar. En todo caso se sabe que los gastos en viajes y sus consecuencias económicas y sociales son enormes y aumentan casi cada año. Cabe destacar que frecuentemente los datos sobre viajes y turismo son divergentes ya que la información disponible es poco fiable o bien se ha obtenido utilizando parámetros y definiciones diferentes.

Estados Unidos, a partir del año 1989 obtiene un superávit creciente en la contabilidad de viajes internacionales. Esto significa que los estadounidenses gastan menos en el extranjero que lo que ingresan en concepto de visitantes de otros países, a pesar de que tradicionalmente la balanza entre ingresos y gastos en concepto de turismo había sido deficitaria. Así por ejemplo, en 1986 los ingresos por turismo en Estados Unidos fueron de 25 700 millones de dólares y los gastos por turismo en el extranjero a 33 400 millones de dólares, mientras que en los años noventa la media de los ingresos por turismo extranjero ascendían a 60 700 millones de dólares y los gastos a 51 600 millones.

La importancia del turismo en la economía de un estado puede analizarse a través de la relación que existe entre el empleo generado por la industria turística sobre el total del empleo no agrícola. Nevada ocupa el primer lugar, con un porcentaje de empleo en el turismo, directo o indirecto, del ochenta por ciento del total, seguida de cerca por Hawai y Vermont, donde el turismo constituye un sector importante de su economía. En Florida es, sin lugar a dudas, de gran importancia. Para algunos estados, entre ellos Nueva Hampshire, Maine, Wyoming y Colorado, el turismo es uno de los principales recursos económicos. Las estimaciones realizadas sobre el empleo indirecto que genera el turismo son, no obstante, muy variables.

LA ERA DE LA INFORMACIÓN Y EL OCIO

Qué cerca siguen estando en el tiempo, pero qué lejanas parecen, aquellas formas de hacer vacaciones de larga duración en un único lugar. En los últimos años, y como preludio de lo que será el futuro del turismo en un tiempo no muy lejano, está irrumpiendo una nueva fórmula, la de Internet, que permite al cliente visualizar en una pantalla los atractivos, tanto públicos como privados, de cada destino turístico, que van en aumento en cantidad y en variedad. Mientras hace unos años sólo se disponía de unos folletos con fotos que apenas reflejaban nada de la realidad, hoy el sector turístico cuenta con unas pistas de comunicación a través de Internet que permiten acceder a todos y cada uno de los rincones, tanto de las instalaciones hoteleras como del propio destino turístico, que el cliente desee conocer. Esta circunstancia ha marcado no sólo un modo de hacer las cosas, sino también los medios. De esta manera, puede asegurarse que el uso generalizado de Internet dará lugar a que haya un antes y un después en la manera de hacer turismo.

Gracias a la fibra óptica, que permite transmitirla en mayor cantidad y en el menor tiempo posible, la información llegará a la pantalla del ordenador de cada usuario. De esta manera, a través de las computadoras, podrán recibirse en casa todos los canales de televisión, radio y prensa escrita, así como música y, cómo no, la totalidad de la información almacenada en los servidores de Internet, que llegará seleccionada, sin soporte de papel ni disco, ya que el sistema permite escoger lo que se desee ya clasificado. Ante esta cantidad de información al alcance del cliente potencial, serán tantas las opciones de que dispondrá éste que se despertará en él el deseo de disfrutar de ellas, especialmente de aquéllas relacionadas con las ofertas turísticas. Este hecho, sin duda, irá en detrimento de la necesidad de tener en propiedad una segunda residencia donde pasar unas vacaciones «sin movilidad» (lo que podríamos llamar «monovacaciones») ante la posibilidad de disfrutar de otras «polivalentes» en los variados,

atractivos y múltiples destinos ofertados que Internet permitirá conocer con detalle. ¿Quién se conformará de esta manera con ir de vacaciones siempre al mismo lugar, cuando al alcance de sus ojos y sentidos tendrá la forma de ir a infinitos y maravillosos lugares hasta ese momento desconocidos?

Los periódicos no deberán tener necesariamente como soporte el papel, que será sustituido por pequeñas consolas de bolsillo, donde estará almacenada toda la información que el usuario haya seleccionado previamente a través de Internet, y cuya lectura podrá efectuar en el metro o donde desee, como si se tratara de un videojuego personal y portátil. Esta nueva forma de almacenar la información para su uso práctico, sin necesidad de acumular *stocks* de periódicos, discos compactos, libros, folletos y archivos, desviará los recursos económicos de los usuarios hacia Internet, lo que ya está obligando a los proveedores habituales de destinos turísticos a «estar en la Red» para seguir existiendo en el mundo del comercio.

SUMARIO

PRÓLOGO

Todos sabemos que el turismo es un sector económico muy importante que abre unas amplias perspectivas de futuro. Hoteles y restaurantes, agencias de viajes, tour operadores, medios de transporte, atracciones y servicios públicos constituyen la compleja red de un sistema fundamental para que el negocio turístico, una de las industrias más activas de ámbito mundial, pueda desarrollarse de un modo eficaz. Sin embargo, es necesario, para ello, contar con un buen equipo de profesionales que se caracterice por una sólida y rigurosa formación en gestión, organización y marketing de empresa.

Océano presenta la **Enciclopedia Práctica Profesional de Turismo, Hoteles y Restaurantes** a todos aquellos que deseen ampliar sus conocimientos en este sector y quieran ponerse al día en los diferentes aspectos vinculados al turismo, hoteles y restaurantes, así como obtener un mayor rendimiento de su propio negocio.

Un magnífico volumen con numerosas ilustraciones y fotografías a todo color, una obra bien hecha al alcance de todos, en la que el lector encontrará las técnicas más avanzadas en gestión empresarial y dispondrá de un amplio panorama, serio y actualizado, del ámbito turístico internacional.

LOS EDITORES

Enciclopedia Práctica Profesional de

TURISMO, HOTELES Y RESTAURANTES

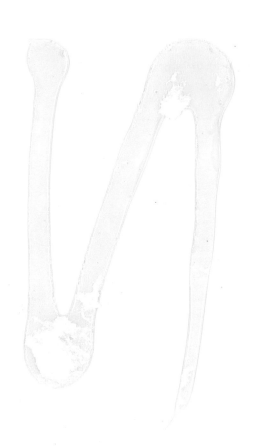

OCEANO/CENTRUM

Es una obra de

GRUPO OCEANO

Visite nuestra web:
www.oceano.com

EQUIPO EDITORIAL

Dirección: Carlos Gispert

Dirección de Contenidos: José A. Vidal

Dirección Ejecutiva de Ediciones: Julia Millán

* * *

Edición: Elisenda Bachs, David López,
Juan Carlos Moreno, Isabel Trilla

Ilustración y diagramación: Victoria Grasa, Montse Marcet

Compaginación: Esther Amigó, Nuria Lombarte

Corrección: Antonio Carrero, Esther Sánchez, Teresa Serra

Preimpresión: Guillermo Mainer

EQUIPO DE PRODUCCIÓN

Dirección: José Gay

© MMIII EDITORIAL OCEANO
Milanesat, 21-23
EDIFICIO OCEANO
08017 Barcelona (España)
Teléfono: 932 80 20 20*
Fax: 932 04 10 73
www.oceano.com

ISBN: 84-494-1367-2

Impreso en España - Printed in Spain

Depósito legal: B-11552-XLII
9095900060803

Merced a sus temperaturas, moderadas durante todo el año gracias a la beneficiosa influencia de la corriente cálida del Golfo, la península de Florida es uno de los centros turísticos más importantes de Estados Unidos, y los ingresos por dicho concepto constituyen una importante partida de la economía del estado. A la izquierda, instalaciones de un hotel junto a una de las playas de Florida.

Este acceso tan sencillo y directo a la oferta global, y concretamente a la turística, obligará, tanto a los empresarios como a los responsables públicos de los tradicionales lugares de vacaciones, a plantearse mejoras radicales en la «calidad total de su lugar turístico». Aquellos tiempos en los que el sol y la playa, o un restaurante afamado, bastaban por sí solos para atraer a los visitantes, a pesar de que no

hace tanto tiempo de que eso era así, no han quedado tan lejanos si se tiene en cuenta lo que los actuales viajeros desean encontrar en una zona turística.

Los empresarios del sector turístico deben ir tomando conciencia con cierta celeridad de que, para que sus negocios sigan teniendo éxito, deben salir de su aislamiento para colaborar conjuntamente en la puesta en marcha de unas acciones comunes destinadas a que los visitantes del lugar donde tienen instalada su empresa se sientan atraídos por su oferta, quieran repetir y puedan recomendarla a sus amistades. En este sentido, el cuadro 1.A es ilustrativo de la interdependencia cada vez mayor de los distintos ámbitos que integran el sector turístico: organizadores de viajes, transportes y empresas de alojamiento y restauración. La mayor exigencia de los visitantes está provocando la necesidad de tratar al turismo no ya como un producto aislado, sino como un todo. Por ello, todo cuanto afecta a los clientes deberá situarse dentro de una política turística global.

El medio ambiente, la ordenación del territorio, los volúmenes de edificación, la seguridad ciudadana, la circulación, la señalización y el aparcamiento, los servicios sanitarios, el ocio público y privado, la información de los acontecimientos que se celebran en el destino turístico, los niveles de calidad de las instalaciones, el grado de formación de los profesionales, la calidad y homogeneidad de una

Cuadro 1.A Relaciones entre los diferentes elementos que forman parte de los viajes		
Organizadores de viajes	**Transportes públicos**	**Alojamiento y restauración**
Agentes de viajes	Avión	Hoteles/moteles
Agentes de viajes de incentivo	Tren	Alquiler de apartamentos
Vendedores de tours	Bus	Restaurantes
Tour operadores	Barco	

trarán mucho más informados y arropados si conocen cómo y en qué dirección deben actuar. En consecuencia, las asociaciones de empresarios turísticos cobrarán una gran importancia. Un asociacionismo eficiente gozará de prestigio ante las propias instituciones públicas que, sabedoras de su potencia como grupo de orientación, estarán predispuestas a mostrarse más atentas y flexibles a sus sugerencias. Si a estas actitudes y aptitudes se une la voluntad de actuar juntos con la máxima eficacia en la utilización de recursos, será posible que se desarrollen las acciones que a unos y otros corresponde llevar a cabo, con el objetivo de lograr, temporada tras temporada, que su oferta sea de turismo total. Se evitarán de esta forma incongruencias como la de una zona con excelentes restaurantes, que no dispone de espacio suficiente para el aparcamiento o carece de seguridad debido al elevado número de robos callejeros, o como la de una playa rodeada de edificios que a las cinco de la tarde impiden el paso de los rayos de sol. Lógicamente, el nivel de concienciación y de conocimientos técnicos de los responsables públicos determinará el volumen de los recursos económicos y técnicos que se dediquen a la calidad total del destino turístico.

La constitución en cada zona turística, sea un pueblo típico o una zona más amplia, de la «mesa del turismo» donde de forma periódica se reflexione, anticipe, proponga y coordine todo lo que se hace y debe hacerse para que ninguna decisión que afecte al destino turístico pueda tomarse sin analizar previamente si afecta o no a la «calidad total» de la oferta al visitante, facilitará el mantenimiento de los éxitos que hasta hoy se han conseguido. En un futuro próximo, la oferta turística será total o ya no será oferta turística.

También en la órbita de la empresa privada, los directivos y mandos intermedios deberán llevar a cabo acciones que quizás hasta ahora no eran necesarias, pero que la fuerte competencia les obligará a realizar si pretenden mantener los éxitos obtenidos en las épocas en las que los clientes hacían cola

arquitectura adaptada al entorno, la promoción de los productos típicos de una zona y la promoción y comercialización coordinada y eficiente son algunos de los retos más importantes que deberán afrontarse bajo una cultura turística que asegure, año tras año, mejores ocupaciones a precios más competitivos. Liberalizar estos factores, permitiendo que la iniciativa privada, sin ningún otro tipo de reglamento, actúe según su libre albedrío, tendrá como contrapartida para los destinos turísticos un incremento de los niveles de pobreza y paro, y ello, puesto que podrá difundirse en todo el planeta a través de Internet, llegará a ser conocido a escala mundial, lo que sin duda perjudicará la imagen del lugar y rebajará su índice de visitantes. Gracias a la Red, los turistas podrán elegir su destino de vacaciones con pleno conocimiento y evitar así el sinsabor del engaño cuando ya no hay remedio.

Para que la coordinación entre el sector público y el privado sea eficaz, los empresarios se encon-

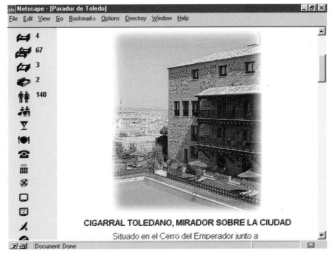

Internet se ha consolidado en pocos años como una herramienta imprescindible para la hostelería: desde su propia casa, el potencial cliente puede consultar por sí mismo la información relativa al lugar objeto de su visita, como por ejemplo dónde está situado su hotel y la disponibilidad de habitaciones libres.

a la puerta de sus establecimientos; en definitiva, deberán volver a formarse en las técnicas de dirección turística para sentirse seguros en este cambio acelerado que plantean los nuevos tiempos.

DE LA POSADA DEL PEREGRINO AL ALOJAMIENTO POR INTERNET

Desde la Antigüedad hasta nuestros días, pasando por los tiempos de la posada del peregrino, nada había cambiado de forma sustancial en la hostelería. Lo máximo que se había hecho era una aplicación para computadoras, alguna variación en los gustos arquitectónicos de las construcciones hoteleras y la introducción de algunos avances técnicos a las instalaciones. Ahora, la revolución de Internet ha estallado ante los ojos atónitos e incrédulos de empresarios hoteleros y de futuros clientes turistas, y ha provocado un cambio radical en el sector turístico, quizás el más acusado que ha experimentado esta disciplina a lo largo de toda su historia. Ante

esta novísima y sorprendente posibilidad de cambiar la manera de promocionar la oferta turística —que significa sustituir la foto estática impresa sobre un folleto, propia de las agencias de viaje, por el dinamismo de un vídeo, actualizado e impactante, que muestra la realidad a través de las pistas de la comunicación—, los máximos responsables de los destinos turísticos y las instalaciones hoteleras y de ocio deberán plantearse la forma más rigurosa y profesional de explotar este nuevo canal de comercialización, evitando caer en el habitual voluntarismo, estrecho de miras y pobre en recursos. Los clientes actuales, habituados a ver la televisión, siempre preferirán esta nueva forma de imaginar lo que posiblemente se encontrarán. El folleto suele crear falsas expectativas, mientras que Internet confirma las realidades, ofreciendo la oportunidad de comparar las ofertas en toda su extensión y veracidad por parte de los mismos clientes, que podrán acceder a la información desde sus propias casas.

Aparte del avance tecnológico y de tener a nuestra disposición un nuevo canal de comercialización y promoción, lo más destacable de esta nueva situación es la necesidad de elevar el listón de la calidad que sentirán los responsables turísticos y hoteleros en general al comprobar que la publicación virtual de las ofertas agudiza el grado de exigencia de los clientes.

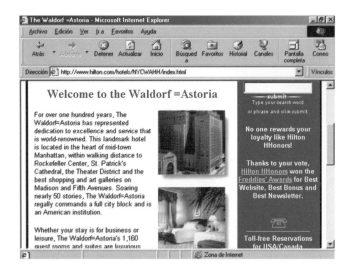

Hay hoteles que aprovechan las ventajas que da Internet para ofrecer una información detallada acerca de sus servicios. Algunos, como el Waldorf-Astoria de Nueva York (en la imagen), permiten incluso que el cliente que consulta su página web pueda efectuar su reserva y ver la habitación en la que se hospedará.

Antes, viajar estaba mucho más limitado a la elite, los nómadas, los guerreros y los peregrinos. Actualmente, viajar a lugares lejanos es reflejo de los niveles de renta y de educación, así como de la edad, la profesión, el lugar de residencia y el estilo de vida.

Viajar, de la manera que nosotros conocemos, es un fenómeno característico del siglo XX y está relacionado directamente con el uso cada vez más extendido del automóvil y el avión.

Efectivamente, los viajes por motivos comerciales, religiosos o por conquista se remontan a la Antigüedad. Las caravanas se trasladaban de un lado a otro de Oriente Medio; los primeros fenicios recorrieron el Mediterráneo como comerciantes y a menudo se emprendían peregrinajes a lugares sagrados. La guerra obligó a viajar tanto a los soldados como a los individuos que no combatían, mientras que los nómadas se trasladaban en busca de pasto para sus animales. De vez en cuando también se emprendía algún viaje de recreo.

Los romanos

Los primeros romanos, tanto los ricos como los oficiales del gobierno, podían viajar a través de caminos en buen estado por todo el Imperio. En un día, mediante relevos de los caballos, podían cubrir distancias de 160 km o más. Los romanos viajaron a Egipto y a Grecia, a zonas marítimas de veraneo, a baños y sepulcros. Las excavaciones de ciudades como Herculano y Pompeya, enterradas durante siglos bajo la lava, barro caliente y cenizas volcánicas procedentes de las erupciones del monte Vesubio, son un testimonio de las costumbres de los romanos durante su período de vacaciones. Todavía permanecen parcialmente intactas varias tabernas, bares y restaurantes, para que los turistas de hoy en día puedan visitarlas. Los posaderos creían en el equivalente a las actuales vallas publicitarias. Un rótulo de la ciudad de Pompeya dice: «Viajeros que van de aquí a la duodécima torre. Allí Sabinus tiene una taberna. Es para solicitar a usted que entre. Adiós».

Es de esperar que esta nueva situación favorezca la desaparición del mercado de los no profesionales, aquellos que no aportan nada al sector, y que incentive a los más conformistas en el tema de la calidad y premie a los que desde hace tiempo están orientados hacia la satisfacción plena de los deseos del cliente, a la solidez de su oferta turística, a la categoría en los detalles y a la formación continua de todos sus colaboradores y responsables.

EVOLUCIÓN DE LOS VIAJES

A través de la historia, viajar ha sido un fenómeno que se ha relacionado con una clase social determinada. Los gastos destinados a viajar están en relación con la capacidad económica. Si las personas disponen de medios limitados, únicamente pueden, en todo caso, gastar una pequeña cantidad de sus recursos económicos para viajar y pasar las vacaciones. Conforme aumentan sus ingresos, los individuos podrán, evidentemente, gastar más en viajes.

Los turistas romanos estaban interesados por la historia y por la religión, recorrían los templos griegos, y hacían excursiones hasta el lugar donde durmió Alejandro Magno, donde vivió Sócrates, donde Áyax se suicidó y donde fue incinerado Aquiles. Se crea o no, visitaron Egipto para ver las pirámides, la Esfinge y el Valle de los Reyes, tal como hacen los turistas de hoy. En tiempos de los romanos existían también atracciones turísticas. En las cimas de las colinas muchos sacerdotes adiestraron a sus cocodrilos sagrados para que se aproximaran cuando se les llamaba y se les ordenaba abrir sus mandíbulas y enseñar sus dientes a la multitud. En aquellas épocas los turistas se agrupaban alrededor de los guías y de las posadas y también marcaban sus nombres en las estatuas. Los guías no eran muy diferentes de

sus equivalentes actuales. Plutarco se quejaba de que «los guías daban sus discursos habituales sin prestar atención a cualquier súplica, para así poder abreviar su charla». Existían también libros-guía, escritos a mano sobre pergamino, de la Acrópolis de Atenas y de la ciudad de Esparta, entre otras.

Los que podían permitirse viajar en épocas anteriores a Jesucristo podían ver las siete maravillas del mundo. Una guía de Grecia escrita antes de Jesucristo daba una relación de ellas: la gran pirámide de Keops, la mayor de las tumbas faraónicas de Egipto, construida hacia el 2 600 a.C.; los jardines colgantes de Babilonia, construidos durante la misma época por el rey Nabucodonosor para su mujer; la estatua de Zeus en Olimpia, una estatua del rey de los dioses de más de once metros de altura situada en el lu-

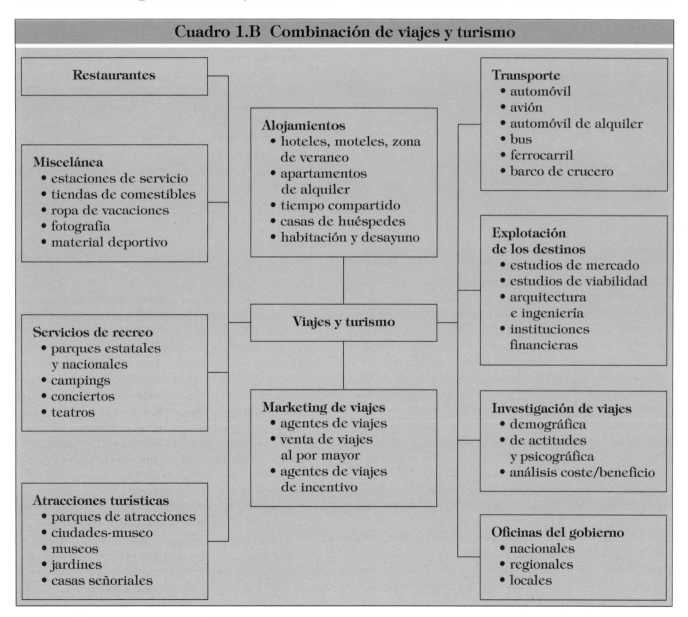

Cuadro 1.B Combinación de viajes y turismo

gar donde se celebraron los primeros juegos olímpicos en Grecia; el templo de Artemisa en Éfeso, al oeste del Asia Menor que actualmente pertenece a Turquía; el mausoleo de Halicarnaso, por el que incorporamos la palabra mausoleo; el coloso de Rodas, construido en el 280 a.C. en la entrada del puerto de la ciudad de esta isla del mar Egeo, y una «casa de luz» situada fuera de Alejandría, conocida como Pharos, construida aproximadamente en el 240 a.C.

Los viajes en tiempos medievales

Durante la Edad Media viajar fue una actividad que quedó paralizada casi por completo. Viajar derivaba de la palabra *travail*, por lo tanto era imprevisiblemente peligroso, gravoso y agotador. La caída del Imperio Romano supuso una interrupción a muchos de los avances que éstos habían introducido. No se mantuvieron los caminos en buen estado y se convirtieron en peligrosos e inseguros. Los ladrones acechaban para atacar a aquellos que se arriesgaban a viajar. La mayor parte de la sociedad estaba apegada a su tierra, era inmóvil y de miras estrechas, y para la mayoría resultaba inconcebible viajar por placer.

La guerra y la religión ocasionaron el movimiento de cientos de miles de personas. Las Cruzadas, emprendidas por los cristianos de Europa durante los siglos XI, XII y XIII, llevaron a decenas de miles de europeos al Oriente Medio. En esa época también se realizaron peregrinaciones religiosas a Oriente Medio.

Los viajes con fines educativos

Con el Renacimiento empezaron a surgir varias universidades de prestigio y se empezó a viajar con fines educativos, especialmente los ingleses. Varios estudiantes partieron para estudiar en Oxford, París, Salamanca y Bolonia. Viajar para aprender se hizo popular en el siglo XVI. La juventud aristocrática inglesa, así como miembros de la clase media naciente, viajaron al continente para perfeccionar su educación y quizás también para pecar un poco. Hacia 1670 lo que se conocía como el Grand Tour, cuyo atractivo esnob debió de ser enorme, no era una empresa demasiado clara, pero a veces duraba más de tres años.

El Grand Tour no era una aventura fácil; los aventureros isabelinos necesitaban un pasaporte para pasar el puerto, para salir de Inglaterra y documentación similar si cruzaban la frontera de un principado, ducado y reino de Europa, y por aquel entonces había muchos. Italia, lugar de confluencia de la gran

A la derecha, restos de la ciudad de Pompeya (Italia), sepultada por la lava del Vesubio en el año 79 de nuestra era, en la que se han hallado restos de restaurantes, tabernas y bares, los más antiguos de que se tiene noticia.

mayoría de Grand Tours, estaba constituida por muchos estados pequeños, y así un viajero podía necesitar una licencia local a las puertas de cada ciudad.

Además existía la cuestión del dinero, pues cada estado tenía el suyo propio. Para superar este problema se extendían letras de cambio o «cartas de recomendación» por triplicado. El turista llevaba una copia y las otras dos eran enviadas por separado a la ciudad donde el viajero quería cobrar el dinero. El coste del servicio era del diez por ciento.

Dejar una propina era mucho más habitual que hoy en día. Después de que algún forastero llegara a una casa particular, el personal de servicio de la casa se ponía en fila para recibir la propina del huésped; incluso llegaban a enviar a la mañana siguiente a un representante a sus habitaciones para presentar sus saludos y recoger una propina.

No se tenía por costumbre viajar sin carga, ni tampoco era prudente. Para mantener la reputación debía tenerse un sirviente. Muchos viajeros, además de sus pistolas, llevaban sus sábanas, almohadas y mantas.

A pesar de todo, el Grand Tour era muy característico, y los hombres jóvenes de las clases media y alta continuaron haciendo este tipo de viajes durante más de trescientos años, en general acompañados por un tutor, también llamado administrador.

Los problemas surgidos en el viaje podían disminuir cuando se iba con los tour operadores de aquellos tiempos —*voiturin* en Francia y *vetturino* en Italia. Por una suma que se pagaba por adelantado, estos personajes se ocupaban del transporte, alojamiento y comidas. Aunque parezca mentira, los clientes de los *vetturinos* rara vez eran molestados por bandidos, circunstancia ésta que en aquella época solía ocurrir con cierta frecuencia a los que viajaban solos.

Un nuevo motivo: «tomar las aguas»

Hacia la misma época también comenzó a adquirir importancia el viajar por motivos de salud. Al principio sólo aquellos que padecían verdaderas enfermedades iban a los balnearios (nombre que deriva de un pequeño pueblo de Bélgica), para beber o tomar baños en aguas que poseen un olor espan-

toso. En 1750 «tomar las aguas» (en realidad, en muchas ocasiones «secarse») pasó a ser una necesidad social.

En el siglo XVII, hacia 1660, Tunbirdge Wells, en Kent (no lejos de Londres), había ganado fama como balneario. Carlos II trasladó allí su corte frecuentemente. Durante el reinado de la reina Ana las damas y los caballeros eran trasladados a los baños en sillas de mano y con el mayor decoro se les sumergía en las llamadas aguas curativas.

Se incluyeron espectáculos en los balnearios y docenas de ellos pasaron a convertirse en hoteles turísticos. Bath en Gran Bretaña; Baden-Baden en Alemania; Baden en Austria; Baines-les Bains en Francia; Lucca en Italia; Karlsbad y Marienbad en Bohemia y docenas de manantiales más estuvieron de moda en los siglos XVIII y XIX. Hacia 1900 se publicó la *Guía de Centros de Salud y Recreo del Siglo XX,* que, en pocas palabras, describía 750 centros en y cerca de Europa. En Estados Unidos los centros famosos fueron White Sulphur Springs, French Lick Springs y Saratoga Springs, construidos bajo la idea de tomar las aguas y bañarse en aguas minerales por un supuesto beneficio médico.

Actualmente los balnearios no han sucumbido, todavía persisten en Europa y Estados Unidos. En el este de Europa este tipo de vacaciones de salud las practica mucha gente y se toman con mucha seriedad. Existen balnearios especiales para cardiópatas, otros para tuberculosos, pero muchos están proyectados para reponerse simplemente de la fatiga del trabajo. El programa terapéutico consiste en baños de aguas minerales, compresas de barro, paseos diarios y fortalecimiento del cuerpo. Suiza, Alemania y Francia cuentan con varios de estos centros.

La playa un nuevo centro de interés

Las modas en la manera de pasar las vacaciones pueden cambiar muy rápido, y de hecho lo hicieron incluso antes de que se acuñara la palabra turista. Hacia 1750 los balnearios ingleses perdieron su posición privilegiada al adquirir popularidad el agua de mar como «medicinal». Scarborough y Margate se convirtieron en centros turísticos de la costa. Al principio acudían los enfermos para curarse y después siguieron los que iban en busca de ocio. Brighton fue, en una época, el centro turístico más famoso de Europa. Actualmente el pabellón del Príncipe está abierto al público pero son pocos los personajes de la realeza o de la élite que van allí. A pesar de todo, en Gran Bretaña veranear en la playa se convirtió en una costumbre tan consolidada que hacia 1963 tres cuartas partes de las vacaciones se pasaban en la playa.

Actualmente el móvil de muchos viajes de recreo es viajar para mejorar la salud y buscar la playa y el sol. Los habitantes del norte de Europa viajan hacia el sur, al Mediterráneo. En Estados Unidos, los del este van a Florida y a las islas del Caribe y los del oeste hacen un peregrinaje a México y Hawai en busca de sol y playa.

¿Qué influye en los viajes?

Viajar, tal como lo concebimos actualmente, no hubiera podido desarrollarse sin una clase media y un medio de transporte relativamente barato. En Gran Bretaña y en Estados Unidos la Revolución Industrial hizo posible la aparición de una numerosa clase media. El ferrocarril permitió un transporte rápido y relativamente barato. Cientos de miles de personas en Estados Unidos y Europa podían realizar paseos y excursiones en ferrocarril y en barco. En Estados Unidos, hacia finales del siglo XIX y principios del XX, los núcleos de veraneo se convirtieron casi en una institución. Los ingleses «descubrieron» Suiza antes de 1860 y más tarde fueron los alemanes. Según cálculos dignos de confianza, en Suiza había más plazas hoteleras y visitantes antes de la Primera Guerra Mundial que las que hay en la actualidad.

En las primeras décadas del siglo XX el automóvil cambió nuestra sociedad, permitiendo una movilidad inimaginable hasta entonces. Hacia los años cincuenta el avión, el medio de transporte más atractivo, pasó a adquirir personalidad propia.

Con la aparición de la clase media, la renta disponible (ingresos una vez deducidos los impuestos) aumentó. A principios de los años noventa, el Producto Nacional Bruto per cápita ya superaba en Estados Unidos la cifra de veinte mil dólares, ingresos suficientes como para permitirse viajar. Existen varios factores que influyen sobre los viajes, como por ejemplo, la educación, la edad y el estilo de vida, pero siempre la consideración debe ser si la gente lo desea y puede permitirse viajar.

También hay que tener presente el tiempo de que se dispone para viajar. Hasta épocas muy recientes el trabajador estaba ocupado durante cinco días y medio a la semana, durante cincuenta y dos semanas al año. Para la mayoría resultaba impensable el disponer de unas vacaciones pagadas. Antiguamente sólo frecuentaban los centros turísticos de Europa y América los ricos y los jubilados.

Lugares específicos para viajar atraen mercados específicos. El mercado turístico para un lugar determinado sólo constituye una pequeña parte de la población total de turistas. Este mercado puede centrarse en unas cuantas ciudades importantes o establecerse dentro de un pequeño radio de un destino. Por ejemplo, el mercado de cabo Cod, en Massachusetts, se encuentra en su mayor parte dentro de un radio de ochocientos kilómetros del cabo. La demanda invernal para la playa de Miami la forman en gran parte los habitantes de Nueva York. Los dos estados que aportan la mayor parte de los turistas

de Hawai son California y Nueva York. Los tejanos son los visitantes más numerosos de México, mientras que Acapulco atrae a gente que procede de muchos lugares de Estados Unidos, Europa y del mismo México. El mercado más importante de Las Vegas es California. Para los promotores turísticos el problema más acuciante es determinar los mercados para destinos determinados y transformar a los no turistas en turistas de aquellos destinos.

VIAJES NACIONALES E INTERNACIONALES

La mayor parte de los viajes son nacionales. La Organización Mundial de Turismo calcula que del 75 al 80 por ciento de los gastos turísticos se realizan dentro del propio estado. Estas cifras son muy variables: 94 por ciento en Estados Unidos, 70 por ciento en el Reino Unido, 46 por ciento en Italia y 44 por ciento en Suiza.

La renta per cápita que tiene un país guarda una estrecha relación con la cantidad de viajes nacionales e internacionales que realizan sus ciudadanos. Los estadounidenses, que constituyen el 6 por ciento de la población mundial, dan razón al 34 por ciento de los viajes nacionales e internacionales y a los dos tercios de los viajes internacionales de larga distancia. Los viajes de lujo guardan una relación todavía más estrecha con la disposición de unos ingresos altos. Según la Oficina de Turismo de Canadá, los canadienses son los individuos que viajan por un número mayor de países. También los habitantes de Europa Occidental, especialmente los suizos, los alemanes y los escandinavos, son personas que viajan por todo el mundo. Los japoneses son los únicos asiáticos que suelen viajar por muchos países.

La predisposición a viajar varía enormemente dentro de Estados Unidos. En Washington D.C. es donde se gastan más dólares per cápita en viajes, concretamente para viajar con billetes estándar adquiridos en agencias de viajes. Al distrito de Columbia le siguen Hawai y Alaska. En el sur es donde menos dinero per cápita se destina a viajar, un ejemplo de ello son los estados de Alabama, Misisipí, Carolina del Sur y Kentucky.

IMPORTANCIA DEL TURISMO EN ESTADOS UNIDOS

El viajar dentro de Estados Unidos o, dicho de otra manera, el viaje nacional, desde hace tiempo goza de gran interés. Alexis de Tocqueville, un francés perspicaz observador de Estados Unidos, afirmó, sobre 1830, que para los estadounidenses el mo-

Los objetivos de los viajes son muy variados: de placer, de negocios, para asistir a congresos, por razones familiares, etcétera. Por confluir todos esos motivos en los grandes centro urbanos, suelen ser estos lugares los que reciben un mayor número de visitantes a lo largo del año. Junto a estas líneas, el famoso Big Ben, en el Parlamento británico, uno de los monumentos más visitados de Londres.

vimiento había pasado a ser un «deber histórico». Un estadista sudamericano, D. F. Sarmiento, opinaba en 1847 que «si Dios llamara de repente al mundo al Juicio Final, sorprendería a las dos terceras partes de la población estadounidense en la carretera, como hormigas».

La necesidad de salir no ha disminuido. Si conducir un automóvil es una forma de esparcirse al aire libre, también es el pasatiempo favorito. En Estados Unidos, aproximadamente el 85 por ciento de los viajes se hacen en automóvil, vehículo que en el plano afectivo de la humanidad es más que un sustituto del caballo y en casos determinados se ha convertido en una obsesión. Los viajes que se realizan para asistir a congresos o por motivos de trabajo sólo justifican alrededor del 20 por ciento de los viajes de Estados Unidos. Se emprenden más viajes para visitar amigos y parientes que por cualquier otra razón.

Las industrias de viajes y las relacionadas con ellos son de gran importancia para los inmensos centros metropolitanos del mundo desarrollado. Así, millones de visitantes acuden cada año a ciudades como Nueva York, Londres o Tokio, el 40 por ciento de ellos en viajes de recreo. Cada día vuelan hacia esas ciudades centenares de miles de personas, lo que exige de ellas gran número de plazas hoteleras.

Hegemonía en viajes de Estados Unidos

Cuando se habla de cifras relativas a número de personas y dólares gastados se observa que Estados Unidos domina la perspectiva mundial de los viajes. Los estadounidenses gastaban, a principios de los años noventa, casi cuarenta mil millones de dólares en viajar al extranjero.

El viaje que realizan con más frecuencia los estadounidenses fuera de su país es sin duda alguna a México y Canadá. Estos países, por ser contiguos a Estados Unidos, son de fácil acceso para ir en automóvil y reciben a casi las dos terceras partes de los estadounidenses que viajan al extranjero.

La capacidad de atracción turística de México es muy grande tanto para los estadounidenses como para gentes de otras latitudes, y se debe a sus paisajes, a sus ciudades, a sus ruinas de distintas culturas y también a sus costas. A la derecha, en la fotografía, La Quebrada, la célebre roca desde la que saltan al mar los «clavadistas» en Acapulco, un espectáculo que despierta gran expectación.

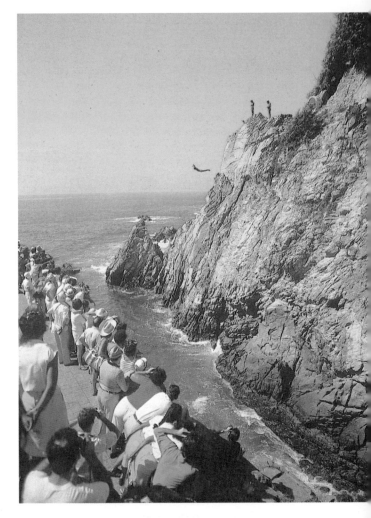

Después de México y Canadá los países más visitado por los estadounidenses son los de Europa Occidental. Europa está llena de lugares de interés. Las iglesias, los castillos, los palacios y las magníficas ciudades son, en conjunto, grandes atractivos que hacen pensar en la historia. Los hoteles lujosos, los restaurantes de categoría, los diferentes estilos de vida, etc., estimulan la imaginación. Las personas que tienen antepasados ingleses quieren conocer el Reino Unido. Para los individuos de procedencia escocesa, cuyo número es mayor en Estados Unidos que en Escocia, el viajar a la tierra de sus ancestros es como una peregrinación. Los estadounidenses de origen sueco quieren visitar Estocolmo, y así ocurre sucesivamente.

A continuación las zonas más populares donde se dirigen los estadounidenses son el Caribe, con un nueve por ciento del total de turistas, Asia, con un cinco por ciento, y América del Sur, con un dos por ciento.

Las líneas aéreas de Estados Unidos responden del 38 por ciento de los viajes por vía aérea que se realizan en el mundo si se calculan a partir de los ingresos obtenidos por kilómetro y pasajero. De todos los vehículos registrados en el mundo, el 42 por ciento se encuentra en Estados Unidos, donde se hallan también más de la mitad de las agencias de viajes.

Viajar a Estados Unidos

En los últimos años llegaron a Estados Unidos cerca de 40 millones de visitantes, lo que representa el diez por ciento del total de llegadas internacionales. Cerca de la mitad procedían de Canadá y unos 6,7 millones de México. De ultramar llegaban principalmente japoneses, británicos, alemanes y franceses. Los gastos realizados por los turistas extranjeros en Estados Unidos sobrepasaron los cuarenta mil millones de dólares en 1990, lo que representa un aumento del quince por ciento sobre el año anterior y la creación de más de 77 mil empleos directos, que percibieron unos ingresos de cerca de diez mil millones de dólares.

EL FLUJO TURÍSTICO

El principal flujo de viajes se produce entre Estados Unidos y Europa. Existen otros flujos secundarios entre América del Sur, el Caribe, África, Oriente Próximo y Extremo Oriente. Unos 8 millones de estadounidenses visitan Europa, mientras que 6,5 millones de europeos aproximadamente visitan Estados Unidos. Los viajes a África forman parte, en general, de un recorrido que nace en Europa.

El mayor flujo de tráfico aéreo hacia Europa se da entre Nueva York y Londres, y dentro de Europa los flujos más importantes se producen entre Londres y París; Londres y Francfort, y entre Londres, Milán y Roma.

En Europa las ciudades que con más frecuencia se utilizan como escala de viajes son: Londres, París, Francfort, Amsterdam, Bruselas, Zurich, Ginebra, Madrid, Copenhague, Viena, Milán, Roma y Munich.

A los europeos les resulta relativamente fácil y económico cruzar las fronteras nacionales, y por ello un considerable número de turistas viajan a Italia,

Francia y España. En Europa, países que proporcionan gran número de turistas a los otros estados son Alemania y el Reino Unido.

En Europa el número de viajes per cápita es elevado. Viajan mayor número de alemanes, daneses y suecos al extranjero que estadounidenses. Los holandeses, alemanes y escandinavos pasan la mitad de sus vacaciones en el extranjero. Varias compañías de viajes de Dinamarca, Países Bajos y Alemania y de otros países han conseguido que miles de habitantes del norte de Europa pasen las vacaciones en España y en el norte de África por un coste bastante moderado. Las compañías de viajes son propietarias de los aviones que utilizan, los cargan hasta su capacidad máxima y llevan a los pasajeros a hoteles de su propiedad o bien a hoteles previamente alquilados para el grupo. La Comisión Europea de Viajes afirma que el «turismo de vacaciones es el móvil principal para viajar a Europa (65 por ciento de las llegadas), mientras que los que viajan por trabajo suponen el doce por ciento aproximadamente del total».

El Reino Unido atrae mayor número de estadounidenses que cualquier otro estado europeo, ocupando el segundo lugar Alemania, seguida de cerca por Francia, Italia, Suiza y España. A continuación les siguen Austria, Países Bajos, Irlanda y Grecia. Este orden cambia ligeramente de año en año de acuerdo con el coste del viaje a cada país. Si un lugar adquiere actualidad por la existencia de violencia o la falta de seguridad, se produce una disminución en el número de sus visitantes. En 2002, la entrada en circulación del euro en doce países europeos supuso una ventaja para los turistas, pues pueden viajar de país en país sin preocuparse por el cambio de moneda. El Producto Nacional Bruto (PNB) y la renta disponible guardan una estrecha relación con el número de viajeros que salen de un país por trabajo y por vacaciones. Japón es un ejemplo clásico. En 1972 el número de turistas japoneses ascendió, por primera vez, a una cifra superior al millón. Esta cifra, en 1982, aumentó a 4,1 millones y a finales del siglo XX Japón era el tercer país del mundo en cuanto a gastos en turismo internacional.

Según la Organización Mundial del Turismo, en el año 2002 Europa acogía al 57,5 por ciento del total de los viajeros internacionales, América al 16,8 por ciento, Asia y el Pacífico al 17,5 por ciento, África cerca del 4 por ciento, Oriente Medio el 3,4 por ciento y Asia meridional el 0,8 por ciento.

Hacer una comparación entre los viajes internacionales que se realizan en Europa y los que se emprenden en Estados Unidos y Canadá produce una información engañosa. Un individuo que cruza la frontera entre Países Bajos y Bélgica y que pasa en el otro país más de 24 horas, se considera un viajero internacional. Lo mismo ocurre en los viajes que se emprenden entre cualquiera de las veintitrés naciones europeas restantes. Los viajes que se realizan entre los estados y las provincias de los Estados Unidos y Canadá son comparables a los viajes internacionales en Europa. En los últimos años se ingresaron en Europa unos 162 mil millones de dólares procedentes de turistas extranjeros. En el cuadro 1.C se observa la comparación con otras regiones.

CAUSAS QUE INFLUYEN EN LAS PAUTAS DEL VIAJE

Los destinos no deberían configurarse dando mayor importancia a la topografía de su localización que a la gente que vive allí. El ingeniero espacial quizás se preocupa más por su equivalente ruso que por su compañero de trabajo. El profesor universitario puede ser que tenga más en consideración a los iguales internacionales en su campo de estudio que a los colegas de su recinto. La imagen del mundo puede que no sea un globo sino una colección de manchas en un globo que cada cual identifica.

Los viajes y el turismo son un reflejo casi perfecto de las grandes culturas a las que pertenecen. Los cambios sociales, políticos y económicos influyen sobre la cantidad, el tipo y la administración de los viajes y el turismo. No se puede predecir un embargo de gasolina o una guerra en el Líbano y en cambio cualquier suceso altera la pauta de los viajes.

Las tendencias a largo plazo, tales como el incremento de la población y algunas irrevocables como el acortamiento de la semana laboral o el cambio de la ética del trabajo, influyen sobre los viajes y el turismo. Se ha señalado que la vida puede dividirse en tres partes: educarse y crecer, trabajar y vivir en el retiro. Desde 1900 la división en etapas de los años de vida ha cambiado drásticamente como consecuencia del aumento de la esperanza de vida y probablemente seguirá cambiando en el futuro. En el año 1900 un niño corriente pasaba apro-

Cuadro 1.C Gastos turísticos internacionales (media anual)	
América	$ 95,5 miles de millones
Asia y el Pacífico	$ 52,6 miles de millones
África	$ 6,3 miles de millones
Oriente Medio	$ 5,0 miles de millones
Sur de Asia	$ 2,0 miles de millones
Fuente: Organización Mundial del Turismo	

ximadamente unos trece años de su vida educándose y creciendo antes de entrar a formar parte de la fuerza de trabajo. A partir de entonces trabajaba durante 32 años. Quedaban tres años de retiro. Hacia 1950 este niño medio pasaba dieciocho años creciendo y educándose, cuarenta y dos años trabajando y seis años de retiro. Conforme aumenta la esperanza de vida, las personas pueden contar con vivir más años retirados y tener más tiempo libre.

Cambios relativamente bruscos tienen gran influencia sobre los viajes, por ejemplo el incremento rápido del coste de la energía. El aumento de los viajes en automóvil, avión, ferrocarril y autocar ha producido un efecto amortiguador global sobre los viajes y las pautas de viajar. En el año 1975, poco después de producirse la primera crisis del petróleo, se evidenció que los viajes disminuyeron muy poco pero que los destinos cambiaron. Muchos estadounidenses, en lugar de viajar a Europa se desviaron hacia México, Hawai y Alaska. Otros factores que determinaron el aumento del número de visitantes a estas zonas fueron el aumento de los precios en Europa y en el Caribe. Si los precios de los destinos suben demasiado, los posibles compradores no compran, y en lugar de ello escogen otros destinos y otro medio de viajar. Mientras que un área se puede beneficiar de este aumento de precios, otras sufrirán las consecuencias. Muy pocos estadounidenses viajaron a Australia y Nueva Zelanda, más bien fueron a destinos de su región e hicieron viajes más cortos.

A pesar de las escandalosas estadísticas que se publican sobre viajes, en la actualidad los viajes turísticos se limitan en gran parte a un pequeño número de países industrializados de Europa Occidental y Estados Unidos.

Las áreas menos desarrolladas, como son la mayor parte de Asia, África y América del Sur, suponen un pequeño porcentaje del total de viajes. Además, viajar está restringido a una pequeña proporción del total de la población, incluso en las áreas más desarrolladas; por ejemplo, de los viajes nacionales en Estados Unidos el veinte por ciento de los viajeros eran responsables del ochenta por ciento de los viajes.

El observador, en un aeropuerto con mucho movimiento, puede tener la sensación de que todo el mundo se desplaza en avión. Ni mucho menos. Una gran proporción de la población adulta declaraba, en una encuesta realizada en Estados Unidos, no haber volado nunca en un vuelo regular. Si una proporción considerable de la población empezara a viajar hasta igualar a los grupos que viajan mucho, en muchas zonas del mundo el turismo eclipsaría a la industria y a la agricultura.

Las playas y los puertos deportivos de las islas Hawai son un fiel exponente de la principal riqueza de este archipiélago pacífico de Estados Unidos: el turismo. A la derecha, vista aérea de la zona de Waikiki, situada en la isla de Oahu, que concentra un porcentaje muy elevado del numeroso turismo que, procedente sobre todo de Estados Unidos y de Japón, visita el archipiélago hawaiano.

El aumento de los viajes internacionales dependerá, en su mayor parte, como ocurrió en el pasado, de las rentas disponibles y de la estabilidad política. El crecimiento de la población sólo es un factor secundario desde que el mundo superó los cinco mil millones de habitantes de los que sólo un pequeño porcentaje viajan muy lejos. El aumento de los viajes se producirá a medida que un mayor porcentaje de la población mundial alcance un nivel educativo más alto, aumente sus ingresos y consiga tener más tiempo libre. Aun cuando se igualen estos factores entre los distintos grupos, algunos de ellos viajarán más que otros debido a sus diferentes estilos de vida y a sus culturas.

La sociedad amplía horizontes

En los últimos cuarenta años, y en particular, en Estados Unidos, el estilo de vida de cientos de miles de individuos ha cambiado de forma radical. Los viajes en avión han permitido a las personas seguir un «abanico» más que un estilo de vida lineal. Antiguamente la gente solía vivir y trabajar en un área limitada, cerca de su trabajo o a una distancia corta. Actualmente muchas personas viajan entre varios domicilios situados en diferentes lugares, recorriendo cientos de kilómetros con regularidad.

El espacio vital ocupado por un individuo puede ser de la cocina al baño, de allí a la televisión, a la habitación y luego a un vuelo de ochocientos kilómetros en avión hasta otra oficina. El transporte rápido entre los espacios vitales proporciona variación al estilo de vida y ofrece un marco variopinto. Al mismo tiempo, este tipo de vida puede contribuir a tener una sensación de inseguridad.

La comunidad a la que pertenece un individuo puede no ser la geográfica, sino una en la que las personas estén en la misma longitud de onda, en la que compartan intereses comunes. Sus escalas de valores tienden a ser similares aunque les separen grandes distancias geográficas.

EFECTOS DEL TURISMO

El turismo tiene grandes repercusiones económicas, y también sociales. Puede tener, por ejemplo, una importancia cultural significativa, como se observa en las restauraciones de Williambsburg, Sturbridge Village, Old Deerfield Village y muchos otros lugares históricos. Los visitantes que acuden a Gran Bretaña han ayudado a que se conserven los palacios y las casas solariegas. El turismo despierta el interés por el pasado, por la arquitectura, por las artes y por las costumbres de los demás, debido a que las personas acuden a los festivales de arte y a visitar centros históricos tanto en su país como en el extranjero.

El turismo puede realzar las cualidades estéticas de la vida mediante interpretaciones teatrales, reforma de parques y conservación de los paisajes naturales. En varios países europeos las vacaciones son obligatorias para todos los trabajadores, dado el carácter beneficioso que tienen para la salud, lo que repercute favorablemente sobre el turismo.

El enfrentar cara a cara a gentes muy diferentes puede ser un sistema para el tan necesario entendimiento internacional. También tiene connotaciones políticas ya que el turismo influye sobre el comercio mundial y afecta a la mayoría de habitantes de un área determinada.

El turismo también puede suponer la ruina de una región, y por eso se pone mucho interés al planificarlo con objeto de conseguir una calidad de vida conveniente para los que residen en ella. Tiene consecuencias sociales, puesto que si una región se convierte en zona turística, el estilo de vida de los que residen allí cambia de forma radical.

Los dirigentes de muchos destinos, antes de promover el turismo a fondo quieren conocer los efectos que puede tener sobre la sociedad actual. ¿Cómo influirá, por ejemplo, el turismo sobre el sistema de valores y la estructura social de Samoa Occidental o Fiji?, ¿qué tipo de turismo es el mejor para una región, el de clase económica media, el de clase alta o bien una combinación de ambos?, ¿a qué ritmo puede expandirse el turismo en una región sin que se produzca una fuerte tensión social o un desequilibrio ecológico?

Los estados que padecen un déficit comercial se ven muy afectados por el flujo y reflujo del dólar turístico. Cuando una persona se da cuenta de que los ingresos per cápita de los países menos desarrollados son inferiores a quinientos dólares al año, puede empezar a entender la razón de que muchos gobiernos vean la salvación económica en el turismo. La explotación del turismo en islas como Granada o Santa Lucía, en el Caribe, cercanas a Estados Unidos al viajar en avión, puede conllevar el que se doblen rápidamente los ingresos per cápita.

¿Cuáles son las consecuencias del turismo sobre una región?, ¿se necesitarán trabajadores extranjeros para formar parte de la plantilla en los nuevos servicios turísticos? Si es así, ¿cómo se les alojará y se les formará?, ¿cómo se adaptarán estos trabajadores a la sociedad del momento?, ¿qué costes y beneficios aporta el turismo a una región?, ¿qué inversiones y servicios se requerirán para el fomento del turismo en una región?, ¿cuánto dinero debería gastarse en publicidad y promoción? El turismo puede ser beneficioso para muchas regiones pero debe dirigirse y controlar su crecimiento. Sin una planificación, los beneficios del turismo pueden ser mínimos, excluyendo y perjudicando a la mayoría de los residentes.

PREVISIONES DE CRECIMIENTO DE LOS VIAJES

Aunque nadie puede predecir el futuro, en nuestra sociedad muchas personas intentan averiguar cuáles son las fuerzas subyacentes que van a tener un impacto sobre la industria receptora, en particular sobre los viajes y el turismo. Por ejemplo, actualmente cerca del cincuenta por ciento de las mujeres de Estados Unidos trabajan. Una familia que cuente con dos salarios tiene más posibilidades de costearse unas vacaciones.

Por otra parte, se ha producido un cambio en la escala de valores que da mayor importancia a la «experiencia» y por el contrario resta valor a las «posesiones materiales». El viaje se convierte en una ex-

Varias son las condiciones que permiten prever un continuo crecimiento del turismo a nivel mundial en los próximos años, entre ellas: el aumento de rentas disponibles en algunos sectores de la población y su envejecimiento en las áreas más desarrolladas, lo que aumenta el número de jubilados en disposición de viajar. En la página siguiente, extranjeros descansando en un café de las islas Canarias (España).

periencia en la que hay que pensar, planificar, llevar a cabo y hablar sobre ella antes y después del viaje. El consumo de cosas que llaman la atención da lugar a una «cultura de lo llamativo». El viajero consigue una historia magnífica para poder explicar a sus amigos. Son tan dignos de explicar los placeres como los sufrimientos y penas del viaje: «No se podrá creer lo que nos ocurrió en el Serengeti Park», «sí, será nuestro tercer viaje a Rusia», «en Bombay estuve tan enfermo que temí no recuperarme».

Tendencias que favorecen los viajes

Algunos de los factores positivos que facilitan el incremento de los viajes son:

1. El aumento de las rentas disponibles en amplios sectores de la población. Tanto en Estados Unidos como en el extranjero, más dinero significa en definitiva más viajes. Un 25 por ciento como mínimo y hasta un 50 por ciento de los viajes de trabajo los harán las mujeres. En Estados Unidos más de la mitad de las mujeres mayores de 18 años trabajan fuera de casa. Las familias con dos salarios están aumentando y extendiéndose. Por otra parte, el mundo está experimentando una redistribución de los ingresos. Estados como Noruega, gracias al petróleo y al gas se vuelven poderosos en poco tiempo. Algunos sectores de los países árabes productores de petróleo cuentan con unos ingresos increíbles y los árabes pasan a ser los individuos que gastan más dinero en el mundo. En México las clases altas se hacen ricas gracias al petróleo. El Banco Mundial invierte miles de millones en los países menos desarrollados, y gran parte de este dinero llega a personas que de esta forma, si lo desean, pueden viajar.

2. Aumento del número de personas jubiladas que cuentan con los medios, las ganas y la energía suficientes para viajar. En Estados Unidos el once por ciento de la población tiene más de 65 años. La esperanza de vida continúa aumentando aunque de forma lenta. Como resultado del mayor interés que se

presta a la salud y al tipo de dieta que se sigue se producen menor número de muertes por afecciones cardíacas y apoplejías. Mayor número de personas siguen un ejercicio planificado -ciclismo, jogging, tenis, esquí alpino o acuático, clases de gimnasia, equitación, etcétera. En Europa son frecuentes los descuentos que se hacen en los transportes a los ciudadanos de más de 65 años y en Estados Unidos también se van generalizando, ya que la población está envejeciendo de forma progresiva. En el año 1981 la media de edad de la población era de 30 años y en el año 2000, de 35 años. Es interesante comparar estas cifras con las de varios países menos desarrollados, donde más de la mitad de la población cuenta con menos de 15 años de edad.

3. Mayor movimiento de la población. Las personas acostumbran realizar viajes por motivos de estudio, por causas familiares y también por el placer de viajar.

4. Se dispone de más tiempo para el ocio. Las semanas de trabajo son más cortas y las vacaciones más largas. La semana de trabajo se ha reducido de forma considerable desde el cambio de siglo, ha pasado de cincuenta o sesenta horas a menos de cuarenta. Los programas de tiempo flexible permiten disponer de una semana de traba-

jo de tres o cuatro días. En Europa muchos gobiernos obligan a que todos los trabajadores disfruten de vacaciones pagadas.

5. Familias menos numerosas y cambio en los roles. En Europa y América del Norte el índice de natalidad ha disminuido de una forma brusca, y ello permite a los adultos disponer de más tiempo libre fuera de las responsabilidades familiares. La igualdad entre ambos sexos y el cambio en la composición de la familia y en la función a cumplir por parte de sus miembros permiten que se viaje más.

6. Aumenta el índice de divorcios y el número de solteros. Las personas que viven solas disponen de más tiempo libre que las parejas; además, muchos quieren relacionarse a través de los viajes.

7. Menor espacio habitable. Como consecuencia del elevado coste que supone construir una casa propia, se produce un aumento en el número de apartamentos y *bungalows*. Los espacios habitables más pequeños aumentan la necesidad de «escaparse de todo».

8. Mayor número de empresas multinacionales. Los intereses de las empresas multinacionales aumentan la necesidad y el hábito de viajar.

9. Mayor disponibilidad de crédito a través de las tarjetas de crédito y de los préstamos bancarios. El «viaje ahora, pague después» estimula a viajar.

10. Aumento de los programas de seguridad de los gobiernos. ¿Por qué ahorrar para el futuro si se dispone de pensiones de incapacidad, pensiones de vejez y de seguridad social? En los Países Bajos el 15 por ciento de las personas que pertenecen al conjunto de individuos en edad de trabajar perciben retribuciones de incapacidad equivalentes al 80 por ciento de lo que ganarían trabajando.

11. Mayor educación. Puesto que acuden muchos millones de personas más a los colegios y las universidades, se tiende a pensar de una forma más internacional y prestar más interés a las culturas extranjeras. Por otra parte, si son ciertas las previsiones de que millones de graduados en escuelas superiores «superinstruidos» se verán obligados a ejercer trabajos no cualificados, quedarán infrautilizados muchos de sus talentos y ambiciones y los viajes pueden pasar a ser una forma de evasión.

12. Crecimiento de las ciudades. A principios del siglo XX únicamente el 15 por ciento de la población mundial vivía en ciudades. En la actualidad el porcentaje supera el 45 por ciento. La mayoría de ellas están creciendo desmesuradamente. En el año 1950 las ciudades más grandes del mundo, aquellas que contaban con 5 millones de habitantes o más, albergaban a 47 millones de personas, y en 1990 esa cifra había aumentado por encima de los 250 millones. San Francisco, Nueva York, París, Londres y Viena han sido durante mucho tiempo centros turísticos. Hay otras ciudades grandes que tienen mucho menor atractivo para los visitantes; por ejemplo, México, una ciudad en la que la congestión y la contaminación anulan todo su

Tras la aparición de la neumonía atípica asiática o SARS en el sudeste asiático a principios de 2003, se establecieron estrictos controles y medidas de precaución para evitar el contagio. A la derecha, grupo de turistas equipados con máscaras protectoras en el aeropuerto de Taipei.

atractivo cultural y sus diversiones. Esta ciudad, que cuenta con una población superior a 18 millones de habitantes, se considera que está sumergida diariamente en seis mil toneladas de gasolina y de hollín. Respirar este aire es tan nocivo como fumar dos paquetes de cigarrillos al día. La velocidad media de la circulación es sólo la mitad de la de Londres o París.

Los viajes de trabajo a las megalópolis probablemente aumentarán mientras que los viajes de ocio puede ser que disminuyan. Lo que interesa reseñar es que los habitantes de las ciudades viajan más que los de las áreas rurales.

13. Viajes organizados. Los viajes organizados han adquirido importancia desde que Thomas Cook guió a sus grupos de excursión por el Reino Unido y posteriormente por gran parte de Europa y Oriente Medio. Los viajes organizados cubren todo el espectro posible, desde el viaje alrededor del mundo hasta el viaje de Nueva York a Atlantic City por una noche para jugar. Los viajes organizados, en los que todo se ha planeado, dispuesto e incluido en un precio único, tienen mayor relevancia en el grupo de los viajeros jubilados, los nuevos viajeros y los de una categoría más baja. ¿Qué tipo de viaje organizado le gustaría a usted?, ¿un viaje a las islas Caimán?; ¿o viajar hasta Oceanía para jugar a golf?; ¿o poder viajar hasta Irlanda para disfrutar de su buena pesca?; ¿o quizás un viaje a Reno para probar suerte en el juego?; ¿o un viaje de placer al Pacífico sur?; ¿o un viaje de novios desde Tokio a Honolulú? Diariamente llegan a Waikiki, a las ocho de la mañana, de cincuenta a setenta parejas japonesas para pasar el día nadando, para ir de compras, cenar, y estar de vuelta al día siguiente en su país. Algunos llaman a esto harakiri de categoría. Otros lo llaman satisfacción inmediata.

14. Valoración mayor a la experiencia que a la posesión material. La mayoría de los sociólogos dicen que se está produciendo un cambio en la escala de valores. La posesión de objetos, tales como coches caros, ropas y joyas tiene menos atractivo que en otras épocas.

Cuadro 1.D
Principales metrópolis del mundo

Chongqing	30,9 millones
Nueva York	21,2 millones
México D. F.	18,3 millones
São Paulo	17,8 millones
Shanghai	16,7 millones
Bombay	16,4 millones
Los Ángeles	16,4 millones
Pekín	13,8 millones
Calcuta	13,2 millones
Delhi	12,8 millones
Tokio	12,1 millones
Buenos Aires	11,3 millones
Río de Janeiro	10,9 millones
El Cairo	10,3 millones

Para muchas personas ha adquirido mayor importancia el hacer algo, «estar allí», participar en algo, etcétera. Los millonarios quizás viven en casas relativamente modestas y llevan pantalones vaqueros, pero sin embargo el deseo de viajar luce mucho más. Un estímulo para viajar puede ser en parte la «cultura llamativa». Una persona que ha viajado mucho puede presumir de las experiencias de sus viajes.

15. La televisión y el cine amplían la perspectiva de los viajes. El mundo llega hasta nuestros hogares a través de la televisión: un romance en Viena, una intriga internacional en París, un documental sobre una tierra lejana, etcétera, pueden despertarnos interés por lugares que hasta entonces no se hubieran considerado como destinos de viajes.

Impedimentos de los viajes

Puede ser que este escenario tan maravilloso de los viajes en el futuro no tenga lugar. Hay que tener también en cuenta los impedimentos para viajar. Existen una serie de impedimentos muy claros sobre los que los directores de los viajes no tienen ningún control, y éstos son la incertidumbre económica, la recesión, la inestabilidad política y los precios excesivos de la mano de obra del transporte público. No pueden aumentar mucho los ingresos auténticos, ya que estamos pagando los excesos realizados en el pasado.

Los factores negativos sobre los que la empresa turística tiene algún control tienen que ver con las «peleas del viaje», los problemas con el equipaje, los retrasos, el exceso de reservas, el abarrotamiento de las terminales de los aeropuertos. La falta de seguridad en los lugares públicos, los hoteles y centros de viajes, hace que la gente prefiera permanecer en la seguridad de su vecindario y su casa. Determinadas regiones pueden ganar fama de ser peligrosas y por ello tener menos atractivo como destino. Esto es lo que ha ocurrido en Honolulú, el Caribe, y en algunas zonas de España, México e Italia, donde se ha producido un fuerte aumento en el número de robos.

Otro inhibidor de los viajes puede ser la comunicación instantánea. Las teleconferencias eliminan en parte la necesidad de los viajes de trabajo. Cuando se popularicen los teléfonos con vídeo, la pantalla conseguirá poner cara a cara a las personas sin necesidad de que abandonen sus casas u oficinas.

El futuro de los viajes

Con la entrada en el siglo XXI el turismo, hasta entonces en continuo crecimiento, debió adaptarse al nuevo escenario mundial. El fin de la bonanza económica de fines de la década de 1990, junto al alto nivel de incertidumbre generado por la guerra contra el terrorismo dio como resultado el estancamiento del sector turístico. Los atentados terroristas contra las Torres Gemelas (Nueva York) y el Pentágono (Washington) del 11 de septiembre de 2001 contribuyeron en gran parte a la modificación geopolítica global. En 2002 la situación comenzó a reactivarse, pero en 2003 los ataques contra Irak y la epidemia del SARS (Síndrome Respiratorio Agudo Grave) acentuaron la incertidumbre aún más.

En efecto, los primeros meses de 2003 estuvieron marcados por una lenta recuperación económica en parte dilatada por la tensión en torno a la contienda de Irak, aunque algunos destinos experimentaron un crecimiento considerable, como el Reino Unido, Argentina, Brasil y algunos países de África meridional. El inicio de la guerra, en marzo, supuso la inmediata disminución en las demandas, sobre todo de tráfico aéreo. En esa ocasión, las distintas administraciones de turismo estuvieron preparadas para adaptarse rápidamente a los cambios en las condiciones, modificando destinos, reduciendo frecuencias y efectuando un riguroso control de costes. La emergencia del SARS, en cambio, fue mucho más inesperada y produjo efectos más serios en el sector.

No obstante, estos acontecimientos no se tradujeron tanto en una disminución de número total de viajes, como en una modificación del tipo de demanda: aumentaron los viajes familiares a destinos próximos y los desplazamientos en coche, tren o autobús, antes que en avión. Por otro lado, la actitud de «esperar hasta ver que pasa» supuso, en la mayoría de los casos, reservas tardías de plazas de hotel y billetes de avión.

En el nuevo siglo, las aerolíneas de bajo costo siguieron creciendo en Estados Unidos, y se desarrollaron rápidamente en Europa. Internet siguió ganando protagonismo, convirtiéndose no sólo en un medio de información, sino en la forma de organización y reserva de viajes más rápida y conveniente, al ofrecer los precios más baratos del mercado. Así mismo, hubo un aumento en la demanda de nuevas formas hospedaje distintas al hotel, como el alquiler de departamentos o habitaciones a particulares o a pequeñas compañías, que también se promocionan en Internet.

A pesar de los dificultades del período 2001-2003, la Organización Mundial del Turismo (WTO) se mostraba optimista sobre el futuro del turismo. Los expertos de la WTO concluían que a nivel global las tensiones de la guerra de Irak se irían diluyendo, al tiempo que los focos de SARS serían controlados. Todas las previsiones afirmaban que las condiciones mejorarían y aseguraban un gradual aunque lento resurgimiento económico; además se esperaba un incremento del turismo en la mayoría de los destinos y mercados.

¿EN QUÉ CONSISTE EL TURISMO?

La industria turística es la que se ocupa de transportar, cuidar, alimentar y distraer a los turistas, a los cuales, en términos generales, podemos definir como aquellos que viajan fuera de su lugar de residencia. Se trata de una industria muy amplia y compleja que comienza invirtiendo millones de dólares en publicidad y promoción para atraer la atención de los potenciales viajeros. Una vez interesado, el futuro viajero quizás se ponga en contacto con un agente de viajes para contratar los servicios necesarios. La mayoría de los turistas que viajan dentro de su propio país organizan por su cuenta el programa y los servicios durante el viaje, mientras que los que viajan al extranjero suelen utilizar los servicios de un agente de viajes. Con todo, para ciertas áreas de destino, tanto nacionales como internacionales, más del noventa por ciento de las reservas se efectúan a través de las agencias de viajes, que negocian casi todo el mercado de circuitos y cruceros. El agente de viajes puede concertar total o parcialmente el viaje en cuanto a traslados se refiere y muy a menudo también el alojamiento, el alquiler de automóviles y las visitas turísticas. Los servicios pueden estar ya incluidos en un paquete turístico, o bien el viaje puede organizarse paso a paso, individualmente. El turista puede viajar independientemente o integrarse en un circuito en grupo.

Una vez finalizado el trabajo del agente, es el transportista quien deberá llevar al viajero a su destino. Allí los turistas no desean únicamente un ambiente agradable, una habitación y alimentos, también quieren que se les enseñe, que se les tiente, se les excite y se les distraiga —tanto el cuerpo como el ego necesitan masaje. Algunos turistas necesitan descansar; otros quieren cualquier cosa menos descansar. Los turistas que van a Honolulú, por ejemplo, disfrutarán haciendo excursiones a las islas vecinas, pero durante tres días como máximo. Después, el silencio y la tranquilidad resultan aburridos. La mayoría de las áreas de destino ofrecen gran variedad de atractivos, que incluyen comercios, recorridos turísticos y la oportunidad de adquirir un prestigioso bronceado: la prueba definitiva de que el turista ha ido de vacaciones.

Algunos segmentos de la industria turística resultan obvios: el agente de viajes, la línea aérea, el hotel y el restaurante. Según el destino o la región, es de mayor importancia uno u otro de estos segmentos turísticos. En algunos puntos, los hoteles son el factor turístico preponderante, en otros lo serán los restaurantes y los bares (Cuadro 2.A)

Hay que tener en cuenta que los límites del turismo, se imbrican a veces en sectores comerciales que normalmente no se consideran turísticos. Por ejemplo, muchas empresas secundarias viven del turismo —de la adquisición de películas, de las llamadas telefónicas de larga distancia, de la compra de ropa para el viaje y durante el mismo, de las lociones bronceadoras, de las gafas de sol. Además, para muchos viajeros, uno de los mayores atractivos radica en comprar las especialidades locales.

El desarrollo de un área turística —posibilidades, estudios, financiamiento y control— constituye uno de los aspectos más interesantes y complejos del turismo y el análisis de su impacto económico en un área representa una de sus principales dimensiones.

Las oficinas gubernamentales —locales, regionales y nacionales— que planifican y promocionan el turismo deben ser consideradas como parte integrante del extenso ámbito turístico. Dichas oficinas gastan millones de dólares cada año para atraer viajeros a las áreas que representan.

DIFERENTES TIPOS DE ALOJAMIENTOS

En el mundo existen varios millones de habitaciones adecuadas para viajeros internacionales, de las que aproximadamente una cuarta parte se encuentran en Estados Unidos. Según su capacidad adquisitiva y sus preferencias, los viajeros pueden elegir entre muchos tipos de alojamiento, desde dormir en una cabina de 1,6 metros con televisión en Tokio hasta cenar con un duque en Gran Bretaña. Los jóvenes excursionistas están encantados cuando encuentran plaza en uno de los Albergues Juveniles donde pueden extender sus sacos de dormir y usar agua corriente fría a cambio de poco dinero.

El viajante de comercio suele contentarse con un modesto alojamiento en un motel de precio reducido, y el viajero que vaya acompañado de su familia encontrará que un Holiday Inns con piscina y restaurante de precios moderados resulta plenamente satisfactorio. Una persona rica gastará tranquilamente varios cientos de dólares por día en el hotel George V de París, mientras que el viajero que desee un lujo fastuoso y que aprecie el señorío estará encantado viviendo como un gran señor, con un auténtico lord, en Escocia.

El máximo en cuanto a comodidad y servicios se refiere, se puede encontrar en un grupo de lujosos balnearios, que cobran más de tres mil dólares a la semana por una suite. Para el empresario el coste de la comida resulta muy bajo, el huésped tiende a comer poco mientras le están haciendo la manicura, la pedicura y le inician en temas tan esotéricos como el yoga y el control del cuerpo.

Una reciente aparición en el campo del alojamiento para viajeros es el alquiler turístico; los propietarios

unen sus propiedades en una sociedad de alquileres dirigida por un profesional. La administración se queda el sesenta por ciento de las ganancias; el propietario recibe el resto más la reducción de impuestos correspondiente por llevar un negocio. Los propietarios pueden reservarse el tiempo que deseen para su uso personal. Hawai, por ejemplo, tiene miles de estas unidades de alquiler a unos precios realmente competitivos, dado que las habitaciones de hotel son mucho más caras.

El alojamiento puede ser secundario en relación a otras comodidades o servicios ofrecidos por un centro turístico. Muchas fondas de caza y pesca en Escocia demuestran que los servicios pueden ser más importantes que el alojamiento en sí.

El alojamiento denominado de «cama y desayuno» se ha extendido rápidamente por los países occidentales. En Gran Bretaña, centenares de propietarios de casas cuelgan en sus fachadas las siglas «B & B» *(Bed-and-breakfast)*. Surgen por doquier, tanto en pueblos como en ciudades. Las mujeres de los granjeros se han convertido, a menudo, en modestas hoteleras y facilitan una habitación, un baño y un vigorizante desayuno. La calidad de la oferta varía enormemente. Los B & B recomendados por las autoridades turísticas locales siempre están limpios, son agradables e incluyen un desayuno completo con huevos, tocino, zumo de naranja, café o té y tostadas. A menudo los propietarios están jubilados y los huéspedes representan una fuente de ingresos de gran ayuda para ellos, al tiempo que son una manera de combatir la soledad. En el extremo opuesto de la escala de B & B, las camas están desfondadas, las habitaciones no están muy limpias y se está obligado a compartir el cuarto de baño con otros diez huéspedes.

En el extremo superior del alojamiento en casas privadas destacan, en Gran Bretaña, Francia, Alemania y Austria, propietarios de grandes mansiones que aceptan huéspedes. El propietario quizás posea un título de nobleza, la casa puede ser un castillo, el parque que la rodea quizás tenga una extensión de cuatrocientas hectáreas o más; todo el entorno es lujoso y representa la esencia de la buena crianza, del abolengo. A su llegada, los huéspedes son recibidos con servicio de té o con unas copas. La cena es una sucesión de distintos platos regados con vino; las verduras y frutas probablemente provengan de los huertos de la finca, los visitantes reciben el trato reservado a los huéspedes de una casa encantadora. Se puede disfrutar de este tipo de experiencia en casas solariegas de Inglaterra y Escocia, en castillos de Francia y en mansiones de Austria.

Gran parte de la campiña austríaca se convierte en verano en el lugar de vacaciones de los alemanes

---

Cuadro 2.A Preferencias del turismo en el estado de Massachusetts según el orden de importancia

- Establecimientos de alimentos
- Hoteles y moteles
- Campings y caravaning
- Deportes y distracciones varias
- Establecimientos de lavandería y limpieza en seco
- Gasolineras y estaciones de servicio
- Tiendas de regalos y recuerdos
- Habitaciones y casas de huéspedes
- Cines
- Teatros

Cuadro 2.B Tipos de alojamientos para pernoctar		
Albergues	Orientados principalmente a los viajeros jóvenes. Comodidades mínimas. Los clientes a menudo deben ayudar con el trabajo.	Económico
Campings	Interesan principalmente a las familias que viajan en coche caravana.	Económico
Pensiones	Se encuentran en Europa. Parecidas a las casas de huéspedes.	Económico
Casas de huéspedes	A modo de hoteles pequeños y económicos.	Económico
Alojamiento con desayuno (B & B)	Los huéspedes se alojan en casas particulares, con el desayuno incluido.	Económico o caro
Moteles y hoteles de carretera	Proporcionan habitaciones, baño y aparcamiento. Las habitaciones tienen normalmente acceso directo desde el aparcamiento. Por lo común están al lado de autopistas.	Desde muy económico a moderadamente caro
Condominios o ciudades de vacaciones	Se encuentran principalmente en zonas turísticas. Apartamentos completamente equipados.	Similar a las habitaciones en hoteles turísticos de precio bajo a medio
Castillos, palacetes y mansiones	Alojamientos lujosos, con comidas incluidas.	Muy caro
Balnearios	Hoteles o instalaciones con especial énfasis en regímenes dietéticos o tratamiento médico.	Caro a muy caro

Hoteles
  Plan europeo
  Plan americano (PA)
	
	El precio es sólo para la habitación.
	Se incluyen todas las comidas en un precio único (normalmente en hoteles turísticos).	

Plan americano modificado (PAM)
  Pensión completa
  Media pensión
  Hotel con desayuno
	Se incluyen desayuno y cena en el precio (normalmente en hoteles turísticos).
	Igual que PA.
	Igual que PAM.
	Desayuno incluido en el precio. No hay salón restaurante excepto para los desayunos.
		Todos desde muy económicos a muy caros

provenientes del norte. En prácticamente todas las granjas aparecen carteles de *«Zimmer Frei»* (literalmente «habitación libre» - habitación por alquilar). Austria se transforma en una nación de pequeños hoteleros hasta que llega el otoño.

En muchos lugares de Estados Unidos han aparecido también los B & B (cama y desayuno). La mayoría son mucho más completos que la sencilla variedad inglesa; se trata de residencias que podrían ser pequeños hoteles (pero sin licencia de hotel, tal como bares o restaurantes); en muchos de ellos los precios de las habitaciones son tan elevados como los de los hoteles vecinos, o incluso más. Pero en las zonas rurales, igual que en según qué áreas de Nueva Inglaterra, quizás sean los únicos alojamientos disponibles en varios kilómetros a la redonda y además brindan al viajero la posibilidad de conocer a gente distinta de la de su propio lugar de origen.

¿En qué consiste el turismo?

El hotel, principal estructura turística

El turismo implica hoteles, muchos hoteles. Hay cifras que estiman que en todo el mundo existen 11 millones de habitaciones a disposición del viajero, aproximadamente 3,1 millones de las cuales se encuentran en Estados Unidos, donde más de un millón y medio de personas trabajaba para la industria hotelera a principios de los años noventa, según datos facilitados por la US Travel Date Center.

Los hoteles sostienen, participan y ayudan al desarrollo de centros comerciales, centros gubernamentales, centros de ocio y parques de atracciones. Nueva York, Chicago y Los Ángeles sirven como ejemplo de centros comerciales; Washington, D.C. y las capitales de los estados son ejemplos de centros gubernamentales. Las Vegas quizás sea el centro de ocio y de juego mejor conocido, y cuenta con el soporte de una enorme organización de hoteles, moteles y restaurantes. Disneylandia, en California (más el área Anaheim que la circunda), y Disney World, en Florida, ilustran el buen entendimiento entre los parques de atracciones y las empresas hoteleras.

En Estados Unidos, las agencias de viajes deben preocuparse más en encontrar habitaciones de primera clase disponibles en los hoteles en el extranjero que en conocer la totalidad de plazas vacantes, puesto que muchas habitaciones, al no ser de primera clase, no serían del agrado del viajero estadounidense fuera de su país. La clasificación internacional de hoteles que establece cinco clases —lujo, primera, segunda, tercera y cuarta clase— es de muy poca ayuda en el momento de identificar el nivel del alojamiento.

Las clasificaciones, preparadas por la Organización Mundial del Turismo (WTO), no fueron aceptadas por todos los miembros de la organización, y las pautas comparadas a las de Estados Unidos no son muy elevadas. El hotel clasificado de lujo, por ejemplo, únicamente necesita tener cuartos de baño privados en el 75 por ciento de sus habitaciones o apartamentos. Varios países, entre los que se encuentra España, han establecido sus propias pautas y adjudican de una a cinco estrellas según la calidad y la capacidad de servicio que ofrecen los alojamientos.

Las propiedades conjuntas

Las ciudades de vacaciones o condominios son una parte importante del sector del alojamiento y su importancia no cesa de acrecentarse. En su etimología latina, *condominium* significa «dominio conjunto» o «propiedad conjunta». De hecho, el propietario de una vivienda disfruta de la propiedad total de una

unidad en un complejo, al tiempo que habitualmente comparte el coste de impuestos y de mantenimiento, puesto que las diversas facilidades y servicios son comunes, incluyendo en ellas los gastos de seguridad, de conservación y mantenimiento del terreno, de las carreteras y de los servicios recreativos, tales como pistas de tenis, parques y puertos deportivos. A menudo estos servicios son administrados por una empresa independiente. La agencia administradora del complejo puede alquilar la vivienda mediante contrato de alquiler cuando sus propietarios no la usan. Cada propietario puede vender su vivienda independientemente del resto de los demás propietarios.

Se cree que esta forma de propiedad se originó en Milán (Italia) y que llegó al continente americano vía Puerto Rico. En 1958 el gobierno puertorriqueño aprobó la propiedad en condominio y en 1959 obtuvo la vivienda para préstamos hipotecarios. La idea tuvo una amplia difusión en Estados Unidos. En Hawai, en la isla de Maui, por ejemplo, existen muchos más apartamentos según el sistema de condominio que habitaciones de hotel.

Los condominios suelen tener éxito a causa de las ventajas fiscales, de la revalorización de la propiedad y del hecho de que en ausencia del propietario el complejo sigue siendo cuidado y vigilado.

Los viajes de incentivo, de congresos y convenciones

Otro aspecto del turismo que resulta especialmente importante para el sector hotelero es el de las convenciones. Numerosos hoteles dependen, en algunos casos casi exclusivamente, de las convenciones. La cadena Loews manifiesta que casi la mitad de su volumen nacional de ventas proviene de convenciones y congresos. Varios de los más grandes hoteles fueron específicamente diseñados para convenciones. El Hilton de Nueva York y el Americana fueron diseñados y construidos pensados únicamente para este fin.

San Juan, Miami Beach, Las Vegas, Honolulú y muchos otros destinos turísticos observan cómo cada año aumentan los clientes que asisten a conven-

ciones. Según datos facilitados por la International Association of Convention & Visitors Bureau (IACUB), el número de convenciones realizadas por término medio en 349 ciudades de Estados Unidos fue de cerca de 268 mil. Estas convenciones generaron unos ingresos para la industria turística de más de 56 mil millones de dólares.

Una de las razones del incremento de la asistencia a estos congresos sería el estatus fiscal al que se acogen los viajes de negocios, ya que si se justifica que una convención es un gasto de negocios, se puede deducir de los impuestos, y quizás por ello muchas empresas envían a sus empleados a convenciones con cargo a ellas mismas. La asistencia también aumenta debido a que numerosas líneas aéreas ofrecen tarifas especiales de forma que la familia disponga de facilidades para acompañar a la persona que se desplaza en viaje de negocios. Entre el 60 y el 75 por ciento de los asistentes a convenciones van acompañados de sus esposas.

Chicago, Nueva York, Miami Beach, San Francisco, Atlantic City, Washington, Los Ángeles, Anaheim, San Diego, Dallas, Houston y Las Vegas son importantes centros de congresos. Muchas otras áreas se están introduciendo rápidamente en este sector; Acapulco, por ejemplo, tiene un magnífico Centro de Congresos y Convenciones concebido para atraer a la ciudad a grupos de congresistas. Una simple convención puede aportar centenares de miles de dólares.

El mercado de los viajes de incentivo o de congresos y convenciones se convirtió en la década de los ochenta en uno de los más importantes en los principales países desarrollados del mundo. A pesar de la recesión que ha tenido ese mercado en los primeros años de la década de los noventa, se considera que su consolidación está asegurada y requiere una especial atención por parte de los promotores públicos y privados de actividades turísticas, por el volumen de negocio que representa para la industria turística, especialmente en lo referente a las grandes ciudades.

En un estudio realizado a mediados de los años noventa en Estados Unidos por Deloitte & Touch, se estimó que este segmento del mercado turístico representaba un 22,4 por ciento del negocio de las líneas aéreas y un 33,8 por ciento de la industria hotelera del país. El número de congresos y convenciones que se realizan en la actualidad se cifra en más de 690 mil anuales, con una participación de unos 105 millones de delegados. En cuanto a los viajes de incentivo, se cuantificaron en este mismo período en unos 18 mil, con una participación de cerca de dos millones de viajeros.

En los últimos años el número de congresos realizados en todo el mundo, según Union of International Associations, se distribuye de la siguiente forma: 446 en África, 1 802 en América, 1 138 en Asia, 162 en Australasia y 5 269 en Europa.

En cuanto a los países que organizaron congresos, los principales eran: Estados Unidos, Francia, Reino Unido, Alemania, España, Holanda, Italia, Bélgica, Suiza y Japón.

Alojamiento cerca de los aeropuertos

Las relaciones a causa de los negocios se incrementan en las cercanías de los aeropuertos, y por eso se han construido numerosos hoteles habilitados para convenciones en los aeropuertos o cerca de ellos. En 1929 se edificó el primer hotel de aeropuerto de Estados Unidos, la Fonda del Aeropuerto Municipal de Oakland, de 37 habitaciones; le precedieron un hotel de 200 habitaciones en el aeropuerto de Croyden, en Gran Bretaña, y uno en el aeropuerto de Templehof, en Berlín.

La mayoría de las propiedades más nuevas conceden un tratamiento deferencial a los grupos. La tasa de ocupación, del ochenta al noventa por ciento de su capacidad, de los hoteles de aeropuerto es considerablemente más elevada que la de las empresas hoteleras en general. Algunas de las razones son obvias: aquellos que viajan en avión no tan sólo ahorran tiempo sino además los gastos de alquiler de un automóvil o el precio de una carrera en taxi. Los hoteles de aeropuerto facilitan a menudo el servicio complementario de un automóvil o un minibús entre el hotel y el aeropuerto.

Las compañías aéreas y sus filiales hoteleras

Las líneas aéreas se han convertido en uno de los factores más determinantes de la industria hotelera; ambas industrias se complementan mutuamente. Se puede vender una plaza hotelera junto con un pasaje aéreo, reservado por medio del propio sistema de reservas de la línea aérea. Algunas áreas de destino carecen de alojamientos de primera clase, y debido a ello las líneas aéreas construyen y dirigen sus propios hoteles.

Las empresas de transportes internacionales están especialmente interesadas en las cadenas hoteleras. En 1946, la Pan American World Airways estableció como filial la Corporación de Hoteles Intercontinentales y comenzó a invertir y a participar en el ramo de la hostelería en Latinoamérica y en Cuba. En 1948 la empresa Hilton, de la TWA, inició su primera operación en ultramar con el Caribe Hilton

do. Los hoteles Sheraton, propiedad de la multinacional ITT, y los hoteles Hyatt, propiedad de la familia Pritzken de Chicago, adquirieron contratos de gerencia o compraron hoteles en las ciudades más importantes del mundo. Air France es una excepción y su división hotelera —Meridien— se está expandiendo agresivamente.

Los campings, un retorno a la naturaleza

El camping se ha convertido en una forma de vida para millones de personas. A principios de la década de los noventa unos 47 millones de personas, cerca del veinte por ciento de la población de Estados Unidos, se alojaba en campings, que no son tan primitivos como lo fueron en su día; muchos de ellos cuentan con comodidades básicas como lavabos, duchas, electricidad y lavandería. En algunos lugares el cliente puede alquilar aparatos de aire acondicionado, calefactores e incluso televisores.

La utilidad del caravaning

Aunque la tienda siga siendo popular, actualmente muchos campistas utilizan algún tipo de vehículo de recreo —remolque de tienda, caravana, remolque de cinco ruedas, o cualquier tipo de casa con ruedas. La caravana puede equiparse con casi todas las comodidades con que está dotada una casa y pueden dormir en ella hasta seis personas. Tanto la caravana como el remolque de tienda pueden ser desenganchados en el lugar elegido para acampar, quedando así el vehículo que los arrastra disponible para realizar excursiones. Los automóviles caravana constituyen una unidad por sí mismos y son el vehículo de recreo más costoso. Algunos alcanzan los once metros de longitud y están construidos con un chasis tipo bus.

Los remolques pueden detenerse en terrenos de acampada localizados en los parques nacionales, frente a las playas, los lagos, a lo largo de las autopistas más importantes, e incluso en las ciudades. Algunos campings se han convertido en centros turísticos por sí mismos, con piscinas, esquí de fondo, pistas de nieve, toboganes, piscinas con olas, sau-

de Puerto Rico. En un principio, la dirección de los hoteles internacionales estaba en manos de los estadounidenses, y básicamente de cuatro importantes empresas: Hilton Internacional, Hoteles Intercontinentales, Holiday Inn y Hoteles Westin; tres de estas empresas eran propiedad de líneas aéreas: Hilton Internacional pertenecía a la TWA, Hoteles Intercontinentales a Pan Am, y Hoteles Westin a United Airlines. Hacia 1970 casi todas las líneas aéreas de importancia se movían ya en el ámbito hotelero.

Pero la situación ha cambiado desde entonces, las líneas aéreas empezaron a perder centenares de millones de dólares, y las grandes multinacionales comenzaron a introducirse en la industria hotelera internacional. Una cadena británica, llamada Grand Continental, compró los Hoteles Intercontinentales. Trust Houses Forte, otra empresa británica, adquirió docenas de hoteles repartidos por todo el munnas, salas para jugar a cartas, parques de juegos infantiles, circuitos de equitación y excursiones, estanques para pescar y muchas otras distracciones. Algunos tienen sus propios restaurantes y unos pocos cuentan con campo de golf.

La industria de los centros de camping-caravaning ha desarrollado clubs privados para campistas como el Club del Silent Valley, localizado cerca de Idyllwild, California.

Con unos gastos de infraestructura de 6,5 millones de dólares, el parque cuenta con 850 plazas de camping y está siempre completo. Anualmente se ponen en venta alrededor de siete mil tarjetas de socio no exclusivo, que autorizan a su comprador a utilizar un terreno de acampada durante un determinado período del año.

EL TURISMO DEL FUTURO ESTÁ EN LA ESPECIALIZACIÓN DEL SECTOR

La tendencia actual en el sector turístico hotelero apunta hacia la asociación y especialización. La asociación entre los profesionales del gremio aportará una serie de ventajas en los costos financieros y las compras conjuntas de los productos de consumo. De la misma manera como colaboran las grandes cadenas, el trabajo conjunto permitirá a los pequeños y medianos empresarios aportar y recibir ideas que les beneficien.

Hoy, como consecuencia del incremento galopante de las ofertas, tanto en lo que se refiere a los nuevos destinos como a los productos turísticos, los clientes potenciales, es decir, los turistas, tienen muchas más posibilidades de elegir y, en consecuencia, exigen más en todas las variables del producto turístico antes de decidirse a visitar por primera vez un lugar o a repetir su estancia en él.

Esta exigencia de todas las variables del destino turístico se concreta en los puntos que a continuación se detallan:

- Los medios de transporte y accesos rápidos, cómodos, seguros, puntuales e idóneos para cada tipo de persona que los utiliza.
- La información veraz y transparente sobre el destino y el producto turístico.
- La amabilidad y profesionalidad de las personas que van a atender a los clientes desde que abandonan su domicilio hasta la llegada al destino.
- La confortabilidad, adecuación y modernidad de las instalaciones de alojamiento.
- La calidad, idoneidad y amplitud de la oferta gastronómica.

- La variedad, extensión y los atractivos de la oferta de ocio, tanto la interna, en las instalaciones de alojamiento, como la externa o pública, en las calles y plazas del destino turístico.
- La capacidad y perfecto estado de uso de todas las instalaciones del establecimiento hotelero, así como, por extensión, del destino turístico, para cada segmento de clientes.
- Las respuestas idóneas para cada tipo de consulta, queja o reclamación que conduzcan a dar satisfacción al cliente.
- La seguridad apropiada para cada segmento de clientes (niños, minusválidos, ancianos, etc.).
- Una relación equilibrada entre precio y calidad tanto de la oferta hotelera como de la extrahotelera.

Para atraer y fidelizar clientes en un mercado en el que se da, a veces, un exceso de oferta, se tendrán que ofrecer atractivos suficientes y especiales para asegurar al usuario una garantía de calidad, con una estancia sin problemas, un destino turístico especializado para cada colectivo y un «algo más», capaz de sorprenderle agradablemente.

Así como son interesantes la asociación y la especialización, lo es también el esfuerzo por mejorar la relación ocupación-precio en cada período del año, a través del «marketing total» adecuado, que evite dimensionar y acotar en exceso cada especialidad. Las ideas expuestas se detallan a continuación en los siguientes puntos:

- En el mínimo tiempo. En un mercado con una oferta que crece de forma galopante, tanto en lo que se refiere a los nuevos destinos como a los amplísimos y variados productos, no hay tiempo que perder.
- Con la máxima eficacia. Porque, al poder escoger, los clientes se vuelven más exigentes y difunden en su entorno tanto lo positivo como lo negativo. Una vez más, y especialmente en el mundo de los servicios, los errores se pagan.
- Con diferencias ostensibles con la competencia, para que los clientes las puedan captar y se sientan atraídos por ellas. Difícilmente se crearán atracciones en las expectativas segmentadas de los clientes, si no optamos por especializarnos precisamente en algunas de ellas.
- No dimensionar en demasía cada especialidad. Esta postura puede provocar una oferta homogénea excesiva, lo que ocasionaría el mismo fenómeno que ya conocemos cuando la oferta heterogénea es igualmente excesiva, es decir, los bajos precios.
- Mejorar la relación ocupación-precio. El primer objetivo de la especialización, y por eso hay que

hacerla muy bien, es mejorar el nivel de precios que están dispuestos a pagar los clientes por nuestra nueva oferta, de tal forma que la relación ocupación-precio resulte más beneficiosa para la cuenta de explotación.

- En cada período del año. A veces se cree que la alternativa de la especialización debe ser homogénea para todo el año. Como consecuencia de ello se derivan las dudas sobre la viabilidad económica de esta idea, al existir la certidumbre de que se perderán determinados clientes actuales si se cambia el tipo de oferta. La segmentación puede ser distinta en cada período del año, y compatible con otros segmentos no enfrentados respecto a las expectativas de los clientes.
- A través del «marketing total» apropiado. Segmentar significa adecuar el producto a unas expectativas y comercializarlo a través de los canales más directos a cada uno de los segmentos que hemos escogido. Y esto debe acompañarse de un «marketing interno», en lo que se refiere a la adecuación de los detalles y el contenido del producto, y de un «marketing externo», desde el momento en que salimos

al mercado a través del canal apropiado para venderlo. Realizar de forma eficiente estos dos tipos de marketing da lugar al «marketing total», que consigue atraer clientes y fidelizarlos con el beneficio suficiente para seguir alimentando este circuito de manera continuada en cuanto a la calidad del producto, la eficacia de los canales de comercialización y la rentabilidad de las inversiones.

Para transitar con sentido entre un producto heterogéneo y un producto segmentado, éstas son las partes de la oferta que cada especialización debería potenciar y publicitar.

El turismo es total o no es turismo

Cuando la demanda era inferior a la oferta, cualquier territorio que contara con un hotel bien situado o un restaurante famoso y prestigioso tenía visitantes dispuestos a gastar allí su dinero. En la actualidad, la oferta no sólo es superior a la demanda sino que además resulta excesiva. En consecuencia, para atraer y fidelizar a los visitantes se ha de conseguir que todas las personas que trabajan en ese destino turístico piensen y actúen coherentemente en el marco de la cultura turística.

El comercio, la oferta de ocio, la seguridad ciudadana, los accesos, el urbanismo, la arquitectura, los signos visibles de la calidad de los detalles, y así sucesivamente, también forman parte del turismo, y deben resultar de tal forma que se vean satisfechas las expectativas de los visitantes, sorprendiéndolos positivamente al encontrar diferencias favorables con respecto a otras experiencias vacacionales y viajeras. De lo contrario, elegirán otro destino que les satisfaga más.

El turismo también es transversal

Hay actividades económicas que pueden tener éxito sin la complicidad de otras actividades. El turismo, para tener éxito, necesita que todo lo que afecte al destino turístico, dependa de quien dependa, se organice y se publicite para favorecer primero la satisfacción y luego la posterior fidelización de los visitantes. Esta prioridad debe implicar una buena coordinación entre los responsables públicos y los del sector privado, porque la idea de la transversalidad también se ha de extender a la coordinación de acciones entre municipios, con el fin de evitar que todo lo que quiera convertirse en objetivo turístico tenga los mismos equipamientos (campo de golf, puerto deportivo, etc.), con el consiguiente exceso de oferta ante una demanda que presiona por la competitividad de los precios, lo que acaba por sacrificar la calidad por la cantidad. Otro ejemplo de la necesaria transversalidad del turismo lo ofrece la organización y publicitación del ocio. Cuando no se aplica este criterio puede ocurrir que a las mismas horas se celebren actos, similares o no, en municipios contiguos que compiten entre sí, y con escaso público en cada una de las distintas opciones de ocio.

Una vez situados en el «turismo total», el «turismo transversal» y el «marketing total», podrán concretarse las diferentes partes de que debe constar cada oferta especializada para que encaje con suavidad, y sin holguras, en su correspondiente segmento de clientes:

1. Especialización en el hotel balneario. Es recomendable que éste se entienda como un hotel con todos sus servicios, con la especialidad añadida de ser también un balneario. Para ello, debería como mínimo cumplir las siguientes exigencias:
• Estar situado cerca de aguas termales.
• Que los clientes tengan posibilidad de acceso a las aguas termales.

Muchos municipios han visto en los campos de golf un medio para atraer un turismo de alto poder adquisitivo. Sin embargo, es primordial que exista una buena coordinación a fin de evitar que en un radio de pocos kilómetros se concentren más de una de estas instalaciones.

• Disponer de salas para poder practicar ejercicios de rehabilitación.
• Contar con un equipo médico sanitario y fisioterapeuta.
• Tener salas de descanso y lectura.
• Disponer de salas de juego, de televisión y cafetería.
• Incluir en la carta un menú dietético como oferta gastronómica complementaria.
• Organizar actividades de entretenimiento como oferta de ocio al cliente.
• Proporcionar una amplia oferta deportiva para toda la familia.

2. Especialización en estancias de esquí en la época invernal, y de montaña durante todo el año, teniendo en cuenta que esta especialidad puede desdoblarse en la de alta montaña sin esquí, y en tal caso la oferta debería ampliarse con otros servicios, como excursiones en vehículos todoterreno, paseos a caballo, escalada... Para poder ofrecer esta especialidad, el hotel debería, como mínimo, cumplir los siguientes requisitos:
• Estar situado en una zona de alta montaña y en el entorno de una estación de invierno.
• Disponer de salas de juegos, lectura y televisión.
• Contar con un recinto para guardar los esquís.
• Tener armarios para guardar el equipo de esquí, como mínimo en un 80 % de las habitaciones o apartamentos.
• Ofrecer un servicio de información climatológica.
• Contar con habitaciones con literas para grupos.
• Incluir una oferta gastronómica autóctona.
• Proporcionar una oferta de ocio para después de las actividades deportivas.
• Ofertar excursiones con los medios de transporte adecuados.
• Facilitar la máxima información posible sobre el destino, tanto de los servicios disponibles como de todas las actividades lúdicas y deportivas que se organizan o pueden disfrutarse en él.
• Contar con un aparcamiento cubierto.
• Disponer de radiadores en cada habitación para poder secar la ropa.

3. Especialización como hotel casino. Para poder complementar los servicios de un hotel de lujo con

un casino, y así reforzar esta especialidad, debería cumplir como mínimo los requisitos que a continuación se especifican:
- La presencia del casino de juego en el recinto del propio hotel.
- Un servicio permanente de restaurante y bar durante las horas de funcionamiento del casino.
- Un servicio de cajero automático.
- Un servicio de cajas de seguridad.
- Ocio y espectáculos complementarios.
- Un aparcamiento seguro, suficiente y de fácil acceso.

4. Especialización en estancias deportivas para grupos. Para tener éxito y disfrutar de prestigio en el mercado de este tipo de especialidad, debería disponerse como mínimo de los siguientes apartados:
- Unas instalaciones o recintos adaptados para la práctica de alguno o algunos deportes de competición (baloncesto, tenis, *squash*, etc.) dentro del propio hotel, o bien en el exterior, pero en este caso con fácil acceso para los clientes del establecimiento hotelero.
- Un servicio de comedor adaptado al número, los horarios y las características de las comidas que interesen a estos colectivos.
- La presencia de monitores deportivos.
- Saunas y salas de masaje.
- La posibilidad de adquirir y/o alquilar el material adecuado para la práctica deportiva.
- Organización de competiciones.
- Bar y/o cafetería con oferta de entretenimientos.
- Una instalación de piscina climatizada cubierta.

- Servicio de vídeo y biblioteca.
- Servicio médico.
- Lugares donde depositar el material deportivo.
- Aparcamiento para autocares.
- Personal preparado para la práctica de primeros auxilios.
- Taller interno o externo para poder reparar el material (raquetas, bicicletas, velas...).
- Alquiler interno o externo de material deportivo.

5. Especialización en hotel de negocios. En la actualidad ya no es necesario construir hoteles de negocios en el centro de las grandes ciudades, pues la dispersión de los lugares en los que se celebran ferias y salones, además de la facilidad de las comunicaciones, permiten ampliar el radio de ubicación de este tipo de establecimientos. Esta especialización se reforzará si el hotel dispone, como mínimo, de los siguientes recursos:
- Salas de conferencias dotadas de material audiovisual.
- Salas para celebrar reuniones.
- Despachos disponibles para los clientes.
- Servicios de secretariado y traducción.
- Insonorización exterior, vertical y horizontal.
- Área de restauración con diversificación de fórmulas, incluido el bar de encuentro.
- Servicio de telefax individual.
- Medios informáticos actualizados.
- Varios equipos audiovisuales.
- Teléfono en las habitaciones.
- Radio y televisión en las habitaciones.

- Servicio de mensajería.
- Servicio de consigna.
- Una oferta variada para los acompañantes (visitas culturales, ocio, circuito de compras, etc.).
- Silencio.
- Aparcamiento suficiente y seguro.

6. Especialización en hotel de gran lujo. Para tener éxito en esta especialidad se ha de poder ofrecer de todo y ese «todo» ha de ser mejor que el de los demás. Por ello será preciso que el edificio:
- Sea de construcción de primera calidad y gran confort.
- Disponga de climatizadores de aire en todas las instalaciones y dependencias.
- Cuente con un 10 % como mínimo de habitaciones con salón privado.
- Posea una gran suite o suite presidencial.
- Cuente con un garaje con capacidad suficiente para todos los clientes.
- Tenga servicio de habitaciones completo durante las 24 horas (*room-service*).
- Disponga de una gran área de salas de reuniones.
- Ofrezca una extensa oferta de cadenas de radio y televisión en todas las habitaciones.
- Disponga de nevera-bar en las habitaciones.
- Facilite al cliente la posibilidad de escoger entre diferentes fórmulas de restauración.
- Disponga de salón de peluquería.
- Cuente con lavandería.
- Contenga un área comercial.
- Facilite una extensa y variada oferta de servicios (guardería, animación...).
- Disponga de una decoración de buen gusto y con objetos de calidad.
- Proporcione una completa información, contactos y servicios de la zona y alternativas para los acompañantes.

Además de peluquerías y otros servicios, en los edificios de todos los hoteles de lujo existen tiendas en las que pueden adquirirse objetos de regalo como los que se ven en la fotografía. Aquellos cuya oferta se dirige a la tercera edad incluyen también la organización de actividades lúdicas y deportivas.

- Disponga de sauna, piscina climatizada, solárium, servicio de canguro...

7. Especialización en la hospedería. Para poder especializarse en esta modalidad, el edificio deberá formar parte de un conjunto arquitectónico con una iglesia o capilla y/o santuario de renombre popular con culto abierto al público, horario amplio y persona encargada de la atención de la iglesia, capilla o santuario. El estilo de alojamiento de una hospedería debe recrear la paz y el sosiego de los antiguos monasterios, además de incorporar, al menos en parte, su austeridad idiosincrásica.

8. Especialización en estancias familiares. Para adecuarse a esta especialidad es recomendable que el establecimiento disponga como mínimo de los requisitos que se detallan a continuación:
- Espacios con finalidad lúdica para niños, que cumplan las normas de seguridad exigidas por los organismos correspondientes.
- Una habitación equipada con nevera, lavadora, calentador de biberones y papillas, y un servicio de plancha a disposición de los clientes las 24 horas del día.
- Un servicio de guardería infantil.
- Un servicio de animación apropiado.
- Menús adecuados para niños.
- Sillitas altas en los comedores.
- Espacios para cambiar los pañales.
- Mecanismos que impidan que los niños accedan por sus propios medios a los balcones y las terrazas, que estarán acondicionados para que los pequeños no puedan trepar por las barandillas ni lastimarse con los barrotes.
- Piscina infantil.
- Protectores que impidan que los niños puedan introducir los dedos en los enchufes eléctricos.

A la izquierda, página web del Waldorf-Astoria de Nueva York, uno de los hoteles más lujosos y caros del mundo.

- Personal joven para la organización del ocio de niños y jóvenes.
- Minitienda de artículos para niños (leche, papillas, pañales...).
- Habitaciones grandes con dos camas dobles, con posibilidad de añadir camas auxiliares.
- Alquiler de calentadores de biberones y papillas para instalar en cada habitación.

9. Especialización en estancias para la tercera edad. Este segmento de clientes, cuya importancia no hace sino aumentar día a día, exige, para poder satisfacer sus expectativas, que los hoteles cumplan los siguientes requisitos:

- Salones alternativos con aparatos de televisión para que puedan verse en el establecimiento diferentes canales.
- Salas de juegos.
- Organización diaria de actividades lúdicas y servicio de animación apropiados para este segmento de clientela.
- Adaptación o supresión de las barreras arquitectónicas en los accesos y las zonas comunes del hotel y en un número elevado de habitaciones.
- Ofrecer menús con alimentos y condimentos adecuados, con opciones de seguir dietas específicas por razones de salud.
- Facilitar asistencia médica en el propio hotel las 24 horas del día, todos los días de la semana.
- Ofrecer un trato muy personalizado, cariñoso y comprensivo.
- Personal de relaciones públicas que los atienda y oriente.
- Servicio de biblioteca y prensa diaria.
- Servicio de reserva de excursiones.

10. Especialización en estancias escolares. Para poder especializarse con éxito en este segmento de clientes se deben tener como mínimo las características que a continuación se detallan:

- Espacios exteriores amplios y seguros para actividades físicas.
- Salas de juego y diversiones apropiadas, tales como billar, futbolines, ping-pong, mesas para talleres de dibujo, manualidades...
- Instalación de piscina y espacios interiores adecuados para juegos y reuniones.
- Monitores para actividades específicas.
- Servicio de comedor con una dieta sana, equilibrada y variada.
- Instalaciones y decoración sobrias.
- Talleres y espacios suficientes para llevar a cabo actividades culturales y de aprendizaje general.

Cada una de las características descritas no pretende sino servir de ejemplo de lo que el concepto de especialización significa dentro del sector hotelero. Cada empresario concretará el contenido de su especialización en función de sus conocimientos teóricos, su experiencia, su información y las posibilidades a su alcance. Es muy importante que todas las personas que se ocupan de la atención al cliente, desde los empresarios hasta el último empleado, formen un equipo y contribuyan al éxito conjunto de la organización. En este sentido, es muy importante que el personal:

- Dé siempre prioridad al cliente antes que a cualquier tarea.
- Atienda con exquisita amabilidad al cliente.
- Responda con agilidad y eficacia al cliente.

- Trate al cliente por su nombre.
- Se presente por su nombre al cliente, además de llevar puesta bien visible la placa de identificación.
- Busque siempre soluciones a cualquier solicitud de los clientes.
- Cuide su presencia y su higiene.
- Sea a la vez discreto y sociable con los clientes.
- Informe de la oferta gastronómica a los clientes.
- Proporcione información detallada de los eventos que se celebran en el destino.

Todas estas recomendaciones en la especialización del sector, que afectan principalmente al sector privado, también es muy importante que se hagan extensivas al sector público o al que se vincula directamente con los gestores y las administraciones públicas. De ellos dependen los factores medioambientales, la limpieza y accesibilidad del entorno, la seguridad de la vía pública, un tráfico adecuado y organizado, el respeto al silencio y el descanso de los vecinos, velar por un entorno bello y equilibrado, donde exista armonía entre los edificios y la naturaleza. Todo esto fomentará el «turismo total» y contribuirá a la calidad conjunta del destino turístico.

LOS CENTROS DE ATRACCIÓN TURÍSTICA

El atractivo turístico es por definición todo aquello que atrae al turista, y constituye una parte importante del turismo. Los atractivos turísticos toman diversas formas, que según parece sólo están limitadas por la imaginación. El Smithsonian Institute, en Washington D.C., debido a sus intereses educativos atrae a doce millones de visitantes cada año.

La belleza natural, tal como se puede encontrar en el Gran Cañón, en el Parque Natural de Yellowstone, o en los Alpes suizos, es un atractivo sobre el que el ser humano tiene relativamente poco control. El sur de Florida cuenta con una serie de manantiales naturales —Silver Springs, Weeki Wachee y Cypress Gardens— que están muy bien explotados, pero quizás el atractivo natural más popular de Estados Unidos sea el Gran Cañón.

Entre los objetos creados por el hombre que gozan de mayor interés turístico en el conjunto de Estados Unidos destacan: el Golden Gate, en San Francisco; el monte Rushmore, en Dakota del Sur; el Astrodome, en Houston; la estatua de la Libertad, en Nueva York; Hoover Dam, en la frontera entre Arizona y Nevada; Disney World, en Florida; el Gateway Arch, en San Luis, y el edificio del Empire State, en Nueva York.

Los monumentos históricos suponen un interesante aliciente para el visitante a la hora de planificar un viaje. En la página siguiente, la fortaleza del Morro en San Juan de Puerto Rico, ciudad que conserva notables restos de su pasado colonial.

Los acuarios pueden ser instalados prácticamente en todas partes y son muy populares en Ohio, Florida, sur de California y Hawai. Las carreras de perros y de caballos, en realidad cualquier tipo de concurso en el que se pueda apostar, tienen una enorme aceptación, al igual que los casinos que atraen a millones de personas ¡y de dólares!. Los museos y los zoos siempre constituyen atractivos turísticos, del mismo modo que los restos arqueológicos y las restauraciones, si se efectúan y se promocionan debidamente. Casi todas las islas del Caribe tienen un fortín antiguo. Hawai es muy afortunada al tener varios vestigios de tiempos pasados: templos, una ciudad refugio y dos residencias de la realeza autóctona. El castillo de Hearst, en California, es la segunda atracción de este estado, después de Disneylandia.

En el Reino Unido y en gran parte de Europa una de las atracciones más destacables son los centenares de palacios, castillos, catedrales y monumentos. Por los edificios históricos ingleses desfilan millones de personas, siendo la torre de Londres, con más de 2,5 millones de turistas al año, el monumento más visitado. El Reino Unido está repleto de casas históricas y de hermosos jardines y es el objetivo de los amantes de la literatura inglesa y del teatro. Pero incluso estos lugares de interés necesitan promocionarse para tener éxito; el duque de Bedford se convirtió en empresario y añadió elementos nuevos a la abadía de Woburn para atraer al turismo; el marqués de Bath ha añadido unos leones vagabundeando en libertad al atractivo de su casa isabelina, que acoge a cientos de miles de visitantes, mientras que otro aristócrata atrae a los visitantes gracias a su colección de coches antiguos. Diversas casas ducales —Blenheim Palace, Belvoir Castle, Alnwick Castle, Arundel Castle y Chatsworth— atraen a cientos de miles de personas.

Todos los escoceses del mundo mantienen aún románticamente la idea del clan. Varios cientos de miles de visitantes, muchos de ellos del clan Campbell, visitan la residencia de su jefe, el castillo de Iveraray en Argyle. Otros tantos del clan de los Murray visitan el castillo de Blair en Perthshire, Escocia, para entrever por un instante al duque de Atholl y a su pequeño ejército privado, el único permitido en Gran Bretaña. Un turista puede estarse semanas yendo de

una de estas casas solariegas a otra, todas ellas envueltas en historias y leyendas. El paso del tiempo añade interés —barcos antiguos, viejas minas, locomotoras antiguas. Las pirámides de Egipto son las únicas supervivientes de las siete maravillas de la Antigüedad y constituyen actualmente la principal razón para visitar Egipto. Gran número de atractivos turísticos motivan el resurgimiento de la historia de la zona, permitiendo así que el turista vuelva atrás en el tiempo y experimente la historia a través de un tamiz, es decir, sin los inconvenientes y las frustraciones de la época.

La Comisión Turística Irlandesa realiza un magnífico trabajo transportando a los turistas varios centenares de años atrás, antes de la llegada de los ingleses a Irlanda. Se han restaurado tres castillos pertenecientes a este período cerca del aeropuerto de Shannon, y se organizan excursiones a los castillos, que es como sumergirse en la historia. Un banquete medieval incluye pan poco refinado y el aguamiel propio de aquel entonces. Una representación de la época ameniza el banquete —la actuación realizada por actores y cantantes vestidos al uso, proporciona un compendio de historia irlandesa que no se podría obtener leyendo un libro. Los comentarios históricos se añaden a los hechos gracias a los guías de la excursión.

Los turistas de hoy saben apreciar el encanto de una zona y de su pasado. Saben responder muy bien al atractivo turístico que les ofrece algo más que una mera distracción, como ocurre con las grabaciones de comentarios que incluyen datos históricos y que forman parte de los recorridos turísticos en autocar y en ferry, por ejemplo en Hong Kong. Los trajes y los complementos auténticos le añaden verosimilitud. Una distracción turística de poca calidad quizás atraiga visitantes por una vez, pero no conseguirá una clientela. Las tiendas de regalos, si están bien dispuestas, pueden ser una exhibición visual en vez de una trampa para turistas. Los objetos en venta deberían reflejar, por lo menos parcialmente, lo más propio de la zona.

Formas de desarrollo

Harrison A. Price, presidente de la Asociación para Investigaciones Económicas, una empresa que ha investigado mucho en cuanto a planificación, opina que un atractivo turístico puede desarrollarse de cuatro formas distintas: sacando partido de algún punto de la naturaleza, como puede ser un lago, una montaña o una garganta; promocionando una situación; potenciando una reputación, o creando algo a partir de nada.

Price considera que muchas de las áreas de atracción de Estados Unidos se han conseguido sacando partido de asentamientos naturales. El lago Tahoe, en el norte de California, sería un ejemplo. La urbanización de este lago complementa las bellezas de un cristalino lago azul, de las montañas y de un paisaje de gran altura, con campos de golf, centros de deportes acuáticos, pistas de esquí, alojamientos, restaurantes, clubs nocturnos, comercios y establecimientos de servicios.

La belleza natural se combina con el interés cultural del Festival de Música de Tanglewood que tiene lugar cada verano en Berkshire County, Massachusetts, y atrae a unas doscientas mil personas que acuden para escuchar a la Orquesta Sinfónica de Boston y disfrutar de las montañas de Berkshire.

La segunda forma más frecuente para crear un centro turístico es la de sacar partido de una situación. Gatlinburg, Tennessee, que se encuentra en la entrada del parque nacional de Great Smoky Mountains, sería un buen ejemplo. Al parque acuden por término medio unos ocho millones de visitantes, y según el Servicio Nacional de Parques, es el lugar más apropiado para moteles, restaurantes y comercios.

Sacar partido de la reputación de un lugar implica idear acontecimientos y ofrecer facilidades que conjuguen armónicamente con la reputación previamente establecida. Olvera Street, en Los Ángeles, se anuncia como el barrio de la comunidad mexicano-

americana, y su carácter, y por lo tanto su atractivo, se ven reforzados por espectáculos bien ambientados y por festivales. El antiguo puerto ballenero de Lahaina, en Maui, Hawai, y la reconstrucción de su historia particular se está imponiendo con mucha fuerza como atracción turística. Milwaukee saca partido de sus raíces germánicas y desarrolla un importante festival similar a la fiesta de octubre de Munich. Nueva Orleans y Río de Janeiro son mundialmente célebres debido a sus fiestas que preceden a la cuaresma: el *Mardi Gras* y los carnavales.

Un ejemplo fundamental en cuanto a atractivos creados a partir de la nada son las ferias mundiales. Aunque una feria o exposición mundial en general sólo funciona por uno o dos años, una vez acabada la feria, algunas de sus partes pueden quedar abiertas y presentar algún interés turístico. En 1962, por ejemplo, la feria mundial de Seattle obtuvo un gran éxito; debido a ello se mantiene en funcionamiento el monorraíl, el restaurante Space Needle y el parque de atracciones Fun Forest, con lo que se ha conseguido un centro permanente de esparcimiento. Del mismo modo, la isla de recreo de La Ronde, que formaba parte de la Exposición de Montreal de 1967, se mantiene como atracción turística.

Price señala que el estadounidense de hoy desea ante todo que le diviertan, distraigan, instruyan e informen, por lo que recomienda que se potencien las atracciones educativas y culturales, como pueden ser los festivales de música y los monumentos históricos. Cada vez más, dice Price, la gente siente la necesidad de justificar sus viajes incluyendo en ellos lo que tal vez se podría llamar un «objetivo provechoso».

Otro punto que se debe tener en consideración al planificar un atractivo turístico, dice este mismo autor, es que debe reflejar el hecho de que las masas, al disfrutar de mayor tiempo de ocio y de un nivel de educación más alto, han tenido un enorme incremento en cuanto se refiere a su gusto y expectativas. El viejo túnel del terror de tipo familiar o aquellos espectáculos al borde de la carretera de un reptil en su cueva ocupan actualmente un ínfimo puesto en el ambiente turístico.

¿En qué consiste el turismo?

Nuevos intereses turísticos

Debido a nuestra nostalgia por las cosas referentes al pasado, muchos barcos antiguos se han ido conservando al ser valorados tanto histórica como educativamente. Una réplica del *Mayflower* amarrada en Plymouth, Massachusetts, atrae a miles de visitantes cada año. El buque insignia de lord Nelson constituye una atracción similar en Portsmouth, Gran Bretaña. El barco *Constitution,* propiedad de Estados Unidos, atrae a miles de personas al puerto de Boston, y otros miles más viajan para ver Pearl Harbor, en Honolulú. Una de las principales atracciones de Estocolmo es un barco de guerra del siglo XVII, el *Wasa,* sacado de las aguas del puerto de Estocolmo, donde había permanecido unos trescientos años; de hecho, este barco nunca se hizo a la mar; tras la ceremonia de bautismo se hundió.

El *Queen Mary,* el famoso transatlántico, recibe muchos más visitantes como museo y hotel de los que nunca tuvo como barco de pasajeros. Este lujoso transatlántico está actualmente amarrado en el puerto de Long Beach, California, donde, con una inversión de 52 millones de dólares, se ha convertido en una importantísima atracción turística.

Como muchas empresas en el mundo de los negocios, la introducción del *Queen Mary* como atracción turística chocó con problemas económicos. Aunque el barco, que en 1936 costó 28 millones de dólares, fuera comprado por la ciudad de Long Beach a la empresa naviera Cunard por sólo 6,6 millones, los gastos para convertirlo en un museo naval y un centro de convenciones se dispararon más allá de todas las previsiones. Una comisión de trabajo del estado dirigió la construcción, obreros navales sindicados trabajaron en el proyecto, incrementando los gastos de las obras en 6,6 millones. Un amarre permanente cuesta 7,9 millones de dólares. La instalación de un aparcamiento adicional en el lugar costó otros 2 millones, pero después de varios años de pérdidas económicas, el *Spruce Goose* de Howard Hughes, el mayor avión del mundo, se incorporó al complejo recreativo del *Queen Mary*, y los ingresos comenzaron a remontar.

Lo más alto, lo más grande, lo más largo, lo más profundo, «todo» puede crear interés —el Centro de Comercio Mundial, en Nueva York, y el edificio de John Hancock, en Chicago, con sus restaurantes en las nubes son unos buenos ejemplos.

Habitualmente y a causa de su grandiosa arquitectura, lugares sagrados, catedrales y monasterios también pueden ser muy atrayentes para los turistas, como San Pablo, en Londres, la catedral de Notre Dame, en París, la catedral de Colonia, en Alemania,

En la fotografía de la página siguiente, paseo en barca por los jardines del lago Xochimilco en México, fielmente reproducidos en el pabellón de este país en el recinto de Disney World, uno de los parques de atracciones más visitados del mundo.

y la basílica de San Pedro, en el Vaticano, son ejemplos destacables.

Algunos de los atractivos turísticos con mayor éxito contribuyen a evocar el carácter de la zona. El Parque de Vida Marina, en la isla de Oahu, está construido en pleno océano y contiene un arrecife de coral viviente. Para asegurar nuevas exposiciones, el doce por ciento de los beneficios anuales está destinado al Instituto Oceánico, un organismo de investigación que desarrolla información e ideas para ser usadas en el parque.

Más o menos, todo puede atraer visitantes a un área: pimientos cocinados al aire libre en una diminuta ciudad de Texas; un rally de coches antiguos en Woodstock, Vermont; una carrera en globos de aire caliente en Temecula, California, etcétera.

Quien no esté de acuerdo con la afirmación de que se puede lograr una atracción turística a partir de la nada, debiera visitar el lago Havasu City, en Arizona. Ahí, en pleno desierto de Arizona, se alza el verdadero puente de Londres, un puente que antes cruzaba el Támesis. Ahora cruza una ensenada de pocos metros de profundidad, una obra realizada para acarrear agua desde una pequeña bahía formada por el lago Havasu, que a su vez se forma a partir de la presa denominada Parker en el río Colorado. Sólo el Gran Cañón resulta más turístico en Arizona que el puente. Casi el 95 por ciento de los visitantes de Havasu City cruzan el puente para ir de compras al pueblo inglés, que cuenta con pubs y con freidurías de pescado y de patatas, entre otras atracciones.

La historia de este puente en el desierto es interesante. En 1968, el urbanista Robert McCullock, Sr., buscaba algo que llamara la atención sobre la proyectada comunidad de Lake Havasu City; por aquel entonces Londres decidió vender su puente porque dicha estructura, de granito y de piedra maciza, se estaba hundiendo poco a poco en el movedizo lodo del Támesis. McCullock consiguió el puente con una oferta de 2,46 millones de dólares.

Se numeraron las piedras para volver a juntarlas y en el desierto de Arizona se utilizó hormigón armado en lugar de piedras para así dejar el interior del puente vacío; además, este espacio se podría aprovechar cualquier día para instalar un museo y

tiendas. El puente fue inaugurado en 1971. En la actualidad, el visitante ya no se sobresalta tanto cuando, después de estar conduciendo durante horas a través del desierto, puede cruzar el puente de Londres y pasear por un pueblecito inglés en miniatura. El cartel reza: «El puente queda mejor aquí que en Londres», y es cierto, porque el sol de Arizona ha blanqueado el granito que estaba oscurecido por el tiempo y le ha devuelto su color original.

El negocio de los parques de atracciones

Existen más de setecientos parques de atracciones en Estados Unidos de los cuales, al menos treinta son regionales con un tema central y atraen visitantes desde un radio superior a los ochocientos kilómetros. Los mayores parques de atracciones cuentan con el conjunto del país como mercado de demanda, y unos pocos son conocidos a nivel mundial. Disneylandia, que se inauguró en Anaheim, California, en 1955, con un coste de 135 millones de dólares, tiene unos 12 millones de visitantes al año. Disney World, en Orlando, Florida, abrió en 1971 con una inversión de 282 millones. Con su centro futurista EPCOT, abierto posteriormente, y los estudios MGM,

Disney World atrae a unos 28 millones de personas. Las empresas Disney introdujeron un nuevo concepto de parque de atracciones que fue rápidamente imitado por otros empresarios. Six Flags, S. A., dirige parques en Texas, Georgia, y New Jersey. La Marriot Corporation tiene los parques Great America en Santa Clara, California, y en Gurnee, Illinois. Todos los parques estimulan positivamente los viajes provenientes tanto del mismo país como del extranjero.

Estos parques han evolucionado mucho desde sus inicios, y en la actualidad sus visitantes pueden vivir emociones fuertes como las montañas rusas, pero también pueden disfrutar de los muñecos animados dirigidos por computadoras electrónicas; escuchar a los presidentes estadounidenses del pasado que hablan y se mueven como si fueran de verdad, también pueden pasarlo bien con los osos que cantan y bailan y los loros que silban y ríen. En los Estudios Universal una ballena mecánica gigante arremete contra los visitantes; los rayos láser y los hológrafos introducen a los visitantes en la vida tridimensional. Pero aún se puede conseguir más.

En la actualidad, la gente puede disfrutar de la experiencia de un viaje al pasado, al futuro, o a lo más recóndito de la naturaleza, de tal manera que las clases magistrales parecen de lo más aburrido.

Cuadro 2.C Principales parques temáticos en EE UU	
Parque y situación	Nº. de visitantes en millones (media anual)
Walt Disney World* Lake Buena Vista, Florida	28,0
Disneyland Anaheim, California	11,6
Universal Studios Florida Orlando, Florida	5,9
Universal Studios Hollywood Universal City, California	4,5
Knott's Berry Farm Buena Park, California	4,0
Sea World of Florida Orlando, Florida	3,4
Sea World of California San Diego, California	3,3
Six Flags Magic Mountain Valencia, California	3,2
Cedar Point Sandusky, Ohio	3,0
Santa Cruz Beach Boardwalk Santa Cruz, California	3,0
Six Flags Great Adventure Jackson, Nueva Jersey	2,9
Busch Gardens Tampa, Florida	2,9
Kings Island Kings Island, Ohio	2,8
Six Flags Over Texas Arlington, Texas	2,7
Six Flags Great America Gumee, Illinois	2,6
Great America Santa Clara, California	2,3
Kings Dominion Doswell, Virginia	2,3
Six Flags Over Georgia Atlanta, Georgia	2,2
Busch Gardens Williamsburg Williamsburg, Virginia	2,2
Opryland Nashville, Tennessee	1,9

* Incluye The Magic Kingdom, EPCOT Center y Disney-MGM Studios Theme Park.

Fuente: *Travel Industry World Yearbook.*

La Vitrina de Exposición del Mundo, parte del prototipo Experimental de la Comunidad del Mañana (EPCOT), en Disney World, es una especie de Exposición Mundial permanente con una serie de enormes pabellones, cada uno de ellos construido en relación a un país determinado, y que incorporan trajes y arquitectura auténticos. En el pabellón de México los huéspedes visitan en barcazas los Jardines de Flores de Xochimilco.

Los circuitos de terror del mañana harán que, en comparación, los de hoy parezcan un simple tiovivo. Montañas rusas desprovistas de raíles se moverán libremente, a toda velocidad, por una guía tubular descubierta, subiéndose por las paredes en los giros bruscos como un trineo de balancín. La levitación magnética, en lugar de las ruedas de acero, puede facilitar otro tipo de recorrido.

La atracción turística debe tener altura y profundidad. El parque tipo feria de antaño ha evolucionado hasta el parque de atracciones que atrae visitantes incluso desde muy lejos. El Parque de los Niños en Santa Bárbara, California, no es lo suficientemente grande para dar cabida a visitantes que provengan de un lugar más alejado de 128 kilómetros. El zoo tendría que aumentar de tamaño y ampliar su envergadura y sus capacidades para ello. Los jardines y el zoo de San Diego reciben visitantes que provienen de lugares situados a cientos de kilómetros.

El zoo al aire libre en el que los visitantes realizan un «safari» en sus coches es otro tipo de atracción muy extendida —Longleat y la abadía de Woburn en Gran Bretaña; el zoo de Hagenbeck en Hamburgo (Alemania); el de San Diego y el Country Leon Safari, en el sur de California están entre los ejemplos de más éxito. Y también el verdadero safari africano atrae cada vez a más turistas. Kenia es la meta de los aficionados a la vida salvaje que practican safaris o hacen viajes en globo por encima de las manadas de animales salvajes. Sudáfrica tiene noventa y siete parques de caza salvaje, y el más grande, el Kruger National Park, tiene la extensión del estado de Massachusetts.

Estados Unidos dispone de unos 95 parques temáticos y de atracciones, que reciben unos 160 millones de visitas por año y que generan unos ingresos de 4 300 millones de dólares, mientras que Europa cuenta con 63 parques y con una frecuencia de visitas anuales que se acercan a los 60 millones de personas, obteniendo unos ingresos de 950 millones de dólares. Merece destacarse a nivel comparativo la diferencia entre los visitantes de Walt Disney World en Florida, que según aparece en el cuadro 2.C son unos 28 millones anuales, y los que acuden al parque más visitado de Europa, el de Efteling en los Países Ba-

La belleza de los parques naturales (a la derecha, el de Bryce Canyon, en Utah), de los que existe un buen número en Estados Unidos, constituyen un importante incentivo para muchos viajes.

jos, que recibe unos dos millones y medio, superado solamente por Disneylandia en Europa, el nuevo parque inaugurado en los alrededores de París.

Japón, por su parte, con 58 parques y una frecuencia anual de 75 millones de visitas obtiene por ese concepto unos ingresos de 1 450 millones de dólares.

El atractivo histórico en el turismo

En todo el mundo existen numerosos barrios y a veces ciudades enteras que ya constituyen un museo por sí mismos. Londres tiene un enorme atractivo para los estadounidenses a causa, en parte, de sus edificios y de su importancia histórica. Tal como hemos mencionado anteriormente, la torre de Londres tiene más visitantes que ningún otro atractivo turístico en el Reino Unido. El palacio de Versalles es el primer atractivo turístico en Francia, y el mismo París es tremendamente interesante desde el punto de vista histórico. Ciudades como Venecia, Roma o Florencia, en Italia, y Obidos, en Portugal, son ciudades-museos, ofreciendo el mismo aspecto hoy en día que hace varios centenares de años. En España, Granada, Toledo, Ávila y muchas más ciudades tienen un carácter similar; México tiene Taxco; Colombia, Barranquilla; Puerto Rico, el viejo San Juan. Individualmente, a nivel empresarial y gubernamental, se están restaurando edificios y localidades históricas como pueden ser Grafton, en Vermont, y Old Town, en San Diego.

El colonial Williamsburg, en Virginia, financiado por John D. Rockefeller, Jr., es el mejor ejemplo en cuanto a restauración histórica en Estados Unidos. En 1926, un sacerdote de la iglesia episcopal local despertó la imaginación de Rockefeller, que contribuyó con varios millones de dólares a la restauración. El área histórica de Williamsburg, el centro de la parte vieja de la ciudad —de estilo colonial—, abarca 69 hectáreas, y entre los edificios restaurados se cuentan varias tabernas, el palacio del Gobernador, la casa de los Burgueses, tiendas, residencias particulares, el viejo «Power Magazine», el palacio de Justicia, la imprenta y la iglesia. En 1932, cuando se abrió al público la exposición del primer edificio lo visitaron 4 047 personas, y en los últimos años la asistencia supera el millón.

El impacto económico de la restauración de Williamsburg ha sido destacable. Lo que no era más que una pequeña ciudad medio dormida de Virginia, cuenta ahora con buen número de habitaciones, restaurantes y gasolineras.

La naturaleza como aliciente turístico

En Estados Unidos, los atractivos turísticos de mayor extensión territorial, son los parques nacionales o estatales que suponen cerca de 895 kilómetros cuadrados de «museos al aire libre».

El Servicio de Parques Nacionales es un ejemplo de la dirección conjunta del gobierno y de la empresa privada en el ámbito turístico. En los parques nacionales se han construido, tanto por concesionarios y particulares como por empresas, numerosos hoteles, moteles y cabañas para alojamiento. Todos los planos de una nueva construcción deben ser previamente aprobados, con todo detalle, por el servicio del parque. El gobierno controla el precio del alojamiento y otras tarifas como los anuncios publicitarios y la venta de artículos, incluyendo el precio de los alimentos. Los niveles de salud pública, sanidad, comodidad del visitante, también están establecidos y mantenidos bajo la supervisión gubernamental. El control del gobierno abarca los salarios, los horarios y las condiciones de empleo, así como la seguridad y la sanidad.

El concesionario recibe algunas garantías. Una vez se ha otorgado un permiso para construir y regentar, el firmante tiene un contrato válido hasta por treinta años. Según opinión de algunos, el acuerdo es provechoso para ambas partes —el gobierno se asegura de que el público dispondrá de servicios y el concesionario actúa movido por el deseo de obtener beneficios. Sin embargo, en muchos casos es el mismo estado quien construye y hace funcionar los servicios.

Cuadro 2.D Principales parques nacionales en EE UU	
Parque y situación	N.º de visitantes anuales (en miles)
Great Smoky Mountains, Tennessee/Carolina del Norte	8 151,8
National Capital Parks, Washington, D. C.	7 478,2
Acadia, Minnesota	5 441,0
Grand Canyon, Arizona	3 776,7
Independence, Pensilvania	3 347,2
Yosemite, California	3 124,9
San Francisco Maritime, California	3 088,3
Yellowstone, Montana/Wyoming	2 823,6
Olympic, Washington	2 794,9
Rocky Mountain, Colorado	2 647,3
Colonial, Massachusetts	2 308,4
Boston, Massachusetts	2 102,9
Zion, Pensilvania	2 102,4

Fuente: National Park Service.

Las áreas de recreo dirigidas federalmente incluyen bosques, parques, reservas de fauna, áreas desiertas, playas, áreas de recreo, monumentos históricos, lugares históricamente destacables, localidades históricas, praderas, zonas de piragüismo, ríos agrestes y pintorescos y rutas turísticas o panorámicas. Las rutas más conocidas son los Appalachian Trail, en el este, y los Pacific Crest Trail, en el oeste.

El servicio forestal supervisa los campings, lugares de picnic, hoteles y pensiones, embarcaderos, centros de esquí y otros deportes de invierno, las principales zonas panorámicas y los centros de recepción de visitantes. En los bosques nacionales funcionan cientos de establecimientos y la mayoría pertenecen a los concesionarios que los dirigen.

El estado de Kentucky tiene un elaborado sistema de lugares de veraneo dirigido por el estado. Durante todo el año están abiertos ocho «parques de vacaciones», que ofrecen unos planes de vacaciones convenidas pagaderas a través de cualquier tarjeta de crédito. Se pueden hacer reservas gratuitas desde el mismo estado y desde los estados circundantes. Los servicios de estos centros se encuentran entre los más modernos y atractivos del país. Dieciséis parques estatales de vacaciones de Kentucky ofrecen habitaciones de hotel, de motel y viviendas campestres de diferentes tamaños. Algunos de los servicios incluyen alquiler de coches y de casas flotantes, golf, telesillas en áreas de esquí, regatas y programas de recreo planificado. Un parque ha construido rutas para bicicletas de montaña. El mismo estado se ha interesado por el turismo social, ofreciendo facilidades para los residentes en dicho estado, y también atrayendo a visitantes de fuera del estado para reforzar la economía.

Varios estados más están también relacionados con la gestión de diversos tipos de servicios turísticos en parques estatales, como puede observarse en el cuadro 2.D. Los complejos estatales de recreo cubren miles de hectáreas, destacando Tennessee, Washington, Minnesota, Arizona, Pensilvania, etcétera.

En Europa, la mayor parte de parques están realizando un gran esfuerzo para la protección de los espacios naturales y del mundo rural y en la ordenación de la oferta turística y recreativa.

La Política Agrícola diseñada por la Unión Europea otorga al sector turístico un papel destacable para complementar los ingresos de una parte de los agricultores y, de esta forma, asegurar su permanencia en el mundo rural.

Así mismo, los gobiernos de los países europeos han establecido programas de protección de los espacios de interés natural con el objetivo de fomentar la conservación de este patrimonio y su uso racional.

Un buen motivo para viajar lo constituye, para determinadas personas, la práctica de un deporte. Sobre estas líneas, pistas de esquí en Nevada (Estados Unidos).

El Reino Unido tiene diez parques nacionales con una extensión de 1,35 millones de hectáreas que representan el nueve por ciento del territorio de Inglaterra y Gales. El número estimado de visitantes está calculado en unos 140 millones al año. Además de los centros de información, para la promoción de estos espacios existen publicaciones, visitas guiadas, señalización de rutas, etcétera. Los visitantes de los parques disponen de una amplia gama de alojamientos (campings, caravanings, hoteles, pensiones, habitaciones y apartamentos particulares, etc.).

En Francia, más del ocho por ciento del territorio tiene algún tipo de protección (parque nacional, re-gional, reserva natural, etc.), lo que supone unos 4,52 millones de hectáreas. Se estima que el número de visitantes de los parques nacionales franceses sobrepasa los cuatro millones de personas. Estos parques cuentan con un importante equipamiento destinado a los visitantes para la práctica de actividades recreativas, deportivas y culturales, así como una amplia oferta de alojamiento.

Alemania dispone de cuatro parques nacionales con una extensión de 559 mil hectáreas. Dos de estos parques son interiores y montañosos, situados en Baviera, al sur del estado, y los dos restantes son marítimos y pertenecen a la costa del Mar del Norte, en la región noroeste.

INCIDENCIA DE LOS DEPORTES EN EL TURISMO

Gran parte de la actividad deportiva forma parte del turismo, ya que implica viajes, alojamiento en hoteles, y el desarrollo de enormes complejos dedicados al tiempo libre.

Por ejemplo, en Estados Unidos, según las estimaciones oficiales, el número de esquiadores ha aumentado entre un diez por ciento y un veinte por ciento anual, llegándose a un volumen de 50,6 millones de visitas en la temporada 1991-1992. Son pues necesarios más lugares donde hospedarse, más remontes y una impresionante colección de ropa para esquiar y equipo. Con la nieve artificial es posible esquiar siempre que la temperatura se mantenga bajo cero durante un período razonable de tiempo. Existen instalaciones para esquiadores hasta en las montañas Great Smoky de Tennessee, todas ellas situadas hacia el sur.

La afición por el esquí también está creciendo a pasos agigantados en otros países además de aquellos que tradicionalmente se asocian con el esquí: Francia, Suecia y Escandinavia; incluso en el norte de Inglaterra y Escocia hay algunos centros de esquí. Los japoneses han empezado a esquiar con fervor y dedicación. Honshu, la principal isla de Japón, tiene alrededor de cuatrocientas estaciones de esquí. Un fin de semana «normal» en la estación de Uneo en Tokio reúne a unos treinta mil esquiadores que se apretujan en trenes que parten cada cuatro minutos. En algunas laderas, la multitud es tan inmensa que la espera para subir en telesilla puede ser hasta de cincuenta minutos. Como dijo un bromista, «en Japón se esquía sobre la gente». Se ha podido establecer que un tercio de los accidentes son debidos a los choques entre los mismos esquiadores.

EL CONCEPTO DE CLUB TURÍSTICO

Club Méditerranée

El Club Méditerranée ofrece un programa de vacaciones y servicios que resultan especialmente atractivos para los jóvenes y para los deportistas. Se basa en la creencia de que la gente desea para sus vacaciones un entorno radicalmente diferente de aquel en que desarrolla su vida cotidiana.

En 1966 el Club Méditerranée se convirtió en una empresa de propiedad y lanzó su operación Hemisferio Occidental instalando sus oficinas principales en Nueva York. Para disfrutar de unas vacaciones en cualquiera de los centros del club es necesario hacerse socio, pero la inscripción está abierta a todo el mundo.

El material y los cursos deportivos son parte del precio «todo incluido», destacando la navegación a vela, el esquí acuático, el buceo y la pesca submarina en los centros de aguas cálidas. En los centros turísticos invernales que mantiene el club, van incluidos los monitores de esquí. En algunas aldeas se enseña equitación, yoga, judo y esgrima.

La cocina se caracteriza por sus platos franceses y porque el vino circula en abundancia. Funciona un sistema de dinero, únicamente se pagan las bebidas en el bar y las compras personales con unos abalorios que se llevan alrededor del cuello. No se aceptan propinas. Más que empleados, hay *gentils organisateurs* o GOs, literalmente «amables organizadores», denominados miembros trabajadores, que se mezclan libremente con los huéspedes. De este modo los miembros trabajadores no entran en conflicto con la legislación laboral local o con las leyes que prohíben a los empleados extranjeros.

El Club tiene dos tipos de aldeas: «aldeas hoteleras» y «aldeas tradicionales». Las primeras se parecen al hotel o centro turístico habitual, mientras que las segundas constan de cabañas provistas de lo más imprescindible.

El estilo en que opera el Club Med tuvo un origen muy particular. Empezó como un campamento para rehabilitar a prisioneros de guerra y a trabajadores forzados que volvían de Alemania a finales de la Segunda Guerra Mundial, y se fue desarrollando como una serie de «aldeas» de todo tipo. Ponen su énfasis en la informalidad y en unos parajes realmente interesantes que ofrecen una vida tan libre de responsabilidades como imaginarse pueda.

La arquitectura es muy variable, la primera aldea ofrecía únicamente tiendas que le sobraban al ejército, mientras que las aldeas de hoy van desde la primitiva a la de lujo total. Muchas se han construido a partir de cero. Otras, tal como la de Rota, en España, y las de las Bahamas, han sido adaptaciones a partir de servicios previamente existentes.

Algunas aldeas atraen a la juventud, otras a la tercera edad o a las familias, otras se dirigen principalmente a las familias con hijos y disponen de miniclubs para los niños que los mantienen ocupados de la mañana a la noche con deportes, juegos y manualidades. En un club existen computadoras para jugar, para aprender francés y una introducción para programar computadoras.

En algunos clubs se ofrecen visitas turísticas con guía por la zona, y se organizan conferencias sobre las costumbres, la historia y el idioma del lugar. La estrategia de ventas del Club Med también comporta organizar congresos de empresa y convenciones.

Lo que realmente hace diferir el concepto del Club Med del resto de centros de recreo es la poco usual organización de empleados y la política de gestión. Los GOs —los organizadores— son contratados por su carácter extrovertido, su aspecto y su capacidad para actuar como catalizadores o animadores del ámbito social. Se trata realmente de anfitriones sociales; en una aldea típica suman unas cien personas, hacen de monitores de deportes, comen con los huéspedes, se relacionan con ellos y participan en las diversiones.

En cada campamento existe un director profesional de actividades que es el responsable de movilizar y organizar a los GOs según su talento, para ofrecer espectáculos con regularidad. Este director, para que siempre se sienta motivado, se traslada a una aldea diferente cada seis meses. Los GOs también son trasladados dos veces al año.

A menudo, los GOs son seleccionados entre todos los socios. Pasan un período de prueba de varias semanas, durante las cuales tienen acceso a todas las facilidades y disfrutan de alojamiento y de pensión completa pero no reciben ninguna paga. Una vez aceptados como GOs permanentes, su salario es discreto, no más de unos cientos de dólares al mes. En hoteles franceses también hay cursillos especiales para empleados fijos, y acuden a clases preparatorias dispuestas por las oficinas centrales de París.

La noción omnipresente tras la gestión de las aldeas es que la personalidad cuenta más que el estar cualificado tanto técnicamente como a nivel de gestión. El director de cada aldea, el *chef du village*, es seleccionado por su capacidad de tratar a la gente. Si técnicamente no está muy preparado, otros empleados lo respaldan.

La típica aldea cuenta con cerca de trescientos empleados, dos tercios locales y un tercio compuesto de GOs. Los *chefs* o jefes son franceses, argelinos, griegos, o de cualquier otra nacionalidad, pero pocas veces serán nativos del lugar. La impresión que los huéspedes reciben de la aldea depende principalmente de los GOs. La economía doméstica, la contabilidad y todo lo relacionado con la cocina se llevan a cabo sin demasiada rigidez. La despreocupación reina sobre todas las cosas.

En los años ochenta ya existían más de noventa aldeas en funcionamiento. La campaña de promoción en Estados Unidos daba resultado, y en el Caribe se montaban más aldeas previstas para el mercado americano, junto con una aldea de esquí en Colorado.

La financiación de las aldeas se lleva a cabo, a veces, a través de una empresa conjunta con una participación local en acciones equitativa. Corren rumores de que se han ofrecido participaciones a precios ínfimos a las autoridades locales para evitar tener problemas con la legislación local. Son frecuentes los contratos de arrendamiento con opción a compra. Los beneficios de la operación han sido peque-

ños, alrededor del tres por ciento de las ventas, pero los inversores disfrutan de protección a nivel fiscal y de valorización de la propiedad.

Los clubs de viajes

Los clubs de viajes a partir del ahorro se han desarrollado recientemente, basándose en la idea de las vacaciones pagadas con antelación. Habitualmente se consigue ser miembro a partir del tercer año, pagando una determinada cantidad de dinero cada mes. Entonces los miembros pueden elegir entre varios viajes de vacaciones. El primero de estos clubs de viajes, el Club Internacional, se fundó en 1966 y depende ahora del Diners Club/ Fugazy Travel. Tuvo tanto éxito que se han formado numerosos clubs similares.

Una gran asociación de viajes estadounidense

El más extendido de todos los clubs relacionados con los viajes es la Asociación Americana del Automóvil (AAA), con alrededor de 22 millones de miembros en Estados Unidos. Fundada en 1902, cuenta con unos 870 clubs afiliados y sucursales en Estados Unidos y Canadá, y también está comprometida con agentes en casi cien países y afiliada con otros clubs automovilísticos de todo el mundo. El total de los ingresos provenientes de pagos, primas o comisiones de seguros y otras cuotas alcanza los mil millones de dólares al año. La AAA puede ser descrita como una «federación de clubs del automóvil», la mayoría de ellos con agencias de viajes establecidas a nivel profesional. Aunque se de mayor énfasis al viaje automovilístico, las diversas oficinas de la AAA mantienen los servicios de una agencia de viajes: reservas de avión, cruceros, ferrocarriles y hotel; venta de cheques de viajero y seguros de viaje; venta y alquiler de coches en el extranjero y tramitación de licencias de conducir internacionales y transporte marítimo de coches. Se han planificado cuidadosamente millones de excursiones a través de Estados Unidos, señalándolas en mapas de carreteras, de forma que el viajero escoja entre el recorrido más rápido o el más panorámico entre su lugar de origen y el de destino. El principal servicio de la AAA es su seguro en caso de averías. En Estados Unidos hay miles de garajes en contacto con la AAA que dan prioridad de servicio a sus miembros y que les proporcionan una grúa para remolcarlos gratuitamente.

La Sección de Viajes Mundiales de la AAA, con quinientas oficinas, genera enormes ventas. La AAA es una curiosa combinación entre servicios no lucrativos y una empresa que produce beneficios. Muchos de los ingresos provienen de la venta de neumáticos, baterías y seguros.

VIAJAR COMO PREMIO DE EMPRESA

Parece ser que viajar se ha convertido en un incentivo decisivo. El viaje de incentivo, el viaje merecido por algún logro, se ha convertido en un gran negocio. En la escala de valores, los viajes de incentivo han aumentado enormemente, según la Sociedad de Ejecutivos de Viajes de Incentivo. A los vendedores y los distribuidores de cualquier tipo de producto se les premia con viajes por alcanzar algún objetivo establecido en la totalidad de las ventas o en un producto en particular, o por el aumento de la cartera, o por cualquier otra razón semejante. Los expertos dicen que estos viajes para incentivar al personal deben ser fantásticos y memorables y normalmente incluyen a las esposas.

Las empresas E.F., MacDonald's y S&H tienen expertos que recorren el mundo contactando con hoteles especializados, proyectando distracciones, cenas y organizando viajes aéreos para los ganadores de los premios. Las grandes compañías aéreas han creado un departamento especial para los viajes de incentivo.

Los viajes como premio se combinan a menudo con algún negocio serio o con encuentros de vendedores, especialmente los del extranjero, para disfrutar así de una deducción en los impuestos.

En Estados Unidos las áreas nacionales de destino más populares en los viajes de incentivo son Florida, Nevada, California y Hawai. México, España, las Bahamas, las Bermudas y Gran Bretaña son los destinos populares de ultramar. Los grupos de seguros favorecen a Suiza, Nueva York, Puerto Rico, Canadá y Georgia. Según la revista *Meetings and Conventions*, los diez destinos que se eligen más a menudo son Hawai, Las Vegas, San Francisco, las Bahamas, las Bermudas, Puerto Rico, Acapulco, Londres, París y la Costa Azul francesa.

Hay núcleos urbanos mundialmente conocidos por su especial belleza que merecen por sí mismos un viaje, independientemente del área donde se ubican. Tal es el caso de París, a la derecha, que recibe anualmente buen número de viajeros tanto de Estados Unidos como del resto de Europa.

VIAJAR SIN DINERO EN EFECTIVO

En la Edad Media el viajero tenía dificultades para conseguir la moneda vigente en los diferentes países, principados, ducados y otras entidades políticas de Europa. Posteriormente, el inglés que viajaba al continente ya pudo llevar letras de crédito. Thomas Cook introdujo los cheques de viaje, que con diversas modificaciones se utilizan hoy en todo el mundo.

Los cheques de viaje representan un negocio muy lucrativo para empresas como la American Express. La clave para entender el beneficio potencial es la «fluctuación» del dinero que el emisario del cheque adquiere a título de préstamo sin intereses hasta que se usa el cheque. La cantidad total de este préstamo puede ascender a cifras enormes. En los últimos años American Express ha expedido más de treinta millones de tarjetas de crédito.

Ahora, el «dinero de plástico», la tarjeta de crédito, está desplazando al cheque de viaje; debido a las siguientes razones:

• El viajero que utiliza la tarjeta de crédito cuenta con un recibo de sus gastos, en su país de origen o en el extranjero, que puede utilizarse a nivel fiscal.

• La tarjeta de crédito es más práctica que el cheque de viaje. Las tarjetas de crédito normalmente son válidas durante un año y se renuevan automáticamente, a menos que haya algún problema en el pago. Es más fácil llevar en la billetera una o dos tarjetas de crédito que un fajo de cheques de viaje. El abultado paquete de cheques se pierde o extravía fácilmente.

• La tarjeta de crédito le cuesta menos al viajero, siempre que pague todo lo que ha comprado con ella antes de que sobrevenga la multa o de que empiecen a acumularse los recargos por intereses. Por otro lado, los cheques de viaje pueden cambiarse y representan dinero real que a veces se guarda sin usar durante largos períodos de tiempo por el que no se cobran intereses. Además, a menudo cobran un recargo cuando se compra con cheques.

• Quien usa una tarjeta de crédito obtiene a veces el equivalente a un préstamo exento de intereses. El vendedor cobra inmediatamente del banco, pero a veces la operación tarda varias semanas en aparecer en la cuenta del que posee la tarjeta. Durante este lapso de tiempo, el que usa la tarjeta de crédito no paga nada.

Quizás lo mejor que puede hacer el viajero es llevar algunos cheques de viaje para usarlos donde no acepten tarjetas y para adquirir la moneda del lugar, para así pagar las pequeñas compras y las propinas.

Debido a la competencia en el ámbito de las tarjetas de crédito, las empresas que las proporcionan ofrecen unos extras. Con la Tarjeta Oro de la American Express se pueden obtener varios servicios extras sin ningún recargo, como un seguro de viaje, reservas de hotel garantizadas y préstamos garantizados hasta una cantidad determinada, pero bastante importante.

American Express, MasterCard y Visa cobran una cuota anual por la posesión de la tarjeta; quizás también le cobren un recargo del dos al cuatro por ciento al comerciante por aceptar la tarjeta. La asociación Bankard, de Nueva Inglaterra, ha establecido por ejemplo una tasa del dos por ciento en las cuentas de MasterCard para todos los hoteles, moteles y restaurantes de Massachusetts. Los bancos que participan en el plan se benefician cuando quienes usan la tarjeta exceden de su saldo bancario, y por lo tan-

¿En qué consiste el turismo?

to sufren un recargo del 1,5 por ciento al mes sobre la cantidad de dinero que, de hecho, han tomado prestada del banco.

Se han expedido millones de tarjetas de crédito. Casi todas las cadenas hoteleras importantes tienen su propia tarjeta de crédito; la mayoría aceptan las principales tarjetas existentes para pagar la cuenta. Las tarjetas de crédito son un paso más para que el viaje resulte más fácil y más atractivo al viajero.

EL TURISMO COMO CONCEPTO UNIFICADOR

En este capítulo únicamente se han reseñado los componentes más importantes y más obvios del turismo. El turismo es una abstracción, un concepto unificador que se usa por comodidad y para simplificar. La lista de cuanto se incluye en el turismo podría ampliarse casi indefinidamente. Los viajes y las vacaciones forman parte de la vida de prácticamente todos los individuos de una sociedad occidental acomodada. El fabricante de gafas de sol, de lociones bronceadoras, el fabricante de esquís y de artículos de deporte —todos ellos están interesados en el turismo, casi tanto como el director de un hotel o un piloto de aviación. El que regenta una gasolinera o el gerente de un supermercado pueden constatar cómo gran parte de sus ventas provienen del turismo. Incluso afecta a los vendedores de libros: aparte de los numerosos libros de viaje, muchos *bestsellers* están directamente relacionados con los viajes y el turismo.

Únicamente hemos sugerido las ramificaciones más importantes del turismo. En los próximos capítulos se tratarán con más detalle algunos de los aspectos centrales más destacables.

48

DISTINTOS MODOS DE VIAJAR

El turismo es inseparable de viajar y de esta actividad depende. El modo de viajar cambia y, al hacerlo, tiene un impacto inmediato sobre el turismo, el número de viajeros y sobre toda la experiencia de viajar en general.

El turismo implica viajar agradablemente, ya sea por tierra, mar o aire. Desde el principio de la historia documentada, los viajes en barco podían ser muy confortables para los ricos, pero hasta el desarrollo del ferrocarril, en la década de 1830, los viajes no fueron lo suficientemente cómodos y baratos como para estar al alcance de todo el mundo.

Hacia la década de 1920 el automóvil y el autobús empezaron a usurpar la posición del ferrocarril como líder de las empresas de transportes de turismo. Desde entonces, el coche se ha convertido en la forma de transporte predominante del turismo, proporcionando al individuo la manera más flexible y cómoda de viajar que tiene a su alcance actualmente.

El avión comercial, un recién nacido en la década de 1920, llegó a ser el sistema preferido para los viajes de larga distancia después de la Segunda Guerra Mundial, especialmente al introducirse después de 1959 los jets comerciales. Los viajes en barco, relativamente lentos y caros, han sido relegados a la función de cruceros turísticos.

El cambio de tecnología en los viajes ha sido radical desde la Segunda Guerra Mundial. La tecnología que se desarrolló durante la guerra se aplicó a los vuelos regulares comerciales poco después y fue Estados Unidos quien abrió el camino. En 1950,

286 226 turistas estadounidenses viajaron a Europa; en 1982 más de 4 millones hicieron el viaje y en la actualidad lo hacen más de 7,5 millones. En 1952, la línea regular United States fue distinguida con la banda azul por haber atravesado el Atlántico con mayor rapidez; el barco actualmente está en un período de estancamiento.

El ferrocarril, el automóvil y el avión han añadido encanto y movilidad a la forma de vida estadounidense. La potencia, el ruido y la velocidad, representados primero por el ferrocarril, después por el automóvil y ahora por el avión, incitan a la emoción y evocan un sentido de temor. Puede que la mitad de la diversión al ir a algún lugar sea la misma experiencia de viajar.

Ya desde la década de 1830 el ferrocarril tuvo un significado especial en la forma de vida de Estados Unidos. Para la mayoría de los que estaban empleados en el ferrocarril, ésa era una ocupación respetable y placentera. Se individualizó a los trenes y se les puso nombre: *Green Devil*, *Rocky*, *Royal Blue*, finalmente, al tren de pasajeros estadounidenses se le llamó «Twentieth Century Limited». En una visita, el economista francés Michel Chevalier lo resumió al decir que «el estadounidense tiene una perfecta pasión por el ferrocarril».

Más adelante, el automóvil se constituyó como la forma predilecta de transporte. El propietario podía vivir modestamente y cuidar poco de su aspecto personal, pero exhibía y cuidaba meticulosamente su automóvil cromado. El automóvil se ha convertido en representante del sistema de vida en muchos países como no lo ha hecho ningún otro objeto producido por el hombre en la historia. La gente acude en masa a las muestras de automóviles, y cada año un cambio de modelo es causa de discusión.

El ferrocarril empezó a retroceder tanto en su uso como en la imaginación popular durante la depresión estadounidense de los años treinta. Pero, sin embargo, acudieron miles de personas para ver el primer tren aerodinámico de lujo de la nación, el *Burlington Pioneer Zephyr*, en 1934.

Posteriormente, las líneas aéreas empezaron a acaparar la atención en el mundo de los viajes. Cada vez que aparecía un avión mayor y más rápido, se convertía en el centro de interés del viajero, especialmente del opulento.

La elección de la forma de viajar se basa en cómo concibe el individuo las tres ces: confort, comodidad y coste. El que gana en confort probablemente es el crucero. Las líneas aéreas comerciales son sin ninguna duda las más convenientes en cuanto al tiempo. Por el coste, el autobús es el más interesante. Los viajes aéreos en vuelos charter puede que sean decididamente incómodos, pero se ven compensados por el reducido coste de sus precios. Los viajes aéreos en primera clase pueden ser muy cómodos. Los viajes en automóvil son los más convenientes para distancias cortas y los menos caros cuando el coche va lleno de pasajeros.

Puestos a elegir, la gente que tiene dinero normalmente opta por la velocidad y la comodidad por encima del precio (en el caso de que éste no sea exorbitante). Cuando la gasolina se incrementó dramáticamente en Estados Unidos en 1973 y posteriormente en 1979, tuvo pocas consecuencias a largo plazo en cuanto a los viajes en coche, y lo mismo se puede decir de los viajes aéreos; los billetes de avión se encarecieron, pero viajan miles de personas en ellos y su número incluso se ha incrementado. Sin embargo, hay un punto en el que la velocidad y el precio compiten entre sí, lo cual puede observarse en la demanda para volar en aviones supersónicos en trayectos transoceánicos, en los que no ha habido demasiado interés en viajar, a pesar de que el tiempo empleado en sobrevolar el Atlántico se ha

El desarrollo del ferrocarril fue el símbolo de la modernización en las sociedades decimonónicas. En la página siguiente, aspecto de la línea férrea que unía el centro de Londres con Greenwich durante el siglo XIX.

reducido a la mitad aproximadamente. Los aviones supersónicos deben volar a velocidades por debajo de la barrera del sonido sobre Estados Unidos, y durante estos períodos de vuelo estos aparatos no ofrecen en absoluto ninguna ventaja de tiempo.

En la actualidad, lo mejor para los viajes de pasajeros son las líneas aéreas. Desde su formación al final de los años treinta, las líneas aéreas han acaparado cada vez más el mercado de los viajes. Hacia 1956, las líneas aéreas y el ferrocarril llevaban el mismo número de pasajeros. El número de pasajeros en las líneas aéreas ha seguido incrementándose, y el del ferrocarril ha decrecido. Entre 1929 y 1971, el número de trenes funcionando en Estados Unidos entre las ciudades bajó de veinte mil a unos 185. Posteriormente esta cifra ha bajado a lo que ahora abarca Amtrak, una pálida sombra de lo que fue el sistema arterial de la nación.

La Fundación Nacional de Ciencias descubrió que, por cada galón de combustible, en viajes de pasajeros entre ciudades, el autobús podía recorrer unos 136 km, el ferrocarril 76,8, el automóvil 64 y el avión 25,6. Tales estadísticas están sujetas a un cierto número de datos, el más importante de ellos es el número de pasajeros por cada vehículo. Puesto que la energía se va encareciendo, debería prestarse mayor atención a la eficacia de varias formas de viajar, ya que el rendimiento en los viajes largos está relacionado con el coste.

El vehículo que transporta a los turistas es sólo una faceta de los modos de viajar, ya que las formas de transporte cambian y se reducen los costes y sus efectos sobre el turismo son casi inmediatos. Este capítulo recorre el desarrollo de los medios de transporte y el efecto que cada uno de ellos ha tenido sobre el turismo.

Cuadro 3.A Evolución del trazado del ferrocarril en EE UU (en km)					
1830	37	1860	49 002	1890	261 755
1840	4 493	1870	84 675	1900	309 354
1850	8 034	1880	149 227	1916	406 459

Fuente: John F. Storer, *American Railroads*, Chicago University Press, Chicago.

VIAJAR EN FERROCARRIL

El cuadro 3.A muestra el enorme incremento en número de kilómetros del ferrocarril entre 1830 y 1916. Sobre 1916 el número de kilómetros de tendido ferroviario en Estados Unidos había llegado al máximo y empezó a declinar. Los restos de las viejas líneas ferroviarias que ya no están en uso quedaron esparcidas por todo el país, especialmente en el este y el sur.

En la década de 1920 se utilizaban ya rutas de autobuses, y el automóvil privado estaba absorbiendo a muchos de los pasajeros que viajaban por carretera. Los años de la depresión en la década de 1930 hicieron poco para incrementar el número de pasajeros por tren, a pesar de que fueron bien recibidos los nuevos trenes aerodinámicos, introducidos a mediados de la década de 1930.

La Segunda Guerra Mundial marcó una enorme demanda en el uso del ferrocarril, que conllevó una tremenda oleada de pasajeros, pero la gente raramente viajaba por placer. Los viejos vagones de pasajeros fueron rescatados de su retiro, y los trenes mantuvieron una actividad extraordinaria transportando a personas y mercancías. El tráfico se elevó a una cifra récord de 152 960 kilómetros recorridos por los viajeros. Al finalizar la guerra, el servicio de pasajeros se mantuvo igual durante un cierto tiempo, pero en 1950 descendió a 50 880 millones de kilómetros recorridos. Desde entonces, con la excepción de dos rutas, el recorrido en kilómetros ha ido descendiendo, estimándose en los últimos años que el número de kilómetros/pasajero recorridos fue de 9 900 millones.

Impacto del ferrocarril en los viajes y las vacaciones

El ferrocarril ofrecía un transporte rápido y unos viajes baratos en comparación con el caballo o el barco. Más tarde, al tiempo que el tendido ferroviario se instalaba por Estados Unidos y Europa, la estación del ferrocarril se convirtió en la parte central de casi toda comunidad, ofreciendo una cierta comodidad al viajero.

Grandes complejos hoteleros y restaurantes surgieron alrededor de la estación de ferrocarril, y los primeros ejemplos fueron los de Nueva York, alrededor de la estación Grand Central, y de la estación de Pensilvania. Miles de habitaciones de hotel se asentaron alrededor de la estación Grand Central. El Pennsylvania Statler (ahora el Penta), el mayor hotel cuando se construyó en 1919, fue financiado por el ferrocarril de Pensilvania y unido a la estación por un pasaje subterráneo (ahora cerrado). Casi todas las ciudades importantes en Estados Unidos y Europa tienen por lo menos un hotel adyacente a la estación.

El caballo de carne y hueso, la manera de viajar principal antes de la década de 1830, no supuso ningún reto para el caballo de vapor en el precio por cada kilómetro recorrido por un pasajero o la velocidad alcanzada. El éxito del ferrocarril fue inmediato y se extendió rápidamente.

Sobre 1842, veinte millones de personas utilizaban el ferrocarril en Gran Bretaña. En la temporada de prueba de 1837, un inglés medio viajaba veinte kilómetros al año a razón de catorce kilómetros por hora a un coste de ocho centavos el kilómetro. Quince años más tarde, el coste del viaje se había reducido a dos centavos el kilómetro en trenes que viajaban a velocidades de 40 a 48 kilómetros por hora. Los trenes expreso, por su parte, llevaban un promedio de 68 kilómetros por hora, en aquel tiempo.

Con la llegada del ferrocarril a Estados Unidos la tranquilidad de la diligencia y de los viajes por los canales desaparecieron. El vapor y el ruido de la locomotora rugió a través de todo país para convertirse en un símbolo de la energía y el nerviosismo estadounidenses.

Palabras del léxico del ferrocarril penetraron en el vocabulario: parar al oír el silbato; avanzar con rapidez; los ferroviarios; ciudad de mala muerte (por tener una línea ferroviaria secundaria); ciudad con cisterna; trompa. La estación de ferrocarril se convirtió en una sección permanente de la arquitectura nacional, desde una pequeña estación rodeada de césped en la pradera, a las magníficas estaciones de Grand Central y Pensilvania en Nueva York.

Los ferrocarriles fijaron las pautas a seguir en los traslados y permitieron la comunicación entre zonas alejadas del país. El ferrocarril se convirtió pronto en el negocio más importante después de la agricultura. Al finalizar el siglo XIX, se invertía un 59 por ciento más de capital en el ferrocarril que en todas las otras empresas conjuntamente. Los ferrocarriles eran el vehículo del enorme crecimiento de la economía moderna. Sin ellos, la expansión se hubiera retrasado décadas.

Curiosamente, el ferrocarril operó durante varios años antes de que nadie pensase en ofrecer transporte de pasajeros. Los ingleses están reconocidos

La gran aventura del ferrocarril permitió en Estados Unidos unir la costa atlántica con la del Pacífico. En la página siguiente, tren de American Express, sociedad de servicios fundada en 1850.

como los iniciadores del turismo moderno, y fueron ellos quienes utilizaron por primera vez una locomotora para transportar pasajeros de Stockton a Darlington, que distan 16 kilómetros. Una línea de ferrocarril entre Liverpool y Manchester, terminada en 1830, acortó el tiempo entre las dos ciudades en tres cuartas partes y el precio en dos tercios. Entre 1830 y 1850, veinte mil kilómetros de vías fueron construidas en Gran Bretaña y los principales países europeos. El impacto del ferrocarril en Europa fue similar al que tuvo en Estados Unidos.

En 1831 el primer ferrocarril en Estados Unidos llevaba dos coches «de placer», con unos cien invitados entre Charleston y Hamburg, en Carolina del Sur. Convenientemente preparado para tan solemne ocasión, uno de los coches llevaba un destacamento de militares que cargaron y dispararon un cañón de campaña tomado para tal acontecimiento.

Los viajes tenían sus peligros, como se aprendió unos meses más tarde cuando el maquinista de una locomotora, enojado por el ruido y la fuerza del vapor que se escapaba de la válvula de seguridad, se sentó sobre la palanca que lo controlaba: la caldera reventó. Cuando llegó un nuevo motor, los directores del ferrocarril tomaron medidas para que los pasajeros no pudiesen sufrir ningún daño; el primer coche después de la locomotora fue cubierto con balas de algodón.

En Estados Unidos, lugares y zonas costeras que estaban alejados de los centros de población se hacían accesibles gracias al tren. El tren también posibilitó a aquellos que podían permitírselo el escaparse de los fríos inviernos viajando a Florida, Arizona y California.

Las zonas montañosas fueron las primeras en sentir el impacto de los viajes turísticos en ferrocarril. Las montañas se habían utilizado como retiro veraniego huyendo del calor durante largo tiempo, incluso a pesar de que el viajar en carruaje era cansado y lento. El ferrocarril puso muchas áreas montañosas al alcance de centros de población de la costa este. A principios de la década de 1870, hombres con sombreros de cazador y mujeres con bonete subieron a la plataforma descubierta del ferrocarril de New

Haven en dirección a las White Mountains de Nueva Hampshire. Una de las emociones era el ascenso del monte Washington en ferrocarril cremallera, una atracción que todavía existe.

Durante las décadas de 1880 y 1890, se empezaron a poner de moda hoteles de recreo a todo lo largo de la costa este. Muchos hoteles blancos y confortables se construyeron en Nueva Inglaterra, en las montañas y en la costa, unos pocos, cercanos a las ciudades, aún han sobrevivido.

Las líneas de ferrocarril permitían a la gente visitar sitios que hasta aquel momento resultaban prácticamente inaccesibles. Las compañías ferroviarias construyeron hoteles en Europa, Canadá y en Estados Unidos. La Canadian Pacific y la Canadian National son compañías de ferrocarriles que aún controlan un número considerable de hoteles y centros turísticos. La Union Pacific construyó el Glacier Park Hotel y la estación de verano en Sun Valley.

En la década de 1890 la huida hacia el sol se había gestado ya. Henry M. Flagler, quien había sido tesorero de la Standard Oil y había conseguido un capital propio de unos cincuenta millones de dólares, fue a San Agustín en una segunda luna de miel y estuvo tan encantado con Florida que decidió convertirlo en una gran área turística.

Por cada kilómetro de vía férrea que Flagler construía, se le daban hectáreas de tierra en el estado de Florida, y mientras que el tendido férreo se extendía por este estado, se construyeron hoteles a lo largo de su recorrido, dos en San Agustín, Ormond en Ormond Beach, el Royal Poinciana y el Breakers en Palm Beach y el Royal Palm en Miami. Más tarde, Flagler llevó el ferrocarril hasta alcanzar Key West; el ferrocarril de la costa este de Florida transportaba a millonarios y a futuros potentados a Florida durante la estación invernal.

Henry Plant, que hizo sus millones en las vías férreas, llevó el ferrocarril de Florida a Tampa, descendiendo la costa oeste, y construyó una serie de hoteles para turistas.

Viajar en un vagón privado de ferrocarril a Florida era el máximo lujo. Desde finales del siglo XIX hasta los años veinte docenas de vagones privados podían verse aparcados en los centros turísticos en ambas costas de Florida durante lo más crudo de la estación invernal.

Actualmente sólo unos pocos de los centros turísticos famosos han permanecido de entre las docenas que se construyeron al principio del siglo XX, entre ellos el de Homestead, en Hot Springs, y el de Greenbrier, en Virginia Occidental.

Distintos modos de viajar

Los ferrocarriles hicieron posible que el conjunto de la población pudiera viajar, pero no se olvidaban de la élite y obviamente no se han olvidado nunca; se creaban disposiciones especiales y se ponían vagones de lujo al alcance de los ricos, algunos de los trenes más conocidos tenían barberías y manicuras, algunos de estos vagones llevaban cuadros colgados; cuartos de baño completamente equipados; y bibliotecas con sillas decoradas con brocados rojos y dorados.

Uno de los mayores alicientes de los viajes en tren durante estos años era la excelente comida y el servicio ofrecido en muchos de los trenes de largo recorrido. En un principio los trenes no llevaban vagón restaurante, en 1868 el Chicago & Alton introdujo la comida en sus servicios; diez años más tarde los vagones restaurante; se encontraban en todas las líneas de ferrocarriles más importantes. Muchos de los vagones restaurante tenían existencias considerables de vinos de Borgoña, Burdeos, del Rin, Champaña y Madeira.

Los menús que ofrecían algunos vagones restaurantes eran complicados de elaborar. Incluían ostras, tortuga, trucha, cordero, lengua de búfalo, pollo, pavo, vaca, faisán trufado, paté de *foie gras*, antílope, perdiz, pollo de las praderas, y cerca de una docena de postres.

Como dijo un escritor que viajaba de Chicago a Omaha en 1872, «ahora se acostumbra cargar un dólar por comida en esos coches, y puesto que la cocina es admirable, el servicio excelente y la comida variada y abundante, resulta razonable. Se puede tener la oportunidad de comer en el desierto, a la velocidad de 35 kilómetros por hora, carne de búfalo, alce, antílope, filete, costillas de cordero y gallo. Los vinos del almuerzo son claretes y blancos; vinos de Champaña, Heidsieck y Krug».

George Pullman construyó el vagón Pullman en 1863. Atrajo tanta publicidad que Mary Todd Lincoln insistió en viajar en él, formando parte del convoy para el funeral de su marido, y no representó muchas dificultades el hecho de que los ferrocarriles Chicago & Alton tuvieran que aumentar 46 centímetros al atravesar cada puente, estación y andén a lo largo de todo su recorrido para poder adaptar el vagón especial.

En 1939 el viajero de primera clase no tenía el coche especial para criados que llevaba el expreso Bar Harbor, pero el Twentieth Century Limited daba a todo el mundo el mismo trato: una auténtica alfombra encarnada, de casi medio kilómetro de largo, fue colocada en la estación de salidas tanto en Chicago como en Nueva York. Se le conocía como un tren en que se bebía en gran cantidad, pero por lo demás era muy tranquilo.

En Europa los alemanes hicieron «volar» el *Hamburgo Volante*, entre Hamburgo y Berlín a 128 kilómetros por hora. Los ingleses, orgullosos de su *Coronation Scot*, lo enviaron a un viaje hacia Estados Unidos. Varios de los sistemas de trenes de pasajeros actuales en Europa y Japón son contemplados con envidia por los visitantes estadounidenses, pero no se dan cuenta del costo que representan para los gobiernos correspondientes, que deben dar importantes subvenciones con el objetivo de poder mantener los servicios nacionales de transporte en ferrocarril.

La Corporación de Viajeros del Ferrocarril Nacional

El gobierno federal de Estados Unidos, al enfrentarse con la posibilidad de que quebrase el servicio ferroviario de viajeros, estimó la posibilidad de subvencionar los trenes de viajeros que fuesen deficitarios, y al mismo tiempo apoyar y ayudar a mantener nuevo equipamiento ferroviario.

En 1971 la Corporación de Viajeros del Ferrocarril Nacional entró en funcionamiento como una corporación semipública para la explotación de trenes de viajeros entre ciudades, definidos por la Comisión de Comercio Interestatal, como trenes que viajan a la velocidad de 120 kilómetros por hora o más. Fue un paso hacia la seminacionalización de los ferrocarriles estadounidenses. La corporación estuvo dirigida por un equipo de quince miembros, ocho de ellos elegidos por el presidente de Estados Unidos, tres por los ferrocarriles y a cuatro los designaron unos accionistas privados.

Conocida como Amtrak, la corporación busca eliminar la mayor parte de los viajes deficitarios y mejorar los que ya están dando algún beneficio, o que están en camino de darlo. La coordinación del sistema y los precios se compuso sin la aprobación reguladora del estado o de la ICC.

La mayor parte de las ciudades importantes están ahora conectadas por Amtrak. Chicago, una central ferroviaria durante largo tiempo, sigue siéndolo; una ruta que va de norte a sur de la costa oeste conecta San Diego, Oakland, Portland, Seattle y Vancouver. El viaje entre San Diego y Los Ángeles es una ruta muy utilizada por personas que viajan a diario y que se utilizaría aún más si el servicio fuese más rápido.

Cuatro rutas que van de este a oeste cruzan los estados de la pradera desde la costa oeste. En la costa este, los trenes de Amtrak van de Miami a Nueva York, y existe también algún viaje que recorre la línea Nueva York-Montreal.

Los trenes de Nueva York a Washington D.C. son los que Amtrak pone como muestra de sus mejores logros. Los trenes que Amtrak denomina expresos siguen trayectos que los días laborables están densamente concurridos con seis viajes en cada dirección. La línea del noreste contabiliza la mitad del total de los pasajeros de Amtrak, el tiempo que emplea en su recorrido es de dos horas cuarenta y nueve minutos. Los directores de Amtrak señalan que su servicio es mucho más fiable que las líneas aéreas cuando hace mal tiempo, y más conveniente para las zonas del centro de la ciudad. Los otros trenes de Amtrak solamente emplean un poco más de tiempo y tienen considerablemente menos sitio para estirar las piernas y en general mucha menos comodidad.

En los años ochenta estaba tristemente claro que después de diez años de servicio, Amtrak no estaba teniendo el éxito que esperaba de sus propósitos. De acuerdo con el Departamento de Transportes de Estados Unidos, el gobierno federal subvencionó el 56 por ciento del coste operacional; el viajero del ferrocarril pagaba sólo el 44 por ciento del coste real de su viaje. Por otra parte, según reflejaron unos sondeos de opinión de la época, la mayoría de los estadounidenses pensaba que el servicio de Amtrak era claramente de segunda categoría.

Amtrak no logró revertir esta situación en los años siguientes, y a principios del siglo XXI afrontó una seria crisis que la puso al borde del cierre. Para hacer frente al incierto futuro de la empresa, sus directivos intentaron crear nuevas estrategias para asegurar la continuidad de Amtrak a largo plazo, aunque esto significara suprimir algunos servicios.

Las líneas ferroviarias en el mundo

Al mismo tiempo que Estados Unidos se esfuerza torpemente en poner al día los viajes ferroviarios bajo la tutela de Amtrak, en varias zonas del mundo industrializado se están perfeccionando, especialmente en Europa Occidental y Japón.

Al igual que Amtrak, la mayoría de las líneas ferroviarias del mundo reciben subvenciones del gobierno. Los viajes en tren tienen una buena razón de ser en las áreas densamente pobladas, como lo son las de Europa Occidental y Japón, pero, a pesar de que la mayoría de las líneas ferroviarias son propiedad del gobierno y reciben subvenciones, el kilometraje y la cantidad de pasajeros están descendiendo. Se han unido 16 naciones europeas para ofrecer conjuntamente un servicio de ferrocarril de primera clase ilimitado por un precio global. Se trata del justificablemente famoso Eurailpass. Es válido para períodos de dos semanas a tres meses, y se puede utilizar desde Escandinavia hasta Italia y la

península Ibérica, comprendiendo todos los países de Europa Occidental. Grecia e Irlanda forman parte también de la organización Eurail, aunque no se puede llegar a ellos desde el resto de los demás países. Se puede realizar la compra de pasajes para el Eurailpass en cualquier agencia de viajes de Estados Unidos.

Los viajeros experimentados afirman a menudo que, de hecho, puede ser más barato viajar sin el Eurailpass y comprar los billetes en cada ocasión, añadiendo que si alguien realmente quiere llegar a conocer a la gente, debería viajar en segunda clase. Hay zonas de Europa cuya segunda clase no es mala; sin embargo, es preferible tener el asiento reservado en los trayectos por Europa. Los modernos trenes expreso tienen un suplemento y también es necesario comprar un billete adicional para una litera.

La mejor compra en los trenes europeos es una simple litera por un precio fijo para cualquier clase en la que se esté viajando. La tarifa incluye una manta y, no en todos los trenes, sábanas, algún servicio de aseo y un mínimo de aislamiento personal.

TERMINOLOGÍA DE LOS VIAJES EN TREN

Amtrak: Nombre utilizado por la Corporación Nacional de Pasajeros del Ferrocarril, una corporación semipública que se formó en 1971, encargada de dirigir el servicio de ferrocarriles para viajeros entre las ciudades de Estados Unidos.
Coche: Término aplicado a los vagones de un ferrocarril, para su identificación en las reservas de asiento.
Comedor: Vagón restaurante del tren.
Eurailpass: Abono que permite viajar en tren sin límite de trayecto, por un período determinado, a través de 16 países de Europa Occidental. Para su utilización en determinados días, se aplica un pequeño suplemento.
Interrailpass: Abono similar al Eurailpass para jóvenes y estudiantes, que pueden viajar por Europa de forma ilimitada, aunque con algunas limitaciones y suplementos en algunos trenes, durante el período de un mes.
Metroliner: Trenes de Amtrak de gran velocidad que circulan entre Boston y Washington D.C. Todas las plazas hay que adquirirlas con antelación para poder tener asiento reservado. Hay servicio de comedor.
Pullman: Vagones de coches-cama utilizados en Estados Unidos.
TEE: Trans-Europa-Expreso; trenes de lujo rápidos que circulan entre las ciudades más importantes de Europa. Los titulares de Eurailpass tienen la posibilidad de utilizar estos trenes solamente en el caso de que hagan la reserva; normalmente hay un suplemento.
Wagon-Lits: Compañía que dirige el servicio de coches-cama en Europa. Es similar a la compañía Pullman en Estados Unidos.

Distintos modos de viajar

Muchos trenes europeos proporcionan Wagon-Lits, el equivalente de los coches Pullman. En Gran Bretaña un Pullman es un asiento parecido a los que hay en los vagones de descanso estadounidenses. Los billetes de segunda clase en este país son mucho más baratos que los de primera clase, aunque no siempre permiten a su usuario poder utilizar el vagón restaurante.

Al viajar en ferrocarril se recomienda un equipaje ligero, para poder subir y bajar del tren con facilidad. Algunos viajeros utilizan carritos metálicos plegables para transportar rápida y cómodamente todas sus pertenencias. Si la zona de descanso más próxima no está muy presentable, quizás las otras estén mejor. Los no fumadores pueden conseguir asientos en compartimentos especiales. El viajero debe asegurarse de que está en el grupo de vagones correcto al subir a un tren, puesto que el convoy puede estar dividido en grupos distintos con diferentes destinos, según indican los paneles correspondientes.

La Unión Internacional de Ferrocarriles provee de un folleto con los servicios de trenes importantes en 19 países europeos, desde Escandinavia hasta Grecia y Turquía. Se pueden conseguir copias gratuitamente en las oficinas de los Ferrocarriles Nacionales Franceses y en las agencias de viajes.

Otra ventaja para viajar es la tarjeta Inter Rail, que permite transitar en tren prácticamente por toda Europa, en vagones de segunda clase, sin límite de edad. El Youthpass, aunque es menos caro que el Eurailpass, es válido solamente en 16 países. Gran Bretaña tiene su propia tarjeta a precio reducido, la Britrail. La Tourail es válida para los viajes dentro de Bélgica, Holanda y Luxemburgo. La tarjeta de Ferrocarriles Escandinavos es válida en Dinamarca, Finlandia, Noruega y Suecia. Australia ofrece la Australpass; Finlandia, la Finnrailpass. Para las personas mayores de 65 años, la Senior Rail Card, válida para 17 países europeos, ofrece una considerable reducción de precios. Suecia, Suiza y algunos países europeos ofrecen sus propios precios especiales reducidos para ciudadanos de la tercera edad.

Los sibaritas de los viajes en tren tienen una amplia gama de elección de trenes, desde los, a veces traqueteantes, coches de segunda (y tercera) clase, pasando por los supertrenes de Japón y de la mayor parte de Europa Occidental, hasta la posibilidad de alquilar un vagón privado en un tren de la India. El Orient Express, el tren de lujo que iba de París a Estambul, fue reduciendo sus servicios gradualmente, hasta convertirse en un tren de tercera clase y finalmente dejar de funcionar en 1977. Una nueva versión modernizada se volvió a poner en marcha

en 1982, esta vez haciendo el trayecto desde la estación Victoria de Londres y desde París a Venecia. El tiempo empleado en total es de 24 horas por cada viaje. El precio es más o menos el mismo que un billete de primera clase de avión.

Los trenes azules de la República Sudafricana se distinguen por sus lujosas instalaciones. Son trenes formados por un solo compartimento prolongado que circulan entre Pretoria, en el norte, y Ciudad de El Cabo, en el sur. Aunque su velocidad media sea de menos de cincuenta kilómetros por hora, los viajeros desearían que el viaje durase más tiempo. Viajar en tren puede ser verdaderamente entretenido y apasionante. Un tren que circula por el sur de Lima (Perú) en dirección a las ciudades mineras de las montañas, se eleva a una altitud de unos 4 500 metros. El revisor va y viene con una bombona de oxígeno en ayuda de aquellos pasajeros con dificultades respiratorias a causa de la altura, para que puedan resistir hasta que el tren descienda. El viaje desde Cuzco, la antigua capital del Imperio Inca, hasta la cima de Machu Picchu es tan empinado que el tren no puede subir siguiendo en espiral. En determinados tramos incluso debe realizar marcha atrás para poder continuar el viaje normalmente.

El viaje en tren ideal para los aventureros es el recorrido con el expreso Transiberiano, sin paradas durante seis días, entre Moscú y el Pacífico, con un recorrido de más de nueve mil kilómetros.

El primer logro espectacular en trenes después de la Segunda Guerra Mundial fue el *Shinkansen* japonés, el «tren-bala». Los trenes-bala, que circulan de norte a sur uniendo Tokio y Osaka, empezaron a funcionar a tiempo para los Juegos Olímpicos de Tokio de 1964. Realizan el recorrido de 880 kilómetros en tres horas y diez minutos, por debajo de las anteriores 18 horas de los otros trenes, y por añadidura ofrecen un viaje tan llano que el pasajero puede dejar una taza de café sin que se vierta una sola gota. Se pueden realizar llamadas telefónicas desde el tren mientras recorre la distancia con una velocidad superior a los 150 kilómetros por hora. En su primera década de funcionamiento, no hubo ningún accidente grave en la línea. Un centro de control computerizado proporciona información a un ta-

blero iluminado que muestra la localización de cada tren y las condiciones de las vías, los cruces y los cables. El ordenador frena el tren automáticamente en caso de que haya algún problema, especialmente un terremoto. Las paradas en las estaciones son necesariamente breves, del orden de los dos minutos en las estaciones intermedias, por lo que los viajeros tienen que estar a punto para desplazarse con rapidez. La organización ferroviaria japonesa está fuertemente subvencionada por el gobierno.

Los franceses han tomado la delantera con los supertrenes en la lucha por mejorarlos con la competencia mundial. El afán de perfeccionamiento de la organización ferroviaria francesa ha conseguido los TGV (trenes de gran velocidad), funcionan entre París y Lyon, París y Burdeos y entre París y Marsella, París y Grenoble, etc., y alcanzan una velocidad de 280 kilómetros por hora con una marcha tan suave que un vaso de agua colocado en el brazo del asiento no se mueve. Un problema que presenta es el hecho de que necesite tres minutos para pararse al viajar a esa velocidad pero esta cuestión está solucionada al utilizar una vía ferroviaria exclusivamente para ellos, sin ningún cruce de vías.

En 1994 se inauguró el túnel entre Francia e Inglaterra y el tren Eurostar comenzó a funcionar, conectando Londres, París y Bruselas. Así mismo, otros países europeos como Alemania, Italia y España han modernizado sus redes ferroviarias incorporando líneas de alta velocidad.

Para aquellos amantes de viajar en tren, aún hay locomotoras a vapor en servicio. De hecho, China continental tiene una fábrica que las produce. En Thailandia, y los interesados en la historia, pueden contemplar el verdadero puente sobre el río Kwai, que construyeron, con un gran coste de vidas humanas, los prisioneros de guerra aliados para los japoneses, pero continúa soportando el paso de los trenes por encima del río. Este puente nunca ha sido destruido.

Rentabilidad y capacidad de carga del transporte ferroviario

Como ocurre con otras formas de transporte, aumenta la eficacia de su rendimiento cuantos más sean los asientos que se han ocupado en una línea de ferrocarril, esto es especialmente cierto en las lí-

En competencia directa con el avión, los países más desarrollados han introducido el uso de trenes de gran velocidad, un transporte cómodo y sobre todo económico. Bajo estas líneas, el tren japonés Maglev, que alcanza los 400 kilómetros por hora. En la página siguiente, trenes franceses de alta velocidad en la estación de Lyon, en París.

neas para pasajeros en Estados Unidos, donde las normas de los sindicatos fijan el número mínimo de personal de servicio al público y de personal de mantenimiento para cada caso. El número mínimo de personas para las paradas, bomberos, mecánicos, revisores y, en el caso del vagón restaurante, el personal de cocina estipulado es el mismo tanto si hay cinco como si hay mil ochocientos viajeros en el tren.

Los trenes de pasajeros tienen una ventaja en este sentido sobre los aviones y autobuses: el ferrocarril tiene la capacidad de añadir vagones si la cantidad de viajeros es superior a lo esperado. Se pueden añadir hasta un máximo de 18 vagones en el caso de trenes que realizan viajes de corto recorrido; en los vagones más modernos, la cantidad de pasajeros que se pueden acomodar es de un máximo de ochenta.

El impacto de los costes de combustible, a causa de su encarecimiento, se deja sentir en mayor medida en otros medios de transporte. Si el tren lleva una carga máxima, es considerablemente más rentable en cuanto al combustible. En 1984, por ejemplo, del total de los ingresos brutos percibidos de las líneas aéreas, el 25 por ciento se empleó en gastos de combustible, mientras que en las líneas fe-

rroviarias dichos gastos fueron de menos del 5 por ciento.

El futuro de la alta velocidad

Tras muchos años de indiferencia hacia el desarrollo del transporte por ferrocarril, los gobiernos de los países económicamente más desarrollados están apostando de nuevo por el ferrocarril como medio de transporte más rentable y eficaz, sobre todo en áreas densamente pobladas como Europa central y Japón, con grandes ciudades situadas a distancias relativamente cortas.

Muchos viajeros y particularmente los hombres de negocios han descubierto que este tipo de transporte es mucho más cómodo y económico. Desde el punto de vista de la administración representa una alternativa a la congestión del tráfico aéreo y por carretera, además de un ahorro de energía y un menor impacto ambiental.

Por este motivo, Amtrak ha puesto en funcionamiento un servicio de tren de alta velocidad entre Washington y Boston, con trenes de tecnología europea, construidos en Nueva York y Boston, capaces de viajar a 240 km/hora.

El viaje entre Nueva York y Boston, con una duración inferior a las tres horas, puede generar un movimiento de más de tres millones de pasajeros al año.

Así mismo, el gobierno federal apoya la unión de consorcios de empresas y entidades financieras para el desarrollo de nuevos proyectos El Florida High Speed Rail tenía previsto iniciar en noviembre de 2003 la construcción de un sistema de trenes de alta velocidad que uniría las cinco mayores áreas urbanas de Florida. El primer segmento, desde Tampa hasta Orlando, tardaría tres años en completarse. Otros cuatro nuevos corredores han sido proyectados para unir once estados.

Japón, Australia, Brasil y Taiwan también están desarrollando proyectos de creación de líneas de alta velocidad.

Bajo estas líneas, el transatlántico francés Normandie *haciendo su entrada en el puerto de Nueva York a principios de los años veinte, década en la que ya se realizaron varios cruceros alrededor del mundo.*

VIAJAR EN BARCO

Hasta aproximadamente 1830 la inmigración, los negocios y la guerra fueron las causas principales para realizar los viajes por mar, aunque hubo algún viaje por el océano en el mundo antiguo que se puede considerar como de placer.

A pesar de que se cree que el primer crucero tuvo lugar en 1844, y que se realizaron varios cruceros alrededor del mundo en la década de 1920, el gran éxito de los cruceros acaeció entre los años 1960 y 1970. En los años 1964-1974, 26 nuevos barcos de mediano tamaño entraron a formar parte del negocio de los cruceros. El avión, que fue el causante de la muerte de la mayor parte de los viajes de pasajeros transoceánicos, en realidad ayudó a estimular el negocio de los cruceros. Ya en la década de 1950, la mayoría de los pasajeros de los barcos que hacían cruceros por el Mediterráneo llegaban al punto de embarque en avión. En la actualidad, miles de pasajeros de los cruceros llegan a sus puntos de partida de Florida y San Juan cada semana. La combinación avión-crucero ha posibilitado que los cruceros sean una opción en potencia para millones de nuevos pasajeros.

Los cruceros de placer se han constituido en un «destino» de los más importantes para decenas de miles de estadounidenses que, una vez se encuentran a bordo del barco que realiza el crucero, pueden experimentar una nueva existencia regeneradora, colmada de placeres físicos. La comida y la bebida son abundantes: se ofrecen hasta seis comidas diarias. El programa de actividades y diversiones abarca las 24 horas del día. Los pasajeros pueden visitar sin preocupación puertos exóticos y volver al barco, sanos y salvos.

Los jóvenes prefieren cruceros de tres a siete días de duración. Más del ochenta por ciento del mercado de los cruceros está formado por viajes de siete días o menos. Las personas más mayores pueden realizar cruceros de dos o tres semanas de duración. Los viajes alrededor del mundo son normalmente para los adultos de mayor edad, con capacidad adquisitiva elevada. Los pasajeros de un crucero de corta duración gastan más que los de mayor duración.

El mercado de cruceros sigue una tendencia alcista. Tan sólo el cinco por ciento de la población de Estados Unidos ha viajado en algún crucero. Muchos de los viajeros que realizan un crucero, apenas acaban uno, ya están planeando el siguiente; estos pasajeros tienden a ser clientes fijos. La amabilidad del personal de a bordo (formado en su mayor parte por empleados caribeños y del sur de Europa) es muy apreciada. Las comodidades y los pasatiempos, en-

tre compañeros generalmente agradables, puede causar adicción. Las agencias de viajes fomentan los cruceros porque el precio total, incluyendo los gastos extras, tanto en tierra como a bordo, les proporciona comisiones sustanciosas. El mercado estadounidense está creciendo, abarcando ya los dos tercios del total mundial. El típico barco de cruceros que se puede encontrar en un puerto estadounidense es propiedad de europeos occidentales, quienes se encargan de la dirección; está tripulado por europeos meridionales; y su pasaje está formado por estadounidenses de clase media y alta.

En 1983, 78 de los mayores cruceros que abastecen el mercado estadounidense llevaron 1,5 millones de pasajeros. A principios de los años noventa el número de pasajeros transportados por las compañías de cruceros que operan en Estados Unidos ascendía a 3,5 millones y en la actualidad a casi 5 millones. Cada barco puede llevar de 250 a 2 500 pasajeros a cualquier lugar del mundo. El promedio es de unos 700 pasajeros con una tripulación de 350 personas.

A punto de finalizar el siglo XX, el placer de realizar un crucero por mares tranquilos (Caribe, Mediterráneo) parece tener una aceptación cada vez mayor. Arriba, transatlántico noruego frente a las costas de Jamaica (Caribe).

En muchos aspectos, un crucero se parece a un hotel flotante. Las habitaciones tienen aire acondicionado y poseen cuartos de baño individuales. Más exactamente, un crucero es un lugar de vacaciones en el mar, donde los huéspedes son albergados, alimentados y se les ofrecen diversiones. Debido a que no tienen la opción de irse, es probable que los huéspedes sean más críticos a medida que el crucero va transcurriendo.

Como lo calificó un director de ventas de un barco, «la primera semana a bordo, los pasajeros están ocupados comiendo en exceso; el resto del crucero están ocupados quejándose continuamente de la comida».

TERMINOLOGÍA DE LOS VIAJES EN BARCO

Asociación Internacional de Barcos de Pasajeros: Asociación comercial de empresas que dirigen cruceros cuyo mercado está en Estados Unidos. Reemplaza a la Conferencia Naviera de Pasajeros del Atlántico (TAPSC).

Asociación Internacional de Líneas de Cruceros (CLIA): Asociación comercial de cruceros que intenta promocionarlos ofreciendo programas educativos para las agencias de viajes.

Babor: Lado izquierdo del barco.

Barco-avión: Programas o itinerarios de viajes que utilizan algún tipo de combinación de transporte aéreo y marítimo.

Bon voyage: Las fiestas de *bon voyage*, de despedida, son a menudo fiestas importantes celebradas antes de la salida del barco cuando éste emprende un largo viaje. Es un término francés para decir «buen viaje».

Bote: Embarcación pequeña descubierta propulsada por remos, vela o motor que inicialmente no está pensada para navegar por el océano. Los barcos de mayor cabotaje llevan botes salvavidas.

Camarote: Dormitorio en un barco, por lo común menos lujoso que otros dormitorios más espaciosos, o suites. Un camarote que da al exterior tiene una portilla y es preferible a uno interior que no tiene vista al exterior.

Cruzar la línea: Ceremonia que se realiza al cruzar el ecuador. Los que lo cruzan por vez primera están sujetos a una ceremonia de iniciación. Viene el padre Neptuno a bordo y forma una corte, entrevistando a los novatos para ver si son merecedores de dar el paso de cruzar la línea. Los pasajeros pasan luego a través de las distintas ceremonias de iniciación, que consisten en remojarse en la piscina y otras bromas.

Cubierta de la piscina: Zona alrededor de la piscina, así como la cubierta en la que se encuentra dicha zona.

Cubierta promenade: En los barcos de pasajeros, es la cubierta superior acristalada.

Desembarcar: Dejar el barco.

Escala: Puerto en el que el barco efectúa parada de unas horas o bien uno o más días y durante los cuales los pasajeros pueden visitar las zonas de interés de los alrededores.

Estribor: Lado derecho del barco.

Los mayores puertos para los cruceros son Miami, Nueva York, San Juan, Port Everglades, Los Ángeles, San Francisco y Nueva Orleáns. El Caribe y las aguas frente a la costa oeste de México son las áreas preferidas. Los europeos prefieren los cruceros por el Mediterráneo. Un pequeño número de barcos navegan por el Nilo, llevando a los viajeros hacia el sur de El Cairo, a las antiguas pirámides de Egipto.

La vida a bordo

Los pasajeros normalmente tienen pocos motivos para quejarse de la comida cuando están a bordo de un barco. Las líneas marítimas, viendo la importancia que tiene el tema gastronómico cuando se está en un recinto cerrado, normalmente dedican mucho tiempo, esfuerzos y dinero en proveerse de las mejores materias primas y del mejor servicio. Un menú nunca se repetirá en un crucero alrededor del mundo de cien días. Como es natural, la mayoría de los estadounidenses prefieren la comida de su país. La tradición culinaria es la misma que en el vagón restaurante o que en el hotel turístico estadounidense. Los pasajeros del crucero eligen comer en un primer o en un segundo turno en el salón restaurante. El primer turno normalmente empieza a las 7.00 de la mañana para tomar el desayuno, al mediodía para el almuerzo y a las 7.00 de la noche para la cena; el segundo turno es a las 8.30 de la mañana, a la 1.30 y a las 8.30 de la noche. El segundo turno tiende a elegirlo el pasaje más joven. Los pasajeros pueden optar por una mesa de dos, cuatro o seis, y pueden pedir que se les asigne una mesa antes de embarcar.

La propiedad del barco no se adivina tan fácilmente ya que los buques suelen estar registrados bajo la bandera que sea más económica o conveniente. Muchas tripulaciones están mezcladas, como a veces lo está la comida: griega, holandesa o inglesa, según el país de origen del barco.

Las fiestas de despedida se organizan a menudo incluso antes de zarpar, y se celebran en el camarote del pasaje o en una sala pública. La primera comida del día en que se inicia el viaje suele ser un buffet. El cóctel que ofrece el capitán es muy útil para que se mezclen y conozcan los pasajeros entre ellos, permitiendo que sean presentados al capitán y conozcan al resto de los oficiales. Por regla general se celebra una cena del capitán y una especie de «fiesta de Nochevieja» en el mar con objetos de broma y champaña adicional. Las personas famosas pueden ser invitadas a la mesa del capitán, las invitaciones están ya preparadas antes de zarpar.

Virtualmente, a todos los pasajeros se les da el mismo servicio, lo que significa que todos disfrutan de los mismos privilegios, servicios, comida y actividades sociales, independientemente de cuánto hayan pagado.

¿Qué hacen los viajeros de un crucero aparte de comer, dormir, hablar y beber? Los animadores y animadoras sociales organizan toda clase de diversiones y juegos; hay un determinado número de juegos de azar: se ofrecen carreras de caballos con caballos de juguete pequeños o carreras reales filmadas, bingo y una quiniela diaria basada en los kilómetros que se van recorriendo. El juego, incluyendo las máquinas tragaperras, se prohibió en 1952 por el gobierno federal. Las líneas marítimas confían que la prohibición se levante puesto que, sin lugar a dudas, la legalización del juego en los barcos desviaría a miles de turistas de Reno, Las Vegas y Atlantic City hacia cruceros dedicados al juego, de corta duración, con salidas de Los Ángeles, San Francisco y ciudades del este. La prohibición del juego en los barcos estadounidenses ha representado una ventaja comparativa para los barcos con banderas extranjeras. El *Queen Elizabeth II* añadió un casino a sus instalaciones contra su voluntad, y luego tuvo que doblar su tamaño en 1972.

Los cruceros también proporcionan diversiones casi continuas, que incluyen clases de cortesía, idiomas, baile, informes sobre las escalas, bridge, tenis de mesa y juego de tejo. Todos los cruceros llevan espectáculos que a veces presentan a conocidos artistas. Normalmente hay dos representaciones por la noche, y los bares y discotecas no cierran hasta muy tarde. Son muy concurridas las clases que enseñan a utilizar una computadora.

La promoción y venta de los viajes en crucero se basa en la salud, el relax y el lujo. Los cruceros basados en una especialidad son muy populares, con ofertas de casi todos los temas imaginables: cruceros culinarios, viajes sobre temas históricos, viajes que exploran parajes poco conocidos, seminarios sobre la bolsa, festivales de cine y de música, así como cruceros dedicados al arte, al golf, la astrología, el tenis, la fotografía, consejos de belleza e incluso brujería.

Algunos pasajeros ganan peso comiendo a las horas habituales y también en los aperitivos que se sirven casi a cada hora. Otra satisfacción consiste en tener un camarote mejor que otro pasajero. Los camarotes que dan al exterior se prefieren a los que dan al interior a pesar de que las portillas no se puedan abrir.

Los precios de las mejores cabinas son el doble de caros que las que no son tan apreciadas, las suites pueden incluso valer más. Los camarotes más caros ofrecen el lujo de llevar camas individuales en lugar de literas.

Tipos de barcos para viajar

Se pueden hacer cruceros en una variedad de barcos que va desde el transatlántico de lujo hasta el buque de carga. Éstos, que transportan mercancías comerciales, pueden llevar también un número limitado de pasajeros. Este tipo de viajes son para aquellos a los que no les importa cuándo van a llegar a su destino, ya que el barco puede ser desviado de su ruta original o puede que se pare en un puerto uno o varios días más de lo fijado.

Los guardacostas en Estados Unidos no permiten a ningún barco embarcar pasajeros en puertos estadounidenses a no ser que el barco esté afiliado a

---

TERMINOLOGÍA DE LOS VIAJES EN BARCO

Fletado sin tripulación: Barco, yate u otras embarcaciones que se alquilan sin tripulación ni suministros.

Hydrofoil: Embarcación que utiliza unas aletas o patines que la elevan parcialmente fuera del agua, reduciendo la fricción y la resistencia al avance, permitiendo alcanzar velocidades muy altas durante largos períodos de tiempo.

Litera: Cama para dormir y acomodarse en un barco o tren que está fijada a la pared, y puede plegarse cuando no se utiliza.

Milla náutica: Utilizada para medir la distancia a que se navega por mar o por aire; es aproximadamente igual a 1,7 kilómetros.

Nudo: Medida de velocidad que equivale a una milla náutica por hora.

Licencia de navegación: Certificado exigido a todos los residentes extranjeros antes de que dejen Estados Unidos hacia algún país extranjero.

Puente de mando: Zona de la cubierta en la parte alta del barco, destinada al capitán y la tripulación que dirige el barco.

Pies de marinero: Es la habilidad de andar por la cubierta de un barco mientras está cabeceando y moviéndose. Más generalmente, es la habilidad de tolerar el movimiento de un barco u otra embarcación. Es también resistencia al mareo.

Puerto de entrada: Lugar designado oficialmente donde los pasajeros o las mercancías del extranjero pueden entrar en un país.

Puerto franco: (1) Puerto o parte de un puerto donde se puede cargar y descargar sin tener que pagar tasas aduaneras. (2) Puerto abierto a todos los barcos bajo las mismas condiciones.

Registro: Es el país bajo el cual se ha inscrito el barco. Éste puede no ser, y a menudo es así, el país del propietario. Por ejemplo, un barco puede ser de un propietario inglés pero estar registrado en un país extranjero como Panamá, Liberia o las Bahamas. El certificado de registro no atestigua sobre la calidad, seguridad o nacionalidad y clase de la tripulación.

Transatlántico: Gran embarcación de pasajeros que circula por el océano bajo fletamientos marítimos.

la organización de Seguridad de la Vida en el Mar creada en 1960 para los buques extranjeros y con los requisitos de seguridad contra incendios de 1966.

Se están construyendo nuevos barcos diseñados especialmente para hacer cruceros. A diferencia de los viejos transatlánticos, los nuevos proporcionan vistas del océano desde casi todos los camarotes, plazas suficientes en el restaurante para que todos los pasajeros puedan comer a la vez, más lujo y salones públicos con amplios ventanales en lugar de portillas.

Los barcos que han sido renovados han pasado por etapas muy distintas, incluso algunos de ellos han cambiado de nombre tantas veces como dueños han tenido. Muchos de ellos han sido literalmente partidos por la mitad y han sido reconstruidos más largos para dar más cabida al pasaje.

El *Queen Elizabeth II*, construido en 1969, probablemente no tendrá nunca un doble debido a su elevado precio. Construir hoy un barco parecido costaría unos quinientos millones de dólares. Es un transatlántico de 67 107 toneladas que ha transportado desde pasajeros que forman parte del mercado de clase alta hasta pasajeros del llamado turismo de masas. Además de un gimnasio, un campo de golf en miniatura y cinco clubs nocturnos, incluye una galería de tiendas, seis bares, un casino y un teatro.

El *Queen Elizabeth II* tiene una capacidad para 1 740 pasajeros y una tripulación de servicios y hotelera de 900. El salón comedor, uno de los mayores restaurantes a la carta del mundo, tiene capa-

cidad para 882 comensales. Las llamadas Mesas del Mundo, se dividen en cinco grupos, cada uno de los cuales tiene su propio motivo y menú. En la actualidad, el barco de cruceros más grande es el *Monarch of the Seas,* que tiene una capacidad para albergar a 2 300 pasajeros y es propiedad de la Compañía Royal Caribbean Cruises.

Para hacer que un barco no se balancee con el mal tiempo debe mantener su centro de gravedad bajo. El *Queen Elizabeth II* lo consiguió teniendo toda su superestructura por encima de la segunda cubierta, construída de aluminio. Para mantenerla en el mar, unos estabilizadores a los lados del barco hacen funcionar un giróscopo automáticamente, entrando y saliendo cuanto sea necesario para mantener al barco en equilibrio.

Considerando que el barco tiene 272 metros de longitud y una manga de casi 30 metros, su velocidad máxima de 59 kilómetros por hora es considerable. Debido a su gran anchura, cuando se desplaza a través del canal de Panamá solamente quedan libres trece centímetros a cada lado.

El consumo de ese barco es enorme, ya que se necesita gran cantidad de combustible por cada kilómetro para calentar el agua a 510 °C. El vapor creado actúa sobre las paletas de unas turbinas gigantes que, conectadas a dos ejes motrices, hacen girar dos propulsores.

Sólo ligeramente inferior de tamaño al *Queen Elizabeth II*, el *Noruega*, anteriormente el *Francia*, de 66 348 toneladas, fue originalmente construido para cruzar el Atlántico velozmente. Las empresa Norway Caribbean Lines, que organiza cuatro populares cruceros de Miami al Caribe en viajes de siete días, compró el *Francia* al gobierno francés por un precio de ganga: 18 millones de dólares. La empresa le hizo unos reajustes por valor de 40 millones de dólares y cambió el anterior barco de dos clases en un emporio flotante de diversiones de clase única. Los pasajeros tienen la posibilidad de elegir entre alegres salas de estar, una discoteca y un teatro con 665 localidades, mientras el barco navega de Port Everglades a Miami en un itinerario que incluye Santo Tomás y alguna de las islas exteriores de las Bahamas.

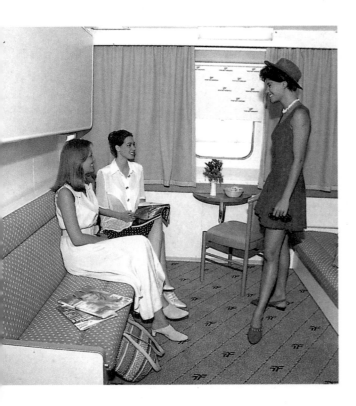

Dicha isla, San Salvador, fue adquirida por la empresa por 3,5 millones de dólares. Llevan a los dos mil pasajeros a la isla particular para pasar un día de playa mediante embarcaciones de cuatrocientos pasajeros que son transportadas en el transatlántico.

Un transporte caro en Estados Unidos

Los barcos de Estados Unidos, incluyendo los barcos para pasajeros, llevan consigo la lacra de tener los gastos de explotación más elevados del mundo. Las desventajas empiezan con el coste del barco, que puede ser cuatro veces mayor que el de un barco construido en Japón o en otro lugar. Los salarios y sueldos de los oficiales y la tripulación de los barcos estadounidenses siguen aumentando a causa de que son muchas las presiones que reciben del sindicato. En efecto, el Sindicato Marítimo de Estados Unidos ha marcado unos precios de los servicios de sus miembros que están virtualmente fuera de los del mercado, elevando los salarios y los sueldos al extremo de que los barcos no pueden permitirse navegar bajo bandera de Estados Unidos. Como resultado de esto, los aproximadamente 125 cruceros que salen de los puertos estadounidenses navegan todos bajo banderas extranjeras.

Las principales compañías de cruceros que operan en Estados Unidos son la Carnaval Cruise Lines, que controla el veinte por ciento del mercado, la Royal Caribbean Cruises que dispone de diez barcos,

entre los cuales destaca el *Monarch of the Seas* con capacidad para 2 300 pasajeros, la P&O, que gestiona nueve barcos *Princess Cruise* y una cuota del doce por ciento del mercado, la Kloster Cruise Ltd. y la compañía naviera de origen griego Chandris, que controla el cinco por ciento de la cuota total del mercado.

Los transatlánticos que atraviesan los océanos a menudo tienen tres clases: primera, camarote y turista. Los cruceros más nuevos fijan sus precios de acuerdo con la situación del camarote (exterior o interior, según la cubierta y la distancia del centro del barco). Los pasajeros de los camarotes del centro del barco experimentan menor balanceo. Generalmente, cuanto más alta se encuentre la cubierta, más caro es el pasaje. Según se cuenta, la palabra *posh* acuñada por los ingleses surgió para describir el tipo de camarotes en que se viajaba de Gran Bretaña a la India, y que eran de los más frescos. Los mejores eran los de babor cuando partían de Gran Bretaña y los de estribor en el viaje de regreso; de ahí la palabra *posh* (Port Outward, Starboard Home).

La medida óptima de un crucero depende del mercado. El barco que resulta demasiado grande para unos puede ser demasiado pequeño para otros. Lo ideal es que el barco sea rentable y esté totalmente lleno.

Los cruceros se anuncian con varios meses de antelación, y venden el pasaje en conjunto, mayormente a las agencias de viajes. Como ya se ha dicho, la combinación avión-crucero es la más popular. Los gastos del crucero son más o menos los mismos que los gastos totales al visitar varios sitios en los que hay que incluir hoteles, comidas y transporte aéreo. El pasajero puede tener menos aprensión a visitar un lugar en el extranjero que si viajase en avión, porque pasa las noches en el barco. Junto a la imposibilidad de que puedan ser molestados, los pasajeros del crucero parece que se sienten más seguros viajando en barco que con otro medio.

El último plazo para pagar las excursiones normalmente es dos días antes del desembarque. Raramente se aceptan cheques personales. Se espera propina en el salón comedor, los camarotes y en los salones públicos. Si se realizan gastos extras, también es costumbre dar propinas al servicio.

Una industria con gran potencial

Los cruceros se han revelado como una de las formas de ir de vacaciones más atractivas. Actualmente el puerto de Port Everglades es el más importante del mundo para los cruceros, con un volumen de 2,2 millones de pasajeros anuales.

Distintos modos de viajar

El mercado de los cruceros sigue creciendo pero más lentamente que antes. Sin embargo, las líneas de cruceros son optimistas respecto al futuro. Aproximadamente el cinco por ciento de los estadounidenses ha realizado alguna vez un crucero, mientras que las encuestas muestran que al cincuenta o sesenta por ciento de los encuestados les gustaría hacer uno.

VIAJAR EN AUTOMÓVIL

El automóvil es el medio de transporte más importante en Estados Unidos. El ochenta por ciento de los viajes de vacaciones se realizan sobre cuatro ruedas, por lo común en el coche familiar. Más de 150 millones de coches permiten que una gran mayoría de estadounidenses se meta dentro de un coche al mismo tiempo y que aún quede libre el asiento trasero. A pesar de las crisis, la familia con un solo coche ha cedido el paso a la familia con varios coches, y no es raro para una familia el tener tres o cuatro coches, uno para cada miembro con carnet de conducir.

Como tantas cosas buenas, el automóvil llegó primero a las clases altas y luego alcanzó a las clases medias y bajas. En 1895 había trescientos vehículos sin caballos de un tipo u otro en Estados Unidos (coches de gasolina, eléctricos y de vapor); en 1914 había unos 2 millones; en la década de 1930, el total había subido a 25 millones. Incluso durante la depresión de 1930 unos dos tercios de las familias tenían automóvil. Autovías y autopistas de peaje extendieron posteriormente los viajes en automóvil, la primera fue la autopista de Pensilvania en 1940. Henry Ford y buenas carreteras ayudaron a hacer del automóvil el símbolo de la vida estadounidense de hoy.

¿Un cambio positivo o negativo?

El automóvil ha cambiado ciertamente la forma de vida estadounidense, especialmente en el campo del ocio. Originó e hizo realidad las ganas de viajar de millones de personas.

Sin embargo, algunos ven el automóvil como un ruidoso contaminante de la atmósfera, que engulle grandes zonas para carreteras y aparcamientos, y que se ha convertido en una especie de monstruo, contaminando el aire, acabando con miles de vidas cada año y sumándose a la ya enorme contaminación. En el distrito financiero del centro de Detroit, por ejemplo, el 62 por ciento del terreno está consagrado al automóvil, en forma de carreteras, zonas de aparcamiento y garajes.

El automóvil ha demostrado ser un arma muy peligrosa en manos de los habitantes de Estados Unidos. Desde 1900, unos dos millones de personas han muerto en accidentes automovilísticos, muchos más que los que murieron en todas las guerras en que Estados Unidos ha tomado parte. Incluso con mejores carreteras y coches más seguros, unos cincuenta mil estadounidenses mueren en accidentes de tráfico cada año; en la mitad de los accidentes incide el factor del alcohol.

Sin embargo, para la persona común que no vive en un área del centro de una congestionada ciudad, el automóvil permanece como el medio más rápido y conveniente de transporte para distancias cortas y medianas. Sin duda alguna, ha hecho de los estadounidenses el pueblo que se mueve más de la historia, y le ha dado opciones y facilidades que son imposibles de otra forma.

Las carreteras

Ciertas carreteras principales de Gran Bretaña eran más altas que el terreno de alrededor, ya que la tierra de las cunetas se echaba hacia el centro. Por esta causa, se llamaron *highways*, carreteras. En la América colonial las carreteras interiores del país eran, a menudo, meras pistas marcadas a intervalos por grupos de rocas y por árboles quemados.

Mucho antes, los romanos habían construido más de cincuenta mil carreteras en su imperio, algunas de las cuales aún se utilizan. Empezando en el año 312 d.C., las legiones romanas y los esclavos pavimentaron una vía de Roma a Capua. Al final el trabajo realizado era una vía que atravesaba los Alpes, llegaba a Gran Bretaña y circundaba el Mediterráneo desde el norte de África hasta Siria, con las rutas principales uniendo los diversos puertos marítimos. La frase «todos los caminos conducen a Roma» estaba muy cerca de la realidad.

En América del Sur, en los siglos XIII al XVI, los incas construyeron una ruta de 16 mil kilómetros que conectaba las ciudades del imperio de quizás ocho millones de habitantes.

La primera carretera estadounidense de asfalto se construyó en Detroit en 1908. En 1916 el Congreso aprobó un acta que facultaba al gobierno federal para realizar expropiaciones a cuenta del estado, para hacer nuevas carreteras. En 1925, cuando más de la mitad de todas las familias estadounidenses o bien poseían automóvil o estaban a punto de comprarse uno a plazos, las expropiaciones para construir carreteras de piso firme empezaron a sucederse sin interrupción. La construcción de carreteras se continuó incluso durante los años peores de la Gran

A pesar del avance de otros medios de transporte, el viajar por carretera sigue jugando un papel esencial, sobre todo en Estados Unidos, lo que ha conllevado la construcción de complejos sistemas viarios como el de la derecha, en Los Ángeles (California).

Depresión. El sistema interestatal se hizo posible mediante la legislación aprobada por el Congreso en 1956.

Actualmente la red de carreteras de Estados Unidos es una gran obra de ingeniería, unos 4,4 millones de kilómetros en carreteras nacionales y locales, más las autopistas, que permiten viajar de un lado a otro del país más rápidamente de lo que a veces desearíamos. Además, el sistema interestatal ofrece ahorros de gasolina, rápidos medios de llegar a destino y una seguridad en carretera cada vez mayor.

El sistema interestatal, conocido oficialmente como el sistema nacional interestatal y de protección de las autopistas, permite a los viajeros desplazarse de costa a costa, de México a Canadá, a lo largo de 50° de diferencia de latitudes, desde zonas bajo el nivel del mar a zonas que están en grandes montañas. La I-90, la ruta más larga de la red interestatal, se extiende de Seattle a Boston a lo largo de casi cinco mil kilómetros. Incluso Hawai tiene tres carreteras de esa clase. Es la mayor red de autopistas, la más cara, la más compleja y la más efectiva del mundo. Las autopistas de Alemania y las de Gran Bretaña le siguen de cerca, pero realmente no existen otras que se les puedan comparar.

El sistema interestatal de Estados Unidos está planeado para comprender 68 mil kilómetros de autopistas. Conecta ya las áreas metropolitanas con los centros industriales y proporciona fácil acceso al 86 por ciento de las ciudades de más de cincuenta mil habitantes y a muchas otras ciudades y pueblos más pequeños.

El coste de construcción del sistema interestatal en Estados Unidos está calculado que a la larga sobrepase los 130 mil millones de dólares. Del coste total, el gobierno federal pagará el noventa por ciento, más de 110 mil millones. El dinero de los fondos federales sale de los impuestos a los usuarios de las autopistas, como por ejemplo el que grava la gasolina. El sistema es una empresa cooperativa entre el estado y el gobierno federal. Cada departamento de las autopistas de un estado decide y dirige, sujeto a la aprobación de la Administración Federal de Autopistas, su propio trazado de las carreteras, su diseño y su construcción. La propiedad y el mantenimiento son responsabilidad de los estados.

La numeración es simple. Entre las rutas continentales más importantes, 27 tienen números impares y van predominantemente en dirección este-oeste; 34 tienen números pares y van predominantemente de norte a sur. La mayoría de las autopistas que van de norte a sur terminan en el número cinco: 5, 15, 25, 35, 65, 75, 85, 95. La Interestatal 5 va de norte a sur de la costa oeste, desde Canadá hasta San Diego, mientras la Interestatal 95 recorre la costa este, desde Canadá hasta Miami.

Tres rutas, I-10, 80 y 90, atraviesan Estados Unidos de costa a costa. Siete rutas casi lo cruzan de norte a sur: I-5, 15, 35, 55, 65, 75, 95. A pesar de que el sistema interestatal en su conjunto soporta alrededor del veinte por ciento del tráfico de vehículos de la nación constituye solamente el uno por ciento del total del kilometraje que se calcula para las carreteras nacionales.

El negocio de alquilar automóviles

El negocio del alquiler de automóviles es una actividad relacionada con la industria turística en continua expansión en todo el mundo.

Los servicios que ofrecen estas empresas se basan en el alquiler de automóviles con o sin conductor y con una gran variedad de opciones: alquilarlo y dejarlo en el mismo lugar, en un lugar distinto, combinado con otros medios de transporte (avión y coche, o tren y coche), etcétera. Las tarifas que se aplican se fijan bien por día y kilometraje recorrido o bien por día sin limitación de kilómetros. El seguro del vehículo es siempre de obligatoria contratación por parte del cliente, quien además puede contratar seguros opcionales de pasajeros y robo.

Los lugares que mayor número de transacciones de alquiler de coches reciben son los aeropuertos, las ciudades con fuerte actividad comercial y las zonas turísticas, en las que una parte importante de sus visitantes se desplazan en transporte colectivo (avión, tren, autocar, etc.).

En los aeropuertos, el 75 por ciento de estos coches se alquilan para fines comerciales. Los que se alquilan para hacer viajes de placer son el 25 por ciento restante, cifra que aumenta día a día. El negocio del alquiler de coches continuará probablemente creciendo, puesto que menos del 12 por ciento de la población estadounidense ha alquilado un coche alguna vez.

Las agencias de viajes pueden incrementar sus comisiones sustanciosamente disponiendo de coches en alquiler propios. Los viajes en combinación avión-rent-a-car, organizados conjuntamente por las líneas aéreas con empresas de alquiler de coches, han demostrado ser muy populares. Un turista que desee ver la campiña de Nueva Inglaterra durante la estación otoñal, puede volar hasta Boston, y desde allí hacer el viaje en coche. El alquiler de coches en Hawai permite al veraneante que aumente el placer de la visita turística. El alquiler de coches en el extranjero puede ser más complicado. Lleva tiempo acostumbrarse a conducir por la izquierda de la carretera en Gran Bretaña y en muchas de las naciones de la Commonwealth.

Los clientes en viaje de negocios disponen ahora de coches con teléfono e incluso fax incorporados, gracias a los nuevos sistemas celulares y de conexión vía satélite, utilizables ya en casi todos los países desarrollados.

El negocio del alquiler de automóviles es muy importante en Estados Unidos y en Europa. En los últimos años existían cerca de medio millón de coches de alquiler en los principales países europeos, con una cifra de negocio de más de cuatro mil millones de dólares anuales según estimaciones realizadas por las empresas del sector.

En Estados Unidos, el número de automóviles de alquiler y su volumen de negocio es muy similar al referente al mercado europeo. El gasto en publicidad realizada por las empresas estadounidenses de alquiler de automóviles ascendía a mitad de los años noventa a cien millones de dólares y daba ocupación a unas doscientas mil personas.

Las empresas más importantes de alquiler de automóviles que operan en el mundo son: AVIS, EuropCar, InterRent, Hertz, Budget y Eurodollar.

¿Es más caro viajar en automóvil?

Viajar en coche no es barato si se compara con el autobús, el ferrocarril o el avión. En Estados Unidos, viajar en automóvil cuesta un promedio de 15 a 25 centavos el kilómetro, considerados todos los gastos de funcionamiento, mientras que los precios del autobús, el ferrocarril o el avión están entre los 5 y los 25 centavos por kilómetro. El automóvil, individualmente es menos caro si transporta varios pasajeros, pero se tiene en cuenta siempre la comodidad, y los estadounidenses están muy dispuestos a pagar por ella.

Si los precios de los carburantes aumentan demasiado, habrá gente que no tomará el coche y utilizará los medios de transporte públicos sin ninguna duda. Pero incluso entonces el amor al automóvil que siente la mayoría de estadounidenses no habrá terminado.

Las asociaciones de automovilistas

Con la popularización del automóvil como principal sistema de transporte en los países industrializados, aparecieron también asociaciones de automovilistas con el fin de dar asistencia a sus asociados y mejorar los servicios e infraestructuras que se necesitan. Los principales servicios que ofrecen estas organizaciones son:

- Asistencia en carretera y reparación del automóvil mediante grúas, mecánica y traslado a talleres.
- Asesoría legal y técnica en diferentes aspectos relacionados con el automóvil.
- Gestión administrativa y burocrática de licencias de conducir y del vehículo.
- Contratación de seguros.
- Información turística a través de la publicación de

Junto a estas líneas, algunas de las guías que facilitan a los viajeros información sobre alojamientos, lugares de interés, etcétera.

---

guías y folletos turísticos, en los que se informa sobre rutas, lugares de interés, alojamientos, carreteras, etcétera.

Entre las principales asociaciones de automovilistas cabe destacar las siguientes:

- AAA (American Automobile Association), asociación de automovilistas de Estados Unidos. Cuenta con 32 millones de miembros distribuidos en 147 clubs afiliados, por lo que se ha convertido en la asociación más numerosa de Estados Unidos. La AAA cuenta en la actualidad con más de 35 mil empleados y una facturación anual de más de diez mil millones de dólares.
- ADAC (Allgemeiner Deutscher Automobil Club) en Alemania, con más de seis millones de asociados. Su actividad en el campo de la información turística es muy importante, por lo que sus publicaciones y la opinión que a través de ellas dan sus colaboradores sobre los principales destinos turísticos tienen una incidencia muy significativa.
- AA (The Automobile Association) en el Reino Unido.
- Touring Club de France, en Francia.

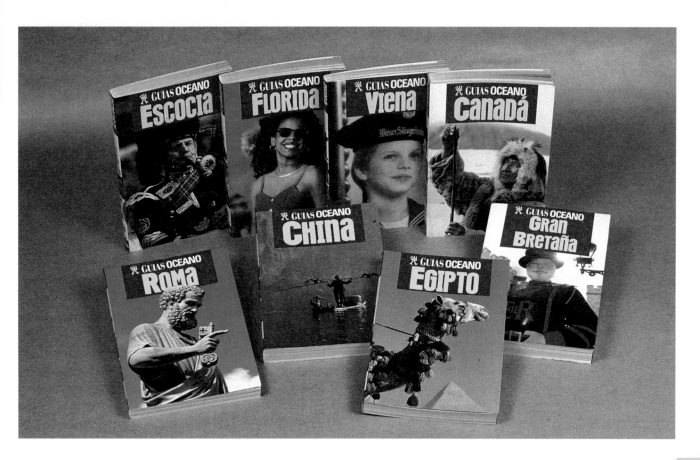

• ANWB en los Países Bajos. Su incidencia es tan importante que prácticamente la totalidad de familias holandesas están asociadas a este club. La primera señalización turística de carretera y las primeras oficinas de turismo que se abrieron en los Países Bajos fueron impulsadas por esta asociación.
• RACE (Real Automóvil Club de España), con una importancia menor a la de los demás países europeos.
• TCI (Touring Club de Italia).
• TCS (Touring Club de Suiza).

La práctica totalidad de estas asociaciones de automovilistas forman parte de la Federación Internacional del Automóvil (FIA), creada a principios del siglo XX en Hamburgo y que tiene como objetivo fomentar los viajes en automóvil, el tráfico internacional y el deporte del automovilismo.

VIAJAR EN BUS

A fines del siglo XX, los pasajeros de las compañías estadounidenses de autobuses realizaron un promedio de 40 millones de kilómetros por año.

Pocas personas eligieron el autobús para hacer viajes de negocios. Más de la mitad de todos los pasajeros de autobús lo hicieron en vehículos alquilados o en *tours* de excursiones. En las últimas décadas del siglo XX aumentó el número de viajes en autobús con un interés concreto, si bien las líneas aéreas con su oferta de billetes baratos irrumpieron en el negocio que estaba reservado a estos medios de transporte. No obstante, en los primeros años del siglo XXI, tras los atentados terroristas del 11 de septiembre de 2001, muchos pasajeros volvieron a coger el autobús que les brindaba mayor seguridad.

Otras razones importantes para elegir el autobús antes que otros medios de desplazamiento son la comodidad y el precio. Los usuarios del autobús tienden a ser de mayor edad y con menos ingresos. Los servicios de autobús se pueden encontrar en casi cada ciudad de más de mil habitantes, y siempre hay una parada de autobuses o una agencia de expedición de billetes en todas ellas.

La mayoría de las personas no eligen los viajes en autobús para recorrer distancias largas, aunque hay unos cuantos aficionados a los que les encanta estar sentados en un autobús hora tras hora, incluso día tras día.

Los autobuses para visitar un determinado lugar y los que organizan excursiones son ampliamente utilizados en casi todas las zonas turísticas, especialmente en el Reino Unido y en Europa.

En Estados Unidos y en todo el mundo en general, los viajes en autobús por placer son muy varia-

Los valores culturales y artísticos, junto al exotismo de los paisajes y de las gentes de otras regiones, constituyen los mejores reclamos que ofrece el turismo internacional al consumidor. Sobre estas líneas, uno de los autobuses que cubren el trayecto hasta las legendarias pirámides egipcias de Gizeh (en la fotografía, la pirámide de Keops).

dos, y la comodidad y el precio hacia determinados destinos favorece más un tipo de vehículo que otro, incluyendo el automóvil privado. Por ejemplo, hay un servicio regular de autobús entre las poblaciones de mayor importancia en Nueva Inglaterra y Nueva York. A menudo es más fácil para los viajeros el ir

ciación Nacional de Propietarios de Autobuses afirma que «los que viajan en autocar están mucho más seguros que los que conducen un coche y, por regla general, por lo menos tan seguros como quienes viajan en tren y en líneas aéreas pequeñas».

Un dato curioso de la seguridad en el autobús llega del Japón. De acuerdo con una publicación de la United Press, una compañía de autobuses que operaba en Japón redujo drásticamente los accidentes al aplicar una teoría desarrollada en Europa a principios de siglo. Dicha teoría se basa en que el individuo pasa por unos ciclos biorrítmicos, el ciclo durante el cual el cuerpo está en buena forma física pasa por unos altibajos que desaparecen y reaparecen cíclicamente en 23 días. El ciclo emocional es de 28 días y el ciclo intelectual dura 33 días. Si los conductores de autobús son conscientes de sus ciclos personales, reducirán su número de accidentes. Los 52 autobuses que poseía esta compañía en el área de la ciudad de Nagahama recorrieron 2,4 millones de kilómetros sin un sólo accidente desde que se puso en práctica el programa de los ciclos biorrítmicos. Quizás la atención que se prestó a la seguridad como meta del programa fue tan beneficiosa como la teoría misma de ser consciente a lo que obligaba el programa.

Los viajes en bus en Europa

Europa tiene una extensa red de autobuses que se extiende desde Gran Bretaña hasta Oriente Medio, algunas de ellas de gran calidad y otras no tan atractivas. En un reciente estudio encargado por la Unión Europea se calculó que el número estimado de autobuses y autocares que operaban en los países miembros superaba los ochenta mil y que entre el 6 y el 17 por ciento del total de viajes turísticos se realizaba (según los diferentes países) con este medio de transporte.

Existen planes en los países europeos para adoptar la clasificación por estrellas de la Asociación Internacional del Transporte por Carretera, basada en el grado de confort a bordo. Estas normas son de obligado cumplimiento en Bélgica desde el año 1986 y en Francia desde 1994. También Dinamarca ha expresado su voluntad de implantarlas.

Los directivos de la Unión Europea están asumiendo un mayor papel con el fin de conseguir una estandarización de los viajes en bus a través de las fronteras de los estados miembros con la introducción de legislación específica que incluya unas normas mínimas de seguridad (por ejemplo: los autocares de dos pisos deben incluir dos escaleras de acceso si el número de pasajeros es superior a cin-

en autobús que conducir su propio coche dentro de la ciudad.

Los viajes en autobús son los más baratos de todos los viajes cortos en la mayor parte del territorio estadounidense. Greyhound es la mayor empresa de transporte de autobuses de Estados Unidos, que en 2001 dio servicio a 25 millones de pasajeros. Esta empresa fue fundada en 1914 con el nombre de Mesaba Transportation Company, adoptó su denominación actual en 1930, y en 1999 fue adquirida por la compañía Laidlaw.

¿Hay un medio de viajar que ofrezca mas seguridad que otro?

En el pensamiento de muchos viajeros la seguridad en los viajes es primordial y eso influye a la hora de elegir el medio de transporte al hacer un viaje. El ferrocarril es considerado generalmente como uno de los medios de transporte más seguros. La Aso-

cuenta). Estas normas comportarán unos gastos extras para la industria y quizás reduzcan, a corto plazo, su nivel de competitividad respecto a otros medios de transporte.

Un eterno problema de todas las compañías de autobuses son las cada vez más numerosas campañas de protección del medio ambiente para reducir la polución urbana y el efecto de los vehículos en la congestión de los centros de las ciudades. Ello se manifiesta a menudo en problemas de aparcamiento, sobre todo en las pequeñas ciudades de interés histórico en las que las plazas de aparcamiento para autobuses es limitada y tiene un precio muy elevado, además de resultar de difícil acceso. Por el contrario, la London Tourist Board ha tomado la iniciativa de señalar aparcamientos para autobuses en el centro de Londres, a pesar de que el Departamento de Transporte del Reino Unido todavía señala los problemas de congestión y aparcamiento típicos de los autobuses que visitan la ciudad.

La red de buses de los ferrocarriles europeos

Europabus es la red de autobuses de los ferrocarriles europeos, y cubre 112 mil kilómetros, no siempre de forma continua. Los billetes para los viajes en autobús se pueden adquirir en Estados Unidos a través de las agencias de viajes. La mayor parte del viaje en autobús se efectúa durante el día y los asientos para esos viajes se deben reservar con antelación.

Los viajes de larga distancia incluyen la comida y el alojamiento que acostumbran a pagarse antes de efectuar el viaje.

Eurolines

La formación del consorcio Eurolines ha marcado un nuevo hito en el desarrollo del transporte por autobús en Europa. Este consorcio está formado por una red de las principales compañías de autobuses que ofrecen recorridos entre 250 destinos correspondientes a las más importantes ciudades europeas. A partir de 1992, la red Eurolines ha tenido una fuerte expansión entre las ciudades de la antigua Europa del Este. Para mejorar este servicio de transporte, las ciudades han ido renovando sus estaciones de autobuses con el objetivo de facilitar el acceso a los pasajeros.

Los servicios de buses

Aparte de lo que se conoce de los viajes en autobús, los que se realizan entre la ciudad y los pueblos, también hay otros servicios:

• Servicio en rutas locales.
• Servicios especiales, giras turísticas y excursiones organizadas.
• Servicios periódicos.
• Servicio al aeropuerto o transporte rápido y urbano.

Para los organizadores de viajes turísticos son del mayor interés las excursiones organizadas y los autobuses para visitar determinados sitios de interés turístico, en cualquier lugar del mundo. El más viejo de los servicios de autobuses especializados en esos viajes es el Gray Line. Fundada en 1910, es una empresa con unos derechos de franquicia con base en Nueva York. Entre otras cosas, la compañía organiza giras turísticas, arregla los transbordos de tren y avión y hace las diligencias para alquilar coches y demás vehículos. Sin embargo, sus servicios más importantes son los viajes turísticos en autobús. Cuando un viajero llega a un destino y desea ver la ciudad y las atracciones turísticas, allí está a punto un autocar Gray Line. La organización la realiza un equipo de 175 miembros, y transporta unos cuarenta millones de pasajeros al año en una amplia gama de viajes, como son una visita por París o por Thailandia. El mercado más grande de Estados Unidos de la empresa Gray Line está en Los Ángeles, seguido de San Francisco y luego Manhattan.

VIAJES AÉREOS: AVIONES, AEROPUERTOS Y LÍNEAS AÉREAS

El automóvil y el ferrocarril han aumentado la frecuencia de los viajes; el avión les dio una nueva dimensión, e incidentalmente preludió la navegación espacial. Los aviones militares, volando a la velocidad de Mach 3 (tres veces la velocidad del sonido), pueden ir de costa a costa de Estados Unidos en una hora. Los astronautas hacen el viaje alrededor del globo en una hora y media. Conocidos especialistas de la navegación espacial están seguros de que realizarla por placer está sólo a unos pocos años vista, incluso a pesar de que un viaje de tres días pueda llegar a costar un millón de dólares.

Desde 1935, y en un período de menos de setenta años, los viajes aéreos han unido a todo el mundo, posibilitando grandes zonas de vacaciones en islas remotas, favoreciendo a las empresas multinacionales y ampliando los horizontes de millones de personas. En 2002, a pesar de la crisis provocada por los atentados terroristas del 11 de septiembre de 2001, 715 millones de personas se desplazaron al extranjero para hacer turismo.

Daremos una ojeada a la historia de la aviación comercial, veremos sus características y daremos un repaso a los aeropuertos más importantes del mundo.

Trataremos también sobre las líneas aéreas y la gente que trabaja para ellas, y analizaremos el futuro de la navegación aérea.

En el siglo XVI Leonardo da Vinci diseñó una máquina de volar. Trescientos años más tarde, en 1903, los hermanos Wright volaron durante doce segundos a una distancia de 34 metros. En un período de sesenta años, el artilugio de los hermanos Wright ha evolucionado hasta convertirse en una máquina que recorre 41 kilómetros por segundo, un aparato que ha tenido tanto impacto en el mundo como el automóvil, el teléfono y la computadora.

Durante la Primera Guerra Mundial los aviones resultaron importantes como puntos móviles de observación y, para algunos pilotos, se convirtieron en corceles aéreos con los que engarzarse en justas mortales con el enemigo. Tras esa guerra, miles de estadounidenses viajaron a los aeropuertos más cercanos para ver los vuelos acrobáticos y quizás realizar un paseo por encima de la ciudad por un dólar. No pasó mucho tiempo antes de que el avión fuese considerado como un medio de transporte público. El primer vuelo comercial internacional se realizó en 1919 entre Londres y París. Algunos países, entre ellos Alemania y Francia, subvencionaron sus líneas aéreas en los años veinte. El gobierno británico empezó a subvencionar sus compañías aéreas en 1921, y se organizó un servicio regular entre Londres y París diariamente. En total, los kilómetros recorridos por las rutas de todo el mundo crecieron de 15 520, en 1920, a 250 880, en 1930.

Los efectos secundarios de las guerras son a veces beneficiosos. Durante la Segunda Guerra Mundial, los alemanes construyeron un aparato con motor a reacción, y los aliados construyeron grandes aviones de transporte. Esta tecnología hizo posible los reactores comerciales actuales, que anunciaron el comienzo de la enorme oleada de viajes de larga distancia.

La razón obvia del aumento rápido de los viajes aéreos es su considerable ahorro de tiempo. La figura 4.A compara la distancia recorrida en ferrocarril, automóvil y avión durante cinco horas. Mientras que en tren y en coche se recorren 480 kilómetros en ese período de tiempo, el avión ha cruzado el continente. Si el tiempo, el precio de las comidas y el alojamiento son factores tomados en consideración, el avión es también el método de viajar más económico para el que viaja solo.

Comparado con viajar en cualquier otro medio de transporte, para recorrer largas distancias, los viajes aéreos ofrecen las máximas ventajas en velocidad y ahorro. El viajero se traslada confortablemente y con seguridad, disfrutando durante el viaje de la comida, la bebida, y a menudo de una película o música en estéreo.

Las vastas extensiones de tierra y océano se hacen pequeñas con los aviones a reacción. Ninguna forma de transporte es tan intrínsecamente excitante como el avión. Su velocidad, que es cada vez mayor, su tamaño, su lujo, nos impresionan constantemente. El hecho de que los hombres podamos elevarnos por encima de la Tierra y movernos a la velocidad del sonido o incluso más rápidamente es difícil de asimilar. Que ese tipo de transporte esté al alcance de cualquier ciudadano medio en el mundo desarrollado para que lo utilice por placer o comodidad es aún más increíble.

El avión ha proporcionado nuevas visiones de los paisajes exóticos de vacaciones, convirtiendo a las otrora zonas remotas en lugares que podemos alcanzar con unas pocas horas de vuelo. No hace mucho, los viajes de vacaciones estaban restringidos a un radio de cuatrocientos kilómetros desde el punto de origen. Actualmente, los jets ponen a nuestro alcance casi todos los puntos del mundo, para poder disfrutar de unos agradables días de descanso. A algunos neoyorquinos de clase alta no les resulta extraña la posibilidad de pasar un fin de semana en París o en las islas Vírgenes.

Al tiempo que el precio de una manera de viajar desciende, su uso normalmente aumenta. Las tarifas aéreas son un aspecto importante de la mayor parte de los viajes de larga distancia a la hora de decidirse; varían enormemente según la situación socioeconómica del momento. Como ha señalado la Asociación de Transporte Aéreo de América, mientras que las tarifas de las líneas aéreas permanecieron relativamente estables durante el período de 1960-1980, los precios de los hoteles y restaurantes se elevaron enormemente. En otras palabras, las tarifas aéreas se han convertido en un apartado menor del gasto total de unas vacaciones, factor éste que debería alentar las vacaciones a distancias mucho mayores.

El viaje en avión, desde luego, varía mucho según se viaje a unos lugares del mundo o a otros. En zonas menos desarrolladas, la forma de viajar es distinta según el estatus social. Las Líneas Aéreas Americanas identifican a los pasajeros estadounidenses como hombres de negocios entre 35 y 50 años. Lo normal es que estén casados y tengan dos o más hijos entre edades de dos a quince años, normalmente son bien educados, con estudios superiores y de buenos modales. Sus ingresos anuales los sitúan en la clase media-alta o incluso por encima de este nivel.

Los estadounidenses que viajan por Europa se dividen en dos grupos: los que viajan por negocios o los que lo hacen puramente por placer. Los que viajan a otros lugares se dividen en un setenta por ciento que dicen ir en viajes de negocios y un treinta por ciento en viajes de placer.

Estados Unidos domina el negocio mundial de los viajes aéreos. Casi el cuarenta por ciento del total de esos viajes se hacen dentro de su propio país, y los estadounidenses realizan el trece por ciento del total de los vuelos sobre el Atlántico Norte.

El primer aeropuerto internacional de Estados Unidos fue un pequeño campo en Key West que la Pan American World Airlines utilizaba para los vuelos a La Habana en 1927. Los funcionarios del servicio de inmigración federal iban al campo de aviación cuando se les comunicaba la llegada o salida de algún avión.

Los vuelos a través del país existían ya desde 1931, aunque eran infrecuentes. El viaje duraba dos días y dos noches, y una de las noches se pasaba en un tren hacia Santa Fe.

El primer servicio de pasajeros regular, entre Boston y Nueva York, empezó en 1927, pero la era de los grandes aviones modernos no empezó hasta 1932, cuando Douglas Aircraft vendió a Trans Airlines dos docenas de DC-2 de dos motores, capaces de llevar doce pasajeros a 240 kilómetros por hora. En 1939 Pan Am había organizado un servicio regular a través del Atlántico con el hidroavión Dixie Clipper. Hacía escala en las Azores, en Lisboa y en Marsella. Actualmente unos cien jets realizan vuelos a través del Atlántico a cualquier hora.

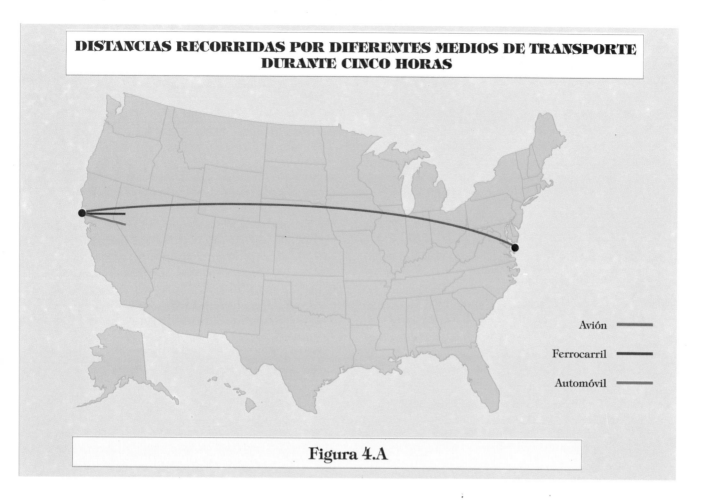

DISTANCIAS RECORRIDAS POR DIFERENTES MEDIOS DE TRANSPORTE DURANTE CINCO HORAS

Avión ——

Ferrocarril ——

Automóvil ——

Figura 4.A

Durante la Segunda Guerra Mundial, todo avión disponible fue utilizado para el servicio de transporte de material bélico. En ese período, era difícil conseguir plaza, puesto que a cada pasajero se le daba un número de prioridad y podía ocupar su puesto cualquiera que tuviese un número de mayor prioridad en aquellos lugares en que se detenía el avión. De todas maneras, la guerra familiarizó a miles de soldados con los viajes en avión. Se entrenó a cientos de pilotos, se construyeron aeropuertos y se hicieron grandes avances en el diseño de aparatos aéreos.

LOS AVIONES COMERCIALES A REACCIÓN

El catálogo de aviones comerciales a reacción modernos es relativamente limitado, pues la inmensa mayoría de ellos son construidos por la firma estadounidense Boeing y por el consorcio europeo Airbus Industrie. Estos dos gigantes de la industria aeroespacial se reparten el mercado casi al 50 por ciento, con una ligera ventaja de Airbus, dejando un pequeño resquicio para otras empresas, como

la rusa Tupolev, la canadiense Bombardier o las que producen aviones de poca capacidad.

Al acabar la Segunda Guerra Mundial, el liderazgo de la construcción aeronáutica comercial quedó compartido entre las dos superpotencias, Estados Unidos y la Unión Soviética. En la primera de ellas, tres empresas habían fabricado la inmensa mayoría de los aviones de transporte militar durante el conflicto: Douglas (principalmente), Boeing y Lockheed. Ello les daba una notable ventaja respecto a sus competidoras en el ámbito occidental, pero al mismo tiempo se encontraron con un mercado que estaba saturado de aviones militares desmovilizados a bajo precio. En la inmediata posguerra, estas tres compañías pusieron en servicio aviones derivados de proyectos desarrollados durante la guerra: Douglas, los DC-4, DC-6 y DC-7; Lockheed, el Constellation; y Boeing, el Stratocruiser. Aunque todos ellos suponían una gran mejora respecto de los modelos de diez años atrás, eran aviones de hélice y tenían los días contados en las flotas de las aerolíneas principales, pues estaban a punto de entrar en servicio los primeros aviones comerciales a reacción.

Evolución tecnológica

Los primeros aviones propulsados a reacción fueron el alemán Heinkel He 178, que voló el agosto de 1939, y el británico Gloster E28/39, que hizo lo propio en 1941. Ambos eran el fruto de distintos estudios teóricos encaminados a encontrar un medio propulsivo más eficaz que la hélice, que era idónea para el vuelo a baja velocidad pero cuyo rendimiento disminuía a medida que se aproximaba a la llamada «barrera del sonido». La solución se encontró en el empleo de una turbina de gas, en la que, esquemáticamente, se admitía aire y se mezclaba éste con el combustible; luego, esta combinación se encendía. Los gases aumentaban de volumen, escapaban por la parte trasera del motor y, por reacción, empujaban el avión hacia delante. Con motores de este tipo, los turborreactores o reactores puros, se equiparon los primeros aviones a reacción operativos de la historia, el caza alemán Messerschmitt Me 262 Schwalbe y el británico Gloster Meteor.

El siguiente paso se dio ya en la posguerra, fue obra de los británicos y dio lugar al turbohélice (*turboprop* en inglés), que combinaba la eficacia de la turbina con el rendimiento a baja velocidad de la hélice. Así, se consiguió un motor más económico que el de reacción pero de funcionamiento más suave que el de hélice.

Y, finalmente, si la hélice era lo mejor para el vuelo a baja velocidad y el reactor el más indicado para el vuelo rápido, se llegó a un compromiso con el turbosoplante (*turbofan*) o turborreactor de derivación. En éste, al compresor del reactor se añadió otro delantero (que, por así decirlo, hacía las funciones de una hélice, aunque entubada en el interior de la carcasa del reactor) y que enviaba hacia atrás aire frío, mientras que el turborreactor seguía expeliendo gas caliente. Así se obtenía un motor de turbina eficiente a cualquier velocidad, pero, además, al quedar rodeado el gas caliente de descarga por una «envuelta» de aire frío proveniente de la primera etapa de compresión, disminuía mucho el nivel ruido del motor, aspecto éste que adquirió gran importancia cuando las autoridades empezaron a vigilar de cerca las emisiones acústicas de los aviones comerciales.

Aplicaciones prácticas

El primer avión comercial a reacción de la historia fue el De Havilland Comet, que en 1952 entró en servicio en la flota de British Overseas Airways Corporation (una compañía que más adelante se fusionaría con British European Airways para formar la actual British Airways). Fue todo un hito, pero pro-

blemas de fatiga de materiales causaron varios accidentes que arruinaron la carrera de este avión pionero y privaron a los británicos de un puesto de privilegio en la aviación comercial.

Luego, en 1958, Boeing sacó al mercado su Modelo 707, casi al mismo tiempo que Douglas presentaba su DC-8. Estos dos cuatrirreactores capaces de volar a unos 950 km/h revolucionaron la aviación civil, pues en alguna de sus versiones permitieron hacer vuelos transatlánticos sin escalas en unos tiempos nunca vistos hasta ese momento. A partir de entonces empezaron a aparecer aviones a reacción de diversos tamaños, con distintas capacidades y dos, tres o cuatro turborreactores, de los que los más significativos fueron los Boeing 727 y 737, el Douglas DC-9 y los Convair 880 y 990 Coronado, por citar algunos. Hoy en día apenas queda algún avión comercial propulsado por reactores puros, que representan una tecnología desfasada, poco eficiente y altamente contaminante. De los aviones mencionados sólo hay en activo algunos 707 y DC-8, los últimos 727 y, sobre todo, el Boeing 737, pero en versiones más modernas equipadas con turbosoplantes.

El primer avión comercial propulsado a turbohélice fue también británico, el Vickers Viscount, capaz de volar a entre 500 y 600 km/h, y que entró en servicio en 1953. La fórmula fue todo un éxito y dio lugar a numerosos modelos idóneos para vuelos a distancias medias y con un máximo de 100 plazas de pago; algunos ejemplos famosos fueron el Lockheed Electra y el Fokker F.27. Hoy en día, los turbohélices siguen siendo aviones muy populares, apareciendo modelos nuevos de forma regular. Sin embargo, no es raro que un pasajero no avisado, al ver un avión de hélice, crea que va a viajar en un aparato antiguo. Nada más alejado de la realidad: aviones como el español CASA-IPTN CN.235 o el canadiense De Havilland Canada DHC-8 son aparatos modernos y competitivos, equipados como sus congéneres a reacción.

Aviones mucho más grandes

La aparición del motor turbosoplante casi coincidió con la de los aviones comerciales de gran capa-

cidad, de «fuselaje ancho» (*wide-body jets*). Una vez más, varias empresas compitieron por liderar el sector: McDonnell Douglas con su DC-10, Lockheed con el L-1011 TriStar y Boeing con el 747, apodado Jumbo Jet. De ellos, el triunfador absoluto fue sin duda el Boeing 747, diseñado con el apoyo de Pan American (PanAm), que en la década de 1960 era la principal aerolínea mundial y hoy ya ha desaparecido. El Jumbo vio la luz en 1969 y fue un punto de inflexión en la evolución de los aviones comerciales: capaz de volar a casi 1.000 km/h, algunas de sus versiones tenían un alcance de unos diez mil kilómetros y otras tenían capacidad para más de 400 pasajeros.

En la actualidad quedan muy pocos TriStar originales en servicio, en tanto que el DC-10 ha dejado su lugar a un derivado más moderno, el MD-11. Por su parte, el Boeing 747 sigue reinando en el sector de los aviones de gran capacidad, y seguirá haciéndolo hasta que entre en servicio el novísimo Airbus A380.

El consorcio Airbus Industrie

Un giro fundamental en la historia de la aviación comercial tuvo lugar en 1970, cuando se formalizó una alianza industrial entre Francia, Alemania Federal, España y Gran Bretaña para la

	Cuadro 14.A Aviones de uso generalizado				
Modelo	Año de salida al mercado	Número de motores	Plazas aproximadas	Velocidad (km/h)	Comentarios
Airbus A300	1974	2	220-336	917	Al A300 fue el primer modelo producido por el consorcio europeo Airbus Industrie. Birreactor de fuselaje ancho concebido para distancias medias, entró en servicio con la aerolínea de bandera Air France en 1974.
Airbus A310	1982	2	280	897	El A310 nació como una versión acortada del A300. Es un birreactor de fuselaje ancho para distancias medias y largas, con cabina de vuelo avanzada, del que existen versiones mixtas y convertibles además de las dedicadas sólo a pasaje.
Airbus A320	1987	2	179	903	El A320 y sus variantes han constituido el mayor éxito comercial del consorcio europeo, habiéndose vendido en su primera década de vida cerca de 1 400 ejemplares. Está dotado de controles de vuelo electrónicos y cabina con sólo dos tripulantes.
Airbus A330	1991	2	293	880	El A330 es un birreactor de largo alcance que fue diseñado al mismo tiempo, y con el mismo fuselaje ancho, que el cuatrirreactor A340. Existe en diversas versiones, equipables con motores opcionales de distintos fabricantes.
Airbus A340	1991	4	335-372	914	El cuatrirreactor de largo alcance A340 es el modelo más grande del consorcio europeo, distinción que detentará hasta que en el año 2006 entre en servicio el A380. Dotado de los últimos avances tecnológicos, tiene un alcance de 14.800 km.
Boeing 737	1968	2	100-189	912	El Boeing 737, un birreactor para distancias cortas y medias, es uno de los aviones más utilizados del mundo. En las versiones más modernas (hasta la serie 737-900) se sustituyen los turborreactores originales por turbosoplantes.

construcción de aviones que disputasen el mercado al dominio de las empresas estadounidenses. La idea era compartir costes de investigación, desarrollo y fabricación, que se plasmaría en la producción repartida entre los diversos socios industriales, con una factoría de montaje final en Toulouse (Francia). El primer modelo del consorcio Airbus Industrie fue el A300, un birreactor de fuselaje ancho para 226 plazas, seguido de una versión para 250 pasajeros. En 1975, Airbus había conquistado el 10 por ciento del mercado mundial y, lo más importante, su primer cliente estadounidense, Eastern Airlines.

En 1978 apareció el A310, un modelo acortado para 218 pasajeros, que fue el primer reactor comercial de la historia con sólo dos tripulantes en la cabina de vuelo. El A320 de 1984, de entre 130 y 170 plazas, fue el primero del mundo equipado con controles de vuelo electrónicos y con el tradicional volante de mando sustituido por un *joystick* lateral. De él emanaron los A321, A319 y A318, con distintas capacidades de pasaje.

En la década de 1990, el consorcio puso en el mercado dos aviones de gran capacidad y largo alcance basados en un mismo fuselaje: el A340, un cuatrirreactor aparecido en 1993, y el A330, un birreactor que hizo su primer vuelo en 1994. Con estos dos aviones, Airbus completó su penetración en todos los sectores del mercado y superó las ventas de los fabricantes estadounidenses. Hasta el año 2003, Airbus había recibido pedidos por un total de más de 4.800 aviones, de los cuales había entregado y estaban en servicio casi 3 300 en un total de 185 aerolíneas.

Cuadro 14.A Aviones de uso generalizado (continuación)

Modelo	Año de salida al mercado	Número de motores	Plazas aproximadas	Velocidad (km/h)	Comentarios
Boeing 747	1970	4	400-568 (en la serie 747-400 Domestic)	960	El 747 Jumbo es el avión comercial más grande del momento, dotado de una gran capacidad de pasaje y también de carga, tanto en versiones mixtas Combi como en las dedicadas exclusivamente al transporte de mercancías.
Boeing 757	1982	2	175-239	848	El birreactor Boeing 757 fue diseñado como sustituto del viejo trirreactor Boeing 727. Aparecido en 1982, sus clientes de lanzamiento fueron las aerolíneas Eastern y British Airways, y hasta 2003 se habrían fabricado unos mil ejemplares.
Boeing 767	1982	2	245	945	El 767 es un avión de fuselaje ancho (aunque el más estrecho de esta categoría) de alcances medio y largo, dotado de una cabina de tecnología avanzada con seis pantallas de datos. Existen variantes de autonomía ampliada (ER).
Boeing 777	1994	2	305-550	905	El 777 es el avión más avanzado de Boeing. Concebido inicialmente como versión agrandada del 767, es en realidad un aparato de fuselaje ancho concebido para distancias largas y muy largas, dotado de motores de la última generación.
McDonnell Douglas MD-11	1990	3	410	945	El trirreactor de fuselaje ancho y largo alcance MD-11 es una actualización del veterano DC-10, con cabina para sólo dos tripulantes, fuselaje más largo y numerosas mejoras aerodinámicas. Existe también en versión de transporte de carga.
Tupolev Tu-154	1968	3	158-180	975	Este trirreactor es el modelo estándar para distancias cortas y medias en las ex repúblicas soviéticas y otros países del ámbito socialista. El modelo actual es el Tu-154M de 1982, dotado de motores turbosoplantes más eficientes.

El año 2000, Airbus propuso al mercado su nuevo A380, un enorme cuatrirreactor que sería capaz de transportar 555 pasajeros en dos cubiertas, además de una cantidad importante de mercancías en la bodega inferior. Se propusieron también versiones agrandadas que elevarían la capacidad de pasaje hasta casi las mil personas, así como una variante exclusiva de carga capaz de llevar 500 toneladas. Lo que al principio fue escepticismo sobre un proyecto tan audaz se convirtió en realidad cuando empezaron a recibirse las primeras opciones de compra. Hoy, el A380 es casi un hecho, pues está prevista su entrada en servicio para el año 2006 y existe la convicción general de que será un duro competidor para el hegemónico Boeing 747 Jumbo en el sector de los aviones de gran capacidad y largo alcance.

LOS VUELOS SUPERSÓNICOS

Evidentemente, la aviación comercial no permaneció al margen de la carrera por volar a mayor velocidad que el sonido. En 1963, el presidente de Estados Unidos, John F. Kennedy, propuso como prioridad nacional la construcción de un avión comercial supersónico, llamado SST por Super-Sonic Transport, pero a pesar de una inversión de tres mil millones de dólares, finalmente el proyecto no logró prosperar.

El testigo fue recogido casi al unísono por un consorcio europeo y por la Unión Soviética, que se pusieron a desarrollar por su cuenta un avión de esas características. Ambos lo lograron, pero el soviético Tupolev Tu-144 sufrió problemas de diversa índole y acabaría sus días como transporte de carga de gran velocidad entre Moscú y Alma-Ata. El único modelo que prosperó fue el concebido por un consorcio formado por la empresa francesa Aérospatiale y la británica British Aerospace. Este avión fue el Concorde, un aparato elegantísimo y una verdadera joya de la ingeniería que se convirtió en motivo de orgullo nacional para los dos países promotores. Hubo varios intentos firmes por vender el avión a diversas aerolíneas, e incluso pudo verse al Concorde volando con la librea de alguna de ellas, pero al final sólo fue utilizado operativamente por Air France y British Airways. Únicamente se construyeron quince ejemplares.

Capaz de volar a 2.500 km/h y 17.000 metros de altitud, si bien con una capacidad de sólo 105 pasajeros en el interior de su estilizado fuselaje, el Concorde fue un verdadero avión de lujo, el medio favorito de los empresarios, ejecutivos, artistas y miembros de la jet-set que, independientemente del precio del billete, apreciaban la posibilidad de volar entre Londres y Nueva York en menos de cuatro horas. El Concorde entró en servicio en 1976 pero casi de inmediato empezó a padecer una campaña de oposición de grupos ecologistas (consumía mucho y era muy ruidoso: sólo se le permitía romper la barrera del sonido cuando sobrevolaba mar abierto) y de la administración federal de aviación estadounidense, todavía resentida por el fracaso de su SST. En cualquier caso, el avión franco-británico generó pérdidas a las dos compañías usuarias hasta 1985, en que empezó a ser rentable gracias a la mejor coyuntura económica internacional. Incluso llegó a pensarse en un modelo de segunda generación, mucho más avanzado y capaz para 200 pasajeros. En Estados Unidos empezó a considerarse incluso el desarrollo de un avión hiperveloz, capaz de volar a alturas exoatmosféricas.

Cuando mejor parecían las perspectivas futuras de aviones de la categoría del Concorde, el 25 de julio del 2000 un ejemplar de Air France se estrelló nada más despegar del aeropuerto de París-Roissy, muriendo sus 113 ocupantes. Ello, sumado a la crisis mundial del transporte aéreo derivada en parte de los atentados del 11 de septiembre del 2001 contra las Torres Gemelas de Nueva York, certificó el fin de este avión único, que hizo su último vuelo en mayo del 2003.

LAS VÍAS AÉREAS

Las líneas aéreas comerciales están sujetas a mayor número de normas de seguridad que los automóviles, y vuelan a lo largo de vías aéreas o de carriles aéreos tal como los automóviles hacen en las autopistas terrestres. La Jet Eighty, por ejemplo, es la principal arteria aérea que cruza la zona central de Estados Unidos. Las rutas aéreas no conectan necesariamente las ciudades; siguen las ondas de radio emitidas desde los controles de vuelo, que distan entre 320 y 480 kilómetros. Excepto cuando deben desviarse debido a las malas condiciones climáticas, los pilotos siguen las vías aéreas de control en control.

Quizás sean más importantes las reglas internacionales establecidas para mantener a los aviones bien distantes. En general, los aviones deben mantener una distancia de por lo menos 280 metros por encima o por debajo de los demás, diez minutos en su horario de vuelo de diferencia y 16 kilómetros a cada lado. Al despegar, los aviones van separados por intervalos de un minuto cuando se dirigen a direcciones distintas y de dos minutos cuando van en la misma dirección.

En el cielo, los aviones comerciales vuelan a altitudes entre 5 040 y 21 000 metros. El espacio aéreo entre 12 600 y 21 000 metros está reservado para los jets supersónicos, y los aviones subsónicos ocupan el siguiente estrato inferior. La mayoría de los jets subsónicos vuelan entre 8 400 y 11 200 metros, donde la menor densidad del aire de esas grandes altitudes ofrece menos resistencia al aparato y reduce la cantidad de combustible necesario. La velocidad de crucero de un subsónico es normalmente de unos novecientos kilómetros por hora. El estrato inferior es utilizado por el avión de turbohélices y por los aparatos propulsados por hélice, por debajo de los 5 040 metros y fuera de las vías aéreas establecidas, los pilotos generalmente vuelan bajo la condición de estar a la vista sin guiarse por el radar.

Los pasajeros de un avión que va a aterrizar de noche percibirán líneas de luces estroboscópicas blancas. Se trata de flashes de secuencias que ayudan al piloto a situar la línea central de la pista de aterrizaje. Las luces rojas de aproximación indican una zona prohibida, una sección de la pista de aterrizaje de cerca de 280 metros de longitud donde los pilotos no deben aterrizar.

Los «ríos de aire»

¿Se ha preguntado alguna vez por qué se tarda una hora más en volar de la costa este a la costa oeste que en ir de oeste a este? La respuesta tiene que ver con las corrientes aéreas, los vientos conforman enormes corrientes que rodean el hemisferio, habitualmente en altitudes de 8 400 y 11 200 metros y generalmente soplan de oeste a este. Los pilotos aéreos pueden seguir esas corrientes cuando se dirigen al este, pero deben evitarlas cuando vuelan hacia el oeste.

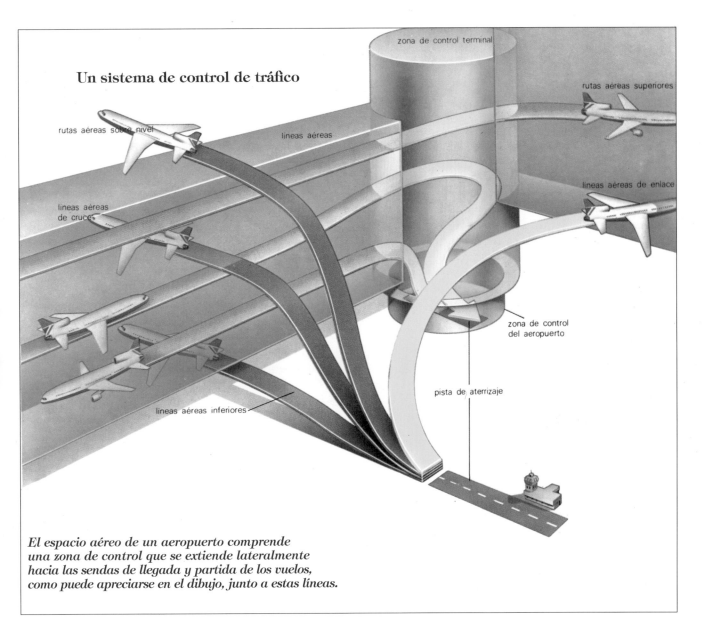

Un sistema de control de tráfico

zona de control terminal

rutas aéreas sobre nivel

líneas aéreas

rutas aéreas superiores

líneas aéreas de enlace

líneas aéreas de cruce

zona de control del aeropuerto

pista de aterrizaje

líneas aéreas inferiores

El espacio aéreo de un aeropuerto comprende una zona de control que se extiende lateralmente hacia las sendas de llegada y partida de los vuelos, como puede apreciarse en el dibujo, junto a estas líneas.

Las corrientes que barren los estratos superiores determinan muchas de las variaciones climáticas que experimenta el mundo. Cuando el aire frío polar entra en contacto con el aire caliente que proviene de las regiones tropicales, se forman estas corrientes. Representan unas enormes cantidades de energía, cuya intervención determina las condiciones climáticas de la susodicha área.

Poco se sabía sobre las corrientes hasta casi el final de la Segunda Guerra Mundial, cuando los B-29 que volaban hacia Japón a mayores altitudes se veían ralentizados a razón de 320 kilómetros por hora. Más tarde, los meteorólogos trazaron la trayectoria de los vientos y descubrieron que los vientos de oeste a este viajaban a la velocidad de 640 kilómetros por hora, algo más deprisa en invierno y más despacio

en verano. A veces hay varias corrientes en dirección norte-sur igual que en dirección oeste-este.

Esos «ríos de aire» de la atmósfera son a veces más largos que los ríos más largos de la Tierra. Algunos fluyen completamente a través de Estados Unidos o de Canadá. En ocasiones, se unen a otras corrientes y forman una enorme corriente de aire que serpentea sobre la mayor parte del hemisferio norte. Una corriente puede torcerse de la frontera norte a la frontera sur de Estados Unidos o incluso de Canadá a México. Siguiendo la dirección de la corriente desde el océano Pacífico en su avance, el parte meteorológico puede establecerse más fácilmente en el caso de Estados Unidos y Canadá. En invierno las corrientes se extienden sobre el área que va de la costa oeste al golfo de México pasando por las

Carolinas. En verano es más probable que estén sobre los Great Lakes. En verano, soplan a la mitad de la velocidad que en invierno.

La búsqueda de rutas

Para vuelos de larga duración se utilizan computadoras que establecen las rutas más veloces que impliquen un menor consumo de combustible (el coste del combustible conforma el 25 por ciento del coste global del vuelo). También se disponen las altitudes que permiten un vuelo más rentable, en otros tiempos se creía que lo más idóneo era viajar a la mayor altitud posible, pero un jet cargado de carburante consume excesivamente antes de alcanzar dicha cota, por lo tanto, se va ascendiendo por etapas, a medida que el avión se aligera, puesto que va consumiendo combustible. En un vuelo de larga distancia como puede ser el de 960 kilómetros de Nueva York a Tokio, el combustible puede en un principio representar la mitad del peso del avión, cerca de 189 mil litros de queroseno. En su despegue, un avión B-747 quema unos setecientos litros de combustible por minuto.

Las líneas aéreas están intentando reducir por todos los medios el peso y la resistencia del aire contra el fuselaje. La TWA redujo la cantidad de mantas y de almohadas transportadas. La pintura, las protuberancias y los entrantes del fuselaje también han sido reducidos.

Los vuelos de larga distancia, dirigidos por computadora, siguen rutas que difieren bastante de las que se establecerían mirando en el mapa tradicional que representa un mundo plano. El tiempo y las condiciones de tráfico ayudan a determinar la mejor ruta. Los vuelos de Los Ángeles a Londres, por ejemplo, quizás crucen en diagonal Estados Unidos o vuelen en dirección norte a Winnipeg, cruzando sobre Canadá, Groenlandia e Islandia, para luego dirigirse al sudeste hacia Londres. Los vuelos de Nueva York a Tokio cruzan habitualmente el norte de Canadá, aterrizan en Anchorage, Alaska, y después continúan hacia Tokio.

LOS AEROPUERTOS MÁS IMPORTANTES

Estados Unidos

Varias líneas aéreas estadounidenses funcionan a partir del concepto de puntos radiales. Las ciudades principales se consideran centros con radios que comunican con los aeropuertos menores. Las empresas de transportes regionales suelen tomar pasajeros en dirección a un aeropuerto central, en vuelos de mercancías. Chicago y San Luis son los centros principales del medio-oeste, Atlanta lo es para el sur, Denver para los estados de montaña.

Los aeropuertos con más tráfico también son gigantescas salas de espera para viajeros en tránsito. El setenta por ciento de la gente que vuela al aeropuerto de Hartsfield, en Atlanta, por ejemplo, aterriza simplemente en este lugar para cambiar de avión. Los aeropuertos más importantes son los siguientes: O'Hare, en Chicago, que a principios del siglo XXI contaba con 70 millones de pasajeros; Atlanta, con 68 millones; Dallas Fort Worth y Los Ángeles, con más de 60 millones; Londres Heathrow con cerca de 58 millones; Tokio Haneda con casi 50 millones, y San Francisco y Frankfurt, ambos con más de 40 millones.

A medida que se introducen más servicios ininterrumpidos o puentes aéreos entre ciudades diferentes, va cambiando la fluidez del tráfico y así, algunos aeropuertos incrementan sus vuelos y otros pierden importancia.

Otros aeropuertos internacionales muy bien considerados son el Charles de Gaulle de París y el Changi de Singapur. No se puede decir lo mismo de muchos otros, como por ejemplo los aeropuertos de Los Ángeles y de Miami y el Kennedy de Nueva York, donde las aglomeraciones implican problemas de aparcamiento, largas colas y otros problemas.

Tráfico aéreo en los aeropuertos europeos

El tráfico aéreo en Europa ha ido creciendo de forma constante, con una tasa anual del cinco al seis por ciento durante la década de 1980 y la primera mitad de la década de 1990, a excepción del año 1991, a causa de la guerra del Golfo. Durante el primer año del nuevo milenio, el turismo experimentó una notable caída, como consecuencia de los ataques terroristas contra las Torres Gemelas, en Nueva York, y el Pentágono, en Washington, del 11 de septiembre de 2001. No obstante, al año siguiente el número de visitantes en Europa volvió a aumentar, registrando un crecimiento del 2,4 %. En 2003, la guerra de Irak no provocó un descenso significativo en el turismo europeo, y algunos destinos tuvieron un crecimiento considerable , aunque sobre todo en relación al mismo período del año anterior.

A menudo el aumento de pasajeros, sobre todo en los meses de verano, provoca serios problemas de capacidad de recepción de las estructuras de los aeropuertos y retrasos constantes en el tráfico aéreo.

Cuadro 4.B Los mayores aeropuertos del mundo por número de pasajeros		
Aeropuerto	**País**	**Pasajeros (millones)**
Chicago-O'Hare	Estados Unidos	70
Atlanta	Estados Unidos	68
Dallas/Ft. Worth	Estados Unidos	60,5
Los Ángeles	Estados Unidos	60,1
Londres-Heathrow	Reino Unido	57,8
Tokio-Haneda	Japón	49,3
San Francisco	Estados Unidos	40,5
Frankfurt	Alemania	40,3
Seúl	Corea del Sur	36,7
París-Charles de Gaulle	Francia	35,3
Total de pasajeros internacionales de los 25 mayores aeropuertos del mundo		481
Porcentaje sobre el total		49 %

Fuente: Organización Internacional de la Aviación Civil.

La AEA (Asociación Europea de Líneas Aéreas) estima que el 11,1 por ciento de los vuelos en los principales aeropuertos parten con un retraso mínimo de quince minutos, debido a la falta de adecuación de los aeropuertos y a problemas de control y saturación del tráfico aéreo.

Para paliar parte de este problema, algunos de los aeropuertos más importantes de Europa han previsto programas de mejora y ampliación de sus instalaciones. Así, por ejemplo, el aeropuerto de Heathrow, en Londres, comenzó a construir en 2002 una quinta terminal, cuya operatividad está prevista para 2008, con la cual su capacidad de recepción anual de pasajeros aumentaría hasta los 80 millones de personas.

El aeropuerto de Fiumicino de Roma ha construido una nueva terminal internacional y el de Schiphol, en Amsterdam, hará operativa una quinta pista de despegue. Otros aeropuertos, como el de Barajas, en Madrid, el de Zurich y el de Estocolmo, también se han visto obligados a realizar obras de mejora y a efectuar una ampliación de sus instalaciones.

En el resto del mundo

El aeropuerto más frecuentado de Canadá es el de Toronto, seguido del de Vancouver, British Columbia; los aeropuertos de Montreal, Quebec y Calgary, Alberta, les siguen de cerca.

En México, los aeropuertos principales son el de México D.F., en el centro del país, Cancún en la costa este, y Acapulco en la costa oeste.

En América del Sur los aeropuertos principales están situados en las capitales.

La mayoría de los vuelos transoceánicos de Estados Unidos terminan en Londres, París, Copenhague o Francfort. Muchos vuelos aterrizan también o sobrevuelan Amsterdam, Lisboa o Madrid. Roma es otro aeropuerto central importante.

En Oriente Medio los principales centros aéreos son: Estambul en Turquía, Jidda en Arabia Saudí y Tel-Aviv en Israel.

En África Oriental el mayor aeropuerto está en Nairobi, Kenia. En África Occidental hay importantes terminales en Costa de Marfil y Senegal. Los mayores aeropuertos de Sudáfrica están en Johannesburgo y Ciudad de El Cabo.

En Asia, Hong Kong es un importante centro turístico y comercial con aeropuerto importante; Tokio y Osaka son los principales centros aéreos del Japón; Seúl es el más importante para Corea del Sur; China tiene el gran aeropuerto de Pekín; Indonesia tiene Yakarta, mientras Singapur es un importante centro para el Lejano Oriente.

Los vuelos de Estados Unidos a Nueva Zelanda y Australia pasan habitualmente por Honolulú o Papeete, Tahití, y a veces por Nandi, Fiji. Los mayores aeropuertos de Nueva Zelanda están en Auckland y Wellington y los de Australia en Sidney y Melbourne.

La mayoría de las ciudades importantes del mundo occidental no sólo son puntos clave de tráfico aéreo sino también centros turísticos que atraen tanto a quienes viajan por placer como a quienes lo hacen por negocios. En Estados Unidos en seguida se piensa en Nueva York, Miami, Nueva Orleáns. Washington D.C. es tanto una meca turística como la capital del país. La primera industria de la ciudad de San Francisco es el turismo.

En Europa, Londres, París, Copenhague y Viena son centros turísticos y también centros de cultura, y negocios.

Al sur de Estados Unidos, la Ciudad de México, Caracas y Río de Janeiro son los más importantes centros de turismo y de viajes. Tokio, Bangkok y Singapur destacan como centros turísticos en Oriente.

El tamaño de las ciudades no es un determinante de que sea atractivo al turismo. Lugares como Bombay, São Paulo, Calcuta y Yakarta tienen una población enorme, pero muy poco interés turístico.

Acceder a los aeropuertos

Los accesos entre los aeropuertos y el centro de las ciudades varían enormemente de un lugar a otro. El acceso y la salida de los aeropuertos puede durar tanto o más que el propio vuelo. La carrera en taxi del aeropuerto de Narita, en Tokio, al centro de Tokio, o del aeropuerto internacional de São Paulo al centro de la ciudad son muy caros. Si la llegada del avión se realiza por la noche o de madrugada, al no haber autobuses ni servicio de minibuses, el viajero se ve obligado a pagar las tarifas de un taxi. El aeropuerto de Logan en Boston está sólo a pocos minutos del centro de la ciudad. Lo mismo ocurre en Washington D.C. El aeropuerto de Gatwick está comunicado por tren con la estación Victoria de Londres. Hay un tren cada 15 minutos y el trayecto dura 42 minutos. Numerosos aeropuertos internacionales distan, no obstante, una o dos horas de viaje de las ciudades más cercanas.

LAS LÍNEAS AÉREAS

Antiguamente las líneas aéreas se clasificaban en locales, regionales, nacionales e internacionales. Las líneas aéreas regionales, como pueden ser la Western Airlines, Piedmont, Air California y Hawaiian Airlines, limitan sus vuelos a una sección del país.

Existen alrededor de 230 líneas aéreas locales que efectúan vuelos en distancias relativamente cortas. La mayoría de las líneas aéreas de transporte realizan vuelos nacionales. Actualmente casi todas las líneas de transporte efectúan también vuelos fuera del país y son internacionales. American Airlines y United Airlines son las dos mayores líneas aéreas de Estados Unidos, con una cuota de mercado del 18 por ciento cada una de ellas. La compañía Pan Am, que desde la década de los años treinta había sido la compañía estadounidense más importante, dejó de operar en 1990.

Las distancias a volar son las que determinan esencialmente el tamaño del avión. Para largas distan-

A la izquierda, vista aérea del aeropuerto Charles de Gaulle de París, uno de los más importantes de Europa, construido, con las más modernas técnicas, para aligerar el tráfico del aeropuerto de Orly, primer aeropuerto parisino.

A partir de los cambios implantados por la desregularización, en 1978, de las líneas aéreas, las diferencias entre las empresas de transporte locales y regionales se han desdibujado. Las líneas regionales se han convertido en empresas de transporte nacional, las nacionales en internacionales y algunas de las más pequeñas líneas aéreas locales tienen las características de las regionales.

La mayoría de líneas aéreas del mundo, integradas en la Asociación IATA, se relacionan en la lista del cuadro 4.C, junto con el código correspondiente.

LOS VUELOS CHARTER

Los operadores de vuelos charter tienen mucha más flexibilidad que los operadores de vuelos regulares. El operador de un vuelo charter puede cambiar los itinerarios o cancelar el vuelo aunque sea demasiado tarde para que los pasajeros encuentren una solución alternativa a un precio similar. Los servicios durante el vuelo varían, dependen del precio de contratación al tour operador. Lo peor de viajar en vuelo charter es que la distribución de los asientos suele estar modificada en vistas a que quepan más pasajeros. El grado de inclinación, la distancia entre cada fila de asientos, se reduce a 76 centímetros o menos, separación que cabe comparar con el metro de primera clase y los 86 o 91 centímetros de la clase turística en los vuelos regulares. La amplitud de los asientos se ve tan reducida que una persona que pese noventa kilogramos o cualquier individuo algo voluminoso apenas si podrá instalarse. Un avión repleto también significa, durante trayectos largos, una cola enorme de gente esperando para utilizar unos lavabos que lo más probable es que estén sucios.

Las compañías de aviones charter triunfaron financieramente gracias a los contratos para transportar personal militar durante la guerra del Vietnam. Con la desregularización, la diferencia entre las empresas de transporte regular y las complementarias (como se denominaba a las compañías de vuelos charter) tiende a borrarse. Las líneas aéreas regulares ofrecen vuelos charter, y las no regulares empiezan a ofrecer vuelos regulares.

cias y en rutas muy concurridas se utilizan aviones de gran tamaño —el Boeing 747, el Lockheed 1011 y el Douglas DC-10. El Airbus se utiliza en aquellos países europeos que forman parte del consorcio que lo construye y recientemente también lo han adoptado algunas empresas estadounidenses de transporte. En los útlimos años se han incorporado aviones de dimensiones más reducidas como los Boeing 767 o los MD 80, que consiguen un ahorro económico importante.

Las líneas aéreas regionales prefieren usar el Boeing 727, 737, 757 y 767 para cubrir las distancias cortas; estos aviones no tienen la autonomía necesaria para realizar vuelos de ultramar.

Cuadro 4.C Códigos aéreos

A

A3	Aegean Aviation
A6	Air Alps Aviation
AA	American Airlines
AB	Air Berlin
AC	Air Canada
AE	Mandarin Airlines
AF	Air France
AH	Air Algerie
AI	Air India
AK	Air Asia
AM	Aeromexico
AM	Island Airlines
AN	Skywest
AP	Air One
AQ	Aloha Airlines
AR	Aerolíneas Argentinas
AS	Alaska Airlines/Horizon Air
AS	Horizon Air/Alaska Airlines
AT	Royal Air Maroc
AU	Austral Líneas Aéreas
AV	Avianca
AW	Schreiner Airways
AWC	Titan Airways
AWS	Royal Wings
AY	Finnair
AZ	Alitalia

B

B2	Belavia Belarusian Airlines
B3	Bellview Airlines
B5	Flightline
B6	JetBlue Airways
BA	British Airways
BA	GB Airways
BB	Balair/CTA
BD	British Midland
BG	Biman Air
BHA	Buddha Air
BI	Royal Brunei Airlines
BO	Bouraq Airlines
BP	Air Botswana
BQ	Aeromar
BR	EVA Air
BT	Air Baltic
BT	Air Liberte Guadeloupe
BTL	Baltia Air Lines
BU	Braathens
BU	Sun Air
BW	BWIA British West Indian
BY	Britannia Airways

C

C8	Chicago Express Airlines
C9	Cirrus Airlines
CA	Air China
CB	Scot Airways
CC	Air Atlanta Icelandic
CD	Mindanao Express Airlines
CG	MBA Milne Bay Airlines
CI	China Airlines
CJ	China Northern Airlines
CJ	Colgan Air
CM	COPA
CN	Tropic Air
CO	Continental Airlines
CU	Cubana
CV	Cargolux
CX	Cathay Pacific
CY	Cyprus Airways
CZ	China Southern Airlines

D

D3	Daallo Airlines
DA	Air Georgia
DB	Brit Air
DE	Condor
DH	Atlantic Coast Airlines
DI	Deutsche BA
DL	Delta
DL	Delta Express
DM	Maersk Air
DP	Air 2000
DT	TAAG Angola Airlines
DV	Nantucket Airlines
DX	DanAir
DY	Norwegian Air Shuttle

E

E4	Aero Asia International
E8	Alpi Eagles
EA	European Regions Airlines
EC	Heli Inter Riviera / Monacair
ED	CCAir (US Airways Express)
EH	Saeta
EI	Aer Lingus
EJ	New England Airlines
EK	Emirates
EM	Western Airlines
EN	Air Dolomiti
EP	Iran Asseman Airlines
ET	Ethiopian Airlines
EV	Atlantic Southeast Airlines
EW	Eurowings

F

F3	Flying Enterpise
F4	Eureca
FA	Safair
FB	Fine Air
FC	Tempelhof Airways
FD	City Flyer (British Airways)
FF	Tower Air
FI	Icelandair
FJ	Air Pacific
FL	AirTran Airways
FL	Frontier Airlines
FM	Shanghai Airlines
FN	Regional Air Lines
FO	Expedition Airways
FP	Par Avion Airlines
FQ	Air Aruba
FR	Ryanair

FS	Staf Cargo Airlines
FU	Air Littoral

G

G1	Gorkha Airlines
G6	Guine Bissau Airlines
G7	Gandalf Airlines
GF	Gulf Air
GH	Ghana Airways
GL	Greenlandair
GN	Air Gabon
GQ	BigSky Airlines
GS	AirFoyle
GT	Air Mandalay
GU	Aviateca
GV	RIAIR-Riga Airlines
GX	Air Ontario
GY	Guyana Airways

H

H2	City Bird
HA	Hawaiian Airlines
HF	Hapag Lloyd Fluggesellschaft
HK	Yangon Airways
HM	Air Seychelles
HN	Proteus Helicopteres
HP	America West Airlines
HSA	East African Safari Air
HV	Transavia
HX	Hamburg Airlines
HY	Uzbekistan Airways

I

IB	Iberia
IC	Indian Airlines
ID	Normandie Aviation
IE	Solomon Airlines
IG	Meridiana
II	Business Air
IJ	Air Liberte
IK	Iamair Airline
IL	Istanbul Airlines
IM	Spirit Airlines
IQ	Augsburg Air
IR	Iran Air
IW	AOM
IY	Yemenia Airways
IZ	Arkia Israeli Airlines

J

J2	Azal-Azerbaijan Airlines
JA	Air Bosna
JB	Helijet Airways
JD	Japan Air System
JE	Manx Airlines
JH	Nordeste
JJ	TAM
JL	Japan Airlines
JM	Air Jamaica
JP	Adria Airways
JU	JAT Yugoslav Airlines

Cuadro 4.C Códigos aéreos (continuación)

JV	Bearskin Airlines		MX	Mexicana		QA	Aerocaribe
JX	Nice Helicopteres		MY	Euroscot		QAH	Quick Airways
JX	SunJet					QE	Crossair Europe
JY	British European Airways		**N**			QF	Qantas Airways
JY	Jersey European					QF	Southern Australia Airlines
			N6	Aero Continente		QI	Cimber Air
K			N7	National Airlines Inc		QK	Air Nova
			NB	National Airlines		QM	Air Malawi
K6	Khalifa Airways		NF	Air Vanuatu		QN	Royal
KA	Dragon Air		NG	Lauda Air		QP	Airkenya Aviation
KB	Druk Air Corporation		NH	All Nippon Airways		QR	Qatar Airways
KD	Kendell Airlines		NI	PGA Portugalia Airlines		QU	Uganda Airlines
KE	Korean Air		NJ	Vanguard Airlines		QV	Lao Aviation
KF	Air Botnia		NL	Shaheen Air International			
KI	Contact Air		NO	Aus-Air		**R**	
KK	TAM		NR	Spanair			
KL	KLM Royal Dutch Airlines		NW	Northwest Airlines		R3	Armenian Airlines
KM	Air Malta		NW	Pacific Island Aviation		R6	Air Srpska
KQ	Kenya Airways		NX	Air Macau		R7	Aeroservicios Carabobo
KS	Peninsula Airways		NZ	Air New Zealand		R7	Aserca Airlines
KU	Kuwait Airways					RA	Royal Nepal
KW	Kas Air Company		**O**			RB	Syrian Arab Airlines
KX	Cayman Airways					RC	Atlantic Airways
			OA	Olympic Airways		RD	Alitalia Team
L			OC	Olt Ostfriesische Lufttransport		RE	Aer Arann Express
				Gmbh		RG	VARIG Airlines
L9	Air Mali		OC	Omni		RJ	Royal Jordanian
LA	LanChile Airlines		OG	Go		RK	Air Afrique
LB	Lloyd Aero Boliviano		OH	Comair		RL	Royal Phnom Penh Airways
LG	Luxair		OK	Czech Airlines		RO	TAROM-Romanian Air Transport
LH	Lufthansa		OM	MIAT Mongolian Airlines		RQ	Air Engiadina
LI	LIAT		ON	Air Nauru		RT	Airlines of South Australia
LK	Air Luxor		OP	Chalk's Ocean Airways		RYN	Ryan International
LM	ALM Airlines (Antillean Airlines)		ORK	ORCA AirLines			Airlines
LO	LOT Polish Airlines		OS	Austrian Airlines			
LR	Lacsa		OU	Croatia Airlines		**S**	
LT	LTU International Airways		OV	Estonian Air			
LW	Pacific Wings Hawaii		OZ	Asiana Airlines		S2	Sahara India Airlines
LX	Swiss					S3	Santa Barbara Airlines C.A.
LY	El Al		**P**			S4	SATA Internacional
LZ	Balkan Bulgarian Airlines					S5	Shuttle America
			P8	Pantanal Linhas Aéreas		SA	South African Airways
M			PC	Air Fiji		SB	Aircalin
			PD	Trillium Air		SB	TIE-Trans International Express
M2	Southeast Air Freight		PE	Air Europe		SC	Shandong Airline
M3	WestJet		PF	Palestinian Airlines		SD	Sudan Airways
M4	Avioimpex		PG	Bangkok Airways		SE	Seair
M8	Mekong Airlines		PH	Polynesian Airlines		SG	Jetsgo Corporation
MA	Malev Hungarian		PI	Piedmont Airlines		SI	Skynet Airlines
MD	Air Madagascar		PK	Pakistan International Airlines		SJ	Polar Air Cargo
ME	MEA Middle East Airlines		PL	Aeroperu		SK	SAS
MH	Malaysia Airlines		PR	Philippine Airlines		SK	Skyline Airways
MI	Silk Air		PS	Ukraine International Airlines		SL	Rio-Sul
MJ	Lapa		PU	Pluna		SLI	Aerolitoral
MK	Air Mauritius		PW	Precision Air		SN	SN Brussels Airlines
ML	Midway Airlines		PX	Air Niugini		SO	Swiss World
MN	British Airways South Africa		PY	Surinam Airways		SP	SATA
MN	Commercial Airways		PZ	Lineas Aereas Paraguays		SQ	Singapore Airlines
MO	Calm Air		PZ	TAM		SS	Corsair
MP	Martinair					SSV	Skyservice
MQ	American Eagle		**Q**			SU	Aeroflot
MS	EgyptAir					SV	Saudi Arabian Airlines
MU	China Eastern Airlines		Q2	Minerva Airlines		SW	Air Namibia
MW	Maya Airways		Q3	Roan Air		SY	Sun Country Airlines
MW	Maya Island Air		Q7	Sobelair		SZ	Pro Air

Cuadro 4.C Códigos aéreos (continuación)

T	
T4	Transeast
T6	Tavrey Air Company
TA	Taca International Airlines
TE	Lithuanian Airlines
TG	Thai Airways International
TH	British Regional
TK	Turkish Airlines
TL	Trans Mediterranean Airways
TM	LAM
TN	Air Tahiti Nui
TP	TAP Air Portugal
TPC	Air Caledonie
TR	TransBrasil
TS	Air Transat
TU	Tunis Air
TV	Virgin Express
TW	Trans World Airlines: TWA
TX	Air Caribes
TX	Société Nouvelle Air Guadeloupe
TZ	American Trans Air
U	
U2	EasyJet
U3	Travelair
U6	Ural Airlines
UA	United Airlines
UB	Myanmar Airways International
UE	Transeuropean Airlines
UG	Tuninter
UK	Buzz
UK	KLM UK
UL	SriLankan Airlines
UM	Air Zimbabwe
UN	Transaero
UP	Bahamasair
US	Chautauqua Airlines (US Airways Express)
US	MetroJet
US	US Airways
UU	Air Austral
UX	Air Europa
UY	Cameroon Airlines
V	
V7	Air Senegal International
VC	Servivensa
VE	Avensa
VG	VLM Airlines
VH	Aeropostal, Alas de Venezuela, S.A.
VI	Volga-Dnepr Airlines
VJ	Royal Air Cambodje
VL	North Vancouver Air
VM	Regional Airlines
VN	Vietnam Airlines
VO	Tyrolean Airways
VP	VASP
VR	Cabo Verde Airlines
VR	TACV
VS	Virgin Atlantic

VV	Aerosweet
VW	Skyways
VX	ACES
W	
W9	Eastwind Airlines
WA	KLM City Hoppper
WE	Rheintalflug Seewald
WF	Widerøe Flyveselskap
WG	Wasaya Airways
WJ	Air Labrador
WN	Southwest Airlines
WNA	WinAir
WO	World Airways
WR	Royal Tongan Airlines
WT	Nigeria Airways
WX	Cityjet
WY	Oman Air
X	
X5	Cronus Airlines
XG	North American Airlines
XJ	Mesaba Airlines
XK	Corse Méditerranée
Y	
YB	South African Express Airways
YC	Flight West
YI	Air Sunshine
YK	Cyprus Turkish Airlines
YN	Air Creebec
YO	Heli Air Monaco
YP	Aero Lloyd
YQ	Helikopterservice Euro Air
YT	Skywest
YV	Mesa Air Group
YW	Air Nostrum
YX	Midwest Express Airlines
Z	
Z5	GMG Airlines
Z7	Zimbabwe Express Airlines
Z9	Pulkovo Aviation Enterprise
ZA	AccessAir
ZB	Monarch Airlines
ZK	Great Lakes Aviation
ZK	United Express
ZN	Eagle Airlines
ZQ	Qantas New Zealand
ZR	Muk Air
ZU	Freedom Air International
ZW	Air Wisconsin
ZX	Air B.C.
2	
2B	Aerocondor
2K	Kitty Hawk

2P	Air Philippines
2S	Sun Air
2T	Canada 3000
2Y	Air Andaman
3	
3B	Avior
3H	Air Inuit
3M	Continental Connection (Gulfstream)
3R	Air Moldova International
3U	Sichuan Airlines
3Z	Necon Air
4	
4H	Fly S/A Linhas Aereas
4L	Air Alma
5	
5F	Arctic Circle Air Service
5J	Cebu Pacific Air
5K	Kenmore Air
5Y	Atlas Air
6	
6K	Asian Spirit
6N	TTA TransTravel
6Y	Nicaraguenses de Aviacion
7	
7A	Haines Airways/Alaska Coastal Airways
7C	Coyne Airways
7F	First Air
7G	Gulfstream Airlines
7L	AB Airlines
7T	Air Glaciers
7V	Austin Express
7Y	European Air Express
8	
8D	Volare Airlines
8G	Angel Air
8H	Harbour Air
8M	MaxAir
8P	Pacific Coastal Airlines
8W	BAX Global (Burlington Air Express)
9	
9C	Gill Airways
9H	Ecoair
9K	Cape Air
9M	Central Mountain Air
9N	Trans States Airlines
9T	Transwest Air
9W	Jet Airways
9Y	Air Kazakstan

ESTRUCTURA DE COSTES DE LAS COMPAÑÍAS AÉREAS

Como en muchas empresas, los gastos de las líneas aéreas pueden dividirse en fijos y variables. Los gastos fijos son constantes y no cambian si no es en relación al tamaño de la industria. Como ejemplos citaremos la amortización o el arriendo de los aviones, el mantenimiento de las terminales propias o de alquiler y el interés de los préstamos financieros.

Ejemplos de gastos variables son los jornales y salarios, la publicidad y promoción, el precio del combustible, la comida y bebida de los pasajeros y las tasas de los aeropuertos. Éstos tienden a aumentar o a disminuir según el volumen de ventas o el número de vuelos, aunque muchos vuelos regulares deben mantenerse, con independencia del flujo de pasajeros transportados.

Particularmente, el personal representa el mayor gasto en la gestión de una compañía aérea, ya que alcanza alrededor del 37 por ciento del total de los gastos de una empresa de transporte ya establecida.

El aumento del precio del petróleo incrementó los precios del combustible, que pasaron de representar el 12 por ciento del coste total, en 1973, a casi el 25 por ciento en 1984. La misma inflación también se ha hecho notar en las tasas de los aeropuertos. Aterrizar y despegar puede añadir unos miles de dólares más por avión, según el aeropuerto y la hora del día. Las tasas de aeropuerto en Heathrow, en Londres, son de aproximadamente 20 dólares por pasajero.

Leasing de aviones

Para poder cumplir sus planes de expansión y ampliar el número de vuelos y la renovación de sus flotas, las compañías aéreas recurren frecuentemente al arrendamiento financiero (*leasing*), para cubrir una buena parte de la adquisición de nuevos aviones. De esta forma, las compañías aéreas pueden adquirir nuevos aparatos sin que ello signifique un aumento de su carga financiera. En la actualidad uno de cada cinco aviones que opera en las compañías aéreas se ha adquirido mediante operaciones de leasing. Se calcula en más de dos mil el número de aviones que operan en el mundo occidental adquiridos mediante este sistema. Las principales compañías de leasing de aviones son GECAS (General Electric Capital Aviation Services), con más de 800 aparatos, ILFIC (International Lease Finance Corporation), con una flota de más de 250 aviones, y AWAS (Ansett Worldwide Aviation Services), con más de 90 aviones. Estas tres compañías controlan más del sesenta por ciento de la flota de aviones operadas en leasing.

Sin embargo otras ochenta compañías ofrecen también este tipo de servicio.

En el futuro es muy probable que este tipo de operaciones financieras se incremente a través de la adquisición de nuevos aviones por parte de las compañías aéreas de los países occidentales y también por la entrada en el mercado de las compañías aéreas de los antiguos países del Este europeo. La previsión es que, cerca del 25 por ciento de las compras de aviones en todo el mundo se haga a través de operaciones de leasing o fórmulas similares.

Cambios a partir de la liberación de tarifas

Durante cuarenta años, la industria aérea en Estados Unidos estuvo muy controlada y protegida. La regulación aérea tendía a mantener una especie de oligopolio, asegurando al mismo tiempo que se cubrieran las rutas y que existiera poca competencia. Los pilotos trabajaban un máximo de ochenta horas al mes. Muchos utilizaban gran parte de su tiempo libre para emplearse en otro trabajo secundario. Las huelgas forzaban a aumentar los salarios cada vez más, sin que se ajustaran a la realidad.

La Comisión de Aviación Civil comenzó la liberalización en 1978 y terminó el trabajo en 1985. La liberalización introdujo cambios importantes. El número de grandes líneas aéreas se disparó de 22 a más de 80. Las nuevas líneas aéreas estaban formadas por personal muy ilusionado, y por una plantilla no sindicada. En algunos casos los pilotos trabajaban por un tercio del salario establecido por los sindicatos. Algunos ejercían de vendedores de billetes y también transportaban los equipajes, luego subían a la cabina para pilotar el avión. Las nuevas líneas aéreas pudieron reducir los precios puesto que tenían unos gastos de personal más bajos y contaban con una plantilla muy motivada.

Los billetes de las líneas aéreas Southwest se pueden comprar en unas máquinas que en diez segundos entregan el pasaje. Esta compañía se atribuye el mérito de haber iniciado el descontrol de los vuelos a bajo precio estableciendo un concurso. En este juego el pasajero que consiga que en su boleto coincidan un agujero y un calcetín gana un premio.

La Hawai Express fue una de las primeras compañías en establecer vuelos a precios reducidos. Arrendó un B-747, que únicamente volaba entre Los Ángeles y Honolulú, un vuelo de ida y otro de vuelta, diario. Sus tarifas de lanzamiento eran de 89,95 dólares por viaje, alrededor de 2,25 centavos por kilómetro, un precio inaudito en la reciente historia de las tarifas aéreas, y quebró.

Para poder competir con una reducción tan drástica de tarifas, las líneas aéreas que contaban con un nuevo comité de gestión recurrieron a lanzar unas promociones espectaculares. En 1981-1982, por ejemplo, la Pan Am ofreció dos asientos por el precio de uno en muchos vuelos internacionales, siempre que previamente se hubiera comprado un billete para un vuelo nacional de la Pan Am. La Western Airlines ofrecía un viaje de ida y vuelta a Hawai por cien dólares con unas condiciones similares.

Las líneas de transporte de mercancías añadieron y suprimieron rutas con la mayor presteza. Se anularon las rutas que no resultaban rentables; se añadieron trayectos potencialmente rentables. Se eliminaron muchos vuelos a pequeñas comunidades que no resultaban rentables para los grandes aviones, dejando el camino libre para las líneas aéreas de carácter local que utilizaban aparatos más pequeños, y a la mayoría les resultó económicamente provechoso. Las tarifas cambiaron drásticamente, la competencia se incrementó brutalmente; las líneas aéreas se precipitaron a establecer horarios regulares en las rutas más concurridas.

Debido a todos los trastornos producidos por la liberalización así como a causa de la recesión económica que se inició en 1980, durante el año 1982 todas las líneas aéreas importantes de Estados Unidos, menos una, sufrieron pérdidas; la excepción fue la compañía Delta.

La Delta Airlines es un ejemplo de cómo opera una compañía aérea eficaz. Durante años ha encabezado la lista de beneficios, y según algunos, también la oferta de servicios. Una de las razones es que en los períodos de mayor movimiento, tanto los pilotos como los asistentes ayudan a cargar el equipaje para que no se retrasen las salidas, y durante las vacaciones de Navidad, incluso los altos ejecutivos colaboran en estos quehaceres. La compañía otorga mucha importancia a la participación de los trabajadores en el proceso de toma de decisiones e intenta por todos los medios mantener un ambiente familiar. Un comité de asistentes de vuelo escoge los uniformes para las seis mil azafatas y ayudantes de vuelo que trabajan en Delta. Los mecánicos incluso eligen a su supervisor más inmediato. Sin un sindicato que los detenga, la dirección de Delta puede encomendar a sus empleados distintos trabajos, según surja la necesidad. La compañía asigna temporalmente la tarea de ocuparse de los equipajes y de anotar las reservas a unos setecientos pilotos y asistentes de vuelo. Con un entrenamiento de este tipo, los empleados comprenden hasta qué punto sus tareas se complementan y son necesarios para alcanzar los objetivos de la compañía.

La búsqueda de rentabilidad

Una de las claves estadísticas para analizar la rentabilidad de una compañía aérea es el nivel de ocupación —el porcentaje de asientos ocupados en todos los vuelos—, incluyendo tanto los que se efectúan en rutas de alta como de baja densidad de tráfico, e incluso teniendo en cuenta los aviones que viajan vacíos en un tramo, para estar disponibles para efectuar un vuelo regular desde otro punto.

El nivel de ocupación, igual que el índice de ocupación para un hotel, es un indicador de si el uso es eficiente o no. Hasta 1974 se consideraba en términos generales que el punto muerto del nivel de ocupación para una compañía aérea se situaba en 51. En 1983 esta cifra era ya de 60,3 debido esencialmente al incremento producido por el aumento del precio del petróleo. Probablemente este punto muerto sea particular a cada vuelo analizado, puesto que está determinado de hecho por las proporciones del aparato, por la duración del vuelo y por el tiempo que se permanece en tierra.

El coste de mantener un avión en vuelo se reduce enormemente una vez se alcanza la altura de crucero. Un vuelo corto cuesta más por kilómetro que uno largo, ya que proporcionalmente se necesita más tiempo de vuelo y más combustible para alcanzar la altitud de crucero y para descender de ella. En los aeropuertos muy concurridos como pueden ser O'Hare, Fort Worth, Los Ángeles, Atlanta y J.F.K., el tiempo de espera en la pista antes de despegar o en el aire para poder aterrizar es muy elevado. Cada minuto añade gastos de personal, combustible y demás. La compañía que cubre una ruta de trayecto largo y de densidad alta, de Nueva York a Los Ángeles por ejemplo, tiene decididamente un índice de costes más ventajoso que la compañía que cubre una ruta de trayecto corto y de densidad baja.

Para reducir los gastos, las líneas aéreas han recurrido a los nuevos aviones bimotor como el B-767, con los que se ahorra alrededor de un treinta por ciento en el consumo de combustible. El nuevo diseño de los aviones permite incluir más asientos, ya que éstos son más pequeños y dejan menos espacio para que los pasajeros puedan estirar las piernas.

La importancia de la dirección

Casi siempre una elevada rentabilidad de una compañía aérea se debe a nivel de dirección, a la personalidad de un individuo. Más de una vez compañías que se encontraban en números rojos han salido a flote gracias a la energía, la preparación, el entusiasmo y la capacidad de mando de un individuo.

*Junto a estas líneas, simulador de vuelo
de un Boeing 767. La incorporación de equipos
automáticos a los modernos aviones reduce cada vez
más el trabajo de los pilotos.*

El mayor as de la aviación estadounidense durante la Primera Guerra Mundial, Eddie Rickenbacker, asoció su renombre y su personalidad al desarrollo de la Eastern Airlines. La United Airlines se conformó bajo la enérgica jefatura de William Patterson. El más conocido y el más poderoso de todos los pioneros de las compañías aéreas fue John Trippe, quien lanzó la Pan Am y la dirigió hasta 1968. Indudablemente fueron su energía y buen ojo los que convirtieron a los famosos Clipper Ships de la Pan Am —hidroaviones— en los portadores de la bandera estadounidense a través del Atlántico y del Pacífico. En un momento determinado, la Pan Am llegó a contar con cuarenta mil empleados y poseía o controlaba la línea aérea interior de China y las líneas aéreas viables de América Latina. Visionario, perspicaz y a menudo implacable, fue el motor que unificó la que durante décadas sería la compañía aérea mejor conocida del mundo, abriendo nuevos caminos a la tecnología aérea y esforzándose por conseguir mayores y mejores aviones.

A principios de los años setenta, cuando Trippe ya no ostentaba el cargo de director ejecutivo, la Pan Am comenzó a decaer. En 1983 la compañía ya se había visto obligada a vender sus oficinas centrales, el edificio de la Pan Am en el barrio financiero de Nueva York, y su muy rentable cadena hotelera: Inter Continental Hotels. A pesar de las dos ventas, por quinientos millones de dólares cada una, la compañía, en 1985, todavía tenía importantes deudas. Éstas se pueden atribuir, en parte, al hecho de que la Pan Am comprara la National Airlines, una importante compañía de transporte de mercancías. Con esta compra, la Pan Am consiguió algunas de las principales rutas de Estados Unidos que le resultaban además útiles para sus vuelos internacionales, pero esta compra también le aportó graves problemas una vez se fusionaron las dos compañías, destacando entre ellos el incremento de los gastos de personal, ya que los salarios de los empleados provenientes de la National aumentaron hasta alcanzar los niveles de la Pan Am. En 1990, la compañía quebró vendiendo a United Airlines algunas de las rutas más importantes, como la que mantenía entre Estados Unidos y Londres.

EL PERSONAL NECESARIO

La tripulación

Los pilotos veteranos de las líneas aéreas regulares de Estados Unidos representan la aristocracia de los trabajadores de las empresas de transporte, tanto a nivel de ingresos como en condiciones de trabajo. Su paga está en función del tamaño del avión que pilotan, cuanto más pequeño es el avión, menor es el salario. Los pilotos de DC-10, DG-8 y Boeing 737 cobran menos que los pilotos de 747. Las críticas más destacables a esta situación son que el personal que vuela en idénticos aviones Jumbo para las compañías de fuera de Estados Unidos recibe menos de la mitad del salario de los pilotos estadounidenses. Por su parte, los pilotos argumentan que su enorme responsabilidad les hace merecedores de su salario. Quizás sea cierto, pero cabe puntualizar que en los vuelos de larga distancia la mayor parte del trabajo lo realiza el piloto automático.

A medida que se van introduciendo nuevos equipos automáticos en los aviones, se va reduciendo el trabajo de los pilotos y de los ingenieros de vuelo. Un piloto del MD-80 puede poner en funcionamiento el acelerador automático antes de despegar y el piloto automático poco después del despegue. Una vez funcionan ambos sistemas, el piloto no necesita tocar los mandos manuales hasta que está rodando por la pista tras el aterrizaje.

Las azafatas

Los drásticos cambios que han tenido lugar en los viajes aéreos pueden verse claramente observando cómo, en un espacio de sólo cincuenta años, ha evolucionado el trabajo de los asistentes de vuelo. En 1930 la United Airlines empleaba a ocho asistentes de vuelo, todos ellos mujeres y enfermeras diplomadas. Durante el vuelo lucían el uniforme blanco de enfermeras y en tierra lo cambiaban por unos trajes de lana verde combinados con capas y boinas. El salario era de 125 dólares al mes por cien horas de trabajo, es decir 1,25 a la hora.

Una de las primeras asistentes de vuelo describía su jornada laboral en un vuelo corriente entre Oakland, California, y Cheyenne, Wyoming, a lo largo del cual el avión hacía cinco escalas. Teóricamente el vuelo duraba 18 horas, pero normalmente se necesitaban unas 24 horas para cubrir el trayecto. Se volaba a 560 metros de altura. Las asistentes de vuelo se ocupaban del equipaje, sacaban el polvo en los aviones y ayudaban a cargar combustible. También ayudaban a los pilotos a aparcar los aviones en los hangares. Las asistentes de vuelo, que se convertían en enfermeras durante el vuelo, debían asegurarse de que los pasajeros no abrieran una puerta exterior por error cuando se dirigían a los servicios. En el caso de que todos los asientos estuvieran ocupados, ellas se sentaban sobre una maleta o un baúl en la parte trasera del avión. Tenían órdenes de «matar las moscas de la cabina antes de despegar», de vigilar que los pasajeros no echaran «las colillas de los cigarrillos encendidas por las ventanas» y de llevar un horario de ferrocarriles por si acaso el avión tenía dificultades. Al principio, los viajes transcontinentales por aire incluían el viajar en

tren por la noche puesto que era imposible volar en la oscuridad. Posteriormente, la compañía TWA dominó el arte del vuelo nocturno, y en 1932 ya se podía atravesar el país en 24 horas. El menú era siempre el mismo, a lo largo del día se servía: café o té, macedonia de frutas, pollo frito y panecillos. Los respiraderos para el vapor servían para calentar la bebida y la comida.

Los pilotos no valoraban su trabajo, y eran todavía menos apreciadas por las mujeres de los pilotos. Éstos eran toscos y temperamentales e iban armados con pistolas para proteger el correo.

A pesar de que vulgarmente se cree que los asistentes de vuelo no son más que camareros y camareras con pretensiones, el trabajo sigue siendo uno de los más codiciados. Un portavoz de la Eastern Airlines decía que actualmente se reciben ochenta solicitudes para cada puesto de trabajo disponible.

En los primeros tiempos, las mujeres apreciaban mucho este trabajo porque así podían tratar a la élite social y económica de la nación, y de hecho muchas de ellas consiguieron casarse con hombres ricos.

El trabajo de las asistentes de vuelo siguió teniendo prestigio hasta los años sesenta. A partir de entonces la brevedad de los vuelos y el mayor tamaño de los aviones motivó que en algunos vuelos se convirtieran en barmans o camareras, debiendo apresurarse para completar el servicio antes de que el vuelo llegara a su fin.

A principios de los años setenta, de los 35 mil asistentes de vuelo de todo el país, unos 15 mil pertenecían a la Asociación de Pilotos de las Líneas Aéreas. Tanto éste como otros sindicatos impidieron que las compañías aéreas despidieran a las mujeres por matrimonio o embarazo y consiguieron que algunas líneas aéreas les aseguraran su puesto de trabajo hasta los sesenta años.

En 1971 un hombre entabló un proceso por discriminación contra la Pan Am, a partir del cual la Corte Suprema estableció que no se le podía negar a un hombre un puesto de trabajo como asistente de vuelo debido a su sexo. Desde entonces las principales líneas aéreas han incrementado notablemente el número de asistentes de vuelo del sexo masculino.

El resto de personal aéreo

Como dicen los economistas, las líneas aéreas implican un trabajo intensivo, si bien también se necesita una enorme inversión de capital en aviones y servicios. Sin embargo, es interesante destacar que menos de la cuarta parte del personal que trabaja en las compañías aéreas vuela en los aviones: la tripulación y los asistentes de vuelo. El grueso de los empleados de la compañía lo forman los trabajadores de mantenimiento, la plantilla de tierra y el personal de tráfico, el personal que atiende a los pasajeros, los controladores aéreos y los mozos de transporte de equipajes y bultos.

INCONVENIENTES A LA HORA DE VOLAR

A pesar de que el realizar los viajes de largo recorrido en avión presenta unas ventajas indiscutibles en cuanto a tiempo, también existen algunos inconvenientes. Entre ellos están las dificultades para entrar y salir de ciertos aeropuertos y las aglomeraciones que se producen en los mismos, la pérdida o los daños en el equipaje, la falta de seguridad en los aparcamientos de los aeropuertos y la presencia de carteristas y demás tipos de ladrones.

Por otro lado, la propulsión a chorro suele dejar a todos los viajeros de largo recorrido medio aturdidos, y a algunos bastante más que a los demás. Algunas veces el secuestro de aviones ha representado una amenaza, sufriendo algunos viajeros auténticas psicosis.

El problema de la seguridad

El volar en un jet comercial resulta quizás quince veces más seguro que conducir un coche, pero no a todas partes.

Yakarta, Delhi y El Cairo tienen muy mala reputación en cuanto al control y a la seguridad en sus aeropuertos.

El inglés es el lenguaje internacional para el control del tráfico aéreo, aunque los pilotos que realizan vuelos a Japón reciben lecciones especiales para que sean capaces de entender el complicado inglés que van a escuchar allí.

La Federación Internacional de las Asociaciones de Pilotos de Líneas Aéreas marca los aeropuertos que según sus miembros son «críticamente deficientes según las normas internacionales» con una estrella negra. Hay muchos aeropuertos en el mundo en estas condiciones.

La reputación de seguridad varía de un país a otro. Los viajeros veteranos suelen evitar la compañía aérea nacional rusa, Aeroflot, como si de una plaga se tratara. Los accidentes de Aeroflot son diez veces más frecuentes que con las líneas aéreas de Estados Unidos. La India-Airlines también es mucho menos segura que cualquiera de las líneas aéreas de Estados Unidos.

Atención en los aeropuertos

Los robos se han incrementado en los principales aeropuertos. Se recomienda a los viajeros que no abandonen su equipaje ni por un momento. Los coches que en un tiempo quedaban seguros en los aparcamientos ya que existía personal que los vigilaba, es frecuente que aparezcan ahora con algunos de sus complementos robados, o incluso puede desaparecer el coche antes de que regrese su propietario. Los ladrones suelen trabajar en bandas para robar bolsos y equipajes. Los blancos principales son los viajeros internacionales, que son los que en principio llevan mayores sumas de dinero.

Los carteristas son muy activos, y cada vez inventan más trucos para distraer al viajero y robarle. Una de las estratagemas consiste en dejar caer una cierta cantidad de monedas cerca de la presa. El viajero solícito dejará su maleta en el suelo y ayudará a recoger el dinero. Mientras tanto un compinche se apodera del equipaje y desaparece con él. La consigna es: mantenga sus posesiones donde pueda vigilarlas y a su alcance.

LA CONEXIÓN ENTRE HOTELES Y LÍNEAS AÉREAS

Existe una conexión obvia entre las líneas aéreas y los hoteles, especialmente en el caso de los vuelos internacionales. Las líneas aéreas desean poder asegurar alojamientos de primera clase a sus pasajeros en las ciudades que cubre la compañía. Las líneas aéreas colaboran con los hoteles y viceversa.

La Pan American World Airways fue la primera en introducirse a gran escala en el mantenimiento de relaciones con hoteles internacionales. Durante la Segunda Guerra Mundial el presidente Roosevelt mantuvo una reunión con John L. Trippe, por entonces presidente de la Pan American World Airways. Roosevelt sugirió que sería conveniente para los intereses de Estados Unidos el que la Pan Am fomentara el crecimiento de hoteles de primera clase en América del Sur. A partir de este encuentro surgió la Corporación Intercontinental de Hoteles (IHC). Desafortunadamente para la Pan Am, posteriormente surgieron presiones de tipo financiero que le forzaron a vender la altamente provechosa IHC.

En 1967 la Trans World Airlines compró el Hilton Internacional. United Airlines vendió en 1988 su filial hotelera Westin Hotels a Caesar Park Hotel Investment Inc., empresa participada por la corporación japonesa AOKI y Robert M. Bass Group.

Los viajeros procedentes de Estados Unidos suelen preferir alojarse en hoteles dirigidos por una em-

TERMINOLOGÍA DE LOS VIAJES AÉREOS

Administración Federal de Aviación (AFA): Departamento gubernamental dependiente del Departamento de Transportes de Estados Unidos, que ejerce un control global de los aeropuertos, equipos, pilotos, rutas, cuestiones reglamentarias y normas de gobierno de la aviación civil.

Agente de la cinta transportadora: Empleado de la compañía aérea que carga y descarga el equipaje, el cargamento y los víveres en el avión.

Agente de servicio a los pasajeros: Normalmente es el empleado de una compañía aérea que atiende a los pasajeros en el aeropuerto facilitándoles información e instrucciones, ayudando a las personas mayores, organizando su transporte a las pistas y demás.

Asociación Internacional del Transporte Aéreo (IATA): Asociación comercial de líneas aéreas internacionales, de carácter mundial; la IATA defiende un sistema unificado de transporte aéreo por rutas internacionales; establece tarifas y precios; normas de seguridad; condiciones de servicio; y nombra y supervisa a los agentes de viaje que venden billetes internacionales.

Asociación Internacional de Vuelos Charter (IACA): Asociación comercial de vuelos charter y complementarios.

Asociación del Transporte Aéreo (ATA): Asociación comercial que se formó en 1936 para promover la actividad empresarial funcionando como un centro de información para la planificación industrial. Representa a casi todas las compañías aéreas regulares de Estados Unidos.

Billete combinado avión-coche: Viaje organizado que incluye el transporte aéreo desde el punto de origen al punto de destino, más la vuelta, y el uso de un automóvil de alquiler, para moverse por la localidad de destino.

Ciudad de entrada: Ciudad que representa el primer punto de destino para los visitantes del área debido a su situación y a las pautas del transporte.

Código de aeropuertos: Código de tres letras para identificar los aeropuertos del mundo entero. Ejemplos: DEN, Denver; LAX, Los Ángeles Internacional, etcétera.

Configuración: Distribución de los asientos en un vehículo de transporte o en la cabina de un avión. El número de asientos por fila, el tamaño de los asientos y el grado de inclinación de los mismos varían según la densidad de pasajeros por clases y por el servicio disponible.

Congreso de Tráfico Aéreo (CTA): División de la Asociación de Transporte Aéreo responsable de establecer las normas y convenios que regulan la actividad de las líneas aéreas estadounidenses, entre ellas, con transportistas internacionales y con toda la industria del viaje en general.

Duración de la escala: (1) Tiempo de espera en tierra en las escalas intermedias. (2) El tiempo que se pasa en los aeropuertos esperando para efectuar conexión con otro vuelo.

Empty leg: Vocablo que se utiliza para designar al trayecto de un avión vacío, para trasladarse al siguiente punto de partida. Algunas agencias de viajes comercializan estos trayectos para grupos, a precios muy reducidos.

presa estadounidense cuando van al extranjero, porque de este modo se sienten más seguros y pueden disfrutar de unos niveles de comodidad que les son familiares. Y también están seguros de que en recepción encontrarán a algún empleado que hable inglés, así como en otras posiciones clave. En el menú suelen incluirse platos al estilo de EE UU, lo que responde al gusto de dichos viajeros.

LOS C.R.S. Sistemas integrados de reservas.

Durante la década de los años ochenta la mayor parte de las compañías aéreas desarrollaron sistemas integrados de reservas a través de los cuales las propias compañías aéreas y las agencias de viajes asociadas a estos sistemas pueden ofrecer a sus clientes información permanente actualizada y reservas inmediatas en los vuelos de las compañías aéreas, habitaciones en los hoteles que participan, alquiler de coches, y toda una amplia gama de servicios relacionados con la industria turística. Estos sistemas se basan en la instalación de terminales informáticos conectados directamente a la central de reservas.

LA RELACIÓN PRECIO/NIVEL DE OCUPACIÓN

Gran parte de las empresas del transporte son poco elásticas, a nivel de la demanda. Si es económicamente necesario, los hombres de negocios hacen el viaje sin preocuparse demasiado por los gastos. Naturalmente, si las tarifas aéreas aumentan excesivamente, incluso ellos evitarán realizar el viaje o considerarán un medio alternativo para realizarlo. Los ejecutivos establecen continuamente un balance entre lo que cuesta su tiempo y el precio de las tarifas aéreas, y podrían decantarse hacia el automóvil, el autocar o el ferrocarril, siempre que no deban recorrer un trayecto demasiado largo. Esto es lo que ha ocurrido en el trayecto entre Nueva York y Washington, D.C., para el cual numerosos viajeros eligen el tren de gran velocidad Amtrak.

Los viajes de placer pueden ser mucho más elásticos. Los precios cuentan mucho más al decidir el viaje cuando el desembolso lo efectúa el propio viajero. Un estudio de la relación costes-beneficios en la industria turística de Hawai fue muy explícito, se vio cómo una reducción del diez por ciento en las tarifas aéreas incrementaba el número de visitantes en un quince por ciento. La misma reducción de los billetes llevaba a incrementar la cuenta de los hoteles en cerca del nueve por ciento, y la duración de las estancias aumentó en un tres por ciento.

PREVISIONES FUTURAS

El crecimiento del tráfico aéreo está naturalmente sujeto a las fluctuaciones económicas y a las tensiones internacionales, así como a fuerzas que juegan un papel muy importante en estos viajes. El promedio de la tasa de crecimiento anual de los ingresos kilómetros-pasajero en líneas aéreas en todo el mundo creció en un 13 por ciento de 1960 a 1973, y luego descendió a un 6,9 por ciento de 1973 a 1982. Somerset Waters ha establecido una relación muy significativa entre el Producto Nacional Bruto y los viajes aéreos estadounidenses. Tanto en los buenos tiempos como en los no tan buenos, afirma Waters, Estados Unidos tiene unos promedios de crecimiento de los viajes aéreos que representan más del doble del promedio de crecimiento del PNB.

Casi todo el mundo asume que los viajes aéreos van a incrementarse. La tasa de crecimiento ha sido estudiada, en toda su magnitud, desde distintos enfoques, aunque naturalmente ninguno de ellos puede predecir el futuro con claridad.

Según la organización Gallup, a mediados de los años ochenta, el 66 por ciento de los adultos de Estados Unidos había volado alguna vez en su vida, lo que significa que el volar, al menos en este país, es un fenómeno muy extendido. Incluso en países tan primitivos como Papua-Nueva Guinea, los nativos suelen viajar en avión para vender su café y sus cerdos.

Los viajes aéreos en el siglo XXI

En los últimos años del siglo XX el transporte aéreo experimentó un notable incremento. Así, en el período 1992-2000 el tráfico aéreo mundial aumentó un 66 por ciento, mientras que el tráfico internacional lo hizo en un 89 por ciento.

En algunos países, como Estados Unidos, cada año se marcaba un récord en número de viajantes. Así mismo, este crecimiento supuso el aumento de las ventajas económicas y sociales que el transporte aéreo genera a nivel local, regional y nacional en todo el mundo. Estos beneficios incluyen tanto la creación de bienes y empleos relacionados directamente con la aviación, como el efecto multiplicador en otros sectores de la economía. Se estima que más del 4,5 por ciento de la producción económica mundial es atribuible al transporte aéreo de la aviación civil. Al mismo tiempo, este crecimiento intensificó las preocupaciones respecto a los problemas del medio ambiente relacionados con la aviación civil. La Organización de Aviación Civil Internacional (OACI) trajaba intensamente para

TERMINOLOGÍA DE LOS VIAJES AÉREOS

Frequent Flye: Pasajero que utiliza frecuentemente los servicios aéreos de una o varias compañías, las cuales le asignan una tarjeta identificativa y le conceden puntos, según los trayectos realizados. La suma de dichos puntos da derecho a uno o varios billetes gratuitos.

Hora de llegada: Es la hora en que se supone que un transporte (en este caso un avión), un huésped o un grupo llegará a un lugar o destino determinado.

Hora de salida: Es la hora en que se supone que un transporte (en este caso un avión), un huésped o un grupo dejará un lugar determinado.

Ingresos por pasajero y kilómetro: Un pasajero de pago transportado durante un kilómetro en un servicio de transporte comercial.

Libertades aéreas: Derechos básicos de tráfico acordados bilateralmente entre los estados. Los derechos de las líneas aéreas comerciales incluyen: 1) el derecho a sobrevolar, 2) el derecho a aterrizar cuando lo exigen razones técnicas, 3) el derecho a efectuar transportes desde el propio país a otro país, 4) el derecho a efectuar transportes desde otro país al propio país, y 5) el derecho a efectuar transportes entre dos países extranjeros. También se denominan «los cinco derechos».

Líneas aéreas regulares: Todas las líneas aéreas que proporcionan un servicio regular de pasajeros o de mercancías.

Milla aérea: Milla aérea internacional, una medida de distancia que equivale aproximadamente a 1,7 kilómetros.

Kilómetro-pasajero: Un pasajero transportado un kilómetro; calculado multiplicando el número de kilómetros viajados por el número de pasajeros transportados.

Ministerio Aeronáutico Civil: Corporación que forma parte del gobierno de Estados Unidos, designada en el Decreto de Aviación Federal para considerar los asuntos relacionados con la aviación que afectan a la necesidad y comodidad del público. Suspendido el 1 de enero de 1985.

OACI: Organización Internacional de Aviación Civil, organismo especializado de las Naciones Unidas.

Pasajero de paso: Pasajero regular que continúa un viaje en el mismo vehículo aunque haga escalas intermedias.

Pasajero en tránsito: Persona que viaja según un itinerario que incluye detenerse una o más veces en países extranjeros que no son el lugar de destino. En cada parada la persona quizás abandone el avión o incluso cambie de avión o espere para el nuevo vuelo sin entrar oficialmente en el país pasando por aduanas.

Transfer: Transporte de uno a otro punto tanto para pasajeros como para equipajes. Normalmente, para recorridos entre el aeropuerto y el hotel en que se aloja el viajero.

Terminal en la ciudad: Oficina de venta de billetes de una línea aérea que se sitúa en un lugar que no sea el aeropuerto, y en la que los pasajeros pueden facturar, serles asignado su número de asiento y desde donde son transportados al aeropuerto.

Tripulación aérea: Los responsables del manejo del avión, incluyendo los pilotos, los ingenieros de vuelo y los asistentes de vuelo.

lograr la mayor compatibilidad posible entre el desarrollo seguro de la aviación y la preservación del medio ambiente.

Los trágicos acontecimientos del 11 de septiembre de 2001, cuando tres aviones comerciales fueron secuestrados para cometer una serie de atentados suicidas contra Estados Unidos, tuvieron una incidencia directa sobre el sector aeronáutico, ocasionando una constricción de la demanda que provocó el cierre de diversas aerolíneas y llevó al borde de la quiebra a algunas otras.

Para restablecer la confianza del público en los viajes por vía aérea y fomentar la restauración económica del sector, la OACI estableció una estrategia mundial para reforzar la seguridad destinada a preservar las vidas humanas

En 2002 el transporte aéreo experimentó una recuperación considerable, ralentizada durante la primera mitad de 2003 debido a la incertidumbre provocada por la guerra de Irak y la epidemia del SARS.

La segunda mitad de 2003, coincidiendo con las vacaciones de verano en el hemisferio Norte, presentaba mejores perspectivas. En efecto, con el SARS controlado y el fin de la contienda en Irak, las condiciones parecían más propicias para viajar en avión. Las previsiones coincidían en que la recuperación del sector turismo en general y del transporte aéreo en particular se haría efectiva en un futuro cercano.

ORGANIZADORES DE VIAJES

¿Quiénes son los agentes de viajes y qué papel juegan en la organización de los mismos? Por lo común, los agentes son propietarios o empleados de un negocio relativamente pequeño. Si son empleados, sus ingresos serán modestos y tendrán bastante trabajo, pero éste también será emocionante y probablemente van a disfrutar llevándolo a cabo. Incluso los mismos propietarios probablemente nunca se enriquecerán, pero podrán disfrutar de viajes baratos por todo el mundo. La mayoría de los viajes de los agentes los pagan enteramente o en buena parte las compañías aéreas de Estados Unidos o del extranjero, las oficinas de turismo estatales, los hoteles, los tour operadores y los propietarios de complejos turísticos.

Desde los años setenta hasta los noventa, el número de agencias de viajes, en Estados Unidos, aumentó en más de cinco veces, pasando de 6 700 a más de 37 800. Las ventas de las agencias en los últimos años fueron de 49 500 millones, muy por encima de la mitad de los ingresos de todas las líneas aéreas. Sobre el 73 por ciento de las ventas del transporte aéreo nacional se hace a través de las agencias de viajes. Más del 90 por ciento de las ventas de vuelos internacionales se atribuyen a las agencias. Los proveedores (empresas de transporte público, hoteles, compañías de alquiler de coches, viajes organizados) cada vez dependen más de las agencias para asegurar su negocio.

Las sociedades anónimas se adjudican más de la mitad del conjunto de viajes en Estados Unidos. Las sociedades frecuentemente encuentran más sencillo y barato utilizar una agencia de viajes que organizarlos ellas mismas.

Unas 175 mil personas trabajan en agencias de viajes. Las agencias de mayor tamaño forman parte habitualmente de una sociedad y suelen tener sucursales. Por regla general, una agencia emplea aproximadamente a siete personas, dos de las cuales trabajan a media jornada. Los empleados que trabajan la jornada completa tienen un sueldo no demasiado elevado; el promedio de permanencia en ese trabajo está un poco por encima de los tres años.

Las agencias de viajes son generalmente negocios pequeños, a pesar de que es necesario un millón de dólares de ventas anuales para que el beneficio sea aceptable.

El Reino Unido, Francia y Alemania tienen un gran número de agencias de viajes, las hay en casi todo el mundo. A mediados de los años noventa se estimaban en más de 34 mil las que operaban en Europa.

Miles de personas están realizando estudios sobre itinerarios y viajes, muchas de ellas con la esperanza de poder entrar en ese negocio. Otras muchas, incluyendo una sorprendente cantidad de jubilados, lo hacen porque quieren viajar; otras estudian en ese campo para conseguir un negocio suplementario que les rinda beneficios. Los atractivos son variados: pasajes de avión gratuitos o con un 75 por ciento de descuento, habitaciones de hotel gratis o con un descuento del 50 por ciento, pasajes en transatlánticos por un cuarto del pasaje más barato y en cruceros por la mitad del billete. También son invitados a viajar gratis o con un gran descuento para familiarizarse con países, lugares en concreto, líneas aéreas y cadenas de hoteles.

EL CONSEJERO DEL VIAJERO

¿Influyen los agentes en la elección del destino y de la compañía de viajes? Sí, especialmente en los viajes al extranjero. Los agentes estadounidenses dicen que aproximadamente el cuarenta por ciento de los viajeros que salen al extranjero tienen una idea vaga de los destinos que les atraen al Caribe, al Lejano Oriente o a Europa Occidental. Casi las tres cuartas partes de los viajeros confían mucho en los agentes en el momento de elegir la compañía aérea, en las sugerencias para unas vacaciones organizadas, o bien qué hotel pueda ser el más apropiado. Un porcentaje parecido confía en los agentes para que les ayuden a escoger las excursiones adicionales, las visitas turísticas, a elegir la agencia de coches de alquiler, etcétera. Los seguros de viaje y las comisiones para arreglar los visados pueden ser fuentes secundarias de ingresos para los agentes.

Los agentes profesionales se pueden considerar a sí mismos como consejeros o bien simplemente como vendedores de billetes; sin embargo, los agentes que han viajado mucho y saben hablar con confianza se crean una clientela que busca su consejo y sus conocimientos volviendo año tras año como lo harían con un banquero o un abogado de confianza.

Las grandes compañías aéreas, que se han dado perfecta cuenta de la importancia de los agentes de viajes, les ayudan a prepararse, les mantienen informados, y en cierta medida les agasajan, es decir, intentan conquistarles.

Anteriormente a los viajes aéreos, a los agentes les interesaba ante todo la venta de billetes de barco y viajes por el extranjero. Actualmente, el volumen de sus negocios incluye la venta de billetes para viajes aéreos, tanto de negocios como de placer. Algunas agencias se especializan en uno o varios campos, por ejemplo por colectivos, grupos con un incentivo determinado, grupos étnicos o tours.

Las agencias que venden viajes colectivos hacen los preparativos de los viajes para los empleados de una o varias compañías y cobran directamente de la compañía. Algunas se especializan en viajes organizados para grupos étnicos (por ejemplo, judíos que viajan a Israel, irlandeses a Irlanda). La mayoría de las agencias venden tours organizados por mayoristas o por la misma agencia. Algunos potencian la venta de tours porque el porcentaje de beneficios puede ser mucho más elevado, la venta de un tour puede llegar a alcanzar un margen del treinta por ciento, mientras que la comisión en los viajes aéreos es inferior al diez por ciento.

EL PRIMER AGENTE DE VIAJES

La gente que sabe viajar ha estado organizando viajes para los demás durante siglos, pero Thomas Cook es quien tiene la reputación de ser el primer agente de viajes profesional.

Carpintero de profesión, Cook era profundamente religioso y de temperamento entusiasta. En 1841

Pionero en la organización de viajes para grupos, el inglés Thomas Cook fundó, en el siglo XIX, agencias de viajes en varias ciudades. Su hijo amplió el negocio y organizó viajes a lugares tan lejanos del Reino Unido como la India. En la página siguiente, el Taj Mahal, en aquel país asiático.

alquiló un tren para llevar a 540 personas a una convención antialcohólica. Cook organizó el viaje al precio de un chelín por viajero en el trayecto de ida y vuelta de Leicester a Loughborough, una distancia de 35 kilómetros. A pesar de que él no obtuvo ningún beneficio, sí se dio cuenta de lo que era en potencia la organizacion de viajes para los demás. El negocio de los viajes, como vio desde el principio, era más que un negocio, era una oportunidad de instruirse y aprender.

En 1845 Cook consiguió dedicarse exclusivamente a organizar excursiones. Debido a que la comisión del cinco por ciento que recibía del Midland Counties Railroad no era suficiente para mantener el negocio solvente, se convirtió en tour operador y posteriormente también vendió viajes al por menor.

Habiéndose dedicado a organizar viajes lo más prácticos e interesantes posible, hizo imprimir un libro a modo de guía para los que realizaron un viaje de Leicester a Liverpool en 1845. Poco después presentó a la venta unos cupones que se podían utilizar para pagar los gastos de hotel. En 1846 llevó a 350 personas en vapor y tren en un viaje por Escocia y se confeccionó una guía, la primera en su clase, especialmente preparada para ese viaje.

Más tarde trasladó sus oficinas a Londres. Cook empezó a idear todo tipo de viajes imaginativos para llevar a la gente de un lado a otro. Pronto estuvo organizando «grandes viajes alrededor de Europa» con itinerarios que incluían hasta cuatro países.

Ayudó a popularizar Suiza como centro turístico llevando a un grupo a través del país en 1863. Poco después de la guerra civil estadounidense, su hijo John M. Cook viajó con un grupo a Estados Unidos visitando Nueva York, Washington D.C. y algunos de los campos de batalla de la guerra.

En 1872 consiguió, por primera vez, realizar otro tipo de viaje: la vuelta al mundo. Se dijo que el viaje inspiró a Julio Verne a escribir su *Viaje alrededor del mundo en ochenta días*. El grupo de diez miembros circunvaló el globo en 222 días. Actualmente, el mismo viaje se puede realizar en un fin de semana. Las impresiones de Cook fueron recogidas en unas meditadas cartas al *Times* londinense.

En 1884 John Cook organizó el transporte de toda la Fuerza Expedicionaria Británica de 18 mil hombres remontando el Nilo intentando socorrer al general Charles George Gordon en Jartum. Como muchos viajes, el viaje de socorro llegó tarde; el general Gordon ya había sido asesinado y Jartum había caído.

John se convirtió en director de la firma en 1878. Organizó viajes al parque Yellowstone poco después de que se abriera. En 1875 Cook preparó viajes por Noruega. En colaboración con la empresa de vapores P & O, se pusieron de moda los viajes a la India. Desde su llegada a Bombay, el viajero era guiado hasta unos espaciosos compartimientos en los trenes indios y se le servían comidas exquisitas mientras seguían la ruta para visitar el Taj Mahal. El viajero de Cook podía visitar el Himalaya, el Everest o viajar a Cachemira.

En la década de 1890 los Cook promovieron viajes pioneros atravesando Europa hacia Asia con el Ferrocarril Transiberiano. Perseguían la dificultad:

en 1890 un viaje a Jerusalén requería guardias armados, mulas, caballos, cocineros, tiendas y una gran capacidad de regateo con los jeques y pachás locales para que permitiesen viajar a través de sus dominios. Cook o alguno de sus hijos organizaba los viajes. Durante la segunda mitad del siglo XIX, la frase «los viajes de Cook» correspondía a un viaje en grupo acompañado, la mayor parte de las veces por el mismo Thomas o uno de sus hijos. Aunque al final de su vida Thomas se quedó ciego, los demás miembros de su familia siguieron con el negocio.

La empresa de Cook obtuvo tanto éxito debido en parte a que él logró que los viajes fuesen cómodos y relativamente simples. Otra razón fue el entusiasmo que el padre sentía por ellos, como aventura educativa, no tan sólo para la clase alta, que tenía su propia forma de viajar costosa, sino para cualquiera que pudiese pagar los asequibles precios confeccionados por Cook. Se le puede considerar como el primero que hizo posible viajar por el mundo a la clase media.

Los Cook tenían muy en cuenta la elasticidad de la demanda de los viajes. Si el precio del viaje se reducía, mucha más gente iba a viajar. Cuanta más gente viajase en un medio concreto de transporte, más posible era que el precio de ese medio fuese más barato. Alquilando trenes y vapores enteros y reservando grandes contingentes de habitaciones, Cook pudo reducir los gastos de viaje de forma considerable. Los gastos de hacer funcionar un tren, un vapor o un avión que está ocupado al máximo son sólo un poco mayores que haciendo funcionar uno que esté ocupado sólo un 25 por ciento, y el precio por asiento cuando están ocupados al cien por cien es sustancialmente menor.

Mucha gente, entre ellos Mark Twain, fueron entusiastas de los viajes en grupo y se sentían como si viajaran con un grupo de amigos. Pero desde el principio esos viajes tuvieron su buena ración de comentarios sarcásticos. Un esnob del siglo XIX solía decir:

«Parece ser que un hombre emprendedor y sin escrúpulos ha ideado el proyecto de conducir unas cuarenta o cincuenta personas de Londres a Nápoles y de vuelta a casa por una suma estipulada [refiriéndose a Thomas Cook]. Él se encarga de llevarlos, alimentarlos, alojarlos y divertirlos. Los ves, cuarenta en total, trotando en manada por la calle con un director (ora al frente, ora al final) agrupándolos en círculo como un perro con el rebaño. Europa es a sus ojos un gran espectáculo, como un objeto valioso que se expusiera en el Covent Garden, y ellos tuvieran que criticar la actuación y reírse de los actores a su voluntad.

Cuando los extranjeros me preguntaron por vez primera qué podía significar esa extraña invasión, procuré dejar de lado las inmensas ganas de criticarlos y les dije que las colonias australianas habían causado tantos líos últimamente con eso de crearles centros penitenciarios, que habíamos adoptado el barato recurso de enviar al extranjero a nuestros delincuentes, aparentemente como turistas. Los bribones, tras unas pocas semanas, se separarían en varias direcciones según se lo sugiriesen sus preferencias o inclinaciones. Entonces, ese hombrecillo calvo que estaba tan nervioso y se había tomado tanto trabajo con ellos volvería a Inglaterra».

Los Cook eran muy sensibles a la crítica, pero seguían con su negocio mejorando, promocionando y siguiendo su propia inventiva. Durante un viaje por Italia, en Semana Santa, el hotel reservado en Roma denegó las reservas del grupo de cincuenta personas de Cook. Éste alquiló rápidamente el palacio de un príncipe durante diez días por 2 500 dólares, y organizó las comidas en los restaurantes vecinos. El viaje produjo un déficit que llevó a los viajeros a pagar una contribución voluntaria que llegó a mil dólares, probablemente la primera y la última de ese tipo de contribuciones. En un viaje a Nueva York, John, siempre improvisando, alquiló un carro para transportar hasta el hotel su equipaje y el de su grupo en un punto determinado de la costa.

Los Cook fueron los pioneros de los llamados viajes combinados (una compañía en conexión con un cierto número de empresas relacionadas con los viajes), antes de que el término fuese acuñado. Antes de 1875 la compañía había adquirido el ferrocarril que asciende al Vesubio en el sur de Italia. Posteriormente, los Cook adquirieron el derecho exclusivo de llevar el correo, así como a los viajeros especiales y funcionarios del gobierno, entre Assiont y Assonan en el Nilo. La compañía dirigía también barcos y un servicio de reparación de ellos en Egipto.

A la muerte de Thomas Cook a los 83 años, en 1893, la propiedad y dirección de la firma pasó a sus tres hijos. En ese momento, el negocio había crecido hasta incluir tres secciones: el turismo, la banca y los barcos.

Los modernos viajes alrededor del mundo se iniciaron con un transatlántico Cunard fletado por Cook en 1923. En 1927 la empresa organizó un vuelo especial de Nueva York a Chicago para los aficionados que asistían a la lucha por el premio del campeonato mundial entre Dempsey y Tunney. Las casetas para comer fueron proporcionadas por Louis Sherry, el proveedor de moda de Nueva York. En 1931, Thos. Cook e Hijo se fusionaron con la empresa de Wagon-Lits, encargados de los coches-cama y trenes expreso en Europa, y con una gran agencia de viajes.

Los Cook siguieron haciendo todo lo posible para facilitar el viaje a sus clientes. Los agentes de Cook a menudo iban al encuentro de los aviones en coche; aguardaban al pasajero en la entrada de la aduana para conducirle rápidamente a la recepción de un hotel sin pérdida de tiempo, o a cualquier otro lugar al que el viajero quisiera ir. Los precios con todo incluido hicieron que las vacaciones resultasen más fáciles de planear para la gente y que pudiesen tener en cuenta su tiempo y su dinero para los viajes.

Desde los días de los Cook, las agencias de viajes han proliferado en todo el mundo facilitando a sus clientes, entre otras funciones, la visita guiada a los más variados lugares. En la página siguiente, un grupo admira el ayuntamiento de Munich, en Alemania.

Al término de la Segunda Guerra Mundial, el gobierno británico compró un gran número de acciones en la Thos. Cook e Hijo y la política a seguir la dirigió el gobierno británico a través de la compañía de transportes. En 1972 el gobierno británico vendió la empresa por 858,5 millones de dólares. La Trust Houses Forte, la mayor empresa hotelera inglesa, y el Automóvil Club de Gran Bretaña (AA) son parte del consorcio propietario. La compañía tiene más de 625 oficinas y diez mil empleados por todo el mundo, y está compuesta por cinco secciones relativamente independientes y considerada como la mayor en su tipo, con múltiples intereses aparte de la venta de viajes.

UNA GRAN AGENCIA INTERNACIONAL

La American Express es otra gran agencia de viajes mundial. Nació de la vieja empresa Wells-Fargo de viajes rápidos, famosa en el Lejano Oeste. En

1968, Amexco se había diversificado para convertirse en una combinación de viajes y finanzas. Casi la mitad de sus ganancias provienen de los seguros de robo, vida y propiedades. También posee una de las mayores agencias de cambio y bolsa: Shearson Lehman/American Express. Esta empresa es una de las agencias más importantes en las transacciones monetarias internacionales, comprando y vendiendo cada día laborable millones en divisas para compañías y clientes individuales. American Express puede definirse como un banco orientado hacia los viajes.

La firma está compuesta por servicios de viajes en los que no sólo organizan las visitas sino que también venden cheques de viajes, publican una revista llamada *Travel & Leisure*, ofrecen la tarjeta de crédito American Express y poseen un servicio de enseñanza de lenguas extranjeras.

EXPANSIÓN DE LAS AGENCIAS DE VIAJES

Con la llegada de las líneas aéreas regulares, el negocio de las agencias de viajes empezó a cambiar. En los años treinta la Pan American World Airways era tan pequeña que no se podía permitir una oficina de venta de sus billetes, y por ello pidieron prestada una zona de 84 centímetros en el mostrador de la Thos. Cook e Hijo en Nueva York.

Al finalizar la Segunda Guerra Mundial se desató el deseo de viajar, y mucha gente se inició en los negocios como agentes de viajes. Profesores, oficinistas y amas de casa trabajaron fuera de sus hogares dedicando parte de su tiempo a ser agentes de viajes.

La idea de abrir una agencia de viajes posee un atractivo natural para mucha gente, quienes probablemente piensan que para empezar con este negocio solamente necesitan de un capital limitado y una mínima información sobre viajes, pero podrán comprobar a lo largo de este capítulo que no es tan fácil como aparentemente pueda parecer.

Dentro de Estados Unidos y Canadá unas 37 mil agencias de viajes minoristas están en funcionamiento. Cada año se abren alrededor de mil nuevas agencias y cada año varios cientos cierran. A mediados de los años ochenta los cinco estados con mayor número de agencias eran California, Nueva York, Florida, Illinois y Texas. Lógicamente los estados con más agencias puede esperarse que sean los que generen más viajes.

Las grandes corporaciones de agencias de viajes en Estados Unidos tienen una facturación muy importante. Así, por ejemplo, en 1992, las agencias de viajes más importantes de este país fueron American Express, con una facturación de más de 65 mil millones de dólares, Carlson Travel Network, con 3 200 millones de dólares, y Thomas Cook Travel US, con dos mil millones de dólares.

PROFESIONALIZACIÓN DE LOS AGENTES DE VIAJES

Los agentes de viajes son hombres de negocios que venden servicios de viajes. Son agentes en cuanto actúan para empresas de transportes, hoteles y otras entidades que venden servicios especiales, pero ellos son mucho más que eso. Un término que los describe mejor sería el de consejeros o asesores de viajes, quizás «corredores» de viajes sea incluso más adecuado. Son empresarios en cuanto generalmente emprenden negocios para ellos mismos. Son profesionales en cuanto tienen la habilidad y el entrenamiento para aprovecharse de un determinado campo de conocimientos de una manera significativa, con el fin de ayudar a los viajeros a conseguir las diversiones y experiencias que deseen.

Un buen agente tiene algo de consejero personal, psicólogo y experto en el arte y la ciencia de viajar. Los agentes no sólo conocen las ventajas y desventajas de varias formas de viajar, sus precios y sus horarios, sino que en muchos casos también actúan como consejeros para ajustar los servicios de los viajes a la personalidad del cliente.

Los agentes de viajes deben basar sus recomendaciones respondiendo a preguntas tales como: ¿Qué edad y energías tiene el cliente? ¿Va a viajar con un grupo o individualmente? ¿Debería planificar el horario para que el cliente llegase a destino temprano por la tarde o por la mañana? ¿Cuál será el efecto al cruzar zonas con sistemas horarios distintos, los efectos de la altitud en algunas ciudades, los peligros de comidas tóxicas en determinadas áreas? La lista de cosas a considerar se extiende más y más.

Formación

Después de trabajar durante más de tres meses, el agente de viajes pasa a poder ser elegido para el curso de reciclaje ofrecido por las compañías aéreas, particularmente las grandes compañías internacionales más importantes. La escuela de Eastern tiene su base en Miami, y la de TWA está en Overland Park, Kansas. La American Airlines ofrece un currículum que cubre la información sobre los horarios, la *Official Airlines Guide*, así como los itinerarios, reservas, preparación de billetes, precios especiales como por ejemplo de excursiones, manejo de las tarifas y las ventas con las tarjetas de crédito. Ofrecen transporte gratuito hacia y desde las escuelas.

Los viajes organizados incluyen todo tipo de experiencias para los turistas con el propósito de potenciar la diversión en sus visitas. Sobre estas líneas, un grupo de turistas dispuestos a recorrer una de las islas Canarias (España) en vehículos todo terreno.

La British Airways tiene un programa regional de diez días, cuatro días de clases y seis de viajes por Gran Bretaña. El Congreso sobre el Tráfico Aéreo, junto a la Asociación Americana del Automóvil, la Sociedad Americana de los Agentes de Viajes y la Asociación de Departamentos Bancarios de Viajes, también ofrece cursos de reciclaje a los agentes de viajes. Como casi todos los estudios de ese tipo, los estudiantes deben haber estado empleados durante tres meses por lo menos para que puedan ser elegidos para dichos cursos. La Asociación Internacional de Pasajeros de Barco ofrece seminarios para conocer la venta de viajes en barco. Todo ello es un entrenamiento excelente para el novato o para el agente con un mínimo de experiencia.

Las agencias que emplean a personas sin experiencia, normalmente les asignan tareas de menor responsabilidad, tales como los ficheros y el estudio general de referencias y folletos. Más adelante, el aprendiz empieza a efectuar reservas y billetes nacionales. Muchos directores y propietarios de agencias de viajes rehúsan emplear a personal sin experiencia, y por ese motivo confían a otras agencias su entrenamiento. Otra técnica para formarse en la misma oficina consiste en pedir a los nuevos empleados que vengan una media hora antes de abrir, período utilizado para prepararse. La personalidad, la motivación y una inteligencia básica son ingredientes elementales para llevar a cabo la preparación.

Viajes de prospección

Muchos, quizás la mayoría, de los agentes son grandes viajeros, aprovechando cada nueva oportunidad para visitar nuevos y distintos lugares. Viajes especiales de familiarización, viajes «fam», son ofre-

TERMINOLOGÍA BÁSICA DE LAS AGENCIAS DE VIAJES

Agencia receptora: Agencia receptora es la compañía que proporciona el transporte local, las visitas turísticas y otros servicios al cliente en un destino determinado.

Agente de ventas de tours: Habitualmente, un empleado de una compañía aérea que es responsable de la venta de tours y viajes organizados por la compañía aérea.

Asociación Comercial Americana del Viaje (TIAA): Asociación sin fines lucrativos del gobierno y de compañías privadas constituida para promocionar los viajes hacia y en el interior de Estados Unidos.

Asociación Internacional para la Asistencia Médica al Viajero (IAMAT): Asociación sin ánimo de lucro, extendida por todo el mundo, que se dedica a estudiar los peligros de la salud en relación con los viajes, intentando extender el conocimiento de esa información para reducir el peligro.

Asociación Internacional de Guías (IATM): Organización profesional de guías turísticos.

Asociación Internacional de Buques de Pasajeros (IPSA): Asociación comercial de compañías que dirigen cruceros realizados en Estados Unidos. Sustituye al Congreso de Barcos de Pasajeros del Atlántico (TAPSC).

Asociación Nacional de Corredores de Tours (NTBA): Asociación de tour operadores de autocares con la licencia de la Comisión de Comercio Interestatal.

Asociación Nacional de Tour Operadores (NATO): Asociación comercial con sede en Washington D.C.

Asociación Nacional de Circulación de Pasajeros (NPTA): Asociación profesional de directivos de empresas turísticas.

Asociación de Tour Operadores Estadounidenses (USTOA): Asociación comercial de tour operadores.

Asociación de agentes de viajes del Área del Pacífico (PATA): Organización cuyos miembros pertenecen al gobierno o son representantes de empresas privadas que intentan promocionar y controlar los viajes hacia y dentro del área del Pacífico.

Autocarista: Persona o empresa con licencia de la Comisión de Comercio Interestatal para organizar, negociar y dirigir tours con autocares en Estados Unidos.

Back-to-back: Método de trabajar los vuelos que transportan tours. Lo hacen sobre una estructuración de vuelos completos. Por ejemplo, un vuelo que llegue con un grupo de pasajeros embarcará en seguida otro grupo de ellos, ya sea en viaje de regreso o siguiendo hacia otro destino. También recibe ese nombre la confusa situación en la que unos pasajeros están partiendo mientras al mismo tiempo otros están efectuando su llegada.

Billete con tramo abierto o «surface»: Billete o itinerario de un viaje circular en el que el punto de salida es distinto al punto de llegada. Un viaje de Chicago a Nueva York con el regreso desde Boston a Chicago lo sería.

Billete abierto: Billete que no especifica la fecha en que se va a utilizar un cierto servicio, dejando al pasajero que haga la reserva posteriormente.

Bono de hotel: Cupón utilizado por un tour operador para cubrir los gastos de todas las actividades específicas del tour. Los clientes entregan el comprobante al hotel al inscribirse, y éste envía el comprobante y la factura al tour operador para que efectúe el pago.

Ciudades punto de partida: Son las ciudades que funcionan como punto de llegada principal para los visitantes de la zona debido a su ubicación y a su sistema de transportes.

cidos con frecuencia a los agentes a bajo precio o gratuitamente. A las compañías aéreas y a las agencias de viajes les gusta organizar salidas a zonas que tienen en representación, la mayoría a precio reducido o ínfimo para el agente.

Un año en un puesto de trabajo de agente de viajes es un requisito para tener derecho a viajes aéreos de precio reducido. Cuanto más viajan los agentes, mejor informados están y, presumiblemente, se convierten en mejores profesionales.

Parte de su bagaje profesional está formado por un relativo conocimiento de geografía. Cada año, nombres que eran desconocidos para el público en general, de repente se convierten en los lugares a donde ir. Las Seychelles (unas islas del océano Índico), el Algarve (en el sur de Portugal), la Costa del Sol (en España) y San Martín (en el Caribe), son nombres que el agente debe conocer a fondo.

Ocupaciones del agente de viajes

El abanico de conocimientos y habilidades de un agente de viajes con éxito es grande y está creciendo constantemente. Una descripción de su trabajo incluiría los siguientes elementos:

- Preparar itinerarios previamente planeados individualmente, viajes individuales y viajes en grupo. Vender viajes organizados ya preparados. Nueve de cada diez agencias organizan viajes en grupo.
- Hacer las reservas necesarias en hoteles, moteles, alojamiento en zonas de veraneo, comidas, alquiler de coches, visitas turísticas, traslado de pasajeros y equipajes de las terminales a los hoteles y entradas a espectáculos especiales, como festivales de música y teatro.
- Conocer y aconsejar sobre los muchos detalles implicados en los viajes actuales, tales como el seguro del equipaje y el de viajes, material de estudio de idiomas, cheques de viaje, cambio de moneda extranjera, documentos necesarios (visados y pasaportes) y requisitos médicos (inmunizaciones y vacunas).
- Adoptar una forma de actuación, profesional y experimentada, desde los horarios de conexiones entre trenes, precios de hoteles, su calidad, si poseen habitaciones con baño, si sus precios incluyen los impuestos y descuentos locales. El viajero se podría pasar días o semanas haciendo llamadas telefónicas y escribiendo cartas para asegurarse de esas informaciones e, incluso entonces, puede que la información obtenida no fuera totalmente cierta.

• Hacer las reservas para actividades de interés especial, tales como peregrinaciones religiosas, convenciones y viajes de negocios, viajes gastronómicos y deportivos. Las convenciones y los viajes de negocios conforman la mitad del negocio de las agencias de viajes.

Organización del trabajo en una agencia de viajes

Una agencia de viajes del sur de California se encuentra en una calle principal de una ciudad de 75 mil habitantes. El ochenta por ciento de las transacciones tiene relación con viajes de placer y el veinte por ciento con viajes de negocios.

Los empleados llegan al trabajo a las siete de la mañana pero tienen instrucciones de no coger ninguna llamada telefónica hasta dos horas más tarde porque necesitan organizar el trabajo del día y ponerse al corriente de las transacciones que se llevaron a cabo el día anterior.

Transacción 1: Viaje de ida y vuelta desde el aeropuerto de Los Ángeles a la ciudad de Nueva York, aeropuerto J.F. Kennedy. El billete es válido por una semana.

Transacción 2: Viaje combinado aire-tierra completo a Hawai por una semana, siete noches de hotel, alquiler de un coche y visitas turísticas. El viaje incluye el billete de avión.

Transacción 3: Vuelo de ida y vuelta a Washington D.C.

Transacción 4: Vuelo de ida y vuelta a Chicago.

Transacción 5: Dos parejas para el Club Méditerranée de Martinica durante una semana. El viaje es-

Varias son las funciones de los agentes de viajes: preparar itinerarios, hacer reservas de alojamientos y sobre todo aconsejar al cliente (fotografía inferior) que, en muchos casos, acude a la agencia sin haber decidido sobre un destino u otro.

TERMINOLOGÍA BÁSICA DE LAS AGENCIAS DE VIAJES

Clase turista: Alojamientos u otros servicios que están por debajo de la primera clase.

Comisión secundaria: Comisión extra pagada por las empresas de transportes, tour operadores mayoristas, hoteles y otros, a los agentes de viajes como bonos o incentivos.

Concesiones completas: Cuando una agencia de viajes ha obtenido las concesiones oficiales de las principales compañías aéreas, de barcos y cruceros en los congresos pudiendo vender sus productos y servicios y expedir billetes.

Conexión de vuelo: Es cuando en un viaje se obliga al pasajero a que haga un cambio de avión para seguir el itinerario previsto.

Confirmación de la reserva: Respuesta oral o escrita hecha por un hotel, restaurante, compañía aérea u otra empresa verificando que se ha recibido la reserva y se la ha tenido en cuenta. Las reservas se confirman siguiendo un contexto de limitaciones forzosas y obligaciones. Por ejemplo, un hotel precisa que el cliente llegue antes de las seis de la tarde o se arriesga a perder su reserva.

Congreso: Una asociación de transportistas constituida para establecer unas reglas para el beneficio mutuo de sus miembros. Entre otras cosas, un congreso puede establecer unos precios, asignar rutas, formular y reforzar los criterios de seguridad, servicios y normas éticas, así como crear una reglamentación para dirigir las relaciones que otros (por ejemplo, los agentes de viajes) mantienen al negociar con sus miembros.

Congreso del Tráfico Aéreo: Una sección de la Asociación del Transporte Aéreo comprometida con el establecimiento de unas bases y acuerdos laborales relacionados con las líneas aéreas domésticas y las relaciones económicas entre ellas con las líneas aéreas internacionales y otros sectores de la industria de viajar, incluyendo los agentes de viajes.

Consejero de viajes diplomado (CTC): Diploma de aptitud profesional que prueba que el agente de viajes ha realizado convenientemente un programa de estudios planteado y organizado por el Instituto de Agentes de Viaje Diplomados.

Conserje: Empleado en muchos de los hoteles importantes a cargo de los servicios a los clientes, tales como hacer subir el equipaje, efectuar reservas en restaurantes y espectáculos, información general y otros servicios personales.

De lujo: Establecimiento de máxima calidad, que ofrece habitaciones y servicios a sus huéspedes, cuidando al máximo todos los detalles.

Desayuno continental: Comida efectuada por la mañana muy ligera, constando por lo general de una bebida y tostadas y panecillos. Véase también desayuno inglés.

Desayuno inglés: Desayuno completo, normalmente servido en Gran Bretaña e Irlanda, compuesto de cereales, carnes, huevos, diferentes tipos de pan y bebidas. Véase también desayuno continental.

Designacion de agencias: Procedimiento mediante el cual los congresos aprueban a las agencias de viajes las concesiones de un grupo de empresas de transportes o de una compañía, hotel u otros mayoristas, para que los representen y vendan sus servicios.

tá proyectado con cinco meses de antelación. El trayecto hasta Martinica se efectúa en vuelo charter fletado por el Club Med desde Los Ángeles.

Transacción 6: Vuelo de ida y vuelta para dos personas a Pittsburgh.

Transacción 7: Una pareja para el Club Méditerranée de Guadalupe. Es necesario tomar un vuelo regular hasta Miami y allí enlazar con un vuelo charter de Club Med, a Guadalupe. Viaje proyectado con cuatro meses de antelación.

Transacción 8: Viaje de ida a Lagos, en Nigeria.

Transacción 9: Se han planeado dos viajes organizados sin guía (FIT) para el océano Pacífico. Éste es el más complicado de todos los viajes: dos días en Tahití; nueve días en Auckland; un tour de nueve días en Nueva Zelanda; un tour por las afueras de Sid-

UN ABANICO DE OFERTAS

El vocabulario del agente de viajes está relacionado especialmente con distintos tipos de viajes:

Viajes organizados: Son aquellos que intentan ajustarse a los condicionamientos de un grupo de viajeros en particular. Algunos viajes se dirigen a grupos con un determinado interés, como los gastrónomos, contables, estudiantes o amantes del arte. Estos viajes pueden llevar guía o no. Se anuncian en folletos que especifican el precio, las condiciones y las fechas en que se pueden realizar.

Viajes con guía: Un director de viajes con experiencia viaja con el grupo. El guía del viaje cuida de todos los detalles básicos (reservas de hoteles, traslados, visitas, maletas, aduanas, traducción de otro idioma cuando sea necesario, etcétera) y es responsable de mantener en conjunto el horario previsto del viaje. Por lo general, los viajes con guía son del tipo de viajes con «todo incluido».

Viajes organizados sin guía: Estos viajes más flexibles permiten que el viajero compre un viaje organizado con transporte, traslados, visitas, alojamiento en hotel y normalmente algunas comidas de acuerdo con las costumbres del país, pero el grupo no viaja con un guía fijo. Se puede ir a las visitas programadas o no. El precio fijado de antemano permite al viajero que haga el presupuesto de la mayor parte de los gastos con antelación. La ventaja básica de un viaje organizado es la comodidad. También, debido a que está organizado por un especialista que compra en grandes cantidades, los suministradores (hoteles, empresas de visitas turísticas y otros) están deseosos de agradar al organizador del viaje sirviendo con el máximo de calidad a los clientes.

Viajes en grupo: Se componen de quince personas o más viajando juntas, que son miembros de un club, organización de negocios u otro tipo de afiliación, y que han unido su poder adquisitivo para conseguir un ahorro, particularmente en cuanto al transporte se refiere. Se ofrecen viajes en grupo a casi todos los destinos del mundo.

ney, Australia; una semana en Melbourne; diez días en Singapur; un viaje de ida y vuelta de Singapur a Penang, en Malaysia. El precio total incluye también todos los transportes en tierra.

Transacción 10: Un viaje en el *Golden Odyssey*, barco propiedad de una empresa estadounidense que hace cruceros por el Mediterráneo. Es un crucero de dos semanas, y se incluye también en el precio el ticket de avión. El viaje está proyectado con cuatro meses de antelación.

Transacción 11: Vuelo de ida y vuelta de Ontario a San Francisco.

Transacción 12: Petición de presupuesto para un viaje de ida y vuelta desde el aeropuerto de Los Ángeles a Bangkok.

Transacción 13: Viaje de ida a Guadalajara, México.

TERMINOLOGÍA BÁSICA DE LAS AGENCIAS DE VIAJES

De un punto a otro: Se utiliza solamente al referirse al transporte. Una tarifa de un punto a otro es la tarifa base desde una ciudad a otra.

Disposiciones de tierra: Los servicios de tierra proporcionados a un cliente en cada destino que visite como parte de un itinerario, que pueden incluir su traslado al hotel, el alquiler de un coche, entradas para espectáculos y otros.

Doble: (1) Una habitación de hotel o motel diseñada para acomodar a dos personas. (2) Reserva hecha para dos personas. (3) Habitación con una cama doble.

El mejor servicio: Los mayoristas prometen proporcionar los mejores alojamientos para sus clientes. Cuando esa petición figura en la solicitud de reserva, eso significa que el cliente desea ser alojado en las mejores habitaciones que disponga el establecimiento.

Espacio disponible: Literalmente, si el lugar está disponible. A menudo significa una tarifa reducida o el precio de una categoría determinada en la que se proporcionará el servicio sólo si quedan plazas vacantes.

Estudio: Habitación de un hotel o motel con uno o varios sofás-cama para dormir en lugar de camas y con un pequeño rincón de cocina.

Extensión de un viaje convenido: Por un precio adicional se pueden añadir días o destinos extras al principio o al final de un itinerario convenido.

Fechas cerradas: Períodos en que todos los billetes disponibles han sido reservados en algún servicio.

Folleto base: Folleto que contiene gráficas o ilustraciones, no copias, para ser completado por los agentes y mayoristas.

Grupo inclusive tour (GIT): Viaje pagado con antelación que consigue tarifas aéreas especiales para un grupo a condición de que todos los miembros vayan en el mismo viaje de ida y vuelta y lo hagan juntos durante todos los vuelos.

Hora para dejar la habitación: Es el momento en que el cliente debe dejar libre la habitación para evitar un recargo adicional.

Hora de presentación: Es cuando la habitación de un hotel o motel está disponible para ser ocupada. Es a partir de esa hora cuando se puede inscribir al cliente. También significa la hora de facturación en que el pasajero debe presentarse en una terminal antes de que inicie el vuelo.

Hostales para la tercera edad: Cadena de varios cientos de universidades y escuelas universitarias en Estados Unidos y Canadá que ofrece la oportunidad de disfrutar de un programa combinado de diversiones y estudios para los mayores de sesenta años. Se ofrecen alojamientos en los dormitorios de los edificios universitarios, y se imparten cursos especiales.

Hotel económico: Hotel sin facilidades de baño particular y con servicios muy limitados. También se denominan hoteles de clase turista o de segunda clase.

Hotel de primera clase: Hotel que ofrece una alta calidad y variedad en sus servicios. Todas las habitaciones poseen baño privado.

Hotel en régimen de multipropiedad: Hotel que está formado total o parcialmente por unidades propiedad de múltiples propietarios, los cuales adquieren el derecho de uso en unas determinadas fechas del año.

Vuelos económicos

Los *Inclusive Tour Charter* representan una parte importante en los negocios de algunos agentes. Fletando un avión entero de una de las compañías de transportes secundarias, el precio por viajero se reduce drásticamente en los viajes largos; a menudo significa un ahorro mínimo en viajes más cortos. A finales de 1966 empezaron los ITC en Estados Unidos.

Otros vuelos de tipo charter: Una persona, empresa u organización (o un agente actuando por cuenta de ellos), puede encargar directamente un vuelo charter, para transportar personas o mercancías. El que alquila el vuelo paga el precio total del avión y no permite que lo utilicen pasajeros individuales. Por ejemplo, una empresa que necesita trasladar diez ejecutivos a una reunión desde Kansas City a Bloomington, Indiana, puede encontrar menos caro y más rápido el alquilar un pequeño avión que enviar a los diez mediante un viaje en vuelo regular. Si se puede localizar una compañía aérea con un pequeño avión disponible, la compañía pagará un precio general que cubra todos los gastos del vuelo: gasolina, tasas de aeropuerto, piloto y las comidas o bebidas que se sirvan.

Otro ejemplo que corresponde a los viajes de incentivo. Una empresa puede premiar a sus empleados que consigan ciertos niveles de productividad ofreciéndoles volar a Walt Disney World en un charter de ida y vuelta. Un agente que negocia en nombre del cliente el alquiler de un vuelo para una entidad, tiene un reducido nivel de riesgo de sufrir pérdidas financieras y su papel es poco importante.

Charters para grupos con una afinidad común: Si una organización o un club decide ofrecer un viaje para sus miembros, puede optar por utilizar billetes colectivos en líneas aéreas regulares o utilizar un vuelo charter. La organización normalmente actúa a través de un agente de viajes o directamente con el encargado que ha firmado el acuerdo de alquiler con el propietario del equipo. El precio del charter se reparte entre los participantes que, o bien son miembros de la organización, o bien son familiares de esos miembros. Esta vez, la organización entra en un acuerdo contractual con el propietario del vuelo charter, y el agente de viajes, que actúa de intermediario, normalmente no es responsable de las cuestiones financieras. Las organizaciones que no pueden llenar completamente un avión, barco, ferrocarril o autobús pueden recurrir a los vuelos charter, reservando sólo un grupo de asientos o pasajes inferior al total disponible, ocupando el resto del avión grupos de diferentes afinidades.

*Los vuelos charter, fletados por organizaciones
turísticas, permiten, al aprovechar todas las plazas,
ofrecer al viajero unas tarifas más reducidas que
los vuelos regulares. Arriba, perspectiva
de un aparato destinado a este tipo de viajes.*

Tours con charters: Un agente de viajes o un tour operador que ofrezcan un solo viaje o un programa de varios viajes pueden escoger entre billetes colectivos asegurados en las líneas aéreas regulares o el alquiler de un vuelo charter. Ambas disposiciones afectan directamente a los pagos en metálico, puesto que los pagos a los mayoristas a menudo se deben realizar antes de que se reciban pagos en depósito o de otro tipo por parte del cliente. Los billetes del grupo que se han reservado en un servicio regular pueden incrementarse o reducirse hasta un cierto límite sin que se incurra en ninguna infracción que ocasione un recargo. Sin embargo, una vez que un agente o un tour operador ha decidido fletar un avión, se hace responsable del precio total del charter, sin tener en cuenta el número de reservas que consiga. Los vuelos para este tipo de viajes se venden directamente al público individualmente, a través de las agencias de viajes. Ellos representan desde luego la mayor oportunidad del que alquila el avión para que le rinda algún beneficio y no tenga pérdidas.

Solamente transporte: Los vuelos fletados por una sola entidad o por grupos que tienen un determinado interés común pueden combinarse con el alojamiento en hotel, visitas turísticas y otros servicios que conformen un tour. Ambos tipos de vuelos, sin embargo, pueden también ofrecerse como una forma de transporte únicamente. Por ejemplo, un grupo de cuarenta personas que posean un abono de temporada para Waco, Texas, pueden decidirse a alquilar un autobús para que los lleve a cada espectáculo de cowboys en Dallas. También es frecuente que los viajes alquilados por una única entidad, un grupo con una afinidad común, o incluso para hacer

TERMINOLOGÍA BÁSICA DE LAS AGENCIAS DE VIAJES

Impreso de confirmación: Documento escrito que verifica el hecho de que su dueño tiene confirmada una reserva para una habitación, un pasaje o cualquier otra función.

«Inclusive tour»: Un tour en el que los elementos específicos (billete de avión, hoteles, transportes, etc.) no se incluyen en el precio base. Un «inclusive tour» no cubre necesariamente todos los gastos.

Instituto de Agentes de Viajes Diplomados (ICTA): Organismo que ofrece una enseñanza voluntaria con un programa acreditado para agentes de viajes al por menor.

Línea aérea regular: Cualquier compañía aérea que proporciona un servicio regular para pasajeros o mercancías.

Lista de espera: Lista de pasajeros que están esperando la confirmación de un vuelo, barco, viaje, y que están sin billete disponible.

Mayorista: El que ofrece una unidad de mercancías de viajes, como una empresa de transportes, un hotel, un operador de visitas turísticas. A veces también se le denomina proveedor.

Mostrador de un tour: (1) Mesa, escritorio o espacio reservado, a menudo ubicado en la zona de recepción de un hotel y atendido por un empleado del hotel a fin de que pueda contestar preguntas, ofrezca información sobre sitios a visitar, y pueda contestar todas las variadas peticiones que hacen los clientes. (2) Mostrador en una oficina de billetes de avión con un empleado de la compañía aérea que vende tours y viajes organizados a los clientes.

Número IT: Número codificado que identifica un viaje que ha sido presentado y admitido por ATC o IATA y que permite a los agentes de viajes obtener comisiones secundarias por el transporte aéreo vendido como parte de esos viajes aprobados.

Oficina terminal: Es una oficina donde se expenden los billetes de avión, y los pasajeros pueden hacer la facturación, obtener un asiento y efectuar el traslado hasta el aeropuerto ubicado en otro lugar.

Overbooking: Confirmación deliberada o errónea de más reservas que plazas o habitaciones.

Plan Americano (AP): Con tres comidas diarias completas incluidas en el precio de la habitación. En Europa se llama pensión completa.

Plan Americano Modificado (MAP): Alojamiento en hotel incluyendo el desayuno y el almuerzo o cena en el precio de la habitación. Es lo mismo que media pensión.

Plan continental: El precio de la habitación incluye también el desayuno continental.

Plan europeo (EP): Alojamiento en los hoteles sin ninguna comida incluida en el precio de la habitación.

Plan familiar: Descuento que ofrecen los hoteles, compañías aéreas y lugares turísticos a los miembros de una familia que viaje conjuntamente.

Rebajar la calidad: Cambiar a una clase de servicio inferior.

Reconfirmación: Acción que indica la intención de alguien de utilizar una reserva. Un pasajero en una compañía aérea internacional es solicitado a que confirme de nuevo la reserva de plaza en el vuelo siguiente a alguna parada efectuada que pase de un cierto límite de tiempo. Si no se efectúa, su plaza puede ser legalmente vendida a otro.

Los pasajes aéreos ofrecen distintos tipos de tarifas aplicables según el tipo de viaje que se realiza y su duración. En la página siguiente, hombres de negocios viajando en primera clase, tarifa que ofrece, entre otras cosas, la agilización de los trámites de embarque y facturación.

un tour, ofrezcan los asientos que sobren al alquilar un avión, autobús o tren, a aquellos que quieran aprovechar el transporte solamente como forma de acabar de llenarlos, a pesar de que el resto del grupo haya pagado con respecto a otros servicios.

LOS BILLETES DE AVIÓN

Al no existir una reglamentación, ha estallado una guerra interminable de pasajes con cientos, incluso miles, de billetes de avión cambiados de precio diariamente. Una compañía aérea anuncia un precio inferior en el billete entre las ciudades X e Y. En el curso de unas horas otras compañías que compiten en la misma ruta anuncian que ellas también disponen de billetes a un precio inferior. La mayor parte de los billetes rebajados anunciados están limitados a un cierto número de asientos por vuelo. Ese límite es flexible, depende de la demanda. Si hay más pasajeros de lo habitual que reservan plazas en un momento determinado, el número de asientos con descuento se reduce; si se venden menos asientos, los que tienen descuento se amplían.

Para descubrir cuántos asientos con descuento se ofrecen en las líneas aéreas Y, las X pueden recurrir a la odiosa estratagema de telefonear a la compañía Y haciendo reservas continuamente hasta que le digan que sólo les quedan asientos en tarifa plena. Las líneas aéreas X han averiguado el número de asientos con descuento disponibles en las líneas aéreas Y, y cancelan las reservas.

Con la obligación de que el pasajero permanezca en su destino durante el sábado, se intenta que el viajero que vuela por negocios compre un billete sin descuento para que no tenga que quedarse sin su fin de semana en casa.

Los precios de los billetes reflejan la competencia existente en una línea. Un viaje de costa a costa con varias compañías aéreas que compitan en ese servicio puede ser más barato que uno que cruce la línea de división de un solo estado. Los precios son por lo común más elevados el martes, más baratos el miércoles y, en general, más baratos el sábado, reflejando la frecuencia de viajes de negocios.

Tarifas aéreas para todos

Tarifa excursión: Esta tarifa se aplica para viajes que duren de 14 a 21 días y también en los de 22 a 45.

Tarifas con reserva y pago anticipado: Estos billetes se ofrecen entre determinadas ciudades de Estados Unidos, Canadá, México y otros países. Se deben abonar con seis días de antelación. El viajero debe permanecer en el destino no menos de 22 días y no más de 45.

Tarifas todo incluido: Incluyen también servicios en tierra juntamente con el billete de avión.

Tarifa APEX o PEX: Tarifas reducidas que no permiten cambios o bien, si los permiten, tienen una penalización. La primera se aplica principalmente a los vuelos entre Estados Unidos y muchos países de Europa. Tiene una duración máxima de seis meses y debe adquirirse el billete con cierta antelación. La segunda se aplica a algunos tramos europeos y suele exigir la condición del «sunday rule», en que debe haber un fin de semana entre el tramo de ida y el de vuelta.

Tarifa joven: Estos billetes los ofrecen las compañías aéreas más importantes a los pasajeros entre los 12 y los 21 años. Algunas compañías europeas amplían la oferta hasta la edad de 25 años. En general suelen exigir viajes de ida y vuelta pero algunas compañías ofrecen también el mismo descuento en trayectos sólo ida. La reserva no se confirma hasta unos cinco días antes de la salida.

Tarifa económica: Es menor en invierno que en plena estación de verano.

Primera clase (F): Ofrece una serie de comodidades al usuario, tanto en el momento de embarcar, con terminales de facturación propia, salas de espera especiales y una reducción del tiempo límite para facturar, como durante el vuelo, con una atención especial en cuanto a menús, bebidas alcohólicas, etcétera. Los precios pueden ser un cuarenta por ciento más elevados que los de las tarifas económicas. Muchas compañías asimilan actualmente esta primera clase a la tarifa *Business Class* o Ejecutiva.

Billete con un tramo «surface»: Disposición de algunas compañías aéreas que permite al viajero el poder volar a una ciudad y volver desde otra distinta, aplicando una tarifa de ida y vuelta más reducida, sin tener que comprar dos billetes de ida a un precio más elevado.

TERMINOLOGÍA BÁSICA DE LAS AGENCIAS DE VIAJES

Representante de agencia: Vendedor que representa a una compañía aérea, a un tour operador, a un hotel, etc., dirigiéndose a los agentes de viajes.

Representante de hoteles: Persona o compañía contratada por uno o más hoteles para que les solucione las reservas de los mayoristas, agentes de viajes y el público en general. A menudo se le llama «hotel rep».

Representante de líneas aéreas: Vendedor o director de ventas representando una compañía aérea cuya función es el contacto con las agencias de viajes, firmas comerciales y otros organismos que tengan capacidad para generar ventas a una compañía aérea.

Reserva garantizada: Reserva hecha con antelación en la que se garantiza el pago aun en el caso de que el cliente no llegue, excepto cuando informe de la cancelación, de acuerdo con el sistema de cancelación de reservas de alojamiento.

Sello de revalidación: El empleado sabe que se ha producido un cambio en la reserva original. Ese sello se pega a la tarjeta de vuelo de un billete aéreo.

Servicio de traslado: Transporte de un lugar a otro para las personas y sus equipajes, normalmente los trayectos son cortos y de estructura sencilla, como entre el avión y la terminal.

Sólo tierra: Aviso en los folletos de viajes señalando que el precio marcado incluye únicamente los servicios que se indican, una vez el cliente ha llegado a destino. Los gastos de traslado desde su punto de salida no están incluidos.

Stock de billetes: Billetes de avión en blanco del stock propio de un empresario de transportes o de uno estandarizado que se utilizan para reservar pasajes en cualquiera de las líneas aéreas estadounidenses o extranjeras que sean miembros de ATC o IATA. Los billetes en blanco serán válidos solamente después de que se hayan completado y validado con el sello de la agencia de viajes.

Suite: Alojamiento que incluye dos habitaciones, una para dormir y otra para descansar, así como un baño particular.

Tarifa abierta: Tarifa base con la que un hotel o motel accede a vender cualquiera de sus habitaciones disponibles a un grupo.

Tarifa base del tour: Tarifa de excursión a precio reducido solamente para los que han adquirido tours o viajes organizados pagados con antelación. Los tours inclusivos, tours para grupos, grupos de incentivo, inclusive tours para grupos, en viaje circular tienen tarifas base de este tipo.

Tarifa comercial: Tarifa con un descuento especial ofrecida por un hotel u otro mayorista a una compañía, individuo u otro cliente importante que suele utilizar sus servicios.

Tarifa de ocupación doble: Precio de la habitación por persona, pero teniendo en cuenta que se utiliza por dos personas pagando la tarifa indicada.

Temporada alta: Temporada en la que para cualquier destino la afluencia de turistas es más elevada y, por consiguiente, los precios son más altos.

Temporada media: Período entre la estación alta de viajes y una temporada baja, en la que las tarifas son más elevadas que en la temporada baja pero menos que las de la temporada alta.

Throwaway: Recibe este nombre una actividad en tierra del tour que raras veces se lleva a cabo. Se incluye en el viaje organizado meramente para que el viajero pueda obtener la tarifa base del tour.

Viajes organizados de corta duración: En estos viajes, ofrecidos por algunas compañías aéreas, el usuario se beneficia de servicios como alojamiento, coche de alquiler, entradas a espectáculos, descuentos en algunos comercios, etcétera, como por ejemplo la promoción: «Bélgica a su alcance».

Hay otros muchos precios especiales. Las tarifas de vuelos nocturnos, por ejemplo, son por lo menos un 25 por ciento inferiores a las tarifas diurnas. Los vuelos a mitad de la semana pueden ser más económicos que los de fin de semana. Algunas compañías también ofrecen tarifas «triangulares», con las que el pasajero puede hacer un viaje que describa una gran curva por el mismo precio que volando directamente de una ciudad a otra. Por ejemplo, el viajero puede volar desde Nueva York hasta Los Ángeles vía México D.F. por un precio no mucho más elevado que volando directamente de Los Ángeles a Nueva York.

Cálculo de tarifas aéreas

El cálculo de tarifas aéreas no es una tarea sencilla, si se realiza de forma manual. Algunos de los suplementos, las diferencias existentes entre un viaje de 21 días de duración o uno de menor duración y otros tipos de billetes colectivos son tan complejas que incluso los agentes de viajes veteranos remiten precios de tarifas individuales a las compañías aéreas. Muchos pasajeros, indignados, se han

Algunos viajes organizados que se inician con un vuelo charter incluyen después desplazamientos en autocar. Abajo, autocares junto a los barcos turísticos que desde el puerto de Quebec (Canadá) realizan un bello recorrido por el río San Lorenzo.

encontrado con que su agencia de viajes en la que confiaban, o incluso el empleado de las mismas líneas aéreas, les ha aplicado un precio que es más caro de lo que corresponde. A menos que el agente esté completamente al corriente de los cambios de tarifas, que es lo más frecuente, puede que el billete que se proporciona no sea el más indicado.

La mayoría de las agencias de viajes de una cierta importancia alquilan terminales de computadora y máquinas automáticas para expender billetes de alguna de las compañías aéreas: el sistema de TWA se llama PARS, el de la American Airlines es el Sabre, la United Airlines denomina a la suya Apollo, Delta tiene DATAS II, la Eastern utiliza SODA. El pago de quinientos a mil dólares mensuales es un gasto del negocio necesario si la agencia tiene que competir con otras en dar un servicio rápido. Las terminales, conectadas por cable telefónico a un computador con el sistema de reservas de la compañía aérea, muestra en pantalla una relación completa y actualizada de la totalidad de los vuelos de todas las compañías en cualquier ruta que se pida. También informan sobre el número de asientos disponibles en esos vuelos y permiten al agente que efectúe las reservas sin tener que llamar directamente a la compañía aérea. Una información parecida la proporcionan la mayoría de los grandes hoteles y empresas de alquiler de automóviles. Una unidad auxiliar del ordenador puede expender billetes; muchos agentes se preguntan ahora cómo fueron capaces de permanecer en el negocio sin los ordenadores.

Como era de esperar, la compañía aérea que posee las terminales da preferencia a sus propios vuelos, en los listados. Las compañías de la competencia, especialmente las más pequeñas, las que ofrecen precios más baratos, se quejan de que, a veces, sus vuelos no aparecen en la relación.

En 1983, la *Official Airline Guide (OAG)*, una publicación de Dun & Bradstreet, apareció en una versión computerizada que mostraba las tarifas entre las ciudades y las ordenaba del precio más bajo al más alto. Aparecía un asterisco en las que tenían restricciones. Los detalles como el tipo de avión, servicio de comidas y horas de llegada están actualizados diariamente. Los vuelos se actualizan semanalmente, así como los precios.

Está forzosamente claro el porqué un agente de viajes debe ser estrictamente examinado y puesto a prueba antes de que sea aceptado en una empresa de transportes. Como agente está en posesión de miles de dólares en billetes que son propiedad de las compañías de transporte.

Las empresas insisten en que los agentes que trabajen para ellos lleven las cuentas al día y anoten las

TERMINOLOGÍA BÁSICA DE LAS AGENCIAS DE VIAJES

Tiempo mínimo de conexión: Limitación mínima de tiempo oficial especificada que debe existir entre los horarios de los aviones de un pasajero, que deba efectuar conexión a otro vuelo. Si este tiempo mínimo establecido no se respeta, puede perder el derecho al vuelo.

Tours del Congreso de Tráfico Aéreo (ATC): Un viaje organizado preparado conforme a la reglamentación del congreso. Hay varios tipos de tours ATC, incluyendo los de publicidad, los independientes, los de convenciones y los de incentivo.

Tour de especial interés: Itinerario organizado y preparado de antemano elaborado para responder al deseo de un grupo de personas en el que todos participan de un determinado interés común. Estos viajes pueden centrarse en horticultura, ornitología, derecho, comidas para *gourmets,* música, baile, motivos religiosos o étnicos, deportes, etcétera.

Tour nacional con guía (DET): El itinerario ha sido planeado con antelación, organizado dentro del país del viajero, incluyendo los servicios de un guía del tour.

Tour nacional independiente (DIT): Término utilizado en Estados Unidos o Canadá para describir un itinerario totalmente planeado con antelación, sin guía, pagado antes de realizarlo, y que se hace dentro del país.

Traslado de aeropuerto: Servicio, a veces suplementario, ofrecido por los hoteles a sus clientes que consiste en el traslado desde y/o hacia el aeropuerto, ya sea solicitándolo ellos o bien el hotel de acuerdo con un horario.

Triple, cuádruple: (1) Una habitación diseñada para acomodar dos, tres o cuatro personas. (2) Una habitación con camas dobles.

Viaje circular: Un viaje con escalas de ida y vuelta pero sin volver a realizar un trayecto. Es el viaje desde el punto A haciendo paradas en los puntos B y C y volviendo al punto A, estando el punto B fuera de la ruta regular entre A y C, o el punto C fuera de las rutas entre los puntos A y B.

Viaje con guía al extranjero (FET): Viaje organizado con todo incluido fuera del país del cliente, incluyendo los servicios de un guía para todo el viaje.

Viajes de incentivo: (1) Un viaje que se ofrece como premio, particularmente para estimular la productividad de los empleados o de los agentes de ventas. (2) El negocio de dirigir un sistema de viajes así.

Viaje organizado: Plan de viaje que incluye la mayoría de los elementos de las vacaciones, tales como el transporte, el alojamiento, las visitas turísticas, a un precio que es inferior al que hubiese pagado el viajero de haber adquirido cada uno de esos elementos por separado.

Viaje/Tour de familiarización: Viajes o tours que ofrecen las compañías aéreas y otras empresas al personal de las agencias o a los escritores de turismo, con la finalidad de informar al cliente y así influir en los distintos sectores de la industria. A menudo se llama un viaje «fam».

Vuelo charter: Vuelo programado o no, alquilado o contratado por uno o más grupos para su uso exclusivo que rigen unas condiciones charter específicas. Tales vuelos normalmente son menos caros que los vuelos regulares puesto que los charter venden un porcentaje de pasajes mayor.

El ajuste horario según la zona, la fecha y la dirección en que se viaje, es algo que siempre debe tener en cuenta un agente. Debe añadirse una hora por cada huso horario que se cruce si se viaja hacia el este, y restarla si el viaje es hacia el oeste. En la página siguiente, mapa de husos horarios.

transacciones. En casi todos los países, el agente debe permitir una inspección de las cuentas y archivos en cualquier momento por los responsables de la Asociación de Compañías Aéreas, existente en su zona (IATA, Congreso Transpacífico de Pasajeros, etc.) o por cualquiera de las compañías que la integran.

Ajuste horario

Los viajeros y los agentes de viajes deberían tener en cuenta las zonas horarias y cómo ajustarlas de una a otra. Volando hacia el este, se añade una hora por cada huso horario que se cruza. Al trasladarse de Los Ángeles a Denver, los viajeros adelantan sus relojes una hora, otra hora en Chicago y otra en Nueva York. En otras palabras, cuando son las 12.00 del mediodía en Los Ángeles, son las 2.00 de la tarde en Chicago y las 3.00 en Nueva York. En Londres y en París son las 8.00 de la tarde, una diferencia horaria de ocho horas.

Volando de este a oeste, el ajuste es al contrario. Los viajeros atrasan hora tras hora cada vez que se cruza un huso horario. Una persona en Nueva York llamando a alguien en Los Ángeles debe tener en cuenta que llevan tres horas de diferencia en la costa oeste. La misma persona en Londres llamando a las 8.00 de la tarde debe saber que son las 3.00 de la tarde en Nueva York, pero sólo las 12.00 del mediodía en Los Ángeles. También debe tenerse en cuenta que hay una variación en relación a las horas de sol.

Se gana un día o se pierde al traspasar el meridiano que sirve de referencia para la fecha, que se encuentra en el Pacífico. Hacia el este, el viajero pierde un día. Si se traslada hacia el oeste gana uno.

Muchos viajeros han perdido un cambio de avión y han confundido completamente sus horarios por determinar incorrectamente el día y la hora. En algunos casos los agentes de viajes se han equivocado añadiendo un día cuando lo deberían haber restado, o viceversa. Los agentes de viajes deben estar siempre al corriente de los precios, vuelos, tiempo atmosférico y una multitud de otras clases de información —un trabajo desafiante, siempre cambiante, ilimitado en muchos aspectos.

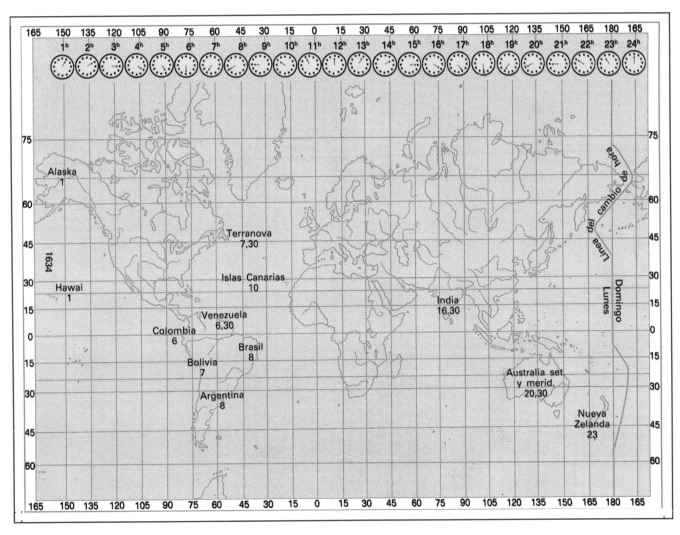

GANANCIAS SOBRE LAS TRANSACCIONES

La cantidad de dinero pagado al agente de viajes por la compañía que efectúe el transporte, y a veces por el viajero, ha variado con el tiempo y posiblemente continuará haciéndolo. A pesar de que ha causado una gran controversia entre el agente y las empresas transportistas, el importe de la comisión que recibe el agente por sus servicios está por regla general cuidadosamente especificado. A veces se pagan comisiones del veinte por ciento o más a los agentes de viajes por parte de los hoteleros del Caribe. Algunos hoteles pagan la comisión sobre el precio total, ya sea pensión completa, media pensión o sólo alojamiento, otros no. Para los viajes de un punto a otro de Estados Unidos, la agencia de viajes recibe una comisión del diez por ciento aproximadamente. La comisión corriente en los viajes internacionales a mediados de los años noventa era del nueve por ciento. Algunas comisiones, sin embargo, pueden ser superiores.

Se ofrecen varios incentivos para las agencias de viajes. Pueden conseguir cambios, que las comisiones tengan un porcentaje más elevado en el caso de que alcancen un determinado volumen de ventas. Los cruceros pueden ofrecer un camarote disponible por un determinado número de reservas. Los hoteles y otras empresas pueden dar comisiones muy elevadas, del orden de un tercio de las ventas, para penetrar en un determinado mercado.

¿CÓMO ENTRAR EN EL NEGOCIO?

Se pueden adquirir agencias que ya existen, se pueden crear otras nuevas y en algunos lugares de Estados Unidos se puede adquirir una franquicia para el funcionamiento de una agencia. Trabajar en una agencia y comprarla gradualmente a su dueño es una de las formas de entrar en el negocio con un capital pequeño. El propietario que desea vender puede querer retirarse gradualmente, conservando unos ingresos regulares de la agencia. El empleado que quiera comprarla durante ese período ha obtenido la experiencia necesaria y ha pasado el tiempo suficiente para poder dirigirla.

La franquicia de una agencia de viajes es otra manera de introducirse en el negocio de una forma que resulta bastante económica. Por ejemplo, First World Professional Travel Centers, con su central en Los Ángeles, controla más de 75 agencias de viajes. El interesado tiene que demostrar un año de experiencia en alguna agencia o emplear a alguien que sí lo posea. Todas estas agencias utilizan sistemas centralizados de reserva (CRS) y sus ordenadores están conectados entre sí. Cuando la oficina está vacía, las llamadas que recibe son remitidas a la oficina central, en la que hay personal trabajando las 24 horas del día. De esta manera, a diferencia de los clientes de la mayoría de las agencias de viajes, que siguen un horario de 9.00 a 17.00 durante cinco días por semana, los clientes de la First World pueden efectuar las reservas de viaje en cualquier momento.

Con unas ventas coordinadas que sobrepasan los cien millones de dólares anuales, la First World tiene la supremacía en la competencia con las agencias independientes pequeñas al tratar con las empresas de transportes.

Las posibilidades de que el negocio vaya mal como propietario de una agencia de viajes pequeña se reducen ampliamente cuando es una franquicia de una compañía ya establecida. Hacer la publicidad como grupo es menos caro para cada uno de sus miembros, y este grupo puede proporcionar otras ventajas en el mercado si la agencia en franquicia tiene una buena dirección.

Varias industrias se relacionan muy bien con el negocio de los viajes y del turismo, y se han introducido en este campo. Algunos bancos ofrecen servicios de viajes como parte de su asistencia. También en el negocio de los préstamos, los bancos están dispuestos a concederlos para este fin. Es una comodidad para el cliente el que tenga una agencia de viajes dentro del mismo banco. La Sociedad Americana de Agentes de Viajes está completamente en contra de que los bancos entren en este negocio, lo ven como una competencia desleal, y dicha sociedad los ha llevado a los tribunales para que se les impida hacerlo.

En California, por ejemplo, donde se fomentan tantas ideas nuevas, las cadenas importantes de grandes almacenes, tales como May Company y Bullocks, tienen instaladas agencias de viajes en el interior de sus edificios. Esta iniciativa se ha hecho muy popular, ha sido bien aceptada y se ha extendido a muchísimos lugares.

¿Cómo instalar una agencia?

Mucha gente cree que puede entrar en el negocio de los viajes sin una experiencia previa. Es fácil imaginarse el caos que se ocasionaría si las empresas de transportes admitieran a cualquier persona que solicitase sus servicios. La mayor parte del aprendizaje de un agente de viajes se realiza en su trabajo, en una agencia ya establecida, durante un año o el tiempo que haga falta para conseguir toda la información necesaria y todos los conocimientos.

Para hacer de agente de las varias empresas de transportes públicos, la agencia busca un primer encuentro con cada grupo transportista (conocido como congreso). Los congresos importantes en los que la mayoría de las agencias buscan entablar un acuerdo son:

- El Congreso del Tráfico Aéreo, celebrado por las compañías aéreas nacionales de Estados Unidos.
- La Asociación Internacional del Transporte Aéreo (IATA), compuesto por compañías aéreas de todo el mundo con rutas internacionales.
- La Asociación Internacional de Cruceros.
- La Sociedad de Usuarios de los Ferrocarriles Nacionales, la sociedad del ferrocarril patrocinado por el gobierno estadounidense, más conocido como Amtrak.

Cada congreso tiene sus propios requisitos para quien quiera adherirse, y las solicitudes deben realizarse por separado.

El *Travel Agents Cruise Manual*, publicado por la Asociación Internacional de Cruceros, contiene detalles completos sobre el depósito, pago final y tipos de comisión de todos sus cruceros. Puesto al día cada año, el manual da una relación de los barcos que hacen cruceros en servicio, mapas y puertos para embarcar y ventajas de los barcos.

ASOCIACIONES DE INTERÉS PARA LOS AGENTES DE VIAJES

ASTA: Sociedad Americana de Agentes de Viajes con sede en Nueva York. Constituida en 1931 como la Asociación Americana de Viajes en Barco, es la mayor asociación comercial de agencias de viajes.
IATA: Asociación del Transporte Aéreo Internacional. Ha dirigido sus esfuerzos hacia las actividades de coordinación de tarifas, aunque algunos lo denominen fijación de tarifas.
ARTA: Asociación de Agentes de Viaje. Un grupo más pequeño de agentes de viaje dedicados a proporcionar al agente individual una oportunidad pa-

La aplicación de la tecnología de las computadoras al sector turístico se ha convertido en un elemento esencial para la consolidación de las agencias. Sobre estas líneas, interior de una agencia de viajes computerizada y a la derecha, una revista de viajes.

ra que se forme sus propias opiniones, ideas y aspiraciones y conocer las de quienes señalan la dirección que lleva la industria.

ABTLB: Asociación de Oficinas Bancarias de Viajes.
IPSA: Asociación Internacional de Pasajeros de Barco. Se creó en 1929 para las líneas de pasajeros que cubrían todas las rutas del Mediterráneo y norte del Atlántico.
USTOA: Asociación de Tour Operadores de Estados Unidos. Sus miembros de derecho son precisamente los tour operadores.
NTBA: Asociación Nacional de Corredores de Tours. Los miembros de esta asociación están especializados en organizar y dirigir tours en autocares que cuentan con guía.

ACTOA: Tour Operadores de Vuelos Charter de América. Sus miembros son únicamente tour operadores de charters.
ETC: Comisión Europea del Viaje. Compuesta por 23 países con la finalidad de promocionar el viaje en Europa.

Los más de quince mil miembros de ASTA representan unas siete mil agencias, seis mil en Estados Unidos y mil en Canadá, y con miembros en 120 países. Conjuntamente, entre todos sus miembros realizan el ochenta por ciento de todas las ventas de las agencias de viajes norteamericanas. Entre los asociados se incluyen compañías de aviones y barcos, de ferrocarriles, líneas de autobuses, de alquiler de automóviles, hoteles y oficinas de turismo del gobierno.

Organizadores de viajes

Fundada en 1936 como Asociación Americana de Viajes en Barco, ha patrocinado actividades tales como conferencias sobre temas referentes a los viajes, investigación de destinos turísticos y diversos trabajos conjuntos con agencias gubernamentales que se relacionan con este tema. La sociedad también lleva a cabo un cierto número de cursos de aprendizaje y seminarios. Las personas que desean ser miembros de derecho en la sociedad deben tener tres años de experiencia en el campo de los viajes.

Un organismo que se separó de ASTA es la Asociación de Agentes de Viajes minoristas. Un grupo de agentes que sentían que ASTA y otras asociaciones que les representaban no eran lo suficientemente agresivas, formaron esta nueva asociación.

Los agentes de viajes, como muchos otros grupos semiprofesionales, están intentando que su trabajo sea mejor considerado y se profesionalice. Se puede realizar un curso para aprender los requisitos básicos del agente de viajes por correspondencia en ASTA. En 1964, el Instituto de Agentes de Viaje Diplomados fue instituido para proporcionar un programa educativo en el campo del turismo. El Instituto ofrece un programa con diploma, el CTC o Consejero de Viajes Diplomado. Para conseguir este título, el candidato debe pasar unos exámenes que abarcan la dirección de un negocio de agencia de viajes, organización de la circulación de pasajeros, marketing y dirección de ventas, y viajes internacionales y turismo. Se requiere la realización de unos estudios de investigación. El candidato debe tener 25 años como mínimo y poseer cinco años de experiencia en una agencia de viajes.

EL NEGOCIO DEL VIAJE EN GRUPO

El negocio de los tours está creciendo rápidamente y constituye una parte importante del trabajo de muchos agentes, con unos ingresos importantes. Los mismos agentes pueden organizar tours, pero normalmente suelen utilizar los que ya están organizados por especialistas que los venden al por mayor a las agencias de viajes. La Asociación Nacional de Corredores de Tours es la organización que ampara a tales mayoristas. Los tours en autocar se organizan y coordinan por miembros de la Asociación Estadounidense de Tours.

Los viajeros que por primera vez se desplazan a un país lejano elegirán un tour para familiarizarse con esa zona y posteriormente, si repiten su viaje, se desplazarán de forma individual. En general, la gente que viaja en tours acostumbra ser menos sofisticada, menos agresiva y menos segura que los que viajan independientemente.

Alrededor del ochenta por ciento del total de gasto efectuado en concepto de tours en el extranjero ha sido organizado por menos de cien empresas estadounidenses, los mayoristas de viajes. Viajes organizados de varios precios, duración y objetivos son conformados negociando directamente con las compañías aéreas, de barcos, con los hoteles, restaurantes y otros servicios relacionados con los viajes.

Estos viajes se venden luego a los agentes de viajes, quienes, a su vez, los venden a los turistas. En los últimos años algunos de los mayoristas también se han hecho propietarios de hoteles en enclaves turísticos o tienen alguna participación en ellos. De forma parecida, algunas de las cadenas hoteleras han contratado a mayoristas de viajes o han creado su propia compañía para venderlos. Las ventajas para los propietarios de los hoteles están claras: todos los tours pueden hacer pasar sus rutas por sus hoteles.

El trabajo del operador en tierra

Los servicios que ofrecen los tour operadores varían mucho y solamente tienen por límite la imaginación. El tour operador compra una serie de servicios de tierra en varios destinos a organizaciones especializadas en esos servicios, que pueden incluir la recepción del cliente con grandes protocolos a su llegada al lugar de destino. En Hawai, por ejemplo, el tour operador está allí presente para colocar el *lei* tradicional alrededor del cuello de los visitantes a su llegada al aeropuerto. El *lei* y el tradicional beso molesta a algunos visitantes, pero esa costumbre sorprende agradablemente a la mayoría. El operador de tierra debe estar a disposición de los viajeros que han estado en el avión muchas horas, están cansados, y a veces necesitan ayuda física, hasta que llegan al vehículo para iniciar el viaje. El operador es el encargado de todos los asuntos relacionados con el transporte del equipaje desde el aeropuerto hasta el hotel.

Los tour operadores pueden aceptar una total responsabilidad del viaje, desde el principio hasta el final. En ese caso, el tour cubre todos los gastos que el viajero normalmente tiene que pagar (transporte y propinas, alojamiento, billetes de avión, comidas, visitas de interés y diversiones).

El trabajo del tour operador implica una multitud de detalles y exige una gran variedad de conocimientos, incluyendo la habilidad de vender. Tiene que ser un administrativo competente y capaz de hablar y escribir con mucha corrección. Tiene que poseer la habilidad de prever los detalles paso a paso al organizar un viaje complicado. Está constantemente

Los tour operadores de viajes pueden ser locales, nacionales o internacionales. Uno de los medios de transporte que más se utilizan, complementario de otros como el avión, es el autocar, que permite una gran autonomía a los turistas que lo emplean, por lo general grupos organizados.

planeando el futuro y anticipándose a los cambios del mercado y a los pormenores de los viajes. Algunas veces trabajan bajo una fuerte presión. Algunos de ellos poseen sus propios transportes; otros los alquilan o contratan.

Algunos tour operadores se concentran mayormente o totalmente en unos destinos de viaje determinados. Por ejemplo, en el mercado estadounidense los viajes a Hawai los ofrecen MacKenzie, All Travel, Robinson's, Hawaiian Holidays, Island Holidays y Tradewind. Una gran parte de estas agencias poseen hoteles propios en Hawai.

Los viajes pueden ser de corta duración pero tener una actividad frenética. Los aficionados al juego vuelan desde Nueva York o Pensilvania a Las Vegas y a las Bahamas, algunos en viajes de dos días de duración. Posiblemente el que es más denso, o por lo menos el más agotador, es el viaje a Japón anunciado como viaje de novios. JAL transporta a la pareja de Tokio a Honolulú por la noche. Pasan el día en Waikiki, la noche en un hotel, y al día siguiente toman un avión de vuelta a Tokio.

Los mayoristas de viajes pueden ser locales, nacionales o internacionales. Los locales organizan viajes en su zona, después los venden a los agentes minoristas. El mayorista puede tener sucursales en otros países. Si el mercado de una zona no es razón suficiente para abrir una oficina completa, el mayorista puede solucionarlo escogiendo un representante suyo

en dicha zona. Los mayoristas de viajes más conocidos son las empresas Thos, Cook y American Express.

Las cadenas de hoteles determinan los servicios por los que se pagan comisiones a las agencias de viajes. Éstas se pagan normalmente en relación a los clientes que alargan su permanencia en un determinado alojamiento, es decir, cuando los clientes que han hecho su reserva a través de una agencia de viajes alargan su estancia en un hotel. La comisión de un diez por ciento sobre las comidas es aplicable solamente si los clientes tienen hecha una reserva con pensión completa, lo que significa que la reserva incluye dos o más comidas. No se otorgan comisiones sobre las comidas si los clientes tienen una reserva que no las incluya.

Naturalmente, las compañías aéreas más importantes que poseen hoteles están muy interesadas en que se vendan plazas hoteleras. A los viajeros se les puede vender un billete aéreo juntamente con una reserva para un determinado hotel, lo cual representa una ventaja para el cliente. Sólo después de que se haya vendido completamente todo el grupo de habitaciones reservadas, la compañía aérea necesitará efectuar solicitudes individuales para habitaciones adicionales. El viajero, por lo tanto, no entra en contacto con ninguna agencia de viajes y adquiere tanto el billete de avión como una habitación al mismo tiempo a través de la compañía aérea.

Organizadores de viajes

Los viajes organizados en Europa

Los principales tour operadores de Europa son: TUI, DER, Nur Touristik GMBH y Thomson Travel Group.

- TUI (Touristic Union International GMBH &Co), creada en 1962 por la unión de diferentes tour operadores alemanes, es el mayor operador de viajes de Europa, con un número estimado de clientes de alrededor de tres millones y con una publicación de catálogos del orden de seis millones de unidades. Dispone esta compañía de una red de empresas que operan en casi toda Europa y su principal actividad es la de paquetes organizados de viajes, la gestión de centros de vacaciones, hoteles y agencias de viajes.
- DER, corporación alemana de viajes formada por los Ferrocarriles Alemanes, Lufthansa y Hapag Lloyd. Opera principalmente en Alemania, Italia, España, Reino Unido, Estados Unidos y Japón. Su principal actividad es la de los viajes organizados, la venta de billetes de transporte y los seguros. Sus marcas comerciales son NUR Touristik, Neckermann, Paneuropa, GUT, Club Aldiana, Club 28, Soga, etcétera.
- Nur Touristik GMBH, de origen alemán pero con fuerte presencia en los Países Bajos, Bélgica y Austria. En Alemania dispone de más de doscientas oficinas propias y cuenta con más de 1200 empleados. Edita más de cinco millones de catálogos de vacaciones y sus operaciones más importantes se centran en la organización de paquetes de viajes organizados, gestión de centros de vacaciones, hoteles, etcétera. Sus principales marcas comerciales son Nur Touristik, Neckermann, Paneuropa, GUT, Club Aldiana, Club 28 y Soga, entre otras.
- Thomson Travel Group, es el más importante operador de viajes del Reino Unido. Se dedica principalmente a la comercialización de paquetes de vacaciones a los principales destinos de todo el mundo pero con una especial incidencia en el área mediterránea. Gestiona también la más importante red de agencias de viajes del Reino Unido, conocida con el nombre de Lunn Poly.

Otros tour operadores importantes que operan en Europa son: LTU e ITS, de origen alemán; KUONI, con fuerte presencia en Suiza, Francia y Alemania; Holland International, en los Países Bajos, que ha pasado a formar parte del consorcio alemán ITS; Club Méditerranée, Havas Voyages y Nouvelles Frontières, en Francia; HotelPlan, en Suiza, Thomas Cook, en el Reino Unido, etcétera.

El responsable de un tour

Los viajes normalmente están dirigidos por una persona madura, con frecuencia un profesor de escuela superior o universidad o por alguien que esté semirretirado y que disfruta viajando. Raras veces se considera como una profesión, puesto que la compensación es nominal. El guía hace ese trabajo no por la recompensa pecuniaria sino porque le gusta mucho viajar y es un desafío el conducir a un grupo desde el momento en que dejan un lugar de partida hasta que regresan. Los guías a menudo reciben el nombre de acompañante o director del tour. Dentro de una ciudad pueden recibir también el nombre de guías turísticos.

El trabajo de guía no lo puede realizar cualquiera. Exige tanto dotes de mando como conocer los recursos para solucionar dificultades. ¿Quién sabe cuándo un miembro del tour se va a emborrachar o se pondrá enfermo? ¿Qué ocurre cuando se pierde un vuelo o queda cancelado? ¿Qué hay que hacer cuando se ha perdido el equipaje o ha sido robado? ¿Dónde están las tiendas en que más se puede confiar, y en las que menos? ¿Qué se puede hacer para tranquilizar a un miembro ruidoso que molesta a los demás? ¿Quién consigue la mejor plaza en el autobús? ¿Qué ocurre si la comida disponible es rechazada por algunos miembros del tour por razones de índole religiosa?

¿El guía debe esperar que le den propinas? ¿Hasta dónde puede llegar el guía para dar prisa al grupo? ¿Debe esperar recibir un porcentaje de los comerciantes, como es costumbre con muchos guías?

El trabajo del guía puede ser mínimo o enormemente exasperante, sencillo o muy complicado. El guía en un crucero puede encontrar su trabajo muy relajado. Por otro lado, el guía que lleva a un grupo en un safari a través de África puede, obviamente, encontrarse con muchos problemas, incluyendo enfermedades y gente de muy mal humor, por nombrar sólo dos de los más frecuentes.

Viajes independientes colectivos

Los viajeros que «compran un tour» no viajan necesariamente en un grupo homogéneo. Un gran número de ellos están clasificados como tours independientes no particulares (FIT). Los viajeros pagan por un itinerario completamente planeado y se les entrega una serie de bonos que sirven para comprar todos los servicios que requiere el viaje, pero no forman parte de un grupo organizado. Parte del viaje se hace con otros grupos organizados, e incluso es posible cambiar de un grupo a otro durante varias etapas del

Algunos viajes organizados dan absoluta libertad al cliente una vez alcanzado el lugar de destino, fijando solamente algunos puntos de encuentro para realizar visitas guiadas. Sobre estas líneas, un lugar muy visitado por los grupos en la ciudad de Venecia (Italia), la basílica de San Marcos.

viaje. Los viajeros FIT se benefician de poder pagar un viaje completamente organizado y, en muchos casos, conseguir el conjunto de servicios, alojamientos, transportes de tierra y diversiones a un precio total que es menor que el que hubiesen pagado de haberse organizado ellos mismos el tour. Existen también los DIT, tours organizados nacionales.

ESTRUCTURA ECONÓMICO-FINANCIERA DE LAS AGENCIAS DE VIAJES

Una regla de tres para calcular el beneficio bruto de una agencia de viajes se realiza multiplicando la ganancia bruta de las ventas por el diez por ciento. Si una agencia tiene una ganancia bruta de un millón de dólares en ventas anuales, su beneficio bruto para ese año será de cien mil dólares. El beneficio neto variará una vez se hayan pagado los gastos realizados, deduciendo también la parte que se adjudique el propietario como sueldo. Para pagar menos impuestos, el propietario debería recibir un sueldo elevado, no dejando ningún beneficio a la vista de los impuestos en las ganancias de la empresa. Si el negocio es una sociedad, al propietario se le aconsejan varios sistemas para reducir el beneficio en su conjunto, mediante unas formas legales que presentan unas determinadas ventajas frente a los impuestos, como por ejemplo:

• Conducir un coche propiedad de la compañía y cargar todos o la mayoría de los gastos a ella.
• Que la compañía cubra el coste de un seguro de vida del director.
• Disponer que la compañía conceda créditos sin interés al director.
• Disponer que la compañía pague un plan de seguros médicos.
• Instaurar un plan para compartir los beneficios, plan que permita que un tanto por ciento elevado de los mismos estén exentos de impuestos hasta que el beneficiario se retire y se encuentre con menores ingresos.

Organizadores de viajes

Un estado de cuentas característico de una agencia de viajes se muestra en el cuadro 5.A. Una agencia particular puede tener otras cuentas especiales y, en cambio, no aplicar algunas de las relacionadas, pero en general, todo plan contable de cualquier agencia incluirá más o menos los mismos términos.

La comparación entre las ventas de un año y las del año anterior es una buena forma de señalar si hay progreso o no. Una tercera columna podría dar cabida a todos los ingresos y gastos presentándolos en forma de porcentajes.

Previsión de tesorería

El justo castigo de las agencias de viajes, el problema oculto que de repente cae encima y ahoga, proviene de dar créditos a los clientes y encontrarse un día que las cuentas a crédito se han acumulado hasta el extremo que hay que pedir un préstamo al banco. Ofrecer créditos al cliente es una deferencia y un servicio, pero en el caso de que se haga, debe hacerse de una forma muy cuidadosa. Numerosas agencias de gran volumen de ventas se han encontrado en serias dificultades financieras, y puede que su error se deba al haber dado excesivos créditos a sus clientes.

Los pagos a las compañías aéreas deben realizarse cada semana (tanto si la agencia ha cobrado como si no). Muchos viajeros compran sus viajes a crédito y a veces tardan unos meses en pagar la cuenta. Demasiadas ventas como ésta, y la agencia de viajes no tendrá otra alternativa que pedir un préstamo bancario. Pagando altos intereses sobre el préstamo, pronto queda contrarrestada la comisión que pueda obtener.

Las empresas pueden causar más problemas que un particular al no pagar las compras de viajes. Muchas compañías se retrasan en el pago de todas sus facturas durante noventa días, una política deliberada que les permite efectuar operaciones con dinero libre de intereses. La compañía puede ser muy rentable y sin embargo actuar según esta política. El agente de viajes sabe que la compañía es solvente y que a la larga va a cobrar, pero el agente no puede permitirse subvencionar a la sociedad dándole crédito para los gastos de los viajes.

¿Cómo se evalúa una agencia?

El valor de una agencia depende de su capacidad, a corto o largo plazo, para devengar beneficios. También puede tener valor como sistema para desviar impuestos: para una persona que tenga una situación económica con grandes ingresos suscepti-bles de pagar impuestos y quiere evitarlos durante varios años, puede invertir en una agencia de viajes confiando que gradualmente va a incrementar su valor y al final la podrá vender consiguiendo un beneficio. Tales beneficios desde luego están sujetos a unos impuestos como ganancias de capital, no como ingresos salariales. Normalmente, el comprador se interesa en una agencia que produzca un beneficio suficiente que pueda mantenerse estable o recuperar en un corto espacio de tiempo. Deseará una relación de las ventas y comisiones realizadas por lo menos en los últimos tres años. De esa relación, el comprador puede ver si el nivel de ventas está subiendo, bajando o está estancado. También analizará del conjunto de ventas qué porcentaje le aporta unos beneficios mínimos (ventas en vuelos comerciales, reservas de tren, etc.) y qué porcentaje produce beneficios más elevados (tours, reservas de hoteles, alquiler de coches y vacaciones con precios elevados).

Su ubicación siempre es importante y requiere un estudio previo. Si la agencia depende en gran parte de las ventas comerciales, es una ventaja que esté situada a nivel de la calle. ¿El vecindario está cambiando para bien o para mal?, ¿los clientes de la agencia viven en ese vecindario o fuera de él?, ¿el tipo de vecindario es atrayente, o por lo menos adecuado, para su clientela?

Laurence Stevens propuso una regla de tres para evaluar el valor de una agencia en la revista *The Travel Agent*. Argumenta que una agencia de viajes minorista que marcha bien devenga entre un cuatro y un diez por ciento del promedio de sus ventas brutas. En otras palabras, si una agencia consigue un beneficio bruto de un millón de dólares, con ventas que le reportan un beneficio máximo, podrá llegar a generar hasta cien mil dólares de ingresos al comprador. Algunas agencias tendrán deudas en la fecha de la compra. Stevens recomienda una previsión en el contrato que permita que el propietario participe en el negocio durante el período de transición. El comprador estará interesado en conservar a los clientes y construir el nuevo negocio mientras se familiariza con la agencia. También sugiere que el vendedor quizás preferirá recibir el pago a lo largo de varios años para evitar el tener que pagar impuestos muy altos el año en que realice la venta.

Como en cualquier negocio, la dirección de una agencia de viajes debe llevar una contabilidad de costes y realizar un análisis de los precios. La rentabilidad de una agencia en concreto tiene mucha relación con el tipo de operaciones que efectúa, es lo que se llama la variedad de negocios. Como ya se ha visto anteriormente, las comisiones varían de un

Cuenta n.º	TEMA	Enero	Enero del año anterior
	Ingresos por comisiones		
	Otros ingresos		
	Total ingresos		
	Comisiones por ventas		
	Total de gastos por ventas		
	Salarios		
	Horas extras		
	Otros gastos de personal		
	Total salarios		
	Impuestos de personal		
	Plan de jubilación		
	Seguro de vida colectivo		
	Actividades de los empleados		
	Reuniones de viajes y diversiones		
	Gastos vehículos		
	Cuotas y suscripciones		
	Otros seguros		
	Gastos de promoción y animación		
	Material y boletines de viajes		
	Publicidad.		
	Tarifas postales		
	Material de oficina		
	Compras de material de oficina		
	Teléfono y fax		
	Alquiler del ordenador		
	Servicios legales		
	Servicios de proceso de datos		
	Otros servicios de profesionales		
	Alquiler del equipo		
	Alquiler de la oficina		
	Reparaciones y mantenimiento de la oficina		
	Calefacción, electricidad y agua		
	Amortización de equipo y mobiliario		
	Reparación y mantenimiento del equipo		
	Transporte y envíos urgentes		
	Servicios de mensajeros		
	Cambio de divisas y recargo por esos servicios		
	Liquidez de caja		
	Deudas importantes		
	Gastos varios		
	Total general de gastos		
	Beneficio neto sin los gastos generales		
	Gastos generales		
	Ingresos netos antes de impuestos		

Cuadro 5.A Informe financiero de una agencia de viajes

Cuadro 5.B Ventas e ingresos por comisiones				
		Ingresos por comisiones		
	Ventas	Porcentaje de ventas	Cantidad (dólares)	Por hora
Transporte (FIT)				
Vía marítima				
Vía aérea (nacional)				
Vía aérea (internacional)				
Ferrocarril				
Autocar				
Hoteles/comidas (FIT)				
Visitas turísticas y excursiones				
Traslados (FIT)				
Cruceros				
Viajes con guía				
Viajes de fin de curso				
Tarifa/ingresos por reservas				
Otras ventas (cheques de viajes, etc.)				
TOTAL				
Destino				
Nacional				
Hawai				
Canadá				
México				
Caribe				
Europa				
África				
Asia				
Australia/Nueva Zelanda				
Pacífico				
Alrededor del mundo				
Oriente Próximo				
Viajes combinados				
TOTAL				

tres por ciento para los servicios realizados para un organismo industrial, a un veinte por ciento o más cuando la agencia organiza ella misma y vende un viaje organizado.

El coste de las operaciones que se realicen varía mucho también. El coste de efectuar reservas de un viaje aéreo nacional corto, por ejemplo, son mucho más altos en proporción que los de un viaje al extranjero. Hacer las reservas para un viaje al extranjero puede representar quinientos dólares o más de beneficios. El funcionamiento de una agencia de viajes tiene los mismos problemas que tiene cualquier negocio que venda un servicio, debe decidir qué asun-tos tienen más beneficios y cuáles son los que dan menos. Una vez se han tenido en cuenta todos los costes, algunos pueden ser rechazados al comprobarse que originan pérdidas. Los gerentes o los propietarios de una agencia a veces se centran en vender tours, que devengan un porcentaje de beneficios que puede llegar a alcanzar el veinte por ciento, más del doble de las comisiones que pagan las compañías aéreas en sus viajes nacionales.

El director de una agencia debe procurar separar los ingresos efectuados por ventas de modo que pueda estudiar qué se vende, cuánto cuesta realizar cada venta y qué beneficio se obtiene de cada una. La división que puede verse en el cuadro 5.B ilustra un método de análisis que producirá información útil con la que la dirección podrá tomar decisiones.

Sin embargo, a menudo es imposible vender solamente los tipos de viajes que ofrecen más beneficios. Una agencia corriente debe proporcionar ventas de compañías aéreas nacionales a pesar de que esas ventas sean menos beneficiosas que los tours o los vuelos charter. Las ventas de vuelos nacionales producen unas ganancias que ayudan al agente a pagar gastos fijos, como el alquiler, los sueldos, el teléfono, la computadora y otros. Tales ventas se deben considerar como necesarias para ayudar a alcanzar el punto muerto en el funcionamiento de la agencia.

IMPORTANCIA DEL AGENTE EN EL NEGOCIO TURÍSTICO

Cada vez más se considera al agente de viajes como un nexo importante en la cadena de servicios turísticos, que proporciona a los clientes el que los viajes sean más cómodos y satisfactorios. Lo ideal es que el agente sea un profesional que haya viajado mucho, que esté al corriente de trayectos, horarios, alojamientos, diversiones y precios. La tendencia se dirige hacia agencias grandes, que dirigen muchas oficinas en una gran cantidad de ciudades. La agencia puede ser a menudo propiedad de una compañía de mayor rango, como parte integrante de un grupo comercial con varios negocios. La integración vertical parece inevitable, las compañías hoteleras son propietarias de agencias de viajes que apoyan el negocio de sus hoteles dentro de ese sistema.

El agente de viajes independiente, al igual que el propietario de un pequeño restaurante, siempre tendrá un sitio en el negocio de las agencias de viajes, especialmente en las comunidades pequeñas. Como con cualquier negocio relativamente fácil de dirigir, el negocio de las agencias de viajes probablemente seguirá aceptando a las numerosas agencias pequeñas que tienen una cuota de mercado muy reducida. El independiente de menor tamaño estará compitiendo con el que sea mayor que él, con multitud de oficinas que pueden organizar sus propios viajes y con el capital suficiente para invertir en el mejor equipo de contabilidad y material de oficina.

El premio de ser un agente de viajes consiste en poder efectuar varios viajes muy baratos, conectar con gente interesante, el desafío de estar constantemente al corriente de los cambios en los horarios y las tarifas. El mundo entero es el campo de estudio del agente, su geografía, sus gentes, las políticas que siguen, la comida y sus historias.

Fuentes de información para viajar

En el mercado existen varias guías que informan de los precios de hoteles y moteles. La que tiene una circulación mayor, en Estados Unidos, está publicada por la Asociación Automovilística Americana, que la envía a sus, aproximadamente, 22 millones de miembros. Los libros de viaje AAA se publican anualmente en 23 ediciones regionales. Más de veinte mil establecimientos se comprueban y relacionan en cada nueva edición, y AAA acepta publicidad, pero no es un requisito indispensable para valorar el establecimiento.

La *Mobil Travel Guide*, también publicada anualmente en Estados Unidos, tiene siete ediciones regionales y relaciona unos 5 mil restaurantes y 16 mil hoteles, moteles y lugares turísticos con una puntuación de una a cinco estrellas. No permite los anuncios y utiliza unos cien inspectores para evaluar los alojamientos y comprobar los restaurantes. Rand McNally publica las guías Mobil y las distribuye por Estados Unidos.

Ambas guías, la AAA y la Mobil, compilan una enorme cantidad de información: no sólo dónde alojarse o comer, sino también informa sobre geografía, historia y lugares de interés.

En Europa las guías Michelin tienen el mayor prestigio, y se sabe que han enriquecido o arruinado a hoteles y restaurantes con sus listas de calidad. Su nivel de calidad superior son las cinco estrellas Michelin. También ha empezado a publicar guías para determinadas zonas de Estados Unidos.

Apoyado por esas fuentes de información, el agente de viajes intenta proporcionar al cliente recomendaciones para viajar basadas en la última y más precisa información que sea posible, recomendaciones que se ajustan a las necesidades del cliente.

EL FUTURO DE LAS AGENCIAS DE VIAJES

El agente de viajes del futuro, sin duda alguna, tendrá acceso rápido a una mayor información gracias a los ordenadores. Le será posible conocer no sólo las tarifas y rutas alternativas, sino también el parte meteorológico de cualquier lugar del mundo, las actividades puntuales en la mayoría de los destinos y las condiciones de la nieve en las áreas de esquí. Pulsando la tecla correspondiente del ordenador será posible obtener información al instante sobre las habitaciones disponibles en la mayoría de los hoteles de todo el mundo. Llegará un día en que se podrá pedir a la computadora fotografías de todos los servicios o establecimientos.

Organizadores de viajes

Muchos agentes estarán afiliados a una compañía aérea de una u otra forma, puesto que estarán unidos por el sistema informático de la compañía aérea a un precio muy bajo o nulo para el agente. O comprarán los servicios informáticos de una compañía independiente tal como la OAG, la *Official Airline Guide* electrónica del servicio de Dun & Bradstreet. Las agencias se especializarán y muchas llegarán a formar parte de cadenas. La Asociación Americana del Automóvil tiene más de mil oficinas. Ocurra lo que ocurra, podemos estar seguros de que el trabajo del agente de viajes exigirá inteligencia, confianza y capacidad de servir al público.

¿Será el agente de viajes reemplazado? Es posible. Pero eso no ocurrirá mientras los propietarios de las agencias consigan ofrecer servicios más baratos y más convenientes para el viajero que los que puedan ofrecer las empresas de transportes u otros mayoristas.

El agente de viajes del futuro probablemente aumentará en sofisticación, usará técnicas de marketing actualizadas al minuto, analizará los productos y destacará aquellos que sean más provechosos. Con los viajes y la formación, los agentes estarán mejor informados sobre determinados destinos y las necesidades del mercado.

Las estrategias de ventas se incrementarán en cuanto a la sofisticación. La imagen que tiene la American Express de la oficina de viajes del futuro se puede ver en el Centro EPCOT de Disney World. Dos personas pueden sentarse frente a una consola activada solamente con el tacto, y respondiendo a las preguntas del computador pueden saber inmediatamente el tipo de viaje y destino que les gustaría realizar. Se pueden solicitar imágenes en vídeo de 27 lugares de vacaciones alrededor del mundo para que los clientes los observen.

¿POR QUÉ SE HACE TURISMO?

Los hombrecitos verdes de los OVNI, al mirar hacia la Tierra, deben quedar desconcertados por el continuo movimiento de vehículos y al ver a los aviones precipitarse de aquí para allá. Debe costarles encontrar una explicación sobre lo que ocurre al contemplar a los aviones tomar un rumbo hacia el este y hacia el oeste, a través de los océanos, y al ver a vehículos con ruedas moverse en todas direcciones.

Si se tiene en cuenta el coste que supone en tiempo, energía, estrés y dinero, ¿por qué se hacen tantos viajes de placer, si son viajes que no se llevan a cabo por necesidad? ¿Por qué viajan los canadienses y los mexicanos a Estados Unidos, los americanos a Europa, los europeos a América, los suecos a Chipre, los japoneses a Guam y Hawai, los australianos a Manila y Singapur y los neoyorquinos a Israel y Puerto Rico?

A veces se compara el momento en que el viajero elige el posible destino con una salida a un supermercado de viajes, donde el comprador entra y elige un destino de entre los miles a escoger. Aunque es cierto que existen centenares de miles de destinos posibles, el viajero en general, por una serie de factores, tiene una perspectiva limitada. Cuestiones como el estado de ánimo, la capacidad financiera, el sentido de la aventura o la falta de éste, el grado de vitalidad y la escala de valores, sirven para focalizar las posibles elecciones en unas pocas, por ejemplo un fin de semana en la montaña, una excursión a una ciudad de diversión, una visita a los parientes, un viaje para asistir a un congreso. El primer viaje al extranjero de un estadounidense es muy probable que sea a Canadá o a Europa, quizás al Caribe. Si el que viaja vive en la costa oeste posiblemente irá a Hawai, México o Alaska.

LOS SUPERMERCADOS DE VIAJES

En los supermercados de viajes también existen ofertas al igual que las que se encuentran en los de alimentación. El precio juega un papel importante en la decisión de si se realiza un viaje de placer y a qué lugar. Los precios de los viajes cambian mucho más rápidamente que los precios de los alimentos, según la política gubernamental, el valor del cambio del dólar estadounidense frente a otras monedas del mundo y otra serie de factores tales como el coste relativo de un día de trabajo en un país, etc., unos destinos se hacen en seguida caros mientras que otros son relativamente baratos. De vez en cuando un estado devalúa su moneda o la situación política de un país se vuelve inestable, estas circunstancias hacen que los ingresos por turismo disminuyan. Por ejemplo, en el período entre 1974 y 1976 la revolución de Portugal fue responsable del gran descenso del turismo que hubo en aquel país. Todas las actividades relacionadas con el turismo, como hoteles y restaurantes, experimentaron un descenso radical, y a consecuencia de ello se ofreció un programa de «Fuente de Plata» que introducía descuentos en las habitaciones, comidas, atracciones y en el alquiler de automóviles con objeto de atraer a los visitantes. Sri Lanka, en un intento por atraer divisas, ofreció a los visitantes una prima del 165 por ciento en el índice del cambio. En México, a comienzos del año 1980, la repentina devaluación del peso por parte del gobierno dio lugar a una reducción drástica de los precios para hacer turismo en ese país. A mediados de 1980 la fuerza inesperada que adquirió el dólar americano tuvo un impacto decisivo sobre la pauta de los viajes internacionales, ya que muchos más estadounidenses viajaron al extranjero.

Tarifas reducidas

El coste del transporte ocupa un lugar importante en la decisión de viajar y en el destino en particular cuando se trata de grandes distancias. Las empresas de transporte aéreo se vieron sorprendidas cuando en 1977-1979 se empezaron a aplicar varias tarifas reducidas, tanto dentro de Estados Unidos como en el extranjero, por el gran aumento de viajeros. Gran cantidad de viajes organizados y vuelos charters ofrecieron al viajero en potencia una plétora de elecciones posibles. El aumento en el número de pasajeros sólo reflejó una vez más la importancia que juega el coste del transporte en la decisión de viajar. A medida que disminuye el coste del viaje es mayor el número de personas que deciden viajar a Londres, París o Tombuctú.

La necesidad de viajar

Las motivaciones de los viajes a lo largo de la historia han sido bastante claras: creencias religiosas, beneficios económicos, guerras, huidas, migraciones. Podría dar la impresión de que los motivos que no se han citado, viajar por placer por ejemplo, son totalmente comprensibles. Sin embargo no es éste el caso.

Tal como señaló el psicólogo Abraham Maslow, las necesidades que se hallan en la cúspide de la jerarquía de los humanos, por lo que parece, son las de ponerse al día o realizarse. Este deseo refleja la necesidad de desarrollar el potencial propio de cada individuo, por estímulo estético, con el objetivo principal de crear o formarse el propio carácter y la personalidad.

Sin duda, son muy variables las necesidades que tiene cada cual en el aspecto de ponerse al día. Millones de personas prefieren no hacer vacaciones o viajar, ya que están más cómodas en su situación actual o bien se sienten preocupadas al abandonarla o porque existe la posibilidad, al viajar a un destino desconocido, de ser herido o de que se tomen represalias en su contra. Otros individuos disfrutan con los viajes y los cambios. Algunos necesitan la decepción que producen unas vacaciones tranquilas,

Cualquier gobierno que quiera estimular el turismo tiene muchas opciones para ofrecer viajes ventajosos, tales como fijar un tope en los precios de las habitaciones y de la comida, que es lo que se hizo, por ejemplo, en España. El gobierno puede decidir también un índice artificial de subida o bajada del cambio respecto a las monedas extranjeras, que puede servir tanto de freno como de aceleración del turismo.

Un viajero que tenga en mente una serie de posibles viajes y que no se halle limitado por el tiempo puede buscar en el supermercado de viajes y escoger el que ofrezca los precios más ventajosos. Con toda seguridad, la situación de cualquier lugar del mundo cambiará en pocos años, por lo que un destino que en su día tuvo un coste prohibitivo puede pasar a ser años después más económico. El viajero juicioso, sin limitaciones de tiempo, reservará viajes que por las circunstancias del momento resulten ventajosos.

En cualquier ciudad grande en la que haya escasez de habitaciones de hotel, seguramente el precio del alojamiento es relativamente alto. En el momento en que se construyan otros hoteles, los precios bajarán, sobre todo durante la temporada baja.

otros intentan encontrar el mismo grado de excitación que tienen en su vida cotidiana.

Si pensamos en la necesidad de cambio, de diversión, de nuevos paisajes, de nuevas experiencias, encontramos que los que encabezan la lista de medios para satisfacer estas necesidades, son los viajes y las vacaciones. De hecho, muchos psicoterapeutas postulan que existe una necesidad básica de diversión y libertad, y con toda seguridad el viaje de placer es un recurso importante para satisfacer en buen grado esta necesidad.

El turismo sexual

No se dispone de estadísticas dignas de crédito, y seguramente nunca se dispondrá de ellas, sobre el número de personas que viajan por motivos sexuales. De los viajes que realiza la juventud hacia o por Europa, seguramente uno de los motivos que interviene es el deseo de encontrar al compañero sexual ideal. Muchos de los pasajeros de los cruceros esperan o desean encontrar a una persona maravillosa a bordo del barco del amor.

En muchas sociedades se han desplazado las fantasías que existían sobre compartir una cama con un pariente extranjero por el conocimiento real de placer de compartirla con una prostituta. El «turismo sexual» en Thailandia es una industria en expansión. Según la socióloga Susan Thorbeck, de la Universidad de Copenhague, en Thailandia hay más de trescientas mil prostitutas, chicas que según expresan los anuncios de las agencias de viajes danesas y de Alemania «crean para el hombre un cielo en la tierra». El coste de este tipo de placeres es muy asequible para ciudadanos de países occidentales. Lo que no se cita en absoluto es el coste del tratamiento de las enfermedades venéreas que pueden presentarse tras permanecer una semana en ese «cielo».

Este tipo de atracción fue responsable de una buena parte de los 5,1 millones de turistas, casi todos varones, que visitaban el país a mediados de los años noventa colaborando a que Thailandia se colocara en segundo lugar en cuanto a ingresos de divisas en el Sudeste Asiático. El turismo sexual, en comparación con el capital que se necesita para explotar la

Es un hecho comprobado que al disminuir el precio del viaje a un determinado destino, aumenta el número de visitantes al mismo. A la derecha, jóvenes turistas descansando junto a una estatua en el Forum de Les Halles, París.

mayoría de atracciones turísticas, requiere poco dinero. Corea del Sur es otro famoso «cielo en la tierra», y el sexo es un factor determinante de los viajes organizados que salen de Japón hacia ese país.

La elección del destino

Sin duda, los viajeros escogen los destinos por diferentes razones, como el clima, la historia o la cultura, los deportes, las diversiones, las posibilidades de compras, etcétera. El mayor atractivo que tiene Gran Bretaña para los americanos es la historia y la cultura. American Express hizo un estudio sobre muchos viajeros, personas que viajaban a Florida, California, México, Hawai, las Bahamas, Jamaica, Puerto Rico, las islas Vírgenes y Barbados.

Clasificaron el interés del viaje en orden descendente de importancia:

- Belleza del paisaje
- Carácter agradable de la gente del lugar
- Alojamientos en buenas condiciones
- Descanso y relax
- Tarifas aéreas
- Interés cultural e histórico
- Cocina
- Deportes acuáticos
- Diversiones
- Facilidades para comprar
- Deportes (golf y tenis)

De ello se desprendieron cuatro consideraciones básicas: diversiones, posibilidades de comprar, clima confortable y coste. Los individuos objeto de la encuesta representaban a un grupo que contaba con unos ingresos familiares anuales de 26 mil dólares o superiores, casi la mitad de ellos eran profesionales, por lo general de mediana edad y con un buen nivel cultural. Muchos de ellos eran ricos y salían con frecuencia de Estados Unidos para viajar. A pesar de todo, dentro de un mismo grupo es obvio que interesan distintos factores. Una persona puede escoger un destino principalmente por las posibilidades que hay para hacer competiciones de golf o de tenis, otra debido a la simpatía de la gente del lugar y otras porque el lugar ofrece relax y descanso. Sin embargo, a todos ellos les afectan las tarifas aéreas.

Decepción o satisfacción

El hecho de que un viaje produzca satisfacción o bien decepcione depende de cómo lo vea el que viaja. Un individuo que sea muy gregario y viaje sólo, puede observar con gran fastidio una puesta de sol

Los motivos que mueven a los viajeros a elegir un destino u otro son variados y dependen de las preferencias personales. En la página siguiente, instalaciones de un campo de golf, un deporte en auge en las zonas turísticas.

magnífica y una montaña majestuosa. Así mismo no tiene ningún sentido el ir a un restaurante que ofrezca el mejor servicio, en el que la decoración y la comida sean exquisitas si en aquel momento el individuo sufre una dispepsia. A un viajero le puede gustar la lluvia mientras que otro la deteste. Para una persona, las montañas pueden ser esenciales mientras que a otra le pueden producir vértigo. El antropólogo se deleita cuando está en un pueblo remoto; el ciudadano inquieto encuentra que este lugar es aburrido. Todo depende en gran manera de lo que espere la persona de aquella experiencia y de cómo él o ella la vivan en realidad.

El viaje es una experiencia, no es una cosa tangible. Produce una recompensa psíquica o bien un castigo. Contribuye a producir una ilusión agradable o bien aversión, excitación y desafío o fatiga y decepción. La ilusión, la experiencia y el recuerdo pasan por la mente sin dejar ninguna evidencia tangible de por qué se ha hecho el viaje y por qué el mismo viaje lo viven de formas tan distintas las diferentes personas. Con frecuencia la literatura sobre viajes y las películas dan una imagen falsa de la realidad o las fotos se han tomado de una forma tan seleccionada que el visitante es incapaz de reconocer el ambiente real. La fotografía trucada que hace que la piscina parezca más larga de lo que es en realidad, la que ofrece colores que no son naturales, la lujosa cafetería que se ha improvisado especialmente para la fotografía, la magnífica puesta de sol que sólo tiene lugar una vez al año, todo ello crea unas expectativas que no ocurrirán en la realidad, por lo que serán fuente de decepción.

Estudio sobre las preferencias mostradas en los viajes

A finales de los años sesenta la Investigación Internacional de Viajes realizó un estudio sobre la forma de pasar las vacaciones cuyos resultados, de forma global, seguramente siguen siendo válidos en la actualidad. El estudio se basaba en 1 005 encuestas personales estructuradas, realizadas a una gran muestra obtenida a escala nacional, de cabezas de familia. Este estudio puso de manifiesto que

un factor importante que determinaba dónde se dirigían los estadounidenses en vacaciones era el deseo o la obligación de visitar a los amigos y a los parientes. Otra razón importante al escoger el destino para pasar las vacaciones fue lo que el informe etiquetaba de «nostalgia/factor costumbre». En otras palabras, los veraneantes tenían tendencia a dirigirse donde ya habían estado con anterioridad.

Muchos estudios de marketing han intentado descubrir las razones por las que los viajeros y en particular los que pasan las vacaciones escogen una región en particular. Uno de estos estudios, realizado por John S. Kay para una importante empresa propietaria de terrenos en Hawai, realizó una investigación extensa sobre este punto a través de entrevistas hechas en profundidad y cuestionarios repartidos a los consumidores y miembros de la industria de viajes. Los investigadores pronto descubrieron que la mayoría de las personas consideraba las vacaciones como una prolongación de su personalidad y estaban poco dispuestas o eran incapaces de verbalizar directamente su actitud durante las vacaciones. Las entrevistas en profundidad ayudaron a salvar este obstáculo.

Según el estudio, parecen existir cuatro determinantes principales que actúan sobre los proyectos de vacaciones:

- *Financieros:* La cantidad de dinero que tiene o quiere gastar la persona durante las vacaciones es lo que configura o limita los viajes en vacaciones.
- *Obligación de visita:* La necesidad de visitar a los parientes o bien pernoctar en la zona donde se pasan las vacaciones era el determinante de gran número de destinos.
- *Publicidad:* La publicidad de viajes influía sobre la elección de un lugar para pasar las vacaciones cuando el coste no era tan alto como para descartar el tomarlo en cuenta.
- *Estatus familiar:* Cuantas más personas componen la familia, más necesario es tener en cuenta el precio del viaje y la opinión de los niños. Dentro de unos límites de precios, parece ser que son los niños los que escogen el viaje.

El estudio de Kay sostenía la opinión de que los turistas tienden a idealizar la zona donde van de vacaciones. Si la región responde a las expectativas de

¿Por qué se hace turismo?

Mientras que unos deciden pasar sus vacaciones en lugares tranquilos tostándose al sol, otros necesitan distraerse visitando lugares diversos en unos días, o acudiendo a atracciones que, como Disneylandia (a la derecha), ofrecen un continuo espectáculo.

los viajeros, éstos se muestran satisfechos, si no, quedan decepcionados.

Si es cierta esta teoría, entonces la mayoría de los viajes se hallan determinados por la formación de un ideal en la mente del que viaja. Este ideal puede asumirse en poco tiempo o bien en el curso de varios años.

Aunque quizás un destino no tenga ningún parecido con las expectativas que tenía el viajero, son éstas las que aportan el estímulo necesario para el viaje. Lo que cuenta al menos en el primer viaje es la promesa de encontrar una brisa balsámica, gente agradable y unos paisajes maravillosos.

Los factores que provocan el viaje

Una forma interesante de presentar las motivaciones que existen para viajar es clasificarlas en factores que «tiran», es decir, los atractivos, y factores que «aflojan», es decir, las necesidades personales. Un consultor de viajes, Arlin Epperson, propone el modelo «tira/afloja».

Relaciona los factores que «tiran» con los deseos intangibles que se generan en el interior de las personas, por ejemplo:

• Necesidad de huir
• Descubrirse a sí mismo
• Descanso, relajación
• Prestigio
• Desafío
• Aventura

Los factores que «aflojan» son los estímulos externos del viaje, tales como:

• Belleza del paisaje
• Regiones con historia
• Acontecimientos culturales
• Acontecimientos deportivos

Disneylandia atrae a aquellos que se hallan motivados por factores de «afloja». El descanso de una semana en una playa del Caribe, seguramente viene inspirado por un factor de «tira». Muchos viajes seguramente están motivados en cierto grado tanto por factores de «tira» como de «afloja». Por ejemplo, unas vacaciones en una cabaña de montaña aislada permitirán escapar de la vida diaria, descubrirse a sí mismo y descansar disfrutando de un bello paisaje.

DOS MOTIVOS PARA VIAJAR: POR TRABAJO O POR PLACER

De los viajes que se realizan en las líneas aéreas, la mitad o más son viajes de negocios. Un estudio de la línea aérea Pan American mostraba que la combinación viaje de negocios-placer es muy variable, dependiendo del destino.

Más del noventa por ciento de los viajes que se hacen entre Estados Unidos y el Caribe son viajes de placer. La cifra de viajes de placer entre el continente americano y Hawai está por encima del ochenta

pa puede suponer tomar contacto con posibles clientes pero también puede incluir hacer turismo o acudir una noche al Folies-Bergère.

La ilusión de algo diferente

El placer es un estado mental en el que el sustrato de un hombre puede suponer el veneno de otro hombre. El placer, en cierta manera, depende del estado previo o de la esperanza de que ocurra algo bueno. Puede producir placer el alivio del dolor, aminorar el aburrimiento, salirse de la rutina cotidiana. Placer pueden ser los sentimientos que surgen tras una satisfacción sensual como tomar un baño caliente, tomar el sol, comer, beber, tener un contacto sexual o simplemente el hecho de pensar en él. El mismo cambio puede producir placer. En general, el juego se considera algo emocionante y relacionado con el placer.

¿Qué cambios experimenta el placer con el paso del tiempo y las culturas ? A gran parte de los miembros de la tercera edad se les ha enseñado que el trabajo de por sí es uno de los valores más altos; la satisfacción sensual no ha tenido una importancia primordial. Sin embargo, la observancia de la denominada ética puritana está desvaneciéndose mientras que está cobrando valor la satisfacción de los sentidos. La vida puede ser diversión. El trabajo pasa a entretejerse o fundirse con el placer.

Las vacaciones por placer han cambiado y continuarán haciéndolo. Hacia 1890 era muy agradable viajar a un lugar de montaña en verano. En aquel lugar, la mesa y la mecedora del porche ofrecían una forma de huir de la calurosa ciudad, una satisfacción para el estómago, un descanso y un paréntesis temporal, una oportunidad para estar con la pareja o con las propias ilusiones de mejorar. El ferrocarril, cómodamente, podía transportar a un individuo a ese lugar.

Hasta los años cuarenta, para viajar fuera del continente había que tomar un barco. Las actividades de a bordo resultaban emocionantes para unos y para otros eran inexorablemente banales. Durante los cinco o seis días de viaje que se requerían para ir desde Nueva York a Gran Bretaña o a Francia, el director del crucero organizaba muchas comidas y una rueda de actividades. Los que hacían viajes transatlánticos podían sentarse en las sillas de cubierta, envueltos en mantas, estremeciéndose frente a los fríos vientos del Atlántico. Si a esto no le encontraban placer, al menos podían pensar en cuánto más cómodos estaban ellos en comparación con sus amigos y vecinos que permanecían en sus casas. Se olvidaba mejor el mareo de alta mar.

por ciento, en los viajes de Estados Unidos/vuelos transatlánticos la cifra es algo inferior al ochenta por ciento, y para los vuelos Estados Unidos/América del Sur, es alrededor del ochenta por ciento. El viaje de placer es el motivo principal de los viajes de más del sesenta por ciento de los pasajeros que viajan entre Estados Unidos y el Pacífico.

Alrededor del sesenta al setenta por ciento de los huéspedes que se inscriben en los hoteles Sheraton de todo el mundo están viajando por motivos de trabajo. Muchos viajes de trabajo resultan agotadores, tanto si se viaja en el propio automóvil como si se viaja en el asiento de lujo de primera clase de una línea aérea. Sin embargo, gran parte de los viajes de negocios se combinan con el placer.

Cuando un individuo acude a una convención en Las Vegas o en Florida es difícil saber dónde empieza el trabajo y donde acaba el placer. El viaje a Euro-

¿Por qué se hace turismo?

Actualmente, el viaje puede suponer un vuelo en avión hacia Las Vegas para jugar, a Hawai para hacer surfing, a las playas de Florida, a Grecia para visitar el Partenón o a Londres para asistir al teatro. Las películas que se pasan a once mil metros pueden distraer a los pasajeros que se hallan en sus asientos.

Aquello que produce placer en un viaje y en las vacaciones es algo que en un mismo individuo varía según la familia y también con el tiempo. Uno de los deportes más emocionantes que uno puede imaginarse es hacer surf, pero únicamente lo es para los jóvenes y los atletas entrenados. Viajar a París, para unos significa ir al Lido y a los espectáculos mientras que para otros supone visitar la catedral de Notre Dame o cenar en el restaurante la Tour d'Argent. Los estudiantes de un colegio en las Bermudas pueden disfrutar buscando una pareja o bien con la moto. Con el paso de los años, para aquella misma persona las Bermudas pueden suponer simplemente un lugar para relajarse y una oportunidad para contemplar la naturaleza.

Viajar para romper con lo cotidiano

Antiguamente, los impulsos que movían el mundo eran los básicos pero ya han sido reemplazados por la necesidad de estímulos, que puede satisfacerse por el cambio. El viaje y las vacaciones pueden aportar diversidad, alejar al individuo de lo cotidiano de los entornos familiares y transportarlo a algo que es nuevo y, por tratarse de una novedad, resulte agradablemente emocionante.

Por lo visto, el hombre necesita estímulos, y viajar puede proporcionarlos. Los estudios de privación sensorial demuestran que cuando el cerebro está privado de los estímulos adecuados deja de funcionar normalmente. Surgen las alucinaciones y otras aberraciones. Una vez satisfechas las necesidades básicas tales como el alimento y el abrigo, la mente busca estimulación y excitación. Aldous Huxley y otros apreciaron que existía un aburrimiento decisivo que alcanzaba al género humano, un sentido de inutilidad universal que despierta un deseo complementario de huir del lugar donde se está. Más que un condimento de la vida, la variación puede ser una necesidad.

Russ Johnson, director de investigación de marketing, lo expresó de una forma más simplista: «La razón más importante de los viajes puede resumirse en una palabra, escapar. Escapar de los familiares, de los sitios de siempre, de lo cotidiano. Escapar del trabajo, del jefe, de los clientes, de la casa, del césped, de los grifos que gotean».

Las personas más activas necesitan en sus vacaciones gozar de nuevas experiencias y explorar los más alejados destinos. En la página siguiente, grupo de turistas en la zona volcánica que circunda el lago Natron, en Tanzania.

Según Johnson, todo el mundo busca un cambio aunque algunos lo hacen de forma activa y otros pasivamente. Los «activos» son personas a las que les gusta salir, explorar y experimentar cosas nuevas. Los «pasivos» son aquellos a los que les gusta esconderse y tenderse en la playa.

Hay muchos individuos que consideran bienvenido cualquier cambio que surja. El médico que viaja a 32 kilómetros de su casa para pasar la noche fuera con su mujer está viajando para salir de la rutina, de las exigencias de su familia y de su trabajo. El carpintero jubilado que viaja con regularidad a Reno para jugar busca algo que cambie su tediosa rutina. La secretaria de Chicago que va a pasar una semana a San Juan o a la playa de Miami disfruta de un mundo totalmente nuevo.

Los hombres son tan adaptables y tan fáciles de ser condicionados por el entorno que es difícil decir qué es lo que le sugiere placer a una persona determinada. Deben existir grandes diferencias individuales en la magnitud de los cambios que se consideran agradables. Mucha gente sólo sabe sentirse cómoda en la oficina, en la mina de carbón, en la clase o en el bullicio del centro de la ciudad. A veces los prisioneros dependen de sus celdas.

Una exposición frecuente a cualquier estímulo suele ser placentera o al menos hace que la persona se sienta bien. Nos gustan las comidas que tomábamos en la infancia en nuestra casa, la música de nuestra cultura, y el estilo arquitectónico de nuestra sociedad y de nuestra época. A pesar de todo, a la mayoría nos gustan los cambios si no son demasiado drásticos o agotadores y si proporcionan todas las comodidades. El viaje y las vacaciones pueden suponer un cambio de este tipo.

Una evidencia de que a los viajeros estadounidenses les gusta cambiar, pero no demasiado, se demuestra en el tipo de hoteles que escogen en el extranjero. ¿Se hospedarán en un viejo hotel famoso de Madrid, Estambul o Roma? No, seguramente habrán reservado una habitación en el nuevo Hilton de la localidad que visiten.

Las habitaciones en cualquier Hilton se parecen más a las suyas, la comida no tiene problemas y se sirven igualmente hamburguesas.

Ya de vuelta en su habitación al finalizar un día de visita, el turista se encuentra a gusto en las habitaciones del Hilton, ya que le dan la impresión de seguridad y le son familiares. Cada mañana saldrán diligentes a ver gente desconocida, oler nuevos olores y oír sonidos exóticos, pero por la noche quieren seguridad. La habitación puede tener lámparas y cuadros que sean reflejo del color de la región, pero la cama debe ser grande y americana. La decoración del vestíbulo puede incluir cualquier objeto que simbolice la región donde está y también el comedor, pero el menú debe ser americano. No se juega con el estómago.

Se ha señalado que los balcones de los hoteles tienen mucho éxito ya que los viajeros inseguros pueden sentarse en ellos, a salvo, mientras se emocionan por lo que hacen los demás en un entorno desconocido. Un hotel de Kenia llevaba la idea del balcón un poco más lejos, se construyeron las habitaciones de los huéspedes en las copas de los árboles de forma que su vista dominaba sobre una zona donde se reúnen los animales salvajes. Como señaló Mark Twain, con el paso del tiempo hasta el cielo resulta aburrido.

Una vez se ha superado la necesidad angustiosa de seguridad, la televisión en color, la piscina y la climatización perfecta de una casa en las afueras se hacen monótonas. Estas recompensas, que por lo general son gratificantes, pierden gran parte de su fuerza.

¿Por qué se hace turismo?

Viajar puede ser para todo aquel que tiene el tiempo, el dinero y la energía suficientes para poderlo llevar a cabo, un recurso casi ilimitado y socialmente aceptado de recompensas. Viajar es inocuo y para muchos es una manera relativamente barata de experimentar tanto un cambio como un desafío. En algunos grupos sociales se convierte casi en una necesidad si uno quiere mantener su estatus entre sus vecinos.

Un futuro con más tiempo de ocio

Está programado que millones de habitantes de los países más ricos dispongan en un futuro próximo de largos períodos de tiempo libre. La duración de la semana laboral se espera que se acorte y el número de días de vacaciones se prevé que aumente en muchos países.

El tiempo libre se puede utilizar para bien o para mal. De esta forma la gente tendrá más oportunidades de conseguir una vida feliz y menos necesidad de luchar por el pan de cada día. Algunos filósofos como Bertrand Russell postulaban que si a la gente se le diera una oportunidad para tener una vida feliz, serían más amables y tendrían menos recelos de los demás. La afición por las guerras se extinguiría en parte por la razón anterior y en parte porque una guerra, para todo aquel que se apunte a ella, implica un trabajo duro, sin descanso. Otros comentaristas prevén que se producirá una gran inquietud como resultado del tiempo libre, que es una mala señal para todos.

Dejando de lado cualquier punto de vista, lo que sí está claro es que en un futuro próximo habrá más dinero, más tiempo y una gran predisposición a viajar y pasar las vacaciones.

LA SALUD COMO FACTOR TURÍSTICO

Los viajes y las vacaciones atraen a los instintos más básicos. Lo que ha fomentado el balneario, el irse a bañar a la playa y más recientemente el volar en busca de sol ha sido la búsqueda de la salud y de una larga vida. Es obvio que los habitantes que viven en zonas con clima templado tengan devoción por el sol, mientras que a los habitantes de los trópicos les puede gustar el frío y el clima variable de la zona templada.

Aun cuando a la mayoría de los veraneantes les resulta agradable tomar el sol, la obligación de adquirir y hacer ostentación del bronceado, que se consigue en vacaciones, puede rayar el esnobismo. Tomar el sol en exceso puede provocar cáncer de piel, pero con el uso prudente de cremas bronceadoras, con dosis adecuadas de vitamina D y una buena relajación muscular puede ser muy beneficioso. Al turista recién llegado a un lugar donde hace sol, la arena y el sol le inspiran una nota de pureza. La playa o la piscina son casi un lugar de culto y de salud.

Muy a menudo, el tomarse unas vacaciones se considera como una inversión en salud, un tema que se presta por sí mismo a un análisis coste-beneficio. Muchos médicos recomiendan no coger las vacaciones de una sola vez, sino coger varios períodos cortos de vacaciones con el fin de recuperar las energías, el interés y el entusiasmo por el trabajo. Los consejeros de salud aconsejan que se programe la salud tal como se programa el trabajo.

Tres periodos de vacaciones de una semana son mucho más saludables que unas vacaciones de tres semanas. No es extraño que las personas que deciden emprender un viaje se cansen de estar de vacaciones después de unos días. Puede ser mucho más satisfactorio para el veraneante y también para el tour operador espaciar las vacaciones en verano, otoño e invierno, pues se nivelan las altas y las bajas de los negocios.

VIAJAR PARA APRENDER

La necesidad de aprender es innata y puede convertirse en una búsqueda persistente de conocimientos, de la verdad y del entendimiento. Los viajes y las vacaciones son una oportunidad para satisfacer esta necesidad de aprender. Anualmente millones de turistas visitan el Smithsonian Institute en Washington D.C., ¿por qué?, pues sencillamente para aprender.

Miles de personas visitan las viejas casas solariegas de Gran Bretaña. Se forman largas colas de turistas que desfilan por las habitaciones viendo muebles de otras épocas e innumerables retratos de los anteriores propietarios.

El interés por la historia se aviva al pasear por la abadía de Westminster o por la antigua iglesia del pueblo. Los edificios históricos, los campos de batalla y los sepulcros son un medio de comunicarse con el pasado, de sentirse como un igual con aquellos que estuvieron antes.

Europa tiene para los estadounidenses un atractivo particular, sus antepasados seguramente vinieron de allí y en sus clases de historia se nombraba a muchos de ellos. En Europa, viendo sus ciudades y visitando sus catedrales y castillos, pueden aprender muchas cosas sobre la cultura. Así mismo, al acudir a un teatro de Londres o al beber en un pub local pueden sentir que forman parte de una cultu-

El viaje de tipo cultural tiene una gran aceptación. Es el «viajar para aprender» que lleva a los turistas a conocer aquellos lugares de que habla la Historia. Arriba, una de las áreas monumentales más visitadas de Italia, la catedral y la torre de Pisa.

ra. En España se mezclan entre la multitud que acude a las corridas de toros, en Francia apuestan a las carreras. En Munich se reúnen con los bebedores de cerveza en el *Faaschzng-time*.

Cuando una persona siente interés por algo en concreto, está dispuesta a disfrutar dedicándose a ello. El interés refuerza el interés. Puede prestarle interés a cualquier cosa, a la gente, al idioma, a la historia, a la geografía, a las iglesias, a la ruinas romanas, al viaje en sí.

A los estadounidenses que viajan a Gran Bretaña probablemente les atraen las islas por su cultura y su paisaje. Un estudio de una autoridad en turismo británica sobre los canadienses y los estadounidenses que se dirigen a Gran Bretaña reveló que los aspectos que les resultaban más agradables eran la hospitalidad, y el carácter amable de la gente y los lugares y edificios históricos. En Gran Bretaña unas

cuatrocientas casas solariegas están abiertas al público. Más de quinientos mil visitantes al año van a varias de ellas. Cientos de miles de turistas han visitado Longleat, la mansión de los Tudor del marqués de Bath. Tanto la visita a la abadía de Woburn, casa del duque y la duquesa de Bedford, como al palacio de Blenheim, mansión del duque de Marlborough, como a Chatsworth, la residencia ducal del duque de Devonshire, tienen un gran interés histórico además de ser interesantes arquitectónicamente.

Una vez creado el interés por un destino, surge el deseo de conocer aquella zona o país, el interés va creciendo conforme aumentan los conocimientos. La publicidad puede despertar interés por un destino, pero el creado por un buen libro, película o programa de televisión es mucho más convincente y persuasivo. El libro de James Michener *Hawai*, logró sin duda que miles de lectores quisieran visitar las islas. Su libro *Iberia* significó para España decenas de miles de dólares en ingresos turísticos.

Algunos libros despiertan el interés por una región, otros en cambio amortiguan todo interés. Los libros de Charles Dickens despiertan un interés por Londres, pero ese Londres parece un lugar bastante horrible, no es seguramente el tipo de interés que estimula el deseo de visitar la ciudad. Muchos opinaron que el libro y la película *Qué verde era mi va-*

lle ofrecía una imagen triste y deprimente de Gales, cuando en realidad su belleza natural es fuente de inspiración.

Las consecuencias de estos estímulos son difíciles de calcular; puede ser que actúen en un nivel subliminal de la conciencia del lector o del espectador. En el transcurso de varios años un individuo lee un libro que habla de un lugar, mira un programa de televisión en que este lugar se encuentra como telón de fondo, escucha un programa de radio sobre el mismo y de pronto se despiertan en él unas ganas desesperadas de dirigirse allí.

Esto no quiere decir que todos los viajeros aprendan. Muchos de ellos son meros espectadores durante sus viajes. Los hombres aprenden de su entorno sólo hasta el punto en que responden a él. El viajero puede sentirse agobiado por la miseria que ha visto en un destino o por las frustraciones que ha experimentado mientras ha estado allí.

Muchos de los estadounidenses que se dirigen a Europa cada verano son profesores de escuela. También son numerosos los estudiantes de los colegios mayores, tanto los que viajan por su cuenta como los que forman parte de grupos patrocinados por las universidades. Muchas universidades estadounidenses tienen establecidos convenios con universidades europeas que ofrecen cursos de verano para estudiantes estadounidenses. De esta manera los estudiantes pueden combinar el viaje con el estudio y reciben un crédito académico para poder hacerlo.

Cuadro 6.A Flota de embarcaciones de recreo en el mundo		
País	Número de embarcacions	%
EE UU	11.000.000	55,0
Europa	4.170.000	21,0
Francia	*1.530.000*	*7,7*
Alemania	*840.000*	*4,2*
Reino Unido	*650.000*	*3,4*
Italia	*590.000*	*2,9*
Países Bajos	*560.000*	*2,8*
Resto del Mundo	4.830.000	24,0
Total	20.000.000	100,0

Fuente: ICOMIA

Al aumentar el nivel de vida en las sociedades más desarrolladas, una serie de actividades han conocido una rápido crecimiento. Éste es el caso de los deportes náuticos, en alza en los últimos años. En la página siguiente puerto deportivo en la costa mediterránea.

VIAJAR PARA HUIR DE LA MONOTONÍA

El viaje puede producir una sensación de poder y libertad de la que carece la vida diaria. El mero hecho de sentarse al volante del automóvil y conducir a través del país no ofrece sólo una sucesión de impresiones visuales sino también un sentimiento de superioridad y control. Elevarse hacia el cielo puede no ser una conquista del espacio, pero puede producir una sensación de respeto, un momento para poder filosofar sobre la insignificancia de cada uno en relación con la naturaleza.

Generalmente, la belleza natural como una puesta de sol, las montañas, la caída de las hojas en otoño, un valle, los árboles, etc., resultan muy agradables para el observador.

La mayoría de personas se sienten inspiradas o al menos les infunde una sensación de respeto las grandiosas extensiones de naturaleza. El éxodo masivo que tiene lugar los fines de semana desde la ciudad y los suburbios al campo es una evidencia de la necesidad del hombre de ver los árboles, la hierba, los ríos y el cielo abierto.

VIAJAR BUSCANDO UNA GRATIFICACIÓN SENSORIAL

Para muchos, el viaje es una oportunidad de gratificarse sensualmente con la posibilidad de realzar su ego. Un turista al viajar a un país pobre puede tener un sentimiento de superioridad. Así mismo el ser acompañado a la habitación de un hotel, donde hay tres empleados por cada huésped, por un subdirector, o el dar una palmada para que acuda el servicio también realza el ego.

Gran parte del placer que se sentía al ir a un lugar pasado de moda se centraba en la mesa. Para muchos, la gastronomía todavía juega un papel importante durante las vacaciones. Una de las razones principales para visitar Francia es poder apreciar su tradición culinaria. Para otros, por el contrario, el motivo principal es poder descansar y relajarse. El antiguo centro turístico de montaña de Nueva Inglaterra era sobre todo un lugar donde poder respirar

aire puro y comer bien. De un día a otro variaba muy poco la rutina de ir de la cama a la mecedora y de allí a la mesa. Los huéspedes iban allí a pasar varias semanas o bien para toda la temporada. En la actualidad, la pensión en un centro de pesca y la casita en la playa son de alguna manera algo incómodas, pero seguramente el que pasa allí las vacaciones lo ve como una oportunidad para poder descansar.

LA ATRACCIÓN DE LOS DEPORTES

Muchos viajes tienen como razón de ser un acontecimiento deportivo. Millones de personas prestan atención a una gran variedad de juegos, como el baloncesto, el fútbol, el béisbol, el tenis, el golf, la natación, etc. Los Juegos Olímpicos generan un movimiento de millones de personas.

Para grandes sectores de la población, el interés por los deportes, tanto como participantes como siendo espectadores, supone un atractivo importante. Joffre Dumazedier, un sociólogo francés, interpreta que gran parte de este interés por «jugar en la vi-

da» es como tener una «realidad secundaria», que se reconoce como que posee algún tipo de irrealidad en relación con la vida diaria. Los deportes son el común denominador de millones de personas. En todos los países, es como tener una vida aparte de la rutina cotidiana, una vida en la que la identificación con un equipo o con un héroe deportivo muchas veces sobrepasa la lógica. Personas con tipos de vida diferentes se unen de pronto en sus sentimientos de propiedad e identificación con un equipo o con un superatleta.

Incidencia de los deportes náuticos en el sector turístico

A pesar de que el modelo de turismo basado en el sol y la playa tiene en la actualidad síntomas de estancamiento, la vida marítima continúa teniendo un atractivo muy importante en el mercado turístico internacional. Los deportes náuticos tienen en la actualidad un crecimiento mucho más rápido que el resto de las actividades turísticas, ya que una gran parte de los antiguos consumidores de «sol y playa» buscan un tipo de turismo activo relacionado con el medio marino.

Así por ejemplo, ICOMIA (International Council of Marine Industry Association) cuantificaba, a mediados de los años noventa, cerca de veinte millones de embarcaciones deportivas en todo el mundo. Estados Unidos (según aparece en el cuadro 6.A) era el país que tenía la flota más importante de embarcaciones deportivas, cifrada en once millones de unidades, mientras que cuatro millones correspondían a Europa y los cinco millones restantes se repartían por el resto del planeta.

Dentro de esta actividad cabe destacar el mercado del charter náutico (alquiler de embarcaciones con o sin tripulación), que tiene una popularidad creciente en todo el mundo y especialmente en Europa, destacando el Reino Unido como país más activo en la organización de este tipo de empresas, y las islas griegas, que por sus condiciones climatológicas son receptoras de una gran parte de este mercado. También las islas del mar Caribe están teniendo una evolución muy importante de este tipo de mercado.

Otro de los deportes náuticos que empezó a tener una espectacular evolución en la década de los ochenta fue el windsurfing. En algunos países, como por ejemplo los Países Bajos, la popularización de este deporte ha sido espectacular y se ha convertido casi en un modo de vida para los aficionados a él.

Según opinión de los expertos en deportes acuáticos, el submarinismo puede tener en el futuro un crecimiento similar al «boom» conseguido por el windsurfing en los años ochenta. Así por ejemplo, en un estudio realizado por Australia's Bureau of Tourism Reseach se reflejaba que más de una quinta parte de los turistas que visitaron este país lo hicieron para practicar actividades subacuáticas.

En las islas Caimán se estima que cerca del cuarenta por ciento de sus visitantes se desplazan específicamente para practicar el submarinismo y existen cerca de setenta empresas dedicadas a esta actividad. La popularización de la enseñanza del buceo, con organización profesional como PADI, que está presente en más de 170 países, es uno de los motivos del auge de esta actividad.

El turismo del golf

Durante la década de los ochenta, el golf experimentó un auge muy importante pasando de 35 millones de jugadores en todo el mundo, en 1985, a alrededor de 48 millones a mediados de los años noventa, que ocupaban los más de 26 mil campos existentes.

Las causas del desarrollo del golf son normalmente heterogéneas, estando relacionadas con la mayor disponibilidad de renta y tiempo libre, la mayor esperanza de vida de la población, la reducción de la edad de jubilación, así como la búsqueda de una mayor aproximación a la naturaleza.

EL PLACER DE COMPRAR

La necesidad de comprar, de acumular y de coleccionar puede ser instintiva y tener relación con un comportamiento reminiscente observado en muchos animales y quizás en el hombre. A millones de personas les gusta poder examinar con detenimiento, sentir y pensar en el placer que se desprende al comprar determinadas mercancías. Para ellos puede incluso ser la principal razón para hacer un viaje. Un testimonio de la fuerza que tiene el impulso de comprar son las multitudes de pasajeros que desembarcan en Jamaica, Santo Tomás, Curaçao, Hong Kong, Freeport, las Bahamas, Singapur y en otros puertos libres de impuestos. A casi todo el mundo le gusta regatear, comprar, tener una razón para dirigirse a otro lugar y poderlo hacer.

El turista que acaba de gastar ochocientos dólares en unas vacaciones en Santo Tomás puede sentirse muy satisfecho al llevarse consigo cinco quintas de ron a pesar del esfuerzo que supone llevarlas al avión, pasar las aduanas y llegar hasta su casa ahorrándose con ello una suma de unos veinte a treinta dólares. El traje que se compra en Hong Kong es un tipo de trofeo para ser exhibido durante los años siguientes. El extraño sombrero de paja que se ha comprado en Jamaica califica al que lo lleva de un verdadero viajero. El sombrero y el sarape son un símbolo de que quien los lleva ha ido a México. El hecho de regalar un buen perfume francés a una amiga tiene aún mayor encanto si se compra en un puerto exótico.

Obtener una ventaja puede ser ya de por sí un objetivo. Vaya a Portugal a comprar un jersey de pescador, compre baratijas de cobre en Chile, mantas a buen precio en Irlanda y como todo el mundo sabe consiga uno de los trajes de corte elegante de Bangkok por setenta dólares. Compre sus gafas de lectura en Alemania, sus prendas de lana en Escocia y sus artículos de piel en México. El hecho de poder obtener unas mercancías determinadas a bajo coste es una razón más para viajar.

Las personas que viven en zonas caras ahorran dinero cuando viajan a países donde los precios son bajos. Un inglés puede alquilar su casa de Londres y vivir en España o en Portugal por una cantidad algo superior a los ingresos que obtiene por el arrendamiento. Los turistas buscan siempre lugares que no sean caros, no sólo compran el viaje sino también un viaje en particular. Austria, tras la Segunda Guerra Mundial, era un lugar para pasar las vacaciones que resultaba barato. Como resultado de la demanda y de la fama se produjo incremento en los precios.

Dentro de un mismo país los precios pueden variar mucho, el verdadero cazador de gangas en seguida se informa de las diferencias. Los hoteles de Dublín son casi tan caros como los de Nueva York, pero una habitación en una granja irlandesa, incluido el desayuno, resulta muy económica. En los hoteles de Puerto Rico y las Bahamas las tarifas son altas, mientras que en otras islas y en Costa Rica y Colombia son relativamente bajas. Adquirir este tipo de conocimientos forma parte del juego del viaje y ya de por sí resulta divertido. Comprar en un bazar nativo tiene su propio encanto, los ruidos, el panorama y los olores son distintos. De alguna manera, la fruta que se compra en el mercado flotante de Bangkok o Singapur tiene mayor encanto que la que se compra en el supermercado de la localidad.

SIMPLEMENTE VAGABUNDEAR

Vagabundear es ser esclavo de los viajes. Las peregrinaciones de los aristócratas, el aumento de los peregrinos y los vagabundeos de los viudos tienen algunos elementos en común con la necesidad básica de los aborígenes de «ir y venir». Parece ser que lo que estimula el «ir y venir» es el instinto. Nuestros antepasados eran cazadores que se trasladaban con los rebaños por necesidad o se desplazaban cuando se había agotado la caza. La necesidad de «ir y venir» puede hallarse aún profundamente arraigada en muchos *homo sapiens*. Puede explicar en parte el vagabundeo y también los viajes en general. Es fácil decir que los viajes vienen determinados por la curiosidad o por un instinto de moverse de un lado a otro.

El clima social para vagabundear no era muy favorable en el pasado, excepto para unos pocos como las clases favorecidas, los gitanos y aquellos que se habían apartado de la sociedad. Sin embargo, están decayendo los principales factores que frenan los viajes, que son la necesidad de trabajar y la ética del

---

El deseo de comprar mueve a muchos viajeros que visitan las tiendas y bazares de los lugares de destino buscando productos exóticos. A la derecha, mercado flotante de frutas y verduras en Bangkok.

trabajo. Este fenómeno se evidencia sobre todo en los habitantes de Alemania, los escandinavos y los europeos del norte. Cientos de miles de alemanes salen de sus fronteras hacia Austria, Italia y España. En Austria el ochenta por ciento de los visitantes son alemanes. Estados Unidos siempre ha tenido a sus viajeros errantes. En el pasado existían los ricos, los profesores en vacaciones y los vagabundos. La educación parece que disemine el virus de vagabundear, ya que a la más mínima ocasión gran número de estudiantes de colegios mayores están dispuestos a despegar de aquí para allá. Surcan el país y se esparcen por el mundo; los puntos de reunión más frecuentados son estas tres ciudades: Amsterdam, Roma y París.

El inicio y la duración del vagabundeo se puede observar en Japón, donde los viajes han aumentado de la noche a la mañana en un período de pocos años. Para los cada vez más numerosos turistas FIT, es decir, los que realizan viajes independientes al extranjero, viajar en grupo conducidos por un guía que agita una banderita es como viajar por su cuenta, pero en pequeños grupos. Vagabundear no puede estar muy alejado de todo esto.

Al verdadero vagabundo le gusta lo inesperado y el estrés del viaje, y el hecho de dormir en un vuelo charter o en un estrecho asiento de un autocar o en el tren le restablece, pero agota a aquellos que necesitan de la rutina. El verdadero vagabundo anda balanceándose a causa de los ponches y no se molesta por las groserías o los insultos. El vagabundo debe estar preparado para ser amonestado de vez en cuando, lo que acepta estoicamente mientras recuerda con entusiasmo la amabilidad y generosidad de otros que residen en la misma región. Acepta igualmente el hecho de que muchos países se interesen únicamente por el visitante rico y que consideren como un mal al viajero sin medios. El vagabundo, en el cautiverio de los viajes, está siempre planeando el siguiente viaje, recordando y volviendo a explicar el último que ha realizado, o recobrando sus fuerzas y su dinero al enterarse de las posibilidades de viajar a un nuevo destino, aún desconocido. Viajar puede ser una obsesión, una forma de vida en que la que trasladarse lo sea todo.

Países y más países

El viajero contumaz se convierte en un coleccionista de países, un individuo que se encapricha por lugares lejanos, un conocedor de lugares exóticos, de gentes y de objetos. Al igual que un inversor lleva un portafolios de acciones, el viajero «profesional» lleva un portafolios de experiencias y recuerdos de

viajes que se van sumando de año en año. Para él la temporada baja es el período en que no viaja, el momento en el que debe ahorrar para poder hacer el siguiente viaje, tiempo para leer, para planear, para saborear la esperanza de salir airoso de la próxima experiencia. Colecciona países al igual que otros coleccionan sellos raros, monedas o amores.

Viajar únicamente por el hecho de viajar es un fenómeno que se perpetúa a sí mismo. «Subimos a nuestro coche y viajamos.» La idea del movimiento, de pasarlo bien, de estar en la carretera o en un avión puede resultar agradable y así lo es para millones de personas. Las carreteras de Gran Bretaña se hallan salpicadas de excursionistas domingueros que se sientan al lado de sus coches a ambos lados de la carretera mientras que otros pasan como una bala. Muchos viajes no tienen otra razón de ser que el placer mismo de viajar.

DISFRUTAR EN EL TRAYECTO

Viajar en dirección a un destino puede resultar muy divertido o muy aburrido. Se tiene la idea de que el viaje a bordo de un barco es una gran gala, con champán y fiestas organizadas por el capitán a

Mientras se viaja puede disfrutarse del trayecto, sobre todo si el medio de transporte elegido es un transatlántico. Si el viaje se realiza en avión una serie de atenciones de la compañía aérea harán más agradable el trayecto. A la derecha, interior de un lujoso transatlántico. Arriba, desayuno en un avión.

lo largo del trayecto y en el que abundan los juegos. Antiguamente, a bordo del barco se hacían diferencias según las clases sociales. El viajero se sentía cómodo entre los de su clase. Además, se sumó cierto encanto por las nuevas amistades que se hacían a bordo del barco; éstas podían durar años, al menos por correspondencia.

En torno a la década de 1950, los viajes en avión gozaron más o menos del mismo encanto, sobre todo en los trayectos en dirección a lugares lejanos o románticos para pasar las vacaciones. Las conversaciones, socialmente aceptadas, que se mantenían con los compañeros de asiento y la novedad de los viajes en avión estimularon el deseo de hacer nuevos conocidos en el vuelo. Actualmente este deseo, y a causa de los vuelos que se realizan, se ha perdido totalmente, ya que casi todas las clases sociales viajan juntas, y también influye el hecho de que son pocos los intereses comunes, por lo que las conversaciones se ven muy limitadas.

¿Por qué se hace turismo?

Los aviones lanzadera entre Boston y Nueva York y Washington, en la costa este, y entre San Francisco y Los Ángeles, en la costa oeste, probablemente se llenan con personas que viajan por trabajo y con personas que han viajado en avión tan a menudo que para ellos el viaje supone más o menos lo mismo que ir en metro.

Como han señalado los sociólogos, hay muy poca conversación entre los pasajeros. En el momento de aterrizar el avión, el movimiento de los pasajeros se galvaniza en una sola dirección, intentando salir del avión lo más rápido posible. Muchos pasajeros se levantan con rapidez de sus asientos para coger sus abrigos y sombreros y estar a punto para precipitarse a la puerta de salida, a pesar de las advertencias de los asistentes de vuelo de permanecer en sus asientos hasta que el avión haya llegado a la terminal y se hayan parado los motores.

En los vuelos que se dirigen a destinos de vacaciones típicos como las islas Vírgenes y donde la ropa de los pasajeros y su comportamiento les identifica fácilmente, existe todavía cierta camaradería reminiscente de los viajes que se hacían a bordo de un barco. En vuelos donde se sirven comidas en abundancia y el «champán de rigor», la atmósfera pasa a ser notablemente más relajada conforme transcurre el vuelo. En estos casos el trayecto puede suponer la mitad de la diversión del viaje.

Los turistas que viajan en primera clase a menudo comienzan a disfrutar de los placeres de su destino ya desde el momento en que suben al medio de transporte. En la propaganda de las líneas aéreas japonesas, el vuelo al Japón se presenta como una experiencia japonesa. El viaje es una prolongación del Japón, con azafatas con kimono, comida japonesa, bebida, decoración y música autóctonas. Una de las líneas aéreas de China se presentó como «el primer restaurante chino volante del mundo». Los vuelos de Aloha a Hawai son similares, a los pasajeros de primera clase se les ofrecen artículos representativos de las islas. Esta idea no es nueva. En los años treinta varios de los supertrenes que circulaban entre Nueva York y Florida ofrecían a sus pasajeros de primera clase la «experiencia de Florida».

La experiencia del trayecto para muchos pasajeros puede resultarles mucho más emocionante que la de la región de destino. Muchos viajeros de los barcos recuerdan tanto o más la vida a bordo, los juegos y las diversiones que lo que recuerdan de los puertos de escala.

Varias líneas de barcos han presentado sus camarotes no como habitaciones para el transporte al lugar de destino, sino como «hoteles flotantes» o como hoteles de reunión, lo cual no es falso, sobre todo si están navegando por las aguas del Mediterráneo o del Caribe. La experiencia de viajar en barco puede ser tan emocionante como una novela y tan agradable como el tiempo que se ha permanecido en un destino de vacaciones.

Para muchos, las vacaciones empiezan ya en el aeropuerto, continúan en el vuelo hacia el destino y sólo las dan por finalizadas al desembarcar de nuevo en el punto de origen. Lo mismo ocurre al viajar con otros medios de transporte, especialmente al viajar en barco. Un autocar alquilado que se halla abarrotado de entusiastas de los deportes que acuden a un partido puede representar, en la experiencia global, más que el partido en sí. El viaje puede significar, por tanto, más que una experiencia vacía o de espera para llegar a un destino. No necesariamente debe suponer un vacío entre el domicilio y el destino.

Antes y después del viaje

De acuerdo con Charles Metelke, los placeres del viaje se pueden dividir en tres fases: antes del viaje, durante el viaje y después del viaje. Cada fase conlleva una serie de placeres característicos y propios. Planear un viaje ya supone la mitad de la diversión. Diversos estudios han puesto de manifiesto que la gente planifica y organiza los viajes largos muchas veces con seis meses de antelación o incluso un año antes.

Hablar sobre el viaje y aprender cosas del país elegido es un proceso largo y elaborado que tiene rasgos de naturaleza como si se tratara de un ritual e incluye leer libros, asistir a cenas para reunirse con gente que lo haya visitado previamente e incluso intentar aprender el idioma.

Muchas personas planean un viaje, viajan y ya antes de que acabe el viaje empiezan a planear el próximo. El viaje se convierte en un modo de vivir. En efecto, para muchos individuos de la clase media mayores de cuarenta y cinco años los viajes y el pensar en viajar pasan a ocupar un lugar principal en sus vidas. Los hijos crecen y se van de casa, está asegurado el aspecto económico, los objetivos de una carrera han perdido fuerza. Un viaje abre las puertas a otro y ofrece la oportunidad de pasar a ser un experto en aquella pequeña isla, o en un pueblecito de España. Los viajes pueden llegar a suponer el principal interés que tenga una persona en la vida.

Las agencias de viaje son conscientes del mágico atractivo que tienen los viajes. A menudo los premios que se conceden por ganar concursos de ventas son

Los jóvenes, por razones económicas y por su espíritu generalmente aventurero, eligen en muchas ocasiones para viajar el ferrocarril, que les permite visitar muchos lugares por un módico precio. A la derecha, un grupo de jóvenes instalado en un departamento.

un viaje a las Bahamas, a Puerto Rico, a Grecia o a cualquier otro lugar. Estos premios irradian un encanto que no puede atribuirse a una televisión en color, a un automóvil o a una piscina. Los concursantes ya los tienen.

El viaje puede ser un alimento por sí mismo. Las personas que están acostumbradas a viajar pueden llegar a desarrollar un apetito acentuado por los viajes. Los habitantes de California son gente que se mueven mucho por el estado y cerca de él, así mismo viajan mucho más al extranjero que la media de los ciudadanos de Estados Unidos. Cuanto más viaja una persona, más quiere viajar. Cuantos más conocimientos se adquieren sobre viajes, sobre la geografía y las personas, más atraído se siente el individuo por las culturas poco conocidas y por los lugares remotos.

OTRO ESTÍMULO: LA SEGUNDA RESIDENCIA

Disponer de una casa de vacaciones o de una segunda residencia, aunque no sea necesario viajar, estimula la necesidad de viajar y veranear. En la conducta durante las vacaciones de miles de estadounidenses ha jugado un papel predominante la cabaña de pesca, el campo de caza o la casa de la playa.

Uno de los elementos imprescindibles para ser una persona acomodada es tener más de una vivienda, por ejemplo un apartamento en Manhattan, una casa para pasar el invierno en la playa de Palma, una casa en Cannes, etcétera. A principios de siglo lo era el poseer una casita de campo en Newport, en Rhode Island. Para la clase media alta podía serlo una casa en el lago Kezar, en Maine o bien una cabaña en el lago George, en Nueva York. A los del Medio Oeste les atrae el campamento de pesca en Minnesota o en Canadá, ya que para desplazarse hasta allí lo pueden hacer con su propio vehículo.

La clase media estadounidense también puede ser propietaria de una casa o de un apartamento en el Caribe. El directivo de restaurantes de Connecticut tiene una casa de veraneo en Barbados, el profesor de Kansas tiene un bungalow en Maui. Cuando

el propietario no utiliza la casa o el apartamento, un agente se la puede alquilar y con los ingresos del arrendamiento puede cubrir los gastos de la hipoteca y de mantenimiento. Ser propietario de un bungalow en Honolulú es una buena razón para pasar allí las vacaciones. También puede ser una excelente inversión por la inflación y por el aumento del turismo en las islas.

Muchos de los apartamentos de Florida son propiedad de neoyorquinos y de individuos del Medio Oeste que pasan allí el invierno y alquilan los apartamentos durante el resto del año. El precio del viaje a Florida se incluye dentro de los gastos de trabajo con vistas a la declaración de renta. Conforme aumenta la riqueza puede esperarse que se construyan centenares de miles de apartamentos o de casas de veraneo en el Caribe, en América Central, en el Mediterráneo y en otras regiones tropicales y subtropicales de alrededor de todo el mundo, todo ello estimula los viajes que combinan el trabajo con el placer.

EL IMPACTO DE LOS CASINOS

Cada vez cobran mayor importancia los viajes que se hacen con el objeto de jugar. Cada año millones de personas viajan al alejado desierto de Las Vegas para tener la oportunidad de perder su dinero en un ambiente limpio y de distinción. Otros millones de personas se dirigen a Atlantic City, a Londres, a Reno, a Mónaco, a las Bahamas y a otros destinos donde son legales los juegos de azar. En Saratoga Springs, en sus buenos tiempos, el apostar a los caballos tenía un gran atractivo. Una atracción importante del sur de Florida son las carreras de perros en los patios de Hialeah y Jai-alai.

En todas las culturas, desde la más primitiva a la más avanzada, ha existido la necesidad de jugar, de arriesgarse. Jugar puede suponer una emoción que no se produce en la seguridad limitada de los barrios. Para los pobres supone una oportunidad de tener mucho por poco. Muchos juegos crean una adicción tan fuerte como la que produce la droga.

Las Vegas atrae por término medio a más de 21 millones de visitantes anuales, aproximadamente lo mismo que Disneylandia. El visitante por unos días se siente totalmente liberado, puede disfrutar de grandes espectáculos, jugar en todos los sitios apetecibles y comer bien por unos precios relativamente asequibles.

Pero, como señala un escritor, esta situación dura «sólo tres días». A la mañana del cuarto día se produce el desgaste típico de esta ciudad. Existe demasiado de muchas cosas y demasiado poco de otras. El sistema nervioso central llega hasta una sobrecarga límite, el cerebro flaquea y se engancha como los espaguetis de la semana anterior que se guardan en el fondo de la nevera. La víctima comienza a añorar su casa, sin fuerza y habiendo despilfarrado alegremente. Las Vegas ha hecho su labor.

¿Todo el mundo gana? No todos, sobre todo el jugador adicto que es incapaz de abandonar. Al final siempre gana la casa. El valor de las apuestas realizadas en todos los juegos de azar legalizados en Estados Unidos asciende anualmente a casi trescientos mil millones de dólares, según informe de *Gaming & Wagering Business*.

Los primeros viajes que realizan las personas suelen tener como destino lugares próximos y solamente algunas, generalmente expertas, se deciden por otros destinos lejanos. A la derecha, aspecto del puerto de Sidney, Australia.

Los lugares como Atlantic City ofrecen romper con la monotonía de la vida, ya que es un lugar donde los jugadores pueden disfrutar de un poco de riesgo, de una comida barata, y hasta de un espectáculo indecente.

Cada mes llegan miles de autocares trayendo a pasajeros que se quedarán enganchados a las máquinas tragaperras, esperando ver las tres cerezas y oír el alegre choque de las monedas de cinco centavos cayendo a raudales en la cubeta del ganador. También puede emocionarse este tipo de viajeros al contemplar las grandes ruedas ganar (y perder) miles de dólares.

EL VIAJE COMO AVENTURA

El viaje llama al instinto de lucha de las personas, sobre todo al viajar a lugares lejanos que supongan al viajero habilidad y apuros. Un viaje a lo largo de la carretera Pan Americana no es una tarea fácil. Cada año miles de estadounidenses visitan Katmandú, la capital del Nepal. Quizás no se sienten especialmente satisfechos por lo que encuentran pero les supone un desafío que deben superar.

El viaje todavía supone un gran número de riesgos, como por ejemplo las enfermedades tropicales, las intoxicaciones alimentarias, los grandes desengaños por los retrasos y por los inconvenientes. Cualquier persona que se haya pasado horas en un avión en un gran aeropuerto como el Kennedy o el O'Hara o cualquier otro se plantea la cuestión de por qué no se quedó en casa. Muchos de los que van a Acapulco mencionan el «pasodoble mexicano», la diarrea del viajero que se produce como consecuencia de la comida. Seguramente a ningún viajero le gusta sentirse débil o con náuseas pero quizás lo consideren un signo de valentía, digno de mención por hacer algo relativamente peligroso.

Muchos comentaristas lamentan todas las comodidades que tienen los viajes en la actualidad y su falta de problemas. Por lo visto entienden que se debe salir de viaje sólo por el trabajo y los apuros que puede suponer. No a todo el mundo le gusta para viajar este tipo de alicientes, puesto que el temor a los viajes en avión, a marearse mientras se viaja, a encontrarse solo en un hotel desconocido y otros peligros relacionados con estar fuera de casa siguen siendo los principales impedimentos de los viajes.

Para muchos, sin embargo, el viaje es una oportunidad para ponerse uno mismo a prueba. Familias enteras suben en camionetas y salen para cruzar el país. «Hoy recorrimos 1 120 kilómetros», viene a ser en cierto modo un comentario sobre la resistencia de un individuo.

La subida al Matterhorn se recuerda como un logro apasionante. Esquiar es un constante desafío a la vida y a las piernas, y en particular porque muchos entusiastas intentan lo más difícil.

¿Quién viajaría con el objeto de saltar fuera del avión a 2 800 metros?: los paracaidistas. Olvide la posibilidad de que el paracaídas no se abra o bien que pueda romperse las piernas o los tobillos en el momento de aterrizar.

Quizás todo el mundo lleva el sello del «factor de Ulises», una etiqueta del instinto de exploración, que el escritor J. R. L. Anderson señaló que se hallaba arraigada genéticamente en muchos superhombres. Según este autor, los grandes exploradores tienden a ser personajes que guardan un gran parecido con el héroe de Homero, Ulises. Estos héroes se enfrentaban a lo desconocido para vanagloriarse de su propia resistencia y de su autosuficiencia. Llevados por la curiosidad y la imaginación, se arriesgaban a buscar la aventura y los retos.

Según el consultor de viajes Walter Matthews, la necesidad y la confianza para viajar crecen con la experiencia. Pocos norteamericanos hacen su primer viaje a Oriente, antes prueban primero ir al Caribe o a Europa. Conforme van ganando confianza se atreven a ir a lugares más remotos y exóticos, como África, Japón y Hong Kong. De este modo, el mercado

Cuadro 6.B Visitantes a los monumentos italianos (media anual)	
	(en miles)
Excavaciones de Pompeya	1 296,6
Galería de los Uffizi (Florencia)	1 021,0
Museo de la Academia (Florencia)	687,4
Foro (Roma)	651,2
Palacio y jardines de Caserta (Nápoles)	583,5
Villa de Este, Tívoli (Roma)	471,7
Castillo Sant'Angelo, (Roma)	253,1
Galería Palatina (Florencia)	313,4
Capillas de los Médicis (Florencia)	280,3

Fuente: Ministero dei Beni Culturali.

de viajes se puede dividir en niveles de satisfacción de los viajeros. Un destino puede atraer al viajero principiante y un lugar más exótico puede atraer al viajero de más categoría. Los que trabajan en marketing en las líneas aéreas harían bien en clasificar a sus posibles clientes teniendo en cuenta el número de viajes que ya hayan realizado y los lugares que hayan visitado. Por lo tanto, la publicidad de un destino como Nueva Zelanda o Australia debería dirigirse al viajero veterano más que a la persona que acaba de entrar en la corriente de los viajes. El individuo que vive en la costa este quizás necesita dirigirse primero al Caribe y después a Europa, a Oriente y por último al Nepal o a Nairobi.

LOS VIAJES AUMENTAN LA SOCIABILIDAD

Viajar mucho pierde, con el tiempo, la naturaleza social de las personas. Los hombres, como animales sociales, se sienten bien en los viajes en grupo. Están con personas de su mismo estilo con las que seguramente compartirán muchas cosas.

Si el viaje está dedicado a un grupo con un interés especial, el viajero puede hacer amistades que duran años. Muchos grupos de viaje se reúnen todavía después de años de haberlo realizado. En la felicitación de Navidad se menciona «el momento en que Mellie Smith cayó en la piscina vestida» o «nunca podré olvidar a Jack vestido con aquella falda *hula*».

En muchas subculturas, por ejemplo las que se encuentran en una facultad universitaria, el viaje es una manera aceptada de pasar las vacaciones. Casi todos los miembros de una facultad universitaria han visitado algún país extranjero y disponen de un

conjunto de diapositivas para demostrarlo. La posibilidad que tienen los profesores universitarios de coger años sabáticos y salir en comisión de servicios estimulan a que se viaje y a crear un interés para ello.

De acuerdo con la opinión de Charles Metelke, los viajes aumentan los «recursos de sociabilidad» de los individuos. Les hace más interesantes tanto a sí mismos como frente a los demás.

VIAJAR POR ESNOBISMO

Sin duda muchos viajes se hacen únicamente con el propósito de guardar las apariencias y poder ser reconocido como un experto conocedor de lugares del extranjero. El viaje por esnobismo puede resultar tan gratificante como el esnobismo del dinero, de la educación o el de la familia. Viajar por muchos países supone una cierta cantidad de riqueza, de ingenuidad y de energía.

A los esnobs de los viajes les gusta poder hablar sobre los lugares que han visto, los hoteles donde han estado, los restaurantes donde han acudido, etc., lugares todos ellos que confían que su oyente no los conozca.

El esnobismo de los viajes tiene sus propias recompensas. En muchos grupos de personas la principal razón para salir de viaje es el poder explicar sobre él, a la vuelta.

Haber viajado mucho supone un estatus similar a tener mucha educación. El reciente viaje a Yucatán enriquece al viajero y añade encanto a su personalidad. Las conversaciones sobre los viajes son muy frecuentes, sobre todo si el viaje ha sido a destinos fuera de lo corriente.

El esnob explota sus viajes mientras viaja, a su vuelta y años después de haberlo realizado. En los

Cuadro 6.C Visitantes a museos y galerías en el Reino Unido (media anual)	
	(millones)
Museo Británico	6,3
National Gallery	4,3
Museo de Historia Natural	1,7
Tate Gallery	1,5
Victoria & Albert Museum	1,2
Museo de la Ciencia	1,2
Royal Academy	1,0

Fuente: English Tourist Board.

viajes envía postales desde París y trae recuerdos de Hong Kong a los amigos. Como señala Metelke, el viajero tras el viaje tiene la oportunidad de dar más fuerza a las verdaderas historias. La historia no debe ser únicamente sobre una magnífica comida china, también puede ser una aventura tan poco agradable como el haber perdido el equipaje, el robo de una cámara de trescientos dólares o cualquier otra experiencia. El valor de lo que se encuentra en los viajes y las vacaciones forma parte de su atractivo y forma parte del equipaje total del viaje. Después sus beneficios duran toda la vida.

VIAJAR COMO NORMA CULTURAL

Los viajes en parte vienen determinados por la cultura. El lugar donde debe irse, cuándo, cuántas veces, etcétera, se halla influenciado por el lugar donde hayamos crecido, en qué clase social, dónde vivimos y a qué aspiramos. Los antropólogos dicen que la cultura es la costumbre, los hábitos y la tradición. Es la manera en que se ha programado a las personas.

En Estados Unidos las familias que cuentan con unos ingresos bajos, seguramente al salir de sus casas permanecerán con amigos o parientes. Las familias que disponen de unos ingresos altos hacen más viajes y visitan lugares de interés y diversión.

No se puede pasar por alto que los viajes y las vacaciones son una norma cultural. En el año 1936 Francia decretó la obligación de dar doce días de vacaciones pagadas. En 1938 en Gran Bretaña se aprobó la ley que disponía las vacaciones pagadas «Holiday With Pay Act». Estas leyes establecen las vacaciones como norma.

El 75 por ciento de los suecos, al menos una vez al año, hacen un viaje de tres o cuatro días de duración. Las razones parece que son suficientemente claras, ellos cuentan con una renta per cápita de las más altas del mundo, por otro lado sus inviernos son muy largos, lo que conlleva que tengan veneración por el sol y viajen a España, Portugal o Grecia en busca de playas y de calor. En Gran Bretaña la cifra es superior al 50 por ciento. Las vacaciones en este país, probablemente son un tema importante de conversación durante todo el año. Los planes para las vacaciones se acostumbran hacer meses y hasta años antes y cuando llega el momento ya no queda casi nada para la improvisación.

La mitad de los franceses, aproximadamente, pasan las vacaciones fuera de sus casas. Durante el mes de agosto, en el que la mayoría de los habitantes disfrutan de sus vacaciones, el trabajo en París llega casi a paralizarse.

Cuadro 6.D Visitantes a lugares históricos británicos (media anual)	
	(en miles)
Torre de Londres	2 235,2
Catedral de S. Pablo (Londres)	1 500,0
Baños romanos (Bath)	827,2
Castillo de Warwick	682,6
Castillo de Windsor	627,2
Stonehenge	615,4
Lugar de nacimiento de Shakespeare	516,6
Palacio de Blenheim	503,5
Castillo de Leeds	497,5
Fuente: English Tourist Board.	

Un elevado porcentaje de alemanes, debido a sus ingresos, se han convertido en unos grandes veraneantes y pasan más tiempo en el extranjero que los estadounidenses. En los lugares donde salir de vacaciones es una norma cultural, el no hacerlas es una aberración.

VIAJAR PARA AMPLIAR HORIZONTES

El viaje puede despertar los sentidos y aumentar los conocimientos sobre el entorno de cada uno. El viaje a un país extranjero es probable que aporte una nueva perspectiva y a menudo ayuda a valorar más la propia comunidad.

Las revelaciones y las experiencias de los viajes pueden aportar nuevos criterios, nuevos gustos artísticos y hasta nuevas formas de pensar. Al conocer una gama de sociedades diferentes es probable que se cree una mayor tolerancia a culturas diferentes a la nuestra. Al salir de la propia cultura, a menudo se agudizan más los sentidos y aumenta el «banco de datos» personal.

Los más optimistas ven los viajes como algo instructivo que aumenta el nivel de conocimientos. Muchos ven en ellos un medio de conseguir el entendimiento internacional y la paz mundial. Otros escritores lo ven de una forma muy diferente. Un individuo que visita la India, al observar la pobreza de la gente que llega hasta límites que nunca podía haber imaginado, puede entonces sentirse agradecido por las condiciones en que vive, puede dominarle la angustia, o bien simplemente sentirse superior.

¿Por qué se hace turismo? Hay muchas respuestas diferentes según los individuos y sus circunstancias culturales. Las respuestas son por causas psicológicas y sociológicas. Lo que explican los viajeros son sus motivos para viajar, que pueden ser únicamente el reflejo de unas necesidades más profundas, necesidades que ellos mismos no entienden o bien no quieren explicar.

EL TURISMO CULTURAL EN EUROPA

La Organización Mundial del Turismo estima que el 37 por ciento de los viajes tienen un componente cultural y la previsión es que su crecimiento durante los primeros años del siglo XXI sea del orden del 15 por ciento anual.

Aunque no existan datos concretos sobre el impacto del turismo cultural, algunos ejemplos nos pueden acercar a la importancia real de este tipo de turismo. Así por ejemplo, en Dinamarca se considera que el 50 por ciento del turismo interior realiza algún tipo de visita cultural y que el 33 por ciento aprovecha sus vacaciones para visitar algún teatro o museo.

De diversos estudios realizados por la British Tourist Authority se deduce que la mitad de los visitantes del Reino Unido considera importante o muy importante asistir a algún tipo de espectáculo o visitar elementos culturales o de arte. Se ha calculado que una de cada tres butacas de los teatros de Londres son ocupadas por los turistas que visitan el Reino Unido.

En Francia, un estudio realizado sobre el turismo en la temporada de verano reflejó que el 42 por ciento de los turistas visitaron monumentos históricos, el 34 por ciento museos, el 25 por ciento galerías de arte y exposiciones, el 25 por ciento asistieron a conciertos de música y representaciones teatrales y el 19 por ciento a espectáculos de luz y sonido.

IMPORTANCIA DEL TURISMO EN LA SOCIEDAD Y LA ECONOMÍA

No se puede poner en duda que el turismo afecta la economía de la región visitada, pero sin embargo se pueden discutir la extensión de su efecto, sus implicaciones y sus repercusiones. Gran parte de la investigación sobre el turismo tiene que ver con el impacto económico que éste provoca en un estado, nación, isla o comunidad. Pero, partiendo de que hay fuerzas que se contrarrestan dentro de cualquier economía, los costes y los beneficios que proceden del turismo no se pueden precisar inmediatamente. Los estudios sobre el coste y los beneficios abarcan una gama de enormes cantidades de datos y la utilización de técnicas analíticas altamente cualificadas. A veces los análisis estadísticos son complicados y los resultados se discuten a menudo entre los expertos.

Los viajes internacionales aportan beneficios económicos a algunos países, juntamente con algunas obligaciones. Los estados con industria avanzada normalmente experimentan un déficit en los viajes, o sea que sus habitantes gastan más dinero en el extranjero que el que puedan gastar en esa nación los turistas extranjeros. Sin embargo, algunos países líderes de la economía mundial han tenido un crecimiento espectacular de la industria turística que ha logrado compensar el déficit que tradicional-mente ha tenido su balanza de pagos por turismo. Así, por ejemplo, en 1985, Estados Unidos tenía un déficit por turismo de 6 580 millones de dólares, déficit que empezó a absorberse en la década de los noventa con un superávit por el mismo concepto que ascendía a casi 15 mil millones de dólares anuales. Alemania es el país con más déficit en su balanza de pagos por turismo ya que sus ingresos por este concepto suponen en la actualidad alrededor de la cuarta parte de los gastos realizados por los turistas alemanes en otros países.

Los gastos y los beneficios del turismo no se distribuyen equitativamente. Lo que puede ser beneficioso para un sector puede perjudicar a otro sector de esa misma comunidad. Los que dirigen un hotel o un restaurante puede que se beneficien del turismo, pero los residentes fijos pueden ser víctimas de las aglomeraciones de visitantes, contaminación, ruidos, y en determinados casos de cambios en su forma de vivir. En algunas zonas es posible que se anime a venir a inmigrantes para que sirvan a los turistas, lo cual representa un gasto para la comunidad debido a un mayor uso de escuelas, hospitales, carreteras, sistemas de distribución de agua, sistemas de desagüe y, en algunas ocasiones, fondos de asistencia social.

Cuadro 7.A Clasificación mundial de países en función de sus ingresos turísticos
(Ingresos por turismo internacional)*

Rango	País	Ingresos por turismo internacional (millones $EEUU)	Crecimiento anual medio (%)	Parte de los ingresos mundiales (%)
1	EEUU	53861	17,01	18,17
2	Francia	25000	17,80	8,44
3	España	22181	15,37	7,48
4	Italia	21577	13,75	7,28
5	Reino Unido	13683	9,78	4,62
6	Austria	13250	14,66	4,47
7	Alemania	10982	12.73	3.71
8	Suiza	7650	13,54	2,58
9	Hong Kong	6037	18,99	2,04
10	México	5997	10,93	2,02
11	Canadá	5697	9,07	1,92
12	Singapur	5204	17,73	1,76
13	Países Bajos	5004	17,06	1,69
14	Thailandia	4829	22,43	1,63
15	Bélgica	4053	13,57	1,37
16	Australia	3992	20,82	1,35
17	China	3948	22,04	1,33
18	Dinamarca	3784	16,16	1,28
19	Portugal	3721	18,46	1,26
20	Turquía	3639	13,69	1,23

* Cifras correspondientes a mediados de los años noventa.

Fuente: Organización Mundial del Turismo (OMT).

CAMBIOS EN LA CALIDAD DE VIDA

¿Introduce el turismo unos gastos que originen una reducción de la calidad de vida de una zona turística determinada? La respuesta es que evidentemente sí, cuando esa zona no está preparada para un número tan elevado de visitantes. Algunas de las consecuencias negativas son evidentes: aglomeraciones de tráfico, incremento de la criminalidad, ruidos y contaminación del ambiente, vandalismo, una demanda excesiva de todos los servicios públicos, parques y red de distribución del agua, sin mencionar las aglomeraciones en las playas, bosques y parques que da como resultado la destrucción de la flora y fauna, reduciendo las posibilidades de que lo disfruten tanto el residente fijo como el visitante.

A pesar de todo, la calidad de vida es un tema muy subjetivo. Se puede enfocar desde muchas perspectivas según la cantidad de opciones para divertirse que se le ofrezcan al residente, las facilidades para desplazarse dentro y fuera de su zona, la presencia o ausencia de contaminación o señales de neón, los transportes públicos de que disponga y quién los utilice, las aglomeraciones en las carreteras, etcétera. Existen grandes diferencias entre lo que a la gente le gusta o no. Se iluminan los ojos de muchos neoyorquinos cuando piensan en regresar a casa, mientras que otras personas tiemblan de miedo cuando piensan en ir a Nueva York. Algunas personas que visitan Waikiki pueden disfrutar con la muchedumbre al tiempo que otras se enfurecen ante las aglomeraciones que observan.

Consecuencias del turismo

En las áreas bien desarrolladas, el turismo puede enriquecer a sus habitantes dando origen a más comercios, teatros y restaurantes, con lo que el residente puede disponer de opciones que anteriormente no tenía a su alcance. En áreas menos desa-

Cuadro 7-B Clasificación mundial de países en función de sus gastos turísticos
(Gastos por turismo internacional)*

Rango	País	Gastos internacionales (millones $ EE UU)	Crecimiento anual medio (%)	Parte de los gastos mundiales (%)
1	EE UU	39 872	7,19	14,48
2	Alemania	37 309	16,50	13,55
3	Japón	26 837	27,82	9,75
4	Reino Unido	19 831	17,62	7,20
5	Italia	16 617	32,79	6,04
6	Francia	13 910	17,28	5,05
7	Canadá	11 265	15,41	4,09
8	Países Bajos	9 330	15,28	3,39
9	Taiwan	7 098	25,73	2,58
10	Austria	6 895	14,19	2,50
11	Suecia	6 794	19,37	2,47
12	Bélgica	6 603	18,19	2,40
13	Suiza	6 068	14,18	2,20
14	España	5 542	27,53	2,01
15	Noruega	4 081	13,12	1,48
16	Australia	3 994	11,05	1,45
17	Corea, R.P.	3 794	29,96	1,38
18	Dinamarca	3 779	15,12	1,37
19	Finlandia	2 403	21,09	0,85
20	Singapur	2 340	21,09	0,85

* Cifras correspondientes a mediados de los años noventa.

Fuente: Organización Mundial del Turismo (OMT).

rrolladas, sin embargo, los enclaves turísticos pueden ser fuente de frustración y resentimiento al estar provistas estas pequeñas zonas frecuentadas por turistas con buenas carreteras, un sistema de abastecimiento de agua adecuado y demás servicios, mientras que el resto de la comunidad permanece como siempre.

Un aeropuerto para jets en una isla del Caribe es magnífico, pero los nativos no pueden permitirse volar, como tampoco comer en los nuevos restaurantes o comprar en las boutiques. Los nativos que ganan unos ingresos marginales sólo pueden observar, no pueden participar. Su situación cara a cara con el turista acentúa su pobreza y les puede conducir a la violencia.

¿Da el turismo a la economía más de lo que le toma? ¿Se distribuyen los beneficios que genera equitativamente o van a parar a una minoría relativamente pequeña? ¿Revierte en favor del gobierno el incremento de los gastos para más servicios con el incremento de las ganancias generadas por el turismo?

Debido a que la aportación de dólares a una economía a causa del turismo la estimula, se incrementa el valor de los bienes y servicios, y el precio de los terrenos puede dispararse. En ciertas zonas la economía se sobreestimula, puesto que mientras los propietarios de tierras y los que las urbanizan se van enriqueciendo, normalmente el gasto se multiplica para el ciudadano medio debido al incremento del valor de las viviendas.

¿Se debería estimular y expandir el turismo? ¿Qué cantidad de fondos públicos debería utilizarse para promoción y publicidad del turismo? ¿Cuál es el valor por dólar de la publicidad? ¿Cuántos dólares de los turistas se devengarán por cada dólar que se invierta en promocionar el turismo?

A la mayoría de las comunidades les gustaría probablemente tener una base económica «sin humos», no industrial, tal como por ejemplo la que permite

En la actualidad, las islas Bermudas, en otros tiempos primordialmente agrícolas, basan su economía en una floreciente industria turística que les ha permitido alcanzar un elevado nivel de vida. Sobre estas líneas, vista aérea de la costa de Main, isla principal del archipiélago.

el turismo o una industria de servicios, pero en muchas zonas discutir si el turismo es beneficioso o no es puramente teórico, puesto que a lo mejor no tienen opción. El desarrollo del turismo puede ser una elección necesaria para zonas que posean una belleza natural, un agradable clima, y además estén muy lejos del mercado de obreros especializados y materias primas necesarias para la industria. Las Bermudas, situadas a 960 kilómetros de cualquier otra porción de tierra, habían sido agrícolas. El turismo fue una clara oportunidad para mejorar la economía del archipiélago. Actualmente es, con mucho, la industria más importante, y supone alrededor del setenta por ciento de los ingresos totales.

Los economistas señalan que cada recurso tiene un «coste de oportunidad», que es el gasto de no utilizar un recurso al máximo. Los recursos de los residentes de un núcleo turístico, ¿no se podrían utilizar mejor en empleos que no fuesen los que están relacionados con el turismo? Empleando a los residentes en trabajos de hotel y otros tipos relacionados con el turismo, ¿no se produce un gasto por emplear a la gente de manera menos productiva?

Tal análisis no tiene ningún significado para muchos lugares en los que se han intentado otros tipos de colocaciones y han demostrado ser inviables. Por ejemplo, las Bahamas han intentado la producción de piña y algodón, la pesca e incluso destilar ron, y con el tiempo ninguna de estas industrias ha demostrado ser factible. El «coste de oportunidad» debido al empleo por el turismo es muy pequeño en las Bahamas, en las actuales circunstancias, ya que existen muy pocas opciones distintas para trabajar.

Las Bahamas y la mayoría de las islas menores del Caribe apenas pueden subsistir como economías agrícolas. Están demasiado apartadas para ser competitivas como pequeños fabricantes; para su desarrollo futuro tienen pocas opciones a no ser la de contar con el turismo, pero algunos de sus dirigentes y muchos de los nativos son reacios al turismo por considerarlo como un trabajo degradante.

El turismo como complemento de la economía

Puerto Rico es un ejemplo de economía mixta en donde el turismo es una fuerza mayor, apoyada por una ligera agricultura. La mezcla de economías de un país cambia con el tiempo. Las Barbados, hace algunos años, dependían del azúcar y ahora comparten el centro de atención con el turismo.

El Cabo Cod es un ejemplo de zona que se ha obligado a depender en gran medida del turismo. Siendo originariamente una comunidad agrícola y pesquera, se encontró con que en la década de 1930 estas industrias ya no eran competitivas y llenaron el vacío con el turismo. Las islas de Nantucket y Martha's Vineyard fueron anteriormente centros balleneros, ahora las industrias principales son el turismo y la construcción.

El turismo no es necesariamente un proyecto «exclusivista». A menudo se combina bien en una economía mixta. La mayor concentración de habitaciones hoteleras del mundo se encuentra en Nueva York, el turismo forma una parte importante en la economía de la ciudad, pero está muy lejos de ser la más importante. Londres se puede calificar como un enorme centro financiero e industrial, casi el 95 por ciento de todos los visitantes americanos en Gran Bretaña pasan unos días en esta ciudad. Chicago, San Francisco, Los Ángeles, Houston y Boston también son centros turísticos.

Florida tiene una economía mixta que se basa en tres puntos: turismo, agricultura e industria. A pesar de que España tiene más de cuarenta millones de visitantes cada año, el turismo no entorpece las aportaciones más importantes de su economía, la agricultura y la industria.

¿QUÉ APORTA ECONÓMICAMENTE EL TURISMO?

Los estados y las comunidades en el mundo actual deben importar. El turismo puede aportar sustanciosas cantidades de dinero que compensen el gasto de las importaciones del país. Algunos estados son en gran medida autosuficientes o lo podrían ser, pero necesitan las divisas extranjeras fomentadas por el turismo. México, Irlanda, Grecia, Austria, Gran Bretaña, Francia, Italia, España, Portugal y muchos países agrícolas pequeños son ejemplos de ello.

Los primeros beneficiarios del turismo son probablemente los propietarios de terrenos, los urbanistas y demás negociantes que proporcionan transportes, alojamientos, comida y bebida, visitas

Las infraestructuras turísticas introducen cambios importantes en la sociedad y en la economía de los países, debido sobre todo a las empresas de servicios que giran a su alrededor, como por ejemplo las de alquiler de vehículos (abajo en la fotografía).

turísticas y otras diversiones para los viajeros. Los propietarios de tierras y los especuladores son probablemente los primeros en beneficiarse y, en muchos casos, los que lo hacen de forma más impresionante. Cuando se ha desarrollado una industria turística, el valor de la tierra se dispara en toda la zona accesible para el turista y a su alrededor.

El precio de la tierra a lo largo de la Costa Dorada de San Juan de Puerto Rico es mucho más elevado que lo que costaba al final de la Segunda Guerra Mundial. Los terrenos en Honolulú pueden alcanzar los precios exorbitantes de doce millones y medio de dólares la hectárea. Los precios de los terrenos crecen con el turismo incluso en las remotas islas del Caribe, tales como Granada, Barbados y Santa Lucía. En algunas islas, como Gran Caimán, no hay grandes zonas de tierra edificable, lo cual provoca una subida del valor de estos terrenos y los propietarios salen beneficiados.

Los contratistas que construyen según las necesidades de los turistas son probablemente los grandes beneficiarios de los booms turísticos. Un grupo bien visible de beneficiarios son los que están relacionados con el transporte de turistas hacia y en las zonas de destino (compañías aéreas, empresas de autocares para excursiones, y agencias de taxis y de automóviles de alquiler).

Dinero para las arcas del gobierno

¿Qué beneficios corresponden al resto de la población de una zona turística? Los más de cuarenta millones de personas que viajan a Florida cada año, ¿aportan beneficios a otras zonas que no sean el sur de Florida y el área de Orlando? ¿Se beneficia el ciudadano que vive en Jacksonville de la industria turística localizada 320 o 480 kilómetros al sur? ¿Para qué sirve la industria turística a una persona retirada que viva en Florida? ¿De qué manera le afecta el turismo al profesor que viva en Honolulú? En Las Vegas la mayor parte de la población depende del turismo de una u otra manera, ¿cómo les beneficia?

En una economía mixta, ¿paga el turismo convenientemente por sus servicios al gobierno? De un dólar que se gaste el turista en cualquiera de esas zonas, ¿cuánto se quedará ahí? Si se encuentra en una isla, donde casi todo lo necesario (comida, muebles, materiales para la construcción) tiene que importarse, quizás menos del 25 por ciento del dólar de ese turista se quedará en la economía local. El resto se «cuela» fuera, hacia los estados de donde se importa. En otras zonas, más autosuficientes, el dólar se gasta una y otra vez dentro de la economía de la misma zona, ocasionándose un «efecto multiplicador» que aumenta las consecuencias finales del desembolso.

En los países menos desarrollados, las ganancias totales que consigue el gobierno central según la política que lleve a cabo el país oscilan entre el treinta y el cincuenta por ciento de la renta nacional. Incluso en países capitalistas en vías de desarrollo, el gobierno se asegura en todos los casos por lo menos un veinte por ciento de los beneficios del turismo a través de los impuestos, ya sea mediante los impuestos indirectos sobre bienes y servicios que utilizan los turistas, o bien con impuestos directos sobre los beneficios generados en ese sector, lo cual puede redundar de forma adicional si se invierte también en esas actividades.

Si el gobierno ha accedido a dejar libres de impuestos las importaciones de materiales para la construcción, muebles y comida y bebidas, los ingresos por impuestos son pequeños. Muchos países poco desarrollados cuentan con los aranceles de importación en gran medida para obtener beneficios. El impuesto sobre la renta personal se utiliza poco o es difícil de implantar. En una economía de este tipo el turismo aporta menos dólares que puedan quedarse en dicha economía, ya sea en el sector público o en el privado. Fuertes derechos sobre la importación de bienes directa o indirectamente usados por los turistas son una de las maneras de incrementar el beneficio público.

Los aranceles de importación, a menudo más aceptados que los impuestos sobre lo importado, puesto que son menos visibles, aportan ganancias al gobierno sin tener en cuenta otros beneficios. Los campistas, por ejemplo, pueden crear poco empleo, pero contribuirían al sector público si se exigiesen derechos de importación sobre la comida y las bebidas alcohólicas. Las tasas de salida, una determinada cantidad por cada persona que deje el país, son otra manera de recoger beneficios del visitante.

Los críticos del turismo están siempre a punto para señalar que en la mayor parte de los países menos desarrollados los bienes imprescindibles, tales como los necesarios para construir un hotel o un restaurante (cemento, acero, instalaciones eléctricas, aparatos de aire acondicionado), no se pueden conseguir y se deben importar. La mayor parte de la comida que consume el visitante, como bistecs, hamburguesas, harina blanca y otros alimentos, también deben importarse. Por lo tanto, el país que está en tal situación no recibe tantos beneficios del dólar del turista. La pequeña Gambia en África Occidental es una perfecta muestra: el gobierno pidió grandes préstamos para la construcción de servicios turísticos, concediendo a los inversores extranjeros varios años de exención de impuestos a la importación, eximiéndoles de pagar derechos sobre los artículos de comercio interior y dándoles la libertad de exportar capital y beneficios. Una vez en funcionamiento, los servicios turísticos importaron el 85 por ciento de sus necesidades.

Lo que no se acostumbra importar es el personal. Las personas que viven en lugares turísticos trabajan en empleos que normalmente son más deseables y mejor pagados que los relacionados con la agricultura básica, la alternativa tradicional. Una evidencia de que los gobiernos de los países en desarrollo conocen la importancia del turismo para el empleo es la presteza con que se hacen cargo de los hoteles que quiebran. Los hoteles son demasiado importantes para el empleo como para permitirles que estén desocupados.

El turismo, sector estratégico en España

A modo de ejemplo, resulta interesante valorar la importancia del sector servicios en general y del turismo en particular en el desarrollo económico español, en el que ha sido fundamental, especialmente a partir de la década de la década de 1960, cuando la industria turística empezó a tener un crecimiento espectacular. Sin embargo, este sector tenía una consideración estratégica mínima por parte de los planificadores de la economía.

En la actualidad, sin embargo, los más reconocidos analistas económicos reconocen que entre las grandes líneas de política económica que puede optar España en el futuro, dentro del espacio unificado de la Unión Europea, la actividad turística es una de las más estratégicas a corto, medio y largo plazo.

Si analizamos pues el impacto que ha tenido el desarrollo turístico español sobre su economía, especialmente en las tres últimas décadas, hay que observar entre otros los siguientes aspectos:

• La actividad turística ha jugado un importante papel como partida fundamental para equilibrar el déficit comercial. La actividad turística ha cubierto porcentajes elevados del déficit comercial (como mínimo el cuarenta por ciento y porcentajes generalmente superiores durante casi todo el año). La fuerte actividad inmobiliaria, sobre todo de segunda residencia en las zonas turísticas, y su compra por parte de ciudadanos extranjeros han contribuido también a favorecer este equilibrio.
• La actividad turística ha tenido también una contribución esencial en la producción nacional y en el empleo. Los ingresos turísticos representan unos porcentajes del Producto Interior Bruto de los más elevados de Europa Occidental, superados únicamente por Austria y Portugal. En cuanto al consumo turístico interior, también ha experimentado un fuerte crecimiento en estos últimos años. En cuanto al empleo, el sector servicios presenta un continuo aumento de la población ocupada en los últimos años, en los que se pasó de 5,3 millones de personas en 1970 a más de 10 millones en 2002.

Por lo que se refiere a la actividad turística en sí, según estimaciones realizadas por la Secretaría General de Turismo del gobierno español, en los últimos diez años generó 400 mil empleos. Si se tiene en cuenta el empleo indirecto, según estas mismas estimaciones, la actividad turística creó, en el mismo período, empleo para 585 mil personas, por lo que en los inicios de la década de los noventa, la población ocupada directa o indirectamente en esa actividad era del 10,6 por ciento de la población ocupada en la economía española.

Sin embargo, uno de los principales problemas de la economía española es su desequilibrio espacial, localizándose especialmente el turismo en las islas y en el litoral mediterráneo y atlántico, debido a la fuerte concentración en el recurso de sol y playa y observándose una falta de sensibilidad por el interior del país, que cuenta también con importantes recursos turísticos naturales y socioculturales.

IMPORTANCIA DE LA RELACIÓN COSTE-BENEFICIO

Quienes se relacionan con el desarrollo de una industria turística (bien sea un gobierno o bien un particular) quieren saber la cantidad aproximada de beneficios posibles y su coste. Por cada dólar del turismo, ¿cuánto dinero puede esperarse que vaya a parar al sector privado o al público? Los beneficios divididos por los costes dan como resultado la proporción coste-beneficio. Para llegar a esa proporción, se utiliza el siguiente procedimiento:

• Determinar dónde se gasta el dinero el turista.
• Determinar qué porcentaje de cada desembolso sale de la economía local.
• Obtener un «efecto multiplicador», una proporción que se aplique a las entradas reflejando los múltiples gastos dentro de una economía.
• Aplicar ese efecto multiplicador a los gastos del turista para llegar a los beneficios totales de los desembolsos del turista en dólares.

Cuadro 7.C Impacto anual de 100 visitantes adicionales por día en la economía media de Estados Unidos*

Impacto directo	Impacto Total**
· 1 463 000 dólares en ventas al por menor y servicios a visitantes.	· 2 780 000 dólares en cifra de negocios.
· 332 000 dólares en sueldos y salarios.	· 768 000 dólares en sueldos y salarios.
· 29 nuevos empleos en la industria turística que comportan ingresos adicionales a 23 familias con 61 miembros.	· 67 nuevos empleos que comportan ingresos adicionales a 52 hogares con 141 miembros.
· 116 000 dólares en ingresos por impuestos estatales y locales, suficientes para atender los gastos de 22 niños en edad escolar.	· 189 000 dólares en ingresos por impuestos locales y estatales, suficientes para atender los gastos de 35 niños en edad escolar.
· 2 establecimientos más de venta al detall o de servicios.	· 4 establecimientos más de venta al detall o de servicios.

* Cifras correspondientes a mediados de los años noventa.
** Incluye impacto directo, indirecto e inducido.
Fuente: U.S. Travel Data Center.

- Obtener una proporción coste-beneficio expresado como dólares recibidos-dólares gastados.
- Aplicar la proporción coste-beneficio a los desembolsos del negocio turístico en una comunidad, para ambos sectores, el privado y el público.

Las divisas estimulan la economía

Cuando un dólar «fresco» penetra en una economía, la afecta de varias maneras. Parte de ese dólar sale inmediatamente de esa economía en forma de ganancias, ahorros que no se habían prestado a otro individuo que también gaste y en la compra de artículos importados. Técnicamente se agrupan juntos como «filtraciones». La parte del dólar que permanece en la economía se puede ahorrar y prestar a otro consumidor, invertir o utilizarlo para gastos. Técnicamente, a esto se le llama el «primer round del desembolso». Parte de lo que se gasta pasa por un desembolso posterior en un «segundo round». Mientras el dinero que está dentro de una economía se gaste una y otra vez, se estimula la economía, provocando posteriores desembolsos.

En términos económicos, el dólar del turista es un artículo de exportación que aportará dinero nuevo. La parte que se quedará en la economía local, gastándose una y otra vez, dispone una reduplica-

ción de ingresos turísticos. Cuanto mayor sea el porcentaje del dólar del turista que permanezca en esa economía y cuanto más rápidamente circule, mayor será su efecto de «activador» de la economía de la zona.

Cuando llega un visitante a su destino, una considerable cantidad de dinero ya se ha gastado en esa zona para su traslado. Supóngase que el viajero llega en avión. La compañía aérea gastará una cierta cantidad de dinero del viajero en ese destino: se necesitan mecánicos en el aeropuerto; puede que algunos de los pilotos y de los ayudantes de vuelo residan ahí; el combustible para los aviones puede estar suministrado por un proveedor que emplea personal local. Se ha iniciado ya el efecto multiplicador. Los empleados y proveedores gastan una cierta cantidad de dinero que reciben dentro de la economía local, pudiendo ingresar en el banco una parte en un depósito con intereses. El banco se beneficia y, simultáneamente, el dinero se puede utilizar para construir una casa o empezar un negocio en dicha zona.

Si el visitante se queda en un hotel, entre un veinte y un cuarenta por ciento de la factura irá a parar a los empleados locales del hotel. Es probable que éstos se gasten una parte considerable de lo que ganan dentro de esa zona. De nuevo se da el efecto mul-

tiplicador, ya que cada vez que se gaste ese dinero la economía resulta estimulada.

El turista paga cincuenta dólares para realizar una excursión. El tour operador compra la gasolina, y la mayor parte del precio desembolsado se va fuera de la economía local. Pero el tour operador paga también a conductores locales, obtiene una ganancia personal y se gastará una parte grande o pequeña de esos beneficios dentro de la citada economía.

El turista alquila un bote para ir a navegar. Si el bote se construyó dentro de la zona de destino, gran parte del precio desembolsado se habrá quedado dentro de esa economía. El beneficio del propietario del bote permanecerá dentro de dicha economía, y a su vez la mayor parte lo gastará allí mismo.

Los ejemplos pueden seguir, pero está claro que con la inyección del dólar del turista se da principio a una sucesión de desembolsos dentro de la economía de una zona turística.

Hay también pérdida de dólares cuando el dinero deja una economía al adquirir bienes y servicios de fuera de dicha comunidad. Otra pérdida la constituyen los beneficios que salen de esa zona. En términos económicos, los distintos sectores de una economía están todos ligados, afectando cada parte a las restantes. Cuando estas uniones se incrementan en número y fuerza, las consecuencias del dólar del

En los viajes organizados, los turistas pagan una cantidad fija por su paquete que el tour operador se encarga de distribuir como pago de los variados gastos que se presentan. Sobre estas líneas, turistas durante una excursión fluvial.

turista sobre esa economía también se incrementan y hay menos dinero que salga de ella. En otras palabras, a menores pérdidas hacia fuera, mayor efecto multiplicador.

El dinero que se pierde importando

Para establecer qué parte del dólar turístico permanece en el área turística, es necesario descubrir dónde se gasta y qué parte sale fuera del lugar. La «propensión hacia la importación» del dólar turístico es el porcentaje que se envía a otra área en compras u otras razones. Esto representa una pérdida para dicha área.

El cuadro 7.D muestra la propensión a importar de los dólares que los turistas gastan en Hawai (el cuadro se reproduce sólo para ilustrar el efecto ge-

Cuadro 7.D Distribución de los gastos del visitante según los tipos de negocios de los establecimientos y la propensión a la importación asociado con cada tipo de negocio

Tipo de negocio	Distribución de los gastos del visitante (%)	Propensión a la importación (%)
Hoteles	24,6	38
Hoteles-apartamento y apartamentos	4,1	39
Restaurantes	31,4	41
Tiendas de comida	0,6	49
Tiendas de licores	6,0	66
Tiendas de ropa y accesorios	9,3	44
Joyerías, tiendas de regalos y recuerdos	5,2	60
Grandes almacenes y multitiendas	1,7	54
Farmacias	0,3	65
Tiendas de fotografía	1,1	57
Transporte de isla a isla	4,5	39
Transporte de tierra	4,9	37
Agentes de excursiones	1,8	29
Varios	4,5	45
TOTAL	100,0	—

neral, las cantidades en concepto pueden no ser exactas). Los gastos del turista terminan donde se realizaron, es decir, el hotel, el restaurante, las tiendas, etcétera. El porcentaje de esos desembolsos que sale fuera de Hawai figura como su propensión a la importación, la cual es necesariamente una estimación, pero es conveniente que lleguen a un efecto multiplicador tanto para el sector público como para el privado. Dichas apreciaciones no se mantienen como correctas para un área turística distinta. El efecto de los dólares que entran en Hawai y se quedan ahí no se tuvo en consideración.

Desde un punto de vista económico, los servicios llevados a cabo en el turismo son «exportaciones». Este concepto puede ser de alguna manera difícil de comprender, puesto que los servicios no son tan tangibles como la maquinaria o el trigo. Sin embargo, la oferta de servicios a los turistas produce unos ingresos en esa zona de la misma forma que los bienes más tangibles expedidos en esa misma zona.

Los artículos que se tienen que importar para mantener el turismo son desde luego de fuera del país y se cuentan en contra de los beneficios del turismo en la economía.

Si un turista se gasta cien dólares en un hotel de Estados Unidos, cuarenta dólares aproximadamente de esa cantidad van a parar a los empleados del hotel. Ese cuarenta por ciento se consideraría económicamente como resultante de la exportación.

Si la comida para los turistas se trajese al hotel desde fuera de la comunidad, su valor sería una importación. Cuanto mayor sea la parte del dólar del turista que se pueda calificar como exportación, mejor será para la economía local.

Expresado matemáticamente, el multiplicador del turismo es:

$$TIM = \frac{1 - TPI}{MPS + MPI}$$

donde:

TIM—Reduplicación de Ingresos Turísticos, o efecto multiplicador del turismo

TPI—Propensión de los turistas a importar, o bien la compra de bienes y servicios importados que no generan ingresos para la zona.

MPS—Propensión secundaria al ahorro, o bien propensión al ahorro de los residentes.

MPI—Propensión secundaria a importar, o bien la decisión de los residentes a comprar bienes de importación o incluso a gastarse su dinero en el extranjero.

Un estudio a gran escala del efecto de los desembolsos de los turistas en la economía de las Bahamas fue llevado a cabo por la Checchi Company de Washington D.C. En este estudio el efecto multiplicador que resultaba era de 0,894. Se calculó que, del dólar que se gastaba un turista, sobre unos 34 centavos se iban en bienes y servicios de importación que no suponían ningún ingreso para las Bahamas. Se calculó también que, de cada dólar que se gastaba en las empresas y los establecimientos de particulares con sede en las Bahamas, unos 46 centavos se gastaban en bienes y servicios de importación. Otros 28 centavos se iban en ahorro e inversiones.

Expresado en términos económicos, la propensión secundaria de la economía a la importación era de 0,456, su propensión secundaria al ahorro era de 0,281 y la propensión del turista a la importación era de 0,341. Utilizando la fórmula de la reduplicación de ingresos turísticos, el cálculo es:

$$TIM = \frac{1 - 0,341}{0,281 + 0,456} = \frac{0,659}{0,737} = 0,8942$$

Por consiguiente, el estudio del efecto económico del turismo en las islas Bahamas calculaba que, de cada dólar que se gastaba un turista, 89 centavos se gastaron dentro de la economía de las Bahamas (debe señalarse que referirse a la «propensión a la importación» puede resultar extremadamente difícil, ya que incluso dos investigadores pueden llegar a dos valoraciones diferentes).

El efecto multiplicador hallado como resultado de los gastos de los turistas varía mucho y depende de las zonas:

Nueva Hampshire: 1,6 a 1,7
Hawai: 0,9 a 1,3
Grecia: 1,2 a 1,4
Irlanda: 2,7
Canadá: 1,43

La valoración del impacto económico de los gastos del turismo en una zona turística, por supuesto que está influida en gran manera por el tamaño del efecto multiplicador que ocasione. Cuanto mayor sea ese efecto, mayor será el impacto económico del dólar turístico en una zona.

La clave para comprender el tamaño del efecto multiplicador está en la parte del dólar del turista que sale de esa economía, comparándolo con el porcentaje que se queda en la economía para que se gaste una y otra vez. Cuanto más salga fuera, menor es el efecto multiplicador; cuanto más cantidad se quede en la economía local, mayor será el efecto multiplicador. Otro factor del análisis coste-beneficio es el número de veces que el dólar turístico se vuelve a gastar dentro de la economía. Los estudios difieren entre ellos al suponer el número de transacciones del dólar desde una o dos hasta incluso doce.

Para ser más precisos, los multiplicadores se deberían contabilizar desde los distintos efectos causados por el gasto del visitante. Por ejemplo, el Centro de Datos de Viajes Estadounidense calculó en 1980 que el multiplicador del gasto de los viajeros en la economía de Estados Unidos era en conjunto de 2,96. Se calculó, sin embargo, un multiplicador

No todas las divisas provenientes del turismo quedan en el país receptor del mismo debido a la necesidad de importar la mayoría de productos que tienen muchos de ellos, sobre todo los insulares. Abajo, aspecto paradisíaco de Boston Bay en Jamaica.

diferente de 2,23 que resultaba del efecto que tenían los gastos de los viajeros en el empleo.

En las zonas turísticas muy desarrolladas, como Nueva York y Hawai, muchas de las compras necesarias para mantener el turismo se realizan dentro del área. El dólar del turista se distribuye por toda la economía. Una parte importante de éste se queda para que el gobierno lo use en la construcción de carreteras, escuelas, hospitales y para abastecer de otros servicios sociales necesarios.

¿EN QUÉ GASTA SU DINERO EL TURISTA?

Los desembolsos que realiza cada turista en una zona de destino son muy variables y están determinados por la duración de la visita, el precio del alojamiento y las comidas, y el valor de los puntos de interés de la zona. Algunas zonas tienen muchos atractivos construidos por el hombre, cada uno de ellos con un valor distinto; otras zonas están relativamente desprovistas de sitios en los que poder gastar dinero. Por ejemplo, en comparación con Florida o California, hay pocos atractivos turísticos hechos por el hombre en Maine.

El análisis de los gastos que realizaban los visitantes en Hawai resultó ser como sigue:

Alojamiento: 32,3 %
Comida y bebidas: 27,2 %
Transporte: 11,7 %
Ropa: 9,3 %
Regalos y recuerdos: 9,7 %
Otros gastos: 5,0 %
Diversiones: 4,8 %

Si los beneficios que provienen del turismo se pueden personalizar y expresar en términos sencillos, los residentes de la zona es más probable que tengan una actitud más positiva hacia el desarrollo del turismo. En el estudio previamente mencionado de las Bahamas, el especialista explicaba cómo se podían traducir los ingresos por turismo en beneficios palpables para los residentes. Se utilizó como ejemplo la construcción de dos ciudades de veraneo en las islas. Los derechos de aduana sobre los materiales y mobiliario y los beneficios de los gastos del turista que se quedarían en ellas generarían suficientes beneficios al gobierno para pagar una nueva clase en la escuela. Por cada dos habitaciones hoteleras construidas, doscientos turistas podrían visitar anualmente las islas, dejando lo suficiente en impuestos como para pagar el sueldo de un profesor. Para superar el resentimiento contra los trabajadores no autóctonos o inmigrantes, se adujo que cada empleado de hotel inmigrado generaba (de nuevo en impuestos) lo suficiente cada año como para pagar una nueva habitación de hospital.

El dólar del turista afecta tanto a la economía privada de una zona de destino turístico como al sector del gobierno pertinente. Estos efectos pueden discrepar mucho entre ellos. Los dólares que el turismo se gasta en un país en vías de desarrollo se pueden mandar fuera de él casi inmediatamente, como beneficios para propietarios extranjeros y para bienes y servicios de importación. El poder laboral puede contener un buen número de trabajadores del extranjero que envían gran parte de su dinero a su país para sus familias. Un ejemplo de ello son las islas Vírgenes de Estados Unidos, donde trabajan cerca de 16 mil personas, la mayoría procedentes de las islas británicas vecinas. En algunas zonas la mayor parte de la comida y bebidas que se venden a los turistas tienen que ser importadas, como es el caso de las economías de muchas islas y en países con economías nó diversificadas. El efecto multiplicador para el sector privado de esas áreas es bajo.

El efecto multiplicador puede ser bajo también para el gobierno, según sea su política de impuestos. En la mayoría de los países desarrollados, los beneficios del gobierno central oscilan entre el treinta y cuarenta por ciento de los ingresos nacionales. Si el gobierno ha accedido a la exención de impuesto de una manera bastante generalizada, los ingresos que tendrá serán pequeños. Si se incrementan los derechos sobre los bienes que utilizan los turistas, se pueden aumentar los beneficios del sector público devengados por turismo.

ENCARECIMIENTO DE LOS SERVICIOS DEBIDO AL TURISMO

El turismo encarece el coste de los servicios públicos, que oscilan ampliamente de una zona subdesarrollada como la isla de Granada a una ciudad altamente sofisticada como Honolulú. El turismo puede encarecer los precios de los servicios públicos en áreas tales como las autopistas, aeropuertos, protección policial y de incendios, alcantarillado, recursos naturales y parques y zonas de recreo locales.

La mano de obra inmigrante

En algunas zonas turísticas sus habitantes tienen ya su propia ocupación, o no quieren invertir su tiempo en el sector turístico, como es el caso de las Bahamas y las islas Vírgenes de Estados Unidos.

Si se requieren trabajadores de otros lugares, el coste inicial de la comunidad es elevado. Se necesitan servicios públicos adicionales de todo tipo. La Cámara de Comercio estadounidense calcula que para cada 350 residentes adicionales una ciudad necesita emplear un policía más, un bombero más y cuatro profesores más.

Gran parte del trabajo hotelero es del tipo no cualificado o semiespecializado, un trabajo que requiere un mínimo de educación o de aprendizaje.

Estos trabajadores no cualificados o con poca experiencia en el sector hotelero acostumbran ser pagados en el nivel más bajo de la escala de salarios y realizan las contribuciones de impuestos menores, no siempre suficientes para compensar los gastos ocasionados por el aumento de servicios públicos que se requiere.

Estos costes son relativamente visibles, mientras que hay otros costes sociales que no. ¿En qué momento la densidad de población de una zona llega a ser tan acusada como para hacer que ésta sea intolerable para los residentes permanentes? ¿Cuál es el coste para atraer a un grupo de gente no deseada hacia un área determinada? ¿Qué ocurre con el valor de la inflación para los residentes permanentes cuyos ingresos son insuficientes para mantener un nivel de vida alto? El coste social en forma de tensión psicológica producido por el turismo se mencionó anteriormente en este mismo capítulo.

El turismo masificado se estructura a partir de los ingresos y valores de la clase media. Donde existan diferencias muy acusadas entre el nivel cultural del visitante y el del residente, el desajuste será mayor. La opulencia del visitante en comparación con el nivel de vida del residente, puede ser un problema más importante que cualquier otra diferencia cultural.

POLÍTICAS DE TURISMO

Los costes y beneficios del turismo se deberían analizar teniendo en cuenta a toda la población directa o indirectamente relacionada, incluyendo a los residentes de la zona turística. Los 85 paradores y otros tipos de alojamiento del gobierno en España enriquecen la vida de españoles de clase media que pasan las vacaciones en ellos, así como también atraen dinero hacia el país a través del visitante extranjero. El turismo social, que produce servicios turísticos de bajo coste con subsidios del gobierno, está dirigido a la clase trabajadora de la nación. El gobierno tiene que pagar por ese turismo social, pero es un beneficio para los ciudadanos del país con ingresos más bajos.

Algunos gobiernos se inclinan claramente por el llamado «mercado de calidad», una clase acaudalada generalmente, de más de cincuenta años. Puerto Rico, por ejemplo, ha fomentado el desarrollo de hoteles que sean atractivos para ese mercado. No se permite acampar en ninguna playa de la isla. La mayoría de los gobiernos de las islas del Caribe tampoco reciben bien a los que quieren acampar. Algunos gobiernos no están interesados en atraer clubs de viaje como el Club Méditerranée, puesto que creen que estos clubs hacen poco para mejorar la economía del área. Hay otros gobiernos que los aceptan gustosamente.

Algunos gobiernos prefieren una mezcla de turistas, desde estudiantes con poco poder adquisitivo a personas muy ricas. Han descubierto que atender solamente al mercado de calidad requiere un cuidadoso trabajo y deja de lado algunas cosas beneficiosas, por lo que hoy en día varios gobiernos siguen una política de desarrollo de hoteles de segunda clase, un grado por debajo de los de lujo o superlujo. Con esta política atraen a grandes mercados turísticos nuevos.

Algunos proyectos para desarrollar el turismo pueden contemplarse como modelos de muestra que alientan a construir y explotar en la zona. Se podrían considerar los poblados del Club Méditerranéee como un espejo en el que contemplar los primeros ejemplos de salida de dinero turístico de la economía local, pues los poblados le reportan pocos ingresos. La mayor parte de la comida se importa y gran parte del trabajo lo hacen los «miembros trabajadores». Pero los clubs estimulan el interés por una zona y fomentan su desarrollo turístico.

Mientras se reconoce que el turismo trae dinero y estimula una economía, el crecimiento incontrolado o demasiado rápido del turismo a menudo es el peligro más innato para los residentes. La ruta 28 y otros parajes de Cabo Cod están desastrosamente abarrotados durante el período álgido de la estación veraniega, y la Comisión para el Desarrollo Económico y Planificador del Cabo Cod recomendó un límite en el número de hoteles y restaurantes. En un momento dado, el gobernador de Oregón y el Departamento para el Desarrollo Económico quisieron reservar Oregón para sus habitantes. El go-

En la página siguiente, vista parcial de Montecarlo, capital del Principado de Mónaco, un minúsculo estado europeo en el que el número de visitantes supera al de residentes, lo que en términos de prosperidad turística se considera ideal.

bernador invitaba a la gente a «venir y visitarnos una y otra vez, pero, os lo ruego por Dios, ¡no vengáis a vivir aquí!».

El efecto que ese nacionalismo en alza, el orgullo de uno mismo y de su propio país, ha tenido sobre el desarrollo del turismo no se ha estudiado aún en profundidad. Las nuevas naciones a menudo complican y amplían la burocracia para el paso de aduanas. Se puede considerar como un ritual, que quiere anunciar al visitante: «mira lo importantes que somos, observa lo difícil que es entrar en nuestro país». El «atareado» inspector de aduanas cobra mayor importancia si se obliga al visitante a esperar en una cola y a contestar una serie de preguntas, normalmente de poca importancia. A ese ritual se le añade el sellado del pasaporte.

El efecto del liderazgo político sobre el turismo siempre es importante. En las naciones en vías de desarrollo puede llegar a ser decisivo. El dirigente político puede provocar sentimientos de hostilidad o cordialidad; fomentar el orgullo o el resentimiento de los trabajadores; exacerbar sentimientos de inferioridad o inspirar confianza; preconizar la ley y el orden o la permisibilidad y el gamberrismo; alentar un aumento planificado del turismo o participar él mismo en beneficiarse rápidamente. El mal clima político de una zona turística puede hacer mucho daño al turismo.

VIVIR PARA Y POR EL TURISMO

Como es de esperar, las islas que están dentro del engranaje turístico tienen una densidad de visitantes muy elevada: las Bermudas, las Bahamas, las islas Vírgenes, las islas Caimán. Austria y Suiza, países pequeños, tienen aproximadamente el mismo número de visitantes que de residentes. Ciudades como Nueva York, Londres, San Francisco y Hong Kong tienen cientos de miles de visitantes, pero debido a que la población residente es muy grande, el impacto del turismo es menos intenso.

Con frecuencia el interés que pueda despertar un lugar se expresa por medio de la densidad del tu-

rismo, siendo una de las formas de medirlo la proporción entre los visitantes y los residentes. Los que se ocupan de fomentar el turismo dicen que cuanto mayor sea esa proporción, mejor, y señalan ejemplos como las Bahamas, Mónaco, Liechtenstein y Las Vegas, lugares que en gran medida viven para el turismo, cuya industria está dirigida casi por entero a él y cuyos residentes ambicionan incluso atraer más visitantes.

De entre todos los estados de Estados Unidos, Nevada es el primero en la lista, con el mayor índice de visitantes por residente y los mayores desembolsos del turismo por habitante, seguida por Virginia Occidental, Alaska, Wyoming, Vermont y Hawai. Los estados con mayores entradas provenientes del turismo (California, Florida, Texas y Nueva York) están muy por debajo de la lista, debido a la diversidad y magnitud de sus economías.

Valoraciones distintas

El determinar qué industria es más importante para un estado no resulta nada simple. Definiendo el turismo muy ampliamente, el Centro de Datos Estadounidense sobre Viajes informa que los viajes y el turismo ocupan el puesto número uno de empleo en 17 estados y en el distrito de Columbia.

Varios estados han empezado a poner en duda el valor del turismo y lo acertado de promocionarlo. Unos pocos han cortado los presupuestos de sus departamentos de turismo, otros han intentado actuar sobre el efecto económico del turismo o han llevado a cabo estudios sobre costes y beneficios. Dos estados decidieron calcular el valor del turismo en términos de gastos diarios, impuestos generados y empleos creados, en oposición a los gastos sociales y de infraestructura, un cambio frente a la vieja comparación entre el mercado de calidad y el mercado de masas. ¿Se debería alentar a que viniesen a una zona los que pueden gastar mucho, y desanimar a que lo hiciesen los que pueden gastar poco (por ejemplo los que van de camping)?

Los gobiernos de los estados de Maine y Maryland emplearon, en 1975, a la empresa Arthur D. Little, de Boston, para estudiar los efectos sociales y ambientales de varios tipos de turistas en sus territorios. Esta compañía clasificó a los visitantes en cuanto a sus desembolsos diarios por término medio y los efectos sociales y ambientales. Los visitantes por motivos de negocios o convenciones consiguieron la posición más elevada y los que van de camping la última. Los aficionados al esquí y los excursionistas obtuvieron una mejor posición que los que iban solamente a ver nieve o a hacer excursiones en barca por mar.

Los investigadores descubrieron que los visitantes de la costa este de Maryland que se alojaban en hoteles o moteles gastaban cuatro veces más que los que iban de camping, generaban seis veces más empleos, las entradas de esa zona eran siete veces superiores y los ingresos por impuestos eran más de cinco veces mayores.

El gobierno de Puerto Rico intentó dispersar el turismo de los alrededores del centro de la ciudad hacia otras partes de la isla. A mitad de la década de 1970, Puerto Rico impulsó el desarrollo de los «paradores», hoteles pequeños, modestos, de propiedad privada, que están situados por toda la isla y promocionados por la oficina de turismo. En Hawai un sector cree que el turismo se ha desbordado ya y ha cambiado la calidad de vida desfavorablemente para los residentes permanentes.

Los estudios sobre los efectos económicos no pueden analizar aspectos tales como la calidad de vida, el efecto del turismo sobre la psicología del personal de servicio, sobre el gasto, la contaminación aérea y ruidos. Los beneficios del turismo, que son cuantificables normalmente, pero no siempre, justifican su desarrollo, especialmente en las áreas menos desarrolladas. La mayoría de los expertos en turismo están a favor de su desarrollo controlado y, en algunos destinos, de una clarificación de los planes para su futura expansión.

En las ciudades en que el turismo constituye sólo una parte de su economía, aun en el caso de que sea una parte importante, los visitantes no siempre son vistos como elementos benéficos que aportan dinero. Londres, Honolulú, San Juan, Cabo Cod y el estado de Vermont tienen miles de residentes que desearían que hubiese menos visitantes y quisieran poner fin al desarrollo turístico. ¿Por qué, dicen ellos,

debemos sufrir a causa de los turistas que causan embotellamientos en nuestra carreteras y que provocan una subida de los precios de casi todo, pero especialmente de los terrenos y de la mano de obra?

IMPACTO DEL TURISMO EN LA SOCIEDAD

Quizás más que las implicaciones económicas, son más importantes para los residentes en un área turística las implicaciones sociológicas al tener a miles e incluso a millones de viajeros que visitan una zona determinada. Seguro que el turismo comporta un cambio, el cual es bien recibido por un sector de la sociedad y provoca controversias en otros sectores de la población.

En una sociedad pequeña, firmemente interrelacionada, los efectos del turismo son pronunciados y obvios. Los visitantes provocan un cambio al igual que lo pueden provocar un Cuerpo de Pacificación, un grupo de misioneros o nuevos negocios. Los visitantes, normalmente inmersos en sus valores personales y de clase media, propagan sus valores cuando viajan. En Rarotonga, en las islas Cook, el turista sigue dando propinas como en Nueva York o Keokuk, Iowa. El residente no sabe si estarle agradecido o sentirse resentido, puesto que, cuando tradicionalmente dan hospitalidad sin esperar nada a cambio, los residentes pueden sentir que las propinas son degradantes, y son una injusta compensación para los empleados que ofrecen dicha hospitalidad.

Un grupo turístico, al querer presenciar un baile maorí en Nueva Zelanda, probablemente está comercializando en cierta medida ese baile, pero también está estimulando una forma artística que se había estado perdiendo. En realidad, las compras de los turistas de tallas maoríes hechas en madera han hecho renacer esa forma artística entre los pueblos nativos.

Las personas mayores de algunas colectividades están preocupadas por el hecho de que la gente joven de ambos sexos de su sociedad, tentados por tanto dinero, se dediquen a la prostitución. Es cierto que eso ha ocurrido en un desafortunado número de casos en varios países, lo cual no es sorprendente, puesto que los adolescentes pueden ganar en unas pocas horas tanto como si ellos hubiesen trabajado en una fábrica o en el campo durante una semana o incluso durante un mes.

Algunas sociedades sienten el cambio más que otras. Mientras que los daneses disponen las cosas para que el visitante «conozca a los daneses», otras sociedades harán todo lo posible para que los turistas estén alejados de los residentes. Algunos de

Regiones	Gastos en turismo (millones $)	Empleos generados por turismo (miles)	Porcentaje de la nómina de empleo total (%)
Cuadro 7.E Gastos en turismo de los visitantes de Estados Unidos y extranjeros y empleo que generan, por región visitada.*			
NUEVA INGLATERRA Connecticut, Maine, Massachusetts, Nueva Hampshire, Rhode Island, Vermont	14 769	233	3,5
ATLÁNTICO MEDIO Nueva Jersey, Nueva York, Pensilvania	41 234	638	3,7
ATLÁNTICO SUR Delaware, Distrito de Columbia, Florida, Georgia, Maryland, Carolina del Norte, Carolina del Sur, Virginia, Virginia Occidental	65 938	1 168	6,0
CENTRO SUDESTE Alabama, Kentucky, Misisipí, Tennessee	13 403	245	4,0
CENTRO NORDESTE Illinois, Indiana, Michigan, Ohio, Wisconsin	34 269	581	3,1
CENTRO NOROESTE Iowa, Kansas, Minnesota, Misuri, Nebraska, Dakota del Norte, Dakota del Sur	17 069	316	4,0
CENTRO SUDOESTE Arkansas, Luisiana, Oklahoma, Texas	27 038	485	4,6
MONTAÑA Arizona, Colorado, Idaho, Montana, Nevada, Nuevo México, Utah, Wyoming	28 934	522	9,3
PACÍFICO Alaska, California, Hawai, Oregón, Washington	63 573	1 025	6,2
TOTAL EE UU	306 227	5 213	44,4

Nota: El total puede diferir debido a los decimales.
* Cifras correspondientes a mediados de los años noventa.
Fuente: U.S. Travel Data Center y U.S. Travel and Tourism Administration.

los países situados en las islas del Pacífico animan a los turistas a que se hospeden en los pueblos.

Las normas del vestir, desde luego, varían en todo el mundo, y muchas sociedades se ofenden por los forasteros que violan dichas normas. En Ciudad de México, por ejemplo, las mujeres que aparecen en público con pantalón corto son vistas con aversión.

Se sabe que los visitantes de la Micronesia han entrado en casas privadas para hacer fotografías a las tejedoras, mujeres que tradicionalmente van semidesnudas al trabajar. Obviamente, el comportamiento de los turistas puede provocar un desajuste cultural, de la misma manera que lo puede originar la educación, nuevas religiones, la televisión y el cine.

La invasión turística supone cambios en la economía de los países anfitriones pero también puede tener repercusiones sociológicas. Eso ocurre, por ejemplo, en Nueva Zelanda, donde las tradiciones maoríes (arriba) han pasado a ser curiosidades folclóricas de atractivo turístico.

El mismo atractivo que representa el turismo puede ser visto de forma diferente por distintos observadores. Algunos creen que el turismo comercializa la historia, la identidad étnica y las culturas de los pueblos del mundo, uniendo el alma cultural de la gente en la venta de sus demás recursos, forzando un cambio cultural sin precedentes sobre personas que ya estaban confundidas por cambios como la industrialización, la urbanización y la inflación.

Un ejemplo de tal comercialización es el ritual público de Fuenterrabía, una ciudad amurallada española cerca de la frontera con Francia. El ritual celebra el Alarde, la victoria de Fuenterrabía frente a los franceses en el famoso sitio de 1638, que duró sesenta y nueve días. El Alarde es una recreación del suceso realizado por un gran número de ciudadanos, un desfile con música marcial y un redoble de tambores que no cesa. Originalmente, la ceremonia era una manifestación del valor colectivo y de la igualdad entre todos los habitantes del pueblo, una afirmación de su existencia y su identidad incluso a pesar de que la mayor parte de la población trabaja fuera de Fuenterrabía. Era un suceso que cerraba las heridas abiertas por las habladurías y la mala fe que se había originado durante el año precedente.

El Ministerio de Turismo español promocionó ese acontecimiento como un festival para atraer turismo, y el resultado fue que pocos fueron los residentes que querían participar en él. Para los habitantes de Fuenterrabía, con la comercialización del Alarde se perdió su autenticidad y su significado.

La política del gobierno puede ser crucial al estimular o desalentar el turismo. Bajo Franco, los salarios y los precios estaban estrictamente controlados en España. No había huelgas. Cuando un grupo de empleados de hotel de Mallorca intentaron hacer huelga, duró solamente medio día, puesto que todos los huelguistas fueron militarizados, y la primera orden fue la de volver al trabajo. Después de Franco las huelgas ya fueron más frecuentes.

Las consecuencias sobre la forma de actuar de los habitantes de una zona turística provocadas por los turistas son bien conocidas por todos los que escriben sobre el turismo. El visitante, especialmente el del mundo industrializado que viaja a países menos desarrollados, es observado como alguien a quien emular; el visitante lleva tejanos, y de repente los tejanos se ponen de moda entre la gente joven de ese país; el visitante prefiere whisky escocés, y el whisky escocés pasa a ser la bebida más consumida en casa o en los cafés; el visitante se comporta con unos modales desenfadados y ese comportamiento se hace popular.

Aunque se acostumbra tildar al turismo de disolver la cultura y ser fuente de tensión entre los residentes de una zona de destino, tal visión se debe sopesar cuidadosamente. Centros cosmopolitas como Nueva York y Londres y países como Suiza, Dinamarca y Francia tienen culturas que parecen sufrir poco a causa de una gran afluencia de turistas.

El cambio social es menor donde el visitante y el residente tienen un nivel económico, educativo y cultural similar. Por el contrario, es de esperar que se produzca un mayor cambio social en los destinos en los que existan diferencias acusadas entre la cultura y la economía de los visitantes y la de los residentes fijos del lugar.

Cambios de actitudes de los turistas al finalizar un viaje

Está bien claro que visitantes de culturas distintas a la del país quedan afectados de manera muy diferente. El visitante que busque relajación o placer tiene un interés mínimo en la historia, el folclore y la psicología de las gentes que visita. Los bares y las piscinas son exactamente iguales en todo el mundo.

Otros visitantes buscan activamente y examinan la cultura del pueblo visitado, la comparan con la suya propia y quizás su conocimiento, cambia su actitud frente a ese pueblo y con ellos mismos.

Un estudio que analizaba los cambios de actitud de los turistas frente a un pueblo que visitaban se realizó con turistas británicos en Grecia, y con otros visitando Marruecos. Los visitantes estaban allí en viaje de recreo y placer, pero también cambiaron su actitud frente a la población de dichos países como resultado de las dos o tres semanas de viaje.

Para los turistas que visitaron Grecia, los griegos parecían menos corteses, más religiosos y menos ricos de lo que les había parecido al principio. Las actitudes hacia los marroquíes también cambiaron, pues llegaron a ser contemplados como más pobres, más conservadores, más habladores, más musicales, más tensos y más comerciantes que antes del viaje. Los compañeros de viaje se veían, al finalizar el viaje, menos tensos y más acaudalados.

No puede generalizarse sobre los cambios en las actitudes y otros cambios causados por los viajes. La gente que tenga fuertes prejuicios contra unos grupos étnicos puede solamente aumentar esos prejuicios como resultado de su viaje, pues ven selectivamente lo que para ellos es importante observar. Las personas básicamente generosas y abiertas ven lo bueno. La persona que necesite proteger una cierta visión de las cosas va a percibir lo que necesite para mantener esa imagen previamente elaborada. Los aristócratas británicos que realizaban el Grand Tour en el siglo XVIII, probablemente volvían sintiéndose tan arrogantes como se habían ido. La gente que viaja en grupo a Fiji actualmente puede regresar a casa con dos ideas muy distintas sobre sus habitantes: pueden considerarlos encantadores, afectuosos y amigables, o bien perezosos e irresponsables.

Cambios sociales debido al turismo

Se ha escrito mucho sobre los costes sociales del turismo, y los problemas que originan se discuten en otro apartado de este libro. Los costes sociales reales y los costes psicológicos reales son imposibles de separar. Las aglomeraciones producidas por el turismo se citan a menudo como costes sociales. Sin embargo, ciudades como Nueva York, París y San Francisco tienen grandes aglomeraciones durante las temporadas turísticas y fuera de ellas, y se comenta poco el aumento en las aglomeraciones producido por los visitantes en dichas zonas. Nueva York, Chicago y París son centros comerciales del mismo modo que son también centros turísticos y están equipados para una gran densidad de pobla-

Cuadro 7.F Resumen de algunos costes contrastados con los beneficios del turismo en una comunidad

Costes	Beneficios
· Una ampliación de: servicio de alcantarillado, policía, incendios, escuelas, posibles aeropuertos. · Posible incremento de todo tipo de crímenes. · Mayor contaminación: aire, agua; más ruidos. · Más problemas por densidad. · Una posible limitación en el acceso a las playas o a bonitos parajes. · Más divorcios y problemas sociales. · Aumento del coste de la vida: comida, alquileres, transportes, mano de obra.	· Más opciones de encontrar empleo. · Aumento en el valor de las propiedades. · Mayores beneficios a través de los impuestos. · Una opción más amplia de diversiones. · Posible embellecimiento de la zona. · Mayor facilidad de transporte para los residentes: más carreteras, aeropuertos, posibles transportes públicos. · Mayores oportunidades de educación gracias a un mayor número de escuelas y universidades. · Mayor variedad para elegir automóviles, ropa, etc.

ción. Pero para una zona que tuviese un ritmo de vida tranquilo antes de que el turismo emergiera con fuerza, el aumento en el número de visitantes provocaría cambios de actitud y de forma de vivir en los residentes.

Se dice que un incremento de los visitantes aumenta la actividad criminal. Los turistas ricos presentan un blanco tentador. Un turista puede llevar consigo varios cientos de dólares, el equivalente de un mes de trabajo o más para el residente pobre. Es una cuestión a estudiar el que el turismo aumente la criminalidad. Sitios como Singapur, donde se hace cumplir la ley estrictamente, parece ser que no tienen ningún problema para proteger a los visitantes. Otros sitios sí experimentan más robos, asaltos y hechos por el estilo cuando aumenta la población visitante. Un estudio del turismo y el crimen en México, por ejemplo, señaló una fuerte relación entre el volumen de turistas extranjeros y el índice de fraude, robos de todo tipo, secuestros y otros crímenes sin clasificación.

La diferencia económica entre los visitantes y los residentes se considera como un factor que amplía los motivos de queja de la población local, especialmente si son evidentes las diferencias raciales entre ambos grupos. Cuando una población residente se siente inferior o tiene una historia en la que ha sido explotada, estos sentimientos probablemente se intensifican.

Para algunos visitantes de ciertas áreas del Caribe es evidente que todo no es igual para los visitantes y los residentes, especialmente si el residente es negro y pobre. Los viajeros se quejan de la indiferencia o de la insolencia declarada incluso por parte de los camareros, taxistas y otros. Cuando un gobierno local excluye a las secciones pobres de la población de las buenas playas de la zona o da preferencia a los visitantes, no hay duda de que los residentes van a sentirse resentidos.

El desarrollo de las zonas turísticas también implica nuevas carreteras, aeropuertos, hospitales, restaurantes y sitios atractivos que ofrecen opciones distintas en un estilo de vida que antes no estaban disponibles. La autopista que atraviesa a lo largo la Baja California es un buen ejemplo. Probablemente no se hubiese construido a no ser por el turismo, que los promotores confiaban en que la utilizaría, pero además ha facilitado el acceso a determinados mercados y reducido el aislamiento de los residentes.

EL TURISMO POTENCIA LA CULTURA

Las consecuencias del turismo en las artes de los primitivos y de regiones en desarrollo han sido discutidas con todos sus pros y sus contras. Las consecuencias han sido favorables en un cierto número de lugares. La cerámica, los tejidos, los bordados, la joyería y otras artes manuales han cobrado de nuevo vida en Tunicia y Chipre. En Malta el turismo ha fortalecido las artes manuales en géneros de punto, textiles y en cristalería, se revitalizaron los bailes folclóricos y la música popular y se desarrollaron nuevos bailes. Las tallas en madera, construidas por los artesanos africanos, originalmente muy relacionados con sus ritos, estaban desapareciendo gradualmente hasta que las compras de los turistas les dieron un nuevo estímulo, respondiendo estos artesanos con el desarrollo de nuevas formas y estilos basados en los modelos tradicionales. En las Bahamas unos habitantes de la isla exterior de Andros crearon un estilo de estampado sobre algodón, lo calificaron como Androsía y lo convirtieron en un provechoso negocio que hacía grandes ventas a los turistas.

En Fiji la talla de madera era un arte que se había perdido. Fue un artista de Hawai el encargado de reintroducir las técnicas del tallado en madera para que los artesanos nativos pudiesen crear las tallas que se necesitaban para un hotel nuevo. Los tallistas después instalaron una tienda en los jardines del hotel y actualmente venden sus productos a los visitantes.

Al construir el hotel Bora Bora en Tahití, los tahitianos prepararon un techo de paja Lauhala. Unos cuencos tallados a la usanza tahitiana se utilizan para los banquetes de gala en un nuevo hotel en dicha isla. Un constructor de sombrillas tailandés fue encargado de realizar todo el techo y las instalaciones de las lámparas de un hotel en la isla de Bali. En Indonesia, los tejedores locales hicieron los adornos para decorar las paredes de un hotel. Los orfebres de la plata en Thailandia elaboraron la vajilla para el buffet de un hotel. De esta forma el visitante puede entrar en contacto con la herencia cultural del país que visita, dentro del hotel con los servicios y el lujo moderno.

En general, al colocar el arte y la artesanía local en los vestíbulos de los hoteles, en las habitaciones de huéspedes y en los restaurantes incrementa su demanda y al mismo tiempo crea una ambientación local deseable para los hoteles.

La industrialización del arte local

Inevitablemente, los objetos de arte seudoartísticos aparecen, por ejemplo, en forma de abalorios de conchas hechos en Manila o en Hong Kong y vendidos en Hawai. La maquinaria reemplaza a lo manual al elaborar imitaciones baratas y copias de plástico sustituyen a obras de arte auténticas, sin embargo hay mercado para ambas, la auténtica y la copia, con gran pesar para los autonombrados árbitros del gusto, quienes desdeñan la copia muy al estilo del entendido que rechaza los diamantes falsos. Ambas tienen su lugar.

Varios antropólogos lo ven bajo el punto de vista de que los artistas del tercer mundo han respondido conscientemente al mercado de recuerdos y al hacerlo, de hecho, han mejorado el arte nativo. Han evolucionado nuevas formas artísticas y pueden continuar haciéndolo. Los denominados pueblos primitivos pueden seguir siendo igual de creativos al dejar de ser completamente «primitivos». Por ejemplo, el arte esquimal que utiliza el marfil de los animales del Ártico en muchas ocasiones ha variado

drásticamente su forma inicial. Algunos artistas esquimales comercian con sus productos exactamente igual que lo hace cualquier negociante. Sin embargo, sus obras son exquisitas bajo cualquier punto de vista.

Determinado número de países en desarrollo han creado tiendas de artesanía dirigidas por el estado que tienden a dar autenticidad al producto y asegurar su calidad. Las diferencias en la calidad son sin embargo acusadas. En Apia, en Samoa Occidental, la tienda de artesanía que dirige el estado dispone de todo tipo y diseño de telas de tapa (fabricadas con corteza de árbol), cuencos de kava, utensilios para comer y multitud de objetos. Algunas tienen trabajadores especializados, otras no. La del Centro de Convenciones de Acapulco realza los objetos en venta con una presentación teatral y una disposición de prestigio. Sin embargo, hay otros centros artesanales que parecen hacer poco más que dar trabajo a funcionarios de clase media.

Hay pocas dudas en cuanto a que el turismo puede mantener o crear un nuevo interés en la historia, particularmente en el pasado folklórico. Los pueblos típicos cerca de Oslo, Noruega, y en Estocolmo, Suecia, son ejemplos de ello. Tal interés crea para la artesanía nuevas oportunidades.

Los turistas en Noruega, por ejemplo, están fascinados por las figuritas de duendes que se basan en los cuentos populares noruegos.

Si hacemos balance, parece que se puede afirmar con seguridad que el turismo incrementa la artesanía y las artes de su zona de destino proveyendo nuevos mercados para los artesanos, a menudo recuperando un tipo de arte o de artesanía que se estaba perdiendo y fortaleciendo el desarrollo de las formas tradicionales. El turismo en algunos casos ha fomentado nuevas formas artísticas o adaptaciones de las formas tradicionales.

Los turistas espectadores de culturas

El doctor Philip McKean, un antropólogo que estudió el impacto del turismo sobre la estructura cultural en Bali, llegó a la conclusión de que el cambio cultural que ocasionó el turismo en realidad fortaleció varias de las tradiciones folklóricas. Desde 1969, cuando se construyó en Bali un aeropuerto para jets, llegaron decenas de miles de turistas para disfrutar de la isla y de las representaciones de baile y los ritos religiosos en los templos de Bali.

Se compraron objetos de artesanía, pinturas y esculturas. Disfrutaron del paisaje, los alojamientos y de la gente de la isla. Las relaciones entre los tu-

Mientras un tipo de viajeros prefieren lo conocido cuando eligen un destino, hay otros que eligen siempre lugares exóticos y no turísticos.
A la izquierda, ceremonia del paso del Círculo Polar Ártico, uno de los alicientes que presenta Finlandia a los turistas que la visitan.

ristas y los habitantes de Bali fueron en su mayor parte formalizadas y bien organizadas a través del personal de los hoteles y de las agencias de viajes, quienes esencialmente sirvieron para romper el bloqueo cultural.

A cambio de su dinero, a los turistas se les permitió penetrar en el reino mítico del cosmos de Bali. Fueron bienvenidos como espectadores de acontecimientos estéticos bien organizados. Lejos de diluir la cultura de la isla y de fomentar el desarrollo de acontecimientos seudoculturales, que habrían destruido la tradición indígena o habrían homogeneizado las culturas, la cultura de Bali no peligró en absoluto.

Los habitantes acogieron a los participantes del extranjero en sus representaciones rituales que, en la tradición de Bali, intensificaron el valor de la ceremonia. Las ganancias de las entradas de los turistas para dichas representaciones en los templos se agradecieron y utilizaron para mejorar tanto las representaciones como el equipo que se necesitaba para ellas.

LOS CICLOS DEL MERCADO TURÍSTICO

Al establecer un destino turístico, sus mercados tienden a cambiar, lo que significa que como destino turístico se hace más popular y el número y clase de visitantes cambian. Por regla general, con el paso del tiempo los lugares que en principio eran frecuentados por uno o dos grupos sociales tienden a atraer a distintos grupos. A principios del siglo XIX, Niza, en la Riviera francesa, se convirtió en el lugar preferido por la clase alta inglesa para pasar el invierno. Actualmente, es un sitio que atrae a la clase media, la clase alta va a otros lugares. Mientras que solamente la gente con tiempo libre y considerablemente rica se podía permitir un viaje en barco hasta Hawai antes de la Segunda Guerra Mundial, actualmente los jets llevan a la clase media desde todas partes de Estados Unidos y más recientemente a muchas personas desde Japón.

Los lugares turísticos alejados son descubiertos primero por la élite o las personas con afán de aventura. Viajar a ese destino se hace más sencillo y la clase económicamente alta es sustituida por la clase media aventurera, con educación, la cual a su vez es imitada por la gran masa de viajeros y los vuelos charter. Buenos ejemplos de estos cambios de mercado son Honolulú y Puerto Rico.

Como la mayoría de los restaurantes y hoteles, muchos lugares de destino tienen ciclos de vida: inicio, plenitud y decadencia. No hay una causa mística en tales ciclos. El cambio social, político y económico tiene un efecto amplísimo. Los nuevos medios de transporte, las nuevas organizaciones políticas y la redistribución de la riqueza influyen a la hora de elegir los destinos para pasar las vacaciones.

La amistad de Estados Unidos con Japón y el crecimiento económico espectacular de dicho país después de la Segunda Guerra Mundial han jugado un importante papel en el tremendo incremento de los visitantes japoneses a Hawai y a la costa oeste estadounidense. Estos factores también cuentan, en parte, al hacer de Guam el destino más importante escogido por los recién casados japoneses para su luna de miel. El crecimiento económico de Alemania ha facilitado muchísimo los viajes para los alemanes.

Algunos grupos nacionales tienen una historia de viajes que la adoptan otras clases sociales al procurar mayor tiempo libre y vacaciones pagadas. Durante mucho tiempo los británicos han estado entre los mayores viajeros del mundo, para construirse un imperio, buscar cultura y perseguir la aventura. La clase alta de Gran Bretaña abrió el camino de viajar por Europa, y su clase media ha escogido determinadas zonas de España para sus vacaciones y como segunda residencia.

Cuando solamente los ociosos y los poderosos podían irse de vacaciones a Waikiki, el clima psicológico en ese lugar era bastante distinto de lo que es ahora, cuando los jets pueden, y lo hacen, transportar a un grupo de 360 personas que realizan un viaje organizado. Torremolinos, en España, fue una vez un pueblo tranquilo, un sitio barato para la clase media inglesa, un lejano eco del barullo y trasiego de hoy en día.

Por regla general, la estancia de los turistas se ha acortado. Se ha sustituido a la gente que venía a pasar toda una temporada por el pasajero fugaz y las excursiones turísticas de un día. Los residentes piensan de forma distinta sobre los visitantes de mediana edad o de edad avanzada que permanecen largo tiempo y que tienen una gran casa en propiedad, criados y pertenecen a un club de campo privado. La gente más joven, que normalmente reemplaza a este tipo de turistas, llena las calles, produce atascos en las carreteras, acude a las discotecas y quizás frecuenta los restaurantes de comidas rápidas y los campings.

El Gran Cañón es un ejemplo de tales cambios. Hubo un tiempo en que los turistas necesariamente llegaban en ferrocarril y permanecían allí durante varios días. Actualmente el Gran Cañón puede ser observado por unas quince mil personas cada día, pocas de ellas permaneciendo allí el tiempo suficiente para que les resulten conocidas a los empleados o a los residentes del pueblo.

Tipos de viajeros

Stanley C. Plog, un investigador del comportamiento, ha dividido a los viajeros en clasificaciones como «psicocéntricos» y «alocéntricos» que pueden ayudar a explicar por qué tantos destinos cambian de características en el espacio de un verano.

Cuadro 7.G Características de los viajes para cada tipo psicográfico

Psicocéntricos	Alocéntricos
· Prefieren lo conocido cuando eligen la zona de destino. · Prefieren el tipo de actividades corrientes en esa zona elegida. · Prefieren los típicos lugares para tomar el sol y divertirse, con la posibilidad de descansar mucho. · Bajo nivel de actividad. · Prefieren destinos accesibles en automóvil. · Prefieren alojamientos para turistas, del tipo complejos hoteleros grandes, restaurantes familiares y tiendas para turistas. · Prefieren ambientes caseros, las diversiones de tipo familiar, sin notar un ambiente extraño. · Lo más apropiado son los viajes organizados, con casi todo incluido.	· Prefieren las zonas no turísticas. · Disfrutan con la sensación de descubrir y con nuevas experiencias, antes de que otra gente conozca esas zonas. · Prefieren lugares desconocidos y diferentes a lo normal. · Alto nivel de actividad. · Prefieren destinos accesibles en avión. · Los alojamientos deben estar equipados, como los buenos hoteles, con comida aceptable, hoteles no necesariamente modernos o de cadenas hoteleras, y con pocas atracciones especiales para turistas. · Les gusta encontrarse y tratar con gente de cultura extraña y diferente. · Pueden hacer un viaje en el que les han organizado las cosas más básicas (transporte y hoteles) y que les permita una considerable libertad y flexibilidad.

Plog utiliza el adjetivo «alocéntricos» para describir a las personas que son muy curiosas, que disfrutan con el estímulo y el cambio. Cuando investigó para las compañías aéreas y otros interesados en saber por qué ciertas personas no volaban en avión, Plog descubrió que algunas personas poseen una ansiedad vaga y generalizada que provoca esa amenaza desconocida. Para ellas, los pequeños problemas son grandes, están inhibidas y no desean ninguna aventura. Plog las denominó personas «psicocéntricas» o que ellas mismas forman el centro de sus pensamientos.

Los alocéntricos es más probable que vuelen y no que conduzcan. En su destino quieren explorar, descubrir, probablemente alquilarán un coche y viajarán ellos solos. Los viajes organizados, por otro lado, son para los que tienen inclinaciones psicocéntricas. Los alocéntricos tienden a aceptar los desafíos, a encontrarse con los residentes, a probar la comida y la bebida, a buscar nuevas experiencias. Irán a China o Nepal, mientras que los psicocéntricos preferirán un parque estatal próximo.

Posteriores investigaciones revelaron otra dimensión: el nivel de energía. Los alocéntricos de alta energía son los que hacen auto-stop, los ciclistas, los conductores. Los de baja energía siguen siendo curiosos y aventureros, pero renuncian a los medios más agotadores. Una semana en el festival de Edimburgo o un viaje en grupo por Rusia sería lo más adecuado para ellos. Los psicocéntricos de baja energía se conforman con permanecer en casa, y los de alta energía harán un viaje por Europa, que esté completamente organizado. En un determinado sitio turístico, el alocéntrico juega a tenis, el psicocéntrico, al golf, utilizando un carrito. El alocéntrico se aburre en un sitio donde la playa sea la única atracción posible.

Una zona de destino, al pasar a estar más comercializada, va perdiendo sus cualidades particulares, esas que atraían a los alocéntricos. Se convierte en algo más mundano, atrayendo a los menos aventureros. De acuerdo con Plog, las distancias y las diferencias culturales entre los caribeños y los estadounidenses hacen que, con toda seguridad, haya zonas del Caribe a las que les quede un largo camino que recorrer antes de aproximarse al estado psicocéntrico de Miami Beach. Sin embargo, hay zonas de Puerto Rico que están ya archiconocidas por los neoyorquinos con experiencia en viajar. Al hacerse más fáciles y relativamente más económicos los viajes, el Caribe puede no atraer ya a los alocéntricos, pero habrá conseguido la gran masa de viajeros clasificados como «semicéntricos». Éstos son los que están entre los extremos, en realidad ni aven-

tureros ni temerosos de viajar, el tipo de gente que constituye la gran mayoría de la población.

Plog cree que el Caribe ahora atrae a las personas semicéntricas. Los alocéntricos están buscando sitios exóticos como el Pacífico Sur, África y Oriente. Los que prefieren no salir al extranjero van a Cabo Cod o a un parque nacional o estatal cercano. Si son más aventureros, pueden ir a Honolulú, al Caribe, a Europa o a México. La figura 7.A muestra la distribución de los distintos tipos.

La relación que marca Plog entre los destinos de los viajes y los tipos de personalidades es, no obstante, una hipótesis valiosa que está abierta al análisis y a la comprobación. Por ejemplo, los integrantes de un viaje organizado a Oriente podrían reunir distintos grupos psicográficos, algunos de los cuales no serán alocéntricos como los que se apuntan en el diagrama. El viaje puede estar muy organizado, viajando en aviones en primera clase o en barco; aun en el caso de que el viaje llegase a sitios tan exóticos como Bangkok, Bali o Fiji, la seguridad y la organización que proporciona ese viaje puede atraer tanto a semicéntricos como a alocéntricos.

TURISMO SUBVENCIONADO

El turismo social, aunque no está bien definido, implica la existencia de unas subvenciones parciales al viaje en sí o a la zona de destino. Los ejemplos más obvios de turismo social son los negocios turísticos que el gobierno poseía y dirigía en los antiguos países comunistas. En dichos países el turismo era un monopolio del gobierno, siendo los trenes, las compañías aéreas y los servicios en las zonas de destino propiedad del gobierno y dirigidos por él o por las agencias del estado, incluyendo las organizaciones sindicales del estado. La estructura entera del turismo puede ser fuertemente subvencionada para el residente del país o en muchos casos para los que vienen del extranjero.

En Europa las vacaciones que reciben subvenciones toman distintas formas. Los empleados pueden tener acceso a fondos para vacaciones establecidos conjuntamente por los sindicatos y el empresario. En los Países Bajos y en Gran Bretaña, un empresario puede proporcionar bonos de viaje, como ocurre frecuentemente en Alemania. En Bélgica los empresarios a menudo reparten beneficios en forma de dinero en metálico para hacer viajes. En Nueva Zelanda los funcionarios reciben reducciones de precio en los hoteles.

Varios gobiernos europeos ofrecen subvenciones y alientan por otros medios el turismo. Alemania, Bélgica, España, Francia, Irlanda, Noruega, Países

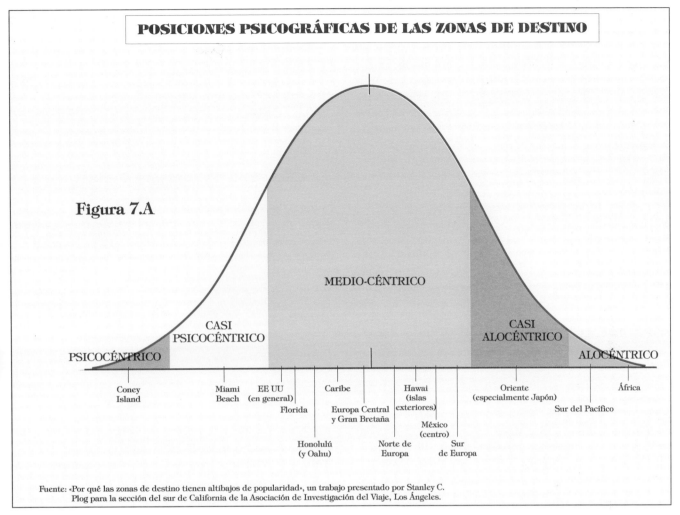

POSICIONES PSICOGRÁFICAS DE LAS ZONAS DE DESTINO

Figura 7.A

MEDIO-CÉNTRICO

CASI
PSICOCÉNTRICO

CASI
ALOCÉNTRICO

PSICOCÉNTRICO

ALOCÉNTRICO

Coney
Island

Miami
Beach

EE UU
(en general)

Florida

Caribe

Europa Central
y Gran Bretaña

Hawai
(islas
exteriores)

México
(centro)

Oriente
(especialmente Japón)

Sur del Pacífico

África

Honolulú
(y Oahu)

Norte de
Europa

Sur
de Europa

Fuente: «Por qué las zonas de destino tienen altibajos de popularidad», un trabajo presentado por Stanley C.
Plog para la sección del sur de California de la Asociación de Investigación del Viaje, Los Ángeles.

Bajos, Suecia y Suiza invierten todos ellos mucho en turismo. Los tipos de ayudas o subvenciones son muy variados. Las ayudas económicas de Bélgica son para la modernización y construcción de hoteles familiares; España proporciona dinero para el turismo marítimo, los deportes de invierno, la modernización de los establecimientos, los campings y las instalaciones de recreo en la montaña o en el campo, y el estado es propietario de la cadena de ochenta paradores; en Francia la ayuda se destina a ciudades de vacaciones y lugares para acampar: préstamos y ayudas ofrecidos a alojamientos rurales que se alquilan a los turistas durante tres meses al año por lo menos durante un mínimo de diez años; los viajes por dentro del país han sido fomentados por Irlanda mediante subvenciones; en Noruega se ofrecen préstamos y ayudas económicas para los alojamientos menos caros y para los campings; en Suecia el estado ofrece subvenciones y da préstamos para inversiones realizadas por el sector privado para alojamientos de bajo precio, sobre todo en las áreas montañosas del norte.

El turismo social en Estados Unidos

En Estados Unidos, aunque no con ese nombre, de hecho sí que ha existido el turismo social. Al que acampa en un parque federal o estatal posiblemente se le esté descontando más del noventa por ciento del coste real del camping. El valor descontado lo paga el gobierno. Los campamentos de la Iglesia, los de YMCA e YWCA, los de los boy scouts y varios campamentos al aire libre tendrían que incluirse bajo la etiqueta de turismo social si éste es definido como vacaciones subvencionadas.

El turismo social normalmente implica la subvención de un gobierno u otro organismo de todas o parte de unas vacaciones para alguien que normalmente pertenece a la clase trabajadora. Muchas de las instalaciones para alojamientos construidas en los parques estatales estadounidenses desde 1965 se consideran de primera clase, y los precios son tan elevados que no son adecuados para que las utilicen familias o individuos de bajo poder adquisitivo, los cuales formarán parte de ese turismo social. Con unas tarifas altas por habitación y unas instalaciones hoteleras de primera clase, el nuevo turismo puede ser denominado turismo social para la clase media. No obstante, se trata de turismo subvencionado.

El ejemplo más claro de turismo subvencionado en Estados Unidos puede verse en los parques nacionales y en los bosques. El Servicio de Parques Nacionales ha contratado a más de 290 concesionarios para dirigir las instalaciones de los parques. El Servicio de Bosques estadounidense tiene más de 400 casas de guardas forestales de propiedad privada a las que ha concedido su permiso, más de 16 son propiedad del Servicio de Bosques.

Muchas de las concesiones en los bosques y parques nacionales son lejanas y relativamente poco rentables para el concesionario, aunque también existen otras muy provechosas. Los concesionarios pagan al Servicio de Parques Nacionales un porcentaje sobre el total de las ventas de la mayoría de sus artículos. Todos los precios están sujetos a la aprobación del Servicio de Parques Nacionales, el cual opina que los concesionarios deben obtener cada año un beneficio neto entre un diez y un trece por ciento de su inversión. Sin embargo hay algunas concesiones que han demostrado no ser rentables. Los Ferrocarriles Union Pacific, por ejemplo, dieron al Servicio de Parques las instalaciones que poseía el ferrocarril en ellos y han abandonado el negocio debido a que no obtenían beneficios.

Se puede decir que las concesiones en un parque nacional son como un monopolio, con ciertas condiciones. El personal del parque prefiere llegar a un acuerdo con la disposición previa de que se excluya la competencia. Para conseguir ese acuerdo, los concesionarios normalmente acceden a un determinado número de cosas que no son las mejores para sus intereses. Puede ser que tengan que permanecer abiertos durante todo el año, teniendo pérdidas durante varios meses. La construcción de nuevas instalaciones conlleva un estricto examen y necesita un permiso. Estos trámites pueden durar varios meses. Todos los cambios en los precios antes de poder aplicarlos deben ser aprobados por el Servicio de Parques Nacionales. Los concesionarios pueden cargar con una excesiva cantidad de críticas de asociaciones y del público en general.

Los concesionarios tienen problemas de personal fuera de lo común. Debido a que es probable que se encuentren a una distancia considerable de pueblos y ciudades, deben abastecerse no sólo de comida y alojamiento para los empleados, sino también de diversiones, pasatiempos y servicios médicos. Los empleados que se marchan durante la temporada alta pueden ser muy difíciles de sustituir.

Además de las zonas turísticas con subvenciones federales, hay áreas que se están desarrollando con algún tipo de subvención del estado. Consolidados con la emisión de bonos o bien con el apoyo masivo del gobierno federal, varios estados han empezado el negocio de las zonas dedicadas al turismo de una forma muy poderosa. Algunas de las instalaciones turísticas construidas recientemente son espectacularmente bonitas y tienen un gran éxito económico.

¿Es deseable el turismo social?

La respuesta desde luego depende de la filosofía política que uno siga. Sin embargo, ¿no puede decirse que nadar en un bonito lago, pasear por un bosque bien cuidado, alojarse en un sitio agradable o comer en un buen restaurante con vistas agradables es deseable y se debería fomentar desde el gobierno? ¿No son tales experiencias beneficiosas y educativas?

Los defensores de la naturaleza pueden poner reparos a la construcción de instalaciones turísticas en los parques, opinando que cualquier intrusión en la naturaleza es execrable. Algunas personas que abogan al máximo por la conservación del medio ni tan siquiera permitirían el acceso a las zonas naturales a los excursionistas ni los que quitan los árboles caídos. Tal argumento se hace difícil de asimilar cuando estos lugares pueden ser utilizados por miles de personas para que los disfruten, sin que los destruyan. La alternativa está en hacinar a la gente en las zonas urbanas, salvando las zonas naturales para unos pocos o para el futuro .

Ciertamente, con el aumento de la población y del tiempo libre, puede llegar un día en que los parques estatales estén tan concurridos como algunos de los parques federales. Se deberán tomar medidas para racionar su utilización y controlar que el medio ambiente no se contamine. Puede que sea necesario prohibir el paso de coches en ciertas secciones de estos parques, como ya se hace en algunos de los parques federales. Puede que se necesite crear parques por todo el estado para evitar las aglomeraciones. Esas observaciones sugieren la necesidad de planificar y construir una cierta cantidad de dichos parques secundarios en Estados Unidos, particularmente cerca de los núcleos de población.

La mayoría de los parques federales se localizan en los estados del oeste, lejos de los grandes núcleos de población del este. Puede decirse que son los representantes del turismo social, pero turismo social primeramente para aquellos que pueden permitirse el viajar a larga distancia. Los parques estatales de turismo pueden poner, presumiblemente, al alcan-

Cuadro 7.H Principales destinos de los turistas de la 3ª edad*

País	Nº visitantes 3ª edad (millones anuales)	% visitantes 3ª edad/total	País	Nº visitantes 3ª edad (millones anuales)	% visitantes 3ª edad/total
España	5,8	16,9	Grecia	1,1	13,9
Austria	4,6	27,5	Portugal	0,9	12,2
Francia	4,6	10,1	Estados Unidos	0,9	13,6
Alemania	4,0	23,5	Suecia	0,9	15,8
Italia	3,8	14,2	República Checa-		
Suiza	2,0	26,3	Eslovaquia	0,9	11,1
Bélgica-			Dinamarca	0,8	9,5
Luxemburgo	1,7	14,0	Turquía	0,8	18,6
Países Bajos	1,3	11,0	Hungría	0,7	3,5
Reino Unido	1,2	11,0	Polonia	0,7	4,0
			Finlandia	0,6	30,0

* Europeos occidentales de más de 55 años.
Fuente: *Europe's Senior Travel Market*, basado en datos de la ETIC (European Travel Intelligence Center) y OMT (Organización Mundial del Turismo).

ce de un gran número de personas experiencias de recreo a unos precios asequibles. Para los muy pobres, las instalaciones y el alojamiento en esos parques estatales se podrían poner a su alcance a precios reducidos o completamente gratis.

Debido a las diferencias en capacidad y circunstancias, algunos individuos y sus familias consiguen más beneficios de la sociedad que otros. Entre esos beneficios se encuentran los recursos necesarios para viajar, la estancia en parajes naturales atractivos y el tiempo para disfrutar de la naturaleza. El turismo social es un intento de rectificar las desigualdades en la distribución de bienes, haciendo posible para amplios sectores de la sociedad el disfrutar muchos de los placeres que hasta ahora experimentaban sólo unos pocos. Los bosques estatales son presumiblemente propiedad de todo el mundo. ¿Por qué no ponerlos al alcance de toda o gran parte de la gente?

El turismo social en Europa

Si se hace un análisis de los distintos modelos de políticas nacionales sobre turismo social en Europa, podremos definir unos conceptos básicos que determinan diferentes modelos de su desarrollo en cada uno de los países miembros.

Si atendemos a los colectivos beneficiarios, algunos países, como Alemania, Bélgica, Dinamarca, Gran Bretaña, Países Bajos o Suiza, desarrollan «po-líticas horizontales» destinadas a favorecer de forma igual a todos los colectivos que pueden considerarse capas más desfavorecidas de la población. Otros países desarrollan «políticas verticales» que favorecen de distinta forma a cada tipología específica (familia, tercera edad, discapacitados, etc.). Éste es el caso de las políticas aplicadas en Italia, Francia y España, por ejemplo.

En cuanto al sistema de ayuda, los distintos modelos optan entre «una ayuda a la inversión», es decir subvenciones o créditos blandos para la construcción de alojamientos específicos para estos colectivos, «ayudas a la persona», a través de aportaciones directas a los miembros de los colectivos implicados y «subvenciones de precios», consiguiendo que el sector turístico comercial otorgue precios específicos a estos colectivos.

Entre los países que practican la ayuda a la inversión, cabe citar a Alemania, Italia, Francia y Portugal. La ayuda a la persona se aplica en Bélgica, Países Bajos y Gran Bretaña y la subvención a los precios se realiza especialmente en España, como forma de ocupar durante la temporada baja la gran oferta de alojamiento que existe en el litoral.

Finalmente, si se analizan los agentes implicados en el turismo social, se puede distinguir entre el «turismo asociativo», en el que los agentes son instituciones sin afán de lucro, creados por los propios colectivos que reciben ayuda, como ocurre en Francia y Austria; «turismo benéfico», en el que los agentes son organizaciones benéficas (religiosas o laicas) que gestionan las ayudas, como ocurre en Alemania y Reino Unido, y «turismo estatal», donde los poderes públicos son los canalizadores directos de estas ayudas, modelo que predomina en países como Bélgica, Países Bajos, Portugal y España.

En España, el programa estatal desarrollado por el Inserso (Instituto de Servicios Sociales) canaliza más del ochenta por ciento de los fondos dedicados al turismo social, como los programas de turismo subvencionado para la tercera edad. Dicho programa se dirige a los casi seis millones de personas mayores de 65 años y tiene como filosofía «el contribuir al bienestar de la tercera edad haciendo posible que conozca nuevos lugares en España y enriquezca su tiempo de ocio, a la vez que mantener y crear empleo en el sector turístico potenciando los niveles de ocupación en la temporada baja».

El programa, que se desarrolla en base a un concurso público de adjudicación de los servicios, mueve un volumen de 357 mil viajes anuales.

El adjudicatario del concurso es el gestor del programa que lo comercializa, contrata las pernoctaciones y es el responsable ante el Inserso de la información y la calidad del producto. Así mismo, es el responsable de pagar a los prestatarios y recibir del gobierno el complemento de subvención.

Los resultados de este programa son muy positivos, tanto por parte de los usuarios, que mantienen anualmente unos índices de ocupación de más del noventa por ciento, como de los prestatarios de servicios, ya que el programa mantiene durante la temporada baja alrededor de 4 500 puestos de trabajo.

PLANIFICACIÓN DE LOS DESTINOS

Para el desarrollo a gran escala que se produce con la urbanización de los destinos turísticos, se requiere una amplia planificación llevada a cabo por numerosos expertos. El coste de elaboración de un plan de este tipo y su presentación varía desde cien mil hasta varios millones de dólares.

En el plan-marco se incluye una referencia histórica de la propiedad de los terrenos afectados y una descripción de los mismos y de los reglamentos vigentes. Se añade un informe en el que se señala el coste original del terreno, el coste de explotación, los beneficios previstos anualmente y las ganancias totales que se esperan obtener del proyecto en conjunto. Aparte, se realiza un estudio sobre el mercado y su viabilidad, pero algunos aspectos de este estudio se extraen del plan-marco. Una serie de dibujos, que suelen hacerse en color, ilustran en perspectiva toda la región; también se dispone de una reproducción de cada uno de los equipamientos, como son: el hotel, el campo de golf y el club de playa. La mayoría de proyectos exige un uso variado del terreno para la construcción de centros turísticos, apartamentos, bungalows o centros de vacaciones.

Se incluye así mismo el coste de la construcción por metro cuadrado, el coste de cada habitación de hotel, etcétera. También se hace un esbozo de la organización administrativa que pondrá en funcionamiento el proyecto mientras se construye y a su finalización, incluyendo tablas de organización, presupuestos, etcétera.

DETERMINACIÓN DE LAS PLAZAS HOTELERAS

Uno de los problemas que debe solucionar el planificador de la administración o el urbanizador del centro turístico es determinar el número de habitaciones hoteleras. Se debe disponer de un número de habitaciones suficientes para alojar al total previsto de turistas, pero tampoco debe haber demasiadas para que no queden vacías. Sería fácil decir que el sistema capitalista es aquel en que los capitalistas, viendo la necesidad de un número mayor de habitaciones, las construyen; no siempre es ésta la solución. En ocasiones es difícil alcanzar las cifras de ocupación máxima. Debido al aumento de la competencia, los propietarios no quieren que se construyan más hoteles en su proximidad. El capital privado puede estar poco dispuesto a iniciar el desarrollo de un área y prefiere dejar que sea el gobierno o cualquier otro quien se arriesgue primero. Por otro lado, cuando un área ha mostrado una ocupación alta, se construyen más habitaciones de las que se pueden llegar a ocupar. Existen varios ejemplos de destino (Waikiki, Orlando y Las Vegas) en los que se construyó excesivamente en algunos momentos esperando que el mercado pudiera absorber las habitaciones.

A menudo se pide a la administración y a los consultores que hagan una estimación de las habitaciones que se van a necesitar anualmente. Estas previsiones son muy difíciles de hacer, ya que existen factores que no pueden ser controlados. El hecho de que un destino haya crecido a un promedio del veinte por ciento en el pasado, no quiere decir que siga creciendo por igual en el futuro.

No tiene ningún sentido decir que cualquier área de destino va a crecer indefinidamente a una proporción fija. Las numerosas recesiones en las empresas durante los últimos quince años han arruinado los pronósticos sobre el crecimiento del turismo de muchos destinos. En lugar de experimentar incrementos del diez al veinte por ciento como se había predicho, experimentaron un descenso.

Los pronósticos sobre el crecimiento son mucho más fáciles de hacer en determinadas áreas. Hay muchos destinos que, para seguir experimentando un crecimiento, dependen de que las tarifas aéreas sigan siendo baratas, lo cual no puede darse por sentado. Otros destinos sólo atienden a un mercado de lujo, cuyas dimensiones pueden variar según su economía.

Los individuos que hacen las previsiones no pueden prever los acontecimientos atípicos, las llamadas discontinuidades. Un estudio sobre el turismo en Hawai entre los años 1969 y 1978 reveló que se habían producido no menos de diez discontinuidades de este tipo, sucesos que no podían predecirse. Las personas encargadas de hacer previsiones no podían saber que habría una huelga general en la isla en 1970, ni tampoco que la contaminación en Waikiki Beach requeriría atención nacional. Tampoco se podía predecir que haría tan mal tiempo durante el invierno de 1979 en el continente que obligaría a cancelar muchos vuelos durante el mes de enero. Tampoco se podía pensar en que se celebrarían congresos con asistencia numerosa que traerían a miles de personas durante este período, como el de Lions Club, el de la Asociación Médica Americana y el de la Legión Americana.

El número de habitaciones que se requieren en una región determinada depende de la media de días de estancia del huésped en el área. Varía ampliamente desde uno o dos días hasta trece o más.

Otros factores que se deben considerar son las pautas y la tasa de ocupación. En un destino isleño, muchos de los visitantes proceden de los cruceros, por lo que los compradores sólo pasan unas cuantas horas en tierra y no necesitan plazas hoteleras. Aquellas áreas de destino en que la tasa de ocupación varía ampliamente deben planificar según la temporada alta. Hay destinos como Austria, Escandinavia y España en los que se requiere un gran número de habitaciones para los visitantes que reciben en verano, mientras que la mayor parte de ellas permanecen desocupadas el resto del año.

PREVISIÓN DE LA NECESIDAD DE PERSONAL

Para explotar un área de destino también es necesario prever las necesidades de mano de obra. El empleo directo de un hotel depende en parte de la tasa de ocupación y de la categoría del hotel. En muchas áreas hay hasta tres empleados en nómina por cada habitación de huéspedes. Un ejemplo de esta relación tan alta empleados/huéspedes es el hotel Savoy de Londres. Centros turísticos de lujo tienen una relación empleados/huéspedes de 1,5 por 1 o superior.

En hoteles comerciales la relación empleados/huéspedes es probable que sea inferior a un empleado por cada habitación. En lugares donde se ofrece un servicio mínimo puede ser únicamente de un empleado por cada cuatro habitaciones. En los grandes hoteles comerciales la relación seguramente es de ocho empleados por cada diez habitaciones. El empleo que se relaciona con los hoteles incluye a personas que están empleadas en restaurantes que no pertenecen a los hoteles, en los bares, en lugares de diversión, tiendas, barberos y centros de belleza, atracciones turísticas, servicios de taxi, alquiler de coches, autocares de excursiones y otros.

Los profesores James E. Jonish y Richard E. Peterson, de la Universidad de Hawai, al relacionar el aumento previsto en el futuro del número de habitaciones hoteleras y la tasa de ocupación en Hawai llegaron a una conclusión bastante alarmante. Durante el período 1952-1972 la media de días de estancia disminuyó desde 25 hasta 9 días, o sea un promedio de once horas por cada año que pasaba. Estos profesores supusieron que a pesar de que el número de visitantes a Hawai aumentara, la duración de la estancia continuaría disminuyendo. Predijeron que aunque no aumentara el número de habitaciones hoteleras, la tasa de ocupación caería. Esta ocupación, según los autores, se puede interpretar como un fracaso para muchos hoteles, ya que un recorte de estas características tendría como con-

En la página siguiente, aspecto de la infraestructura turística surgida en torno a un importante foco de atracción como son las cataratas del Niágara río que, en el límite de Canadá y Estados Unidos, salva la diferencia de nivel entre los lagos Erie y Ontario mediante cascadas de 47 metros.

Muchos turistas eligen su destino turístico motivados por la oferta cultural que en él pueden encontrar. En la imagen de la derecha, el Barbican Arts Centre, uno de los principales atractivos de la ciudad de Londres, con capacidad para cubrir una amplia gama de posibilidades de ocio, desde las más clásicas hasta las más modernas.

secuencia un aumento de los gastos sobre los beneficios. Esto ocurrió en 1970: se produjo una caída en la tasa de ocupación y el precio mínimo de una habitación descendió de veinte dólares a quince; en el año 1971 las plazas hoteleras afiliadas a las líneas aéreas se vendían a ocho, diez y doce dólares.

Según estos autores, si se produjera un crecimiento cero del turismo en Hawai, el coste sería alto, el empleo hotelero caería en unos seis mil puestos. Los ingresos salariales en el sector privado caerían y el desempleo aumentaría hasta el 48 por ciento. Debido a que el 20 por ciento aproximadamente de los desembolsos de los visitantes corresponden a recaudación de impuestos, el promedio de pérdidas por recaudación sería muy importante. Como quedó demostrado, los argumentos suscitados por el estudio se contradecían con la historia, por una próspera economía estadounidense y por una plétora de viajes organizados baratos. No tardó en aumentar el número de visitantes a Hawai, que desbordaron la capacidad hotelera disponible.

EL DESTINO TURÍSTICO EN EL MUNDO CONTEMPORÁNEO

Durante muchos años, el sol constituyó el atractivo necesario y suficiente para que un destino turístico tuviese éxito. A medida que los visitantes iban mejorando su nivel de vida exigían más atractivos para escoger el lugar de destino para sus vacaciones. En aquellas zonas turísticas cuyos políticos, sindicalistas y empresarios han sabido y querido ofrecer los atractivos que satisfacían las nuevas necesidades de los clientes, el éxito continúa siendo una realidad. Por el contrario, aquellos otros que, por una razón u otra, no han podido o sabido actualizarse, han visto cómo su clientela prefería otros destinos más sugerentes, y cómo sus antiguos visitantes eran sustituidos por otros que únicamente buscan precios muy bajos, aunque sea a costa de pésimos servicios. La consecuencia de todo esto es la bajada de los precios y el descenso en el nivel de ingresos y unos márgenes inferiores de beneficio para los empresarios y las localidades en cuestión. En definitiva, un rápido empobrecimiento de las empresas e instituciones, que conduce a una inevitable degradación de las instalaciones hoteleras y de los servicios del propio destino turístico. Para evitarlo, el cuadro 8.A describe un enfoque que abarca el papel de diversos especialistas técnicos durante el ciclo de urbanización de un centro turístico. Entre ellos destaca el papel de urbanistas y arquitectos, quienes deciden armonizar la urbanización del centro turístico ideando un plan marco conceptual (véase figura 8.A).

Este deterioro ejerce una presión definitiva sobre los precios, con una conclusión final: sucesivamen-

Cuadro 8.A Ciclo de urbanización de un centro turístico (enfoque interdisciplinario)

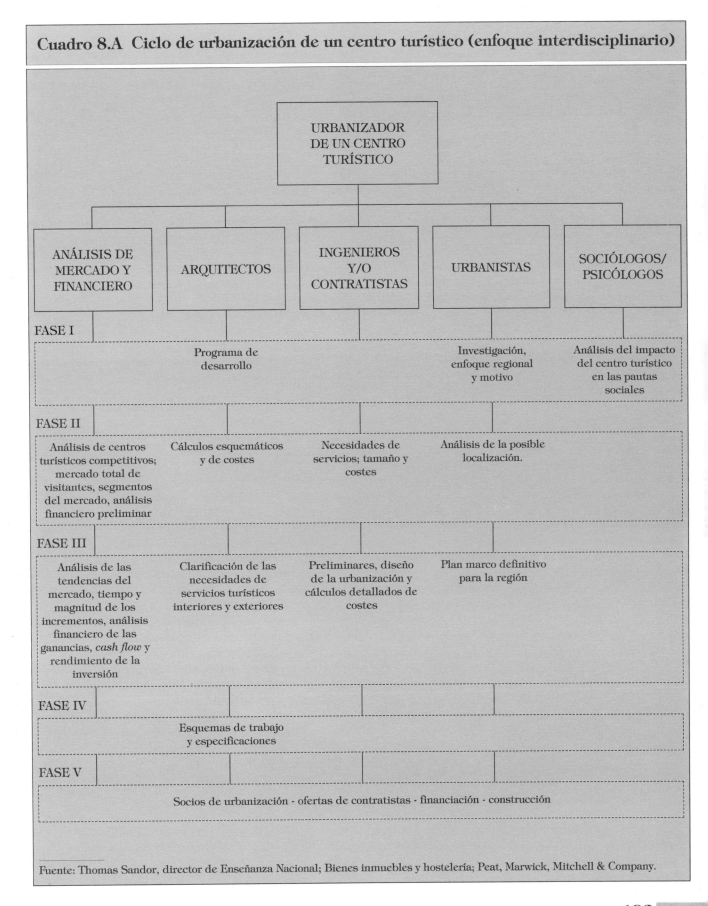

	ANÁLISIS DE MERCADO Y FINANCIERO	ARQUITECTOS	INGENIEROS Y/O CONTRATISTAS	URBANISTAS	SOCIÓLOGOS/ PSICÓLOGOS
FASE I		Programa de desarrollo		Investigación, enfoque regional y motivo	Análisis del impacto del centro turístico en las pautas sociales
FASE II	Análisis de centros turísticos competitivos; mercado total de visitantes, segmentos del mercado, análisis financiero preliminar	Cálculos esquemáticos y de costes	Necesidades de servicios; tamaño y costes	Análisis de la posible localización.	
FASE III	Análisis de las tendencias del mercado, tiempo y magnitud de los incrementos, análisis financiero de las ganancias, *cash flow* y rendimiento de la inversión	Clarificación de las necesidades de servicios turísticos interiores y exteriores	Preliminares, diseño de la urbanización y cálculos detallados de costes	Plan marco definitivo para la región	
FASE IV		Esquemas de trabajo y especificaciones			
FASE V	Socios de urbanización · ofertas de contratistas · financiación · construcción				

Fuente: Thomas Sandor, director de Enseñanza Nacional; Bienes inmuebles y hostelería; Peat, Marwick, Mitchell & Company.

A la izquierda, la famosa playa de Waikiki, en la bahía de Honolulú (Hawai). Unas buenas playas y una climatología propicia suponen atractivos irresistibles para muchos turistas, deseosos de evadirse de la monotonía de la vida cotidiana.

y conocidos. Unas inversiones suficientes, campañas públicas de concienciación realizadas de forma atractiva y periódica, junto con una formación en cultura cívica impartida ya desde la escuela básica, así como reglamentaciones rigurosas, debidamente inspeccionadas y de celosa aplicación, ayudarán a crear y mantener un medio ambiente agradable. Sin este requisito, el destino turístico no crecerá en atractivos de forma homogénea a las nuevas necesidades de los clientes.

2. Unas buenas comunicaciones, entendiendo por comunicaciones las carreteras, los caminos, la red ferroviaria, las estaciones, los aeropuertos, los puertos, las estaciones marítimas y los servicios de teléfono, fax y correos.

3. Atractivos naturales y arquitectónicos o culturales. Aquellas áreas geográficas con una naturaleza pródiga en playas arenosas, mares fácilmente accesibles y calmados, luz intensa, sol, temperaturas cálidas gran parte del año, montañas atractivas y aptas para el esquí, ríos navegables, y extensas praderas, serán zonas a las que los habitantes de las grandes aglomeraciones urbanas desearán acceder. En la misma línea se sitúan las áreas con un rico patrimonio artístico y monumental, que atraen a visitantes ávidos de cultura.

4. Una amabilidad exquisita. En una sociedad donde la soledad, la agresividad, el egoísmo, el estrés y la prisa forman parte del paisaje urbano, encontrar en un destino turístico una amabilidad exquisita, con un trato individual donde dé la sensación de que todos los empleados de hoteles, restaurantes, bares, discotecas y comercios, así como funcionarios municipales, policía local, etc. desean que el forastero esté «mejor que en su casa» y «repita», sorprenderá al visitante, que lo valorará hasta el punto de que será una de las razones por las cuales repetirá y hablará favorablemente en su entorno.

5. Efectuar la promoción conjuntamente. Para que un destino turístico tenga éxito debe ser conocido, de modo que debe promocionarse. Quedándose en casa no se consigue que los posibles clientes se sien-

te, el nivel económico de los visitantes irá bajando y degradando más el destino turístico y las empresas hoteleras. La aportación del analista de mercado es esencial: la figura 8.B (pág. 187) muestra un plan marco conceptual de un centro turístico, señalando en el centro dos hoteles, un campo de golf, un club de tenis y varios apartamentos-bungalows. Un estudio de viabilidad turística ofrecido a todos los profesionales del sector ha establecido la pauta de actuación detallada que a continuación se expone.

Trece requisitos que debe poseer un destino turístico con éxito

1. Un medio ambiente agradable. Polución, suciedad, contaminación del aire, de ríos y mares, basuras, malos olores, ruidos y demás aspectos que degradan el medio ambiente deben evitarse si se quiere contar con un destino turístico atractivo para los nuevos clientes y conseguir que éstos repitan su estancia y recomienden su visita a sus familiares, amigos

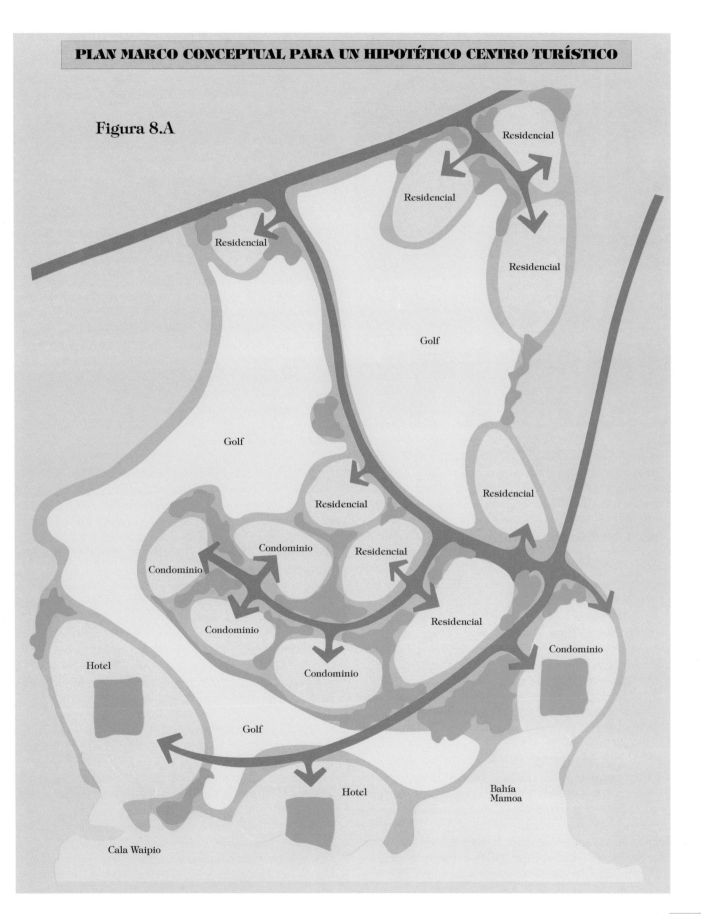

PLAN MARCO CONCEPTUAL PARA UN HIPOTÉTICO CENTRO TURÍSTICO

Figura 8.A

y el tipo de comida... Facilitar todas estas comodidades al visitante hará más agradable su estancia y aumentará su deseo de volver.

8. Seguridad. En este apartado no sólo se debe contemplar la violencia y el robo, también hay que cuidar aspectos como la asistencia médica, la ágil y eficiente atención de las reclamaciones, la recuperación de los objetos perdidos, el cumplimiento de las condiciones de viaje y alojamiento, y los derechos humanos. El visitante de un destino turístico necesita que este amplio aspecto de la seguridad esté garantizado. Al menor rumor de incumplimiento, un área turística es castigada con la deserción inmediata de los visitantes.

9. Una oferta complementaria extrahotelera equilibrada y coherente. Una isla maravillosa, con un único hotel sensacional, sería un pobre destino turístico (aunque quizás sí atractivo para cierto tipo de cliente selectivo y deseoso de paz, sol y las variadas posibilidades de ocio que ofrece el mar). Para que éste tenga éxito con masivas ocupaciones necesita de una oferta extrahotelera complementaria: comercial, gastronómica, social, de viajes, cultural, arquitectónica, ocupacional, de ocio, de alquiler de medios... Se debe evitar el que un visitante «no sepa qué hacer». Por ello, es imprescindible para el éxito total de este destino que sepa fomentar estas y otras ofertas complementarias al alojamiento y al atractivo natural del lugar.

10. Una arquitectura adaptada al entorno. Cuando el conjunto de la arquitectura y el urbanismo de un destino turístico es homogéneo y coherente con la naturaleza e idiosincrasia del destino turístico, se está facilitando un buen recuerdo al visitante. La ordenación en la línea constructiva facilitará el cuidado del medio ambiente. El desorden urbanístico y los desequilibrios estéticos en las construcciones que además no se adaptan al entorno natural anulan la belleza del espacio. Para conseguir que éste sea armónico, es preciso ordenarlo mediante planes

tan atraídos por visitar un lugar desconocido, pero es evidente que tampoco se avanza nada si cada institución pública y cada empresa privada del mismo destino turístico hace su promoción por su cuenta, de forma aislada, no coordinada y sólo de vez en cuando. Cuando esto ocurre, la promoción se acaba convirtiendo en un despilfarro de gastos generales y administrativos para mantener la organización de las propias promociones, y en una subasta de precios a la baja.

6. Un buen clima. Este requisito es imprescindible en cualquier destino turístico, sea de playa o de nieve. El sol, presente en la proporción adecuada a cada situación, es una condición fundamental, aunque no suficiente. Ojalá los que lo tengan no se abandonen y acaben por llevar su destino turístico a la decadencia, tal como ha sucedido en muchas zonas turísticas.

7. Comodidad. Al aludir a este requisito pensamos en la comodidad de los accesos al destino turístico, en el aparcamiento, las zonas peatonales, los horarios, el idioma, la información sobre el lugar, los accesos a las zonas de ocio, la adquisición de entradas para los distintos espectáculos que en él puedan contemplarse, las instalaciones hoteleras y la oferta complementaria, la facilidad de cambio de moneda

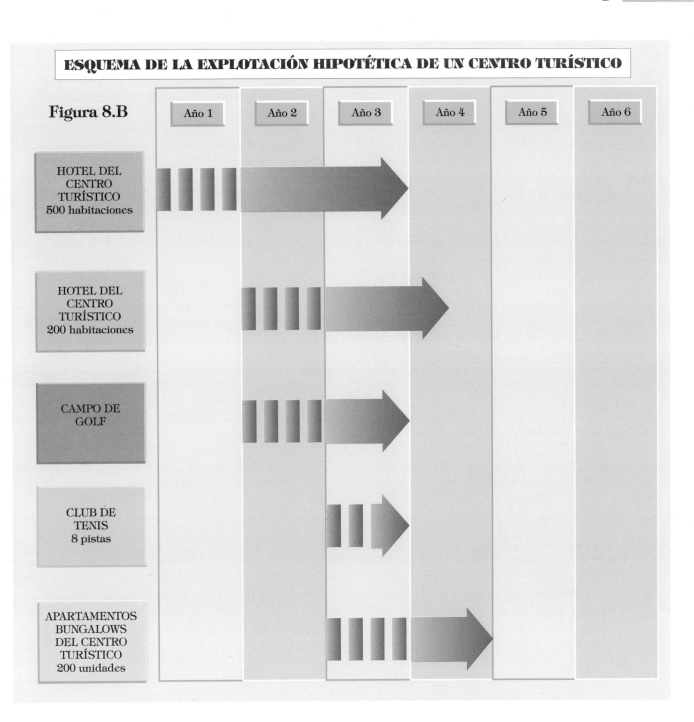

ESQUEMA DE LA EXPLOTACIÓN HIPOTÉTICA DE UN CENTRO TURÍSTICO

Figura 8.B

Año 1 — Año 2 — Año 3 — Año 4 — Año 5 — Año 6

HOTEL DEL CENTRO TURÍSTICO 500 habitaciones

HOTEL DEL CENTRO TURÍSTICO 200 habitaciones

CAMPO DE GOLF

CLUB DE TENIS 8 pistas

APARTAMENTOS BUNGALOWS DEL CENTRO TURÍSTICO 200 unidades

urbanísticos, legislación, incentivos, inspecciones y sanciones, que permitan llevar a buen término la creación del nuevo destino turístico.

11. Una información accesible y atractiva de los eventos que se celebran. Los visitantes de un destino turístico están deseosos de vivir los acontecimientos que en él se organizan. Tenerlos informados de forma atractiva (es decir, captando su atención) y accesible (que la encuentren sin buscarla) facilitará su asistencia al acto y el éxito de éste.

12. El conocimiento básico de los idiomas de los visitantes por parte del personal. En su mayoría, los visitantes extranjeros de un destino turístico no conocen el idioma que se habla en él. Facilitarles la comunicación con el conocimiento, aunque sea a partir de unas nociones básicas y elementales, de su propio idioma facilitará su comodidad, seguridad e integración y aumentará el consumo en dicho destino turístico. Este requisito puede conseguirse fácilmente con la creación en los destinos turísticos de aulas de idiomas patrocinadas tanto

por las instituciones como por el sector privado, que se beneficiarán, a la larga, del nivel de los alumnos.

13. Una buena relación entre la calidad, los atractivos y un precio competitivo.

La falta de actuación conjunta de todos los poderes que componen la gestión de un destino turístico conlleva la degradación del entorno natural y arquitectónico de un lugar que, con toda seguridad, no será elegido por un turismo con poder adquisitivo, lo cual dará lugar a que bajen drásticamente los precios y la calidad. Estas situaciones resultan muy difíciles de reconvertir y, en consecuencia, provocan un desequilibrio económico en todos los sectores afines, que sólo pueden funcionar conjuntamente. Una correcta planificación puede contribuir a evitar esta situación. En este sentido, el recurso de la computerización puede ser de gran ayuda, como lo demuestra el programa de computadora que se muestra en el cuadro 8.B, un modelo de inversión que proporciona indicadores clave de la rentabilidad de una explotación de bienes inmuebles.

DISNEY: LA GRAN ATRACCIÓN

La más espectacular explotación turística de todos los tiempos son los parques Disney: Disneylandia en Anaheim, California; Disney World, cerca de Orlando, Florida; Disneylandia en Tokio, Japón, y, más recientemente, el nuevo parque Disneylandia en Europa, situado en los alrededores de París, que aún no ha conseguido el umbral de rentabilidad y de afluencia de visitantes que se habían previsto en un principio. En total, los parques Disney atraen a más de 35 millones de visitantes procedentes de todo el mundo cada año y son responsables de las profundas reformas hechas en las comunidades próximas y de la construcción de miles de habitaciones hoteleras, restaurantes y servicios. Todo ello ha ocurrido en un período de aproximadamente cuarenta años y es un testimonio de la llamada a la fantasía, a la diversión y la imaginación y osadía de Walt Disney y sus asociados.

Disneylandia, un parque de doce hectáreas, situado en Anaheim, California, era, con diferencia, el sueño infantil de un hombre, Walt Disney, que estaba escandalizado por el aburrido aspecto que ofrecían los parques de atracciones corrientes, que contaban con servicios no muy limpios, atracciones sin imaginación y en ocasiones con empleados malhumorados. Su idea fue construir un parque de atracciones orientado a toda la familia, una combinación de entretenimiento, educación y música, todo dentro de un mismo ambiente. En Disneylandia, los visitantes pueden dar un paso atrás en el tiempo en Main Street, una réplica de una pequeña ciudad en la época del cambio de siglo. También pueden ir a

Cuadro 8.B Hoja de salida de una computadora de un modelo de inversión para un hotel de 500 habitaciones, funcionando a una tasa de ocupación del 70 %

Número de años = 10;   Tasa de impuesto sobre la renta = 0,5400;   Inversión inicial = $ 2 587 800

Año	Ingresos totales	Gastos de explotación excluyendo amortización e intereses	Gastos de depreciación	Gastos de intereses	Gastos de amortización	Ingresos antes de deducir los impuestos
1	3 957 188	3 012 276	659 714	983 459	0	−698 262
2	5 033 700	3 809 972	601 400	976 889	0	−354 560
3	5 335 470	4 033 583	550 309	969 695	0	−218 117
4	5 655 825	7 270 966	505 414	961 817	0	−82 373
5	5 995 080	4 522 354	483 152	953 191	0	36 383
6	6 354 810	4 788 914	471 525	943 745	0	150 625
7	6 735 960	5 071 346	460 334	933 402	0	270 877
8	7 140 105	5 370 818	449 563	922 077	0	397 647
9	7 568 505	5 688 262	439 195	909 676	0	531 372
10	8 022 735	6 024 847	429 217	896 096	0	672 575

Valores acumulados al final del año 10

| 10 | 61 799 378 | 46 593 339 | 5 049 823 | 9 450 047 | 0 | 11 318 991 |

Crédito por impuestos pagados el primer año = 0,00

Beneficios (pérdidas) después de impuestos (antes de la compensación de pérdidas)	Protección de impuestos disponibles	Amortización principal	Flujo de efectivo antes de impuestos	Flujo de efectivo tras impuestos	Flujo de efectivo acumulado tras impuestos	Ratio de cobertura de servicio de deuda tras impuestos
–698 261	698 262	69 159	–107 706			0,8977
–354 559	1 052 822	75 729	171 111	–107 706	–107 706	1,1626
–218 116	1 270 939	82 923	249 269	171 111	63 404	1,2368
–82 372	1 353 311	90 801	332 241	249 269	312 673	1,3158
16 736	1 316 928	99 427	420 108	332 241	644 914	1,3991
69 288	1 166 303	108 872	513 278	420 108	1 065 022	1,4876
124 603	384 173	119 215	611 996	513 278	1 578 300	1,5814
182 918	0	130 541	716 669	611 996	2 190 296	1,6310
2 443				664 204	2 854 500	
244 431	0	142 942	827 625	540 684	3 395 184	1,5137
309 385	0	156 522	945 271	582 080	2 977 264	1,5530

Valores acumulados al final del año 10

–405 950	1 076 130	4 679 861

Flujo en efectivo descontado tras impuestos	Flujo en efectivo descontado acumulado anual tras impuestos	Beneficios por acción tras impuestos		
–2 687 065	–2 687 065	—		
133 844	–2 553 421	—	Servicio de la deuda por	
164 990	–2 388 430	—	Primera hipoteca	1 052 618
186 364	–2 202 066	—	Segunda hipoteca	0
199 704	–2 002 362	—	Tercera hipoteca	0
206 775	1 795 588	—	Cuarta hipoteca	0
208 935	–1 586 653	—	Precio de venta de la inversión	19 978 884
192 168	–1 394 484	—	Precio de venta menos la deuda principal	
132 569	–1 261 915	—	menos los gastos de cierre	9 878 659
120 948	–1 140 967	—	Plusvalía	11 264 551
			Importe de recuperación	651 729
Flujo en efectivo descontado tras impuestos de la venta	Valor actual total de flujo de efectivo tras impuestos, descontado al 18 %		Plusvalía actual	10 612 822
			Impuestos de plusvalía estatales y federales	3 343 039
			Impuesto de recuperación	351 934
			Flujo de efectivo de la venta después de impuestos en el año 10	6 183 685
1 181 483	40 516			

Año	DEPN1	DEPN2	DEPN3	FPRINS	FINIRS	SPRINS	SINIRS
1	361 270	0	298 444	69 159	983 459	0	0
2	347 723	0	253 677	75 729	976 889	0	0
3	334 683	0	215 626	82 923	969 695	0	0
4	322 132	0	183 282	90 801	961 817	0	0
5	310 052	0	173 099	99 427	953 191	0	0
6	298 426	0	173 099	108 872	943 745	0	0
7	287 235	0	173 099	119 215	933 402	0	0
8	276 463	0	173 099	130 541	922 077	0	0
9	266 096	0	173 099	142 942	909 676	0	0
10	256 117	0	173 099	156 522	896 096	0	0

Fuente: Thomas Sandor, director de Enseñanza Nacional; Bienes inmuebles y hostelería; Peat, Marwick, Mitchell & Company.

Tomorrowland, Adventureland, Frontierland y Fantasyland. Pueden ver la plaza de Nueva Orleáns o visitar Bear Country, donde unos maniquíes con forma de oso cantan y bailan. Disneylandia está cambiando continuamente, con la apetura de nuevos paseos, orquestas famosas, celebraciones especiales, desfiles y actores famosos. De forma espectacular, la Disneylandia original se construyó en un año, en lo que eran 26 hectáreas de naranjos.

Hacia 1980 más de 187 millones de personas habían pasado por la experiencia de «vivir de espaldas al hoy y adentrarse en el mundo de ayer, del mañana y de la fantasía». Actualmente la asistencia se acerca a los doce millones de personas anuales. En Disneylandia no sólo se divierten los niños, ya que el número de adultos cuadruplica el número de visitantes infantiles. El parque impulsó la construcción en Anaheim de un centro de congresos, un estadio de deportes y cerca de diez mil plazas de hoteles y moteles. Cerca del cuarenta por ciento del total de personas que visitan California van a Disneylandia. Cuenta con tres mil empleados fijos a los que se añaden unos tres mil más durante las temporadas altas.

El Disneylandia de Tokio se inauguró en 1983; se construyó en lo que eran 240 hectáreas de tierra estéril en la bahía de Tokio y tiene capacidad para recibir a unos diez o doce millones de personas al año. Las previsiones iniciales de negocio se han cumplido sobradamente.

La explotación de Disney World representó una de las explotaciones más complicadas, extensas y costosas que nunca se hayan podido llevar a cabo. En lo que se refiere al campo de acción y a la imaginación merece ser calificada de fabulosa.

Disney World, situado a 24 kilómetros al sudeste de Orlando, en Florida, ocupa casi setenta kilómetros cuadrados, un área dos veces mayor al tamaño de Manhattan y aproximadamente del mismo tamaño que San Francisco. Este parque convierte Disneylandia en un enano. Su nueva adición EPCOT Center (Experimental Prototype Community of Tomorrow), que significa «prototipo de comunidad experimental del mañana», requirió una inversión de miles de millones de dólares.

La planificación y urbanización de la primera fase de Disney World requirió la colaboración de docenas de asesores y un desembolso de aproximadamente trescientos millones de dólares. La adquisición de los terrenos para este gran proyecto constituyó un gran éxito inmobiliario. Disney adquirió casi once mil hectáreas en la región de Orlando en 1964 y 1965 por un precio de unos quinientos dólares por hectárea. La mayor parte de la tierra era pantanosa y cubierta con palmeras infectadas de serpientes. Las marismas re-

sultaron ideales para el plan que tenía Disney de construir su «Reino Mágico» alrededor del agua. Se tuvieron que gastar unos doce millones de dólares para controlar la anegación y el agua, lo que incluyó unos 64 kilómetros de canales tortuosos y 24 kilómetros de diques. El valor del suelo, tanto del proyecto como sus alrededores, se incrementó con facilidad, por lo que, hacia 1970, la tierra de los alrededores se vendía a 25 mil dólares la hectárea. La empresa no ocultó los planes de vender más adelante algunos de sus valores en cartera y obtuvo importantes beneficios financieros al aumentar el valor de los terrenos.

El «Reino Mágico» de atracciones de Disney World se construyó tomando como modelo al Disneylandia, en que existe una serie de centros que se hallan vinculados con el complejo de atracciones mediante el monorraíl, embarcaciones y vehículos que circulan por tierra.

Los lagos que rodean a Disney World tienen unos siete kilómetros de playas que son recorridas por más de 150 embarcaciones, desde submarinos hasta barcos de vapor con ruedas de paletas. Hay campos de golf, pistas de equitación y excursiones para ver la naturaleza. Se ofrecen actividades recreativas, incluyendo natación, tenis, tiro con arco, ciclismo y camping. Walt Disney nombró a cinco destacados conservadores de la naturaleza para formar parte de la comisión planificadora. En consecuencia se destinaron tres mil hectáreas de las propiedades de Disney como zonas de protección de la naturaleza donde los biólogos y los amantes de la vida salvaje puedan estudiarla.

Los atractivos de los centros turísticos son los grandes hoteles, cada uno ofreciendo un estilo de vida y una arquitectura diferente. Las características del centro contemporáneo son un vestíbulo abierto con un paseo de árboles más largo que un campo de fútbol, y un techo a 22 metros de altura. Un tren monorraíl que comunica todos los recorridos del parque se dirige a través del vestíbulo hacia la estación que se encuentra en su interior.

El hotel asiático representa un escenario thailandés; un hotel de estilo polinesio representa un escenario isleño, con todas las habitaciones que dan al mar. El hotel veneciano, que recuerda a la plaza de San Marcos de Venecia, tiene su propio campanario de casi 34 metros.

El Ministerio de Obras Públicas de Florida construyó nuevas vías de acceso a partir de las carreteras principales y ensanchó las carreteras públicas locales para facilitar los accesos al proyecto. Una planta central de energía suministra a todo el proyecto la energía eléctrica, el aire acondicionado, el agua caliente y el aire comprimido. Este sistema es-

tá impulsado por dos generadores gas-turbina de seis mil kilowatios. La pérdida de calor a partir de estos generadores pasa a grandes calderas que suministran agua caliente a alta temperatura. Al mismo tiempo esta agua da energía a cuatro congeladores de una capacidad de 1 500 toneladas, lo que se utiliza para acondicionar el aire del parque y de los edificios. La mayor parte de los servicios del proyecto son subterráneos, incluyendo las conducciones, almacenes, frigoríficos, vestuarios de los empleados y zonas de descanso y espacios para distribuir comidas, mercancías y suministros.

Para una urbanización tan grande la recogida de desechos y su eliminación es necesariamente un proceso muy extenso y complicado. Las aguas residuales se someten a cloración, se extraen los residuos sólidos y se utiliza el afluente rico en nitrato y fosfato para regar los campos de golf y también para una granja experimental de 240 hectáreas. La recogida y el transporte de desperdicios es automático, se utilizan tubos neumáticos subterráneos para transportar los desperdicios desde estaciones de recogida hasta la terminal de una forma rápida, económica e higiénica. Una tubería de unos cincuenta centímetros lleva los recipientes que transportan los desperdicios a una velocidad de 96 kiló-

Los parques Disney, instalados ya en tres continentes, ofrecen al visitante un amplio abanico de actividades a lo largo de todo el año. Sobre estas líneas, inauguración, en el año 1992, de Disneylandia en Europa, parque situado en las proximidades de París.

metros por hora. Es un sistema basado en el sistema AVAC de recogida de residuos sólidos mediante el vacío que ha sido utilizado en Suecia durante años. Para conectar y controlar la totalidad del proyecto existe un sistema global de información/comunicación que incluye sistemas de computadores, circuitos telefónicos, sistemas de control y monitorización automáticos, comunicaciones ambulantes, televisión y circuitos de cintas. Los huéspedes pueden hacer reservas de habitaciones hoteleras, de atracciones y actividades de recreo antes o durante su estancia. A los huéspedes de los hoteles se les proporciona una tarjeta de crédito especial para Disney World que pueden utilizar durante los días que dure su estancia.

Los hoteles están proyectados para que puedan hacerse convenciones. Se hallan comunicados por un sistema de circuito cerrado de televisión de forma que es posible hacer los congresos de forma simultánea en dos o más locales. Los congresos se realizan durante la temporada baja.

Una evidencia de la idea y la planificación que ha formado parte de Disney World fue dedicar un centro de 16 hectáreas para investigación de la flora de sus alrededores. Ya que en Florida la flora indígena no ofrece mucha variedad, este centro se estableció para experimentar con esquejes de nuevas plantas y árboles para ver si se adaptarían a la ecología del centro de Florida. Se plantaron miles de árboles y arbustos que no eran autóctonos de la región, algunos de ellos se utilizaron para la urbanización de Disney World.

Hacia el año 1976 Disney World atraía anualmente a unos 12 millones de personas y actualmente el número de visitantes se calcula en unos 28 millones. También atrajo su parte de crítica. La región de Orlando se consideró una zona con exceso de edificación contando con muchísimas plazas hoteleras y de moteles, las habitaciones surgían como setas, pasó de haber 5 mil habitaciones en 1965 a más de 28 mil en 1975. Hacia el año 1974 una serie de establecimientos tuvieron problemas financieros. Se publicaron editoriales denunciando la urbanización global de este destino, aludiendo que sólo beneficiaba a grupos específicos. El presidente de la Comisión del Condado de Orange se expresó diciendo: «A menos que sea un especulador de terrenos, sea propietario de un banco o venda seguros, el individuo corriente que paga impuestos en esta zona no sólo no ha tenido beneficios por esta urbanización sino que está pagando por ella, y no me refiero a nuestra forma de hacer, de darnos un golpe tras otro, al aumento del crimen y todo eso, me refiero al dinero, a las nuevas carreteras, a la puesta en vigor de nuevas leyes, al bienestar y demás. No es por rencor, pero ojalá el ratón se hubiera quedado en California». Sin embargo, las críticas se acallaron como consecuencia de la gran prosperidad que produjo Disney World.

En 1982 se inauguró en Disney World el centro EPCOT, el prototipo experimental de la comunidad del mañana. Es una expresión lejana de la idea que tuvo al principio Walt Disney: una comunidad de veinte mil personas viviendo bajo una bóveda de cristal con aire acondicionado. Esta idea ha desaparecido de una forma silenciosa. En lugar de ello, EPCOT consiste en dos secciones; el mundo futuro y una exposición del mundo que se comunican por un monorraíl de 24 kilómetros con el «Reino Mágico» y con varios hoteles del centro turístico.

El mundo futuro consiste en una serie de atracciones presentadas como una corporación: nave espacial terrestre, universo de energía, paseo dentro de la imaginación y tierra y mundo del movimiento. Los visitantes entran en EPCOT a través del mundo futuro y suben a la nave espacial terrestre donde una serie de imágenes animadas muestran el progreso del hombre a través de las comunicaciones, todo ello patrocinado por la Compañía de Teléfonos y Telégrafos (AT&T). El pabellón de General Motors tiene una forma de rueda gigante con características de automóvil. La Exxon Corporation patrocina el universo de energía. Kraft Inc. muestra formas innovadoras de hacer crecer los cultivos. Eastman Kodak examina la creatividad en su atracción del paseo dentro de la imaginación.

La exposición del mundo caracteriza las culturas, las tradiciones y los logros de todas las naciones, incluyendo a Canadá, Francia, China, México, Gran Bretaña, Alemania, Italia y Japón. Se espera que otras naciones añadan pabellones. Cada país ofrece una película o cualquier otra atracción y dispone de numerosas tiendas y restaurantes.

Pensándolo bien, las atracciones de Disney han transformado los parques de atracciones mediante la imaginación y se basan en el sentimiento de nostalgia y en la fantasía. Las películas de Walt Disney, que comenzaron a pasarse en los años treinta, pasearon a los espectadores por un mundo de sueños en technicolor con animales antropomórficos y cuentos de hadas con música y todos ellos con un final feliz. Los parques de Disney transportan al visitante un paso más allá, hacia un mundo de ver y sentir, de piratas asustadizos, de osos que hablan y cantan, de Mickey Mouse, todos ellos sanos, salvos y divertidos. El despliegue técnico es excelente. El marketing ha sido magnífico. Además de ser la atracción turística más grande y más cara que jamás se haya construido, Disney World fue la aventura del mundo de los negocios de la que más publicidad se ha hecho en toda la historia. Las aventuras de Disney World atraen a más visitantes extranjeros que los otros atractivos de otros países.

LA NECESIDAD DE ESTÍMULOS

Al igual que una explosión atómica requiere una masa crítica, para poder explotar un destino se necesita un número mínimo de alojamientos, atracciones, opciones comerciales y posibilidades de entretenimiento para poder competir con éxito. En otras palabras, los visitantes, si su estancia es superior a

*La oferta turística es capaz de satisfacer,
en la actualidad, todo tipo de demanda.
A la derecha, cabañas solitarias para turistas
construidas entre ruinas mayas en el sitio
arqueológico de Chan Chich, en Belize.*

un día, deben tener suficientes cosas para hacer de forma que permanezcan interesados. Las cabañas solitarias en una montaña o las playas desiertas atraen a muy poca gente. A la mayoría de los turistas les gustan lugares como Las Vegas, Miami Beach, la Costa Azul y la costa de Italia, París, Londres, San Francisco y Nueva York, que ofrecen todos ellos una variedad de restaurantes y tiendas para comprar y abundantes diversiones. No tiene ninguna importancia que el lugar aislado resulte al principio muy atractivo, pues pierde su encanto después de unos días. A los hombres, por ser animales sociales, les gusta estar en contacto con otra gente, el viajero más veterano se interesa por los atractivos culturales tanto como por los restaurantes, la historia, el teatro, los paisajes o la singularidad.

El volumen crítico de una región depende del mercado determinado al que se dirija esta región. El urbanizador del destino debe reunir una serie de servicios que mantendrán interesados a los visitantes durante unos días. Éste es el problema al que se enfrentan aquellos que quieren urbanizar como nuevo destino una isla en Polinesia, un centro de montaña, un pueblo en España o una región remota de Puerto Rico.

Los lugares remotos de Estados Unidos, como el Gran Cañón o el parque Yosemite, además de contar con un paisaje espectacular necesitan una serie de servicios como restaurantes, tiendas, excursiones para ver el paisaje y unas actividades «creadas». De otro modo, los huéspedes sólo permanecerán durante un día o dos. Cuanto más remoto es el destino, más probable es que atraiga sólo a los más aventureros, éstos exploran rápido lo que encuentran y se trasladan a otro lugar.

Quizás los nuevos destinos no se pueden permitir disponer de los servicios adecuados para alcanzar el volumen crítico necesario para que un destino tenga éxito. El destino puede funcionar débilmente durante años, perdiendo dinero hasta que se alcance su objetivo. Esta falta de capital inicial necesario para que el pequeño destino resulte factible, como ocurre en muchas empresas, hará que fracase finalmente aunque al principio se augurase un futuro prometedor.

Las inversiones iniciales pueden requerir un capital considerable para construir la infraestructura en la que se incluyen carreteras, servicios, aeropuertos, centros comerciales, transporte público, casas y ciudades de vacaciones. Los planificadores deben tener en cuenta qué es lo que hacen los visitantes además de comer, beber, nadar y dormir. ¿Se permitiría a los visitantes alquilar motos como en Bermudas?¿Son adecuados los caminos para ir en bicicleta y se pueden alquilar bicicletas? ¿Es la región apropiada para ir a caballo?¿Quién proporcionará los caballos?¿Cómo se puede transportar a los visitantes hasta un castillo histórico, a un templo antiguo o a un parque zoológico? ¿Se puede disponer de coches alquilados en los puntos convenientes?¿Serán bien recibidos los turistas por los residentes de la zona?¿Se incluirá a los residentes del lugar en los beneficios de la economía turística?¿Cuál es la artesanía nativa?¿Dirigirá el gobierno una tienda de artesanía? Si la región no tiene fama por sus diversiones, ¿se interesarán los jugadores veteranos por un pequeño casino? ¿Cuántas ciudades de vacaciones se necesitan para que los posibles compradores tengan la sensación de estar en una comunidad viable, que no fracase por tener un tamaño demasiado reducido? El planificador de la región hace una relación de todas las atracciones del destino turístico y entonces decide en qué punto se puede alcanzar el volumen crítico.

Sobreedificar en una zona turística no sólo puede ser costoso sino también dar lugar a decepciones. La zona que cuenta con demasiadas habitaciones y servicios puede dispersar a los visitantes por dar una sensación de falta de personal adecuado, en relación a la gran cantidad de servicios. Por ello el urbanista, deberá atraer a muchas personas para que se ocupe el espacio. Por ejemplo, lo que hoy es el Sheraton Macuto en Venezuela, no muy lejos del aeropuerto internacional de Caracas, fue antes un club de oficiales muy caro y muy exclusivista. Cuando se derrocó al dictador Jiménez, el club de oficiales pasó a ser un centro turístico de lujo, pero el coste de transporte y alojamiento era demasiado caro para el mercado de masas de Estados Unidos. El hotel fue absorbido por la corporación internacional Sheraton y ésta, junto con el gobierno venezolano, organizó viajes con todo incluido que partían desde la ciudad de Nueva York. Con ello, el hotel volvió a adquirir vida y empezó a tener éxito. Los viajes en grupo abrieron un nuevo mercado para el hotel y aumentaron su ocupación hasta alcanzar el «volumen crítico» necesario para que fuese atractivo.

Otro ejemplo es el de la República Dominicana. Hacia el año 1975 la isla decidió explotar el turismo. Se construyeron varios hoteles de primera categoría, pero en lugares muy distantes. Se intentó conseguir un volumen crítico de visitantes de la misma manera que se hizo en Venezuela para el Macuto mediante un viaje organizado con todo incluido y barato, de sólo una semana de duración para que el viajero no llegara a aburrirse. El número de visitantes aumentó de forma brusca.

El gobierno francés tuvo mucho interés en explotar la costa del Languedoc-Rosellón como destino turístico principal en una escala que apoya más la teoría de «volumen crítico». El área cubre 192 kilómetros de la costa mediterránea extendiéndose desde el delta del Ródano hasta los Pirineos. Se pretendía que cuando estuviera terminada, la zona turística tuviera la misma capa-

La belleza natural de las playas siempre ha tenido un poderoso atractivo para los impulsores de centros turísticos. En la página siguiente, aspecto de los modernos edificios construidos en la playa de Isla Verde en San Juan, Puerto Rico.

cidad que la Costa Azul. Se dividiría en cinco sectores, cada sector sería un centro turístico completo, que albergaría más de cincuenta mil plazas. Estos cinco sectores estarían separados por zonas verdes. El gobierno francés fue el responsable de construir toda la infraestructura; carreteras, aeropuertos, servicios, aparcamientos de coches, clubs náuticos y parques regionales, así como de erradicar la polución. Los inversores privados asumieron la explotación de los hoteles, campings, apartamentos, caravanings, centros de actividades y otros servicios turísticos.

DESTINOS EXCLUSIVOS

Refugio para la élite

Imagínese que es usted una persona muy rica que tiene gran debilidad por la naturaleza y una necesidad de conservarla, cultivarla y compartirla con los demás. Su apellido puede ser Rockefeller y tener a su disposición una de las mayores fortunas del mundo, así como poseer un sentido heredado para la administración.

¿Qué mejor manera existe de compartir y conservar la naturaleza que la de crear un centro turístico en plena naturaleza? Esto es lo que hizo Lawrence Rockefeller en la isla de Hawai y lo mismo hizo en las islas Vírgenes, en Puerto Rico, en Wyoming y en Vermont. Los centros turísticos que Rockefeller construyó se encuentran entre los más bellos del mundo, mucha gente piensa que son los que combinan mejor los servicios del centro turístico dentro de un ambiente natural de manera que realzan la calidad del ambiente.

A los Rockresorts se les ha descrito como un paisaje con una habitación, un refugio para la élite intelectual, el gobierno y personas de alto nivel económico, una manera de explotar las economías deprimidas. El mercado disponible para ellos es de una escala tan alta, de tal calidad y tan alejado de los mercados corrientes que sólo Rockefeller podía emprender esta aventura. El único centro turístico

que puede comparársele es el que el Aga Khan posee en la isla de Cerdeña.

La idea de crear este tipo de centros turísticos se gestó en la mente de Rockefeller a finales de los años cuarenta, cuando exploró el Caribe, isla por isla. En el año 1952 compró Caneel Bay Plantation de la isla de St. John, en las islas Vírgenes. St. John, que tiene sólo catorce kilómetros de longitud y ocho de anchura, apenas cuenta con agricultura ni industria. No había instalación de agua ni de electricidad y contaba con una población escasa no cualificada. Todo tuvo que traerse de fuera o bien se explotó des-

de el principio. Se iniciaron unos programas de formación profesional para los futuros empleados.

Rockefeller donó buena parte de la isla al gobierno de Estados Unidos para que pasara a ser el parque nacional de las islas Vírgenes. Caneel Bay Plantation comprende unas 160 hectáreas, siete playas y numerosas casitas de campo escondidas tras setos de parras. No es el lugar adecuado para el amante del bullicio o para el turista que desea tener un trocito de Manhattan en un escenario tropical.

El huésped come en uno o dos comedores al aire libre. La actividad diaria consiste en jugar a tenis en unas pistas magníficas y tumbarse en la playa. Los huéspedes pueden acudir por la noche a conferencias o bien pueden alquilar un jeep durante un día para explorar la isla. Existen unos trescientos empleados para 130 habitaciones de huéspedes, por tanto corresponde más de un empleado por cada huésped.

Sólo una mínima parte de la población mundial puede permitirse el lujo de pagar los precios de Caneel Bay Plantation pero, siguiendo la carretera, unas cuantas millas más abajo se puede disfrutar de la misma belleza a unos precios inferiores. En 1964 el Servicio de Parques Nacionales inauguró Cinnamon Bay, adquirida en el año 1969 por la administración Rockresort, que invirtió en ella un millón de dólares para mejorar los servicios .

La siguiente aventura de Rockefeller le llevó a Puerto Rico, donde el gobierno pensó que debía estimularse el turismo en otros lugares además de San Juan. El resultado fue la construcción de Dorado Beach, situado en una marisma en los terrenos que habían correspondido a una antigua plantación de cocos y viñas. Se extrajo más de un millón de toneladas de tierra con el fin de utilizar la mayor parte del área para construir alojamientos para huéspedes así como para dos campos de golf de 18 agujeros. Se drenaron las marismas o bien pasaron a ser lagunas, ríos y otros juegos de agua para el campo de golf. Al igual que en Caneel Bay, fue necesario formar a los camareros y a otros empleados para servir a los clientes con paladar de gourmet. A cada lado del edificio central se construyeron las habitaciones para los huéspedes, hasta 306 entre bungalows y cabañas. A 32 kilómetros al oeste de San Juan se encuentra Robert Trent Jones, una propiedad de seiscientas hectáreas que cuenta con tres kilómetros de la costa atlántica y dos campos de golf.

En el año 1971 finalizó la construcción de Cerromar Beach, que pasó a ser un centro turístico hermano que cuenta así mismo con dos campos de golf de 18 agujeros, un casino, un club, una galería de tiendas, una sauna y 508 habitaciones y suites para huéspedes. Los bloques de apartamentos pertenecen tanto a Dorado Beach como a Cerromar Beach. Los dos centros turísticos cuentan en total con ochocientas plazas turísticas y pueden ser sede de grandes congresos.

Little Dix Bay es un centro turístico muy escondido que se parece a St. John por su inaccesibilidad. Se construyó en British Virgin Gordo, y su tamaño es de sólo trece kilómetros cuadrados. Se empezó a trabajar en el año 1958. El tipo de problemas que surgieron en Little Dix Bay ayudó a explicar la razón de que sólo una persona con mucho dinero y perseverancia puede tener éxito con un centro turístico si-

tuado en un lugar como ése. Se tuvo que construir una pista de aterrizaje de lodo. Fracasó una planta solar experimental para destilar el agua del mar. La planta de desalinización eléctrica fue inadecuada y hoy en día el agua se trae desde Puerto Rico, situado a 96 kilómetros al oeste. Debe importarse toda la comida así como la mayor parte de los empleados.

Little Dix Bay no tiene teléfonos ni aire acondicionado. Muchos piensan que es el lugar ideal para poder alejarse de todo. En las cabañas de paja de la playa hay unas pequeñas banderas que los huéspedes izan en el momento en que desean comer o beber. El comedor consiste en un pabellón abierto bajo un techo abovedado que llega casi hasta el suelo. Los manteles se sujetan a las mesas para evitar que el viento se los lleve.

Mauna Kea, que figura en casi todas las listas de los mejores hoteles, fue construida en el año 1965 tras solicitar el gobernador de Hawai explotar la isla como región turística. Al igual que los Rockresorts, se funde estéticamente con el paisaje. En el año 1974 se vendió Mauna Kea por una cifra aproximada de 51 millones de dólares a la United Airlines y actualmente está bajo la gerencia de la Westin International Hotels.

La siguiente aventura de los Rockresorts fue el imponente Club y el Kapalua Bay Hotel cerca de Kaanapoli Beach, en la isla de Maui. Este lugar ofrece una vista magnífica del océano y de la isla de Molokai. También formó parte de un plan de explotación del terreno y en la actualidad ya no lo dirigen los Rockresorts.

En el año 1985 Laurance Rockefeller descubrió The Boulders at Carefree en Arizona. Este nuevo centro turístico se encuentra a unos 32 kilómetros de Scottsdale y cuenta con más de un centenar de casitas parecidas al adobe, que constituyen una versión de un poblado indio para gente rica. El coste de su construcción fue de doscientos millones de dólares y cuenta con una serie de lagos y un campo de golf.

No se puede juzgar los Rockresorts tomando como referencia el marco financiero corriente. En este caso el período decisivo no es el habitual de los centros turísticos de dos, tres o hasta cinco años. Es de todos conocido que si un centro turístico tiene éxito, se multiplica el valor de la tierra de sus alrededores. Pueden obtenerse muchos beneficios al urbanizar bloques de apartamentos construidos en propiedades adyacentes y además puede significar más clientela para los servicios de bar y restaurante de los hoteles. Como señaló un escritor, los Rockresorts son una clara muestra de que «nobleza obliga». También son reflejo de la visión que tiene un hombre sobre la belleza y su deseo de compartir esta idea.

La dirección de los Rockresorts está dotada de un estilo, una elegancia y un «savoir faire» que se encuentra en muy pocos lugares. El servicio es informal, abierto, pero sin embargo impecable.

Los Rockresorts reflejan la idea de Rockefeller de que un centro turístico puede preservar la naturaleza y al mismo tiempo puede ser un estímulo para una región poco desarrollada. Se hallan situados en lugares maravillosos y sus estructuras se han supeditado al paisaje. Todas las zonas utilizadas fueron lugares poco privilegiados anteriormente y en cada proyecto se combina la aventura de conservación, de desarrollo económico y de obtención de beneficios. El terreno es comparativamente barato, mientras que los demás costes son altos.

Es evidente que Mauna Kea sirvió de estímulo de la urbanización de los destinos y en su área se construyeron varios edificios de apartamentos.

Hawai es el destino de millones de turistas que, atraídos a la vez por la belleza del paisaje y por la calidad de los servicios, deciden disfrutar sus vacaciones en la isla. Sobre estas líneas, panorámica de la bahía de Hanalei, en la isla de Hawai.

Una isla urbanizada como en el siglo XIX

Las personas que visitan Nantucket pueden tener la impresión de estar caminando por una ciudad ballenera de mediados del siglo XIX. Por supuesto están allí, o al menos la ciudad se parece a la idea que puede tener un hombre de lo que era Nantucket en el año 1850. Esta isla situada a 48 kilómetros mar adentro del Cabo Cod ha sido proyectada en su mayor parte por un hombre, Walter Beinecke, que se gastó millones de dólares en comprar propiedades en la isla y derribar edificios en decadencia. Al adquirir grandes parcelas del centro de la ciudad y casi todo el muelle, Beinecke pudo aumentar los alquileres y ordenar el proyecto y la puesta en marcha de los negocios. Sus posesiones incluyen 155 edificios. Beinecke dice que está dispuesto a defender la isla de los urbanizadores que han adquirido la mayor parte de Cabo Cod y lo han convertido en hileras de moteles, gasolineras y puestos de comidas rápidas.

En el lugar donde se encontraban los edificios antiguos construyó un club náutico, una hilera de tiendas y un quiosco de música. Muchos visitantes consideran que la isla es auténtica, otros no. Una de sus empresas, la Nantucket Historical Trust, es propietaria del Jared Coffin House, un buen restaurante y una taberna que según su contrato de arrendamiento deben permanecer abiertos todo el año a pesar de que pierdan dinero durante el invierno.

Una urbanización unificada

Sea Pines Plantation, en la isla Hilton Head, mar adentro de la costa de Carolina del Sur, es otro destino turístico bien planificado e independiente. Es un centro turístico que cuenta con recursos para los amantes del tenis, del golf y del mar. Sea Pines Plantation es una de las urbanizaciones de centros turísticos más compacta y mejor controlada de las que se conocen y una de las más hermosas. Su urbanizador, Charles Fraser, creía firmemente que la única manera de controlar la estética de una era mediante el poder que confería la propiedad. En cada escritura que se emite a los compradores se adjuntan unas cuarenta páginas de restricciones de las aproximadamente 550 propiedades individuales de la plantación.

Fraser era quien tenía el poder legal de negar cualquier plan de construcción o de jardinería que propusiera alguno de los propietarios. La mayoría de las casas tienen tejados de cedro y vallas de ciprés blanqueado.

Fraser tiene ideas definidas sobre la playa y la localización de las viviendas en relación a la orilla del mar. No se construye ninguna casa en la línea de la playa, ya que Fraser consideraba que entonces quedaría una carretera detrás de las casas y la playa estaría restringida a aquellas casas que se hallaran frente al mar. En lugar de ello se esparcieron decenas de ringleras entre las carreteras principales. Se hicieron paseos hacia el mar, entre las ringleras, de forma que todo el mundo tuviera un fácil acceso al

Cada vez más extendida, la práctica del esquí ha impulsado la creación de importantes áreas turísticas orientadas a quienes desean pasar las vacaciones practicando este deporte. En la página siguiente, instalaciones de una de ellas.

mar. No se urbanizó ni la playa ni la línea principal de dunas que hay detrás de ella. A pesar de que la densidad de viviendas es poco habitual, hay tanta zona verde que cada una de ellas parece que esté muy separada e individualizada de las otras. Se construyeron muchas casas entre los árboles, a lo largo de las numerosas calles, otras se construyeron a lo largo de estrechos paseos que conducían a la playa desde las carreteras principales. Se hizo un esfuerzo considerable para conservar los árboles de forma que se hicieran las carreteras a su alrededor para evitar el tener que cortarlos.

Se dice que Fraser era incapaz de cortar un árbol hasta que al menos dos coches chocaran contra él. Un 25 por ciento de la plantación se conservó en su estado natural, hasta el extremo de que no se sacó a los caimanes de las charcas y los ríos hasta que alcanzaron una longitud de 1,6 metros. Así mismo, Fraser conservó el 75 por ciento del pantano.

El estilo inmobiliario de Hilton Head en que se proporciona al propietario de la casa o apartamento una segunda vivienda además de la oportunidad de revalorizar las acciones, se extendió hacia el sur hasta Amelia Island, cerca de Jacksonville, y al norte hacia Fripp Island, Kiawek Island y Seabrook Island.

LOS DEPORTES DE INVIERNO, OTRA INVERSIÓN TURÍSTICA

Elegir la localización de una estación de esquí no es sencillo ya que existen unas consideraciones decisivas como son el clima y la disponibilidad de nieve durante la temporada. De acuerdo con Ted A. Farwell, la estación de esquí orientada a las vacaciones debe poseer siete condiciones importantes:

- Una pendiente de 420 metros en el nordeste de Estados Unidos o de 840 a 1 120 metros en el oeste. Las zonas base deben ser lo suficientemente amplias como para alojar de tres mil a cinco mil esquiadores.
- Un lugar donde los vientos reinantes no se lleven la nieve, en general suele tener una orientación al norte o al nordeste.
- Las nevadas anuales deben ser de cinco metros y deben tener lugar a intervalos frecuentes. Si hay

menos nieve, se necesitarán equipos que la fabriquen, lo que resulta muy caro.

- Las pendientes para los principiantes y los expertos deben variar desde el 25 por ciento al 75 por ciento.
- Un clima lo suficientemente frío como para que se mantenga la nieve, preferiblemente que sea muy soleado.
- Que tenga un buen suministro de agua en caso de que haya que utilizar un equipo de nieve artificial.
- La base debe tener una superficie lo suficientemente amplia como para albergar las terminales de los remontes, los alojamientos y otros servicios.

Vail Village, en Colorado, es una estación de esquí que tiene mucho éxito. Se halla situada a una altitud de 2 300-3 100 metros sobre el nivel del mar, a unos 180 kilómetros al oeste de Denver, aproximadamente a unas dos horas y media en coche. Fue una zona de pasto de ovejas relativamente remota en el corazón de las montañas Rocosas, pero después de convertirse en una estación de esquí, la ciudad aumentó el valor de sus propiedades comerciales desde 375 dólares la hectárea hasta 21 dólares el metro cuadrado. Debido a que el núcleo de población tiene solamente una extensión de 56 hectáreas, ésta se consagró principalmente a los peatones, construyendo

numerosos aparcamientos subterráneos. El coste inicial del aparcamiento subterráneo se compensó en cierta manera por el ahorro resultante de no tener que sacar la nieve. Un efecto secundario inesperado de esta decisión fue que el esquiador de un día dio paso a aquel que permanecía durante un período más largo, ya que el que sólo venía por un día no hallaba lugar donde poder aparcar su vehículo.

Transcurrieron cuatro años hasta que Vail Village obtuvo beneficios. Una vez obtenidos, se arrendó el suelo comercial en lugar de venderlo. Los contratos de arrendamiento tienen un período de validez de 49 años. Un hecho poco común del contrato de arrendamiento es que el arrendatario paga el ocho por ciento del valor de la propiedad, revalorizándose la propiedad al finalizar el quinto y décimo año. A partir de entonces se vuelve a valorar cada diez años del período de validez del arrendamiento.

200 MILLONES DE TURISTAS EN EL 2010

Según los expertos de la Organización Mundial del Turismo, en el año 2010 cerca de 200 millones de turistas visitarán Europa. Las causas de estas previsiones económicas radican en:

- La recuperación económica mundial que se prevé tras superar los primeros años de crisis del siglo XXI.
- El gran aumento del número de personas que podrán y desearán hacer turismo.
- La consolidación de nuevos segmentos de clientes que están iniciando en este final de siglo su trayectoria turística (jóvenes, tercera edad, viajes por estudios, turismo rural, etc.).
- La tentación de viajar que suscitan los nuevos destinos turísticos, con sus espléndidas y modernas instalaciones.
- La liberalización del comercio, con el inherente aumento de los viajes de negocios.
- La popularización de los viajes aéreos, que facilita la competencia y, en consecuencia, provoca el abaratamiento de los precios de los desplazamientos en avión, facilitando su uso a más segmentos sociales que pueden visitar como turistas lugares antes prohibitivos.
- El incremento de las acciones de promoción, con ofertas cada vez más tentadoras.
- El uso de las nuevas pistas de la información (Internet), que globalizan la promoción.
- El abaratamiento de las ofertas que los tour operadores lanzan al mercado.
- La necesidad imperiosa que cada día sienten, de forma creciente, los ciudadanos de viajar, gracias

a los deseos de libertad, la influencia de la televisión y la facilidad de acceder en el propio domicilio a la información a través de Internet.

Ante estos vientos favorables sería conveniente y urgente que las autoridades políticas, tanto estatales como de las distintas comunidades, así como los presidentes de las asociaciones empresariales, se plantearan propuestas para que este flujo positivo no pase de largo. Éstas pueden ser unas medidas para que el buen momento se detenga sobre cada destino turístico, con una serie de acciones llevadas a cabo por las administraciones y por los sectores privados:

- Reorganizar y agrupar las distintas instituciones que destinan recursos económicos a la promoción de turismo, para conseguir un mejor rendimiento y una actuación más lógica en las acciones que se realizan, sin que cada cual vaya a su aire.
- Elaborar y desarrollar un programa de formación destinado a los gestores de instituciones y organismos turísticos para que sepan gestionar los recursos que tienen asignados y adoptar las decisiones que les competen.
- Mejorar la coordinación entre las diferentes instituciones en las actuaciones que afectan al producto turístico (infraestructuras, seguridad, sanidad, medio ambiente, etc.), tanto en lo que se refiere a las prioridades como a sus emplazamientos, estilos de actuación, etc.
- Impulsar al cambio a todas las pequeñas empresas que integran el sector, para que sigan en este progreso a través de la formación constante de sus integrantes.
- Incrementar la coordinación y los contactos entre las escuelas de turismo y de formación profesional y adaptarlas a las necesidades del mercado, para facilitar la integración laboral a sus alumnos.
- Impulsar la ampliación de los estudios de Turismo y Hostelería para acceder a una licenciatura.
- Potenciar el asociacionismo empresarial activo y eficiente en cada destino turístico. En un mercado tan competitivo, sólo en economías a gran escala es posible mejorar la productividad y la competitividad. Ayudar a formar gerentes de estas asociaciones, las activará y convertirá en atractiva su aplicación.
- Mejorar la calidad de cada destino turístico mediante la aplicación de la idea de que todo lo que afecta a la imagen que percibe el visitante hay que abordarlo bajo el prisma del «turismo total», promoviendo la unión de criterios entre todos sus responsables.

- Contribuir a crear en cada destino turístico, de forma que resulte claramente visible para el visitante, el banco de habitaciones libres para facilitar su ocupación.
- Crear en cada destino turístico la suficiente oferta de ocio para hacer atractiva y entretenida la estancia de los visitantes.
- Ayudar a los intermediarios comerciales a hacer publicidad del ocio de cada destino turístico, impulsando un elemento más de fidelización de los visitantes.
- Impulsar la exhibición de nuestra cultura popular en los destinos turísticos.
- Contribuir a impulsar la creación de una central de reservas en cada destino turístico para poder canalizar con facilidad las acciones de promoción y comercialización.
- Hacer publicidad de la oferta de ocio que tiene lugar cada día en el destino turístico.
- Ayudar a desarrollar acciones de mejora de la calidad de servicios y de atención al cliente para superar la nota actual.
- Desarrollar auditorías de calidad tanto de los destinos como de las empresas turísticas, para contribuir así a la mejora del nivel de la calidad que percibe el cliente de las instalaciones y servicios, así como del entorno estético y medioambiental (suciedad, limpieza de fachadas, basuras, escombros, papeleras, etc.).
- Crear en cada destino turístico el teléfono de información y auxilio turístico, a fin de satisfacer la necesidad de información y seguridad del visitante.
- Mejorar los accesos, la circulación, los aparcamientos y la señalización de los destinos turísticos, haciéndolos más agradables y cómodos para todos aquellos que los visitan.
- Adecuar los horarios, la dedicación, la amabilidad, los conocimientos y la dimensión de las plantillas de funcionarios públicos de los patronatos de turismo y los ayuntamientos, especialmente en los meses de mayor afluencia de visitantes.
- Crear la «ventana única turística» para cuantas consultas y gestiones deban realizarse desde el sector turístico.

Cada vez en mayor medida, el sector turístico representará una aportación creciente a la economía de los distintos países que constituyen destinos turísticos. Por otra parte, cada vez se irá incrementando más la oferta de destinos y la importancia de mantener un alto nivel de calidad en todo el entorno y de ofrecer al visitante aquello que le resulte agradable y de interés, todo lo cual fomentará el mantenimiento de la calidad y los precios.

CREACIÓN DE NUEVOS DESTINOS

La creación de nuevos destinos ha supuesto el análisis y la mejora de grandes extensiones de terreno. La mayoría de las nuevas urbanizaciones se han realizado en lugares donde prevalece un clima templado o subtropical, como el Mediterráneo, el Caribe, Hawai y el sudoeste estadounidense. También han tenido lugar otras explotaciones en estaciones de esquí, como Vermont, Nueva Hampshire, Maine y Colorado.

Tras estudiar un área en su conjunto y examinar las interrelaciones que tienen lugar en su entorno, los planificadores han sido capaces de recomendar el desarrollo global de una comunidad armonizando todos sus elementos.

Son algo más que simples proyectos inmobiliarios que, en general, se emprenden para el provecho de unos pocos.

EL PRIMER PASO: URBANIZAR EL TERRENO

Las motivaciones para el desarrollo de nuevos destinos turísticos surgen a veces de individuos con ideas filantrópicas o bien por iniciativa del gobierno de un estado o de estados interesados en mejorar su economía así como el nivel de vida de un gran número de personas. En una situación ideal, los resultados serán beneficiosos para todo el conjunto. La ordenación urbanística es un término utilizado a menudo para este tipo de planificación más amplia. A diferencia del desarrollo inmobiliario, la ordenación urbanística es más probable que trate con terreno que no se utiliza o bien con tierras agrícolas, más que con zonas residenciales ya existentes, con empresas o con sectores industriales. El proyecto puede incluir un centro de reunión que forme parte del plan general o bien el lugar puede ser el componente principal del proyecto, que probablemente incluye una ciudad o un pueblo habitado por residentes permanentes o bien por empleados de la zona. También pueden incluirse a veces residencias para jubilados.

En general, «la mayor utilización de los bienes y de la mejor manera posible» ha dado como resultado el mayor beneficio para el urbanizador. En el mejor sentido, la planificación urbanística se intenta que resulte en beneficio no sólo del urbanizador sino también del usuario y de toda la comunidad en general.

Los condicionantes sociológicos

En capítulos anteriores se ha hecho hincapié en el desbaratamiento del estilo de vida de los residentes que a menudo acompaña al crecimiento de los destinos turísticos. Los urbanizadores se enfrentan a cuestiones como los valores sociales establecidos y la ética. ¿Quién se beneficiará de ello y cuánto? El servicio turístico disminuirá algunos valores y acabará con otros que la población residente haya conservado con gran cuidado. Conseguir un buen nivel de vida para un grupo de turistas puede ir en detrimento de los residentes habituales que pueden llegar a aborrecer el ruido, la congestión y la contaminación, fenómenos inherentes a la llegada del turismo. Quizás sientan que, a pesar de que la llegada del turismo haya restablecido la economía, toda la belleza natural de su región ha sido profanada. La industria turística floreciente puede acaparar a todos los peones del mercado de trabajo y puede suponer para los residentes permanentes una subida considerable del coste de la vida.

Creación de nuevos destinos

El turismo es un claro factor generador de cambios. Muchas de estas nuevas aportaciones están en pugna con los valores establecidos y pueden ir en perjuicio de muchos. En cualquier sociedad que entre en contacto con otras se pueden producir una serie de cambios. Con la introducción del turismo pueden extinguirse tradiciones mantenidas durante siglos.

Considere lo que puede ocurrir en una sociedad que tiene por costumbre ser muy hospitalaria con todos los visitantes, como ocurre en determinadas zonas del mundo árabe, el norte de África, Malta y Grecia y en muchas sociedades de pastoreo donde es infrecuente que vayan visitantes. Esta tradición, con la llegada del turismo, pasa a ser problemática. Un visitante, al ir a un punto remoto de Creta puede quedar asombrado por el caluroso recibimiento que le da un pastor. El pastor, que tiene un nivel de vida muy inferior al del visitante, puede insistir en ofrecer queso y vino a los pocos turistas que llegan hasta donde está él. Pero al llegar más turistas al interior de Creta esta hospitalidad tradicional puede ser excesiva y suponer una carga y una fuente de quejas. En el desarrollo urbanístico, la planificación sociológica tiene en cuenta las necesidades de los residentes y de los turistas antes de llevar a cabo la urbanización del destino.

¿CÓMO SE DESARROLLA UNA ÁREA TURÍSTICA?

La urbanización del suelo puede incluir una planificación de gran alcance de todos los servicios que requiere un destino turístico: abastecimiento de agua, carreteras, protección policial, protección de la salud, recepción de turistas y alojamientos, atracciones y otras diversiones. También incluirá planificación urbanística a corto y largo plazo, tiendas, servicios recreativos, previsión de escuelas e iglesias, tratamiento de aguas residuales, etcétera. Muchos planes incluyen así mismo clubs para la comunidad y zonas verdes. Pueden darse una serie de recomendaciones referentes a la administración de campos de golf, hoteles, tiendas de regalos y atracciones turísticas. Los planes pueden incluir clubs náuticos y otros servicios que tengan valor turístico.

Las áreas turísticas se desarrollan por una serie de razones, entre las cuales se citan las siguientes:

El interés del urbanizador para conseguir un beneficio inmediato. Forma un lote y vende partes a otros contratistas obteniendo un beneficio en este proceso.

Para aumentar el valor del terreno a largo plazo. Tras un período de tiempo, el terreno casi siempre aumenta de valor. Se tasan los beneficios de la venta del terreno como un beneficio de capital inferior al que se aplica a un ingreso normal.

Para aumentar el valor de las propiedades de alrededor de la urbanización. Un hotel puede ser, por ejemplo, como «la guinda de un pastel», un estímulo para que aumente el precio del suelo a su alrededor. Quizás su valor como hotel en funcionamiento sea pequeño.

Para aumentar el empleo en una región poco desarrollada.

Por razones políticas. Una región puede urbanizarse como medio de subvencionar una ayuda a una región determinada, pagando las deudas políticas y redistribuyendo los ingresos dentro de una región o un país.

Para crear un tributo duradero. Un centro turístico puede verse como un monumento para demostrar la habilidad de alguien o una oportunidad para construir algo bello y duradero.

A la derecha, vista parcial de las instalaciones de uno de los clubs náuticos que cada vez se prodigan más en las costas de los países desarrollados como resultado de planes urbanísticos de gran alcance, que, en este caso, llegan a transformar completamente el litoral de la zona interesada.

La necesidad de un mercado

Las zonas turísticas fracasan estética y financieramente por tres razones principales: por no haber realizado estudios de mercado, por falta de planificación del área y por ausencia de fondos de inversión a largo plazo. Un hotel u otros servicios turísticos no pueden sobrevivir sin un mercado . Muchos servicios turísticos se han construido sin haber pensado apenas en el mercado viable. Centros turísticos ya establecidos fracasan por la nueva competencia, por el cambio de gustos, por obsolescencia, por cambios en los transportes y a veces por mala administración.

Los servicios turísticos que no se han planificado y controlado con esmero pueden convertirse en una selva, en general no muy bonita y a menudo chillona. Un ejemplo de ello son las «hileras de moteles» que se encuentran en las carreteras que conducen a muchas ciudades estadounidenses. Para poder competir, cualquier propietario de hotel se ve forzado a colocar un gran indicador y a renunciar al paisaje o a otros atractivos. Nadie sale beneficiado a causa de esta mala gestión.

Cuando una región crece sin control o planificación, cada contratista piensa sólo en sí mismo, sin considerar la región como una totalidad. La región sufre, y con el tiempo el contratista no beneficia a nadie o menos de lo que hubiera logrado si se hubiera instituido con anterioridad una planificación y un control.

Distintos tipos de turismo

Una de las decisiones más importantes que debe tomar el gobierno de un país acerca de la explotación turística es la referente al tipo de turismo que debe fomentarse. ¿Debe ser de lujo, atrayendo gente rica y de alta categoría, o la explotación debe acomodar mercados de la clase media y trabajadora, grupos de viajes baratos y estudiantes? Un hotel de lujo en una región donde los ingresos son bajos acentúa el enorme abismo entre los ricos y los pobres, entre los turistas y los residentes. Estos últimos pueden tener resentimiento hacia los viajeros ricos que pueden gastar en una semana más de los que ellos gastan en un año. Esto ha ocurrido, por ejemplo, en Jamaica y en otras islas del Caribe. Por otro lado, el hotel de lujo en los países menos desarrollados puede convertirse en una especie de símbolo nacional, donde pueden hallarse las oficinas centrales para las principales funciones del gobierno; en realidad, resulta ser una extensión del gobierno y de su orgullo nacional.

Para expresar una satisfacción nacional. En países pequeños, un hotel nuevo es un lugar de exposición, quizás el edificio más majestuoso del país, un lugar para el recreo de los personajes del gobierno y un centro oficial del gobierno para alojar a visitantes distinguidos.

Como desafío. Varias regiones se han explotado, al menos en parte, porque un individuo o un grupo pensaron en un centro turístico como si de un negocio desafiante se tratara. Varios centros turísticos del Caribe fueron construidos por personas o familias por el simple motivo del placer que les causaba.

Para conseguir capital extranjero. Un gobierno poco industrializado necesita divisas para poder comprar tecnología y productos fabricados en el extranjero. El desarrollo del turismo se ve como un medio de atraer visitantes y obtener las divisas que se necesitan.

Como ya se ha señalado anteriormente, el establecimiento de servicios turísticos por parte del gobierno para que sean utilizados por el público a precios módicos se conoce a menudo como turismo social. Ejemplos de ello son los numerosos campings que hay en Europa y el gran número de campings y cabañas en los estados y en los parques federales de Estados Unidos. Con frecuencia se alquilan estos servicios turísticos a un precio mínimo y en muchos casos no amortizan el precio de su construcción y de su mantenimiento, pero se pueden justificar por ofrecer un servicio público a los ciudadanos.

Hay muchas comunidades que se oponen a la existencia de estos servicios turísticos, ya que atraen únicamente a visitantes con poca capacidad adquisitiva. Por ejemplo, Puerto Rico no permite que se acampe en sus numerosas playas. Cabo Cod, como comunidad, no está a favor de los campings. De todos modos, el campista corriente no necesariamente es un indigente e inconformista. Aunque pagan poco por el espacio que requieren para colocar su tienda o su remolque y probablemente apenas frecuentan los restaurantes de la localidad, quizás son grandes compradores de numerosos artículos, que incluyen comida, gasolina, material deportivo y entradas para espectáculos o atracciones turísticas.

Muchos programadores afirman que el turismo de bajo coste beneficia muy poco a la zona turística y que es difícil cambiar de un mercado que gasta poco a un mercado de lujo.

Muchos destinos turísticos se pueden beneficiar de un amplio espectro de mercados, desde el campista hasta una clientela de alto poder adquisitivo. Por ejemplo, las Bahamas tienen capacidad de ofrecer servicios tanto a los miembros del Club Méditerranée como a los deportistas náuticos, a los pescadores, a los pilotos y a los jugadores. Los individuos más activos se sienten atraídos por Paradise Island y Gran Bahama. La persona que desea un descanso total no lo hallará en un lugar mejor que en una de las Family Islands.

RESPETAR EL EQUILIBRIO ECOLÓGICO

Durante mucho tiempo, la explotación de las playas de todo el mundo se ha hecho sin planificar. El resultado es que por accidente o por cuestiones económicas hay muy poca gente que viva o pueda permitirse alquilar alojamientos en la playa de muchas zonas turísticas. Hay grandes extensiones del litoral en las que es imposible contemplar el paisaje debido a las numerosas residencias y moteles situados unos junto a otros. En la isla de Maui, la existencia de un edificio de apartamentos seguido de otro impide claramente la vista de muchas de las playas más bonitas del mundo. La Costa del Sol, en España, es otro ejemplo de la falta de planificación, lo que ha dado como resultado una aglomeración de edificios y la ausencia de espacios abiertos. Algunas zonas de Cabo Cod se han explotado en lo que podría llamarse «centros turísticos en declive».

Los planificadores de la zona sugieren que se habiliten espacios abiertos. También exigen que toda la playa sea propiedad pública, accesible a todo el mundo. Como dijo un planificador, para explicarlo con otras palabras, es como invitar a cien mil personas a un partido de fútbol y sólo permitir que los más altos y los más fuertes se coloquen en la primera fila.

En general la elite y la gente acaudalada ha adquirido los lugares más selectos y viven en los mejores enclaves. Las teorías actuales de planificación regional toman en consideración a todo el mundo o al menos también a las clases medias. En algunos países menos desarrollados existe el peligro de que los lugares más paradisíacos sean comprados por extranjeros, excluyendo a los nacionales de ellos. Para impedir este hecho, México ha prohibido a los individuos no mexicanos que sean propietarios de terrenos situados a una distancia inferior a cincuenta kilómetros del océano. Esto sólo asegura que los mexicanos adinerados controlen las fachadas de las mejores playas y que los hoteles de los centros turísticos de la playa sean propiedad, al menos en parte, de los propios mexicanos.

Se ha puesto de manifiesto que la explotación excesiva de una región afecta no sólo a sus habitantes sino también a la climatología. Este fenómeno es constatable en algunas zonas de Grecia, aunque la causa no haya sido el turismo. Durante la Segunda Guerra Mundial los griegos talaron enormes extensiones de bosques para utilizar la leña. Al no haber bosques, el agua corría mucho más rápida por la tierra y la erosionó. La falta de árboles que producían humedad a la atmósfera redujo la cantidad de lluvias en algunas regiones. Si grandes extensiones de bosque se despejan para permitir que se exploten extensas áreas turísticas, puede surgir el mismo problema.

Evidentemente, es necesario considerar la planificación regional como parte de la planificación turística. Bajo el punto de vista de los negocios es importante evitar perjudicar el medio ambiente, pues ello conlleva la disminución del atractivo de un área y de una región más amplia. En las islas la planificación del turismo conlleva una serie de problemas especiales debido al clima y a la limitación del espa-

*La atracción que ejercen aquellas áreas costeras
que disfrutan de un clima benigno ha llevado,
en muchos lugares, a una urbanización
prácticamente continua de las áreas litorales
como la que aparece a la derecha de estas líneas.*

cio. Como consecuencia de los vientos reinantes, la
mayor parte de las islas tienen un lado de barlovento
y otro de sotavento. El lado de barlovento es en general caluroso, húmedo y frío. El lado de sotavento es
comparativamente más seco y más caluroso.

Muchos planificadores aconsejan que los alojamientos de mayor volumen, los servicios y los lugares de diversión se construyan en el lado más pro-
picio de sotavento, reservando la zona de barlovento
para las construcciones poco elevadas y para la explotación de tierras de cultivo y bosques. Los valles
se pueden utilizar como espacios verdes, lugares de
recreo, campings y terreno para la fauna. Los planificadores deberían permitir que en el lado de sotavento, más seco y soleado, se construyeran los
hoteles de elevada altura, aunque solamente si se
combinan con espacios abiertos, jardines, parques
y paseos hacia la playa.

Una manera de asegurar los espacios abiertos y
los paseos en los centros de concentración turística
es señalar zonas para parques y la conservación de
lugares históricos. En cada región debería fijarse
un límite máximo en el número de habitaciones
que deben construirse, un número ya establecido que
impida que la gente se aglomere, con el consiguiente perjuicio para el medio ambiente. Los planificadores de las estaciones de esquí de Aspen, Colorado,
lo han hecho de esta manera. Calcularon que podían
alojarse de 28 mil a 30 mil esquiadores en las laderas sin que se produjera masificación. Por lo tanto
aconsejaron que el número de habitaciones hoteleras
se limitara al número máximo de esquiadores que
podían disfrutar de aquella región.

La necesidad de que el gobierno haga planificación se ve claramente al observar la primera línea
de playa o a poca distancia de la costa. Las dunas
de arena son imprescindibles para que se mantenga la ecología del litoral de las islas; las dunas protegen a las islas de los vientos y de la fuerza de las
olas. Los vientos reinantes que vienen del mar tienden a trasladar las dunas de arena tierra adentro.
Para evitar este movimiento es necesario el crecimiento de algunas plantas, como por ejemplo la ave-
na marina, que ayuda a frenar el flujo de aire y evi-

ta que la arena se asiente en otro lugar. La duna crece en altura hasta llegar a un punto crítico donde la
fuerza del viento ya no es suficiente para poder mover
la arena hacia la cima. Cuando esto ocurre, se forma una nueva duna en el lado de barlovento de la
ya existente, y con todo esto la isla empieza a crecer hacia el mar.

Si la duna estorba, o bien al pastar un animal se impide el crecimiento de las plantas, las dunas serán trasladadas tierra adentro y la playa se destruye. La edificación de cabañas en la primera línea de la playa y de moteles y apartamentos produce las mismas consecuencias. Un estudio realizado por la universidad de Georgia aconseja que al menos un tercio de cualquier isla que se utilice para recreo y residencia se conserve en su estado natural, sin nada más que senderos de acceso en esta área reservada. El gobierno debe controlar la edificación de propiedades en el litoral para asegurar que se encuentren como mínimo a noventa metros de las líneas de pleamar. Debe prohibirse nivelar las dunas de arena. Las islas necesitan de una zona de bosque que sirva de barrera al aire, elevando el viento hacia arriba y sobre la isla. Si se despeja el bosque, los árboles contiguos se ven afectados por las presiones anormales del viento, que pueden arrancarlos. Los pinos, debido a su gran altura, son especialmente vulnerables a este tipo de peligro.

El terreno situado cerca de la costa se extiende y se acorta continuamente por la acción de las olas. Las mansas olas del verano, en general, añaden arena al límite del litoral, mientras que con frecuencia las fuertes olas del invierno se llevan la arena. Durante el verano, el litoral crece porque los vientos reinantes de tierra trasladan la arena seca desde la línea del mar hacia las dunas. En invierno se invierte este proceso. La orilla ayuda a mitigar estos cambios al traer a las dunas y a la playa una reserva de arena. En aquellos lugares donde no se tiene en cuenta el movimiento de las dunas y en donde se destruyen éstas por sobreexplotación o edificando en ellas, puede ser que grandes extensiones de la isla sean reclamadas por el mar.

EL TURISMO Y SU LEGISLACIÓN

El éxito de un país, de una región o de una población como destino turístico va ligado, invariablemente, al conocimiento y la aplicación de la normativa que, directa o indirectamente, incide en el sector. En sentido amplio, esta normativa comprende no sólo las disposiciones legales que emanan de los órganos parlamentarios de cada país, sino también las reglamentaciones aprobadas como consecuencia de las diversas manifestaciones de la intervención de los poderes públicos en este sector de la actividad humana relacionado con el turismo. En una acepción más estricta, la normativa se plasma en las relaciones jurídicas concretas que los operadores del sector suscriben entre sí o con los destinatarios de la actividad turística.

Para frenar el turismo con escaso poder adquisitivo, algunas comunidades han prohibido la acampada libre e incluso la instalación de campings en su área de influencia. Es el caso de Cabo Cod (Massachusetts), un detalle de cuyo puerto aparece en la página siguiente.

La falta de adecuación, por parte de los empresarios turísticos, a la normativa vigente puede comportar dificultades ante las administraciones públicas que tienen como cometido velar por el correcto comportamiento de los operadores, y a buen seguro puede originar problemas con quienes, dedicados a la misma actividad, tienen como norma ajustarse a la legalidad en todas las facetas de su actuación profesional. Todo ello sin olvidar que, hoy día, los miembros de la sociedad avanzada en que se desenvuelven estas actividades tienen un alto grado de concienciación sobre su estatuto como consumidores de bienes y servicios, factor que les hace responsables en el cumplimiento de sus obligaciones, pero también muy exigentes de sus derechos.

Todos los países del mundo cuentan con valores históricos, culturales y ambientales que los legisladores desean proteger o potenciar para que sean disfrutados por sus habitantes y transmitidos a las generaciones futuras. En no pocas ocasiones, el inmenso potencial turístico de un pueblo no ha visto traducidas sus posibilidades en resultados tangibles por culpa de una gestión inadecuada de sus recursos, sean éstos naturales, económicos o culturales, precisamente por la ausencia de un marco legal idóneo. Por ello, es importante construir, diseñar ese marco legal que dé prioridad a los valores que se han de proteger, determine los objetivos que se pretenden alcanzar y establezca los medios para conseguirlo, implicando en ello a todas las administraciones responsables, a todos los empresarios del sector y, en definitiva, a todos los usuarios de dichos recursos en sus múltiples manifestaciones.

Será fundamental, por tanto, conocer a fondo la legislación del país que, aun no habiendo sido dictada específicamente para el sector turístico, tiene incidencia sobre él. En la actualidad es impensable establecer instalaciones hoteleras, residenciales, deportivas o de ocio en general sin atenerse a las disposiciones que regulan los usos del suelo o la repercusión de cada actividad en el medio ambiente, por ejemplo, y es absolutamente prioritario el respeto a sus contenidos. Por otra parte, los gobiernos de los distintos países suelen dictar normas regla-

mentarias que, de una u otra forma, inciden en la actividad de los particulares, con el objeto de fiscalizarla, orientarla o controlarla. El desconocimiento, voluntario o no, de ellas provoca que los que las ignoran se sitúen al margen de la legalidad, lo que es particularmente peligroso cuando se está frente a administraciones celosas de sus competencias y dispuestas a hacer cumplir la legislación.

Entre estos tipos de normas, adquieren particular relieve las disposiciones urbanísticas que reflejan, en los instrumentos de planificación o de gestión inmobiliaria del suelo, los designios del legislador o de la administración que en cada caso ostente este tipo de potestades. El incumplimiento generalizado de las mismas acarrea consecuencias desastrosas para el turismo, porque las poblaciones que las ignoran acaban configurando un paisaje urbanístico, o simplemente urbano, de pésima calidad. Por otra parte, los desaguisados que se cometen en este terreno son difícilmente reversibles, de mane-

ra que persisten en el tiempo, afean las ciudades, las costas, y transforman la naturaleza de modo no deseable. Es esencial, pues, cumplir y hacer cumplir la normativa urbanística y medioambiental, exigir con rigor los permisos necesarios para el levantamiento de construcciones, planificar con cuidado y respeto las infraestructuras de comunicación y ubicar correctamente los servicios de asistencia a la población en general y al turismo en particular. Muchos países turísticamente avanzados han dejado atrás el desarrollismo de tiempos pretéritos, que comportó un crecimiento masivo de las edificaciones y, a su vez, determinó, en general, invasiones de visitantes con escaso poder adquisitivo.

Pero con independencia de la legislación general, las administraciones tratan de favorecer el sector turístico mediante el otorgamiento de ayudas o subvenciones económicas a los empresarios dedicados a esta actividad, a través del ejercicio de las potestades conocidas como de fomento, es decir, in-

Creación de nuevos destinos

Muchos municipios, entre ellos el británico de Bath (a la izquierda), se han dado cuenta de que la conservación de su patrimonio monumental constituye uno de los principales focos de atracción turística.

tentando estimular desde la administración actuaciones que los gobiernos consideran de interés general. Es importante, por lo tanto, conocer qué clase de ayudas establece, en cada momento, el gobierno del país, para solicitarlas si se reúnen las condiciones previstas en cada caso. Ello no sólo abarata costes, sino que permite al empresario alcanzar objetivos que de otra manera no sería posible conseguir. Así pues, no se trata de ver la legislación como un obstáculo al desarrollo de la iniciativa privada, sino como un vehículo que programa los derechos y las obligaciones de los empresarios y que, convenientemente entendido y aplicado, permite obtener, a corto plazo, innumerables ventajas. Pero con independencia de conocer, respetar y aprovechar las ventajas que la legislación ofrece, no hay que olvidar que las relaciones jurídicas en que se traduce la actividad del empresario turístico se concretan en los documentos jurídicos que constituyen los contratos o convenios suscritos por él en cada caso. Estos contratos deben redactarse con todo rigor y cuidado, estableciendo con claridad los derechos y las obligaciones que corresponden a cada parte que los suscribe, con el fin de evitar oscuridades en su interpretación.

Hoy, el turismo, entendido como actividad del ser humano, no se circunscribe al hecho de viajar y contemplar, sino que se inscribe en un marco mucho más amplio, el del ocio, que significa, además, que el turista o viajero es participativo, demanda servicios, y, conocedor de sus derechos, también es exigente en cuanto a la calidad de su prestación, por lo que con frecuencia reclama la adecuada reparación de los perjuicios que eventualmente haya podido sufrir por el cumplimiento incorrecto de las cláusulas de su contrato o por una mera insatisfacción de sus deseos. Para evitar caer en cualquier tipo de conflicto legal derivado de la interpretación de las cláusulas del contrato que se ha suscrito con el cliente, los tour operadores privados han de conocer la normativa legal que regula los derechos y las obligaciones recíprocos de las partes contratantes. Esta normativa, por las propias características y naturaleza del sector que regula, es en buena parte coyuntural, cambiante y compleja, lo cual obliga a estar permanentemente informado en lo referente a las innovaciones legales, mediante el asesoramiento de personas con una buena formación en el campo jurídico que den al tour operador la tranquilidad de que aquello que hace responde a criterios o pautas perfectamente ajustados a la legalidad. Para una gestión rentable para el empresario y de calidad para el usuario, también es conveniente conocer y aplicar correctamente la normativa laboral, con el objeto de que quienes prestan sus servicios al empresario turístico gocen de la posición que legalmente les corresponde. Así se evitarán reclamaciones salariales o relacionadas con las obligaciones que el empresario debe asumir con el sistema de seguridad social, que cuando tienen lugar siempre enturbian la relación y redundan en descrédito del sector. Pero también es básico estar al día respecto a las ayudas, bonificaciones y exenciones tributarias que la administración pública ofrece cuando trata de dinamizar, en un momento determinado, la contratación de trabajadores, pues generalmente son a fondo perdido y lo único que se requiere es presentar la solicitud del aporte económico que se otorga cuando se cumplen los requisitos reglamentarios.

LOS MUNICIPIOS COMO CENTRO DE VACACIONES

Desde hace algún tiempo, algunos municipios, conscientes de ser un buen destino turístico en razón de su entorno natural, como su proximidad al mar, buen tiempo, etc., han decidido instaurar un plan conjunto de vacaciones y así fomentar la variedad de la oferta y la calidad de su área de influencia.

Para asegurarse del éxito del modelo vacacional creado, todas las autoridades del consistorio, junto con los técnicos y los empresarios de la población, elaboran un programa de actuación que empieza en la señalización y acaba en la forma de recoger el grado de satisfacción de los visitantes. En dicho modelo existen una serie de factores que hay que tener en cuenta:

- El ocio en la playa.
- La animación en los paseos marítimos.
- La fiesta en las calles.
- La oferta en gastronomía infantil.
- Las instalaciones infantiles en los hoteles, campings y restaurantes.
- La amabilidad y capacidad de informar de los empleados públicos.
- La información ofrecida acerca de los eventos que se celebran.
- La señalización atractiva para facilitar y agilizar la circulación.
- Los suficientes aparcamientos.
- La tematización a favor de los jóvenes de toda la oferta de ocio, animación, deporte y guarderías.

A medida que el diseño y la puesta en práctica del producto vaya avanzando, la comercialización del segmento escogido resultará mucho más fácil, ya que saber quién es quién del colectivo familiar no es una tarea imposible. Este modelo de centro vacacional permite conocer las distintas actividades de sus integrantes. Así también podrán especializar su oferta y el cliente tendrá la seguridad de encontrar en el lugar exactamente lo que desea.

Un entorno natural agradable favorece la captación de turistas para un municipio. Si la oferta, además, incluye elementos como un amplio abanico de posibilidades de ocio y una gastronomía típica y de calidad, el éxito de la localidad como centro de vacaciones está asegurado. En la imagen, balneario de la estación termal de Baden-Baden.

Hoy toca especializarse. No queda, por tanto, más remedio que ponerse manos a la obra para aprender a saber hacerlo en el mínimo tiempo posible y con la máxima eficacia, «en qué» especializarse y «cómo» llevarlo a cabo, así como «la manera» de mejorar la relación ocupación-precio en cada período del año, a través del «marketing total» adecuado, evitando dimensionar en exceso cada especialidad.

Si se analiza punto por punto el párrafo anterior, podrá observarse que se han concretado los pasos en los siguientes puntos:

- En el mínimo tiempo. En un mercado con una oferta que crece de forma galopante, tanto en lo que se refiere a los nuevos destinos como a los amplísimos y variados productos, no hay tiempo que perder. Para aprender a dominar el nuevo mapa para navegar con éxito en este competitivo sector, no debería olvidarse que en los mercados con exceso de oferta, «tarde siempre es tarde».
- Con la máxima eficacia. Porque, al poder elegir, los clientes se vuelven más exigentes y, en conse-

cuencia, difunden en su entorno tanto lo positivo como lo negativo. Una vez más, y sobre todo en el mundo de los servicios, los errores se pagan.

- Con diferencias ostensibles respecto a la competencia, para que los clientes puedan captarlas y se sientan atraídos por ellas. Difícilmente se crearán atracciones en las expectativas segmentadas de los clientes si no optamos por especializarnos precisamente en algunas de ellas.
- Evitar dimensionar en exceso cada especialidad. Una vez más hay que recordar lo peligroso que es aplicar, ante la segmentación, el deseo de imitar a los competidores, antes que apostar por una oferta propia. Esta actitud, seguida de forma desordenada, puede originar una oferta excesiva para la demanda existente en aquella especialización, lo que provocaría el mismo fenómeno ya conocido en los casos en los que la oferta heterogénea es excesiva, es decir, la bajada de precios.
- Mejorar la relación ocupación-precio. Éste es el primer objetivo de la especialización. Por eso hay que actuar muy bien, mejorando el nivel de precios que están dispuestos a pagar los clientes por cada nueva oferta, de tal forma que la relación ocupación-precio resulte más beneficiosa para la cuenta de explotación.
- En cada período del año. A veces se cree que la alternativa de especializarse debe ser homogénea para todo el año, y en consecuencia surgen las dudas en cuanto a su viabilidad económica, al creer que se perderán determinados clientes actuales. La segmentación puede ser distinta en cada período del año, y compatible con otros segmentos no enfrentados respecto a las expectativas de los clientes.
- A través del «marketing total» apropiado, porque segmentar significa adecuar el producto a unas expectativas y comercializarlo a través de los canales más directos a cada segmento escogido. Y esto debe acompañarse de un «marketing interno» en lo relativo a la adecuación de los detalles y el contenido del producto y de un «marketing externo», puesto que la salida al mercado se efectúa a través del canal idóneo para venderlo.

Si se hacen de manera eficiente los dos marketings obtendremos el «marketing total», que consigue atraer clientes y fidelizarlos con el beneficio sufi-

ciente para seguir alimentando este circuito de forma continuada en cuanto a la calidad del producto, la eficacia de los canales de comercialización y la rentabilidad de las inversiones.

La Costa Esmeralda, en Cerdeña

La experiencia que tuvo lugar en la Costa Esmeralda pone de manifiesto la teoría de que al desarrollo de los destinos sigue un ciclo que comienza muy optimista y que pasa por una serie de estadios en que se produce el rechazo por parte de los residentes de la zona.

La Costa Esmeralda, en la isla italiana de Cerdeña, es uno de los centros turísticos más grandes del mundo. Empezó como un consorcio capitaneado por el Aga Khan IV. El plan original constaba de unos 35 a 40 hoteles, puertos deportivos y más de ocho mil chalets y apartamentos, así como tiendas, restaurantes y servicios varios.

El gobierno italiano ayudó a construir la infraestructura del centro turístico y lo subvencionó con treinta millones de dólares. Algunos de los miembros fundadores del consorcio construyeron los primeros hoteles, centros comerciales, casas y apartamentos como inversores privados. También crearon la línea aérea Alisarda, que comunica esta zona con el sur de Francia. En el centro de la Costa Esmeralda se halla el pueblo de Porto Cervo que, entre otras atracciones, cuenta con un puerto deportivo en el que pueden atracar hasta setenta yates a la vez y cada amarre tiene instalación para suministro de agua, electricidad y teléfono.

Durante los años setenta, los sardos estuvieron muy insatisfechos. A pesar de que el turismo había generado aproximadamente unos quince mil puestos de trabajo, sólo la mitad estaban ocupados por los nativos. El contraste que había entre la gente que frecuentaba la Costa Esmeralda y los campesinos del lugar tuvo unos efectos negativos. Por otro lado, el estatus de los viajeros que acudían al centro turístico se modificó. Los turistas acaudalados que en un principio habían acudido en tropel fueron cediendo lugar a unos turistas de clase media que iban en viajes organizados. La agencia de planificación de la Costa Esmeralda necesitó años para completar un plan marco y los políticos comenzaron a preguntarse sobre la importancia del turismo. Se prohibió a los residentes del país construir cabañas en la playa para uso propio y también poner puestos de helados.

En enero de 1983, el Aga Khan amenazó con vender la mayoría de sus acciones. Por lo visto, esto fue suficiente para que las autoridades de Cerdeña reflexionaran y suavizaran sus críticas. Hacia el mes de julio de 1983, las autoridades de Cerdeña aprobaron un plan que necesitaba una inversión de setecientos millones de dólares para construir cuatro veces más habitaciones de las que ya existían, durante los veinte años siguientes.

FACTORES QUE INTERVIENEN EN EL DESARROLLO DE UN DESTINO

Las comunicaciones

Para que triunfe cualquier área de destino turístico es muy importante el medio de transporte del que se dispone. Los tres factores críticos del transporte, como son el coste, la comodidad y la rapidez, influyen sobre el éxito de cualquier centro turístico, por selecto que sea. Cuanto más cerca esté una explotación de los núcleos de población donde viva gente de clase alta, mayor será la probabilidad de que la urbanización tenga éxito. Si existen muchos medios de transporte para llegar a aquella zona, mucho mejor.

Cuanto mayor es la distancia entre un mercado y el destino, el posible número de visitantes disminuye. Así mismo, conforme aumenta la distancia, el dinero que posee el posible mercado debe ser superior para que el viajero sea capaz de permitirse el poder pagar la cantidad y tenga el tiempo suficiente para poder realizar un viaje largo. Como se ha señalado anteriormente, la distancia absoluta no es de tanta importancia como el tiempo del que se dispone para el viaje y la comodidad.

El flujo de viajes cambia conforme se van produciendo mejoras y cambios en los tipos de transporte. En el caso de Hawai, el mapa del flujo de viajes cambió de una forma drástica al introducirse aviones preparados para vuelos de largo recorrido y al realizarse nuevos itinerarios que evitaban entrar en las islas. Cuando las principales líneas aéreas sobrevuelan un destino, el turismo en este destino se ve afectado. Esto ocurrió hace un tiempo cuando algunas líneas aéreas empezaron a sobrevolar Hawai entre la costa oeste y Japón. Fiji se vio afectada de un modo similar.

La especialización ha llegado también al ámbito turístico. Así han surgido los grandes parques temáticos y los aguaparks, complejas instalaciones que exigen una importante inversión económica. En la imagen de la izquierda, el aguapark Magalluf en la isla de Mallorca.

En determinadas regiones las líneas aéreas y la explotación de los destinos están vinculados de forma inseparable. Las líneas aéreas no pueden fomentar la venta de pasajes aéreos si no existen alojamientos en ese destino; por otra parte, algunos destinos no pueden ser explotados a menos que los planes y la promoción de las líneas aéreas apoyen esta explotación. El principal medio de promover un destino son los viajes de familiarización para los agentes de viajes, financiados en gran parte por las líneas aéreas. A los agentes de viajes de Hong Kong se les lleva a Europa, los agentes de viajes de Chicago van a España y así sucesivamente. La promoción de los viajes aéreos debe vincularse al desarrollo del destino.

Cuando los transportistas altamente competitivos crean una demanda de los destinos surge un problema. En algunos lugares los hoteles se hallan saturados y los precios aumentan por encima de las posibilidades del viajero medio.

En los itinerarios muy competitivos la tarifa aérea puede disminuir mientras que en otros lugares con menos demanda los precios pueden ser muy altos. La política del gobierno puede impedir el transporte competitivo en favor de la línea aérea de bandera nacional.

Un ejemplo de cómo pueden fracasar las líneas aéreas y la industria de hostelería lo ofrece Manila. En un período de dos años se construyeron unas doce mil plazas hoteleras de primera categoría. El gobierno protegió a su empresa de transportes nacional y por tanto muchos vuelos charter desaparecieron. Pero por otro lado, el aeropuerto no pudo manejar el número de vuelos necesarios para ocupar las plazas hoteleras.

Los establecimientos hoteleros

El hotel es sin duda alguna un elemento integrante del desarrollo de cualquier centro turístico. Puede ser la razón primordial por la que el viajero se dirija a aquella zona, tanto por motivos de trabajo como por placer o congresos. Si está bien planificado, el hotel se suma a la imagen global que ofrece el área, y puede ser una fuente generadora de empleo muy importante.

La inversión por habitación en un hotel está sujeta a diferentes estándares según se considere al hotel como una entidad independiente o bien como una parte de la explotación global del centro turístico y como un elemento necesario para que éste tenga lugar. Los urbanizadores están construyendo hoteles en los que cada habitación cuesta cien mil dólares o más. Si se considera por regla de tres que el precio de la habitación hotelera debe estar basado en un dólar por cada mil dólares invertidos, estos hoteles tan caros no obtendrán beneficios como empresas independientes. El hotel puede ser una empresa que obtenga muchos beneficios cuando se considera como un elemento de un complejo global. Los urbanizadores recuperan el dinero que han gastado en el hotel con la venta de los terrenos colindantes y por otros servicios. Cuando se considera dentro de la perspectiva de la urbanización global, el coste del hotel es mínimo.

Oferta comercial y complementaria

Pocas áreas turísticas pueden tener éxito si no cuentan con un espacio dedicado a tiendas, restaurantes, distracciones nocturnas y servicios de viajes. Las tiendas deben ofrecer ropa de vestir de diferentes tipos y artículos que no se suelan encontrar en una tienda corriente. Existe una relación bastante directa entre los ingresos hoteleros de una zona turística y el volumen de ventas en las tiendas del hotel y las de los alrededores.

La construcción de apartamentos

En los años sesenta, la financiación de los apartamentos del centro turístico solía correr a cargo de las empresas hoteleras. El urbanizador lograba grandes beneficios mediante la venta de estudios para una persona, *suites* o viviendas y apartamentos en el centro turístico. En muchas ocasiones se vendieron los apartamentos antes de construir el centro turístico.

El mayor atractivo que tienen los apartamentos turísticos es que los urbanizadores pueden requerir sólo el diez por ciento del dinero para construirlos. Si todo va bien, se puede recuperar el coste total del proyecto y que el urbanizador obtenga beneficios en un plazo de dos a cinco años, con la venta de esos apartamentos.

Los compradores de los apartamentos pagan un 25 a 35 por ciento del importe en metálico y solicitan una hipoteca por el saldo restante. En otras ocasiones el urbanizador se queda con la hipoteca y recibe los intereses corrientes por ésta. En algunas explotaciones se solicita a los propietarios que asocien sus propiedades con el complejo del centro turístico para así alquilarlas cuando no las están ocupando.

La ventaja que supone para los urbanizadores es que obtienen sus beneficios de la construcción mucho antes de poner el centro en funcionamiento. Los que compran el terreno obtienen una reducción de los impuestos. Los intereses que pagan sobre su hipoteca son deducibles de impuestos. Aunque tienen gastos de mantenimiento esperan compensar sus

La construcción y venta de apartamentos se disparó desde los años sesenta en todas las áreas turísticas, suponiendo para el constructor una gran rentabilidad. Sobre estas líneas, grupo de apartamentos en la costa mediterránea.

gastos al menos en parte por las ganancias que obtienen en el alquiler de sus apartamentos.

En Estados Unidos los impuestos sobre la renta se computan de una forma extraña, ya que a los propietarios de los apartamentos que los dejan para alquilar cuando no los ocupan, se les permite que hagan constar el viaje al apartamento como gasto de trabajo. En otras palabras, el propietario obtiene una serie de ventajas fiscales, como deducir parte de sus gastos de vacaciones en la declaración del impuesto sobre la renta. Por ello, no sorprende mucho que sea tan popular tener apartamentos en Hawai, Florida o en las islas Vírgenes.

Las ventajas fiscales que ofrece el apartamento son mucho más favorables para aquellas personas que cuentan con grandes ingresos, sobre todo aquellas cuyos impuestos pueden suponer el sesenta por ciento o más de sus ingresos. Estas personas buscan constantemente inversiones que les amparen de los impuestos. Un medio de reducirlos que se ha hecho muy popular ha sido los apartamentos turísticos y otras empresas inmobiliarias, y al mismo tiempo han aumentado su valor hipotecario, puesto que la propiedad se revalorizaba. Miles de pequeños inversores compraron apartamentos y muchos de ellos se vieron beneficiados con una revalorización del cien por cien, o incluso más, en un período de diez años.

Las ventajas fiscales que ofrece ser propietario de un apartamento suponen que el valor catastral del apartamento permanece al precio de su adquisición o bien aumenta.

Con frecuencia se advierte al posible comprador de un apartamento que lea la letra menuda del contrato. Los gastos de mantenimiento pueden ser muy elevados. La empresa administradora aplica a los propietarios el importe de los gastos imprevistos. Pueden producirse, como en cualquier otro negocio, retrasos costosos de la construcción, así mismo pueden estar saturados los mercados de alquileres y la calidad de un destino puede empeorar.

Algunos de los acuerdos que se estipulan en los contratos de los apartamentos turísticos son:

Centro turístico estándar. Cada vivienda tiene sólo un propietario. Se puede vivir en ella o bien el propietario puede alquilarla a otros, según lo indicado en los contratos de compra. El propietario, por lo general, se hace cargo de todos los impuestos corrientes y también del mantenimiento de la propiedad.

Acuerdo de alquiler activo. La administración de los apartamentos alquila las viviendas a voluntad de los propietarios. La administración recibe un porcentaje superior al sesenta por ciento de las ganancias en concepto de los servicios prestados, lo que puede incluir el servicio de mantenimiento y el servicio doméstico. Según el contrato, cada apartamento puede ser arrendado a voluntad del propietario o por rotación, de forma que todos los propietarios tengan las mismas oportunidades de arrendar. Normalmente, los propietarios deben amueblar y mantener sus viviendas según unos estándares establecidos. Deben pintarse o empapelarse las habitaciones y amueblarse según un estilo determinado.

Derecho de utilización. Una sociedad o corporación mantiene una titularidad de los bienes inmuebles pero hay inversores privados individuales a los que se les han otorgado los derechos de utilizar los servicios. El comprador no compra los bienes sino un derecho a largo plazo de utilizarlos. Por ejemplo, la Corporación Nacional Miami-Gribena vende una «licencia de vacaciones» que da derecho al comprador a una estancia de una semana de duración en una vivienda determinada o bien de una vivienda en varias propiedades durante la vida del proyecto, entre cuarenta y sesenta años. Al ocuparla, el comprador paga diariamente una cantidad razonable para cubrir los gastos corrientes.

Propiedad en tiempo compartido (TSO). Este convenio es similar al plan de derecho de utilización, excepto en que el propietario es copropietario junto con otros y por lo tanto es el dueño de una propiedad compartida que pueden vender, transferir o legar. La diferencia entre este tipo de propiedad y el sistema clásico de propiedad está en que el dueño bajo un convenio TSO tiene limitado su uso personal a determinados períodos. Otros propietarios lo utilizan en períodos diferentes o bien se puede alquilar al público. El plan TSO de financiación y puesta en funcionamiento se está extendiendo rápidamente. Su coste es menor que si se poseyera la propiedad en su totalidad, ya que el propietario posee en realidad la vivienda para su uso y disfrute personal durante unas cuantas semanas de cada año. En general, el contratista adquiere todo el conjunto de apartamentos. Las viviendas de tiempo compartido se venden por períodos de cuarenta años, y el comprador acuerda pagar mensualmente los gastos de mantenimiento. El empresario puede llevar así mismo una empresa administradora que alquile y mantenga los apartamentos.

Club de recreo. El comprador posee un título sobre la tierra y sus explotaciones en lugar de ser propietario de una unidad específica o de varias. Este plan es similar a ser miembro de un club privado.

COMERCIALIZACIÓN DE LAS ZONAS TURÍSTICAS

La comercialización de las zonas turísticas es el esfuerzo global para identificar qué es lo que puede ofrecer un destino (producto), qué grupos de personas tendrán el tiempo, el dinero y las ganas de viajar y de disfrutar un destino (mercados diana), y cuál es la mejor manera de convencer a estas personas para que acudan a este destino (marketing). Otros aspectos del marketing de los destinos incluyen el encontrar la manera de convencer a los viajeros para que permanezcan más tiempo y gasten más dinero en el lugar elegido.

La comercialización de las zonas turísticas se apoya en un número de empresas que se hallan fuera del control inmediato de los individuos interesados directamente en aumentar el número de visitantes a un área o un servicio turístico. Las líneas aéreas son un factor capital en la publicidad de los destinos así como para el transporte. La promoción y la publicidad de los gobiernos pueden ser un factor crítico. La política gubernamental en lo que se refiere al turismo puede ser de gran importancia. Este capítulo sólo aborda algunas ramificaciones de la comercialización de los destinos, incluyendo un importante componente como es el de la investigación del mercado.

¿Quiénes son los turistas? ¿Por qué viajan? ¿Qué destinos escogen y por qué razones? Los gobiernos, los urbanistas, las empresas de transportes públicos y los propietarios de los centros turísticos continuamente están buscando las respuestas a estas preguntas. Algunas de las respuestas son obvias, otras necesitan ser investigadas. Las personas que venden viajes y turismo, tras obtener este tipo de información, emprenden una tarea en la que intentan comunicarse con sus «mercados diana» utilizando medios como la publicidad, la promoción y otros.

Tras identificar estos mercados, los inversores pueden tomar la decisión de si deben comprar o construir empresas relacionadas con el turismo. Aquellas empresas que ya están en funcionamiento pueden ampliarse.

Las Oficinas Nacionales de Turismo tienen interés en que acudan más visitantes a su país. Las ciudades más importantes del mundo tienen delegaciones de oficinas de turismo de otros países. Los Ángeles cuenta con unas treinta oficinas de este tipo. Cuando no existen oficinas de turismo independientes, los consulados actúan como los representantes de turismo de su país. Más de 120 naciones soberanas forman parte de la Organización Mundial de Turismo.

Las oficinas turísticas de los estados fomentan sus zonas como destinos turísticos y como lugares donde pernoctar. El propósito primordial de cualquier departamento de Congresos y Turismo es el de convencer a más gente para que visite su territorio. En California se encuentran más de treinta departamentos de este tipo.

No sólo los promotores oficiales del gobierno tienen interés en promover los destinos, sino que también lo tienen las agencias de viajes, las empresas de transportes y los gestores de centros de atracciones. Las líneas aéreas del este, por ejemplo, tuvieron un papel decisivo en la explotación de Miami Beach haciendo mucha publicidad en el área metropolitana de Nueva York.

Las líneas aéreas a menudo conceden viajes gratuitos a los agentes de viajes, a los periodistas y a los escritores sobre viajes y a otros profesionales que puedan despertar en el público un interés por el destino.

215

COMERCIALIZACIÓN DE PEQUEÑAS ÁREAS

Los destinos turísticos pueden ser áreas pequeñas (Nantucket, por ejemplo), ciudades o pueblos (Miami Beach), regiones o estados. Los Ángeles es un destino turístico que forma parte del sur de California, de California y del oeste.

Cabo Cod es un destino que también forma parte de Massachusetts y de Nueva Inglaterra. Disney World es un destino del centro de Florida, de Florida y del sudeste. La planificación y promoción de un destino puede hacerse a nivel local o bien a un nivel más amplio, regional o nacional.

Es lógico esperar que se produzcan mayores beneficios al abarcar un enfoque regional, como ocurre en el estado de Nueva Inglaterra, que comprende Maine, Vermont, Nueva Hampshire, Masachussetts, Rhode Island y Connecticut, que por su historia y su imagen es, tradicionalmente, un área de destino regional. Puede ser planificada, empaquetada y vendida como una región al igual que cualquiera de sus partes integrantes, tales como White Mountains, Boston o Mystic River. De la misma manera, Myrtle Beach, en Carolina del Sur, puede ser planificada y vendida como un destino y además consigue más ventajas al ser planificada y vendida como parte del Golden Strand y como parte de Carolina del Sur. Estados como Nebraska y Dakota del Norte, que son principalmente «lugares de paso» o «puentes», por lo general tienen algunos destinos que pueden ofrecerse como *packages* con una imagen de estado.

Crear una imagen global de una región puede añadir más atractivo a sus componentes. Hacer publicidad de Nueva Inglaterra ayuda mucho a Boston y un poco a Rangeley, Maine. Quizás el efecto más importante sea que, el adoptar una estrategia de ámbito regional, conlleva a una investigación, una planificación y un control regionales. Aunque determinadas áreas dentro de una región se hallen saturadas de turistas, la planificación regional puede conseguir desviar turistas a otras zonas que los necesiten y los puedan acoger. La promoción regional puede estar dirigida a fomentar la temporada baja y a levantar empresas, durante las temporadas relativamente bajas, en el intervalo de las temporadas altas. El análisis de una región puede sugerir qué partes de ésta pueden utilizarse como destino turístico, para promoverlo. Otras áreas de la región quizás quieran disuadir la llegada de más visitantes.

El itinerario 28 en Cabo Cod es un ejemplo de una zona en la que hay excesivo turismo durante los meses de verano mientras que otras zonas de Massachusetts tienen áreas menos explotadas. Una región quizás posee los fondos necesarios para explotar nuevos mercados mientras que un área más pequeña dentro de esta región quizás no los posee. Por ejemplo, puede ser acertado promocionar Nueva Inglaterra como un todo en el Japón, lo cual sería un programa excesivamente caro para destinos aislados de esta región.

COMERCIALIZACIÓN A NIVEL ESTATAL

En Estados Unidos cada estado cuenta con una oficina o departamento encargado de atraer más visitantes a su zona, intentando convencerles de permanecer más tiempo y gastar más. En los últimos años, los estados asignaron más de 340 millones de dólares anuales para llevar a cabo este cometido. La mayor parte de los gastos se dirigen a intentar persuadir a la gente de otros estados a que visiten el que se promueve y del que se hace publicidad. Algo más del siete por ciento de los presupuestos del marketing se dirige al visitante extranjero. El dinero que se destina al marketing del turismo parece tener poca relación con el tamaño de la población o con los ingresos que genera el turismo. Alaska, que cuenta con una población aproximada de medio millón de personas, asigna algo más de diez millones de dólares para su oficina de turismo del estado. California, que cuenta con una población de unos 24 millones y con unos ingresos directos a partir del turismo de 77 mil millones de dólares, gasta alrededor de cuatro millones de dólares en promoción turística. La razón fundamental de los desembolsos de la oficina turística del estado varía ampliamente. En el caso de Alaska, el elevado gasto se basó en la creencia de que, al disminuir los ingresos generados a partir del petróleo, una de las pocas esperanzas para el desarrollo económico sería la de incrementar el turismo. En California el gobierno justificó el insignificante presupuesto de la oficina de turismo diciendo que el turismo en California florece sin necesidad de una promoción y publicidad por parte del gobierno. California considera que no es el estado quien debe poner los fundamentos sino la industria turística por sí sola y también los gobiernos locales. Aunque las oficinas turísticas del gobierno suelen concentrarse en la promoción y la publicidad, estas oficinas pueden funcionar con presupuestos mínimos si el director ejerce como catalizador más que como un individuo que hace publicidad. La Oficina de Servicios Turísticos de California cuenta con un presupuesto bajo pero ha sido capaz de llevar a cabo muchas actividades, de coordinación y catalizadoras. La oficina centra su atención en fomentar literatura de especial interés y trabajar con

Junto a estas líneas, vista aérea de una serie de hoteles de Miami Beach, zona muy promocionada situada en una isla frente a la ciudad de Miami (Florida), que se ha convertido en un gran centro turístico y de deportes náuticos.

el sector privado para atraer más visitantes. Se cita como ejemplo un caso en que un desembolso de únicamente tres mil dólares, a la larga atrajo muchos millones de dólares al estado. Esta cifra se utilizó para establecer y organizar una feria de muestras anual en la que se citaran mayoristas europeos con empresas receptoras. Actualmente cada año llegan docenas de mayoristas y empresas receptoras a un hotel determinado para encontrarse unos y otros y dirigir el negocio en un lugar de fácil acceso, agradable y cómodo, que es de utilidad para ellos y provechoso para el estado.

Otra función que desempeña la oficina de turismo del estado es llamar la atención sobre el valor económico que supone el turismo para él. Se realizan estudios sobre el impacto económico y los resultados se presentan para interés de los votantes y de los políticos. A muchos californianos les puede sorprender enterarse de que el turismo es su primera fuente de ingresos. California tiene unos ingresos turísticos nueve veces superiores a Hawai.

COMERCIALIZACIÓN NACIONAL DEL TURISMO

En muchas áreas los presupuestos de las oficinas turísticas nacionales son bajos y los responsables del turismo deben gastar sus recursos limitados de una forma juiciosa. Se ha comprobado que el hecho de organizar viajes de promoción para los agentes de viajes y traer a escritores de viajes puede resultar de gran valor teniendo en cuenta su coste-beneficio. Por ejemplo, un artículo bien escrito que hable de un grupo de islas y que se publique en la sección de viajes del domingo de un periódico importante despierta interés en centenares de personas y lo hace de una forma más barata y con más eficacia que un anuncio pagado.

Escritores como Robert Louis Stevenson y James Michener han difundido el «evangelio» del Pacífico Sur. Paul Gauguin pintó Tahití. Hoy en día los escritores de viajes continúan divulgando artículos sobre este tema. Muchas publicaciones sobre viajes las editan periodistas independientes, pues son pocos los periódicos importantes que pueden permitirse tener a redactores de viajes con dedicación exclusiva. Todavía puede beneficiarse más un destino cuando se utiliza como escenario de una película. Algunas, como *South Pacific* y *Rebelión a bordo,* dejaron imágenes inolvidables sobre lugares como Hawai y Tahití. Los agentes de viajes también deben estar informados de la belleza, lo pintoresco y el misterio que existe en un país. Pueden ayudar los folletos, pero resulta más eficaz la presentación de una película o pasar diapositivas, realizadas por un representante de la oficina turística nacional. Sin embargo, según los expertos en viajes, no hay nada que resulte más eficaz que un viaje de promoción en el que se invite a los agentes de viajes, se les dé bien de comer y beber y se les informe sobre las maravillas que posee un destino. La línea aérea que está al servicio de la región proporciona el transporte de forma gratuita.

ORGANIZACIONES NACIONALES DE TURISMO

La mayoría de países receptores de turismo disponen de un organismo encargado del turismo en el país, el cual puede adoptar multitud de formas y abarcar responsabilidades muy distintas en cada uno de ellos.

La función de estos organismos depende en gran parte de la estructura política y económica de la nación, con una mayor intervención del estado en los países menos desarrollados y en los que tienen una mayor deuda externa.

La «Hawai Visitors Bureau» (HVB)

Se trata de un organismo que forma parte de la administración del estado de Hawai, cuyo objetivo principal es la promoción del turismo.

La HVB es el organismo de este tipo más antiguo del área Asia-Pacífico, ya que sus orígenes datan de principios del siglo XX, con la organización de dos tours de promoción para visitantes de Estados Unidos. Aunque durante algunos años de la década de los cuarenta la mayor parte de su financiación provenía del sector privado, actualmente el gobierno estatal aporta el cincuenta por ciento del presupuesto anual y se ha constituido en una asociación sin ánimo de lucro, contratado por el estado para la promoción de los viajes a Hawai.

El estado de Hawai cuenta también con un organismo dedicado a la planificación y el desarrollo económico ligado al turismo, separado de la HVB, con lo que desaparece la posibilidad de conflictos de intereses dentro de una misma agrupación y permite

al organismo dedicado a la promoción una actividad ágil y flexible.

El gasto en promoción de la HVB por visitante durante los últimos años cincuenta y principios de los sesenta fue muy elevado, llegando a los 4,93 dólares. Sin embargo, esta cantidad fue reduciéndose hasta 1980, en que, debido a la fuerte competencia de otros destinos, fue necesario aumentar este gasto, sin llegar nunca a los niveles de 1959.

Si comparamos el funcionamiento de la HVB con organismos similares de la región, como la HKTA (Hong Kong Tourist Association), la TAT (Tourism Authority of Thailand), el JDOT (Japan Department of Tourism) o la STPB (Singapore Tourist Promotion Board), podemos observar las diferentes formas que pueden tomar cada uno de ellos.

El organismo con una estructura más compleja es el JDOT, el cual, de forma parecida a la mayoría de organismos estatales de Japón, tiene relaciones interministeriales con otros veintiún ministerios o agencias estatales.

La TAT, en Thailandia, es el organismo que abarca un mayor número de actividades y objetivos, incluyendo los de planificación y desarrollo. Por el contrario, la HKTA de Hong Kong tiene una estructura organizativa muy similar a la de Hawai, dedicándose principalmente a la promoción. Ambas disponen de departamentos separados que se encargan de los viajes de incentivo y de congresos.

En todos los casos, sin embargo, entre sus actividades se incluyen la coordinación, legislación, investigación e información turística. Excepto en algunos casos contados, la HKTA y la TAT permanecen al margen de temas de comercialización y desarrollo turísticos, dejando estas actividades en manos del sector privado.

Papel de las administraciones gubernamentales en el turismo

Contrariamente a la realidad presente, algunos estudios actuales recomiendan una mayor intervención del estado en el desarrollo y la gestión de la actividad turística. Un estudio reciente de la Organización Mundial de Turismo (OMT) recomendaba que la administración debería intervenir en el turismo en cuatro actividades: coordinación, legislación, planificación y financiación.

Además, la OMT identificaba cinco objetivos principales en el desarrollo turístico, que deberían ser responsabilidad pública. Estos objetivos son:

- Garantizar el derecho al ocio y a las vacaciones.
- Preparar a los ciudadanos para el turismo.

Algunos artistas pueden promocionar un lugar determinado a partir de su obra, lo que ocurrió con algunas pinturas de Paul Gauguin en las que reflejaba el ambiente de Tahití. De este pintor francés vemos aquí el cuadro titulado Mujer tahitiana.

- Desarrollar la economía a través del turismo.
- Promover el desarrollo social y cultural.
- Salvaguardar y proteger el medio ambiente.

Todo ello requiere una actitud claramente intervencionista del estado.

Otros estudios argumentan que la intervención estatal es imprescindible para suplir la ausencia de un sector privado fuerte con experiencia. Ello obliga al estado a actuar de «pionero» en la introducción de actividades y servicios turísticos.

Se puede contestar a esta afirmación alegando que, a priori, no existen razones que hagan pensar que el estado sí tendrá la experiencia y el conocimiento necesarios para sacar adelante un desarrollo turístico, en ausencia de un sector privado.

Ejemplo de comercialización gubernamental

En las Bahamas el gobierno ha estimulado el turismo con eficacia proporcionando incentivos fiscales, exención de impuestos en las importaciones y permitiendo la expatriación de los beneficios. Parecen haberse convencido de que la empresa privada es muy válida y han llegado tan lejos como para dar al ministerio de turismo un rango casi privado y dejándole una libertad de acción que no disfrutan otros ministerios. Los hoteles con dificultades en su gestión han pasado a manos de cadenas muy conocidas, como Resorts International, Canadian Pacific y Trust House Forte, para que se ocupen de su correcto funcionamiento.

En las Bahamas, la población en general parece hacerse cargo de la necesidad del turismo, y una de las razones es que los turistas han formado parte de su cultura desde los días de bloqueo de la guerra civil. La época en que se hacía contrabando de bebidas alcohólicas por estar prohibidas atrajo a muchos visitantes. Durante la Segunda Guerra Mundial fueron miles de militares para formarse en la aviación. A pesar de todo, sería falso negar que no existe ningún resentimiento hacia los turistas que tienen aspecto de ser ricos, cuando el 85 por ciento de la población de las Bahamas cuenta con una media de ingresos al año relativamente baja.

Independiente desde 1973, el gobierno de las Bahamas parece estar interesado en que se generalicen los beneficios del turismo por todas sus islas. Viendo la necesidad de atraer y retener sólo a personal productivo, el ministerio de turismo se ha constituido en corporación, por lo que no se le aplican las normas habituales de contratación. El personal puede ser contratado y despedido sin los trámites burocráticos habituales de contratación.

El ministerio intenta dispersar el turismo por las islas pobladas, de la misma manera que en Puerto Rico y Hawai, antes que permitir que se concentre en Nassau y Freeport. En 1980 se llevó a cabo un estudio de las Family Islands con este objeto. Su intención era determinar los terrenos más adecuados para explotar el turismo en las islas.

El Banco Mundial aportó 18 millones de dólares para realizar la infraestructura en los lugares que habían escogido las doce empresas investigadoras que llevaron a cabo el estudio.

En 1975 se estableció un programa de «Gente para la Gente» como un recurso para aumentar el índice de visitantes que volvían a visitar el país. Este programa fue diseñado para ayudar a los turistas a conocer a los bahameños y para conseguir que quisieran volver a las islas. Por lo visto, este programa tuvo mucho éxito. Para realizarlo se tomó como modelo el programa «conozca a los daneses» y otro parecido que ofrecían los franceses; el Ministerio Bahameño de Turismo fue el encargado de llevarlo a la práctica.

Se consiguió a centenares de anfitriones voluntarios bahameños dispuestos a conocer y entretener a los visitantes que tuvieran unos intereses similares. Estos voluntarios enseñaban a sus invitados los paisajes, les llevaban a las reuniones de los clubs o a la iglesia y muchas veces les ofrecían una comida tradicional de las islas.

Los voluntarios pertenecen a una muestra representativa de oficios, y son tanto profesionales, carpinteros y electricistas como profesores o abogados. Los anfitriones se escogen por ser personas amables y se les pide que entretengan a los visitantes aproximadamente una vez cada dos meses. El único requisito es que posean coche.

Los turistas se informan de la existencia de este programa a través de las recepciones de los hoteles, de los folletos que se distribuyen en los centros de información turística, en el aeropuerto y otros lugares. Muchos voluntarios se reúnen con el visitante a bordo de los barcos de crucero que hacen escala en Nassau.

Todavía existen problemas con el turismo en las Bahamas. Los precios que están en vigor siguen siendo muy altos. Los costes del trabajo, de la energía y los de reparación y mantenimiento se hallan muy por encima de la media de los hoteles de todo el mundo.

El servicio mejora muy lentamente. Los individuos que trabajan en empresas turísticas no muestran mucho entusiasmo en llegar hasta el cliente y no es raro que sean descorteses. El chirriar de los neumáticos es reflejo del poder que acaba de descubrir el conductor del automóvil. Cualquier cosa tiene un precio desmesuradamente alto al compararlo con el estándar estadounidense, incluso los alimentos que se elaboran en la región. Existen muy pocos restaurantes de nivel medio. Puesto que casi todos los restaurantes añaden un quince por ciento de recargo por el servicio, el personal está muy poco estimulado para acercarse al cliente y de hecho pocos lo hacen. Se ha dicho que los supervisores bahameños ansían más adquirir fama que ser eficaces, ya que si su popularidad declina, pueden encontrarse sin trabajo.

Como ocurre en muchos países en desarrollo, no toda la infraestructura es correcta. Es frecuente que haya interrupciones periódicas del suministro eléctrico y de agua, excepto en aquellos centros turísticos que poseen suministros de agua y electricidad independientes, como ocurre en Paradise Island.

Cuando los sindicatos se introdujeron en los hoteles que eran propiedad del gobierno, surgió un nuevo problema en el funcionamiento de éstos. Ocurrió que muchos líderes sindicales eran a su vez miembros del parlamento, lo que podía suponer, como consecuencia, una interferencia entre el gobierno y el sindicato además de grandes pérdidas de explotación.

El gobierno parece apoyar la opinión de que haciendo publicidad suficiente siempre existirá mercado. A finales de los años setenta un estudio realizado por el Ministerio de Turismo reveló que sólo en Estados Unidos existían unos 19 millones de personas a las que les gustaría viajar a las Bahamas. Si se hiciera una publicidad y promoción eficaces, atraería únicamente al diez o al quince por ciento de este mercado, con lo cual se llenaría la capacidad turística existente actualmente en las Bahamas. También se están persiguiendo otros mercados, especialmente en Alemania y en el Reino Unido. Quizás con la publicidad suficiente se lograría hacerlo mejor.

Las quejas por malos tratos en el destino que explican los turistas a sus amigos parecen tener po-

co efecto en comparación con el número de visitantes que atrae la publicidad y la promoción. Sin embargo, si los medios de comunicación difunden que existe un trato descortés y otra serie de problemas, especialmente los que afectan a la seguridad de las personas, el número de turistas caería en picado. Esto ocurrió hace tiempo en Puerto Rico, las islas Vírgenes y en Jamaica. Lo mismo puede ocurrir en las Bahamas.

CLASES DE MERCADOS

Los mercados se pueden clasificar de muchas maneras hasta dividirlos en segmentos definidos. Esta técnica, que clasifica a los viajeros y a los posibles viajeros en segmentos demográficos y socioeconómicos, es muy útil para el vendedor de servicios de viajes, pues le permite segmentar los mercados para destinos específicos de una forma más eficaz. Las clasificaciones demográficas incluyen:

Las oficinas de turismo son los organismos encargados de promocionar un determinado lugar. Sobre estas líneas, aspecto nocturno de la ciudad de Hong Kong, cuya oficina de turismo se ha fijado, básicamente, el objetivo de atraer viajes de incentivo o congresos.

- Edad.
- Sexo.
- Nivel cultural.
- Estado civil.
- Ingresos familiares.
- Hábito de gastos.
- Tamaño y composición de la familia.
- Profesión.
- Lugar de residencia.
- Posesión de una segunda residencia.
- Posesión de un automóvil.

Los mercados viables para muchos destinos sólo están compuestos por personas de alto nivel económico que disponen de tiempo o por grupos con intereses especiales.

La Junta Turística de Sudáfrica decidió, por ejemplo, que su principal mercado para el desarrollo del turismo eran Estados Unidos. ¿Cuál es en Estados Unidos el mercado clave para este país?

La pirámide de ingresos pone de relieve el pequeño segmento plausible dentro del posible mercado turístico de Sudáfrica. En la jerarquía de ingresos familiares en Estados Unidos, el punto más alto lo configura el 19 por ciento de la población que cuenta con ingresos de 75 mil dólares anuales o superiores. Las familias que cuentan con estos ingresos tan altos son las que configuran el principal mercado de viajes. Uno de los mercados de viajes que está creciendo más rápidamente es el de los individuos con edad superior a los sesenta años. A principios de los años ochenta, este grupo experimentó el mayor incremento porcentual de pasaportes emitidos. Dentro del grupo de individuos con edad superior a 65 años hay en Estados Unidos más de veinte millones de personas.

¿Cómo puede Sudáfrica adquirir personalidad propia, con el tiempo, el dinero y la afición para ser visitada? Los expertos en marketing pueden empezar determinando qué ciudades y pueblos de Estados Unidos cuentan con mayor número de residentes económicamente potentes. Por lo tanto, la publicidad deberá dirigirse a estas regiones.

Sudáfrica atrae al amante de la naturaleza, sobre todo a aquellos que están interesados por los parques zoológicos nacionales, de los que este país posee cerca de cien. El mercado para Sudáfrica se define como un destino para viajeros veteranos que ya han estado en Europa Occidental, en el Caribe y en otros lugares más próximos a su domicilio.

Por lo tanto, Sudáfrica es un destino para individuos que han viajado ya por muchos países y que están buscando otro lugar, otro desafío de un viaje extraordinario.

Para llegar a alcanzar este mercado se necesita una promoción estratégica. La publicidad en la revista *Audubon* atrae a muchos amantes de los pájaros. La revista *National Geographic* va dirigida al conocedor de destinos exóticos. La revista *Modern Madurity,* publicada por la Asociación Americana de Jubilados, llega a más de veinte millones de miembros. La emisora de radio en FM sería un medio mucho más eficaz que las de onda media, ya que algunos estudios realizados sobre los oyentes han puesto de manifiesto que las FM atraen a oyentes de mayor poder económico y de nivel cultural superior. Los amantes de los viajes en ferrocarril estarían seguramente interesados por los Blue Trains de Sudáfrica.

¿Puede permitirse una cadena hotelera de Sudáfrica gastar cien dólares en publicidad y promoción por cada huésped que atrae? La respuesta es que sí, en caso de que este huésped gaste lo suficiente en la cadena como para poder recuperar los cien dólares que se han gastado, en concepto de beneficios. Esto es exactamente lo que hizo la cadena de hoteles Southern Sun de Sudáfrica. En el mercado del sur de California realizó un desembolso de doscientos mil dólares en publicidad en radio, televisión y en los periódicos.

El resultado fue la captación de dos mil pasajeros en viaje organizado, a los hoteles Southern Sun, y un beneficio neto importante. Como cualquier otro tipo de inversión, puede hacerse publicidad y promoción a través de cualquier medio hasta un límite, y puede ser justificada si se produce un rendimiento razonable sobre esta inversión.

Puede ser difícil demostrar que un cierto desembolso por cada visitante da lugar a un número determinado de éstos. Tomando el caso de los hoteles Southern Sun, la prueba fue evidente: se vendieron dos mil viajes organizados a los californianos. Por otra parte, la organización turística de las Bahamas gastó unos 18 dólares por visitante, considerándolo razonable según la relación coste/beneficio. No es fácil demostrar que este desembolso que hizo el gobierno de las Bahamas haya sido el responsable de la obtención de un número determinado de visitantes en estas islas. El motivo de viajar hasta allí puede depender de muchos factores, como la recomendación por parte de amigos, el mal tiempo que hace en Estados Unidos o el bajo precio de las tarifas aéreas.

También se puede clasificar a los consumidores de viajes psicográficamente, o sea, de acuerdo con su carácter. En este caso se valora la actitud, las opiniones y los deseos. Ejemplos de clasificaciones psicográficas son las cualidades descritas anteriormente del viajero alocéntrico y psicocéntrico. La descripción psicográfica incluye algunos factores tales como:

• Auto-imagen.
• Predisposición hacia los viajes.
• Valor que se da a la seguridad.
• Valor que se da al estatus.
• Necesidad de cambio y de aventura.
• Interés por los bienes materiales.
• Valor que se da a las cosas materiales frente a las experiencias.

El enfoque sobre la conducta, similar al anterior y que en ocasiones se mezcla con él, intenta descubrir cuándo viaja la gente, qué es lo que les gusta hacer cuando viajan y qué puede hacerse para animarlos a viajar a un lugar determinado.

Pueden existir dos grupos que demográficamente sean similares, pero en cambio sean muy distintos psicográficamente. Por ejemplo, ¿por qué viajan mucho más los neoyorquinos y los californianos que otros individuos que cuentan con los mismos ingresos y tienen el mismo nivel cultural? Demográficamente, no deben ser muy distintos de gente similar de Omaha. Psicológicamente, los viajeros pueden ser muy diferentes. Piense en cualquier lugar remoto del mundo y encontrará allí algunos turistas neoyorquinos. Una de las grandes sorpresas en el mundo de los viajes fue descubrir que los californianos eran el principal mercado de los trayectos aéreos en lugares alejados de Miami. Parece ser que los neoyorquinos y los californianos conceden un gran valor a las nuevas experiencias y a moverse. Además, como grupo tienen el dinero y encuentran el tiempo para viajar mucho.

Gran parte de la investigación demográfica consiste en describir las características externas de un grupo basándose en datos que por lo general son fáciles de encontrar, de clasificar y de entender. El grupo A está formado por gente de mediana edad, que vive en el medio oeste y fueron a la escuela superior. El grupo B viene del nordeste, tiene una edad superior a sesenta años y cuentan con unos ingresos superiores a 25 mil dólares. Este tipo de datos se pueden obtener en las bibliotecas, por teléfono, mediante cuestionarios y por entrevistas personales.

La investigación psicográfica puede adoptar una gran variedad de formas. Se puede realizar utilizando entrevistas en profundidad, focalizándose en grupos, mediante tests de asociación de palabras, con técnicas proyectivas y mediante otras pruebas, la mayor parte de las cuales dependen de variables del investigador, si bien las técnicas o los instrumentos que se han utilizado son poco fidedignos. Los sentimientos y las actitudes son variables cualitativas y lábiles.

Muchos estadounidenses visitan la República Sudafricana de tal modo que la Junta Turística de ese país decidió que tenía un buen mercado a promocionar en Estados Unidos. A la derecha, puerto deportivo en Durban.

No obstante, el viaje de placer guarda relación con los sentimientos y las actitudes, por lo que, para influir sobre ellos o bien para hacer previsiones, el investigador debe intentar entender la forma de pensar de los viajeros.

Clasificación de los viajeros

La investigación demográfica incluye contar y clasificar. La mayor parte de las investigaciones que ha realizado el gobierno pone de relieve factores demográficos, contando a los visitantes y clasificándolos de varias maneras.

Los que utilizan una vía de acceso demográfica intentan por lo general escoger una muestra representativa a partir de un cierto «universo» de población, a continuación realizan un recuento y luego analizan la muestra. Si ésta es realmente representativa, podrá también describir al universo.

En muchos destinos es posible realizar un recuento y describir a los visitantes porque se pide a todos ellos que rellenen un cuestionario antes de entrar. Esto se hace en las Bahamas. En Hawai se consigue lo mismo solicitando a los visitantes que durante el trayecto en el avión rellenen un cuestionario.

Una forma de obtener datos de los visitantes que se dirigen a un estado en automóvil es fotografiar las placas de matrícula en el momento en que los coches pasan bajo una cámara de funcionamiento automático. Otra forma es invitar a los visitantes a pararse en una estación de servicio y que tomen refrescos gratuitamente. Vermont dispone de centros de información en los que se solicita a los viajeros que rellenen un cuestionario.

Los gobiernos de los estados a menudo llevan a cabo estudios sobre el lugar de origen y destino de los viajeros, en los puntos de entrada al estado. Con la ayuda de una barrera levantada por la policía se pide a una muestra de visitantes que rellenen un cuestionario. Los estudios de origen y destino, tal como se desprende de estos cuestionarios, se realizan para determinar dónde iniciaron su viaje (suele ser en la ciudad donde habitan) y cuál es su destino. Estos estudios a menudo recogen y calculan lo que piensan que van a gastar los viajeros o bien lo que ya han gastado cada día y la manera en que lo van a gastar. También se puede incluir en ellos la impresión que han sacado de un lugar determinado, qué es lo que les gusta y lo que no y cómo pasan su tiempo.

Quizás la manera más frecuente de llevar a cabo una investigación demográfica es enviar por correo un cuestionario a personas seleccionadas. Es probable que la muestra que se haya escogido no sea representativa, y por otro lado menos del diez por ciento de las personas que reciben el cuestionario lo contestan. Para salvar este inconveniente, muchas empresas de investigación incluyen cinco o diez dólares en el sobre, solicitando al destinatario «renunciar a unos minutos de su tiempo». De esta manera es mayor el número de personas que responde, por lo que la muestra se amplía y se hace más representativa del grupo que se estudia.

RELACIÓN ENTRE LAS ADMINISTRACIONES PÚBLICAS Y LAS INSTITUCIONES PRIVADAS

Antes de abordar la descripción de los «secretos del éxito» (que son «secretos» porque hoy por hoy no se aplican en toda su extensión, quizás porque aún no son lo suficientemente populares, y lo son «del éxito» porque cuando se aplican con rigor, constancia, complicidad y eficiencia, los resultados de un destino turístico cambian) es fundamental recordar que el turismo no es una actividad aislada sin consecuencias, ni puede ser desarrollada exclusivamente por la iniciativa privada, o por la pública, ni es independiente de otras. «El turismo, o es total o no existe», o lo que es lo mismo, para crecer y desarrollarse con éxitos sostenidos, y durante todas las estaciones del año, el fenómeno del turismo requiere de unas políticas «transversales» entre los distintos centros de poder, tanto públicos (ministerios, delegaciones territoriales, etc.) como privados (asociaciones empresariales, de vecinos, de voluntarios, etc.), así como de la «complicidad» en la unión y consecuente lucha conjunta para el logro del objetivo común, que no es otro que la creación de un destino turístico de calidad que asegure en el tiempo y con sus correspondientes cambios generacionales, riqueza y puestos de trabajo. Estas dos premisas, «transversalidad» y «complicidad», ayudarán a implicar a todas las partes, incluidos los vecinos del destino, y hacerles creer que son accionistas de su destino turístico.

Los secretos del éxito

Para conseguirlo, todos los que forman la familia turística deben ser capaces de mejorar estos quin-

A la derecha, aspecto de la francófona ciudad de Quebec, en Canadá, donde la Oficina de Viajes del Gobierno ha realizado un importante esfuerzo de marketing para ofrecer la mejor imagen posible del país y atraer así mayor número de turistas.

ce retos con eficacia y cierta celeridad, porque los competidores procuran estar siempre a la última:

1. Potenciar la eficacia y coordinación entre las distintas instituciones (consejeros comarcales, Consorcios de Promoción Turística, Patronatos de Turismo Provinciales y Patronatos de Turismo Locales) que destinan recursos personales, intelectuales y económicos a la promoción del turismo, para mejorar el rendimiento y la lógica en las acciones que se realizan. Se deberían evitar los siguientes puntos:
- Las relaciones personales de antipatía que dividen los esfuerzos y desperdician el escaso tiempo y las energías disponibles.
- Gastar recursos que escasean en acciones publicitarias o promocionales o de formación sin una planificación previa efectuada con rigor técnico (folletos, viajes, simposios, etc.).
- Gastar recursos en estudios que nunca se llegan a aplicar.
- Que las relaciones entre las Asociaciones Empresariales y los Patronatos de Turismo u otras entidades públicas sean de enfrentamientos periódicos.
- Que los cambios en los consistorios municipales, fruto de las elecciones, signifique volver a explicar toda la dinámica emprendida a los recién llegados.

Una vez más, habría que recordar que los recursos económicos son escasos, la ilusión de las personas quebradiza, y que en el mundo del turismo «tarde» significa «siempre tarde». Crear complicidades ayuda a sumar en lugar de restar y dividir.

2. Elaborar y desarrollar un programa de formación destinado a los políticos y responsables de instituciones y organismos eminentemente turísticos para que sepan gestionar con mentalidad de «turis-

Al igual que en cualquier otra actividad económica, los profesionales de la hostelería deben estar al día en todas las novedades que aparezcan en su ámbito de actuación. Un lugar idóneo para conocer las innovaciones del sector son las ferias especializadas, como Hostelco, en Barcelona (España).

mo total» los recursos que tienen asignados y las funciones que les corresponden. Los cambios en cualquier orden de la vida los promueven las personas; si están preparadas para llevar adelante con éxito sus funciones, el progreso tendrá más posibilidades de instalarse en el destino turístico, entre otras cosas porque no se perderá el tiempo en luchas internas, ni energías en enfrentamientos. El gestor en turismo debe también prepararse para ser capaz de aplicar la pedagogía suficiente para crear complicidades en el objetivo común: «la calidad perdurable del destino».

3. Mejorar la coordinación entre las diferentes instituciones en las actuaciones que afectan al producto turístico (infraestructuras, seguridad, sanidad, medio ambiente, etc.), tanto en lo que se refiere a las prioridades como a sus emplazamientos y sus modos de obrar. Deberían evitarse:
• Decisiones contradictorias que puedan perjudicar el futuro de un destino turístico.
• Un exceso de reglamentación que ahogue la flexibilidad que necesitan los destinos turísticos.
• Que por parte de la administración se desvirtúen las decisiones positivas que promueve el sector empresarial (proyectos de edificación, tipo de arquitectura, amabilidad en el trato de los visitantes, puntos de información, etc.).

4. Presionar a los empresarios, dentro del grupo de la empresa pequeña, familiar, atomizada y dispersa en el territorio, para que se conciencien de la importancia que tiene su autoformación para dominar el cambio constante que necesitan sus empresas, tanto en el cuidado de las instalaciones como en la amabilidad en el trato al cliente, así como en la aplicación de las técnicas de comercialización, para acabar con la imagen de que las últimas en adaptarse al cambio son siempre las empresas familiares. Desde las instituciones públicas hay que fomentar una cultura empresarial que potencie la calidad del servicio, así como la cultura de los detalles. Cuantos más empresarios tenga un destino turístico que quieran diferenciarse de la competencia, acercarse a los clientes, mejorar la formación de sus empleados e integrarse en los retos comunes para que el turismo sea total, más probabilidades de éxito tendrá la zona geográfica en cuestión. En esta línea, deberíamos evitar que:
• Las instalaciones y construcciones hoteleras queden obsoletas y anticuadas.
• La resistencia de los empresarios al cambio aleje a las empresas de las necesidades de los clientes.
• La incorporación de los jóvenes a las profesiones que este sector les ofrece no esté llena de obstáculos innecesarios creados por actitudes inmovilistas.
• Las nuevas tecnologías estén ausentes en la gestión de las pequeñas y medianas empresas de nuestro sector.

5. Incrementar la coordinación y los contactos entre las escuelas y el sector empresarial para adecuar los contenidos de los programas de estudios de las escuelas de turismo y hostelería y los de formación profesional a las necesidades del mercado, para facilitar así la integración laboral a sus alumnos. La calidad humana de las personas que trabajan en los destinos turísticos y en las empresas en ellos implantadas, así como su nivel profesional, es la parte más importante del éxito del destino. Asegurar que tanto en las escuelas de formación reglada, como en las de formación profesional y en las de diplomatura en dirección hotelera y de turismo, así como dentro de las empresas, se cuide la adecuación de su formación a las necesidades de los clientes, así como la calidad de las técnicas pedagógicas, contribuirá a que el sector turístico se enriquezca con personas que marcarán las diferencias con otros destinos competidores en la calidad del servicio y la atención al cliente.

6. Potenciar el asociacionismo empresarial activo y eficiente en cada destino turístico. En un mercado tan competitivo, tan sólo con economías a gran escala se puede mejorar la productividad. Ayudar a formar gerentes de estas asociaciones, las activará y convertirá en útiles sus acciones. El éxito sostenido de un destino turístico pasa fundamentalmente por el estado de salud de sus empresas, tanto el económico como el de calidad total de las mismas. Sin empresas eficientes, un destino turístico no podrá tener productos turísticos privados ni dispondrá de los recursos necesarios para cuidar los atractivos y las acciones públicas. Para favorecer que las empresas tengan este buen estado de salud, es recomendable que las autoridades de los destinos turísticos fomenten un asociacionismo empresarial que permita cumplir los siguientes requisitos:

- Formar con el menor costo posible a su personal en el difícil tránsito de camareros y recepcionistas a vendedores. Cada empresa, de forma individual, difícilmente podría financiar esta formación.
- Hacer de una zona geográfica un destino turístico, al aportar cada empresa su parte, proporcional a los recursos necesarios para poder desarrollar las acciones comunes.
- Ser más fuertes respecto a los proveedores de productos y servicios, mejorando las ofertas. La insolidaridad ante una oferta tentadora debilita al conjunto en un futuro inmediato, y entonces desaparecen dichas ofertas tentadoras. Esta acción ayuda a aglutinar a los empresarios para futuras acciones.
- Crear su propia oferta complementaria. Son los hoteleros quienes captan a los clientes que utilizarán otros servicios. En colaboración conseguirán los recursos suficientes para articular la oferta complementaria que ayude a crear atractivos y ocio en el destino turístico.
- Mejorar la coordinación de las distintas posiciones sobre temas determinados. Tener unos interlocutores válidos del sector empresarial facilita la creación de líderes de opinión y la ejecución de las decisiones adoptadas.
- Definir, controlar y llevar a cabo los niveles de calidad que se deseen para el destino. Sin una asociación fuerte, los niveles de calidad descienden y se crea una zona deteriorada y en consecuencia pobre.

Para muchos destinos turísticos, Internet se ha convertido en el medio más apropiado a través del cual canalizar su oferta. Es, por ejemplo, el caso de algunas pequeñas y paradisíacas islas que de otro modo verían muy difícil su promoción.

- Crear su propia bolsa de trabajo, evitando «contratar al primero que pasa». Esta bolsa formará, seleccionará, fomentará y regulará el empleo. Las referencias de unos y otros configurarán un verdadero currículum para el empleado, para evitar así las sorpresas a media temporada.
- Mejorar las infraestructuras y el medio ambiente dependiente del presupuesto municipal, al colaborar la asociación empresarial de forma eficaz con las autoridades municipales.
- Disponer de su propia central de reservas con todas las ventajas de ordenación y ampliación de la oferta que ello conlleva. Sin una asociación fuerte es imposible crear este importantísimo instrumento. Para que las centrales de reservas tengan éxito deben cuidarse fundamentalmente los siguientes aspectos:
  - Que figure, en lo posible, la más amplia oferta existente en la zona.
  - En cualquier caso, que la oferta exhibida esté clasificada y descrita con veracidad en sus características reales.
  - Que las ofertas y la información que se ofrezca a los solicitantes sea transparente para todos los integrantes de la central de reservas.
  - Que el personal que atiende las solicitudes sea extraordinariamente amable, competente e imparcial.
- Controlar la calidad de los productos servidos por los proveedores, lo que evitará ofrecer calidades inadecuadas a los visitantes del destino.
- Poder efectuar estudios de mercado y de las tendencias futuras que les ayudarán a adelantarse con eficacia a los cambios.
- Poder reflexionar juntos, para llegar a conocerse y complementarse y así no tener la sensación de estar cada uno solo frente al competidor.

7. Mejorar la calidad del destino turístico mediante la aplicación de la idea de que todo lo que afecta a la imagen que percibe el visitante hay que tratarlo bajo el prisma del «turismo total». Los empresarios del sector turístico deben ir tomando conciencia con cierta celeridad de que, para que sus negocios sigan teniendo éxito, deben salir de su ámbito privado para colaborar en la realización de las acciones comunes que los visitantes solicitan, para que se sientan atraídos, repitan y recomienden este destino a sus amistades.

Las mayores exigencias de los visitantes han dado lugar a la necesidad de tratar al turismo no como un producto aislado, sino como un todo. Por ello, todo cuanto afecta a nuestros visitantes debería estar dentro de la política turística, que se debe diseñar y desarrollar desde las instituciones públicas, razón por la cual se denomina a esta postura «turismo total», pues en un destino toda decisión que afecte a la calidad de la oferta, y en consecuencia, a su atractivo y el subsiguiente nivel de éxito, debería ser tratado con cultura turística.

El medio ambiente, la ordenación del territorio, los volúmenes de edificación, la seguridad ciudadana, la circulación, la señalización, el aparcamiento, los servicios sanitarios, el ocio, la información de los acontecimientos que tienen lugar en el destino turístico, los niveles de calidad de las instalaciones, los niveles de formación de los profesionales, la calidad y coherencia de la arquitectura adaptada al entorno, la promoción de los productos típicos de la zona y la comercialización de forma coordinada y eficiente son retos que competen tanto a las instituciones públicas como a las empresas privadas.

Según sea la formación de los representantes públicos y de los empresarios, su nivel de concienciación, conocimientos técnicos y coordinación, así será el volumen de los recursos dedicados y su nivel de eficiencia, es decir, de la calidad de la oferta de «turismo total» en cada destino turístico. La voluntad de actuar juntos (instituciones y asociaciones empresariales) y aplicar con eficacia los recursos, hará posible que se desarrollen las acciones que a todos les corresponde, consiguiendo temporada tras temporada que su oferta sea de «turismo total». La constitución, en cada pueblo y en cada comarca, de la «mesa del turismo», donde de forma periódica se reflexione, anticipe, proponga y coordine todo lo que se hace y debe hacerse, para que ninguna decisión que afecta al destino turístico pueda tomarse sin analizar sus efectos sobre la calidad total de la oferta, facilitará el mantenimiento de los éxitos que hasta hoy se han conseguido. Representantes públicos preparados, asociaciones eficientes y empresarios actualizados son los ingredientes que construirán, en los años venideros, una oferta «turística total».

8. Crear en cada destino turístico, de forma que resulte visible para el visitante, el banco de habitaciones libres para facilitar su ocupación. Los destinos turísticos que, bien por sus atractivos o por su ubicación geográfica, atraen a visitantes de paso, sin reserva previa, necesitan para activar la ocupación diaria de las habitaciones de sus hoteles y de los apartamentos de la zona, de sistemas visibles, públicos, de fácil manejo, fiables y objetivos que ofrezcan a los citados visitantes la posibilidad de consultar las distintas opciones, tanto de proximidad y situación, como de modernidad y categoría, así como de precio. El usuario, al tener a su alcance esta información, podrá escoger su opción, e incluso cursar el aviso de reserva desde la terminal, así como visualizar el recorrido que le llevará hasta el alojamiento escogido. Esta propuesta, que debe contar con la adhesión de los hoteleros, aporta comodidad y fiabilidad a sus usuarios, razones imprescindibles para popularizarla y mantener su éxito.

9. Ayudar a crear en cada destino turístico el suficiente ocio para hacer atractiva y distraída la estancia de los visitantes, a través de la publicidad ofrecida a los intermediarios comerciales de cada destino turístico, como un elemento más de actuación y fidelización de los visitantes. Quienes deciden pasar unos días fuera de su domicilio habitual, lo hacen ante la expectativa de encontrar distracción, entendiendo por ello vivencias distintas a las que tienen en su existencia cotidiana. Para satisfacer esta necesidad, los actores de un destino turístico deben plantearse con imaginación y coherencia las aspiraciones de cada segmento de clientes, no tan sólo las opciones de ocio que satisfagan estas necesidades. Además, han de publicitarlas con eficacia dentro del destino para que los visitantes las conozcan y puedan decidir su uso y disfrute. También se debe hacer publicidad en los canales de comercialización, para que éstos a su vez puedan ofrecer el ocio como un atractivo más del área turística. Un simple repaso a los distintos destinos turísticos demuestra que aquellos cuyas ofertas de ocio son poco imaginativas y aburridas tienen ocupaciones minoritarias.

10. Desarrollar auditorías de la calidad, tanto a la administración pública del destino como a las empresas turísticas, para contribuir a mejorar el nivel de calidad que percibe el cliente de las instalaciones, de los servicios, del trato y especialmente de la oferta de los equipamientos públicos del des-

tino. Es importante crear el clima adecuado dentro de las asociaciones empresariales para que se autochequeen desarrollando auditorías sencillas y periódicas que les ayudarán a detectar los fallos en los signos visibles de los detalles, tanto en las empresas privadas como en el entorno público.

11. Crear en cada destino el teléfono de información y auxilio turístico, para satisfacer al visitante en sus deseos de información y seguridad. Una de las necesidades de los visitantes que un destino turístico tiene que cuidar con mayor esmero es el de la seguridad, teniendo en cuenta que aquellos están en terreno para ellos desconocido. No sólo hay que pensar en que al visitante no le roben o le ataquen físicamente, también se deben contemplar aspectos como la información veraz, la asistencia médica y todo lo inherente a las picarescas.

12. Mejorar los accesos, la circulación, el aparcamiento y la señalización de los destinos. Para que un destino turístico alcance el éxito con un elevado volumen de visitantes hay que invertir en:
• Unos accesos rápidos, cómodos y seguros.

• Unos medios de comunicación fiables.
• Una circulación fluida, ordenada y sin riesgos.
• Unos aparcamientos bien señalizados, de fácil acceso, seguros, próximos y económicos.
• Una señalización global, visible y veraz.
Las deficiencias en cualquiera de estas características debilitan el éxito continuado de un destino turístico.

13. Adecuar los horarios, la dedicación, los conocimientos y la dimensión de las plantillas de los funcionarios públicos de los patronatos de turismo y ayuntamientos turísticos, especialmente en los meses de mayor afluencia de visitantes. El «vuelva usted mañana», las colas, los horarios muy reducidos, o que los empleados hagan vacaciones durante uno de los meses de mayor afluencia de turistas, no ayudan al éxito de un destino turístico. Cada vez son más los responsables de la administración pública que han comprendido lo importante de su actuación para que el destino tenga éxito; la dificultad puede radicar en ciertos casos en hacer entender a algunos funcionarios que también ellos son animadores turísticos.

Hay una serie de grupos con intereses particulares, como el deporte o la música, que componen un importante mercado de viajeros. A la derecha, turistas en una región tirolesa (Austria) escuchan la interpretación de la banda municipal.

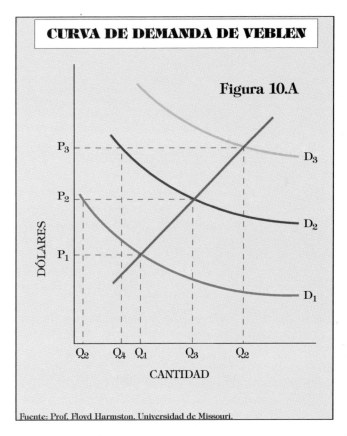

CURVA DE DEMANDA DE VEBLEN

Figura 10.A

DÓLARES

P_3
P_2
P_1

D_3
D_2
D_1

Q_2 Q_4 Q_1 Q_3 Q_2

CANTIDAD

Fuente: Prof. Floyd Harmston, Universidad de Missouri.

14. Incrementar la vigilancia y la observación en el cumplimiento estricto de las normativas existentes en el sector, evitando en la medida de lo posible la picaresca.

15. Introducir las nuevas tecnologías en la comercialización de los destinos turísticos (Internet, videotex, CD-Rom, puntos de información interactivos, etcétera). En la era de la información y del ocio, es lógico que las posibilidades que nos ofrecen las nuevas tecnologías sean utilizadas para facilitar tanto la información como la comunicación, la seguridad y la veracidad de la oferta.

EL TURISMO ESNOB

Thorstein Veblen, destacado sociólogo estadounidense que murió en 1939, hizo hincapié sobre «el consumo de cosas que llaman la atención», la práctica de adquirir cosas o experiencias únicamente por el estatus que ello implica. El atractivo de muchos hoteles, cruceros de lujo y vuelos en primera clase en parte obedece a la teoría de Veblen.

En lugar de determinar el coste de un producto, la oferta y la demanda, el efecto Veblen establece nuevas curvas de demanda basadas en la exclusividad, el prestigio, y el esnobismo. La adquisición de automóviles muy caros y de casas lujosas es un ejemplo de consumo conspicuo. Cuanto más caro es el precio de una experiencia o de un producto, más deseable pasa a ser.

El profesor Floyd Harmston ideó la curva de demanda de Veblen de la figura 10.A. Si se carga el precio P_1, se vende una cantidad Q_1. Si aumenta el precio hasta P_2 de acuerdo con la curva de demanda D, la cantidad que se vende disminuye hasta Q_2. Esto no ocurre en la curva de Veblen, ya que los compradores conceden un nuevo valor al producto y en realidad compran mayor cantidad Q_3. En efecto, el nuevo precio ha realzado la calidad del servicio o la experiencia ofrecida. La curva de demanda, en lugar de ir hacia abajo se ha movido hacia D_2, debido al efecto Veblen. Si disminuye el precio, sólo se produce un pequeño aumento de la cantidad que se compra, puesto que se moverá a lo largo de la nueva curva de demanda D_2. Si se aumenta el precio hasta P_3, también se modifica la curva. En lugar de disminuir la demanda hasta Q_4, aumenta hasta Q_5. Quizás los diamantes son el mejor ejemplo del efecto Veblen. Pueden convertirse en el mejor amigo de una mujer sólo por ser tan valiosos.

PREFERENCIAS DE CONSUMO

Los economistas suelen clasificar los bienes según su orden de preferencia por los consumidores. El viaje se ve como un «bien de preferencia superior», ya que aumenta su número conforme aumentan los ingresos. Las curvas de Engel reflejan la diferencia entre los «bienes de preferencia» y «los bienes altos sin preferencia». Conforme aumentan los ingresos se compran más bienes de este tipo, pero en diferente proporción. La proporción de compra de los bienes no preferenciales superiores se acelera a una proporción decreciente, mientras que los bienes preferidos, tal como se ve en la figura 10.B, se aceleran. La curva de Engel ilustra lo que ocurrió en realidad en el crecimiento de los viajes, particularmente durante los últimos treinta años. Conforme aumenta el número de familias que forman parte de una clase con ingresos altos, la demanda de viajes, tanto en Estados Unidos como en otros países, sufre un incremento a una proporción más rápida que la de los ingresos.

LA IMPORTANCIA DE LA PUBLICIDAD

Los que toman decisiones en la industria de viajes se enfrentan constantemente a la pregunta de dónde y cómo hacer publicidad y promover sus negocios. Cada año se gastan millones de dólares en

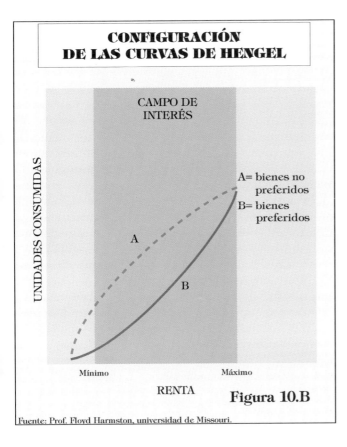

CONFIGURACIÓN DE LAS CURVAS DE HENGEL

CAMPO DE INTERÉS

UNIDADES CONSUMIDAS

A= bienes no preferidos
B= bienes preferidos

A

B

Mínimo

Máximo

RENTA

Figura 10.B

Fuente: Prof. Floyd Harmston, universidad de Missouri.

ingresos, nivel cultural y lugar de residencia. Seguramente también conoce el medio que se difunde mejor en este mercado, sea la televisión, las revistas, los periódicos o cualquier otro. La política que tienen las líneas aéreas en lo que respecta al porcentaje de ingresos que destinan a la publicidad varía según las compañías y también con el tiempo.

Aunque las personas del campo de la publicidad piensan que aquellos que no conceden valor a la publicidad y a la promoción del turismo son totalmente ingenuos, muchos escépticos quieren datos concretos, a través de estudios de coste-beneficio, para justificar los gastos en publicidad sobre viajes y turismo. Como respuesta a aquellas afirmaciones que dicen que ha habido un cierto porcentaje de aumento en gastos turísticos por la publicidad, los críticos dicen que este aumento se hubiera producido tanto con la publicidad como sin ella.

Los presupuestos del estado en la promoción de los viajes varían ampliamente y no necesariamente guardan relación con la importancia que supone el turismo para la economía del estado. Por ejemplo, se dice que California cuenta con aproximadamente 77 mil millones de dólares anuales de ingresos por turismo y a pesar de ello el estado fijó una partida mínima de su presupuesto para promoverlo. Por su parte, el presupuesto de promoción de viajes en Puerto Rico es de unos diez mil millones de dólares al año, un gasto en publicidad per cápita muy alto.

Señalar un presupuesto de publicidad para varios medios de comunicación es una ciencia inexacta, como se pone de relieve por las enormes variaciones de cómo se gasta el dólar en publicidad. Es difícil determinar la eficacia relativa de cada medio para atraer a los turistas.

Según un estudio llevado a cabo por el Newspaper Advertising Bureau, «los amigos» encabezan la lista de las fuentes que más influyen al planificar los viajes de vacaciones. El segundo lugar en importancia lo ocupaban los artículos de las revistas, seguido de los agentes de viajes, artículos de periódicos y publicidad de los periódicos. La publicidad de la televisión tenía menos influencia.

Como se puede suponer, los presupuestos de promoción de la nación son muy diversos. Las lineas aéreas gastan más dinero en los periódicos que en cualquier otro medio de comunicación. La televisión le sigue en importancia y está cobrando de una forma rápida más importancia. Muchos estados dedican una parte considerable de sus presupuestos a la publicidad en televisión. Algunos estados emplean la radio, otros no.

Muchos destinos dedican una gran parte de sus presupuestos de promoción para llevar allí a los

publicidad en empresas relacionadas con viajes sin que el que pone dinero sepa demasiado sobre las ventas que genera esta inversión. El problema es identificar el mercado, o el posible mercado, de una forma definida y dirigir la publicidad a estos grupos concretos de personas. Es más fácil decirlo que hacerlo. Puede ser que el que hace la publicidad haya identificado bien a los consumidores actuales pero ignore las previsiones que están cambiando el mercado. Y los mercados cambian.

Algunos profesionales de la publicidad se concentran en crear nuevos mercados, otros se concentran en los mercados ya establecidos.

Una línea aérea puede haber creado una nueva ruta y por tanto un porcentaje desmesurado del presupuesto en publicidad se dedica a promocionar la nueva ruta.

Los que gastan más en promoción turística son las líneas aéreas. El efecto de la publicidad de las líneas aéreas es bastante inmediato; los asientos de los aviones se ocupan o no. Conociendo que la tasa de ocupación en que la línea aérea no gana ni pierde puede ser del 58 por ciento, los que toman decisiones saben perfectamente qué es lo que tienen que hacer; incrementar la tasa de ocupación.

Seguramente cada línea ha estudiado su mercado y conoce a su clientela por grupos de edad, nivel de

agentes de viajes que muestran interés por un destino determinado. Los gobiernos del destino y las líneas aéreas organizan estos viajes de promoción. Se transporta a gran número de agentes de viajes, se les aloja, se les da de comer y beber en el destino suponiéndoles unos gastos muy pequeños o bien gratuitamente.

Algunos de los que toman decisiones en los destinos dan mucha importancia al material impreso y distribuyen millones de mapas y folletos con información. Otras regiones de destino gastan relativamente poco en este tipo de esfuerzo.

El centro turístico está muy presionado para promoverse y hacer publicidad por su cuenta. Los promotores del turismo pueden confeccionar listas de huéspedes basadas en los registros y otras informaciones. Se hacen envíos periódicos a esta lista de huéspedes.

Los promotores pueden organizar cócteles en la comunidad donde tienen concentrado un mercado. Sin embargo, no tienen suficiente presupuesto para hacer mucha publicidad en periódicos o revistas. Se excluye por completo la publicidad en televisión debido al precio.

Los empresarios individuales pueden unirse a uno de los grupos de promoción que hacen publicidad sobre determinado tipo de hotel. También lo pueden hacer en la Cámara de Comercio local e incluirse en las campañas de publicidad que hace ésta. Pueden presionar sobre el gobierno local para que haga publicidad de su área y obtener de esta forma beneficios. Si es un área relativamente aislada y pequeña, pueden atraer a un pequeño grupo de personas que quieran estar alejados de todo. Los empresarios independientes que forman parte de un complejo turístico como Las Vegas o Miami Beach se benefician de la publicidad del gobierno en estas áreas, de la publicidad de las líneas aéreas y de los departamentos de Congresos. Quizás no necesitan hacer publicidad logrando un «recorrido gratuito» en el área o en la publicidad de las líneas aéreas.

Importancia de las oficinas de turismo

Las oficinas de turismo de los estados y las nacionales justifican su existencia y sus presupuestos en razón de los ingresos derivados de sus esfuerzos y sus gastos. Se han realizado una serie de estudios para demostrar que por cada dólar gastado por una oficina se producen X dólares de ingresos para el área y el gobierno. Estos estudios pueden ser caros, y casi necesariamente sólo dan estimaciones aproximadas de los beneficios. Un ejemplo del tipo de

estimaciones que se hacen lo ofrece el Ministerio de Turismo de las Bahamas.

Islas como éstas tienen un área y una economía definidas que reducen el margen de error. Según un estudio realizado por el Ministerio en 1981, por cada dólar que gastó se generaron entre 30 y 35 dólares de ingresos para la economía bahameña. El Ministerio también calcula que el 57 por ciento de los ingresos totales del gobierno se obtienen del turismo. Se sabe que cada visitante gastaba un promedio de 325 a 350 dólares; mientras que en tierra cada visitante de un crucero gastaba 50 dólares. El gobierno también recaptó unos veinte millones de dólares en licencias de juego y en impuestos, así como cuatro dólares de impuestos por la salida de cada visitante. Aunque la mayor parte de los productos que importan los hoteles están libres de impuestos bajo el «Hotels Encouragement Act», que proporciona una serie de desgravaciones a los hoteles durante más de veinte años, se recogen los derechos de importación de casi todo lo demás que se importa.

La afirmación de que por cada dólar gastado se generaron de 30 a 35 dólares a la economía es errónea. La suposición que se hace es que los gastos turísticos se producen en gran manera como resultado de los esfuerzos del Ministerio. Sin duda, esta afirmación es falsa. Sobre la decisión de los visitantes de dirigirse a las Bahamas influyen varios factores, como son la publicidad verbal, los esfuerzos de los agentes de viajes y de los tour operadores, la promoción y la publicidad de las líneas aéreas y muchos otros. Si se dejaran de realizar todas las actividades del Ministerio, seguramente el turismo a estas islas caería de forma brusca pero desde luego no desaparecería.

Costes de la promoción

Es muy difícil superar el escepticismo sobre la publicidad debido a la dificultad en conseguir unos datos fidedignos sobre las motivaciones que tiene el viajero. Es relativamente fácil colocar un anuncio en la sección de viajes del *New York Times* y adjuntar un cupón que debe enviar al lector para solicitar un folleto. Un estudio de seguimiento mostrará que un cierto porcentaje de aquellos que pidieron el folleto visitan en realidad el destino del que se ha hecho publicidad. El coste de un estudio por encuesta o el coste de un estudio por visitante muestra que atraer a un turista puede significar unos cuantos centavos o varios dólares si se puede demostrar que la publicidad ha sido factor clave de la decisión de visitar el estado.

En algunos casos las oficinas nacionales de turismo realizan su propaganda conjuntamente con una compañía aérea ofreciendo de este modo al visitante las facilidades de su propio transporte. A la derecha, cartel de propaganda de la Oficina Nacional Helénica de Turismo y de Olympic Airways.

Conoce un país donde las puestas de sol tienen magia.

Seguro que ya conoces la belleza de una puesta de sol. Pero sólo si has vivido en Grecia podrás descubrir que conoces también su magia. Cuando el sol se oculta y cae la noche comienza el espectáculo, las blancas casas de las islas Cícladas cambian gradualmente de color, sus luces se reflejan suavemente en el agua. Es entonces cuando se produce el fenómeno, es entonces cuando nace la magia. Siéntate, disfruta de ella.

INFÓRMESE EN SU AGENCIA DE VIAJES.

Grecia
Escucha tu corazon

OLYMPIC AIRWAYS

A menudo se hacen estudios de coste por encuesta para justificar los gastos de promoción y publicidad, pero por supuesto no descubren la base de la motivación que existe en la mente del viajero. Una persona puede comenzar a interesarse en ir a México como consecuencia de haber visto una película determinada, haber leído algunos libros sobre el tema, haber asistido a clases de español o haber oído hablar a su vecino de una visita parecida. El hecho de haber solicitado un folleto y más tarde hacer un viaje puede ser casual entre los varios estímulos que le hicieron decidirse finalmente por viajar a México.

A pesar de la incertidumbre asociada a la eficacia de la publicidad, en general se acepta que son importantes tanto la publicidad como la promoción, y por ello los gastos en publicidad turística y similares se van incrementando de año en año. Destinos o estados determinados pueden cambiar su publicidad desde una agencia a otra y cambiar el medio, desde una revista a la televisión o cambiar otra vez sin tener ninguna causa que justifique estos cambios. Es probable que continúen este tipo de malabarismos debido a que cuesta tanto en tiempo como en dinero conocer la forma que resulte más eficaz de hacer publicidad.

Cambios en los mercados

Los investigadores de viajes están interesados en identificar un mercado y medir su tamaño, pero también quieren saber los cambios que tienen lugar en él. ¿Está creciendo el tamaño del mercado estudiado? ¿Quién está saliendo de este mercado? ¿Quién está entrando?

Para obtener los datos económicos básicos, los investigadores se suelen valer de estadísticas bancarias de las que dispone el gobierno federal o local sobre un destino. En muchas ocasiones es imposible obtener este tipo de información.

Los investigadores no sólo se muestran interesados por los números actuales sino también en apreciar cómo ha cambiado la combinación con el tiempo. Suponga que una empresa del sector de viajes está interesada en saber cómo está cambiando la forma de combinar un viaje. Puede encargar un estudio que investigue cuántas personas de oficios determinados obtienen el pasaporte; puede comparar estas cifras en un período de varios años para averiguar las tendencias de los viajes en los diferentes grupos ocupacionales. Esta información es de gran valor para las líneas aéreas, así como para las agencias de viajes y para todas las cadenas hoteleras internacionales.

El investigador y el que toma decisiones también quieren conocer el origen geográfico del mercado del área de un destino determinado y cómo cambia el mercado. Con este tipo de información, los presupuestos en publicidad pueden dirigirse al afianzamiento del mercado actual o bien a potenciar nuevos mercados.

DESARROLLO Y COMERCIALIZACIÓN DE LOS DESTINOS

La identificación y el desarrollo de los mercados de viajes supone un esfuerzo multidisciplinario. En el pasado, la investigación del mercado la hacían expertos en marketing, las escuelas empresariales, los analistas económicos, los estadísticos y los contables. Desde hace unos pocos años se han incluido también en la investigación de viajes las ciencias del comportamiento. En muchos destinos las consideraciones políticas son factores decisivos en determinar si el área será atractiva para un mercado determinado y se requieren criterios científicos para identificar las tendencias políticas que pueden influir sobre la viabilidad de una economía.

El cambio del estilo de vida y otros cambios sociales pueden modificar la combinación de viajes de una forma drástica durante los próximos años, al mismo tiempo que cambiará el tipo de servicios que se necesiten. La investigación de viajes, en el sentido amplio de la palabra, es un prerrequisito para crear un servicio y para comercializarlo, una vez se ha creado. Es necesaria, como si se tratara de un barómetro o un dispositivo sensible que tome lecturas periódicas de lo que ocurre en el mundo de los viajes.

PUBLICACIONES SOBRE VIAJES

La Asociación de Investigación de Viajes, División de Investigación de Empresas de la Universidad de Colorado, da una relación a las revistas de viajes y Asociaciones de Industrias de Viajes de bibliografías, guías de descubrimientos e índice de servicios. Algunos libros anuales con información sobre viajes son: *Yearbook of Railroad Facts*, *Air Transport Facts and Figures*, *Automobile Facts and Figures*, *Handbook of Airline Statistics* y *World Air Transport Statistics*. El *Travel Industry World Yearbook*, publicado anualmente por Child and Waters, es una buena compilación de estadísticas de turismo.

LA COMPUTACIÓN Y EL SECTOR TURÍSTICO

Ya en el siglo XXI, no hay duda de que la computación ha sido la segunda gran revolución del siglo XX, después de la revolución industrial acaecida en el XIX. En cuestión de pocos años, los avances en esta disciplina se han producido a pasos agigantados, gracias a la gran aceptación que ha tenido en la sociedad por sus ventajas y a las incesantes investigaciones que se llevan a cabo para mejorar continuamente las prestaciones y los servicios que la computación ofrece tanto en el terreno profesional como en el hogar.

La industria turística no ha sido ajena a esta revolución y, por fortuna, en este campo se ha ido poniendo al nivel de otros sectores profesionales hasta el punto de que la computación se ha convertido en un instrumento indispensable para el éxito de cualquier empresa, sea hotelera o de restauración. Esta puesta al día se ha llevado a la práctica a diferentes niveles, ya que hoy se encuentran todavía establecimientos pequeños que mantienen los métodos clásicos de reservas y gestión administrativa. Con todo, en Europa y Estados Unidos, prácticamente todas las empresas cuentan con medios computerizados para su gestión.

Es tal la importancia de la computación en el mundo del turismo que muchas organizaciones disponen de aplicaciones —hechas a medida para su actividad— que cubren todos los procesos de producción,

comercialización y administración. Cadenas hoteleras y de restauración cuentan con sistemas de computación que permiten la comunicación entre las sucursales y las centrales de la red, e incluso entre los propios establecimientos.

Pero, sin duda, dentro de la revolución de la computación ha tenido lugar otro gran acontecimiento llamado Internet. Gracias a este espacio virtual, se ha producido una variación en los hábitos de los consumidores, y la industria turística ha debido adaptarse a este cambio para no quedarse atrás en la carrera de la modernización.

Internet (también conocida como la «red de redes») apareció en la segunda mitad del siglo XX, como un medio que los servicios de defensa de Estados Unidos crearon para comunicar entre sí diferentes centros militares, aprovechando la posibilidad de cifrar mensajes y de esta forma poder disponer de unas comunicaciones seguras. Con el paso de los años, Internet no sólo ha dejado de ser de uso exclusivo de unos pocos, sino que ha pasado a estar al alcance de todas las personas que dispongan de una computadora y un módem.

También en este aspecto ha avanzado la industria turística. Comercialización, producción... Internet pone a disposición de las empresas un enorme potencial de venta, ya que permite informarse, por

La computación se ha convertido en una herramienta imprescindible para todos aquellos sectores relacionados con el turismo. A la derecha, página de Internet en la que pueden leerse los horarios y destinos de la compañía aérea Aeroméxico.

ejemplo, de cómo es la suite de un hotel en Nueva York, disponer de la carta de un restaurante de París, conocer las tarifas y los horarios de una compañía aérea... e incluso poder hacer las reservas en cualquiera de las empresas mencionadas.

AGENCIA DE VIAJES

Cuando antes alguien solicitaba en una agencia de viajes un billete de avión, el agente turístico empezaba por consultar unas gruesas listas de tarifas de diferentes compañías. Cuando se ponía de acuerdo con el cliente, el empleado tenía que llamar por teléfono, lo cual implicaba en la gran mayoría de ocasiones la espera de rigor antes de poder averiguar las plazas disponibles y, con un poco de suerte, no tenía que acudir de nuevo a las listas de tarifas, sino

que simplemente realizaba la reserva, tomaba nota de los números del localizador y expendía el billete con una letra hermosa y caligráfica. En total, el aspirante que debía obtener un pasaje de avión para Londres podía estar sentado ante un mostrador un mínimo de 30 minutos.

Hoy en día, quien desea un pasaje de avión puede acceder a los horarios, las tarifas, comprobar la

Cuadro 11.C Instalación mundial de terminales de CRS*

Región	Compañía	Agencias	Terminales
EE UU	Sabre	14 000	69 000
	Apollo	11 500	44 000
	WorldSpan	8 500	38 000
	System One	7 120	30 000
Canadá	Gemini	3 500	10 500
	Sabre	1 600	5 400
Europa	Amadeus	12 000	60 000
	Galileo	—	27 000
	Sabre	2 500	6 100
	WorldSpan	2 000	4 100
Asia/Pacífico	Sabre	2 000	—
	Apollo	1 900	—
	Worldspan/Abacus	1 600	—
	Worldspan/Infini	1 500	—
	Galileo/S. Cross	1 300	—
	JAL (AXESS)	—	—
Resto del mundo	GETS	2 000	10 000
	Sabre	2 000	—
	Apollo	1 300	—
	Worldspan	1 200	—
	System One	800	—

* Cifras correspondientes a mediados de los años noventa.
Fuente: *U.S. Travel Weekly* y estimaciones de compañías.

disponibilidad y efectuar la reserva con un par de «toques» de ratón, y contar con el billete al momento o bien tenerlo a su disposición en el *stand* de la compañía en el propio aeropuerto. Con la computerización, las agencias de viajes han adquirido un carácter más efectivo y eficiente.

La incorporación de las CRS (*Computer Reservation System*) ha permitido a las agencias de viaje aumentar la calidad del servicio en la venta de billetes de avión; las CRS, como Galileo Internacional, Amadeus, Sabre, Abacus, etc., facilitan al momento cualquier tipo de información acerca de las compañías aéreas, su flota, sus tarifas, los horarios, la du-

Las agencias de viajes se hallan en la actualidad completamente computerizadas, lo que permite una rápida visualización del estado de las reservas en vuelos y alojamientos. En la fotografía de la izquierda, una pareja solicita información a una agente de viajes.

ración del vuelo..., además de efectuar reservas de coches y/o alojamientos hoteleros. Los futuros pasajeros pueden saber las películas que se proyectarán a bordo del avión durante su viaje a Buenos Aires o lo que cenarán, con la tranquilidad de saber que en el aeropuerto de destino les aguarda un automóvil y que tendrán una habitación reservada en la ciudad. Naturalmente, esta información no es gratuita para las compañías aéreas: éstas deben abonar una suscripción para poder «aparecer» en las computadoras de las agencias en cuestión, y muchas CRS están participadas por las propias compañías.

Desde el renacimiento de las CRS a principios de la década de 1980 (y el término «renacimiento» es el apropiado, pues las CRS funcionaban ya en los años sesenta) hasta su instalación casi completa en las agencias de viaje de Estados Unidos, pasaron poco más de diez años, tiempo récord si se tiene en cuenta el alto coste que para muchas de ellas suponía su «modernización». Esto da una idea de la importancia que tiene la computerización de las agencias. En Europa, en cambio, el auge no ha sido equiparable, debido a que la mayoría de las agencias que tienen un terminal lo utilizan tan sólo para las reservas de pasajes de avión. En estas empresas, las reservas de alojamiento hotelero o de automóvil todavía se hacen por las vías tradicionales, esto es, mediante el teléfono o el fax.

Pero las agencias de viaje no pueden quedarse anquilosadas, y si bien las CRS son necesarias, las agencias tienen que estar al día para poder continuar siendo competitivas, pues así lo exige la demanda. Y de nuevo Internet es responsable de este avance, pues cualquier persona puede reservar un billete de avión mediante la computadora, desde su hogar o su oficina. Por esta razón, las agencias de viaje ya tienen sus propias páginas *web* publicadas, a las que puede acceder quien esté interesado. Desde estas páginas, el público puede realizar la consulta concerniente al producto que desea adquirir y efectuar su reserva previa confirmación de la tarjeta de crédito, también vía Internet.

Cuestiones administrativas igualmente se gestionan por vía computerizada: las computadoras registran al momento todos los movimientos de caja, calculan el rendimiento de cada servicio que se presta, realizan el balance y lo envían por correo electrónico a la empresa gestora o a la cadena.

LOS RESTAURANTES

En 1997, en San Sebastián (España), un restaurante inauguraba su nueva cocina. Junto a cada fogón había instalado una pequeña computadora. Uno de los cocineros espetó: «¿Es que a partir de ahora los huevos fritos los van a hacer estas máquinas?».

En el sector de la restauración, el uso de la computación ha efectuado grandes progresos, pero su implantación no ha sido tan homogénea como en los hoteles o las agencias de viaje. En la actualidad, casi el 70 por ciento de los restaurantes europeos no dispone aún de aplicaciones para computadoras de gestión y administración. Pero en aquellos restaurantes en que la computación se ha ido abriendo paso, ésta puede gestionarlo prácticamente todo. Véase la siguiente relación:

- Según la ocupación obtenida en los últimos días, la computadora puede calcular con bastante exactitud el número de comensales que puede acudir al restaurante en el curso del día. Determinado el número de clientes potenciales (con un margen de error, como sucede en todas las predicciones) se evalúa la cantidad de materia prima que se requiere para la elaboración de los diferentes platos.
- Automáticamente, la computadora conoce cuáles son los últimos precios en el mercado de los diversos productos gracias a un servicio integrado que permite a la máquina poder conectar vía Internet con las empresas proveedoras. Esto ayudará al jefe de cocina a precisar cuáles son los productos que, por precio (y temporada), resulta más recomendable adquirir.
- Gracias a una potente base de datos, la computadora calcula las cantidades exactas de cada producto que se precisan para la elaboración de cada plato, así como el tiempo de cocción de éstos.

El nivel de información que proporciona Internet alcanza incluso al menú de un restaurante, en este caso el célebre Maxim's. A un nivel más general, aunque no menos práctico, se sitúa la información referida a un país o una zona geográfica concreta (imagen superior).

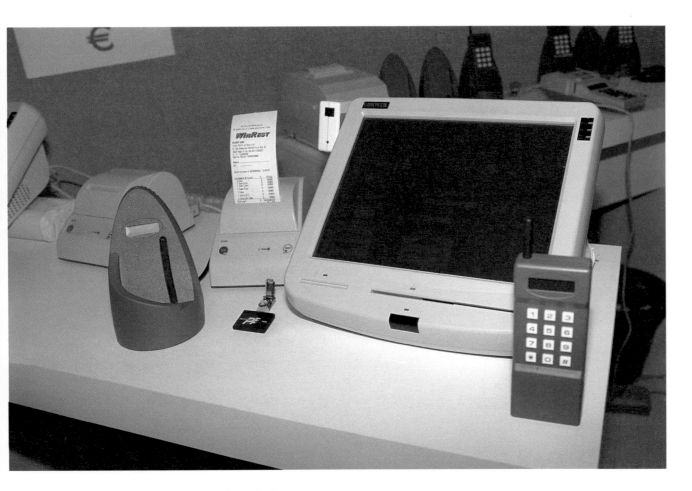

• Previa introducción en la computadora de las materias primas que se están utilizando y su distribución por parte de los cocineros, la máquina tiene en cuenta las cantidades empleadas de cada producto para poder controlar directamente el *stock*.
• El ordenador calcula al momento los costes de cada plato cocinado, teniendo en cuenta:
  – Materia prima y porciones en que se dividen.
  – Tiempo de elaboración.
  – Amortización de las instalaciones.
  – Coste de suministros (luz, agua, gas...).

De este modo se puede conocer en todo momento cuál será el margen de beneficio de un plato determinado antes de servirlo (siempre y cuando el cliente abone la factura).

Tal como se aprecia, además de poder gestionar las reservas de mesa y administración, la computerización aplicada a un restaurante es una herramienta poderosa en lo relativo al cálculo de costes en la elaboración de los platos de la carta o el menú y permite la reducción de los mismos, con lo que los márgenes aumentan.

En muchos establecimientos se aprecia cómo los camareros sólo se acercan a la cocina para ir a bus-

La evolución de la computación es incesante, y lo que ayer era innovación absoluta hoy es ya una reliquia del pasado. Ello obliga a que los sectores en los que ha llegado a ser imprescindible, como el turístico, deban estar al corriente de todas las novedades que en esta materia se producen.

car los platos, nunca para informar del pedido. Para ello, disponen de un terminal móvil con el que pueden comunicarse con la cocina y la barra de la siguiente forma:

• El cliente, una vez ha elegido, se lo comunica al camarero.
• Éste, introduce en su terminal móvil los datos relativos a:
  – Identificación del camarero.
  – Identificación de la mesa.
  – Productos solicitados por el cliente.
• Tanto en la cocina como en la barra se reciben los datos correspondientes, y el personal se dispone a prepararlo todo.

Figura 11.A Conexión del TPV central de un restaurante con los diferentes departamentos operacionales del propio establecimiento, con otros restaurantes de la cadena y con la central de la misma.

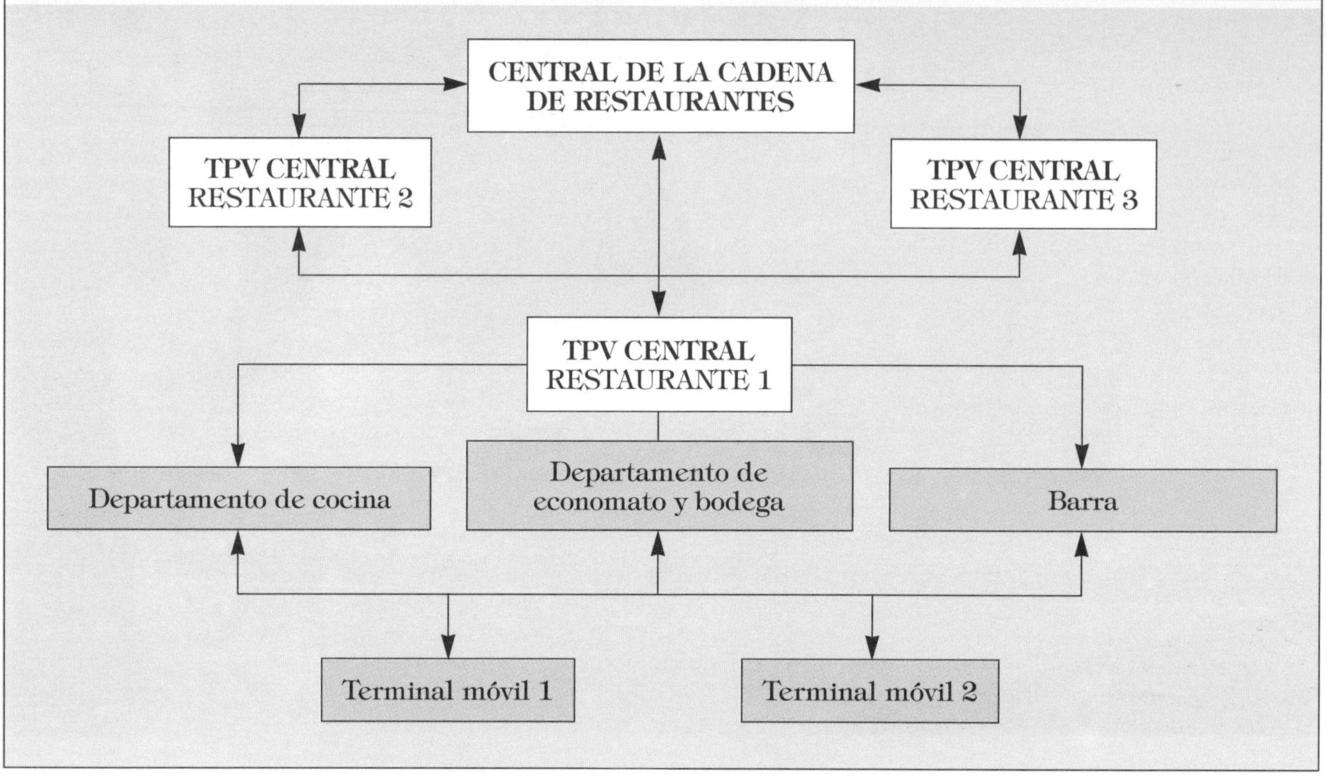

- El camarero pasa por la cocina y la barra para recoger y servir.
- El propio terminal móvil puede disponer de una carga de papel térmico a fin de que cuando el cliente pida la factura, ésta pueda ser preparada al momento.
- Todos los movimientos quedan registrados en el Terminal Punto de Venta (TPV) central.

Los TPV actuales son verdaderos ordenadores centrales conectados a los departamentos de cocina, economato y bodega, barra, a los terminales móviles y a otros restaurantes de la cadena o del grupo, así como a la central (figura 11.A).

Al término de la jornada, el director y/o propietario del establecimiento podrá informarse de la producción y la facturación derivada de las ventas efectuadas. En la cocina sabrán exactamente de qué existencias se dispone en los almacenes y las cámaras frigoríficas simplemente consultando la computadora. Vemos, pues, cómo gracias a la computerización de la empresa pueden reducirse considerablemente los costes y, con ello, aumentar el margen de explotación.

HOTELES

Dentro de la industria turística, el sector hotelero es el que mayor rapidez y de forma más homogénea ha adaptado la computerización a los departamentos que lo integran, pues hoy prácticamente la totalidad de los hoteles europeos dispone, como mínimo, de una computadora.

Gracias a la computerización de la hostelería:

- El cliente potencial puede consultar vía Internet las características del hotel en el que desea alojarse (habitaciones, tarifas, servicios) o cerciorarse de que está en la zona donde tiene intención de ir.
- Puede concertar la reserva rellenando un boletín, también en Internet, y obtener inmediatamente la confirmación de la misma.
- Si existe una central de reservas, ésta recibe un mensaje con la petición del cliente. Al instante se comprueba la disponibilidad del hotel y, si se ajusta a lo solicitado, contesta al cliente con otro mensaje de confirmación de reserva.
- En el hotel se recibe la notificación de una reserva para unas fechas determinadas.

- Cuando el cliente llega al hotel, hay remotas posibilidades de que se le ofrezca una habitación equivocada o ya ocupada, ya que cuando la computadora codifica una llave, comprueba que la habitación esté libre.
- Las hojas-despertador han pasado a la historia. Cuando el cliente solicita que se le despierte a una hora determinada, basta con introducir en la computadora el número de la habitación y la hora deseada para que, cumpliendo con su función, aquél despierte al huésped a la hora prevista con una agradable melodía.
- Si los servicios consumidos no se abonan en el momento en que se sirven, serán cargados en la factura de la habitación de forma automática, mediante las TPV de bar y restaurante o de las tiendas que se encuentren dentro del hotel. Si el cliente efectúa una llamada telefónica desde la habitación, su importe se calcula y se carga directamente en la cuenta.
- Al proceder al *check-out*, el cliente recibirá la factura con el desglose de los diferentes cargos realizados por los servicios prestados durante su estancia en el hotel.

Los diferentes departamentos de un hotel están conectados entre sí mediante una red de área local (LAN). Ello permite la intercomunicación entre los departamentos.

En la figura 11.B se observa cómo se conectan entre sí los diferentes departamentos y mediante qué funciones.

Departamento de recepción

Como eje vertebral en la organización hotelera, el de recepción es el único departamento —con la única salvedad de la dirección— que está conectado con el resto de departamentos operacionales del hotel.

Las funciones que caracterizan su computerización son:

El sistema de reservas ha experimentado un considerable desarrollo con la implantación de Internet, que ha redundado de una manera revolucionaria y positiva sobre los clientes, quienes ya no dependen de las agencias de viajes cuando se trata de gestionar sus viajes y sus estancias hoteleras.

- Reservas. Bien desde un departamento individual dedicado a la gestión de las reservas, bien desde la cadena hotelera, la recepción del hotel conocerá en todo momento el estado de las reservas efectuadas para su posterior gestión en cuanto a *planning* de ocupación, habitaciones, etc.
- *Planning*/ocupación. El *planning* recoge el estado de la ocupación del hotel en todo instante.
- Asignación de habitaciones. Mediante las reservas, la computadora asigna las habitaciones a cada uno de los clientes. Esta distribución puede ser modificada por el recepcionista o jefe de recepción en cualquier momento según su criterio.
- *Check-in*. Gestiona la entrada del cliente; previa confirmación con éste de los datos de la reserva por parte del recepcionista, se introducirán en la computadora las características de la estancia del cliente (tipo de pensión, desglose de cargos para la posterior facturación, etc.).
- *Cárdex* o ficha de cliente. Los datos personales de cada cliente se introducen en la llamada ficha de

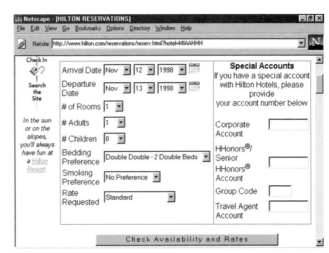

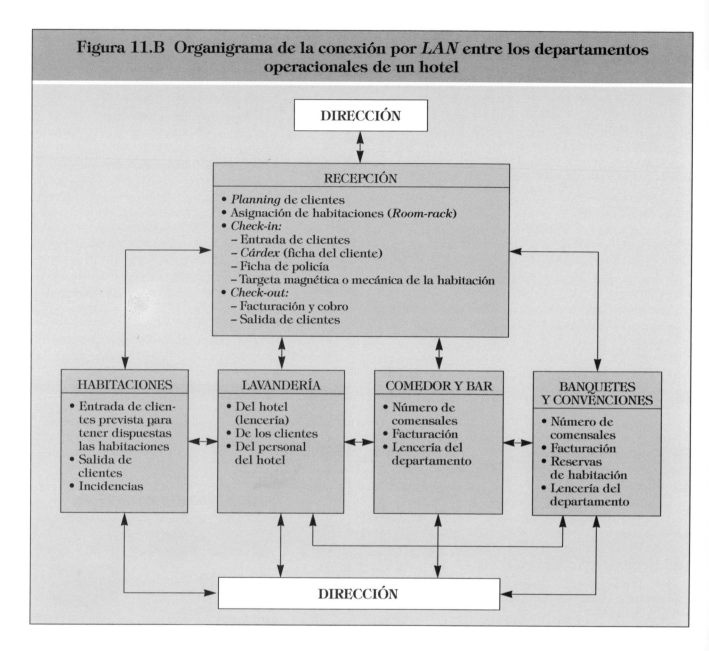

Figura 11.B Organigrama de la conexión por *LAN* entre los departamentos operacionales de un hotel

cliente o *cárdex* y se almacenan en la base de datos, la cual permitirá efectuar *mailings* y diferentes acciones de clientes, que dependerán de cada empresa (felicitaciones de aniversario, Navidad, etcétera). Algunas aplicaciones para computadoras utilizan los datos introducidos en el *cárdex* para la posterior cumplimentación de la ficha de policía.
• Tarjeta magnética de la habitación. Muchos hoteles disponen de tarjetas magnéticas para acceder a la habitación en sustitución de las clásicas llaves con llavero. De esta forma, además de la comodidad de llevar la llave de la habitación igual que cualquier tarjeta de crédito, la seguridad es mucho mayor, ya que si se extravía, se le puede hacer al cliente una nueva tarjeta con un código diferente

para la cerradura, la cual habrá recibido de la computadora la pertinente orden para reconocer el nuevo código y desechar el anterior.
• *Check-out.* Al finalizar la estancia en el hotel del cliente y, por tanto, a su salida, la computadora expenderá la factura con el debido desglose de los cargos correspondientes a los servicios prestados. La forma de pago de la factura (tarjeta de crédito, efectivo, divisa, crédito...) queda registrada en la computadora para su oportuno control. Una vez efectuado el correspondiente abono de la factura por parte del cliente, y tras la salida de éste, la computadora marcará la habitación como libre hasta que el departamento de pisos indique que está de nuevo a punto para su ocupación.

Departamento de pisos

El departamento de pisos o departamento de habitaciones se encarga de la puesta a punto de las habitaciones del hotel, y también del mantenimiento y la limpieza de las zonas nobles del establecimiento, en aquellos hoteles que no tienen contratada con otras empresas la realización de dichas tareas.

Para poder llevar a cabo su actividad, este departamento está conectado con el de recepción y con la unidad de lavandería para la organización y gestión de:

• Control de entradas y salidas de clientes. Con esta información, que habrá sido facilitada desde recepción, el departamento tiene un control absoluto

---

Una de las aportaciones de la computación consiste en la posibilidad por parte del hotel de llevar un control exacto de las entradas y salidas de los clientes, además de proporcionar información instantánea de detalles como las llamadas telefónicas efectuadas por éstos.

---

sobre el estado de cada habitación para proceder a su mantenimiento.
• Incidencias que puedan ocurrir en el conjunto del hotel y que requieran sus servicios.
• Circuito de lencería. El departamento solicitará el material de lencería (sábanas, mantas, toallas, etc.) necesario para llevar a buen fin su actividad.

Unidad de lencería-lavandería

Se encarga de proporcionar al resto del establecimiento la ropa necesaria para su funcionamiento. La gestión computerizada controla el *stock* del almacén, la intercomunicación con los departamentos de pisos, comedor y recepción y la asignación de los cargos a clientes por los servicios prestados (lavado, planchado, etc.) para su posterior facturación.

Departamento de comedor-restaurante y departamento de banquetes y convenciones

Aparte de lo expuesto en el apartado de restauración, que es totalmente aplicable al restaurante de un hotel, éste se halla conectado, además, a los

departamentos de recepción, lencería, y economato y bodega. Las funciones de la computación en este aspecto se resumen:

- Con recepción: número de comensales. Gracias a los datos introducidos cuando el cliente efectúa su reserva o cuando llega al hotel, el departamento de comedor conoce el número de clientes que disponen de un tipo u otro de pensión. De esta forma se optimizan en alto grado la organización y la gestión del restaurante.
- Facturación. Con la introducción en las respectivas TPV de los cargos correspondientes a cada cliente, dichos cargos se pueden incorporar a las facturas de cada habitación de forma automática, con lo que el margen de error disminuye considerablemente.
- Con economato y bodega. Tanto el departamento de comedor como el de bar-cafetería pasan sus pedidos de productos al de economato y bodega. Una vez introducidos en la computadora dichos pedidos, en el momento en que el departamento de economato y bodega entregue el material solicitado, éste será suprimido del *stock* de existencias.

Evidentemente, la computerización en la industria turística ha supuesto para las empresas privadas unas fuertes inversiones, aunque lo cierto es que se amortizan en breve plazo.

Tal vez, su falta de privatización explica el hecho de que las oficinas de turismo que dependen directamente de organismos públicos no hayan acusado de forma tan considerable el cambio, y de ahí que utilicen la computación sobre todo para tareas administrativas.

Aplicada al sector del turismo, la computación supone una importante reducción de los costes en gestión y administración y un aumento de la calidad de servicio al cliente y, por otra parte, permite que tareas monótonas e incómodas sean encargadas a las computadoras y que el personal se dedique más al trato con los clientes, lo cual redunda en un aumento del grado de satisfacción de los mismos.

Con todo, hay que tener muy presente que el mundo de la computación avanza a pasos agigantados, de modo que a buen seguro muy pronto se dispondrá de nuevas tecnologías que sorprenderán por lo inimaginables que puedan ser hoy.

Así, por ejemplo, la gran revolución de las comunicaciones, Internet, era impensable hace sólo unos años. Sin embargo, en un tiempo récord se ha convertido en un medio esencial para muchas empresas del sector turístico en lo que a marketing y comercialización se refiere.

LA IMPORTANCIA DEL CLIMA

¿Ha escuchado alguna vez *Abril en París*, una canción de agradable ritmo, que hace pensar en las flores y en el sol? En realidad, París durante este mes tiene una temperatura máxima de aproximadamente 15 °C y una temperatura mínima de 4 °C y llueve la mitad del mes. Los abrigos y los paraguas abundan. París en abril tiene una temperatura media diaria de 5 °C a 15 °C con alguna bajada ocasional a –1 °C. Llueve 14 días al mes.

¿Algarve en primavera? Tal vez. Aunque a veces el Algarve, incluso en el mes de mayo, es frío y lluvioso, la temperatura del mar es demasiado baja para poder bañarse y las piscinas climatizadas son únicamente para los osos blancos.

Cuando los primeros turistas de la Edad Moderna, los británicos acaudalados, hicieron el Grand Tour al continente, debieron vivir en varias ciudades europeas por períodos de hasta tres años. Tenían intención de permanecer allí mientras transcurrían las estaciones, tanto la fría y lluviosa como la soleada y calurosa. Actualmente, las personas que emprenden viajes de recreo esperan otras cosas. En general, desean que el tiempo sea suave y seco en todo momento (los esquiadores quieren que no se acabe la nieve). Con frecuencia, hay imperativos como el tiempo y el dinero que los limitan y hacen que los viajeros escojan un momento para viajar en que el clima en el lugar de destino sea al menos aceptable.

Hay muchos destinos que tienen las estaciones secas y las lluviosas claramente delimitadas. Durante la estación lluviosa este fenómeno puede ser continuo y abundante. ¿A quién le gusta viajar a zonas de Asia que tienen lluvias monzónicas, en épocas en que se abren los cielos y llueve un día tras otro? En un país pequeño como Costa Rica la estación lluviosa, desde aproximadamente el mes de junio hasta me-

diados del mes de septiembre, tiene unos grandes aguaceros que casi cada día empiezan sobre las tres de la tarde y duran hasta la noche. En la mayor parte de la meseta del centro de México el verano es la estación de las lluvias, que pueden inundar las carreteras y dejar incomunicados a los visitantes en sus habitaciones de hotel. Acapulco es cálido y lluvioso desde el mes de junio hasta septiembre. La estación de los huracanes no es el mejor momento para visitar el Caribe. El norte de España, hasta mediados de abril suele estar nevado y en general es frío.

Con mucha facilidad se forman ideas confusas sobre el tiempo. Según la literatura que existe sobre viajes, uno podría esperar que las costas del Mediterráneo durante el invierno sean secas y soleadas y haga calor suficiente como para disfrutar bañándose en el mar. Falso. Los viajeros no deben confiar en nadar en la Costa Azul francesa en enero o en aguas de la Costa del Sol en febrero (a menos que les guste bañarse en un agua que está a 10 °C). Las islas griegas son soleadas, pero durante el invierno el tiempo es crudo y frío. Aunque Bermudas se halla a la misma latitud que Carolina del Norte y se calienta por la corriente del Golfo, en enero no se puede hacer mucho más que tomar el sol. Los nadadores de California, durante el invierno, en que la temperatura del agua en el Pacífico es de 13 °C o inferior, buscan trajes de neopreno. En verano la temperatura del océano en el sur de California rara vez supera los 21 °C. En las Bahamas y en el sur de Florida la temperatura del agua durante el invierno a veces puede ser más que glacial, mientras que en verano muchos consideran que es demasiado caliente.

El clima viene determinado principalmente por algunas constantes naturales: las grandes corrientes

EL CLIMA EN ALGUNOS DE LOS LUGARES MÁS VISITADOS DEL MUNDO

Acapulco: Situada en el litoral pacífico, en el estado de Guerrero, esta ciudad que cuenta con una ancha y hermosa bahía, disfruta de un clima tropical más cálido en la ciudad y más suave en los alrededores a medida que el terreno se eleva. Las temperaturas oscilan entre 36 y 18 °C.

Amsterdam (Países Bajos): Abundantes lloviznas y neblinas pero sin llegar a producirse precipitaciones. Las temperaturas durante los meses de enero, febrero y marzo varían desde 1 a 8 °C. Las temperaturas entre junio y septiembre varían desde 13 a 21 °C.

Azores (Portugal): En verano es un lugar delicioso pero el clima no se puede comparar con el de Madeira o el de las islas Canarias, situadas más al sur. La temperatura del mar varía entre 16 y 22 °C. Hay más días nublados que claros debido a los vientos reinantes. Clima oceánico templado con tiempo frío y seco, los veranos moderadamente soleados y los inviernos grises y lluviosos. La temperatura media en el curso del año varía unos veinte grados entre el mes más caluroso y el mes más frío.

Baleares (España): Estas islas, las más occidentales del mar Mediterráneo tienen un clima que se caracteriza por un período seco en verano y un máximo pluviométrico en otoño y en menor medida en primavera. Las temperaturas medias alcanzan en el archipiélago un promedio anual de unos 17 °C, siendo el promedio de las máximas de 21 °C y de 12,5 °C el de las mínimas. Por otro lado, el régimen de lluvias viene definido por un máximo en septiembre y octubre y un mínimo en julio y agosto, siendo la media global de las precipitaciones de unos 550 milímetros anuales.

Bangkok (Tailandia): En los límites de la zona tórrida el clima de Tailandia ve suavizados los rigores de la temperatura por las brisas del mar y las abundantes lluvias de la estación cálida. En Bangkok las oscilaciones termométricas durante el día son de 27 a 30 °C. Los días más calurosos, la temperatura no excede de 36 °C pero, durante la estación seca se ha visto descender el termómetro hasta 14 °C. La media en diciembre es de 24 °C y en abril de 28 °C.

Berlín (Alemania): Los inviernos entre diciembre y febrero son suaves, húmedos y grises casi la mitad del tiempo y el clima es algo frío. Los meses que van desde mayo a septiembre en general son agradables y tienen bastante sol.

El Cairo (Egipto): Hace sol casi siempre y el clima es muy seco, registra menos de 38 milímetros de lluvia al año. Durante 135 días aproximadamente cuenta con temperaturas superiores a 32 °C. En verano no es raro que el termómetro marque temperaturas de 38 °C.

California: Ninguno de los estados de la Unión posee un clima más agradable que el de California. En él hay que distinguir dos estaciones, la seca y la lluviosa que dura desde noviembre hasta abril o mayo, pero la lluvia no es continua, recogiéndose anualmente por término medio unos 600 milímetros. La mejor zona del estado es la costera donde el calor del verano se amortigua a causa de los vientos del sudoeste que no cesan hasta septiembre.

Es muy importante al planear un viaje tener en cuenta el factor clima, ya que algunos lugares es mejor visitarlos en una época del año que en otra. En la página siguiente, inundaciones en una localidad india en pleno monzón de verano.

del océano, los vientos predominantes, las corrientes en chorro en lo alto del cielo y el ángulo que forma el sol frente a una localidad en particular en un momento determinado. También influye la altitud, a mayor altura, más frío (poca gente comprende que pueda nevar en el ecuador en alturas elevadas).

En lo que se refiere al clima en los diferentes lugares del mundo se está muy mal informado y, como sabe cualquiera que haya viajado con lluvia, no existe casi ningún sitio que sea agradable cuando está nublado, llueve o hace un frío cortante.

Las islas de los mares del sur suenan a paraíso pero pueden ser terriblemente cálidas y hasta sofocantes, mientras que Islandia y los países escandinavos pueden ser lugares muy agradables en pleno verano. Hay zonas de Italia que son demasiado calurosas para poder estar a gusto en verano, sin embargo en África, concretamente en Nairobi, que está cerca del ecuador, puede ser muy agradable. África occidental suele ser cálida y sofocante gran parte del año, mientras que algunas zonas de África del sur pueden ser templadas y secas. Indonesia y Singapur suelen ser cálidas y sofocantes durante todo el año y Hong Kong en verano puede ser muy desagradable y agobiante.

LA INFLUENCIA DE LAS CORRIENTES OCEÁNICAS

La latitud por sí sola no explica mucho sobre el clima. Sunny Naples está mucho más al norte del ecuador que Nueva York. Londres está a la misma latitud que Terranova y Escocia está tan al norte como Ketchikan, Alaska. Junto a los efectos de estar cerca o lejos del ecuador están los efectos que producen las corrientes del océano y la altitud como moderadores del clima.

Grandes masas de agua hacen que el clima sea más templado, disminuyendo el frío y el calor. La cuenca del Mediterráneo, aunque está más al norte que Jacksonville, al norte de Florida, tiene un clima parecido, como resultado de los efectos mitigadores que tiene el mar Mediterráneo.

La corriente del Japón se dirige hacia el este, hacia el Pacífico, y pasa a ser el impulso de la corriente de este océano. Al acercarse a Estados Unidos, una

parte se dirige al norte, moderando el clima de Alaska. En algunas zonas de Alaska la humedad, el calor y los largos días del verano contribuyen a que crezcan enormes coles y grandes fresas. Una parte de la corriente del Atlántico norte se dirige hacia el sur y a ello se debe el clima uniforme de California del sur. Así mismo, la corriente del Pacífico norte contribuye a que los habitantes de Washington, cuando están en las playas del sudoeste de Gran Bretaña e Irlanda, se sientan como en casa.

La corriente del Golfo que sale del Caribe produce un influjo cálido cuando se dirige hacia el norte. Cuando esta corriente se acerca a las Azores, a lo lejos, en el océano Atlántico, una parte se dirige hacia el sur y la otra pasa a ser la corriente del Atlántico norte, calentando Islandia, las islas Británicas y el norte de Europa. El efecto moderador de la corriente del Atlántico norte permite que crezcan palmeras a lo largo de las costas del sudoeste de Inglaterra e Irlanda así como más al norte, como en Escocia, por ejemplo. La zona sur de Portugal, debido al agua caliente, goza de un clima casi subtropical aunque esté situada tan al norte como Filadelfia. Las corrientes de agua caliente permiten que en las islas Canarias se disfrute de un clima similar al de San Diego, California.

La corriente de Humboldt afecta a la totalidad de las costas del oeste de América del Sur, refrescando Lima en Perú, y originando misteriosas nieblas en las áridas tierras de las costas de Chile.

La corriente de Benguela asciende por las costas del oeste de África pero no puede entrar mucho en tierra firme debido a los vientos reinantes y a las montañas.

EL CLIMA EN ALGUNOS DE LOS LUGARES MÁS VISITADOS DEL MUNDO

Canarias (España): En general, durante el verano suelen tener una temperatura de 20 °C y en invierno la máxima es de alrededor de los 26 °C y la mínima de 14 °C. Caen menos de 250 milímetros de lluvia al año y en verano llueve muy poco.
La media de horas de sol suele ser de seis (compárese con la media de ocho horas de Fénix, Arizona, y de siete horas en Miami y Los Ángeles).

Copenhague (Dinamarca): La «ciudad ideal para pasear». Mayo y junio son los meses en que hace mejor tiempo, hay pocas lluvias, es cuando hay mayor radiación solar y las temperaturas son frías pero agradables. En agosto llueve más y en otoño llueve poco, pero de forma continua. La temperatura en otoño suele situarse entre los 10 °C y los 16 °C. En octubre el promedio es de tres horas de sol diarias. Durante los meses de noviembre, diciembre y enero suele haber únicamente una hora de sol al día.

Costa Azul (Francia): Durante los meses de octubre, noviembre y diciembre puede haber lluvias considerables. En invierno los viajeros no deben pensar que al bañarse en el Mediterráneo encontrarán el agua templada o caliente. En el período entre enero y abril la temperatura media del agua en Niza no suele ser superior a los 14 °C.

Costa Rica: Al visitar este país hay que considerar las variaciones climáticas que presenta según la altitud de cada zona.
En las llanuras bajas, el clima es cálido con temperaturas que fluctúan al año de 25 a 35 °C y son muy húmedas, sobre todo en el litoral atlántico. En las tierras templadas que corresponden a las altiplanicies la temperatura oscila de 10 a 30 °C y puede decirse que disfrutan de una primavera continua. Es solamente en las tierras frías que comienzan a los 1 500 metros de altitud donde el aire es menos húmedo y constantemente fresco (entre 5 y 15 °C). Las lluvias, más abundantes en el litoral antillano, caen sobre las demás regiones de mayo a noviembre, excepto en el litoral pacífico donde llueve mucho de diciembre a marzo.

Dublín (Irlanda): El mejor momento para visitar la ciudad es entre abril y junio, que es la época en que hay más sol. Aunque sólo llueve unos 760 milímetros al año, volumen muy bajo para ser Irlanda, es frecuente que durante los días grises de invierno se produzcan pequeños chubascos. Los inviernos son sorprendentemente suaves, pero sólo cuentan con dos o tres horas de sol al día.

Edimburgo (Gran Bretaña): El mes más lluvioso del año es agosto. En esta ciudad se producen nieblas espesas aproximadamente unos 197 días al año. Las temperaturas en invierno varían entre –4,4 y 14,4 °C. Escocia, en general, no es muy cálida, la temperatura media en agosto suele variar entre 12 y 17 °C.

EL EFECTO DETERMINANTE DE LA ALTURA

En cualquier lugar donde haya montañas debe tomarse en consideración el enfriamiento adiabático (enfriamiento que se produce como consecuencia de la disminución de la densidad del aire que tiene lugar a grandes alturas). El gradiente adiabático normal es de –1 °C por cada cien metros, lo que significa que por cada cien metros por encima del nivel del mar la temperatura cae un grado centígrado. La altura también da lugar a un aire más seco, lo que tiene mucha importancia para el bienestar del viajero en los trópicos. En la India los británicos buscan el monte durante los cálidos veranos. Mientras que Delhi se abrasa en verano, Cachemira, al norte de la India, es comparativamente más fría.

Amplias zonas del este de África gozan de un clima delicioso gracias a su altitud. Un viajero que se encuentre en Kenia puede tener demasiado calor en Mombasa, en la costa, mientras que en las montañas necesitará ropa de abrigo.

Los dos factores que influyen sobre el clima de cualquier región tropical son los vientos reinantes y la altitud. Gran parte de América del Sur es montañosa y en las zonas más altas del ecuador hay nieve. En Ecuador, por ejemplo, el puerto pesquero de Guayaquil es muy caluroso y sofocante todo el año, mientras que en Quito, la capital, situada a 2 818 metros sobre el nivel del mar, nunca hace demasiado calor.

Hay muchas personas que presentan una gran dificultad para acostumbrarse a la altura. En determinadas ocasiones debe hospitalizarse a los viajeros que van a lugares como Quito por presentar el «mal de altura». Los síntomas del mal de altura incluyen indiferencia, adormecimiento o ansiedad. Muchos de los trenes que recorren los Andes llevan oxígeno para los pasajeros. Los viajeros se pueden marear al subir a La Paz, la capital de Bolivia, situada a 3 632 metros, sobre el nivel del mar, y volverse a marear cuando descienden. Incluso la ciudad de México, situada a 2 227 metros, puede causar problemas por la altura a algunos visitantes.

Bogotá, la capital de Colombia, y sus alrededores reflejan claramente el efecto que tiene la altura so-

El factor altura, que incide directamente en el clima, puede también causar trastornos a las personas no acostumbradas a los lugares muy elevados. En la página siguiente, vista de La Paz, capital de Bolivia, situada a gran altura.

La propaganda que realizan las oficinas de turismo y las mismas agencias de viajes dan una idea del lugar elegido para viajar, pero siempre es mejor informarse de aspectos tan importantes como el clima.
A la izquierda, cartel propagandístico de un área de vacaciones en North Queensland (Australia).

siparse. Cuando se enfría el valle, la brisa de la montaña se invierte, enviando vientos fríos, a veces fuertes, por toda la montaña hasta el valle. Como consecuencia de todos estos fenómenos, una habitación con vistas a la montaña puede ser más caliente durante el día que una con vistas al mar, pero sin duda será más fría y confortable durante la noche.

LAS CORRIENTES ATMOSFÉRICAS

En la atmósfera, en general entre 8 400 y 11 200 metros sobre el nivel del mar, la tremenda fuerza de las corrientes en chorro que se dirigen desde el oeste hacia el este recorren la mayor parte del globo. Las corrientes pueden producir un empuje tan fuerte sobre los aviones que se dirigen hacia el este a través de Estados Unidos que pueden acortar la duración de un vuelo transcontinental unas dos horas. Así mismo, los aviones que vuelan hacia el oeste pueden frenarse de forma apreciable.

Aunque parezca mentira, hasta casi el final de la Segunda Guerra Mundial poco se sabía sobre las corrientes. Fue cuando los B-29 volando a grandes alturas reducían su velocidad hasta 320 kilómetros por hora, y entonces los meteorólogos achacaron este fenómeno al paso de corrientes en chorro y descubrieron que estos vientos viajaban a una velocidad de 640 kilómetros por hora, más rápido en invierno y a una velocidad inferior en verano. Los pilotos pueden intentar encontrar estas corrientes y seguir su trayecto cuando se dirigen hacia el este. A veces hay mucho viento y no se puede evitar. En ocasiones estas corrientes que cruzan Estados Unidos se dirigen hacia el norte o hacia el sur dependiendo de las estaciones. Todavía no se conoce la magnitud de la influencia de las corrientes en chorro sobre las condiciones climáticas, sin embargo sus consecuencias son claras.

VALORAR EL CLIMA ANTES DE VIAJAR

Hay pocas personas que tengan oportunidad de conocer a fondo los climas del mundo. Al observar el mapa es fácil darse cuenta de que en Baja California y en la zona cercana a Guaymas, México, se puede nadar durante el invierno. El clima es tan

bre el clima. Quienes visitan Bogotá encuentran un clima otoñal persistente, pero al salir de la ciudad y dirigirse hacia la costa, notan al principio un clima primaveral y después, a pocos kilómetros de la ciudad, perciben el calor y un verano sofocante. Los habitantes de Bogotá pueden escoger el clima que más les guste a pocas horas de la ciudad.

También debe tomarse en consideración la relación que existe entre el sol, las montañas y los valles, sobre todo en los destinos de playa y los lagos con montañas al fondo. En las montañas, los valles se calientan con los primeros rayos de sol. El aire caliente sube por los pasos naturales originando nubes y en ocasiones fuertes vientos alrededor de las colinas. Conforme transcurre el día, los rayos de sol se extienden, los valles se enfrían y las nubes pueden di-

caluroso como para poder pescar. Sin embargo, la temperatura del agua y la del aire a partir de mediados de noviembre no es cálida ni mucho menos. El viajero, para estar seguro de poder gozar de un tiempo caluroso y de agua caliente, debe dirigirse hacia el sur hasta Mazatlán.

El verano parece ser la mejor época para visitar la Ciudad de México y la meseta central en la que está situada. Sin embargo, la estación de lluvias en los meses de junio y julio puede significar días de aguaceros ininterrumpidos y hasta carreteras inundadas.

Los pósters de viajes pueden crear la idea de que Queensland, en Australia, y la Gran Barrera de Arrecifes que corre paralela a su costa, en el invierno australiano tienen una pesca y unas condiciones para bañarse ideales. El tiempo es bastante caluroso pero muchas de las ciudades costeras tienen más de cinco mil milímetros de lluvia al año y no es infrecuente que llueva varias horas al día durante todo el año. Queensland se encuentra en la región de los trópicos. Si nos dirigimos hacia el sur, hacia Sydney y la costa más al sur de Australia, encontraremos un clima de invierno durante nuestros meses de verano, sin que haya nieve pero sí mucho frío. En la época que equivale a nuestros meses de verano no se puede pensar en bañarse en el mar.

El sueño de los mares del sur, pasar unos días maravillosos tumbado bajo las palmeras, puede ser engañoso. La mayor parte de las pequeñas islas, incluidas Samoa y Samoa Occidental, tienen más lluvias de las que querrían sus visitantes. Hay mucha humedad. Quedarse sentado en un hotel mientras fuera cae la lluvia con violencia puede resultar muy aburrido. En las islas de los mares del sur los restaurantes no tienen fama de ser muy buenos y las danzas de los nativos pierden su encanto después de algunas actuaciones. La lluvia y la humedad en la mayoría de las regiones tropicales son realmente molestas.

EL CLIMA DE TIPO MEDITERRÁNEO

Los diferentes climas del globo han sido clasificados de muy diversas maneras, pero la mayoría de los meteorólogos están de acuerdo en incluir el clima mediterráneo como uno de los más encantadores y atractivos para los visitantes. El clima mediterráneo lo presentan por supuesto las tierras que limitan todo el mar Mediterráneo, pero curiosamente es el mismo clima que existe en las costas de California, en el centro de Chile, en la punta de África del Sur y en la mayor parte del sur de Australia.

Este clima se caracteriza por ser caluroso y seco en verano y suave y algo húmedo en invierno.

EL CLIMA EN ALGUNOS DE LOS LUGARES MÁS VISITADOS DEL MUNDO

Estocolmo (Suecia): En pleno verano se registran temperaturas de 18 a 21 °C durante el día y alrededor de 10 °C durante la noche. En invierno la temperatura cae hasta −4 a −2 °C. El volumen total de lluvias al año alcanza 580 milímetros, lo que viene a ser más o menos la mitad de lo que se registra en Nueva York, y suelen ser más abundantes en julio, agosto y octubre. La ciudad de Estocolmo suele contar con 40 días despejados al año y con 180 días nublados. Las nevadas pueden comenzar hacia el mes de octubre y continuar hasta principios del mes de abril.

Grecia: Durante los meses de abril, mayo y junio hace mucho sol en cualquier lugar de Grecia y sólo se producen ligeros chubascos. Los meses de julio y agosto son muy secos, claros y soleados y apenas llueve. En el invierno se producen la mayor parte de las lluvias. Durante el verano las islas pueden ser muy calurosas, con temperaturas superiores a 38 °C y tienen mucho sol. La temperatura media en invierno en Atenas varía entre 7 y 15 °C.

Helsinki (Finlandia): Aunque parezca mentira, durante el verano, en los meses de junio, julio y agosto la media de horas de sol es mayor que en Londres. La temperatura del agua es baja, en junio varía entre 13 y 16 °C y en julio asciende a 16 o 18 °C. La media de horas de sol del mes de junio son 17. El invierno es largo y gris.

Lisboa (Portugal): Normalmente no tiene más de 70 días al año en que llueva una cantidad superior a 2,5 milímetros. Las temperaturas son uniformes, muy similares a las de San Diego, California. La media de las temperaturas máximas y de las mínimas es de 19 y 12 °C respectivamente mientras que las de San Diego son de 20 y 12 °C. Las dos ciudades tienen aproximadamente las mismas horas de sol al año.

Londres (Gran Bretaña): Cuenta con unos 600 milímetros de lluvia al año, menos que Montreal, Chicago, Boston o Nueva York. Aunque no sea muy lluviosa, Londres es húmeda ya que durante unos 70 días al año llueve alrededor de 2 milímetros y durante 164 días llueve. Cada invierno cae agua-nieve unas doce veces. Durante los meses de enero, febrero y marzo sólo hay unas dos horas de sol al día. Los meses de junio, julio y agosto tienen más de seis horas de sol al día.

Madeira (Portugal): La temperatura del agua de mar varía desde 15 °C en marzo a 21 °C en septiembre. Entre el verano y el invierno la diferencia de temperaturas no suele superar los 10 °C, la temperatura máxima tiene una media anual de 21 °C y la media de las mínimas es de 15 °C disminuyendo conforme se sube a las montañas, que tienen una altura de hasta 1 400 metros. Casi nunca llueve durante los meses de junio, julio y agosto. Cada año cuenta con aproximadamente 550 milímetros de lluvia.

EL CLIMA EN ALGUNOS DE LOS LUGARES MÁS VISITADOS DEL MUNDO

Madrid (España): La mejor época para visitar esta capital es primavera y otoño. Los inviernos pueden ser bastante fríos y durante los meses de enero, febrero y marzo la ciudad cuenta con menos de seis horas de sol al día. En el mes de diciembre sólo hay unas cuatro horas de sol diarias. Los veranos pueden ser calurosos, durante unos cuarenta o cincuenta días suelen tener temperaturas superiores a 32 °C. Los meses de noviembre y febrero resultan incómodos por la gran humedad que existe. Durante el invierno el termómetro baja hasta los 5 °C, alrededor de cuarenta o cincuenta días. En los calurosos meses de verano muchos habitantes de Madrid abandonan la ciudad.

Malta: Se encuentra aproximadamente a la misma latitud que Las Vegas y Norfolk, Virginia, y es un lugar soleado durante todo el año. El clima es subtropical, no nieva y no hiela. Durante aproximadamente 19 días al año las temperaturas son de 32 °C o superiores.

Las precipitaciones suman unos 500 milímetros. El período de mayo a octubre se considera la época para poder bañarse, ya que en invierno la temperatura del agua es de 15 a 17 °C.

Nueva York: El clima en esta gran ciudad es variable y en él influye la humedad del mar que aumenta los rigores del verano y de los días más fríos. La temperatura media anual es de unos 12 °C; la media del invierno de 1 °C y la del verano 24 °C. La precipitación anual oscila entre 900 y 1 050 milímetros.

Oslo (Noruega): En conjunto, las precipitaciones suman unos 680 milímetros y durante el verano se producen por término medio unas doce tormentas.

En los meses de mayo, junio, julio y agosto la media de horas de sol al día es de siete. Hacia el 21 de junio hay unas 19 horas de luz solar. En invierno las temperaturas varían desde –6 a 0 °C. En julio es cuando las temperaturas son más altas, 22 °C y algunos días la temperatura sube por encima de los 27 °C.

A pesar de sus nieblas bajas, la ciudad de El Cabo, en Sudáfrica, es una de las que cuentan con mayor número de horas de sol al año, algo muy importante para la mayoría de personas cuando deciden un destino para viajar. A la derecha, aspecto de la plaza del ayuntamiento de la ciudad sudafricana.

da. En la gran isla de Hawai, la lluvia en el lado de sotavento (oeste) es muy escasa, sin embargo Hilo, en el lado de barlovento (este), cuenta con más de 2 500 milímetros de lluvia, lo que resulta ideal para las orquídeas pero no tanto para los visitantes. La zona de la costa de Kohala, en el lado seco, cuenta en general con menos de 250 milímetros de lluvia al año.

La mayoría de las islas tienen menos lluvia en el lado de sotavento, lejos de los vientos que se aproximan. Los vientos soplan sobre la isla, ascienden por las montañas y descargan la lluvia en el lado de barlovento, dejando el lado de sotavento relativamente seco. El tamaño de la isla también tiene alguna influencia sobre la cantidad de lluvias. Las islas pequeñas tienen menos lluvias que las grandes. Por ejemplo, las pequeñas islas de Bonaire y Aruba en el Caribe casi no tienen lluvias. Curaçao, un poco más grande, tiene tan pocas lluvias que para cubrir sus necesidades de agua dulce se debe destilar el agua de mar.

LA LUZ DEL DÍA Y EL SOL DE MEDIANOCHE

El viajero debe tener en cuenta la duración de la luz del día. En el hemisferio Norte y en el mes de junio hay más horas de luz; por debajo del ecuador ocurre lo contrario. Una persona que visite Islandia, Alaska o el norte de Noruega hacia el 21 de junio, puede esperar ver luz hacia la medianoche, «el sol de medianoche». Durante diciembre y enero, por el contrario, el sol sólo brilla unas pocas horas al día. En el ecuador el número de horas con luz del día varía muy poco de estación en estación. Las estaciones también se invierten en el ecuador, las personas que visitan Australia disfrutan del verano en diciembre y del invierno en junio. En el momento de los equinoccios, sobre el 21 de marzo y el 21 de septiembre, la duración de la luz del día es de doce horas en cualquier lugar de la Tierra. En el ecuador dura siempre doce horas, pero conforme se va acercando el verano, el número de horas con luz solar aumenta al dirigirse a cada polo, llegando a un máximo en el momento de los solsticios, sobre el 21 de junio en el

También hay épocas de niebla, puesto que estas tierras están bordeando el agua. En California es en primavera cuando hay más niebla y la lluvia es más frecuente en invierno.

CONSECUENCIAS DE LA INSULARIDAD

La lluvia que mata el espíritu turístico acosa los trópicos. La cantidad de lluvias que se producen en una región viene determinada en gran parte por la topografía y por los vientos imperantes. La mayoría de las islas montañosas tienen un lado seco y otro húmedo. En la isla de Oahu, en Hawai, Waikiki es seca y el otro lado de la isla es húme-

hemisferio Norte y alrededor del 21 de diciembre en el hemisferio Sur.

El promedio de horas en que brilla el sol varía mucho de un lugar a otro. Londres cuenta con aproximadamente 1 480 horas de sol al año, París con 1 740 y Washington D.C. con 2 200. El sur de California y Florida Keys tienen ambos unas 2 700 horas, y Madrid cuenta con unas 2 910 horas, mientras que Ciudad de El Cabo, en Sudáfrica, es la que cuenta con más horas de sol, ya que tiene aproximadamente 3 096 horas.

Una cosa es la luz solar y otra la temperatura. La Costa Azul cuenta con unas 2 700 horas de sol al año; sin embargo, la temperatura en invierno cae hasta

aproximadamente unos 8 °C. Honolulú cuenta con muchas lluvias, por lo que tiene menos horas de sol que la Costa Azul, unas 2 450, sin embargo la temperatura sólo desciende hasta unos 22 °C en invierno.

ELEGIR EL MOMENTO ADECUADO PARA VIAJAR A CADA LUGAR

En Egipto, sobre todo a lo largo del mar Rojo, hace un calor insoportable durante el verano. En Assuán y Luxor la temperatura a la sombra suele oscilar entre 40 °C y 43 °C. El mejor tiempo para visitar Egipto es entre octubre y mayo, cuando el tiempo es asombrosamente frío.

La importancia del clima

Las personas a las que no les gusta el calor ni los climas sofocantes deben evitar visitar regiones situadas al nivel del mar en los trópicos, en particular aquellas rodeadas por agua. Por ejemplo, en Bangkok y Thailandia casi siempre hace un calor sofocante con temperaturas medias de 27°C. Las zonas de las islas tropicales que están situadas en el lado de barlovento de las montañas suelen ser muy calurosas. Nandi, en la isla principal de Fiji, es comparativamente más seca que la capital, Suva, situada en el lado de barlovento de la isla.

Los meses de calor y lluvias de la India (la época del monzón) son junio, julio y agosto. En Nueva Delhi, desde mediados de abril hasta julio la temperatura sube a menudo por encima de 38 °C.

Evite visitar Taiwan durante la estación de los tifones, desde agosto hasta la mitad de octubre, o Japón en la estación de los tifones, que es entre junio y septiembre. En algunas zonas del Caribe en los meses de agosto y septiembre es probable que haya huracanes.

Para visitar el sur de Corea la primavera y el inicio del otoño son las estaciones ideales. Este lugar en pleno verano es demasiado caluroso y en invierno bastante frío.

La mejor época para visitar México y la mayor parte de América Central es entre noviembre y abril, evitando la estación de las lluvias.

Argentina debe visitarse durante su estación de verano, entre octubre y diciembre. En junio, julio y agosto (su invierno) la temperatura suele ser de alrededor de 10 °C. Uruguay es agradable durante la mayor parte del año, pero quizás algo frío durante su estación de invierno (de junio a agosto). Río de Janeiro, por su parte, goza de buen clima durante nuestro verano, pero resulta caluroso y sofocante en los meses de nuestro invierno. El mejor tiempo para visitar los centros de esquí de Chile es de junio a agosto.

En las latitudes tropicales del mundo el clima viene determinado en gran parte por la altitud. Nairobi, en Kenia, es agradable. Caracas, en Venezuela, gracias a la altitud en que se encuentra, goza de un clima primaveral casi todo el año.

En América del Sur, la costa del Caribe, en las zonas donde no soplan los vientos alisios, es muy calurosa.

EL CLIMA EN ALGUNOS DE LOS LUGARES MÁS VISITADOS DEL MUNDO

París (Francia): El otoño es corto y llueve con mucha frecuencia, aunque en los meses de septiembre y octubre se puede gozar de buen tiempo.

Reykjavik (Islandia): La capital de Islandia tiene un clima sorprendentemente suave como consecuencia de las corrientes del Atlántico norte que se dirigen hacia el este alrededor de Islandia. El termómetro rara vez marca una temperatura por debajo de los –17 °C, y tampoco asciende por encima de los 21 °C. En Reykjavik el invierno es oscuro y triste. En el período que va de octubre a marzo no hay más de tres horas de sol al día y desde noviembre hasta enero sólo una hora de sol diaria.

Roma (Italia): En ocasiones el verano puede ser muy caluroso. La temperatura en invierno suele variar entre 17 y 10 °C, en verano oscila entre 12 y 32 °C. Entre los meses de noviembre a febrero no se puede aplicar el calificativo de «Italia soleada».

Tel Aviv (Israel): Rara vez se registran temperaturas superiores a 32 °C, mientras que la temperatura más baja registrada es de 1 °C. El tiempo suele ser caluroso y seco y aproximadamente caen 760 milímetros de lluvia al año.

Viena (Austria): Cuenta únicamente con 660 milímetros de lluvia que se distribuyen uniformemente durante el año (compárese con Nueva York, con 1 100 mm, Chicago, con 810 mm y Washington D.C., con 1 040mm). Las temperaturas durante el invierno son crudas y varían entre –3 y 10 °C. Durante el mes de octubre hace bastante frío y se registran temperaturas que varían entre 10 y 24 °C.

Zurich (Suiza): Las temperaturas rara vez alcanzan los 32 °C, pero durante unas cien noches al año bajan hasta casi –17°C. El volumen de lluvias varía entre 990 y 1 170 milímetros y desde mayo a octubre son el doble de abundantes que durante el resto del año. Zurich sólo tiene unas 1 700 horas de sol al año, centradas sobre todo en el verano.

SALUD
Y VIAJES

Algunos estudios realizados sobre viajeros han demostrado que, encabezando la lista de factores a tomar en consideración al viajar a un destino determinado, está la garantía de encontrar agua potable y servicios sanitarios. La salud y la higiene preocupan más al viajero que la seguridad, la belleza de los paisajes o incluso que el precio del viaje.

La medicina de los viajes es una nueva especialidad que está ganando mucha importancia al aumentar el número de personas que viajan al extranjero. Por ejemplo, la diarrea común del turista afecta anualmente a una tercera parte de las personas que viajan a países menos desarrollados, a más de un millón de estadounidenses y a cuatro millones de personas en todo el mundo.

Estar enfermo no resulta divertido en ninguna parte, pero estar enfermo en un país extranjero puede ser desastroso, tanto psicológica como físicamente. Los inconvenientes con el idioma, las comidas extrañas y la dificultad en conseguir un médico hacen que los viajeros se sientan preocupados y hasta desamparados. El viajero, al encontrarse solo y enfermo en un país extranjero, aunque se aloje en un hotel de primera clase y cuente con las mejores atenciones de los empleados del hotel, puede desear no haber salido nunca de su casa.

ENFERMEDADES INTESTINALES

Las enfermedades que afectan con mayor frecuencia a los viajeros en países donde la sanidad está a un nivel inferior al normal, son aquellas que se transmiten por los alimentos o por el agua. De éstas, las más extendidas son las intoxicaciones alimentarias originadas por algunas bacterias o por las amebas. Entre los agentes causales más frecuentes de into-

xicación alimentaria están las bacterias *Shigella, Salmonella, Staphylococcus* y algunas cepas de la bacteria *Escherichia coli,* comúnmente denominada *E. coli.* En un estudio realizado se encontró que la *E. coli* era responsable del setenta por ciento de las enfermedades estudiadas. La diarrea del viajero, conocida como «turista» en las regiones castellano parlantes, no es nada agradable y probablemente es la responsable de que centenares de miles de estadounidenses no viajen a América del Sur.

En general, los síntomas de la intoxicación alimentaria comienzan de forma brusca, con vómitos a veces sanguinolentos, mucosidad y diarrea, y persisten entre un día y una semana. La sintomatología también puede incluir fiebre, calambres abdominales y deshidratación en caso de ser grave. La disentería amebiana no es una diarrea autolimitada y puede persistir durante bastante tiempo, inclusive meses, mucho después de que el viajero haya regresado a su domicilio.

El estafilo

Una etiología frecuente de las enfermedades por transmisión alimentaria es una bacteria, el *Staphylococcus,* conocida popularmente como estafilo. Esta bacteria habitualmente se halla en las manos y en la piel y se transmite a los alimentos a partir de cortes infectados, abrasiones, quemaduras, comezones y granos. Los estafilos se multiplican en casi todos los alimentos que no se encuentran en medio ácido, que están humedecidos y que no se mantienen a temperatura inferior a 4 °C o a temperatura superior a 60 °C. Cualquier persona que se encuentre en la cocina puede contaminar la comida con estas bacterias.

La salmonelosis

Otro tipo de intoxicación alimentaria es la salmonelosis, producida por la bacteria *Salmonella*. Esta bacteria crece con facilidad en alimentos como la carne, las aves, los productos elaborados con huevos, los pudings, los crustáceos, las sopas, las salsas y las cremas que no hayan sido conservadas correctamente en el frigorífico o no se hayan calentado hasta una temperatura lo suficientemente alta como para destruir los gérmenes.

La disentería

La disentería bacilar *(Shigella)* puede tener un período de incubación de aproximadamente dos días y produce una diarrea autolimitada que persiste unos seis días aproximadamente. Es una enfermedad muy contagiosa, sólo diez bacterias *Shigella* son suficientes

La higiene en la manipulación de los alimentos es una cuestión básica que todo restaurante ha de cuidar con especial atención, en aras de la reputación del local y de la salud de los clientes.

para producir la enfermedad. Está muy extendida en los trópicos y se contagia por contacto directo o por consumo de comida, leche o agua contaminadas, por personas, moscas o insectos.

El peligro del cólera

El cólera se difunde por la ingestión de comida y líquidos contaminados por aguas de riego que contengan el vibrio en forma de coma. Se han declarado casos de cólera en África, en Asia y en Oriente Medio. Aunque se supone que los países que presentan casos de cólera los declaran inmediatamente a la Organización Mundial de la Salud, muchos no lo hacen debido a la influencia que puede tener sobre las posibles pérdidas económicas, derivadas por el descenso del turismo. Muchas naciones citan oficialmente el término «enfermedad diarreica» al hablar del cólera para evitar que se identifique esta enfermedad. Las personas procedentes de regiones que presentan casos de cólera que se dirigen a Estados Unidos no necesitan vacunarse contra el cólera. Otros muchos países requieren una prueba de inmunización que sólo es parcialmente eficaz y puede dar lugar a un falso sentimiento de seguridad. La sintomatología del cólera es similar a la que se produce en otras intoxicaciones alimentarias, pero es mucho más grave. Son signos de sospecha la presencia de sangre y moco en las heces. Los vómitos y la diarrea pueden dar lugar a la deshidratación, cuyas consecuencias pueden ser muy graves.

La bacteria causante del cólera se logra destruir al hervir los alimentos, aunque puede ser que la contaminación tenga lugar después de haberlos hervido. En las zonas que presentan casos de cólera, los viajeros deben beber únicamente aguas carbónicas embotelladas o bebidas dulces carbónicas, agua hervida o bien que haya sido sometida a un tratamiento. Debe evitarse la ingestión de helados, ya que pueden estar elaborados con agua contaminada.

PRECAUCIONES

Los viajeros que se dirigen a lugares donde la comida y la bebida pueden estar contaminadas deben tomar una serie de precauciones:

• Comer sólo alimentos que hayan sido cocinados correctamente. Evitar cualquier alimento crudo, como el cerdo, que puede albergar el gusano de la triquinosis, el cual pasa a la sangre y se fija en el tejido muscular. El cerdo que se ha cocinado sólo parcialmente también puede albergar una tenia cuyas larvas pueden migrar a través de la sangre y alojarse

en el cerebro. Cuando esto sucede no se conoce ningún tratamiento que sea útil.

• Beber sólo leche pasteurizada y/o botellas de bebidas muy reconocidas. Beber vino o cerveza, que son bebidas que se depuran por sí solas debido a la acidez o al alcohol que contienen.

• Si el suministro de agua es peligroso, también lo serán los cubitos de hielo que se elaboren con esa agua.

• No debe olvidarse que el agua que se condensa en el exterior de las latas o botellas puede estar contaminada por el hielo en el cual se han introducido. Deben secarse los envases antes de abrirlos y vaciarlos.

Quienes, a pesar del peligro que entraña viajar a ciertos lugares donde los alimentos puedan ser sospechosos de algún tipo de contaminación, decidan hacerlo, deberán tener en cuenta algunos consejos, tales como evitar ingerir cualquier alimento crudo. Sobre estas líneas, mercado en Gujarat (India).

• Para depurar agua sospechosa utilice diez gotas de lejía al uno por ciento por cada cuarto de litro de agua en caso de que el aspecto del agua sea claro y veinte gotas si es turbia. Déjela actuar al menos durante treinta minutos. Si no aprecia un ligero olor a cloro, repita este proceso. También puede utilizarse yodo para la depuración del agua: cinco gotas de yodo o yodo al dos por ciento por cada cuarto de litro de agua clara y diez gotas si está turbia. También es útil hervir el agua durante quince minutos como mínimo.

• No ingiera frutas o verduras en las que su superficie haya podido contaminarse en el curso de su maduración o bien que puedan haberse contaminado por el agua que se ha utilizado al lavarlas. Para estar seguro, coma únicamente frutas que puedan pelarse. Evite las ensaladas.

• Evite aquellos alimentos en los que las bacterias puedan crecer fácilmente, tales como productos lácteos, huevos o cualquier alimento proteico que no esté en medio ácido.

• Lávese las manos con frecuencia y a conciencia. Un estudio realizado en México reveló que el quince por ciento de las monedas y de los billetes contenían microorganismos productores de diarrea. No tiene ningún sentido el insistir en que se pele la naranja si sus manos están contaminadas. Las manos que usted estrecha al saludar pueden ser vehículo de gérmenes productores de diarrea. Las manos que le infectan pueden ser las suyas propias.

Los que practican el camping pueden creer que la nieve fundida y el hielo son siempre puros. No son mejores ni peores que la pureza del agua de la que se han formado. El proceso de congelación sólo mantiene los gérmenes latentes, no los destruye.

• El agua que gorjea directamente al exterior, al suelo o que discurre entre rocas, no es agua potable. El agua contaminada puede haber filtrado el suelo en lo alto de la montaña o al otro lado de una colina. No es más segura el agua que discurre rápidamente que el agua estancada. Puede producirse diarrea por agua que esté contaminada por el *Campylobacter*. Ambos gérmenes los pueden albergar los animales tanto grandes como pequeños, como los caballos, los castores y las ratas. Un problema que existe con estos gérmenes es que el cloro o el yodo no los destruyen.

• Siga el lema del Cuerpo de la Paz: «Si no puede pelarlo, cocerlo o hervirlo, olvídelo».

¿CÓMO EVITAR EL DESARROLLO DE LA ENFERMEDAD?

En el caso de que aparezcan síntomas tales como vómitos o diarrea, los viajeros deberán ingerir sólo alimentos suaves como arroz hervido, tostadas o té. En Turquía, en estas ocasiones, los médicos sugieren tomar jugo de melocotón. Algunas infusiones de hierbas parecen normalizar el estómago. Un remedio utilizado ampliamente en Europa es el aperitivo Fernet Branca. Otras bebidas recomendadas son zarzamora, bitter en agua de soda y cerveza de jengibre. Nunca se ha comprobado mediante un estudio científico si estos remedios son útiles o no.

El Centro Federal para el Control de las Enfermedades propone lo siguiente para la diarrea: llenar un vaso de doscientos gramos con zumo de naranja, media cucharada de té llena de miel, jarabe de cereales o azúcar de mesa, una pizca de sal de mesa. En otro vaso mezclar doscientos gramos de agua hervida o carbónica con una cuarta parte de una cucharada de té con agua de sifón. Beba alternativamente de los dos vasos. Así mismo, beba tanto como desee bebidas carbónicas o agua y té hecho con agua hervida o carbónica. Evite ingerir alimentos sólidos y leche hasta haberse restablecido.

Determinados fármacos parecen ser eficaces frente a la intoxicación alimentaria, entre ellos el mexaformo o el enteroviorformo. El Servicio de Salud Pública de Estados Unidos recomienda evitar estos fármacos porque se sospecha que producen lesión al sistema nervioso central. En cualquier caso, muchos médicos dicen que la diarrea es una forma natural que dispone el cuerpo para eliminar tóxicos peligrosos y por lo tanto no está indicado ningún fármaco que reduzca el tiempo de su proceso.

Una forma rápida de frenar una diarrea grave es tomar opio en forma de Lomotil o Paregoric, fármacos que se pueden obtener sin receta en muchos países, pero que tienen un potencial adictivo muy alto. Sus efectos se producen por un reducción drástica de la acción del intestino grueso. Ningún niño de edad inferior a cinco años debe tomar este tipo de fármacos, ya que el estasis intestinal puede dar lugar a una deshidratación grave. También es útil el Imodium, fármaco que puede obtenerse con receta médica.

La disentería, aunque rara vez resulta fatal, puede producir la muerte a los jóvenes, a los ancianos y a los sujetos debilitados, como consecuencia de la deshidratación que produce.

EL RIESGO DE CONTRAER HEPATITIS

Vuelven más estadounidenses procedentes del extranjero afectados de una hepatitis infecciosa que de cualquier otra enfermedad seria. A diferencia de la intoxicación alimentaria, que en general evoluciona en pocos días, la hepatitis infecciosa tiene un largo período de incubación, entre diez y cincuenta días, antes de que aparezcan los síntomas de coloración amarillenta, pérdida importante del apetito, pérdida de peso, fiebre y cansancio.

Vacunarse (fotografía a la derecha) antes de viajar a ciertos lugares es una precaución que debe tomarse pero que no garantiza la total inmunidad ante ciertas enfermedades. El viajero deberá, a pesar de la vacuna, tener en cuenta una serie de medidas restrictivas en torno a su alimentación.

El riesgo varía según la región del mundo que se visite. En el sur de Europa es diez veces mayor que en América del Norte y que en el norte o el centro de Europa. El mayor riesgo se da en África, seguido de América Central y América del Sur, donde la posibilidad de adquirir el virus causal es cien veces mayor que al viajar por Estados Unidos. En determinadas áreas de México y en países ribereños del contaminado Mediterráneo, como son España, Francia, Italia y Grecia, deben tomarse una serie de precauciones.

VACUNARSE ANTES DE VIAJAR

Los viajeros internacionales que van a muchos países deben ser vacunados contra la fiebre tifoidea, la fiebre paratifoidea y el tétanos. Muchas de estas vacunas no producen una protección completa. Por ejemplo, la vacuna para la fiebre tifoidea inmuniza cuando se utiliza una dosis baja de inoculación de la enfermedad activa (una dosis alta daría lugar al brote de la enfermedad). Vacunarse puede ser útil, pero así y todo el viajero debe tomar una serie de precauciones, como evitar ingerir agua y alimentos contaminados.

Con frecuencia, los médicos sugieren a las personas que planifican un viaje que sigan una serie de recomendaciones para evitar la fiebre tifoidea y otras enfermedades, consiguiendo que muchos de ellos, convencidos de que sólo con seguir estas advertencias evitarán adquirir enfermedades, se vuelvan descuidados. Muchas de estas advertencias sirven únicamente para atenuar las enfermedades si es que éstas se producen, pero no las previenen del todo. Entonces, estas personas se encuentran en una situación mucho más peligrosa que si no hubieran seguido las advertencias.

Los centros para el control de las enfermedades actualizan con frecuencia la información sobre las áreas endémicas de determinadas enfermedades de todo el mundo. Estos centros sugieren que los individuos se vacunen con la suficiente antelación antes de viajar a un área peligrosa para tener en cuen-

ta el período de incubación de las enfermedades con cuarentena. Por ejemplo, se considera eficaz vacunarse del cólera cinco días antes de partir, o seis días antes en el caso de la fiebre amarilla.

Para hacerse una idea del tipo de riesgos que supone viajar al Zaire puede observarse la serie de precauciones que se recomiendan al viajar a este país. El botiquín de medicinas debe incluir algún medicamento para la malaria, los trastornos intestinales, la migraña, las afecciones cutáneas, la neuralgia y pomadas que pueden aliviar las picaduras de los insectos. También debe incluir productos tales como mercurocromo y polvos antisépticos. La batería de inyecciones que debe ponerse el viajero prudente es muy amplia, e incluye vacunación contra la fiebre amarilla, la poliomielitis, el cólera, el tétanos, la fiebre tifoidea, el tifus, la viruela y una gammaglobulina contra la hepatitis. Para combatir la malaria lo prudente es iniciar una pauta de ingerir pastillas dos semanas antes de iniciar el viaje y continuar su ingestión hasta seis semanas después de volver del viaje. Los fármacos necesarios para el viaje deben ser prescritos y dosificados por un médico.

Senegal, en comparación con Zaire, es un país más modernizado pero a pesar de todo el Servicio de Salud Pública de Estados Unidos recomienda una serie de vacunaciones al viajar a este país: vacunas contra la fiebre amarilla, la fiebre tifoidea, el cólera y también una gammaglobulina para prevenir la hepatitis. El Club Méditerranée tiene un pueblo en las afueras de Dakar, la capital, en el que se puede encontrar en las mesas, junto a la sal y la pimienta, las pastillas para evitar la malaria.

LOS MOSQUITOS *ANOPHELES*

La Asociación Internacional para la Asistencia Médica a los Viajeros (IAMAT) manifiesta que la incidencia de la malaria está en aumento. En el año 1980, en el África tropical (al sur del Sahara pero sin incluir a África del Sur) se registraron 150 millones de casos de malaria. Una explicación importante a la causa de que se produjese tal brote es la aparición de resistencias frente a los insecticidas tradicionales por parte de cuarenta y cinco de las sesenta especies de mosquitos *Anopheles* que transmiten la enfermedad.

En determinadas zonas de África la malaria es endémica. Casi todos los individuos la padecen o la van a padecer. El riesgo de que se produzca la forma muy grave es variable. En Turquía, por ejemplo, el riesgo de que una malaria contraída resulte fatal es del uno por ciento. En Haití, si se contrae la malaria, existe un riesgo del cien por ciento de que los resultados sean muy graves o incluso lleven a la muerte

Puesto que el mosquito suele atacar durante la noche, en las áreas de riesgo debe utilizarse una red sobre la cama. Se debe evitar el uso de perfumes, colonias y lociones para después del afeitado. Los perfumes y las ropas oscuras atraen al mosquito. Puede ser útil un repelente de mosquitos. Antes del viaje se debe obtener del médico la medicación para la malaria apropiada para la región de destino. Esta medicación debe tomarse durante todo el viaje y hasta de cuatro a seis semanas después de volver, ya que el parásito puede persistir durante todo este tiempo.

Las aguas contaminadas (a la derecha) son una de las vías más frecuentes de contagio de varias enfermedades, factor importante a recordar por el viajero que se desplaza a lugares en los que dominan las altas temperaturas que pueden impulsarle a tomar un baño.

Como en muchos países el control sobre la venta de fármacos es cada vez más estricto, es conveniente que quien viaja lleve consigo una provisión de medicamentos que puedan solucionarle en un momento dado, su problema sin necesidad de acudir a una farmacia (en la página siguiente).

LA ESQUISTOSOMIASIS

La enfermedad más extendida del mundo después de la malaria es la esquistosomiasis, también llamada fiebre del caracol o *Bilharzia*. Una parte del ciclo vital del gusano tiene lugar en el interior de un caracol que vive en el agua. La larva móvil puede penetrar a través de la piel de una persona que esté dentro del agua y desarrollarse en el interior de los vasos sanguíneos del huésped hasta llegar a ser un gusano de tamaño superior a una pulgada. Los huevos del gusano se alojan en varios tejidos. Si esta afección no se trata antes de llegar a un estado avanzado, puede producir la muerte causando una hemorragia interna. Solamente un fármaco, el Proziquental, resulta ser eficaz frente a esta enfermedad.

Este gusano está muy extendido y afecta aproximadamente a doscientos millones de personas de

unos setenta países de Asia, África, América del Sur y el Caribe. En Egipto se cree que el 85 por ciento de la población rural está infectada.

El mejor consejo que se puede dar para evitar esta enfermedad es el de no introducirse en aguas de lagos, charcas o ríos que puedan albergar a los caracoles y a sus parásitos los gusanos. Tome todo tipo de precauciones, ya que las larvas del gusano son tan pequeñas que casi son invisibles.

EL PELIGRO DE NADAR EN AGUAS CONTAMINADAS

Otro riesgo que con frecuencia se pasa por alto es el de nadar o bañarse en aguas contaminadas. En una zona de la bahía en la que se encuentra Puerto Vallarta los nadadores advirtieron lo turbia que estaba el agua en comparación con otras zonas cerca-

nas. Tras una amplia investigación se puso de manifiesto que varios hoteles vertían directamente sus aguas residuales a la bahía.

Hace un tiempo la panorámica de la bahía de Acapulco ofrecía la visión de un cúmulo de basuras flotando en el agua. Lo mismo se ve en el agua próxima a los hoteles de la isla de Madeira. Gran parte del Mediterráneo está así mismo contaminada. Sin duda, al nadar en estas aguas el bañista se expone a una variedad de bacterias patógenas.

TURISMO SEXUAL Y SIDA

El tipo de relaciones que se establecen de forma esporádica durante los viajes de placer que se realizan a ciertos países considerados «paraísos del sexo» han contribuido a que se haya producido un rebrote de ciertas enfermedades venéreas que se creía

El control sanitario y la administración de antibióticos ha tenido efectos positivos en la reducción de las enfermedades venéreas, pero es muy importante al viajar recordar el peligro del SIDA muy extendido en algunos países y cuyo contagio puede llevar a la muerte. Junto a estas líneas, aspecto del ambiente de una zona de locales nocturnos

erradicadas en países desarrollados y a la eclosión de una nueva enfermedad, el SIDA (Síndrome de Inmunodeficiencia Adquirida).

La infección causada por el VIH (Virus de Inmunodeficiencia Humana) es la última enfermedad de transmisión sexual descubierta, ya que ésta es su vía natural de contagio que puede darse tanto en las relaciones homosexuales como en las heterosexuales, y en estas últimas tanto de hombre a mujer como de mujer a hombre.

En el sur y el sudeste de Asia, el virus del SIDA (descrito por primera vez en 1981 en Estados Unidos) se está extendiendo con gran rapidez a través del contagio por drogas intravenosas y por relaciones homo y heterosexuales.

El uso del preservativo no es el único medio para evitar el contagio del SIDA, aunque sí el más eficaz, ya que no existe todavía un tratamiento médico específico para la enfermedad y la infección por VIH, aún cuando la Zidovudina (AZIdotimidina, AZT) se ha demostrado eficaz de la replicación del virus, produciendo una mejoría inmunológica, aunque transitoria, en relación al estadio de la infección.

LA ASISTENCIA MÉDICA A DESPLAZADOS

Los médicos están en contra de la automedicación, mediante la adquisición de fármacos desconocidos en una farmacia. La normativa farmacológica en los países subdesarrollados puede ser muy flexible. Muchos medicamentos prohibidos por la Administración de Medicamentos Federal en Estados Unidos se venden en las farmacias de otros países. Varios de estos fármacos pueden producir efectos secundarios graves.

Las personas que padecen problemas crónicos de salud, cuando viajan al extranjero deben llevarse consigo una provisión de medicamentos. También pueden adquirir una póliza que cubra el seguro de enfermedad si su póliza de seguros habitual no cubre

los viajes fuera de su lugar de residencia. Las tarifas de los hospitales de Estados Unidos son muy altas, sin embargo existen otros países en los que todavía lo son más.

En el caso de que se produzca algún problema de salud, por lo general los hoteles de primera categoría pueden conseguir de forma rápida un médico de confianza. Los cónsules de los distintos países en el extranjero están preparados para estos casos y disponen de información adecuada. Si se requiere un transporte urgente para trasladar a la persona enferma, el cónsul puede solucionarlo consiguiendo un pasaje en una línea comercial o cualquier otra.

En el caso de que se presente alguna enfermedad grave, lo mejor que se puede hacer, según los expertos, es ir al servicio de urgencias del hospital o la clínica más cercana. Si se puede caminar, resulta más rápido y más económico coger un taxi que llamar a una ambulancia.

LOS CAMBIOS HORARIOS

Puesto que los viajeros cambian rápidamente desde el horario de una región al de otra región diferente, se altera el reloj corporal normal, su ritmo circadiano. Además de ajustarse al cambio de horario, el cuerpo debe hacer frente al estrés que sobreviene por el hecho de viajar. A los husos horarios se añaden el partir con anticipación, dirigirse hacia o desde los aeropuertos pudiéndose encontrar con caravanas de tráfico, problemas de aparcamiento y otra docena de dificultades inesperadas. La excitación que produce el salir de viaje estimula la salida de adrenalina, la cual suprime la sensación de cansancio pero produce un gasto que deberá repararse más tarde.

Todos los animales presentan ritmos circardianos. En el hombre, los relojes internos, todavía no bien identificados, controlan la temperatura corporal, la salida de adrenalina, la digestión y las hormonas sexuales. La temperatura del cuerpo varía a lo largo del día, alcanzando la temperatura más baja sobre las tres de la madrugada. También es variable la capacidad del cuerpo para enfrentarse a factores externos. El alcohol afecta más a una persona al mediodía que por la noche. La presión sanguínea y la sensibilidad al dolor varían a lo largo del ciclo. Varios ritmos vienen determinados por señales externas, por ejemplo el ciclo luz/oscuridad, mientras que otros se determinan internamente.

En general, la adrenalina empieza a bombear a través de las venas hacia las seis de la mañana, preparando al individuo para que se despierte a pesar de que éste pueda tener la sensación de que es medianoche. El reloj corporal le dice al viajero que siga durmiendo, mientras que el reloj real le anuncia que es hora de levantarse. Más adelante, el reloj corporal producirá un aumento del nivel de adrenalina y de varias hormonas aun cuando el mundo real diga que es «hora de dormir». El cambio de horario desincroniza los sistemas corporales. En experimentos que se realizaron con ratas se evidenció que la desincronización continua producía un acortamiento de un diez por ciento de su vida.

Aparentemente nadie puede evitar los husos horarios por completo, sin embargo existen algunas maneras de acortarlos. Varios médicos que han estudiado este problema y algunos viajeros veteranos recomiendan lo siguiente:

• Estar en buenas condiciones antes de iniciar un largo viaje. Descansar todo lo que se pueda antes del viaje y durante el trayecto. Deberían programarse el descanso y la relajación como una parte habitual del viaje.

• Los viajeros que saltan las horas hacia atrás y adelante entre varias regiones con distinto horario deben conservar el horario propio. El personal de vuelo y todos aquellos que realizan viajes cortos por trabajo entre zonas con horarios distintos deben seguir sus pautas de comidas y sueño según su horario habitual.

• Programar finalizar un largo viaje dejando uno o dos días de paréntesis para poder reajustar el reloj biológico después de todo el trayecto. Por ejemplo, se puede acabar un viaje Nueva York-Tokio haciendo una interrupción corta en San Francisco. Cuando un viaje implica pasar por regiones con ocho o más horarios distintos o si el viaje se prolonga más de quince horas, muchas compañías solicitan a sus empleados que hagan el viaje en dos partes haciendo escala durante una noche o bien que programen al llegar al destino un día entero de descanso.

• Prepararse para el cambio del reloj biológico adelantando o atrasando, unos cuantos días antes del viaje, la hora de acostarse para así poder recomponer el reloj biológico.

• No coma o beba en exceso. Parece ser que el alcohol produce más efecto sobre el cuerpo en grandes altitudes. Las bebidas alcohólicas carbónicas como la cerveza o el champán producen efectos más evidentes que las bebidas alcohólicas no carbónicas. Una actitud errónea de muchos viajeros es intentar superar los husos horarios bebiendo alcohol durante el vuelo y al llegar a la habitación de su ho-

tel tomar una píldora para dormir. Según muchos farmacólogos, esto puede acarrear una lesión corporal o incluso la muerte.

• Simplemente el hecho de encontrarse en un avión puede resultar agotador. Los viajeros veteranos llevan consigo un suéter, tapones para los oídos y una máscara para los ojos. No sea reticente a estirarse si existe el espacio suficiente en el avión. El levantarse y moverse un poco también ayuda a que fluya la sangre por las piernas. Sáquese los zapatos y ande con zapatillas o con calcetines gruesos. La United Airlines recomienda a los pilotos que flexionen mucho las rodillas para evitar la tendencia que tiene la sangre a acumularse en las piernas mientras se está sentado. Puede ser útil también el realizar ligeros ejercicios isométricos o simplemente el hecho de andar por el avión.

• A grandes altitudes el cuerpo se deshidrata fácilmente debido a la baja humedad que existe en el avión. Beber alcohol también deshidrata el cuerpo acelerando la excreción de agua. Beba agua cada hora para suplir esta pérdida.

• Intente llegar al destino al final de la tarde o por la noche, nunca por la mañana. Las habitaciones de los hoteles pocas veces están disponibles por la mañana, por lo que los viajeros fatigados tienen que esperar sentados en el vestíbulo malhumorados y nerviosos. Pasee un poco, coma ligeramente y váyase a la cama. Procure planificar el programa de viaje de manera que no tenga nada que hacer el día después de su llegada.

Los relojes corporales siguen un ritmo que va cambiando poco a poco. Cuando cambiamos de una región a otra con un horario distinto, el estómago permanece en el horario antiguo y solemos tener sueño según el horario en que se encuentre el reloj biológico. Los sistemas de eliminación también sufren un trastorno. Al parecer, la mayoría de viajeros necesitan una hora por día para ajustarse al nuevo horario. Si volamos por Estados Unidos de costa a costa, o por tres zonas con horarios distintos, el reloj corporal se desincroniza unas tres horas y requerirá tres o cuatro días para resincronizarse. Si se hace un vuelo transatlántico que cubra cinco o seis zonas con horarios distintos, pueden necesitarse cinco o seis días para ajustarse del todo. Muchos individuos, sobre todo los ancianos, pueden requerir más tiempo. Por alguna razón, los vuelos desde el este al oeste resultan más debilitantes que los viajes en la dirección opuesta.

El ajuste a los husos horarios varía ampliamente de unos individuos a otros. Puede resultar más fácil reajustarse a un escenario conocido que a un destino extraño. Las personas que viajan en grupo parece ser que se asustan más fácilmente que aquellas que viajan solas.

La División 82 de aerotransporte de la armada estadounidense utiliza una dieta antihusos horarios elaborada por el Laboratorio Nacional de Argonne, para disminuir los efectos de los husos horarios en situación de despliegue rápido. Esta dieta, también conocida como Dieta del Viajero Mundial, sugiere lo siguiente:

Comer ligeramente el día previo a realizar un vuelo largo. Los alimentos que puede comer son huevos, requesón, pescado, ensaladas, consomé y fruta, que son todos ellos productos que proporcionan una cantidad de calorías relativamente baja y que contienen pocos hidratos de carbono. Al llegar a su destino tome desayunos y comidas que tengan un alto contenido en proteínas. Durante uno o dos días tome alimentos con gran contenido en hidratos de carbono para cenar. Acuéstese pronto.

PROBLEMAS DEBIDOS AL EXCESO DE OZONO

El mal del ozono, que se creía producido al respirar una excesiva cantidad de ozono al encontrarse en grandes altitudes, puede suponer un problema grave. El ozono, a diez partes por millón, puede producir edema pulmonar, hemorragia y muerte. Las normas de la FAA exigen que no haya más de una parte por millón de ozono en los vuelos de larga distancia.

El año 1976 comenzó a surgir este problema en los viajes largos del Boeing 747-SP, que en aquel tiempo volaba más alto y más lejos que la mayoría. (El SST, que volaba a más de 16 800 metros, no planteó ningún problema por el exceso de ozono, ya que el aire exterior se introducía en el interior de la cabina desde una zona muy caliente de los compresores del motor, y este calor descomponía el ozono.)

El ozono está más cercano a la tierra en el polo Norte que más al sur y sus efectos se extienden desde las grandes altitudes hacia las zonas más bajas, sobre todo durante el período de enero a mayo.

Aunque parezca mentira, el ozono afecta más a los no fumadores que a los fumadores y más a los jóvenes que a los viejos. El alcohol produce un aumento de sus efectos. Los síntomas que produce incluyen tos seca, como la de una bronquitis, falta de respiración, jadeo, ligeros dolores torácicos y sequedad de la mucosa nasal. La sintomatología puede aliviarse respirando oxígeno puro o respirando a través de un pañuelo húmedo o de una toallita de papel húmeda sostenida sobre la nariz y la boca.

¿VOLAR DE DÍA O DE NOCHE?

Existe una evidencia clara de que es más seguro viajar durante el día que durante la noche, por la simple razón de que el piloto del avión no está tan alerta por la noche como lo está durante el día y también porque el piloto carece de la visibilidad que ofrece la luz del día.

La fatiga del piloto se va acumulando, se va convirtiendo en un círculo vicioso: al estar fatigado, debe trabajar más, por lo que esto le producirá mayor cansancio y también ansiedad al notar su bajo rendimiento hasta que llega un punto en que se pierden las habilidades para volar. Además, una ligera disminución en el contenido de oxígeno del aire puede acelerar el inicio de la fatiga.

LA ACLIMATACIÓN A LAS ALTURAS

La aclimatación a la altura se define como conseguir la misma eficacia a una nueva altura que la que tenía la persona en la altitudes donde se encontraba habitualmente. Viajar arriba o abajo incluye un reajuste del cuerpo. El aclimatamiento a regiones situadas a grandes altitudes puede requerir varios días o hasta meses y fundamentalmente depende de la persona y de su estado de salud.

Los síntomas que se producen a grandes altitudes incluyen insomnio, dolor de cabeza, mayor nerviosismo, sensación de falta de aire y disminución del umbral del dolor y del sabor. Los reflejos tendinosos se enlentecen. Puede producirse una pérdida de peso, hipotiroidismo, edema de pulmón o infecciones. Las mujeres pueden presentar dismenorrea o amenorrea y muchos viajeros experimentan trastornos psíquicos o mentales. Muchos individuos pueden requerir días, semanas o incluso años para reajustarse a las grandes altitudes.

El descenso: los cambios de presión

En el trayecto de descenso desde grandes altitudes muchos individuos presentan un dolor agudísimo que se produce como resultado de la diferencia entre la presión en el interior de los oídos y la presión del aire ambiental que existe en el avión. Los casos graves de sordera o taponamiento de los oídos y vértigo pueden durar días o semanas. Los oídos tapados, en ocasiones pueden infectarse.

El movimiento de la mandíbula, que consigue mantener las trompas de Eustaquio abiertas, puede ayudar a prevenir este problema. El aire puede entonces penetrar en el oído e igualarse a la presión externa que se va incrementando conforme desciende el avión. Para solucionar este problema son útiles los chiclés, bostezar mucho y mantener la nariz y la boca cerradas mientras se fuerza la entrada de aire en los oídos desde la garganta. Los que padecen un resfriado o sinusitis requieren el uso de descongestionantes antes o durante el vuelo y nebulizadores nasales poco antes de descender del avión. Debe evitarse el alcohol, ya que estrecha las vías sinusales y la garganta y aumenta la probabilidad de que se produzca taponamiento. El atrapamiento de aire en las dentaduras alteradas puede producir dolor.

MAREARSE EN EL MAR

Desplazarse al destino puede suponer la mitad del placer del viaje pero también puede ser agotador. Según las circunstancias, puede resultar francamente desagradable la sintomatología que se produce por el movimiento, con la que el viajero pasivo e indefenso no está familiarizado.

El mareo en el mar puede ser mucho más desagradable y se presenta con mayor frecuencia que al volar. Hay personas que se marean también en el coche e incluso hay quien se marea sólo por el hecho de pensar en un viaje en avión o barco. No se marean únicamente las personas delicadas. Lord Nelson, el almirante británico más famoso y persona conocida por no tener miedo a nada, solía marearse con frecuencia en el mar.

Los primeros síntomas del mareo por movimiento incluyen probablemente un sentimiento de ansiedad, nerviosismo, vértigo y nublamiento de la vista. El mareo tiene lugar cuando los órganos del equilibrio, es decir, los canales semicirculares de los oídos, se hallan alterados y muestran un desequilibrio con lo que experimentan otras sensaciones. Como resultado se produce una confusión del sensorial. Después aparece palidez, comienza un sudor frío y se producen trastornos en el estómago. Si persisten los síntomas, es casi inevitable que aparezcan náuseas o vómitos. El acto del vómito alivia los síntomas de forma temporal pero después persisten. Se puede producir una pérdida de líquidos muy importante.

Los síntomas no siempre se alivian al salir del barco o del avión. Al bajar a tierra se produce un fenómeno característico que es consecuencia de los efectos tardíos del balanceo o la inclinación de un barco y hace que la persona sienta como si la tierra misma se estuviera moviendo. Este efecto puede persistir hasta varias horas después de desembarcar. Los años, fisiológicamente, no son de gran ayuda pero parece ser que para el mareo del movimiento sí lo son. La susceptibilidad al mareo comienza alrededor de los dos años de edad y aumenta hasta un máximo de los diez o doce años aproximadamente. Después se produce algún tipo de adaptación que hace que el mareo por movimiento sea menos frecuente entre los individuos de mediana edad y los ancianos. Las mujeres, por alguna razón, son más susceptibles que los hombres.

El mareo por el movimiento tiene sus raíces en el aparato vestibular del oído, el cual no juega ningún papel en la audición, sólo en el sentido del equilibrio y en el movimiento. Los receptores responsables del mareo por el movimiento son tres canales semicirculares, tres conductos llenos de líquido que están situados formando un ángulo recto cada uno respecto a los demás. Cuando se activan, nos informan sobre los cambios en el índice de velocidad a que gira la cabeza.

Dentro del oído también existe una campana de gel aplanada cubierta por cristales densos conocidos como otolitos. Cuando se activan nos informan de cuál es la deflexión de la cabeza respecto a la vertical. Al andar o correr, los otolitos envían mensajes al cerebro informándonos sobre el plano en el que estamos situados y a continuación desencadenan movimientos oculares reflejos que ayudan a estabilizar el campo visual mientras nos movemos. Cuando estamos sentados o de pie se envían los mismos impulsos al cerebro, por lo que tiende a confundir a la totalidad del sistema. Afortunadamente, tras un período de tiempo, que depende de cada individuo, el cerebro se adapta a estas señales confusas y se produce una adaptación al movimiento. La respuesta de las personas a esta información errónea es muy variable y también el período que necesitan para adaptarse. Algunos no se adaptan nunca.

Para evitar el mareo por el movimiento, intente colocarse lo más horizontal posible con la cara mirando hacia arriba. Se ha comprobado que la incidencia del mareo en posición supina disminuye hasta un veinte por ciento del que puede experimentar una persona que esté sentada o de pie. Aparte de la posición en que se encuentre, no permita que su cabeza se tambalee de atrás hacia adelante. Mantenga la cabeza apoyada en una silla que tenga el respaldo alto o utilice los músculos del cuello para mantener la cabeza firme.

En un barco puede conseguir que disminuyan los movimientos al colocarse plano en una litera, preferentemente situada en el medio del barco, donde el movimiento es menos importante. Concéntrese en cualquier cosa que no sea el estado de su estómago. Lea, si eso no le agrava los síntomas. Al parecer, el cerebro tiene una capacidad limitada para procesar información, tanto procedente del cuerpo

viar el mareo por movimiento. El hidrobromuro de L-hioscina se considera el agente más eficaz de entre los que se utilizan. También se utilizan antihistamínicos.

Uno de los fármacos que se receta es la escopolamina, que se encuentra bajo el nombre comercial de Transderm-V. Aplicándolo detrás del oído, este fármaco se absorbe lentamente a través de la piel, reduciendo la actividad nerviosa del oído interno y por consiguiente el mareo por el movimiento. Puede colocarse un disco que contenga el fármaco, que tiene una eficacia de hasta 72 horas. Los efectos secundarios incluyen sequedad de boca, somnolencia y visión borrosa de forma transitoria.

Al contrario de lo que se cree, recuerde que no debe viajar con el estómago vacío, ya que ello agrava el mareo que produce el movimiento.

Al desplazarse en barco, mucho más que al hacerlo en coche o avión, pueden producirse mareos muy desagradables que impiden disfrutar del viaje. Una serie de fármacos ingeridos antes de iniciar el trayecto ayudan a evitarlos. Sobre estas líneas, ferry anclado en Hamilton, la capital de las Bermudas.

como del exterior. El tener la mente activa mantiene ocupados a los receptores neurológicos causantes del molesto mareo.

La mayoría de farmacias, así como las líneas aéreas, disponen de comprimidos de dimenhydrinato (Dramamine) sin necesidad de receta, para ali-

LOS PELIGROS DE EXPONERSE AL SOL

Una afección que se presenta con frecuencia entre los que están de vacaciones son las quemaduras solares, producidas por el afán de acelerar la evidencia más visible de las vacaciones, el bronceado. Puesto que los rayos solares son mucho más potentes al mediodía, entre las diez de la mañana y las dos de la tarde, los médicos aconsejan que al comenzar a broncearse entre estas horas no se permanezca más de una hora bajo el sol.

Se ha evidenciado que la exposición a los rayos solares aumenta la incidencia del cáncer de piel. Se dispone de una serie de cremas bronceadoras que actúan como barrera del espectro ultravioleta nocivo. Estas cremas están graduadas según la intensidad de su acción entre el uno y el quince. Comience utilizando la más fuerte y disminuya de forma gradual conforme se vaya bronceando. Las personas de piel clara y aquellas susceptibles a las quemaduras deben tomar más precauciones. No sólo interesa protegerse contra la molestia que supone una quemadura sino también intentar protegerse frente a una afección grave más tarde.

La quemadura solar es similar a la que produce el fuego, que no debe ser tratada a la ligera. Al igual que otras quemaduras, ésta puede tratarse poniendo la parte afectada en remojo en agua fría o bien aplicando compresas húmedas frías. Beber líquidos es muy conveniente, ya que ayuda a diluir las sustancias tóxicas que la quemadura libera en la corriente sanguínea.

EL AGOTAMIENTO POR CALOR

Las reacciones graves que se producen como consecuencia de la exposición al sol y del calor excesivos son: el agotamiento, los calambres y el golpe de calor. Los síntomas del agotamiento por calor incluyen sudoración, deshidratación, debilidad, vértigo y por último shock. Los calambres se producen al evolucionar aún más el agotamiento por calor. Los músculos, privados de sal, comienzan a sufrir espasmos. El más grave de todos es el golpe de calor. En este caso el cuerpo no puede seguir manteniendo la temperatura normal. El golpe de calor puede hacer que la temperatura suba por encima de 40 °C, con lo que se puede lesionar el cerebro. Se puede disminuir la temperatura del cuerpo colocando bolsas

Muchos seguros cubren la asistencia médica a desplazados, pero para los estadounidenses es muy interesante estar asociados, a IAMAT (Asociación Internacional para Asistencia Médica a los Viajeros), de la que forman parte unos tres mil médicos, todos los cuales hablan inglés. Junto a estas líneas, un enfermo es trasladado a un centro hospitalario.

Buen número de turistas decide pasar sus vacaciones en las áreas costeras para poder así disfrutar de las playas y el sol. Debe evitarse, no obstante, una exagerada exposición a los rayos solares, que comportaría quemaduras y deshidratación. A la izquierda, aspecto de una playa francesa.

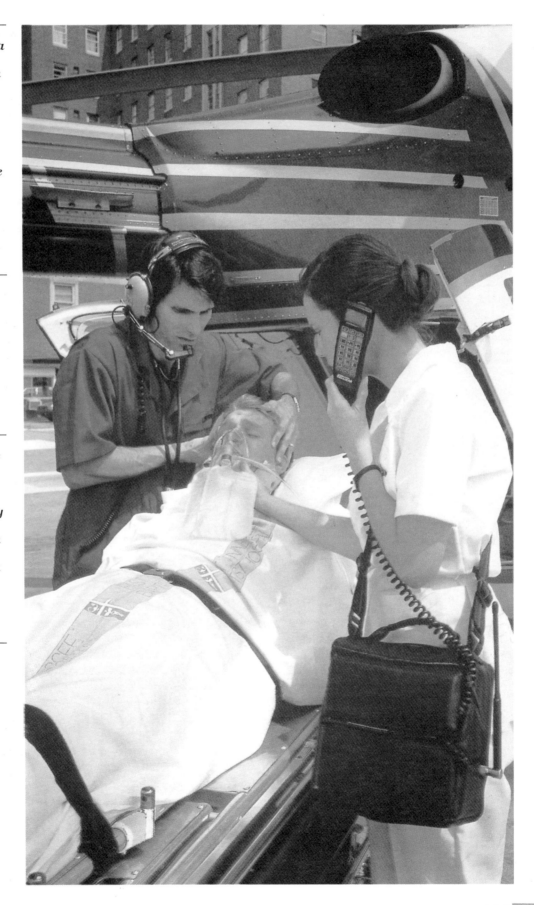

Cuadro 13.A Efectos de la humedad relativa sobre la temperatura aparente											
	Temperatura del aire										
	21	24	27	29	32	35	37	40	43	46	49
Humedad relativa	**Temperatura aparente***										
0 %	18	20	23	25	28	30	33	35	37	39	42
10 %	18	21	24	27	29	32	35	38	40	44	47
20 %	19	22	25	28	30	34	37	40	44	49	54
30 %	19	23	25	29	32	35	40	45	50	57	64
40 %	20	23	26	30	34	38	44	50	58	66	
50 %	20	24	27	31	35	42	49	57	65		
60 %	21	24	28	32	38	45	55	65			
70 %	21	25	29	34	41	51	62				
80 %	22	25	30	36	45	58					
90 %	22	26	31	39	50						
100 %	22	27	33	42					* Grados centígrados		

de hielo en la frente, toallas o sábanas húmedas alrededor del cuerpo. Bañarse con agua fría puede acelerar el shock. Busque asistencia médica.

El factor humedad

La temperatura del aire tiene una influencia evidente sobre la sensación de bienestar y comodidad de una persona. Una temperatura elevada puede ser peligrosa y hasta traumática. Así mismo, la humedad tiene una importancia similar, y también su relación con la temperatura «aparente», que es la sensación que tenemos de lo caliente que está el ambiente y la forma en que respondemos a él. La humedad tiene un efecto importantísimo sobre la temperatura aparente. El cuadro 13.A del Servicio Meteorológico Nacional de Estados Unidos muestra que una temperatura de 32 °C con un ochenta por ciento de humedad relativa da lugar a una temperatura aparente de 45 °C. Si la humedad asciende al noventa por ciento, la temperatura aparente se eleva a 50 °C. En muchas regiones tropicales y subtropicales no es infrecuente que exista una humedad del noventa por ciento.

El Servicio Meteorológico Nacional de Estados Unidos advierte que una temperatura aparente superior a 54 °C es extremadamente peligrosa. Puede desencadenarse de forma inminente el golpe de calor o el golpe de sol. Entre los 40 °C y los 54 °C puede producirse el golpe de calor, que se manifiesta con calambres y agotamiento. A una temperatura entre los 32 °C y los 40 °C es más probable que se produzca el golpe de calor, los calambres y el agotamiento tras una larga exposición al sol y después de realizar mucha actividad. La susceptibilidad al estrés por el calor varía con la edad, el estado de salud y el tipo corporal. Los turistas ancianos deben ser muy cautos.

OTRO TIPO DE PROBLEMA: LA NOSTALGIA

Aunque no es una enfermedad en el sentido estricto, la nostalgia puede ser dolorosa y ocasionar en definitiva una enfermedad orgánica. Incluso los viajeros más avezados experimentan la añoranza de la seguridad y el apoyo que les ofrece su hogar.

En circunstancias ideales, viajar puede ser muy emocionante: caras nuevas, desafíos nuevos, apreciar bellos paisajes, alojamientos elegantes, comidas excelentes. La lluvia, los retrasos en los viajes, los husos horarios, el encontrarse con gente hostil y el aburrimiento hacen que no sea raro el desear estar con la familia y con los antiguos amigos en un entorno confortable donde a uno se le acepta y se le estima.

Cualquier persona puede sentirse nostálgica al ponerse enferma en un país extranjero, sin saber hablar el idioma y sin conocer a nadie del lugar. «Muchacho, que daría yo por estar en casa, en mi propia cama».

Cualquier persona puede sentirse nostálgica durante un viaje. El cansancio, las contrariedades y el clima pueden ser factores que actúen negativamente en el ánimo de cualquier viajero, incluso una puesta de sol puede despertar la nostalgia, recordando a aquellas personas con las que tal vez nos hubiese gustado viajar.

¿Dónde se puede conseguir un médico de buena fe? ¿Cuánto tardará en llegar a mi habitación del hotel? ¿Será capaz de averiguar exactamente lo que me ocurre?

Las parejas que viajan solas quizás tienen el uno del otro más de lo que quieren y se muestran encantados cuando otro compatriota aparece de forma inesperada en un restaurante, en el vestíbulo de un hotel, en una excursión en autocar o en el asiento contiguo en un avión. La pareja puede sentirse un poco añorada.

El que aparezcan otros compatriotas les alienta, pues ven que su país aún está allí y que todavía existen personas que hablan su idioma. Los estudiantes de un colegio de Estados Unidos que están viajando por Europa en el verano es de suponer que están tan emocionados con todo, que no les cabe el pensar

en casa, pero miren cómo se precipitan a la oficina de American Express más próxima para recoger su correo y cómo lo devoran y exprimen hasta no dejar nada.

A pesar de todas sus ventajas, el viajar cansa y cuando ya llega a agotar o cuando surgen problemas sin solución aparente (como quedarse solo en una ciudad desconocida y con poco o sin dinero), una consecuencia normal es la nostalgia.

El viajero sueña con cualquiera de sus familiares, cada vez más desea comer en un restaurante de su país y, en resumen, desearía poder trasladarse en un instante al mágico bálsamo curativo de su hogar.

ASOCIACIÓN INTERNACIONAL PARA LA ASISTENCIA MÉDICA A LOS VIAJEROS: IAMAT

Dos millones de viajeros, la mayoría pertenecientes a Estados Unidos y Canadá, son miembros de la Asociación Internacional para Asistencia Médica a los Viajeros (IAMAT), una organización de la que forman parte unos tres mil médicos. Todos los médicos hablan inglés. Se supone que están familiarizados con las técnicas médicas estadounidenses, ya que la mayoría siguen al menos una parte de su formación en ese país.

Ser socio de IAMAT es gratuito y los médicos que pertenecen a esta asociación aplican unas tarifas ya fijadas de antemano. La organización se financia en su mayor parte de las donaciones de sus miembros, las cuales se deducen de los impuestos.

IAMAT, que tiene su oficina central en Nueva York, dispondrá de la historia clínica de un viajero tras su solicitud, diseñada para registrar el estado de salud del individuo y el tratamiento que recibe en el viaje.

Esta organización también proporciona inmunización mundial, gráficos de riesgo de malaria y series de cartas de climas que cubren 1 440 ciudades alrededor de todo el mundo con información sobre la ropa que hay que llevar y las condiciones sanitarias, incluyendo la calidad del agua, la leche y la comida que se puede encontrar en una ciudad determinada.

HOSTELERÍA
Y RESTAURACIÓN

¿Qué campo abarca la administración de la hostelería y la restauración? Es un área de trabajo y estudio que aplica los principios de información de varias disciplinas a los problemas de alimentar y alojar a personas que se hallan lejos de su domicilio. Incluye distintas prácticas y técnicas que han sido desarrolladas principalmente a partir de la experiencia para conseguir estos propósitos.

Un área en estrecha relación con el campo de los servicios públicos es la que comprende la distribución de alimentos en instituciones: comida servida a escuelas, colegios, hospitales e industrias. La administración de los clubs en ciudades y alrededores también se encuentra en el radio de acción de la administración de hoteles y restaurantes.

En estrecha e intrincada relación con el negocio de la hostelería y restauración se hallan aquellos negocios amorfos denominados turismo y viajes. Las líneas aéreas, el alquiler de automóviles, las agencias de viajes, los aparcamientos y las atracciones se mezclan en aquello que por falta de un nombre mejor se ha denominado el negocio de la hospitalidad. El área de acción de la administración, tecnología de la alimentación, química alimentaria, microbiología, física, arquitectura, ingeniería, contabilidad, marketing y legislación, desde estas disciplinas se formulan enfoques, sistemas e instrumentos de análisis diseñados para convertir el alojamiento y los servicios de alimentación en experiencias emocionalmente satisfactorias para aquellas personas que se hallan fuera de su hogar.

Gran parte de la supervisión de hoteles y restaurantes es un arte y se mantendrá como tal en el futuro. Las relaciones con la gente (huéspedes, accionistas, empleados, proveedores, así como con la comunidad en general) son más estrechas y con frecuencia más delicadas que en la mayoría de otras actividades. Los profesionales detallistas se interesan en la relación con los clientes, pero por lo general no tienen a éstos comiendo, bebiendo y a menudo durmiendo bajo su mismo techo.

Los directores de hoteles, restaurantes y clubs, con frecuencia tratan con una gran variedad de personas. Un accionista o un huésped puede sentirse eufórico y aun así comportarse correctamente. Por otro lado, éste puede hallarse deprimido, ebrio o bien expresar de forma distinta sentimientos latentes de deficiencia.

¿LE GUSTARÍA TRABAJAR EN HOSTELERÍA?

El importante desarrollo de la hostelería en estos últimos años ha impulsado a jóvenes y otras muchas personas que se sienten atraídas por el mundo del turismo a intentar introducirse en este sector y labrarse en él su futuro profesional. Muchos de estos candidatos se sienten asaltados por las dudas cuando han de presentar sus solicitudes a las empresas que pueden ofrecerles trabajo, sea a través de un currículum o de una entrevista personal. Para ayudarles a mejorar su método en la búsqueda de trabajo, pueden reflexionar sobre las diez reglas de oro que a continuación se exponen:

1. Presente su currículum impreso con su propia impresora sobre un folio normal, con un tipo de letra simple. Evite presentarlo con excesivo boato, acompáñelo con una foto donde salga favorecido y de mayor tamaño que la del carnet de identidad. Su nombre, apellidos y número de teléfono deben figurar destacados en la primera página de su escrito.
2. Acompañe su currículum con una carta de presentación personalizada para cada una de las em-

Son muchos los jóvenes que se sienten atraídos por el mundo del turismo. Una cualidad esencial en ellos ha de ser la simpatía, con la que conseguirán ganarse la confianza de los clientes. A la izquierda, un grupo de camareros y camareras.

pendientes, anillos, manos, uñas, maquillaje, perfumes, tacones, faldas, etc.).

8. En sus entrevistas con los seleccionadores de personal mantenga la calma, demuestre su formación, su experiencia, sus valores éticos y sus ganas de luchar; sobre todo, evite las exhibiciones pedantes y los discursos largos.

9. No tema hablar de los aspectos económicos, de los horarios y demás aspectos laborales, pero sin que sea el tema principal de la entrevista. Muéstrese asertivo y dialogante.

10. Considere el «buscar trabajo» como un trabajo en sí, y dedique a ello diariamente las horas suficientes que crea necesario para no perder ni un contacto ni una oportunidad.

En la búsqueda de trabajo no hay que contar sólo con las ganas de trabajar, aunque es sin duda el aspecto más importante. Hay también otras formas, como las aquí expuestas, que le ayudarán a situarse en el mundo laboral con determinación y éxito.

UNA CUESTIÓN DE PERSONALIDAD

Algunos estudios han demostrado que aquellos individuos que consiguen poner en marcha su propio negocio tienen una personalidad distinta que la de los mejores directores profesionales. En un gran número de casos, éstos se convierten en hombres de negocios de éxito no porque tengan dotes especiales que los burócratas no tengan, ni porque sean más audaces, sino simplemente porque no encajan en el sistema burocrático. En otras ocasiones no se conforman con formar parte de una gran empresa, o bien se sienten mucho más motivados por el dinero y creen que tendrán más oportunidades en sus propios negocios. Por lo general, aquel que trabaja por cuenta propia requiere un mayor conocimiento y más habilidad que aquel que forma parte de una gran organización. También suelen ser mayores las tensiones en el caso de los independientes, ya que, ante la posibilidad de beneficios más sustanciosos, lo invierten todo en un negocio arriesgado. No es raro ver cómo el propietario de un restaurante independiente gana bas-

presas. Evite adjuntar una carta estándar, la misma para todas las empresas.

3. Incluya en la carta de presentación los datos de algunas personas relevantes que puedan dar buenas referencias sobre usted; aportarán credibilidad a su currículum.

4. Dirija su oferta de trabajo directamente y de forma personalizada al jefe del departamento en el que solicita el empleo. Si su currículum y presentación son atractivos tendrá más posibilidades que enviándolo al departamento de Recursos Humanos.

5. Movilice a todos sus amigos y conocidos para que le den «pistas», por si conocen a alguien que le pueda ayudar a encontrar trabajo. Contacte especialmente con los que ya están trabajando en una empresa hotelera: serán sus mejores embajadores.

6. Aproveche los trabajos temporales para mejorar su formación teórica, incrementar su experiencia e ir ampliando sus contactos. De un contrato temporal puede derivar un puesto de trabajo interesante.

7. En las entrevistas de contacto cuide tanto su vestimenta (debe ser discreta y sobria), como su higiene y estética global (afeitado, cabello, olores,

tante más dinero que el presidente de una gran cadena. Por otro lado, el independiente carece de las ventajas y el prestigio inherentes a los corporativos. El propietario de un hotel o un restaurante suele pensar en términos de beneficios, por lo que esta idea impera en su mente hasta que se jubila o vende su negocio. El director profesional tiene unas motivaciones algo diferentes. A partir de los cuarenta años, éste tiende a especializarse en un área particular de la administración de hoteles y restauran-

Para poder dirigir un hotel es necesario reunir una serie de condiciones determinadas y por supuesto alcanzar la especialización en el campo de la hostelería. Algunos estudios han señalado incluso que es «una cuestión de personalidad». Sobre estas líneas, vestíbulo del Hyatt Regency Hotel de San Francisco.

tes. El empresario individual se considera a sí mismo como administrador de un centro turístico, de un establecimiento de temporada, de una cadena hotelera, de un restaurante de lujo, mayorista o cualquier otra parcela de la que se ocupe.

¿CÓMO ADMINISTRAR UN GRAN HOTEL?

Los aproximadamente cuatrocientos directores que administran los grandes establecimientos hoteleros de Estados Unidos suelen estar muy unidos. Su dinámica de acción es distinta a la de la mayoría de los directivos de los Holidays Inn. Los directores de los grandes hoteles suelen comenzar su carrera profesional en un establecimiento importante, ya sea como recién graduado, lavaplatos o recepcionista. Rara vez se produce la progresión del encargado de un motel o de un encargado de un hotel de categoría media a encargado de un hotel importante. Estas personas suelen destacar por su capacidad de progresar o por su especial conocimiento del mundo de la gastronomía, ya que en el campo de la administración de hoteles o restaurantes es fundamental la especialización.

Con el desarrollo de las grandes cadenas hoteleras y de restauración se hace menos necesaria la figura del «anfitrión», es decir, el hotelero refinado, buen interlocutor y diplomático. La cualidad de «anfitrión» se consideró durante mucho tiempo como un don especial.

En la actualidad, estas características son más una excepción que la norma. La dirección de la cadena Sheraton y de la Saga Food tiene una política de rotación anual muy definida para los directivos. Dicha política evita, según se cree, la caída en la rutina, y ofrece a estos profesionales de forma regular nuevos incentivos. Otros profesionales necesarios en el campo de la restauración/alojamiento son el contador/controlador, el personal auxiliar y los administrativos. Cada uno de estos trabajadores tienden a presentar ciertas dotes y a sentirse motivados en alguna dirección. El jefe de la contabilidad le da mucha importancia a la precisión y al orden, siendo incluso a veces incisivo en la necesidad de un entorno organizado. Suele darle importancia a las normas, los procedimientos, el control y las limitaciones. Esta misma personalidad suele encontrarse entre los cajeros. Toda organización tiene necesidad de algunos de estos individuos.

El jefe de personal suele ser inteligente y está más interesado por el rendimiento y el carácter del personal que por las cuestiones económicas. No suele ser partidario de correr grandes riesgos y a veces se

Para muchas personas, el poder dirigir un hotel o un restaurante es una ambición que, una vez alcanzada, puede producirles muchas satisfacciones. A veces las ganancias son bajas, pero la mayoría de directores no cambiarían su trabajo por otro mejor remunerado. En la página siguiente, restaurante neoyorquino.

siente menos decidido que el típico director/emprendedor.

El directivo que trabaja por su cuenta debe confiar en sus recursos personales, juicio y experiencia, mientras que el directivo de una cadena suele guiarse por las instrucciones detalladas de un manual de actuación.

El director de una cadena o un concesionario trabaja ajustado a un marco de actuaciones directas por las instancias superiores o del concesionario, pocas veces debe tomar decisiones acerca de la política a seguir y casi nunca lo hace sobre las cuestiones presupuestarias, comerciales o económicas básicas.

El directivo de un establecimiento Holiday Inn o de un Howard Johnson Motor Lodge suele encargarse de tareas cotidianas, como por ejemplo las relaciones con sus subordinados. Apenas toma parte en decisiones de compra y no tiene poder decisorio acerca de la decoración, el emplazamiento o en la planificación de los menús. Las funciones del directivo están perfectamente definidas en su manual, o ya han sido especificadas en las conversaciones con su superior local y su salario refleja dicha limitación. El encargado de un establecimiento franquiciado es similar al de un directivo de una cadena hotelera pero, dado que aquél ha invertido su propio capital, las remuneraciones suelen ser superiores, aunque deben ajustarse también a las normas del franquiciador.

Existen variaciones entre la administración profesional y el propietario independiente. Algunas empresas conceden a sus directivos de algún establecimiento la categoría de socios y les exigen sólo una pequeña inversión de su parte.

Ventajas

El hecho de que un trabajo sea agradable depende del propio individuo, principalmente de sus aspiraciones sociales, valores y del nivel de dedicación que desee. ¿Qué puede ser más agradable que ser el director de un hotel de lujo en el Caribe? Para muchos, este trabajo no tendrá el más mínimo aliciente, para otros será su máxima aspiración. Muchos

considerarán que el puesto de director de un comedor escolar es muy absorbente y monótono. Otros se sienten entusiasmados con el reto que representa satisfacer a los estudiantes, estar al mando de, quizás, cientos de empleados, lo novedoso de la continua búsqueda de nuevas formas de preparación y presentación de los alimentos, el control de costes y llevar una cuidadosa inspección de todos los aspectos que ello pueda implicar. Aquellas personas introvertidas que conceden gran importancia a alcanzar la cima del éxito y retirarse de forma precoz no suelen ser felices con un empleo en un hotel o restaurante.

La persona que se siente estimulada por el trabajo por y para la gente y que disfruta con un ambiente relativamente excitante «lleva el negocio de hostelería o restauración en su sangre». Las ganancias económicas en estos negocios son bajas, pero la recompensa inherente al trabajo es tal que no cambiarían dicha ocupación, por ejemplo, por un puesto en una cadena de montaje, incluso si duplicaran sus beneficios.

Para aquellos a quienes les gusta relacionarse con personas famosas, la vida en un hotel o motel importante puede ser apasionante. Como en cualquier otro campo de trabajo, conforme se adquieren conocimientos el individuo se siente más seguro de sí mismo.

La mayoría de los profesionales en la administración de restaurantes y hoteles podrían haberse sentido igualmente satisfechos en otras ocupaciones. Sin embargo, una vez han comenzado a integrarse en dicho campo, se sienten bien en él, hacen amistades, asisten a congresos de confraternización y se muestran reticentes a dejar dicho trabajo. La atención al cliente suele centrarse en los banquetes, y esto es otra «recompensa» del trabajo en esta área. Un sentimiento especial de lealtad se desarrolla entre ellos, al igual que sus relaciones emocionales, ya sean favorables o desfavorables. Esta peculiar lealtad no se encuentra en otros sectores. El conjunto de sentimientos que se desarrolla es inusual. Casi todos los directores de establecimientos de alimentación y alojamiento reciben gratis la comida mientras trabajan. Para algunos puestos, como es la recepción de un hotel, se les proporciona el atuendo adecuado. Los directores de muchos hoteles reciben a cambio, o se les concede, el privilegio de no pagar las consumiciones. En algunas de las grandes empresas los directores tienen dietas de hasta cientos de dólares al mes en concepto de atenciones. En los establecimientos de temporada, así como en muchos otros hoteles y moteles, se espera que los directivos vivan en el mismo establecimiento y se les ofrece la manutención, es decir; comida, bebida y alojamiento para ellos y sus familias. Esta postura ha cambiado radicalmente en los últimos años, dado que éstos prefieren, generalmente, vivir fuera del hotel o motel.

Riesgos

El hecho de disponer de comida y bebida libremente presenta también sus riesgos. Se tiende a la sobrealimentación y a tomar demasiado café. El director de un hotel o centro turístico ha de estar continuamente alerta para no visitar con demasiada asiduidad el bar en compañía de sus huéspedes.

Algunos directores confían en su posición antes de haber adquirido el temple de la experiencia, y el poder adquirido «se les sube a la cabeza». Sintiéndose el centro de atención, al menos frente a sus empleados, esta importancia les traiciona. De repente, aunque no sean más que moderadamente atractivos, descubren que son muy atractivos para algunos individuos del sexo opuesto, interesados éstos, eso sí, en las ventajas de la relación con gente influyente.

El fácil acceso a la caja es una tentación que ha supuesto la perdición para algunos directores. Como dice el refrán, «mujeres rápidas, caballos lentos y alcohol» son tentaciones siempre presentes. Las interminables horas y la consiguiente tensión, en ocasiones inevitables en este negocio, debilitan al individuo frente a estos peligros.

Una personalidad bien consolidada y un adecuado planteamiento puede hacer la vida de un director de hotel o restaurante apenas rutinaria y mantener al mínimo el estrés. Sin embargo, en términos generales, este oficio no es el apropiado para envejecer tranquilamente.

Los directores de este sector están sometidos a un mayor cambio de empleo que en otros sectores, hecho por otro lado necesario. Para el ayudante del director o para el director mismo suele ser necesaria cierta movilidad continua si quieren prosperar, adquirir más responsabilidad y unas mejores ganancias.

Un horario excesivo e irregular

Un horario prolongado y el trabajo durante las noches y los fines de semana son más la norma que la excepción del negocio hotelero y del restaurante. Esto significa una desventaja para aquellas personas que prefieren fines de semana tranquilos, largos ratos con la familia o una rutina que encaje con los hábitos del vecindario. Para muchos, este extraño horario no es ni mucho menos un inconveniente. Lo excitante del trabajo compensa de sobras para unos lo que podría considerarse una desventaja para otros.

Al ocupar un nuevo cargo no es raro que el director permanezca trabajando durante sesenta o setenta horas a la semana. En grandes hoteles puede incluso que el director no salga de su establecimiento durante días. En los establecimientos turísticos, las primeras semanas de la apertura pueden ser particularmente agotadoras. Todo el tiempo y el esfuerzo deben dirigirse a conseguir abrir el hotel a tiempo, y generalmente con gran cantidad de personal carente de experiencia.

Aunque es extraño, muchos directores de hotel y restaurante hablan con orgullo del excesivo número de horas que trabajan, quizás considerando esto como una muestra de su perseverancia. Por desgracia, esto lo ven como un modelo que otros deben seguir y lo justifican en términos de necesidad del negocio.

La semana laboral, sin embargo, se acorta cada vez más en los hoteles y los restaurantes. Se ha visto en repetidas ocasiones que al reducir la semana laboral de 50 a 44 horas, o de 48 horas a 40 horas, aumenta la eficacia por hora trabajada. En estos casos la productividad total no se reduce de forma importante.

Para la mayoría de directores, la eficacia disminuye entre las 44 y 48 horas de trabajo por semana. La capacidad de decisión se ve afectada con los períodos de trabajo prolongado.

Aquellos que trabajan durante un período de tiempo prolongado están en definitiva perjudicando a la empresa. La semana de 40 horas se está estandarizando en los hospitales, industrias y servicios de alimentación para escuelas.

Durante casi cien años una gran parte de los empleados de los hoteles y restaurantes de la costa este estadounidense eran inmigrantes. En los últimos años la mayoría proceden de Puerto Rico y Cuba.

En la ciudad de Nueva York, cerca del cuarenta por ciento de los empleados de esta industria son hispanoparlantes. Los empleados de cocina del sur de Estados Unidos suelen ser hombres y mujeres de color. En el sudeste, la mayoría de los empleados son negros o mexicanos. En el sudoeste, el personal que cocina es mayoritariamente hispano. Hubo un

Quienes trabajen en un hotel deben ser personas dinámicas que valoren su trabajo por encima de todo, ya que será muy raro que disfruten de un horario normal. Estarán dispuestos a trabajar por las noches y los fines de semana, que incluso serán más activos que el resto de los días. Sobre estas líneas, acceso al Beverly Hills Hotel de Los Ángeles.

tiempo en que las mejores cocinas de los alrededores de Nueva York eran casi todas francesas, pero en la actualidad pocos franceses acuden a Estados Unidos. En la década de los sesenta la mayoría de los directores de alimentación y bebida de los hoteles de la ciudad de Nueva York eran de procedencia húngara. El trabajo con grupos recién llegados o en desventaja socioeconómica puede ser un problema y a la vez un reto considerable.

Según los resultados de la Wonderlic Personnel Test, la media de las camareras, cocineros, panaderos y limpiadoras tienen puntuaciones del nivel de inteligencia muy por debajo de los de la escuela superior, aunque hay excepciones a esta afirmación. Debe señalarse que la inteligencia académica no es tan importante en los trabajos mencionados como la estabilidad emocional, la organización personal, la energía y el tacto. Aun así, los directores de hoteles y restaurantes deben darse cuenta que están trabajando con empleados que requieren un entrenamiento y una supervisión mayor que la que se requiere en otras áreas.

Hostelería y restauración

Los restaurantes de carretera (junto a estas líneas, uno de ellos en Florida) suelen ofrecer al viajero comida rápida y a buen precio. Las ganancias obtenidas suelen ser bastante altas, incluso si se comparan con las de un hotel o restaurante de la ciudad.

El estatus del director varía ampliamente dependiendo del establecimiento, así como de su educación y su situación personal.

Ellsworth Statler, el famoso empresario de hostelería, definió al hotelero como un propietario-director, un pilar de la comunidad. Algunos hoteleros han conseguido dicho estatus y reconocimiento.

En general, los directivos de los más grandes y lujosos establecimientos tienen un estatus más alto que los encargados-propietarios de los pequeños restaurantes, aunque estos últimos pueden tener unos ingresos superiores a aquéllos. El propietario de un restaurante de carretera puede tener unos ingresos superiores a los cincuenta mil dólares, mientras que el director de un hotel de una ciudad importante puede ganar la misma suma. Aun así, la diferencia de estatus es considerable.

Los encargados-propietarios de restaurantes son especialmente sensibles a lo referente al estatus y tienen sus buenas razones. Para muchos sectores del país ser propietario de un restaurante no ha tenido buena reputación nunca. Ya existían, antes de principios de siglo, algunas cadenas de restaurantes pero el crecimiento importante de las mismas tuvo lugar después de la Segunda Guerra Mundial. Antes de ésta, la mayoría de restaurantes eran relativamente pequeños y solían ser empresas familiares, a menudo gestionadas por inmigrantes.

La administración de clubs, como campo reconocido de trabajo, es también de origen reciente. Ya en 1912 el *maître* del Harvard Club tuvo que insistir, a la hora de firmar un contrato, para que fuese considerado como director y no como *maître*. A pesar del firme convencimiento en la democracia, ha habido siempre elementos de relación amo-sirviente entre los que poseen y los que no poseen, entre aquellos con estatus y los que no lo tienen. Esto ya ocurría en la época colonial y todavía se observa en gran manera en el este y sur de Estados Unidos.

No hace mucho tiempo, en algunas partes del país familias de clase social alta no permitían a sus hijas trabajar en hoteles o restaurantes. Afortunadamente hoy en día estas actitudes han desaparecido en su totalidad. El trabajo de temporada estival de hoteles y restaurantes es llevado a cabo por estudiantes y, aparentemente, nunca ha implicado una deshonra.

La variación y categoría de trabajo en hoteles y restaurantes es enorme. No sería realista pensar que cualquier hostelero o restaurador pueda hacer funcionar cualquier establecimiento hotelero o de alimentación de forma adecuada. La habilidad y estabilidad social necesaria para regentar un club de élite es bastante infrecuente. La persona afortunada en el manejo de un club podría no serlo como director de una empresa dedicada a la alimentación de colegios.

El directivo de un gran hotel de ciudad debe confiar necesariamente en sus jefes de departamento, que son los verdaderos especialistas en sus campos de actuación. Dicho directivo es básicamente el administrador y el coordinador y no tiene por qué ser un experto en cualquiera de las múltiples especialidades que pueden ser necesarias dentro de la organización de un hotel.

Este mismo director puede no ser competente como encargado de un pequeño hotel fuera de la ciudad en el que no pueda contar con la ayuda de sus jefes de departamento.

Los recursos de la dirección

Por raro que parezca, el director de un pequeño negocio debe conocer más trucos que el de una gran empresa. De forma similar, el propietario de un restaurante de éxito puede considerar imposible trabajar dentro de los límites de una organización de la cual él no es el responsable.

Muchos restaurantes son el reflejo de la personalidad de sus propietarios, mientras que la personalidad de algunas empresas es el resultado de la idea de varios especialistas (expertos en localiza-

Al construir un hotel o un restaurante debe contactarse con técnicos de distintas especialidades, entre los cuales el decorador tiene una importancia esencial. Junto a estas líneas, detalle de una habitación del Helmsley Hotel de Nueva York.

Los directores de hotel, como norma, no son propietarios y, como puede esperarse, le dan un especial valor a mantener las amistades con aquellas empresas e individuos que puedan serles útiles para conseguir mejores puestos de trabajo. El inversor, por lo general, está mucho más interesado en mejorar su negocio para aumentar sus beneficios, mientras que el profesional está menos inclinado a ello. En el cuadro 14.A (pág. 284) se comparan las necesidades del director de un hotel, restaurante y club, y se ponen de manifiesto algunas de las ventajas y desventajas de cada campo.

LOS DIEZ RETOS DEL DIRECTOR DE HOTEL

El exceso de oferta, tanto de destinos turísticos como de establecimientos hoteleros, debe hacer replantear en qué se ha de concentrar el esfuerzo para conseguir mantener elevados los índices de ocupación, los precios medios y los niveles de satisfacción de los clientes. Para lograr este objetivo, tanto quienes asumen las tareas directivas como sus correspondientes equipos deberán reflexionar para cambiar los procedimientos válidos anteriormente y adaptarse a las nuevas necesidades que impone el mercado. Por ello, sólo servirán para dirigir y captar clientes aquellos directores y mandos que se sientan seguros ante el vacío que provoca enfrentarse a nuevas situaciones y retos, que sepan rectificar como un acto de sensatez, que crean en lo más profundo de sí mismos que escuchar es enriquecerse, antepongan el éxito del equipo a su propio yo, y logren que a su alrededor todos sus colaboradores también se ilusionen por el trabajo bien hecho. El directivo que quiera conseguir clientes asiduos debe «dirigir», es decir, provocar cambios actuando en diez frentes:

1. En la calidad del destino turístico. Porque ésta determinará el tipo de clientes que lo visitarán y en consecuencia se alojarán en el hotel, fijando el nivel de precios.
2. En la conservación y actualización de las instalaciones, cada día más sofisticadas y costosas en cuanto a mantenimiento y sustitución. El cliente desea estar mejor que en su casa. Mentalizar a los

ción, en alimentación, arquitectos, decoradores y expertos en financiación).

En algunos casos, los presidentes de empresas hoteleras de gran envergadura y rentabilidad han fallado cuando han decidido ser ellos los propietarios. Ralph Hitz, un importante hotelero de la década de 1930, conseguía impresionantes beneficios cuando trabajaba para otros. Según su hijo, Ralph Hitz júnior, nunca sacó beneficios de los hoteles de los que fue propietario. Parecía perder toda precaución cuando invertía su propio dinero en una propiedad o en un proyecto.

Basta tan sólo con asistir a una reunión de hoteleros, observar su vestimenta y forma de comportarse y compararla con la de un grupo de propietarios de moteles para darse cuenta de que las motivaciones de cada grupo son distintas. Los propietarios de restaurantes también tienden a ser distintos de los directores de restaurantes profesionales.

empleados como usuarios de las instalaciones y de la maquinaria, facilitando a su vez su buen uso a los clientes, le ayudará a conseguir éxitos en este frente.

3. En la actualización de los servicios, creándolos nuevos, adecuados a las necesidades cambiantes de los clientes. La calidad en los servicios viene representada por los detalles de los productos. Éste es un frente delicado, porque el servicio en la hostelería se fabrica y sirve a la vez, con muchas personas que están en contacto con los clientes, lo cual incrementa el riesgo de incurrir en errores no deseados.

4. En la difusión de la calidad de los detalles que deben cuidarse, si se desea que los clientes repitan. Crear el carnet de los detalles de cada empleado, para que éstos sepan cuáles deben cuidar, con lo cual podrá auditarse su cumplimiento, lo que le facilitará diferenciarse de la competencia.

5. En la agrupación mediante la incorporación en asociaciones, cooperativas y demás instrumentos jurídicos que le aporten las ventajas de estar en un grupo de presión frente a terceros (políticos, proveedores, mayoristas de viajes y los propios asociados).

6. En la creación y animación de la escuela de los detalles dentro de la propia empresa, para que la formación de los empleados se realice de manera conjunta, facilitando así el trabajo en equipo.

7. En el trabajo por diferenciarse positivamente de la competencia, porque la elección final de los clientes está condicionada por los detalles.

8. En las acciones necesarias para imbuir en los empleados la convicción de que los clientes habituales son la máxima seguridad para conservar los puestos de trabajo.

9. En la comercialización de su producto turístico en los distintos mercados posibles, cuidando a los intermediarios turísticos que le ayudan a incrementar la ocupación.

10. En la computerización de la información, construyéndola en valores numéricos absolutos, relativos y en gráficos comparativos, lo que facilitará así el autocontrol y la toma de decisiones.

Todos estos aspectos son sugerencias con vistas al futuro. El reto del negocio hotelero pasará —de hecho, ya ha empezado a pasar— por un riguroso autocontrol de calidad de sus servidores.

TITULACIÓN UNIVERSITARIA PARA LA ADMINISTRACIÓN DE HOTELES Y RESTAURANTES

Hasta la década de 1920 la educación para directores de hotel se conseguía principalmente mediante la experiencia que otorga el trabajo continuado. La mayoría de los directores, al igual que los directivos de otras industrias de aquella época, no podían disfrutar de las ventajas de una formación universitaria. La American Hotel Association fue la encargada de diseñar un programa de administración a nivel de escuela superior.

En 1917 Frank Dudley, que llegó a ser presidente de la American Hotel Association cuando ésta se convirtió en una asociación de ámbito nacional, era presidente de la United Hotel Corporation, una empresa que se dedicaba a construir hoteles en las ciudades. J. Leslie Kincaid, presidente del consejo de la American Hotels Corporation, estaba especialmente interesado en la construcción de hoteles en núcleos de población de pequeño tamaño. Conforme sus respectivos hoteles aumentaron en número, ambos se dieron cuenta de la falta de directores que acreditaran una buena formación y de adecuados jefes de departamento.

Los *maîtres* y los *chefs* procedían hasta entonces de Suiza y Francia, pero la demanda era mayor que la oferta. Los directores de hotel, formados según la tradición europea, no podían comprender la hostelería comercial y familiar americana. Dudley, presidente de la AHMA, contrató a Lucius Boomer, presidente del Waldorf-Astoria, para presidir un comité de educación que llevase a cabo un estudio de las necesidades educacionales.

Las primeras escuelas

Una de las recomendaciones del comité fue la de crear la School of Hotel Management en la Cornell University, en Ithaca, estado de Nueva York. Howard B. Meek, que había impartido un curso sobre dirección de centros turísticos en la Boston University en 1918, fue contratado para dirigir dicha escuela en 1922. Sin embargo, no se materializó el apoyo económico por parte de los miembros de AHMA. Entonces Ellsworth Statler ofreció pagar setenta mil dólares de la asociación si los otros miembros pagaban los treinta mil dólares restantes. Statler, que no era partidario de la formación universitaria de los directores de hotel, visitó Cornell en 1925 como favor personal a un viejo amigo. En una de las clases durante el primer día de su visita se le pidió que dirigiera unas palabras y dejó caer la siguiente bomba: «Chicos, aquí estáis perdiendo vuestro tiempo. No es necesario que aprendáis todas estas tonterías para ser hoteleros. Cuando yo tengo un problema de ingeniería, contrato a un ingeniero. Desconozco totalmente las malditas unidades termales del sistema británico y no veo razón para que vosotros las aprendáis. Volved a casa y buscaos un trabajo».

Cuadro 14.A Comparación de los requerimientos, las ventajas y las desventajas para un director de hotel, restaurante y club

Director	Hotel/motel	Restaurante	Club
Relación con	Supervisor/propietario	Relación con el patrón	Presidente del club Comité
	Jefes de departamento Elevado número de empleados Relación con los clientes Relaciones públicas	Relación de empleados: frecuentes cambios elevado porcentaje de mujeres y adolescentes	Relación con los miembros Jefes de departamento Empleados Relaciones públicas
Requerimiento de tiempo	Elevado (puede ser por temporadas)	Muy elevado (principalmente los fines de semana; puede ser por temporadas)	Moderado (superior en los fines de semana y durante las celebraciones especiales; puede ser por temporadas)
Nivel de energía requerido	Alto	Muy alto	Moderado
Cualidades personales	Determinación/autoconfianza Organización personal Concienciación de costes Imaginación	Determinación/perseverancia Organización personal Concienciación de costes	Afabilidad Organización personal Buen gusto
Habilidades especiales	Tacto con la gente (liderazgo) Marketing Comida y bebida Recepción Contabilidad	Tacto en el trato (motivación) Comida y bebida Finanzas (en caso de ser el propietario)	Tacto social Diplomacia/tacto Buen gusto Comida y bebida
Principales problemas	Relación con los propietarios/ supervisiones Marketing Relación con los jefes de departamento Relación con los empleados	Control de costes Relación con los empleados Mantenimiento de los estándares de comida y bebida	Relación con la junta Relación con los miembros Relación con los jefes de departamento Finanzas
Ventajas	Estatus Buenos beneficios para el propietario o director Oportunidades sociales/ culturales Práctica de deportes en un centro de vacaciones	Grandes beneficios en caso de que se invierta	Vida confortable Poco estrés Facilidad para la práctica de deportes
Inconvenientes	Sentimiento de estar encerrado Puede ser agobiante Cargo temporal	Menos tiempo para actividades sociales/culturales Requiere atención constante Elevado riesgo si se es propietario Elevada tensión para algunos Horario prolongado e inhabitual Cargo temporal si no se es el propietario	Muchos "jefes" Horario poco convencional Cargo temporal

Durante el segundo día de su estancia allí, Statler había cambiado su opinión, y durante un banquete de clausura en conmemoración de los dos días del hotel Ezra Cornell se le pidió que hablara de nuevo. Su segundo discurso fue tan desconcertante como el primero: «Me he convertido. Meek, tendrás de mí lo que quieras». Estas palabras fueron proféticas. En su testamento dejó diez mil acciones de su fortuna (de 10 dólares cada una) para crear la Statler Foundation. En 1975 la Cornell Hotel School había recibido más de diez millones de dólares para construcción de locales, salarios, proyectos de investigación y becas.

La Cornell Hotel School se convirtió en la escuela de hostelería más conocida. El Statler Hall, finalizado en 1950 en dicho centro, señaló el camino para

La formación hotelera debe ir encaminada a proporcionar profesionales capaces de resolver cualquier problema de sus clientes. En la imagen, un matrimonio realiza una consulta en recepción.

las posteriores instituciones de formación hotelera. Con el patrocinio de la Statler Foundation se pusieron en marcha, a principios de la década de los años sesenta, varios proyectos de investigación en Cornell.

Varias universidades se sumaron al campo de la formación hotelera. En 1928 la Michigan State University inició un programa de hostelería bajo la dirección de Bernard «Bunny» Proulx. Posteriormente fue dirigida por personajes tan conocidos como Leslie Scott y Donald Greenaway.

La graduación de la Michigan State era otorgada por Cornell desde 1927, pero sólo podían optar a ella los que hubiesen finalizado el programa de pregraduación en dicha escuela. Un activo programa de Master of Business Administration centrado en hostelería y restauración se ofrecía en la Michigan State University en 1962. A finales de la década de 1930 también iniciaron programas de hostelería la University of Massachusetts, la Pennsylvania State University, la University of New Hampshire y la Washington State University. Después de la Segunda Guerra Mundial iniciaron programas similares la Florida State University y la Denver University.

Hostelería y restauración

Programas de estudios

En fechas más recientes se han iniciado programas en la Universidad de Hawai y en la Universidad de Las Vegas, en Nevada. En Gran Bretaña, la Universidad de Strathclyde, en Glasgow, y la Universidad de Surrey, en Guildford, han iniciado programas de cuatro años de duración sobre administración hotelera. En 1969 se añadieron la Universidad de Houston, la Stout State University, de Wisconsin, y la Universidad de Guelph, esta última la primera en Canadá. En 1972 se iniciaron en la Florida Internacional University de Miami las primeras clases de servicios hoteleros de alimentación y turismo. En 1973 en California, el estado más importante en turismo, inició su primer programa de cuatro años en la California State Polytechnic University, de Pomona.

Un directorio en programas de grado medio en hostelería, restauración y administración de instituciones de Estados Unidos, publicado en 1982, contenía 75 instituciones que ofrecían dichos programas. Más de trescientos institutos ofrecen actualmente programas en administración de hostelería y alimentación, dos de los más importantes son el City College de San Francisco y la Paul Smith College de Nueva York.

Como una nueva disciplina, la administración hotelera sólo ha recibido apoyo de forma esporádica de los administradores de escuelas y universidades. La mayoría de los programas tienen un número de miembros docentes insuficiente y un deficiente apoyo financiero. Algunas universidades han iniciado programas tan sólo de forma provisional.

El programa que la mayoría de las escuelas de formación de cuatro cursos imparte es: preparación y servicio de alimentos, ingeniería hotelera, contabilidad, administración, marketing y legislación comercial; además de las asignaturas universitarias comunes, como son ciencias, humanidades, matemáticas e inglés. En fechas más recientes se han introducido cursos sobre proceso de datos.

La administración de hoteles y restaurantes es una disciplina ecléctica basada a su vez en otras muchas disciplinas, principalmente en economía, nutrición, psicología, marketing, ingeniería, seguros, gestión inmobiliaria, legislación, contabilidad, estadística y proceso de datos.

La estrecha relación con la mayor parte de los requisitos necesarios para el campo de la administración hotelera y restauración, dada su similitud con el de la administración en general, puede ampliarse a otros campos. Un claro ejemplo de esta transferibilidad de la administración hotelera a otro campo se vio en Edward Carlson, quien se inició en la hostelería, posteriormente fue presidente de la Western

International Hotels, y más tarde presidente de la United Airlines, de la cual la Western International (actualmente llamada Westin) es subsidiaria. El señor Carlson tuvo una destacada labor de administración en ambos cargos presidenciales.

El éxito en cualquier negocio requiere que una persona haya adquirido un importante grado de conocimiento en la gestión de horarios, social, monetaria y en planificación. Éstos son conocimientos que se pueden transferir, útiles tanto en programas burocráticos como en empresas. El director de hoteles y restaurantes necesita conocimientos acerca de cálculos, los necesarios para la contabilidad, estadística y proceso de datos. La legislación comercial, gestión inmobiliaria, seguros y nociones de marketing de gran utilidad y la mayoría de programas de administración hotelera y de restaurantes exigen que aquellos que se quieran especializar en dichos campos sigan estos cursos. Pero, por otro lado, la administración de hoteles y restaurantes requiere unos conocimientos técnicos específicos, como son el conocimiento profesional, las nociones de nutrición, los importantes conocimientos en la preparación y servicio de alimentos, los conocimientos específicos en el control de costes de alimentos y bebidas, las nociones sobre vinos y licores, y la información especializada acerca de administración de hoteles, de restaurantes y turismo. El director debe también tener conocimientos de marketing y adaptarlos al marco específico de la hostelería y la restauración.

Observando con detenimiento el programa cuatrienal que ofrecen la mayoría de las universidades de Estados Unidos se aprecia que pueden ser divididos en tres partes: dos años de formación general, como en cualquier otra universidad, un año dedicado a asignaturas de ciencias empresariales y un año dedicado a asignaturas específicas sobre hoteles y restaurantes.

Fueron necesarios casi cincuenta años para que la administración universitaria y el propio ramo de la

hostelería reconocieran la dirección de hoteles como una disciplina aparte, lo suficientemente amplia y complicada para dedicarle una formación pre y posgraduada. En 1969 se concedieron cerca de setecientos títulos a estudiantes que habían finalizado los cuatro años de formación y fueron otorgados unos 35 grados de licenciado. Esas cifras no han hecho sino aumentar desde entonces.

DESARROLLO DE LOS SERVICIOS DE LA INDUSTRIA HOTELERA

Las previsiones para la industria hotelera son satisfactorias: un mayor gasto en hoteles, restaurantes y turismo; más empleos en el área, y más directivos en la misma. Los economistas dividen la economía en cuatro sectores o tipos de actividades:

primaria (de extracción), secundaria (industrial), terciaria (servicios para la primaria y la secundaria) y cuaternaria (servicios para el propio servicio). Los sectores primarios son agricultura, silvicultura, pesca y minería. El sector secundario incluye construcción y fabricación, mientras que el de servicios trata con transportes, comunicación y bienes públicos, mayoristas y minoristas, finanzas, seguros inmobiliarios y servicios del gobierno. Conforme se desarrolla una economía, ésta se desplaza del sector primario (principalmente la agricultura) a otras fases. Conforme aumenta la industrialización y se pasa a una era industrial, los sectores primarios y secundarios se hacen relativamente pequeños comparados con los sectores terciarios y también los cuaternarios.

ORÍGENES DE LA HOSTELERÍA

Los posaderos han existido durante siglos. Sin duda satisfacen unas necesidades básicas como son el comer, el beber y el dormir. Representan una de las válvulas de escape de la sociedad al ofrecer un respiro a la incesante competición, los placeres de una mesa y una cama, un refugio para aquellas personas cansadas, y un aliciente para los aburridos y frustrados.

En el Código de Hammurabi, en el año 1 800 a.C., ya se hace referencia al oficio de tabernero. Podía imponérsele la pena de muerte simplemente por no servir la cerveza fría. La misma pena podía ser impuesta a un tabernero por ignorar la orden de fijar el precio de seis medidas de licor a cinco medidas de maíz. El tabernero griego, al igual que su equivalente actual, ofrecía comida, bebida y, a veces, una cama. Las tabernas de la vieja Atenas servían tanto vino local como de importación. La comida que se servía estaba compuesta principalmente por los típicos productos mediterráneos: grano, aceite de oliva y vino.

Si había carne, solía ser de cabra, cerdo o cordero. Cualquier banquete podía incluir truchas, liebres y aves de caza. En Atenas se consideraba el estofado de asno como un plato exquisito. También se ofrecían salchichas y pastel de carne de cerdo.

LAS TABERNAS EN LA ANTIGÜEDAD

Por una razón muy práctica, la primitiva taberna estaba situada cerca de los templos, de donde se llevaba a los animales sacrificados para ser condimentados y después comidos (tras el sacrificio, un banquete; tras el banquete, bebida). Cada invitado yacía en un diván, con una almohada o un cojín bajo el brazo izquierdo.

Se solicitaba la presencia, durante la comida, de flautistas femeninas. En algunas de las tabernas podía encontrarse también un pequeño escenario para espectáculos teatrales. Cuando finalizaba el banquete era una costumbre ateniense el hacer tres libaciones: una a los dioses, otra a los héroes que habían partido y otra a Zeus. Se repartían guirnaldas y en ocasiones perfumes, y a continuación comenzaba la bebida. Algunas tabernas tenían cubículos a los que podían retirarse las siervas de Afrodita.

En Egipto, durante el mismo período, el menú se basaba principalmente en pan, aves, buey, pescado y fruta. Era especialmente apreciado el ganso asado. Los pobres comían preferentemente pescado seco y cualquier clase de pan que pudieran conseguir. En un banquete, los huéspedes llevaban pelucas, y podían también llevar un pequeño cono de loción situado sobre sus cabezas, que se fundía y goteaba bajo la peluca o el pelo. Las camareras y los huéspedes eran obsequiados con collares de flores.

En la época que Roma había conquistado el mundo, las posadas y tabernas estaban bien establecidas. Una detallada ilustración de aquella situación puede observarse en Pompeya y Herculano, pequeñas ciudades de descanso en el sur de Italia, que tuvieron la desgracia de estar localizadas cerca del Vesubio. En el año 79 d.C., el volcán entró en erupción y estas ciudades fueron enterradas por cenizas, lava y barro hirviente, lo que ha hecho posible preservarlas hasta la época actual.

Un trozo de un mapa de carreteras militares del Imperio Romano del tiempo del emperador Teodosio el Magno (347-395 d.C.) es el equivalente de una guía turística de la época. Los símbolos del mapa indicaban el tipo de establecimiento.

Orígenes de la hostelería

El viajero podía pasear por los alrededores de Pompeya y ver así el *hospitium*, la *caupona*, la *popina*, el *thermopolium* y las tabernas que todavía hoy se encuentran en condiciones muy similares a las de entonces. Las *cauponae* y los *hospitii* eran posadas u hoteles que proveían alojamiento y, en algunos casos, un menú a base de vino, pan y carne.

La reputación de los propietarios, los *cauponis* o posaderos, era incluso peor que la de los taberneros. Aparte de ser acusados de fraudulentos o de negocios inmorales, las mujeres de los *cauponis* ocasionalmente llegaban a tener una reputación de adivinas. Casi cada bloque de casas tenía su propio bar, de forma muy similar a como encontramos los cafés en el centro de las ciudades actuales. Sólo en Pompeya, una ciudad relativamente pequeña en su tiempo, podían identificarse hasta 118 bares o bares-restaurante.

Los *thermopolii*, los snack-bar de la época, vendían vino en un «mostrador de bebidas calientes y

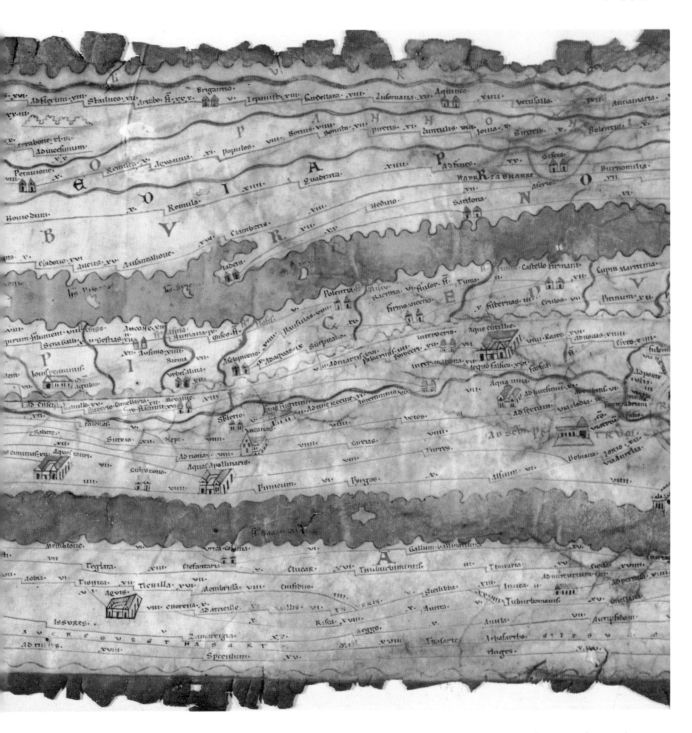

alimentos» que se encontraba en la pared exterior del edificio. En un mostrador de mármol había recipientes de barro con aceitunas, verduras secas y aperitivos. Algunos de los mostradores incorporaban un pequeño horno que se utilizaba para calentar el agua del *caldus*, una bebida caliente hecha de vino y agua hirviendo. Algunos de los *thermopolii* tenían una habitación en la parte trasera del mostrador que se utilizaba como comedor. La *popina*, predecesora de nuestro moderno restaurante, tan sólo

ofrecía comida caliente. Los *thermopolii* vendían sólo pequeños refrigerios.

Las tabernas, predecesoras de los bares de nuestra época, también vendían alimentos y ofrecían distracciones, como juegos o prostitutas (de forma no muy diferente a las barras americanas de nuestros días).

En Roma, las tabernas se podían identificar por sus columnas «con garrafas encadenadas a ellas» y por el detalle de que de las paredes colgaban sal -

Con el auge de las peregrinaciones en la Edad Media, iglesias y monasterios empezaron a albergar a los viajeros surgiendo de este modo las hospederías como complemento de las posadas. Arriba, detalle de un bajorrelieve con peregrinos.

chichas de color rojo condimentadas con tomillo. Los suelos eran de mosaico brillante y las paredes estaban decoradas con pinturas, de forma similar a las que encontramos en las *trattorias* de la Italia moderna.

En las áreas rurales podían encontrarse *pubs*, en los que el propietario acostumbraba a cultivar sus propias uvas y hacer así su propio vino. También disponía de unos cestos en los que se depositaban pequeños quesos secos.

La terminología de la hospitalidad le debe mucho a los romanos. La palabra «hospitalidad» se deriva del latín *hospitium*. Palabras relacionadas con ésta son: «hospedería», «hostelería» y «hotel».

Con la caída del Imperio Romano, en el siglo IV, hubo un largo período en el que la posada desapareció. Los viajes eran raros y el comercio se encontraba muy poco activo debido a que había pocos viajeros, por lo que las posadas dejaron de ser útiles. A pesar de ello, en Gran Bretaña, las posadas se citan ya en épocas tan tempranas como a mediados del siglo VI en las Leyes de Acthelbert of Kent (560-616).

LOS MONASTERIOS ALOJAN A LOS VIAJEROS

La Iglesia adquirió poder en tiempos medievales y la suya era la única autoridad reconocida entre países. Los monasterios y otros edificios religiosos albergaban a los viajeros y aceptaban donaciones de buen grado. Las hospederías, una derivación de la posada, eran gobernadas por órdenes religiosas y las casas de huéspedes también eran regentadas por alguna de estas órdenes.

Una de estas órdenes religiosas, los Caballeros de San Juan de Jerusalén, u Hospitalarios, fue fundada en el año 1048 cuando se erigió un hospital en esta ciudad para cuidar de los peregrinos que la visitaban. Posteriormente se convirtió en una orden militar y religiosa de considerable poder y a la que se dio la responsabilidad, por parte del Papa, de proteger las peregrinaciones hacia y desde Jerusalén.

Muchas catedrales y monasterios daban la bienvenida a huéspedes, acomodándose los ricos y nobles en compañía de los jefes prelados y los pobres en edificios separados. No había tarifas por habitación. A menudo, el portero del monasterio, cuya función primordial era la de cuidar la puerta, también dirigía la casa de huéspedes. Puede decirse que la Iglesia fue la primera cadena hotelera.

Las Cruzadas, iniciadas en 1095, duraron cerca de doscientos años y significaron una importante revolución social. Crearon comercio, lo que supuso el auge de la clase media. De forma indirecta hicieron revivir las posadas. El norte de Italia fue la primera zona en sentir los efectos del Renacimiento que originaron las Cruzadas. Las posadas se convirtieron entonces en un negocio sólido creándose así mismo asociaciones de posaderos que se autogestionaban e incluso dictaban las normas para los huéspedes.

En Florencia, por ejemplo, había suficientes posaderos hacia el año 1282 para formar un gremio (una sociedad mutual y benéfica). El gremio de posaderos de Florencia controlaba el negocio de tal forma que todos los forasteros de la ciudad eran detenidos en la puerta de la misma por oficiales que los dirigían hacia el gremio, que, por turno, distribuía a los forasteros por distintas tabernas. Los nativos de Toscana, la provincia local, eran asignados a unas hospederías especiales.

LA POSADA INGLESA: UN REFUGIO PARA EL VIAJERO

La primitiva posada inglesa era la continuación de la tradicional cervecería o *ghildhus* de la Inglaterra sajona, en la que la gente podía reunirse para entablar tertulia y conversar. Debido al analfabetismo reinante en la época, un seto junto a un poste significaba, como todos sabían, que se servía cerveza en el interior, costumbre que todavía se puede observar en algunas villas austríacas. Una rama verde significaba que se podía encontrar y comprar sidra en la bodega y así sucesivamente.

Sobre estas líneas, grabado que representa una escena londinense de mediados del Setecientos frente a una de las típicas tabernas que se identificaban mediante distintos símbolos a causa del analfabetismo de la mayoría de la población.

Los guerreros de las Cruzadas eran reclutados en los *pubs* y los peregrinos de Chaucer aliviaban su sed con cerveza en su camino hacia Canterbury.

Según algunos cronistas, era en la posada y junto a un vaso de cerveza donde se iban sentando las bases del autogobierno. Allí también podían satisfacerse gran parte de los deseos mundanos. Hacia el siglo XIII, la posada tenía un significado especial, como mínimo para Walter de Map, quien dijo: «Debo morir, pero dejadme morir bebiendo en una posada...».

CRONOLOGÍA DEL NEGOCIO DE HOSTELERÍA Y RESTAURACIÓN HASTA 1900

ÉPOCA ANTIGUA (500 A.C. A 500 D.C.)

Los *simposiums* griegos, las reuniones de comidas de los ejércitos espartano y romano fueron el antecedente del club privado.

Tabernas griegas en las proximidades de los templos, «tras el sacrificio, un banquete; tras el banquete, bebida».

En Oriente Medio los viajeros se detenían con sus caravanas en «caravanerías» y *kahns,* formas primitivas de posadas.

Las posadas, *la caupona y los hospitium* romanos ofrecían habitaciones y a veces comidas. Servían un menú con pan, carne, vino y a veces higos y miel. Fue el primer menú «limitado» (no por elección sino por necesidad).

Las *popinae* vendían vino y comida. Los *thermopolii* servían vino y alimentos. Las tabernas eran, esencialmente, bares.

En la época romana, casi cada bloque de viviendas tenía su propio bar.

ÉPOCA MEDIEVAL (500 A 1300)

Los monasterios y otros edificios religiosos acogían viajeros y aceptaban donaciones.

Las posadas eran muy rudimentarias. En Inglaterra la bebida era la cerveza, que se indicaba mediante un símbolo con cualquier matorral, seto verde o un manojo de hojas. En los pueblos austríacos, aún hoy el símbolo de una bodega con un seto verde encima significa que hay sidra.

1095. Primera Cruzada bajo el mandato del papa Urbano. Las Cruzadas estimularon el comercio y los viajes.

Durante el período de las Cruzadas había en Jerusalén hospicios regentados por la orden de los Caballeros Hospitalarios (fundada en 1048) para acoger a peregrinos que iban a Tierra Santa.

Hacia 1189. En la ribera del Támesis, en Londres, había casas de comidas que ofrecían «platos de pescado (grande y pequeño) frito, asado o hervido; venado y aves».

ÉPOCA RENACENTISTA (SIGLOS XIV Y XV EN ITALIA) (SIGLOS XV Y XVI EN EL NORTE DE EUROPA)

1400. Se vendían comidas en el puente de Westminster, en Londres, a base de «pan, cerveza, vino, costillas de buey, bacalao sazonado, pies de cordero sazonados, ostras y caballa».

Renacieron las posadas del norte de Italia como consecuencia del resurgimiento comercial.

En la Inglaterra de los Tudor (1485-1603) se obligaba a unos posaderos determinados, a consecuencia de la Royal Act, a mantener establos.

Algunos posaderos actuaban como oficinas de correo no oficiales y mantenían establos para el correo real.

1533. Catalina de Médicis (de Florencia) se casó con el futuro Enrique II de Francia (ambos a la edad de 14 años) y con toda su corte viajaron un grupo de *chefs,* por lo que se les atribuye el inicio del interés por los temas gastronómicos.

Aunque cada parroquia tenía su propia cervecería, las que alquilaban habitaciones eran pocas. Las posadas podían encontrarse en las grandes ciudades y en los cruces y las ferias. Estos edificios no eran más que un pequeño refugio con un mínimo de mobiliario. Sobre un suelo de tierra o piedra se esparcía paja que a la vez hacía de alfombra y era el lugar adecuado para tirar huesos o cualquier resto de alimento. Una habitación principal en la que había colchones situados a lo largo de las paredes servía como dormitorio para los huéspedes y era el único intercambio comercial existente entre huésped y posadero. La comida era cuestión aparte, ya que la mayoría de los huéspedes traía su propia comida.

Hacia el siglo XV algunas de las posadas tenían veinte o treinta habitaciones. La George Inn, una de las más conocidas, tenía una bodega, una mantequería o lechería, una cocina y habitaciones para el anfitrión y para el mozo de cuadras. Las habitaciones y los cuartos tomaban el nombre de gente conocida, de ciudades o de oficinas importantes. Algunos ejemplos son: la cámara Earl, la cámara Oxford, la cámara Squire, la cámara Londres y la cámara Fitzwarren.

Durante la época de los Tudor (1485-1603) y algún tiempo después, los jardines de algunas de las posadas eran utilizados por grupos de circo ambulantes. Actuaban frente a una audiencia que se sentaba en las galerías que rodeaban el patio.

Las posadas o tabernas se identificaban mediante señales muy rudimentarias. Esto era necesario ya que había mucha gente que no sabía leer pero se comunicaba diciendo «nos encontraremos bajo el letrero del toro». Había muchos leones, cisnes negros, delfines, vellones dorados, ciervos blancos y motivos parecidos.

A final de la década de 1700 algunos de los nombres fueron cambiados para incluir las palabras *armas,* como las armas King o las armas Dorset. El hecho de mostrar las armas de un señor en una posada significaba con frecuencia que dicha posada se encontraba en los territorios de aquella familia noble y que estaba bajo su protección. Algunos de los letreros heráldicos tenían relación con el primer propietario de los terrenos en que se hallaba la posada, también un siervo que se había convertido en posadero podía utilizar las armas (o el escudo) de su antiguo dueño. Aún en nuestros días hay cuatrocientos *pubs* con el nombre King's Head, trescientos Queen's Heads y más de mil Crowns.

Algunas posadas primitivas tenían galerías a las que se podía acceder a través de escaleras. Con el tiempo, algunas de estas galerías eran cerradas con paredes. En los patios había cuadras o establos y habitaciones para los mozos de cuadra. Un pequeño bloque en una de las esquinas permitía a los caballeros menos hábiles subir a su caballo. En las posadas de mayor importancia podían encontrarse, sobre los establos, habitaciones para los correos (generalmente jóvenes que transportaban la correspondencia).

Muchas de las viejas posadas poseían un jardín con césped para bolos. Algunas tenían dependencias para fabricar cerveza. Una gran habitación o salón contenía una chimenea en uno de sus extremos y se utilizaba como comedor para banquetes y como sala de baile. Un censo parcial en Inglaterra y Gales en 1577 mostraba la existencia de 14 202 cervecerías, 1 631 posadas y 329 tabernas.

El crecimiento de las posadas

Sin ser su intención, Enrique VIII favoreció el crecimiento de las posadas al suprimir los monasterios en 1539. Éstos habían jugado un papel definitivo en los viajes, al mantener las principales vías de peregrinación hacia las grandes catedrales. Los hostales se habían construido junto a las abadías o los monasterios y en ellos podían alojarse los peregrinos durante dos días, siendo acomodados y alimentados según fuese su rango. Cuando las propiedades de la Iglesia fueron vendidas, desapareció la función que tenían las iglesias de hospedar a los viajeros.

Otro factor que favoreció el desarrollo de las posadas fue el hecho de que, antes de que se estableciera el sistema postal nacional, algunos posaderos estaban obligados a mantener establos y caballos para satisfacer las demandas del correo real.

Las primeras diligencias de Inglaterra, mencionadas por primera vez en 1635, eran grandes vehículos de madera incómodos y pesados, ya que los viajes comenzaban muy temprano por la mañana, generalmente antes del amanecer, y duraban hasta últimas horas de la tarde. Posteriormente las diligencias tuvieron algunas mejoras, como la inclusión de ballestas, asientos en el interior con capacidad para cuatro personas y asientos con capacidad para ocho o diez viajeros en la parte superior. Los pasajeros que viajaban en el exterior eran considerados como una raza de espartanos superior, como decía un historiador, mientras que los asientos interiores estaban reservados para los «anémicos e inválidos quejumbrosos».

En el período comprendido entre 1400 y 1800 la vida cotidiana de un hombre corriente se podía catalogar con una palabra: monotonía. Según un historiador, el hombre corriente de Europa comía lo mismo, día tras día, «pan, más pan y gachas». Los varones adultos consumían dos o tres libras de pan

---

CRONOLOGÍA DEL NEGOCIO DE HOSTELERÍA Y RESTAURACIÓN HASTA 1900 (continuación)

1539. Enrique VIII suprimió los monasterios, lo que dio lugar a la proliferación de las posadas.
Las posadas servían carne, volatería, cerveza y pan. No existían todavía los alimentos procedentes del Nuevo Mundo (pavo, tomates, arándanos, maíz, patatas, coco y café).
La Taberna Mermaid, sede del primer club inglés, fue fundada por sir Walter Raleigh. Era frecuentada por Shakespeare.
Enrique III de Francia (que reinó entre 1574 y 1589) puso de moda el tenedor.

PRINCIPIOS DE LA ÉPOCA MODERNA (SIGLOS XVII Y XVIII EN EUROPA)

Louis de Bechamel, Marshal Mirepoix y el cardenal Richelieu se interesaron por temas culinarios. Inventaron o dieron nombre a algunas salsas y elementos culinarios.
1645. Primer café de Venecia.
1650. Primer café de Oxford. Los cafés alcanzaron gran popularidad a finales del siglo XVII y principios del XVIII. En 1700 existían más de doscientos cafés en Londres.
1653-1658. En Inglaterra, bajo el poder de Cromwell, se suprimieron los placeres culinarios.
1658. Se introdujeron los carruajes en Inglaterra. Esto impulsó aún más el auge de las tabernas.
Luis XIV (reinado 1643-1715), afecto de tenia, hizo de los banquetes un asunto de estado y centró su atención en la comida. Odiaba el agua (hasta el punto de no bañarse) pero amaba la comida.
1669. El embajador turco introdujo el café en París, servido por hermosas esclavas.
Luis XV (reinado 1715-1774) se interesó por el amor y la comida, en ese orden.
Se denominaba *hôtel garni* a aquel edificio con apartamentos que podían ser alquilados por días, semanas o meses.
1760. Se introdujo la palabra «hotel» en Londres cuando el duque de Devonshire construyó un edificio en forma de media luna en el que se abrieron el The Grand, The Cantre y St. Ames.
1765. Boulanger abrió en París el primer restaurante como algo distinto a la posada, la taberna o la casa de comidas.
1784. Era del carruaje en Inglaterra. Primeras rutas oficiales de correo.
Hacia 1790. El conde Rumford (nacido en Woburn, Massachusetts), cuyo nombre verdadero era Benjamin Thompson, inventó la primera máquina de café, la cocina económica y profundizó en el tema de la transferencia de calor. Inventó las primeras ollas de vapor portátiles para el ejército; y las sopas Rumford (una mezcla de guisante, patata y cebada, todo hervido). Contribuyó a que se popularizasen las patatas en Europa.
1792. Luis XVI, tras ser condenado a muerte, comió seis tajadas de venado, un pollo, huevos y bebió tres vasos de vino.
En Francia las residencias de los nobles se convirtieron en lugares públicos al ausentarse sus dueños, algunos de los cuales fueron condenados a muerte.

CRONOLOGÍA DEL NEGOCIO DE HOSTELERÍA Y RESTAURACIÓN HASTA 1900 (continuación)

En Inglaterra proliferaron las posadas y las paradas de correo, por lo general construidas alrededor de un jardín central (a diferencia de las tabernas americanas). Muchas de estas tabernas aún funcionan.

ÉPOCA MODERNA (SIGLOS XIX Y XX EN EUROPA)

1800-1833. Carenne puso de moda la *Grande Cuisine.*

1825. Brillat-Savarin, el *gourmet* más famoso de la época, publicó la *Physiologie du Goût.*

1825-1858. Alexis Soyer ganó renombre en el mundo culinario. Escribió el libro *Gastronomic Regeneration* e introdujo la cocina al vapor en el Reform Club de Londres, en 1840. Es el único *chef* que se cita en el *Dictionary of National Biography* de Inglaterra.

1841. Thomas Cook inició el negocio de las agencias de viajes en Inglaterra.

1880-1900. César Ritz logró que la élite social saliera de sus casas para divertirse; dirigió el Claridge, el Carlton y el Savoy.

1907. La Ritz Development Company franquició el nombre Ritz al Ritz-Carlton Hotel de Nueva York. Posteriormente la franquicia se extendió a Montreal, Boston, Lisboa y Barcelona.

1880-1935. Auguste Escoffier, conocido como «el *chef* de reyes y el rey de *chefs*», trabajó con Ritz y publicó la *Guide Culinaire* (1907), considerada por muchos como el nuevo testamento de la cocina.

LA HOSTELERÍA EN ESTADOS UNIDOS (DE LA TABERNA AL MOTEL)

1634. Samuel Cole, que llegó con los puritanos en 1630, abrió la Ships Tavern en Boston.

1642. La West India Company construyó en Nueva York la City Tavern.

1670. Primer café de Boston. Servía café y chocolate. Ya se utilizaba el «Plan Americano», aunque no con esta denominación. Era parecido al *table d'hotel,* el «Plan Francés» en el que el viajero o huésped se sentaba a la mesa junto a otros huéspedes y con el posadero a la cabeza de la misma. La comida recibió el nombre de *ordinary* por lo que se denominaba *ordinaries* a algunas tabernas. Menús predilectos: «Journey cake» («Johny cake» con sidra); «suppawn» (maíz con leche o mantequilla; a veces en mazorca); y «Tipsy cake» (tarta con vino o licor). Las bebidas eran, básicamente, la cerveza y el ron o mezclas de ambos, como *el flip* (cerveza fuerte y ron endulzado con frutos secos); «cherry Bounce» (ron y cerezas dejadas macerar durante un año herméticamente cerradas); y otros caprichos como el «Whistle Belley Vengueance» (cerveza agria y melaza).

1775. En Boston, el lugar de reuniones de los estadounidenses de la revolución era el Green Dragon. Patrick Henry denominó a las tabernas de la América colonial las «cunas de la libertad». Las tabernas eran conocidas por los nombres de sus dueños, aunque había muchos Red Lions, Golden Bouls, White Horse y Black Horses. Tras la revolución, muchas pasaron rápidamente a llamarse George Washington's, con la esfinge de Washington encima de la del monarca británico Jorge III.

al día. En Oriente era arroz, en México era maíz. El alcohol se bebía en exceso. Los hombres y las mujeres bebían hasta perder el conocimiento.

Los menús de la primitiva posada inglesa se basaban principalmente en carne y cerveza. Se comían pocas verduras. Las verduras que comemos actualmente no se conocían, ya que no se dispuso de ellas hasta el siglo XVI. Los tomates, las patatas, las calabazas y los calabacines, las judías tiernas, las judías secas, los fríjoles, los pimientos, los cocos, la tapioca, el maíz, los arándanos y las fresas son todos ellos productos del Nuevo Mundo. Las patatas no fueron conocidas en Europa hasta que Pizarro las descubrió en Perú y Chile.

Hacia mediados de 1600 algunas posadas acuñaban monedas no oficiales que los posaderos, hombres de reputación, devolvían o cambiaban por moneda oficial. El hecho de que un posadero acuñara dichas piezas significaba que la posada era de considerable importancia.

La posada inglesa era centro para una gran cantidad de deportes, tanto de interior como de exterior. Se practicaba en ellas gran cantidad de juegos: dardos, damas, dominó, billares y bagatela. También eran frecuentes las peleas de gallos; aquellos deseosos de sangre podían disfrutar de peleas de toros y osos (encadenando a los mismos) o hacían atacar a los perros echándoles a los gallos. Aquellos que disfrutaban con los deportes de acción utilizaban las posadas como centros para pesca, caza, carreras y cetrería. Eran populares las peleas de perros y el boxeo. Desde luego, el mejor pasatiempo era beber cerveza, cerveza inglesa, vino y después ginebra.

La palabra «hotel», utilizada por los franceses para hacer referencia a las mansiones o edificios públicos, fue introducida por el quinto duque de Devonshire y aplicada para un edificio en forma de media luna que existía en Londres hacia 1760. Este edificio albergaba los hoteles Grand, Centre y Santa Ana. En Francia recibían el nombre de *hôtel garni* aquellas casas en las que se alquilaban apartamentos por un día, una semana o un mes.

Evolución del servicio de posada

Las leyes públicas inglesas declararon la posada como un edificio público e impusieron al posadero responsabilidades sociales para el bienestar de los viajeros. El posadero no sólo tenía el derecho de recibir viajeros sino también el deber. Se le exigía recibir a todos los viajeros que se presentaran en condiciones aceptables y que estuvieran dispuestos a pagar una tarifa razonable por la acomodación.

Todavía funcionan en Inglaterra y Gales, como parte de Trust Houses Limited, cerca de doscientas antiguas posadas de correos y posadas para carruajes, junto con algunos hoteles. Algunas de ellas con unos cuatrocientos años de antigüedad. Las Trust Houses comenzaron a funcionar en 1903 bajo los auspicios de un grupo que deseaba conservar las viejas posadas y evitar que se convirtieran en meras tabernas locales. La mayoría de estas viejas posadas son actualmente regentadas por matrimonios como lo eran antiguamente. El estándar de limpieza y calidad de comida y servicio es excelente. Las tarifas son comparativamente bajas en relación a las de los hoteles de las ciudades. Trust Houses Limited se ha convertido en la principal empresa hotelera de Gran Bretaña.

La imagen a la que estamos acostumbrados de la vieja posada inglesa es aquella de carruajes que floreció durante el siglo XVIII y principios del XIX. La era de los carruajes en Gran Bretaña se inició en 1784 cuando el Parlamento determinó que se repartiera la correspondencia mediante diligencias. Hasta entonces el correo era transportado por carteros a caballo.

Las diligencias para la correspondencia hicieron pronto su aparición y podían ser fácilmente identificadas por sus ruedas y bajos de color escarlata con la parte superior pintada en negro. Durante algún tiempo existieron 59 grandes diligencias en Inglaterra y Gales, cada una tirada por cuatro caballos. Escocia, por su parte, poseía 16 diligencias de correspondencia e Irlanda alrededor de 30. Más de 30 mil hombres y 150 mil caballos se empleaban en repartir el correo, lo que da una idea de la importancia del mismo.

Las diligencias transportaban un máximo de siete pasajeros: cuatro en el interior y tres en la parte frontal superior, junto al cochero. Solamente el vigilante se sentaba detrás. En su época de apogeo se reunían 17 diligencias de correos cada noche en la General Post Office en Londres. Nueve diligencias partían de posadas en Picadilly y del West End de Londres cada día de la semana.

El viajero pagaba un poco más si quería viajar en la diligencia del correo, dada la seguridad de la misma y la limitación del número de plazas. Las empresas privadas de diligencias tenían sus propios carruajes y transportaban tantos pasajeros como se podía dar cabida en la parte superior de las mismas. A veces llegaban a transportar trece personas entre el interior y la parte superior de la diligencia, cuatro en el interior, cuatro en la parte de su frontal superior y cinco en la posterior, con el equipaje apilado en el techo.

CRONOLOGÍA DEL NEGOCIO DE HOSTELERÍA Y RESTAURACIÓN HASTA 1900 (continuación)

1785. Jefferson, ministro estadounidense en Francia, se interesó por los vinos y la cocina francesa. Cuando fue presidente sirvió *crêpes* y vinos franceses.

1790. Se comenzó a utilizar la palabra «hotel» en EEUU. (1790: Carre's Hotel, 24 Broadway, Nueva York).

1794. Se tiene noticia del City Hotel, situado en el 115 de Broadway, Nueva York, cuya población era entonces de treinta mil habitantes (conocido inicialmente como el Burns Coffee House).

Se abrió el primer canal que, aunque modesto, circunnavegaba las cataratas del río Connecticut, South Hadley, en Massachusetts.

Un refugiado francés abrió un *restorator* en Boston. Servía trufas, *fondue* de queso y deliciosas sopas.

1801. Francis Union Hotel en Filadelfia: antiguamente era una mansión presidencial y posteriormente una taberna.

1801-1820. Las tabernas se denominaron «hoteles» como consecuencia de la gran popularidad de todo lo francés. La taberna pasó a ser entonces un lugar donde principalmente se bebía.

La taberna típica de principios de 1800 era un gran edificio pintado de blanco con los postigos y los adornos pintados de verde. Solía tener 25 habitaciones y era una combinación de comedor-bar.

1806. El The Exchange Coffee House en Boston, de siete pisos y doscientos apartamentos, fue considerado el mayor edificio de Estados Unidos.

1817. Se formó en Boston lo que después sería el Somerset Club.

1824. Se abrió el Mountain House, primero de los grandes hoteles de vacaciones, en Catskills. Tenía trescientas habitaciones y alojaba a quinientas personas. Su estilo arquitectónico era el neoclásico americano.

1825. Se abrió el Erie Canal que unía el Puerto de Nueva York a través de los ríos Hudson y Mohawk con los Grandes Lagos. Frente al canal se construyeron hoteles.

Primera mención del horno de gas.

1826. El City Hotel de Baltimore (Barnum's) se convirtió en el primer hotel de «primera clase». Tenía doscientos apartamentos.

1827. Apareció el Concord Coach, que hizo más soportables los viajes.

1829. Se abrió el primer restaurante de Estados Unidos, el Delmonico's de Nueva York, que servía comidas y tenía una cajera. Fue el primero de una docena de establecimientos Delmonico's donde servían buena comida.

Hizo su aparición el Tremont House con: los primeros botones *(rotunda men)*; aseos en el interior (por primera vez); el primer recepcionista de hotel completo, con la sonrisa incluida; comida francesa a base de un menú *yankee;* la primera carta en todo el país; los anuncios en las habitaciones y llave de las mismas para el cliente. Fue diseñado como hotel a partir de una bodega. Tenía 3 pisos y 170 habitaciones.

CRONOLOGÍA DEL NEGOCIO DE HOSTELERÍA Y RESTAURACIÓN HASTA 1900 (continuación)

1830. Se autoestableció el «Plan Americano» (pensión completa), al mismo tiempo que la «conquista del oeste». Era parecido a la *table d'hotel* francesa.

La propina era considerada indigna y como «limosna», pero dada la importante inmigración de personas acostumbradas a recibirla, esta costumbre se estableció.

1834. Se inauguraron los ferrocarriles de Boston y Worcester. Se solicitaron, por toda la nación y en gran número, directores de hotel formados en Nueva Inglaterra.

El primer hotel palaciego, el Astor House, se abrió en Nueva York. Los muebles de las habitaciones eran de nogal oscuro y las cortinas de Bruselas.

1836. Se inauguró en el City Hotel de Nueva York el primer club privado con habitaciones propias.

1846. Primer hotel con calefacción central. El Eastern Exchange Hotel de Boston.

1848. El New England Hotel de Boston ofreció por primera vez cajas de seguridad a sus clientes.

1855. Se abrió la Original Parker House en Boston. Ofrecía el «Plan Europeo».

1856. Se vendió levadura en polvo de forma comercial.

1859. Primer ascensor para personas (tren vertical) en un hotel. Las habitaciones superiores tenían una tarifa superior a las inferiores.

1870 (década). Se crearon en Estados Unidos los clubs de deportes y clubs de campo.

El Palace Hotel de San Francisco se convirtió en «el mayor hotel del mundo». Se dotó de conserjes en cada planta.

1875. Se publicaron las revistas *The Hotel World* y *The Hotel Red Book*.

1876. Fred Harvey fundó la empresa que en la década de 1880 construyó cada 160 kilómetros, a lo largo de la línea de ferrocarril de Santa Fe, los Harvey Houses.

1880-1890. Boom de los hoteles turísticos *resort* en Florida, Nueva Inglaterra, Virginia, Pensilvania y Atlantic City. Fred Harvey y John R. Thompson fueron los primeros en establecer las grandes cadenas de restaurantes.

1881. Luis Sherry abrió su primer restaurante. Desarrolló el arte del abastecimiento (comidas a grandes grupos o comunidades).

1882. El hotel Everett en Nueva York instaló por vez primera la iluminación eléctrica.

1884. Primera explotación conjunta de apartamentos en Nueva York (actualmente el Chelsea Hotel), predecesora en EE UU de las multipropiedades.

1887. Jessup Whitehead escribió el *Stewards Handbook and Dictionary*.

Se construyó el Ponce de León en San Agustín. Primer hotel de lujo de Florida.

1888. Se construyó el Del Coronado. Primer establecimiento de lujo de California.

1890 (década). La John R. Thompson Company puso en marcha un nuevo sistema en Chicago.

1894. Se publicó *The Epicurean*, libro de cocina escrito por Charles Ranhofer, *chef* del Delmonico's. «Conozca los secretos del Delmonico's».

Un viajero con dinero y que deseara viajar solo, podía hacerlo en una *post chaise* (coche de posta). Ésta era tirada por dos caballos, uno de los cuales era montado por un mozo llamado el *post boy*. Aunque los costes de dicha forma tan elegante de viajar eran como mínimo doble que en el habitual *tallyho*, mucha gente utilizaba las *post chaises*. Se estableció un sistema nacional de correos con gran número de posadas utilizadas exclusivamente para tal fin.

El aumento de velocidad de las diligencias

La velocidad era un reto. La empresa de diligencias que pudiese disminuir el tiempo era la que dominaba en el negocio. Los correos tenían una media de 16 kilómetros por hora y las paradas y posadas donde podían cambiarse los caballos estaban separadas por una distancia de 16 kilómetros. La competición para hacer más corto el tiempo de viaje era despiadada. Una de las formas era acortar el tiempo necesario para cambiar los caballos y esto llegó a reducirse hasta cerca de 45 segundos. En 1830, la Birmingham Independent Tallyho tenía un promedio de 23 kilómetros por hora en un viaje de Londres a Birmingham. Los cocheros eran los héroes del momento, la mayoría de ellos conduciendo cuatro caballos con un promedio de 96 kilómetros por día, tres paradas en un sentido y tres en la vuelta. Los jóvenes señores de la época solicitaban con frecuencia a los

Durante el siglo XVIII y ante el auge de las diligencias, que al principio solamente transportaban el correo, surgió un nuevo tipo de posada, la llamada posada de carruajes. Arriba, acuarela que ilustra un viaje en diligencia, un medio de transporte que poco a poco fue aumentando su velocidad media.

cocheros que les dejaran llevar las riendas. Era tanto el interés en conducir que algunos nobles crearon sus propias empresas de diligencias para asegurar su participación en el deporte de la conducción.

Las posadas rurales dependían principalmente de los hábitos de viaje de sus clientes y en gran parte su negocio se basaba en ofrecer caballos a las diligencias. Un gran número de posadas mantenía un número de casi cincuenta caballos, mientras que el Bow and Mouth de Londres mantenía cuatrocientos. Sin embargo, los viajes eran todavía lentos y requerían aproximadamente 34 paradas y 42 horas para cubrir una distancia de 640 kilómetros.

Cuando apareció el ferrocarril en 1825, mucha gente no era consciente de sus implicaciones para el negocio de las posadas. Los posaderos no eran una excepción. El tiempo invertido en viajar de Londres a Bath, una distancia de 176 kilómetros, se redujo, de once horas que necesitaba la diligencia, a tan sólo dos horas y media con un tren de vapor. La elección del método de viaje era obvia.

En 1838, cuando el Parlamento autorizó al ferrocarril a transportar el correo finalizó la era de los carruajes. No fue hasta 1900 cuando las posadas rurales fueron redescubiertas por los ciclistas y más tarde por los motoristas.

Actualmente en Gran Bretaña algunos *pubs* recuerdan que, originalmente, hace cien años fueron tabernas. Otras han seguido en el negocio durante varios siglos y son protegidas por el gobierno.

LA TABERNA ESTADOUNIDENSE: UN LUGAR DE REUNIÓN

«Con el corazón lleno de amor y gratitud, debo dejaros. Es mi más sincero deseo que vuestros últimos días puedan ser tan prósperos y alegres como lo fueron los primeros de gloriosos y honorables.» Ésta fue la despedida de George Washington a sus oficiales de alta graduación el 4 de diciembre de 1783.

Washington hablaba con dificultad: No puedo, no puedo quedarme con vosotros pero me sentiría agradecido si vosotros quisierais estrecharme la mano». El lugar era la vieja mansión llamada DeLancey, The Fraunces Tavern, en la esquina entre las calles Pearl y Broad en Nueva York. El propietario, de raza negra, era Samuel Fraunces, conocido como Black Sam.

The Fraunces Tavern fue un sitio adecuado para la despedida de Washington a sus oficiales, ya que había sido el lugar de reunión de los «Hijos de la Revolución». Samuel Fraunces fue posteriormente recompensado por sus servicios hacia los prisioneros de guerra y por «otros actos». Cuando los oficiales británicos ocuparon Nueva York y frecuentaron la taberna, éstos aparentemente no se daban cuenta de que las simpatías de Fraunces permanecían invariables y que él era uno de los principales agentes de espionaje. Posteriormente fue el primer mayordomo de la Executive Mansion, sirviendo nuevamente a Washington, esta vez cuando ya era presidente.

Patrick Henry denominó a las tabernas la «coronilla de la libertad». En Boston, el Green Dragon y el Bunch of Grapes habían sido los lugares de reunión de los «Hijos de la Libertad» durante la revolución. La Boston Tea Party se planeó en el Green Dragon.

La Buckman Tavern había sido el punto de reunión de los milicianos de Lexington. La Catamount Tavern fue donde Ethan Allen y los Green Mountain Boys se unieron para planear su estrategia contra los New York Staters y contra los Gentleman Johny Burgoyne. Los generales Israel Putnam, Jethro Sumner y George Weeden fueron en otros tiempos taberneros. John Adams, el segundo presidente de Estados Unidos, dirigió y fue propietario de su propia taberna entre 1783 y 1789.

Los *Ordinaries*

La primera taberna de Boston y probablemente la primera de las colonias fue abierta por Samuel Coles en 1634 y conocida como la Coles Ordinary. Coles, que había sido confitero en Inglaterra, fue a Estados Unidos con el primer barco de los puritanos en 1630. (Anteriormente una taberna que duró poco tiempo formó parte del Jamestown Settlement.) El sitio donde se hallaba se conoció posteriormente como la Ship Tavern. Coles se convirtió en uno de los primeros ciudadanos de Boston, diácono de la First Church, mayordomo de la Harvard University y un importante comerciante.

Los *Ordinaries* siguieron de cerca el establecimiento de las iglesias. Los tribunales recomendaron y posteriormente exigieron que existiera algún tipo de edificio público en cada comunidad. Se ofrecían terrenos libres de impuestos, u otro aliciente, para favorecer el mantenimiento de un *ordinary*. Este término proviene de Inglaterra, donde era costumbre que los lugares donde se servían comidas tuviesen un *ordinary* diario, una comida de mediodía, o cena, con frecuencia a base de un plato determinado en el que el anfitrión se especializaba, servida en una mesa común a una hora determinada.

La principal comida del día se servía a las dos de la tarde. Los huéspedes eran llamados mediante una campana en la calle. La carta consistía en salmón condimentado y venado, buey, cabrito, volatería, jamón dulce, verduras y *pudding*. Cada huésped tenía una pinta de madeira en su asiento. Se servía la mesa de la primitiva forma inglesa, cada huésped sirviéndose a sí mismo lo que él prefiriese.

Las primitivas tabernas de Nueva Inglaterra se hallaban bajo la estricta vigilancia de los puritanos. Las tarifas se hallaban bien reguladas. En 1674, cuando las primeras tabernas fueron construidas, la tarifa legal era de seis peniques por una comida y de un penique por un cuarto de cerveza, normal o inglesa.

Si se observaba que una persona permanecía un día de la semana junto a su jarra durante más de media hora se le acusaba de vagancia y podía ser multado. En 1633, Robert Coles, de Boston, fue multado con diez chelines y obligado a permanecer con una hoja de papel en su espalda en la que se podía leer la palabra «borracho».

De los puritanos a los hugonotes

Afortunadamente para los estadounidenses, en 1685 los puritanos fueron seguidos de los hugonotes. Los hugonotes escaparon de la persecución religiosa que siguió a la revocación del Edicto de Nantes. Ellos eran todo lo contrario que los puritanos: alegres, joviales, agradables y amantes de la música. Apreciaban también la danza, el teatro y todo tipo de diversiones.

Aunque la cocina francesa nunca fue muy popular en Estados Unidos, ha influido en los menús de los hoteles y restaurantes. Thomas Jefferson era muy aficionado a la cocina y a los vinos franceses y frecuentemente tomaba Monticello (más de lo que él decía).

Una hostería bien conocida de la época colonial era la City Tavern. Se hallaba en los muelles de la ciudad de Nueva York en 1642 y, construida por la West India Company, atendía principalmente a los ingleses que viajaban de Nueva Inglaterra a Virginia. The Blue Anchor, en Delaware, en lo que

Con el desarrollo de las sociedades de consumo, hoteles, restaurantes y cafés conocieron un gran auge derivado de la mayor disponibilidad económica de una parte de la población. A la izquierda, escena nocturna en una cervecería vienesa a mitad del siglo XIX.

actualmente es Filadelfia, fue donde Willian Penn se detuvo por primera vez a su llegada al Nuevo Mundo.

En Williamsburg daban la bienvenida a los visitantes unas treinta posadas y tabernas. La King's Arms de Williamsburg ofrecía una comida de quince platos. Se han reconstruido en sus cimientos originales cuatro tabernas de la época y en ellas se sirven comidas de la época colonial: Christina Campbell's Tavern, The King's Arms Tavern, Chownings y The Raleigh Tavern.

Fue en The Raleigh Tavern donde se fundó la sociedad honorífica Phi Beta Kappa. El lema de la taberna, *Hilaritas, Sapientiae et Bonae Vitae Proles*

(la alegría, hija de la sabiduría y de la buena vida), es apropiado para cualquier hostería de entonces y también para las de nuestros días. Las tabernas de Williamsburg han sido modernizadas en gran número y sus menús, aunque no son completamente los originales, guardan, no obstante, un cierto sabor de la época.

La restauración en las tabernas coloniales

Las comidas en una taberna colonial eran simples pero abundantes. A continuación se muestra la carta de una taberna de Plymouth, en Massachusetts:

Un gran pudding de arándanos indios
Un plato de maíz y guisantes
Un plato de almejas
Un plato de ostras y uno de bacalao
Pierna de venado asado
Un plato de aves marinas
Un plato de anguilas y pescado
Pastel de manzana
Tartas de queso y de arándanos

Las bebidas eran abundantes. Al principio la única elección era entre una mala cerveza y el ron. Posteriormente ambos se combinaron para hacer la bebida más popular: el *flip,* que consiste en una mezcla de ron, cerveza, crema, huevos batidos y especias, calentado a base de sumergir un hierro caliente en la mezcla.

El viaje era lo malo. Se despertaba a los viajeros a las tres de la madrugada y viajaban hasta las diez de la noche. Un par de caballos solían arrastrar la carreta durante 19 a 28 kilómetros. La primera taberna de carruajes regular fue establecida en 1760 entre Nueva York y Filadelfia. Posteriormente, entre Boston y Providencia circulaban a la vez hasta cuarenta diligencias.

En puntos muy poblados como Pensilvania, donde se encontraba el Lancaster Turnpike, había sesenta tabernas de una aceptabilidad social variable. Los conductores de las diligencias dormían sobre sacos de heno y cebada en el suelo. Los conductores de ganado paraban en las tabernas de ganaderos (en éstas había puestos en los que el ganado podía ser alimentado). También eran conocidas por sus letreros, algunos de los cuales eran imaginativos.

La expresión «barrera de portazgo» deriva de la práctica de colocar una barrera atravesada en la carretera. Una cara estaba cubierta de clavos. Cuando se pagaba la tarifa, la cara con los clavos se giraba de forma que el viajero pudiera atravesarlo. El primer peaje fue construido entre Filadelfia y Lancaster en 1792. En 1838, Pensilvania tenía cuatro mil kilómetros de peajes.

Los alojamientos siguieron a los viajes. A finales de 1820, Pensilvania inició el desarrollo de lo que finalmente llegaron a ser 1 920 kilómetros de canales. Tabernas de canales se encontraban cada 16 o 19 kilómetros. El estado de Nueva York también tuvo un importante sistema de canales con tabernas y posteriormente se construyeron hoteles junto a los mismos.

Las viejas tabernas, parte de la historia

Casi cualquier ciudad y villa de Nueva Inglaterra cuenta actualmente con alguna casa que antiguamente fue una taberna, ya que la mayoría de éstas fueron inicialmente construidas como grandes casas y utilizadas como residencias por los taberneros. Para conservar el mobiliario y el equipamiento de estas viejas tabernas se ha realizado un considerable esfuerzo.

En Old Deerfield, Massachusetts, puede visitarse la Hall Tavern y ver la larga mesa colocada allí

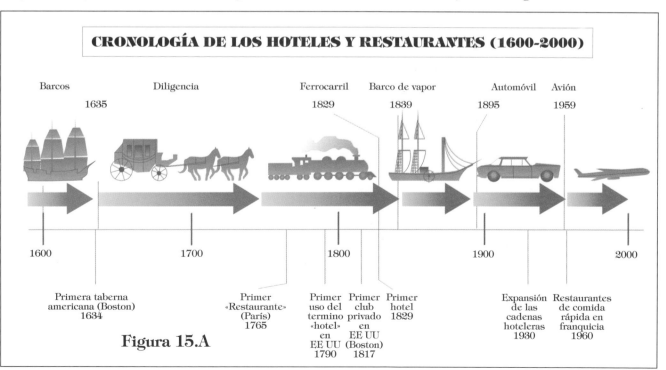

CRONOLOGÍA DE LOS HOTELES Y RESTAURANTES (1600-2000)

Barcos — 1635
Diligencia
Ferrocarril — 1829
Barco de vapor — 1839
Automóvil — 1895
Avión — 1959

1600
1700
1800
1900
2000

Primera taberna americana (Boston) 1634
Primer «Restaurante» (París) 1765
Primer uso del termino «hotel» en EE UU 1790
Primer club privado en EE UU (Boston) 1817
Primer hotel 1829
Expansión de las cadenas hoteleras 1930
Restaurantes de comida rápida en franquicia 1960

Figura 15.A

para los invitados con *Treen,* platos de madera y cucharas de cuerno. En la América colonial de las últimas épocas los platos de madera fueron sustituidos por los de cerámica.

La familia del tabernero se mantenía ocupada haciendo escabeches (pies, orejas y pieles de cerdo hervidas en vinagre); rellenando sebo para las velas y haciendo tartas de picadillo, manzana y arándanos. En la bodega había barriles de sidra y contenedores con verduras, semillas y manzanas del tiempo.

LOS MOTIVOS DEL DESARROLLO DE LA HOSTELERÍA

El negocio de las posadas y, posteriormente, el de los hoteles y los restaurantes creció de forma paralela al comercio, viajes e industria, y actualmente se relaciona con el coste y conveniencia de viajar y con la renta disponible. Como ya hemos comentado anteriormente, desde el año 500 a.C. hasta cerca del 500 d.C., se observa el crecimiento de las posadas en la antigua Grecia y en la antigua Roma. Durante el período medieval, desde el 500 hasta cerca del 1300, el comercio y los viajes se limitaron de forma drástica y éstos tenían relación con las peregrinaciones, siendo los peregrinos alimentados y dándoseles cobijo en establecimientos eclesiásticos. Las Cruzadas tuvieron el efecto de favorecer los viajes y el comercio y el Renacimiento, desde aproximadamente el

siglo XIV en el norte de Italia al siglo XVII en Inglaterra y el norte de Europa, vio el resurgir de las posadas y las tabernas. La supresión de los monasterios en Inglaterra por Enrique VIII en 1536 forzó aún más el crecimiento de las posadas en este país. Previamente a 1775, todas las sociedades eran preindustriales. En el período comprendido entre 1775-1875, la Europa del noroeste, Japón y América del Norte se industrializaron, y en el período comprendido entre 1875 y 1950 se desarrollaron las sociedades de consumo. Aproximadamente a principios de ese último año se produjo un gran crecimiento económico y de la población mundial, y las sociedades industriales hicieron posible la existencia de unas rentas disponibles para el público en general de tal forma que se pudiera viajar y frecuentar hoteles y restaurantes.

El hecho de que la gente viaje más ha sido también determinante en el crecimiento de los hoteles y restaurantes. Conforme se fue abaratando el coste del viaje por la introducción de nuevas formas de transporte, y aumentó su comodidad (barco de vapor, ferrocarril, automóvil), el viajar se hizo posible para aquellos que no pertenecían a la élite.

El avión comercial, en 1959, abrió la era de los viajes internacionales.

La figura 15.A de la página anterior da una ligera perspectiva del período moderno, del crecimiento y desarrollo de hoteles y restaurantes.

EL DESARROLLO DE LA HOSTELERÍA

El hotel proviene de la taberna, a raíz de un cambio de nombre: «taberna» por el de «hotel». El término «hotel» sonaba más pomposo ya que con él se denominaba en Francia a la residencia urbana de personalidades o de gente de posición, o implicaba que un edificio era público, como el *Hôtel de Ville* (Ayuntamiento), o aún mejor, el *Hôtel de la Monnaie* (Casa de la Moneda).

Con la Revolución Francesa, muchos edificios privados pasaron a ser propiedad del pueblo y por lo tanto fueron llamados hoteles. Las casas de campo que tenían la función de posadas se denominaban, y todavía es así, albergues. Los nombres franceses eran muy populares en 1790, ya que Francia colaboró con los independentistas de la revolución americana, y porque los primeros tiempos de la Revolución Francesa fueron considerados como una importante muestra de democracia.

El término «hotel» tiene raíces comunes con los términos «hospitalidad», «hostelería», «hospital» y «hospicio». La palabra española «huésped» tiene también el mismo origen latino.

Las tabernas coloniales y las tabernas-hotel eran inicialmente casas particulares donde vivían el tabernero y su familia. El término «hotel» era popular en Estados Unidos ya en 1791, y las guías urbanas de la década de 1790 ya mostraban que más de una taberna pasó a ser hotel.

En 1800 se utilizaban los términos «taberna», «hotel» y «café», pero en 1820 de todos ellos el más ampliamente usado era el de hotel. A partir de entonces la taberna tuvo connotaciones de lugar donde se podía comer y beber, aunque principalmente esto último.

EL INICIO DE LA HOSTELERÍA EN ESTADOS UNIDOS

Desde su nacimiento, en Estados Unidos el negocio de tabernero, y posteriormente el de hotelero, solía estar en manos de miembros destacados de una comunidad determinada y disfrutaba de una situación no existente en Europa.

En los treinta años previos a la guerra civil americana se consideró la hostelería como una «profesión». Muchos directores se consideraban anfitriones en lugar de propietarios, hecho que confundía al visitante británico. Charles A. Stetson, director del Astor House de Nueva York, hizo la siguiente aclaración: «Un tabernero sabe ir a comprar al mercado y atender a un grupo de gente en una mesa. Un hotelero es un caballero que se sitúa a la altura de los huéspedes».

Los primeros hoteles siguieron sirviendo igualmente una comida «ordinaria» a una hora y a un precio determinados. Desde el principio los hoteles eran conocidos por la existencia o ausencia de una «buena mesa».

Los hoteles proliferaron conforme crecían las ciudades. La ciudad de Nueva York tenía sólo 8 en 1818, 28 en 1836 y diez años más tarde tenía ya 108.

IMPORTANCIA SOCIOCULTURAL DEL HOTEL EN ESTADOS UNIDOS

Hasta hace poco los historiadores trabajaron muy poco acerca del impacto de los hoteles en la evolución cultural de una comunidad. Afortunadamente, Daniel J. Boorstin trata ampliamente este tema en su libro *The American National Experience.* En su libro *The American Hotel,* Williamson denomina al hotel «la institución más característica de Estados Unidos».

Un letrado inglés, Alexander McKay, que viajó por Estados Unidos en 1846, resaltó las diferencias entre el hotel inglés y el estadounidense. Señaló que el hotel inglés era considerado como un establecimiento eminentemente privado, de igual forma que las casas particulares que lo rodeaban. En Estados Unidos los hoteles eran vistos como algo público y su aspecto era similar a los edificios públicos. Con frecuencia eran los edificios más grandes y llamativos de cada ciudad.

HOTELES PARA TODOS EN ESTADOS UNIDOS

El hotel estadounidense tenía unas funciones distintas a la posada y el hotel de estación ingleses. El sistema de clases en Estados Unidos no estaba arraigado y el hotel era el lugar donde se detenían todo tipo de gente, donde todas las clases sociales se entremezclaban; los más sencillos trabajadores con prósperos negociantes.

La costumbre de dar propina, muy frecuente en la actualidad, no existía en la vida americana hasta que llegaron los inmigrantes irlandeses y alemanes en 1830-1840 y no se consolidó hasta el auge de la inmigración de finales de siglo.

En Gran Bretaña las clases altas tenían grandes mansiones y muchos sirvientes. Cuando viajaban solían hospedarse en casas de amigos y cuando preferían divertirse o descansar lo hacían en sus propias casas. No fue hasta finales del siglo XIX y principios del XX cuando empezaron a salir para ir a cenar con César Ritz y Auguste Escoffier a lugares como el Savoy o el Claridge.

En Estados Unidos el hotel era el lugar de reunión de los hombres de negocios. De hecho, muchos hoteles eran denominados casas de cambio y funcionaban de forma parecida a las bolsas. Algunos fabricaban papel moneda y documentos bancarios. Hasta fechas tan avanzadas como 1860 la Burnet House de Cincinnati expendía billetes de cinco dólares, avalados por el cajero y con un grabado del edificio. En Nueva Orleáns, el vestíbulo del St. Charles Hotel era utilizado como lugar de subasta de esclavos. Los hoteles eran punto de reunión de los comités cívicos, asociaciones de los cargos del ayuntamiento y de agencias del gobierno. Los promotores de las ciudades reconocían los valores de un buen hotel y en muchos casos éste se construía antes que la ciudad misma. Como dice Daniel Boors-

tin, los hoteles eran tanto las criaturas como el creador de las comunidades, así como evidencia de la frenética expansión de la comunidad.

La pensión completa

El Plan Americano (pensión completa), arreglo mediante el cual una única tarifa cubre tanto el alojamiento como la comida, era probablemente una continuación de la práctica de los taberneros de ofrecer alojamiento y comida (así como cerveza en muchos sitios) por un único precio.

El Plan Europeo, puesto en práctica por primera vez en Francia, se utilizó en 1830 en Estados Unidos. Un ciudadano de Nueva Inglaterra que visitó Nueva York hablaba de tres hoteles funcionando bajo el nuevo sistema: habitación, comida y bebida según tarifas separadas. El Plan Americano era adecuado para aquellos establecimientos en los cuales las familias pasaban sus vacaciones, algunos de ellos funcionan así actualmente.

A principios del siglo XIX los estadounidenses solían reunirse para convenciones políticas. La primera convención para la nominación, realizada a nivel nacional, de un partido político tuvo lugar en 1831 para nominar presidente a Henry Clay en un hotel, el Barnum's City Hotel de Baltimore, un edificio de seis plantas y doscientos apartamentos, considerado como uno de los mejores del país. Esta costumbre de reunirse en convenciones ha existido desde siempre, pero tuvo su auge en la década de 1950 y en la actualidad representan un tercio de la ocupación de los hoteles. En algunos de ellos, las convenciones representan incluso el noventa por ciento o más de las ventas.

Otra diferencia entre el hotelero americano y su homólogo europeo, el *mein host* del siglo XIX, era la consideración social; al posadero inglés se le suponía por encima del sirviente

LA INDUSTRIA HOTELERA

Existen más de cien mil hoteles y moteles en el mundo (unos 50 mil en Estados Unidos). Los hoteles de más de doscientas habitaciones sobrepasan los tres mil en Estados Unidos y hay entre seis mil y siete mil en el resto del mundo.

Según la American Hotel & Motel Association (AH&MA), las cadenas hoteleras y de moteles de Estados Unidos son propietarias del 31 por ciento del total de establecimientos del país y de cerca del 69 por ciento del total de habitaciones.

De los moteles, cerca de la mitad del negocio lo realizan los de carretera, grandes moteles que com-

Arriba, vista parcial de la ciudad de Williamsburg, en Virginia, monumento nacional singular que data de la época colonial y que ha sido restaurado en el siglo XX respetando sus características originales. En primer plano, una antigua taberna.

binan la confortabilidad y lujo del hotel con la accesibilidad del motel.

Considerando Estados Unidos de forma global, existen alrededor de 15 habitaciones de hotel/motel con baño privado por cada mil habitantes. Esta relación, probablemente la mayor del mundo para países desarrollados, ha permanecido invariable desde fechas anteriores a 1948. Australia, por ejemplo, tiene una proporción de 4,4 habitaciones con baño privado por cada mil habitantes.

Diferentes tipos de hoteles

Los miembros de la American Hotel and Motel Association (AH&MA) se clasificaron a sí mismos, en 1977, de la siguiente forma:

- Hoteles de paso.
- Hoteles turísticos (todo el año).
- Hoteles turísticos de temporada.
- Hoteles residenciales.
- Hoteles en régimen de multipropiedad.

El hotel de paso más habitual es el de 76 a 200 habitaciones, mientras que el prototipo de hotel turístico es el de 76 a 125 habitaciones. Lo mismo se puede decir para el hotel residencial.

El motel de mayor tamaño, y de más reciente existencia, es el denominado «motel de ruta», y se popularizó en la década de 1950. Un semanario del sector, editado por la Helmsley-Spear Company de Nueva York, ha publicado desde 1965 un censo anual de estos establecimientos. La definición de motel de ruta es: «Un establecimiento con servicios de alojamiento para viajeros en tránsito, construido, o completamente renovado, desde 1945, abierto más de medio año y con un mínimo de 55 unidades para clientes junto con posibilidades de aparcamiento».

Quizás otra clasificación útil sería la del «hotel de convención», establecimiento que centra su actividad en el negocio de los grupos de trabajo. Entre dichos hoteles se incluyen los que serían denominados hoteles comerciales u hoteles turísticos.

Un «motel económico» ha sido definido como aquel cuyas tarifas son de un veinte a un cuarenta por ciento inferiores a las de los Holiday Inn del área. En los años ochenta cumplían esta definición unas catorce cadenas de establecimientos con unos 25 moteles cada una y cerca de 210 mil habitaciones. La mayor de estas cadenas, la Days Inns con sede en Atlanta, consta de 311 establecimientos. La Motel 6, con sede en Santa Bárbara, tiene 304; la Econo Lodge y la Econo Travel tienen 180 y la Super 8 tiene 155. Estas cifras cambian a diario. Muchas de ellas no ofrecen servicio de comidas a excepción de los Days Inn. Los restaurantes anexos a ellos ofrecen comida sin recargo a los niños menores de doce años, si van acompañados de un adulto.

Muchas de las grandes hostelerías denominadas *motor hotel* tienen también un enfoque en el campo de las convenciones. La diferenciación entre el hotel y el motel de convención tuvo lugar en 1968 cuando el *Hotel Red Book* publicó por primera vez una lista de establecimientos con servicios para reuniones; unos setecientos en Estados Unidos.

El hotel turístico puede también ser denominado hotel o motel de vacaciones. Hasta el año 1950 la mayoría de los hoteles turísticos abrieron por temporadas, ya fuese en verano o en invierno. La mayoría aún lo hacen así, pero en Florida, California, Hawai y el Caribe están abiertos todo el año con temporadas bajas durante la primavera y el otoño.

El hotel residencial es esencialmente un edificio de apartamentos con servicio de camareros, comedor, servicio en la habitación y sala de cócteles. Algunos de los más conocidos, como el hotel Pierre o el Plaza de Nueva York, alquilan un gran número de habitaciones de forma permanente, lo que les convierte en parcialmente residenciales. El Waldorf Towers, parte del Waldorf Astoria Hotel, tiene también un carácter parcialmente residencial.

El hotel con derecho a cocina

Alojando a un cliente de paso, el aparhotel le ofrece una *suite* de dos habitaciones junto a una pequeña cocina. Un atractivo adicional es un almuerzo americano y un período diario de cócteles de más de dos horas por día. Es en realidad una variación del motel turístico con una unidad de servicio doméstico y tiene similitudes con el alquiler de apartamentos *bungalows*.

La expansión de los mismos ha sido rápida gracias a la concesión de participación a un número limitado de accionistas. La corporación madre, la Hometel, es la propietaria general y la administradora. Los inversores son propietarios parciales, su único riesgo es el del capital que invierten. Las ganancias se pagan cuatrimestralmente y son muy superiores a las habituales para un hotel/motel.

Las razones para ganancias tan altas son unos bajos costes de trabajo, que oscilan entre el doce y el veinte por ciento de las ventas. Esto se debe a que el servicio de comida, excepto para el desayuno, se sirve en un restaurante aparte, alquilado. El personal administrativo es el mínimo, empleando por lo general sólo a un director general y a un director de ventas. La motivación de los trabajadores es alta, ya que se distribuyen beneficios de forma proporcional cada cuatrimestre.

La multipropiedad

Se han añadido miles de habitaciones a la oferta de alojamientos públicos gracias a la construcción de multipropiedades en zonas de temporada. El propietario típico de una multipropiedad de vacaciones tiene unas ganancias anuales similares a las de un individuo de clase media-alta, y se encarga de ellas tanto como una inversión como de un establecimiento. La regla básica es que las ganancias anuales del comprador deben igualar aproximadamente el precio del mismo. En otras palabras, si el valor de compra es de cien mil dólares, los ingresos anuales del comprador serán de como mínimo cien mil dólares (esta regla sin embargo no la siguen muchos propietarios). El gran atractivo de la multipropiedad es que en el pasado podía revalorizarse dos o tres veces en cinco años.

Según sea su función fundamental, los hoteles pueden ser de ciudad, residenciales, turísticos, de carretera, etcétera. Junto a estas líneas, instalaciones propias de un hotel turístico que, en algunos casos, solamente abre sus puertas por temporada de verano.

Los expertos en este sistema señalan que los propietarios no debieran esperar un *cashflow* procedente del alquiler suficiente para afrontar las cargas de la hipoteca y el mantenimiento del apartamento. El típico propietario que lo alquila no lo ocupa por más de dos o tres semanas al año. Según las leyes federales del impuesto sobre la renta, si es ocupado durante más tiempo, no pueden aplicarse deducciones de impuestos sobre reparaciones y mantenimiento, costes de intereses o amortizaciones. Los propietarios pueden, en cierta manera, evitar esto si al alquilarlo incluyen el gasto de mantenimiento y reparación al sujeto que lo alquila.

¿Cómo funciona una multipropiedad?

La dirección de las multipropiedades se ha convertido en un negocio por sí mismo. En algunos aspectos resulta más difícil que la dirección de los hoteles de temporada, pero en otros es más fácil. Los problemas de bebidas y alimentos relacionados con la administración de los restaurantes no existen, ya que la mayoría no posee servicio de comidas. Por otro lado, la dirección es similar a la de los clubs, ya que el director tiene siempre varios jefes. Una multipropiedad de cien unidades puede llegar a tener entre ochenta y noventa propietarios que participan en un fondo de alquiler. Cada propietario se encarga de sacar el máximo rendimiento del alquiler de su parte y de mantener su apartamento en las mejores condiciones posible. Los muebles y el equipamiento podrían no ser uniformes, ya que generalmente los propietarios incorporan elementos personales que, muchas veces, resultan un problema a la hora de cuidarlos y mantenerlos en su sitio. El manejo de las casas tiene una importancia adicional, ya que los propietarios son mucho más críticos que los arrendadores.

Con un acuerdo de arrendamiento estipulado por los propietarios y la dirección, esta última o el director individual realizan contratos de arrendamiento separados para cada una de las propiedades. La dirección es responsabilidad de cada propietario. Para mantener una buena relación es necesario que los propietarios particulares y la dirección se mantengan continuamente en contacto; los propietarios particulares siempre quieren estar informados de las novedades financieras.

Cuando se lleva a cabo una huelga en alguna línea aérea cuyo destino es una zona en particular, el índice de ocupación puede descender precipitadamente. Cuando los empleados de la United Airlines declararon una huelga en 1979, el índice de ocupación de los hoteles y multipropiedades de Hawai descendió violentamente. El coste del combustible de los aviones se refleja en las tarifas aéreas y, por lo tanto, en el índice de ocupación hotelera, lo que repercute directamente en las multipropiedades.

La dirección de estos apartamentos en lugares turísticos como México, Hawai y el Caribe presenta problemas de personal particularmente difíciles; y en las zonas más caras, como por ejemplo Maui, resulta un problema grave la escasez de empleados debido a la falta de viviendas económicas para ellos. Los gerentes de las multipropiedades deben residir en el lugar, lo que puede resultar muy duro después de cierto período de tiempo. Muchas personas que en un principio piensan que la dirección de estos apartamentos puede ser un trabajo entretenido, con el tiempo se dan cuenta de lo contrario.

Reservar plazas en una multipropiedad puede resultar particularmente difícil, ya que por lo general los propietarios no especifican, con la necesaria anticipación, por cuánto tiempo la desean alquilar. Debido a esto, los directores deben programar de acuerdo a los planes de cada propietario, lo que resulta muy problemático cuando quienes desean alquilar los apartamentos son grupos.

Clasificación de los hoteles según su capacidad

Aunque el hotel más típico es pequeño, los grandes hoteles son los que se llevan la mejor parte del negocio. Según estimaciones realizadas por «Hotels and Restaurants International», solamente el 21 por ciento de los hoteles del mundo pueden no considerarse de tamaño «pequeño», es decir, de más de cien habitaciones en Estados Unidos o de más de cincuenta en el resto del mundo. Estos hoteles representan una cuota de mercado que comprende el 70 por ciento de las habitaciones de todos los hoteles del mundo y el 76 por ciento de los ingresos. Recientemente la revista *Lodging* publicaba un informe según el cual la mitad de habitaciones hoteleras de Estados Unidos estaban controladas por 25 cadenas.

El número de habitaciones en establecimientos hoteleros en el mundo era, a principios de la década de los noventa, de cerca de once millones, de los cuales unos tres millones correspondían a América del Norte y unos cinco millones a Europa.

Como es natural, los establecimientos más antiguos y peor ubicados están ya en declive y muchos de ellos funcionan marginalmente, por lo que se ven obligados a cerrar infinidad de ellos, mientras que los más nuevos y resplandecientes son, por lo general, muy rentables.

El negocio de los hoteles puede ser considerado de cuatro niveles en lo que se refiere a tarifas, servicios y prestigio. En lo más alto están los hoteles de lujo con tarifas de unos cien dólares diarios o más por habitación. El escalón siguiente lo forman los hoteles de primera clase cuyas tarifas oscilan entre los cincuenta y los cien dólares diarios. El puesto que le sigue lo forman los hoteles de carretera de gran escala, como los Ramada, los Holiday Inn, los Rodeways y otros por el estilo. El último escalón está formado por los establecimientos económicos cuyos precios oscilan entre los 15 y los 25 dólares diarios.

Otra forma de clasificación en el negocio de los hoteles es según el servicio que se ofrece. Los de calidad inferior son los establecimientos económicos y los pequeños moteles. Luego están los moteles que solamente ofrecen servicio de habitaciones. La cadena La Quinta es un ejemplo de esta categoría; las habitaciones son el componente que proporciona mayores beneficios, ya que los restaurantes pueden constituir una operación en vano. Las multipropiedades representan otro estilo de servicio sin restaurante.

Los aparthotels presentan un tipo de servicio que incluye desayuno libre y, por la noche, cócteles libres; las habitaciones tienen el tamaño de una *suite;* pero el restaurante no forma parte integral del servicio.

Un segmento del negocio hotelero que está creciendo rápidamente es el de «cama y desayuno», casas particulares convertidas en hoteles. En Estados Unidos muchos cobran precios considerables y ofrecen muchas comodidades, más vino y queso y un abundante desayuno; son muy diferentes de los de Gran Bretaña e Irlanda.

Los centros turísticamente más explotados presentan a veces dificultades a la hora de encontrar el personal necesario para el buen funcionamiento de los establecimientos turísticos debido a la escasez de viviendas económicas para los empleados. En la página siguiente, hoteles y playa de Waikiki, en Oahu, Hawai.

Cuadro 16.A Los principales grupos hoteleros del mundo
(mediados de los años noventa)

Cadena	País	Nº hoteles	Nº habit.
Hospitality Franchise Systems	EE UU	3 790	384 452
Holiday Inn Worldwide	EE UU	1 795	340 881
Best Western International	EE UU	3 308	272 743
Accor	Francia	2 181	250 319
Choice Hotels International	EE UU	2 607	229 784
Marriott International	EE UU	782	173 048
ITT Sheraton Corp.	EE UU	407	129 714
Hilton Hotels Corp.	EE UU	237	94 952
FORTE plc	Reino Unido	855	78 691
Promus Cos		509	78 309
Hyatt Hotels/Hyatt International	EE UU	165	76 057
Carlsson/Radisson/Colony	EE UU	341	75 986
Club Méditérrannée	Francia	262	65 128
New World/Renaissance Hotels	Hong Kong	145	55 591
Inter Continental Hotels	EE UU	121	48 510
Sol Group	España	165	43 178
Westin Hotels & Restaurants	Japón	76	38 021
La Quinta Inns	EE UU	218	27 960
Société du Louvre *	Francia	437	27 906

* Concorde & Envergure et Campanile
Fuente: *Hotels Magazine*.

La última novedad en servicio la constituyen los clubs dentro de los hoteles. Muchos de los hoteles de primera categoría de Estados Unidos dedican actualmente el último o los dos últimos pisos del edificio para alojar un hotel dentro del hotel. Tienen ascensores privados, registro y pago privados, y un conserje siempre disponible para resolver cualquier tipo de problemas, inclusive de viajes. Las tarifas de estos pisos exclusivos son generalmente un tercio más que las tarifas de los pisos normales. Los viajeros de mucho dinero constituyen el principal mercado de estos hoteles exclusivos.

LOS HOTELES EN LAS GRANDES URBES

La concentración más grande de habitaciones de hotel se encuentra en las ciudades más importantes, en las que se centra la actividad comercial. La población por sí sola no es un elemento fundamental como guía para determinar el número de habitaciones de hotel de una ciudad.

Las ciudades gubernamentales, como Washington D.C., tienen una gran concentración de habitaciones de hotel. Las ciudades comerciales, como son por ejemplo Nueva York, Los Ángeles, Atlanta, Boston, Chicago y San Francisco, requieren una gran capacidad hotelera para albergar a todos los comerciantes y demás personas de negocios que habitualmente las visitan, especialmente los invitados a convenciones y congresos.

Las ciudades que son principalmente centros industriales tienen menos capacidad hotelera debido a que su población es estable y no hay muchas razones específicas para que los viajeros visiten estas ciudades. Cleveland, Pittsburgh y Detroit son buenos ejemplos.

La ciudad de Nueva York tiene la concentración hotelera más grande del país. Solamente en un año, en 1980, se construyeron aproximadamente seis mil nuevas habitaciones, todas ellas en la categoría de tarifas altas. Le siguen en importancia Boston y Miami Beach. Las Vegas, Miami Beach y Atlantic City son centros hoteleros, de convenciones y ciudades de vacaciones que tienen probablemente la mayor concentración hotelera per cápita del mundo, tras áreas pequeñas, como por ejemplo Mónaco, al sur de Francia, que tienen una proporción más alta de habitaciones de hotel por residente.

LAS GRANDES CADENAS

A principios del siglo XX existían pocas cadenas de hoteles. La cadena Statler dominaba el mundo hotelero en los años treinta, cuando Conrad Hilton comenzó a construir la cadena de hoteles Hilton y Ernest Henderson la cadena Sheraton. En la costa oeste, con centro de operaciones en Seattle, los Westin Hotels se expandieron lenta pero firmemente.

Probablemente, el mejor indicador de la concentración hotelera puede verse en los desembolsos de dinero destinado para jornales y salarios hechos por los hoteles y otros establecimientos de la industria. Estas cifras, publicadas cada año por el departamento de comercio del gobierno de Estados Unidos, muestran la cantidad de millones de dólares pagados a los trabajadores de este sector.

Los veinte grupos hoteleros más importantes del mundo pueden verse en el cuadro 16.A de la página anterior, que incluye el número de establecimientos y de habitaciones con que cuenta cada uno.

LAS CADENAS ESTADOUNIDENSES EN EL EXTERIOR

Hasta finales de los años cuarenta, muy pocos estadounidenses se marcharon al extranjero para dirigir hoteles. La American Hotel Corporation dirigía dos hoteles en Panamá y otro en la República Dominicana, y Eugene Eppley dirigía hoteles en Panamá antes de la Segunda Guerra Mundial. El británico y el suizo eran prácticamente los únicos grupos nacionales que fueron al extranjero a dirigir sus propios establecimientos, sus hoteles internacionales eran relativamente poco numerosos. Es verdad que los hoteles Ritz solamente se guiaban por las pautas dictadas por la empresa de dirección de la cadena, pero no estaban controlados por ella. Los hoteleros estadounidenses eran reacios a invertir dinero en el extranjero, bastante tenían con digerir los constantes cambios que se llevaban a cabo en su país. En 1948 esto cambió radicalmente.

El gobierno de Estados Unidos, buscando una forma para ayudar la economía de los países latino-americanos, consultó a varias compañías hoteleras si les interesaría construir hoteles en estos países. Solamente la Pan American Airways, bajo la dirección de John Trippe, aceptó la propuesta.

La Inter-Continental Hotels Corporation (IHC) se estableció como una subsidiaria de propiedad exclusiva de la Pan American Airways y se construyeron hoteles en diversos países de América del Sur. Los contratos de dirección se hicieron con otros hoteles y a finales de los años cincuenta, la IHC tenía propiedades en Venezuela, Brasil, Uruguay, Chile, Colombia, México, Cuba y la República Dominicana. Veinte años después la IHC poseía 81 hoteles en más de cincuenta países.

En 1948, Conrad Hilton firmó un contrato para dirigir el Caribe Hilton en San Juan, provocando un *boom* turístico para la isla y estableciendo el modelo de lo que serían los Hilton internacionales, que a mediados de los años setenta tenían ya 61 hoteles

Algunas ciudades de Estados Unidos, como Las Vegas, Miami y Atlantic City, tienen la mayor concentración hotelera del mundo si exceptuamos algunas áreas pequeñas que, como Mónaco (a la derecha, el puerto de Montecarlo), viven volcadas totalmente al turismo.

(23 263 habitaciones) en 31 países fuera del territorio continental de Estados Unidos.

La Hilton International Company se separó de los hoteles Hilton para funcionar como una empresa aparte en 1964. En 1967, la Trans World Airlines compró la Hilton International. En 1970 prácticamente todas las grandes líneas aéreas se habían introducido -o estaban planeando hacerlo- en la industria hotelera. En parte debido al buen resultado obtenido por los hoteles Hilton y la Inter-Continental Hotel Company en sus operaciones en el extranjero, la Sheraton Hotel Corporation of America, la empresa Westin Hotels, la Knott Hotels y la Hyatt International instalaron establecimientos en el extranjero.

LOS HOTELEROS ESTADOUNIDENSES EXPORTAN SU EXPERIENCIA

Los hoteleros estadounidenses que trabajan en el extranjero han dado un nuevo sentido a la dirección de la hostelería internacional caracterizada, en la mayoría de los casos, por un gran sistema de dirigir, un nuevo estilo de publicidad y promoción y el deseo de gastar dinero. Está claro que ellos se dedican, para construir los hoteles en el extranjero, a gastar el dinero de los demás, ya sea un inversor local o el gobierno del país. Preferentemente, estos directores trabajarán bajo contrato, lo que disminuye en gran medida los riesgos y logra un mejor tratamiento en el nuevo país.

Las primeras inversiones de los hoteles estadounidenses en el extranjero se realizaron a mediados del siglo XX en América Latina. En la imagen, un hotel de la cadena Holiday Inn en Puerto Vallarta en Jalisco (México), en la actualidad.

Algunas corporaciones hoteleras invierten en el extranjero simplemente porque los beneficios son superiores a los conseguidos en Estados Unidos. Cuando pueden aplicarse las mismas tarifas que en Estados Unidos –lo que habitualmente se hace– y se mantiene un porcentaje de ocupación razonable, el hotel puede lograr beneficios considerablemente superiores a los que lograría en Estados Unidos debido a la escasez de hoteles de primera clase y al deseo de los viajeros estadounidenses de alojarse en hoteles gestionados por sus compatriotas. A pesar de que se necesitan más empleados en los hoteles en el extranjero, los costes de mano de obra rara vez superaban el 30 por ciento de los ingresos totales. En Estados Unidos los costes de mano de obra oscilan entre el 35 y el 40 por ciento de las ventas brutas. Gran parte de estos viajeros prefieren los hoteles de primera clase y se sienten más seguros si se hospedan en un Hilton, un IHC o cualquier otro con capital estadounidense.

Las consecuencias económicas de los hoteles dirigidos por estadounidenses en el extranjero son muchas más de las que proporcionan sus cientos de miles de habitaciones. El Hilton de Estambul, por ejemplo, logró en 1955 un beneficio de trece millones de dólares durante su primer año de funcionamiento y jugó un rol muy importante en el sesenta por ciento de incremento del turismo de Turquía en ese año. El Hilton del Caribe está considerado como uno de los más rentables en el negocio de la hostelería, después de los hoteles-casino ubicados en el territorio continental de Estados Unidos.

En muchos países, los hoteles estadounidenses son los únicos que destacan, los más nuevos y los más grandes. Por ejemplo, en Caracas, capital de Venezuela, el Tamanaco Hotel y el Hilton son, en varios aspectos, unos de los mejores. Antes de la construcción de estos hoteles había solamente un hotel de primera categoría en la ciudad, el Ávila, y era de Rockefeller. En Panamá no hay demasiados hoteles de primera clase y uno de ellos ha estado dirigido por la Hilton y la IHC en épocas diferentes. Algunos de los países en vías de desarrollo tienen solamente un hotel de primera clase y otros ninguno.

En 1973, las empresas hoteleras estadounidenses decidieron instalarse en Londres: se agregaron 9 500 nuevas habitaciones, de las cuales 4 100 —el 43 por ciento— eran construidas por firmas estadounidenses. La compañía Esso construyó una cadena de hoteles de carretera desde Escandinavia

El deseo de la mayoría de estadounidenses de alojarse en un hotel gestionado por sus compatriotas cuando viajan al extranjero ha llevado a grupos hoteleros a establecerse en los más diversos países. Sobre estas líneas, el hotel Hilton de Nairobi (Kenia).

hasta Italia. La dirección hotelera estadounidense en el extranjero no significa un número considerable de personal de dirección trabajando en el exterior. En la mayoría de los países se llega a un acuerdo entre la empresa directiva y el gobierno local para restringir el número de estadounidenses que serán empleados en el hotel. Exceptuando los cargos más altos, el resto del personal debe ser local. En México, por ejemplo, solamente el personal especializado en determinadas áreas que no se encuentra en el país obtiene permiso de trabajo y se firman acuerdos para preparar a los empleados nacionales para realizar estas tareas en el plazo de tres años.

Sin embargo, el reducido personal estadounidense es suficiente para instalar la empresa y sus métodos en el extranjero y, lo que es más importante, los sistemas de comercialización estadounidenses. Prácticamente todos los hoteles dirigidos por empresas de Estados Unidos en el extranjero causan muy buena impresión, son grandes y bien diseñados.

En el país local muchas veces se los ve como un símbolo de prestigio nacional y se construyen edificaciones similares.

LOS CLIENTES

¿Quién se hospeda en un hotel o motel? La respuesta a esta pregunta varía según la ubicación, las tarifas y la imagen creadas para un hotel o motel. Se han realizado numerosos estudios intentando identificar a los clientes de un determinado hotel o motel, y uno de los más recientes mostró los resultados que se citan a continuación.

Los turistas constituyen aproximadamente un tercio del negocio típico de la hostelería. Los grandes hoteles han incorporado personal especializado para trabajar con los tours y grupos. El Hilton de Los Ángeles, por ejemplo, tiene varias personas encargadas de este trabajo. Muchos de estos especialistas en turismo son atractivas señoritas que se relacionan con los tour operadores y se encargan del tour una vez que éste llega al hotel, acelerando los registros y la distribución del equipaje en las habitaciones correspondientes a los miembros del grupo.

Las personas que participan en conferencias parecen aumentar año tras año y comprenden casi un diez por ciento del total de los clientes de los hoteles, mientras que los funcionarios del gobierno suponen aproximadamente un cuatro por ciento del total de los clientes registrados.

El número más importante de clientes en el negocio de los hoteles siguen siendo, sin embargo, las personas de negocios. En algunos hoteles, un ochenta o un noventa por ciento de las personas registradas viajan por motivos de negocios. En Estados Unidos, las personas en viajes de negocios representan casi un 35 por ciento del total de la ocupación hotelera. La figura 16.A muestra los diversos componentes del mercado hotelero.

¿Qué influye en la elección de un hotel?

De acuerdo con una encuesta Gallup sobre los viajeros que paraban en las principales cadenas de hoteles y moteles, los factores más importantes a la hora de seleccionarlos eran: la limpieza, los precios razonables y la comodidad.

Un método diferente en la realización de la encuesta o las preguntas orientadas de otra forma probablemente hubiera mostrado que otros factores como la conveniencia, el prestigio, el efecto de la publicidad, etcétera, son también determinantes. Muchos informes han mostrado que las personas que

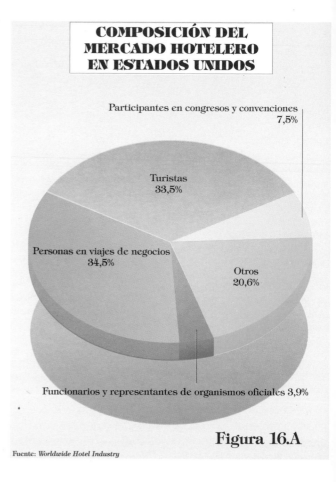

COMPOSICIÓN DEL MERCADO HOTELERO EN ESTADOS UNIDOS

Participantes en congresos y convenciones 7,5%

Turistas 33,5%

Personas en viajes de negocios 34,5%

Otros 20,6%

Funcionarios y representantes de organismos oficiales 3,9%

Figura 16.A

Fuente: *Worldwide Hotel Industry*

viajan a una convención son las que más gastan por día, seguidas por las personas en viajes de negocios y, en tercer lugar, por las que lo hacen por placer. Esto resulta fácil de entender cuando nos formulamos la siguiente pregunta: ¿quién es el que paga?

EL MOTEL: UN NUEVO CONCEPTO EN LA HOSTELERÍA

Cuando Henry Ford puso el Ford T al alcance del bolsillo del ciudadano medio, los viajes de ciudad a ciudad y los paseos dentro de la ciudad se convirtieron en una diversión y preocupación muy peculiares, prácticamente en una forma de vida. Los viajeros que tenían que pasar la noche en algún lugar recibían con todo placer las cuatro paredes con una bombilla pelada colgando del techo y el piso vacío, con tal de tener un lugar privado cuando estaban fuera de sus ciudades.

La palabra «motel» se utilizó por primera vez en 1926 en California. Muchos de estos establecimientos alquilaban sus habitaciones el mismo día que terminaban de construirse. Las tarifas eran muy bajas —un dólar por noche era la tarifa normal a principios de los años veinte— y todo formaba parte del «deporte de viajar». Rápidamente el motel se convirtió en el lugar de descanso de los viajeros y todavía no se ofrecía en ellos servicio de comidas o bebidas. Más tarde, esto se convirtió en una necesidad.

Desarrollo de los moteles

La expansión de los moteles fue espectacular no sólo por su cantidad sino también por su naturaleza. En 1935, la oficina de censos de Estados Unidos contó 9 848 moteles. La cifra se incrementó a 13 521 en 1939. La Segunda Guerra Mundial significó un freno temporal para su expansión y durante un tiempo, con la restricción en la venta de gasolina y neumáticos, muchos sobrevivieron por casualidad.

Después de la guerra, hubo un resurgimiento de la costumbre de viajar y los moteles renacieron para satisfacer las necesidades de los viajeros. Muchas parejas invirtieron sus ahorros y pidieron créditos para construir moteles de diez a veinte habitaciones y lograron un gran éxito. Muchas de estas parejas consiguieron pagar los costes de la construcción de sus moteles en cinco años e incluso menos. En 1951, el *American Motel Magazine* afirmaba que había 43 356 moteles en funcionamiento en todo el país.

Aproximadamente en esta época tuvo lugar un importante cambio en el carácter de la edificación y su funcionamiento. Muchos inversores, con un respaldo de cientos de miles de dólares, se introdujeron en el negocio y el pequeño motel familiar dejó de ser rentable. Los nuevos operadores de moteles coparon el mercado ofreciendo servicios como cuarto de baño privado, radio, televisión, ducha, suelos alfombrados y baños con azulejos.

Sin embargo, gracias a la competencia, se introdujo un nuevo estilo en el negocio de los moteles. Se construyeron algunos enormes que requerían una inversión generalmente superior al millón de dólares. La piscina, un vestíbulo lujoso y el restaurante formaban parte integral de la construcción.

En 1962 los moteles de cien habitaciones ya se habían estandarizado. El típico motel de la actualidad, exceptuando los moteles económicos, posee más de 125 habitaciones, un restaurante con más de cien plazas y una media de 18 empleados trabajando a tiempo completo en el restaurante. Tiene también una enorme piscina —climatizada en invierno— y televisión en las habitaciones.

El teléfono y el servicio opcional de habitaciones se han estandarizado en los llamados «hoteles de carretera». Es también usual que los moteles estén ubicados a menos de cinco minutos del centro urbano más próximo, con facilidades para el transporte. El motel céntrico está adquiriendo las características de los hoteles turísticos. En los moteles modernos se construyeron nuevos elementos recreativos, como parques infantiles, campos de golf, piscinas, mesas de juego o canchas de badminton. Es común ver zonas recreativas, áreas centrales con una piscina y techo transparente.

Pocos gastos y buenos beneficios de los moteles

Una de las razones de la rápida expansión de los moteles y hoteles de carretera fue que, en 1969, proporcionaban un beneficio medio de 1 500 dólares por habitación disponible, incluyendo impuestos pero sin incluir otros gastos de capital. El beneficio medio de los hoteles fue de 1 200 dólares por habitación disponible. Los pequeños operadores de moteles —por lo general familias— podían, si trabajaban duro, pagar sus hipotecas en un plazo de entre cinco y diez años.

Para las familias que están de viaje, el motel es más informal, las propinas suelen ser menores, los precios de los restaurantes son por lo general moderados y hay una piscina para los niños. No hay necesidad de ir hasta el centro de la ciudad para conseguir hospedaje; los moteles más nuevos están ubicados generalmente sobre una autopista en la zona periférica de una ciudad. La mayoría de los moteles de carretera más nuevos también están por lo general afiliados a una cadena, lo que permite que se pueda realizar la reserva para la noche siguiente desde el propio motel para algún otro establecimiento de la cadena; el cliente tiene así la seguridad de que la noche siguiente encontrará plaza en un motel limpio, seguro y atractivo. Lo mismo ocurre con los nuevos moteles económicos que se expandieron por todas las carreteras de Estados Unidos en los años setenta.

LA ASOCIACIÓN AMERICANA DE HOTELES Y MOTELES

Entre los años veinte y los cuarenta, los operadores de motel tenían muy poco en común con los propietarios y operadores de hotel. Los moteles eran pequeños y sus propietarios, *amateurs*. Por lo general, los moteles no ofrecían servicio de comidas y bebidas, y todos los ahorros del operador del motel los invertía en su propiedad, lo que él deseaba era conservar lo que tenía y expandir su negocio.

Los directores de hotel, por el contrario, tenían una tradición que se remontaba hasta 1830 aproximadamente. Contaban con un gran estatus y la complejidad del trabajo requería que tuviesen experiencia profesional. Los directores de los grandes hoteles

El desarrollo de la hostelería

El éxito obtenido por los moteles de carretera se explica a partir de la ventaja que supone para el viajero el poder pernoctar sin desviarse de su ruta, disfrutando de mejores precios y de buen número de comodidades. A la derecha, moteles cerca de Disneylandia, en Anaheim, California.

consideraban la dirección como una carrera profesional y estaban constantemente al acecho de mejores ofertas de trabajo.

Para los propietarios y directores de los hoteles, los moteles eran algo insignificante y muchas veces motivo de burla. Un dicho decía: «Los turistas engendraron los moteles y los hoteles los maldijeron». Los hoteleros no se asociaban con las personas de los moteles, todas las reuniones y asociaciones eran separadas.

Pero a principios de la década de los sesenta, los moteles ya formaban una parte del negocio hotelero. La Asociación Americana de Hoteles cambió su nombre por Asociación Americana de Hoteles y Moteles. Los moteles más grandes, especialmente los afiliados a una cadena, se convirtieron en miembros de la AH&MA (Asociación Americana de Hoteles y Moteles) y fueron incluidos en las listas del *Libro Rojo de Hoteles y Moteles.* La publicación más importante de la industria hotelera, *Dirección de Hoteles,* se convirtió en *Análisis de la Dirección de Hoteles y Moteles.* Los hoteles de carretera más importantes, cuya dirección era muy similar a la de los moteles, estaban muy satisfechos de poder unirse a la fraternidad hotelera.

No ocurría lo mismo con los operadores de pequeños moteles que se consideraban como pequeños empresarios aislados, alquilando habitaciones en las carreteras. Ellos continuaron teniendo su propia asociación comercial.

Los hoteles de carretera o moteles más grandes —sea cual sea su nombre— funcionan, en realidad, como hoteles y ofrecen la mayoría de los servicios que incluyen los grandes hoteles. La atmósfera suele ser más relajada y se da menos énfasis a las personas en viajes de negocios. El servicio de comidas en los moteles suele ser más informal, ya que funcionan prácticamente como un bar.

Para los hoteles de más de trescientas habitaciones, el mercado está por lo general formado por una de las siguientes categorías:

• Grupos de negocios o corporaciones.
• Grupos de convenciones o reuniones.
• Tours de viajeros nacionales e internacionales.
• Grupos internacionales y de incentivo.

El servicio hotelero dedicado al mercado de las personas de negocios y corporaciones debe incluir al menos algunas *suites* apropiadas para los altos ejecutivos, donde puedan realizarse reuniones comerciales o de relaciones públicas. Por lo general, estos hoteles suelen incluir un centro deportivo en sus servicios, con sauna y gimnasio para uso de los ejecutivos.

Hay algunos hoteles que buscan específicamente los tours y emplean a un director de tour que se encarga de buscar los grupos que se alojarán en el hotel y de coordinarlos una vez que éstos han llegado al establecimiento.

Muchos de los grandes hoteles cuentan con una persona encargada de las relaciones públicas que coordina las actividades o forma parte del departamento comercial. Este puesto puede incluir toda la publicidad interna del hotel y para eso el relaciones públicas trabaja también muchas veces junto con el departamento de publicidad. Algunas promociones, tales como las especiales de vacaciones, pueden formar parte del rol de la persona encargada de las relaciones públicas que debe contestar las cartas de quejas enviadas por los clientes y dirigidas al director, conducir los tours alojados en el establecimiento y trabajar con los fotógrafos y articulistas.

EL AUMENTO DE LOS VIAJES EN GRUPO

En 1975, los tours ya constituían una importante parte del negocio de la hostelería; éstos incluyen viaje, comidas y alojamiento y las agencias de viajes se encargan de venderlos. Prácticamente todos los grandes hoteles tienen un departamento de marketing presidido por un director de ventas, personas encargadas de las ventas zonales y muchas veces un director de tours y convenciones.

«Los estadounidenses de todas las edades, condiciones y tendencias, constantemente están formando asociaciones.» El escritor Alexis de Tocqueville, un conocido narrador de la vida estadounidense, escribió esta afirmación en 1831 y su juicio resulta tan válido en la actualidad como lo fue en la época.

El verdadero impacto del negocio de los grupos no llegó a los hoteles estadounidenses hasta los años cincuenta. A finales de los años sesenta, la mayoría de los grandes hoteles del centro de las ciudades obtenían un cuarenta por ciento de los ingresos de los grupos que se alojaban para asistir a convenciones y reuniones de diferentes corporaciones. En la actualidad, algunos hoteles obtienen hasta un noventa por ciento de sus ingresos de las convenciones y otros grupos. El carácter sociable de los estadounidenses, sus constantes viajes y el deseo de mantener en una misma línea el trabajo y el placer son responsables «del ritual multimillonario de los estadounidenses».

La ciudad de Nueva York es la que atrae más convenciones. El hotel Hilton de esta ciudad y el Americana fueron construidos especialmente para albergar convenciones y otras reuniones de negocios. Los viajes en avión y la desgravación fiscal de todos los gastos de negocios hacen que resulte fácil para los estadounidenses concretar el deseo de reunirse con los demás para intercambiar información, buscar un nuevo trabajo, comprar nuevas mercancías para su negocio y divertirse mientras lo hacen. Son varios millones los viajeros que asisten anualmente a convenciones, reuniones comerciales, muestras y reuniones de negocios.

Las convenciones significan grandes sumas de dinero para los hoteles. Asisten hasta cien mil delegados a algunas reuniones de carácter nacional, suficientes como para ocupar las habitaciones de los hoteles de varios kilómetros a la redonda. El delegado medio que asiste a una convención nacional gasta, según la Asociación Internacional de Agencias, unos cuatrocientos dólares aproximadamente por convención. Lo que hace que la organización de convenciones resulte muy interesante para los hoteles es el hecho de que se realicen, por lo general, en épocas de baja ocupación hotelera, fines de semana y temporada baja. Además, una vez que la convención ya ha comenzado, la mayoría de las personas que asisten a ella comen en el restaurante del hotel.

Gran parte del negocio de las convenciones se ha ido fusionando lentamente con el negocio de las vacaciones. La persona de negocios independiente puede que tenga a su esposa o esposo trabajando también dentro de la empresa, ambos viajan a una reunión de negocios con los gastos pagados, que son además desgravables. Los ejecutivos que viajan a

reuniones de negocios tienen también los gastos pagados, y el pequeño extra que significa registrarse en una habitación doble hace que los gastos del viaje sean relativamente nulos para la persona que les acompañe.

Con las tarifas especiales de viajes aéreos para grupos, las convenciones actuales suelen convertirse en un acontecimiento familiar. Las esposas o esposos acompañan a más de la mitad de las personas que concurren a convenciones en la ciudad de Nueva York, mientras que aproximadamente el 75 por ciento de las que acuden a convenciones en Florida llevan acompañante.

Para los encargados de ventas de una empresa, las reuniones deben ser una combinación de diversión y campaña de ventas. La empresa Philco-Ford contrata treinta aviones para transportar a cinco mil comerciantes de sus artículos electrónicos y a sus

esposas o esposos a lugares como Puerto Rico, Hawai, Las Vegas o Paradise Island en las Bahamas. El agasajo podría costar aproximadamente trescientos mil dólares para todo el grupo. Un hotel de temporada como el Princess de Acapulco (México) consigue más de la mitad de sus ingresos de los grupos que en él se hospedan.

LAS FERIAS

Las exhibiciones y muestras comerciales están íntimamente relacionadas con las convenciones de negocios. Muchas de las asociaciones de comercio adquieren anualmente el porcentaje más alto de sus ganancias organizando muestras y convenciones comerciales. La Asociación Nacional de Restaurantes recibe la mayor parte de los ingresos de esta actividad.

Cada kilómetro cuadrado de espacio para estas muestras puede alquilarse a un precio mucho más bajo que su precio de venta. Esta diferencia resulta muy rentable para las asociaciones.

Las empresas organizadoras se unen con las asociaciones para formar el negocio de las convenciones, del que también participan los ayuntamientos.

EL NEGOCIO DE LA ORGANIZACIÓN DE FERIAS Y CONVENCIONES

Muchas oficinas encargadas de organizar convenciones se han establecido en todas las ciudades estadounidenses, el mayor porcentaje en California, y tienen el principal propósito de atraer a los visitantes al área que representan. Aquellas que representan a las grandes ciudades con varios miles de habitaciones de hotel compiten por las grandes convenciones y las reuniones comerciales: los grupos que representan profesionales tales como los de la enseñanza, los médicos y abogados; grupos estatales tales como los liquidadores de impuestos o concejales; grupos de trabajadores de diferentes oficios tales como plomeros o chatarreros; y reuniones de gremios y sindicatos. Las convenciones políticas, especialmente a nivel nacional, atraen a miles de visitantes a un área determinada.

Las oficinas de organización de convenciones actúan por lo general como anfitriones, asumiendo por completo las responsabilidades de alojamiento para grandes grupos, reservando habitaciones en los diferentes hoteles de la zona. Una oficina podría dirigir también un centro de convenciones o muestras, vendiendo los espacios de exhibición, organizando las inscripciones, facilitando autobuses para el desplazamiento del hotel al centro de convenciones, ayudando a comunicar las novedades y trabajando con los medios de comunicación de la zona.

Dentro de una de estas oficinas, como por ejemplo el Anaheim Convention and Visitors' Bureau, están empleados muchos encargados de ventas, cada uno responsable de más de mil grupos, encargados de mantener los registros, de divulgar diferentes infor-

El auge de las convenciones ha llevado a la creación de oficinas especializadas en su organización que se encargan del buen funcionamiento integral de las mismas reservando salas en los hoteles así como habitaciones para los participantes. A la izquierda, salón de un hotel en el curso de una convención.

maciones, como por ejemplo las fechas de las reuniones, los nombres de las asociaciones de ejecutivos y otras informaciones de valor que los diferentes grupos solicitan para elegir un área determinada. El trabajo de las personas de estas oficinas está íntimamente relacionado con el de los hoteles y necesita vigilancia, una personalidad agradable y facilidad para relacionarse con las asociaciones de ejecutivos. Es un trabajo que suele estar muy bien remunerado, tanto económicamente como en otros aspectos, y puede ofrecer una carrera más estable que la dirección hotelera. Una gran oficina de organización de convenciones podría emplear entre treinta y cincuenta personas a jornada completa y otro tanto a jornada parcial.

Acapulco posee quizás el centro de muestras y convenciones más espectacular del mundo. Otras grandes urbes que albergan muestras y convenciones son Chicago, Nueva York, Anaheim, Las Vegas, Los Ángeles, San Francisco, Dallas, Atlanta, Honolulú, Detroit, Houston, Nueva Orleáns, Denver y Washington. Los estados con mayor actividad de muestras y convenciones son California, Texas, Florida, Nueva York e Illinois, respetando el orden de importancia. Atraer las convenciones es un negocio especializado; para promoverlo, las grandes ciudades han establecido oficinas para su organización. Este negocio tiene una gran competencia. En el sur de California, las oficinas de organización de convenciones de Palm Springs, Anaheim, Los Ángeles, Long Beach y San Diego compiten muchas veces por atender a los mismos grupos. Los fondos para las convenciones provienen generalmente de un impuesto aplicado a las tarifas de las habitaciones hoteleras. Los ingresos de estas oficinas pueden ser superiores a un millón de dólares, como ocurre con la oficina de San Diego. La oficina de organización de convenciones de Las Vegas tiene ingresos de unos quince millones de dólares anuales, obtenidos del impuesto aplicado a las habitaciones de hotel de la ciudad. De los sesenta centros de convenciones principales, los informes muestran que la mayoría ha funcionado con una pérdida financiera compensada por fondos públicos, locales, estatales o federales.

Algunas ciudades, que se han volcado en la organización de muestras y convenciones, han precisado, por ese motivo, aumentar su capacidad hotelera. En Estados Unidos, California aparece a la cabeza de los estados especializados en dichas muestras. Abajo, vista parcial del Buenaventure Hotel de Los Ángeles, en el centro de la fotografía.

Para agregar interés a las convenciones, una misma empresa busca muchas veces lugares que también ofrezcan un interés turístico. A la derecha, complejo hotelero en Cancún (México), uno de los lugares alternativos preferidos por los estadounidenses.

ORGANIZACIÓN INTERNA DE UNA CONVENCIÓN

Dentro del hotel, el personal del departamento de ventas no sólo tiene la responsabilidad de atraer convenciones, sino que también debe procurar que todo funcione correctamente una vez que éstas han dado comienzo. Este trabajo requiere la dedicación total de por lo menos una persona, y en los grandes hoteles, de varias. Dentro de un gran hotel puede haber un director de ventas, tres directores más encargados de las ventas nacionales y un director de tours y convenciones. Esta última persona es el lazo principal de unión entre un grupo y el hotel, es él quien debe encargarse de que todo funcione tal como estaba planificado y de que todas las comodidades y los servicios del hotel estén a disposición de los clientes.

Las habitaciones asignadas a los funcionarios de las grandes convenciones, generalmente están cumplimentadas por el hotel; también se proporcionan, algunas veces, habitaciones o salones para reuniones en forma gratuita. El grupo de la convención puede luego alquilar a los proveedores o a otros si así lo desea.

Mientras que cada vez son más los productos que se fabrican con menos personas implicadas en el proceso de fabricación, la cantidad de personas encargadas de la dirección, las finanzas, las ventas, la especialización y una variedad de posiciones técnicas ha crecido firmemente. Las reuniones comerciales, las conferencias, los seminarios técnicos, las sesiones especializadas y las reuniones educativas han hecho que los estadounidenses se conviertan en «las personas que más se reúnen del mundo».

Los estadounidenses tienen un deseo especial de intercambiar constantemente información y proponer nuevas ideas, aunque sea con la competencia, ideas que en otros países se conservan completamente para el beneficio de las personas que las conciben. Muchas industrias, anteriormente ubicadas en las zonas céntricas, están ahora en las afueras de las áreas metropolitanas, convirtiendo en una necesidad para los directivos y los técnicos viajar a las reuniones para hacer negocios e intercambiar infor-

mación. Las grandes corporaciones que poseen plantas por todo el territorio nacional deben reunir con cierta frecuencia al personal técnico y directivo de los distintos establecimientos, lo que constituye otro tipo de reuniones de negocios.

LAS CONVENCIONES, UN NEGOCIO PARA LAS CADENAS DE HOTELES

Una gran parte del negocio de las convenciones está controlado por las cadenas más grandes, aquellas que tienen grandes hoteles en las principales ciudades del país. La Hilton, la Hyatt, la Ramada, la Loews, la Sheraton y algunas otras grandes cadenas pueden permitirse contar con un gran plantel de personal encargado de las convenciones, especialistas cuya tarea principal consiste en cultivar y contratar personas clave en las grandes asociaciones nacionales.

Las convenciones de algunos de los grupos nacionales más grandes, como la Asociación Nacional de la Educación y la Asociación Americana de Medicina, se planifican con, por lo menos, cinco años de anticipación, y algunas incluso más. La Asociación Americana de Química selecciona la ubicación de sus convenciones con diez años de anticipación. Muchas de estas asociaciones cambian anualmente el lugar de reunión de sus convenciones para igualar las distancias de viaje de los miembros de todo el país. Algunas las hacen fuera del país, por ejemplo en Canadá, México o el Caribe. Otra razón por la cual se cambia el lugar de convención cada año es la de agregar interés y atractivo a la reunión nacional. Solamente las cadenas hoteleras más grandes cuentan con el presupuesto necesario para realizar y mantener los contactos que se requieren para influir en la decisión de la ubicación de las próximas convenciones de cada asociación. En este sentido, las cadenas tienen una verdadera ventaja sobre los independientes. Debemos destacar el hecho de que los enormes hoteles capaces de albergar a grandes grupos nacionales están en su mayoría dirigidos por cadenas hoteleras y debido a esto no tienen que competir con los hoteles pequeños e independientes, sino más bien entre ellas.

La planificación de convenciones

El negocio de las convenciones ha crecido hasta tal punto que se han establecido numerosas empresas encargadas de su organización. Dichas empresas manejan muchos de los detalles que la programación de una convención requiere, además del alojamiento o cualquier otro aspecto que tenga lugar dentro del hotel. En Los Ángeles, por ejemplo, más de setecientas mil personas asisten a convenciones y gastan cerca de trescientos millones de dólares por año. Una gran parte de este dinero ingresa en los servicios de planificación de convenciones, es decir, en las personas que trabajan fuera de escena para controlar que todo funcione correctamente, administrando los servicios prácticos necesarios como transporte, tours, actividades para los acompañantes, registros y, también, organizando las actividades para el tiempo libre. Tours a Disneylandia, Beverly Hills y torneos de tenis o de golf forman parte de estas actividades organizadas. Algunas empresas están preparadas para el «mercado de incentivación», formado por aquellos viajeros que son

Cuadro 16.C Tasa de ocupación media en los hoteles*	
Región	%
Hoteles y moteles de EE UU**	66,3
Canadá	70,3
México	65,1
América Latina	66,2
Caribe	71,3
Europa	69,7
África	66,5
Oriente Medio	51,7
Pacífico	77,3
Otras áreas	69,8

* Cifras correspondientes a mediados de los años noventa.
** Basado en una muestra de 1 000 hoteles y moteles. En el resto de países, basado en una muestra de 675 hoteles internacionales.
Fuente: Pannell Kerr Forster, *Trends in the Hotel Industry, International Edition*.

enviados por sus empresas, como premio o bonificación por sus éxitos en las ventas. Cada empresa contrata unos setenta guías turísticos y personal encargado de obtener entradas para el teatro o acontecimientos deportivos, organizar tours interesantes o fiestas especiales para el grupo. El personal de servicio viste, por lo general, un traje que los distingue para que resulte fácil reconocerlos. El servicio de planificación podría organizar fiestas de todo tipo. Muchas empresas de organización de convenciones tienen una oficina dentro del hotel, donde trabajan conjuntamente con el personal del establecimiento. Algunas de las grandes corporaciones tienen su propio personal de planificación y organización de convenciones.

Las nuevas técnicas aplicadas a las convenciones

Las telecomunicaciones, casi siempre por medio de teléfonos, pueden tener una importancia muy significativa en las convenciones, los congresos y las reuniones. Las señales de vídeo sumadas a las comunicaciones telefónicas se pueden enviar desde un hotel a otro. Los miembros de un grupo o asociación pueden reunirse en diferentes puntos del país y, por medio de este sistema, ver y oír todo lo que ocurre en la convención central. Los diferentes grupos tienen comunicación entre sí por medio del teléfono.

Cuando las distancias para acudir a la convención o conferencia son muy grandes, la comunicación por medio del teléfono podría reducir notablemente los gastos.

La Holiday Inn ha instalado una subsidiaria, la Hi Net, que envía películas a sus hoteles por vía satélite, después de las 16.00 horas. Después de este período de tiempo, el sistema se puede conectar a las salas de reunión de cada hotel para realizar teleconferencias.

Se hace necesario un satélite comercial receptor permanentemente instalado en cada uno de los establecimientos de la cadena.

Pero ¿cuál es el efecto en el negocio hotelero? Las teleconferencias reducen los gastos y el índice de ocupación hotelera (cuadro 16.C), pero incrementan las conferencias y convenciones realizadas en el hotel y las ventas de comida y bebida.

LAS VARIABLES DEL ÉXITO FERIAL

«Nos veremos en la feria.» «Hasta la próxima feria.» «Este año la feria ha estado floja.» «Mucha gente, pero pocos contactos.» Son expresiones habituales entre los expositores de las muchas y variopintas ferias que se celebran en el mundo. Desgraciadamente, a pesar del creciente número de eventos feriales, sigue costando encontrar expertos en marketing ferial y, en consecuencia, no se ha difundido su cultura, tanto entre los organizadores de las ferias y mercados como entre sus sufridos expositores.

Tradicionalmente, la asistencia a una feria (en tiempos pasados escasas y de oferta heterogénea) implicaba la seguridad de que sería visitada por todo el mundo, al tratarse de uno de los pocos actos de distracción que se celebraban. Si a este atractivo le añadimos el hecho de que también era el único lugar donde se podía encontrar una amplia oferta de productos, algunos de ellos novedosos para el gran público, era lógico que el éxito estuviese asegurado en cada feria, tanto para los organizadores, que actuaban como simples vendedores de metros cuadrados, como para los expositores, quienes eran asaltados por todo tipo de visitantes, que se entretenían y a buen seguro se agotaban físicamente al pasar el día en su recinto.

Como la economía es dinámica, vertiginosamente dinámica, y provoca una oferta —tanto en cantidad como en variedad de productos y servicios— superior a la demanda, los encuentros heterogéneos pierden eficiencia al mezclarse muchas personas que van a distraerse con los numerosos productos expuestos, con unas pocas que están interesadas en una parte concreta de la oferta expuesta.

Para solucionar esta perniciosa mezcla de intereses entre los visitantes se han creado las ferias por sectores, que han ido sustituyendo a la feria heterogénea y la han fragmentado en partes por especialidades. Esta nueva alternativa de poner en contacto a la oferta y la demanda ha proliferado en los últimos años de forma veloz, y quizás excesivamente, porque han aparecido ferias clónicas el mismo año en distintos lugares geográficos, lo cual ha ori-

Las ferias especializadas en un sector concreto, como por ejemplo el de la hostelería, constituyen uno de los acontecimientos más importantes para los profesionales que se dedican a él. En ellas no sólo se puede acceder a las novedades del ramo, sino que su recinto se convierte en un lugar idóneo para el intercambio de ideas y proyectos.

El desarrollo de la hostelería

Una de las actividades que proporcionan mayor beneficio para los hoteles son los congresos de especialistas. Los directores hoteleros deben estar en contacto con los organizadores de congresos para ofrecer sus servicios, máxime si se tiene en cuenta el alto poder adquisitivo de los participantes en ellos. A la izquierda, el Palau Sant Jordi de Barcelona (España) durante un congreso de arquitectos.

ginado la duda en la participación tanto de los expositores —que no se deciden sobre dónde exponer ante las diversas alternativas competidoras entre sí que se le ofrecen— como de los visitantes especializados, que también vacilan respecto a cuál de las ferias asistir. Esta fragmentación y multiplicación de las ferias especializadas debería reconducirse, ya que de lo contrario, en un mercado tan sutil, comunicado y competitivo, pueden perder relevancia e ir desapareciendo paulatinamente, para quedar triunfante la más potente en cuanto a poder de convocatoria, tanto de expositores como de visitantes y medios de comunicación, la mejor comunicada en cuanto a accesos y medios logísticos y aquella que disponga de los más eficientes y amplios servicios complementarios. Esta selección entre grandes ferias especializadas será compatible con las tradicionales ferias heterogéneas locales y los mercados locales, sean diversificados o especializados.

Para facilitar, tanto a los organizadores feriales como a los expositores, el dominio de las técnicas de la calidad total y del «marketing total» ferial que les asegurará el éxito esperado, es importante hacer una valoración para detectar qué acciones se pueden mejorar. Tan sólo un análisis autocrítico, reflexivo, flexible, positivo y periódico les ayudará a convertir los problemas en oportunidades, recordando que sólo la crítica constructiva genera progreso.

Acciones para mejorar el éxito ferial continuado

Los responsables de la organización de acontecimientos feriales deberían revisar periódicamente los siguientes conceptos:

- Si a los expositores les resulta fácil contactar con los responsables de la feria, si se les orienta respecto a cuál es la mejor situación para su *stand*, si se les encamina a preparar las gestiones previas a la feria, con los clientes potenciales, si se les ayuda a potenciar su trabajo durante la feria para tener éxito, y si se les atiende con agilidad y eficacia ante cualquier solicitud, durante la preparación de la feria, así como durante su celebración.
- Si se hace un seguimiento de los resultados obtenidos por cada expositor y si se les ofrece su ayuda para mejorarlos.
- La calidad de los servicios que utilizan los expositores, los visitantes y los medios de comunicación y los proveedores externos a la feria.
- Estar periódicamente atento a las sugerencias de los expositores y visitantes en cuanto a la calidad total, para aplicarlas inmediatamente. Para ello sería aconsejable organizar encuestas y otros sistemas de recogida de opinión.
- Estar pendiente de las actuaciones de las ferias competidoras.
- Tomar iniciativas para tener una excelente imagen a través de los medios de comunicación, para así llegar tanto a los expositores como a los visitantes.
- Suministrar un listado para verificar los pequeños detalles, a fin de que los visitantes y los expositores encuentren un nivel de calidad excelente (lavabos, moqueta, iluminación...).
- Instruir a sus empleados para que se comporten con una extrema amabilidad.
- Formar a los empleados para que sepan improvisar con eficiencia, simpatía y equilibrio.
- Motivar a sus empleados para que propongan ideas novedosas que permitan a los expositores y visi-

tantes calibrar las diferencias con respecto a las otras ferias.

- Organizar seminarios para formar a los expositores, ayudándoles a hacer más rentable su inversión en la feria.
- Analizar, en unión y con la información proporcionada por el visitante, los circuitos que deben seguir los expositores y el *merchandising* idóneo para provocar los cambios oportunos y evitar que éstos y el visitante se quejen.
- Observar con la mentalidad y la información del expositor todo lo que ocurre antes de la feria, durante la feria y después de la feria.
- Agradecer a los expositores su participación y sus sugerencias, comunicándoles las que se pondrán en marcha en próximas ediciones.
- Actualizar periódicamente y ofrecer a sus expositores el listado de clientes potenciales, adecuados a cada familia de productos, facilitando su encuentro y consecuente negocio.
- Organizar el ajuste de costes para poder ofrecer ventajas competitivas a sus expositores.
- Disponer una oferta de ocio para los acompañantes de los visitantes no interesados en las actividades que se realizan en el recinto.

Ni están todos los necesarios, ni todos los que están tienen la misma prioridad. Son simplemente algunos aspectos que deben motivar a la reflexión a los responsables de organizar acontecimientos feriales. En definitiva, una forma de empezar a mejorar los pequeños detalles del día a día que sorprenderán agradablemente a expositores, visitantes y medios de comunicación por una buena capacidad de gestión y por la anticipación a sus necesidades, que se verán satisfechas de forma mejor y diferente de las otras ferias competidoras.

CONTRATOS, FRANQUICIAS Y ASOCIACIONES

Los hoteleros a finales del siglo XIX comenzaron a agruparse para beneficiarse y protegerse mutuamente. Con este propósito, la Michigan Hotel Association se fundó en 1886 y otras organizaciones estatales se formaron posteriormente. En 1912, la Asociación Americana de Protección Hotelera de Estados Unidos y Canadá se fundó en Illinois, constituyéndose en la antecesora de la Asociación Americana de Hoteles y Moteles, que quedó instaurada en 1919.

La AH&MA es la entidad que agrupa a todas las asociaciones estatales del sector hotelero, que además publica el libro *The Red Book* (El libro rojo),

una guía muy utilizada y que cuenta con gran prestigio dentro del campo de la hostelería. Solamente los miembros de la AH&MA están listados en esta publicación.

La Best Western, la mayor cadena de hoteles y moteles del tipo de promoción y referencia, se estableció en el año 1948 en Long Beach, California, como una organización de referencia. La empresa, que tiene su sede central en Phoenix, Arizona, abandonó su imagen de organización de referencia en 1974 y empezó a competir con otras cadenas de hoteles con servicio completo. En el año 1981, unos dos mil establecimientos hoteleros formaban parte de esta cadena, cuya orientación es promocional y sin fines lucrativos.

Las oficinas centrales emplean aproximadamente a cuatrocientos agentes de ventas y reservas que están conectados entre sí telefónicamente. La Best Western proporciona programas de marketing a los establecimientos miembros de la cadena y posee una división dedicada a desarrollar programas de preparación para incrementar la productividad de los empleados de estos establecimientos. La empresa ofrece un programa de tarjeta de crédito y ha negociado contratos con otras empresas mayores de tarjetas, como la Exxon, Master Charge, Carte Blanche y American Express. Se ha constituido un departamento de marketing de tours con el propósito de organizar tours adicionales, desarrollar agencias de viajes, billetes de avión y alquiler de coches y convenciones.

La American Automobile Association es la organización para viajeros más importante. Cada uno de los veinte millones de miembros recibe una guía que incluye los mejores establecimientos hoteleros del área. Los hoteles y moteles pueden conseguir el anagrama AAA, que identifica a esta asociación, si reúnen las condiciones establecidas por la American Automobile Association.

FUNCIONAMIENTO DE LAS RESERVAS

Los viajeros, especialmente los automovilistas, quieren tener siempre la seguridad de que tendrán alojamiento reservado para la noche. Las cadenas que cuentan con sistemas de referencia poseen oficinas centrales de reserva que proporcionan este servicio y que además realizan las reservas para fechas futuras. Desde los años cincuenta, los viajeros que se hospedaban en los establecimientos pertenecientes a las cadenas Quality Court, Holiday Inn u otras, llamaban a otro establecimiento de la misma cadena para hacer la reserva para la noche siguiente; esto se hacía con una llamada telefónica a larga distancia que el cliente debía pagar. Actualmente los clientes pueden llamar a cualquiera de los establecimientos de la cadena y desde allí se hará la reserva para el lugar que se quiera, ya sea en el propio país o en el extranjero.

En la actualidad, la Trave Lodge posee una oficina central operada por la WATS (Wide Area Telephone Service). Los clientes no tienen más que llamar por teléfono para estar conectados gratuitamente con la central de reservas de la Trave Lodge. La confirmación de la reserva se hace en el mismo momento y, en el caso de que no hubiera habitaciones en el establecimiento Trave Lodge solicitado, se sugiere otro hotel alternativo en la zona.

La Best Western Internacional conecta con más de 150 mil habitaciones por medio de su sistema de reservas «Star». Durante la temporada alta, unos novecientos agentes de ventas y reservas son contratados en la central de Phoenix.

Agilización del registro y del pago

Respondiendo a una queja muy común entre los viajeros, que argumentan que siempre deben hacer cola para registrarse y de nuevo, a la salida, esperar para pagar la factura, algunas cadenas de hoteles o moteles han incorporado un novedoso servicio de prerregistro y pago de facturas por correo. El individuo o el grupo solamente debe coger las llaves en el mostrador de entrada del hotel en cuestión. Las personas que viajan en tours se encuentran el equipaje directamente en las habitaciones sin necesidad de emplear al botones. Cuando los clientes abandonan el lugar solamente deben depositar las llaves en el mostrador y luego se les envía por correo la fac-

Además de alojar al viajero, un hotel es un lugar en el que pueden encontrarse diferentes tipos de personas y donde siempre pasan cosas. Por ello ha servido de fuente de inspiración a numerosos escritores. En la página siguiente, el bello vestíbulo de un hotel de la cadena Hilton.

tura correspondiente. Este servicio supone un cálculo favorable de la cantidad de crédito que se puede conceder a cada grupo o persona.

En 1975, Howard Johnson anunció la incorporación del servicio Gold Key (llave de oro) en sus establecimientos, un sistema de reserva y prerregistro por teléfono. La tarjeta de crédito Gold Key que se entrega a los clientes tiene un número personal que se utiliza para hacer la reserva; ésta registra nombre, dirección, número de tarjeta de crédito y de afiliación. Para registrarse, el cliente sólo debe firmar y recoger la llave.

American Express ofrece un «Plan de reserva de habitación asegurada» para los encargados de hoteles y los portadores de la tarjeta. Los clientes dan su número Am-Ex de tarjeta cuando hacen la reserva e inmediatamente disponen de la habitación hasta al mediodía del día siguiente a la supuesta fecha de llegada. Si el cliente no ha llegado ni cancelado la reserva para entonces, se carga la tarifa correspondiente a esa noche a la cuenta del número de tarjeta con el cual se hizo la reserva.

Si la persona llegase y no encontrase habitación, el hotel debe proporcionar al cliente una habitación gratuita en un establecimiento similar, pagar los gastos de traslado y permitir una llamada telefónica a cargo del hotel para que el cliente pueda avisar a su familia o empresa de cuál es el nuevo alojamiento. Esta medida podría resultar un modelo para reducir las quejas provocadas por la saturación de la capacidad hotelera.

Entre sus muchas ventajas, Internet agiliza los trámites del registro y el pago, con lo que se evitan colas e inútiles esperas. Todo ello redunda en la calidad del servicio. A la izquierda, página web del Hotel Plaza, uno de los más prestigiosos de Nueva York.

LOS HOTELES EN LA LITERATURA Y EL CINE

La historia de los hoteles ha incitado a muchos escritores y llamado la atención del público en general durante siglos. Las posadas inglesas eran consideradas lugares de diversión y comodidad, una pausa en la vida cotidiana y un lugar en el que se juntaban las buenas cosas de la vida.

Samuel Johnson, el famoso lexicógrafo y escritor inglés, hizo este comentario tantas veces citado: «Ninguna otra cosa inventada por el hombre le ha producido tantas alegrías como una buena taberna». Todavía puede saborearse un entrecot con tarta de judías en el mismo asiento que Johnson ocupaba en The Cheshire Cheese Inn en Londres.

Los escritores actuales muchas veces han situado la trama de sus libros en hoteles, probablemente porque un hotel es un sitio en el que siempre pasan muchas cosas, en el que personas extrañas se reúnen y nacen pasiones; generalmente, un hotel es un lugar de diversión en el que se hacen tratos, se planifican grandes proyectos y se hacen nuevos «contactos» o se refuerzan los que ya existen.

El hotel es un lugar de excitación y desesperanza, un lugar de diversión, en el que uno puede encontrarse prisionero entre cuatro paredes; un lugar de grandes banquetes y de una gran soledad. En un hotel puede observarse a los ricos y los poderosos; es un lugar en que hay resplandor y sonido de risas.

Un hotel es muchas cosas, ya que es la vida en una cápsula: es el lugar del apretón de manos, de la sonrisa rápida, el escenario de la dicha de los recién casados y del amor ilícito. Es un sitio en el que puede servirse deferencia y en el que una llamada telefónica puede traer la comida o la bebida deseada. Puede ser el santuario de un desencanto o una ha-

bitación cuya soledad sólo está mitigada por un aparato de televisión; un sitio donde alimentar el ego o desinflarlo por completo; un lugar en el que un empleado puede dominar sutilmente a un cliente o puede ser completamente dominado.

El alojarse en un hotel de lujo alimenta el ego y agrega brillo a la actividad social. La tarifa de la habitación refleja la disponibilidad económica de la persona que en ella se aloja. El mundo del hotel es como un microcosmos del mundo exterior, el mundo comprimido en un edificio donde los miedos y las esperanzas de las personas pueden verse con mayor facilidad. No es de extrañar que los escritores los hayan utilizado como escenario para sus historias.

Imperial Palace narra la vida en el Savoy Hotel de Londres. Vicki Baum escribió dos best-sellers cuya trama se desarrolla en hoteles, *Grand Hotel* (el Adlon) y *Hotel Berlin.* Ludwig Bemelmans, que había trabajado como camarero en el restaurante de un hotel, presentó los puntos débiles de la gente de hotel con un estilo familiar pero satírico. Sus libros son particularmente humorísticos.

Un best-seller que muestra los pormenores de la vida de un hotel desde el punto de vista de sus directivos es el libro *Hotel* de Arthur Hailey. Una prueba de su popularidad la constituye el hecho de que en 1969 se vendieron más de dos millones de ejemplares. *Hotel* proporcionó a su autor una pequeña fortuna en derechos televisivos, de cine y venta de libros.

Resulta interesante que las escenas de la película, aparentemente auténticas y realmente interesantes, están hechas en Hollywood; el vestíbulo del hotel se construyó completamente en un estudio cinematográfico y se hizo específicamente para el film. La historia se desarrolla en Nueva Orleáns pero, según E. Lysle Aschaffenburg, propietario del hotel Pontchartrain de Nueva Orleáns, el hotel ficticio era una compaginación de los diferentes hoteles de la ciudad, reminiscencia del Royal Orleans, el Roosevelt, el Sheraton Charles y el Pontchartrain. El señor Aschaffenburg afirma que el personaje principal era una combinación de Seymour Weiss, el antiguo propietario del Roosevelt, y el ex-capitán Michael Leary, del Sheraton-Charles.

Los criterios a la hora de establecer la reputación de un hotel son sobre todo: su clientela, la decoración y sus servicios. A la izquierda, salón del Palmer House de Chicago, uno de los hoteles más famosos de Estados Unidos.

LA REPUTACIÓN DE LOS HOTELES

De vez en cuando algunos escritores se esfuerzan en calificar algún hotel como «el mejor». Este título recae por lo general en alguno de los viejos hoteles europeos que cuentan con una larga reputación. La atención al cliente es el criterio principal, la proporción de empleados de servicio por cliente debe ser elevada. El Savoy de Londres, por ejemplo, tiene cuatro empleados por habitación. Una tarea inusual del personal es la de hacer anotaciones en 120 mil tarjetas que hay en la oficina central de reservas en las que se listan los deseos, necesidades y caprichos de cada uno de los clientes regulares. Una de las tarjetas dice: «Recordar la canasta para el perro del cliente». Otra registra que cierta condesa no puede dormir con cortinas floreadas en la habitación. Los hoteles estadounidenses poseen algo menos de una persona de servicio por habitación, aproximadamente unas ochenta personas por cada cien habitaciones. El carácter y el espacio son muy importantes, las propuestas no reflejan ni un mínimo de esnobismo.

Richard Joseph denominó a sus tres hoteles como «los mejores», el Gritti Palace de Venecia, con 99 habitaciones, el Plaza de la ciudad de Nueva York y el Mauna Kea Beach Hotel en la isla de Hawai. El Plaza Hotel, con sus mil habitaciones y 1 400 empleados, parece ser el que encabeza la lista de clasificación. Joseph no se preocupaba por los hoteles Hilton porque la filosofía de éstos consistía en hacer de cada centímetro cuadrado del hotel un espacio productivo que proporcionase beneficios. Joseph afirmaba que, en el extranjero, los hoteles Hilton eran mucho mejores por estar construidos por inversores locales y diseñados para realzar el prestigio nacional.

De todos los libros sobre hoteles, solamente uno intenta reflejar el encanto y el romanticismo de unos cincuenta hoteles, la mayoría ellos, al mismo tiempo que describe los acontecimientos y las características de sus directores, *chefs y* conserjes. Cristopher Matthew, un inglés autor del libro *A different World* (Un mundo diferente) muestra una tendencia hacia los hoteles europeos: «... como el arte de la hostelería se originó en Europa a fines del siglo XIX y

prácticamente todos los grandes hoteleros han sido europeos en su educación o por nacimiento, es casi inevitable que la mayor parte de los mejores ejemplos de este arte se encuentren aún de este lado del Atlántico». El señor Matthew, un magnífico escritor, prácticamente nos convence de que un hotel no puede ser bueno si no ha hospedado a famosos huéspedes, si no posee numerosos objetos de arte, lujo en abundancia y la atención personal del director y de todo el personal. ¿Quién podría estar en desacuerdo con este último criterio?

Solamente cuatro hoteles de Estados Unidos están incluidos en el libro de Matthew: el Stanford Court de San Francisco, el Cloister, en Sea Island, fuera de Georgia, el Greenbrier, en White Sulphur Springs, West Virginia, y el Ritz Carlton de Boston. Quizás el modelo de atención a los clientes del señor Matthew no concuerda con la «sincronización» de los estadounidenses, ni siquiera con el viajero medio estadounidense. Sus huéspedes son «personas que se preocupan apasionadamente porque se les sirva a cuerpo de rey por un ejército de devotos sirvientes capaces de interpretar hasta el más mínimo deseo expresado o incluso pensado por el cliente; clientes que siempre están preparados a pagar con agrado por el privilegio». Puede resultar sorprendente que alojarse en muchos de los «grandes» hoteles europeos sea, por lo general, más costoso que hospedarse en cualquiera de los mejores hoteles americanos, en los que las élites europeas que dejan sus zapatos fuera de la habitación por la noche esperando encontrarlos brillantes la mañana siguiente, se encuentran muchas veces con que sus zapatos han desaparecido.

Los hoteleros y aquellas personas a las que les gusta viajar encontrarán seguramente fascinante el relato del señor Matthew, un hombre que pone magia a los hoteles que él ama, despertando en los lectores el deseo de caminar por los corredores, comer en sus restaurantes y hablar con el personal de estos maravillosos hoteles.

Puede pensarse que un relato americano sobre hoteles tiene que tener una visión diferente. Brian McGinty encuentra que los hoteles americanos no sólo son de primera categoría sino que están llenos de historia y romanticismo. En su libro *The Palace Inn* asegura que fueron los estadounidenses los que inventaron los hoteles y habla sobre algunos hoteles famosos, tales como el Parker House de Boston, el Greenbrier de White Sulphur Springs y el Palmer House de Chicago. Este escritor describe el Palace de San Francisco como un sueño de oro y plata; y al Del Monte Lodge de Pebble Beach, en la península de Monterrey de California, lo denomina como un lu-

gar para los Nababs. La historia de los primeros grandes hoteles de Hawai, el Moana y el Royal Hawaiian, está detallada en este libro, al igual que la del hotel Coronado, cerca de San Diego. Afirma también que el Brown Palace de Denver y el Broadmoor de Colorado Springs están cargados del romanticismo del oeste americano. McGinty relata el desarrollo del Gran Hotel de Mackinac Island, en Michigan, y describe poéticamente el Breakers Hotel de Palm Beach. En Pensilvania está el Mohonk Mountain House y en la ciudad de Nueva York, el Plaza y el Waldorf-Astoria. El autor describe en todos los hoteles que incluye en su relato su criterio de funcionamiento de edificios actuales con un pasado legendario.

Pero ¿qué es lo que hace que un hotel sea elegante? Primero y principal, la gente elegante que en él se hospeda. El Brown Hotel de Londres es un ejemplo. El lugar no es particularmente atractivo, a no ser que a uno le guste el estilo victoriano, pero como los famosos aristócratas se alojan allí, el hotel tiene un brillo especial.

Luego, el hotel debe ofrecer un buen servicio, es decir, personal en abundancia. Mientras que los hoteles comerciales y dedicados a albergar convenciones tienen menos de un empleado por habitación, los hoteles de lujo deben tener dos o incluso tres empleados de servicio por habitación.

Los hoteles ingleses son los que marcan la pauta en cuanto a elegancia, y el típico té a las cinco de la tarde se ha convertido en algo de rigor en los hoteles americanos más elegantes. El té es más un rito que una bebida, al igual que los bocadillos de berro y de pepino, las tortas con crema estilo Devonshire (muy espesa, hecha con mantequilla), la confitura de fresa y las pastas francesas, además, por supuesto, del té o el café. Resulta de gran ayuda para agregar un toque al ambiente que en el salón haya una persona de aspecto distinguido tocando el piano o el arpa.

En los hoteles elegantes el cliente está sentado mientras se inscribe, luego es conducido hasta su habitación por el ayudante del director y les sigue un botones que lleva las maletas, listo para recibir la propina.

Muchos autores se han empeñado en distintas ocasiones en otorgar a algún hotel la calificación de «el mejor». Son varios los criterios que se valoran para establecer una clasificación de este tipo, pero el Plaza de Nueva York ha sido varias veces reconocido como uno de los mejores. A la derecha, fachada de dicho hotel con decoración navideña.

Otro agradable toque de estilo europeo es que una vez que el cliente está ya dentro de la habitación, una camarera llama a la puerta para preguntar si el caballero o la dama desea que le deshagan el equipaje.

Las comodidades de la habitación forman también parte de la carrera: los hoteles más elegantes pueden adelantarse incorporando algo distinguido, como, por ejemplo, edredones, cortinas de terciopelo, jabones aromatizados, saquitos perfumados en los armarios, gorros de baño, una pequeña caja de chocolate, una botella de champaña, frutas, báscula en el baño, etcétera.

Lo máximo en lo que se refiere a comodidades en una habitación de hotel podría ser la *suite* principal del Park Hyatt de Chicago, que posee trece teléfonos, cinco televisores, catorce interruptores diferentes al lado de la cama del dormitorio principal, un piano Steinway de 1898 y un bar privado con mayordomo. Es casi imposible igualarla.

El servicio de abrir la cama por la noche es una «obligación» en los hoteles de lujo. La camarera de habitación (no la mujer de la limpieza) llama discretamente a la puerta y, si se le permite entrar, abre la cama. El servicio es más completo si la camarera es una elegante belleza nórdica y habla con un decidido acento inglés o francés. Un supuesto esnob sugirió una vez al autor que nunca se hospedara en hoteles que no brindaran este servicio.

Una pequeña atención, como, por ejemplo, un chocolate o una orquídea, podría dejarse en la almohada, especialmente si el hotel es en Hawai.

Invariablemente, los hoteles elegantes están equipados con un grupo de conserjes, esas amables personas que parecen capaces de conseguir prácticamente todo lo que el cliente desee: una entrada para la ópera, un *smoking* o la reserva en un vuelo. El conserje del Imperial Hotel, en Viena, le llevará a la Escuela Española de Equitación. En Roma, los conserjes podrán conseguirle una audiencia con el Papa o una entrada para la ópera. En Dallas, podrá ser una localidad en la línea de los 45 metros en el partido de fútbol americano de los Cowboys. En Nueva York, un conserje podrá conseguir una entrevista con el *maître* de hotel de un famoso restaurante y cargar la cuenta a nombre del hotel. En París, el conserje podrá conseguirle un viaje por todo el continente; en la Riviera se podrá pedir un yate completamente equipado, sólo basta con encargárselo al conserje. Los conserjes europeos se reconocen por las llaves doradas —*clefs d'or*— que llevan en la solapa. En Estados Unidos muchos conserjes son mujeres.

Robert Morley, el conocido actor británico, comentaba su lista de «grandes» hoteles insistiendo en

Según quien haga la valoración, priman unos criterios sobre otros a la hora de calificar un hotel. Su localización, el ocupar un edificio antiguo, el servicio, la comodidad de las habitaciones, etcétera. Un famoso actor inglés prefería los hoteles Ritz (en la página siguiente, uno de ellos) porque le gustaban los relojes dorados que encontraba en todos ellos.

que el servicio de habitación debería ser más rápido y que el desayuno debería servirse en dos minutos; el secreto, según Morley, era muy simple, debería haber una cocina en cada piso del hotel.

Morley aseguraba que el «mejor» hotel del mundo era el Ritz de París y que adoraba los relojes dorados que había en cada uno de los hoteles Ritz. En el Ritz, el cliente es un cliente y nadie lo olvida ni por un minuto. Morley aseguraba no estar interesado en los hoteles que ahorraban el espacio, que se asemejaban, según él, a un lugar para gallinas. Odiaba las rápidas puertas automáticas de los ascensores modernos; pero no hay que olvidar que las puertas lentas significan ascensores lentos.

Morley, amablemente, incluía un hotel americano en su lista de «los mejores», el Century Plaza de Beverly Hills. Este hotel, diseñado por Minoru Yamasaki, es parte de una «ciudad dentro de una ciudad», un sitio para trabajar, para vivir, para hacer compras y para participar en actividades ociosas. El hotel posee ochocientas habitaciones, incluyendo 67 *suites*, cada una con balcón privado y televisor en color. Posee el salón de fiestas más grande del oeste, con capacidad para tres mil personas.

Debería incluirse el Warwick Hotel de Houston en cualquier lista de «mejores» hoteles. Su propietario, un petrolero multimillonario, ha convertido un viejo hotel en algo muy especial. Entre otras cosas, desmanteló dos castillos franceses e instaló su artesonado y decorado en el hotel. El vestíbulo es amplio, agradable y encantador. Las habitaciones son espaciosas y muy bien decoradas. El club que se encuentra en la parte superior del hotel tiene acceso por un ascensor exterior, el viaje hasta arriba es, por sí solo, toda una experiencia.

Estéticamente, uno de los mejores hoteles del mundo es el Caneel Bay Plantation en las islas Vírgenes de Estados Unidos. México posee el hotel Las Brisas y el hotel The Princess, en Acapulco; ambos son únicos desde el punto de vista arquitectónico. Las Brisas, construido en la ladera de una pequeña montaña, tiene doscientas villas privadas con piscinas particulares. El Acapulco Princess forma parte de la cadena Princess, con central en Nueva

York, y es, probablemente, el hotel más bello que nunca se haya construido. Tiene 770 habitaciones y emplea a más de 1 500 personas, setenta de las cuales se encargan de cuidar los jardines del hotel. Veinte pisos adornados con flores dan a un patio central. Los pisos son escalonados para lograr que se asemeje a un templo maya.

El deseo secreto de muchas personas es el de tener un pequeño hotel como La Mansion de San Francisco, que solamente cuenta con 17 habitaciones llenas de antigüedades. Robert C. Pritikin, su dueño, compró una casa de tres plantas por cien mil dólares y gastó otros 45 mil en muebles de estilo victoriano, alfombras orientales y flores naturales. El señor Pritikin ha intentado crear un mundo eduardiano de fantasía en el edificio, éste es de estilo de la época de la reina Ana, y fue construido por un millonario que había conseguido su fortuna durante la fiebre del oro. El desayuno se sirve en la cama: café, zumo de naranja, croissants calientes, mantequilla y mermelada de fresas. El propietario, vestido con pantalón a rayas, recibe a cada uno de los huéspedes en la puerta y les acompaña invitándoles con una copa de chablis mientras suena una suave melodía de Bach.

La importancia del servicio de habitaciones

Algunos hoteles de lujo se esfuerzan al máximo en el servicio de habitaciones. Se colocan mesas camillas en cada una de ellas y algunos hoteles ofrecen televisión en color. El más popular de los desayunos es, por supuesto, el continental, que incluye zumo de naranja, una infusión y pastas. En los hoteles de precio medio, el servicio de habitaciones se realiza en una bandeja. En los hoteles lujosos, en cambio, el servicio viene en una mesa camilla con ruedas, con fina mantelería. El café se sirve caliente, manteniendo la temperatura de la cafetera. La mermelada y los dulces tienen un recipiente individual; los huevos deben servirse en un recipiente es-

Para muchas personas, ocupar una suite en un hotel de lujo supone gozar de comodidades y a la vez alimentar su ego. Grandes suites, como la de la izquierda, están perfectamente equipadas y los camareros ejercen en ellas de mayordomos.

pecial; la platería es impecable y las comidas se convierten por sí solas en una experiencia.

En algunos hoteles las personas encargadas del servicio de habitaciones tienen siempre una lista de los huéspedes que se alojan en cada habitación para que los pedidos puedan identificarse inmediatamente por el nombre de la persona que lo solicita. Los camareros que cumplen con el servicio de habitaciones de los hoteles más lujosos se convierten en mayordomos y cada uno de los pisos del hotel debe estar equipado con su propia despensa atendida día y noche, lo que permite al mayordomo acudir inmediatamente a la habitación que ha apretado el botón solicitando el servicio. El criterio de servicio de habitaciones varía entre los diferentes gerentes de hotel. Los directores de los Holiday Inn tienden a inclinarse por un servicio de horario limitado y solamente por necesidad prefieren que los clientes coman en el comedor del hotel. Los operadores de algunos hoteles de lujo cobran tarifas altísimas, ofrecen el servicio de habitaciones día y noche y logran un buen beneficio. Algunos hoteles poseen un departamento de servicio de habitaciones separado, pero la mayoría funciona como parte de la cocina central.

RELACIÓN ENTRE CLIENTELA Y REPUTACIÓN

El prestigio social de la clientela de un hotel determina su reputación. El Claridges de Londres tiene una gran reputación debido a la exclusividad de su clientela; lo mismo ocurre con el Ritz de París y el Beverly Wilshire de Beverly Hills, en California.

Los hoteles elegantes, tal como ha ocurrido en algunas ocasiones, deben estar preparados para cualquier ocasión. El Claridges de Londres tiene una anécdota curiosa: una noche, una aristocrática dama de avanzada edad salió del ascensor dirigiéndose a una importante cena vestida solamente con sus joyas. Simplemente, se había olvidado de vestirse, un error que de inmediato fue solucionado por el gerente del hotel, que se acercó atentamente a la dama, la cubrió con su chaqueta y la acompañó de vuelta al ascensor como si nada hubiese ocurrido.

El mismo hotel se vio en un grave aprieto cuando dos reyes llegaron al establecimiento y ambos pretendían alojarse en la *suite* real. Para solucionar el problema, el director ordenó a dos trabajadores del hotel que derribaran la mitad del techo de la *suite* real, mostró el lamentable incidente a los embajadores de ambos países y ordenó que se prepararan dos pequeñas *suites* reales para los invitados de honor. El Claridges, visto desde fuera, no representa gran cosa, pero siempre hay seis camareros, seis camareras de habitaciones, dos criados, un conserje y tres mujeres encargadas de limpiar los cuartos de baño, todos siempre listos para acudir inmediatamente a la llamada de cualquiera de los clientes

La categoría de los hoteles, fijada generalmente por la oficina nacional de turismo de cada país, varía de unos países a otros. Bajo estas líneas, un hotel europeo de lujo, el María Cristina de San Sebastián (España), calificado con cinco estrellas.

y poder satisfacer la más mínima necesidad. Se dice que hasta un simple whisky con soda llega a la habitación en una bandeja cubierta con fina mantelería, acompañado con aceitunas verdes y negras, patatas fritas y almendras saladas. Este hotel es además uno de los únicos que posee habitaciones establecidas especialmente para los sirvientes personales de los clientes.

Si un hotel desea ser reconocido por su nombre y por su «grandeza» debe tener una buena publicidad. Está claro que cuanto mayor sea el prestigio de la persona que lo evalúa, mejor será para el hotel. César Ritz no podía hacer nada indebido después de que el príncipe de Gales, después Eduardo VII, dijo: «A donde Ritz va, yo voy».

Inaugurado en 1975, el Ritz Hotel de Chicago representa el lujo de la tradición de los Ritz adaptado a la óptica estadounidense. Este hotel, que presentó un coste de ochenta mil dólares por habitación (aproximadamente el doble que los hoteles de primera clase construidos en ese mismo año), está ubicado en 20 de los 74 pisos del edificio Water Tower Place que está en la elegante avenida North Michi-

gan. Al igual que muchos otros hoteles, forma parte de un edificio de apartamentos que contiene también oficinas y un centro comercial de siete pisos en el que se encuentran firmas famosas, como por ejemplo Marshal Field and Company y Lord & Taylor.

El Ritz de Chicago ofrece servicio de comidas y bebidas y servicio de camareras de habitaciones y secretarias para los demás propietarios del edificio, los cuales tienen acceso también al gimnasio del hotel, que cuenta con piscina, salas de gimnasia, sauna y masaje.

El piso número doce es el vestíbulo principal, con un amplio espacio vidriado en el que hay comedores, bares y un paseo de 58 metros de longitud. Una terraza ajardinada con luz natural forma parte del hotel, y la sala de fiestas con sus cuatrocientos mil

Además de un esmerado servicio y de unas cuidadas instalaciones, un buen hotel debe contar también con una propaganda efectiva que lleve su nombre por todo el mundo. Sobre estas líneas, salón comedor del Sheraton Palace en San Francisco.

cristales de calidad que adornan el techo, forma parte del servicio de comidas.

Siendo mucho más grande que el Hotel Ritz de París y que la mayoría de los hoteles Ritz que actualmente hay en todo el mundo, éste posee 450 habitaciones y veinte apartamentos con residentes permanentes. Las *suites* más amplias tienen dos pisos conectados entre sí por una escalera de caracol. Algunas tienen elementos de lujo tales como alfombras orientales o vestidores con espejos en las cuatro paredes. El promedio de empleados es aproximadamente tres por cada dos clientes. Los huéspedes de cualquiera de las habitaciones de este hotel pueden llamar al camarero apretando un pequeño botón al lado de la cama y cada piso cuenta con su propio almacén.

Según uno de los antiguos directores generales: «Ninguno de los miembros del personal cometerá nunca el imperdonable error de preguntar a un cliente si todo está bien». Los clientes exigentes que están acostumbrados a un servicio excelente se quejarán si no les agrada el servicio.

Los detalles del equipamiento fueron cuidadosamente considerados. Se sirve en porcelana extrafina, que cuesta el doble que la porcelana común. Las teteras de porcelana, especialmente diseñadas para que no goteen, por lo general se importan del extranjero. El hotel se inauguró con un inventario de 25 mil botellas de vino francés.

El hotel ha sido equipado especialmente para reducir al máximo los ruidos. Las paredes de las habitaciones tienen un espesor dos veces superior al de las paredes de las habitaciones de los demás hoteles modernos. El equipo de aire acondicionado posee enormes serpentinas refrigerantes especiales.

Para inculcar la «música del Ritz» a los nuevos empleados, se invitaba a cada uno de ellos a pasar una noche como clientes del hotel antes de la inauguración. Con todos los servicios y comodidades dignos de un hotel Ritz, el de Chicago tuvo un comienzo bastante dudoso; el porcentaje de ocupación del primer año llegó solamente al cincuenta por ciento. Debido a que durante el primer año de funcionamiento el hotel perdió alrededor de cuatro millones de dólares, se despidió al gerente general y se redujo el servicio (un camarero por cada dos pisos). Se cambió la política de marketing y se orientó para atraer pequeños grupos.

El Ritz de Chicago forma actualmente parte de la cadena Four Season Hotels, cuya central está en Toronto. Esta empresa dirige también el hotel Pierre en la ciudad de Nueva York.

El Hotel Ritz de París es probablemente el de mayor prestigio del mundo y también el que posee tarifas más elevadas y que obtiene un beneficio mínimo. La filosofía de funcionamiento de los hoteles Ritz ubica las ganancias en segundo lugar, reservando el primero a mantener el nivel y el servicio. Según declaraciones de Bernard Penche, director general del Ritz de París, el único interés de César Ritz por ganar dinero era que le permitiera construir hoteles mejores «para mantener el ambiente de una casa privada». Los clientes deben disponer siempre de lo último en comodidad, con el mejor personal posible. Mientras que un estudio realizado en 1975 sobre los beneficios netos de los hoteles franceses mostraba que el porcentaje medio de ganancias era del 16,4 por ciento, el Ritz registró solamente un 3,1 por ciento de beneficio. Los costes de materia prima de bebidas y comidas eran muy elevados —45 por ciento para los costes de comidas y 29 por ciento de bebidas—, a pesar de que los precios del menú y las bebidas son comparativamente altos.

La categoría de los hoteles varía en las diferentes partes del mundo, pero en términos generales pueden clasificarse en tres: de lujo, de primera clase y turista estándar económico.

El término «de lujo» se utiliza poco en Estados Unidos, pero es muy común en los hoteles europeos; significa lo mismo que el mejor, cinco estrellas, categoría A o número uno.

Los hoteles que se clasifican dentro de esta categoría son exclusivos y muy caros, se espera que tengan siempre lo mejor en comodidades, servicio y ubicación.

A los hoteles de primera clase se les denomina también de cuatro estrellas en algunos países, de categoría B en otros e inclusive de dos o tres estrellas. En Estados Unidos, los hoteles de lujo son los que en otros lugares se denominan *de luxe*.

La última categoría, la de hoteles turísticos, podría denominarse de una o dos estrellas, económico o de tarifas reducidas. En la categoría más baja, muchos viajeros estadounidenses no apreciarían la calidad.

Generalmente, la clasificación de los hoteles europeos la determina la oficina nacional de turismo de cada país. En Italia la dirección de los Hoteles Ciga caracteriza a sus hoteles de lujo con amplios corredores, techos muy altos y mucho espacio. El aspecto es lujoso: candelabros de cristal, mármol veteado, frescos, tapices, cortinajes de terciopelo y

La categoría «de lujo» actúa como filtro de huéspedes de un hotel, ya que esta categoría va acompañada de precios muy elevados, restringidos a unos pocos. En la página siguiente, moderno edificio del Hilton de Hong Kong, que se nutre básicamente de ejecutivos en viajes de negocios.

seda, muebles de estilo y pinturas originales enmarcadas en el más puro estilo barroco. Para las personas del Ciga, los pequeños detalles tienen mucha importancia: los jabones hechos a mano, las flores naturales, las gruesas toallas de baño, mucho personal de servicio, la cama ya abierta y preparada, los timbres para llamar a la camarera de habitaciones, el mozo, el portero o el camarero de cada uno de los pisos del hotel.

Los editores de la *Mobil Travel Guide* —una guía para viajeros— seleccionan cada año un cierto número de hoteles, moteles y hoteles de temporada para entregar a cada uno la distinción de «cinco estrellas», como «el mejor del país». En 1977, la lista de hoteles de vacaciones elegidos incluía el Arizona Biltmore de Phoenix, que recibió la distinción de las «cinco estrellas» durante 18 años consecutivos; el Broadmoor Hotel de Colorado Springs (17 años); el Greenbrier en White Sulphur Springs, Virginia Occidental (16 años), y el Boca Raton Hotel and Club, en Florida.

Entre los establecimientos de ciudad que merecieron esta distinción se encontraban el Fairmont Hotel y el Tower de San Francisco; el Stanford Court, en la misma ciudad, y el Beverly Wilshire, en Beverly Hills. Oponiéndose a la idea de que solamente los hoteles pequeños o medianos podían obtener esta distinción, la *Mobil Travel Guide* incluyó, entre los clasificados en los primeros puestos de la lista, al Waldorf-Astoria de la ciudad de Nueva York y al Century Plaza, ubicado cerca de Los Ángeles.

La mayoría de las grandes ciudades del mundo tienen al menos uno o dos hoteles importantes: en París, el Crillon y el Ritz; en Lisboa, el Ritz; en Madrid, el Ritz y el Palace; en Viena, el Sacher y el Imperial; y en la ciudad de Nueva York, el Plaza y el Pierre, todos estos hoteles, que parecen castillos, han gozado durante mucho tiempo de la más alta reputacion.

Las guías turísticas publicadas por el AAA (American Automobile Association) incluyen la clasificación de unos quince mil establecimientos hoteleros con una escala de uno a cinco diamantes.

La *Mobil Travel Guide* clasifica con estrellas —también de una a cinco— su lista de cuatro mil restaurantes, quince mil moteles, mil hoteles y cuatrocientos hoteles de vacaciones.

Al considerar el *glamour* de los hoteles, debemos decir que existen al menos dos mundos diferentes. Uno está formado por el grupo de hoteles de vacaciones lujosos y los prestigiosos hoteles de las grandes ciudades. La suma de todos ellos no alcanza a constituir ni el veinte por ciento del total de la industria hotelera.

También puede existir la tendencia a pensar en los mejores hoteles como edificios enormes, como son, por ejemplo, el Statler y el Waldorf-Astoria, en la ciudad de Nueva York; el Hilton, en Las Vegas, y el Sheraton de Waikiki. En realidad, no llegan a cien los hoteles de este tipo que hay en el mundo.

Una gran parte del dinero que se gasta en los hoteles caros corre por cuenta de las personas que viajan con los gastos pagados. Una tarifa de cien dólares por habitación no significa gran cosa para estas personas, ya que no son ellas las que pagarán la cuenta. Algunos clientes se hospedan en una *suite,* invitados por una empresa que desea venderles algo o influenciarles de alguna manera Las facturas de las comidas de estos clientes las paga otra persona o directamente se cargan a cuenta de la empresa que paga los gastos.

Luego, existen personas de mucho dinero que pueden pagar las altas tarifas de los hoteles más prestigiosos o personas que están abriéndose camino dentro de los negocios y no pueden permitirse alojarse en hoteles que no sean de lujo. Los hoteles de vacaciones de gran categoría están llenos de personas de mucho dinero durante la temporada alta, y en la temporada baja, de gente de clase media.

HOTELES ASEQUIBLES PARA TODOS

El otro ochenta por ciento del mundo de la hostelería es prosaico, es el que hospeda a la gran mayoría de las personas que viajan. Estos hoteles tienden a ser más pequeños y las tarifas son la mitad o incluso menos que las de los hoteles de lujo. Pueden estar ubicados en cualquier comunidad.

Los hoteles de carretera más modernos, incluyendo los Holiday Inn, los Ramada Inn, los Rodeway, los Trave Lodge, los Hilton Inn, los Howard Johnson Motor Lodge y otros establecimientos pertenecientes a una cadena, son los lugares en que se detienen a pasar la noche familias de bajos ingresos, personas de negocios y otros profesionales y técnicos pertenecientes a la clase media.

El hotel medio o el motel que ha sido conservado correctamente es un lugar agradable donde se puede pasar la noche. Sin embargo, las habitaciones se asemejan mucho entre sí; muchas personas que viajan con frecuencia hospedándose en estos establecimientos aseguran que muchas veces se despiertan por la mañana y, mirando a su alrededor, se preguntan en qué ciudad estarán.

Las tarifas de los restaurantes de los hoteles están bastante estandarizadas en Estados Unidos; el menú se selecciona de acuerdo al gusto del estadounidense medio, que no difiere mucho de la carne con patatas. En la cocina de estos hoteles no hay *chefs*

La mayoría de viajeros optan por hoteles pequeños de precios más asequibles que suelen encontrarse en cualquier localidad. Las tarifas en estos establecimientos suelen ser muchísimo más bajas que en los hoteles de lujo. Sobre estas líneas, el Colony Hotel de Miami Beach.

franceses, sino cocineros locales que aprendieron su oficio observando a los cocineros más expertos.

A pesar de todo esto, el «hotel principal» de una ciudad se las arregla para transmitir un cierto aire de excitación, ya sea con un bar de mucho movimiento o con algún otro método efectivo. Sin embargo, los hoteles en decadencia son también lugares muy tristes, en los que la desesperación de los propietarios por la frustración de su proyecto se mezcla con el estoicismo de los clientes.

EL TRATO QUE UN CLIENTE ESPERA

Ernest Dichter, el fundador de *Motivation Research*, una persona muy enterada de lo que la gente realmente desea, opinó sobre los hoteles y las habitaciones. Realizando entrevistas profundas a un amplio grupo de personas, Dichter llegó hasta el subconsciente y averiguó qué era lo que estas personas sentían realmente sobre determinadas cosas.

Dichter afirmó que los huéspedes de los hoteles deseaban un clima hogareño para estar seguros de poder evitar el viejo fantasma de la soledad. Deseaban tomar posesión de su habitación en el hotel, inspeccionándola, probando las luces y realizando diversos rituales que les ayudaran a sentirse seguros. Una llamada de la administración o ser tratado por el ayudante del director de forma cordial y como si se tratase de una personalidad muy importante, tenía mucho éxito.

Una vez que los clientes se encontraban en su habitación, no les gustaba que se entrometieran en su intimidad, y les irritaba profundamente el que una camarera de habitaciones revisase la habitación. Las habitaciones debían reflejar la ciudad en la que el hotel estaba ubicado. «Hay muchas habitaciones —afirmaba Dichter— que tienen en las paredes cuadros de sitios como París, Grecia o Londres, y los clientes quieren que en las paredes haya pinturas locales. También les gusta sentirse necesitados y encontrarse con otras personas. El hotel debe convertirse en un centro social en el que la gente pueda reunirse y charlar para satisfacer la necesidad de compañía. El hotel debe parecerse más a un club que a un espacio frío y vacío.»

El cliente medio, según Dichter, busca aventura y acepta con agrado la sensación de independencia que proporciona el tener una pequeña despensa en la habitación, donde él pueda servirse a su antojo. En Suecia, muchos hoteles poseen unos locales de desayuno donde los clientes se sirven lo que desean y luego llevan la bandeja a la habitación o a las mesas del bar.

Dichter aconsejó a los gerentes de hotel que tratasen de evitar que los clientes se sintieran anónimos. Los montones de equipaje en el vestíbulo dan la sensación de que se está echando a los clientes. Conviene establecer salas de recepción, tal como lo hacen las líneas aéreas. También da buenos resultados agregar *suites* como las que hay en el Palmer House de Chicago, en el que tienen una pequeña cocina desde la que pueden servirse galletas, frutas o bocadillos. Dichter aseguraba que los corredores de los hoteles modernos se asemejaban a los de una prisión; para evitar esta desagradable sensación, él proponía la construcción de plantas circulares.

Whit Hobbs dijo, en otra ocasión, que los clientes de los hoteles han cambiado drásticamente: «Los huéspedes quieren más; y cada movimiento debe ser hacia arriba... Dejando de lado la economía para ocuparse del lujo

«Siempre desean más, más estilo, más calidad, más elegancia, más originalidad y más sorpresas. En la actualidad, debe aplicarse un enfoque adecuado y personal».

Una encuesta realizada entre doscientos amigos de Hobbs reveló que la opinión generalizada sobre los hoteles modernos era que los encontraban muy fríos, impersonales, estériles, faltos de gusto y personalidad. Los comentarios de estas doscientas personas incluían afirmaciones como las siguientes: «Falta de ambiente. Falta de atención personal. Nadie se preocupa realmente. Todos los moteles son de plástico. Todos son iguales».

Otra de las críticas que se realizan frecuentemente a los hoteles pequeños es el diseño estándar de sus habitaciones, pero esto queda compensado muchas veces por el trato más directo que se produce entre la dirección y el cliente. A la izquierda, hotelito en el centro de Quebec (Canadá).

era que en las habitaciones de la mayoría de los hoteles no se puede estornudar sin que la persona de la habitación contigua te oiga.

Las molestias de los excesos del servicio

Todos los amigos del señor Hobbs entrevistados odiaban las propinas. «Odio llegar a la puerta del hotel y ver cómo inmediatamente aparece la brigada de servicio para llevar mi equipaje: del portero al botones, del botones a la recepción, de allí a otros botones y de ahí a la habitación. Lo que odio es tener que preocuparme por tener el cambio preparado para cada uno de ellos. Lo que sea, que lo carguen en cuenta».

Otra queja universal es la siguiente: «Esas inquietas señoritas que golpean la puerta —cuando la golpean— y meten las narices en la habitación solamente para comprobar que todo vaya bien, ¿qué es lo que tiene que ir bien? No es de su incumbencia».

Una encuesta mostró que prácticamente todas las personas están a favor del desayuno de *buffet* libre. «Todo está allí, se come o no se come; sin esperar ni tener que entregar propinas, sin líos».

Otra queja generalizada era la cola para pagar la factura antes de dejar el hotel. «¿No hay un método más fácil, mejor y más rápido para acabar con esto?» Para solucionar este eterno problema, muchas cadenas hoteleras han constituido un servicio que evita pasar por caja ahorrando la cola. Se llama ZIPOUT Quick Check y consiste en un sistema automático de pago mediante el cual cada cliente puede acceder a visualizar su factura desde su propia habitación conformándola.

Los amigos del señor Hobbs pedían que se ofreciera el mismo servicio de lustrar los zapatos que se ofrece en los hoteles europeos. Los encuestados pedían que se les tratara como a alguien especial. «No lo hagáis siempre por dinero, hacedlo alguna vez por amor.» «Poned un trocito de chocolate sobre la almohada con un cartelito en el que se deseen felices sueños.» (El Warwick de Houston deja un pequeño bombón en la mesilla de noche). Les gustaba lo que

Cuando se preguntó a estas personas qué harían para atender a un cliente si fuesen ellos los propietarios del hotel, la lista de cambios fue muy larga: sillones confortables en las habitaciones, zapatillas de papel desechables, un buen mapa de la ciudad, un buen reloj, una radio en el cuarto de baño, más espejos, jabones más grandes, toallas más grandes, camas más amplias y un mejor aislamiento entre las habitaciones. Un comentario muy común entre ellas

ofrecían los hoteles en Japón: «Una pequeña nevera en cada habitación en la que se encuentran cerveza, bebidas alcohólicas, refrescos y bocadillos, con la lista de precios en la puerta, de manera que se paga por lo que se consume».

Se preguntó a los amigos del señor Hobbs si tenían la costumbre de llevarse objetos de los hoteles. Aproximadamente la mitad de ellos respondieron afirmativamente. «Yo nunca me llevo nada, pero mi mujer lo hace.» Otra respuesta fue: «Mm... bueno, ¿qué quiere decir con llevarse objetos del hotel?» (las pinturas y los cuadros que hay en las habitaciones se fijan a la pared para que los clientes no se los lleven). Por supuesto, muchas personas están encantadas de tener un desayuno gratis, una llamada telefónica gratis a su casa, una bebida gratuita o una bolsita de papel de regalo.

Hobbs criticaba duramente la publicidad de los hoteles. El único aviso que le había agradado era un anuncio del Ritz-Carlton en el periódico *The New Yorker* que decía: «Las únicas cosas que me gusta mirar son el río Charles River... Back Bay... y los jardines públicos de Boston».

¿Qué molesta al cliente?

En épocas de prosperidad, las reclamaciones más comunes eran las relacionadas con la imposibilidad por parte de los hoteles de satisfacer a todos los clientes que habían realizado reservas anticipadas. Una encuesta realizada en 1975 por American Express mostraba que aproximadamente una cuarta parte de los usuarios de esta tarjeta de crédito tenían alguna reserva supuestamente garantizada que el hotel no podía cumplir. Por lo menos la mitad aseguraba que nunca más se hospedarían en el hotel que había cometido tal error.

Los directores de los hoteles se excusaban diciendo que una gran parte de las personas que hacen reservas anticipadas luego no acuden. El Regency-Hyatt House de Atlanta informó que 18 de cada cien personas que hacen reservas anticipadas en este hotel no acuden. Naturalmente, los hoteles sobrepasan su capacidad real y más de una vez se han enfrentado con clientes indignados que amenazaban a la dirección del hotel diciendo cosas como, por ejemplo: «¡Se han metido en un buen lío!», ya que típicamente los hoteles sobrepasan en un quince por ciento su capacidad real, especialmente si tienen posibilidades de derivar a los clientes que no tienen sitio en el hotel a otros establecimientos hoteleros similares.

Una de las razones por la que esto se produce es que muchos huéspedes prolongan su estancia por

cambios en el programa del viaje y los clientes que llegan al hotel habiendo hecho la reserva con anticipación no pueden ser satisfechos. Los hoteleros de Miami se quejaban de que esto ocurría cuando llegaba una ola de frío al norte del país y los clientes decidían prolongar su estancia en Florida debido a la benignidad del clima. Los directores de los hoteles, en estos casos, se encontraban ante un grave compromiso muy difícil de solucionar.

Otra queja frecuente se produce por las elevadas tarifas hoteleras. Un cliente aseguró que había pagado una suma altísima en un hotel nuevo en el que las habitaciones eran tan pequeñas que tuvo que salir al corredor para poder cambiar de idea. Muchas veces ocurre que los hoteles tratan de subir las tarifas ya establecidas cuando los asistentes a una convención comienzan a llegar, o los colocan en las peores habitaciones.

La comodidad de efectuar una reserva anticipada en un hotel puede convertirse en incomodidad cuando el hotel no cumple su compromiso. Ésta es una de las reclamaciones más comunes que afectan a los grandes hoteles. La disculpa más frecuente de sus directores es la que alegó el Regency-Hyatt House de Atlanta (arriba) al afirmar que el 18 por ciento de las personas que efectúan una reserva no acuden.

El desarrollo de la hostelería

Muchos viajeros se mostraban muy disconformes con las constantes equivocaciones y errores por parte del personal inexperto de hotel. Un caballero afirmó que la telefonista de un gran hotel en la ciudad de Los Ángeles había respondido en tres ocasiones diferentes a personas que preguntaban por dicho caballero que no conocía ese nombre y que nunca se había registrado en ese hotel. El caballero era en realidad el director de la convención de una asociación médica y hacía ya tres días que estaba alojado en el hotel.

Son también muy comunes las quejas referentes al servicio de banquetes, pero es bastante lógico, ya que la mayoría de los camareros de banquetes son personas que tienen otro empleo —empleados de correo, taxistas u oficiales de policía— y a las que envía el sindicato para que trabajen por la noche y que no tienen ningún interés —o muy poco— por aprender a servir una mesa de forma correcta.

Una encuesta realizada a viajeros por el *Market Facts* mostró que a pesar de que los clientes que acudían a un hotel por primera vez argumentaban la localización como la razón principal de su elección, los clientes que se alojan en un establecimiento en el que ya habían estado con anterioridad ubican la limpieza y el aspecto como factor determinante, relegando a segundo término el servicio. La razón principal por la que muchas personas no volvían a un hotel donde ya habían estado anteriormente era la falta de servicio. La ofensa más grande para estos clientes era que en la recepción del hotel se les tratase como si estuvieran molestando y que las camas no estuviesen bien hechas.

Lo que realmente enfurece a muchos clientes es el que se les traslade de una habitación a otra por un error de ineficacia en la habitación que les había sido asignada. James J. Kilpatrick, columnista de un periodico, dedicó en una ocasión su columna a un hotel de Las Vegas en la que relataba una experiencia desastrosa y recibió como respuesta una reacción totalmente favorable por parte de los lectores:

«Un hostil recepcionista nos asignó a mi esposa y a mí la habitación 2 379, que ya estaba ocupada; luego, la 2 307, que era intolerablemente pequeña; a continuación, la 2 361, en la que el aparato de televisión no funcionaba. La oficina de mantenimiento no sabía cuándo podrían arreglarlo —puede que hoy, puede que mañana, puede que pasado mañana o puede que nunca— y les resultaba imposible enviar un aparato que funcionara porque no había ninguno disponible. Un asistente de dirección que rezumaba arrogancia y hostilidad dijo que él no podía hacerse cargo. Después de un pequeño alboroto, se intentó asignarnos una cuarta habitación, la número 2 641; el huésped anterior la había dejado hecha un desastre y eran las tres de la tarde y ninguna camarera de habitaciones la había tocado aún. Finalmente fuimos a la habitación 1 375, y mi mujer, ya exhausta, abrió la cama para descansar un rato, las sábanas estaban sucias.»

El escritor siguió quejándose duramente sobre lo siguiente:

«Los irritables y arrogantes empleados que lo reciben a uno como si fuera un recaudador de impuestos. Cuando uno lleva un maletín que pesa novecientos gramos, los botones aparecen como por arte de magia, deseosos de llevar la terrible carga, pero cuando uno entra en el vestíbulo con una maleta pesada, resulta difícil conseguir un botones que la lleve. Ya de camino a la habitación, uno va encontrándose con bandejas llenas de platos sucios del desayuno en el suelo del corredor, al lado de la puerta de cada habitación, esperando que alguien se las lleve. El aparato de televisión, ese indispensable amigo de las personas que viajan solas, no funciona una de cada cinco veces.»

Cuando llega el momento de pagar la factura para irse, el viajero encuentra muchas veces que la persona que está en la ventanilla de cobro o en la caja es la menos amable y eficaz de todo el hotel. Según Kilpatrick, a los directores de los hoteles no se les ocurre que pueden ser cinco o seis los clientes que quieran pagar sus facturas para irse a la misma hora. La idea ni siquiera se les pasa nor la cabeza.

Kilpatrick añadió:

«En definitiva, lo que el cliente desea es que se le atienda con un poco de cariño, que se le trate como a un huésped, como a un ser humano cansado que pide algo más que una habitación limpia, un colchón firme y un aparato de televisión que funcione. Lo que el cliente desea es un servicio ágil, telefonistas agradables y un cajero que trate de agilizar su trabajo de manera tal que el cliente pueda marcharse rápidamente. La diferencia entre un hotel o motel malo y uno bueno está en la experiencia, la actitud y la atención personal del hombre o la mujer que dirige el establecimiento. Si la dirección se encarga de formar adecuadamente a las camareras de habitaciones, les paga un salario razonable, las trata con dignidad y premia a las que hacen bien su trabajo, las habitaciones serán sitios agradables en las que las camareras se encargarán de probar si funcionan las bombillas y el aparato de televisión antes de marcharse. Si el director del establecimiento insiste en un tratamiento cortés y amistoso por parte de los empleados de recepción, puede conseguirlo, y si no, cambiar los empleados por otros que estén dispuestos a este trato con los clientes.»

Desde que accede al recinto del hotel, el cliente debe sentirse tratado con la mayor atención. Así, puede decirse que el verdadero protocolo empieza por quien primero lo recibe, esto es, el portero, que debe procurar, en todo aquello que le compete, satisfacer todas las necesidades del cliente. En la fotografía de la derecha, portero del Hotel Claridges.

EL PROTOCOLO EN LA HOSTELERÍA

«Protocolo» es una palabra que puede suscitar distintas reacciones entre quienes la escuchan. Para una amplia mayoría puede tratarse de algo obsoleto que sería mejor abolir para dejar paso a una mayor espontaneidad en todos los actos que transcurren en sociedad. Para otros, en cambio, el protocolo es una disciplina que ofrece una inestimable ayuda para llevar a cabo distintas manifestaciones sociales, que facilita múltiples soluciones a la hora de organizar eventos y de tratar adecuadamente a los asistentes a ellos. Para estos últimos, el protocolo es una práctica herramienta que debe contribuir a que los actos organizados se celebren con éxito y a que todos los invitados se sientan bien tratados, sin herir la susceptibilidad de quienes pudieran considerar que les correspondía un lugar más preferente.

El protocolo es una técnica que el buen profesional del turismo debe conocer y dominar a fondo, pero su correcta aplicación requiere también de un arte especial por parte de quien se sirve de ella, que debe saber transmitir calor y calidad humana a cada acontecimiento organizado. Por esta razón, todo establecimiento de hostelería de cierta relevancia o en el que se celebren acontecimientos sociales representativos, tales como convenciones o simposios, contará con la persona o personas responsables y conocedoras del protocolo, quienes sabrán cómo resolver las dudas que pueden surgir cuando se trata de combinar de modo apropiado un conjunto de personas para un acontecimiento determinado.

Cada vez que se celebra un acto público, al organizador se le plantean muchos interrogantes. Algunos de los más típicos son los siguientes:

• ¿Cómo sentaremos a los asistentes?
• ¿Qué tipo de mesas pondremos?
• ¿Cómo las distribuiremos?
• ¿Habrá que dar obsequios?
• ¿Qué ornamentación será la más adecuada?
• ¿Qué tipo de menú y de servicio de mesa será el más correcto?

Esto en lo que se refiere a los restaurantes. En el caso de los alojamientos surgirán otras dudas:

• ¿Quién saldrá a recibir a los visitantes?
• ¿Cómo se efectuará el *check in* de los clientes VIPS?
• ¿Qué atenciones especiales se dispondrán en las habitaciones?
• ¿Será necesaria alguna persona para que se ocupe de los clientes VIPS?

Para que todas estas preguntas tengan una respuesta satisfactoria, se precisan buenos profesionales, conocedores de las técnicas del protocolo y con la suficiente calidad humana como para que todo transcurra con fluidez y *savoir faire*.

En las grandes manifestaciones protocolarias —como los actos oficiales con presencia de altos representantes de países u organizaciones—, se suele contar con la asesoría de los jefes de protocolo personales de los personajes o de las entidades a las cuales representan. Este tipo de actos, aunque de mayor trascendencia, son de menos responsabilidad para el hotel o el restaurante, pues están dirigidos por otros departamentos u otras instancias.

Aparte de estos acontecimientos significativos, el protocolo es algo que también se vive a diario en un establecimiento hotelero. El director ha de ser un buen anfitrión para su cliente. Debe saber solventar sus necesidades y hacerle sentir como si fuera un invitado. Para conseguirlo, también tendrá que dominar el arte y la técnica del protocolo, para lograr así que cada estancia de un cliente se convierta en un pequeño éxito.

INVERSIÓN Y CONSTRUCCIÓN DEL HOTEL/MOTEL

Aquellos que tengan la intención de dirigir un hotel pueden hacerlo de varias formas si poseen los conocimientos y el dinero necesarios. Pueden construirlo o comprarlo ya construido y administrarlo de forma independiente. Lo tradicional es alquilar un hotel y pagar al propietario un porcentaje de las ventas brutas (alrededor de un 20-35 %) o llegar a otra forma de arreglo económico. Pueden asociarse con un grupo de amigos y formar una sociedad y dirigir un hotel comprado o construido por la sociedad. Pueden adquirir una concesión a su propietario o solicitarla directamente al gobierno estatal o federal.

Dado el rápido crecimiento de los condominios, aquellos que deseen regentar un hotel pueden (si tienen suficientes conocimientos y experiencia) formar un condominio, vender las unidades y gestionar las rentas producidas o bien dirigir dicho condominio. En el negocio del hotel/motel se distinguen dos negocios independientes:

• Financiación, construcción y propiedad.
• Dirección y explotación.

El gran cambio en la gestión hotelera que se ha producido desde 1970 ha sido el de la dirección por contrato. La mayoría de las grandes cadenas intentan desprenderse de las propiedades y gestionarlas por contrato, lo que puede ser un arreglo interesante para las compañías de gestión ya que invierten poco o ningún dinero, corren apenas riesgos y reciben un pago por sus servicios, independientemente de la rentabilidad de la inversión o lo que les ocurra a la economía y al valor de la propiedad en sí. Conseguir un contrato presupone el hecho de que el director contratado o su compañía son conocidos, están bien asentados en el sector y no tienen dificultad en realizar su trabajo.

LOS BENEFICIOS EN LA HOSTELERÍA

Los grandes beneficios que produce la hostelería no suelen venir generados por la venta de alimentos, bebidas y alojamiento al público en general. Las grandes fortunas en el negocio hotelero vienen de otras fuentes, principalmente como resultado de considerar a éste como algo que tiene tanto de hostelería como de gestión inmobiliaria.

La gente construye hoteles por varias razones: el orgullo de convertirse en propietarios; los beneficios de la construcción, la promoción y financiación; el aumento de valor de la propiedad; para incrementar el valor de las propiedades de los alrededores y por razones relacionadas con la reducción de impuestos. En la década de los años veinte la mayoría de hoteles se construyeron por promotores que no tenían la intención de gestionarlos.

En la actualidad muchos hoteles se están construyendo como parte de grandes complejos de vivienda y espectáculo, así como parte de un programa de rehabilitación de la zona antigua de las ciudades. El gran aumento del valor de las empresas Hilton y Sheraton no proviene de los beneficios de la gestión, sino de vender, comprar, de desgravaciones fiscales y del aumento de valor de los hoteles con el paso del tiempo. Financiación es el nombre del juego, y es un juego complejo. Los hoteles-casino son algo más. Si son populares, pueden convertirse en verdaderas minas. Los beneficios vienen del juego, no del hotel.

Los beneficios producidos por la gestión de los hoteles han sido siempre reducidos, oscilando entre el cero y el diez por ciento de los ingresos del hotel.

Si los beneficios de la venta y la inversión son bajos, ¿por qué hay gente que se introduce en el negocio del hotel? ¿Cómo es posible que se hayan producido tantas fortunas en este negocio? La respuesta a estas preguntas varía según las condiciones económicas del país, especialmente el precio de los terrenos, las leyes de tributación y la competitividad de algunos hoteles en un momento determinado. El profesor Albert Wrisley, de la Universidad de Massachusetts, inicia sus clases de hostelería con una adivinanza: ¿cómo puede un hotel valorado en diez millones de dólares alcanzar el punto de equilibrio financiero año tras año y ganar su propietario más de un millón de dólares en activos si lo vende al cabo de cinco años?

La respuesta radica en la cuestión de que el propietario ingrese la máxima cantidad posible en concepto de amortización y en el hecho de que durante la mayor parte de la historia de Estados Unidos la inversión inmobiliaria se ha revalorizado con el tiempo. Al vender, seguramente haya conseguido los diez millones de dólares o más. Es bastante posible e incluso seguro que un hotel construido en 1960 por diez millones de dólares estuviera valorado en quince millones veinte años después.

El riesgo de endeudarse

Hacerse rico endeudándose. Esto es exactamente lo que ocurre si el dinero se consigue a una tasa de interés razonable y el valor del dinero se devalúa cada año. Consiga un préstamo de cien mil dólares este año y cinco años más tarde puede usted devolver una cantidad valorada en ochenta mil dólares. Desde luego, el dinero prestado debe producir algún beneficio para cubrir los intereses que se deben pagar por el préstamo. Aunque parezca extraño en nuestra economía, existen personas con una deuda de diez millones de dólares. Pero parece que Dios está del lado de los optimistas. En las deudas de poco valor muchos individuos fracasan.

Aunque perdió la mayoría de las propiedades de sus ocho hoteles de Texas durante la depresión de los años treinta, Conrad Hilton es un buen ejemplo

Los beneficios de los hoteles provienen más de la gestión inmobiliaria que de las ventas de los servicios que proporcionan. Caso aparte son los grandes hoteles-casino de Las Vegas en los que las ganancias provenientes del juego suponen una enorme fuente de ingresos. A la derecha, el Caesar's Palace hotel-casino de Las Vegas.

del optimista que se recuperó de forma importante a finales de los años treinta, y en la década de los cuarenta creó un imperio hotelero. Ernest Henderson, en 1938, comenzó a comprar hoteles por una fracción de su valor al contado. Antes de su muerte en 1967 había creado la cadena hotelera más importante que el mundo ha conocido.

Consiga, pues, la máxima cantidad posible de dinero prestado, compre propiedades con el mínimo desembolso posible, aplique la máxima amortización y cuando ésta comience a bajar, véndalas. Compre nuevamente una propiedad, con el mínimo dinero posible y repita el ciclo.

Mientras la economía sea creciente y la propiedad tenga algún beneficio, el empresario puede catapul-

sus propiedades de forma espectacular. Si las economías son débiles o algunas de las propiedades tienen pérdidas, es bastante fácil que el inversor fracase. El sistema puede entonces colapsarse. Este sistema ha sido utilizado muchas veces en otros negocios, pero es particularmente efectivo en la hostelería, ya que tiene tanto de ésta como de gestión inmobiliaria.

El sistema funciona por que la gente tiene confianza en un negocio particular y compra bonos o participaciones del mismo: la economía sigue subiendo, la inmobiliaria se revaloriza y el valor del dólar se deprecia.

Conrad Hilton compró el Waldorf Astoria, el hotel más conocido del mundo, por tres millones de dólares al contado. Hilton mismo afrontó el negocio con sólo cien mil dólares de su propio dinero. La compra, según señala en su libro *Be My Guest*, no fue un impulso irreflexivo, sino el resultado de cuatro años de delicada negociación, cuidadosos planes y muchas oraciones.

¿CÓMO FINANCIAR UN HOTEL?

Los métodos para conseguir capital para que un hotel funcione es un trabajo apasionante. Varios de los primeros hoteles construidos en 1790 fueron financiados por sociedades Tontina, las cuales se dedicaban a operaciones de lucro, a base de poner un fondo entre varias personas para repartirlo en una época dada, con sus intereses, solamente entre los asociados que habían sobrevivido y que seguían formando parte de la asociación.

A principios de la década de 1790, un grupo de comerciantes de la ciudad de Nueva York construyó el Tontina Coffee House. El famoso City Hotel de Nueva York fue también objeto de Tontina, un arreglo mediante el cual los inversores supervivientes heredaban los intereses de los ya fallecidos.

Los hoteles siguieron a la civilización conforme ésta se extendía hacia el oeste, precediendo incluso, a veces, a los individuos. En algunas ocasiones se construyó el hotel incluso antes de que la comunidad llegara a la zona, como ocurrió con el Gayoso Hotel de Memphis, que permaneció aislado en un prado durante años. Algunos hoteles nunca consiguieron tener una ciudad a su alrededor y, por lo tanto, nunca fueron populares.

Los peligros del aumento de los créditos se hicieron notar al poco tiempo. El Boston Exchange Coffee House, el más impresionante edificio público construido en Estados Unidos entre 1793 y 1825, según la historiadora Doris King, fue una de las victimas de la mala financiación.

El gran *boom* de la construcción hotelera

A principios de la década de los veinte, la inversión en hoteles parecía muy tentadora. La ocupación de habitaciones había aumentado de un 72 por ciento en 1919 a un 6 por ciento en 1920, y hasta 1927 ésta nunca cayó por debajo del punto muerto en la mayoría de los hoteles. Como consecuencia se produjo el gran boom de la construcción hotelera. Chicago, por ejemplo, tenía 11 mil habitaciones de hotel en 1920, y en junio de 1926 esta cifra había aumentado hasta 22 mil.

Los hoteles se construían por diversas razones, distintas a la mera inversión. En muchas ciudades sin hoteles de primera clase, el hotel era una expresión del orgullo cívico y el centro de la actividad de la comunidad. En algunas de las grandes comunidades, el hotel se construía para promocionar un sector de la ciudad y para satisfacer vanidades individuales o como monumento a algo o a alguien. También se vio que un terreno ya de por sí valioso podía serlo aún más si en él se construía un hotel. Los promotores, que eran en buena parte los responsables de la creación de este boom, podían autofinanciarse. Las empresas inversoras también se interesaron, ya que un hotel de reciente creación les permitía dar salida a gran número de obligaciones. En la década de los veinte, gran parte de la inversión pública tenía

una noción equivocada acerca del valor de los bonos, pensando que la palabra «bono» denotaba una especie de valor que no se devaluaría. Algunos estaban tan convencidos de esto que compraron primero los bonos y se cuestionaron acerca de su valor después.

Charles Moore, un activo promotor de hoteles, cuenta que el coste total de la financiación de muchos hoteles en la década de los veinte oscilaba entre el 12 y el 20 por ciento, con gastos para el pago de la construcción por valor de hasta el 88 por ciento del préstamo. Muchos hoteles tenían poco dinero efectivo invertido en ellos por el propietario en el momento en que la construcción había finalizado. Si tenía éxito desde el principio, bien, en caso contrario había problemas. La idea de comprar una gran hipoteca, dividirla en pequeñas partes y venderlas después, era atractiva en teoría, según Moore, pero muchos se introdujeron en este sector sin conocerlo y el resultado fue la construcción de demasiados hoteles.

¿Inversión o créditos?

Un ejemplo sobre cómo puede crearse un hotel de «la nada», es decir, sin capital, lo muestra el caso ocurrido en Pittsburgh a finales de los años veinte, cuando un contratista, necesitado de una obra para mantener activa su organización, adquirió a cambio de una segunda hipoteca un gran terreno. Para respaldar la adquisición ofreció acciones en forma de títulos o valores. A continuación creó una tercera hipoteca por un valor doble del permitido legalmente a un contratista, vendiendo la mitad de esta tercera hipoteca a otros subcontratistas para la construcción de un hotel, él se quedó con la otra mitad para sus gastos.

De esta forma se construyó un edificio de apartamentos valorado en un millón y medio de dólares, sin dólar alguno en efectivo invertido en él, excepto aquéllos que resultaron de vender al público obligaciones de la primera hipoteca. Estos bonos se vendieron como rosquillas desde el momento en que su

oferta apareció en los periódicos locales a lo largo y ancho de todo el país.

En este período se financiaba un hotel con una inversión equivalente a un treinta o un cuarenta por ciento del coste total del terreno, construcción y gastos de financiación. Se solicitaba a una de las grandes hipotecarias un préstamo permanente de construcción combinado. Si era aprobado, la construcción comenzaba de inmediato, aunque esta forma de financiación fuera relativamente cara.

Cuando la oferta excede a la demanda

Los hoteles financiados de esta manera fueron buenas inversiones mientras se mantuvo alta la ocupación. Esto requería un tipo de monopolio difícil de conseguir en una época en que había un exceso de construcción. Si en una determinada comunidad las necesidades eran de un hotel de cien habitaciones, el entusiasmo local lo ampliaba hasta llegar a las doscientas habitaciones.

Con la depresión de los años treinta, el índice de ocupación disminuyó en muchos hoteles por debajo del cuarenta por ciento y muchas de las inversiones fueron vendidas por debajo de su valor. Se dice que más del ochenta por ciento de los hoteles de Estados Unidos sufrieron serios problemas financieros, siendo muchos de ellos absorbidos por compañías de seguros y otras empresas de préstamos, al verse forzadas a excluir el derecho a amortizar las hipotecas.

Sin embargo, muchos hoteles tuvieron éxito desde el día de su inauguración, especialmente cuando se hallaban en un emplazamiento clave; cuando estaban financiados con dinero al contado o cuando eran construidos de tal forma que la primera planta del mismo representara una buena participación del valor del terreno. Como siempre, era importante construir de tal forma que no se desperdiciara ni un palmo de terreno.

LAS CADENAS DE HOTELES

El desastre de las inversiones hoteleras de la década de los treinta fue una oportunidad única para algunos inversores atrevidos.

La Sheraton-Corporation of America es uno de esos casos. En la década de los treinta, Ernest Henderson y Robert Moore, de Boston, aseguraron el control de tres inversiones y reinvirtieron el dinero de uno de ellos en el Hotel Continental de Cambridge, Massachussets, mejorando la construcción y proporcionando comidas y habitaciones. Gracias a los beneficios pudieron pagar la hipoteca y compraron propiedades adicionales.

Por aquel entonces era fácil hacerse con el control de hoteles y edificios de oficinas, si se disponía de una pequeña cantidad de dinero. El edificio de Park Square en Boston, que pertenecía al First National Bank de esa ciudad, tenía un precio de venta de cuatro millones de dólares; sin embargo, Henderson y Moore se hicieron con el control por sólo 125 mil dólares al contado. Se convenció al banco para conceder un préstamo hipotecario de tres millones de dólares y para ofrecer una inversión individual de 150 mil dólares en acciones preferentes. Los 125 mil dólares se utilizaron para comprar la mitad de los 250 mil dólares de acciones ordinarias que habían creado.

El proceso continuó conforme Henderson y Moore obtuvieron beneficios de propiedades que habían adquirido para conseguir préstamos o edificios comprados a bancos y a compañías de seguros. Los vendedores de esas propiedades estaban encantados de poder ofrecer segundas hipotecas a Henderson y

Moore, particularmente tras observar los éxitos que estos hombres estaban obteniendo con las propiedades de la Sheraton.

En Detroit fue absorbido un hotel sin pago alguno, dado que el propietario estaba impresionado por lo que la Sheraton había sido capaz de hacer. La Sheraton Corporation dio un paso adelante en 1956 cuando compró 22 hoteles a Eugene Eppley, quien los había ido adquiriendo a lo largo de su vida.

Conrad Hilton tuvo una experiencia similar. Compró su primer hotel en Cisco, Texas, en 1919, cuando su propietario, que se dedicaba al negocio del alojamiento, prefirió vender su hotel por cincuenta mil dólares y dedicarse de lleno al negocio del petróleo.

Tras la Segunda Guerra Mundial, la construcción de moteles experimentó un boom, pero para los estándares de la época estos moteles eran operaciones de poca monta, sólo tenían de seis a treinta o cuarenta unidades. El dinero para su construcción procedía de ahorros particulares, de bancos e instituciones de crédito y ahorro locales. Muchos pertenecían y eran administrados por parejas retiradas de otras profesiones, como militares o minoristas. Se hipotecaban el terreno y los edificios para obtener los préstamos de desarrollo y construcción. Se construyeron pocos hoteles hasta mitad de los años cincuenta.

A partir de entonces, y especialmente durante la década de los sesenta, se construyó un buen número de hoteles grandes, como fueron los de carretera con más de un centenar de unidades. Las propiedades de mayor tamaño tendían a reemplazar a las pequeñas, que, con el tiempo, fueron desapareciendo. Típicamente, los hoteles de carretera o moteles se construyeron cerca de las principales vías de comunicación que conducían a las ciudades o grandes centros urbanos, haciendo que el gran hotel del centro de la ciudad, que por lo general era una antigua propiedad construida durante el boom de los años veinte, cayera en desuso.

A finales de la década de los sesenta y a principios de la de los setenta, muchas ciudades se sobrepoblaron de hoteles. Un primer ejemplo fue el área de Orlando, donde se construyeron hoteles y

moteles en gran número para atender a los visitantes de Disney World, en lo que se esperaba que fuera el área de desarrollo de Orlando.

Las mayores cadenas hoteleras se expandieron rápidamente en las ciudades, al principio construyendo y poniéndolas en funcionamiento. Posteriormente, las grandes cadenas como la Sheraton y la Hilton cambiaron de política, pasando de propietarios a la gestión mediante contratos. Se vio que era más seguro y más rentable gestionar que ser propietario y administrar.

Actualmente, el setenta por ciento de las habitaciones de los hoteles de Estados Unidos están gestionadas por cadenas hoteleras.

La construcción de hoteles fue fomentada a finales de la década de los sesenta por inversores que se sentían desengañados por el descenso de la bolsa y buscaban inversiones libres de impuestos, inversiones que produjeran importantes descensos de los impuestos como resultado de las deducciones permitidas. Los impuestos deducidos se utilizaban para reducir las tasas que gravaban otros ingresos de los inversores. La mayoría de las inversiones con desgravaciones fueron posibles gracias a las leyes fiscales aprobadas por el Congreso de Estados Unidos, y no como resultado de los agujeros fiscales, como mucha gente creía. El negocio del hotel/motel parecía un excelente medio para lograr ganancias importantes mejor que un sueldo fijo.

LOS CONSORCIOS

Otro factor importante en la rápida construcción de hoteles de la época fue la posibilidad de formar un nuevo tipo de consorcio regulado por una ley de 1968, la Real State Investment Trust (REIT), «un fondo mutuo de préstamos para bienes inmuebles». Dichos consorcios lograron millones de dólares que los inversores ansiosos hicieron llegar a sus manos gracias a dos características de la REIT:

1. La ley dice que la REIT debe distribuir el noventa por ciento de sus ganancias entre sus inversores, mientras que en la corporación pública habitual el consejo de administración es el que decide si el inversor obtiene algo.

2. El consorcio, por ser tal, no estaba gravado con impuestos.

Se ofrecieron al público varios consorcios, atrayendo miles de millones de dólares y consiguiendo además millones adicionales de los bancos. Como ejemplo, un consorcio de diez millones de dólares podía conseguir un préstamo de noventa millones de dólares e invertir cien millones en hoteles y otras propiedades inmobiliarias. Al principio los consorcios

prosperaron de forma increíble, prestando dinero a los promotores con tasas del quince por ciento y más. Algunos consorcios tenían millones de dólares para invertir cada día, y muchos se apresuraron a conseguir préstamos para la construcción y desarrollo (C y D) de hoteles y moteles sin una mínima investigación de la experiencia del prestatario o un estudio de la factibilidad del terreno y del proyecto.

Las entidades de ahorro, crédito, bancos, compañías de seguros y bancos hipotecarios eran culpables de lo mismo, pero en menor grado. Un estudio realizado en 1975 sobre la financiación de la industria del alojamiento, descubrió que 24 instituciones de crédito habían hecho préstamos por valor de tres mil millones de dólares para inversiones en el negocio de la hostelería en los años precedentes.

Los consorcios habían hecho préstamos tipo C y D que cubrían 82 propiedades, y de estos préstamos el 72 por ciento no llegaron a término, lo que significa que no se pagaba a los prestamistas de acuerdo con lo pactado o debido a que se confiscó la propiedad. No era tan grave como las condiciones de 1930, pero el problema era serio.

El exceso de construcción, la crisis energética (que se acentuó en 1973), los aumentos de los costes de construcción, el aumento de las tasas de interés y la demanda reducida de todo tipo de propiedades inmobiliarias fueron las causas principales del problema al que tuvieron que enfrentarse los prestamistas en el negocio de la hostelería y restauración.

Cuando una propiedad tenía problemas por no poder amortizar el préstamo hipotecario, el prestamista se mostraba reticente a confiscarlo porque los costes del hotel y la construcción continuaban, incluso aunque esta última estuviese paralizada. El capital se encontraba sometido a una propiedad no productiva, los impuestos continuaban y debían emplearse guardias para proteger la propiedad. Si un hotel en funcionamiento se cierra, conseguir que el viajero vuelva tras la reapertura es difícil. La bancarrota del propietario, a menudo significa la pérdida de la licencia de venta de bebidas alcohólicas, cuyo coste puede ser de miles de dólares. El prestamista suele intentar lograr un acuerdo «de prueba»,

quizás concediendo una moratoria en el pago del interés, e incluso adelantando dinero para mantener la propiedad en funcionamiento. El que solicita el préstamo suele acordar varias estipulaciones, presentando informes financieros mensuales y permitiendo inspecciones frecuentes. En algunos casos se cambia la gestión y se solicitan los servicios de una firma de asesoramiento, para ayudar en la administración y dar la vuelta a la situación.

¿QUIÉN INVIERTE EN HOTELES?

Tres compañías de seguros (Prudential, Equitable Life Assurance Society of the United States y la John Hancock Mutual Life Insurance Company) tenían inversiones de más de dos mil millones de dólares en la industria del alojamiento en 1976. Las compañías de seguros invierten de forma importante en la hostelería debido a la capacidad que tiene la gestión del hotel para cambiar las tarifas rápidamente, una

de las pocas áreas de la industria de la propiedad inmobiliaria que puede reflejar la variación de la inflación de forma rápida. Otra razón por la que las compañías de seguros se interesan por la inversión hotelera han sido las altas tasas de inflación. Aunque una compañía de seguros puede obtener beneficios en la inversión de hasta un doce por ciento, si la tasa de inflación es del diez por ciento y el impuesto sobre sociedades del cincuenta por ciento de las ganancias, la compañía pierde en realidad poder adquisitivo cada vez que paga impuestos.

¿CÓMO SACAR EL MÁXIMO PROVECHO DE UN TERRENO?

Se han hecho verdaderas fortunas formulando una simple pregunta: «¿Se está explotando la propiedad al máximo?». En otras palabras, ¿qué clase de propiedad debería construirse en un determinado terreno? ¿Debería construirse un edificio de oficinas o un hotel? En la ciudad de Nueva York la respuesta ha favorecido siempre la construcción de oficinas más que de hoteles. En algunos casos el hotel debería ser derruido y construir un edificio de oficinas. Algunos de los viejos moteles se pueden utilizar de forma más rentable como apartamentos u oficinas, especialmente aquellos que han quedado fuera de las grandes rutas, debido a la creación de autopistas importantes.

El «mejor uso» de algunos de los viejos hoteles de temporada puede alcanzarse cediéndolo a una institución educacional o de caridad. Al cederlo a dichas organizaciones, el donante tiene el derecho de valorar la propiedad por su valor de compra o a un valor establecido por el perito tasador. El valor de cesión puede ser muy superior al valor de mercado. Por lo general, el valor tasado es más elevado que el valor real en el mercado. Al ceder la propiedad, el donante puede deducir impuestos, por un valor igual al total del valor tasado o por el valor de la cesión. El donante que está en una situación de elevados ingresos puede «hacer» dinero desprendiéndose del negocio. Esto ha ocurrido varias veces en el pasado.

Los incendios son, a menudo, otra forma de conseguir el máximo valor de algunos hoteles. Un sorprendente número de negocios de temporada han sido incendiados o destruidos por el fuego cuando estaban asegurados contra todo riesgo. El edificio se incendia y el propietario está contento, porque puede conseguir mucho más dinero de la compañía de seguros que en el mercado.

Si el valor de venta de un hotel es de un millón de dólares, el vendedor puede aumentar el precio de venta a 1,2 millones o hasta 1,5 millones de dólares. Dicha financiación permite a una cadena ser propietaria de una propiedad con una cantidad de dinero relativamente pequeña como entrada de la compra. Se paga una suma mayor en total, pero el pago se extiende durante un período de tiempo prolongado. Si el hotel proporciona buenos beneficios, todo el mundo está contento, si no, como es natural, surgen los problemas.

LA FRANQUICIA, UNA FINANCIACIÓN INDIRECTA

La franquicia es otra forma de financiación aunque es indirecta y no se utiliza normalmente como forma de producción de capital. El franquiciador, en efecto, utiliza los recursos de cada franquicia para expandir su negocio.

La franquicia se hizo importante en el sector de hostelería con el crecimiento o la ampliación de los restaurantes Howard Johnson en la década de 1930.

Durante la Segunda Guerra Mundial desapareció casi por completo. En la década de los cincuenta el rápido crecimiento de los Holidays Inn demostró las ventajas de la franquicia y a finales de la década de los sesenta se extendió por Estados Unidos.

EL RECURSO DE LAS ACCIONES

Desde 1965 «la oferta al público» mediante acciones ha sido la forma favorita de obtener capital en las operaciones del sector de la alimentación. Y, en cierto grado, en los hoteles y moteles, las acciones de éstos y de los restaurantes fueron apreciadas de forma súbita en las bolsas de valores. Los inversores públicos estaban embobados por cualquier cosa que sonara a hotel o negocio en el sector de la alimentación. Muchas empresas que hacen emisiones de capital no tienen nada que ofrecer aparte de un concepto de *marketing* que ni siquiera ha sido verificado ni modificado por la experiencia real.

Antes de la década de los cincuenta muy pocas acciones de hoteles y restaurantes estaban incluidas en las cotizaciones de la Bolsa de Nueva York,

Para obtener el capital necesario para invertir en el negocio hotelero, a partir de los últimos años setenta, fueron muchas las acciones del sector que se cotizaban en las principales bolsas de Estados Unidos. A la izquierda, aspecto de una sesión en la Bolsa de Chicago.

Las compañías aéreas se introdujeron en el negocio de los hoteles y moteles, y éstos adquirieron restaurantes independientes. Algunas de las grandes compañías petrolíferas comenzaron la construcción y administración de fondas y restaurantes, al igual que algunos de los grandes fabricantes de productos alimenticios se convirtieron en cadenas de restaurantes. Los grupos de empresas se metieron hasta en la sopa. Entre las más importantes «fusiones» se incluían: Litton Industries (un grupo de empresas), que compró la firma Stouffer's, la cadena de restaurantes más importante de Estados Unidos y posteriormente la Canteen; Trans World Airlines compró la Hilton International Hotels; la International Telephone y Telegraph, otro grupo de empresas, compró Sheraton Hotels, la mayor cadena hotelera del mundo, y la Fred Harvey Corporation fue comprada por un grupo hawaiano, el AmFac.

En 1969, La Holiday Inn se unió a la T.C.O., una empresa que era la propietaria de Trailways, la segunda línea de autobuses interurbanos más importante, y la Delta Steamship Lines. La Holiday Inn se convirtió en un grupo de empresas de viajes y alojamientos, con unas 25 filiales.

En íntima conexión con el negocio de la restauración y de los hoteles está el turismo. Empresas como la American Express forman parte del negocio turístico. Con miles de millones de dólares de «préstamo libre» de gente que compra sus cheques de viaje, la American Express tiene importantes perspectivas de expansión en el negocio de la hostelería.

LA ADMISIÓN DE TARJETAS DE CRÉDITO

En la actualidad, más de la mitad de las cuentas de huéspedes son pagadas con tarjetas de crédito. El hombre de negocios, el mercado más lucrativo de la hostelería, utiliza una o más tarjetas de crédito para pagar casi todo lo que compra, cuando está lejos de su domicilio. Es una forma cómoda. El expendedor de las tarjetas de crédito facilita las cuentas a la corporación para la que trabaja el viajero, o al mismo individuo, para fines de contabilidad propia y para asuntos fiscales.

entre ellas la Sheraton Hotels, Hilton Hotels y la Knott Corporation.

A partir de 1979, docenas de acciones de hoteles y moteles se incluyeron en la Bolsa de Nueva York y en las otras bolsas estadounidenses.

Al comienzo de 1966 se crearon numerosas empresas. Las acciones se ofrecieron a través de agentes de bolsa, situando a los presidentes de estas empresas en el camino hacia la fortuna e incluso hacia la fama.

Los inversores vieron dinero fácil y siguieron pujando en los ratios precio-beneficio. La media para una cadena hotelera de moteles en 1969 era de 32 veces las ganancias. En comparación, las acciones de Dow-Jones Industrial Stocks se vendieron por un valor aproximado de 19 veces las ganancias en febrero de 1969.

LA FUSIÓN DE EMPRESAS

Otra forma de expansión rápida en el negocio de hoteles y restaurantes ha sido a través de la fusión, o más precisamente, de la compra de una empresa por otra.

La tarjeta de crédito apareció en algunos servicios de gasolineras en los años veinte y se extendió en los años cincuenta de forma rápida con la aparición del Diners Club y las tarjetas de crédito bancarias. Es un negocio de miles de millones de dólares anuales. Aunque reticentes a utilizar las tarjetas de crédito en un principio, dado el coste para el hotel, los administradores actuales las aceptan de forma rutinaria y muchos no aceptan talones sin el aval de una tarjeta de crédito.

LA ABSORCIÓN DE UNA EMPRESA POR OTRA

La mecánica de absorción de una empresa por otra necesita explicación. Supongamos dos empresas, ambas ganando un dólar por acción y año. Una de ellas es una empresa con beneficios cuyas acciones se venden por un valor de treinta veces las ganancias o por valor de treinta dólares la participación. La otra es un firma más conservadora, cuyas acciones se venden por quince veces las ganancias o en participaciones de veinte dólares. Si la empresa más brillante puede adquirir la compañía más conservadora por un cambio de acciones —una acción de la empresa

A fin de facilitar a los clientes reservas y pagos, varias empresas se asocian voluntariamente. Un modelo de asociación de este tipo es The Leading Hotels of The World que reúne algunos de los mejores hoteles del mundo. Arriba, cartel publicitario de esta cadena en el que se ofrecen los servicios de otra compañía asociada: American Express.

con beneficios por dos acciones de la empresa más conservadora—, la empresa con beneficios disparará sus ganancias.

En la fusión, la empresa con beneficios finaliza con acciones que dan un dividendo de dos dólares cada tres acciones, en lugar del dólar por acción que se obtenía anteriormente. El inversor corriente, no consciente de la aritmética de la transacción, ve sólo el informe de ganancias de la empresa con beneficios y se impresiona con el rápido crecimiento de las ganancias. Las acciones de la empresa con beneficios se valoran más y por tanto la empresa con beneficios puede adquirir otra compañía conservadora.

La empresa con las acciones más valoradas compra la empresa con acciones menos valoradas. La empresa que compra aumenta sus ganancias con la participación de la adquisición. Mientras los ratios de ganancias de las empresas con beneficios permanezcan altos, como fue el caso de los restaurantes Denny, Lum's, Loews y la mayoría de acciones de hoteles y restaurantes de 1967 a 1969, la forma más rápida de expansión procedería con seguridad de la adquisición.

Si un intento de adquisición fallase, la empresa con ganancias no perdería prestigio. Cuando una empresa con ganancias anuncia una oferta de comprar las acciones de otra a un determinado precio, las acciones de la empresa conservadora suelen aumentar de precio. La empresa con ganancias puede entonces vender las acciones que le pertenecen en la empresa como beneficio. En 1968, por ejemplo, Loews Theatres alcanzó un beneficio de 28,5 millones de dólares cuando negoció con las acciones de la Commercial Credit Company.

EL *HOLDING*

Otra forma de conseguir el capital para un hotel o motel es a través de los *holding*. Un *holding* es un grupo de inversores que se unen como miembros que participan en la adquisición de una propiedad. Teóricamente, los miembros del *holding* poseen la propiedad y reciben una renta por ella. Parte de la renta representa la amortización de la propiedad. Esta parte está exenta de impuestos y se considera como beneficio del capital. Es una forma interesante de evitar los impuestos sobre la renta.

Muchos *holdings* de inmobiliarias tenían y gestionaban hoteles durante las décadas de 1950 y 1960. Los beneficios de estas inversiones estuvieron sometidos a grandes exenciones de impuestos. Por lo general, el beneficio de la inversión era aproximadamente del cinco al quince por ciento, en su mayor parte libre de impuestos. Desde un punto de vista de impuestos, los propietarios estaban recuperando lo que habían invertido.

Desde luego los propietarios creyeron que la propiedad se revalorizaría de tal forma que cuando fuese vendida podría recuperarse la inversión original y aún más. Mientras tanto, y a lo largo de los años, percibirían unas ganancias exentas de tasas. Dos de los directores de *holdings* más conocidos, William Zeckendorf y Robert Futterman, tenían varios hoteles en su cartera de inversiones. Zeckendorf se sobrepasó y su imperio se colapsó. Futterman se dejó llevar a un punto en que a veces tenía que ser despertado bruscamente para firmar un contrato. Irónicamente, se atragantó mientras intentaba tragar un trozo de bistec y murió antes de los treinta años.

¿Cómo operan los *holding*?

Bajo un contrato de *holding*, los fondos son colocados en manos de organizadores de directores de *holding*. Los directores reciben de un diez a un quince por ciento de las participaciones del *holding*. Los directores, bajo *leasing*, obtienen una compañía de gestión y recogen y distribuyen las rentas entre los miembros del *holding*. Desde que la compra de hoteles y moteles se deja al libre juicio de los directores, éstos han gobernado plenamente los fondos del *holding*.

Los miembros del *holding* tienen un control mínimo o nulo sobre los directores. El *holding* adquiere propiedades valiosas con mínimos desembolsos. El resto de la deuda se financia a través de primeras hipotecas o por contratos de compra. Se espera, generalmente, que las propiedades produzcan más renta de la que son capaces de generar. El individuo que acepta el préstamo puede pagar la renta, pero al mismo tiempo consigue eliminar el mantenimiento y las reparaciones. Los propietarios reciben la propiedad nuevamente en una condición de reducción.

Un punto débil del plan es el hecho de que el director del *holding* puede tener poco o ningún dinero propio invertido, pero tiene completa autoridad para invertir el dinero del *holding*. Dado que él ha pagado un porcentaje de dinero, el director del holding no puede perder, al menos hasta que el sistema se colapse.

ARRENDAR EN LUGAR DE COMPRAR

Otra forma de financiación parcial es arrendar la tierra en la cual se construye el hotel y hacer lo mismo con parte o con la totalidad del mobiliario. En algunos casos el propietario de la tierra no le deja al constructor otra opción que la de arrendarlo. Otras veces, el propietario de un hotel o motel lo arrienda en lugar de comprarlo, dado que no tiene ni dinero ni crédito para comprar.

El terreno en el que los hoteles y moteles se sitúan suele constituir un diez o un veinte por ciento del valor total de la propiedad. En efecto, el propietario puede financiar un diez o un veinte por ciento del valor total de la propiedad mediante el préstamo de un terreno. El propietario de un hotel también puede decidir arrendar el mobiliario y el equipamiento en lugar de comprarlo y amortizarlo a través de su vida útil.

Varios hoteles y moteles arriendan sus televisores en lugar de comprarlos. Una ventaja de hacerlo de esta forma puede ser que la empresa que los arrienda les proporciona el mantenimiento de los

El valor de mercado de un establecimiento hotelero, a diferencia del llamado valor de cesión que refleja el valor real, es un concepto que indica la capacidad del hotel de producir ganancias. Sobrevalorados en este aspecto se encontraban, en un estudio de los años setenta, los hoteles de la cadena Hilton. A la derecha, uno de ellos.

aparatos durante el período que dura la operación. Este contrato permite una despreocupación en cuanto al mantenimiento y la reparación de los aparatos. Se supone que la empresa que arrienda los aparatos proporcionará técnicos especializados en televisión cuando se necesiten; lo que puede ser difícil de conseguir para el propietario del hotel. Tras un período de varios años, la empresa que arrienda los aparatos cede el control de los mismos al propietario del hotel por su precio nominal.

El coste del arriendo se considera un gasto de operación y se calcula cada año antes de aplicar los impuestos. Éste ha sido el factor de venta que han conseguido las compañías de hostelería que se dedican al arrendamiento. La rápida amortización permitida por el Internal Revenue Service permite al propietario comprar y amortizar el mobiliario y equipamiento en cinco años. Dada la rápida amortización, no hay una verdadera exención de impuestos en el arrendamiento.

RENTABILIZACIÓN AL MÁXIMO DE LA INVERSIÓN

La definición del «efecto-palanca», en su sentido financiero, es la de hacer que poco dinero trabaje mucho. Significa el máximo uso de un préstamo. El inversor controla un negocio o una propiedad pagando un mínimo de dinero. Si las cosas van bien, un poco de dinero controla una gran cantidad de activos. Si el negocio no va bien, la persona que utiliza el efecto palanca se encuentra con problemas, dado que no puede afrontar una gran deuda ni tampoco pagar los intereses.

Ernst Henderson fue un maestro en el uso del «efecto-palanca» y, tal como relata en su libro *The World of Mr. Sheraton*, convirtió mil dólares en cuatrocientos millones. Henderson compró el Continental, en 1933, por un tercio de su coste en construcción, que era aproximadamente de un millón de dólares. Sólo se ofrecieron 25 mil dólares en efectivo. Algunos años después, el Continental fue considerado el que obtenía más beneficios entre los de su tamaño en Estados Unidos.

El hotel Copley-Plaza fue adquirido en el año 1941. En la transacción, las acciones originales, valoradas en cien dólares cada una, se compraron por el valor de un dólar por acción. El beneficio normal de las inversiones en un hotel, según Henderson, si se aumenta mediante «efectos-palanca» o financiación por préstamo, alcanza una rentabilidad próxima al catorce por ciento anual, antes de aplicar impuestos.

Henderson estaba siempre preparado para pagar por un hotel el valor más elevado del que se pedía si, a cambio, el pago inicial era pequeño. La compra de Beaconsfield en Bookline, Massachusetts, es un ejemplo. El propietario quería venderlo y la oferta más elevada que recibió fue de 150 mil dólares. Henderson ofreció 200 mil dólares, pero sólo 50 mil

como entrada. El propietario del Beaconsfield comenzó a mostrarse interesado. Tenía valorado el hotel en 330 mil dólares. Finalmente, Ernst Henderson le ofreció los 330 mil dólares como valor del hotel, con el derecho a pagar sólo 2 500 dólares en efectivo. Algunos años después el hotel fue vendido por 1,25 millones de dólares. Un hotel de Detroit fue comprado sin intercambio monetario alguno. El propietario, que no había tenido éxito en su gestión, quedó impresionado por el récord alcanzado por Sheraton.

La «inversión en palanca» en el hotel o motel es alta y continúa aumentando. Se necesitan unos dos dólares de capital para producir un dólar de beneficios. En 1954, un capital de un dólar producía un dólar de ingresos. Solamente diez años después, la cantidad de capital necesaria para producir un dólar de beneficios se había doblado.

DISTINCIÓN ENTRE VALOR DE CESIÓN Y VALOR DE MERCADO

El valor de cesión y el valor de mercado son dos conceptos diferentes que a menudo se confunden. Por ejemplo, en 1977 el valor de cesión de los hoteles Hilton se basaba en su coste menos la amortización y era de 371 millones de dólares, mientras que el valor en el mercado era de 717 millones. Los valores de mercado tienden a reflejar estrechamente la capacidad de una propiedad para producir ganancias. El valor de cesión es un concepto contable al cual se llega restando el valor de la amortización permitida a lo largo de los años desde que la propiedad fue comprada. El valor de cesión no refleja la inflación, como lo hace el valor de mercado. En 1977, Barron Hilton, presidente de los Hilton Hotels, afirmó que, aunque el Waldorf Astoria fue constrüi-

Sobre estas líneas, el Hotel Arts de Barcelona (España) perteneciente al grupo The Ritz-Carlton Hotel Company, construido con la finalidad de atender el importante mercado que proporcionaron los Juegos Olímpicos de 1992.

do en 1927, en 1977 tenía aún una vida útil de 25 a 30 años. Para reemplazar a dicho hotel en 1977, el coste hubiera sido de 180 millones de dólares aunque su valor de cesión fuese de 45 millones.

Tal como señaló Ernest Henderson a principios de la década de los sesenta, el valor real de cualquier negocio es el que éste es capaz de producir en beneficios. Tanto Henderson como Hilton señalaron a sus accionistas que los sistemas contables tradicionales no eran realistas en lo referente a las propiedades de los hoteles. Las propiedades de los hoteles tienden a valorarse más que a devaluarse, ya que el dólar no es un estándar estable. Por lo tanto, si los hoteles están bien situados y bien administrados, su valor de mercado será muy superior al valor de cesión.

El hecho de que un hotel tenga éxito o no, depende en gran parte de su coste inicial y de la tasa de interés pagada a los prestamistas. Supongamos que pudiera conseguirse un préstamo por valor de un millón de dólares a un diez por ciento de interés en lugar de a un veinte por ciento. La tasa de interés más elevado costaría unos cien mil dólares más por cada año de duración del préstamo.

Cuando se construye o compra un establecimiento a un elevado coste por habitación, debe recordarse que la propiedad debe tener un mercado que soporte las altas tarifas necesarias para su rentabilidad. En un momento determinado, algunos mercados no apoyarán establecimientos de alto coste, pero otros sí.

También se conocen algunos «chanchullos». Es relativamente fácil hacer «arreglos» entre dos empresas propietarias de hoteles. Supongamos, por ejemplo, que dos empresas poseen, cada una de ellas, un hotel valorado en un millón de dólares. Supongamos también que los poseen desde hace siete u ocho años y que se ha conseguido la mayor amortización en relación a los impuestos. Ambas empresas necesitan una nueva base de impuestos para conseguir la máxima amortización. Sería rentable para ambas comprar el hotel de la otra. Ambas comenzarían de nuevo con una base de impuestos de un millón de dólares. Así las cosas, supongamos que ambas empresas acuerdan entre ellas valorar sus hoteles en 1,4 millones de dólares, aunque su valor en el mercado sea de tan sólo un millón. Al ser hoteles, su cifra de venta no es importante pero, a mayor precio de venta, la base de amortización es mucho mayor. Se dice que estas transacciones se han realizado alguna vez.

Pero ¿cuál es un valor razonable de amortización para un hotel o motel? La respuesta es muy discutible y difiere según distintos expertos e incluso entre personas del Internal Revenue. Algunos moteles han sido amortizados en un período de siete años, aunque el edificio podría seguir en perfectas condiciones de uso después de treinta años.

La amortización de los bienes muebles

La amortización del mobiliario y de los complementos es mucho más rápida que la de los edificios. Las normas para la amortización del mobiliario han sido establecidas por el Internal Revenue Service. Son sólo normas orientativas, ya que algunos salones de cócteles y restaurantes deben redecorarse completamente cada tres o cinco años. Las alfombras deben adquirirse para una vida útil de tres, cinco o diez años. Por su lado, las cortinas, lámparas y ciertos muebles son adquiridos en vistas a una vida útil de diez, doce o quince años.

El tema de las tasas de amortización de los ascensores automáticos y acondicionadores de aire es poco claro. Algunos expertos creen que éstos deben considerarse costes más que mejoras de la inversión, costes por otro lado necesarios para recuperar una pérdida del valor económico que representan. Las reparaciones realizadas en el equipamiento se desglosan como gastos habituales en lugar de ser considerados como inversiones sujetas a amortización con el tiempo.

La selección de una tasa de amortización puede ser crítica en un negocio, especialmente al principio, que es cuando se requiere mayor liquidez para sobrevivir. Si alguien quisiera seguir el ejemplo de algunas de las compañías de explotación de hoteles y moteles de Estados Unidos, debería amortizar al máximo en el período más corto de tiempo permitido por el Internal Revenue Service. Tan pronto como se ha agotado el máximo factor de amortización en la base de los impuestos, se vende la propiedad, se adquiere otra y se comienza con otra base de amortización.

El papel de los impuestos

Los impuestos sobre inmuebles varían ampliamente dentro de Estados Unidos y deben considerarse en cualquier inversión realizada en un hotel o motel. Ernest Henderson era muy consciente de estas diferencias. Hubo un tiempo en que Sheraton era quien más impuestos pagaba en Boston, pero vendieron la mayor parte de sus propiedades y el dinero se invirtió en Washington, D.C. Una de las razo-

La amortización de los bienes muebles es mucho más rápida que la de los inmuebles, y ello es muy importante en hostelería ya que algunos salones o el restaurante deben redecorarse cada tres o cinco años. A la derecha, bar de un hotel de Copenhague.

nes para el cambio fue que los impuestos sobre inmuebles en Washington eran una cuarta parte de los de Boston.

Un detalle acerca de la importancia de la ortografía: los estudiantes han afirmado durante mucho tiempo que la ortografía no refleja la valía de una persona. Esto sería correcto si no fuese cierta una de las historias que se cuentan acerca de una de las transacciones de la Sheraton. La Sheraton Corporation se fusionaba con la United States Realty and Improvements Corporation de Nueva York. Ernest Henderson estaba extendiendo un cheque por valor de nueve millones de dólares. Rodeado de banqueros, personas del sector de los seguros, abogados, accionistas, prensa y fotógrafos, Ernest levantó la vista y preguntó: «¿Cómo se escribe millones, con una o dos eles?».

VENDER Y DESPUÉS ARRENDAR

La venta y posterior arriendo del negocio es un truco que ha sido utilizado en la financiación hotelera durante cierto tiempo. El propietario de un motel que, por ejemplo, necesita dinero pero no quiere dejar de dirigirlo, puede venderlo y al mismo tiempo negociar un arrendamiento a largo plazo con el nuevo propietario. El ex propietario tiene así una importante suma de dinero con la que podrá llevar a cabo otros negocios y añadir nuevas unidades, o comprar incluso otro motel. Gracias al arrendamiento, el ex propietario sigue dirigiendo el negocio.

El actual arrendatario (ex propietario del negocio) paga todos los gastos de gestión, impuestos sobre inmuebles y mantiene la propiedad. Este tipo de arriendos han sido operaciones comunes durante los últimos treinta años, con opciones renovadas. El nuevo propietario paga los gastos de la hipoteca. Un argumento a favor de la venta y posterior arriendo está en el hecho de que quizás el antiguo propietario puede necesitar dinero en efectivo o puede utilizar toda su amortización. El nuevo propietario tiene asegurado un buen beneficio de su inversión y la propiedad del motel como patrimonio.

LA IMPORTANCIA DEL ESTUDIO DE MERCADO

Al planear una nueva inversión, el empresario debe realizar una detallada programación de los ingresos que se espera se producirán, el coste necesario para llevar a cabo dicho negocio y los beneficios esperados. Dichos estudios son la base de los estudios de viabilidad, en ocasiones denominados estudios de mercado y económicos.

Hasta después de la Segunda Guerra Mundial, los empresarios eran habitualmente sus propios expertos, utilizando su propia experiencia y juicio para analizar el mercado potencial de su producto, evaluando la conveniencia de un determinado emplazamiento, las ganancias previstas y los gastos necesarios. Actualmente, la mayoría de empresarios solicita los servicios de una empresa de asesoramiento o de un experto en estudios de viabilidad para que realice de forma independiente y objetiva el estudio de viabilidad y mercado.

Los empresarios esperan que el experto trace un plan de gastos e ingresos para el hotel, motel y restaurante También esperan consejo acerca del número de habitaciones o plazas que deben construirse.

Un motivo importante para realizar estudios de viabilidad es que las empresas que conceden los préstamos los exigen. Ningún banco, sociedad de préstamos o compañía de seguros prestará cantidad alguna sin un informe previo. Es la cláusula de protección en caso de que fracase el negocio.

En el sector de la hostelería y restauración los estudios de viabilidad los realizan normalmente dos de la empresas contables más importantes: la Pannell Kerr Foster and Co. y la Laventhol & Horwarth. No obstante, existen otras empresas que pueden encargarse de estos estudios por unos honorarios determinados.

Hace algunos años Ellsworth Statler realizó la divertida afirmación de que los tres factores más importantes en el éxito de un hotel eran: primero el emplazamiento, segundo el emplazamiento y tercero el emplazamiento. Para elegir el emplazamiento correcto deben tenerse en cuenta numerosas cuestiones. Los factores que determinan un emplazamiento varían con el tiempo. La posada de carretera se construía junto a una vía muy transitada, preferiblemente en la ciudad. El hotel del canal se construía junto al canal. El hotel de ciudad se construía lo más cerca posible de la estación ferroviaria.

La mayoría de los hoteles construidos en la década de los veinte se construían junto a la estación. En la ciudad de Nueva York, el hotel Pensilvania Statler estaba comunicado con la Pensilvania

Railroad Station mediante un paso subterráneo. El Commodore Hotel se construyó sobre la Grand Central Station: había un total de cinco mil habitaciones en las inmediaciones de dicha estación. El Waldorf Astoria Hotel, construido en 1931, estaba cerca de la Grand Central. El Belmont Plaza se construyó al otro lado de la calle, detrás del Waldorf Astoria, para aprovechar la sobresaturación de éste.

Los hoteles de aeropuerto fueron una consecuencia del incremento progresivo de los viajes en avión, y de ahí la importante concentración de hoteles y restaurantes producida junto al aeropuerto O'Hare de Chicago.

Se da el caso de que algunos emplazamientos óptimos no han sido descubiertos. El Top of The Mark, restaurante situado en la parte superior del Mark Holkings Hotel de San Francisco, fue el pionero de un nuevo tipo de emplazamiento. Pasaron muchos años, no obstante, antes de que otros reconocieran los méritos de dicha ubicación para restaurantes. En la actualidad, casi cada población con un número mínimo de habitantes tiene algún gran edificio con un restaurante «mirador». Kemmons Wilson, primer presidente de la Holiday Inn, afirmó que los restaurantes «mirador» podían obtener de un quince a un veinte por ciento más de volumen de ventas debido a su localización.

EL EMPLAZAMIENTO

Evidentemente, cada tipo de negocio tiene diferentes factores que influyen en la decisión de considerar un determinado lugar como bueno, regular o malo para su emplazamiento. El Severance Lodge, situado a varias millas de la pequeña ciudad de Fryeburg, Maine, está bien ubicado si consideramos su tipo de explotación, rústico, con un atractivo bosque y junto al lago Kezar.

El Caribe Hilton tiene un buen emplazamiento, siempre y cuando el transporte desde Miami y Nueva York a Puerto Rico sea barato y rápido. Un motel situado en las afueras tendrá una buena ubicación si tiene cerca una universidad y además satisface las demandas de alimentación, alojamiento y bebidas de un nuevo complejo de empresas situado en las cercanías. En un motel de aeropuerto, la localización es buena si el volumen del tráfico aéreo y de pasajeros es considerable.

Algunos factores ajenos al control de un individuo o corporación determinan el valor de un determinado emplazamiento. Muchos hoteles de Cuba estaban bien situados antes de la subida al poder de Fidel Castro, pero el nuevo régimen político ha retraído las inversiones estadounidenses. Un motel situado en una vía transitada tenía un índice de ocupación del 95 por ciento, hasta que se construyó el flamante Howard Johnson Lodge al otro lado de la calle, por lo que la ocupación descendió unos treinta puntos.

La construcción de un complejo de edificios de oficinas puede aumentar el valor de la ubicación de un hotel si se halla en el recorrido hacia este complejo. Cualquier tipo de variación en las autopistas afecta el valor de emplazamiento, ya sea para bien o para mal. Cientos de moteles quedaron fuera de toda competencia al construirse el Inter State Highway System.

Viabilidad de un emplazamiento

Los expertos en localización están constantemente buscando buenas ubicaciones para sus empresas. Los agentes inmobiliarios, algunos de los cuales son especialistas en construcción y venta de hoteles y moteles, se dedican a evaluar potenciales ubicaciones. Buscan aquellos emplazamientos que puedan ser adecuados para construir una nueva propiedad y calculan el volumen de negocio que podría darse en aquella zona, proporcionando algunos servicios. Por lo general, se dispone de varias ubicaciones entre las que escoger, pero a veces sólo una es la correcta. El experto no busca únicamente solares vacíos, sino también aquellos ya edificados en donde el edificio existente pueda reemplazarse por un hotel o motel.

Los lugares verdaderamente adecuados son, por lo general, muy caros para la edificación de un motel de dos o tres plantas; en este caso debe construirse mayor número de plantas para producir mayores ingresos con que compensar el coste de compra o arriendo del terreno. Una cadena hotelera dedica normalmente un 17,5 por ciento de los gastos totales de un proyecto en concepto de coste del terreno; otras, en cambio, tienen políticas distintas respecto al precio del solar.

El coste de un edificio refleja aspectos tales como el tipo de terreno, alcantarillado, disponibilidad de agua corriente y de la cantidad de tierra que debe excavarse o añadirse para nivelarlo. Estos factores son especialmente importantes en zonas alejadas de comunidades habitadas y en países menos desarrollados. Los costes de construcción en el Caribe, por ejemplo, suelen ser del orden de un 25 por ciento superiores a los normales, dada la necesidad de importar casi cada artículo utilizado en la construcción, incluso el cemento. Los expertos en localización prestan mucho interés al factor «compatibilidad con el vecindario». Un barrio decadente se

La ubicación del hotel tiene una importancia considerable para quienes van a hospedarse en él. No es el mismo tipo de cliente, ni responde a unas necesidades similares, el que se aloja en un establecimiento situado en el centro de la ciudad, que el que busca la proximidad a un centro ferial y económico o la tranquilidad de un retiro en el campo. A la izquierda, terraza con vistas al lago Otsego (EE UU).

muestra en contra de todo lo nuevo, incluso en el caso de que sea algo agradable y productivo.

Otro factor, en el que están de acuerdo los expertos, es la atracción acumulativa de un área donde hay negocios similares. Un grupo de moteles llega a ser popular como un «área de moteles», lo que hace que muchos viajeros se dirijan allí en lugar de detenerse en un sitio determinado, incluso aunque éste sea tan bueno o mejor que algunos de los moteles del área. La proximidad de restaurantes conocidos, grandes almacenes o complejos deportivos es un gran acierto.

Evolución del vecindario

Otro factor que tiene mucha influencia en el tema de la ubicación es la futura evolución del vecindario. ¿Está en crecimiento y auge o en declive? ¿La ciudad se acerca o se aleja respecto a esta zona?

Se han conseguido diversas fortunas gracias al hecho de disponer de datos en relación al crecimiento de las ciudades, junto con la valentía de comprar o arrendar terrenos en el momento en que se ha observado que la comunidad se «movía» hacia una determinada dirección.

¿CÓMO REALIZAR UN ESTUDIO DE VIABILIDAD?

Existen directrices para realizar un estudio de viabilidad y son especialmente útiles para evitar pasar por alto algunos factores importantes. Los estudios de mercado y viabilidad incluyen una serie de pasos, que, en resumen, son los que se relacionan a continuación:

- Identificación del mercado potencial, posibles clientes del hotel, establecimiento o restaurante.
- Cuantificación del mercado, es decir, cuánta gente se espera que sea cliente del hotel, establecimiento o restaurante si se construye un determinado tipo de edificio.
- Tipo de servicios que atraerá al mercado.
- Cálculo del volumen de los servicios.
- Cálculo del coste de los servicios que facilitará al mercado.
- Cálculo de los ingresos y gastos de la explotación desglosados por departamentos.
- Beneficios calculados en porcentaje de ventas y en porcentaje de inversión.

Estos pasos no tienen por qué realizarse necesariamente en el orden dado. Los empresarios suelen especular acerca del tipo de negocio o restaurante que tendrá éxito en un determinado emplazamiento. Solicitan del consultor que confirme o rebata dichos supuestos. Gran parte del éxito de un negocio depende de la competencia ya existente o de la que se proyecte que existirá en esta área.

Un factor importante: la competencia

La competencia no es siempre negativa. Un nuevo motel en un área puede aportar más volumen de negocio a los moteles ya existentes. Un determinado tipo de restaurante, con un enfoque y un menú diferenciados, puede no crear ninguna competencia a restaurantes ya existentes. Un establecimiento aislado en una determinada área puede verse potenciado por otros establecimientos.

` El aparcamiento del restaurante depende del área. Algunos de los restaurantes más rentables carecen de aparcamiento; otros, en cambio, no podrían existir sin él. La distancia hasta el mercado potencial no es siempre un factor decisivo. Esta distancia puede medirse en kilómetros o en horas de viaje. En algunos restaurantes, la clientela puede vivir en el mismo edificio. En otros, puede localizarse a una distancia de una hora en automóvil. La distancia entre un hotel y el lugar de residencia de sus clien-

Una de las principales áreas que han de cuidar los responsables de un hotel es la gestión del bar. Es esencial en este caso un estudio de los porcentajes de ocupación del mismo a lo largo del día, para considerar la posibilidad de refuerzos de personal en aquellas horas en que el índice es más alto, y viceversa. Así mismo, es esencial que el bar proponga una oferta variada, que llame la atención de los clientes del hotel.

tes puede ser de mil kilómetros o más. Obsérvese, por ejemplo, la distancia de los clientes de Nueva York con respecto a Florida o al Caribe, o la distancia desde Los Ángeles a Hawai. La necesidad del cambio de planes y costes se convierte entonces en factor importante. La apertura de una nueva línea aérea a una zona turística puede hacer de ella un lugar muy rentable.

Al hacer un estudio de viabilidad de un hotel, se estudia ante todo el mercado. Éste dice la procedencia de los viajeros y qué tipo de actividades realizan en su propia área. Con ello se sabe si los clientes vendrán mayormente por motivos comerciales, o por la celebración de alguna convención o si serán clientes de paso. Valora las tendencias de la población de un área determinada así como los hoteles y moteles ya existentes, se visitan los departamentos de personal de las principales plantas de fabricación y otras empresas de la zona y se entrevista a los prin-

cipales directores para saber dónde se alojan los vendedores que les visitan. Si las empresas tienen un libro de registro de visitantes, éste es una excelente fuente de información.

Para un motel, la localización de la autopista, esté construida o en proyecto, es un factor decisivo. Los departamentos de las autopistas estatales suelen tener registros de volumen de tráfico de las principales rutas del estado, así como datos acerca del origen y destino de los viajeros. Algunas veces también se consultan las gasolineras y se averigua la cantidad de gasolina vendida.

Un estudio de mercado y viabilidad, por muy detallado y completo que sea, depende en gran parte de las conclusiones del analista. El hecho de que incluso los expertos pueden equivocarse queda demostrado por el número de restaurantes abiertos por empresas con experiencia y que no resultan particularmente rentables. Algunas de las cadenas no consideran la apertura de un restaurante a menos de que pueda producir un mínimo de medio millón de dólares de ventas.

Mediante la técnica de prueba-error, las cadenas que tienen un menú estándar y una fórmula de gestión han encontrado aquellos factores que hacen rentable su negocio. Empresas como la Howard Johnson, por ejemplo, pueden predecir con bastante exactitud qué volumen de ventas puede esperarse de una zona determinada.

¿Existe una demanda suficientemente importante para un determinado hotel, motel o restaurante? Costó más de veinte años que la ciudad de San Francisco estuviera a la altura de su hotel, el Palace Hotel. El hotel era demasiado grande y caro para ser financiado por la ciudad de San Francisco cuando fue construido en 1875. Pittsburgh tuvo un exceso de habitaciones de primera clase durante muchos años. Hasta que no se introdujo el juego, en

1978, la ciudad de Atlanta tuvo más habitaciones de las que realmente necesitaba.

El hecho de que un grupo de empresas hoteleras o moteleras de una ciudad determinada afirmen que en dicha zona se ha construido demasiado, significa poco. Las empresas tienden a pensar que existen demasiadas habitaciones hoteleras, a menos de que su índice de ocupación no sea del noventa por ciento durante todo el año. Una ciudad puede tener exceso de hoteles pasados de moda, con habitaciones obsoletas, y necesitar una nueva generación de hoteles de forma desesperada. El hotel de lujo no compite necesariamente con el hotel comercial, ni el hotel de temporada con el de lujo.

¿QUIÉN REALIZA LOS ESTUDIOS DE MERCADO?

Los estudios de viabilidad de los hoteles se basan primordialmente en la opinión de los expertos y en la experiencia de establecimientos similares situados en otras zonas. En 1978 muchas ciudades de Estados Unidos contaban con un exceso de hoteles construidos según la vieja regla que afirmaba que un área determinada debía tener un nivel de ocupación del 75 por ciento antes de que se necesitaran nuevas construcciones. Aún así, se seguían construyendo nuevos hoteles —algunos de grandes proporciones— en algunas de las ciudades más importantes.

Las justificaciones para dichas construcciones eran varias:

- El centro de las ciudades necesitaba de un gran y atractivo hotel para cooperar con la modernización de dicha zona. Éste fue el caso de ciudades como Detroit, Los Ángeles y Long Beach. Como parte de la reforma, el gobierno federal ofreció dinero a muy bajo interés, lo que al ser tenido en cuenta en los estudios de viabilidad inclinó la balanza para que el proyecto fuese financieramente viable.
- Los nuevos hoteles formaban parte de un complejo y eran arquitectónicamente espectaculares y se creyó que atraerían convenciones y otros grupos de negocios a la ciudad, incluso aunque dicha zona estuviese repleta de alojamientos mediocres.
- Siendo nuevos y de una calidad no usual, se supuso que los nuevos hoteles captarían parte del negocio de hoteles menos atractivos y obsoletos de la zona.
- La calidad y el diseño atraerían a muchos habitantes de la ciudad a pasear por el centro y también a individuos de otras ciudades que si no fuera por esto nunca visitarían la zona.

Los estudios de mercado de nuevos hoteles y centros turísticos son difíciles y extremadamente caros si se quieren hacer con profundidad. Un hotel de 1 500 habitaciones puede atraer clientes de todos los Estados Unidos y del extranjero. Hacer un estudio de mercado basándose en los clientes potenciales de todos los posibles puntos de origen sería impracticable.

En lugar de ello un analista de mercado compara una propuesta con la experiencia de establecimientos similares ya construidos.

Por ejemplo, el hecho de que el Hyatt Regency Hotel de Atlanta tuviese mucho éxito puede influir en la decisión, a pesar de que un estudio de mercado basado sólo en cifras tales como estadísticas de ocupación indicara unas consecuencias negativas, si fuese el único factor a tener en cuenta. Desde este enfoque, el analista se pregunta si un hotel de gran tamaño y moderno diseño integrado en un nuevo y gran complejo tendrá un éxito similar al acaecido en Atlanta.

EL PAPEL DE LA COMUNIDAD

El estudio de rentabilidad se hace la siguiente pregunta: ¿puede la comunidad apoyar un determinado establecimiento que ofrezca productos y servicios concretos? A veces un nuevo establecimiento puede crear un mercado previamente inexistente. Por ejemplo, el aeropuerto O'Hare, en las afueras de Chicago, era punto de paso para la mayoría de los viajeros. Durante años, en el área de O'Hare sólo existía un mínimo de hoteles, moteles y restaurantes. En consecuencia, los viajeros se dirigían hacia el centro de Chicago para sus convenciones, negocios, reuniones y diversión. En la actualidad el aeropuerto de O'Hare es un destacado complejo de hoteles y restaurantes que se está convirtiendo en un centro de convenciones.

El transporte aéreo, la importante autopista que la une a California y el juego han hecho que Las Vegas (originalmente una villa aislada) se convirtiese en un gran centro de convenciones y diversión. Disney World, situado cerca de Orlando, en Florida, es otro ejemplo de una empresa que en gran medida es pionera en la creación de óptimas ubicaciones.

LA IMPORTANCIA DEL DISEÑO

Cuando Isiah Rogers construyó, en 1828, el Tremont House, en Boston, diseñó un edificio de estilo neogriego, que se hizo famoso no sólo en el mundo de la hostelería, sino en el mundo entero. Los esquemas arquitectónicos se convirtieron en un

Desde la construcción de los primeros hoteles, en Estados Unidos se dio gran importancia al diseño, valorándose el amplio y elegante vestíbulo como una pieza fundamental. A la derecha, aspecto parcial de uno de ellos.

manual popular para los constructores y diseñadores de hoteles en todo el mundo. Rogers fue considerado desde entonces el arquitecto del momento y su diseño fue copiado para otros hoteles parecidos en Bangor, Nueva York, Charleston, Richmond, Cincinnati, Nueva Orleáns, Mobile, Louisville y Nashville.

Dado que a Estados Unidos le faltaban «palacios reales» como centros de sociedad, los hoteles de las poblaciones se convirtieron en lo que la *National Intelligencer* denominó en 1827 «palacios del público». El vestíbulo del hotel, al igual que las habitaciones exteriores de un palacio real, se convirtieron en un sitio de reunión, un punto de observación de la grandeza, la riqueza y el poder.

Los hoteles han sido los primeros edificios públicos en introducir las últimas novedades en servicios. El Astor House introdujo las cañerías de agua en los pisos superiores. Cada piso tenía su propio lavabo y baño, alimentados a partir de un depósito de agua existente en el techo y al cual se subía el agua mediante una bomba de vapor.

El ascensor, originalmente conocido como «tren vertical», fue introducido en fechas tan lejanas como 1833 en el Hot's Hotel y era utilizado para los equipajes. El ascensor fue usado en el Fifth Avenue Hotel de la ciudad de Nueva York por primera vez en 1859. Los ascensores hicieron posible un cambio en el esquema de tarifas, permitiendo un precio superior para las habitaciones más altas, en relación con los pisos inferiores.

El Tremont House tenía iluminación de gas en las salas comunes y lámparas de aceite de ballena en las habitaciones de huéspedes. La American House, abierta en 1875, en Boston, tenía luz de gas en todo el edificio. El Hotel Everett en Park Row, Nueva York, fue el primero en iluminar sus salones con electricidad. Poco tiempo después, la Palmer House, con su propia planta generadora, iluminó sus dos comedores con 96 bombillas. Los teléfonos en las habitaciones se instalaron por primera vez en el New York Hotel Netherland en 1894.

LOS GRANDES HOTELES

Los hoteles construidos en épocas anteriores al siglo XX solían ser como bloques de piedra. Este diseño tan poco imaginativo ha continuado hasta nuestros días. Muchos hoteles son construidos alrededor de una abertura central, que no ofrece una visión mejor que la de la ventana de la habitación de otro huésped en el otro lado del patio, o una vista de un sucio tejado dentro de dicho patio. En su interior, el hotel es una sucesión de largos pasillos, de color, iluminación y características arquitectónicas uniformes y monótonas.

Durante el *boom* de los centros de vacaciones de las décadas de 1880 y 1890, los hoteles construidos en Nueva Inglaterra eran estructuras en bloque a las que se les añadieron porches en fechas posteriores.

El porche, cuya longitud era como mínimo igual a uno de los lados largos del edificio, era una característica distintiva de los centros de veraneo. En ellos se cobijaban ejércitos de personas ávidas de reposo después de las comidas.

La influencia árabe o española en el diseño de estos centros comenzó con la construcción del Ponce de León en San Agustín, en 1888. El minarete y el patio abierto fueron incluidos en el Alcázar, construido en las cercanías, así como en el gigante Tampa Bay Hotel edificado por Henry Plant en Tampa poco tiempo después. Incluso en lugares tan alejados como California, y por esas mismas fechas, podía verse un minarete y un patio abierto en el Hotel del Coronado.

El antiguo Palace Hotel construido en 1875 en San Francisco ocupaba una hectárea de terreno

Las grandes cadenas hoteleras tardaron en apreciar las ventajas de la franquicia, pero hoy son ya muchas las que la conceden a hoteles en proyecto, e incluso a algunos que llevan tiempo funcionando. Es una manera práctica de extender la fama de una cadena hotelera por diferentes países. A la izquierda, el hotel Marquis Reforma, en Ciudad de México.

en el centro de dicha ciudad. Su patio interior fue un famoso salón de convenciones. Cuando el Palace se incendió a consecuencia del terremoto de 1906, el nuevo Palace incorporó un hermoso patio interior que fue utilizado inicialmente como entrada de carruajes. El Garden Court, del Sheraton-Palace, es un hermoso restaurante que ha sido declarado monumento singular por el comité de supervisores de San Francisco.

Henry Boldt, que dirigió el «de William K. Vanderbilt», del Waldorf Astoria, eliminó la entrada para mujeres, entrando éstas del brazo de sus acompañantes. El Waldorf se abrió en 1893 y en él se introdujo la idea de la habitación con baño privado. En 1896, John Jacob Astor IV derribó su mansión y construyó una nueva estructura anexa al Waldorf, aumentando así el número de habitaciones del mismo a un total de mil.

Algunos hoteles de Estados Unidos se construyeron imitando palacios, para ser auténticos «palacios populares»: el Willard Hotel de Washington D.C., que ya no existe, y el Plaza Hotel de Nueva York son una muestra de la tradición del «palacio», que ha existido en el mundo occidental desde aproximadamente 1900.

EL TÍPICO HOTEL ESTADOUNIDENSE: EL HOTEL RESIDENCIAL

Los estadounidenses han vivido en hoteles durante largos períodos de tiempo para asombro de muchos europeos. Hasta aproximadamente 1950 había un gran número de hoteles conocidos como hoteles residenciales en donde se alojaban huéspedes de paso, pero estaban dedicados principalmente a huéspedes «permanentes», que vivían en *suites* o apartamentos con posibilidad de utilizar todos los servicios ofrecidos por el hotel.

Cuando el Plaza Hotel de Nueva York abrió en 1907, cerca del 88 por ciento de su capacidad estaba dedicada a huéspedes permanentes. Lucius Boo-

mer creó el Sheraton Netherlands, que ya no existe, en el que combinó las mejores características de la vida del hotel con la moderna vida del apartamento. Permitió una completa libertad en lo referente a la comida, los suministros y en la contratación y supervisión de trabajadores.

Un gran porcentaje de los huéspedes del Hotel Pierre, en el Central Park de Nueva York, son permanentes. También lo son los del Waldorf Towers en el actual Waldorf Astoria. Los directores de los hoteles residenciales creen que, aunque la tarifa permanente es elevada, pueden obtener más beneficios alquilándolos a huéspedes de paso y convierten por lo tanto algunas o todas las habitaciones residenciales en habitaciones para transeúntes. Por otro lado, los hoteles para huéspedes de paso con baja tasa de ocupación a menudo se convierten parcialmente en residenciales.

Los grandes hoteles del siglo XX son verdaderas ciudades en sí mismos. El Dallas Statler-Hilton Hotel tiene capacidad para diez mil personas; el Palmer House, para quince mil, y el Conrad Hilton, para veinte mil. La centralita de teléfonos del hotel Conrad Hilton tiene más equipamiento que el utilizado para una ciudad con una población de unos 35 mil habitantes. Willian B. Tabler, arquitecto de muchos hoteles de la cadena Hilton, asegura que se tarda entre dos y cinco años e incluso diez años para crear un gran hotel. Está el problema de la compra del terreno, la planificación arquitectónica, la financiación y finalmente la construcción misma del edificio. En realidad, el diseño de las habitaciones es una pequeña parte del diseño de un hotel, y la parte de los comedores constituye un reto particular que necesita del consejo de un experto en el servicio de comida para el equipamiento de la cocina. Los clubs nocturnos, salones de baile, tiendas, oficinas, lavandería, barbería, peluquería, cabinas telefónicas, refrigeración, incineración y calderas también forman parte del hotel. Algunos de los grandes hoteles tienen departamentos médicos con servicios de urgencias, habitaciones de aislamiento y laboratorios.

Resulta sorprendente que se produzcan descuidos tan serios en la planificación como, por ejemplo, el ocurrido en el Sheraton de Filadelfia, que fue diseñado con un número insuficiente de ascensores. Aunque los ascensores de los grandes hoteles suelen estar controlados por computadora, algunos tienen problemas de circulación fluida de huéspedes con los mismos. Esto puede ocurrir a la hora punta. En el New York Hilton, que ha tenido una elevada ocupación en los últimos años, el huésped puede llegar a esperar, en determinadas horas del día, hasta veinte minutos para tomar un ascensor.

REGLAS A CONSIDERAR AL DISEÑAR UN HOTEL

William Tabler, que diseñó la mayoría de los nuevos Hilton Hotels de Estados Unidos, recogió ocho reglas prácticas para los diseñadores de hoteles, aunque señaló algunas excepciones.

- El coste de la construcción por habitación debe ser igual a unos mil dólares por dólar de tarifa promedio de la habitación. Si la habitación puede venderse por cincuenta dólares como promedio, no deben gastarse más de cincuenta mil dólares por habitación. Esto incluye el coste de las áreas públicas y de los servicios. Por ello, el coste por habitación de un hotel es el coste total dividido por el número de habitaciones.

- Un cincuenta por ciento como mínimo del espacio total de un hotel comercial debe estar dedicado a dormitorios. Puede parecer extraño que el hotel tenga más espacio para servicios y áreas públicas que para dormitorios, pero es factible. Los espacios para público y servicios representan en algunos hoteles el 60 o el 65 por ciento del coste de construcción. En el centro de las ciudades, el coste del terreno y el de los servicios han forzado a una reducción del tamaño de las habitaciones. Los baños parecen ir empequeñeciendo progresivamente. En algunos de ellos, una persona, de pie en el mismo, puede tocar de pared a pared. De los

Bajo estas líneas, dos ejemplos de hoteles residenciales con web en Internet: a la izquierda el Waldorf Towers y a la derecha el Pierre Hotel.

El diseñador de los nuevos hoteles Hilton, al igual que muchos otros, concedió especial importancia al espacio dedicado a salas de convenciones, un negocio en auge en el sector de la hostelería. En la página siguiente, una de estas salas en el Palmer House Hilton de Nueva York.

10 mil dólares de coste por habitación del Dallas-Statler Hilton, abierto en 1959, unos 3 500 fueron para el dormitorio. Los otros 6 500 dólares se destinaron a salones, salas de banquetes y salas de convenciones, restaurantes, cocinas, tiendas y áreas de tránsito. Aunque gran parte del coste se dedicó a áreas para el público y para servicios, fueron las habitaciones las que consiguieron la mayor parte del beneficio. Los beneficios de explotación, como porcentaje de los ingresos brutos, fueron: setenta por ciento de las habitaciones, cincuenta por ciento de bebidas y quince por ciento en áreas de venta. Aunque parezca extraño, los restaurantes no aportaron beneficios de explotación. Statler, consciente del elevado coste de los servicios complementarios, no construyó hoteles en ciudades de segundo orden que no pudieran rentabilizar un hotel de mil habitaciones. Cuando construyó un hotel de menos de mil habitaciones se dio cuenta de que las áreas públicas y de servicio eran proporcionalmente mayores y sus beneficios menores. Los moteles, construidos en terrenos más baratos y con menos espacio público, pueden tener habitaciones mayores e incluso piscina.

- El hotel debe diseñarse de tal forma que pueda funcionar con menos de un empleado por habitación. Algunos hoteles de lujo, situados en países con mano de obra barata, pueden tener dos e

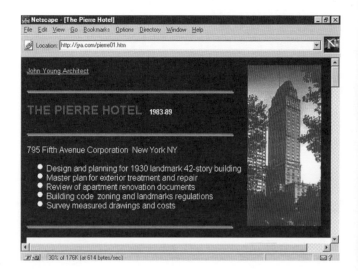

incluso tres empleados por habitación. El Savoy de Londres tiene tres. Los hoteles de Estados Unidos mantienen una relación de 0,8 empleados por cada habitación. En otras palabras, un hotel de cien habitaciones emplearía unas ochenta personas. La disposición del hotel, especialmente las cocinas y los comedores, implican costes de mano de obra que van a durar, en principio, toda la vida del edificio.

• El coste del terreno, en la mayoría de los casos, no debe exceder del diez por ciento del coste del edificio. Allí donde el coste de los terrenos es excesivamente elevado, la alternativa es construir más habitaciones en sentido vertical en lugar de horizontal, reduciéndose de esta forma el precio de coste por habitación. Tabler cita algunas excepciones a esta regla, siendo una de ellas el Palmer House de Chicago, que tiene beneficios de más de un millón de dólares en concepto de alquiler de tiendas en los bajos. En estos casos puede permitirse un coste mayor del terreno.

• ¿Qué beneficio debe esperarse por cada departamento de un hotel? Tabler dice que el beneficio por departamento debe ser del 70 por ciento en habitaciones y del 51 por ciento en ventas de bebidas. Los alquileres deben proporcionar un 20 por ciento de los ingresos totales del hotel. No debe esperarse beneficio alguno en concepto de ventas de comidas. Esto puede ser la experiencia de los hoteles en general, aunque no tiene por qué ser siempre cierto. Los hoteleros pocas veces son excelentes «restauradores». El restaurante de hotel ha encontrado siempre difícil competir con un buen restaurante localizado en las cercanías, aunque no se hallase excesivamente cerca. Algunos operadores de restaurantes dicen que la mejor localización para éstos es justo en la acera de enfrente de un gran hotel. Los restaurantes de especialidad, situados en hoteles, son más rentables que los típicos comedores o cafeterías. La Hotel Corporation of America puso en marcha sus Rib Rooms en 1952. Los restaurantes polinesios han encontrado una gran difusión en los hoteles Hilton y Sheraton. La regla práctica de Tabler de que la comida no contribuye a los beneficios del hotel puede ser rebatida con los casos de los hoteles que hacen buenos beneficios. En algunos de los pequeños hoteles, los servicios de comida y bebida son la mayor razón de la existencia del hotel, siendo las habitaciones lo secundario respecto al negocio del restaurante.

• El hotel debe tener al menos una ocupación del 60 o 65 por ciento para ser rentable. Al diseñar un hotel, Tabler decía que el diseño debía orientarse hacia la reducción de los costes de operación cuando la ocupación desciende.

• Si las tarifas de las habitaciones varían según el tamaño del dormitorio, éste debe tener como mínimo 1,85 metros cuadrados más que la habitación con la tarifa inmediatamente inferior. Una diferencia de superficie menor no es apreciable para el huésped, quien espera ver una habitación considerablemente mayor en caso de que le carguen una tarifa superior.

• El tamaño mínimo para una habitación es de 8,36 a 10,2 metros cuadrados para una individual, de 12 a 13,9 metros cuadrados para una doble y de 16,7 metros cuadrados para una con dos camas. Los vestíbulos de los hoteles han cambiado de tamaño y amplitud a lo largo de los años. Se pueden hacer algunas generalizaciones. Los hoteles de vacaciones suelen tener mayores vestíbulos, ya que son el punto de reunión de los huéspedes. Los moteles tienen vestíbulos lo suficientemente amplios para el registro del cliente. César Ritz no era partidario de los grandes vestíbulos para evitar a los ociosos. Consideraba el vestíbulo como un pasillo que conducía al comedor y a las habitaciones. Statler, que era consciente de la relación espacio-coste, construyó un enorme vestíbulo en el Pennsylvania Statler, quizás porque se construyó con el dinero de los Ferrocarriles de Pennsylvania y bajo su arriendo. Algunos de los otros vestíbulos construidos por él también eran grandes e impresionantes.

Hilton, bien conocido por su capacidad de encontrar espacios rentables en los vestíbulos, lo consiguió añadiendo restaurantes y bares en los propios vestíbulos. En algunos casos bajó el techo para poder hacer otro nivel por encima de aquel vestíbulo. El New York Hilton tiene un vestíbulo inmenso aunque pocas sillas, y parece estar diseñado primordialmente para áreas de comedores y de paso. El Summit Hotel de Nueva York tiene un vestíbulo tan pequeño que el mostrador principal está repleto de clientes durante los momentos de entrada y salida de huéspedes.

Los hoteles de vacaciones tienen generalmente grandes vestíbulos donde pueden congregarse los huéspedes. En Miami Beach, algunos de los vestíbulos son enormes. En Las Vegas hay máquinas de juego en los mismos. Los hoteles diseñados según Portman, que se describen más adelante, son atre-vidos en tamaño e innovaciones, lo que constituye toda una aventura en el diseño hotelero.

Rentabilizar el restaurante

El salón comedor formal ha estado fuera de uso durante algún tiempo; en cambio, el restaurante de especialidad está muy de moda. Es éste un tipo de restaurante que casi siempre se construye con acceso a la calle, puesto que el funcionamiento exclusivamente con huéspedes del hotel no sería rentable.

El coste de la transformación de salones comedor u otros espacios en restaurantes de especialidad puede ser sumamente elevado, con frecuencia ronda el medio millón de dólares o más. Por lo general, un salón comedor remodelado requiere alrededor de seis meses a un año de explotación antes de que comience a ser rentable.

¿Cómo distribuir el espacio al diseñar un hotel?

La dirección del Sonesta Hotel ha realizado numerosos estudios para establecer criterios para la asignación de espacios en un hotel. En las zonas de servicio de comidas asignan entre 1,5 y 2 metros cuadrados por asiento en un salón comedor, 1,3 metros cuadrados por asiento en una cafetería, entre 1 y 1,3 metros cuadrados por asiento en vestíbulos y bares y entre 0,9 y 1 metros cuadrados por asiento en las instalaciones para banquetes. Estas cifras permiten entre un 25 y un 33 por ciento del espacio para la libre circulación del personal de servicio dentro de las instalaciones.

Estos estudios indican que la cocina que sirve a un salón comedor y a una cafetería debe representar alrededor del 60 por ciento de la superficie total del salón comedor y la cafetería, lo que supone que en estas zonas de servicio de comidas se debe asignar entre 0,9 y 1,02 metros cuadrados por asiento. Si sólo hay una cafetería, el tamaño de la cocina debe ser de alrededor del 45 por ciento del tamaño del área de servicio de la cafetería, asignando 0,6 metros cuadrados por asiento. El espacio asignado para el almacenamiento de comidas y bebidas debe ser aproximadamente la mitad del reservado para la cocina, o de alrededor de 0,4 metros cuadrados por asiento.

Por supuesto, las cocinas que sirven banquetes son mucho más pequeñas; sólo se necesita alrededor de la quinta parte del espacio de las instalaciones de banquetes para la habitación auxiliar, y sólo alrededor del ocho por ciento de la superficie destinada a banquetes para el almacén. El espacio

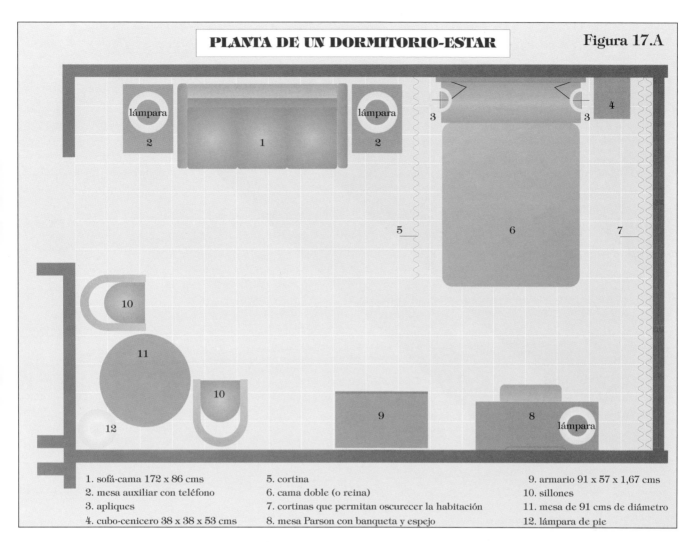

PLANTA DE UN DORMITORIO-ESTAR Figura 17.A

1. sofá-cama 172 x 86 cms
2. mesa auxiliar con teléfono
3. apliques
4. cubo-cenicero 38 x 38 x 53 cms
5. cortina
6. cama doble (o reina)
7. cortinas que permitan oscurecer la habitación
8. mesa Parson con banqueta y espejo
9. armario 91 x 57 x 1,67 cms
10. sillones
11. mesa de 91 cms de diámetro
12. lámpara de pie

a asignar para mantenimiento y almacén general se va haciendo más pequeño cuanto más grande es el hotel, oscilando entre los 0,7 metros cuadrados por habitación de huéspedes en un hotel de mil habitaciones, a 1,3 metros cuadrados en uno de cien.

La misma relación se observa en la necesidad de espacio para el departamento de administración y el de habitaciones, oscilando entre 0,2 metros cuadrados por habitación de huéspedes en un hotel de mil habitaciones, hasta 0,4 metros cuadrados por el mismo concepto en un hotel de cien habitaciones.

En la planificación de hoteles y moteles de carretera, a menudo se menoscaban las necesidades del personal en cuanto a instalaciones para comer, armarios, vestíbulo, duchas, etcétera. En uno de cien habitaciones, se deberían asignar aproximadamente 0,6 metros cuadrados por habitación de huéspedes para instalaciones destinadas a los empleados.

La ubicación de los toalleros y colgadores forma parte del problema del arquitecto. Los toalleros se colocan de modo tal que el huésped utilice una toa-lla un promedio de tres veces antes de arrojarla al canasto. Los estantes para toallas se ubican de modo tal que las toallas se puedan coger desde la bañera, reduciendo por lo tanto a la mitad el lavado de los felpudos de baño.

Los diseñadores siempre intentan maximizar una «experiencia de calidad» en un mínimo espacio. Una vez que se ha obtenido un trazado deseable de habitación, éste se reproduce decenas e incluso centenares de veces en el mismo hotel o motel en una cadena de propiedades (ejemplo, figura 17.A). Los ahorros en dólares pueden ser considerables. Las habitaciones para huéspedes de hoy en día tienden a responder a un estándar de alrededor de 3,6 metros de ancho por 7,2-7,8 metros de largo, incluyendo el baño. Los diseñadores tienden a hacer *suites* dos o tres veces más grandes.

Al conservar espacio y «agrandar» las habitaciones para huéspedes, muchos hoteles han sustituido el armario, un ropero ornamental separado, por el tradicional armario empotrado. Ocupando una fracción del espacio del armario empotrado, un armario atractivo añade un toque de clase y es bastante adecuado para el huésped que viaja con una o dos maletas.

Nuevamente para ahorrar espacio, se utilizan sofás cama; en algunos casos ha reaparecido la antigua cama levadiza, que se repliega dentro de un espacio de la pared.

En 1977 la Sheraton Corporation introdujo un plano de habitación que se podía utilizar casi en cualquier habitación que, con el añadido de una cortina corrediza y un sofá cama, cambia la típica habita-

Las necesidades del mercado potencial son, en último caso, un elemento definitivo a la hora de elegir el diseño de un hotel. Un caso extremo en cuanto a espacio por habitación son los pequeños cubículos que aparecen bajo estas líneas y que son utilizados en Japón.

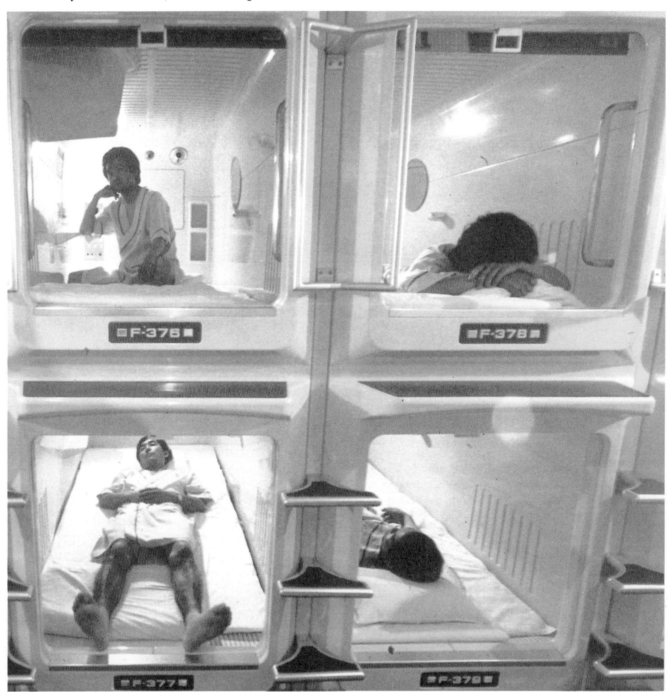

Cuadro 17 A. Costes de construcción de un hotel en EE UU (años noventa)		
dólares por habitación disponible		
Construcción	65 000-125 000	
Mobiliario	14 000-31 000	
Terreno	11 900-28 600	
Gastos apertura	3 300-5 500	LUJO
Gastos financieros	2 300-3 200	
Total	96 500-193 300	
Construcción	41 000-63 000	
Mobiliario	10 000-17 100	
Terreno	6 000-15 900	
Gastos apertura	2 100-3 900	PRIMERA CLASE
Gastos financieros	1 500-2 600	
Total	70 600-102 500	
Construcción	22 000-40 000	
Mobiliario	5 200-9 200	
Terreno	3 600-10 200	
Gastos apertura	1 100-1 800	ECONÓMICO
Gastos financieros	1 100-1 500	
Total	33 000-62 700	

Fuente: Hospitality Valuation Services Inc.

ción dormitorio en salón. Se debe dedicar mucho cuidado y atención al diseñar y amueblar una habitación de huéspedes, dado que en un gran hotel ésta se repite varios cientos de veces. También se repiten las economías de espacio y de coste del mobiliario. Durante algún tiempo las habitaciones eran cada vez más y más pequeñas, pero la tendencia actual apunta hacia dormitorios más grandes y más cómodos.

Las dimensiones y el mobiliario de la habitación varían necesariamente a tenor del mercado que se está atendiendo. En Japón las dimensiones de la habitación suelen ser más pequeñas que en ningún otro lugar; de hecho, algunas son meramente cubículos para dormir decorados con un pequeño televisor. Los hoteles de precio económico ofrecen por lo general habitaciones de tamaño económico, con mobiliario mínimo y camas más pequeñas. En Estados Unidos se considera que la anchura mínima de una habitación es de cuatro metros. Las habitaciones de lujo asumen el carácter de apartamentos con piezas de arte, cabezales de cama tapizados, bañeras empotradas, armarios, teléfono e incluso televisor en el baño. Algunas veces las *suites* ocupan dos y tres niveles, con muchísimo cristal para observar las mejores vistas. Las camas son de fundamental importancia y se pres-

ta más atención a su firmeza que antiguamente. Por lo general, a los huéspedes se les ofrece una gama de camas ortopédicas (extrafirmes). Las camas situadas sobre plataformas, las del llamado diseño «de cajón de arena», son más caras, pero suprimen la alfombra y la limpieza por debajo de la cama.

Los elevados costes de la energía han fomentado la reaparición de las ventanas que el propio huésped pueda abrir. Algunos hoteles Sheraton poseen puertas correderas de cristal que se pueden trabar en una posición de semiabiertas para posibilitar la circulación de aire fresco sin ningún riesgo de seguridad.

Los hoteles destinados a personas en viaje de negocios crean la habitación de huéspedes de uso múltiple, aquella que se puede utilizar como dormitorio, despacho, sala de reunión y sala de estar.

Gregory Philis afirmaba que hay tres categorías de habitaciones: económica, de primera clase y de lujo, tal como se puede apreciar en el cuadro 17.A. La anchura de la habitación varía, desde poco menos de 3,6 metros en el hotel económico a 4,8 metros en un hotel de lujo. Las longitudes oscilan entre los 7,3 metros en el motel económico a 8,4 metros en un hotel de lujo. Los metros cuadrados totales pueden ser de apenas 26,9 en un motel económico a 41 en el hotel de lujo.

TERMINOLOGÍA DE LAS HABITACIONES DE HOTELES Y MOTELES

Las habitaciones de los hoteles y moteles tienen diversos tamaños, formas y decorados. La cantidad de camas es muy importante para el cliente. Entre las diferentes clasificaciones de las habitaciones en los hoteles y moteles están las siguientes:

Aparthotel: alojamiento que contiene algún tipo de cocina.

Cabaña: habitación adyacente al área donde se encuentra la piscina, con o sin comodidades para dormir; generalmente está separada del edificio principal del hotel.

Cama plegable: cama pequeña y plegable que puede transportarse fácilmente a una habitación si el cliente así lo desea.

Dúplex: *suite* de dos plantas, recibidor y habitación o habitaciones conectados por una escalera

Estudio: salón de una habitación que tiene uno o dos sofás que durante la noche se convierten en camas.

Gemelas: habitación con camas gemelas.

Gemelas dobles: habitación con dos camas dobles para dos, tres o cuatro personas, llamada también habitación familiar o doble-doble.

Habitaciones colindantes: dos o más habitaciones, una al lado de la otra, sin puertas que las conecten entre sí.

Habitación con recibidor: sala con dormitorio o dormitorios conectados usada como sala de estar.

Lanai: habitación con vista al mar o al jardín, con un balcón o pequeño patio. Se encuentra principalmente en los hoteles de temporada.

Matrimonio: habitación con cama doble o cama tamaño «reina».

Matrimonio doble: habitación con dos camas dobles.

Real: camas más grandes de que se dispone; pueden tener 2,03 m por 2,03 o 1,8 m por 1,8 m; pueden hacerse colocando dos colchones iguales de forma cruzada sobre un somier doble o dos iguales.

Reina: cama de tamaño mediano, mayor que la doble pero menor que la «real»; dimensiones: 1,5 m por 2,03 m o 1,5 m por 1,8 m.

Salón: habitación que no se usa como dormitorio.

Salón de muestras: habitación que se utiliza para mostrar diferentes mercaderías. Puede o no contar con dormitorio.

Simple: habitación con una cama para una sola persona.

Suite: salón conectado con una o más habitaciones.

Suite junior: gran habitación con una separación que diferencia los muebles de dormitorio del área de salón.

El uso del cristal de doble hoja ha permitido que las «paredes de cristal» formen parte del edificio; el Flying Carpet Motor Inn, frente al aeropuerto internacional O'Hare de Chicago, y el Downtown Motor Hotel poseen ambos el 90 por ciento de su exterior construido en cristal. El cristal nuevo, silencioso y resistente al calor, amortigua hasta un 66 por ciento más el ruido transmitido que el cristal cilindrado. Las ondas sonoras se convierten en energía ca-

Los primitivos hoteles estadounidenses que semejaban un bloque de piedra han evolucionado hacia unas formas mucho más atractivas. En la página siguiente, un diseño ampliamente repetido, el del cilíndrico River Front Inn de Saint Louis, construido en 1968.

lorífica mediante la absorción en una capa interior tratada entre el vidriado doble. Un vidrio autooscurecido elimina el resplandor y el calor. Construido como una persiana veneciana en miniatura, está compuesto de miles de diminutas celosías selladas al vacío entre las dos hojas de cristal.

Por lo general, los nuevos hoteles para convenciones incluyen un salón de sesiones, un salón de banquetes, salones comedores más pequeños para reuniones y privados, un vestíbulo de recepción y una sala de exhibición. Los salones de reunión y los salones comedor deben estar cerca de la cocina y, a ser posible, sobre el mismo nivel, para reducir los costes salariales. El bello Beverly Hillon Hotel está construido en forma de «Y», con tres alas que parten desde un núcleo central que alberga la cocina.

El equipamento de las habitaciones

En 1970, casi todas las habitaciones de hotel/motel de Estados Unidos contaban con un aparato de televisión, y casi todos ellos eran de color. En 1971 comenzaron a ofrecerse películas en las habitaciones, en conexión con los televisores. Se ofrecían películas relativamente nuevas sin los anuncios de la televisión; algunas de ellas eran gratuitas, debiéndose pagar una tarifa por algunas otras. Hacia 1981, alrededor de medio millón de habitaciones de huéspedes estaban equipadas para ofrecer la opción de películas, y la tecnología había cambiado.

Ahora uno de los mayores proveedores es Home Box Office (HBO), una subsidiaria por satélite/cable de Time Inc. Sus programas se ofrecen a los huéspedes de forma gratuita. La programación emitida en Nueva York se envía a un satélite RGA, recogiéndose luego en tierra mediante estaciones de cable locales. Los programas llegan después hasta los hoteles usuarios por cable. Los hoteles pagan por meses sobre un determinado número de habitaciones. Holiday Inn obtiene su programa en directo desde un satélite utilizando un platillo de recepción instalado en cada establecimiento en participación. Puesto que el televisor ha llegado a considerarse como un servicio básico, muchos huéspedes consideran ya que las películas en las habitaciones y otros entretenimientos constituyen una comodidad estándar.

DISTINTOS DISEÑOS DE HOTEL

Típicamente, los moteles y hoteles se han construido como planchas horizontales con construcciones de forma rectangular. Al principio tenían una o dos plantas de altura; luego, con el desarrollo del acero estructural y la experiencia en materia de construcción, los hoteles comenzaron a elevarse. En 1976 un hotel diseñado como un cilindro por John Portman se levantaba setenta pisos hacia el cielo de Atlanta. Seguidamente se construyó otro hotel del mismo tipo en Detroit. El hotel céntrico de los años veinte probablemente fuera de dos a cuatro plantas construidas alrededor de una plazoleta abierta. Más tarde los hoteles asumieron todo tipo de formas, en L, en Y y, finalmente, cilíndrica.

El hotel construido en forma rectangular permite la orientación a lo largo de un eje este-oeste, de modo que las habitaciones esten orientadas al sur y al norte. Tal orientación evita que las habitaciones de huéspedes den al oeste, donde el calor del sol de la tarde puede elevar el coste del aire acondicionado en un clima cálido. Se pueden construir balcones que se proyecten 1,2-1,8 metros desde la habitación de huéspedes, proporcionando una protección parcial contra el sol. Las paredes verticales separando cada unidad también son útiles para excluir la luz solar directa.

El motel rectangular, probablemente sea el más económico de todos los diseños. La mayoría de los moteles económicos están construidos según ese plano. Si se hallan en una zona de clima moderado, la mayoría de las propiedades omiten sótanos y zaguanes interiores, que son costes añadidos.

Una comparación entre 27 hoteles de muchos pisos demostró que el plano de forma circular es el

Figura 17.B

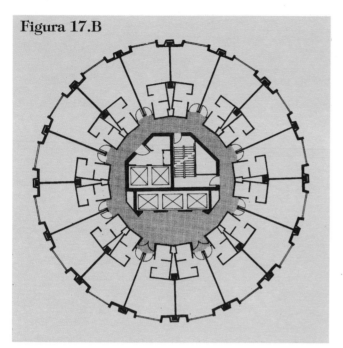

Figura 17.C

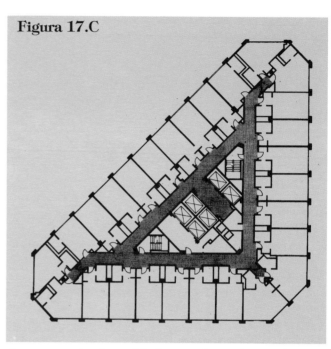

más eficaz desde el punto de vista del coeficiente entre superficie y volumen. Las habitaciones de huéspedes tienen necesariamente, al menos en parte, forma de ración de pastel. El diseño de planta rectangular es más eficaz que la torre casi cuadrada más compacta. Las esquinas de un hotel totalmente cuadrado a menudo quedan vacías debido a la dificultad de proporcionarles acceso directo al pasillo. Los planos de planta de las figuras 17.B a 17.E muestran el plano para hoteles circulares, triangulares, cuadrados y cuadrados deformados.

Para evitar un exterior poco interesante, de lados de losa, es probable que el hotel de un centro turístico o cualquier hotel que tenga alguna vista panorámica posea un balcón en cada habitación de huéspedes. El balcón le añade al edificio encanto e interés arquitectónico.

La construcción de paredes de panel comenzó en los años cincuenta. Según *Architectural Forum*, fue William Tabler el primero que utilizó la verdadera pared de hotel de panel o cortina en el Hartford Statler. Los paneles reemplazan a la mampostería, son ligeros y su factor de aislamiento es el doble que el de la construcción de albañilería, un factor para reducir las necesidades de acondicionamiento de aire.

Los paneles también son más impermeables que la mampostería. Durante el huracán de 1955, en Nueva York se registraron 220 milímetros de lluvia en veinticuatro horas, y en el New York Statler se derrumbaron 17 claraboyas. Dos semanas después, en Hartford cayeron 350 milímetros de agua de lluvia durante el mismo lapso, sin que se pro-

dujera ningún daño. Mediante el uso de paneles, las pesadas columnas necesarias para soportar la mampostería se desplazan desde la pared exterior al interior del edificio.

La construcción en plancha

Para el Statler-Hilton de Dallas, William Tabler utilizó una construcción de plancha plana de cantilever. Estas planchas se levantan a lo largo de un núcleo central y se mantienen en su sitio mediante un soporte central. Ello reduce en un cincuenta por ciento la cantidad de columnas y el tamaño de los cimientos. No se requieren ni se utilizan vigas, y se necesita menos acero reforzado. Otra ventaja del uso de la construcción de plancha plana es la necesidad de sólo la mitad de la cantidad usual de columnas en el vestíbulo. Estas columnas por lo general obstaculizan el paso y normalmente se revisten con costoso mármol.

Algunos hoteles están diseñados teniendo presente un mercado específico; puede ser el grupo de mayores ingresos, la persona en viaje de negocios, el asistente a una convención, el grupo de adiestramiento de la corporación, el huésped que viaja en avión y clasificaciones similares. Los mercados de los hoteles no están tan bien definidos como los mercados de los restaurantes. Probablemente el hotel situado junto a una carretera atraerá a todos los mercados posibles: cualquiera que quiera y pueda parar en el hotel.

Un motel situado en una zona industrial probablemente se identificará con un mercado compuesto mayormente por personas que hacen negocios en la zona. Un hotel turístico situado a cierta distancia de su mercado debe ser muchísimo más selectivo con su clientela y debe tener un diseño adecuado para ese mercado. Un hotel en las islas Vírgenes, por ejemplo, está necesariamente dirigido a las personas de ingresos entre medios y altos, al menos en la temporada alta. Sólo las personas comprendidas en ese tramo de ingresos disponen de los recursos económicos y la libertad para tomarse vacaciones en esa época.

El tamaño óptimo

¿Cuál es el tamaño óptimo de un hotel o motel? En realidad no puede responderse a esta pregunta con total claridad. Es probable que el mejor modo de obtener una respuesta sea siguiendo una serie de pasos. La mayoría de los expertos en moteles piensan que un motel debe tener un tamaño de al menos cincuenta habitaciones y ser lo suficientemente grande como para permitirse un director capaz y producir beneficios suficientes para que el motel le resulte interesante a un gran inversor o a una cadena. Probablemente, un hotel turístico alejado haya de tener al menos entre 150 y 200 unidades para mantenerse y ser rentable.

Si la zona puede mantener más habitaciones, el tamaño óptimo del motel puede ser de 100 a 150 habitaciones. Los moteles que cuentan con 500 habitaciones y tienen una ocupación de toda su capacidad, bien pueden añadir otras 50 habitaciones. Las habitaciones adicionales mostrarán un mayor porcentaje de beneficios sobre las entradas brutas que las habitaciones que ya había en existencia. El coste de trabajo para operar las 50 habitaciones adicionales es mínimo. Todo el personal extra que se necesitaría en el hotel de 150 habitaciones serían dos botones, un oficinista y cuatro camareras de pisos. En otras palabras, la adición de 50 habitaciones a un hotel para automovilistas de 100 habitaciones supone un incremento en los costes de nómina básica de apenas 1 200 o 1 500 dólares mensuales. Calculando una ocupación de habitaciones del 85 por ciento, los costes de mano de obra adicionales para las 50 habitaciones añadidas representan apenas entre el 11 y el 15 por ciento de las ventas brutas. Algunos expertos creen que el hotel óptimo sería el de 225 habitaciones.

Llegado a cierto tamaño, el hotel comienza a asumir un carácter más impersonal que redunda contra el servicio personal que se espera en un hotel de lujo. Es por ese motivo que el operador de un hotel de lujo probablemente piense que si ha de ofrecer

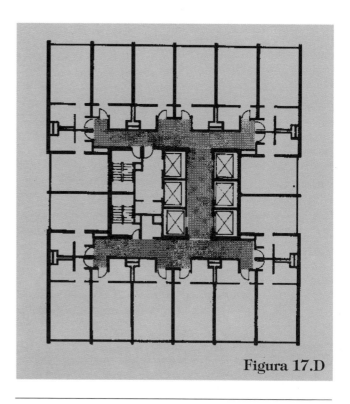

Figura 17.D

En la página anterior, la figura 17.B reproduce un plano de hotel circular y la 17.C de hotel triangular con pasillo interior. Sobre estas líneas, la figura 17. D muestra el plano de un típico hotel cuadrado y, abajo, la 17. E el plano de un hotel en forma de cuadrado «deformado». Éstas son las cuatro formas más corrientes de construcción de un hotel.

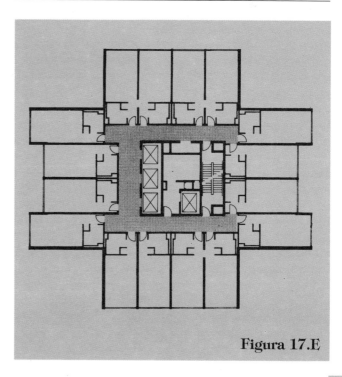

Figura 17.E

el máximo servicio personal, el hotel no debe superar las cuatrocientas habitaciones.

Para proporcionar la intimidad del hotel más pequeño, con frecuencia los operadores de los grandes hoteles reservan una o dos plantas, por lo general las superiores, como hoteles de lujo dentro del hotel de lujo. Estas plantas, en efecto, se gestionan por separado y se accede a ellas por un ascensor aparte. El huésped es recibido por un conserje. Los precios de las habitaciones son considerablemente superiores y el cliente quizás reciba por cuenta de la casa un desayuno, vino y entrantes y/o el té de la tarde acompañado de bocadillos, pasteles o café. Se ofrecen también otros servicios especiales, como abrir la cama por la noche.

El precursor de este concepto fue el Waldorf Astoria en la Waldorf Tower, inaugurado en 1932. Otras de las propiedades de la cadena Hilton, como el Palmer House de Chicago, aplicaron la misma idea a mediados de los años sesenta. Desde 1975 han proliferado estas habitaciones de lujo con nombres como Club Ploors, Regency Club, Galleria, Executive Rooms o VIP Floors. Sus dimensiones varían entre uno y ocho pisos del hotel y entre 22 y 300 habitaciones. El mercado para estos enclaves lujosos lo constituyen las personas de negocios de alto nivel y, en menor escala, viajeros particulares de mucho dinero.

Desde el punto de vista del aprovechamiento máximo de las habitaciones y áreas de servicio, el hotel podría tener cualquier dimensión, dependiendo sólo del mercado. Un hotel extremadamente grande puede resultar necesario para las grandes convenciones. Desde este punto de vista, cualquier tamaño inferior no resultaría eficaz.

Las grandes salas de baile pueden requerir hasta un 25 por ciento de su superficie para ser utilizada como zona de recepción, espacio para la recepción y cócteles antes de las comidas, como área de registro y para el servicio de cafetería cuando el salón se utiliza para celebrar reuniones. Un 10 o 15 por ciento adicional del salón de baile puede necesitarse para el amueblamiento y equipamiento, como por ejemplo mesas, sillas, plataformas y equipos audiovisuales.

El coste del terreno podría ser el factor determinante en la cantidad de habitaciones construidas. Cuanto más cara sea la superficie de terreno, más habitaciones deberán construirse para que el hotel resulte rentable. Generalmente, cuanto más caro es el terreno, más alto tendrá que ser el edificio. En Hong Kong, donde los precios de la tierra son astronómicos y las limitaciones constructivas para edificar en altura son muchas, varios hoteles tienen pisos subterráneos. Hay un hotel en Hong Kong que tiene cinco pisos subterráneos.

EL CONTROL DE LA ENERGÍA

El control de la energía se ha convertido en uno de los aspectos más importantes en el negocio de los hoteles y restaurantes, junto con el control de gastos de materia prima en las comidas, el control de gastos de mano de obra, la dirección financiera, la dirección social y el control del tiempo. La admi-

nistración de la energía necesita un mayor énfasis en el «análisis de valores actuales», considerando el coste de capital desde el punto de vista no sólo del coste actual sino también de los años venideros, es decir, el coste de su ciclo vital. Desde este punto de vista, un edificio cuyo coste es de un millón de dólares puede representar una inversión mucho menos conveniente que un edificio de un mi-

El control y ahorro de la energía se ha convertido en uno de los objetivos prioritarios para los hoteles de todo el mundo. Sobre estas líneas, cuarto de baño de un establecimiento hotelero, en el que se intenta obtener el máximo provecho de la luz solar.

llón y medio de coste si la inversión adicional se destinara a producir menores costes de energía y mantenimiento en la vida del edificio.

La administración de la energía incluye el diseño del edificio; menos zonas vidriadas, el uso de refractores solares —pantallas que rechazan la luz solar cuando no es necesaria—, un incremento en los sistemas de aislamiento e inclusive algunas veces la posibilidad de construir un hotel con galerías para permitir que la luz entre en un patio central y las habitaciones tengan aberturas mirando a dicho claustro.

El equipamiento se instala teniendo siempre una especial consideración de su tiempo de vida. Se instalan controles que permiten reducir la energía durante las horas punta, cuando el coste de la electricidad es mayor. Por ejemplo, las máquinas de hielo se pueden instalar de manera tal que no funcionen entre las 17 y las 20 horas, que es cuando hay una mayor demanda de energía. No hace falta que las calderas para calentar agua funcionen durante este período de tiempo; el agua caliente podría almacenarse durante las horas en que la energía no es tan costosa.

La utilización de colectores solares para acumular energía solar y utilizarla para calentar el agua de los hoteles y restaurantes comenzó a aplicarse con regularidad a partir de 1975. Muchos hoteles, especialmente los turísticos, instalaron colectores que permitían absorber energía solar y reducir así el consumo de combustible.

Muchos hoteles y moteles utilizan actualmente energía solar para calentar agua a 60 °C y otros hoteles la utilizan para el funcionamiento de los sistemas de refrigeración. Un lujoso hotel de temporada llamado Frenchman's Reef de St. Thomas, en las islas Vírgenes, utiliza un colector solar de 440 metros cuadrados especialmente diseñado por Northrup Inc. Los colectores atraen los rayos solares y los concentran calentando los tubos de cobre, que absorben el calor. El agua que se encuentra dentro de los tubos se calienta prácticamente hasta el punto de ebullición y es extraída luego por los refrigeradores del sistema de aire acondicionado.

Muchos propietarios de hoteles y restaurantes que han comenzado a utilizar la energía solar están instalando paneles colectores en el techo para lograr el aprovechamiento máximo de la luz solar. En muchos sistemas, las cañerías transportan un líquido que es calentado por los rayos solares y luego vertido a un tanque de agua donde el calor pasa de las tuberías al agua. El líquido de las cañerías debe tener anticongelante para evitar que las tuberías se congelen en invierno. Generalmente, el agua alcanza los 54 °C

con este sistema. Si se necesitan temperaturas superiores, éstas se logran con un método tradicional de gas o electricidad.

El agua caliente puede utilizarse en la cocina o puede ser transportada por tuberías hasta las habitaciones, donde el calor de los tubos se utiliza para la calefacción.

EL APARCAMIENTO

Aparcar los automóviles ha sido un problema para los hoteles desde que su uso comenzó a popularizarse; sin embargo, ya antes de 1950 el éxito de muchos hoteles era su disponibilidad de plazas de aparcamiento. Los atractivos Christopher Inn, de Columbus, dieron un nuevo enfoque al problema del aparcamiento. Los primeros tres pisos de sus edificios circulares son una rampa en la que pueden aparcarse los coches. Las habitaciones comienzan en el cuarto piso y llegan hasta el décimo. Todas las habitaciones tienen vista exterior, ya que están en un círculo y necesariamente deben tener la forma de una porción de tarta.

¿Qué se precisa para construir un aparcamiento?

La experiencia ha ido resolviendo las especulaciones sobre el número de plazas de aparcamiento necesarias en un hotel. Podd y Lesure especificaron estas necesidades en su libro *Planning and Operating Motels and Motor Hotels* de la siguiente forma:

- Una plaza de aparcamiento por cada habitación.
- Una plaza de aparcamiento por cada cinco plazas de restaurante.
- Una plaza de aparcamiento por cada tres empleados.
- Dos plazas adicionales para los camiones de reparto.
- Una plaza sin obstrucción para cargas y descargas.

Cada coche requiere entre diez y quince metros cuadrados de espacio, que incluye el camino de acceso a la plaza pero excluyendo el camino de entrada. Como puede verse, las necesidades de espacio para aparcamiento se incrementan rápidamente a medida que aumenta la cantidad de habitaciones. Los hoteles más antiguos no cuentan con servicio de aparcamiento y, por lo tanto, deben hacer arreglos con garajes cercanos para poder guardar los coches de sus clientes.

El tiempo necesario para traer un coche del aparcamiento hasta la puerta del hotel puede ser de me-

De trascendental importancia en la actualidad es el papel de los diseñadores de hoteles, pasando a la posteridad los nombres de los más reconocidos, por ejemplo John Portman, quien diseñó varios de los más modernos hoteles de la cadena Hyatt, como el que aparece arriba, en Phoenix (Arizona).

dia hora o incluso una hora y muchas veces no se calcula esta tardanza a la hora de satisfacer a un cliente que tiene poco tiempo. Los hoteles Sheraton tienen la norma de proporcionar aparcamiento gratuito a todos sus clientes, sin importar el coste que esto signifique para el hotel.

Los restaurantes aislados necesitan por lo menos una plaza de aparcamiento por cada dos plazas de comedor; de esta forma un restaurante de cien plazas necesitaría cincuenta de aparcamiento. Algunos ayuntamientos exigen un mayor porcentaje de plazas de aparcamiento por plaza de restaurante.

DISTINTOS CONCEPTOS SOBRE DISEÑO DE HOTELES

El diseño de los hoteles modernos ha estado influido en gran medida por cuatro hombres: Morris Lapidus, William Tabler, Emmanuel Gran y John Portman. Tabler realizó el diseño de los nuevos hoteles de la cadena Statler y Gran fue el arquitecto consultor de la cadena Hilton Hotel International. Portman era un diseñador-arquitecto-constructor que primeramente trabajó para los Hyatt Hotels y luego para los Western International Hotels.

Lapidus, originariamente un diseñador de almacenes minoristas, imaginó el hotel —y especialmente el vestíbulo— como un lugar que debía tener connotaciones de lujo, de excitación y de algo inesperado. El tradicional Grand Hotel logró su aspecto lujoso mediante numerosos salones, mullidas alfombras, gran cantidad de personal de servicio y un diseño ornamental, junto con muebles sólidos.

Los nuevos hoteles y moteles ofrecen una atmósfera de fiesta que resulta a un mismo tiempo alegre

Inversión y construcción del hotel/motel

y funcional. El color resulta muy importante y la luz se usa tanto para dar efecto como para la iluminación. Lapidus mezcló lo clásico con lo moderno, contrastó texturas y construyó columnas en los vestíbulos de sus hoteles. Mientras los vestíbulos de los hoteles comerciales eran cada vez más pequeños, él construyó enormes salones para recepciones en los hoteles Eden Roc y Fontainebleau, en las playas de Miami, y en el hotel Arawac, en Jamaica. Sus obras más conocidas son el Fontainebleau y el Americana de Nueva York.

Según Lapidus, nadie desea ir a un hotel de descanso. El viajero medio no está cansado ni necesita un descanso; no desea paz y tranquilidad, lo que quiere es un cambio. Lapidus aseguraba que muchas personas son demasiado inquietas como para permanecer aunque no sea más que una semana en un hotel.

La permanencia media en una zona de vacaciones es de cuatro días. Lapidus sostenía que todos los hoteles son sitios de descanso; el hotel comercial se ha fusionado con el hotel turístico.

Nadie desea «la paz del hogar fuera del hogar», afirmaba Lapidus, y por lo tanto nadie desea hacer fuera de su casa lo que normalmente hace en ella. Se conduce el negocio en una atmósfera de vacaciones, que difícilmente puede separarse del placer.

Los altos costes de los nuevos hoteles céntricos eran para Lapidus una exageración; en muchos casos los costes declarados públicamente eran el doble de los reales.

Confirmando la idea de Lapidus de que los hoteles céntricos eran un lugar de descanso, el Palmer House de Chicago construyó una especie de «refugio dentro de un hotel» que costó aproximadamente diez millones de dólares.

El Statler de Los Ángeles, diseñado por Tabler, introdujo palmeras y fuentes iluminadas como parte del vestíbulo de un gran hotel céntrico.

La búsqueda de la espectacularidad

La década de los setenta protagonizó la creación de hoteles que se apartaban radicalmente del diseño tradicional; hoteles que correspondían mejor al carácter de su ubicación particular, ya fuera Nueva York, Denver o Los Ángeles. En lugar de ser construidos por hoteleros, como ocurría en el pasado, los nuevos hoteles fueron construidos y financiados casi exclusivamente por empresas constructoras. Una de las razones fue el déficit de dinero y su alto coste. Los bancos ya no proporcionaban créditos para cubrir el sesenta por ciento de la hipoteca necesaria para construir hoteles. En los años setenta, tan-

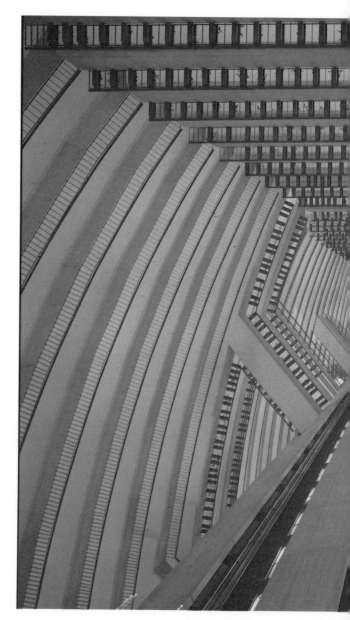

to los bancos como las compañías de seguros exigían un mayor respaldo de capital por parte del dueño del hotel y en muchos casos pedían una participación en la propiedad.

En 1967 la Regency Hyatt House de Atlanta estableció una nueva tendencia en la arquitectura hotelera con su *atrium* o vestíbulo abierto de 21 plantas. Diseñado por John Portman como parte de un proyecto de remodelación urbana de la zona céntrica de Atlanta, comprendía una serie de hoteles similares con enormes vestíbulos, la mayoría de ellos dirigidos por la Hyatt Company. El Atlanta Regency fue el primer hotel moderno en muchos años que creó una atmósfera especial dentro de un hotel céntrico. Pero probablemente el más espectacular fue el hotel Hyatt Regency de San Francisco, que, con

392

A la izquierda, espectacular imagen tomada desde el vestíbulo interior del hotel Marriot Marquis de Atlanta, modelo de diseño, en la que puede apreciarse el recorrido exterior de los ascensores y las múltiples galerías abiertas en cada piso.

enormes volúmenes y los ascensores de cristal que hacían su recorrido por encima del vestíbulo proporcionando una vista espectacular.

Los vestíbulos abiertos, que se elevaban hasta la parte superior del edificio, fueron denominados *atriums* por su semejanza con los patios romanos del mismo nombre. Portman afirmaba que los vestíbulos eran una explosión de espacio, un intento de triunfar sobre los restringidos y ajustados espacios de las ciudades. Los enormes árboles, lagos, restaurantes al aire libre, cascadas y «espacios públicos» —ascensores y personas moviéndose en los balcones de los diferentes pisos— daban a los *atriums* una «cualidad viva y dinámica». Resultaba cálido e interesante ver pájaros, árboles y enredaderas colgando de un piso a otro del *atrium* y esculturas colgantes y fijas. Los vestíbulos de estos hoteles no solamente albergaban a los clientes sino que se convirtieron también en un atractivo turístico.

Lo que hacía que los diseños de Portman tuviesen tanta demanda en todo el mundo era que los hoteles diseñados por él prácticamente llenaban su capacidad incluso cuando la industria hotelera tenía un porcentaje total de ocupación inferior al sesenta por ciento.

Cuando el Atlanta Regency se estaba construyendo, Portman invitó a los gerentes de las mayores cadenas de Atlanta para tratar sobre los posibles contratos de dirección. Ellos no se impresionaron; Portman recuerda que Conrad Hilton, después de mirar de arriba abajo el hotel en construcción, dijo: «Ese monstruo de cemento nunca volará». Cuando el hotel se puso en venta, los Pritzker, gerentes de las Hyatt Houses, lo compraron. Entre 1967 y 1972 se construyeron varios hoteles Hyatt Regency diseñados por Portman en las ciudades más importantes, una asociación que ayudó a que la compañía Hyatt se convirtiera en la cadena de grandes hoteles de más rápida expansión de los años setenta.

Portman fue también constructor e inversor en gran parte de las obras que diseñaba, hecho bastante inusual en un arquitecto. En 1972 cortó relaciones con la Hyatt y más tarde comenzó a colaborar con la cadena Western International Hotels, una subsidiaria de United Airlirles.

su vestíbulo abierto de 17 pisos, resultaba muy adecuado para una ciudad que está emplazada en las colinas.

El Century Plaza Hotel de Los Ángeles, diseñado por Minoru Yamasaki, constituyó también un hito en la construcción hotelera, ya que creó su propio entorno incluyendo un enorme jardín al que daba el vestíbulo. Su restaurante con paredes vidriadas que daban al jardín contribuyó a la creación del ambiente.

Desde la inauguración de Atlanta Hyatt Regency, John Portman, diseñador de este espectacular edificio, fue el arquitecto que causó un mayor impacto en el diseño hotelero de toda la historia. El concepto del Regency, con habitaciones alrededor del vestíbulo abierto, no era nada nuevo. Lo que sí constituyó una innovación fue la escalera, la grandeza, los

Portman fue el responsable de uno de los cambios más importantes en el diseño hotelero. En las ciudades de más de medio millón de habitantes, Portman consideraba los hoteles como parte de un complejo, un reordenamiento de la vida urbana, integrando los grandes bloques al medio ambiente.

Introduciendo símbolos de la vida rural en la vida de las grandes ciudades, Portman reordenaba el espacio de manera tal que rodeaba las grandes áreas, produciendo una nueva geometría dentro de los hoteles y en su relación con las otras partes del complejo que Portman preveía. Muchos arquitectos habían estudiado esto en el pasado; Portman lo siguió haciendo, y al aplicarlo en la práctica, logró reunir enormes sumas de dinero para él y sus colaboradores.

El problema de incluir espacios tan grandes supone un incremento en los costes de la energía necesaria para caldearlos o refrigerarlos. Los códigos de edificación requieren que, con cada recirculación, el aire se renueve del exterior, y el coste por caldear o refrigerar el aire cada vez que se renueva es altísimo.

EL FUTURO DE LOS HOTELES

Los masivos superhoteles, representados por el Bonaventure de Los Ángeles, están considerados por muchas personas como los hoteles del futuro e incluso se han usado como lugar de desarrollo de muchas películas del futuro. La gente parece reaccionar fuertemente ante estos enormes vestíbulos, tanto a favor como en contra. Como lugar para convenciones y grupos —principales contribuyentes del mercado de estos hoteles—, estas gigantescas estructuras de vidrio, cemento y metal con enormes *atriums* parecen ser ideales; pueden albergar grandes convenciones, reuniones, ser el escenario de un grato fin de semana o un lugar para que los grupos de viajeros pasen la noche. Los súper o «megahoteles» no tienen una escala que genere calidez e intimidad y los más tradicionalistas encuentran gran dificultad para identificarse con el ambiente. Estos superhoteles son tan diferentes de los hoteles de lujo europeos, con amplio personal de servicio, que para muchos viajeros resultan incómodos y desconcertantes.

MOTELES Y HOTELES DE CARRETERA

En la actualidad, el diseño de un motel resulta difícil de distinguir del de un hotel. Los hoteles de carretera hacen que la distinción sea aún más difícil.

La mayor parte de los antiguos hoteles fueron diseñados por sus propietarios. Cuando se contrataba arquitectos, éstos tenían mucho cuidado de man-

Al no tener espacios públicos como los vestíbulos, los moteles pueden dedicar un mayor espacio a las habitaciones, cuyas medidas en muchos casos superan a las de los hoteles. A la derecha, sobria instalación de unas de ellas.

tener la estructura barata y simple. Los primeros moteles podrían considerarse como una hilera de cajas de zapatos en las que los viajeros cansados podían pasar una noche sin tener que estar atentos al tráfico de la carretera. Luego se comenzaron a incluir cuartos de baño individuales en las habitaciones y se hicieron mejoras tales como cambiar las bombillas por lámparas mejores y, cada tantos años, los propietarios más progresistas reemplazaban las habitaciones más antiguas por edificaciones más modernas y duraderas.

Los primeros moteles no tenían servicio de comidas, pensando que el negocio de proveer comidas a los clientes no supondría beneficio alguno. Se indicaba a los clientes dónde podían encontrar buenos restaurantes en la carretera. Kemmons Wilson, creador de la cadena Holiday Inn, fue el primero que vio la necesidad de ofrecer servicio de restaurante en sus moteles y, a principios de 1952, construyó un restaurante en cada uno de sus establecimientos. Gradualmente, todos los grandes moteles comenzaron a incorporar el servicio de comidas para sus clientes.

Los primeros moteles tenían pocas plazas; durante muchos años, el promedio de habitaciones fue de menos de veinte por motel. Gradualmente, las dimensiones de los moteles fueron incrementándose y en la actualidad un motel medio, como por ejemplo los que construye la cadena Holiday Inn, tiene más de 130 habitaciones.

Kemmons Wilson y su socio, el señor Johnson, pudieron construir sus moteles de forma correcta y eficiente debido a que ellos tenían una empresa constructora. Una de las razones fundamentales del éxito de los Holiday Inn es que el coste medio por habitación fue, en 1969, de diez mil dólares. Inclusive en Chicago, donde los costes son muy superiores, la Holiday Inn construyó un motel con un coste por habitación de 12 500 dólares. En el sur, donde los costes de mano de obra son inferiores, el coste por unidad puede haber sido inferior. Según Wilson, uno de los secretos para mantener bajos los precios de construcción de un motel es omitir la construcción de cimientos.

Los costes de construcción de un motel

¿Cuál es la clasificación de los costes en la construcción de un nuevo hotel? Los moteles no tienen por lo general un espacio público, tal como ocurre en los hoteles, y, por lo tanto, pueden dedicar una mayor parte de la inversión en las habitaciones. Los costes de terreno suelen ser inferiores, ya que en la mayoría de los casos los moteles están fuera de las áreas urbanas, donde los costes de la tierra son muy altos. Podd y Lesure incluyeron en su libro *Planning and Operating Motels and Motor Hotels* un análisis aproximado de los costes de un motel:

Terreno.........................10 al 20 por ciento
Edificación....................65 al 70 por ciento
Amueblamiento
   y equipamiento...........15 al 20 por ciento

Inversión y construcción del hotel/motel

Como los moteles se construyen generalmente en terrenos más baratos que los hoteles, las dimensiones de las habitaciones son mayores, llegando a tener entre 25 y 30 metros cuadrados. Los moteles actuales incluyen por lo general una piscina aunque sea pequeña.

Diferentes diseños de motel

La silueta característica de los antiguos moteles es una larga hilera de habitaciones simples y de una sola planta ubicada al borde de la carretera. En la actualidad, los moteles presentan una amplia diversidad de formas y diseños, algunos realmente hermosos. Los moteles de las zonas de playa suelen tener forma de «U», con la piscina en el centro de la «U» y la parte de atrás del edificio mirando hacia la playa. Los moteles edificados en altura se parecen más a los hoteles, puede que sean hoteles en todo menos en el nombre.

Los mejores moteles tienen habitaciones de aproximadamente 3,5 metros de ancho por más de 6 metros de largo, incluyendo el cuarto de baño. Debido a los costes del terreno y de la construccion, muchas buenas ubicaciones requieren un mínimo de sesenta habitaciones para que el negocio resulte rentable, y si la dirección del negocio se realiza desde fuera, se recomienda un mínimo de cien habitaciones.

Al planificar un motel, siempre debe incluirse la posibilidad de una futura expansión vertical u horizontal del edificio. Se necesitan 180 metros cuadrados por habitación para construir un motel de dos plantas, incluyendo el restaurante. La dimensión mínima necesaria de una habitación de motel es de 3,50 metros por 6,50, es decir, unos 23 metros cuadrados. La superficie restante se necesita para el camino de los coches, aparcamiento, jardín, piscina y otros servicios. Un motel de cien habitaciones necesitaría, por lo tanto, un mínimo de 18 mil metros cuadrados, un terreno de 23 mil permitiría habitaciones más grandes y un entorno más atractivo. Los restaurantes necesitan aproximadamente entre 10 y 15 metros cuadrados por persona, incluyendo aparcamiento, y un frente de 28 metros.

Mariott, una cadena de moteles de gran experiencia, recomienda una plaza de aparcamiento por cada 2,5 plazas de restaurante. Un restaurante de cien plazas necesita aproximadamente cuarenta plazas de aparcamiento. Algunas reglamentaciones de construcción urbana exigen una plaza de aparcamiento por cada dos plazas de restaurante.

En los hoteles de carretera se tiende a hacer vestíbulos más grandes. Donde el prestigio es importante, debe invertirse más dinero en el vestíbulo, de

Uno de los hoteles más prestigiosos a nivel mundial es el neoyorquino Waldorf Astoria, que fue el mayor del mundo en el momento de su inauguración. Sobre estas líneas, fachada de este hotel que hoy forma parte de la cadena Hilton.

manera tal que pueda verse fácilmente desde la carretera. Cuanto más grande sea el vestíbulo, más prestigioso se verá el motel desde la carretera. El incremento en la dimensión del vestíbulo se paga aumentando una pequeña proporcion en la tarifa de las habitaciones.

Otra tendencia en la construcción de nuevos moteles es la incorporación de «zonas de recreo» con piscina, mini-golf, mesas de billar, tenis de mesa y otros elementos de juego que atraigan a los clientes de fines de semana tanto como a los clientes comerciales. Una gran ventaja que tienen los moteles que no incluyen servicio de restaurante es la disminución del personal. Un motel Trave-Lodge de 250 habitaciones, por ejemplo, sólo necesita 55 empleados, lo que significa un coste de mano de obra inferior al 25 por ciento de las ventas totales.

La ubicación de los moteles

Antiguamente, los expertos en moteles recomendaban construirlos en grandes terrenos que pudieran ser fácilmente vistos desde la carretera. El terreno circundante se destinaba a la piscina, los jardines, el aparcamiento y a la posible ampliación del número de habitaciones.

Sin embargo, el incremento del coste de los terrenos ha forzado a que se cambie el diseño de los moteles. Por lo general, la piscina se ubica en el terrado o bajo una terraza; algunas veces son cubiertas. También los jardines se están trasladando al interior del edificio, llenando de plantas los vestíbulos. El aparcamiento se hace en los subsuelos o en varios niveles a los que se accede por una rampa.

Muchos moteles incorporan igualmente jardines. Según los expertos en jardinería, las plantas y los árboles deben ser de la región para asegurarse de que se adptarán al clima de la misma.

Las paredes de piedra y las enredaderas son ideales para la zona de Nueva Inglaterra, ya que mejoran el aspecto del edificio y son apropiadas para la imagen de la zona. Los árboles pueden utilizarse para tapar las calles de acceso al edificio y para qui-

Inversión y construcción del hotel/motel

El hotel Luxor, en el corazón de Las Vegas, reproduce de forma sorprendente, tanto en el exterior como en el interior, los ambientes del antiguo Egipto. A la derecha, en la fotografía puede observarse, tras la esfinge el hotel en forma de pirámide.

tarle rigidez al mismo. Unos pocos árboles bien ubicados «rompen» las duras líneas horizontales del edificio y lo hacen más acogedor para los viajeros. Una enredadera alrededor del cartel de entrada logra que éste se pegue más a la tierra, ayudando a amortiguar la transición entre lo vertical y lo horizontal.

La iluminación puede proporcionar un aire romántico al motel, arrojando sombras sobre las paredes, enfatizando los rincones más agradables del edificio y agregando color a la noche. El paso por los moteles de Miami Beach después de la oscuridad de las carreteras podría convencer a cualquiera de la magia de los rayos luminosos sobre las palmeras, la piscina y toda la vegetación.

Algunos moteles han incorporado esculturas iluminadas con reflectores en sus áreas de acceso. Los Cabana Motor Hotels tienen hermosos jardines, incluyendo zonas de césped. Se han colocado varias esculturas frente a uno de sus moteles, reminiscencia de una antigua villa italiana.

EL CALIFICATIVO DE «EL MÁS GRANDE DEL MUNDO»

Cualquier cosa que reciba el calificativo «el más grande del mundo» inspira cierto respeto. Los grandes hoteles son generalmente los más grandes y, en muchos casos, los edificios más grandes de las ciudades de Estados Unidos. Constituyen un hito, centros de la actividad comunal y objetos de orgullo público. El primer edificio de Estados Unidos que se construyó especialmente para albergar un hotel, el Tontine City Tavern, causó una gran sensación porque tenía 73 habitaciones. Se construyó en 1794 y muy rápidamente le cambiaron el nombre, denominándolo City Hotel.

El Fith Avenue Hotel de Nueva York, finalizado en 1859, fue el primer gran hotel moderno. Consiguió mantener su título de «el más grande» hasta la construcción del Palace de San Francisco. El Palace costó cinco millones de dólares, una suma exorbitante para la época, y tenía ochocientas habitaciones. Este hotel se derrumbó por completo con el terremoto de San Francisco en el año 1906.

EL WALDORF ASTORIA

Probablemente, el Waldorf Astoria Hotel sea el hotel más conocido en el mundo entero. El Waldorf original, que terminó de construirse en 1893, también fue probablemente el más conocido del mundo en su época. Cuando se realizó la construcción adicional, en 1897, convirtiéndolo en el Waldorf Astoria, el hotel tenía mil habitaciones y era el más grande del mundo en aquel momento. Se estimaba que el hotel había costado cinco millones de dólares, una gran suma de dinero para los años finales del siglo XIX; además,

398

765 habitaciones tenían cuarto de baño privado, una gran innovación en la industria hotelera de entonces.

En 1932 se acabó de construir el nuevo Waldorf Astoria, quizás el hotel más grande de Estados Unidos en lo que se refiere a su espacio cúbico. Era el hotel más lujoso de la época, con 47 plantas y 2 150 habitaciones en el momento de la inauguración. Actualmente su capacidad está registrada en el *Hotel Red Book* con 1 900 habitaciones. El Waldorf Astoria puede servir banquetes para seis mil personas, y para quienes interese saberlo, el Waldorf tiene un médico ginecólogo y un forense entre sus empleados. Trabajan en él más de 1 700 personas.

LOS GRANDES HOTELES DE LAS VEGAS

La ciudad de Las Vegas, con 76 mil habitaciones en hoteles y moteles, es la ciudad que cuenta con la principal oferta hotelera de Estados Unidos.

En Las Vegas se inició el *boom* de mega, establecimientos con la inauguración del hotel Mirage, en noviembre de 1989, con 3 049 habitaciones. Del

Mirage se dice que es como una «experiencia de fantasía Disney». Es un hotel-casino que costó 630 millones de dólares, que tiene un volcán de 17 metros, una hectárea y media de piscinas y fuentes, un gigantesco acuario en el vestíbulo y un espectacular jardín con orquídeas en la entrada. El Mirage representa el inicio del esfuerzo concertado de Las Vegas para transformarse en un destino mundialmente famoso, tanto para las familias como para los jugadores.

El hotel Circus Circus abrió un nuevo establecimiento de trescientos millones de dólares, con cuatro mil habitaciones, llamado Excalibur. El Excalibur es un hotel en forma de castillo, que imita al famoso Neuschswanstein de Baviera (Alemania), y en él se ofrecen torneos y otras atracciones de la época del rey Arturo. En 1992, el Circus Circus inició las excavaciones para construir un hotel de trescientos millones de dólares y 2 526 habitaciones, en forma de pirámide. Inaugurado en 1993, el Luxor ocupa la pirámide situada junto a una esfinge y un obelisco. El casino del hotel reproduce exactamente la tumba de Tutankamon y los canales interiores semejan el Nilo. La sala de este casino tiene 92 mil metros cuadrados.

Otra gran atracción está siendo financiada por MGM Grand Inc. Los trabajos de adecuación del terreno se iniciaron en octubre de 1991 y para el proyecto, que incluía un parque de atracciones, se preveía un coste de 875 millones de dólares. El proyecto incluye el hotel mayor del mundo (5 007 habitaciones), el casino más grande y un área deportiva mayor que el Madison Square Garden.

LOS GRANDES HOTELES PARA CONVENCIONES

La década de los setenta protagonizó una reaparición de la construcción de enormes hoteles en las áreas céntricas de las principales ciudades de los Estados Unidos. Prácticamente todas las ciudades grandes tienen o tendrán uno o varios grandes hoteles. Estos nuevos edificios reemplazarán a los viejos hoteles, que, a su vez, han sido reemplazados por edificios de oficinas y cubrirán la cada vez mayor demanda hotelera, especialmente en aquellas ciudades donde se realizan numerosas convenciones, como por ejemplo Chicago, Los Ángeles, Nueva Orleáns y San Francisco. Debido al alto coste por habitación —por lo general entre 70 y 100 mil dólares—, la mayoría de estos nuevos establecimientos son propiedad o han sido financiados por compañías de seguros y por fondos de inversión estatales, que poseen grandes sumas de capital disponible. Muchos de estos nuevos hoteles son enormes, especialmente en América del Norte y en Asia.

ORGANIZACIÓN INTERNA DE UN HOTEL

Desde los días de la primitiva posada hasta el moderno megahotel, el personal ha sido y seguirá siendo el factor principal de toda buena operación del hotel/motel. El pequeño motel funciona bien, o no, según las aptitudes y los conocimientos del propietario. Conforme el motel va adquiriendo mayor tamaño, aumenta el número de personal de tal forma que algunas de las grandes propiedades pueden tener más de mil empleados. Por otro lado, el personal que está en contacto con el público se combina con el encanto, la reputación y el equipamiento de la propiedad para crear el resultado final de la estancia del huésped: el bienestar o la insatisfacción.

Este capítulo se dedica al amplio tema de la gestión del hotel/motel, con breves referencias a la organización del personal, marketing y desarrollo técnico y directivo. Sólo se expondrá lo necesario para crear una idea de lo que sucede y de los tipos de información necesaria para dirigir un hotel/motel.

El organigrama de un típico motel de 150 habitaciones y el de un gran hotel se muestran en los cuadros 18.A y 18.B (páginas 402 y 403) como ejemplos de la amplia variedad de estructuras organizativas de la industria hotelera. El hotel de 150 habitaciones tiene una estructura relativamente simple. La organización de un motel de mayor tamaño es compleja y varía considerablemente de una propiedad a otra.

DISTINTAS FORMAS DE GESTIÓN

Los hoteles/moteles pueden ser gestionados de diversas formas:

- El propietario los dirige y gobierna.
- El propietario vende la propiedad, hace *leasing* de la misma y la gobierna.
- El propietario contrata los servicios de gerencia profesional.
- El propietario compra una franquicia de empresas, como Hilton y Holiday Inn, y gobierna bajo su dirección.
- El propietario compra la franquicia y cede la gerencia a una empresa franquiciada.
- El propietario gobierna personalmente pero bajo la supervisión de otra empresa, como en el caso de la Best Western.
- El propietario arrienda la propiedad a una empresa, una explotación o un individuo.
- El propietario contrata a una empresa de dirección, como en el caso del Hilton o Sheraton, para que gobierne.

Desde aproximadamente los años sesenta los contratos de dirección han sido particularmente favorecidos por empresas como Hilton, Sheraton, Hyat, Marriot y Westin, ya que dichos contratos permiten ofrecer su experiencia sin invertir gran cantidad de capital. En 1975 las diez mayores cadenas hoteleras de Estados Unidos dirigían unos 325 establecimientos bajo contrato de dirección, y varias empresas explotadoras de reciente creación eran responsables de otros varios cientos contratos de dirección.

La mayor parte de los grandes hoteles pertenecen a grandes empresas financieras de seguros y, más recientemente, a compañías de inversión inmobiliaria. Éstas a su vez contratan a empresas explotadoras las funciones de gerencia.

Un gran número de hoteles se construyeron a finales de la década de los sesenta y principios de los setenta como resultado de la fácil disponibilidad de dinero, la mayoría gracias a los nuevos créditos. El REITS atrajo millones de dólares de inversores. Muchos de los hoteles y moteles que ellos financiaron tuvieron que ser readquiridos por el REITS.

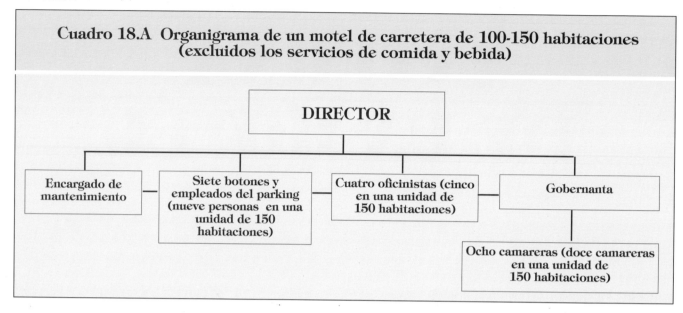

Cuadro 18.A Organigrama de un motel de carretera de 100-150 habitaciones (excluidos los servicios de comida y bebida)

DIRECTOR

Encargado de mantenimiento

Siete botones y empleados del parking (nueve personas en una unidad de 150 habitaciones)

Cuatro oficinistas (cinco en una unidad de 150 habitaciones)

Gobernanta

Ocho camareras (doce camareras en una unidad de 150 habitaciones)

Desde que el REITS tiene prohibido por ley dirigir y administrar establecimientos durante más de noventa días, disminuyeron los gerentes y se firmaron contratos con importantes empresas de explotación de hoteles, las cuales necesitaban muy poca o nula inversión para operar. Los dirigentes de grandes cadenas, sin embargo, no estaban interesados en gobernar propiedades de menos de 200-350 camas, ya que los establecimientos de pequeño tamaño no satisfacían sus tarifas de directores, a menos que tuvieran un gran volumen de ventas.

Las tarifas base que recibían las empresas de gerencia solían ser del tres al cinco por ciento de los ingresos brutos, o una tarifa base más una tarifa de incentivo. Generalmente, la tarifa base oscilaba entre el dos y el cuatro por ciento de los ingresos brutos, más un diez por ciento del beneficio bruto de explotación. Otros métodos se fijaban en términos de una cantidad fija de dólares, más un porcentaje del beneficio bruto de explotación. Otros sistemas eran los que establecían desde una tarifa base hasta una tarifa de incentivo, según fuera más rentable.

Conforme creció la competencia para obtener contratos de dirección, los empresarios se vieron obligados a hacer inversiones en la propiedad como condición para obtener el contrato. La participación en una inversión incluía dinero para capital circulante, compra de mobiliario, complementos y equipamiento, o bien cubrir los gastos previos a la apertura, la compra de stock, etcétera.

Los contratos solían tener una duración variable que iba desde un año hasta veinte. Las cadenas explotadoras podían negociar plazos iniciales de mayor duración y plazos de renovación también de mayor duración, debido a su reputación y esta-

bilidad financiera. Los propietarios de establecimientos cancelados solían anular el contrato de dirección de forma rápida, ya que su intención era vender la propiedad lo antes posible. Por contra, las empresas de explotación con experiencia querían contratos que fueran cancelados con un aviso previo de noventa días.

LA FORMACIÓN EN CASA

Hoy día nadie duda ya de la necesidad de actualizar la formación humana y profesional para poder tener una mejor calidad de vida, tanto en el ámbito social como en el profesional. Son sobradamente conocidos los casos de personas que, por no haber efectuado de forma periódica el esfuerzo de ponerse al día, han quedado fuera del mercado laboral y han tenido que ganarse la vida como buenamente han podido, perdiendo toda motivación por el trabajo. Cualquier actividad puede resultar agradable en la medida en la que el que la realice se sienta bien preparado, y motivado para llevarla a cabo.

Como la profesión que cada persona escoge no sólo le servirá para tener ingresos económicos, sino que además le aportará relaciones sociales y realización personal, marcando, según cómo le vaya, su nivel de satisfacción personal y la de su entorno más íntimo, es fundamental que pueda elegir aquella que, por vocación, le aporte mayores alegrías. Este deseo será utópico para quienes no dediquen de modo continuado parte de sus capacidades, energías y tiempo a su formación. Por el contrario, los que así lo hagan, disfrutarán no sólo de mayores niveles de autorrealización, sino que además sabrán lo que es la libertad de poder escoger su puesto de trabajo,

Cuadro 18.B Organigrama de gestión de un gran hotel

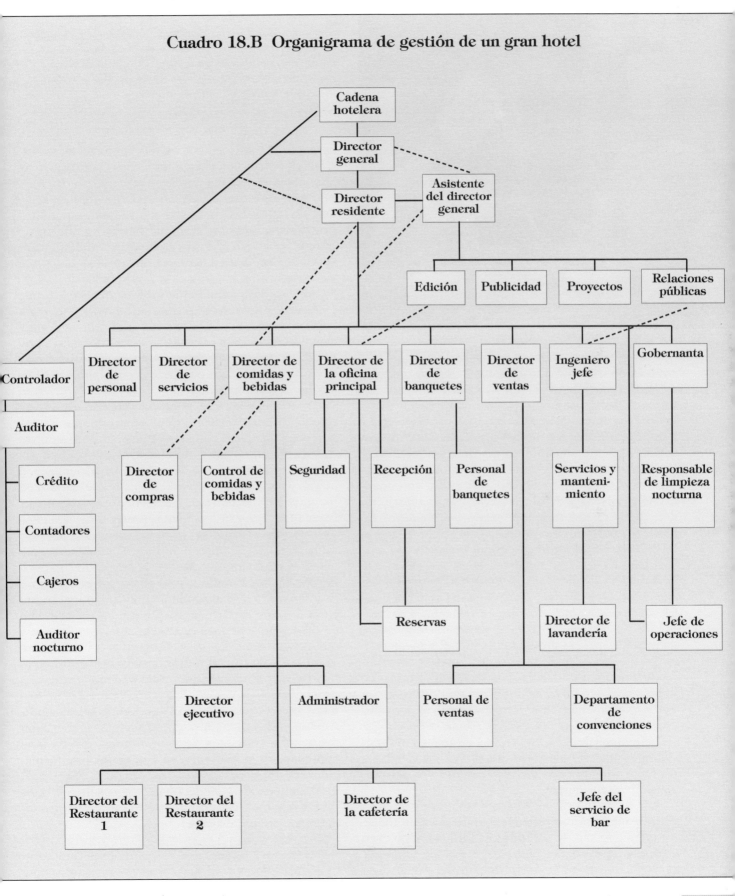

característica prioritaria en todo proceso de formación: esto será la formación en casa, también conocida como formación a distancia.

La mejor forma de activar este tipo de formación es a través de las empresas que ya han empezado a practicarla, que normalmente tienen mucha credibilidad, pues ofrecen un alto nivel de calidad en sus servicios. También a través de los profesionales que ya se dedican a la formación continuada, utilizando los medios de comunicación y difusión clásicos (radio y prensa), y así mismo a través de las escuelas profesionales donde se concentran los jóvenes, promoviendo conferencias y sesiones informativas. Esta propuesta de formación en casa solventa los problemas de la escasez de tiempo y evita los desplazamientos engorrosos y aburridos.

En el sector de la hostelería si no existiese este tipo de formación habría que inventarlo, porque las personas que en él trabajan deben ser polivalentes. En muchos casos empezaron en el sector por la necesidad de trabajar. En la hostelería las jornadas son largas y agotadoras, y para ello es bueno motivar a los trabajadores con programas de formación atractivos, prácticos y útiles. Esto representará para ellos un instrumento que sin grandes esfuerzos les permita, por ejemplo, aprender idiomas, ampliar su polivalencia o mejorar su nivel de amabilidad y capacidad de vender. Sumando esta oferta con su esfuerzo, mínimo, pero necesariamente continuado, el trabajador, en este caso de la hostelería, estará al día en su profesión y evitará quedarse obsoleto, lo que a menudo se suaviza con el calificativo de «veterano». También conseguirá mejorar su calidad humana, prosperará económicamente al ser más útiles sus prestaciones profesionales, y en especial —lo más interesante— tendrá la oportunidad de ser más feliz y estar más satisfecho de sí mismo al poder comprobar que «vale más de lo que creía», gracias a la confianza en sí mismo, a su esfuerzo y a la formación a distancia.

Para que este tipo de formación resulte de utilidad al alumno, es indispensable que reúna las siguientes características:

• Utilizar un lenguaje comprensible para cada nivel cultural.

que se convertirá en su plataforma de realización, proyección, relación y, lógicamente, satisfacción.

Podría proclamarse que únicamente la formación total, es decir, humana y profesional, hace libres a las personas, ya que tiene más libertad de escoger y más posibilidades de disfrutar. En general, son muchos los que consideran que la consecución de un puesto de trabajo es una suerte, aunque en algunos casos puede ser una forma de esclavitud cuando no se disfruta de él. El trabajo se convierte de este modo en una forma de ganarse el sustento, de manera aburrida, monótona y casi siempre con la única idea de poder llegar a final de mes.

Algún lector posiblemente estará pensando que debe haber de todo, y es preciso que lo haya en nuestra sociedad, y que no todo el mundo puede, por sus capacidades, seguir el camino propuesto. Y es cierto: muchas personas prefieren quedarse como están, sienten terror a la formación personal y no se consideran capaces de aprender algo nuevo en su etapa de adultos. Probablemente, en su niñez tampoco lo hicieron, o lo hicieron mal y por poco tiempo. Sin embargo, muchas otras personas aspiran a evolucionar en su trabajo. A estas personas no va dirigido este mensaje, y sí, en cambio, a quienes pudiendo, no lo hacen, por creer que no les hace falta, o porque entienden que no disponen del tiempo suficiente para formarse.

Por todas las razones expuestas anteriormente, es muy interesante, con vistas al futuro más inmediato, una forma de acceder a la formación que sea cómoda, tanto por los métodos utilizados como por el lugar donde se imparta, lo cual ha de ser una

- Utilizar técnicas pedagógicas, cuanto más visuales mejor.
- Ser progresivo, en aras de una mejor comprensión.
- Proporcionar fácil acceso a unos tutores de prestigio que estimulen al alumno.
- Tener suficientes horas presenciales y de práctica para facilitar el desarrollo de las habilidades.

De esta forma, los que se animen a acceder a este tipo de formación dispondrán de más posibilidades de promoción y capacidad de ver un porvenir profesional más amplio, ya que la formación nos hace más libres, además de ser la única forma de acceder al futuro. Muchas personas se han incorporado al mundo del trabajo empezando desde abajo y una vez dentro es muy difícil promocionarse por la escasez de tiempo y de medios. Sólo ofreciéndoles una formación en casa con buenos profesores y buenos métodos podrán obtenerse grandes profesionales con un rendimiento óptimo para sí mismos y para el negocio del turismo.

LOS EMPLEADOS DE UN RESTAURANTE DEBEN SER ANFITRIONES

Todos hemos oído a directivos manifestar que las personas «son lo más importante de su empresa». En muchísimos casos, la realidad ha confirmado que esta frase no era más que palabras; una gran mayoría de directivos no actúa en consecuencia con lo que dice, y ello se paga. Antes, los jóvenes empezaban como aprendices, en general escogían el trabajo que les gustaba, casi siempre el que habían vivido de sus mayores, y estaban dispuestos a sacrificarse para aprender, tenían curiosidad y pocas opciones de entretenimiento. Hoy el ocio lo rodea todo y lo que prima es la comodidad, de ahí que los vocacionales sean vistos como seres especiales.

Si además se añade a ello que en las familias se insiste a los hijos para que elijan una empresa segura, no un oficio o profesión, se comprenderá cómo un joven puede trabajar hoy de camarero, mañana de oficinista y pasado de lo que sea, hasta que logre entrar en aquella empresa o institución que le dé seguridad. Ahora domina la búsqueda de la seguridad, no el desarrollo de una vocación en forma de oficio.

En un restaurante o en un hotel, los empleados deben ser los primeros anfitriones que, con su trato atento y amable, hagan sentirse al cliente como si estuviera en su propia casa.

«Para mí, lo más importante son los trabajadores», afirmó Akio Morita, presidente de Sony Corporation, ante más de un centenar de sorprendidos empresarios en uno de los seminarios del Foro Económico Mundial en Davos. En el primer lugar de la escala de valores del máximo ejecutivo de la multinacional japonesa figuraban sus empleados, después venían los clientes y finalmente los accionistas. Algo completamente contrapuesto al modelo occidental, donde primero se encuentra el accionista, después el cliente y en tercer lugar el trabajador. Para este directivo empresarial de prestigio mundial, los empresarios occidentales deben buscar «nuevas formas para dirigir sus compañías.» Morita añadió: «Mi misión más importante es cómo hacer más confortable la empresa a los trabajadores; que sean felices en ella es mi mayor responsabilidad, porque pasan la mayor parte de su vida dentro de la empresa». Explicó que tanto los buenos trabajadores como los accionistas escogen una empresa «por su buena filosofía, su buena moral y su buena tecnología».

Cuadro 18.C Compañías hoteleras estadounidenses con menos de 5 000 habitaciones*

Nombre de la cadena/sede central	Habitaciones abiertas	Habitaciones en construcción
Clubhouse Inns of America, Wichita, KS	1 060	1 781
Hotel Management Services, Marietta, GA	1 876	1 103
Raintree Inns of America, Lakewood, CO	1 720	750
Inn Suites International, Phoenix, AZ	930	325
Harvey Hotel Co., Dallas, TX	1 533	459
Alameda Plaza, Kansas City, MO	1 430	350
Hl Management Services, Richmond, VA	1 013	200
Travelers Inns, Fullerton, CA	2 481	480
Equity Hotel Corp., Northbrook, IL	4 048	753
Guest Quarters Suite Hotels, Boston, MA	2 932	509
Harrah's Hotels & Casinos, Reno, NV	2 855	468
Four Seasons Hotels Ltd, Toronto, Canadá	4 691	718
Leadership Lodging Corp., Rockville, MD	1 366	200
Southeastern Associates, Danville, VA	821	120
Gulf Coast Development Co., Gallatin, TN	2 119	300
Paragon Hotel Corp., Phoenix, AZ	2 428	324
Shilo Inns, Portland, OR	2 885	384
Beacon Hotel Corp., Boston, MA	4 168	500
Inn America Corp., Braintree, MA	2 648	285
Kahler Corp., Rochester, NY	2 313	194
Federated National, State College, PA	1 596	125
Allen & O'Hara, Memphis, TN	1 407	96
Economy Motels of America, Del Mar, CA	2 099	124
Lexington Management Corp., Irving, TX	3 176	139

Fuente: Business Travel News.
* Mediados de los noventa

Cuadro 18.D Distribución de una muestra de hoteles en EE UU según el régimen de propiedad

Cadena hotelera	
Establecimientos propios	16,6 %
Establecimientos en alquiler	1,4 %
Establecimientos en contrato de gestión	12,8 %
Establecimientos en franquicia	31,9 %
Subtotal, afiliado cadenas	62,7 %
Independientes	37,3 %
Total	100

Fuente: Laventhol & Horwath, US Lodging Industry.
* Mediados de los noventa

Las diez palabras mágicas del éxito en la hostelería

A la derecha, vista aérea del Sheraton Hotel de Buenos Aires. La Sheraton es, junto con la Hilton, una de las principales cadenas hoteleras del mundo.

Cuando se piensa y actúa de esta forma, se obra con los empleados como si fueran verdaderos clientes. Hay que conseguir que los clientes externos (los que pagan las facturas) quieran volver a gastarse su dinero en los servicios que la empresa les ofrece y que los clientes internos (los empleados que cobran) también quieran seguir trabajando en ella, pero no sólo físicamente, sino también con las ideas puestas al día y mucha motivación.

LA CALIDAD PRÁCTICA BUSCA LÍDERES

Una gran mayoría de empresas turísticas, sobre todo aquellas situadas en zonas costeras, ofrecen un nivel de servicio que, si bien se corresponde con el precio que están percibiendo por parte de los clientes, resulta en cierto modo indiferente. La inmensa mayoría de clientes recibe un servicio muy digno, pero no personalizado, estimulante o genuino. Esta barrera es la que debe romper el empresario, si quiere fidelizar al cliente y construir un futuro estable y de expansión para su negocio. Este reto puede conseguirse en gran parte y como condición *sine qua non* poniendo al frente del destino turístico y de los establecimientos a personas capaces de liderar, es decir, de dirigir provocando cambios, motivando a todos los que le rodean. El líder de la calidad práctica debe ser:

- Imaginativo, para buscar siempre soluciones.
- Positivo, para no encallarse en las dificultades.
- Integrador, para evitar los conflictos entre las personas, y en caso de que se produzcan, resolverlos.
- Comunicador, para «vender» la cultura de la calidad práctica.
- Ejemplar, para predicar con el ejemplo.
- Motivador, para reconocer con generosidad las conductas de esfuerzo.
- Formador, para cambiar las conductas y conseguir las deseadas.
- Popular, para, con su prestigio público, influir en los demás con facilidad, gracias al reconocimiento de su autoridad.
- Estudioso, para poder seguir estando al día en las últimas tecnologías.
- Organizado, para poder priorizar y coordinar los objetivos, los métodos y los medios.

LAS DIEZ PALABRAS MÁGICAS DEL ÉXITO EN LA HOSTELERÍA

Todo el mundo sabe que las palabras mágicas pronunciadas por los magos y que tanto impresionan a los niños no son tales, sino que detrás hay muchas horas de práctica de un método que, seguido con rigor, crea el efecto de lo imposible. En las empresas hoteleras con éxito no hay ni truco, ni palabras mágicas, sino una forma de pensar muy definida a la que llamamos «cultura de empresa» y que la alta dirección aplica con rigor, dando a sus colaboradores, sea cual fuere su nivel, la oportunidad de cono-

Organización interna de un hotel

El cliente es siempre lo primero, y sólo si se procura satisfacer con un trato adecuado todas sus necesidades existirá la posibilidad de que quiera volver al establecimiento, lo cual redundará en beneficio de los propios empleados.

cerla, entenderla, amarla y aplicarla sin excepciones, fisuras ni relajaciones.

Estas son las diez palabras «mágicas» que elaboran la fórmula del éxito sostenido de las empresas del sector de la hostelería y del turismo:

1. Diferenciarse de la competencia, querer buscar constantemente detalles que lo distingan de la competencia, de forma organizada, reflexiva, valorando el riesgo y midiendo los resultados, y rectificar siempre que sea preciso con agilidad y eficacia, es el primer ingrediente de la fórmula mágica.

2. Sorprender al cliente. No basta con querer tener diferencias con la competencia; es preciso que éstas sean valoradas por los clientes y de su agrado, llegando más lejos de lo que esperaban encontrar.

3. La obsesión por los detalles. Éste es el tercer ingrediente de la fórmula mágica: los empleados de la hostelería, si desean seguir teniendo trabajo, deben adelantarse al cliente en la percepción de errores, y esto sólo se consigue cuando todos y cada uno de los empleados están constantemente pendientes en el minucioso cuidado de la calidad de las instalaciones, de todos los servicios que se ofrecen y de la exquisita amabilidad de que hay que impregnar el trato con los clientes.

4. Adelantarse al cliente en sus posibles expectativas, solicitudes, sugerencias, quejas y deseos. Precisamente adelantándose se conseguirá sorprender-

lo, creando diferencias con la competencia, que por lo general va a remolque de los deseos del cliente, correspondiéndole con esperas, colas y malas caras.

5. La compensación rápida al cliente. Por mucho que se intente hacer las cosas muy bien aplicando los cuatro ingredientes que se han citado, como el concepto de calidad es propio de cada cliente y un tanto subjetivo, es inevitable que en alguna ocasión no se acierte, e incluso acertando, puede ocurrir que los imprevistos y las incomodidades que todo viaje conlleva obliguen a compensar al cliente con pequeños detalles que servirán de bálsamo celestial para recuperar su felicidad.

6. La agilidad felina y optimista. Si algo no desea nunca un cliente, y mucho menos cuando está de vacaciones, es hacer cola. Todos los empleados de un establecimiento hotelero deberían tener muy en cuenta esta exigencia si desean la fidelidad de sus clientes. Por lo tanto, tendrán que activar su voluntad, su inteligencia y su imaginación para buscar soluciones a las colas y esperas. En cualquier caso, si no hubiese remedio, por lo menos que fueran esperas alegres y cortas.

7. La amabilidad total y sin excepciones, que contribuirá a aplacar enfados y suavizar esperas y expectativas no satisfechas. En esta composición de la fórmula mágica no caben días malos ni servicio indiferente: todos los contactos con el cliente deben sorpren-

derle por su personalizada, positiva, expresiva, alegre, optimista y responsable forma de tratarlo.

8. El trabajo eficaz en equipo. Un hotel es como una pequeña ciudad con servicios las veinticuatro horas del día, los trescientos sesenta y cinco días del año y, en consecuencia, de nada sirve que en una franja horaria se dé un excelente nivel de calidad y en otra ese nivel sea normal o deficiente. Cuando esto ocurre el cliente siempre recordará la calidad insuficiente. La solución radica en pensar en cadenas de calidad, no en puntas de calidad.

9. La rectificación constante gracias a las ratios y a los gráficos. La sal de la fórmula mágica es conocer la opinión de todos y cada uno de los clientes, con respecto a los servicios, las instalaciones y los colaboradores. Su medición y análisis concienciarán a todos los colaboradores en aras de la mejora continua, sin excusas, sin culpables ni lamentaciones. Nunca hay que olvidar que calidad no es sólo hacer las cosas bien, o lo mejor posible, sino dar al cliente lo que espera y si es posible «algo más».

10. La formación y el reconocimiento constantes. Las personas, para progresar, deben obtener provecho de la suma de la información, los conocimientos y la experiencia fruto del autoanálisis y la crítica y, cómo no, del reconocimiento a sus esfuerzos para obtener éxito.

¿CÓMO ATENDER LAS QUEJAS DE LOS CLIENTES?

Por mucho que se quiera hacer las cosas correctamente, siempre habrá algún cliente que no quedará satisfecho de la calidad del producto, del servicio y del trato recibido. La razón de ser de la insatisfacción de los clientes reside en que los mismos hechos tienen distinta lectura si quien los observa paga sus facturas o se trata de un empleado que percibe un sueldo. Para equilibrar las dos perspectivas, hay que lograr que las expectativas del cliente coincidan con lo que los empleados que dan el servicio consideren que es oportuno ofrecerle.

No siempre resulta fácil arreglar un malentendido; a veces, cliente y anfitrión albergan mutuas suspicacias. E incluso, en ocasiones, el profesional se siente inseguro con su cliente porque teme a su propio patrón. La atención a una queja no puede ser una situación tensa sino que es preciso centrar el objetivo en la búsqueda de soluciones. Las propuestas que siguen son un pequeño guión que le ayudarán a llevar la cuestión a un buen punto de entendimiento:

- Preséntese y consiga que el cliente sepa su nombre y que le trate por él.

- Trate al cliente por su nombre; si lo ignora en aquel momento, hágalo en cuanto lo haya averiguado.
- Mírele a los ojos con prudencia y con expresión amable, transmitiéndole la sensación de que le está prestando toda su atención. Evite las interrupciones de terceras personas.
- No interrumpa al cliente durante la exposición; de esta forma le ayudará a calmarse y, a la vez, obtendrá información.
- Manifiéstele de forma clara y humilde que le comprende y que va a buscar una solución a su problema. Si ya la tiene, expóngasela sin demoras.
- Ofrézcale alternativas y/o compensaciones en caso de que sea posible la solución que desea, manifestándole que lamenta el contratiempo.
- Concrete con exactitud la solución, su amplitud y la fecha de aplicación; con ello evitará crear más expectativas difíciles de cumplir.
- Agradezca, si fuera el caso, la paciencia demostrada por el cliente y siempre el hecho de que haya manifestado su queja.
- Cerciórese de que se cumple la solución ofrecida.
- Aborde al cliente para comprobar su satisfacción en esta segunda oportunidad.

Si sigue todas estas recomendaciones conseguirá reconquistar a sus clientes molestos, ya que los sorprenderá positivamente por su agilidad, eficacia y amabilidad, y se ganará tanto su fidelidad como la de sus amigos.

SER «VENDEDOR DE FELICIDAD» EN LA HOSTELERÍA

«Las empresas con mejores resultados son las que mejor cuidan a los clientes.» Para conseguir vender sus productos o servicios, las empresas deben previamente crear unos «lugares de encuentro» con los clientes, donde a éstos se les contagie el «pacto de soluciones». Cada vez que un cliente potencial o real entra en contacto con cualquier parte de la organización de una empresa, sea esta parte una persona o una instalación (sala de espera, teléfono, etc.), debe quedar sorprendido positivamente por las múltiples diferencias que observa con respecto a la competencia. Debe sentir que se le está aportando «alguna cosa más» que simplemente el producto o servicio que deseaba comprar.

Una de las diferencias debe ser el «trato que sorprenda por la amabilidad», con el que el personal debe atender a cualquier persona, sea cliente real o potencial, que se acerque a consultar o solicitar sus productos o servicios. Corrobora este mensaje el último estudio publicado por un grupo de hoteles estadounidenses, según el cual un 72 por ciento de clientes insatisfechos se declara descontento del trato recibido.

La mejor forma de evitar que en su establecimiento turístico le pueda ocurrir algo similar es:

- Crear la escuela de los anfitriones o vendedores de felicidad, donde periódicamente y con constancia se forma a todos los empleados de la empresa en el hábito de la amabilidad. Ello les ayuda a desarrollar unas actitudes, innatas o aprendidas, de vendedor y unas muy buenas aptitudes para solucionar las necesidades de los clientes.
- Crear lugares de encuentro entre los departamentos de la empresa, donde los empleados se comuniquen para resolver los pequeños problemas diarios, al estilo de los tiempos muertos en el baloncesto en que entrenador y jugadores preparan los siguientes minutos del partido.
- Crear sistemas para conocer la opinión de los clientes y de los propios empleados, con el fin de rectificar con agilidad, eficacia y anticipación.
- Predicar con el ejemplo desde los niveles jerárquicos de mayor responsabilidad, a fin de contagiar la cultura del detalle al resto de colaboradores.
- Crear un sistema de remuneración que incentive el esfuerzo e impulse al éxito.

Recuérdese diariamente que:

- Las empresas que más cuidan el trato consiguen satisfacer y crear clientela asidua, obteniendo, en consecuencia, mejor rentabilidad.
- La mejora de la calidad en las relaciones con los clientes pasa por la calidad de las personas que ofrecen esta amabilidad. Sin personas de calidad, no se pueden ofrecer detalles en el trato a los clientes.
- La calidad en la atención al cliente está directamente relacionada con la mejora de la calidad personal de los colaboradores y con el logro de un orgullo «sano» por su trabajo. Para muchas empresas su cliente no es sólo la persona que les compra; también lo son sus empleados. Un empleado contento es un buen anfitrión.

Uno de los secretos de los líderes que consiguen crear a su alrededor un equipo de excelentes vendedores de felicidad es el tacto con el que tratan a sus colaboradores. «Todas las personas acaban comportándose según cómo se las trata.» Cuando a un empleado se le rodea de detalles y tonos agradables, además de los factores antes expuestos, acaba comportándose de igual manera; y al revés, castigará con sus errores al jefe y compañero que lo maltrata.

Quizás el secreto —un tanto sorprendente para quien espera respuestas más sofisticadas— sobre cómo ser «vendedor de felicidad» sea el trato con tacto y humor que consigue contagiar de este talante positivo y flexible al que lo recibe, quien acabará mejorando su autoestima, superando sus propias dificultades y creando un trabajo de mayor calidad, que podrá ofrecer a su vez a sus propios compañeros y a los clientes. Recuérdese que:

- Con empleados descontentos no se pueden tener clientes felices, y éstos sólo decidirán volver a gastarse el dinero en la empresa correspondiente y recomendarla si cada vez que entran en contacto con ella se sienten satisfechos.
- La calidad de los directivos es la cuestión principal y prioritaria cuando se desea conseguir ahorros en el marketing externo, compensándolo con un excelente marketing interno.

LOS HOTELES Y LAS NUEVAS TECNOLOGÍAS

Conforme se construyen nuevos hoteles se introduce un importante número de sistemas de bajo voltaje en sus conducciones. Estos sistemas incluyen equipos que controlan la demanda máxima de potencia, sistemas de control del estado de la habitación, sistemas de despertador automático, accesos a la habitación del huésped controlados electrónicamente y control electrónico del acceso al almacén.

El encendido y apagado automático de la calefacción, ventilación, equipo de aire acondicionado, el apagado cuando el huésped se va y su encendido cuando llega es ampliamente utilizado. El equipo de energía así controlado tiene una rápida amortización, los ahorros de energía igualan la inversión en un período de pocos meses a dos años.

Por su parte, los sistemas de control del estado de la habitación eliminan la necesidad de continuas llamadas telefónicas entre el mostrador y el sistema de limpieza.

Si la seguridad sigue siendo un problema, sistemas electrónicos de seguridad serán instalados con alarmas de «entradas forzadas», detectores de movimiento y detectores de metales, por ejemplo. Se han utilizado sistemas integrados de seguridad en Las Vegas, Reno y en muchos grandes hoteles.

Los sistemas telefónicos, propios del hotel, u obtenidos mediante *leasing,* han conseguido gran aceptación entre los usuarios. La transferencia automática de los cargos del huésped se hace a una determinada cuenta del mismo y esto acelera el pago y elimina los contadores manuales.

LOS HOTELES Y LOS NUEVOS SISTEMAS DE COMUNICACIÓN

Los sistemas de teleconferencias han entrado en la escena de la dirección de la hostelería en varias formas.

Los Hilton Hotels y otras cadenas se han introducido en el sistema de convenciones por vía satélite. Las señales procedentes del punto central de la conferencia son enviadas a un satélite existente en el espacio y, de allí, a receptores instalados en los tejados o cerca de los hoteles. Las antenas reciben la señal del satélite y la muestran en una pantalla en la habitación de conferencias o en el auditorio, de manera similar a la proyección de televisión. También es frecuente la recepción unidireccional de vídeo. A un coste más elevado se puede transmitir la recepción en ambas direcciones.

Una corporación puede abarcar literalmente miles de sus empleados simultáneamente en varios locales distintos. Los gastos de viajes totales se reducen de forma drástica. Los ahorros en tiempo

La mayoría de hoteles que gozan de un cierto prestigio han instalado salas con servicio de teleconferencias, a través de las cuales se puede asistir a una reunión simultáneamente en distintos lugares. Sobre estas líneas, una de estas salas en el Palmer House Hilton de Chicago.

contabilizados en gastos de salarios también disminuyen de forma importante.

Un ejemplo de la teleconferencia ilustra sus ventajas y sus desventajas. Hasta 1982, Baskin-Robbins, la franquiciadora de helados, tenía la oficina central en la carretera durante unos cinco meses, durante el año de reunión con sus franquiciados. La teleconferencia cambió este esquema drásticamente. Una teleconferencia de ocho horas se retransmitía desde un hotel de Dallas. Éste estaba conectado a 2 373 franquiciados en 25 ciudades a lo largo de

Estados Unidos, por vía satélite. El coste de la teleconferencia era de más de trescientos mil dólares y se tardó más de un año en prepararla, pero se ahorró dinero y tiempo.

La Western Union fue contratada para transmitir el acontecimiento. La Tele-image, una firma con sede en Dallas, fue la responsable de las operaciones en el hotel de Dallas. Para mantener un nivel adecuado de relaciones sociales, los participantes comenzaban el día con un desayuno o comida y se les ofrecía varios descansos. La interacción entre los franquiciados se facilitaba colocándolos en grupos de ocho. Una fiesta cóctel y una cena clausuraron la teleconferencia.

Los participantes estuvieron de acuerdo en que la teleconferencia era menos agradable y tal vez menos efectiva que las reuniones tradicionales, pero era eficiente y ahorraba dinero. ¿Hasta qué punto afectará la teleconferencia por vídeo a los negocios hoteleros del futuro? Esta pregunta está siendo evaluada por muchos ejecutivos de hoteles, pero ninguno de ellos ha llegado a una respuesta clara. Los Hilton Hotels instalaron una Hilton Comunication Network. En lugar de comprar el equipo especializado necesario, Hilton confió sus servicios a una empresa externa. Este sistema permitía la presentación del vídeo en una gran pantalla, más una comunicación audio bidireccional, entre el punto de transmisión y los grupos reunidos en hoteles.

La conferencia por vídeo hace posible introducir un nuevo programa o mantener una conferencia de prensa en numerosos puntos al mismo tiempo. La MGM presentó el film *Pennies from Heaven* a 16 ciudades de Estados Unidos y Canadá. La empresa 3M, con sede en Minneapolis, podía conectar con ochenta mil empleados en un tiempo relativamente corto, mostrándoles un nuevo programa. Varias ciudades de origen fueron utilizadas para presentar en vivo el programa a unas doscientas personas.

La audiencia real fue mucho mayor gracias a la retransmisión a otras ciudades mediante dicho sistema.

La Bell Phone Company denominó *teleconferencias* a las llamadas telefónicas entre diferentes puntos y en distintas localizaciones, conectadas por teléfono. La conferencia por vídeo añadió una nueva dimensión: la pantalla de gran tamaño o la pantalla gigante. A continuación vino el teléfono con vídeo. ¿Habrá en un futuro más avances tecnológicos en las habitaciones de los hoteles? Las cadenas siguen ofreciendo nuevos servicios. La Holiday Inn ha hecho de la videoconferencia otra característica, como lo fue en su momento la piscina, la radio y el aparato de televisión en la habitación del hotel.

Se ha comprobado que la conferencia por vídeo aumenta la contratación de habitaciones y también la contratación de comidas y bebidas por algunos operadores de hoteles. Los costes de viaje para reuniones de larga distancia y convenciones se reducen, por lo que aumenta la posibilidad de que más gente vaya a reuniones regionales. En el pasado, sólo los jefes de ventas, los jefes de dirección y los técnicos eran enviados a reuniones a nivel nacional, el personal de niveles inferiores acudía a las reuniones regionales.

Otros operadores están convencidos de que aunque se incrementen las ventas de bebidas y alimentos a causa de un aumento en las reuniones regionales, descenderán no obstante las contrataciones de habitaciones.

Existe un punto de acuerdo: la conferencia por vídeo no es revolucionaria, pero favorece la evolución. Otro punto de acuerdo es que este tipo de conferencia nunca sustituirá completamente a las reuniones en vivo donde puede haber intercambio de opiniones y sentimientos, acuerdos personales, creación de amistades y reencuentros después de años.

Los viajes de larga distancia se reducirán considerablemente a causa de las conferencias por vídeo. Los viajes de corta distancia a lugares que participen en la videoconferencia aumentarán.

El teléfono con vídeo, cada vez más accesible, sí que parece destinado a tener efectos drásticos en el negocio hotelero. Cuando sea fácil organizar una conferencia telefónica con otros conferenciantes y todos puedan verse las caras, las habitaciones y los viajes serán menos necesarios.

NUEVAS FUENTES DE INGRESOS PARA LOS HOTELES

Tal como comunicó la Pannell Kerr Forster, cuando los hoteles instalaron juegos de vídeo operados por monedas en las salas recreativas, a la par que se introducían otras formas de diversión para los huéspedes, se empezó a registrar una nueva fuente de ingresos para los establecimientos.

La US News and World Report comunicó que un juego de vídeo podía producir unas ganancias semanales de trescientos a cuatrocientos dólares con una media nacional de más de cien dólares por semana.

Los hoteleros suelen ofrecer de las facilidades y el espacio necesarios a sus franquiciados para que instalen las máquinas y repartan los ingresos brutos sobre una base preestablecida. Se recomienda que se desglose el ingreso para cada máquina de forma que éstas puedan ser cambiadas cuando el interés por ellas disminuya.

EL MARKETING

Los hoteles han cambiado el título de la persona encargada de las ventas por el de director de marketing, un cambio que implica un papel mucho más amplio para aquella persona que lo ostenta. El marketing se encarga no sólo de vender sino también de conocer a fondo el producto que se vende, el producto de la competencia, el cliente, sus motivaciones, sus deseos y cómo mejorar la producción para satisfacer las necesidades del comprador. El marketing implica investigación. En el caso del hotel es una investigación que ha de identificar cuidadosamente cuáles son los clientes habituales, de dónde vienen, cuánto ganan y qué es lo que esperan del hotel y de sus servicios. Un hotel de Los Ángeles puede descubrir que su principal «mercado» es Canadá occidental, San Francisco y Chicago u otras áreas. La promoción y publicidad se centrará pues en esas zonas.

El director de un motel puede sorprenderse al saber que el setenta por ciento de sus clientes son turistas y no ejecutivos. Un miembro de una organización puede encontrar que menos del treinta por ciento de sus clientes provienen de la propia organización. El Group Marketing Research and Development, una sección de la Holiday Inn, descubrió que éstos no tenían tanto éxito como otras cadenas en la función de atraer familias que viajasen con adolescentes, simplemente porque otras cadenas hacían reducciones especiales para los adolescentes. Como resultado se estableció una política para que éstos no pagaran en 1 300 Inns. La misma empresa investigó qué opinaban los ejecutivos de sus áreas de diversión —patios cubiertos, piscinas y juegos. El ejecutivo pensaba que eran innovadoras e impresionantes, lo que añadía un atractivo para los Inns. La siguiente pregunta que se hizo a los ejecutivos fue para saber su opinión acerca de la propaganda «Los niños comen gratis». El programa se valoró como positivo e influyó en que el ejecutivo se alojase en un Holiday Inn cuando viajaba con su familia.

El análisis de mercado puede determinar cuáles son las inversiones necesarias. ¿Deben ser empleadas en un nuevo diseño del vestíbulo o para mejorar el funcionamiento del restaurante? La respuesta debe darla el cliente. ¿Qué efecto puede tener un invierno frío en el verano siguiente? En Harrisburg, Pensilvania, por ejemplo, un frío invierno hizo que las escuelas cerrasen tres semanas más tarde, hecho que afectó los negocios de junio en varios Inns que dependían de Harrisburg y al negocio de alimentación del verano. Si hubieran previsto todo esto, los Inns podían haber aceptado grupos o con-

"Take me to the Hilton."

It hadn't been the easiest of assignments. But now he had the data and the samples he wanted, and the weather was worsening. Time to make a move. "Take me to the Hilton." A great place, the Hilton. He sometimes took it for granted, but that was a compliment. He'd never been let down yet. He smiled to himself at the prospect of a warm welcome and a hot bath. For the next few days, the only ice he wanted to see would be in a tall glass in the lobby bar.
○ For reservations at over 400 hotels, call your travel agent, any Hilton hotel or Hilton Reservations Worldwide.

THE HILTON · THE HOTEL

El director de marketing de un hotel tiene un amplio abanico de funciones que no sólo incluyen la tradicional de promoción para la venta, sino otras tales como la investigación de mercado, la valoración del producto ofrecido por la competencia, las necesidades del hipotético cliente, etcétera. Arriba, cartel de propaganda de la cadena de hoteles Hilton.

venciones que hubiesen finalizado su estancia en el mes de junio.

La mayor parte de la investigación del mercado hotelero no se hace en el propio establecimiento, sino que se encarga a organizaciones que estudiaban el mercado local o a departamentos comerciales de universidades cercanas.

VALORACIÓN DEL PERSONAL DE VENTAS

El personal de ventas de hoteles y moteles varía en número. En un pequeño hotel, el director realiza la función de ventas. En un megahotel, un director de ventas puede tener un *staff* de ocho a diez personas, más la asistencia del personal de ventas de las oficinas centrales de la corporación. La mayor parte de su esfuerzo se dirige hacia las ventas a grupos.

El Radisson South Hotel, un hotel de 408 habitaciones de Minneápolis, tenía un equipo de cinco personas en este departamento con un plan de ventas enfocado a cómo vender, cuándo vender y dónde vender. Su personal fue un ejemplo de un hotel de mediano tamaño.

El director de ventas se encargaba principalmente de la planificación, los objetivos, las ofertas, la previsión y la supervisión. También invertía un veinte por ciento de su tiempo en la carretera. Desarrollaba anualmente una «predicción de ventas de habitaciones» para reservas de grupos junto a los directores general y ejecutivo, para cada día del año. La predicción del día a día la hacía el director ejecutivo. El ayudante del director de ventas invertía un veinte por ciento de su tiempo en convenciones a nivel nacional y ayudaba al director de ventas a informar y actualizar así como a realizar análisis y evaluaciones.

El director de ventas invertía un 35 por ciento de su tiempo fuera y trabajaba principalmente en convenciones y reuniones regionales y estatales. Un subdirector dedicaba un setenta por ciento de su tiempo en el exterior, promoviendo las reservas de grupos de reuniones y otras reservas múltiples, mientras que un vendedor invertía un noventa por ciento de su tiempo en el exterior, visitando empresas.

Un método de venta relativamente frecuente es que un hotel ofrezca una habitación gratis por cada cien habitaciones que un grupo llena. Algunos hoteles ofrecen una *suite*.

Las relaciones públicas

Los pequeños hoteles, por lo general, no emplean un vendedor a tiempo completo. Los propietarios pueden escoger entre confiar en un sistema de reservas (como la Best Western) para sus negocios, utilizando los servicios de una empresa anunciadora y otra de marketing periódicamente, o no haciendo ningún marketing y confiando en las recomendaciones entre huéspedes o en su situación para atraerlos.

Otra posibilidad para el director general es la de ocuparse de las responsabilidades de marketing. Esta persona define los objetivos de mercado, conduce la investigación de mercado, unifica un plan de ventas y lo promociona. Algunos cuestionarios para huéspedes ayudan a identificar el mercado presente. Si el hotel puede atraer a los ejecutivos, los cuestionarios (con las adecuadas ventajas o compensaciones por responderlos) pueden enviarse a las secretarías de las empresas locales.

Los mercados habituales y potenciales son identificados y se establece un plan de promoción. La promoción se realiza por correspondencia directa,

Valoración del personal de ventas

En la elección de un destino tienen una incidencia directa los precios de los transportes, especialmente las tarifas aéreas. Los directores de hotel son plenamente conscientes de la influencia que en la ocupación de su hotel tienen las fluctuaciones de dichas tarifas. A la izquierda, pasajeros atentos a las salidas en el aeropuerto Charles de Gaulle de París, una de las ciudades turísticas más importantes.

Estados Unidos. Otros reciben un sesenta por ciento de sus negocios de los tour operadores.

Los viajeros de negocios se dirigen cada vez más a agencias de viajes para reservar sus hoteles y vuelos.

Varios hoteles importantes han establecido un nuevo puesto de trabajo en sus departamentos de marketing, el de director de tour o de viajes. Esta persona se responsabiliza directamente de vender las posibilidades del hotel a los tour operadores y de coordinar los grupos una vez han llegado al hotel.

Los directores de hotel son conscientes del impacto de las rutas aéreas y de sus tarifas en sus negocios. Los mercados cambian radicalmente cuando los servicios aéreos y las tarifas cambian. Por ejemplo, los hoteles de la costa oeste de Estados Unidos encontraron nuevos mercados en Australia y en Oriente cuando disminuyeron las tarifas aéreas del Pacífico.

Los grandes hoteles y las cadenas hoteleras emplean personal de relaciones públicas cuya principal labor es crear una imagen favorable de sus negocios. Esto se consigue relacionándose con los directores, articulistas o novelistas de viajes y otras personas de los medios de comunicación y animándoles a escribir acerca de ese hotel. También se les alienta a escribir series o publicaciones periódicas de noticias para mantener el hotel, el parque de atracciones u otros establecimientos turísticos en la mente de la gente. El personal de relaciones públicas suelen ser excelentes escritores, personas agradables y a menudo con mucha imaginación. Cuando el parque de atracciones Six Flags Over de Texas introdujo sus nuevas montañas rusas, el trayecto se rompió con una docena de columnistas de periódicos y fotógrafos y cuatro cámaras de televisión a bordo. El tren se detuvo de forma brusca en la parte alta, lo que pudo haber sido un desastre desde el punto de vista del marketing. La rápida reacción del relaciones públicas del Six Flags sugirió a la prensa, la televisión y a los informadores tratar el incidente desde un punto de vista distinto: «Los sistemas de

por anuncios en periódicos y mediante las agencias de viajes. Todos los hoteles, grandes y pequeños, están introducidos en el marketing, tanto consciente como inconscientemente, ya sea de forma sistemática y lógica o al azar y sin planificación.

La dirección de los viajes está estrechamente relacionada con la dirección de los hoteles y restaurantes, formando parte ambas de la gerencia del alojamiento. Muchos hoteles dependen, en parte, de las agencias de viajes para sus negocios. Algunos de los hoteles de temporada pueden conseguir un noventa por ciento de sus reservas a través de las más de veinte mil agencias de viajes que existen en

seguridad de la nueva atracción funcionaron en todo momento perfectamente».

A veces se tarda meses en atraer a una buena revista. Muchos hoteles intentan despertar el interés de un buen escritor ofreciéndole alojamiento, comidas, fotografías e información detallada. La contrapartida puede ser un artículo en una revista importante que tenga el mismo efecto que una inversión de miles de dólares en publicidad. Una guía o un libro de itinerarios locales de un área puede aumentar la estancia media en un hotel de uno a tres días si el huésped tiene a su disposición varias sugerencias atrayentes.

LA SEGURIDAD DE LOS HUÉSPEDES

Las leyes y el gran público en general son cada vez más conscientes de las medidas de seguridad que debería ofrecer el hotel/motel, o quizás al haber aumentado los niveles de criminalidad son más exigentes en lo que se refiere a este tema.

Desde sus primeras épocas, la seguridad de los huéspedes en los hoteles ha sido un problema. En 1974 fue violada una famosa cantante, Connie Francis, mientras estaba alojada en el Howard Johnson Motor Lodge de Westbury, en Long Island. Denunció el hecho y solicitó una indemnización de seis millones de dólares a la cadena, alegando que ésta había sido incapaz de garantizarle una habitación segura. Los juzgados federales del distrito de Brooklyn exigieron que fuera indemnizada con 2,5 millones y su marido con 25 mil dólares más. La compañía de seguros de la Howard Johnson recurrió ante la sentencia alegando que ésta era excesiva. Finalmente, en 1977, ambas partes llegaron a un acuerdo, y se indemnizó a la cantante con 1,475 millones de dólares. Este caso alarmó de forma importante a los empresarios del sector, quienes centraron su atención en la necesidad de ofrecer mejores medidas de seguridad a sus huéspedes.

Ya a finales del siglo XIX los grandes hoteles tenían personal encargado de la seguridad, principalmente policías fuera de servicio, vestidos de paisano, que vigilaban el vestíbulo y sus alrededores. Los hoteleros, en la actualidad, han reforzado estas medidas de protección al mismo tiempo que investigan nuevas formas de proteger al cliente mientras éste está en su habitación. Se han instalado varios «sistemas de seguridad».

Uno de estos sistemas, el denominado Lok-a-Wai, funciona de la siguiente manera: cuando el huésped vuelve a su habitación, abre la puerta, enciende la luz y la televisión, y se acuesta. Dos minutos y medio después, la televisión se apaga, la luz se desconecta al igual que el aire acondicionado. Para que el sistema eléctrico vuelva a ponerse en marcha, el cliente debe cerrar con pestillo la puerta. El sistema se controla mediante una cajita metálica situada debajo de la mesita de la habitación. Esta cajita se halla conectada mediante unos cables al sistema eléctrico y a la cerradura.

Otros sistemas se basan en el uso de tarjetas de plástico u otros sustitutos de las llaves. Así mismo se están instalando mirillas y cerraduras más resistentes en las puertas. Durante muchos años se han utilizado cerrojos de cadena, pero en la actualidad los pasillos son controlados mediante un circuito cerrado de televisión supervisado por el personal de seguridad.

A pesar de los cerrojos y del resto de sistemas es necesario que el personal del hotel pueda entrar en las habitaciones en caso de fuego, enfermedad u otras emergencias en las que el cliente no pueda abrir.

Los expertos en seguridad afirman que el punto principal en todo programa es la rapidez de acción ante la emergencia. Con este fin, en los grandes establecimientos se utilizan interfonos unidireccionales o sistemas de *walkie-talkie*. Si se le instruye adecuadamente, el personal de mantenimiento, equipado con «buscas», puede actuar como parte importante en el sistema de seguridad. En los grandes hoteles el puesto de control de seguridad se halla situado en una de las habitaciones, que se cambia de vez en cuando.

El número de empleados de seguridad en un gran hotel como el Marriott, en el aeropuerto de Los Ángeles, con mil habitaciones, puede llegar a ser de unos dieciséis, además de un número variable de oficiales de policía, fuera de horas de servicio, con turnos que cambian de acuerdo con un horario. Ninguno de los empleados de seguridad lleva uniforme y sólo pueden efectuar detenciones aquellos que sean policías; el resto puede ayudarles en dicha misión. No obstante, llevan esposas para utilizarlas en caso necesario. Esta situación puede darse cuando se producen altercados como peleas, o por causa de borracheras. Los arrestos que se llevan a cabo en los hoteles del centro de la ciudad son principalmente de prostitutas. También se detiene al cliente, en ocasiones, cuando intenta llevarse objetos que son propiedad del hotel, aunque a alguno de ellos, como las toallas, no se les da importancia.

Uno de los sistemas de seguridad más eficaces son los circuitos cerrados de televisión, sobre todo en aquellas zonas donde se concentran grandes sumas de dinero. Esto permite que una sola persona controle varios monitores, pudiendo avisar al resto del personal en caso de que surjan problemas.

LOS SALARIOS DEL PERSONAL DE DIRECCIÓN

El personal de dirección forma un grupo independiente, casi una élite. Durante muchos años se les ha considerado como relativamente bien pagados. El director principal del Palace en San Francisco recibía en 1875, en plena depresión económica, el exorbitante salario de doce mil dólares anuales en oro. Ralph Hitz exigió, y consiguió, como director del New Yorker un sueldo de 35 mil dólares anuales. Un hotel de primera categoría necesita ejecutivos altamente formados y cualificados: un director y un director de comidas y bebidas o el *chef* ejecutivo. El equipo directivo formado por el tándem Ritz-Escoffier ilustra lo que se puede llegar a hacer, con un director para los aspectos relacionados con el público y un *chef* ejecutivo para los asuntos internos, cuando ambos son gente excepcional.

El problema de la seguridad de los huéspedes afecta sobre todo a los hoteles grandes debido a su extensión. Por ello, además de sistemas electrónicos de control de las habitaciones, acostumbran a tener personal encargado de la seguridad. Arriba, vestíbulo del Hyatt Regency Hotel de Houston.

Conforme las cadenas, con sus sistemas organizativos, se hicieron cargo de los grandes hoteles, disminuyó la necesidad de individuos excepcionales al frente de las mismas. Los sistemas de previsión de personal, los analistas, las computadoras y otros sistemas han relegado, en parte, la necesidad de tener una persona de extraordinarias cualidades organizativas y de previsión en cada hotel. Aunque

Cuadro 18.E Número de trabajadores a tiempo total por 100 habitaciones (EE UU)	
Trabajo	**%**
Recepción	4,6
Limpieza	11,7
Comidas y bebidas	21,2
Teléfono	1,0
Otros departamentos	1,4
Administración general	2,3
Marketing y ventas	1,6
Otro marketing	0,7
Gestión y mantenimiento del inmueble	2,4
Otros	3,0
Total	49,9

Fuente: Worl Wide Hotel Industry.

zas, como a veces se le denomina, se halla alejado de la política de dirección. Por ejemplo, en los hoteles Hilton el encargado de finanzas de un hotel importante responde directamente frente al director delegado en lugar de hacerlo frente al director general del establecimiento. Esta forma de funcionamiento tiene sus ventajas e inconvenientes. El director general del hotel puede sentirse menospreciado al perder la responsabilidad de las funciones de control. En algunos casos pueden producirse enfrentamientos entre el director general y el controlador, por lo que debe ser trasladado a otro establecimiento. La principal ventaja estriba en que al frente de la caja y la contabilidad se halla un especialista, lo que minimiza la posibilidad de que exista especulación o procedimientos inadecuados por parte del director general o de sus subalternos directos. El director general es a su vez aliviado de la misión del control de la contabilidad diaria, por lo que puede emplear más tiempo en la relación con el cliente, la dirección del hotel y las funciones de marketing.

Una de las principales consecuencias del turismo es la enorme cantidad de puestos de trabajo que crea en todo el mundo. Cargos directivos, personal cualificado y no cualificado se reparten los gastos que, dentro del concepto personal, se destinan en el presupuesto del hotel. A la derecha, camarero atendiendo a una cliente en el salón de un hotel de lujo.

un director excepcional puede llegar a crear en un hotel un determinado carácter y tónica de funcionamiento, el diseño y los sistemas operativos creados por el director delegado pueden llegar a ser aún más importantes.

Durante algún tiempo, la Sheraton Company tenía la política de trasladar a sus directores cada tres años como mínimo, a veces, incluso, más a menudo. Otras empresas utilizan el mismo sistema basándose en la idea de que el director tiende a sentirse demasiado satisfecho o embebido en la rutina si permanece durante mucho tiempo en el mismo hotel. Con los sistemas y controles adecuados aplicados a un determinado director, éste actúa más como alguien que hace funcionar el sistema que como innovador en el sentido tradicional de la palabra.

Las funciones del director general de un establecimiento

En los grandes hoteles existe gran independencia entre la contabilidad y el control y la dirección, debido a que el controlador, o encargado de finan-

Una gestión articulada

Independientemente de la empresa a la que pertenezca, el oficio de director es muy exigente y la explotación que resulte del negocio refleja su motivación y sus aptitudes. Al igual que un capitán y su tripulación, el director debe permanecer en su puesto en todo momento y responsabilizarse de que en su hotel/motel todo funcione.

Algunos clientes, con buenas dotes de observación, pueden llegar a intuir la personalidad del director sin necesidad de conocerlo. ¿Funciona el negocio de forma adecuada? ¿Cuál es su preocupación por la limpieza? ¿Por la cortesía? ¿Los detalles? ¿A qué tipo de gente emplea el director? Los hoteles bien dirigidos muestran un clima que no es el resultado tan sólo del diseño y mobiliario. La gestión se halla en cierto modo articulada: las cosas ocurren a su debido tiempo, los empleados son atentos y corteses, las colchas y los manteles están limpios y no se observan quemaduras en las alfombras y las moquetas.

En algunos hoteles de lujo existen, para determinados huéspedes, unos esquemas especiales de las habitaciones con las preferencias de aquéllos en lo referente a la distribución, color de la mantelería y las bebidas que prefieren en las mismas. A los clientes habituales se les llama por su nombre. Un director adjunto llamará al cliente recién llegado a su habitación para saber si todo es de su agrado. Éste no tendrá que hacer cola cuando haya de pagar su factura, sino que le será posteriormente remitida a su domicilio o empresa.

EL REPARTO DEL PRESUPUESTO SALARIAL

En un hotel o motel de unas 150 a 250 habitaciones, sólo dos o cuatro personas reciben sueldos elevados: el director, el *chef* y el director de comidas y bebidas, que son los responsables de toda la gestión y, en teoría, su experiencia es suficiente para hacer funcionar el establecimiento.

Cada responsable de los Holiday Inn recibe habitualmente un buen sueldo, además de tener la comida y la bebida pagadas durante las horas de trabajo. Si el responsable vive en el mismo edificio, entonces, tanto él como su familia reciben habitación, comida, mantenimiento, servicio de lavandería completo así como otras ventajas. El responsable adjunto de un establecimiento gestionado tipo Holiday Inn es el director de restaurante, que recibe un sueldo parecido al del director.

En el hotel/motel independiente, el sueldo suele ser mayor, teniendo a su vez el director más responsabilidad. Conforme aumenta el tamaño y complejidad del hotel o motel, también aumenta el sueldo del director, de forma que en algunos hoteles de primera línea el sueldo es superior a los sesenta mil dólares al año, además de un plus en concepto de comisión por beneficios. En general, no obstante, puede considerarse que el presupuesto aproximado de coste por empleado en la industria hotelera es de unos 35 mil dólares anuales.

Las diferencias por áreas son elevadas, estando dos veces mejor pagados los empleados hoteleros en San Francisco que, por ejemplo, en Kansas City o en el sur. Con las leyes del salario mínimo, las diferencias norte-sur han disminuido ligeramente, pero aún son significativas. Las diferencias salariales reflejan el coste de la vida sólo de forma parcial, siendo más importante la presión ejercida por los sindicatos.

Los trabajadores cualificados y semicualificados, tales como *barmans,* cocineros, oficinistas y encargados de almacén, representan aproximadamente el diez por ciento de los empleados sin funciones de supervisión. Sus salarios son relativamente elevados en comparación con los que corresponden al grupo de no cualificados.

La productividad y los salarios están aumentando simultáneamente, conforme se reduce el coste de producción. La no necesidad de planchado, las comidas rápidas y las llamadas telefónicas automáticas eliminan personal, al igual que los ascensores automáticos, máquinas expendedoras y limpiazapatos en las habitaciones.

Las propinas como complemento salarial

Aproximadamente un quince por ciento de los empleados de hostelería reciben propinas. Porteros, botones y camareros forman un grupo que, en muchos casos, está excesivamente pagado en relación a su contribución a la empresa. El salario es para ellos solamente una pequeña parte de los ingresos que reciben. El tipo de restaurante, la cantidad de clientes por plaza y la cuenta media por cliente son factores que determinan, en gran medida, el ingreso de los empleados con propina. No es extraño que los camareros reciban casi cien dólares por noche en propinas. Un estudio realizado por la oficina de estadísticas laborales demostró que el ingreso medio de los empleados que reciben propinas era un 61 por ciento superior al de los que no las reciben.

Las propinas varían ampliamente a lo largo del territorio de Estados Unidos. Las más altas acostumbran a recibirse en las grandes ciudades. Son más bajas en el sur y el medio oeste y en algunas comunidades rurales no existen. La gente acomodada no suele necesariamente entregar grandes propinas, mientras que los «nuevos ricos», por lo general, suelen ser gastadores y generosos, inclusive con las propinas.

Los camareros representan aproximadamente el quince por ciento de los empleados que no tienen funciones de inspección, y sus salarios vienen determinados generalmente por la paga que reciben otros trabajadores similares de la comunidad. Los administrativos nunca han estado bien pagados, especialmente en el área de la hostelería. Sin embargo, muchas personas aspiran a conseguir uno de estos puestos debido a que cuentan con cierto prestigio y son relativamente interesantes. El trabajo ofrece además del salario una gratificación personal.

Aproximadamente un cinco por ciento de los empleados de hostelería está formado por personal de mantenimiento —mecánicos, bomberos, tapiceros, electricistas, pintores— que recibe sueldos competitivos para el área. Por lo general, el personal de mantenimiento está bien organizado y tiene su propio sindicato.

EL PODER DE LOS SINDICATOS

La organización de sindicatos ha jugado un importante papel en la dirección hotelera de las grandes ciudades, excluyendo las del sur de Estados Unidos.

El Gremio de los Empleados de Hoteles, Restaurantes y Bares es la asociación más importante del negocio de los hoteles y restaurantes. El personal uniformado —porteros, botones y ascensoristas— forma, por lo general, parte del Gremio Internacional de Empleados de Servicio de Edificios; existen otros gremios que representan a sectores del personal técnico.

El Gremio de Empleados de Hoteles, Restaurantes y Bares tuvo sus inicios en 1821, cuando se formó el sindicato nacional de camareros y empleados de bar. Incluso antes existían asociaciones de grupos nacionales europeos organizados para proporcionar protección económica contra los riesgos de enfermedad, vejez y muerte. Estas asociaciones agrupaban a los trabajadores especializados, por lo general, los alemanes eran cocineros, los italianos trabajaban en el servicio y los irlandeses en las barras.

El crecimiento de estos sindicatos fue muy lento hasta el año 1937. Entre 1940 y 1947, los miembros de los gremios se duplicaron y llegaron a ser algo más de cuatrocientos mil. El profesor Henderson afirmaba que las principales barreras para la organización gremial del personal de servicio en Estados Unidos eran la oposición de los empresarios y la apatía de los trabajadores. Resulta muy difícil para los sindicatos lograr una base de miembros estables debido a que la mayoría de los trabajadores de esta industria son personas sin preparación que constituyen una población «flotante».

Los miembros de estos sindicatos son más numerosos en las ciudades del norte y en las del este. En Boston, Chicago, Detroit, Nueva York, Saint Louis y San Francisco, un noventa por ciento o más de los empleados que no cumplen funciones de inspección, exceptuando el personal administrativo, trabajan en establecimientos con acuerdos gremiales. Sin embargo, en Nueva Orleáns, Atlanta y Memphis el porcentaje es inferior al veinte por ciento.

De todas las regiones, la del este es la más organizada en sindicatos, con un 37 por ciento del total de los miembros gremiales; aunque solamente en el estado de California hay el 25 por ciento del total.

Junto a estas líneas, islas artificiales en Miami Beach, importante centro turístico y residencial al que se trasladó, en 1955, la asociación gremial estadounidense de empleados de hoteles y restaurantes, ya que era una de las áreas hoteleras más' importantes.

Washington, D.C., y Florida son los únicos del sur que poseen representación gremial. Del total de los miembros, más de sesenta mil se encuentran en la ciudad de Nueva York y otros veinte mil en San Francisco, que ha sido una de las ciudades que ha tenido la dirección gremial más fuerte desde los años treinta. En 1934 diversos sindicatos de trabajadores se unieron en una junta mixta y comenzaron a exigir que en todos los hoteles se empleara solamente a personal perteneciente al gremio. El 1 de mayo de 1937, todos los hoteles de la ciudad iniciaron una huelga. «Los barmans se quitaron la chaquetilla y el delantal, los camareros y los botones dejaron las bandejas, los administrativos abandonaron sus mesas de trabajo, en resumen, todos los empleados abandonaron sus puestos.» En total, unos diez mil empleados se unieron a la huelga, que se convocó en un momento en el que los hoteles más famosos de San Francisco, como el Fairmont y el Mark Hopkins en Nob Hill y el Palace y el San Francis, esperaban un aluvión de turistas que venían a la fiesta del Golden Gate. Se despidió a unos 4 700 miembros del gremio durante esta huelga. Otros cuatro mil compañeros de trabajo ayudaron a los trabajadores despedidos, realizando contribuciones semanales. Algunas camareras aparecieron en traje de baño, en carrozas montadas sobre camiones para hacer propaganda de la huelga.

Las pérdidas estimadas durante aquel verano en la industria hotelera fueron de 6,5 millones de dólares. Los trabajadores consiguieron con la huelga que los miembros de los sindicatos tuvieran prioridad al contratar nuevo personal, la jornada laboral de ocho horas, y que se elaborara un conjunto de nuevas leyes laborales. Se creó un comité de arbitraje mixto para arreglar los agravios y las disputas salariales. Durante los diez años siguientes, los miembros de los sindicatos llegaron a ser más de veinte mil y se establecieron escalas salariales que han seguido siendo las más altas del país.

El acta de dirección y relaciones laborales de 1947, conocida también como la Taft Hartley Act, incitó a los trabajadores a incrementar los esfuerzos para lograr una mayor organización gremial. En 1955 el gremio se instaló en Miami Beach. El hecho de que la zona de Miami Beach sea una de las áreas hoteleras más competitivas del mundo favoreció al gremio. En aquel entonces había 350 hoteles, con treinta mil habitaciones de moteles y hoteles en una superficie de sólo trece kilómetros cuadrados. Los hoteles se vendían y se volvían a vender y muchos de ellos estaban dirigidos por personas sin experiencia en la industria hotelera. Además, muchos de los empleados de los hoteles de la zona de Miami eran miembros permanentes del gremio, aun los que trabajaban en sus ciudades natales del norte fuera de temporada.

TERMINOLOGÍA RELACIONADA CON LAS TARIFAS HOTELERAS

Cortesía (de): habitación que se cede gratuitamente por cortesía.

Cortesía completa: todo lo que se haga en el hotel corre por cuenta de éste, es decir, que son gratis la habitación, las comidas, el servicio y las llamadas telefónicas, entre otros servicios.

Depósito de reserva: reserva por la cual el hotel recibe el pago al contado de al menos la primera noche de alojamiento y el establecimiento está obligado a guardar la habitación para el cliente sin tener en cuenta la hora de llegada.

Fecha límite: día específico en el que el cliente (bajo petición) debe comunicar las características del grupo y el número de habitaciones. En algunos tipos de grupos, las listas deben enviarse al hotel por lo menos dos semanas antes de la llegada.

Intercambio: trasladar los clientes que han realizado la reserva y no pueden ser alojados en el hotel a otro establecimiento similar que tenga plazas vacantes. Esto se hace cuando no hay habitaciones disponibles a pesar de que el cliente tiene la reserva hecha.

Media pensión (uso europeo): tarifa que incluye habitación, desayuno y una de las dos comidas diarias: almuerzo o cena.

Plan Americano Completo: incluye tres comidas completas y la habitación (pensión completa).

Plan Americano Modificado: la tarifa incluye habitación, desayuno y cena.

Plan Bermuda: la tarifa incluye habitación y desayuno completo estilo americano.

Plan Europeo: tarifa que no incluye ninguna de las comidas, solamente la habitación.

Prerregistro: registro sin demora proporcionado, generalmente, a los clientes que ya se han alojado con anterioridad en el establecimiento.

Procedimiento para la cancelación: la cancelación puede efectuarse cuanto antes mejor, pero con un mínimo de 48 horas de anticipación de la fecha establecida para la llegada en un hotel de tipo comercial. En los hoteles turísticos, los clientes deberán verificar el procedimiento de cancelación propio del establecimiento en el momento de realizar la reserva.

El gremio contabilizó más de 1,5 millones de dólares en gastos a causa de la huelga. Se publicaron avisos en otras ciudades advirtiendo a los trabajadores que se les expulsaría del gremio si aceptaban ofertas de trabajo en los hoteles en huelga. Los esfuerzos realizados por las agencias de empleo de Manhattan por reclutar trabajadores para cubrir estos puestos de trabajo fueron bloqueados por piquetes organizados frente a las agencias. También se formaron piquetes en el aeropuerto de Idlewild, donde estaban embarcando en un avión con destino a Miami empleados sustitutos.

El sindicato consiguió también el apoyo de las tres cadenas de televisión —la NBC, la ABC y la CBS— para pedir que se suspendieran los *shows* en Miami Beach hasta que se resolviera el problema de los trabajadores de la industria hotelera. Se realizó una importante campaña publicitaria en las ciudades del norte del país para disuadir a los viajeros de ir a Miami Beach a pasar sus vacaciones.

En 1957, la asociación de hoteles, representada por sólo unos pocos, firmó un acuerdo que puso fin a la huelga que había durado 21 meses, la más larga en la historia de la industria hotelera.

Antes de 1955, el sindicato de empleados de hoteles y restaurantes se opuso a la junta nacional de relaciones laborales en la toma de jurisdicción de los hoteles y restaurantes. Más tarde, el sindicato cambió su posición y apoyó dicha jurisdicción. En 1959, la junta nacional de relaciones laborales supervisó las primeras votaciones para determinar si el gremio sería el ente representativo de los empleados.

Las armas de las asociaciones gremiales

Diversas restricciones impuestas por acuerdos sindicales aumentaron innecesariamente los costes laborales en hoteles y restaurantes. Por ejemplo, un acuerdo firmado en el Condado Beach Hotel de San Juan de Puerto Rico especificaba que el hotel no emplearía nunca menos del 75 por ciento de los trabajadores contratados en el momento en que se firmó el acuerdo.

Aunque el índice de desempleo en Puerto Rico era superior al quince por ciento y los costes de vida eran inferiores a los de las ciudades del territorio continental de Estados Unidos, los jornales pagados a los empleados de los hoteles eran prácticamente iguales. La eficacia era menor, se necesitaban 1,5 o 2 empleados para realizar el trabajo que un solo empleado realizaba normalmente en los hoteles de las ciudades continentales.

En muchos lugares, los representantes sindicales protegen celosamente las clasificaciones laborales. Los lavacopas no deben lavar platos, es inútil pedir a un botones que limpie algo, si el acuerdo gremial no lo permite. Un asador no preparará nunca una sopa, y así sucesivamente.

El arma fundamental de los sindicatos —la única que hará vacilar a cualquier empresario o grupo de empresarios— es la huelga o la amenaza de huelga.

Otros gremios apoyan muchas veces las huelgas convocadas por los empleados de la industria hotelera. Por ejemplo, en una huelga contra los restaurantes Seattle en 1969, los miembros del sindicato de conductores de camiones de reparto se negaron a repartir provisiones en estos restaurantes.

La instrucción programada en la industria hotelera

Se ha planificado la formación programada para diversos puestos de trabajo en la industria hotelera. El primer libro de texto de cierta importancia que se programó para la industria fue el *Understanding Cooking,* que fue un intento de explicar la parte racional de los procesos de la cocina y la parte física y química de dichos procedimientos. El libro contó con gran aceptación por parte de las escuelas que ofrecían cursos de preparación de alimentos y por parte de algunas empresas y compañías de servicios de comidas interesadas en la preparación de sus empleados. En 1970 se publicó en Londres una versión adaptada a los gustos ingleses. La Holiday Inn University dedica gran parte de su tiempo a la discusión y motivación, ya que se pretende que los estudiantes aprendan a través de los materiales de instrucción programados que reciben.

Las técnicas de instrucción programada se utilizan también para la educación empresarial y para la instrucción de empleados. J. W. Bottell, director de la cadena de hoteles y restaurantes inglesa llamada Fortes Holdings, Ltd., programó el sistema de control financiero de la empresa. Se consideraba que este programa era tan valioso que solamente se editó una copia. El programa completo se reunió en un cuaderno que un representante de la oficina central llevaba a cada uno de los hoteles de la compañía. En el hotel, se pedía al gerente que examinase cuidadosamente el programa durante dos días. Después de esto, el programa se llevaba nuevamente a la oficina central donde se guardaba bajo un estricto sistema de seguridad.

LA PARTICIPACIÓN DE LOS EMPLEADOS EN EL NEGOCIO

El gobierno federal de Estados Unidos ha promovido la expansión de la propiedad a través del plan de acciones para los empleados, mediante el cual una empresa puede contribuir con un porcentaje de sus ganancias a una asociación que posteriormente compra acciones de la empresa; en efecto, se trata de un plan de jubilación fundado con las acciones del empresario. El mayor atractivo del plan consiste en que las contribuciones de la empresa a la asociación están libres de impuestos. El máximo

---

TERMINOLOGÍA RELACIONADA CON LAS TARIFAS HOTELERAS

Reserva confirmada: confirmación oral o escrita por parte del hotel, comunicando que una reserva ha sido aceptada (son preferibles las confirmaciones escritas). Generalmente, existe un plazo de admisión hasta las 18.00 (hora local). Si el cliente llegase después de las 18.00 y ya no hubiese plazas, el asistente de dirección intentará encontrar al cliente una plaza en otro hotel (esto no se aplica a los clientes con reserva confirmada que han especificado que llegarían tarde).

Reserva garantizada: reserva confirmada con el compromiso por parte del establecimiento de alojar al cliente o, si no hubiese habitaciones disponibles, de pagarle una habitación en otro hotel similar, incluyendo el transporte hasta el nuevo alojamiento. Los clientes están comprometidos a pagar la habitación aunque no asistan en la fecha reservada.

Reserva con pago garantizado: habitación reservada por el hotel a petición del cliente; el pago de la habitación está garantizado de antemano aunque el cliente luego no acuda, a no ser que haya realizado la cancelación pertinente.

Tarifa comercial: tarifa acordada entre el hotel y una empresa por todas las reservas de habitación individual. Por lo general, se ofrece también a los clientes regulares que se hospedan en viajes de negocios.

Tarifa de día: generalmente, la mitad de la tarifa regular por habitación que los clientes pueden utilizar durante un día determinado hasta las 17.00 horas, se denomina también «tarifa de usuarios».

Tarifa fija: tarifa actualizada para cada tipo de habitación establecida por la dirección del hotel.

Tarifa reducida: tarifa específica para grupos acordada con anticipación por el hotel y el grupo.

Tarifa de grupos: tarifa establecida generalmente con la cifra promedio entre el mínimo y el máximo de todas las habitaciones disponibles para alojar a grupos, exceptuando las *suites;* la asignación de las habitaciones se hace, por lo general, basándose en «la mejor disponible».

---

con que una empresa puede contribuir cada año es de un quince por ciento de la compensación de los participantes en el plan. Para la empresa esta suma significa deducción de impuestos. Normalmente, una corporación paga unos impuestos del cincuenta por ciento o más de sus beneficios, por lo tanto, con este plan se ve libre de ellos. El plan está subsidiado por el gobierno federal. Otro punto de interés de estos planes lo constituye el hecho de que las empresas que lo apliquen tienen permitido un uno por ciento adicional de crédito para cualquier nueva inversión, como por ejemplo, para equipamientos. Se permite normalmente un crédito de inversión del diez por ciento a cualquier empresa, y las que apliquen este plan consiguen un uno por ciento adicional. El plan de acciones para los empleados está diseñado bajo la hipótesis de que cuando éstos son propietarios de una pequeña parte de la empresa, encuentran un mayor incentivo para hacer que aumente su rentabilidad y tienen una actitud diferente frente al sistema capitalista.

En resumen, cuando una empresa establece un plan de acciones para los empleados está creando una asociación que pide préstamos a fuentes externas para comprar acciones a precio de mercado. Una vez que la empresa termina de pagar la deuda, las acciones se reparten entre los empleados en forma proporcional a sus salarios. Los empleados se convierten en accionistas y, cuando se marchan, cobran el valor de sus acciones de un fondo que la sociedad tiene establecido. Los empleados tienen una ventaja impositiva con estas acciones, ya que pueden hacer un «prorrateo prematuro» con el cual se distribuyen los beneficios en diez años. Si el valor de las acciones ha aumentado, se cuenta como una ganancia de inversión y no como un ingreso fijo, lo que constituye otra ventaja impositiva.

La propia empresa cuenta con una ventaja impositiva adicional al aplicar el plan de acciones para los empleados, ya que se le permite pedir un uno por ciento de crédito adicional por el dinero utilizado para pagar el crédito del plan.

Cada año la empresa contribuye al consorcio que continúa comprando sus acciones por un valor determinado por expertos externos o por la bolsa de valores. Si el plan continúa, la propiedad de las acciones pasa a la sociedad y de ésta a los empleados. La cantidad de acciones correspondientes a cada empleado está determinada por el salario y la antigüedad en la empresa. El valor de las acciones de cada empleado aumenta un diez por ciento anual. Después de diez años, cada empleado ha logrado un incremento del cien por ciento de su capital. A medida que las acciones se distribuyen entre los empleados (generalmente bonos de caja), las acciones de los viejos accionistas tienden a desaparecer y, eventualmente, el control de la empresa puede pasar a los empleados accionistas.

La Internacional de Abastecimiento de Restaurantes de Los Ángeles, que introdujo el programa del plan de acciones para los empleados en 1973, ha logrado, desde entonces, estimular la eficacia, el control de gastos y las ganas de progresar de todos ellos.

El dinero se hubiese destinado a pagar impuestos al estado y en cambio se ha utilizado para com-

Los costes salariales son uno de los conceptos que más contribuyen a encarecer el precio de un hotel. Por ello, a medida que los salarios aumentan en un lugar determinado, muchas personas eligen otros destinos donde la oferta hotelera sea más asequible. A la izquierda, el hotel Nikko de Ciudad de México, una de las ciudades donde los costes salariales permiten una importante oferta turística.

prar acciones de la empresa. Las ganancias de esta compañía se incrementaron desde la aplicación del plan de acciones para los empleados. La propiedad de la empresa se comparte ahora entre todos los empleados, de acuerdo al salario y la antigüedad de cada uno. Los accionistas más antiguos delegan el control de la empresa a los empleados, pero como los viejos propietarios forman parte activa de la dirección, ellos también reciben parte de las acciones y de este modo van incrementando el valor de su propiedad.

LOS COSTES SALARIALES EN LA INDUSTRIA DEL ALOJAMIENTO

La industria del alojamiento es muy completa y a medida que las sociedades industriales incrementan los salarios y jornales, el servicio se encarece. Antiguamente, las sociedades industriales avanzadas atrajeron a grupos menos beneficiados y deseosos de trabajar a cambio de pagas relativamente bajas, y en la medida que estos grupos estaban disponibles, los costes en la industria del alojamiento se mantuvieron relativamente bajos; pero esta circunstancia ha cambiado en los países más avanzados.

Si consideramos el hecho de que se necesitan una o dos personas para atender cada una de las habitaciones de un hotel con servicio completo, veremos con facilidad por qué se han incrementado los precios tan rápidamente. Sumemos a esto el hecho de que en el coste de la habitación, el capital invertido es de veinte mil a setenta mil dólares y podremos ver por qué el precio de una habitación de hotel asciende a los valores actuales.

En el negocio de los restaurantes se ha conseguido tener —y afortunadamente se mantiene— un bajo coste de mano de obra debido a la posibilidad de contratar adolescentes y jóvenes de entre veinte y treinta años, que están siempre dispuestos a trabajar por el salario mínimo.

A medida que los costes de mano de obra y los costes de capital se incrementan en las sociedades más avanzadas, las vacaciones hacia dichos países tienden a acortarse. Los sitios en donde la mano de obra es barata resultan atractivos como destino, debido a los bajos costes y al hecho de que el transporte aéreo para las personas que van de vacaciones son cada vez más baratos en relación a otros precios. Es muy posible que resulte más económico un viaje en avión para mil personas a México, Portugal, España o Cuba, incluyendo la estancia más barata, que si un ciudadano estadounidense se quedase en casa.

Organización interna de un hotel

Los precios de las habitaciones

La forma de determinar cuál es el precio correcto de una habitación ha sido tema de discusión durante mucho tiempo. La idea es, por supuesto, «perfeccionar» la forma de obtener beneficios fijando un precio que deje un amplio margen de ganancias sin que sea demasiado alto como para que el cliente no vuelva en el futuro. El primer punto consiste en establecer un precio con el que se cubran cómodamente los gastos y deje un margen razonable de ganancia. Una vez que se ha fijado esta cifra, el precio puede aumentarse tanto como el mercado lo permita sin provocar discordia ni ahuyentar a los clientes.

Al establecer los precios por habitación para la temporada alta debe tenerse en cuenta que aproximadamente tres cuartas partes del total de los ingresos del hotel se conseguirán en esta época, que puede durar solamente tres o cuatro semanas. Los precios de temporada alta deben fijarse de acuerdo a esto.

¿Cómo establecer de un modo racional los precios de las habitaciones?

Una forma de establecer los precios de una habitación es hacer el cómputo de atrás para adelante, es decir, estipular primero la cifra necesaria para lograr el punto medio de pérdidas y ganancias, agregar luego el beneficio que se espera lograr y dividirlo por el número de habitaciones que se ocuparán en la próxima temporada. La fórmula Hubbart, desarrollada por dos firmas contables estadounidenses y llamada así en honor a Roy Hubbart, de Chicago, el principal defensor de este plan, es la fórmula más conocida para establecer los precios adecuados por habitación de hotel.

Es una fórmula que sirve para calcular cuántas habitaciones se ocuparán en el año próximo. Este número se divide por la suma de dinero necesaria para cubrir los costes de funcionamiento más un beneficio justo. La cifra resultante será el precio que deberá cobrarse por habitación para cubrir los gastos y lograr cierto beneficio

Utilicemos como ejemplo un hotel de cien habitaciones que necesita una cifra total de ingresos de doscientos dólares, para pagar gastos y obtener un beneficio. Si la ocupación pronosticada es del setenta por ciento de las plazas, el número de habitaciones que se ocuparán por año es de 25 550. Suponiendo que el precio del hotel fuese de dos millones de dólares y que el propietario esperase obtener un beneficio del quince por ciento de la inversión, es decir, trescientos mil dólares, el propietario deberá lograr un ingreso bruto de setecientos mil dólares en el transcurso del año para cubrir gastos y lograr el beneficio esperado. Si dividimos los setecientos mil dólares por las 25 550 habitaciones, obtendremos que el precio por habitación deberá ser de aproximadamente 24,40 dólares.

Aunque hay otros factores que pueden resultar mucho más importantes que un cálculo matemático, esta operación sirve como guía.

Durante un tiempo se dedicó especial atención a tratar de conseguir la combinación ideal de habitaciones, la cantidad de habitaciones simples, dobles y *suites* que hiciera posible ofrecer una amplia variedad de tamaño, calidad, estilo y precios para los clientes. Se logró averiguar que en los hoteles de paso más corrientes las *suites* eran las últimas habitaciones que se alquilaban y las que proporcionaban una menor rentabilidad por metro cuadrado.

Sin embargo, en los hoteles en que se realizan congresos, las *suites* son las habitaciones de mayor demanda entre las empresas. Los hoteles de congresos y convenciones más nuevos cuentan con numerosas *suites*.

Los moteles ofrecen habitaciones de un solo tamaño con dos camas dobles y han demostrado el valor de dicha medida. A no ser que un motel sepa específicamente que tiene un mercado formado por ejecutivos que por lo general viajan solos, la mayoría de las habitaciones serán dobles. Las habitaciones dobles pueden alquilarse a mitad de precio si es para una sola persona y sirven además para una pareja o una familia completa.

Relación entre el recorte de tarifas y la ocupación

Cuando el negocio no marcha bien, la tendencia de los propietarios de hoteles y moteles es reducir el precio de las habitaciones. «No hay negocio como el negocio lento.» En la entrada de cualquier motel hay carteles en los que se lee: «Quince o veinte dólares de lunes a jueves», o cualquier otro anuncio de reducción de precios. Los hoteles de temporada siempre han reducido las tarifas de forma drástica durante la temporada baja y los hoteles de paso tienen tarifas especiales para grupos, comerciantes, estudiantes, fines de semana, etcétera.

Fue nada menos que Ernest Henderson la persona que pensó que reducir las tarifas incrementaría la ocupación de los hoteles. A principios de los años sesenta lo hizo en todos los hoteles de la cadena Sheraton. Algunas de las habitaciones menos vendidas y las de los hoteles menos frecuentados fue-

Al calcular los beneficios totales de un hotel hay que valorar distintos conceptos, pero quizás el más importante sea el precio de las habitaciones, que no siempre responde al precio de coste de las mismas. Sobre estas líneas, piscina de un establecimiento de la cadena Holiday Inn de Ciudad de México.

ron bautizadas «Sherwyn» y sus precios se redujeron notablemente. Henderson pensó que si se incrementaba la ocupación total de los hoteles, las ganancias adicionales por la venta de comidas y bebidas compensaría ampliamente las pérdidas en los precios de las habitaciones. Posteriormente, las tarifas de los hoteles Sheraton volvieron a aumentar lentamente.

El descuento en las tarifas incluye prácticamente a todo el mundo: el ejecutivo, los viajeros de fin de semana, las personas mayores, los miembros de la Asociación Automovilística Americana (AAA), los tours, el personal militar, etcétera. Aquellas personas que no pudieron planificar el viaje o no están dentro de las categorías favorecidas por el descuento pagan un precio suplementario.

Existe también la tarifa flexible, en la que el precio se fija de acuerdo a la cantidad de días, la ocupación del hotel y la ocupación hotelera del momento en la zona. A las personas que llaman desde el aeropuerto para reservar habitaciones se les aplica una tarifa y a las que van directamente al hotel, otra más alta. En las épocas de baja ocupación hotelera, los descuentos sirven para disfrazar el recorte de las tarifas, pero en realidad viene a ser lo mismo.

Un método práctico para determinar las tarifas

Un buen método para determinar las tarifas de las habitaciones consiste en cargar un dólar por cada mil dólares de inversión por habitación. Si un hotel de cien habitaciones costó dos millones de dólares, el coste por habitación es de veinte mil dólares y, por lo tanto, la tarifa necesaria para conseguir una retribución justa de la inversión sería de veinte dólares.

La mayoría de los moteles de la cadena Holiday Inn tienen un coste aproximado de entre quince mil y veinte mil dólares por habitación. De acuerdo con esta fórmula, el precio por habitación debería ser entre quince y veinte dólares. Por supuesto, el precio por habitación es muy superior.

El cálculo de un dólar por cada mil de inversión supone un promedio del 70 por ciento de ocupación y una dirección suficientemente hábil como para lograr que el 55 por ciento de los beneficios del hotel estén incluidos en los ingresos de las habitaciones. Los beneficios totales del hotel están formados por todas las ganancias, excepto las conseguidas por el alquiler de locales, y sin incluir la deducción de seguros, impuestos estatales, devaluación y otros gastos de capital. Se supone que el alquiler de tiendas y locales sirve para cubrir los impuestos estatales y los intereses del terreno. Este cálculo supone también que el hotel tendrá un beneficio del seis por ciento sobre el capital total.

La tarifa media de que estamos hablando no es la tarifa que ofrece el hotel, la tarifa media incluye el doble de ocupación. A medida que se incrementan los porcentajes de ocupación del hotel se incrementa también la tarifa media. Las habitaciones más económicas se alquilan primero y cuando ya están todas ocupadas, comienzan a alquilarse las habitaciones más caras, lo que eleva la tarifa media conseguida.

En los años setenta, los costes de los hoteles —al menos en las zonas céntricas de las grandes ciudades— se incrementaron hasta tal punto que la fórmula de cargar un dólar por cada mil de inversión dejó de aplicarse. Cuando costaba cuarenta mil dólares construir cada habitación, era imposible cobrar cuarenta dólares o más como tarifa media. La rentabilidad de una tarifa dependía de diversos factores: las contribuciones de los subalquileres, la suposición de que las ventas de comidas y bebidas resultarían rentables (en muchos casos lo eran) y el coste del dinero utilizado para la construcción. Muchos de los hoteles de las grandes ciudades construidos a mediados de los años setenta formaban parte de los planes de reorganización urbana y los constructores estaban en condiciones de conseguir dinero a un valor inferior al real, a través del ente público de desarrollo económico de dichas ciudades. En algunos casos, el terreno no les costaba nada: debían adaptarse los estudios de viabilidad y la determinación de coste por habitación a cada propietario particular, por lo que la regla práctica de cargar un dólar por cada mil de inversión resultaba irrelevante. Probablemente, esta regla siguió aplicándose en los moteles, que aún podían construirse a precios relativamente razonables en las afueras de las ciudades.

De acuerdo con este último análisis, la tarifa por habitación debería ser la que el mercado admita, dependiendo de diversos factores, como por ejemplo las condiciones económicas generales, la com-

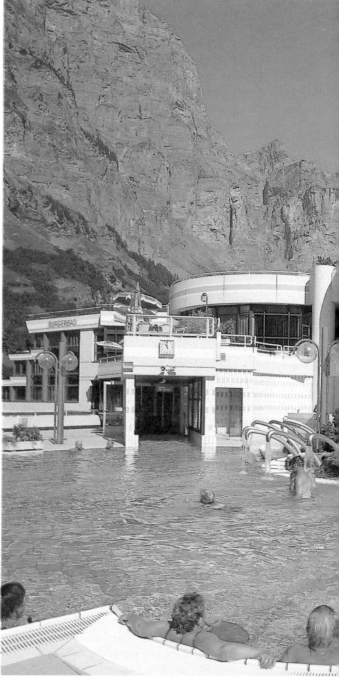

petencia de precios y los porcentajes necesarios para conseguir un margen de beneficios razonable. Los hoteles que alojan a ejecutivos tienen por lo general tarifas más elevadas que aquellos que alojan personas que pagan sus propios gastos.

Si el establecimiento hotelero no resulta rentable, el dueño puede elegir entre mejorar, vender o, en algunos casos, cambiar el producto o abordar un mercado diferente.

La regla práctica comentada se ha modificado para incluir los costes del terreno, la edificación y el

Algunos moteles económicos que surgieron en Estados Unidos junto a las carreteras ofreciendo solamente alojamiento a los viajeros, han pasado a formar parte de importantes cadenas como la Motel 6, Days Inns, Economic Motor Hotels, etcétera. Estos establecimientos han ampliado sus servicios y en el recinto de muchos de ellos se incluyen piscinas (arriba), tiendas, gasolineras y restaurantes.

equipamiento. La firma contable Laventhol & Horwarth ha establecido un porcentaje mínimo del diez por ciento sobre la inversión como objetivo para conseguir una retribución razonable.

En realidad, una regla práctica para determinar las tarifas sólo sirve de guía, ya que los porcentajes de ocupación y de ventas de comidas y bebidas, al igual que las tarifas, varían ampliamente de un hotel a otro. En términos generales, cuanto más amplio sea el porcentaje de las ventas de comidas y bebidas comparado con el de ganancia por habitación, mayor será el porcentaje de ocupación necesario para conseguir una retribución justa del capital. La razón es que las ventas de restaurante no producen beneficios tan amplios como los conseguidos por el alquiler de habitaciones.

Una espectacular subida de tarifas

Las tarifas hoteleras, al igual que los impuestos, siempre están aumentando y seguramente seguirán haciéndolo. El precio medio por habitación se ha incrementado año tras año desde 1936. En aquel año, el precio medio por habitación era de 3,03 dólares; en 1940 se había incrementado a 3,29 dólares; en 1945 era ya de 4 dólares y en 1950 de 5,71 dólares. Los aumentos en las tarifas hoteleras se sucedieron mes tras mes hasta que, en 1982, la Pannell Kerr and Forster anunció que sería fija la tarifa media por habitación de hotel.

Los viajeros se preguntarán dónde pueden encontrar una habitación de treinta dólares; seguramente eso no será en las grandes ciudades ni en los mejores hoteles, pero sí será posible hallarla en los nuevos moteles económicos. Muchos hoteles turísticos tienen incluso tarifas más altas, pero por lo general incluyen el servicio de comidas —o al menos alguna de ellas— en el precio.

El recurso de los moteles económicos

Los llamados moteles económicos aparecieron en las carreteras estadounidenses en 1962. Arbitrariamente definidos como establecimientos relativamente nuevos que tienen precios un treinta o un cincuenta por ciento más bajos que los hoteles de las cadenas nacionales ya establecidos, los moteles económicos son propiedad de grandes organizaciones y son administrados por una cadena o entregados en franquicia. Esta definición excluye a los de propiedad independiente, más antiguos o más económicos, que tienen tarifas más bajas por estar ya en desuso. La expansión de los moteles económicos fue lenta hasta aproximadamente el año 1970, cuando se multiplicaron en el sur de Estados Unidos de forma tal que ya en 1974 existían más de 65 mil habitaciones pertenecientes a cadenas como Motel 6, Days Inns, Scottish Inns of America y Econo-Motel Hotels. La primera de estas cadenas, la Motel 6, tuvo sus inicios en Santa Bárbara y actualmente es subsidiaria de City Investment, Inc., de la ciudad de Nueva York; la central está en la ciudad de Los Ángeles.

Los negocios que comienzan como una operación limitada terminan siendo muchas veces un éxito. Las cadenas de hamburgueserías de los años sesenta comenzaron agregando nuevos tipos de bocadillos y los moteles económicos de los años setenta incluyeron comodidades y facilidades para los clientes. Los Days Inns of America, Inc., de Atlanta, ofrecen una amplia gama de servicios: gasolineras, restaurantes, tiendas de regalos, piscinas, parques de juegos para los niños y lavandería automática. De las 250 propiedades que esta cadena poseía en 1976, el noventa por ciento tenía en sus instalaciones un Tasty World Restaurant, que ofrecía un menú económico formado por platos preparados y envasados al vacío.

Generalmente, los moteles económicos están ubicados cerca de alguna de las grandes cadenas nacionales ya establecidas, como, por ejemplo, Holiday Inn, Ramada Inns o Howard Johnson. Las bajas tarifas son posible gracias a los bajos costes de construcción y, en algunos casos, a la ausencia total de espacios públicos y restaurantes, sumados a la necesidad de un mínimo de terreno. Por lo general, la dirección de estos establecimientos corre a cargo de un matrimonio, y los hombres son generalmente militares retirados o jubilados. En la mayoría de los casos reciben además del salario un plan de bonificación suplementario.

Generalmente, las habitaciones están bien preparadas y amuebladas; en la mayoría de los casos el suelo es de moqueta rústica, tienen televisión y una pequeña piscina opcional para atraer a las familias. La mayoría de las cadenas son de carácter regional y no cuentan aún con el costoso sistema de reservas a través de computadoras.

En general, el diez por ciento de la inversión en los moteles está dedicada al terreno. Los aparatos de televisión son arrendados y los costes de mobiliario y equipamiento oscilan entre los 750 y los 1 000 dólares por habitación. Las técnicas más utilizadas para la construcción de moteles son la modular y la de construcciones prefabricadas; las habitaciones son, por lo general, algo más pequeñas que las de los hoteles nuevos de las grandes cadenas nacionales.

Para reducir el tiempo de limpieza de cada cuarto de baño se utilizan compartimientos de fibra de vidrio de ángulos redondeados para la ducha. Los cristales de plástico desechables eliminan la limpieza de cristales.

Equipos de mantenimiento de una oficina regional visitan cada establecimiento periódicamente y realizan las reparaciones de rutina y pintura necesarias. Solamente se contratan trabajadores locales para casos de emergencia. La lavandería propia reduce los costes de lavado y la ausencia de restaurante en el establecimiento simplifica la dirección y el control.

La utilización de la construcción modular permite entrar rápidamente en el mercado y evita los costes de las financiaciones provisionales. En el norte de Estados Unidos la inversión necesaria es un veinte por ciento más elevada que en el sur y sudeste debido a la necesidad de pasillos interiores y sistemas de aislamiento adicionales.

Por lo general, el porcentaje de ocupación es más elevado que en los moteles convencionales y, debido a la ausencia de servicio, los costes de funcionamiento son inferiores.

No hay duda de que los moteles económicos se han impuesto en el área de los moteles y hoteles de carretera y provocarán una nivelación o incluso un descenso de las tarifas en aquellas zonas en que los establecimientos económicos son numerosos.

Tarifas para todas las ocasiones

Los viajeros que no están demasiado preocupados por la economía prefieren los moteles que ofrecen un servicio completo, sin importarles las tarifas de las habitaciones. Sin embargo, cuando estos mismos viajeros tienen que pagar los gastos de su bolsillo y no pasar luego la factura, generalmente eligen un motel económico, especialmente si es uno nuevo, limpio y respetable. Resulta interesante ver que en los aparcamientos de los moteles económicos hay siempre muchos coches caros, incluyendo Cadillacs.

Las cadenas internacionales, generalmente pertenecientes a una línea aérea, se han encontrado con la necesidad de ofrecer también habitaciones menos caras. Las tarifas de las habitaciones de hoteles en ciudades como Tokio, París y Londres se elevaron a principios de los años setenta de tal forma que incluso los viajeros habituales comenzaron a viajar menos o a elegir lugares menos caros.

Los Hoteles Intercontinentales introdujeron una versión propia de los hoteles económicos: los Forum Hotels, en los que se ha incrementado el autoservicio con máquinas automáticas en cada piso, restaurantes de autoservicio y desayunos self-service. Está planificada también la automatización de los registros y del traslado del equipaje.

El precio de las habitaciones, siempre y cuando ofrezcan el debido confort al viajero, es un tema importante a considerar por quien viaja por su cuenta y debe pagar la factura del hotel. De ello fueron conscientes las grandes cadenas internacionales, generalmente pertenecientes a alguna línea aérea, que se vieron obligadas a bajar los precios de las habitaciones que en ciudades como París (a la derecha), se habían elevado en exceso debido a la gran afluencia turística.

La European Hotel Corporation, propiedad de Alitalia, British Airways, Lufthansa, Swissair y TAP, es una cadena similar de hoteles de precios moderados llamados Pentas. Las tarifas de las habitaciones son aproximadamente un treinta por ciento más baratas que las de los hoteles internacionales de primera clase. Los factores que han hecho posible este recorte en las tarifas son: la eliminación de los botones, el servicio automático de habitaciones y otras medidas de reducción de costes.

La tarifa comercial —una tarifa reducida para los clientes habituales— comenzó a aplicarse un poco antes de 1915. El viajero individual, generalmente una persona en viaje de negocios, comenzó a pedir que se le hiciera una reducción en la tarifa por ser cliente habitual y que se le cobrara algo menos que a los demás huéspedes. La idea tuvo éxito y aún hoy las personas en viaje de negocios que son clientes habituales del hotel pagan una tarifa más baja que los huéspedes ocasionales. Más tarde, durante la época de la depresión, muchos hoteles permitían a las personas en viaje de negocios llevar un acompañante sin cobrarles un extra. Al igual que ocurre hoy con las tarifas familiares, los encargados de los hoteles de la época que no aplicaban este tipo de tarifas especiales tenían que escuchar constantemente las demandas de reducción de precios de sus clientes.

Los hoteles que están ubicados en zonas turísticas y que alojan tanto a personas en viaje de negocios como a veraneantes, encuentran una gran dificultad en determinar quién puede acceder a las tarifas comerciales y quién no, ya que muchos viajeros con experiencia piden que se les cobre tarifa comercial mientras que en realidad están de vacaciones en plena temporada. Este problema puede resolverse exigiendo a la persona que desea la tarifa comercial especial que por lo menos se haya alojado tres veces en el hotel con anterioridad y que esto haya ocurrido en temporada baja.

Al inicio de la aparición de los moteles se alquilaba cada habitación por un precio fijo, sin importar el número de personas por habitación. Los hoteles

siempre han alquilado de acuerdo al número de personas que en ella fueran a alojarse. Las tarifas familiares se hicieron tan populares en los moteles que inclusive algunos hoteles comenzaron a aplicarlas. Los hoteles, por lo general, cobran el doble por cada habitación que se ocupe, agregando una tarifa mínima por instalar en la habitación alguna cama supletoria.

La tarifa fija, la tarifa publicada, no es la cantidad media de dinero recibida por una habitación, por lo general se ofrecen algunas tarifas especiales. La tarifa media por habitación es la cantidad media de dinero que realmente se recibe, el total de ingresos por todas las habitaciones dividido por el número de habitaciones ocupadas. Esta cifra media refleja la ocupación doble y las tarifas especiales.

También se acostumbra ofrecer tarifas reducidas a grupos o empresas y a proporcionar un determinado porcentaje de habitaciones de forma gratuita. Estas habitaciones son generalmente ocupadas por la secretaria ejecutiva del grupo o por alguno de los funcionarios. Los hoteles turísticos tienen una tarifa para la temporada baja que puede ser de la mitad o incluso menor de la que se aplica durante la temporada alta.

Los Hilton, Sheraton y otras cadenas de hoteles ofrecen tarifas reducidas para estudiantes universitarios y en muchos lugares contratan a un estudiante como representante para dar publicidad a dichas tarifas especiales. El plan para estudiantes universitarios de Sheraton, por ejemplo, proporciona un pequeño descuento a los graduados, personal administrativo, equipos deportivos y estudiantes durante el verano, fines de semana y en el período de vacaciones de Navidad.

Las tarifas especiales para grupos, que generalmente incluyen transporte, alojamiento y, en algunos casos, comidas, se contratan la mayoría de las veces por medio de una agencia de viajes que trabaja en cooperación con alguna línea aérea y un hotel o una cadena de hoteles. La tarifa es prácticamente igual a la que pagarían los clientes si fuesen sin la excursión, pero por lo general la gente no lo sabe.

Tarifas máximas y mínimas

Las tarifas de las habitaciones de los hoteles enumeradas en el *Hotel Red Book*, ya mencionado, van desde las más bajas hasta las más altas; pero ¿cuántas son las habitaciones disponibles para las tarifas mínimas? Muchas veces, las habitaciones con la tarifa mínima son cuartos de limpieza más grandes, ubicados al lado de los ascensores o en otro lugar igualmente molesto o incómodo.

Uno de los mayores problemas de los administradores de hoteles es aprovechar al máximo la capacidad del hotel sin desbordarla es decir, sin comprometer más habitaciones de las existentes en el establecimiento. La administración desea siempre acercarse el máximo posible al cien por ciento de ocupación y cuando la demanda de habitaciones es muy grande, los hoteles llegan a funcionar al cien por ciento e incluso más, ya que muchas veces una habitación se ha alquilado más de una vez en un período de 24 horas. En consecuencia, el típico gerente de un hotel tenderá a aceptar más reservas de las que la capacidad del establecimiento permite, suponiendo que un porcentaje de los clientes que hacen sus reservas con anterioridad llegado el momento no aparecerá.

Muchos viajeros, conscientes del problema de la sobreocupación, reservan plazas en más de un hotel para estar seguros de que al menos uno de los elegidos tendrá habitación.

También el clima juega su papel; pero ¿qué ocurre cuando un cliente que ha confirmado su reserva aparece y no tiene sitio en el hotel? Naturalmente, el cliente se pondrá furioso y reaccionará mal contra el establecimiento.

Se han diseñado varios sistemas para salvar estas emergencias. La política más común es conseguir al cliente una plaza en otro hotel y algunos establecimientos pagan la cuenta del cliente afectado. Durante algún tiempo, el Sheraton le entregaba al cliente en estos casos un vale por veinte dólares que podía usarse en cualquiera de los establecimientos de la cadena.

Para asegurar a los clientes que se les cobrará la tarifa que ellos pidieron, muchas cadenas de hoteles han establecido el plan de garantía de las tarifas máximas. Este plan garantiza a las personas en viaje de negocios que recibirán un servicio de óptima calidad de acuerdo a las tarifas máximas preestablecidas. La Trave Lodge, por ejemplo, tiene este plan en funcionamiento para más de mil empresas.

A mediados de los años setenta se publicó en los periódicos una oleada de demandas de diversos grupos de consumidores que ponían gran énfasis en el hecho de que un viajero podía encontrarse con que no tenía plaza en un hotel en el que había confirmado la reserva con anterioridad. Los Holiday Inn aseguraron que si no podían cumplir con una reserva de habitación a las seis de la tarde, ellos garantizaban que pondrían a disposición del cliente una plaza similar a la reservada, que pagarían cualquier diferencia de precio si la hubiese, el transporte hasta el establecimiento sustitutivo y la lla-

En la práctica, muchos hoteles tienen una variada gama de tarifas ofreciendo al visitante precios especiales según el caso. Tarifas comerciales (reducidas para clientes habituales), tarifas de fin de semana, tarifas familiares (si se viaja con niños), etcétera. Sobre estas líneas, aspecto de la recepción de un hotel.

mada telefónica a la familia o al trabajo avisando cuál era el nuevo alojamiento. Si el cliente había hecho una reserva para toda la noche y no había habitaciones disponibles, la empresa se encargaría también de los gastos de la primera noche de alojamiento. El viajero debe cancelar su reserva antes de las seis de la tarde para que no se cargue la cuenta a su tarjeta de crédito. Los establecimientos que exigen un pago anticipado, pero que aceptan el

Cuadro 18.F Gastos e ingresos del departamento de comidas y bebidas de varios hoteles (en porcentajes)*

	Clasificación por nº de habitaciones				Hoteles construidos los últimos 15 años	
	Hasta 250	De 250 a 500	De 501 a 1000	Más de 1000	Hasta 500	Más de 500
Departamento de habitaciones						
Ingresos netos habitaciones	100,0	100,0	100,0	100,0	100,0	100,0
Gastos del departamento						
Sueldos y salarios	14,8	13,6	12,7	13,9	13,4	11,9
Impuestos y beneficios salariales	4,2	4,5	4,9	5,8	4,5	4,7
Subtotal	*19,0*	*18,1*	*17,6*	*19,7*	*17,9*	*16,6*
Lavandería, suministros a huéspedes	3,7	3,9	3,9	4,6	3,9	4,2
Comisiones y gastos de reservas	2,7	2,7	2,9	3,1	2,7	2,8
Resto de gastos	3,0	3,1	2,6	2,7	3,2	3,2
Total de gastos por habitación	*28,4*	*27,8*	*27,0*	*30,1*	*27,7*	*26,8*
Ingresos del dpto. de habitaciones	71,6	72,2	73,0	69,9	72,3	73,2
Departamento de comidas y bebidas						
Ingresos netos comidas	100,0	100,0	100,0	100,0	100,0	100,0
Coste de comida consumida	36,1	34,8	32,5	30,4	35,0	32,9
Menos: coste comida empleados	2,0	2,1	2,2	2,9	2,2	2,2
Coste neto de venta de comidas	34,1	32,7	30,3	27,5	32,8	30,7
Beneficio bruto comidas	65,9	67,3	69,7	72,5	67,2	69,3
Ingresos brutos bebidas	100,0	100,0	100,0	100,0	100,0	100,0
Coste de venta bebidas	24,4	22,2	20,7	17,5	22,6	20,5
Ingresos brutos bebidas	75,6	77,8	79,3	82,5	77,4	79,5
Ingresos totales comidas y bebidas	100,0	100,0	100,0	100,0	100,0	100,0
Coste neto de ventas comidas y bebidas	31,1	29,9	28,0	24,8	29,9	28,1
Beneficio bruto de ventas combinadas	68,9	70,1	72,0	75,2	70,1	71,9
Ingresos banquetes y reuniones	3,0	3,1	3,1	1,9	3,1	2,4
Otros ingresos	2,6	2,1	2,5	2,8	2,3	2,6
Beneficio bruto y otros ingresos	74,5	75,3	77,6	79,9	75,5	76,9
Gastos del departamento:						
Sueldos y salarios	31,1	31,8	32,4	30,2	31,7	30,6
Impuestos y beneficios salariales	8,8	10,7	12,4	12,5	10,2	12,0
Subtotal	*39,9*	*42,5*	*44,8*	*42,7*	*41,9*	*42,6*
Lavandería y tintorería	1,1	1,3	1,2	1,2	1,2	1,2
Cristalería, loza, cubertería y mantelería	1,3	1,6	1,6	1,8	1,6	1,5
Contrato limpieza	0,4	0,3	0,5	0,8	0,3	0,5
Resto gastos	8,1	7,5	6,8	5,9	8,1	6,9
Total gastos comida y bebidas	50,8	53,2	54,9	52,5	53,1	52,7
Ingreso departamento comidas	23,7	22,1	22,7	27,5	22,4	24,2

Fuente: Trendds in the Hotel Industry, EE UU.
* Mediados de los noventa

número de tarjeta de crédito como garantía de la reserva, requieren un aviso con 72 horas de anticipación para realizar las cancelaciones. Los Quality Inns International tienen un sistema similar. Cuando no pueden cumplir con una reserva confirmada, la empresa proporciona al cliente una plaza alternativa en otro establecimiento que corre por cuenta del hotel, pagan el transporte hasta la nueva ubicación y una comunicación telefónica.

Cuando los clientes confirman su reserva dando el número de tarjeta de crédito y no aparecen, la compañía de la tarjeta de crédito paga la primera noche de alojamiento, reconozca o no al cliente la responsabilidad de este cobro.

MONOPOLIO Y OLIGOPOLIO HOTELEROS

¿Puede un hotel o una cadena de hoteles desarrollar un monopolio y fijar las tarifas? La gran mayoría de personas que se hospedan en los hoteles de primera clase son personas de negocios con gastos pagados y muchos tienen cuentas ilimitadas para su estancia en el hotel. Estas personas no harán ningún esfuerzo por estar fuera del área ni se alojarán en un hotel de menor categoría. El monopolio en su sentido clásico no es posible en el negocio hotelero en un área amplia debido a la relativa facilidad que tiene las corporaciones indi-

A pesar de que las grandes cadenas controlan la mayor parte del mercado hotelero, en las ciudades surgen a veces oligopolios, o cadenas formadas por pocos hoteles, como por ejemplo la Helmsley. Junto a estas líneas, entrada del New York Helmsley Hotel, que con sus 800 habitaciones es el mayor de la cadena Helmsley, formada por tres hoteles más en la misma ciudad: el Helmsley Park Lane Hotel, el Helmsley Windsor Hotel y el Helmsley Middletowne Hotel.

viduales para introducirse en el negocio. En una ciudad o un área pequeña, sin embargo, existe el monopolio o el oligopolio (una industria caracterizada por estar formada por pocos miembros) entre los grandes hoteles. Thomas Powers señaló que en Estados Unidos un dos por ciento de los establecimientos y un cuatro por ciento de las habitaciones están controlados por las ocho cadenas de hoteles más importantes. Sin embargo, en los mercados locales, el control de las cadenas hoteleras representa una gran parte de la industria. Las cadenas podrían tener también a nivel nacional ventajas competitivas que no tienen los pequeños propietarios o los negocios independientes en sus sistemas de reserva, créditos, programas publicitarios y una oferta más amplia de servicios para sus clientes.

Según Horwath & Horwath, «cuando los clientes de los hoteles comienzan a economizar empiezan reduciendo los cócteles y otras bebidas alcohólicas, luego empiezan a gastar menos en comidas y en último lugar se alojan en habitaciones más baratas que las que alquilaban con anterioridad.» En efecto, si existe un déficit de habitaciones dentro de un área comercial determinada, un grupo de hoteles de primera clase podría ejercer un monopolio limitado. Las personas que pagan sus gastos o que la empresa en que trabajan paga solamente una parte de ellos, o aquellas que son frugales o parsimoniosas por na-

TERMINOLOGÍA DE LAS OPERACIONES DE HOTELES Y MOTELES

Alquiler de locales: beneficio logrado del arrendamiento de los locales, generalmente ubicados en planta baja con acceso a la calle, para comercios que no forman parte del servicio corriente del hotel.

Casa: sinónimo de hotel usado comúnmente entre las personas relacionadas con la industria. Algunos ejemplos son: casa completa, ingreso de la casa, cómputo de la casa, banco de la casa y a cargo de la casa.

Casilleros para la información: índice alfabético muy manejable de los clientes que se hospedan en el hotel, utilizado por los telefonistas y en la recepción para facilitar la entrega de correspondencia y mensajes.

Casilleros para llaves y correspondencia: serie de casilleros numerados que representan a cada habitación, utilizados para guardar las llaves y la correspondencia de los clientes. Además se utilizan una serie de casilleros dispuestos alfabéticamente para guardar la correspondencia de los clientes que aún no han llegado al hotel.

Contrato comercial de publicidad: acuerdo por el cual el hotel se compromete a adquirir espacios de publicidad a cambio de plazas en el hotel y, posiblemente, en el restaurante. (Véase Pagaré, página 438.)

Control de habitación: control especial para cada una de las habitaciones que lleva el número correspondiente a cada una de ellas. Su fin es proporcionar un índice visible del estado exacto de cada habitación en todo momento.

Coste neto: coste combinado de materia prima y mano de obra en el funcionamiento de un servicio de restauración; generalmente se expresa como un porcentaje de las ventas.

Cuenta del cliente: registro pormenorizado de las cuentas y los créditos del cliente, que se mantiene en el registro hasta que el cliente se marcha del establecimiento. También se le denomina folio del cliente o informe del cliente.

Cuenta principal: cuenta del cliente para un grupo o función particular que será pagada por la organización patrocinadora. (Véase Cuenta del cliente.)

Depósito de reserva: pago adelantado que se requiere para obtener la confirmación de la reserva de habitación o *suite*.

Equipamiento del punto de venta: elementos mecánicos y electrónicos que, sumados a su utilización como registro, generan ventas, control e informes de contabilidad y dirección; pueden formar parte o no de un sistema de computación.

Espacio público: cualquier área del hotel accesible para el público en general, incluyendo comedores, bares, vestíbulo y habitaciones o salones.

---

turaleza, no se verán afectadas por el monopolio. Simplemente, permanecerán en las afueras de las ciudades o se hospedarán en hoteles o moteles de condición más modesta. También se ha culpado a los hoteles de establecer precios fijos. En 1977, cuatro empresas hoteleras y la Asociación de Hoteles de Hawai pedían que no se apoyara la «conspiración criminal» de fijación de tarifas hoteleras en Hawai. La Corporación Sheraton de Hawai y la corporación de hoteles Hilton fueron multadas con el máximo de 50 mil dólares.

La Cinerama Hawaii Hotels y los Flayship International tuvieron que pagar cada uno una multa de 25 mil dólares, y la Asociación de Hoteles, 10 mil dólares de multa. La fijación de precios tuvo lugar entre 1971 y 1972 cuando descendió el turismo en Hawai y se abrieron varios hoteles nuevos. Las tarifas de las habitaciones habían descendido hasta alcanzar prácticamente el punto muerto de pérdidas y ganancias. Mientras, los tour operadores y los agentes de viajes enfrentaron a los hoteles entre sí hasta conseguir tarifas un quince por ciento inferiores a las fijas e incluso más reducidas, para sus grupos. Los operadores de los hoteles tuvieron la necesidad de fijar precios para poder sobrevivir.

INGRESOS Y GASTOS EN UN HOTEL

Cada año, dos de las firmas contables más prestigiosas de ámbito internacional, Laventhol & Horwath y la firma de Pannell Kerr Forster, publican un estudio anual de los resultados financieros del negocio hotelero en Estados Unidos, proporcionando las estadísticas financieras más fidedignas para esta industria. Estos estudios han sido realizados durante muchos años y proporcionan un informe contable de la salud financiera del negocio. Se utilizan los datos de los hoteles y moteles cuya parte contable está dirigida por estas firmas, por lo tanto, no representan el total de la industria y están probablemente inclinados a favorecer las empresas más importantes. El cuadro 18.F (pág. 434) muestra una estadística de los gastos e ingresos de un departamento del sector hotelero según el número de habitaciones de que se disponga.

EL «ESTILO DE DIRECCIÓN»

Se está poniendo mucho énfasis en el «estilo de dirección» en el área de los hoteles y restaurantes. El estilo de dirección se refiere a la forma en que actúan los directivos para motivar al personal. En el pasado, el estilo de dirección de un hotel o un restaurante había sido, en gran medida, autocrático.

Presumiblemente, el director sabe qué debe hacer, cuándo y cómo sin dudar ni un instante al decir a todas las personas involucradas cuándo y cómo debe hacerse cada cosa. Así mismo, la planificación sólo se realiza en las capas más altas; el jefe da una orden determinada y los empleados deben obedecer. El sistema funciona, siempre y cuando los empleados estén acostumbrados y tengan temperamento para responder a un director autócrata. Muchos de los restaurantes y hoteles con mayor éxito del mundo están dirigidos bajo un sistema de dirección autocrático.

El nuevo estilo de dirección, denominado «dirección participativa», supone mucho más de dos formas de comunicación entre el jefe y los empleados. La dirección tiene ciertos objetivos, que deben ser alcanzados presumiblemente, y al menos en parte, por los directivos conjuntamente con los empleados. Sin embargo, la dirección participativa no significa lo mismo que la dirección democrática, ya que el jefe es quien tiene la responsabilidad final de los resultados. El gerente involucra a gran parte de los empleados en los problemas e intentos por lograr ciertas metas, pero la determinación final y la responsabilidad de los beneficios son exclusivamente suyas.

La dirección participativa pone más énfasis en el trabajo de equipo, cuyo objetivo principal es abrir caminos, vencer desafíos y alcanzar metas colectivas. La empresa Saga Food Administration, por ejemplo, pide a los gerentes de cada uno de sus establecimientos que dediquen al menos una hora semanal en reuniones de empleados para desarrollar el espíritu de grupo. La dirección participativa puede cambiar, mejorándola, la naturaleza de los empleados de hostelería.

Recientemente, muchas empresas de hostelería han adoptado métodos de preparación y políticas muy avanzadas. La dirección con objetivos o resultados es el sistema utilizado en Sonesta. Según este plan, cada supervisor y su jefe establecen por escrito y en forma independiente los objetivos para los siguientes seis meses. Luego, se reúnen y determinan cuáles serán los objetivos a lograr para el departamento. Después de este período de seis meses, los supervisores deben especificar, nuevamente por escrito, cuáles son los logros que ellos consideran se han alcanzado en su departamento. Después la lista es enviada al superior, que revisa y agrega cualquier logro que el supervisor haya pasado por alto. En este momento, el jefe evalúa la actuación de los supervisores, trabajo que también se hace por escrito y se entrega a los propios supervisores para que puedan leerlo.

TERMINOLOGÍA DE LAS OPERACIONES DE HOTELES Y MOTELES

Formulario de habitación: formulario rellenado por el empleado encargado de las habitaciones para cada uno de los clientes registrados en el que se incluyen nombre, número de habitación y tarifa. Se entrega una copia al cliente para evitar cualquier posible error relacionado con los cambios de habitación. Otras copias se envían a la central telefónica del hotel y al mostrador de información y correspondencia.

Fuera de servicio: habitación que está temporalmente inhabilitada y, por lo tanto, no puede alquilarse. Se utiliza generalmente para señalar las habitaciones que están siendo redecoradas o en las que se está realizando algún trabajo de mantenimiento.

Función: actividad de servicio de un grupo preestablecido llevada a cabo, por lo general, en una habitación o área determinada. Puede tratarse solamente de un cóctel o puede ser un banquete, que incluya también servicio de comidas.

Gastos de funcionamiento no distribuidos: grupo de gastos de funcionamiento que no se distribuyen entre los diferentes departamentos. Las divisiones generales de gastos son: administrativos y generales; publicidad; entretenimientos para los clientes y funcionamiento de la propiedad, mantenimiento y costes energéticos; también se consideran como una deducción de los ingresos.

Historial del cliente: registro que se lleva de cada cliente que se ha alojado en el hotel, con una entrada separada por cada visita. Entre otras cosas, puede utilizarse como una referencia para los departamentos de crédito y reserva.

Informe de las camareras de pisos: *planning* utilizado diariamente por cada camarera de pisos para informar a la gobernanta del estado de cada una de las habitaciones ocupadas basado en una rigurosa inspección. El informe de la gobernanta se realiza basándose en estos informes.

Informe contable diario de las habitaciones: *planning* rellenado diariamente por el empleado nocturno encargado de las habitaciones en el que se indica: las habitaciones ocupadas; el número de personas en cada habitación y la tarifa de cada habitación.

Informe diario: informe de la dirección preparado diariamente para el auditor de los ingresos. El contenido de este informe varía, pero por lo general incluye: fuente y resumen de las ventas; estadísticas de las habitaciones; resumen de los recibos de caja; análisis de la cuenta bancaria; y análisis de las cuentas admisibles.

Informe diario del empleado receptor de mercancía: informe preparado diariamente por el empleado encargado de la recepción de mercancías en el que se lista todas las recibidas en el día y se incluye el coste de distribución.

TERMINOLOGÍA DE LAS OPERACIONES DE HOTELES Y MOTELES

Informe de la gobernanta: informe preparado cada mañana por la gobernanta, basado en la inspección de cada habitación realizada por las camareras de pisos para indicar cuáles fueron las habitaciones que se ocuparon la noche anterior y cuáles no.

Libro del cliente: título que se utiliza para registrar las cuentas comerciales de los clientes del hotel. Por lo general, este registro se lleva a cabo en la oficina de registro y se va actualizando a lo largo de la jornada para evitar los retrasos cuando el cliente desea pagar la cuenta e irse.

Moroso: cliente que se marcha del hotel sin pagar la factura de su estancia.

N.C.R.: siglas utilizadas comúnmente para identificar a la Compañía Nacional de Cajas Registradoras (National Cash Register Company), principal abastecedor de máquinas mecánicas y electrónicas diseñadas especialmente para hoteles, restaurantes y clubs.

Pagaré: especie de comprobante emitido por el hotel a cambio de la publicidad adquirida, que puede ser utilizado como comprobante contra cargos específicos al hotel.

***Planning* de caja de la recepción:** formulario utilizado diariamente por cada uno de los cajeros para registrar todos los recibos y desembolsos en efectivo, especificando nombre, habitación, número y cantidad.

***Planning* del cajero de restaurante:** formulario utilizado por cada uno de los cajeros de un restaurante en el que se registran todas las cuentas de las mesas. Se registran en columnas separadas las ventas de comidas, de bebidas, otros gastos y propinas, lo que facilita la simplificación del registro.

***Planning* de control de ropa de cama:** registro efectuado por la gobernanta de toda la ropa de cama y uniformes enviados y recibidos de la lavandería para contabilizar las pérdidas y los daños.

***Planning* de registro de cambios en las habitaciones:** formulario rellenado por el empleado encargado de las habitaciones cuando se produce algún cambio en el estado o la condición de una habitación que no sea el cambio de huésped o la habitación que queda vacante.

***Planning* de registro de camareros:** formulario utilizado por la persona encargada del control de los alimentos o cajero para controlar la emisión de facturas para los clientes por parte del personal de servicio. Cada camarero debe firmar las facturas que recibe (identificadas por un número) y debe dar parte de su emisión.

***Planning* de registro de comunicaciones telefónicas:** formulario utilizado por los telefonistas del hotel para registrar todas las llamadas a larga distancia que los clientes realicen.

En el área de la hostelería es muy importante el llamado «estilo de dirección» o modo de motivar al personal que tienen los directivos. En la actualidad se valora la dirección participativa, que pone el énfasis en el trabajo en equipo (a la derecha).

Sonesta ha logrado desarrollar, también, un grupo de dirección interesante para abrir nuevos establecimientos. El grupo, formado por las seis o diez personas necesarias para abrir un nuevo local, realiza una sesión de tres o cuatro días en un lugar de descanso, dirigida por una persona especializada a quien podrán hacerse todo tipo de consultas. Se pide al director general del nuevo establecimiento y a todos los jefes de departamento que describan detalladamente cuál creen que será el rol que tienen asignado en el nuevo hotel. Ellos establecen sus áreas de responsabilidad y de autoridad y acuerdan quién es el responsable de cada apartado. Una vez que se ha abierto el nuevo hotel, se siguen realizando reuniones para constatar

los resultados y revisar los diferentes compromisos establecidos en la primera reunión. Un gran número de empresas en la industria hotelera están incorporando una planificación estratégica en la que los cambios tienen lugar con una velocidad sin precedentes (se la conoce también como planificación a largo plazo).

Normalmente, las empresas que aplican una planificación a largo plazo desarrollan una estrategia que cubre un período de cinco años. La meta principal de este plan consiste en especificar todos los objetivos de la empresa, establecer los principales métodos que se aplicarán para lograrlos y determinar los recursos necesarios para dichos métodos. Un plazo de cinco años (en oposición a uno de cuatro o

TERMINOLOGÍA DE LAS OPERACIONES DE HOTELES Y MOTELES

Porcentaje de ocupación: porcentaje de las habitaciones disponibles ocupadas durante un período determinado. Se computa dividiendo la cantidad de habitaciones ocupadas durante un período por la cantidad de habitaciones disponibles en dicho período de tiempo.

Precoste: técnica de control de alimentos basada en la planificación de los platos del menú que se venderán y los costes predeterminados de los diferentes platos del menú utilizados para establecer un potencial.

Registro previo: registrar a un cliente antes de que llegue al hotel. Esto se hace para reducir las demoras y confusiones en la recepción por parte de las personas que asisten a una convención u otros grupos organizados que han avisado de su llegada a horas similares.

Registro: oficina situada en el vestíbulo y cuyas funciones principales son: el control y la venta de las habitaciones del hotel; la provisión de llaves, información y correspondencia de los clientes; llevar las cuentas de los clientes; realizar las facturas, recibir los pagos y proporcionar información a los demás departamentos.

Registro de ingenieros: registro mantenido por el ingeniero principal del hotel de las lecturas de mediciones periódicas, inventarios y consumo de agua, electricidad y combustible.

Resumen diario del cajero general: formulario preparado diariamente por el cajero general para resumir todo el ingreso en efectivo de los cajeros de los diferentes departamentos, que debe coincidir con el depósito bancario diario. Este informe debería incluir, de cada cajero y del total, los siguientes puntos: total del efectivo recibido; pago de cuentas; pagos menores; cambios y vueltas necesarios y efectivo total que queda en la caja. El diario de recibos de caja puede redactarse basándose en este informe.

Sistema uniforme de contabilidad para hoteles: descripción y compendio manual de un sistema uniforme de clasificación contable del hotel, que ha sido adoptado por la Asociación Americana de Hoteles y Moteles.

Salones especiales: habitaciones o salones especiales que se utilizan principalmente para fiestas, reuniones y banquetes privados; se les denomina también habitación o salón de banquetes.

Sobreocupación: aceptación de reservas de más clientes de los que la capacidad del establecimiento permite.

Tarjeta de control de cada habitación: tarjeta de papel que se inserta en el lugar apropiado del registro de habitaciones cuando se ocupa una habitación. La tarjeta debería mostrar el número de habitación; el nombre del cliente; la ciudad de residencia; la cantidad de personas que ocupan la habitación; la tarifa diaria y las fechas de llegada y de supuesto abandono de dicha habitación.

de seis) es lo que comúnmente se establece, debido a que muchos auditores necesitan información financiera correspondiente a este período de tiempo en particular.

Estas empresas establecen también planificaciones a corto plazo que cubren un período de uno o dos años. Una planificación de un año establece las líneas principales a seguir durante este período de tiempo y resume los resultados financieros con anticipación. Una planificación de dos años es necesaria en algunos casos debido al período de 18 a 24 meses de conducción, asociado con las actividades constructivas e impositivas de un restaurante y otras operaciones de la industria hotelera. Según afirma James Crownover, planificador de sistemas a largo plazo de Saga, el proceso de planificación estratégica consiste en cinco pasos principales:

- Establecer una definición del negocio.
- Acordar los objetivos a largo plazo.
- Diagnosticar las operaciones actuales de la empresa.
- Desarrollar las estrategias necesarias para conseguir los objetivos a largo plazo.
- Determinar las implicaciones de dichas estrategias, a saber: recursos financieros, recursos de dirección y estructura organizativa.

OBJETIVOS DEL NEGOCIO DE LA HOSTELERÍA

Un hotel, un restaurante o una empresa de servicios de comidas deberían poder establecer en muy pocas palabras su objetivo principal, determinando los tipos de servicios o productos que se ofrecen y el o los grupos de clientes que recibirán dichos servicios o productos.

Establecer una definición del negocio hotelero es particularmente importante porque proporciona una base sobre la cual se apoya la estrategia adoptada. La definición del negocio no debería ser excesivamente específica: todo el mundo conoce el ejemplo de los ferrocarriles, que se definían como pertenecientes al negocio de los trenes más que al negocio del transporte.

Tampoco debe ser la definición muy amplia, porque podría no proporcionar a la empresa las pautas necesarias para identificar y evaluar las estrategias alternativas.

Algunos de los ejemplos de las definiciones del negocio hotelero mencionados en un simposio son los siguientes:

- «Proveer comidas y servicios de alimentación a las personas que comen fuera de sus casas».
- «Proveer un servicio de comidas relativamente rápido y de precios medios a personas que viajen por las carreteras principales cercanas a las ciudades de por lo menos cien mil habitantes».
- «Dirigir el funcionamiento de grandes hoteles para albergar a personas en viaje de negocios o viajeros de altos recursos económicos en las principales capitales del mundo».

La definición del negocio puede modificarse si las circunstancias cambian radicalmente, ya sea dentro o fuera de la empresa, pero nunca debe cambiarse de año en año.

EL BAR Y EL RESTAURANTE EN EL HOTEL

En todos los hoteles, excepto en los más pequeños y en los moteles, el cliente espera que exista un servicio de bar y restaurante. Para la mayoría de los directores de hotel, este servicio representa el ochenta por ciento de los problemas de la gestión del mismo. Gran parte de la reputación del hotel se basa en la calidad de su servicio de bar y restaurante. El atractivo del mismo depende de la decoración, el ambiente y el servicio que sus restaurantes y salones ofrecen. Las ventas en concepto de comidas y bebidas constituyen del 35 al 45 por ciento del total de las ventas en un hotel de tamaño grande, y hasta pueden superar los ingresos registrados en concepto de habitación.

Después del departamento de limpieza y mantenimiento de las habitaciones, el de comidas y bebidas es el que emplea la mayor parte del personal del hotel. Este departamento suele estar encabezado por un director de comida y bebida o por un *chef* ejecutivo; puede dividirse en restaurantes y preparación de comidas a comunidades o grupos (este último se encarga de los banquetes).

La taberna, predecesora del hotel en Estados Unidos, era el centro de la actividad social de la comunidad y el único centro donde era posible comer fuera de casa. El servicio era de estilo casero, ofreciéndose comida, y a veces cerveza o ale como parte del coste total por cama y comida. En los estados del sur, algunas de las grandes tabernas tenían comedores separados para las señoras. El servicio de restaurante quedó asociado finalmente a las tabernas y posteriormente a los hoteles, de tal forma que actualmente, en algunos estados, un establecimiento no se considera un hotel si no ofrece servicio de restaurante además del de habitaciones.

Cuando el hotel, dado su mayor tamaño, desplazó a la taberna se esperó de él que también ofreciera servicio de restaurante de tal forma que los establecimientos de mayor, tamaño tenían varios comedores y, como mínimo, un salón de baile. Estos «palacios del público» eran el escenario de los eventos públicos así como los lugares donde se podía comer y beber.

El *city ledger* (libro de contabilidad de ventas a los no huéspedes) se puso en práctica con la intención de reflejar las ventas a individuos que no estaban inscritos en el hotel, y gran parte del éxito de un gran hotel depende de la habilidad del director general en hacer próspero y rentable el servicio de bar y restaurante. Los grandes banquetes se celebraban, lógicamente, en los mejores hoteles de las ciudades y una de las razones era que no había otros lugares donde se pudieran celebrar. Algunos hoteles tan famosos como el Astor y el antiguo Waldorf Astoria de Nueva York consiguieron su prestigio por la comida a la vez que por sus habitaciones. El comedor de hotel en cualquier ciudad de Estados Unidos, desde principios de la década de 1900 hasta la de 1930, era uno de los pocos lugares de primera categoría disponibles. Los clubs cívicos y de fraternidad celebraban sus comidas y cenas de convención en los hoteles y éstos, excepto en el caso de los clubs privados, se convirtieron en lugar de reunión para divertirse y hablar de negocios. Eran pocos los restaurantes de renombre independientes, incluso en las grandes ciudades.

EL CONTROL DE COSTES DE LAS COMIDAS

Hacia 1910, se sistematizó el control de costes de comidas gracias a Fred Baudissin, un genio casi desconocido. Hoteles, clubs y restaurantes de todo el país, pero especialmente de las zonas de Chicago y

Las preferencias de los clientes de los hoteles por comer en restaurantes independientes llevó a muchos hoteleros a renovar sus comedores introduciendo especialidades propias en cada hotel, creando nuevos ambientes y abriendo muchos de ellos a la calle o a un parking. A la derecha, uno de los seis comedores del Palmer House Hilton de Chicago, hotel que renovó totalmente sus salas en el año 1985 con un coste total de diez millones de dólares.

San Francisco, contrataron a Baudissin así como a su Baudissin Food Control System a cambio de una cuota fija y un porcentaje del incremento de beneficios que resultase de la aplicación del sistema. Conseguir la colaboración de Baudissin no era tarea fácil ya que era muy temperamental y adicto ocasional a la bebida. Algunos jefes de cocina eran hostiles a éste o a cualquier otro sistema de control que les impidiera arreglos personales con los proveedores.

En una ocasión un jefe de cocina francés anunció a Baudissin que renunciaba a su cargo pero que su ayudante ocuparía su puesto. Un día o dos después, durante una importante comida, el nuevo jefe de cocina observó que había un absoluto silencio en la cocina, no había ningún cocinero. Al poco rato se les oyó en la calle cantando *La Marsellesa*. Baudissin, que había previsto el incidente, ya tenía todo un grupo de cocineros preparados en una habitación próxima.

Baudissin tenía una extraña forma de estudiar los costes de las comidas. Aparecía delante de un grupo de directores y predecía con un margen de error de pocos dólares la cantidad que ahorrarían. Sus herramientas de trabajo eran dos libros (un libro rojo y otro azul). El libro azul hacía referencia a los beneficios de forma más detallada que el libro rojo. Cada departamento de la cocina (helados, pasteles, carne, etc.) era informado acerca de sus progresos mediante comunicados mensuales. Las hojas con los porcentajes por departamento incluían el porcentaje a conseguir en la parte superior.

Ellsworth Statler, el genio de la hostelería, instauró un sistema de control de costes ya antes de 1915 y posteriormente estandarizó los menús así como los controles en todos los Statler Hotels.

Después de la Segunda Guerra Mundial tuvieron auge los restaurantes y las cadenas de restauración independientes, por lo que los comedores de los hoteles perdieron atractivo. No era raro encontrar en los hoteles comedores con altos techos, bien decorados, dotados de un buen servicio y blancos manteles y apenas algún cliente. Los clientes del hotel preferían salir de éste, para cambiar así de ambiente y tomar una comida rápida y más económica en lugar de obtener un refinado servicio, con su elevado coste, en los comedores del hotel.

LOS RESTAURANTES DE ESPECIALIDADES

La dirección de los hoteles reaccionó instalando cafeterías, y al poco tiempo casi todos los hoteles tenían una. Posteriormente tomaron auge los restaurantes temáticos, siendo los Sonesta Hotels uno de

tualidad instalan hasta cinco restaurantes de especialidades distintas en cada hotel, desde un *snack* hasta alta cocina.

La Hugo's Rotisserie se especializa en asados y ofrece sorbetes de limón entre plato y plato. El Hugo's Market ofrece ensaladas y helados de *self service*. También hay un Oyster Kitchen, un Ginsburg y un Wong Restaurant. Hyatt considera que todos sus restaurantes son de especialidades.

De forma adecuada, los menús se adaptan al tema elegido: comida polinesia para un ambiente polinesio; cocina francesa para un ambiente francés y asados para una *rotisserie.* El *roast beef* sigue siendo el plato preferido en los restaurantes de hotel.

¿Cómo crear un restaurante de especialidad en un hotel?

Según Allen W. Hubsch, para hacer un restaurante de especialidad en un hotel deberían tenerse en cuenta las normas que se detallan a continuación:

- Crear una imagen fácilmente identificable.
- Crear un ambiente de acuerdo con los deseos «de evasión» del cliente (comedores de época, comedores ambientados en las costumbres del país, *steak houses,* ambiente tipo islas de los mares del sur, comedores invernadero, comedores con chimenea, etc.).
- Dirigir y promocionar los comedores de especialidad de forma similar a la utilizada por los restaurantes de éxito de la calle.
- Tener una entrada directa desde la calle o un parking.
- Gestionar y hacer publicidad del comedor de especialidad de forma independiente al hotel.

Una vez seguidos puntualmente estos consejos, los beneficios de Sonesta Hotels fueron superiores a los habituales, obteniéndose en banquetes de un 20 a un 25 por ciento de beneficios; en bebidas en bares y salas de cócteles, de un 40 a un 45 por ciento y en los restaurantes de especialidad, de un 20 a un 30 por ciento.

La conveniencia de ceder la dirección de los restaurantes de especialidad

Algunos hoteles han cedido mediante *leasing* sus restaurantes de especialidad a empresas de servicios de alimentación. Los restaurantes de especialidad que necesitan unos conocimientos muy particulares son con frecuencia gestionados por personas o empresas no relacionados de forma directa con el hotel.

los pioneros de las Rib Rooms, y en el oeste, los Western International Hotels. Una de las primeras Rib Rooms, abierta en 1952, fue en el Somerset Hotel de Boston. Otras Rib Rooms se abrieron en otros establecimientos de los Sonesta con estrictas especificaciones acerca de las características de las costillas a servir. Las especificaciones de compra incluían el peso, la edad, el corte, la grasa y el preparado permitidos. Los pasos para su asado, cortado y servicio también estaban claramente detallados.

Los grandes hoteles también buscaron sus especialidades para incorporar a sus servicios de restaurante. Los Hyatt Hotels, por ejemplo, en la ac-

Los Hilton Hotels, por ejemplo, contataron a Victor Bergeron, el creador de la Trader Vic's, para gestionar varios de sus restaurantes. Los restaurantes se montaron según las indicaciones de Bergeron con un coste aproximado de 500 mil a 750 mil dólares. Bergeron recibía unos honorarios en concepto de gestión. El primer Trader Vic's fue abierto en Oackland hacia 1937. En 1969 había 18 restaurantes similares. Los Trader Vic's requieren de unas ventas de alrededor de un millón de dólares para ser verdaderamente rentables. El coste de la comida supone un 32 por ciento de las ventas brutas y el de la mano de obra requerida es del 34 por ciento.

No todas las ciudades son necesariamente un buen mercado para los Trader Vic's. El existente en el Statler Hilton de Boston no funcionó durante el año siguiente a su apertura y necesitó tres años para alcanzar el millón de dólares en ventas. El Trader Vic's del Houston Hilton necesitó varios años para ser rentable. En otras ciudades, no obstante, se alcanzaron cifras de 2,5 millones de dólares de ventas brutas.

El menú en los Trader Vic's se basa en la comida polinesia. En realidad, todos los restaurantes estilo polinesio ofrecen comida china. El menú de los Trader Vic's, en lugar de reducirse, se ha ampliado incluyendo platos de cocina francesa tales como ancas de rana salteadas, granadinas de venado, pollo *cordon bleu*, riñones salteados, escalopas *marinière*, lenguado a la *meunière*, etcétera.

Los Kon-Tikis son un grupo de restaurantes también de estilo polinesio, que se encuentran en los Sheraton Hotels. Una firma ajena a los mismos, la Stephen Crane Restaurants, Inc., se encarga de su gestión.

LOS DEPARTAMENTOS DE COMIDA Y BEBIDA

La organización de los departamentos de comida y bebida varía según el país y la política de la cadena hotelera. Algunos hoteles suelen separar la gestión del restaurante de la gestión de preparación de comidas a comunidades.

El director de comida y bebidas da razón, de forma directa, al director del establecimiento y al director general. Ante él se responsabilizan los directores de restaurante, de abastecimiento y el *chef* ejecutivo (con frecuencia el jefe ejecutivo es responsable frente al director del restaurante).

Por poner un ejemplo de este tipo de organización, en el caso del Century Plaza Hotel (un innovador en este aspecto), el controlador de comida y bebida tasa diariamente cada menú de banquete y dos veces al año el menú de restaurante. También gestiona el sistema de previsión de costes de comida y bebida. Dirige el análisis de ventas, controles de carnicería, etcétera. Elabora informes mensuales y una predicción de beneficios y pérdidas para cada unidad. También colabora en la previsión de gastos y ayuda a la elaboración del inventario y de los presupuestos. La organización del Century Plaza es algo inusual en lo referente a que un director de ventas de convención conviva con un grupo, una vez que éste se ha inscrito en el hotel, comprobando que todas sus necesidades están cubiertas. Se convierte en su «enlace», y al pertenecer y estar familiarizado con los estamentos del hotel, puede satisfacer sus necesidades, cualesquiera que éstas sean.

Más de la mitad del negocio de comida y bebida en el Century Plaza se hace mediante preparación de comidas a comunidades, la mitad de las cuales se produce con motivo de convenciones. La mitad de las ganancias del hotel se produce en el departamento de comidas y bebidas. El Century Plaza tiene tres restaurantes además de un Yamados, un restaurante de una empresa independiente que se halla bajo *leasing*.

En el departamento de comidas y bebidas existe un comité de gestión encargado de hacer sugerencias que ayuden a establecer un plan de beneficios. Los costes de comida para el total de la gestión de comidas y bebidas del Century Plaza suponen un 30 por ciento aproximadamente, mientras que el departamento de preparación de comidas a grupos supone un 25 por ciento.

El coste de mano de obra del departamento de comidas y bebidas de un hotel aumenta continuamente, viéndose incrementado por los extras. En el caso del Century Plaza se añadió por este concepto un 35 por ciento más del coste en concepto de sueldos.

Un hotel promedio, a diferencia de los grandes establecimientos tales como el Century Plaza, se halla en la categoría de cien a trescientas habitaciones, y está representado por cadenas como la Holiday Inn, Broadway Inns y Ramada Inns. Un organigrama del departamento de comidas y bebidas de estos establecimientos de tipo medio lo tenemos en el cuadro 19.A de la página siguiente.

LA COCINA EN UN GRAN HOTEL

La organización de una cocina tradicional en un gran hotel puede incluir varios especialistas, tales como un encargado en ostras, un encargado en pollos, cocineros asadores, cocineros de verduras, panaderos, encargados de azúcares, heladeros y pasteleros. El *chef* ejecutivo tendrá a sus órdenes un *chef* nocturno y quizás un *chef* pastelero.

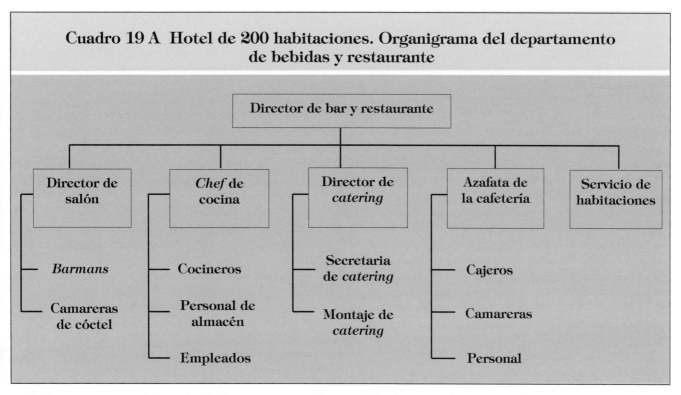

Cuadro 19 A Hotel de 200 habitaciones. Organigrama del departamento de bebidas y restaurante

En las cocinas tradicionales habrá un *maître* de cocina encargado de la higiene de la cocina y del personal y puede ser que también actúe como agente de compras de alimentos y otros suministros.

En los grandes hoteles puede haber un ayudante de auditoría encargado de la teneduría de libros y de la contabilidad del establecimiento. El auditor de noche y, en algunos casos, cada cajero de restaurante informan al auditor en lugar de hacerlo al director del restaurante. Un restaurante no puede abrir si no está el cajero. En caso de ausencia del cajero, toda la caja y la contabilidad pasa directamente a la oficina del auditor. Cada restaurante puede tener un supervisor de alimentos que compruebe todos los alimentos antes de que éstos abandonen la cocina. Esta persona es quien revisa la presentación así como que el producto cumpla lo solicitado por el cliente. Esta práctica, sin embargo, está cayendo en desuso en Estados Unidos.

EL CATERING

En un hotel de categoría, las funciones de *catering* se llevan mediante un departamento aparte con un director y personal a su cargo.

En el nivel operacional, un *maître* de hotel puede hallarse a cargo de la organización de un banquete, teniendo a su mando a jefes de camareros, camareros de banquete y a veces incluso a camareros de habitación.

Un director de *catering* de un hotel de Estados Unidos, al contrario que un director británico de igual categoría, suele tratar con comidas de grupo y tiene poca relación con la gestión del restaurante. En Gran Bretaña, el término director de *catering* es equivalente al de director de restaurante o al de director de comidas y bebidas de un hotel.

El director de *catering* debe organizar el personal encargado de arreglos de grupos como bodas, banquetes, comuniones, cenas de aniversarios, etcétera.

A lo largo de los años, algunos hoteleros imaginativos han incorporado obras de teatro a los banquetes (igual cantidad de teatro que de comida). La historia está llena de ejemplos; desde las orgías romanas hasta las comidas de estado de Luis XIV. Éste, que se empeñó en llamar la atención de toda Francia, utilizaba sus comidas como forma de actuación. La comida era servida al Rey Sol con toda parsimonia. Conforme se trasladaba de la cocina al comedor, la gente se inclinaba ante la comida. Antes de ser probada por el rey, un catador comprobaba su sabor y, aún más importante, servía como conejillo de indias por si ésta estaba envenenada.

Algunos banquetes de finales de siglo eran pura pantomima. Una vez se sirvió un banquete con todos los comensales a caballo, otra vez los comensales estaban instalados en botes en un lago improvisado en el comedor. En la actualidad, los banquetes son mucho más tranquilos, aunque todavía existen algunos servidos con toda fanfarria.

COMER EN LA HABITACIÓN

Existe el acuerdo de que, para que un hotel sea de primera clase, debe poseer servicio de habitaciones, aunque esto suponga una operación sin beneficios. Ya que ante todo un hotel es una organización de servicios. El servicio en la habitación es una característica destacada de los hoteles de primera clase y puede llegar a representar hasta un quince por ciento de todas las ventas de bebidas y comidas. Los hoteles de lujo pueden tener almacenes en las plantas mediante los cuales se realiza el servicio. «Pulse un botón y en cuestión de segundos aparecerá un camarero en la puerta.»

El éxito del servicio de habitaciones consiste en llevar la comida a las mismas lo más rápido posible. Para ello es necesario un buen equipamiento para mantener lo caliente, caliente, y lo frío, frío. Quien se encargue de ello debe ser un buen organizador, que lo tenga todo preparado para que el camarero sólo tenga que cogerlo y llevarlo a su destino.

Los desayunos suponen el setenta o el noventa por ciento del servicio de habitaciones y quizás unas tres cuartas partes partes de los encargos son desayunos continentales. Los programas de «manilla» (el cliente apunta el tipo de desayuno y la hora en que le apetece tomarlo en una tarjeta que se cuelga en la manilla de la puerta de la habitación) funcionan bien. Las tarjetas se recogen por la noche de tal forma que se pueden tener a punto las mesas de servicio para la mañana.

Algunos hoteles adaptan un montacargas para uso exclusivo del servicio de habitaciones durante las horas punta de la mañana. El montacargas tiene acondicionados calentadores y refrigeradores, así como un lugar para el pan, servilletas, cubiertos, etcétera. Los encargos de desayunos continentales contratados se transmiten directamente al ascensorista, que transporta a los camareros y los carros a las plantas designadas.

Algunos hoteles limitan las horas de servicio, otros lo mantienen durante las 24 horas del día. Algunos menús están especialmente diseñados para ser servidos en la habitación, en otros casos los clientes pueden encargar desde la habitación menús del servicio o de cualquiera de los restaurantes del hotel.

Para mantener rentable el servicio, los menús de habitación se tasan más alto que los de los restaurantes. Algunos hoteles le añaden un recargo en concepto de servicio.

En los grandes establecimientos, los servicios son supervisados por un encargado especial, en los pequeños hoteles el botones, chico de los recados o un camarero, realizan el servicio.

LAS COMIDAS DE HOTEL

Los banquetes de hotel son tema frecuente para chistes, dada la monotonía de sus menús: «el círculo del pollo y el guisante». Los oradores de sobremesa estadounidenses son una muestra de la reacción de «tener que mirar al trasero de una gallina en salmuera noche tras noche». Los directores de *catering* replican diciendo que hay pocos platos de menú que sean aptos para grandes grupos. El buey y el pollo son los platos favoritos, dada su aceptación, coste y preparación.

Es bastante habitual que cuando un plato, tal como el *Beef Wellington,* se hace famoso en un hotel, éste pueda encontrarse al poco tiempo en otros hoteles de la zona. Dada su facilidad de preparación, el pollo es quizás el plato más barato y el favorito de los banquetes. Es difícil en un banquete conseguir algún entrante que sea del gusto de todos: habrá a quien no le guste el venado, el cerdo o el pescado. A muchos, les gustan seguramente los cangrejos o la langosta, pero no están dispuestos a pagar tan elevado precio. El venado es también caro y sólo se puede conseguir en platos de lujo. La carne es difícil de cocinar y servir de forma rápida a un gran grupo de comensales. En consecuencia, el buey y el pollo son los habituales de un banquete. A pesar de ello, pueden hacerse interesantes variaciones con ellos. Los *buffets* son de minuciosa preparación y presentación pero ofrecen variedad para todos los gustos.

LA RENTABILIDAD DEL *CATERING*

Los banquetes o *caterings,* tal como se les denomina en la jerga hotelera, pueden ser rentables por varias razones.

- Los banquetes pueden ser tasados más alto que los platos de un restaurante. Los banquetes suelen también incluirse en el precio global de un grupo. Por alguna razón desconocida es más aceptado un precio más alto en un banquete que para un plato de una comida de restaurante.
- Las ganancias quedan garantizadas para un número previamente establecido de asistentes.
- Los costes del servicio son comparativamente menores, ya que se contrata a los camareros por un número determinado de horas.

Contrarrestando estas ventajas, tenemos los siguientes inconvenientes:

- Las ganancias de la inversión hecha para el es-

Dentro de la organización de un hotel, el servicio de bebidas es uno de los más rentables, superior al de las comidas en cuanto a beneficios netos. Por ello, una de las secciones que debe cuidarse más es el bar, en el que se tratará de ofrecer al cliente una amplia variedad de productos como los que se muestran en la fotografía superior.

pacio de un banquete suelen ser bajas y algunos de los costes con ellos relacionados son altos.

- Los grupos que celebran un banquete nocturno suelen ocupar el local durante toda la noche. Si el local no se utiliza para convenciones, está sin uso entre las comidas. Generalmente, sólo se utiliza para una comida al día o para ninguna.

- Los camareros y las camareras se contratan por períodos de cuatro horas, o como mínimo se les paga por dicho período, si no están afiliados a ningún sindicato.

- En comparación con un restaurante normal, la movilidad de comensales por silla es bajo. En el período de cuatro horas, una silla de un restaurante puede cambiar de comensal entre cuatro y ocho veces.

LA RENTABILIDAD DEL SERVICIO DE BEBIDAS

Pese a que las comidas en un hotel no suelen ser muy rentables, las bebidas sí lo son. Los bares y salones pueden ser muy rentables, ya que el «coste de los bienes vendidos» y el coste del servicio corresponden a un pequeño porcentaje de las ventas totales. El coste de las bebidas servidas suele representar menos del veinticinco por ciento de las ventas.

En los grandes centros de convenciones, el coste de las bebidas suele ser menor del veinte por ciento de las ventas. En un bar o salón con mucho movimiento, el coste del servicio no subirá más allá de un quince por ciento de las ventas. Los beneficios de un bar de moda pueden ser muy elevados. El Polaris, el bar giratorio de la Regency-Hyatt House de Atlanta, produce ventas de más de cien mil dólares al mes con sólo un camarero al frente. Los beneficios del departamento de dicho bar son de unos cincuenta mil dólares al mes.

Un hotel medio puede prever un beneficio del departamento de un cincuenta por ciento de las ventas en bebidas. La venta de bebidas en cualquier hotel suele representar el 25 por ciento de las ventas en comidas. Esta cifra es, por supuesto, variable. En los restaurantes caseros, las ventas de bebidas pueden suponer sólo un diez por ciento de las ventas por comida, en algunos clubs rurales pueden superar a las comidas.

El bar debe hallarse en el centro del hotel, de manera que los clientes no puedan sentirse desplazados, cosa que no desean. Robert Sage, presidente de la Fenway Motor Hotels de Boston, descubrió que al trasladar un bar de uno de sus hoteles desde la parte trasera a la delantera aumentó sus ventas en un 250 por ciento.

Las ventas en un bar de hotel, en proporción a las ventas totales en concepto de comidas y bebidas, suelen ser muy superiores a las de un restaurante no adscrito a ningún hotel. Una regla práctica es:

• Ventas de hotel: 100 por ciento.
• Ventas de comida: 50 por ciento.
• Ventas de bar: 25 por ciento.

En otras palabras, las ventas de bar supondrán la mitad aproximadamente que las de la comida.

En muchos hoteles, las ventas del bar supondrán un porcentaje mucho mayor dado que tienen varios salones independientes o semiindependientes de los restaurantes. Los cócteles aumentan también la proporción de las ventas en bebidas en relación a las ventas totales. En un restaurante independiente de un hotel que sirva licores, las ventas del bar suelen representar un 25 por ciento del total.

EL DESAYUNO

El desayuno, fin del ayuno nocturno, supone para muchos clientes la prueba de fuego de un hotel, especialmente su velocidad, su responsabilidad y el coste. El cliente veterano obtendrá, en algunos hoteles, los servicios tan sólo pulsando un botón. A los tres minutos tendrá un camarero en la puerta que le preguntará cómo quiere el café, si fuerte o flojo, y qué otras cosas desea.

A los pocos minutos aparece nuevamente el camarero empujando un carrito con un mantel blanco y algunos *croissants,* pastelitos, dos tipos distintos de bo-

Incluso los hoteles que no disponen de comedor para el servicio de las principales comidas del día, incluyen en sus servicios el desayuno que suele servirse en la cafetería, y si el cliente lo solicita, también en las habitaciones. Sobre estas líneas, cafetería de un hotel preparada para el desayuno.

llos, dos tipos distintos de pan moreno, mantequilla fresca y tres platitos con jamón york, miel y mermelada, cada uno de ellos con sus propios cubiertos.

Esto difiere en mucho del servicio de desayuno en la habitación de los grandes hoteles de convenciones, donde lo que se requiere es que el cliente rellene una tarjeta y la cuelgue en la manilla de la puer-

bió ante los deseos de los clientes y la necesidad de los empresarios de bajar costes.

A pesar del tiempo transcurrido, todavía existen *buffets* que no son capaces de tentar y atraer al cliente, aunque es cierto que lograrlo exige una buena dosis de imaginación. Para ayudarle a mejorar su *buffet* y que pueda convertirlo en una tentación que sorprenda a sus clientes y los convenza de que también en este aspecto su hotel es distinto a la competencia, consiguiendo fidelizarlos y que además recomienden su establecimiento, es importante que se autoanalice y tenga en cuenta las siguientes cuestiones.

Las reglas del *buffet*

- Cantidad: el cliente elige el *buffet* en parte para poder comer cuanto quiera. No deje a los clientes sin sus platos preferidos, ni convierta su *buffet* en un campo de lucha por conseguir sus especialidades. Planifique.
- Variedad: la variedad en la oferta es fundamental, puesto que éste es uno de los principales motivos de preferencia del *buffet* por parte del cliente. No se fíe de su memoria, elabore los menús de manera periódica, elimine aquellos platos que no tientan al cliente y sustitúyalos por otros.
- Presentación: la primera impresión condiciona las preferencias de la clientela. La presentación incluye desde la decoración general del comedor hasta los pequeños detalles de cada plato. No improvise: la tendencia actual apunta a una decoración sencilla, original, natural y artesana. La importancia se centra en los platos y hay que evitar caer en el barroquismo.
- Utensilios y cubiertos: no tiene ningún sentido tentar con sus platos al cliente si a la hora de servirse, éste no encuentra la pinza o la cuchara adecuada; o si platos, cubiertos o servilletas no son fácilmente localizables. Éstos deben estar en cada mesa o bien en muebles apropiados para este uso y debidamente indicados.
- Identificación: es necesario que los platos de su *buffet* estén identificados con símbolos gráficos y además, si es posible, se señalen los principales ingredientes de cada plato en los idiomas más comunes entre su clientela.
- Soporte móvil: el método del carro agiliza el remonte de las mesas, y con ello se gana en rapidez y comodidad. Ahora bien, un carro sucio o excesivamente cargado produce en el cliente una sensación de falta de higiene. Es muy importante cuidar la estética y tener una apariencia ordenada.
- Luz y color (contraste y frescura): anime a la cocina para que juegue con los colores en los ingre-

ta de la habitación. Y, aunque se disponga o no de montacargas especiales para subirlos, el desayuno puede tardar hasta media hora en llegar.

UNA TENTACIÓN, EL *BUFFET*

Cuando a mediados de la década de 1970 apareció en el mercado de la restauración la nueva tendencia del *buffet,* especialmente en los hoteles de playa, muchos de los propietarios, directivos, *maîtres* y *chefs* tuvieron serias dudas acerca de la conveniencia o no de su aplicación. Esta nueva forma de tentar a los clientes no se consideraba adecuada y recelaban de la aportación efectuada por unos jóvenes teóricos sin experiencia. Su resistencia sucumbió

Uno de los sistemas más utilizados en muchos hoteles (especialmente los turísticos) para el servicio de comedor es el buffet *(arriba), que supone para el establecimiento un ahorro de personal y para el cliente la facilidad de elegir y repetir libremente entre la gran variedad de platos que se le ofrecen.*

dientes de cada plato y con los recipientes. La frescura de los alimentos se resalta mediante los elementos decorativos y por la tecnología necesaria en el mueble *buffet*.

- Evite las colas: de entre las opciones posibles que existen para que el cliente reduzca al máximo el tiempo de espera en el comedor, las siguientes son dos de las soluciones más populares entre los *buffets* turísticos:
  - Aumentar la franja horaria de atención a los comensales, con el fin de adaptarse a los hábitos de los distintos tipos de clientes.
  - Establecer dos o más turnos en función del número de clientes y de la capacidad de la sala, ofreciendo al usuario la oportunidad de elegir el turno que prefiera.

El *buffet* ofrece la posibilidad de incrementar el tiempo de dedicación de nuestro personal a atender y ayudar al cliente. Los «vendedores de felicidad» deben ser personas con una presencia impecable y una amabilidad extrema, y deben practicar la «reconquista rápida» cuando el cliente no queda satisfecho. Es esencial que todos los vendedores hablen los idiomas de los clientes para que puedan comprender sus sugerencias y quejas y actuar en consecuencia de manera rápida.

- No caer en la monotonía: la monotonía es el gran problema que tienen planteados muchos *buffets*. Para luchar contra ella y lograr que el cliente no se canse de nuestra oferta y nos abandone, es fundamental la gestión de estos dos aspectos:
  - Planificación de los menús.
  - Imaginación: organice días de comida típica de la zona o *buffets* temáticos, innove y combata la monotonía y la mediocridad.
- Temperatura de los alimentos: la evolución del mueble *buffet* ha sido posible gracias a una mejora tecnológica. Existen en el mercado modernos muebles especializados para que la temperatura de los alimentos sea la idónea a la hora de ser con-

sumidos. Además, las estadísticas y los gráficos le permitirán averiguar la cantidad de comida/hora consumida, dato con el cual podrá establecer el ritmo idóneo de producción.

- Equilibrio nutritivo: cada día la clientela está más preocupada por la alimentación natural. Es conveniente que el *buffet* incluya comidas preparadas de varias maneras y que se indiquen los alimentos cocinados sin sal o los de bajo nivel de calorías. En los *buffets* más novedosos se encuentra ya una sección dedicada a la comida macrobiótica, que cada vez goza de mayor aceptación entre los comensales.

El *buffet* no sólo es un sistema de restauración que ahorra costes, es la respuesta a la necesidad de una clientela, cada día más exigente. Haga que esta respuesta sea la que sus clientes están esperando. No deje nunca de escuchar a su cliente, de contestar a sus sugerencias y de solucionar sus quejas.

EL *ROOM-SERVICE*

El *room-service* es uno de los servicios de un hotel que cuando está bien hecho marca las diferencias entre establecimientos, lo que revela una vez más que detrás de un excelente servicio que sorprende a sus usuarios siempre hay profesionales vocacionales preocupados por la formación, la calidad y la organización, en aras de satisfacer al cliente.

Para que el *room-service* sea eficaz y preste este servicio a los clientes, habrán de observarse escrupulosamente algunos requisitos y evitarse principalmente algunos errores destacables como los que a continuación se detallan:

- Que el teléfono del *room-service* comunique habitualmente (a veces se descuelga cuando hay mucho trabajo) o se tarde en exceso en descolgarlo.
- Que la persona que atiende el teléfono no hable los idiomas más usuales entre los clientes.
- Que la persona que atiende el teléfono lo haga de forma desabrida.
- Que el tiempo que transcurre entre la solicitud del servicio y su llegada a la habitación sea excesivo.
- Que sean frecuentes los errores en el contenido de lo solicitado, y como consecuencia, que aumente la demora del servicio.
- Que la calidad de los productos no sea la adecuada (tostadas frías y/o poco tostadas, mantequilla dura, zumo de naranja con el poso en el fondo del vaso, etc.).
- Que el camarero que acude con el servicio a la habitación no muestre una amabilidad exquisita.

Cuadro 19.B Gastos de hotel/motel	
Comida y bebida:	**Porcentaje**
Venta de comidas	100,0
Coste de la comida	37,8
Menos comidas de los empleados	3,9
Coste de la comida vendida	33,9
Beneficio bruto en concepto de comida	66,1
Ventas de bebidas	100,0
Coste de las bebidas vendidas	23,4
Beneficios brutos de la bebida	76,6
Ventas totales en bebida y comida	100,0
Coste de la comida y bebida vendidas	30,8
Beneficios brutos de ambas ventas	69,2
Gastos de cobertura	2,9
Beneficio total bruto de comida y bebida	72,1
Gastos del departamento:	
Salarios y sueldo, incluidas vacaciones	35,9
Comida de los empleados	2,1
Impuestos en la nómina y relación de los empleados	6,4
Música y distracciones	3,1
Lavandería	1,1
Combustible de la cocina	0,3
Mantelería	0,4
Porcelana y cristal	1,2
Cubertería	0,5
Listas de menú y bebidas	0,3
Licencias e impuestos	0,2
Otros gastos	4,2
Gastos totales	55,7
Beneficios del departamento	16,4

Fuente: Trends in the Hotel/Motel Business (Chicago; Harris Kerr Forster, and Co.).

- Que se demore excesivamente la retirada del servicio ya utilizado.
- Que permanezcan demasiado tiempo en los pasillos de las habitaciones los restos de los desayunos depositados por los clientes al retrasarse su retirada por el personal del hotel.
- Que no se notifiquen al cliente de manera amable y con prontitud las posibles demoras en el servicio y/o los cambios de contenido en aquello que ha solicitado.

Para evitar estos errores, los profesionales interesados en cuidar los detalles y la organización centran sus inquietudes y su experiencia en ofrecer el mejor servicio en los puntos críticos del *room-service*. Para ayudarle a conseguir esta mejora, pueden proponerse los puntos siguientes:

El personal que atiende las habitaciones de un hotel ha de distinguirse por una amabilidad exquisita en el trato con los clientes, a quienes debe ofrecer su ayuda en todo cuanto se les ofrezca. Por lo mismo, entre otros detalles de obligado cumplimiento, es necesario que el personal conozca los idiomas más habituales de la clientela del establecimiento.

- La exquisita amabilidad del personal que atiende telefónicamente el servicio. Una selección rigurosa y una formación específica continua ayudarán a conseguirla.
- El nivel de idiomas del personal que atiende el servicio.
- La capacidad de aplicar la «reconquista rápida» por parte del personal que atiende el servicio. Detallar la forma de constatar los contenidos solicitados y saber cómo reaccionar ante las posibles quejas de los clientes facilitará las reacciones positivas de los empleados.
- La exquisita amabilidad del personal que sirve y retira el servicio de las habitaciones.
- La coordinación con la cocina. El pacto del método y los tiempos entre el servicio y la cocina, así como la revisión periódica de los niveles de satisfacción contribuirán a conseguir este objetivo.
- La rapidez en la prestación del servicio. La buena coordinación con la cocina, la concienciación de todo el personal afectado, así como la selección del personal más eficiente son elementos básicos en la buena marcha de este aspecto.
- La exactitud en el contenido de lo requerido por el cliente. Una simple comprobación —efectuada por el responsable del servicio de los contenidos solicitados por el cliente— ayudará a corregir los posibles errores.
- La concreción de la hora a que el cliente desea que se retire el servicio y su ejecución exacta. Para conseguirlo es básico:

- Anotarlo de forma muy visible y sin errores en el documento del servicio.
- La coordinación del personal.
- La calidad de los alimentos solicitados:
  - La selección de las materias primas.
  - Los tiempos de preparación según la hora del servicio.
  - La comprobación previa del servicio.
- Comprobar que en los pasillos de las habitaciones no queden depositados restos de los servicios. El estricto cumplimiento del horario de retirada del servicio por parte del personal ayudará a evitarlo.
- Verificar periódicamente el nivel de satisfacción de los clientes usuarios de este servicio de habitaciones a través de las encuestas de calidad y, si es preciso, saber rectificar con agilidad y eficacia, sin excusas.

El servicio de habitaciones es muy importante en los hoteles, principalmente en los situados en lugares de negocios y en aquellos que son visitados por personas que acuden por razones prioritarias y no de ocio, cuando la falta de atención al tiempo o a la exactitud del servicio representa un mayor agravio al cliente. Es un servicio que, desgraciadamente, en muchas ocasiones no se atiende con el rigor que la categoría del hotel hace suponer. Una perseverante atención a estos puntos indicados, así como un constante autoanálisis propio y de la competencia conseguirán una óptima calidad en este importante servicio del anfitrión al cliente.

LOS HOTELES DE VACACIONES

Al principio, el negocio de los hoteles de vacaciones se identificaba con el de los hoteles de temporada. El hotel de temporada era, a menudo, un edificio majestuoso, viejo, rodeado de grandes extensiones arboladas, o situado frente a una playa extensa u otra belleza natural.

Nombres como el del Baltimore, en Phoenix, Boca Raton, en South Florida, Del Coronado, cerca de San Diego, Greenbrier, en Virginia Occidental, y Broadmoor, cerca de Colorado Springs, representan los grandes hoteles de temporada de principios de siglo en Estados Unidos. Por lo general, cuentan con gran cantidad de hectáreas, amplias habitaciones, multitud de empleados y una cocina de calidad.El hotel de vacaciones, que hoy abarca la mayor parte del negocio de la hostelería, es a menudo un edificio de varios pisos en un área urbanizada. Uno de los hoteles más grandes de los centros de turismo de todo el mundo es el Hilton de Las Vegas, con 3120 habitaciones. La imagen del hotel de temporada en la montaña o al lado del mar continúa, pero aparece recubierta por los nuevos atractivos de este nuevo complejo de vacaciones y entretenimientos que es el hotel de vacaciones u hotel turístico.

Desde la Segunda Guerra Mundial, negocios y viajes de placer tienden a mezclarse. Muchas de las convenciones de negocios se llevan a cabo en hoteles turísticos de Hawai, Las Vegas, Florida y el Caribe. Los viajes de placer han llegado a ser, o lo serán muy pronto, una actividad más importante que la de los viajes de negocios.

En la industria turística se incluye a menudo y por definición tanto al individuo que viaja por negocios como a aquel que viaja por placer. La distinción entre viajes de negocios y de placer es cada vez mas difícil de establecer. Muchos de los viajes de nego-

cios tienen elementos de viajes de placer. El cónyuge suele acompañar a la persona en viaje de negocios; el viaje de este tipo se puede extender unos días e incluir unas vacaciones. En los hoteles estadounidenses, el viaje por razones comerciales sigue siendo la principal razón de desplazamiento. La Sheraton Corporation indica que el 71 por ciento de los viajes que se realizan a sus hoteles son por razones comerciales y el 29 por ciento, por placer. Algunas de las grandes líneas aéreas han apreciado que la proporción es del 50 y 50 por ciento. A los efectos de este capítulo, el turista será definido como el viajero por placer, o más específicamente como la persona en vacaciones.

Aunque parezca extraño, hasta mediados de los años sesenta no se reconoció la industria de los hoteles turísticos como una parte del negocio de los viajes por placer. La interrelación entre hotel y viajes de negocios quedó de manifiesto en los años sesenta cuando un gran número de empresas petroleras y líneas aéreas compraron o construyeron cadenas de hoteles y restaurantes. Pan American Airways fue la primera, al fundar, en 1947, International Hotels, Inc., una sucursal que les pertenecía por completo. Hasta 1960 aproximadamente, el crecimiento fue bastante reducido y estaba limitado a América del Sur y al Caribe. A partir de entonces empezó a internacionalizarse, con la adquisición de hoteles en la mayoría de las grandes capitales. Por motivos económicos, la Pan American Airways tuvo que vender la International Hotels, Inc. a una empresa británica.

En 1967 Trans World Airways (TWA) sorprendió al mundo de la hostelería al comprar el Hilton International. Viajes y vacaciones empezaron a verse con más claridad como las dos caras de una misma moneda. Mientras que antes el agente de viajes, el hotel y la línea aérea operaban independientemente, TWA consiguió fusionar las tres actividades y comenzó a vender los viajes y el hotel como paquete turístico.

LA ADQUISICIÓN DE HOTELES POR GRANDES EMPRESAS

En 1968 se pudo apreciar una mayor integración en la industria turística cuando la ITT compró la cadena Sheraton, uniendo así los negocios de alquiler de automóviles, estacionamiento en los aeropuertos y explotación de hoteles y moteles.

Otro importante paso en el negocio de las vacaciones fue la entrada de ciertos grandes grupos empresariales en la hostelería. U.S. Steel (Acero Americano) construyó un complejo de convenciones con cinco mil habitaciones en Disney World, en Florida. Alcoa se hizo con el Century Plaza, un hotel que formaba parte de un complejo hotelero con atracciones en Beverly Hills. La MCA compró Yosemite y Curry Company; la Fred Harvey Company, la Amfac, etcétera.

Los aviones comerciales de reacción, que fueron introducidos en Estados Unidos en 1959, acercaron a los centros urbanos aquellos lugares turísticos que hasta entonces eran poco accesibles.

Aviones más grandes y tiempos de vuelo más cortos redujeron los precios de las tarifas aéreas. El resultado fue que el turismo se incrementó en lugares como Hawai, Puerto Rico, las Bahamas y las Bermudas.

El turismo, antes un negocio a pequeña escala en lugares como Jamaica y las islas Vírgenes, empezó a cobrar vida y más tarde se reforzó con la llegada de visitantes a bordo de cruceros. La costa sudoeste de México, «la riviera mexicana», se desarrolló rápidamente como destino turístico.

Se dice que el turismo internacional ocupa el segundo lugar entre los elementos del comercio mundial, después del petróleo y sus derivados. No obstante, la mayoría de los viajes internacionales se concentran en Europa y en América del Norte. De acuerdo con la Organización Mundial para el Turismo (WTO), del importe global de ingresos por turismo, el noventa por ciento se repartía entre quince países de América del Norte y Europa. El número de viajeros internacionales que visita Asia, África y el Pacífico constituía sólo un siete por ciento del total.

La razón más importante de esta oleada de viajes fue la influencia siempre creciente del mundo occidental. Mientras que en 1966 sólo una familia estadounidense entre doce tenía unos ingresos de quin-

La expansión del subsector de hostelería y restauración está ligada al aumento de los desplazamientos que se ha producido en muchos países gracias al alza del nivel de vida. Los períodos coyunturalmente desfavorables repercuten directamente en la ocupación de los hoteles, sobre todo los especializados en vacaciones, como el de la página siguiente.

ce mil dólares anuales o más, diez años después ésos eran los ingresos de una familia de clase media.

Pero ¿cuál es la importancia de los viajes y el turismo para la economía estadounidense? La Administración Estadounidense para Viajes y Turismo establece que los viajes y el turismo comprenden la tercera industria minorista más importante. En ella se gasta dentro y fuera del país una cantidad que se aproxima al seis por ciento del Producto Nacional Bruto.

Casi cinco millones de personas trabajan directamente en esta industria y más de dos millones ocupan empleos indirectos. Los gobiernos se benefician generosamente del turismo a través de impuestos federales, estatales y locales.

El negocio de las vacaciones es multidimensional, una enorme mezcla de negocios en donde casi todas las comunidades tienen alguna participación. El *New York Times* señala que en Estados Unidos más de la mitad de los estados consideran al turismo entre sus tres primeras industrias, mientras México recibe de los turistas el cuarenta por ciento de sus ingresos en divisas extranjeras.

EL TURISMO EN LOS PARQUES NACIONALES Y ESTATALES

Una cantidad sorprendente de personas visita los parques nacionales y estatales; estas visitas pueden considerarse como parte del negocio de las vacaciones y producen millones de dólares en la venta de alojamientos y en restaurantes. La explotación de servicios turísticos dentro de los parques es un importante negocio, algunas veces en manos de una unidad gubernativa y otras veces cedida en concesión a un contratista privado.

Virginia ocupa el primer lugar en la lista de visitas a parques nacionales; Tennessee, el segundo. Nueva York y California tienen el mayor número de visitantes a estos parques.

A partir de los años sesenta surgieron los terrenos de camping privados, y en 1975 había ya unos 800 campings Kampground of America, 50 Holiday

Travel Parks, 200 zonas de camping en la cadena United Safari International, 50 Jellystone Parks y 18 Ramada Camp Inns.

EL NEGOCIO DE LAS VACACIONES Y LAS RECESIONES ECONÓMICAS

El negocio de las vacaciones es vulnerable, en especial, a las recesiones económicas graves, pero como se comprobó entre 1972 y 1975 no se ve muy afectado por las recesiones menores. En agosto de 1932, durante la Gran Depresión, un centro de turismo, en Michigan, tenía un huésped de pago y una treintena de empleados. En 1929, cuando los ingresos nacionales eran elevados, las recaudaciones de los hoteles turísticos totalizaron 76 millones de dólares. En 1932 esa cifra descendió a 22 millones.

En los años de la recesión de 1971 a 1975 los gastos en viajes y vacaciones descendieron muy poco. Los viajes cortos sustituyeron a los largos. Los viajes a Europa descendieron en un 75 por ciento, mientras que se incrementaron los viajes dentro de Estados Unidos y hacia lugares como Canadá, México y Hawai.

LA OCUPACIÓN POR TEMPORADA

La mayoría de los hoteles de las estaciones turísticas tienen una cosa en común: el negocio de temporada. Las estaciones de Nueva Inglaterra abren por lo general hacia el veinte de junio y cierran el primer lunes de septiembre o poco después. Las estaciones tropicales o subtropicales tienen una temporada alta que dura aproximadamente desde Navidad hasta finales de marzo y una temporada de verano, con una ocupación inferior y unas tarifas más reducidas.

La primavera y el otoño son épocas bajas (también llamadas «temporadas relleno») en California, Arizona, Florida y el Caribe. Atlantic City y Poconos tienen una ocupación media anual de menos del sesenta por ciento. Se realiza un esfuerzo constante por parte de los empresarios de hoteles turísticos por alargar la temporada; por lo general, intentan solucionarlo con grupos de convenciones al principio y al final de las temporadas altas.

Hasta los años sesenta, muchos empresarios de hoteles turísticos podían conseguir beneficios trabajando entre 90 y 110 días por temporada. El trabajo y los gastos de comida eran relativamente bajos; los gastos fijos en impuestos y seguros tampoco eran elevados. Ahora, estos gastos son altos; muchos hoteles están rodeados de ciudades y los impuestos son muy elevados. Los empresarios de los hoteles turísticos se ven obligados a alargar las temporadas. Octubre es ahora un mes de moda en Poconos, en las aguas termales de White Sulphur y en algunos lugares de Nueva Inglaterra.

Neoyorquinos y californianos buenos clientes

Cada zona de hoteles de temporada tiende a desarrollar un mercado o mercados especiales. La ciudad de Nueva York es uno de los principales mercados turísticos y los neoyorquinos, por extraño que parezca, constituyen los clientes más numerosos en los hoteles turísticos de todo el mundo. En temporada alta, quizás el noventa por ciento de los huéspedes de Miami Beach son de Nueva York y Nueva Jersey.

Los neoyorquinos ocupan los hoteles de las playas de las islas del Caribe, mientras que los californianos son muy numerosos en los hoteles turísticos de Hawai, Las Vegas y México.

Las razones por las que se elige un destino

Es obvio que los viajeros eligen determinados destinos por distintas razones, tales como clima, atractivo histórico o cultural, deportes acuáticos, atracciones y comodidades para comprar. El atractivo más importante que suele tener Gran Bretaña para los estadounidenses es el histórico y cultural. Entre un gran número de viajeros, clientes de American Express con destino a Florida, California, México, Hawai, las Bahamas, Jamaica, Puerto Rico, las islas Vírgenes y Barbados, los intereses, por orden de importancia, son:

- La belleza del paisaje.
- La actitud cordial de la gente del lugar.
- Las habitaciones agradables.
- El descanso y la relajación.
- Las consideraciones en cuanto a la tarifa aérea.

- Los intereses históricos y culturales.
- La cocina del lugar.
- Los deportes acuáticos.
- Las atracciones (vida nocturna).
- Las oportunidades para comprar.
- El golf y el tenis.

Analizando los 230 cuestionarios en los que se les pedía a los clientes que evaluaran los distintos atractivos, fueron cuatro las consideraciones básicas que saltaron a la vista: atracciones, facilidades para comprar, clima de comodidad y precios asequibles. Las personas que respondieron al formulario representaban una muestra bien definida de gente: un grupo con salarios altos, la mitad de ellos eran profesionales, por lo general de mediana edad, cultos, muchos de ellos ricos y viajeros habituales fuera de Estados Unidos. Por supuesto, dentro del grupo existía toda una constelación de distintos factores. Uno de los entrevistados había elegido el destino, esencialmente, por el golf y el tenis, otro porque le gustaba la gente del lugar y otro porque el lugar ofrecía descanso y relajación. Mucha gente se mostraba un tanto influida por las consideraciones relativas al precio de la tarifa aérea y las ventajas de ir y volver en un vuelo directo.

Muchos hoteles de temporada parecen atraer en particular sólo a un tipo de huéspedes, otros reciben a casi todos aquellos que puedan permitirse pagar sus precios.

El gerente de un hotel turístico que depende en gran medida de los huéspedes sociales, se preocupa siempre por tener una lista homogénea de huéspedes. El gerente se da cuenta de que la mayoría de las personas disfrutan de la compañía de gente de su misma clase y posición social, al mismo tiempo que gozan de alguna belleza local; pero el gerente también se da cuenta de que, en lo más profundo de muchos corazones, yace el deseo de ser un esnob. El origen de la palabra esnob lo explica todo. Proviene del latín *sine nobilitas*, palabra que se reservaba, originalmente, en Oxford para los estudiantes «sin nobleza». Aquellos que carecían de nobleza deseaban tenerla, y la abreviatura de esas dos palabras s-nob, hace referencia al deseo de asociarnos con aquellos que consideramos como miembros de una clase más elevada y alejarnos de aquellos a quienes consideramos de clase más baja. Encontrarse esnobs es algo bastante común en un hotel turístico.

En un hotel turístico de playa, la piscina es el punto de atención. El bronceado es una parte esencial de la experiencia: demuestra que el huésped ha estado de vacaciones. Hay que estar bronceado a toda costa, llueva, caiga un sol de justicia o se su-

Los motivos que llevan al viajero a desplazarse en sus vacaciones a uno u otro lugar suelen ser muy variados. Interés histórico, cultural, gastronómico, o el deseo de practicar un determinado deporte. Sobre estas líneas, surfista desplazándose sobre una ola en Hawai, uno de los lugares preferidos para los amantes del surf.

fran quemaduras. Todo sucede alrededor de la piscina. El huésped solitario pide un amigo a gritos. Gente que en otras circunstancias no encontraría nada que decirse, pero en las vacaciones desarrolla una buena amistad. La piscina es la personificación de la calidez, el altar donde se adora al sol. Aquí flotan distintas corrientes humanas que hacen olvidar el cansancio, calman las ansiedades y traen paz al espíritu.

IR DE VACACIONES, UN ANTIGUO DESEO DE LOS INDIVIDUOS

El deseo de ir de vacaciones está muy arraigado y se manifiesta actualmente a través de esas caravanas que se forman los fines de semana para ir a la playa, en esos viajes cortos a la montaña para esquiar, en el viaje de diez días al Caribe o en el viaje a Europa. Las vacaciones brindan cambios, novedades y, para algunos, descanso. Para otros, las vacaciones son una serie de diapositivas para mostrar a los vecinos. Pueden ser también una forma de conseguir un bronceado de prestigio durante el invierno. Ir a los lugares de moda y mezclarse con lo mejor puede llegar a ser importante. Para mucha gente mayor puede representar un escape de la soledad, y para el hombre y la mujer todavía

jóvenes puede ser un vuelo a aquellos lugares de «encuentros».

Ese deseo de ir de vacaciones existe desde hace mucho tiempo. Los antiguos romanos que tenían residencias veraniegas en Herculano y Pompeya estaban de vacaciones cuando el Vesubio hizo su erupción y los cubrió por completo de lava, lodo hirviente y cenizas volcánicas. En Estados Unidos la historia de los hoteles de vacaciones no establece exactamente cuándo apareció el primero, pero muchas de las personas que participaron en el primer Congreso Continental de 1774 y 1775 «huyeron del calor y la humedad» de Filadelfia y fueron a Germantown, en donde alquilaron casas y se alojaron con la gente del lugar.

Se dice que el primer anuncio de un hotel de vacaciones en Estados Unidos apareció con fecha veinte de mayo de 1789. Hablaba de «la mesa noble y generosa» de Gray Ferry, Pensilvania. «Los huéspedes podrán gozar de conciertos gratuitos todas las semanas y de la pesca... para aquellos que gusten de este tipo de entretenimiento». Dos veces al día había servicio de transporte entre Gray Ferry y la ciudad, anunciaba el propietario, y sería «en una hermosa carreta montada sobre muelles de acero y tirada por dos buenos caballos...».

Los centros turísticos como lugares de vacaciones satisfacen al menos cuatro necesidades humanas básicas: la social, la de la diversión, la salud y el prestigio. Distintos hoteles se han especializado en satisfacer diferentes necesidades. Los balnearios estuvieron de moda antes de 1850 y muchos de ellos funcionaban ya antes de la Revolución. Antes de 1900, casi dos mil balnearios atraían ya a los necesitados de una cura de salud en Estados Unidos.

Esos cientos de campos de deportes, construidos primero para los pescadores y cazadores alrededor de 1870, se convirtieron más tarde en campamentos y residencias para la gente de vacaciones. Siguiendo el modelo de los campamentos de madera, éstos se construyen todavía con una sala central y comedor y un grupo de cabañas a su alrededor. Hoy, Maine tiene más de cinco mil hoteles, campamentos y casas de turismo donde los visitantes, la mayoría de la costa este y de Canadá, llegan para comer, pescar, cazar, salir en canoa, escalar una montaña o, simplemente, para gozar de un verano fresco y agradable.

No sólo se bebieron de las fuentes termales muchos vasos de esa agua (por lo general desagradable), sino que en algunas de ellas se hacía flotar hacia los bañistas bandejas con julepes de menta y comida. El julepe de menta se inventó en 1858 en las fuentes de Old White: se componía de brandy francés, pan de azúcar negro, agua de lima, hielo picado y menta de la montaña, cultivada y tierna. Fue en el Old White donde dicen que el gobernador de Carolina del Sur le comentó a su homólogo de Carolina del Norte: «El tiempo de espera es largo entre bebida y bebida».

La llegada del ferrocarril

La llegada del ferrocarril representó un *boom* tanto para el negocio de los centros turísticos como para los hoteles de ciudad. La gente podía recorrer largas distancias con rapidez y acceder a zonas que antes eran casi intransitables. Allí donde iba el ferrocarril en las regiones de montaña, inmediatamente se construían centros turísticos.

De antiguo surgió en los individuos el deseo de disfrutar de vacaciones, como lo demuestran los restos de residencias veraniegas que los antiguos romanos tenían en Pompeya y Herculano. De épocas ya más próximas a nuestros días se conservan carteles de propaganda como el de la página siguiente, que a principios del siglo XX anunciaba la belleza de las playas de Sète, en Francia (todavía llamada Cette).

La región de la quebrada de Delaware, en Pensilvania, es un ejemplo de lo que sucedió a la llegada del ferrocarril. A principios de siglo, los veraneantes que llegaban a ese lugar tenían que soportar un viaje en carreta y en bote para poder hospedarse en las habitaciones disponibles que se alquilaban a los lugareños. Cuando llegó el ferrocarril, también llegaron los visitantes y con ellos empezaron a construirse muchos hoteles.

Hoy, esta zona cuenta con más de quinientos hostales para los veraneantes.

Los cambios de orientación del siglo XIX

El movimiento romántico de principios del siglo XIX modificó la tradición puritana del utilitarismo en Estados Unidos. La nueva religión de la naturaleza, tal como fue expuesta por los románticos y apoyada por el «regreso a la simplicidad» de Thoreau, apenas fue necesaria para sacar a la gente de los centros industriales. «Id a las montañas», decían los folletos de la época, para «entregaros a las profundas reflexiones que conducen a la sabiduría y a la felicidad».

Las Catskills se convirtieron en uno de los primeros centros de recreo de Estados Unidos. La Catskill Mountain House se inauguró el cuatro de julio de 1823. La élite de la sociedad estadounidense comenzó a favorecer ese lugar desde la primera temporada; en 1843 se podía elegir entre una selección de vinos de Borgoña, vajilla francesa y danzas del mismo país.

Las Catskills, idealizadas por Washington Irving como el país de Rip Van Winkle, se convirtieron en un símbolo en la literatura y la pintura del movimiento romántico estadounidense. Las pinturas naturalistas de artistas como Winslow Homer y Thomas Cole contribuyeron a elevar el aura de deseo de un retorno al mundo natural. Antes de esa época, los estadounidenses jamás habían pensado en viajar a las montañas y al campo para disfrutar de sus vacaciones. La mayoría de ellos ya vivían allí.

En las décadas de los años ochenta y noventa, las granjas reacondicionadas permitieron que el veraneante disfrutara de la ilusión de una existencia rural sin tener que hacer frente a su dureza. Las granjas podían alojar de 10 a 25 huéspedes. En 1905 había unos novecientos hoteles, granjas y pensiones que proporcionaban alojamiento a cerca de 25 mil personas en las Catskills.

Esta región, situada aproximadamente a 180 kilómetros al norte de la ciudad de Nueva York, tiene un fácil acceso por autopista. Las Catskills constituyen una excepción con respecto a la pobreza que exhiben la mayoría de los centros turísticos de montaña. Conocidas como el Cinturón de Borscht, la mayoría de sus dos millones de visitantes proceden de la zona metropolitana de Nueva York. Estas personas vienen a retozar, a buscar posibles compañeros matrimoniales y, como dijo alguien muy ingenioso, en busca del agotamiento.

En el condado de Sullivan, donde están instalados la mayoría de los hoteles del Cinturón de Borscht, los primeros centros de veraneo eran unas destartaladas granjas que tenían de veinte a cua-

renta habitaciones. Cada una de ellas disponía de una cocina comunitaria para los trabajadores del sector este de Nueva York, quienes estaban decididos a disfrutar de los placeres de la vida rural.

El *boom* de la década de los veinte trajo consigo la arquitectura Tudor y estucó los hoteles de cuatro o cinco plantas. La mayoría de los quinientos hoteles de las Catskills fueron construidos en esa época. Veinte de ellos pueden alojar a quinientos huéspedes o más, y aproximadamente existen dos mil colonias con bungalows con un espacio total para casi 450 mil personas.

El Grossinger's y el Concord, los dos hoteles más grandes de las Catskills, sorprendieron a los visitantes con algo nuevo: habitaciones individuales con dos cuartos de baño. Los hoteles más importantes presentan a grandes figuras del espectáculo, muchas de las cuales comenzaron sus carreras como empleados y animadores en el mismo hotel. Las celebridades son bienvenidas y agasajadas con todos los gastos pagados.

En el hotel Grossinger's las actividades casamenteras representan un gran negocio y son consideradas como una parte de la responsabilidad administrativa. Se confeccionan listas con personas solteras que residen en la misma zona y se hacen los arreglos necesarios para que puedan conocerse. En una ocasión se ofreció un premio a la primera pareja que se conociera y se comprometiera estando en el hotel. No hubo ningún candidato. El departamento de promoción se desesperó. Por último, se localizó a una pareja que parecía estar haciendo evidentes progresos en su relación. Se organizó un paseo en barca y —mientras la pareja creía estar a solas— un grupo de personas sumamente ansiosas interpretaba música romántica y observaba todos sus movimientos. El programa fue un éxito total.

Los comienzos de la industria turística en Nueva Inglaterra

La industria turística en Nueva Inglaterra tuvo varios comienzos: granjeros que acogían a turistas durante el verano y campamentos de caza y pesca que, gradualmente, fueron transformándose en hoteles turísticos. Las granjas con familias numerosas eran ideales para el nuevo negocio. Estas familias significaban mano de obra barata, grandes casas que podían acomodar a los turistas provenientes de la ciudad en el verano, y gran cantidad de alimentos producidos por ellas mismas y sus animales para alimentar a los visitantes.

El maravilloso paisaje de la montaña era absolutamente gratis. Todo lo que se necesitaba era un li-

Los hoteles de vacaciones

bro mayor con un gran «registro de huéspedes» escrito en la tapa y una patata en la cual clavar la pluma, para que los visitantes de la ciudad apuntaran sus nombre y direcciones. Cuando el negocio creció, la familia construyó más habitaciones en su gran casa hasta conseguir finalmente un hospedaje de veraneo de tamaño razonable.

En Maine, los primeros turistas eran indios de las tierras interiores y del Canadá que pasaban sus veranos en la costa, pescando y celebrando fiestas. El primer veraneante llegó a Old Orchard Beach en 1837, y hacia 1850 el negocio del turismo en Maine se hallaba en plena expansión, acompañado de folletos y material promocional.

El retroceso del número de visitantes a las montañas

Con pocas excepciones, en Estados Unidos y en Canadá los centros turísticos de las montañas no han resultado rentables en los últimos años. Antes del aire acondicionado y de los viajes en avión, pasar el verano o parte de él en las montañas era un acontecimiento social y una manera agradable de huir del calor de la ciudad. En 1891, las White Mountains de Nueva Hampshire contaban con cerca de sesenta hoteles con más de once mil habitaciones. En 1959, el número de habitaciones había descendido casi a la mitad y actualmente ese número sigue decreciendo. En 1890 los lugares de veraneo en las montañas eran el centro de la temporada social estival y presentaban un estilo de vida único, tanto para los huéspedes como para el empresario, un aspecto de los documentos históricos estadounidenses que ha sido ignorado en la mayoría de los libros de historia.

LA RELACIÓN ENTRE LOS CENTROS TURÍSTICOS Y EL FERROCARRIL

Durante el *boom* turístico iniciado en la década de 1880, el transporte hasta los lugares de veraneo se realizaba en coches tirados por caballos, en barco y en tren. La administración de los ferrocarriles consideró como algo lógico la construcción y dirección de centros turísticos que pudieran tener un fácil acceso a través de sus líneas férreas. La relación era suficientemente explícita, pero la administración de centros turísticos por los ejecutivos del ferrocarril carecía de imaginación y de eficacia. Por tanto, la unión entre las líneas férreas y los hoteles pudo haber sido dichosa, pero excesivamente cara. El ferrocarril Chesapeake y Ohio estuvo originalmente relacionado con el Homestead y actualmen-te posee el Greenbrier, hoteles de gran fama en las Blue Ridge Mountains.

Al igual que la mayoría de los transportes públicos, los ferrocarriles están más o menos subvencionados por el gobierno y no tan preocupados por los costes como los grupos hosteleros profesionales. Los hoteles Glacier Park, del Glacier National Park, propiedad originalmente de Great Northern Railroad, constituyen uno de estos casos. Estos hoteles perdían dinero regularmente hasta que se introdujo una férrea administración.

En el Many Glacier Hotel, un edificio con 230 habitaciones, el personal se redujo de 220 a 165 empleados, sin que se percibiera una pérdida apreciable en la calidad del servicio. En lugar de tener lavanderías separadas en cada hotel, se estableció una lavandería central para los cuatro hoteles y dos moteles existentes. También se organizó una panadería centralizada para servir a tres lugares. Se ampliaron las tiendas de regalos, se añadieron salones de cóctel, y las ventas de bebidas fueron promovidas a través de listas de vinos en las habitaciones. Se introdujo, así mismo, un menú uniforme para los numerosos hoteles de la cadena Park y los costes de alimentos y bebidas fueron reducidos en algunos casos hasta un tercio.

El sistema de contabilidad para los hoteles se dejó en manos del ferrocarril, con el resultado de que los grupos que celebraban convenciones a mediados del verano no se facturaron hasta el febrero siguiente. Siguiendo la práctica típica de los ferrocarriles, los hoteles no disponían de estadísticas de sus operaciones; los administradores de los hoteles, recibiendo un sueldo que era aproximadamente la mitad de lo que tendrían que percibir por el trabajo que realizaban, seguían operando del mismo modo año tras año. Los antiguos administradores fueron reemplazados y se instaló un sistema de bonificaciones.

Una innovación que demostró ser muy popular entre los huéspedes, y que elevó la moral de los empleados, fue el contrato de alumnos aventajados de las escuelas superiores para que se hicieran cargo de los espectáculos destinados a entretener a los huéspedes. Alumnos provenientes de Carleton College, Grinnell College y otros colegios superiores, fueron empleados como camareros, camareras, botones, mozos y sirvientes. Estos alumnos tuvieron una destacada actuación en los espectáculos nocturnos bajo la dirección de un profesor de música del colegio. Como expresión de los deseos creativos del personal, estos espectáculos fueron en gran parte responsables de la elevada moral que reinaba en estos hoteles. Una serie de cuestionarios rellenados por los huéspedes demostró que los entrete-

Para pasar las vacaciones, una alternativa a los baños de mar han sido las estancias en las montañas, donde puede disfrutarse de tranquilidad, aire puro y bellos paisajes, como el que aparece en la fotografía superior, que corresponde a los bosques de Nueva Inglaterra, en el nordeste de Estados Unidos.

nimientos protagonizados por los empleados eran el aspecto que encontraban más agradable durante la estancia en los hoteles.

La Canadian Pacific Railroad ha sido operadora de hoteles durante varios años. En 1913, el Banff Springs Hotel, en Banff, Alberta, fue la culminación de un proyecto de 16 millones de dólares. Este establecimiento cuenta con seiscientas habitaciones y su estructura vista desde lejos puede recordar un castillo de hadas.

LOS CENTROS TURÍSTICOS DE LAS MONTAÑAS CANADIENSES

El Chateau Lake Louise, al norte de Banff, en Canadá, posee uno de los asentamientos hoteleros más hermosos del mundo, comparable a Las Brisas en Acapulco, México, al Conquistador, en Puerto Rico, y a algunas estaciones de veraneo suizas. El Chateau está ubicado en un extremo del lago Louise, donde una montaña cubierta por un glaciar sirve como telón de fondo al lago. Unas sesenta mil amapolas orientales cubren un lado de la terraza del hotel. Como ya hemos mencionado, la Canadian Pacific Railroad es la propietaria de este hotel.

La Canadian National Hotels, una subsidiaria de la Canadian Pacific Railroad, se encarga de administrar el Jasper Lake Lodge. El Lodge combina lo mejor del antiguo estilo hotelero —aún muy popular en Canadá— con el moderno restaurante y las actividades de recreo. El edificio central, que se construyó en 1952, después de que un incendio destruyera el antiguo edificio de la posada, es muy hermoso. El encantador uso que se ha hecho de una gama de colores cálidos en el mobiliario, las luces de color, que se reflejan sobre el techo del comedor, y una vista al lago Jasper contribuyen a que la comida sea memorable.

Los dos ferrocarriles canadienses subvencionan un programa de entrenamiento continuo para *chefs*, para ello tienen asignado a cada uno de los hoteles el entrenamiento de una determinada cantidad de cocineros aprendices. El programa proporciona un número constante de cocineros y evita la necesidad de elevados salarios para *chefs* ejecutivos y la habitual búsqueda desesperada de *chefs* en los hoteles de temporada. Sun Valley, un hotel turístico que permanece abierto durante todo el año y está emplazado en un entorno espectacular y con increíbles estímulos para el esquí, originalmente también propiedad de la Union Pacific Railroad, al igual que los otros hoteles turísticos de los ferrocarriles, obtiene probablemente escasos beneficios después de tener en cuenta una moderada amortización.

EL ATRACTIVO DE LOS JUEGOS DE AZAR

En las mentes de muchas personas, los juegos de azar son el complemento de las vacaciones. ¿Qué serían Las Vegas, Reno y Atlantic City sin el acicate de un toque de la diosa Fortuna? A finales del siglo XIX, los aficionados se desplazaban a Saratoga Springs, Nueva York, por los caballos. Había dos hoteles construidos y dirigidos por todo lo alto: el Grand Union y el United States Hotel.

Saratoga era tan famosa por sus «elegantes garitos», los casinos de juegos de apuestas, como lo eran sus hoteles por sus «elegantes bellezas». Aun así, el Grand Union y el United States Hotel de los años 1880 y 1890 cerraban sus puertas a las once de la noche y no permitían la entrada a nadie excepto a los huéspedes registrados.

Atlantic City, en el año 1853, tuvo un comienzo brillante como centro turístico de playa, cuando se construyó una vía ferroviaria hasta las costas de Absecon Island. Hacia 1870 la playa, previamente sólo frecuentada por indios de Delaware y «amantes de las fiestas en la playa», recibía alrededor de cinco mil personas que acudían a pasar sus vacaciones. En su época de esplendor, el entablado de madera que bordeaba la playa se convirtió en un paseo para los huéspedes de los hoteles (más de tres millones anuales) que recorrían casi diez kilómetros continuos de madera y acero.

En la década de los setenta del siglo XX, Atlantic City había perdido su gloria e iba decayendo rápidamente. En 1977 el cuerpo legislativo del estado de Nueva Jersey aprobó un proyecto de ley que permitía las apuestas en Atlantic City, con lo que confirió a la zona turística una nueva expectativa de vida. Los ejecutivos de la industria prevén que Atlantic City superará a Las Vegas en ingresos en concepto de apuestas.

Las zonas turísticas tienden a atravesar los ciclos de la vida: infancia, madurez y senectud. Cada etapa atrae a un mercado diferente. El destino del centro turístico puede reavivarse pero el proceso es difícil y por lo general muy oneroso.

En California el viajero todavía puede vivir la experiencia «majestuosa» visitando esa mezcolanza victoriana/reina Ana que es la Del Coronado, al otro lado de la bahía de San Diego. Construido en 1887, tuvo el primer sistema de iluminación eléctrica que se instalara en un hotel, y en 1971 estaba incluido en la relación del Registro Nacional de Lugares Históricos.

Colorado posee su propio gran hotel, encarnado en el Broadmoor, en las cercanías de Colorado Springs, ahora un activo hotel de convenciones.

HOTELES TURÍSTICOS Y VIAJES ORGANIZADOS

Thomas Cook inició el negocio de las agencias de viajes en 1841, cuando organizó un viaje en ferrocarril para un encuentro de abstemios en Leicester, a 24 kilómetros de distancia de su casa de Market Harborough, en Gran Bretaña. Al poco tiempo estaba organizando viajes para grupos por todas las islas Británicas y, posteriormente, por Europa, Estados Unidos y el Oriente Próximo. En la década de 1890, los Ferrocarriles de Pensilvania ofrecían trenes especiales desde Nueva York hasta Jacksonville, Florida. Este viaje formaba parte de un programa completo que incluía el billete del tren, la habitación del hotel y las comidas.

Actualmente, se dice que el negocio de los viajes organizados es el segmento del movimiento aéreo que crece con mayor rapidez. El viajero obtiene comodidad, reservas y, con frecuencia, servicios de comidas, bebidas, visitas turísticas y entretenimiento. Los viajes organizados han tenido una incidencia tremenda en el negocio de las vacaciones. Eastern Airlines inició los primeros viajes organizados en Miami en el invierno de 1951. Estos viajes hicieron de Miami un centro turístico, tanto invernal como estival, y han sido responsables de que se ocuparan miles de asientos vacíos en las compañías aéreas. Los viajes organizados los promueven alrededor de

doscientos mayoristas de viajes de Estados Unidos. Estos mayoristas, a su vez, ofrecen los circuitos a más de veinte mil agencias de viajes, que los venden al por menor a personas que no desean tomarse la molestia, o que no saben cómo organizarse su propio viaje, encontrar alojamiento y procurarse sus distracciones.

Por su esfuerzo, los tour operadores obtienen un descuento de alrededor del veinte por ciento sobre todo cuanto ofrecen, exceptuando la tarifa aérea. Si la tarifa para una habitación de hotel es de sesenta dólares diarios, el operador puede obtenerla por cuarenta dólares o menos. Si una atracción turística vale cinco dólares, el tour operador la consigue por cuatro. El descuento del veinte por ciento también se concede en restaurantes y clubs noc-

Algunos hoteles construidos en lugares eminentemente turísticos se llenan solamente en época de vacaciones y algunos de ellos sólo entonces abren sus puertas. Sobre estas líneas, hotelito de montaña en el Parque Nacional Glacier, en Columbia Británica (Canadá).

turnos. El organizador del paquete se queda aproximadamente con la mitad del descuento y le pasa la otra mitad al agente de viajes.

Los hoteles turísticos, por lo general, se muestran encantados de formar parte de un paquete turístico; algunos hoteles no podrían sobrevivir si no estuvieran incluidos en el itinerario regular de algunos

de los viajes. Las compañías aéreas quedan satisfechas; el agente de viajes también; al igual que el administrador del restaurante; todos quedan satisfechos, a excepción del viajero, quien, en algunos casos, puede sentir que forma parte de una multitud anónima, siendo conducido como la oveja de un rebaño de una atracción a otra; a otros no les gustaría hacerlo de otro modo. El viajero sofisticado puede unirse al grupo de un viaje en razón de su economía y abandonarlo durante parte del programa o la mayoría del mismo. Los tours pueden ahorrarle al viajero un tiempo y un esfuerzo tremendos en la organización del viaje, y, en muchos casos, ello implica considerables ahorros.

¿CUÁNTO VALE UN HOTEL DE TEMPORADA?

¿Cuál es el valor justo de mercado de un hotel de temporada? ¿Qué precio pagará un posible comprador, y a cuánto venderá un posible vendedor, cuando ambos conocen los hechos y ninguno actúa bajo presión? Gran parte de la posesión de un hotel está vinculada a factores psíquicos, el orgullo de la propiedad, y el placer que pueda tener u obtener el propietario o aspirante a propietario por el hecho de poseer un hotel junto a un lago o una playa.

Las consideraciones en cuestión de impuestos suelen ser factores predominantes. Los propietarios adinerados de hoteles de economía saneada tal vez esperen pérdidas operativas que puedan utilizar para deducir impuestos derivados de otros ingresos. En el pasado, personas de este tipo construyeron o compraron muchos centros turísticos. Así mismo, existen circunstancias especiales (por ejemplo, convenios de heredad o desacuerdo entre los socios) que pueden distorsionar el auténtico valor de mercado.

Según la empresa Helmsley-Spear, el más importante agente inmobiliario, el enfoque tradicional para determinar valores justos posee básicamente tres aspectos:

- El valor en comparación con propiedades comparables.
- El coste de reproducción, separando el valor del terreno del valor de las construcciones.
- El valor capitalizado que producirá la propiedad como beneficio sobre una base libre y clara.

El enfoque que se utiliza más comúnmente es el que se basa en la capitalización de las ganancias: qué producirá la propiedad.

Desde el punto de vista de los beneficios, un hotel turístico es tan valioso como los ingresos netos

Los viajes organizados han tenido gran aceptación en un amplio segmento de la población a la hora de preparar unas vacaciones. Estos viajes facilitan reservas en medios de transporte, en hoteles y algunos de ellos incluyen incluso comidas y visitas comentadas. Arriba, grupo saliendo de un restaurante en San Francisco (EE UU).

que pueda generar. Para una propiedad nueva se elabora un proyecto de la cuenta de pérdidas y ganancias que refleje los ingresos, los gastos, los impuestos, la amortización y la ganancia neta esperada. Para la propiedad ya establecida, las cuentas de pérdidas y ganancias de los años anteriores constituyen una guía acerca de las pérdidas o ganancias futuras.

Las ganancias potenciales

Las ganancias potenciales de una propiedad quizás no sean las mismas que se produjeron en el pasado. Presumiblemente, el comprador maximizará el uso de la propiedad y puede llegar a un valor, basado en «el máximo y mejor uso» de la propiedad, proyectado para el futuro. Durante los años setenta la mayoría de los grandes hoteles turísticos se estaban adaptando al desarrollo de los terrenos y la venta de multipropiedades. El hotel en sí mismo podría considerarse como el centro de actividades del desarrollo de los terrenos, derivando los beneficios de las ventas de tierra y multipropiedades no necesariamente de las operaciones del hotel.

Las ganancias potenciales de una propiedad toman en consideración el valor del terreno propiamente dicho, su emplazamiento, su entorno, y cosas tales como los derechos de vecindad, los derechos

de paso y las circunstancias especiales relacionadas con la propiedad.

Las ganancias potenciales de muchos hoteles turísticos están casi directamente relacionadas con la conveniencia de acceder al lugar por aire o por carretera. Las relaciones que puedan tener el propietario o los aspirantes a propietario con tour operadores y agencias de viaje pueden revestir suma importancia. También lo es la relación de la propiedad con carreteras interestatales ya existentes o proyectadas, rutas aéreas y tarifas aéreas.

Para la financiación de un hotel turístico es importante determinar si se puede incluir en un sistema de referencia a nivel nacional o si formará parte de un sistema de franquicia. Las instituciones de préstamo se muestran más favorablemente dis-

La construcción de un establecimiento turístico (bajo estas líneas, el Waikoloa Hilton de Hawai) supone para el entorno un cambio importante que incluye generalmente una revalorización de los terrenos, un aumento de los servicios en el área, el encarecimiento de los precios de los productos básicos, etcétera.

puestas a prestar dinero para una operación de hotel turístico cuando éste forma parte de tal sistema de referencia.

En el pasado, un método práctico utilizado para obtener el valor de un hotel, motel u hotel turístico era el de multiplicar los ingresos de la propiedad durante un año por siete u ocho veces. Por supuesto, tal cifra es sólo un punto de partida que se debe cotejar con todos los otros factores que pesarán sobre la cifra de beneficios netos para el futuro.

El negocio de los hoteles turísticos es altamente especializado, bastante separado del negocio del hotel y el restaurante comerciales. Existe un conjunto de conocimientos y de prácticas que constituyen la experiencia. Una aparente contradicción a esta afirmación la forman las numerosas incursiones en este campo de extraños, tales como grupos de empresas aéreas y empresas petrolíferas. Sin embargo, los ajenos al sector aportan su propia metodología en materia de finanzas y administración, sumándolo al conocimiento de administración especializado del operador experimentado.

Siempre se debe indagar acerca del «máximo y mejor uso» de la propiedad. Muchos hoteles turísticos han sido «mejor utilizados» al derribarlos y vender el terreno en forma de parcelas para construir en ellos. Otros hoteles turísticos se han convertido en clubs privados; otros, incluso en escuelas o colegios. En Las Vegas, el hotel sólo es un marco para que las salas de juego y los restaurantes conforten a los huéspedes hasta que retornen al negocio que tienen entre manos, jugar o divertirse.

¿De qué dependen los beneficios en un hotel de temporada?

Los beneficios de un hotel turístico varían enormemente dependiendo de la administración, la ubicación, la inversión y, para los hoteles de temporada estival, del clima. Algunos hoteles invernales también pueden sufrir las variaciones del clima. En 1958, la temporada de invierno en Florida se vio sacudida por ráfagas heladas que se extendían más allá de Miami. Ni los hoteles ni los huéspedes estaban preparados para las frías temperaturas que destrozaron los naranjales y también las vacaciones. Los huéspedes de un importante hotel de Miami tuvieron que dormir vestidos algunas noches y pagaron por ese privilegio. No había suficientes mantas para todos y el sistema de calefacción estaba diseñado para el «clima de Florida» y no para los vientos helados.

La lluvia y el frío son la ruina para el propietario de un hotel de verano. Los huéspedes no tardan en

La urbanización de amplias áreas a base de hoteles de vacaciones, apartamentos o bungalows tiene una relación directa en muchos casos con la benignidad del clima. En la página siguiente, playa en las islas Canarias (España), famosas por su eterna primavera.

quejarse de la comida, del personal y de la dirección del hotel. *¿Siempre llueve en este lugar, Mr. Hoyt?* es el título de un libro que recopila las miserias que padece el gerente de un hotel de temporada estival durante el mal tiempo. El título, sin duda, es acertado. La mayoría de los hoteles de verano, por encima de cualquier otra consideración, están vendiendo su clima y su paisaje natural. El mal tiempo durante una temporada puede arruinar a un establecimiento que cuenta con escasa financiación. Pero lo que es veneno para unos, es alimento para otros. Mientras que el tiempo frío y lluvioso puede acabar con el negocio en Poconos, el mismo clima puede hacer que se agoten las plazas en otros centros turísticos. «Nos iremos al Caribe, se dice, para entrar en calor.»

La duración de la temporada representa un factor crítico en los hoteles del norte. En algunas áreas, la temporada se acorta cada año. El día después del Día del Trabajo (fiesta que se celebra el primer lunes de septiembre) encuentra desiertos la mayoría de los hoteles de temporada de verano. La temporada en Cabo Cod no se abre hasta el veinte de junio. El sudeste y el sudoeste disfrutan de temporadas más largas y tienden a establecer hoteles abiertos todo el año con breves intervalos en los meses de mayo y septiembre.

Los elevados costes operativos

Con temporadas cortas y muchos gastos fijos, los hoteles de temporada deben cargar tarifas que parecen inusualmente elevadas a los clientes más antiguos. La mayor dificultad a la que deben hacer frente estos hoteles es la imposibilidad de que el aumento de las tarifas compense los crecientes costes de gestión.

Los gastos de personal son sorprendentemente bajos en muchas zonas, ya que los estudiantes de los colegios superiores reclaman estos puestos de trabajo como una forma agradable de pasar el verano. La organización Glaciar Park Hotels, por ejemplo, recibió doce mil solicitudes de empleo en un año, pero sólo disponía de seiscientas vacantes. Estos es-

tudiantes resultan ser excelentes trabajadores, pero para muchos de ellos los atractivos de trabajar en un hotel comienzan a desvanecerse a comienzos de agosto. Hay una multitud de razones que explican su deseo de regresar a casa: las exigencias de su madre, la necesidad de comprar ropa para el colegio y otras situaciones similares. Para protegerse contra este éxodo masivo de trabajadores eventuales, casi todos los hoteles de verano pagan bonificaciones a aquellos estudiantes que se quedan durante toda la temporada. En realidad, muchas de estas bonificaciones son salarios que son retenidos para asegurarse su sumisión.

Muchos hoteles de temporada fueron construidos antes de 1930 y, por tanto, las reparaciones y el mantenimiento deben ser constantes. Cañerías que gotean; golpes de ariete en el sistema de calefacción; calderas que explotan. Una situación típica de lo que puede esperarse fue la experiencia de un gerente de hotel que mostraba a una familia recién llegada su habitación en Pensilvania. Primero, la cerradura de la puerta estaba trabada y no abría; finalmente, cedió con ayuda de una llave maestra. La habitación estaba helada porque la calefacción no llegaba hasta los radiadores. Para hacer una prueba, se hizo funcionar la cisterna del cuarto de baño; la válvula

Los hoteles de vacaciones

estaba atascada. Quitaron la tapa del depósito en un intento por desatascar la válvula y ésta se desintegró en las manos del gerente, lo que hizo que éste iniciara una precipitada retirada.

Los hoteles turísticos gastan apenas entre un seis y un ocho por ciento de sus ingresos en reparaciones y mantenimiento. Aquellos hoteles bien conservados dedican un diez por ciento para esos menesteres. Sin constantes reparaciones, a los hoteles de temporada les ocurre lo mismo que a los antiguos soldados de MacArthur: «desaparecen».

LA COCINA EN LOS HOTELES TURÍSTICOS

La comida ha sido durante mucho tiempo el sello distintivo del Plan Norteamericano para los hoteles turísticos. Mientras que los vinos y la cocina francesa eran ofrecidos en unos pocos hoteles antes de 1850, y así ha seguido siendo desde entonces, el Plan Norteamericano para los comedores hosteleros ha complacido los gustos del estadounidense medio en materia de alimentación. Cada hotel debía disponer de un amplio surtido de productos recién horneados. El asador puede ser un profesional de la ciudad o, lo que sucede con mayor frecuencia, uno de los habitantes de la población con experiencia en el horno.

Los administradores de hoteles del Plan Norteamericano han absorbido en mayor o menor medida el coste de la comida en el coste diario total. Supongamos que el cliente paga cien dólares por día; el administrador asigna arbitrariamente parte de la tarifa para cubrir el coste de las comidas. Muchos hoteles de temporada sirven comidas a huéspedes no registrados por un precio fijo.

Los hoteles trabajan con varios planes de comidas:

- PE (Plan Europeo): la tarifa de la habitación no incluye las comidas.
- PN (Plan Norteamericano): todas las comidas están incluidas en la tarifa de la habitación —Pensión Completa.
- PNM (Plan Norteamericano Modificado): la tarifa de la habitación incluye el desayuno y la cena —Media Pensión.
- Plan Continental: la tarifa de la habitación incluye un desayuno limitado.

En el Reino Unido y parte de la Europa continental, los planes de alojamiento y desayuno (A & D) significan que el desayuno está incluido en la tarifa. En algunos lugares de Inglaterra, Irlanda y Escocia

el desayuno es espléndido, en él se incluye bacon, huevos, cereales y bebidas. En Francia y en España es probable que el desayuno continental esté compuesto por panecillos y mermelada, jamón o miel, y una bebida.

El hospedaje catalogado como *garni* significa no sólo el desayuno, sino servicio regular de restaurante. El PNM está adquiriendo creciente popularidad; reduce el coste de la comida para el hotel, y es útil para aquellos huéspedes conscientes de lo que representa una dieta. El plan permite que el huésped, quizás en un alto de su recorrido por el lugar, tome su almuerzo fuera del hotel.

El gasto en concepto de personal

Un problema siempre presente en la dirección de un hotel es el de la comida del personal. Los *chefs,* ansiosos por mantener los costes reducidos o indiferentes a los gustos de los trabajadores, se inclinan por repetir una y otra vez los mismos menús. Pocos hoteles planifican las comidas de los empleados por separado. Establecer comparaciones entre diversos hoteles desde el punto de vista de los costes de alimentación, por lo general no resulta de ninguna utilidad, debido al número de trabajadores que se están alimentando y a la artificialidad de la cifra reservada por la dirección para comida.

Para los hoteles turísticos es muy importante el apartado propaganda y se suelen realizar varias promociones a lo largo del año. Fuera de temporada, ofertas interesantes atraen a jubilados, del mismo modo que las parejas en viaje de bodas (arriba) cuentan siempre con atenciones especiales.

Pero ¿qué proporción de la tarifa del Plan Norteamericano que se carga se debe asignar a ingresos por comidas? Por lo general, los precios que se cargan en el menú son las cantidades asignadas por los ingresos provenientes de las tarifas del Plan Norteamericano en concepto de ingresos por comidas.

Puesto que en ocasiones los trabajadores salen baratos, en el pasado los propietarios tendían a contratar demasiado personal. Con el análisis y una planificación más ajustada, a menudo la cantidad de personal contratado en un hotel se puede reducir drásticamente. Cada trabajador, por poco que se le pague y poco que trabaje, hace tres comidas al día, y requiere ropa blanca y supervisión. Tales gastos crecen rápidamente.

Otro modo de reducir los costes de la nómina en los hoteles consiste en estudiar el número de em-pleados necesarios según a la temporada. Muchos hoteles abren el quince de junio, pero su nivel de ocupación es sólo del veinte o treinta por ciento hasta el uno de julio. Contratando algo menos de la mitad de la plantilla total durante las semanas de junio, la nómina se reduce, el coste de las comidas de los empleados es menor y su moral es más elevada. Una plantilla pequeña es más fácil de adiestrar y constituye un núcleo de experiencia sobre la cual se cimentará el resto de trabajadores que lleguen en el mes de julio. Los empleados se mantienen ocupados, lo que es especialmente importante para los que reciben propinas.

La combinación de trabajos es otra forma de reducir la nómina. Son factibles combinaciones de tareas extrañas: un muchacho de dieciocho años de un hotel de temporada hacía de salvavidas por la mañana, operador de la centralita telefónica por la tarde y ayudante de camarero por la noche. El muchacho aún tenía tiempo para tocar el timbre de incendios en las primeras horas de la mañana, suscitando entre los huéspedes no poca alarma.

Los administradores de hoteles de temporada han de ser también promotores o contar con un promotor imaginativo y siempre alerta que trabaje para ellos, ya sea fijo en plantilla o a través de una agencia de publicidad. La mejor publicidad, no obstante, ha sido, y probablemente lo será siempre, la satisfacción de los huéspedes actuales. Éstos, así mismo, deben quedar convencidos durante cada visita y entre una y otra visita.

Casi todos los hoteles turísticos poseen un folleto, con frecuencia pródigo en superlativos. Si las descripciones de lo que el huésped puede esperar fueran verdaderas, el pobre huésped moriría a causa del puro éxtasis: eso, o relajarse tanto que la vuelta a la vida sería del todo imposible

¿CÓMO PROMOCIONAR UN HOTEL TURÍSTICO?

La correspondencia, el envío de cartas y documentación a huéspedes antiguos o potenciales es una parte fundamental de la promoción del hotel turístico. La correspondencia puede constituir un arte. Son pocos los operadores que confían plenamente en él, sin invertir nada en publicidad pagada. Las cartas personales, aludiendo al hecho de que el Sr. Mendoza bajó el par en un determinado hoyo (o afirma haberlo hecho), o de que cabe esperar que a la pequeña María le haya vuelto a salir el diente, o que los Luque han preguntado por los Álvarez, constituyen una lectura deliciosa y crean amigos para el hotel.

Los hoteles de vacaciones

La correspondencia ha de ser personalizada e, incluso aunque la misma carta se envíe a mil personas, siempre debe incluir una despedida jovial, como «Ercilia y yo no vemos la hora de volver a tenerlos entre nosotros». La firma de puño y letra es indispensable, y también resultan útiles los sellos de correo en lugar de una máquina franqueadora. La correspondencia directa requiere pericia y conocimientos. Las listas de direcciones de clientes se han de mantener actualizadas. Los expertos en el tema afirman que en los envíos se debe incluir a todos los huéspedes que se hayan alojado en el hotel durante los tres últimos años. El valor de la correspondencia enviada a aquellos que no han regresado al cabo de tres años se vuelve marginal. Después de cinco años, el coste es excesivo para compensar un posible regreso. Durante el año se han de efectuar al menos tres envíos de correspondencia, para que resulten eficaces para la promoción.

Los recién casados en viaje de novios representan un gran negocio para los hoteles turísticos. Según la opinión de un hotelero experto, aunque la novia no lleve una orquídea, también se la puede identificar, ya que todas sus prendas serán inmaculadamente nuevas, en particular el calzado. Quienes se hallan de viaje de novios, por lo general se muestran reservados hacia los demás, pero agradecen toda actitud cordial que se les brinde. Ciertos emplazamientos han llegado a convertirse en sitios clásicos para realizar este viaje para los estadounidenses, por ejemplo, Acapulco, las Bermudas y Hawai. Guam es el principal destino para los recién casados japoneses.

EL NEGOCIO DE LAS VACACIONES

El negocio de las vacaciones ha sido objeto de creciente atención por parte de los representantes de las administraciones local, estatal y federal estadounidenses como acicate para una economía estancada. El gobierno federal, por ejemplo, considera al turismo como un medio posible para desarrollar las economías de estados tales como Kentucky y Virginia Occidental. La Administración para el Desarrollo Económico, una agencia federal, ha suscrito millones de dólares para el desarrollo de hoteles de temporada en parques pertenecientes a esos estados, y otros millones para fomentar el turismo en tierras indias. Estados como Nevada, Colorado, Wyoming, Arizona y Florida tienen plena conciencia del valor del dólar turístico.

Muchas de las islas del Caribe habrán de volcarse al turismo como la única forma realista de ver reducido su nivel de pobreza. Se ha mantenido que el dólar turístico es más valioso para una economía lo-

cal que el dólar generado y gastado dentro de la economía. Gran parte del dólar turístico se destina a pagar servicios de las personas, tanto para la explotación como para la puesta en marcha de servicios turísticos. Es un dinero que entra fresco, dinero al margen de la economía, que pone en funcionamiento diversas «cadenas de gasto».

El Departamento de Comercio de Estados Unidos afirma que el dólar turístico tiene una rotación de 3,27 veces al año. Para decirlo en otras palabras, un dólar turístico es recibido y gastado más de tres veces durante un solo año. Este «efecto multiplicador» del dólar turístico varía a tenor de la autosuficiencia de la economía local. Si se tuvieran que importar alimentos, por ejemplo, el dinero destinado a pagarlos sale inmediatamente de la comunidad y no participa del efecto multiplicador.

Un estudio del efecto multiplicador del turismo sobre la economía del estado de Nueva Hampshire demostró que en un año determinado el gasto de un visitante se volvió a gastar varias veces. A medida que se iba rotando, en la población de Nueva Hampshire se acumulaba un valor adicional. Las «fugas», en forma de ahorros, pagos de impuestos federales y compras realizadas fuera del estado, reducen la cantidad disponible para la siguiente rotación.

En los países menos desarrollados, el efecto multiplicador es menos aplicable. Gran parte de los materiales para la construcción, mobiliarios y equipamientos, así como la mayoría de los alimentos, serán importados. En el Caribe, por ejemplo, se demostró mediante un estudio que de cada dólar turístico que se gastaba en una isla, sólo dieciocho centavos se quedaban en ella.

El estado de Vermont representa un ejemplo del cambio de tendencia que se observa entre algunos funcionarios del estado. En 1969 el jefe de la División de Promoción y Viajes del estado anunció que, si bien el turismo significaba para el estado más de doscientos millones de dólares, se detectaban algunos peligros. El estado decidió imponer restricciones en el uso de los terrenos y modificar su lema publici-

tario para restringir el tipo y la cantidad de turistas que venían al estado; declaró que deseaba más calidad que cantidad de turistas. La construcción desmesurada y el mal uso del terreno destruirían la belleza natural del estado.

El efecto beneficioso del negocio de las vacaciones en una zona puede ser enorme, como es el caso de las islas Bermudas, que dependen casi exclusivamente del turismo. Los efectos secundarios del turismo, su incidencia en la psicología de las personas del sector servicios, cómo reaccionan los residentes no relacionados con el turismo, y qué proporción de beneficios llega a las personas de nivel inferior, son factores que dependen mucho de la zona. Varios lugares de vacaciones, entre los que se incluyen Hawai, Oregón y Cabo Cod, se están replanteando de nuevo el interés del crecimiento turístico indiscriminado en sus respectivas zonas.

LA OFERTA TURÍSTICA EN EL CARIBE

El Caribe se ha convertido en un inmenso lago de vacaciones. Tiene sol, paisajes e historia y es la zona de vacaciones tropical más accesible a la costa oriental de Estados Unidos. A principios de los años setenta, el Caribe (excluyendo Cuba) recibía ya 4,5 millones de visitantes. Puerto Rico, las islas Vírgenes y las Bahamas recibieron cada uno alrededor de un millón de visitantes, en su mayoría provenientes de Estados Unidos y Canadá. El millón y medio restante se repartió entre las otras islas, incluyendo Barbados y Trinidad-Tobago. Puerto Rico recibió entre uno y dos millones; las islas Vírgenes algo más de un millón. Jamaica más de cuatrocientos mil turistas; Barbados, 236 mil. Las Bahamas, aunque geográficamente no pertenecen al Caribe, forman parte del escenario turístico caribeño.

Los viajes aéreos (viajes en aviones de reacción y vuelos sin escalas) fueron el gran factor de cambio en el turismo del Caribe. Los vuelos sin escalas colocan al cálido sol del Caribe casi tan cerca de Nueva York como Miami. Personas que anteriormente jamás hubieran considerado a Curaçao, Barbados e islas similares como lugares de vacaciones, ahora lo hacen. Las tarifas reducidas abrieron grandes y nuevos mercados de vacaciones.

Los economistas mantienen que la demanda de viajes es «elástica y en función de los ingresos». Los gastos por viajes crecen más rápidamente con el aumento de los ingresos que los gastos considerados en su totalidad. En otras palabras, las personas que se encuentran en su cuarentena o cincuentena con unos ingresos que superan los 35 mil dólares anuales, probablemente colocarán los viajes en un lugar muy alto de su lista de «cosas más deseables».

Los hoteles de vacaciones

¿Qué tipo de personas elige las islas para sus vacaciones?

En primer lugar, se trata de quienes más aman las aventuras, aquellas personas que en el pasado, en los años cincuenta, iban a lugares tales como Miami Beach. A comienzos de la década de los cincuenta, Cuba también se convirtió en un lugar muy frecuentado por los turistas estadounidenses. Con Castro, la posibilidad de Cuba se desvaneció, y muchas de estas personas probaron Puerto Rico y las islas Vírgenes.

Tan pronto como los más aventureros prueban una isla y la encuentran deseable, los demás los siguen. Luego la publicidad de las compañías aéreas se convierte en el factor primordial del viaje turístico. Semanas para colegios de profesionales, circuitos completos y salas de convenciones ponen las islas al alcance de miles de personas que quizás se conviertan en entusiastas promotores de las mismas.

El turismo, en virtud de las dimensiones de la mano de obra que se requiere para mantenerlo, conlleva vida y vitalidad a economías nacionales que han estado debilitadas durante cien años o incluso más. Las entradas por turismo han sustituido a las entradas por azúcar en varias islas, como Antigua, Vírgenes y Jamaica. Los ingresos de Barbados provienen un cincuenta por ciento del azúcar y un cincuenta por ciento por turismo.

El turismo ha reemplazado a la sal como mayor participación en los ingresos de las Antillas Holandesas. Los holandeses se aferraron a las islas secas donde se podía obtener la sal mediante la evaporacion del agua del mar, y utilizaron la sal para conservar pescado en Holanda. El azúcar y los esclavos enriquecieron a mucha gente, pero a costa de la miseria de millares de personas. Económicamente, el turismo en una isla caribeña puede beneficiar a casi todos, como es el caso de las Bermudas, donde no existen chabolas y los desempleados son pocos.

Para la mayoría de las personas es una sorpresa el hecho de que muchas playas del Caribe, en lugar de ser grandes extensiones de arena blanca, por ser de origen volcánico o son negras o sencillamente no existen. Varias islas se levantan tan abruptamemte del mar que no tienen playas, mientras que muchas islas de escasa altura a nivel del mar son de coral y no han formado playas de arena.

El turismo tuvo un profundo efecto en Puerto Rico y en las otras islas del Caribe. En la mayoría el precio del terreno se incrementó desmesuradamente. Ninguna de las islas posee una economía realmente equilibrada. Varias dependen en gran medida de las bananas como única cosecha efectiva, y esta cosecha es económica sólo en razón de las ventas preferenciales al Reino Unido. El turismo no puede ayudarlas sino revitalizarlas parcialmente, siempre que no interfieran la política ni los prejuicios.

La importancia de los vuelos directos

El vuelo directo en jet es el factor más importante en el turismo de las islas. El tiempo y el coste de llegar a las islas son un factor fundamental. Y allí entra en juego la publicidad. Los hoteles independientes no pueden permitirse llegar a mercados masivos a través de la publicidad. Las compañías aéreas sí pueden hacerlo; las cadenas también; los reportajes sobre viajes ayudan. El hecho de que un amigo o un vecino fuera a San Martín el año pasado, puede ser la clave a la hora de escoger esa isla para las vacaciones del próximo año.

Probablemente, Eastern Airlines haya sido el mayor determinante individual en el crecimiento de Miami Beach. Eastern Airlines, Pan American y American Airlines, así como las otras compañías aéreas que cubren el Caribe, fueron de importancia similar para las Indias Occidentales. United Airlines ha sido un factor decisivo para el turismo hawaiano.

Otro factor decisivo en el crecimiento de las vacaciones en las islas es la introducción de grandes sistemas hoteleros de dirección y franquicia: Hilton, Intercontinental, Sheraton y Holiday Inn. Sus vastos sistemas de referencias someten a las islas a la atención de cientos de miles de personas. Estas remotas y exóticas islas se vuelven seguras cuando disponen de un Holiday Inn o un Hilton Hotel. La comida, el manejo de la casa y la seguridad existentes puede presumirse como las mismas que los viajeros hallarían en su propio país.

Los cruceros que operan desde Port Everglades y Los Ángeles transportan a miles de turistas alrededor del Caribe, deteniéndose en lugares tales como Nassau, St. Thomas, St. Vincent, Barbados y San Juan. Los pasajeros abandonan el barco para hacer recorridos turísticos o ir de compras. Almuerzan, miran y compran, y luego el barco navega hacia otra isla. Los circuitos combinados avión/barco permiten que las personas que viven en el interior del país cubran en avión las grandes distancias, y después se unan al barco y lo abandonen en cualquiera de los puertos. Las compras de los pasajeros de los cruceros ayudan a las economías de los puertos y con frecuencia son un estímulo para que el viajero regrese a pasar una estancia más prolongada. Desde Los Ángeles salen cruceros que recorren la «riviera mexicana» y llegan hasta Alaska. En los barcos no ondea la bandera estadounidense: los elevados costes, especialmente en cuanto a salarios, han eliminado las actividades de navegación y crucero de Estados Unidos.

Incidencia de varios factores en el turismo caribeño

El turismo en el Caribe tuvo un comienzo lento. Los alojamientos hoteleros disponibles antes de la Primera Guerra Mundial eran pequeños y similares a los que se encontrarían en una posada inglesa. Dado que el viaje hasta el Caribe desde Gran Bretaña y Estados Unidos llevaba mucho tiempo y era costoso, los huéspedes acudían a pasar la temporada en lugar de una semana. El negocio turístico que existía antes de 1930 sufrió una interrupción durante la depresión de los años treinta y el ocaso duró hasta el fin de la Segunda Guerra Mundial.

Al finalizar la guerra, el viaje aéreo se amplió y los huéspedes comenzaron a acudir para estancias más cortas. Deseaban más entretenimiento y actividades de las que se les ofrecían. La posada de estilo familiar estaba equipada principalmente para el descanso y la relajación: no estaba equipada para atraer y entretener a las personas durante unas cortas vacaciones. Aun cuando las posadas más pequeñas añadían habitaciones, la escala de operaciones por lo general no era económicamente factible.

La construcción del Caribe Hilton en San Juan de Puerto Rico marcó el estilo del turismo en el Caribe. El diseño de la construcción cambió: se introdujo en el trópico el hotel turístico de muchos pisos. El Caribe Hilton, con 335 habitaciones, era suficientemente grande para albergar convenciones considerables (posteriormente se ampliaría a 707 habitaciones). El Caribe Hilton está bellísimamente emplazado en una ensenada, donde sus clientes pueden practicar el surf, y si prefieren la natación, cuentan con espléndidas piscinas. Los juegos de azar constituyen una atracción adicional. Durante el día los huéspedes toman el sol en la piscina; durante la noche pueden apostar en las mesas de juego.

Cuando en 1958 Laurance S. Rockefeller abrió el Dorado Beach Hotel se añadió una nueva dimensión a la operatividad de los hoteles turísticos en el Caribe. El Dorado Beach, situado a unos sesenta kilómetros de San Juan, es un modelo de lujo y buen gusto. Su construcción y explotación fueron muy costosas. El Cerromar, un hotel para convenciones de ochocientas habitaciones que se abrió en 1972, forma parte ahora de la operación total.

Un campo de golf de 18 hoyos se extiende junto a los amplios terrenos del edificio principal y las cabañas. El ambiente es el de un club de campo privado y exclusivo. Los más grandes hoteles que se han construido desde entonces en el Caribe se han inspirado de algún modo en el Dorado Beach, o bien han sido elevadas construcciones al estilo de los hoteles de Miami Beach.

Curaçao, la isla holandesa frente a Venezuela, no tardó en unirse a las islas del Caribe para las que el turismo es su mayor recurso económico. Sus problemas y oportunidades en materia de turismo son los típicos de muchas islas caribeñas. Esta isla, al igual que otras, durante mucho tiempo ha tenido una economía desequilibrada. Originalmente, el valor de la isla se reducía solamente a la producción de sal para conservar el pescado holandés.

Como las Bahamas, el gobierno de Curaçao proporciona un paraíso fiscal para el capital extranjero. Centenares de empresas se han constituido legalmente en Curaçao.

Por razones políticas, y para asegurar estabilidad, la Shell Oil Company refina la mayor parte de su petróleo venezolano en grandes refinerías situadas lejos de la costa. La refinería de Curaçao se construyó en 1915. Los buques cisterna se desplazan lentamente entre Venezuela y Curaçao. La isla existía para refinar y almacenar petróleo y para actuar como puerto franco para los cruceros.

Para el administrador de un hotel turístico, Curaçao ofrece problemas y oportunidades similares a los existentes en la mayoría de las otras islas. Esta isla es casi un desierto. Las precipitaciones anuales son sólo de 560 milímetros. Para obtener agua de las nubes, una isla caribeña debe tener montañas que creen corrientes ascendentes para hacer que las nubes se reúnan y dejen caer su agua; en 1928 el gobierno de la isla construyó la primera gran planta destiladora de agua del mundo.

Para el administrador de un hotel, el agua es cara. Además, las tuberías que transportan el agua desde la planta destiladora hasta el hotel están situadas en la superficie del suelo. El agua es tibia y los huéspedes se quejan de que no pueden hacer salir agua fría de los grifos.

En muchas de las islas, los constructores saben poco acerca de construcción de hoteles. La piscina del Curaçao Holiday Inn constituye un ejemplo de su falta de habilidad. Ésta es grande, hermosa y profunda, pero se extiende por debajo de la línea de agua del cercano océano, a raíz de lo cual surge el problema de que la presión de agua proveniente del océano levanta la piscina completamente fuera de su pila. Aunque se pretende que la piscina está llena de agua dulce, las filtraciones de agua salada lo hacen prácticamente imposible.

Los hoteles de vacaciones

Problemas y gastos elevados por causa de la insularidad

En la mayoría de las islas el coste de la electricidad es elevado. El contratista que construyó el Curaçao Inn, desconocedor de los costes relativos del gas y la electricidad, instaló una cocina totalmente eléctrica. Para aumentar el problema, el equipo de cocina que se adquirió requería un voltaje distinto del que se dispone en la isla.

Lo que parece mano de obra barata en una isla, con frecuencia resuta caro. Es necesario más personal para la plantilla de un hotel. Los beneficios suplementarios pueden elevarse tanto como hasta el cincuenta por ciento del coste de la mano de obra. Las vacaciones pagadas son mayores que en Estados Unidos; las bonificaciones navideñas en algunas islas son obligatorias; las relaciones laborales frecuentemente son problemáticas; en algunas islas, cuando se contrata una persona o ésta acaba su período de prueba, está casi segura de conservar el empleo. En Barbados y en Antigua se dice que «se necesitan dos personas para cubrir un puesto». En la mayoría de las islas los salarios son bajos, aunque también lo es la productividad.

La comida es muy costosa para el administrador de un hotel. Ninguna de las islas, incluyendo a Puerto Rico, produce la cantidad de alimentos necesaria para satisfacer a sus huéspedes. Algunas sólo producen una fracción de sus necesidades alimenticias; incluso en algunos lugares han de importar frutas tropicales, con la excepción de cítricos y bananas. Un hotelero de las Bahamas se encontró con que debía traer los langostinos de Miami, aun cuando en las aguas que bordeaban su isla había muchísimos. Los nativos no estaban equipados para recoger langostinos con regularidad.

En las islas no se almacenan piezas de recambio para la mayor parte de los equipamientos mecánicos. La persona que necesita una tuerca o un tornillo determinados puede tener que esperarlo durante semanas.

La hospitalidad y buena disposición de los nativos para aprender varía considerablemente de una isla a otra. En 1969 alrededor de cinco mil de los isleños de Curaçao se amotinaron; se les indicó a los turistas que permanecieran en sus hoteles. Muchos jamaicanos y portorriqueños sienten resentimiento hacia los estadounidenses. Lo mismo ocurre en otras islas del Caribe.

En algunas islas el resentimiento se manifiesta en forma de insolencia. El administrador de un hotel que reconoce la amenaza y las posibles consecuencias se halla frente a un dilema. Al director le

agradaría promocionar a los nativos y darles responsabilidades, pero en muchos casos encuentra que hacerlo es casi imposible. El nativo a menudo carece del sentido de responsabilidad y diligencia necesarios para que un hotel funcione. Aún más importante, al jefe nativo le resulta difícil supervisar a otros nativos. «Es igual que yo, ¿por qué he de hacer lo que él me dice?», puede preguntar el empleado.

Muchas personas, incluyendo a quienes se hallan en el poder, se muestran muy recelosas acerca de las consecuencias que tendrá el turismo en el carácter de las personas. Hablan del desarrollo de una mentalidad servil. «Nosotros no queremos convertirnos en una nación de criados», afirman. Advierten el peligro de que los nativos intercambien un tipo de servidumbre por otra. La nueva servidumbre esta-

*El fenómeno turístico en la isla de Puerto Rico
es relativamente moderno, ya que data de finales
de la década de 1940. Desde entonces, las
construcciones turísticas se han ido multiplicando
hasta hacer de la más oriental de las Grandes
Antillas el quinto lugar más visitado de América.*

LOS CLUBS DE VACACIONES

La gran mayoría de los ciudadanos que ocupan
las plazas hoteleras provienen de ciudades de cemento, de clima ingrato, escasas de lugares en los que
poder disfrutar de la naturaleza y con pocas horas
de luz solar. Si a estas circunstancias adversas se
añade que tienen que vivir en bloques de hormigón
de construcción vertical, que con suerte su vivienda
será medianamente espaciosa, y además tienen el
estrés como compañero habitual, entenderemos
mucho mejor las expectativas que pretenden cubrir
los visitantes, llamados en algunos casos «turistas»,
dando una entonación despectiva a la palabra, sin
parar mientes en que estos turistas son precisamente
quienes pagan el sueldo a todas las personas que
forman la familia turística.

Estas personas que durante el año se ven obligadas a vivir lejos del contacto con la naturaleza, de
los espacios bellos, amplios y soleados y de las zonas
libres de ruidos y contaminación, están ansiosas de
que llegue su época vacacional para resarcirse de
esta escasez y disfrutar plenamente de la libertad y
la naturaleza, en zonas de clima cálido y sol abundante, que caldea un mar tranquilo y azul, que aca-
ricia plácidamente una playa de arena fina y blanca,
en un entorno natural que esconda unos alojamientos discretos adaptados al ambiente, y de poca altura para que la naturaleza domine al cemento y poder
así despertar con la sensación de amplitud y de vistas al horizonte lejano.

Para animar a los empresarios del sector a recon-
ducir sus inversiones del turismo vertical (hoteles
de muchos pisos) al horizontal (alojamientos de una
planta), y a los actuales empresarios y directores
de clubs de vacaciones a cuidar su producto con el
objetivo de crear diferencias con las otras formas
de hacer turismo y sorprender a sus clientes con la
calidad de los detalles, hay que realizar una auto-
rrevisión para averiguar si se cumplen las ventajas
que aporta un club de vacaciones, cuando se dirige
con eficiencia para conseguir una clientela asidua.
Los requisitos que un club de estas características

ría comparativamente muy bien pagada, pero a sus
ojos sería denigrante. Los negros continuarían sirviendo a los blancos, afirman, tal como lo vienen
haciendo desde la época colonial. Para tales personas, el hecho de que a los negros se les esté pagando bien y que trabajen por decisión propia no les
parece importante.

Los funcionarios del gobierno también se encuentran frente a un dilema. Reconocen la cruda realidad de que el turismo puede ser la única solución
asequible para paliar la depresión económica, pero
un gran número de turistas, probablemente, cam-
biarán las expectativas y los valores de los habitantes nativos. Tal vez sientan que su isla se convertirá
en un palacio del vicio. Han de controlar el desarrollo del turismo para disfrutar de sus beneficios
y, al mismo tiempo, evitar sus riesgos.

Los hoteles de vacaciones

Uno de los servicios que debe prestar todo club de vacaciones es el de atención a las familias. En este sentido, ha de ofrecer una oferta de ocio amplia y diversificada, dirigida tanto a los padres como a los hijos. A la derecha, un grupo de niños disfruta de las posibilidades de un club de vacaciones.

debe cumplir pueden detallarse en los puntos que se detallan a continuación:

- La arquitectura debe ser horizontal.
- Debe estar situado en una playa agradable y de fácil acceso.
- Ha de estar rodeado de naturaleza.
- Debe ofrecer una amplia y variada oferta de ocio.
- El personal debe tener con los clientes una actitud alegre y festiva.
- Los alojamientos deben ser unifamiliares y disponer de todos los servicios.
- El edificio tiene que estar situado en zonas de clima cálido durante todo el año.
- Ha de ofrecer una amplia, variada y suculenta oferta gastronómica.
- Ha de publicitar la información de los eventos y atractivos del entorno.
- Debe cuidar con esmero la calidad total, tanto del medio ambiente como de las instalaciones y los servicios.

Si consigue que su club de vacaciones responda a estos retos, logrará poder ofrecer a sus clientes las atractivas ventajas que diferencian un buen club de vacaciones de otras formas de hacer vacaciones:

- La arquitectura horizontal adaptada al entorno, con alojamientos unifamiliares, de poca altura, camuflados en un entorno natural generoso, suscitará la sensación de estar viviendo sin cemento, en medio de la naturaleza.
- La espléndida desproporción entre los metros cuadrados horizontales y los cúbicos en altura ocupados por las edificaciones y la naturaleza, en favor de esta última, también favorece la sensación de estar lejos del cemento.
- Al estar situado a pie de playa, el visitante consigue disfrutar de las agradables sensaciones de amplitud, brisa marina, luz brillante y temperatura cálida, que le ayudarán a desintoxicarse de los agobios: «del cemento a la naturaleza».
- Las construcciones de una sola planta, asimiladas en plena naturaleza, con una playa de arena blan-

ca, limpia y suave, fomentan que los visitantes dediquen más tiempo a estar al aire libre, facilitándoles el consecuente distanciamiento entre sus preocupaciones habituales y sus vacaciones de ensueño: «Venga de vacaciones, que de los problemas nos ocupamos nosotros».
- El que los clientes puedan pasar más horas al aire libre facilita la organización de una variada oferta de ocio, que abarca las distintas edades, franjas horarias, nacionalidades y grados de deseos de actividad por su parte.
- Estos clubs de vacaciones, cuando se dirigen bien, acaban siendo centros de ocio donde se sabe combinar el ocio pasivo (aquellos clientes que no desean participar) y el activo en sus variadas alternativas. Este ambiente contagia a los empleados, que casi sin querer se reconvierten en verdaderos anfitriones, con la chispa de los «vendedores de felicidad» y el entusiasmo de los buenos animadores. Este contagio también acaba por extender-

la generosa naturaleza que los rodea, los clubs de vacaciones están preparados casi sin quererlo para satisfacer todos los deseos que padres e hijos quieran tener en su época de descanso. Un club de vacaciones con equipamientos y personal especializado para ofrecer entretenimiento a los niños puede convertir este destino turístico en un lugar de ensueño para padres e hijos, donde cada uno disfruta del espacio y la actividad que desea encontrar. «Venga de vacaciones, que de los niños nos ocupamos nosotros.»

• Los espacios abiertos, estar casi todo el tiempo al aire libre y la variada oferta de ocio facilitan el contacto entre los clientes, en algunos casos propiciado por unos animadores activos y eficaces. Estos contactos fomentan las relaciones de amistad tanto de los mayores como de los pequeños, factor que impulsará su fidelización en venideras vacaciones, al convertirse en un club de amigos que desean volver para reencontrarse.

• Como estos clubs se han diseñado para la vida casi al aire libre, están instalados en zonas de clima cálido y donde el sol luce todo el año. Estas circunstancias favorecen las altas ocupaciones, ya que los clientes pueden hacer vacaciones de verano a lo largo del año, de lo que derivará un mejor ambiente y una atractiva rentabilidad.

• El buen clima y la naturaleza contribuyen a que los clientes gocen de un alto grado de laxitud, apreciable en su vestimenta, así como en sus exigencias diarias, y a que mejore su contacto con la naturaleza, en paz con ellos mismos y en armonía con las personas que les rodean, al haber conseguido algo hoy muy difícil en las ciudades: la relajación.

• Los amplios espacios que ocupan los clubs de vacaciones permiten ofrecer distintos puntos de venta con una variada, típica y sabrosa oferta gastronómica, que abarca desde el *buffet* hasta cualquiera de las otras muchas posibilidades gastronómicas, con las distintas posibilidades económicas que incrementarán la satisfacción del cliente y las recaudaciones de los clubs.

• También los grandes espacios facilitarán la creación de lugares de encuentro (como, por ejemplo, bares) de distinta y variada decoración, oferta y situación, lo que facilitará a sus usuarios los contactos entre sí.

• Las localizaciones privilegiadas de los clubs dan lugar a que no tengan enfrente, geográficamente hablando, más compañía que el mar y/o grandes extensiones de terreno, lo que proporciona a los clientes la sensación de amplitud, superando el agobio que sufren en su ciudad, en su piso y posiblemente en su trabajo.

se a los clientes, que agradecerán el buen ambiente que se respira en él, recomendarán el club a sus amistades y desearán ellos mismos repetir la temporada siguiente.

• La construcción de los alojamientos, en forma de pequeñas casas individuales, con sala de estar, pequeña cocina, habitación doble y cuarto de baño, facilita la vida en familia, las reuniones con amigos y la intimidad que cualquier pareja desea. Esta casa entrañable debe tener también, para que este apartado sea una ventaja, todas las comodidades que los clientes disfrutan en su domicilio (televisión, sin que se vean las antenas en los tejados de las viviendas; agua caliente; música; teléfono). Estos servicios pueden ser optativos, de modo que el cliente que desea desconectar de la civilización tenga opción de prescindir de ellos: «del almacén de camas al alojamiento con encanto».

• Por sus amplios espacios, por la variada oferta de ocio, por el tipo de alojamiento unifamiliar y por

Los hoteles de vacaciones

Estos clubs también permiten desarrollar la oferta de vacaciones «todo incluido», que tuvo sus orígenes en el Caribe y que ha ido adquiriendo popularidad entre cierto sector de público. Esta oferta del «todo incluido», donde el cliente paga por adelantado todas sus vacaciones y sabe que no va a tener sorpresas durante su estancia en el club, resulta muy tentadora sobre todo entre las familias, donde el presupuesto cerrado es la mayoría de las veces muy necesario, y que además obtienen importantes descuentos para los más pequeños.

La amplitud de las instalaciones permite ofrecer muchas facilidades en cuanto a disponer de un lugar donde preparar la comida a los niños, pequeños centros de vigilancia (guarderías infantiles), autoservicio de lavado, secado y planchado de ropa, oferta de animadores infantiles, servicio de atención medicosanitaria y un sinfín de ofertas que no están al alcance de otros hoteles, incluso más lujosos.

Otro sector de público que también prefiere esta fórmula de vacaciones es el de los jóvenes, normalmente solteros, pero que ejercen una profesión y disfrutan de su independencia económica. Este tipo de instalaciones facilita las relaciones sociales, pues se coincide con otras personas con inquietudes similares, cuando se practican las distintas actividades lúdicas y deportivas. Además, ofrecen la ventaja de que se pueden consumir comidas y bebidas (no alcohólicas) ilimitadamente. En definitiva, se trata de centros en que se pretende que el cliente disfrute, tanto de forma individual como familiarmente, desarrolle múltiples actividades, aprecie una buena comida y se sienta bien en un entorno muy acogedor que cubra todas sus necesidades de ocio durante el período vacacional.

LOS NUEVOS BALNEARIOS

La mayoría de balnearios vuelven a vivir otra época dorada porque han sabido superar la crisis de la década de 1970 y se han adaptado a los cambios que pedían los clientes, tanto los reales como los potenciales. Propietarios y directivos de los balnearios se han percatado de que sus instalaciones son también aptas para:

- Reuniones de empresa.
- Encuentros de parejas.
- Actos sociales (bodas, banquetes, etc.).
- Descanso para ejecutivos.
- Descanso para madres de familia y grupos de señoras amigas.
- Estancias de familias.
- Estancias de grupos de jóvenes.

Tradicionalmente relacionados con la salud, los balnearios son centros que en los últimos años se han abierto a un amplio abanico de actividades, que van desde las reuniones de empresa hasta la organización de acontecimientos deportivos. En la fotografía de la derecha, un moderno balneario en el que se practica la talasoterapia, o terapia con agua de mar.

- Estancias para mejorar la belleza.
- Estancias para mejorar la estética corporal.
- Estancias para reducir la adicción al tabaco o para dejar de fumar.
- Estancias para olvidarse del estrés.
- Como incentivos de empresa.
- Estancias deportivas.
- Estancias residenciales.
- Estancias de un día (tratamientos).
- Estancias de horas (tratamientos).
- Estancias de enfermos crónicos.
- Estancias de rehabilitación por lesiones.
- Estancias residenciales para la tercera edad.
- Viajes de novios.

Si usted también desea tener éxito, le invitamos a que ofrezca los siguientes servicios, para que cada uno de los colectivos de clientes potenciales pueda encontrar un verdadero hotel de salud que lo diferencie de los hoteles que son solamente almacenes de camas:

- Unas instalaciones modernas y cómodas.
- Unos servicios adecuados a cada tipo de cliente para que se sienta mejor que en casa.
- Tratamientos adecuados a las nuevas necesidades de los clientes (tabaquismo, sobrepeso, estrés, estética corporal, etc.).
- Distracciones lúdicas para los jóvenes, para evitar que un balneario sea un lugar aburrido.
- Actividades deportivas.
- Una gastronomía típica del lugar, que presente platos variados y atractivos.
- Distracciones para los niños que acompañan a sus padres.
- Horarios amplios de los tratamientos en fin de semana.
- Ofertas atractivas de tratamiento corto.
- Ofertas de precios tentadores.
- Ofertas de tratamiento sin alojamiento.
- Un sistema de reservas fácil de localizar, ágil, seguro y atendido por personal muy amable.

- Empleados con una actitud de «vendedores de felicidad», con una amabilidad extrema, que cuiden la cadena de la felicidad.
- Publicidad de la modernidad para sustituir la imagen de «balneario: lugar de enfermos y personas de edad», por otra de «balneario: lugar de salud, divertido, cómodo y moderno».
- Resolver el problema que pueden presentar los animales de compañía.
- No mezclar estéticas no compatibles.
- Unas instalaciones amplias, cómodas y modernas con zonas:
  - De televisión suficientes.
  - Ajardinadas.
  - Deportivas.
  - De piscinas.
  - De lectura en silencio.
  - De juegos.
  - De diversión para niños.
  - De diversión para jóvenes.
  - De diversión para mayores.
  - De aparcamiento.

Encajando estos valores con las nuevas necesidades que se están imponiendo entre los segmentos cada vez más amplios de clientes, los empresarios directores de los balnearios podrán aprovechar los excelentes vientos de bonanza que se están acercando al sector del turismo de salud, ya que:

- La aplicación de Internet generará un mayor conocimiento de los balnearios más cercanos y una mayor credibilidad.
- El mayor porcentaje de mujeres que trabaja dará lugar a un mayor nivel económico y expectativas de mayores comodidades.
- La reducción de los costes de desplazamiento tanto por vía aérea como terrestre propiciará viajar.
- El mayor gasto de las instituciones en la promoción de sus productos turísticos suscitará una mayor necesidad de «ir de vacaciones», lo que conllevará un incremento del consumo.
- La incorporación al hábito de viajar de nuevos segmentos sociales conllevará un mayor consumismo.
- La protección social a las personas de edad para que puedan descansar, por parte de las instituciones, también aportará un mayor consumo al sector turístico.

Todo parece indicar que la oferta de vacaciones de salud es y será cada vez más aceptada por la sociedad. Hay muchas personas que, después de trabajar duramente durante todo el año, quieren encontrar en su período vacacional, aparte de su merecido descanso, la posibilidad de cuidarse y mejorar su salud y su estética. Todo esto sin renunciar a las comodidades y tentadoras ofertas de actividades que pueda ofrecer cualquier otro centro de vacaciones.

El nuevo usuario de los balnearios quiere verse sorprendido por la calidad del centro y por sus nuevas ofertas de servicios. Es una buena oportunidad para animar a los propietarios de estos establecimientos a renovar su oferta y así mejorar, todavía más si cabe, la buena disposición de los clientes que gustan del hotel de salud.

DETALLES PARA CUIDAR A LA CLIENTELA INFANTIL EN LOS HOTELES Y RESTAURANTES

Cada día son más las personas que pretenden acudir a los hoteles y restaurantes acompañadas de niños. Conseguir satisfacer a los más pequeños es el mejor camino para conseguir una clientela de padres fiel. Muchas veces, a las familias con niños les resulta difícil poder organizar sus vacaciones. A raíz de la escasa oferta de centros que cuidan de forma activa y segura de la clientela infantil, muchas veces los padres renuncian a salir de casa con sus hijos, y lo que es peor, es frecuente que se pierda a los clientes padres por no dar la bienvenida a los clientes hijos. Unas instalaciones adecuadas y una atención personalizada a los niños animarían a

Los responsables de hoteles y restaurantes deben tener en cuenta que satisfacer las necesidades de la clientela infantil representa el mejor modo de conseguir una clientela de padres. Por esta razón, unas instalaciones adecuadas, con salas de juegos y animadores, y una atención personalizada a los niños pueden estimular a muchas familias a disfrutar de estos centros.

muchas familias a disfrutar de sus vacaciones al completo, es decir, con todos sus miembros.

El tema de la especialización de la oferta abarca también la especialidad del hotel de familia, donde ésta pueda encontrar a otras personas en sus mismas circunstancias y además favorecer la relación social entre los pequeños. Por otra parte, todos los clientes potenciales sabrían a qué atenerse, de modo que no se encontrarían con la desagradable sorpresa de que el hotel elegido para unas románticas vacaciones está inundado de niños, lo que generaría de inmediato un cliente insatisfecho. Como consecuencia de la mejora general de la economía y del subsiguiente aumento del poder adquisitivo, el número de familias deseosas de ir con sus hijos de vacaciones se ha acrecentado sustancialmente. Éstas quieren encontrar hoteles y restaurantes donde sus hijos sean bien recibidos y las vacaciones sean un motivo de alegría y descanso para todos. Para facilitar la estancia de familias en los hoteles, existen ciertas pautas que deben tenerse en cuenta. En lo concerniente a los hoteles pueden detallarse las siguientes:

- Ofrecer estancias gratuitas para los acompañantes infantiles.
- Ofrecer descuentos a las familias con acompañantes infantiles.
- Disponer de una sala de juegos para los acompañantes infantiles.
- Disponer de juguetes y juegos apropiados para los acompañantes infantiles.
- Disponer de animadores y de animación adecuada para los acompañantes infantiles.
- Disponer de camas adecuadas para los acompañantes infantiles.
- Disponer de lencería adecuada para los acompañantes infantiles (dibujos, colores, etc.).
- Disponer de aseos adecuados para los acompañantes infantiles.
- Disponer de pañales y demás elementos de higiene que satisfagan las necesidades de los acompañantes infantiles.

- Cuidar y vigilar la seguridad de los acompañantes infantiles.

   En lo concerniente a los restaurantes:

- Disponer de mobiliario adaptado a las medidas de la clientela infantil, cuidando especialmente la seguridad.
- Disponer de mobiliario adaptado estéticamente a las modas de la clientela infantil.
- Disponer de cubertería infantil, sin riesgos. Hay que ofrecer menús con las condimentaciones que desea la clientela infantil.
- Disponer de adornos infantiles.
- Disponer de juegos y juguetes adecuados a los distintos tipos de clientela infantil.
- Disponer de una zona especial para la clientela infantil.
- Disponer de personal también joven para atender a la clientela infantil.
- Ofrecer obsequios y regalos deseados por la clientela infantil.

- Ofrecer de cada plato las cantidades necesarias para satisfacer en todo momento el apetito de la clientela infantil.

   Si se cumplen estas sugerencias, seguro que animarán a cualquier cliente potencial a convertirse en cliente habitual.

EL NEGOCIO DE LAS VACACIONES PAGADAS

   Toda la idea se reduce a conseguir que las personas pierdan dinero alegremente. Con esa finalidad llegan aviones desde diversos puntos de Estados Unidos, repletos de personas en quienes se despierta la ilusión de estar obteniendo unas vacaciones con todos los gastos pagados en Las Vegas. La realidad es otra: aunque no pagan el billete de avión, y las habitaciones del hotel y la comida suele ser de lo mejor, sólo se invita a los apostadores serios. El dinero que gastan en apuestas amortiza el invertido en ellos.

Los hoteles de vacaciones

A los clientes se les reembolsa su tarifa de viaje desde Los Ángeles o San Francisco. El reembolso se efectúa en fichas para mesas de juego.

Lo que ha hecho posible el negocio turístico de Las Vegas es la legalización de los casinos y las casas de juego, y que por vía aérea se halla cercana a los centros de población de California. La mitad de los visitantes provienen de una ciudad, Los Ángeles. La distancia se mide en tiempo de vuelo, y los casi 3 400 kilómetros que la separan de la ciudad de Nueva York se convierten en 4 horas y 25 minutos en un vuelo sin escalas.

Los casinos y los viajes en avión forman una buena combinación, que se conoce como *junket*, el negocio del casino con la «juerga» pagada. Un *junket* de juego es un grupo reunido por un jefe de *junket*, quien convence a un grupo de personas para que vuelen desde lugares como Buffalo o San Francisco hasta un determinado casino. Los miembros del grupo se seleccionan con sumo cuidado: cada jugador se compromete a apostar una cierta suma de dinero como mínimo; se le otorga crédito a cada miembro en función de la duración del viaje, y los recursos financieros de que disponga; los costes del viaje y el hotel y las comidas son cortesía del administrador del casino. Las apuestas parecen subsistir, en gran medida, de los grupos con ingresos medios o medio-altos, pero aún existen algunos «grandes gastadores» que hacen del juego una profesión, o que son completamente adictos a las mismas y apuestan grandes cantidades. No hay que olvidar, por otro lado, a las señoras de edad avanzada hipnotizadas por las máquinas tragaperras. El promotor del grupo *junket* recibe una comisión según la calidad de la «acción» que demuestre su grupo.

Los juegos de apuestas son un imán para millares de personas, especialmente cuando se desarrollan en un entorno agradable, respetable y seguro. Ofrecen una sensación de aventura de la que por lo general carece la vida normal, una pequeña ocasión de ganar dinero y una forma de perderlo.

Cuando el dinero cambia de manos tan rápidamente como lo hace en las mesas, su valor desaparece. El apostador experimenta una sensación excitante y romántica de la vida en el antiguo Oeste, con su resabio de intrepidez; y todo ello tiene lugar en un ambiente con aire acondicionado. La amenaza de la violencia física o la penuria no existe.

El MGM Grand Hotel, con 2 100 habitaciones (hasta 1979), anunciado como el hotel turístico más grande del mundo, probablemente sea el hotel más rentable de la historia, ya que se dice que costó cien millones de dólares. Lugar pretencioso y estéticamente yermo, produjo 32,6 millones de dólares de

Sobre estas líneas, una de las salas de juego de los numerosos casinos de Las Vegas, ciudad donde las apuestas suponen la principal fuente de ingresos. Algunas agencias preparan viajes organizados en los que a los turistas se les reembolsa, al llegar al hotel, el precio de la estancia y del traslado en forma de fichas de juego, de modo que invierten dinero convencidos de que disfrutan de unas vacaciones pagadas.

beneficios en el año fiscal de 1975. Se comenta que sus ventas en bebida y comida superan los cincuenta millones de dólares al año, superando las entradas totales de los hoteles más grandes. Es inmenso en tamaño, éxito y vulgaridad. Siete de sus *suites*

cuestan la exorbitante tarifa de 750 dólares por noche. El Grand Hotel ofrece algo nuevo en materia de casinos: *jai-alai,* del cual se afirma que es el más rápido de todos los juegos de pelota. El hotel cuenta con más de tres mil empleados.

A finales de los años sesenta Howard Hughes, el millonario «misterioso», comenzó a comprar hoteles en Las Vegas y enormes extensiones de terreno en esta zona. Se especulaba con que Hughes, quien vivía en uno de los hoteles, planeaba convertir Las Vegas en un grandioso complejo internacional de entretenimientos con un aeropuerto diseñado especialmente para grandes aviones. En 1970, Hughes era propietario del Landmark, Sands, Desert Inn, Frontier, Castaways y Silver Slipper Casino; su valor total se calculaba en unos doscientos millones de dólares.

Durante muchos años no se esperaba que las operaciones de comidas y bebidas de los hoteles Strip dieran dinero. Estaban allí meramente como aditamentos de los casinos. A principios de los años sesenta, sin embargo, las operaciones de comidas y bebidas empezaron a vigilarse estrechamente. Es evidente que el control es una palabra clave para los administradores de casinos y hoteles. Por cierto, las posibilidades de las máquinas tragaperras están controladas a favor de la dirección.

En el juego del *blackjack* el administrador posee una ventaja teórica del 2,5 por ciento sobre el jugador, pero lo que incrementa considerablemente la ventaja de la casa es que la mayoría de los jugadores no apuestan racionalmente. En la ruleta, la ventaja del casino sobre el jugador es de un 5,26 por ciento. La mayoría de los otros juegos ofrecen mejores ventajas para la casa. La máquina tragaperras se puede regular para que las posibilidades a favor de la casa sean considerables.

483

Una razón por la cual las principales cadenas de hoteles están tan interesadas en Las Vegas es la tremenda cantidad de beneficios posibles. La tasa de rendimiento esperada del casino fluctúa entre un veinte y un treinta por ciento, lo que significa que los jugadores ganan entre el setenta y el ochenta por ciento de las apuestas colocadas. Por supuesto, los costes pueden ser enormes, costes tales como cuentas incobrables, salarios y el elevado coste de los espectáculos.

Los principales hoteles gastan considerables sumas de dinero en publicidad, promoción y decoración, para poder competir entre sí. Y parece ser que cada año se construye un nuevo hotel-casino, más grande y, a ser posible, mejor.

Algunos hoteles son sorprendentemente elegantes, otros son extravagantes. El espectáculo que se ofrece en los clubs nocturnos es uno de los mejores del mundo y los precios son asequibles. Intenta darse a la clase media lo que una vez hizo Saratoga Springs con la clase alta. No obstante, en Saratoga Springs se podía salir fuera a contemplar los caballos; en Las Vegas, todo se produce puertas adentro, ya que son pocas las personas que desafían el clima sentándose junto a las piscinas y jugando al tenis.

Hasta finales de los años cincuenta, Las Vegas significaba apuestas, muchachas y gángsters, pero el reclamo no era suficiente como para mantener ocupadas todo el año las habitaciones de los hoteles ni las mesas de dados. En 1959 la ciudad abrió un centro de convenciones de diez millones de dólares en un emplazamiento de 27 hectáreas, uno de los centros más modernos del país. Mediante un impuesto sobre las habitaciones de los hoteles se financió una oficina de convenciones. La gama de grupos que optan por Las Vegas es amplia: desde el Consejo Nacional de Mujeres Católicas hasta la Asociación Norteamericana de Dentistas. Casi todos los principales hoteles también han añadido a sus instalaciones salas de reunión y salones de convenciones. A principios de los años noventa, Las Vegas Convention Bureau informaba de que el número de congresos y convenciones celebrados en Las Vegas ascendía a 1 655 por año.

La ciudad de Las Vegas es una paradoja: el 27 por ciento de los residentes están divorciados; la ciudad obtiene la mayor parte de sus ingresos a raíz del juego, pero cuenta con 143 iglesias y 159 compañías de Boy Scouts. Para *Time Magazine*, el lugar es el más vulgar de los centros turísticos, en donde se calcula que trabajan unas mil prostitutas, mientras que «en los alfombrados confines sin horario (de los casinos), nada parece real: el tiempo no pasa y cien dólares no son más que una ficha de juego negra». La revista señala que debido a las pocas precipitaciones, el nivel del agua subterránea ha bajado tanto que ha hecho que toda la ciudad se hunda tres pies en los últimos veinte años.

Datos estadísticos sobre Las Vegas

El número de turistas que visitaban Las Vegas a principios de los años noventa ascendía a 21,3 millones anuales, que generaron unos ingresos del orden de veinte mil millones de dólares, mientras que el número estimado de puestos de trabajo relacionados con la industria turística era de más de 469 mil.

Las estancias promedio de los visitantes eran de cuatro días, durante los cuales presenciaban por lo menos un espectáculo.

El 43 por ciento de las llegadas de los turistas se realizaba por transporte aéreo y el 72 por ciento se alojaba en hoteles, mientras que el gasto medio por visitante era de 221 dólares sin incluir los de alojamiento y juego, apartado éste muy importante dado que el 99 por ciento de los visitantes apuestan durante su estancia en Las Vegas.

El 50 por ciento de los visitantes prefieren jugar a las máquinas tragaperras, y el 68 por ciento dedica entre una y seis horas a jugar.

El 59 por ciento de los visitantes que recibe la ciudad son varones y el 93 por ciento se muestra satisfecho de su estancia, que suele repetir.

CABO COD Y LA ISLA DE NANTUCKET

Cabo Cod, Massachusetts, es una península que en años recientes ha suscitado considerable atención como centro de temporada veraniega. El condado de Barnstable, en el que se encuadra cabo Cod, posee una población de alrededor de 85 mil habitantes permanentes. Esta cifra se triplica, e incluso puede elevarse más, durante la temporada alta. La tasa de turismo ha introducido considerables destrozos y no cuenta con demasiadas simpatías entre los habitantes del Cabo.

Para quienes estén interesados en el negocio de las vacaciones, las historias de cabo Cod y Nantucket pueden ser constructivas. Estas dos zonas fueron prósperas en una determinada época: cabo Cod a partir de la agricultura, la pesca de bajura y la obtención de sal, mientras que en la isla de Nantucket la caza de ballenas era entonces la actividad más importante.

Ambas comunidades sufrieron graves reveses económicos y en años relativamente recientes se han inclinado hacia el turismo como principal recurso de sus ingresos. El crecimiento descontrolado y sin planificación del negocio del turismo ha acarreado graves problemas, y ahora los líderes de las comunidades están desarrollando nuevos planes para ordenar el crecimiento. En cabo Cod, la cámara de comercio ha decidido que el crecimiento del turismo se debe reducir de nivel y que la economía del Cabo ha de dirigirse hacia otras direcciones.

Nantucket parece ser el escenario ideal para una película en la que se describa la feliz vida de pueblo de un puerto marítimo de Nueva Inglaterra a comienzos del siglo XIX. Apenas si parece real. Las augustas casas de los capitanes de barcos y las calles empedradas bajo la sombra de enormes árboles proporcionan el escenario para lo que parece la vida ideal del marinero. El turismo, y el hecho de que una cantidad de las casas «de temporada» sean propiedad de personas adineradas, es lo que lo ha hecho todo posible. En la isla no existe ninguna otra industria ni fuente de ingresos.

Después de la Guerra Civil, los 160 barcos balleneros que habían estado faenando activamente desde la isla de Nantucket habían desaparecido. Las ballenas habían sido exterminadas. Los nativos se mantenían mediante la pesca, la cría de ovejas y algunos pequeños trabajos agrícolas. En cierto momento había diez mil ovejas pastando en terreno comunal.

El turismo llegó relativamente temprano. En 1874 estaban el Ocean House Hotel y el Springfield House, que permanecían abiertos todo el año. «Espaciosas casas de baño» estaban conectadas con el hotel para el libre uso de los huéspedes. «La pura brisa del mar, facilidades inigualables para el baño y la pesca, y otras varias atracciones de la isla de Nantucket como centro de vacaciones marítimas, son muy bien conocidas por todos los buscadores de placer que exigen más que una atención efímera.» Durante el verano, dos botes conectaban Nantucket con los trenes que llegaban hasta Wood's Hole, en cabo Cod.

La eclosión turística

En la actualidad, la pesca y la agricultura han desaparecido de la escena; la economía de Nantucket se basa casi por completo en los residentes de vacaciones y en los turistas que acuden a la isla para disfrutar de su aire y encanto particulares. Se ha establecido un trust para controlar el crecimiento del turismo y para mantener muchos de los edificios históricos.

Gracias al servicio aéreo, el viaje desde Boston y Nueva York hasta la isla es cuestión de minutos. Las personas interesadas en el turismo preferirían que quienes acuden por un solo día permanecieran alejados. Los clubs privados y el elevado coste de los inmuebles contribuyen a asegurar que la isla de Nantucket evitará gran parte del alboroto característico de otras zonas de cabo Cod.

La historia económica de cabo Cod es similar; no obstante ha carecido del control del turismo que se ha realizado en la isla de Nantucket. Finalizada la Guerra Civil, la gente abandonaba cabo Cod buscando la región del medio oeste, para sacar partido de las mejores tierras de cultivo. Las zonas pesqueras de la orilla quedaron vacías, y la pesca de altura desde el Cabo no era posible por la inexistencia de puertos profundos. La elaboración de sal ya no era rentable. Los puestos de trabajo y las personas desaparecieron en tales cantidades que hacia 1920 y 1930 la población era menor que la que había en 1860. El Cabo se convirtió en una de las primeras zonas deprimidas del país. En los años veinte, cabo Cod aún no contaba con un solo hospital.

Por propia iniciativa, la gente creó una cámara de comercio en 1921, pero cometieron el error de intentar salvar a los granjeros y a los pescadores en lugar de dedicarse a una nueva empresa. No fue hasta 1935 que la cámara reconoció al turismo como un negocio para el Cabo.

Se recurrió a la publicidad para atraer visitantes. Dado que para los turistas el mayor atractivo del Cabo es como centro de temporada estival, la mayor parte del negocio se concentra a finales de junio, julio y agosto. En 1948 se hizo un esfuerzo por extender la temporada hasta octubre. Todas las entradas registradas después del Día del Trabajo —fiesta que se celebra el primer lunes de septiembre— se consideraban beneficios netos, puesto que ya había pasado para la mayoría de las operaciones el «punto muerto». Ahora los esfuerzos que se realizan tienden a extender la temporada, promocionando los meses de mayo y junio como período de vacaciones.

Paralelamente al desarrollo turístico del Cabo se produjo un rápido crecimiento de la cantidad de personas jubiladas y de muchas otras que poseían casas de verano en él, pero a la cámara de comercio no le interesaba atraer personas de ingresos marginales. En cierto sentido, el negocio turístico complementa al negocio de atraer a los jubilados. Las cuarenta mil plazas hoteleras de la isla atraen a muchas personas, que adquieren interés por el lugar como residencia permanente.

La cámara decidió que las plazas para huéspedes debían incrementarse hasta alrededor de cincuenta mil y luego estancarse. Quien haya estado en el Cabo durante la temporada alta de verano estará de

Los hoteles de vacaciones

Desde que en 1887 se construyera en Miami el primer hotel de lujo hasta la actualidad, la economía del estado de Florida se ha transformado totalmente pasando a depender básicamente del turismo. Junto a estas líneas, aspecto de una de las calles de Miami con algunos hoteles turísticos.

acuerdo con ello. Las condiciones del tráfico son similares a las de cualquier centro urbano, y uno puede tener que esperar durante mucho tiempo simplemente para tener la oportunidad de avanzar en medio del tráfico.

La búsqueda del equilibrio

En la década de los años setenta, las industrias básicas del Cabo eran el turismo y la construcción. La industria pesquera había disminuido hasta convertirse en casi nada; la agricultura se limitaba mayormente al cultivo de arándanos. Los turistas y la construcción proporcionaban casi la tercera parte del total de ingresos.

Se decidió que la futura expansión se había de planificar cuidadosamente para poder conservar el encanto y la belleza del lugar. Afortunadamente este objetivo obtuvo soporte a través de la creación del National Seashore Park, parque nacional que se extiende a través de parte de las ciudades de Provincetown, Truro, Wellfleet, Eastham, Orleáns y Chatham.

La experiencia de cabo Cod demuestra que una comunidad nutrida no ha de esperar que sus ingresos personales para todos los residentes provengan exclusivamente del turismo. El turismo se debe equilibrar con otras fuentes de ingresos. Armoniza bien con casas particulares de temporada, residentes jubilados y algunas «industrias no contaminantes». Sin embargo, no se debe permitir que la industria merme el encanto y la belleza de una zona.

El Cabo también ilustra la necesidad de mantener a los mercados de veraneantes bien definidos. En la actualidad mezcla sus mercados más de lo conveniente. Pueden existir colonias de cabañas junto a moteles y hoteles. Pero algunas de estas colonias están construidas tan próximas las unas a las otras, y su construcción es tan barata, que hay áreas que se degeneran convirtiéndose en barrios de vacaciones pobres y superpoblados. Dado que la rentabilidad del alquiler de cabañas es mayor que la rentabilidad de otros negocios turísticos, se deben realizar esfuerzos por asegurar que las cabañas no se construyan demasiado cerca unas de otras y que sean al menos de una mínima calidad.

FLORIDA

La economía de Florida ha sido comparada con un taburete de tres patas sustentado por el turismo, la agricultura y la industria. El turismo es, con mucho, el negocio más importante. El incremento de esta industria ha sido espectacular: 5 millones de turistas en 1950, 10 millones en 1960, más de 21 millones en 1969 y 39 millones en 1982. A principios de la década de 1990, el número de turistas que llegaban al estado de Florida se estabilizó en los 40 millones, con unos ingresos por concepto turismo que superaban los 49 mil millones de dólares, generando un millón y medio de puestos de trabajo.

le convenció del enorme potencial turístico de Florida.

En 1887, Flagler construyó el primer hotel de lujo en Florida, el Ponce de León, con 450 apartamentos, en San Agustín. Su coste fue de 1,25 millones de dólares, una gran suma de dinero para aquellos años. El hotel era de auténtico estilo morisco, con techo de tejas importadas y jardines españoles (actualmente Flagler College). Con el éxito del Ponce de León, se construyó otro hotel en sus proximidades, el Alcázar. Su fachada es una réplica del famoso Alcázar de Sevilla (siendo actualmente un edificio de oficinas públicas).

Flagler se convirtió en el magnate ferroviario de Florida a través de la Model Land Company, controlada por él. Recompensado con 3 200 hectáreas de tierra por cada 1,6 kilómetros de líneas férreas construidas al sur de Daytona Beach, Flagler acabó siendo dueño de ochocientas mil hectáreas de tierra en Florida. Cuando el ferrocarril continuó hacia el sur desde San Agustín, Flagler construyó hoteles en Ormond Beach, Palm Beach y Miami. La «temporada de invierno» en Florida se convirtió no sólo en una necesidad para descansar, sino también en una moda para la élite del este.

En Palm Beach aún se conserva el Breakers Hotel. Construido en 1926, su estilo es una réplica de palacios de Roma, Milán, Génova y Venecia, y fue el último de los grandes hoteles construidos por Flagler.

En total, Flagler gastó cincuenta millones de dólares en Florida, de los que veinte millones correspondieron a la inversión necesaria para prolongar el ferrocarril hasta Key West. Este proyecto, que fue abandonado después de los daños provocados por los huracanes en la década de los treinta, sirvió de base para la actual Ruta 1 a Key West. En el año 1900, cincuenta millones de dólares era una suma varias veces superior a la misma cantidad en nuestros días.

El imperio de Flagler alcanzó su máximo esplendor en 1912: poseía dos hoteles en Nassau y una línea marítima que los conectaba con Miami. El Florida East Coast Railroad unía una cadena de propiedades de Flagler desde Jacksonville a Miami. Él vivía en un palacio de mármol, llamado Whitehall, en Palm Beach, una residencia-casa que le había costado tres millones de dólares, acabado con una instalación de cañerías de oro, alfombras pequeñas por valor de 35 mil dólares, y 50 juegos de servicios de mesa. Posteriormente, Whitehall se convirtió en un hotel por un breve período y en la actualidad alberga el museo Flagler.

Si bien Flagler era un hombre muy retraído, su influencia política en Florida era tan grande que cuando, a la edad de 71 años, solicitó el divorcio de su es-

Los mayores reclamos de las vacaciones en Florida son normalmente «descanso y relajación», las playas, los deportes y las principales atracciones del estado, como Disney World, Busch Gardens, Sea World y Cypress Gardens.

En el crecimiento de la industria turística de Florida destacan dos nombres: Henry Morrison Flagler, quien fue responsable de la construcción de una línea férrea desde Jacksonville hasta Key West, y Henry Plant, otro magnate del ferrocarril, quien construyó una línea férrea a lo largo de la costa oeste hasta Tampa. Ambos eran hombres que se hicieron a sí mismos y ambos habían amasado sus fortunas antes de dirigirse a Florida.

Flagler consiguió parte de su riqueza como tesorero de la Standard Oil Company de Rockefeller. La primera esposa de Flagler murió y él volvió a casarse años más tarde. El viaje de novios a San Agustín

posa, que padecía una enfermedad mental, fue capaz de convencer al poder legislativo de Florida para que aprobara una ley especial permitiendo la separación. Su tercera esposa tenía 34 años, y fue ella la que le convenció para construir Whitehall. Irónicamente, Flagler murió a los 83 años a consecuencia de las complicaciones derivadas de una caída en las escaleras de mármol de Whitehall. El sueño de Flagler de extender su imperio hotelero/ferroviario hasta Key West fue realizado en 1921 por la Florida East Coast Hotel Company, ocho años después de haber muerto.

En la costa oeste, Henry Plant construyó otro gran hotel de estilo morisco, el Tampa Bay, que actualmente forma parte de las instalaciones de la universidad de Tampa. Plant acabó construyendo siete hoteles.

Durante los años veinte, el Belleaire, en las proximidades de Clearwater, uno de los hoteles de Plant, se convirtió en la residencia de invierno de más presidentes de ferrocarriles y magnates industriales que ningún otro centro turístico privado.

El *boom* del valor del suelo en Florida alcanzó su punto máximo en el verano de 1925. Era tanta la gente que quería trasladarse hasta allí que los billetes ferroviarios eran difíciles de conseguir e incluso los alimentos escaseaban. Poco tiempo después, el *boom* se convirtió en un fracaso. Pero se habían construido docenas de hoteles, muchos de los cuales desaparecieron durante la década de los años treinta.

Miami se puso en marcha en 1896, cuando el primer tren llegó a la pequeña comunidad con multitudes de nuevos colonos y visitantes. Hacia 1912, contaba con sólo cinco mil habitantes. En 1913 el Collin's Bridge alcanzó Miami Beach, Carl Fisher, uno de los fundadores de Prestolite Company, utilizo su propio dinero y un perspicaz sentido de la publicidad para contribuir a que Miami Beach se convirtiera en lo que es actualmente. Un escritor afirmó que Fisher «aleccionaba a los mosquitos de modo que no lo mordieran a uno hasta después de haber cerrado la compra».

Miami Beach

Miami Beach es un caso único: posee el conjunto de habitaciones turísticas más estrechamente comprimido del mundo. Curiosamente, sólo unos pocos hoteles de la playa están dirigidos por hoteleros profesionales. La gran mayoría de ellos han sido propiedad de una sucesión de hombres de negocios de la ciudad de Nueva York cuyos intereses primarios no son la hostelería. Probablemente en ningún otro lugar haya tantas sociedades o tantos miembros de la misma familia involucrados en la administración

de hoteles. Cada socio obtiene un título como alto empleado del hotel. Los hoteles se compran y venden regularmente.

Los hoteles poseen un estilo despilfarrador y espectacular. Las palmeras iluminadas con reflectores constituyen un equipamiento estándar, así como los vestíbulos de enormes dimensiones. Las piscinas se aproximan al tamaño olímpico, rodeadas por terrazas donde los huéspedes observan a los otros huéspedes, beben, se relajan y se sienten comunicativos. La mayoría de ellos no considerará la idea de zambullirse en el agua.

Los grandes hoteles llegaron con la era de las convenciones, en la década de los años cincuenta. A fines de los años cuarenta, un hotel de buenas dimensiones sobre la playa tenía 125 habitaciones. A principios de 1950, la explotación de 250 habitaciones se convirtió en el estándar. El Fontainebleau tenía 1 200 habitaciones, pero en 1977 se hallaba en bancarrota. En 1978 el hotel se rescató mediante un acuerdo para un contrato de dirección por veinticinco años con Hilton Hotels (Corp.).

La financiación de los hoteles de Miami Beach fue en el pasado extravagante. Según Ivan DeNary, miembro senior de Horwath & Horwath, la mayoría de los hoteles se financiaban a través de una combinación de métodos que representaban el equivalente de una educación financiera en la Harvard Business School.

La promoción de ventas tiene un valor muy elevado en Miami Beach. Con frecuencia, los directores de ventas ganan más en salarios y comisiones que los directores del hotel. Existen muchas personas que piensan que Miami Beach existe gracias al agente de viajes y las compañías aéreas. National Airlines y Eastern Airlines fueron activas promotoras de Florida, y especialmente de Miami Beach. Los paquetes turísticos que organizan conjuntamente agentes de viajes y compañías aéreas llevan miles de personas a Miami durante los períodos de baja ocupación.

Los porcentajes explican mucho acerca de la administración de hoteles en Miami Beach. Gran parte del funcionamiento se da en arriendo sobre la base de un alquiler fijo o un porcentaje sobre los ingresos brutos. En algunos lugares se arrienda el servicio de camareros, las tiendas, el aparcamiento, e incluso las pistas de tenis.

Los hoteles turísticos de Miami Beach

Cuando se habla de Florida como un estado turístico, en realidad estamos aludiendo a la mitad sur del estado. Florida tiene alrededor de ochocientos kilómetros de longitud; el norte de Florida no está acondicionado para el invierno en lo que con

cierne al negocio de los centros turísticos. La gran
concentración del negocio turístico en la costa este
comienza aproximadamente en Fort Lauderdale y se
extiende hacia abajo hasta los Cayos. En la costa oeste, Clearwater representa el comienzo de la zona de
temporada invernal de Florida.En comparación, la
costa oeste es tranquila, en gran parte residencial,
con hoteles relativamente pequeños y millares de
moteles y apartamentos de alquiler. Fort Lauderdale
también posee un carácter reservado y residencial.
Miami Beach es una zona turística urbanizada con

*El turismo en la península de Florida resulta
atraído por dos focos principales, Miami (junto a
estas líneas) y Orlando, en cuya área se construyó
el famoso parque Disney World. Otras importantes
zonas turísticas son: Palm Beach, St. Petersburgo
(ciudad de jubilados) y Panama City.*

Por distintos motivos, los centros de vacaciones pasan períodos álgidos y otros de decadencia, en los que suelen ser sustituidos por otros destinos. Hacia mediados de los años setenta Miami Beach empezó a decaer, en parte debido a la construcción de Disney World, en cuya área se construyeron muchos hoteles turísticos. Otro motivo de la decadencia fue el deseo de los estadounidenses de volar a destinos más exóticos que gozasen de buen clima, como algunos lugares de México o de Hawai. A la izquierda, hotel Hyatt Maui en dicho archipiélago.

gran bullicio en sus calles y con muchísimas salas de espectáculos.

Más del 85 por ciento de los visitantes de Florida llegan desde el este del Misisipí, con Orlando y Miami como principal destino, seguidos de Daytona Beach, Jacksonville y Fort Lauderdale. El tráfico turístico más intenso proviene de la costa marítima atlántica, los estados situados más al sur y las zonas del norte del medio oeste.

Varios sectores de Florida atraen una clientela de zonas específicas. Durante la temporada de invierno, Miami Beach está poblada en gran medida por personas provenientes del área metropolitana de Nueva York. En la costa oeste —en St. Petersburgo, Sarasota, Venecia y Nápoles— predominan los oriundos del medio oeste. La temporada de verano en Daytona Beach atrae turistas básicamente de los estados adyacentes a Florida. Panama City, al norte de la costa del Golfo, es casi en su totalidad un centro turístico estival habitado por clientes provenientes del sudeste, así como de Alabama.

Disney World atrae a personas a lo largo y a lo ancho de todo el mundo, pero de forma predominante a los residentes en el este del Misisipí. Numerosas agencias y personas promocionan Florida. La compañía eléctrica Florida Power and Light Company posee un gran presupuesto de relaciones públicas para la promoción de este estado. La Citrus Commission, agencia casi estatal que se mantiene mediante un impuesto sobre las ventas de cítricos, incluye la promoción de Florida en la publicidad de sus productos. La State Advertising Commission, creada en 1945, promueve extensamente a Florida y posee uno de los más elevados presupuestos de publicidad estatales.

Disney World, construido en las cercanías de Orlando, atrae aproximadamente a 28 millones de personas al año. La zona de diversiones es cinco veces más grande que el Disneyland de California. Disney World se ha convertido en un inmenso centro de congresos y entretenimiento, con grupos que rivalizan por la oportunidad de celebrar allí sus encuentros. La zona de Orlando posee alrededor de 76 mil habitaciones para huéspedes y se ha convertido en un centro turístico de los más importantes.

En una gran proporción, los apartamentos de Florida forman parte del negocio turístico. Se construyen grandes cantidades de apartamentos para la ocupación turística. El edificio de apartamentos en multipropiedad es ocupado por el propietario solamente durante las vacaciones, y durante el resto del año se cede en alquiler. Este plan contribuye a financiar segundas residencias o residencias de vacaciones, dado que la mayor parte del apartamento se paga con la renta percibida por los alquileres. La administración del alquiler forma parte del contrato de propiedad, de modo que los propietarios no tienen que ocuparse de los habituales problemas entre arrendador e inquilino. En algunos lugares, para atraer a los arrendatarios, se proporciona servicio de comidas a domicilio. Así mismo, Florida posee centenares de parques para caravanas, muchos de ellos con piscinas, pistas de tenis y otros juegos. Algunos parques poseen sus propias oficinas de correos; en realidad, muchos de ellos son comunidades turísticas con ocupación de temporada.

Ascenso y caída de los centros turísticos

Los destinos turísticos tienen su cima y su caída. Miami Beach y Atlantic City representan claros ejemplos. Ambas ciudades fueron una vez la meca de los turistas de la costa este. En 1977 ambas se encontraban en una situación difícil, reemplazándose Miami Beach por destinos tan lejanos como Europa, Cancún, Hawai, Acapulco y el Caribe. Un factor primordial en la decadencia de Miami Beach fue el brillo y esplendor del nuevo Disney World, erigido en Orlando, en el centro de Florida, «cortándole el paso» al visitante proveniente del norte. Las cosas estaban tan mal que los hoteleros acudieron a Washington en busca del apoyo federal para préstamos de renovacion de bajo coste, que los bancos de Florida les habían negado. La cantidad de habitaciones hoteleras en la playa se redujo a 27 mil en 1976, de las 30 mil existentes diez años atrás. Según la revista *Time Magazine*, sólo 3 500 de las mismas eran de primera clase. Durante el mismo período de diez años, Las Vegas añadió 15 mil habitaciones hasta totalizar las 36 mil, y el total de Hawai aumentó de 17 mil a 44 mil. El centro de temporada mexicano de Cancún, que en 1966 no disponía de ninguna habitación, fue un destino que experimentó un crecimiento muy rápido.

Los hoteles de vacaciones

Miami Beach confía en sobrevivir atrayendo al cincuenta por ciento o más de sus visitantes como parte de congresos. El Fontainebleau Hotel, el más grande de los hoteles de la playa, ideó un nuevo recurso: anunció un plan para solteros que incluía baños de sol al desnudo en el solarium y servicios de vídeo para hallar pareja. Airados ciudadanos de Miami invalidaron la idea. El una vez tan orgulloso Fontainebleau Hotel (el hotel más grande de Miami) fue vendido en 1977 en junta de acreedores. Actualmente su funcionamiento ha sido asumido por Hilton Hotels.

Se comenta que las dificultades de Miami Beach no derivan sólo de problemas externos, sino también de la mala administración y falta de mantenimiento. Cuando se obtenían beneficios, el dinero se extraía y volaba sin pensar en el mañana. Se construyeron hoteles uno junto a otro a lo largo de la playa, con lo que quedaba invisible desde la calle y se provocó la erosión de la costa.

Miami Beach, que una vez fuera una plantación de cocoteros, ha sufrido varias metamorfosis, de enclave para los ricos en las décadas de 1920 y 1930, a centro de entretenimiento naval durante la Segunda Guerra Mundial y después, decayendo con rapidez, a centro de jubilados, muchos de ellos con ingresos bajos. La salvación para la playa se presentó bajo la forma de la clase trabajadora británica, a quien se le ofrece estancias económicas de dos semanas en el sur de Florida. En 1980 una empresa británica (Intasun) contrató seis mil camas para cinco años. También están apareciendo cantidades considerables de europeos, canadienses y latinoamericanos. Blancos para lanzar dardos, pescado y patatas fritas, y barbacoas, lo que espera la clase trabajadora británica, fue el incentivo para que unos doscientos mil británicos concurrieran en 1980 a Miami Beach.

LA NIEVE COMO ATRACCIÓN TURÍSTICA

Todos los inviernos, muchos esquiadores acuden a las laderas montañosas de Nueva Inglaterra, Pensilvania, Colorado, California, Nevada, Washington y cualquier otro lugar donde haya nieve o se pueda esquiar. Incluso hay un centro de esquí en Gatlinburg, Tennessee, en las Great Smoky Mountains.

El esquí combina el desafío del estado físico con unas amenas relaciones sociales. El esquí también ofrece la oportunidad a los operadores de centros turísticos de la zona de un funcionamiento de doble temporada: verano e invierno.

En las proximidades del área de esquí se acumulan numerosos hoteles, moteles y toda una variedad

Otro negocio turístico en alza es el que gira en torno a las vacaciones de invierno. Son muchas las instalaciones surgidas junto a estaciones de esquí, un deporte que cada vez practica mayor número de personas. En la página siguiente, remontes en una estación de esquí europea.

de alojamientos. La economía del negocio del esquí no está muy bien definida.

El monte Snow, en Vermont, una de las zonas de esquí más grandes del mundo, se ve invadido los fines de semana por los amantes de este deporte que buscan la buena nieve. Al igual que la mayoría de las zonas de esquí, el negocio disminuye notablemente durante la semana laborable. Cuando no hay nieve, el lugar adquiere la fisonomía de un pueblo fantasma. Se dice que el monte Snow es un lugar rentable.

El monte Torn, ubicado dentro de los límites de la ciudad de Holyoke, en Massachusetts, fabrica su propia nieve y, puesto que es accesible para muchas personas, es muy rentable.

Las fuertes inversiones y las cortas temporadas de esquí ayudan a explicar el panorama financiero. En el año 1959 en Wisconsin, el número de días aptos para la práctica del esquí fue sólo de cuarenta. Aspen, Colorado, en el otro extremo, dispuso de 147 días «esquiables» en la temporada 1964-1965. La temporada 1976-1977 fue un desastre en el lejano oeste para los operadores de esquí, debido a la falta de nieve.

Las tormentas y el deshielo se cobran su tributo. Los equipos de fabricación de nieve han añadido muchos días a la práctica activa del esquí, pero ese equipo es totalmente ineficaz ante el clima cálido. En muchos lugares, el estado al que corresponde la zona de esquí ha contribuido a financiarla. Esta financiación puede asumir diversas formas, desde la construcción de carreteras de acceso a la zona hasta la construcción completa de un área, como se hizo en Sunapee, en el estado de Nueva Hampshire.

El esquí puede suponer una gran cantidad de dinero para una zona del país: dinero de la construcción, dinero para pagar los salarios en los hoteles, restaurantes y tiendas de licores y comestibles. Las instalaciones de esquí estimulan también la construcción de alojamientos privados y residencias que pueden utilizarse todo el año. El valor de la propiedad inmobiliaria aumenta notablemente y, en cierta medida, prospera toda la comunidad. Unas

pocas zonas de esquí son altamente rentables y pueden disfrutar de temporadas que van desde noviembre hasta junio.

Los orígenes del negocio del esquí en Estados Unidos, tal como se conocen ahora, son discutibles, pero se sabe que en 1931 el Boston and Maine Railroad mandó su primer tren de la nieve a Warner, Nueva Hampshire, con 197 entusiastas de los deportes de invierno a bordo. En aquella época el esquiador era considerado como un excéntrico que deseaba soportar el frío y las inclemencias durante un día o un fin de semana sobre estrechas pistas de esquí.

En 1934 se colocó un motor de Ford T en la base de una colina en Woodstock, Vermont. En el extremo de un eje, accionado por el motor, había una rueda. Sobre esta rueda, y mantenida en su posición por una pestaña, había una cuerda. Fue el primer remonte para subir a la colina. En 1938 se construyó un arrastre en Cranmore Mountain, en North Conway, Nueva Hampshire. Más tarde, se construyó un funicular aéreo para pasajeros en Franconia, Nueva Hampshire.

En la actualidad, los teleféricos cerrados ascienden kilómetros a través de las montañas. Alrededor del pie de las laderas suele haber diseminadas elegantes posadas con cocina europea. El esquiador típico, sin embargo, no se detiene en ellas. Viaja en automóvil desde un centro de población —generalmente para pasar un fin semana— y come en la barra de una cafetería o se sirve de una máquina expendedora. El consumo habitual se compone de hot dogs, hamburguesas, carne estofada y sopas.

Una parte complementaria en el deporte del esquí es el equipo de traumatología, con una instalación radiológica y todo el material necesario para las múltiples fracturas que sufren los aficionados a este deporte.

El negocio del esquí es un complemento para el negocio de los hoteles y restaurantes; sin embargo, para el aficionado al esquí que está en el negocio, el alojamiento puede ser una actividad secundaria a su principal objetivo, que es deslizarse por las laderas.

Hacia la década de 1960, el esquí se había introducido en la esfera de los grandes negocios. Gran parte del negocio del esquí en más de setecientas zonas está controlada por grandes corporaciones como Twentieth Century Fox, Ralston Purina, Apex Oil y Solon Automated Services. Muchas zonas de esquí han lanzado una gran campaña de promoción, ofreciendo alojamientos de lujo y el Plan Norteamericano junto con lecciones de esquí y el uso de las pistas. Cientos de estudiantes y jóvenes matrimonios salen los viernes por la tarde para disfrutar de varias horas en un centro de esquí.

Los administradores de alojamientos y remontes de esquí aprovechan la situación al máximo. La mayoría dependen de los caprichos del clima. Mucha nieve significa grandes multitudes; una tormenta y una temperatura cálida, y el negocio se desploma. Si bien los equipos para fabricar nieve se están convirtiendo en una necesidad en muchos lugares, las temperaturas por encima del punto de congelación disipan la nieve —elaborada durante la noche— y los beneficios. Así y todo, es probable que el negocio del esquí continúe con su crecimiento.

El alojamiento y los restaurantes en las zonas de esquí dependen de las condiciones de la nieve. La ocupación en el monte Snow puede ser completa un fin de semana, y casi en sus mínimos a la siguiente. Los centros estivales próximos a las zonas de esquí son los que disfrutan de más beneficios, porque al menos pueden hacer negocio durante los fines de semana esquiables. Por supuesto, algunos de los hoteles de temporada estival más grandes no abren durante la temporada de esquí debido al coste y los problemas de personal.

La rentabilidad del negocio del esquí

Al analizar la rentabilidad (o la falta de ella) en las operaciones de esquí se hacen evidentes varios factores. La gran operación de esquí, con fuertes inversiones y una diversidad de actividades y atracciones, atrae muchísimo más al público en general que la operación de esquí tradicional con unos pocos remontes y un servicio de comidas estilo cafetería. Las grandes empresas, con acceso a grandes sumas de dinero, pueden ampliar la temporada mediante la introducción de pistas de tenis cubiertas, una discoteca y una gama de restaurantes.

La mayoría de las operaciones de esquí rentables forman parte de un concepto más amplio que implica el desarrollo del terreno con la construcción de apartamentos en régimen de multipropiedad y las ventas de terrenos para residencias particulares. Quizás a través del desarrollo del terreno se obtengan tantos o más beneficios que los derivados de la operación de esquí propiamente dicha. La cooperación de esquí se convierte en el punto focal y el atrac-

tivo principal del concepto más amplio. Operar meramente remontes de esquí y confiar en que nieve no es suficiente.

La operación de esquí posee muchas más posibilidades de éxito si se halla a una hora de viaje de un centro de población de cincuenta mil habitantes o más. Mammoth Mountain, zona de la que se dice que atrae más esquiadores que ninguna otra, se encuentra a poco más de cuatro horas en coche desde Los Ángeles.

El clima ha de ayudar para que al menos se pueda contar con 105 días de nieve. Las posibilidades de que haya poca nieve o ninguna, e incluso en zonas donde son normales las nevadas intensas, significa que la mayoría de las zonas de esquí deben tomar sus precauciones en forma de equipamientos para la fabricación de nieve artificial.

Los campamentos estivales de esquí son una forma de ampliar la temporada. Se les puede vender en bloques de dos semanas a grupos interesados en la preparación física a través de caminatas y activi-

Las estaciones de esquí que resultan más rentables son aquellas que con una visión amplia de la operación inmobiliaria construyen a su alrededor apartamentos, restaurantes, tiendas y toda una infraestructura que permita ocupar el área aun cuando la temporada se dé por finalizada. Junto a estas líneas, estación en plena temporada.

dades de destreza mediante películas, adiestramiento interior impartido por profesionales y charlas estilo aula escolar. Las operaciones de verano pueden incluir excursiones organizadas, campamentos de pesca, seminarios sobre salud, deportes y actividades físicas.

Durante mucho tiempo la instalación de un centro de convenciones y el énfasis en vender el negocio de los grupos durante las temporadas bajas ha sido un medio de extender la temporada del hotel. Los hoteles de zonas de esquí recurren al negocio de las convenciones para ampliar la temporada.

Los centros turísticos agrupados parecen aumentar el atractivo del centro individual, así como la «calle de los restaurantes» es más que la suma de sus partes. El esquiador ávido disfruta yendo de una zona de esquí a otra cuando ambas están relativamente cerca entre sí. El conjunto de centros turísticos ofrece una mayor variedad de restaurantes y espectáculos nocturnos que la propiedad individual.

Los centros de esquí más grandes mantienen un programa de comercialización que dura todo el año e incluye publicidad en revistas, periódicos, circulares, radio y ocasionalmente televisión. Se envía correspondencia regular a los agentes de viajes, grupos y particulares. Se hacen contactos y presentaciones con espectáculos de esquí y clubs de esquiadores. La comercialización básica se efectúa a través de exhibiciones de esquí.

El centro turístico de esquí continúa siendo un negocio de alto riesgo que exige fuertes inversiones de capital en terrenos y remontes (algunos centros se hallan emplazados en terrenos arrendados al National Forest Service). Los centros turísticos de invierno representan una apuesta considerable, en tanto que pueden ser sumamente rentables un año y financieramente desastrosos el siguiente. Por lo general, los beneficios de los centros de esquí se reinvierten en la propiedad en vez de distribuirse entre los propietarios.

Son pocas las zonas de esquí rentables. Una de ellas es Mammoth Lakes, en California. Una media de cinco mil milímetros de nieve al año permite una larga temporada de esquí, que comienza en noviembre y se extiende hasta junio. Una de las empresas asentadas allí cuenta con 1 200 empleados y obtiene veinte millones de dólares al año en concepto de tickets para remontes.

Un factor primordial en el punto de equilibrio de un centro turístico es la capacidad de remontes disponible: es decir, la cantidad de esquiadores que el centro puede hacer llegar hasta la cima de una montaña.

Típicamente, los hoteles próximos a un centro de esquí se acercan al cien por ciento de ocupación los fines de semana y a un porcentaje que oscila entre el cincuenta y el ochenta por ciento durante los días laborables.

Los centros de esquí deben seguir innovando, y algunos lo están haciendo. Por ejemplo, Squaw Valley mantiene un amplio programa de guarderías. Otros centros fomentan carreras y exhibiciones durante los períodos flojos de la temporada.

Históricamente, este deporte se inicia, allí donde la calidad de la nieve es adecuada, el Día de Acción de Gracias (fiesta que se celebra el cuarto jueves de noviembre) y continúa hasta Pascua.

Es posible que un centro de esquí no pueda ser rentable sin depender estrechamente de los empleados de temporada. Un gran estímulo para ellos es el forfait gratuito para la temporada, porque la escala salarial de estos trabajadores por lo general es baja en comparación con los niveles de retribución de las ciudades.

LOS DESTINOS TRADICIONALES

Sería erróneo pensar que el negocio de las vacaciones se limita a zonas turísticas tales como las montañas de Nueva Inglaterra, la costa marítima de Nueva Jersey o las pistas de esquí de Colorado. Las mayores concentraciones del negocio de las vacaciones se registran en lugares como la ciudad de Nueva York, Londres, París, San Francisco, Honolulú y Las Vegas. Las ciudades turísticas tradicionales como París, Roma, Copenhague, Salzburgo y Viena atraen a muchas más personas que lugares tan espléndidos como las islas griegas o las islas Canarias.

Otros destinos de temporada dignos de mención por el gran número de visitantes que reciben anualmente son: la española Costa del Sol, la Costa Azul francesa, el Algarve portugués y varios puntos de México, aparte del ya tradicional Acapulco —Cancún en la costa del Golfo, Puerto Vallarta, Ixtapa y Mazatlán en la costa oeste de México. La isla de Maui, en Hawai, es la segunda en importancia turística de la cuenca del Pacífico, después de Oahu.

EL ATRACTIVO TURÍSTICO DE LOS PARQUES DE ATRACCIONES

Desde hace mucho tiempo Copenhague posee su Tivoli Gardens y Viena su Parque de Atracciones Prater, pero fue Walt Disney quien demostró lo que se puede hacer realmente con un gran parque de atracciones. Cuando está bien hecho y bien dirigido, las instalaciones se convierten en una gran atracción para la zona en la cual están emplazadas, y para millones de visitantes que acuden desde todas las partes del globo. Se convierte en una gran fuente de empleo; Disney World lo proporciona a 23 mil personas durante su temporada alta. Las Vegas tiene las apuestas, Los Ángeles a Disneylandia, Santa Clara posee su Great America, y Orlando su Disney World. Disneylandia atrae a la mitad de sus clientes de la zona de Los Ángeles, siendo el resto de «cualquier otro lugar». Alrededor de estos parques de atracciones se agrupan millares de hoteles y restaurantes como servicios auxiliares, introduciendo una nueva dimensión en estos negocios.

Desde mediados de la década de 1950, cuando Walt Disney construyó Disneylandia, los parques de atracciones han tomado parte activa en el negocio de la hostelería, imanes para el turista, proporcionando entretenimiento, comidas y diversión para toda la familia. Disneylandia fue un éxito financiero sin precedentes al que le seguiría Disney World, que resultó aún más exitoso. Se dice que Disney World, un complejo de atracciones de casi once mil hectá-

reas, situado junto a Orlando, es la zona turística principal del mundo.

Se han desarrollado otros muchos parques de atracciones, con la Marriott Corporation introduciéndose de lleno en este campo. Estrechamente vinculados a los parques de atracciones podemos encontrar el Polynesian Village de la isla de Oahu, dirigido por la iglesia mormona y que en realidad es una experiencia educativa y añade un tremendo atractivo a Waikiki.

EL FUTURO DE LOS HOTELES TURÍSTICOS

Se considera que el negocio de los hoteles de vacaciones se está mezclando con otros numerosos negocios o bien está tan vinculado a ellos que se convierte en parte de los mismos. Quizás sea mejor pensar en el negocio de las vacaciones como una parte del más amplio negocio del turismo. Los viajes de placer se han convertido en uno de los grandes negocios del mundo, involucrando la planificación de las vacaciones, los medios de transporte, el alojamiento en ruta y en el lugar de destino y el entretenimiento durante el proceso en su totalidad.

Los economistas expertos en este tema prevén mayores ingresos discrecionales para las personas de clase media, y un mayor interés por los viajes y las vacaciones para el futuro. En tanto el viaje por compañías aéreas se vuelva más sencillo y relativamente menos caro, su crecimiento continuará.

Con frecuencia, el negocio de las vacaciones está inexorablemente ligado a la urbanizacion del terreno, con hoteles que dan distinción y valor a comunidades recién desarrolladas, o bien a complejos de atracciones tales como Disney World en Florida, y proyectos en Hawai, España, Cerdeña, el Caribe, California y México.

El rápido crecimiento de las multipropiedades que también son rentables, como apartamentos de vacaciones, puede tener un marcado efecto sobre la economía de los hoteles en las zonas de temporada.

MULTIPROPIEDAD

El concepto de multipropiedad se originó en los Alpes franceses en 1967 y posteriormente se importó a Estados Unidos para sacar de apuros a impulsores de complejos inmobiliarios con problemas financieros. El concepto de extendió hacia el oeste desde los estados sureños. Se afirma que las de San Diego Country States fueron las primeras unidades en esta modalidad en Estados Unidos diseñadas específicamente para multipropiedad. En todos

Los parques de atracciones suponen en todo el mundo un atractivo turístico de primer orden que, desde la inauguración de los primeros parques Disney, ha influido notablemente en la hostelería. La construcción de hoteles y restaurantes alrededor de estos parques para albergar a los visitantes ha supuesto la creación de nuevos centros turísticos. Arriba, una de las atracciones de los parques Disney

los otros lugares se han convertido propiedades ya existentes utilizadas como apartamentos turísticos al concepto de multipropiedades e intercambio. En 1980 alrededor de cuatrocientas mil personas de todo el mundo ya participaron de la idea del intercambio y de la multipropiedad. En pocos años el negocio se duplicó anualmente. En cierto sentido, la multipropiedad proporciona una vacación anual a un coste relativamente bajo, una vez abonada la base original de la multipropiedad.

La multipropiedad, también llamada propiedad a tiempo compartido, se ha extendido desde los bienes inmuebles hasta las casas flotantes, los barcos de placer, los yates, las casas de playa y montaña, e incluso a los vagones de ferrocarril reformados.

Así mismo existe la posibilidad de intercambiar la propiedad o el derecho de uso de ésta a otras propiedades. Se han creado al menos dos organizaciones para controlar los intercambios. Resort Condominiums International, fundada en 1974, es la más grande; utiliza un «banco de espacios» en donde un socio «deposita» su tiempo a compartir y solicita un lapso equivalente en una lista de centros de temporada incluidos en la guía anual.

Una empresa rival, Interval International, se creó dos años después. Ambas editan guías anuales con fotografías y descripciones de centros en régimen de multipropiedad.

Con Interval Internacional los propietarios ofrecen su multipropiedad para el intercambio y luego seleccionan un apartamento de entre aquellos disponibles, o hacen incluir sus solicitudes en una lista de espera. Los intercambios se realizan sobre la base del espacio, no del coste. Se intercambia un apartamento de una habitación con cocina por otro apartamento con las mismas condiciones, aunque por las diferencias de costes entre las distintas zonas del mundo uno de ellos pueda valer el doble que el otro.

La multipropiedad asume diversas formas que es interesante conocer:

• Propiedad a tiempo compartido *(TSO, Time Sharing Ownership)*. Las unidades de un centro de temporada se adquieren en su totalidad, pero la unidad se comparte con otros propietarios, y cada uno de ellos puede utilizar el apartamento, habitación o cabaña cada año durante un período especificado. La titularidad de cada participación individual se estipula en una escritura de garantía, incluyendo un acuerdo de uso para un determinado período cada año. El comprador, en realidad, se convierte en copropietario de un complejo inmobiliario y debe abonar una parte proporcional del mantenimiento, impuestos y servicios públicos. El copropietario puede vender, transferir o legar su participación en la propiedad de cualquier finca inmobiliaria.

El copropietario puede participar en una bolsa de arrendamiento común con los otros propietarios, y una unidad de vacaciones para una parte del año. La inversión es relativamente pequeña, y si la propiedad se revaloriza, el individuo obtiene un beneficio.

El propietario o promotor original vuelve a recuperar su dinero y, tal vez, un contrato de administración para dirigir el establecimiento. El coste de comercialización para la enorme cantidad de propietarios probablemente sea elevado.

Parte del conjunto se puede mantener como centro de temporada tradicional, con unidades alquiladas por temporadas. Las unidades TSO también se pueden alquilar cuando no estén ocupadas por sus propietarios.

• Propiedad a intervalos. Es similar a la TSO, a excepción de que cada unidad está separada de las demás y la titularidad no está sujeta a partición ni gravamen impositivo sobre la participación de otros propietarios. La escritura crea una testamentaría (por lo general para la vida útil de la unidad) tras la cual se convierte en propiedad común de los arrendatarios.

• Licencia para vacaciones. El propietario adquiere una participación en arriendo en una unidad para un cierto período de cada año durante un número determinado de años.

Creada por la Caribbean International Corporation, la licencia de vacaciones otorga al comprador el de-

Para compensar la caída del turismo en épocas de crisis económica, los más importantes centros de vacaciones realizan importantes ofertas que las agencias de viajes ofrecen al público potencial. El negocio de las vacaciones, en el que están comprometidas las más importantes cadenas hoteleras del mundo, juega un papel muy importante en este sentido. En la página siguiente, fachada de uno de los edificios que forman el Hilton Hawaian Village de Hawai.

recho de usar una unidad durante un cierto tiempo de la vida útil del centro de temporada, al menos cuarenta años. En 1976 la Caribbean International Corporation ya había vendido alrededor de seis mil licencias de sus centros de temporada de Fort Lauderdale, San Juan, St. Thomas y St. Croix. Los compradores podían escoger los centros para pasar sus vacaciones.

The Sea Pines Company, urbanizadora del centro turístico Sea Pines Plantation en Hilton Head Island, frente a Carolina del Sur, vende segmentos de tiempo de vacaciones de una o varias semanas. De acuerdo con un portavoz de la empresa, el plan permite que los particulares inviertan su dinero de vacaciones, y, al mismo tiempo, tengan un lugar para sus vacaciones de excelente calidad a perpetuidad o sólo el tiempo que piensen utilizarlo. Las empresas también pueden comprar propiedades TSO en un centro turístico y utilizarlas como premios para sus empleados, paga de incentivos y lugar de vacaciones para el personal.

Numerosos grupos de hoteles, entre los que se incluyen Holiday Inn y Playboy Club International, ofrecen planes de multipropiedad.

• Títulos de vacaciones. Al igual que otros títulos corporativos, el título de vacaciones representa una promesa incondicional del propietario de un hotel de temporada a pagar el importe nominal del título, más interés, a una tasa estipulada al vencimiento. Los títulos están asegurados mediante una primera o bien una segunda hipoteca sobre el hotel.

Los propietarios de los títulos pueden compensarlos utilizándolos para el pago del alquiler de habitaciones y recibir un descuento de entre el cuarenta y el sesenta por ciento sobre la tarifa vigente.

Se especifica el tiempo durante el cual se puede utilizar el hotel, una semana al año, durante quince y cuarenta años, pero el tenedor del título debe efec-

tuar la reserva con sesenta y noventa días de antelación. Se han vendido títulos de vacaciones en California, Hawai, el Caribe y Europa.

Los planes de multipropiedad permiten a los urbanizadores de centros turísticos una financiación sin necesidad de la convencional financiación a largo plazo. Los titulares de propiedades ya existentes pueden ampliar las hipotecas o cancelarlas.

ALGUNOS CAMBIOS DE ORIENTACIÓN DESDE LA CRISIS ECONÓMICA DE 1973

A consecuencia de la brusca subida de los precios de la energía que se inició en 1973, el coste de los viajes también aumentó, provocando un rápido cambio en los patrones del viaje de vacaciones y en la naturaleza del negocio en sí mismo.

Los hoteles de los centros turísticos, así como otros que eran suficientemente grandes, dirigieron sus esfuerzos de comercialización hacia el mercado de los grupos. Los circuitos individuales por el extranjero (*FIT, Foreign Independent Tour*) disminuyeron considerablemente a la par que aumentaba la popularidad de los viajes organizados. Para llegar a motivar el viaje en grupo, los hoteles añadieron directores de viajes a sus departamentos de marketing. Éstos tenían como función especial vender plazas para grupos y ocuparse de sus componentes mientras estuvieran alojados en el hotel.

El viaje organizado adquirió suma importancia en razón de las economías que era posible obtener al vender bloques de plazas aéreas, habitaciones, excursiones y billetes para espectáculos. Durante la temporada baja a los mayoristas se les vendían habitaciones de hotel entre un 25 y un 50 por ciento más baratas; las compañías aéreas también concedían descuentos en sus billetes, tanto si era legal como si no. El viaje organizado aceleró lo que ya era una tendencia hacia el turismo de masas.

La dirección de los hoteles y las oficinas de turismo y de convenciones gubernamentales comenzaron a trabajar en una colaboración mucho más estrecha que antes; los representantes de los hoteles y de la administración viajaban juntos para vender vacaciones. Los directores generales de San Diego Convention and Visitor Bureau, por ejemplo, viajan en compañía de personal de venta de los hoteles a las principales ciudades de Estados Unidos y Canadá, persuadiendo a los agentes de viaje para que elijan San Diego como destino. Los viajes están parcialmente financiados por las compañías aéreas. Las oficinas para congresos crecen en gran número, por lo general financiadas en parte mediante un impuesto de alrededor del seis por ciento que grava las pernoctaciones en hoteles.

Grupos de empresas como ITT, MCA y AMFAC pueden jugar un papel aún más preponderante en el negocio de las vacaciones a medida que se van extendiendo a través del mundo. Las cadenas más importantes, como Hilton, Sheraton y Westin, están muy comprometidas en puntos de destino tales como Hawai, Las Vegas, San Juan y México.

El negocio de los hoteles de vacaciones, hasta hace poco tiempo dominio del empresario individual, ha cambiado. Será interesante ir observando el carácter del negocio de los hoteles de vacaciones a través de su desarrollo durante los próximos años.

LOS RESTAURANTES

La Asociación Nacional de Restaurantes afirma que en Estados Unidos el negocio de los restaurantes ocupa el tercer lugar en importancia. En este país, una de cada tres comidas se hace fuera de casa. Los empleados en esta industria, incluyendo aquellos que trabajan a jornada parcial, suman más de ocho millones.

Las ventas se incrementan año tras año. El volumen medio de ventas en los restaurantes con empleados subió de 66 281 dólares en 1963 a 190 mil dólares en 1975 y continuó incrementándose en la década siguiente.

El negocio comercial de los restaurantes prosperó después de la Segunda Guerra Mundial, ya que muchas personas con posibilidades económicas adquirieron el hábito de comer fuera de sus casas. Existen varios aspectos en nuestro estilo de vida que han influido en los nuevos hábitos y que favorecen el desarrollo del negocio de los restaurantes; por ejemplo, la gran cantidad de mujeres que trabajan fuera de casa. El comer fuera está íntimamente ligado a la disponibilidad económica y, por lo tanto, al incrementarse ésta, aumentan las ventas en los restaurantes. Las comidas y las bebidas consumidas fuera de casa representan aproximadamente un cinco por ciento de la renta disponible de los consumidores. Este porcentaje se mantiene prácticamente constante.

A finales de los años setenta, más de la mitad de las familias de Estados Unidos estaban compuestas por sólo una o dos personas. Las razones de este bajo número eran la disminución del índice de natalidad, la tendencia de la juventud a posponer el matrimonio, la frecuencia y facilidad del divorcio y el deseo de vivir solos tanto de las parejas muy jóvenes como las de avanzada edad. El número de integrantes de los grupos familiares se ha reducido de 4,8 personas en 1900 a 3,4 personas en 1950

y a 2,9 personas a finales de los años ochenta. ¿Qué significa todo esto para el negocio de los restaurantes? Probablemente, los grupos familiares pequeños fomentan las salidas a comer porque constituyen no sólo una experiencia alimentaria sino también social.

Al igual que los hoteles, los restaurantes disminuyen en número pero aumentan su capacidad. En cuanto al personal empleado en el sector, aproximadamente el 29 por ciento de los trabajadores de la industria de restauración son camareros y camareras. Los cocineros y los *chefs* constituyen un quince por ciento del total, los empleados de la barra, los *barmans y* el personal administrativo representan aproximadamente un cinco por ciento cada uno. Los propietarios y gerentes constituyen alrededor de un veinte por ciento del total del personal.

Un informe de la Asociación Nacional de Restaurantes *(NRA News)* muestra que un tercio de los empleados del negocio de la alimentación eran estudiantes y el cincuenta por ciento universitarios. De este modo, el negocio de los restaurantes proporciona el primer trabajo a cientos de miles de jóvenes, la mayoría con el salario mínimo.

California es el estado que posee cifras de ventas más elevadas en los restaurantes. Nueva York ocupa el segundo puesto y Texas el tercero.

HISTORIA DE LA RESTAURACIÓN

Las salidas a comer tienen una larga historia. Las tabernas existían ya en el año 1700 a.C. Se han encontrado pruebas de la existencia de un comedor público en Egipto en el año 512 a.C. que tenía un menú limitado, sólo servía un plato preparado con cereales, aves salvajes y cebolla. No obstante, los egipcios utilizaban una amplia selección de alimen-

Muchas de estas cantinas eran iguales o muy similares, como si todas formaran parte de una cadena de un único dueño. Las panaderías estaban muy cerca, en su interior molían los granos utilizando norias tiradas por asnos. Algunas panaderías se especializaban en pasteles. Una de ellas tenía 25 moldes de bronce de diferentes tamaños, cuyos diámetros oscilaban entre los diez y los quince centímetros.

Después de la caída del Imperio Romano, las comidas fuera de casa se realizaban generalmente en las tabernas o posadas, pero alrededor del año 1200 ya existían casas de comida en Londres, París y algunos otros lugares en las que podían comprarse platos ya preparados. Las cafeterías son también un antepasado de nuestros restaurantes. Éstas aparecieron en Oxford en 1650 y siete años más tarde en Londres.

En aquel entonces el café era considerado un «curalotodo». En 1657 podía verse un anuncio que decía: «... el café sana los orificios del estómago, calienta el cuerpo, ayuda a la digestión... es bueno para los resfriados y el catarro...». La compañía internacional de seguros Lloyd's de Londres fue fundada en el café Lloyd. En el siglo XVIII había ya en Londres unas tres mil cafeterías.

Estas cafeterías eran también muy populares en la América colonial. Había muchas en Boston, Virginia y Nueva York. La palabra cafetería proviene del francés *café*.

El primer restaurante propiamente dicho tenía la siguiente inscripción en la puerta: *Venite ad me omnes qui stomacho laboratoratis et ego restaurabo vos*. No eran muchos los parisinos que en el año 1765 sabían leer francés y menos aún latín, pero los que podían sabían que Monsieur Boulanger, el propietario, decía: «Venid a mí todos aquellos cuyos estómagos clamen angustiados, que yo los restauraré».

Boulanger llamó a su sopa *le restaurant divin*. Su «restaurador divino» no era más que un perfeccionamiento de las mezclas de vegetales y hierbas amargas preparadas por los médicos de la Edad Media como reconstituyente. Se trataba de un delicioso y opulento consomé que atrajo a todas las damas y caballeros elegantes que normalmente no frecuentaban las tabernas públicas en las que la comida estaba relegada a un segundo plano por la bebida.

tos: guisantes, lentejas, sandía, alcachofas, lechuga, endibias, rábanos, cebollas, ajos, puerros, grasas (animales y vegetales), carne, miel, dátiles y productos lácteos como leche, quesos y mantequilla. En aquel entonces, las mujeres no podían acudir a estos comedores. Sin embargo, hacia el año 402 a.C. las mujeres comenzaron a formar parte del ambiente de las tabernas. Los niños pequeños también podían asistir si iban acompañados de sus padres pero las niñas no podían hacerlo hasta que no estuvieran casadas.

Los antiguos romanos salían mucho a comer fuera de sus casas; aún hoy pueden encontrarse pruebas en Herculano, una ciudad de veraneo cerca de Nápoles que durante el año 79 d.C. fue cubierta de lava y barro por la erupción del volcán Vesubio. En sus calles había una gran cantidad de bares que servían pan, queso, vino, nueces, dátiles, higos y comidas calientes. Los mostradores estaban recubiertos de mármol y tenían empotradas unas vasijas en las que guardaban el vino para que se mantuviese fresco. Se servía también vino caliente con especias y generalmente endulzado con miel.

El restaurante de Boulanger, denominado Champs d'Oiseau, cobraba unos precios lo suficientemente altos como para convertirse en un lugar exclusivo en el que las damas de la alta sociedad acudían para mostrar su distinción y su elegancia. Boulanger amplió el menú sin pérdida de tiempo y así nació un nuevo negocio.

La palabra restaurante se estableció en breve y los *chefs* de más reputación que hasta entonces sólo habían trabajado para familias privadas abrieron también sus propios negocios o fueron contratados por un nuevo grupo de pequeños empresarios: los restauradores.

El auge del negocio de los restaurantes está directamente relacionado con la cada vez más arraigada costumbre de comer fuera de casa. En Estados Unidos, donde las ventas de los establecimientos de restauración se incrementan cada año, una de cada tres comidas se realiza fuera de casa. Sobre estas líneas, comedor de un restaurante de Las Vegas.

El restaurante en Estados Unidos

La palabra restaurante llegó a Estados Unidos en 1794, traída por el refugiado francés de la revolución Jean Baptiste Gilbert Paypalt, quien fundó lo que sería el primer restaurante francés en Estados Unidos, llamado Julien's Restorator. En él se servían trufas, *fondues* de queso y sopas. La influencia francesa había comenzado a notarse antes en la coci-na estadounidense, ya que tanto Washington como Jefferson eran aficionados a la cocina francesa. En Boston, los franceses que habían huido de su país en el siglo XVIII escapando de la persecución religiosa abrieron varios establecimientos. El restaurante que generalmente se considera como el primero de este país es el Delmonico, fundado en la ciudad de Nueva York en 1827. Este derecho puede ser reclamado también por el Union Oyster House en Cambridge, Massachusetts, fundado en 1826 por los señores Atwood y Bacon. Este restaurante todavía funciona en la actualidad.

Los restaurantes

En la actualidad hay todo tipo de restaurantes y menús para todos los gustos y se valoran por igual los platos especiales y los lugares que ofrecen una decoración agradable o una localización original. Junto a estas líneas, comedor de un restaurante de Nueva York desde el que puede apreciarse todo el encanto de Manhattan.

La historia del Delmonico y sus propietarios es fascinante y representa un ejemplo de lo que son los restaurantes regentados por una familia en Estados Unidos. Algunos de éstos perduran más de una generación, pero fueron cuatro las generaciones de la familia Delmonico que estuvieron relacionadas con nueve restaurantes entre los años 1827 y 1923. El nombre Delmonico representó en su época de esplendor lo mejor de la cocina franco-americana.

Al igual que muchos restaurantes pertenecientes a una familia, éstos pasaron a la historia. El último restaurante perteneciente a la familia Delmonico, ubicado en la Quinta Avenida y la calle 44, cerró sus puertas con una humillante bancarrota durante los primeros años de la prohibición. La familia consiguió popularidad y fortuna pero finalmente las ansias de éxito y el poco talento para conseguirlo hundieron a sus descendientes.

John Delmonico, el fundador, era un capitán suizo que se retiró de la vida marítima en 1825 y abrió una diminuta tienda en Battery, Nueva York. Al principio vendía solamente vinos franceses y españoles, pero en 1827 abrió junto con su hermano Peter, repostero, un establecimiento en el que se servían vinos, finos pasteles y helados que podían tomarse allí mismo.

Los neoyorquinos, aparentemente aburridos de las comidas corrientes y sencillas, recibieron con entusiasmo los *petits gateaux* (pequeños pasteles), chocolates y bombones de los hermanos Delmonico. El éxito obtenido los llevó a abrir el segundo restaurante en 1832 y otro hermano, Lorenzo, se unió a la empresa. Lorenzo demostró ser un genio del restaurante. Los neoyorquinos estaban dispuestos a cambiar los menús tradicionales por *la grande cuisine,* y Lorenzo dispuesto a satisfacerlos.

Este nuevo integrante de la sociedad familiar era un gran trabajador, un requisito básico para el éxito de un restaurante. Se levantaba a las cuatro de la mañana para ir al mercado público. A las ocho iba al restaurante, bebía una pequeña taza de café solo y fumaba el tercero o cuarto de sus treinta cigarros diarios. Luego volvía a su casa a dormir y a la hora de la cena reaparecía para dirigir el show del restaurante. Estableció pautas muy estrictas para los empleados, los clientes y para él mismo. Ningún cliente podría divertirse a puerta cerrada, ni siquiera las parejas casadas.

Los banquetes

Se incitaba a los clientes a despilfarrar tanto como sus economías les permitiesen. En la década de los setenta del siglo XIX un aficionado a los yates ofreció un banquete en el Delmonico que costó cuatrocientos dólares por persona. Cada invitado tenía delante una pequeña vasija de cincuenta centímetros de diámetro en la que flotaba una perfecta reproducción en miniatura del yate del agasajado.

Para otro banquete se fabricó un lago artificial en el que nadaban cuatro cisnes. Completaban el decorado grandes jaulas doradas llenas de pájaros. El más caro de todos los banquetes en el Delmonico fue el que ofreció un inglés a un centenar de comerciantes de té y café de Nueva York. La cuenta fue de veinte mil dólares.

miembros de la familia se hicieron entonces cargo de la empresa y mantuvieron viva la reputación y el nombre del Delmonico.

El *chef* más antiguo, Charles Ranhofer, adquirió también una buena reputación, siendo uno de los pocos *chefs* de Estados Unidos que lo lograron. Su libro *The Epicurean* fue considerado una autoridad en la materia. Oscar, del Waldorf, cuyo nombre completo era Oscar Tschirky, comenzó en el Delmonico en 1887 como camarero. Poco después de que el viejo Waldorf abriera, el emprendedor Oscar redactó una carta de recomendación de él mismo y reunió ocho páginas de firmas de los clientes habituales del Delmonico. Esto le sirvió para conseguir el puesto de jefe de camareros en el Waldorf.

En la década de 1890, el Delmonico recibió de Richard Harding Davis la siguiente crítica: «Otro lugar en el que pueden comerse buenos platos, bien preparados y correctamente servidos por unos 17 dólares». En 1910 falleció de un ataque cardíaco el último miembro masculino de la familia Delmonico encargado de los restaurantes y éstos empezaron a declinar poco a poco, cerrando definitivamente en 1923.

La langosta a la Newburg fue inventada en el restaurante Delmonico por el señor Wenburg, quien perdió el privilegio de pasar a la inmortalidad gastronómica debido a que, después de un altercado con uno de los Delmonico, se alteró el orden de las tres primeras letras del nombre del plato y por lo tanto del suyo propio.

«MARKETING TOTAL» EN LOS RESTAURANTES

Cuando los clientes hacían cola a las puertas de los restaurantes para poder disfrutar de su gastronomía, lo importante era poder servirles. Para ello se aplicaron métodos y tiempo, controles y encargados duros, cuya finalidad era lograr que se produjera más en las mismas horas laborables. Posteriormente, surgieron más competidores, las colas desaparecieron y hubo que empezar a buscar a los clientes. En este momento se empezó a aplicar el marketing como técnica de investigación y análisis de las diversas necesidades de la clientela, para inducirle nuevas necesidades. Todo ello eran métodos nuevos aprendidos por lo general por los jóvenes recién salidos de las escuelas, que eran tachados de teóricos inexpertos por los directivos de siempre, quienes recibieron con desconfianza todas las nuevas tendencias. El marketing era para ellos un intruso. Estas reacciones provocaban a unos empleados vendedores la sensación de que su peor

Delmonico fue el precursor de la idea de imprimir la carta tanto en inglés como en francés. Ésta era muy variada, ofrecía 12 sopas, 32 entrantes, 28 platos diferentes de carne (ternera, cordero, pollo y aves de caza), 46 de pescado (marisco, tortuga y anguila), 51 platos de vegetales y huevos, 19 pasteles y tartas, además de 28 postres adicionales. La carta incluía unos 24 licores y 64 vinos y champañas. El plato más caro era el pato marino al jerez.

Nos preguntamos qué restaurante hoy en día podría o querría ofrecer tantos platos distintos a la carta. En los restaurantes Delmonico, cualquier plato podía pedirse en cualquier momento, con algunas raras excepciones de temporada, y como norma era servido rápidamente.

La cadena Delmonico se expandió a cuatro locales, cada uno de ellos dirigido por un miembro de la familia. Lorenzo adquirió tanta fama que muy pronto fue contratado para servir banquetes en toda la ciudad. El Delmonico era el restaurante por antonomasia. En 1881, Lorenzo murió dejando una fortuna de dos millones de dólares. Charles, su sobrino, se hizo cargo entonces de la empresa, pero tres años más tarde sufrió un desequilibrio nervioso causado, según se cree, por un fracaso en la bolsa. Otros

competencia estaba en su propia empresa, ya que no se sentían respaldados por las actitudes del resto de los empleados y de algunos directivos. La causa de estos miedos radica en la sensibilidad del resto de los departamentos de la empresa, que viven lejos de la realidad del mercado y no miden las consecuencias de sus conductas. Para subsanarlo, hay que aplicar el «marketing total», es decir, informar y formar a todo el personal de la empresa sin distinción de categorías o tareas de la realidad del mercado. Hay que hablarles, y mucho, de los clientes, de sus necesidades, de sus quejas y reclamaciones, saber en qué nos supera la competencia.

Para que todos los empleados, con esta información viva y real, puedan cambiar sus actitudes, sabedores de las consecuencias de sus actuaciones, hay que recordarles constantemente que el sueldo lo cobran de los clientes y que sólo satisfaciendo sus necesidades siempre y en todos los detalles éstos seguirán gastándose el dinero en nuestra empresa. La formación en la «calidad de los detalles», departamento por departamento, sección a sección, conseguirá que el marketing sea una inquietud de todos al servicio del cliente.

Al existir una propuesta de restaurantes que supera a la demanda, los clientes pueden escoger entre una extensa y variada oferta. Esta realidad obliga a los restauradores a tener que afinar mucho en los aspectos que los clientes esperan encontrar en un restaurante cuando acuden por primera vez, a fin de lograr que después hablen bien de él y repitan. Además de la formación y buena disposición por parte de los profesionales a practicar en las empresas de restauración el marketing directo, existe una serie de requisitos y valores que ayudarán, sin duda, a la consecución de un objetivo común: el éxito profesional y la satisfacción y creación de una clientela fiel. En este sentido, hay que tener en cuenta los siguientes requisitos:

- Ofrecer una gastronomía adecuada a sus clientes en su contenido, variedad, agilidad, cantidad, calorías, calidad, etc.
- Tener unos precios adecuados a la variedad ofrecida, compatible con sus clientes.
- Atender las solicitudes especiales y puntuales de los clientes sin poner inconvenientes (menús especiales por enfermedad, régimen u otras causas).
- Dar un trato personalizado, reconociendo a los clientes habituales.
- Tener unas instalaciones adecuadas al tipo de clientes que visitan el restaurante.
- Tener unos horarios amplios adecuados a los hábitos de los clientes.
- Comunicarse con los clientes en su idioma y en los usuales de la zona.
- Ofrecer distracciones a los clientes en sus esperas.
- Estar situado en una zona cómoda, bien indicada y segura por su fácil acceso y su aparcamiento.
- Estar situado en una zona segura en cuanto a robos, multas y demás sobresaltos.
- Tener unos empleados de exquisita amabilidad que hagan cómoda y agradable su relación con los clientes.
- Sorprender a los clientes con platos nuevos, únicos y sabrosos.
- Sorprender a los clientes con nuevos servicios.
- Estar ubicados en una arquitectura atractiva por su modernidad, su originalidad o su antigüedad.
- Estar ubicados en un entorno geográfico atractivo.
- Un ambiente y una clientela homogéneos.
- Obtener premios y popularidad en los medios de comunicación.

Todo restaurante que se precie cuenta con un camarero especialista en vinos y con una bodega bien surtida en la que puedan encontrarse gran variedad de caldos. Junto a estas líneas, aspecto de la bodega de un restaurante, toda ella revestida de madera.

En el otro extremo de los restaurantes de lujo se encuentran los restaurantes de comida rápida (fast food), que cada día cuentan con mayor aceptación. Uno de los menús con más éxito en estos establecimientos es el que se compone de hamburguesa, panecillo y patatas fritas (a la derecha), aunque algunos han introducido el pollo y el pescado. Los fast food tienen cada día una clientela más amplia.

Aparte de todos los puntos mencionados, cabe hacer otra reflexión y saber valorar entre todos ellos:

- Aquellos que ya tiene con éxito.
- Aquellos que ya tiene pero hay que mejorar. Propóngase conseguirlo con rapidez. Recuerde que «tarde siempre es tarde».
- Aquellos que no tiene y los clientes le solicitan y puede conseguir. Propóngase alcanzarlos y mostrarlos a la clientela.
- Aquellos que ni tiene ni podrá tener. Analice con qué otros factores podrá compensarlos. Hágalo de una forma irreprochable, para que a los clientes no les importe no encontrarlos.

El éxito de la comida rápida

Servir comidas al momento, de forma eficaz y bien calientes, no es nada nuevo. Los antiguos romanos lo hacían en Pompeya y Herculano, y también los restaurantes de las carreteras y los de servicio automático de Nueva York y Filadelfia. Pero no fue hasta la década de 1960 cuando los restaurantes de comida rápida se convirtieron en el fenómeno más grande del negocio de este sector.

La hamburguesa, un trozo de carne picada dentro de un panecillo, se ha convertido en la clave del servicio de comida rápida. La hamburguesa ha sido adornada, elogiada y vanagloriada con la publicidad más inteligente. La hamburguesa, muy poco conocida en el negocio de los restaurantes hasta 1930, ha recorrido un largo camino.

Efectivamente, tiene sus virtudes: muchos animales (alimentados con pastos), incluyendo las reses viejas, pueden ser criadas y utilizadas para este fin. La carne barata de importación de animales alimentados con pastos y con un contenido de grasas de sólo el 10 o el 12 por ciento puede mezclarse con la carne nacional consiguiendo un nivel del 18 o el 20 por ciento de grasas, que es el deseado. Se ha condicionado al público estadounidense para que se le haga la boca agua al ver un Mighty Mac9, un Whop-

per y otras extravagantes formas de bocadillos. La cadena McDonald's, con más de seis mil locales y seis millones de dólares en ventas, supera en ingresos al Burger King.

La historia de la hamburguesa se remonta a la época medieval, cuando los comerciantes de la ciudad de Hamburgo que viajaban por las áreas bálticas adoptaron de los tártaros el hábito de comer carne cruda; la carne a la tártara se conoce todavía en muchos países. Más tarde, la carne comenzó a cocinarse y la hamburguesa fue introducida en Estados Unidos por inmigrantes y marineros alemanes.

En el año 1888 un médico inglés, de nombre J. H. Salisbury, promocionó una variante de la hamburguesa como una comida maravillosa que curaba una gran cantidad de enfermedades, incluyendo la colitis, el reumatismo, la gota y el endurecimiento de las arterias. Lo llamó bistec a la Salisbury.

En la exposición de Saint Louis del año 1903 se sirvió la hamburguesa dentro de un panecillo, y más tarde, en 1921, la cadena White Castle le agregó cebolla y la cocinó a la parrilla. La hamburguesa se vendía por cinco centavos.

Cientos de personas se ocupan de examinar todas las posibilidades para mejorar la hamburguesa; ninguna otra comida ha recibido nunca una atención tan minuciosa. Se ha estudiado si es mejor cocinarla a la plancha o a la parrilla, si debe llevar tomate, qué tipo de lechuga es mejor, si debe aderezarse con mahonesa y cebolla, si es mejor el pan con semillas de sésamo o de otro tipo, si es mejor prepararla en el momento o tenerla ya preparada, cuál es el porcentaje de grasa óptimo para la carne, el 18 o el 20 por ciento; si la carne debe ser sólo de lomo o de cualquier trozo del animal, cuál es la cantidad óptima de aderezos de la carne y si debe o no usarse la carne del cuello del animal. Éstos y muchos otros detalles se han tenido en cuenta para lograr el sabor justo de la hamburguesa.

Aunque la hamburguesa es la reina de estos restaurantes, los acompañamientos que forman la corte son también motivo de investigación. Se ha llegado a estudiar si el pollo frito, príncipe indiscutible de estos restaurantes, desmerece o favorece el protagonismo del Mighty Mac. Las patatas fritas, los batidos y en algunos lugares la comida mexicana, como el «burrito» y el «taco», son miembros insustituibles de la corte de la reina hamburguesa.

Muchos empresarios de restaurantes de comida rápida han logrado beneficios de millones de dólares. Dentro de estas cadenas existen diferentes estatus y jerarquías. Las personas que quieren invertir en el reino de la hamburguesa no pueden venir con las manos vacías, se necesita medio millón de dólares para poder invertir en el Burger King y se escogen sólo algunos de los muchos candidatos. Para abrir un McDonald's se requieren por lo menos doscientos mil dólares al contado. Las instalaciones y el local corren por cuenta de la empresa central.

Los restaurantes de comida rápida con aparcamiento y servicio para automovilistas incluidos, surgieron durante la década de los sesenta y en los ochenta seguían expandiéndose. McDonald's y Kentucky Fried Chicken comparten el primer puesto a nivel nacional con menús limitados, publicidad televisiva y comida aceptable. En un principio, la publicidad sugería que la hamburguesa representaba la familia, el amor, la diversión y el éxtasis total. Más tarde, se introdujeron bocadillos de pescado, de queso y otros platos similares.

Las comidas para llevar

Este servicio, que por lo general no se considera separado de los demás, adquiere más importancia a medida que las familias son menos numerosas, hay más parejas sin hijos y aumenta el número de mujeres que trabajan fuera de casa. El agitado ritmo de vida actual acepta con más naturalidad una comida rápida en el coche, o bien llevar la comida ya preparada a casa. Los hornos de microondas ayudan a que sea más fácil y rápido recalentar los pla-

tos precocinados. La comida para llevar adquirida en los restaurantes de comida rápida puede tener un coste superior a los platos congelados comprados en el supermercado.

El servicio de comidas para llevar no es tampoco algo nuevo, ya que existía en los bares de la antigua Roma. Las casas de comida del siglo XII instaladas en Londres y París son un claro ejemplo de este tipo de establecimientos.

Los restaurantes de comidas rápidas y los que incluían servicio para automovilistas forman parte también de la tradición de estos restaurantes. Los que popularizaron este tipo de comidas fueron principalmente los restaurantes de pollos, como por ejem-

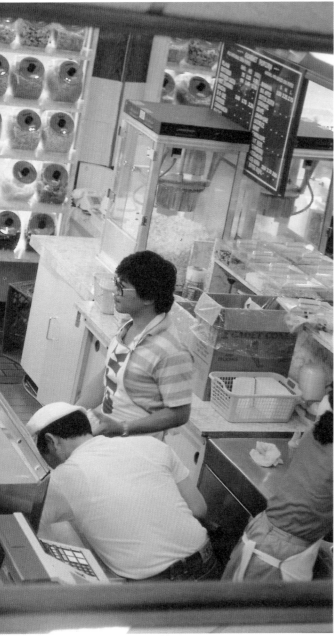

Junto a estas líneas, mostrador de un establecimiento de comidas para llevar en Broadway, Nueva York. Este tipo de negocios ha triunfado en los últimos años con la incorporación de la mujer al trabajo y acostumbran ser muy rentables, pues se elimina el servicio en las mesas, un gasto importante en cualquier otro tipo de restaurantes.

sumidor, que utilizará el asiento de su coche o el comedor de su casa para comer.
- El espacio de la cocina puede ser mínimo debido a que el menú que se ofrece es muy limitado.
- Los gastos de mano de obra son bajos comparados con los establecimientos que ofrecen más amplios servicios.
- Se requieren pocos tipos de comida y de bebida.
- Las variantes del menú son muy limitadas y, por lo tanto, son más fáciles de manejar por los empleados sin experiencia.
- El capital a invertir que se requiere es mínimo comparado con otros restaurantes que ofrecen un servicio más completo.

Los buenos locales para restaurantes de comidas para llevar no son nada económicos. Los locales dentro de galerías comerciales no son cómodos para los clientes y los demás son muy caros.

Al comprar comidas ya preparadas, el cliente siente que le resulta económico, ágil y divertido y no altera las familiares comidas en su casa. Sin embargo, estas comidas son más caras que sus equivalentes congelados que pueden adquirirse en cualquier supermercado y no pueden compararse con el hecho de comer en un buen restaurante atendido por amables camareros. A pesar de que los menús de los restaurantes de comidas para llevar ofrecen por lo general más de una opción, éstas suelen resultar aburridas en poco tiempo. A uno no le apetece comer *pizza,* pollo frito y espaguettis todos los días. El aspecto más negativo de la comida de estos restaurantes es el hecho de que una vez que ya está cocinada, pierde su calidad muy rápidamente.

La necesidad de los restaurantes de comida para llevar no debe ponerse en duda, debido a la gran popularidad con que cuenta en algunos mercados. Estos restaurantes ya no sólo se limitan a vender hamburguesas y pollo frito, sino que incluyen en sus menús platos variados, llegando incluso a una cierta variedad de cocina internacional.

plo el Kentucky Fried Chicken. En la actualidad, prácticamente todos los restaurantes de comida rápida poseen un mostrador especial de ventas de comidas para llevar que incrementa notablemente los ingresos sin necesidad de grandes inversiones. Una de las principales razones por la que la *pizza* tiene tanta popularidad es que puede pedirse por teléfono, ser recogida por una sola persona, llevarla a casa y consumirse aunque no esté muy caliente.

Para el empresario, la comida para llevar tiene las siguientes ventajas:

- El comedor, con sus correspondientes mesas, sillas y demás utensilios, corre por cuenta del con-

Los restaurantes

LAS CADENAS DE RESTAURANTES

Los restaurantes de comida rápida, aquellos que ofrecen menús simplificados y servicio, gestión y decoración altamente estandarizados están dirigidos por cadenas de restaurantes. Se estima que las ventas de hamburguesas están controladas en un noventa por ciento por las grandes cadenas y la venta de *pizzas y* helados, en un ochenta por ciento. La participación de las grandes empresas en restaurantes de menú variado es prácticamente nula debido a una razón muy obvia: cuanto más complicado es el menú, más difícil es la estandarización y el control; además, se necesitan mayores conocimientos empresariales para dirigir cada una de las sucursales. Resulta comparativamente simple organizar un restaurante de comidas rápidas en el que sólo se preparan *pizzas y* hamburguesas, se realiza una planificación de su explotación y se prepara a gente relativamente inexperta para dirigirlo, además de empleados jóvenes que atiendan al público. Un restaurante con servicio completo significa algo más, requiere mayores conocimientos y capacidad de dirección.

El primer empresario que organizó una gran cadena en Estados Unidos fue un inglés llamado Fred Harvey. Su primer restaurante se inauguró en Topeka, Kansas, en el año 1876. Para 1912 ya dirigía una docena de grandes hoteles, 65 restaurantes en estaciones ferroviarias y 60 vagones restaurante.

Fred Harvey, que era un hombre de negocios con gran imaginación, envió un representante a las ciudades mexicanas de Guaymas y Hermosillo para conseguir frutas, verduras, mariscos y otros alimentos. Firmó un contrato con el jefe de los indios Yaqui para que le vendiesen tortugas verdes y apio.

El precio era correcto, pagaba un dólar y medio por cada tortuga que pesara cien kilogramos y estuviese llena de huevos. Los bistecs de tortuga y la sopa de tortuga eran las especialidades de la casa.

Los restaurantes de Fred Harvey representaban un modelo de eficacia. A los pasajeros de los trenes se les atendía correcta y rápidamente. Cuando los pasajeros subían al tren, se les preguntaba cuál era su bebida favorita. Las camareras tenían un código para el que utilizaban las copas, colocándolas sobre la mesa en diferentes posiciones e inmediatamente aparecía la chica de las bebidas que mágicamente servía al cliente una copa de su bebida

La empresa de Fred Harvey, que servía la línea de ferrocarriles de Santa Fe, causó mayor sensación en el sudeste, donde las «chicas de Fred Harvey», que fueron llevadas a la zona como camareras, contrajeron matrimonio y se establecieron.

Otro de los primeros directores de estas enormes cadenas fue John R. Thompson. En el año 1893, este joven tendero y su mujer dejaron la pequeña ciudad de Fithian, en Illinois, y con un capital de ochocientos dólares adquirieron un pequeño restaurante en Chicago. Para entonces ya había tres establecimientos de este tipo en Chicago, por lo que Thompson, como buen empresario que era, trató de encontrar una forma diferente de instalar su negocio. Desistió de la idea del restaurante tradicional e instaló uno de los primeros restaurantes de autoservicio del país. Los clientes iban hasta un mostrador donde se encontraban todas las comidas en exposición, cogían lo que les apetecía y se sentaban en una especie de sillas cuyo brazo se usaba como bandeja.

Fue probablemente el primero en utilizar una unidad central de elaboración y la distribución mediante una cinta eléctrica. Gran parte de su éxito se debe

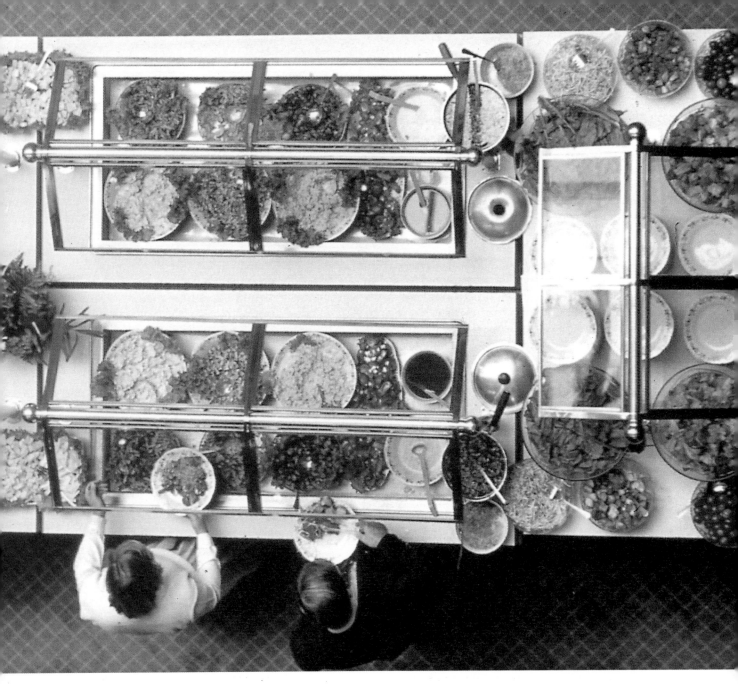

Otro tipo de establecimientos que tampoco incluye el servicio de mesas son los que se sirve uno mismo (self-service), en los que se puede elegir los platos apetecidos pasando posteriormente por caja. Arriba, vitrina con los alimentos preparados en un restaurante de los descritos.

al hecho de que los costes diarios de personal representaban sólo un quince por ciento de las ventas brutas. En 1926, había 126 establecimientos en el sur y el oeste del país. En los años cuarenta, muchos de ellos se convirtieron en cafeterías tradicionales y otros tantos fueron vendidos.

Otra gran cadena que tuvo sus inicios en el siglo XIX y que aún hoy funciona es la de los restaurantes Horn & Hardart en las ciudades de Nueva York y Filadelfia, estando ambas corporaciones separadas. Joe Horn, que contaba con un capital de mil dólares, y Tom Hardart, camarero de un restaurante, comenzaron el negocio en 1888. En 1898 introdujeron las máquinas automáticas, pagando treinta mil dólares por el nuevo invento alemán. Los restaurantes de servicio automático, que eran una especie de negocio de grandes máquinas automáticas, tuvieron su buen momento y luego desaparecieron.

¿CÓMO SE ORGANIZAN LAS CADENAS DE RESTAURANTES?

Las cadenas de restaurantes crecen y cuando son todo un éxito las adquieren generalmente grupos de empresas como son General Mills, W. R. Grace Corporation o Pillsbury. Generalmente, el dueño de un restaurante construye una pequeña cadena y cuando está llegando a la edad de jubilarse, la vende a una empresa mayor. Algunas de estas grandes cadenas adquieren otras más pequeñas, ya que prefieren comprar restaurantes ya establecidos y de funcionamiento comprobado. La Saga Corporation es un ejemplo de ello, ya que se ha expandido adquiriendo otras cadenas, cada una de ellas de un tipo diferente. De este modo, la Saga Corporation se ha ubicado en mercados diferentes para que sus empresas no compitan entre sí.

La Saga Corporation es la organización principal, cuya central se encuentra en Menlo Park, California. La empresa está dividida en tres grupos principales: los restaurantes de comida rápida, el servicio de contratación de comidas y los restaurantes para banquetes.

El Velvet Turtle, el Straw Hat Pizza y el Black Angus son cadenas de restaurantes pertenecientes a Saga, cada una de ellas con su propia estructura y diferentes mercados. El servicio de contratación de comidas es otra de las divisiones sin competencia que provee de comida a escuelas, colegios, hospitales, empresas e industrias.

La Marriott Corporation, una de las cadenas de restaurantes más importantes de Estados Unidos, tiene una organización más compleja. Incluye diferentes divisiones que se ocupan de cruceros, hoteles, restaurantes de comida rápida, servicio de comidas para aviones, restaurantes para banquetes y últimamente programan diseñar parques de atracciones similares a Disneylandia.

Una cadena de restaurantes tan conocida como la Far West Services es sólo una empresa de las muchas que forman la W. R. Grace Corporation.

Grandes ventajas para las cadenas

Las cadenas de restaurantes, una vez que se han establecido, presentan numerosas ventajas sobre los empresarios independientes, ventajas que los directivos de las cadenas frecuentemente descuidan. Con sus grandes recursos pueden conseguir créditos con mayor facilidad y realizar contratos de arrendamiento de edificios o terrenos a largo plazo. En resumen, sus directivos pueden permitirse el lujo de cometer más errores que un empresario individual, que puede caer en bancarrota por cualquier pequeña equivocación que cometa.

Prácticamente todas las grandes cadenas tienen algunos restaurantes que nunca lograron un gran éxito o que económicamente son poco rentables, pero gracias a sus recursos pueden experimentar con nuevos menús, decorados y diseños, experimentos inconcebibles para un empresario individual.

Teóricamente, estas empresas pueden cometer errores en sus pruebas y ensayos, y a la larga lo que harán es desarrollar nuevos diseños y servicios mejorando los anteriores. Una vez que se establece el nuevo modelo y se lo presenta al público –como ocurre con los restaurantes Howard Jonhson o MacDonald's– la empresa comienza a hacer réplicas estandarizadas por docenas y ciertamente esto es lo que ha ocurrido. El público, al ver el éxito de un estilo particular de negocio, se impacienta por participar en él y no se encuentra mayor dificultad en vender las franquicias o las acciones al público.

Las grandes cadenas pueden permitirse también emplear algunas personas altamente especializadas y preparadas, algo que un empresario independiente seguramente no puede pagar; también pueden contar con un buen director de comidas y bebidas, un presidente y algunos otros ejecutivos con sueldos muy altos. Las cadenas pueden permitirse emplear especialistas, como por ejemplo un *chef* con experiencia y un experto en publicidad y promoción. También pueden recurrir a la consulta de otros colaboradores externos cuyas tarifas son por lo general muy elevadas.

Posibles defectos de las cadenas

Cabe preguntarse: ¿cómo es que existen todavía tantos restaurantes independientes si las grandes cadenas poseen todas estas ventajas inherentes? Parte de la respuesta yace en el desarrollo de una terrible enfermedad: la burocratización, que perjudica las arterias de las grandes corporaciones.

Una vez que una corporación ha alcanzado un cierto nivel de desarrollo, tiende a perder el empuje inicial. Los empresarios son reemplazados por directivos profesionales que están más interesados en mantener la maquinaria en funcionamiento que en dirigirla hacia una determinada dirección.

Los mercados, los vecindarios, los gustos y las modas cambian constantemente, pero los burócratas de las grandes cadenas prefieren continuar con lo que ya está hecho y conservar su puesto dentro de la empresa antes que correr nuevos riesgos e introducir innovaciones. Poseen una buena posición, poder y estatus, y por lo tanto no desean esforzarse innecesariamente.

Otra grave enfermedad de algunas cadenas de restaurantes es el nepotismo. Muchas personas capaces que se encuentran al frente de la dirección de estas empresas dejan la organización en manos de sus hijos, que generalmente no tienen la motivación de sus progenitores y la organización comienza a perder ímpetu.

Las cadenas de restaurantes de cualquier tipo tienen algunas ventajas sobre las empresas individuales, entre ellas la mayor inversión que les es posible realizar, por ejemplo en publicidad y promoción. Junto a estas líneas, propaganda de una de las cadenas de más éxito en Estados Unidos, la Howard Johnson's, instalada en este caso en una de las calles de Nueva York.

Nueva orientación de los negocios de restauración

El gerente profesional puede ser tan brillante o incluso más que el empresario que fundó la cadena, pero sus motivaciones y valores son diferentes. El lema deja de ser «seremos los más grandes» y se convierte en «la sociedad tiene que aceptarnos, pondremos nuestros esfuerzos en complacer a los poderosos». Aparecen todo tipo de privilegios para los directivos.

Las introducciones periódicas de reducción de gastos, como las propuestas por hombres como Ernest Henderson y Howard Johnson, caen en desuso y frases como «la empresa lo pagará» se convierten en las favoritas. Las sugerencias de cambios se pierden en las reuniones de comité. Nadie quiere hacerse responsable de nada para no arriesgarse.

La nómina se incrementa con la incorporación de más secretarias, ayudantes y departamentos especializados. La empresa que ha estado basada durante años en un fuerte lazo de conexión con un mercado específico, marcha sobre ruedas y los beneficios son buenos; por lo tanto, los nuevos gerentes piensan que no es necesario introducir nuevos cambios. La empresa cuenta con una buena reputación y así todo el mundo está contento.

Más tarde aparecen los síntomas, las ventas no progresan y, en algunos casos, declinan. La gente realmente capaz se va a otras empresas que les ofrecen mejores oportunidades. Los que quedan son los más complacientes, los que más ganan y es entonces cuando se subasta el negocio. Una persona de fuera que puede imaginarse lo que ocurre dentro de la empresa la adquiere y se esfuerza por sacarla adelante. Si el esfuerzo rinde sus frutos, el nuevo empresario cambia todo el personal y pone un nuevo gerente al mando.

Las cadenas de restaurantes emplean a los graduados de la carrera de turismo y probablemente han sido siempre los que han dado más trabajo a los profesionales de las escuelas de hostelería y restaurantes. Algunas grandes cadenas ofrecen servicios especializados. La Host International concentra el servicio de comidas para aviones. Anteriormente, la empresa predecesora, llamada Interstate Host, tenía contratos con 63 compañías ferroviarias diferentes. Durante los años cincuenta comenzaron a interesarse en las autopistas y los aeropuertos, en 1969 Host International tenía contrato con unos veinte aeropuertos para suministrar las comidas. Trabaja también en los hoteles de los aeropuertos, la cadena de restaurantes Charlie Brown y varias tiendas de regalos. En 1968 adquirió la cadena Church's Chicken, de Houston, que vende pollo frito para llevar. Ahora, la cadena pertenece a Marriott.

LA INTRODUCCIÓN DE CAPITAL EXTRANJERO

Durante los años setenta grandes empresas extranjeras comenzaron a comprar las cadenas de restaurantes estadounidenses. La suiza Nestlé compró Stouffer's, la Rusty Scuppers y el Jacques Borel Group. La Trust House Forte compró Coony Kitchens.

y la Hobo Joe's. La Howard Johnson's fue adquirida por el Imperial Group Ltd. del Reino Unido. La cadena de heladerías Baskin-Robbins fue absorbida por la gran empresa J. Lyon & Co., Ltd., de Londres.

La W. R. Grace Company, que posee varias cadenas de restaurantes, se asoció con una importante empresa alemana llamana Friedrich Flick. La Hanson Trust de Gran Bretaña compró la Interstate United Corporation.

Anteriormente un gran número de empresas estadounidenses había adquirido cadenas de restaurantes en el Canadá, pero en los años setenta los canadienses hicieron lo mismo, expandiendo unas treinta cadenas de restaurantes en Estados Unidos. Algo muy similar ocurrió con los japoneses.

Los capitales suizos están representados especialmente por Wienerwald Holding, la empresa que compró las cadenas Lums, International House of Pancakes, Ranch House y Love's Copper Penny.

Existe una gran diferencia entre la representación de restaurantes estadounidenses en el extranjero y los extranjeros en este país. Las empresas estadounidenses otorgan las licencias y raramente invierten. El riesgo que corren estas empresas es siempre mínimo o nulo mientras que la representación extranjera en este país se realiza especialmente en la forma de inversión y el riesgo puede ser muy grande.

LAS COMIDAS PARA COMUNIDADES (CATERING)

Las empresas que se dedican al servicio de comidas a grandes comunidades se podrían definir como aquellas que ofrecen servicios alimenticios diferentes a los de un restaurante; por ejemplo, en negocios e industrias, escuelas y colegios, hospitales, residencias para ancianos y otras instituciones similares. Incluye también el suministro a líneas aéreas, fiestas en colegios y celebraciones deportivas. Un indicio claro de la relativa importancia del sector de los servicios de *catering* comparado con el sector del servicio de comidas comercial lo constituye el hecho de que, en 1969, unos dos millones de personas trabajaban en el área comercial, mientras que el área de *catering* empleaba ya a un millón de trabajadores.

Las contrataciones de servicios de *catering* en negocios e industrias no se pusieron en funcionamiento hasta la Segunda Guerra Mundial, cuando este servicio se convirtió en una necesidad en diversas zonas de guerra. Muchos de estos lugares estaban ubicados fuera de las ciudades y a grandes distancias de los comercios y restaurantes. La «viandera»,

símbolo de los trabajadores, dio lugar a que este servicio se implantara dentro de las fábricas con precios muchas veces inferiores a los costes. Muchas fábricas que tenían contratos para trabajar para el gobierno se sentían satisfechas de ofrecer comidas a costes reducidos para sus empleados.

Algunas empresas de suministro de comidas funcionaban ya antes de la guerra. Fred Prophet fue uno de los pioneros y su empresa consiguió tiempo después numerosos contratos para abastecer a varias fábricas de automóviles en el área de Detroit.

Durante la guerra, se llamó a muchas empresas que se habían dedicado con anterioridad al negocio de los restaurantes para que se encargaran de organizar los comedores industriales, entre ellos estaban Hot Shoppes (actualmente de la Marriot Corporation) y Howard Johnson. Muchos particulares contrataron servicios de comidas industriales, ya que se necesitaba un capital mínimo o nulo. Durante los años cincuenta y sesenta, gran parte de estas pequeñas empresas fueron absorbidas por otras mayores, como la Automatic Retailers of America, la Canteen y la Servomation.

Las empresas de *catering* de comidas se mueven cerca del área de los hoteles y restaurantes. El *catering* a las líneas aéreas lo llevan en su mayor parte empresas especializadas en hoteles y restaurantes. En 1937 la empresa Marriotts comenzó a preparar cajas de cartón con comida para las líneas aéreas American and Eastern Airlines y la Washington D.C. American Airlines, a través de su subsidiaria Sky Chefs, comenzó a proveer comidas para los pasajeros en 1941. Más tarde, la Host International y la Dobbs Houses se aseguraron contratos de servicio de comidas a gran escala para servir a varias líneas aéreas.

El servicio a hospitales

El servicio de comidas para hospitales o servicio de alimentación, como comúnmente se le llama, era hasta los años cincuenta responsabilidad única de personas especializadas en dietética. En los grandes hospitales el director del servicio de alimentación era, comúnmente, un miembro de la Asociación

Americana de Dietética. A partir de los años sesenta algunas de las grandes empresas dedicadas a la comercialización alimentaria comenzaron a ofrecer sus servicios a los hospitales. ARA, Stouffer Food Corporation, Servomation y Saga fueron algunas de las empresas que ofrecieron a los hospitales contratos para explotar el departamento de comidas.

Estas empresas emplean por lo general a graduados de las escuelas de hostelería como directores del servicio. Bajo la responsabilidad de esta persona, los dietistas se encargan de programar las dietas especiales que se prepararán, haciendo los cambios apropiados para los pacientes que deben restringir el consumo de grasas, sodio, calorías o que poseen otros problemas o enfermedades que requieren una dieta especial.

Tipos de contratos

Los contratos en la industria y el negocio de los servicios alimentarios industriales son generalmente de dos tipos: o simplemente se cobra una suma acordada por su explotación o bien se realiza un contrato de ganancias y pérdidas. Según este último, el administrador aprueba ciertos precios por cada menú y una política de funcionamiento, quedándose con el margen de beneficios. La gran mayoría de los contratos de comedores industriales son de este último tipo.

Las grandes empresas cuentan con una cocina experimental, departamentos de compras, de personal, de finanzas y de contabilidad. Generalmente, estas empresas cuentan también con un supervisor de estándares del control de calidad de la comida encargada. Estos supervisores trabajan con los gerentes de cada sucursal y con los supervisores de zona para desarrollar diferentes indicaciones en lo que se refiere a la compra de los alimentos. Estas indicaciones pasan luego al departamento de compras.

Esto permite a los gerentes de las diferentes sucursales concentrarse en el funcionamiento de su negocio sin necesidad de llamar a los proveedores para saber las cotizaciones, planificar los menús y de encargarse personalmente de la contabilidad más que para registrar sus operaciones. Estas anotaciones contables son remitidas luego al departamento central de contabilidad para su análisis.

A medida que las contrataciones de este negocio fueron creciendo, comenzaron a planificarse los presupuestos de cada sucursal, de cada distrito y de toda la empresa. Los costes se computarizan y se fijan los precios de cada alimento para poder realizar un sondeo de cuáles serán los beneficios.

Las empresas que tienen todas las sucursales en una misma área geográfica establecen por lo general una central de preparación de los alimentos. La Servomation Company, por ejemplo, posee una gran central de procesamiento en Lancaster, Pensilvania, en la que se preparan y congelan los más diversos alimentos.

Los servicios alimenticios a empresas e industrias pueden ser clasificados en tres grupos:

- Servicio de comidas para las oficinas centrales, donde se requiere mejor calidad. Los ejecutivos exigen lo mejor para los invitados de la empresa, los clientes y para ellos mismos. Los comedores para ejecutivos suelen ser tanto o más lujosos que los de los clubs privados más exclusivos. Por lo general, estas operaciones están fuertemente subvencionadas por la empresa.
- Servicio de comidas para grandes plantas industriales. En estos casos suelen predominar las cantinas o los comedores industriales, seguidos de operaciones de distribución en lugares alejados y para turnos de noche. El precio de venta suele ser igual al coste real.
- Servicio de comidas para pequeñas plantas u oficinas. En estos casos es típico el servicio de distribución completo o el servicio manual.

La empresa más grande con contratos para el suministro de comidas a colegios es la Saga Food Administration. Se inició en el Hobart College, un pequeño colegio privado de Nueva York, en el año 1948, cuando se encargó a tres de sus estudiantes que se ocuparan de la comida de los otros 99 alumnos del colegio. La inversión inicial fue de 1 500 dólares y en 1978, Saga obtenía unos ingresos de quinientos millones de dólares en ventas.

Saga fue una de las primeras empresas que ofreció raciones ilimitadas a los estudiantes y que introdujo bistecs y carne asada en el menú semanal. La empresa cuenta con un extenso programa de preparación para los recién graduados de las escuelas de hostelería, tanto para los que han estudiado dos años como para los que lo han hecho durante cuatro. Se ofrece también una preparación práctica continua con asistencia técnica, que le concede la oficina central en Menlo Park, California. Se realizan estudios anuales para saber cuáles son las comidas preferidas por los jóvenes y los ajustes en el menú de acuerdo a ellos.

Gran parte del trabajo administrativo se realiza mediante computadoras en la central de Menlo Park. La empresa se hizo pública en el año 1968. Saga posee también la cadena de pizzerías Straw Hat Pizza y las de restaurantes Velvet Turtles y Stuart Anderson Steak Houses.

Comidas para las escuelas

Unos 27 millones de niños estadounidenses almuerzan en la escuela y aproximadamente tres millones y medio meriendan. Con el subsidio y control del gobierno, el programa nacional de comidas para los colegios es administrado por la Secretaría de Agricultura de Estados Unidos. La administración en cada colegio está dirigida por un supervisor que informa a los directivos del mismo.

Este supervisor está condicionado por la necesidad de ajustar los costes proporcionando a un mismo tiempo los requisitos fijados por la Secretaría de Agricultura. Gran parte de las comidas están subvencionadas e incluso muchas son gratis para aquellos que no pueden pagarlas. Los desperdicios, la comida que los niños dejan en el plato, son casi siempre muy numerosos y algunos supervisores ofrecen comidas muy similares a las de los restaurantes de comida rápida. El gobierno es quien compra y distribuye los alimentos utilizados para los colegios para mantener los precios.

Los niveles nutritivos se van alterando al ritmo de los adelantos en los conocimientos en materia de alimentación. Se han establecido bajos contenidos de grasas, sal y azúcar en las dietas y muchos colegios han dejado de administrar cualquier alimento que proporcione menos de un cinco por ciento de lo estipulado en la dieta recomendada del gobierno de los ocho nutrientes esenciales, tanto por comida o

por cada cien calorías. Esta medida excluye la venta de bebidas gaseosas, helados de agua, goma de mascar y una gran variedad de dulces.

Hay por lo menos setenta mil supervisores en las escuelas de todo el país. En el nivel superior al de los supervisores de cada establecimiento se encuentran los supervisores nacionales, de distrito o de grupos de escuelas en una misma ciudad. Cada estado tiene un director encargado de los programas de alimentación y un gran plantel de personas especializadas, muchas de las cuales han realizado trabajos sobre el tema o han conseguido títulos importantes en economía doméstica.

Después de 1955 varias de las empresas de contratación de servicios de comidas hicieron contratos con escuelas para suministrarles los alimentos, y fue entonces cuando muchas otras empresas se interesaron en hacer contratos de este tipo tanto para las ventas como para la elaboración.

Debido a las distancias que a menudo separan a muchos hogares de los centros de enseñanza o a la imposibilidad de servir la comida en la propia casa, son muchos los niños (arriba) que comen en las escuelas. Algunas de ellas tienen sus propias cocinas pero muchas otras utilizan los servicios de un catering.

Los sistemas de preparación de comidas varían, pero predomina la cocina individual e independiente. La cocina central se usa satisfactoriamente en muchas escuelas y algunas cuentan con cocinas industrializadas en las que se procesan enormes cantidades de alimentos que luego se envían a las cocinas individuales para ser servidas.

La comida se distribuye a las escuelas, desde la cocina central, en envases cerrados al vacío con ta-

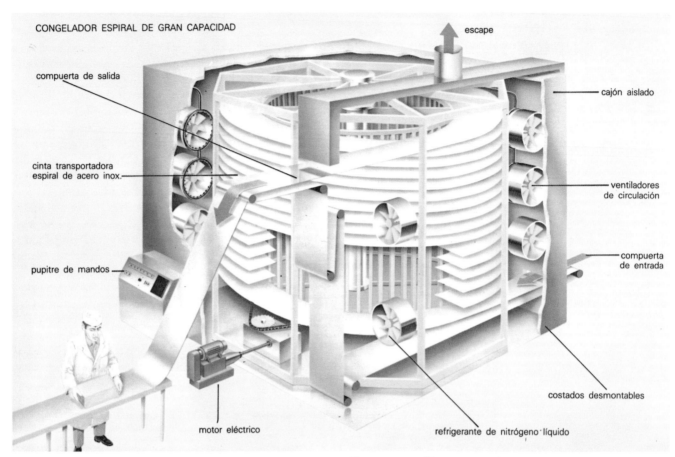

CONGELADOR ESPIRAL DE GRAN CAPACIDAD

compuerta de salida

cinta transportadora
espiral de acero inox.

pupitre de mandos

motor eléctrico

escape

cajón aislado

ventiladores
de circulación

compuerta
de entrada

costados desmontables

refrigerante de nitrógeno·líquido

---

*Muchas empresas de catering sirven los alimentos
precocinados pero a veces se sirven congelados, lo que
tiene la ventaja de que el servicio puede realizarse
una sola vez por semana. Arriba, esquema del
sistema utilizado para la congelación, por nitrógeno
líquido, de los alimentos.*

---

pas muy ajustadas, en transportes compartimenta-
dos en cámaras frías y calientes o bien en transportes con refrigeración o calefacción eléctricas.

En los lugares y las zonas en que pueden existir
importantes retrasos en la distribución de las comidas, se recurre a los alimentos congelados.

La gran ventaja de las comidas congeladas es que
se distribuyen semanalmente. En algunos casos se
compra a los procesadores la comida completamente
preparada. Algunos procesadores incorporan a las
comidas los productos cedidos por el gobierno, entregados gratuitamente al colegio, en el proceso de
preparación y congelación. Durante los años setenta un gran número de escuelas ampliaron la contratación de servicios incluyendo el desayuno y, en algunos casos, la cena para los alumnos mayores.

Los estudiantes y los servicios de comidas a comunidades

Una gran parte de los graduados de las escuelas
de hostelería se han sentido atraídos por estas empresas porque en ellas se les exige trabajar solamente
40 horas semanales y no las 24 horas del día y durante toda la semana como es característico en el
campo de la restauración tradicional. Estas empresas están, además, en mejores condiciones para ofrecer empleos estables y mayores beneficios suplementarios que la mayoría de los establecimientos
que sirven a particulares.

Los períodos de vacaciones son más largos y muchas instituciones proporcionan a sus directivos beneficios sociales y planes de pensiones. Hay, por lo
general, una menor presión para el incremento de
las ventas y los beneficios que en el área comercial
de esta industria.

Hace algún tiempo las personas que ingresaban
como trabajadores en el sector del *catering* aseguraban que el salario máximo al que se podía aspirar
era menor que en cualquier establecimiento comercial, pero esto ha cambiado. Una persona que trabaja en una empresa de contratación de comidas puede tener más o menos las mismas aspiraciones de

sueldo que una que trabaja en el área comercial. Es posible llegar a ser supervisor de distrito o gerente general, puestos en los que los salarios, las posibilidades de adquirir acciones y las bonificaciones son iguales que en el área comercial.

CAMBIOS EN EL SERVICIO DE COMIDAS PREPARADAS

A medida que se incrementan los costes de elaboración en la cocina, se tiende cada vez más a utilizar alimentos que ya hayan sido parcial o totalmente elaborados. El trabajo está incorporado al precio y el empresario paga no sólo por la comida sino también por el proceso de elaboración.

Las que generalmente se definen como comidas preparadas son los alimentos congelados que han sido precocinados y sólo necesitan ser calentados o descongelados para servirlos. A principios de los años sesenta la Armour & Company y la Campbell Soup realizaron una gran promoción para algunas comidas congeladas y preparadas.

Se han realizado diversas investigaciones en el desarrollo de estos artículos y se ha invertido mucho dinero en promocionarlos. La idea tardó mucho en popularizarse y no fue hasta mediados de los años sesenta cuando los platos congelados empezaron a utilizarse masivamente. En la mayoría de líneas aéreas se sirven, en la actualidad, muchos platos de este tipo.

La aceptación de las comidas preparadas

Un estudio realizado en la Universidad de Massachusetts demostró que aproximadamente un tercio de los 150 artículos de comida preparada examinados eran aceptables desde el punto de vista del coste y la calidad para el servicio de alimenticio de la universidad. El director del servicio alimentario del centro introdujo estos alimentos en etapas. La primera consistía en introducir platos preparados en el menú del fin de semana y preguntar cuál había sido la reacción de los estudiantes. La respuesta fue favorable y un cincuenta por ciento de los platos eran congelados.

El coste de los platos preparados es el total que resulta de la suma del coste de la materia prima, el de la elaboración industrial, el de su comercialización y distribución más el beneficio del fabricante y del distribuidor.

El consumidor, por lo tanto, pagará más por el artículo o por lo menos le costará lo mismo que si lo prepara en su casa.

Los platos congelados

Entre los platos congelados pueden encontrarse desde la comida más simple o de peor calidad hasta las recetas de los *chefs* más sofisticados. El hecho de que los alimentos hayan sido congelados no degrada mucho su calidad. El proceso se realiza rápidamente y con temperaturas muy bajas, utilizando nitrógeno líquido y dióxido de carbono, lo que reduce el daño de la estructura celular del alimento. Algunos artículos incluso mejoran al ser congelados, como por ejemplo los productos horneados.

La Howard Johnson Company ha estado utilizando un gran número de alimentos congelados desde principios de los años cincuenta. La cadena Dutch Pantry comenzó a utilizarlos antes y otras empresas, incluyendo la Holiday Inn, continúan haciéndolo.

Los empresarios de los restaurantes tienen la oportunidad de comprar todos los productos casi o totalmente listos para servir o poder improvisar cualquier plato del menú.

Grandes empresas como la Marriott o la Howard Johnson pueden preferir procesar ellas mismas sus alimentos en sus propias cooperativas.

Combinar, preparar y comprar

Por lo general, los directores de los restaurantes compran una parte de las comidas ya preparadas y el resto lo elaboran en sus cocinas.

El concepto de la producción de alimentos en condiciones industriales, utilizando equipos avanzados y muy caros, es económicamente consistente. La antigua cocina era en sí misma una planta procesadora no muy eficaz. Trasladar todo lo que sea procesamiento y elaboración de un restaurante a una planta especializada parece lo más lógico. Sin embargo, los productos que salen de estas plantas no tienen siempre la calidad deseada y sus precios son generalmente más altos.

Consecuencias del uso de las comidas precocinadas

Cuantos más alimentos precocinados se utilicen en un restaurante, más se reduce el tamaño y el equipamiento de la cocina. Un restaurante diseñado para utilizar este tipo de comidas casi exclusivamente, puede ser en verdad pequeño. Un restaurante de cocina francesa de Chicago tiene una cocina de poco más de cuatro metros cuadrados. El equipamiento consiste en un congelador y un refrigerador para almacenar los productos congelados y un calentador donde se hierve el agua para descongelarlos.

Al igual que los hoteles, los restaurantes también reciben una calificación que depende de varios conceptos: instalaciones, servicio, menú, etcétera. El servicio de los camareros a las mesas siempre ha sido uno de los criterios más valorados, aunque en la actualidad muchos restaurantes y cafeterías, ante la gran afluencia de público, combinen el servicio de mesas con el de barra (a la izquierda).

El servicio de camareros ha sido siempre el método más tradicional. Las cafeterías, con sus barras o la combinación de servicio de barra y de mesas, son muy comunes actualmente. El autoservicio caracteriza a los establecimientos de comidas rápidas. Estos últimos, el segmento de la industria alimentaria que más ha crecido en los últimos años, tienen menús limitados compuestos por hamburguesas, tartas, *pizzas* y pollo, servidos por adolescentes para adolescentes. Como su nombre indica, comida rápida significa que el servicio debe ser inmediato. La comida se guarda ya preparada, se fríe o se cocina rápidamente o se calienta al momento en hornos de microondas. La diferencia entre estos restaurantes y las cafeterías está en que los primeros no ofrecen servicio de mesas y su menú es muy limitado. Las cafeterías se especializan, por lo general, en buenos desayunos y poseen servicio de camareros. Las cafeterías y sus hermanos gemelos —los bares que sirven refrescos o platos combinados— son muy comunes porque ofrecen un servicio específico, fácil de hallar en muchos restaurantes.

Los restaurantes con servicio a los automovilistas son muy frecuentes en las ciudades de clima cálido y en las ferias, donde se agrupan varios puestos o pequeños restaurantes en un área determinada, ofreciendo comidas especiales, como pescado con patatas, bocadillos y comida mexicana.

Los bares en los teatros son de otra categoría; se caracterizan por tener un menú muy limitado de sólo tres o cuatro platos. Para muchos propietarios, el servicio de bar es el que resulta más rentable. En general, estos establecimientos se instalan en locales reformados donde se ofrecen obras de teatro que atraen una audiencia masiva. Muchos contratan a estudiantes de teatro para que esperen en las mesas y doblen a los actores.

Los restaurantes de diferentes nacionalidades como los franceses, chinos, italianos y mexicanos, entre otros, han existido en Estados Unidos desde antes de fines del siglo XIX. Un estudio realizado en 1975 mostró que el ochenta por ciento de las per-

No se trata de una revolución, sino más bien de una evolución. El *pemicán*, carne seca, grasa y bayas, era un sistema de comida preparada, utilizada por los antiguos exploradores y que aún hoy muchos excursionistas utilizan. Todas las conservas entran dentro de la categoría de comidas preparadas y son consumidas en todas partes desde hace muchos años. Los helados y el pan de molde tienen estas características.

CRITERIOS DE CLASIFICACIÓN DE LOS RESTAURANTES

Los restaurantes pueden ser clasificados de acuerdo a diferentes criterios: tipos de servicio, precios del menú, categoría del mismo, etcétera. A diario aparecen variaciones de los tipos más tradicionales.

Un tipo de restaurantes que surgió en Estados Unidos antes de finalizar el siglo XIX y que hoy goza de gran aceptación en todo el mundo son los restaurantes de distintas nacionalidades, siendo los italianos y los chinos los que obtienen mayores éxitos. A la derecha, el barrio chino de San Francisco, donde coexisten numerosos restaurantes asiáticos.

sonas que comen en este tipo de restaurantes preferían los orientales y los italianos. Los mexicanos estaban ganando popularidad, los alemanes gustaban a un seis por ciento del grupo y los franceses a un cuatro por ciento. Los restaurantes especializados, por ejemplo, en mariscos, tartas, sopas y ensaladas o carne y cerveza son cada vez más populares al igual que los que sirven comidas tradicionales en un entorno insólito y muchas veces no muy agradable; por ejemplo, establos, grandes depósitos, graneros, yates, cobertizos o enormes casas antiguas, se han convertido en curiosos restaurantes.

El *catering* para fiestas sociales constituye otro tipo de servicio de comidas. La comida se prepara en su totalidad en un restaurante o en una cocina especial y luego es transportada a otro local donde se sirve. Bodas, celebraciones, grandes acontecimientos y otras funciones sociales que se festejan en las casas son contratadas a empresas especializadas en ofrecer estos servicios.

Muchos servicios americanos de comidas hacen hincapié en lo funcional y lo utilitario: rapidez y eficacia. Los europeos, sorprendidos al principio por este énfasis en la eficacia y la rapidez, copian ahora los bares, las cafeterías y, en general, los servicios de comidas estadounidenses. La cafetería es un concepto originado en Estados Unidos, remitiéndonos a los servicios ofrecidos en el YWGA de Kansas en 1891 y, por lo tanto, lo son también el servicio de barra y de atención a los automovilistas.

El servicio de mesas en algunos restaurantes estadounidenses se ha modificado incorporando la organización de grupos en el servicio de banquetes. Se utiliza un sistema de intercomunicación entre el jefe de comedor y cada camarero.

Muchos restaurantes ofrecen servicio de lujo al estilo del Ritz, que utiliza el *guéridon* (velador) y *réchaud* (escalfador), capitanes y jefes de camareros. Estos lugares constituyen probablemente menos del uno por ciento del total de los restaurantes estadounidenses por dos razones: la mayoría de los americanos no desean perder su tiempo en una comida

tan pausada y, en segundo lugar, sólo un derrochador de grandes sumas puede darse el lujo de pagar un servicio tan costoso.

El servicio en el restaurante

La mayoría de los servicios de mesa son de los que podríamos llamar servicio americano. Supuestamente, la comida se sirve por la izquierda y se retira por la derecha del cliente. Generalmente, la comida se sirve en la cocina, y luego el plato es transportado a la mesa en una bandeja o en una mesilla rodante.

De acuerdo al estilo francés, la comida no se sirve en la cocina sino que se lleva a la mesa en una bandeja de plata para que el cliente dé su aprobación. Si la persona lo desea, se realiza la elaboración o los últimos pasos de ésta al lado de la mesa y a

Los restaurantes

Junto a estas líneas, mesas de un típico restaurante de autoservicio. Este tipo de locales contrata un servicio de mantenimiento de mesas, pero se evitan los camareros, lo cual influye en el cómputo total de sus beneficios, resultando, en general, más rentables que los restaurantes tradicionales.

la vista del cliente. Utilizando el *guéridon y el ré- chard,* el pescado puede ser preparado y desprovisto de sus espinas; la carne asada y los postres y tortillas, preparados. Este servicio es relativamente lento y muy costoso.

Anteriormente se hicieron otras distinciones en los tipos de servicio, los servicios ruso y a la Ritz eran identificables. Hoy en día el servicio, especialmente de banquetes en los que los platos no se sirven en la cocina, se denomina servicio a la francesa. En los grandes banquetes los camareros deben servir los diferentes platos por separado, es decir, la sopa se sirve en un plato, la carne se trae en una bandeja, los vegetales aparte y así todas las comidas. Basándose en su origen, este tipo de servicio podría llamarse servicio a la rusa.

El servicio al estilo inglés en el que el anfitrión corta en porciones la carne asada que le ha sido servida en una fuente y luego un mayordomo se encarga de pasarla a los demás comensales resulta algo original en Estados Unidos y, en realidad, lo mismo ocurre en el Reino Unido, a excepción de algunas grandes casas privadas.

Una de las modificaciones más eficaces e inteligentes en el servicio de mesa la introdujo el Tiffin Inn de Denver. De acuerdo a su sistema, las camareras no abandonaban nunca el comedor. Los ayudantes de camarero recogían los platos en la cocina y retiraban la vajilla sucia. Las comidas y la vajilla se transportaban siempre en mesillas rodantes. En el comedor, las camareras estaban intercomunicadas con el director del comedor, quien podía pedir a varias de ellas que sirvieran una mesa determinada aunque cada una tuviera una mesa asignada.

Los platos no muy elaborados, los flambeados y el servicio en general se sirven muy rápidamente. En la cocina, un coordinador da las órdenes, otro reúne y organiza los platos, colocándolos en los carros para que los ayudantes de camareros puedan llevarlos al comedor. El sistema es comparativamente mucho más rápido.

Una característica de este sistema es que asigna a cada cliente un número, tomando como referencia un punto clave del comedor. Este punto puede ser,

por ejemplo, un reloj, y así el cliente que se encuentra más cerca del reloj será el n.º 1, el que se encuentre a su lado siguiendo la dirección de las agujas del reloj el n.º 2 y así sucesivamente. Este sistema de numeración elimina las comunes confusiones entre mesas y permite que la comida pueda servirse sin confusión por cualquier camarera distinta de la que tomó el pedido.

El servicio en la cafetería

El California Coffee Shop y gran parte de los restaurantes con servicio para automovilistas se originaron en California y luego se extendieron hacia el este para ser instaurados en todo el país. Las cafeterías, representadas por los Dennys, los Sambo's y los Bob's Big Boy, combinan el servicio de mesas con el de barra en un ambiente creado con deco-

Las máquinas automáticas constituyen otro de los servicios más comunes. Últimamente se tiende a combinar el servicio de las máquinas automáticas con pequeños bares para evitar la despersonalización de los locales, ya que un local lleno de máquinas puede resultar un lugar demasiado solitario para comer.

Sistemas de servicio de comidas

La denominación sistema de servicio de comidas incluye todas las actividades implicadas en la compra, la recepción, el almacenamiento, la preparación y el servicio de alimentos. Se pueden identificar unos cinco sistemas de servicio de comidas diferentes.

• *Sistema convencional de servicio de comidas.* Esta categoría incluye los restaurantes tradicionales en los que los alimentos se compran, se almacenan, se preparan y se sirven. La mayor parte de los alimentos utilizados se adquieren en su estado natural o parcialmente preparados. Se preparan en la cocina del restaurante y se sirven a los clientes poco después o inmediatamente finalizado el proceso de preparación. Este sistema representa una planta procesadora pequeña donde la materia prima son los alimentos que se preparan y se venden al cliente del restaurante.

• *Sistema de los alimentos preparados.* En este tipo de restaurante, gran parte o la totalidad de los alimentos son preparados y congelados para su posterior utilización. Con este sistema pueden prepararse grandes cantidades y almacenarlas para su posterior uso e incluso algunos alimentos de temporada pueden servirse así durante todo el año. La comida se guarda en bolsas de plástico o en el recipiente que luego se utilizará para calentarla. Este sistema requiere que la cocina cuente con las instalaciones adecuadas, una congelación y un almacenamiento apropiados, suposición dudosa en la mayoría de las cocinas.

• *Sistema de cocina centralizada.* Con este sistema la comida se prepara completamente y se distribuye luego para su servicio dentro de un área determinada a un cierto número de sucursales. Se ha logrado economizar notablemente en muchos distritos escolares preparando las comidas en una cocina central y distribuyéndola a todos los comedores escolares dentro de un mismo distrito para ser servida a los estudiantes.

• *Sistema de cooperativas centrales.* Con este sistema los alimentos se preparan parcialmente y se distribuyen en un área determinada o en lugares muy distanciados.

rados luminosos y alegres. Sus características se remontan a los restaurantes de Howard Johnson y a los que se pueden encontrar en las grandes autopistas. Esta idea se ha exportado ya a diversos países.

Sistemas de servicio de cafetería

El servicio comercial de cafetería es muy popular en los estados del sur y del centro de Estados Unidos. Un servicio comercial de cafetería comparativamente más pequeño puede encontrarse en los estados de Nueva Inglaterra, en la costa atlántica y en el oeste. Aproximadamente un tercio de las cafeterías estadounidenses pertenecen a las grandes cadenas de restaurantes. El servicio de bar es actualmente el más común en la industria de los servicios alimentarios y en las escuelas y colegios.

Los restaurantes

La cooperativa central de la Marriott Corporation en Silver Spring, Maryland, es el más claro ejemplo de cooperativa centralizada. Los alimentos se piden por teléfono utilizando un código especial. Las comidas se preparan en una gigantesca cocina central utilizando grandes ollas metálicas a vapor. Luego se transportan de un lugar a otro por grandes tuberías y se termina de cocinar en ollas más pequeñas para luego pasar al proceso de congelación. Grandes camiones la transportan y la distribuyen a los numerosos restaurantes Marriott de la costa este. Una vez en el restaurante, se ultiman los últimos detalles y ya puede ser servida. Los restaurantes Howard Johnson funcionan con un sistema similar, con la diferencia de que las cooperativas centrales están esparcidas por todo el país y que las comidas se preparan totalmente en ellas antes de ser distribuidas a los restaurantes, donde sólo resta calentar y servir los diferentes platos. Algunas cooperativas se dedican exclusivamente a la preparación de determinados alimentos, como hamburguesas, sopas y salsas.

Las «cocinas aéreas», en las que se preparan las comidas para servir en los aviones, tienen también un funcionamiento de cooperativa. Algunas líneas aéreas funcionan con sus propias cocinas y otras contratan el servicio de empresas especializadas en la distribución de comidas.

• *Sistema de comidas preparadas* El sistema de comidas preparadas puede incorporarse a cualquiera de las clasificaciones anteriores. Gran parte o la totalidad de las comidas se compran ya elaboradas y envasadas con diferentes sistemas, listas para ser preparadas y servidas. La calidad de las comidas preparadas y congeladas varía enormemente. Algunas personas creen que las mejores comidas congeladas son imposibles de diferenciar de un plato recién preparado. Todos los restaurantes utilizan algún alimento preparado, algunos en mayor medida que otros.

El reparto de comidas para hospitales

Los hospitales más grandes, con varios pisos llenos de pacientes que deben ser alimentados tres o cuatro veces al día, tienen especiales problemas en la preparación y distribución de las comidas para los enfermos en condiciones de ingerir alimentos. Se han probado muchos sistemas: cocinas centralizadas con un complicado sistema de cintas transportadoras para la distribución de las comidas en los diferentes pisos y alas del edificio; comidas preparadas en una cocina central y distribuidas con mesillas rodantes que cuentan con una parte para calentar y otra para refrigerar los alimentos; y la

preparación de comidas congeladas o simplemente frías calentadas en cada uno de los pisos por hornos microondas.

El sistema de servicio de comidas para hospitales es muy complicado debido a la necesidad de preparar diversas dietas especiales, como las de bajo contenido en calorías, bajo contenido en grasas, bajo contenido en sodio, etcétera. En los hospitales en que se ofrece a los pacientes varias opciones de menú, la cosa se complica aún más.

Algunos sistemas de distribución incluyen diferentes formas de mantener calientes los alimentos hasta ser servidos. Por ejemplo, un plato especial que puede taparse herméticamente actuando como un termo y que mantiene la temperatura durante un período de tiempo. Algunas empresas han producido unas mesillas rodantes especiales que retienen el calor. Otro sistema consiste en utilizar estas mesillas aislantes con capacidad para cuarenta bandejas que se colocan antes de que la mesilla rodante se caliente. Los controles de las computadoras poseen una selección de cinco graduaciones de la temperatura que puede aplicarse a cada bandeja por separado. Al mismo tiempo mantiene refrigerados los platos fríos. Después de 35 minutos, la comida ya está cocinada y lista. Un panel de botones permite controlar la temperatura, manteniendo las bandejas para los últimos pacientes y para aquellos que no están en sus habitaciones en el momento de servirles la comida. Al estar controladas por computadoras, pueden conectarse a la central del hospital. Las mesillas rodantes mantienen la comida caliente en el trayecto que va desde la cocina hasta los pisos. Estas mesillas funcionan con baterías que se cargan durante la noche.

El sistema de distribución controlado por computadora está explicado en el diagrama de la figura 21.A, que muestra claramente su funcionamiento. Empezando por el paciente (1), el menú elegido se graba en una cinta con memoria (2). Utilizando la computadora central (3), la información se carga en la minicomputadora con la cinta grabada (4). La cinta se introduce en la minicomputadora que está instalada en la mesilla rodante (5) y entonces se elaboran los menús (6).

Las bandejas preparadas con comida (7) se cargan en la mesilla rodante (8), que se conecta a unidades refrigerantes de mantenimiento (9). La mesilla rodante se transporta a la planta donde está el paciente y se conecta a las máquinas (10) que cocinan los alimentos según las instrucciones de la computadora (11). Los controles por computadora (12), programan individualmente las comidas no planificadas, a la vez que se cuenta con una unidad adi-

DIAGRAMA DEL CIRCUITO DE UN SISTEMA DE DISTRIBUCIÓN EN UN HOSPITAL POR COMPUTADORA

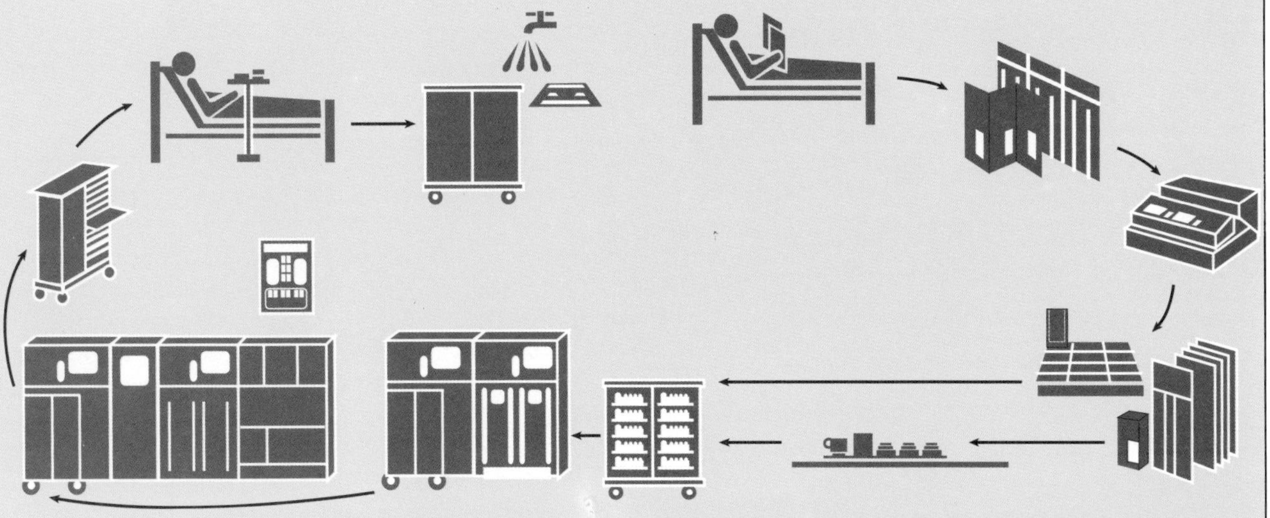

1. Menú del paciente
2. Menús y hoja de trabajo en cinta de memoria
3. Panel de entrada a la computadora (cinta de memoria de programas para el carro)
4. Minicomputadora con cinta de memoria, hoja de trabajo y menús llevados a la línea de ensamblaje refrigerada
5. Carro de comidas/bebidas con minicomputadora
6. Menús
7. Ensamblaje de bandejas refrigeradas
8. El carro de comidas/bebidas se carga con las bandejas
9. El carro de comidas/bebidas se conecta a la unidad de refrigeración/mantenimiento
10. Después de transportar el carro de comidas/bebidas a la planta de pacientes, se le conecta a unidades refrigeradas de mantenimiento. Allí, el paquete de la minicomputadora se inserta en la unidad de temperatura
11. La unidad de control de temperatura temporizada comienza automáticamente la cocción planificada
12. Los controles por computadora programan individualmente las comidas no planificadas
13. Unidad adicional para bebidas
14. Servicio de comidas
15. Se sirve al paciente
16. Las bandejas sucias se transfieren para su lavado

Figura 21.A

cional para bebidas (13). Una vez que la comida está lista, se reparten las bandejas a los pacientes (14 y 15) y, finalmente, se vuelve a colocar la vajilla en las bandejas y éstas en las mesillas rodantes (16) para proceder a su lavado y esterilización.

Un hospital en cuyo servicio de comidas se introduzca la utilización de hornos de microondas puede utilizar unos hornos con los cuales se calienta sólo la mitad de la bandeja. La otra mitad se protege para que no reciba las ondas y de esta manera, una bandeja que debe calentarse una mitad y la otra permanecer fría se puede meter íntegramente en el horno. Esto permite realizar la preparación de las bandejas en un área centralizada sin tener que agregar posteriormente los platos fríos.

ORGANIZACIONES SURGIDAS EN TORNO A LOS RESTAURANTES

A través de los años se han ido formando numerosas organizaciones comerciales y profesionales a nivel local y estatal, relacionadas con la industria alimentaria. Algunas son especializadas, como la Federación Americana del Arte Culinario, cuyos miembros son principalmente *chefs*. Otras tienen un carácter más general, como es el caso de la Asociación de Ejecutivos de los Servicios Alimenticios, que cuenta con organizaciones locales en otros países y está formada por personas que supervisan, dirigen y son propietarios de negocios pertenecientes a la industria alimentaria.

Algunas asociaciones tienen funciones sociales, otras se han formado principalmente para tratar con los sindicatos. Existen algunas, como la Asociación Nacional de Restaurantes y otras asociaciones estatales, interesadas en lograr que la legislación sea favorable a su industria. La Asociación Nacional de Restaurantes, cuya central se encuentra en Washington, dirige un activo programa educativo que incluye seminarios en todo el país, el funcionamiento de un departamento literario y un gabinete de investigación.

Las asociaciones de restaurantes de los diferentes estados no están directamente afiliadas a la Asociación Nacional de Restaurantes. Algunas de ellas son muy efectivas e importantes, como la Asociación de Restaurantes de California, la Asociación de Restaurantes de Texas o la Asociación de Restaurantes de Indiana. La fuerza y efectividad de estas asociaciones depende fundamentalmente de sus fondos. Aquellas que dependen exclusivamente de las cuotas de sus miembros no resultan muy efectivas. La Asociación Nacional de Restaurantes, cuyo presupuesto anual es de unos siete millones de dólares, consigue la mayor parte de sus fondos de los beneficios de un espectáculo comercial que cada año organiza en Chicago. La Asociación de Restaurantes de California consigue sus fondos en forma similar, organizando varios espectáculos comerciales en Los Ángeles. Estos *shows* permiten presentar los nuevos productos alimenticios, los nuevos equipos de cocina y otros productos de interés para la industria. El hecho de que los gastos de asistencia a estos *shows* puedan deducirse de los impuestos hace que resulten más atractivos.

NUEVOS MOTIVOS PARA COMER FUERA DE CASA

De acuerdo a las motivaciones teóricas, la gente sale a comer impulsada por diferentes razones: para satisfacer el hambre, por necesidades sociales y para satisfacer el ego y los propios deseos. Cada persona elige un restaurante en particular de acuerdo a sus propias necesidades psicológicas de ese momento, sumadas a su disponibilidad económica. Otros factores que influyen son basicamente la atención recibida en el restaurante, su valor estético, el estatus y el tipo de gente que la persona espera encontrar en él (otros clientes, gerentes y empleados).

Los restaurantes pueden ser clasificados de acuerdo con los precios que cobran, el servicio que ofrecen y la variedad de sus menús. Por ejemplo, los restaurantes más conocidos y prestigiosos, como el Scandia de Los Ángeles y el Club 21 de Nueva York,

proyectan una imagen lujosa tanto en precio como en menú y servicio.

En el otro extremo, los restaurantes de menú limitado, como los Pizza Hut y los Bonanza, ofrecen precios módicos combinados con el autoservicio. El último lugar en la escala lo forman las cadenas de hamburgueserías, que ofrecen menús limitados, bajos precios y autoservicio. Un ejemplo de estos restaurantes lo constituyen las cadenas Wendys, McDonald's y Burger King.

Muchos son los motivos para comer fuera de casa, pero aparte los condicionamientos prácticos, muchos restaurantes tienen en sí mismos un atractivo especial que invita al publico a trasladarse a ellos, como el que aparece en la fotografía superior, Le Ciel de Paris, instalado en lo alto de la torre de Montparnasse en París.

Relacionar el servicio, los precios y la variedad de los restaurantes a las necesidades psicológicas puede resultar un ejercicio interesante que proporciona algunos indicios de por qué la gente elige determinados restaurantes. La teoría de motivación más popular es la propuesta por Maslow, que asegura que el ser humano es un animal de necesidades que requiere siempre cosas nuevas. Una vez que ha satisfecho una necesidad, aparece otra en su lugar, yendo desde las necesidades de estabilidad y seguridad hasta las de satisfacer el ego y realizar sus deseos sociales y personales. La gente va a los restaurantes no sólo para satisfacer el apetito, sino también su autoestima, su autorrespeto, la confianza en sí mismo y sus necesidades de prestigio.

Al margen de todas las necesidades por las que la gente encuentra placer en comer fuera o necesita hacerlo, está el problema de si se tiene dinero o no. El ingreso discrecional es la clave de la cuestión. Es la suma de dinero con que se cuenta, aparte de la cantidad necesaria para cubrir los gastos fijos.

El comer fuera es generalmente un placer y, por lo tanto, cuanto mayor sea el ingreso discrecional de una persona, con más frecuencia irá a restaurantes y mayor será la suma que en ello se gaste.

Cuando se incrementa el ingreso discrecional, aumenta la cantidad de dinero gastado en salidas a comer y a tomar copas. Al igual que el ingreso disponible, cuanto mayor sea el ingreso familiar, mayor será la cantidad de dinero gastada en restaurantes.

LA INCORPORACIÓN DE LA MUJER AL TRABAJO INCREMENTA LAS VENTAS DE LOS RESTAURANTES

Al tener menos niños, casas más pequeñas y menos trabajo en el hogar, las mujeres han empezado a trabajar fuera de sus hogares. Como resultado, cada familia cuenta con mayores ingresos disponibles, un deseo mayor de comer fuera y dinero para hacerlo.

En 1950, aproximadamente un 24 por ciento de las amas de casa estadounidenses trabajaban, y esta cifra no ha dejado de incrementarse desde entonces. El ingreso de una familia media ha ido aumentando con el trabajo de la mujer, lo que le ha permitido no sentirse culpable al insistir en comer fuera cuando llega a su casa o al menos comprar la comida preparada.

A principios de los años noventa, la mitad de las mujeres estadounidenses pertenecían al mundo laboral. Se calcula que en las edades comprendidas entre 20 y 24 años, un 73 por ciento de las mujeres trabajaban fuera de sus casas, lo que significa, según estudios realizados, buenas perspectivas para el negocio de los restaurantes.

A pesar del crecimiento masivo de las cadenas de restauración, el negocio de los restaurantes es todavía una fortaleza de empresarios independientes en Estados Unidos. Pocos negocios proporcionan, en la actualidad, la oportunidad de iniciarse tan fácilmente y con un capital comparativamente tan pequeño en el que los resultados de éxito o de fracaso se vean con tanta rapidez.

Los empresarios que aciertan en un determinado mercado correctamente y que reúnen un menú y un funcionamiento adecuados ganan mucho, y los que se equivocan fracasan.

Cadenas y franquicias hay muchas, pero cualquiera puede unirse a ellas con determinación, conocimientos de la materia y suerte. Los propietarios de un restaurante, los pequeños empresarios, tienen aún la oportunidad de destacarse con nuevas recetas, nuevos diseños o cubriendo nuevos mercados, y de hecho deben hacerlo periódicamente para triunfar.

Un eslogan publicitario de la cadena Jack-in-the-Box decía: «¡Cuidado, McDonald's!». Esto puede aplicarse a cientos de propietarios de restaurantes. Hay una cosa cierta: el McDonald's será superado algún día por la cadena Wendy's o la Carl's Jr. o por cualquier otra que empiece abriendo su primer pequeño restaurante. Lo que funciona en el este puede fallar en el oeste y viceversa. Un restaurante surge, puede convertirse en una cadena, estancarse y ser superado por algo nuevo, un sandwich diferente o un menú que el público acepte mejor. El negocio de los restaurantes es desafiante y cambiante, y proporciona a sus profesionales grandes riquezas o grandes desengaños.

ORGANIZACIÓN DEL RESTAURANTE

Al considerar el negocio de los restaurantes, se puede optar por diversas alternativas de inversión y profesión:

- Dirigir un restaurante para otra persona (individual o una cadena).
- Comprar una franquicia y encargarse del funcionamiento del restaurante franquiciado.
- Adquirir un restaurante ya existente.
- Construir un nuevo restaurante y encargarse de su funcionamiento.

Al analizar los pasos a seguir, un individuo puede considerar las ventajas y desventajas de cada tipo de operación y estudiar los riesgos y beneficios potenciales de cada opción.

Al comparar las ventajas y desventajas de comprar, construir, obtener en franquicia o explotar un restaurante, cada persona debe tener en cuenta su propio temperamento, sus ambiciones y su capacidad para no desmoronarse ante una frustración (cuadro 22. A). El comprar un restaurante puede satisfacer un deseo estético personal y si el restaurante tiene éxito, los beneficios pueden ser muy altos. Si fracasa, el riesgo financiero también es elevado pero no tanto como si la inversión se hubiera hecho en la construcción de un nuevo edificio. El obtener un restaurante en franquicia reduce el riesgo y puede disminuir el beneficio potencial debido a las tasas de franquicia. Por lo general, no se corre ningún riesgo financiero al ser gerente de un restaurante, pero un fracaso puede significar mucho desde el punto de vista profesional.

Existen algunos ejemplos de personas que se han introducido en el negocio de los restaurantes sin tener ninguna experiencia, han construido su propio negocio y han logrado un gran éxito desde el primer día. Estos casos son relativamente inusuales. El comprar un restaurante ya existente que ha fracasado o que se pone a la venta por cualquier otra razón significa para el comprador cierta información que no tiene el que construye un nuevo establecimiento. El comprador podría enterarse si el estilo anterior del restaurante no era apropiado para su ubicación o que lo que no funcionaba era el menú o la forma en que se administraba. Esta información reduciría los riesgos de alguna forma. Por otro lado, el nuevo propietario podría encontrar dificultad en revertir la mala reputación adquirida por el establecimiento durante la administración del antiguo propietario.

Como regla general, lo mejor es estudiar minuciosamente un tipo de operación antes de comprar o construir el restaurante. El que obtiene su establecimiento por franquicia está protegido por el hecho de que antes de abrir debe efectuar generalmente un curso de dirección ofrecido por la empresa o cadena de restaurantes. Los directivos centrales desean tan poco como el encargado del nuevo local que éste fracase, lo que constituye un punto a favor para el que obtiene la franquicia. Por supuesto, los restaurantes franquiciados también pueden fallar; el nuevo propietario debe elegir cuidadosamente la cadena de restaurantes que le concede la franquicia, seleccionando una que le ofrezca un buen respaldo y reputación.

LOCALIZACIÓN DE UN RESTAURANTE

Las generalizaciones sobre la localización de los restaurantes resultan mucho más difíciles de formular que aquellas relacionadas con los hoteles y moteles, aunque probablemente las afirmaciones que siguen sean válidas.

• Los restaurantes que se dedican especialmente a servir comidas al mediodía deben resultar razonablemente adecuados para los clientes. Todos los restaurantes, excluyendo los más caros, deben quedar a sólo unos minutos andando o en coche del foco de clientela. En Estados Unidos la mayor parte de las personas que almuerzan fuera de sus casas lo hacen en un período de tiempo muy limitado, sólo cuentan con treinta minutos o una hora antes de volver a su trabajo. Los ejecutivos, generalmente, tardan más y beben una copa de licor cuando terminan de comer. Los trabajadores necesitan que el restaurante esté muy cerca de sus lugares de trabajo, preferentemente en el mismo edificio. Las personas que suelen almorzar en establecimientos caros cuentan, por lo general, con tiempo disponible para ir en taxi o en sus coches particulares si el restaurante queda en un lugar apartado.

• Los restaurantes de las autopistas o de las carreteras deben estar ubicados de acuerdo a la conveniencia de los viajeros. El servicio de comidas debe ser ágil y rápido para el automovilista. Una distancia de sólo cinco minutos de la carretera puede ser desastrosa para el funcionamiento del establecimiento.

• Los restaurantes de comida rápida tienen mayor éxito si están ubicados en una calle principal, en un importante centro comercial o en un área de apartamentos.

• Para los restaurantes con un ambiente especial o diseñados para ocasiones especiales, una ubicación muy accesible puede resultar un inconveniente, pero los clientes interesados lo buscarán hasta encontrarlo. Uno de los restaurantes más famosos en lo que se refiere al volumen de ventas es el Anthony's Pier 4 Restaurant en Boston. Es bastante difícil de encontrar, pero su ubicación portuaria le agrega encanto.

• Los restaurantes ubicados en áreas específicas en las que se concentra un gran número de restaurantes y establecimientos similares atraen mucha gente. En Marina del Rey, cerca de Los Angeles, se concentran, por ejemplo, unos 35 restaurantes, el público va allí seguro de que encontrará diversión y un lugar para comer a gusto.

Algunos restaurantes importantes están ubicados en lugares inverosímiles. El Bakery, en Chicago, está en una zona ruinosa de la ciudad. El Commander Palace de Nueva Orleáns está un poco alejado del centro de la ciudad. Esto no quiere decir que dichos restaurantes tendrían mayor éxito si estuviesen mejor ubicados.

LOS RESTAURANTES GIRATORIOS

Los restaurantes que están en lugares elevados tienen un encanto especial. Los locales ubicados en el último piso no se pusieron de moda hasta los años sesenta. Stouffer's es una cadena que cuenta ahora con más de treinta *tops* (restaurantes altos), todos ellos con un éxito total. El top del Prudential Center de Boston, un rascacielos de 42 pisos, obtiene ingresos anuales de más de tres millones de dólares. Los clientes gozan no sólo de una excelente comida sino también de una maravillosa vista del puerto y de la ciudad de Boston. El restaurante *top* del edificio John Hancock de Chicago está ubicado en el último de sus 95 pisos.

Los alemanes fueron los primeros que construyeron un restaurante giratorio en la cima de una torre de televisión en Stuttgart, en el año 1959. La Ronde

Cuadro 22.A Comprar, construir, tomar en franquicia o dirigir. Ventajas y desventajas						
	Inversión original necesaria	Experiencia necesaria	Estrés potencial personal	Coste psíquico del fracaso	Riesgo financiero	Recompensa potencial
Comprar	media	elevada	elevado	elevado	elevado	elevada
Construir	máxima	elevada	elevado	máximo	máximo	elevada
Tomar en franquicia	entre baja y media	poca	mediano	mediano	mediano	entre mediana y elevada
Dirigir	ninguna	entre mediana y elevada	mediano	mediano	ninguno	mediana

La ubicación y la decoración de un restaurante dice mucho del mismo. Los restaurantes franquiciados de comidas rápidas suelen tener un diseño semejante, mientras que los restaurantes de especialidad o los de lujo muestran los más originales diseños. Sobre estas líneas, acogedor rincón del comedor de un restaurante decorado con tonos cálidos.

de oficinas llamado La Moana, en Honolulú. El Space Needle, en el Seattle's World's Fair, promocionó enormemente los restaurantes giratorios. En la actualidad existen en Londres, Bruselas, Rotterdam, Francfort, Montreal, El Cairo, Tokio, Hong Kong y otras ciudades. Rusia posee uno de los más altos,

llamado El Séptimo Cielo, que está en la parte superior de una torre de televisión de más de trescientos metros de altura.

Los restaurantes giratorios se fijan en plataformas redondas con un eje central fijo. Las plataformas pueden tener un diámetro de hasta 37 metros de diámetro y aunque parezca increíble, sólo se necesitan dos pequeños motores de 3/4 de caballos de potencia para hacer girar una estructura de aproximadamente cien mil kilogramos y trescientas personas dentro.

Obviamente, los restaurantes giratorios son caros. Sin embargo, como generalmente la estructura básica se construye para otra finalidad, el coste del restaurante en sí mismo puede que no sea excesivo. Existen algunos problemas en el funcionamiento de

los restaurantes giratorios: los clientes que prolongan su estancia en las mesas, el problema para encontrar sitio después de un largo rato en el salón de espera y los mareos y malestares a causa del movimiento.

Kemmons Wilson, gerente del consejo de los Holiday Inn que favoreció los restaurantes giratorios, en una ocasión dijo al respecto: «En los restaurantes giratorios, la comida es terrible, el precio alto y el servicio lento, pero la gente hace cola para entrar». Wilson afirmaba que los restaurantes giratorios resultaban para el público muchísimo más atractivos que los restaurantes comunes.

El hecho de que el restaurante gire, lo hace un diez por ciento más atractivo que los demás restaurantes en alza. La mayoría de ellos dan una vuelta completa por hora, en el transcurso de la cual los clientes pueden tomar una o dos copas, observar los diminutos individuos que van por la calle, comer a la altura de los aviones y aislarse del resto del mun-

do. Después de una hora de dar vueltas como una calesa, el restaurante espera que sus clientes se vayan contentos y relajados.

Las características del restaurante (clima, decoración, nivel de ruido, personal, etc.) deben ser acordes a la ubicación. En un área congestionada del centro de una ciudad, a la gente parece no importarle demasiado ser «procesados» en vez de ser servidos. ¿De qué otra forma podría explicarse el éxito de cadenas como la Chock Fu11 O'Nuts y el servicio de comidas de Kresge's, Woolworth's y Nedick's?

Por lo general, se espera que los clientes se abran camino hasta el mostrador entre la multitud, coman de pie y se vayan en diez minutos. Especialmente la gente joven parece inclinarse por este comportamiento; sólo tardarán unos pocos minutos para almorzar en los comedores de la universidad, que están lujosamente equipados

La cena, sin embargo, significa algo más, especialmente para las personas mayores y de mediana

Lo que distingue a un restaurante de otro no es sólo la calidad de su servicio, sino también el tipo de oferta. Algunos, de bastante éxito en los últimos años, se han especializado en determinado tipo de platos procedentes de regiones o países concretos. Es el caso de la marisquería gallega de la fotografía de la izquierda.

edad. La persona que al mediodía se contenta con comer rápidamente y apretada en un asiento estrecho quiere por la noche cenar cómodamente en un espacio amplio.

Los precios del menú van de acuerdo a su ubicación. Un restaurante lujoso ubicado en un lugar muy frecuentado en que cada plaza es ocupada por cientos de personas al día fracasará, y lo mismo ocurrirá en el caso opuesto.

EL USO DE MODELOS ECONOMÉTRICOS

La construcción de modelos matemáticos con computadora se aplica al negocio de restaurantes para realizar evaluaciones de localización y simulaciones de diagnóstico. Las construcciones econométricas (combinando la economía con las matemáticas) comenzaron a utilizarse en la década de 1930 y desde entonces se han aplicado a otras empresas. Su aplicación al negocio de los restaurantes fue diseñada por el profesor Francis R. Cella de la Universidad de Oklahoma.

El profesor Cella fue contratado en 1966 por la Asociación de Restaurantes de Oklahoma. Según el profesor, sus modelos podían predecir las ventas de un restaurante con un margen de error del 5 por ciento, el 95 por ciento de las veces.

Inicialmente, se construyeron los modelos de cinco tipos de negocios de servicio de comidas: generales, bares, restaurantes con servicio para automovilistas, especializados y hamburgueserías. Los datos utilizados para la construcción de los modelos se desarrollaron de acuerdo a las experiencias de los residentes en Oklahoma.

La teoría para la construcción de cada modelo es que si la importancia de los diferentes factores que determinan las ventas de un restaurante puede ser fijada con precisión y medios de acuerdo a sus efectos en las ventas, utilizando luego la computadora, puede predecirse en unos minutos las ventas que resultarían de un restaurante. Los factores más evidentes que influyen en las ventas de un restaurante

son: las características del vecindario en que se encuentra o se encontrará el establecimiento, los ingresos medios de dicha población, la competencia existente en la zona, el volumen de tráfico que pasa por el local, los conocimientos del o los gerentes del restaurante, la publicidad que se realice y el aspecto o el tipo de construcción del local.

Algunas personas del negocio de la restauración tienen una premisa muy simple a la hora de elegir la ubicación para su establecimiento: van a donde el McDonald's va. Otros se amontonan en las galerías y los centros comerciales, convencidos de que si tantos negociantes invierten en estos centros su dinero, significa que el lugar es apropiado para un restaurante.

La empresa Carl Karcher dio con un modelo para la selección de sus locales. Consistía en una fórmula de retroceso múltiple para evaluar una ubicación potencial prediciendo las ventas potenciales. El modelo comparaba las características de la nueva ubicación con las de los restaurantes ya existentes con funcionamiento probado. La información utilizada para realizar el modelo, que era muy importante para esta empresa que poseía restaurantes de comida rápida, incluía:

- La estimación del tráfico diario que circulaba por las calles adyacentes.
- La capacidad del restaurante comparada con la de los establecimientos de la zona y la proporción de familias de clase obrera en la población total de la zona.
- La estimación de la cantidad de oficinistas que trabajaban a una distancia no superior a los diez minutos en coche del local.
- El número de familias poco numerosas en un radio de quince kilómetros.
- La población total en un radio de aproximadamente quince kilómetros.
- La edad media de la población de la zona.

La empresa pudo deducir de sus experiencias que los restaurantes con mayor éxito tenían los siguientes puntos en común:

- Los demás restaurantes de comida rápida de la zona no sumaban una capacidad total superior a las mil personas.
- Un 75 por ciento de la población total de la zona estaba formada por grupos familiares pertenecientes a la clase obrera.
- La edad media de los habitantes de la zona objeto del estudio estaba comprendida entre los 26 y los 32 años de edad.

- Unos diez mil oficinistas trabajaban a distancias no superiores a los diez minutos en coche.

Procesando toda esta información, se realizó una ecuación matemática. Esta ecuación teórica consideraba cuatro puntos clave de información y los media basándose en la experiencia de los restaurantes ya existentes.

$$Y = a - XA + XB + XC + XIX$$

en donde

Y = ventas estimativas del nuevo establecimiento
A = capacidad total de los restaurantes de comida rápida existentes en la zona
B = proporción de familias de clase obrera en la población de la zona
C = edad media de la población de la zona
D = cantidad de oficinistas que trabajaban en la zona
a = coeficiente
X = coeficientes para medir los cuatro puntos

El modelo establecido era sólo teórico, ya que no proporcionaba los coeficientes usados para medir los cuatro puntos.

¿Cuántos son los factores que influyen en las ventas?

Según el profesor Cella, como mínimo 16 factores afectan al volumen de ventas y más de 30 en el funcionamiento de algunos tipos de restaurantes. En consecuencia se han desarrollado numerosos modelos para otros restaurantes y para el funcionamiento de las cadenas. Se hicieron alrededor de mil evaluaciones de ubicación entre los años 1966 y 1969.

Además de predecir el volumen de ventas de un negocio abierto en una ubicación determinada, estos modelos pueden utilizarse para determinar si un local está siendo aprovechado al máximo. Un local que estaba funcionando sin ningún éxito como restaurante con servicio para automovilistas demostró ser idóneo para instalar una hamburguesería. Se realizó el cambio y después de un período de ajuste, el negocio logró más ingresos en un mes como hamburguesería de los que había logrado en un año como restaurante para automovilistas. La Asociación de Restaurantes de Oklahoma se hizo cargo del programa de análisis del profesor Cella y redujo notablemente el margen de error de lo que podía hacerse utilizando el programa.

Además de poder planificar la operación total, los modelos pueden utilizarse para tomar decisiones de explotación. Puede probarse por medio de la simulación cada uno de los programas planificados. Si el presupuesto de publicidad se incrementa un cinco por ciento, se puede realizar un sondeo de cuál será el incremento adicional de las ventas. ¿Qué incremento puede esperarse en las ventas si se renueva el local? ¿Es más conveniente destinar el capital a invertir a uno de los puntos clave o conviene repartirlo? ¿Qué incremento puede esperarse en las ventas si se contrata un gerente más experimentado?

Sin las computadoras llevaría mucho tiempo realizar las correlaciones matemáticas entre los efectos de los puntos clave y la incidencia en las ventas totales. Según el cálculo del profesor Cella, se necesitarían cuarenta empleados trabajando durante seis meses para calcular manualmente las operaciones necesarias para establecer un modelo. Utilizando una computadora, estos cálculos se realizan en cinco minutos.

La construcción de un modelo no puede hacerla un principiante, ya que algunos de los factores involucrados en las ventas de un restaurante son negativos y otros no son lineales. Una decisión como es, por ejemplo, determinar si un factor es lo suficientemente importante como para ser incluido en el modelo, requiere criterio además de experiencia para comparar otras operaciones.

Anteriormente cada experto había estado en condiciones de probar que su especialidad era el factor más importante que afectaba a las ventas totales. El gerente de ventas creía que la publicidad era el punto más importante, el encargado de producción pensaba que lo que más interesaba era la calidad del producto y el diseñador creía que lo que atraía a la gente era la estructura del edificio. Al utilizar un modelo econométrico se determina con mayor precisión la contribución real de cada uno de estos factores.

El poder medir los diversos factores que afectan a las ventas totales requiere, además de criterio, cierta experiencia y referencias de operaciones similares anteriores. Un factor crítico en la ubicación de un restaurante es la determinación del mercado mínimo necesario, es decir, qué población se requiere para sustentar un tipo particular de restaurante.

McDonald's estableció una cifra de cincuenta mil personas como requerimiento de población para sus restaurantes. Tiempo después, la empresa determinó que en las zonas altamente pobladas podían ubicar sus restaurantes a cinco kilómetros de distancia. Un restaurante polinesio, que sirve comidas relativamente exóticas para el gusto del estadouni-

La elección del menú y de los platos que se incluyen en la carta de un restaurante es importante ya que influirá directamente en el tipo de público que se pretende atraer al establecimiento. Algunos restaurantes optan por el sistema de buffet abierto (sobre estas líneas), un modo de ofrecer gran variedad de platos que se sirve el propio cliente.

dense medio, requeriría un mercado aproximado de quinientas mil personas, ya que el pollo frito y las hamburguesas forman parte de la dieta habitual de los estadounidenses, pero el cerdo agridulce no.

También el factor «competencia» requiere un sondeo muy detallado. Es más probable que tres restaurantes uno junto al otro se complementen que compitan entre sí. Los integrantes de algunas «filas» de restaurantes han incrementado sus ventas a medida que se agregaban nuevos establecimientos. Un restaurante de pollo frito, una hamburguesería y un establecimiento especializado en carnes a la brasa se complementarán si el mercado es lo suficiente-

mente grande. Tres hamburgueserías en la misma calle seguramente competirían entre sí y la incorporación de una nueva hamburguesería reduciría necesariamente el mercado de las ya establecidas.

LA IMPORTANCIA DEL MENÚ

La selección del menú y la forma de presentación para llegar a un mercado determinado es un punto crítico. El menú es lo que determinará en mayor medida el mercado al que un restaurante está dirigido. El menú compuesto por hamburguesas, pollo frito y batidos está dirigido a los adolescentes y a los jóvenes. El menú de carnes a la brasa está pensado para un mercado de gente de mediana edad. El de un restaurante polinesio podría estar dirigido a un mercado ocasional formado por clientes que buscan una ocasión especial o una nueva experiencia. El menú de bistec con patatas está especialmente dirigido a un mercado de personas que tienen que comer fuera por obligación todos los días y que prefieren que se les sirva más o menos lo mismo que comerían en sus casas. El menú de comidas francesas o incluso los platos aislados de este tipo de comida están dirigidos a un mercado más sofisticado, el de más recursos económicos y el que ha viajado más. El menú de bocadillos parece estar dirigido a todos los mercados, al menos en el almuerzo, ya que lo consumen tanto los miembros de los clubs privados como los viajeros en la carretera.

El público de los restaurantes de Estados Unidos prefiere la carne de buey o ternera. De los trescientos kilogramos de comida que un estadounidense medio come aproximadamente cada año, más de cincuenta son de buey o ternera. El consumo de carne de cerdo se está reduciendo, el de pollo se incrementa, al igual que el pavo; el queso aumenta rápidamente mientras que el consumo de cordero y buey disminuye y el de ternera aumenta. El pescado y la carne de caza mantienen los índices de consumo.

Los huevos con jamón o con bacon son el plato preferido para el desayuno, pero los resultados de un estudio mostraron que la gente joven prefiere las pastas y los panecillos dulces para desayunar.

Esta misma encuesta mostró que para los estadounidenses, entre las comidas extranjeras y las especialidades, la cocina italiana era la preferida, seguida por los mariscos. Las gambas a la plancha y las patas de langosta eran, dentro de los mariscos, las elecciones más frecuentes. El café es aún la bebida más común en los restaurantes, pero las bebidas frías le están igualando, especialmente entre la gente joven.

La imprudente manipulación de gustos

El querer alterar los gustos no es una medida muy inteligente por parte del gerente de un restaurante. Puede descubrir que existe un excelente mercado para los tacos y otras comidas mexicanas, pero no puede forzar a nadie a que coma sólo tacos u otro tipo de comidas. El hígado puede ser un plato muy nutritivo pero no puede servirse más de una vez por mes en los comedores universitarios.

Sin embargo, es completamente posible alterar los gustos ya existentes para agregar un nuevo estímulo a la comida normal. Por ejemplo, el restaurante Lum's hierve las salchichas de sus perritos calientes en cerveza. El Wurst es un perrito caliente modificado que llega a un público más sofisticado que el que consume el perrito caliente tradicional.

A casi todo el mundo le gusta el roast beef y los bistecs. Últimamente existe una tendencia hacia las comidas más ácidas; probablemente debido al incremento del consumo de bebidas gaseosas, la mayoría de las cuales son de tipo ácido. Prácticamente todos los tipos de bocadillos incrementan día a día

---

En todo restaurante que se precie la carta de vinos debe ser extensa, ya que muchos clientes dan gran importancia a la elección de la bebida como complemento indispensable de una buena comida. En la página siguiente, el rito del servicio del vino en un restaurante.

---

su popularidad. Ha aumentado también la popularidad de los mariscos, y la prueba está en el incremento de restaurantes especializados en mariscos y pescados.

La mayoría de los platos más comunes de un menú son aquellos que estimulan varios sentidos a un mismo tiempo: el olfato, el gusto y el apetito.

Una copa helada cubierta de chocolate caliente despierta diferentes sensaciones, como son frío, calor, dulce y amargo. Si se le agregan nueces, adquirirá un aspecto más sugestivo. Incluso la sensación de dolor que produce la pimienta provoca una respuesta favorable a los alimentos. Una de las razones de la popularidad de la cocina de Creole es el sabor picante de su salsa de pimienta. El gas de las bebidas gaseosas actúa dando en la boca una sensación de presión. Los sonidos crujientes, efervescentes o crocantes aumentan el valor de las comidas.

Aumenta la preferencia por la vieja protagonista de la cocina italiana: la salsa de tomate; esto resulta fácil de comprobar por el rápido incremento del consumo de pizzas, espaguettis y otras comidas con esta salsa. Solamente en Milwaukee hay trescientas pizzerías. A los jóvenes les gustan las hamburguesas, los perritos calientes, las patatas fritas, el pollo frito y los espaguettis, y prefieren las patatas fritas con mucho aceite, aproximadamente un 18 por ciento de grasa.

Un menú muy limitado puede resultar suficiente para satisfacer el mercado mientras no se tenga demasiada competencia. Si el área se poblase con más restaurantes, podrían agregarse nuevos platos para atraer una mayor clientela. McDonald's ha agregado a su menú el bocadillo de pescado, la hamburguesa doble, el servicio de desayunos y continúa agregando nuevos platos para el mejor funcionamiento de sus restaurantes.

El menú determina cuál será el equipamiento de cocina necesario. Un restaurante que tenga un menú de comidas asadas o a la parrilla necesitará solamente una parrilla o una plancha. Si se sirven platos fritos se necesitará una buena freidora.

Las comidas fritas son cada vez más comunes, especialmente entre la gente joven; la gran mayoría de

los alimentos que se sirven fritos poseen un bajo contenido en grasas: patatas, pollos, cebollas y ternera. Al freírlos, el porcentaje de grasa se incrementa sólo un diez o un quince por ciento, lo que resulta en un contenido de grasas inferior al de una buena hamburguesa.

¿Qué platos agregan prestigio a un menú?

Lo que constituye una comida prestigiosa para el menú cambia con el tiempo. Brillat-Savarin, el famoso *gourmet* de principios del siglo pasado, afirmaba que las trufas y el pavo eran las dos joyas de la gastronomía. Las trufas y el caviar mantienen aún hoy su estatus, probablemente por su elevado coste.

La tortuga terrapene, que existió alguna vez en prácticamente todos los menús importantes, desapareció casi por completo cuando el jerez y el vino de Madeira, necesarios para cocinarla correctamente, fueron proscritos por la prohibición. El pato marino norteamericano se eliminó de los menús cuando el ejército tomó posesión de los campos en que crecía el alimento preferido del animal en Chesapeake Bay. Al no poder alimentarse con el apio salvaje que crecía en esta zona, el pato perdió el sabor que le distinguía y por lo tanto, su popularidad. Las hamburguesas constituyen otro ejemplo, ya que antes de 1930 no gozaban de la popularidad que las caracteriza actualmente.

Los platos actuales de gran estatus, al menos los que se sirven en los restaurantes prestigiosos de la ciudad de Nueva York, incluyen el pato a la naranja (preparado con una salsa de naranja y vino), el *foiegras* trufado (paté de hígado de ganso con trufas), ternera a la *Cordon Bleu* (finos filetes de carne rellenos con jamón y queso) y *Chateaubriand* (filete de lomo servido generalmente con salsa bordalesa). La langosta y el cangrejo son otros de los platos que tienen más alto prestigio, debido en gran parte a su elevado coste. Si fuésemos a cualquier área donde la langosta abundase y no fuera cara, veríamos que seguramente no es un plato que goce de gran prestigio.

Gran parte de los esnobismos en lo que se refiere a los vinos tienen una base puramente frívola; resulta que la «autoridad» sabe un poco más de la materia que cualquier otra persona. Una cosa que siempre da a los vinos la reputación de ser excelentes es el precio, cuanto más alto es el precio, mejor es el vino. Cuando se realizan pruebas de cata de vinos en las que el catador no sabe la marca, el precio ni el origen del vino, suelen producirse resultados sorprendentes. Las bebidas más baratas son las que generalmente resultan elegidas como las mejores. El mismo vino envasado en botellas diferentes provoca muchas veces discusiones sobre cuál es el mejor.

Los hábitos alimentarios

Los hábitos alimentarios y los métodos de preparación de los alimentos cambian con el tiempo, a pesar de los esfuerzos de muchos puristas que se empeñan en santificar algunas recetas y prácticas culinarias. Muchas personas aún consideran a *Le Guide Culinaire* de Escoffier como «la biblia» de la cocina. Este libro fue escrito en el año 1902 y, tal como el propio Escoffier dijo, no es más que una recopilación de la mejor información culinaria entonces disponible. Antes de Escoffier, Careme era considerado el árbitro culinario.

Aproximadamente en 1958, el instituto de servicio de hoteles y restaurantes de Gran Bretaña decidió determinar de una vez por todas qué era lo que estaba bien y qué era lo que no en el mundo del arte culinario. Se encargó la tarea a un comité formado por los doce mejores *chefs* del Reino Unido. El comité decidió establecer un *Codex Culinaris.*

Después de dos años y medio de reuniones semanales, debates interminables y gran controversia, el proyecto murió. Los *chefs,* que representaban a diferentes cocinas, encontraron muy difícil llegar a establecer un modelo estándar, ya que definir cuáles son los mejores alimentos está condicionado, en gran medida, por factores geográficos y temporales. «El alimento de un hombre es el veneno de otro.»

Si tratamos de encontrar cualquier alimento consumido por la mayoría de la gente, veremos que en alguna parte del mundo hay gente que lo rechaza. El hecho de que los franceses utilicen fécula de patata en vez de fécula de maíz como espesante sólo significa que en Francia es más fácil obtener fécula de las patatas que del maíz y que en Estados Unidos ocurre lo contrario. El extendido consumo de ternera en Europa se debe a que es menos probable que los ganaderos críen animales hasta la madurez tal como ocurre en Estados Unidos. El sacrilegio culinario generalmente significa que quien quiera que sea el que lo comete no actúa de acuerdo a las reglas o a los valores establecidos por el acusador.

VARIACIONES EN LOS COSTES DE ACUERDO AL TIPO DE RESTAURANTE

Algunos costes varían de acuerdo al tipo de restaurante. Los establecimientos de comidas rápidas poseen precios de coste y de mano de obra más bajos que los restaurantes con servicio de mesas, mientras que los costes de local suelen ser más elevados para los lugares de comidas rápidas que para los restaurantes con servicio de mesas. Como es lógico, al aumentar las ventas de un restaurante, se incrementan las ganancias brutas; en otras palabras, los grandes restaurantes producen un mayor beneficio al ser mayor el volumen de ventas. Los costes y las ganancias de cada restaurante varían según el lugar en que estén ubicados. Los costes de mano de obra son mucho más elevados en California que en el resto del Estados Unidos. Las ganancias obtenidas en los cafés y restaurantes de California son también superiores a las de otros estados.

Los costes de local varían según el arreglo entre el gerente del restaurante y el dueño del terreno, del local o del restaurante. Muchos de ellos prefieren hacer un contrato de arrendamiento por cinco años para no atarse a un local que luego puede no resultar el idóneo. Los arrendamientos se pagan de diferentes formas:

- Una suma mínima o un porcentaje acordado de las ganancias.
- Un porcentaje fijo de las ganancias, generalmente de un cinco a un ocho por ciento.
- Un porcentaje variable de las ventas, cuanto mayores sean los beneficios, mayor será el porcentaje pagado.
- Una suma mensual fija.

Hay otros arreglos muy comunes, como por ejemplo un arrendamiento por trueque: cuantas más mejoras realice el arrendatario, mayor será el porcentaje entregado por el arrendador o la renta. Estos contratos son muy importantes cuando el gerente comienza o tiene planificadas muchas reformas o remodelaciones.

Cuadro 22.B Análisis de ingresos y gastos de los restaurantes estadounidenses a principios del siglo XXI

	Restaurantes de servicio completo (Menú medio superior a 20 dólares)	Restaurantes de servicio completo (Menú medio inferior a 20 dólares)	Restaurantes de servcio limitado (*Fast food*)
Procedencia de los ingresos			
Comidas	88,6 %	77,2 %	98,8 %
Bebidas	11,4 %	22,8 %	2,0 %
Distribución de gastos			
Coste de la comida	29,6 %	26,8 %	31,1 %
Coste de la bebida	3,4 %	6,8 %	0,5 %
Salarios	30,1 %	27,9 %	26,4 %
Beneficios de los empleados	3,7 %	4,2 %	2,5 %
Gastos directos de gestión	5,9 %	6,6 %	5,7 %
Música y animación	0,4 %	0,5 %	0,1 %
Marketing	2,2 %	2,5 %	5,0 %
Servicios diarios	3,4 %	2,6 %	2,8 %
Costes de ocupación	4,5 %	5,0 %	6,4 %
Reparaciones y mantenimiento	1,7 %	1,8 %	1,6 %
Renovación de material	2,1 %	2,0 %	2,2 %
Otros gastos de gestión	0,7 %	0,1 %	2,3 %
Administración	3,0 %	4,4 %	2,8 %
Costes no imputables	1,9 %	1,8 %	1,6 %
Intereses	0,5 %	0,8 %	0,2 %
Varios	0,3 %	0,5 %	0,2 %
Retenciones practicadas	6,6 %	5,7 %	7,6 %

Fuente: National Restaurant Association

Un contrato de llave en mano se hace cuando el local está completamente amueblado y el arrendatario paga por él una suma fija.

Un restaurante que obtenga ingresos de un millón de dólares necesita por lo menos un mínimo de ochenta empleados.

Sin embargo, estas cifras significan bastante poco, ya que en un restaurante muy eficaz la productividad por empleado puede ser superior a los cuarenta mil dólares en ventas.

A medida que se incrementan las ventas tiende a bajar el coste de los alimentos que se consumen. En un estudio de los establecimientos con ventas anuales inferiores a los cien mil dólares, el coste de los alimentos y las bebidas, incluyendo la comida de los empleados, significa un 40,2 por ciento. Los costes disminuyen a medida que aumentan las cantidades vendidas, y por lo tanto, en un restaurante con ventas anuales de entre medio millón y un millón de dólares, el porcentaje establecido para los costes es de un 36 por ciento.

La rentabilidad de los restaurantes

Se han logrado beneficios increíbles en el negocio de los restaurantes y también han sido numerosos los fracasos. Hasta los profesionales cometen errores al planificar un tipo de restaurante para un determinado mercado y muchas de las grandes cadenas tienen en su haber algún perdedor. Aunque las cadenas pueden permitirse tener pérdidas en algunos de sus establecimientos, los propietarios individuales no.

Consideremos los beneficios que pueden alcanzarse teniendo éxito

Algunos restaurantes giran de 12 mil a 16 mil dólares anuales por cada plaza, mientras que el promedio nacional es de menos de cuatro mil dólares por plaza. Cada plaza, puede ser ocupada por siete clientes por hora o sesenta por día en el mejor de los casos. En los restaurantes dedicados especial-

Cuadro 22.C Previsiones del sector de la restauración en Estados Unidos

Previsiones de ventas del sector en Estados Unidos para 1999 (en miles de millones de dólares)

Restaurantes	238
Bares	11
Catering y otros servicios	23
Restaurantes de hoteles y moteles	19
Venta ambulante y centros de recreo	30
Otros	33
Total	354

Datos generales del sector en Estados Unidos

Ventas	354 000 millones de dólares
Locales	815 000
Trabajadores del sector	10,2 millones

Crecimiento anual del sector en Estados Unidos

1985	2,1%
1986	2,4%
1987	4,0%
1988	2,8%
1989	1,2%
1990	0,5%
1991	-0,5%
1992	1,4%
1993	2,2%
1994	2,9%
1995	2,7%
1996	1,5%
1997	1,8%
1998	2,6%
1999	1,7%

Fuente: National Restaurant Association.

Los restaurantes de comida rápida han logrado hacerse un hueco importante dentro de los usos alimenticios de la sociedad estadounidense. A la izquierda, uno de estos populares restaurantes de comida rápida en Rhode Island (Nueva Inglaterra).

mente a servir cenas, cada cliente ocupa su plaza por una hora o más, mientras que el promedio de clientes por plaza en una hora es de dos a tres personas.

En Estados Unidos, si alguien invierte doscientos mil dólares en un restaurante, obtendrá ventas de aproximadamente medio millón de dólares. Lógicamente, estos ratios entre inversión y ventas varían notablemente. En la actualidad, muchos restaurantes invierten un millón de dólares y esperan obtener ventas por valor de uno a tres millones por año. Cada una de las plazas de los hoteles Marriott Motor se espera que produzca unos cinco mil dólares por año.

Muchos restaurantes rara vez informan de los beneficios netos si son superiores al doce por ciento de las ventas. A nivel nacional, esta cifra es inferior al cinco por ciento. Las cadenas no desean mostrar grandes beneficios debido a que esto incrementaría los impuestos. Por supuesto, muchos restaurantes se muestran satisfechos por operaciones sin ningún beneficio.

Cuando un restaurante tiene éxito, hay grandes posibilidades de poder incrementarlo. El Anthony's Pier 4 Restaurant de Boston, propiedad de Anthony Athanas, registraba, durante unos años, ventas superiores a los ocho millones de dólares por año, la cifra más alta entre los restaurantes independientes pertenecientes a una sola persona. De esta suma, el beneficio neto podría alcanzar un veinte por ciento sin incluir impuestos, lo que equivale a un beneficio de 1,6 millones de dólares por año antes de impuestos.

Los beneficios de los restaurantes varían ampliamente según los siguientes factores: ingreso medio

La localización de un restaurante influye en su éxito. Algunos eligen locales antiguos, torres, o incluso barcos anclados en algún lugar que ofrezca un atractivo especial. Arriba, barco restaurante, anclado en el río Ohio, desde el que se aprecia una vista de Cincinnati (Estados Unidos).

por cliente, número de plazas y cantidad de clientes por plaza en una hora; costes de los alimentos, de mano de obra, de local, publicidad, etcétera. Las cadenas de restaurantes como McDonald's poseen costes de mano de obra muy bajos por estar atendidos casi exclusivamente por adolescentes a los que se paga el salario mínimo. Algunos restaurantes con servicio de mesas reducen los costes de explotación remodelando viejos locales, galpones o torres. Los costes de los alimentos son considerablemente más bajos en un restaurante de comidas mexicanas que en uno de carnes a la brasa, aunque ambos tengan éxito. Un café puede tener un ingreso medio por cliente de 1,7 dólares comparados con los 20 de un restaurante de alta cocina; pero el café puede resultar mucho más rentable debido a que la rotación de clientes por plaza en una hora es mayor y el coste de los alimentos y la mano de obra, mucho menor.

El cuadro 22.B compara ingresos y gastos de los diferentes tipos de restaurantes: de servicio completo (con menús superiores o inferiores a 10 dólares) y de servicio limitado. Este último es el que obtiene mayores beneficios debido al bajo coste de la mano de obra. Igualmente, otros servicios de restaurantes pueden resultar muy rentables, al igual que pueden fallar establecimientos de comidas rápidas.

En contraste, en un negocio con un solo propietario o de una pequeña sociedad, el beneficio incluye la recuperación del capital de este propietario individual. Los beneficios necesarios para una cadena serán más bajos que los beneficios de otras formas legales; esto ocurre debido a las diferencias en los métodos contables.

Estableceremos un modelo ideal de restaurante que costó tres mil dólares por plaza. Si tuviera cien plazas, el coste total del restaurante sería de trescientos mil dólares. Idealmente, se necesitarían diez mil dólares de ventas anuales por cada plaza, lo que hace un total de un millón de dólares anuales en ventas. El beneficio neto ideal, excluidos los impuestos, sería de un veinte por ciento, es decir, doscientos mil dólares por año.

EL RESTAURANTE IDEAL

Para hablar del restaurante ideal hay que considerar no sólo el local y su decoración sino también el tipo de menú que ofrece y su precio. En Estados Unidos se han comercializado con éxito una amplia variedad de menús.

Los restaurantes instalados en viejos coches comedor de los trenes que sirven comidas recién sacadas de la parrilla han sido los favoritos de los viajeros en algunas partes del este. Son especialmente populares en Nueva Jersey, donde se han construido muchos «coches comedor». En un principio, los restaurantes eran coches comedor que estaban ya fuera de servicio o estructuras que alguna vez habían cumplido esa función. Los nuevos comedores son recargados y muy caros.

Los restaurantes insólitos contaron con un gran éxito durante algún tiempo, quizás debido a la buena ubicación y a la personalidad de sus gerentes. Los restaurantes extraños con estilos insólitamente mezclados suelen tener éxito mientras que uno de estilo tradicional no lo tiene. Los restaurantes de lujo van y vienen, las modas de las decoraciones cambian. Los restaurantes especializados, que aumentaron considerablemente después de la Segunda Guerra Mundial, han contado con mayores posibilidades de éxito debido precisamente a su especialización.

Si un restaurante reúne diferentes necesidades o evoca *glamour,* emociones o aventuras, tendrá éxito si está bien dirigido. Los que han logrado hacer más dinero en el negocio de los restaurantes son aquellos que ofrecen un menú que resulta familiar a un mercado y los que glorifican un determinado menú.

El menú se debe ofrecer en un ambiente agradable o que ofrezca algún tipo de emoción. En los restaurantes dirigidos a los adolescentes y veinteañeros, el nivel de ruido debe ser muy superior al de los restaurantes dedicados a personas mayores. A los jóvenes les gusta la música fuerte y rítmica, e inclusive el ruido. El «nivel de tensión» para ellos debe ser más alto. Pero un *buffet* servido en un club privado puede llegar a ser un fracaso total si tiene el mismo «nivel de tensión».

La decoración debe ser agradable o impactante para un determinado mercado. Las cosas caras o consideradas de categoría impresionan a más gente. Los alemanes y los estadounidenses han hecho cola para pasar la noche en Woburn Abbey y desayunar con el duque y la duquesa de Bedford. La tarifa era de unos doscientos dólares por persona.

Charles Creighton logró reunir en el sur de Florida los restaurantes más atractivos y hermosos de Estados Unidos. En vez de cobrar precios de lujo, servía un menú de precios moderados. Los beneficios que obtuvo fueron considerables. Lo que resulta impactante o emocionante cambia con el tiempo, pero ésta es una fórmula que prácticamente siempre tiene éxito: precios modestos en un ambiente lujoso.

La comida es solamente uno de los aspectos de un restaurante. Todas las hamburgueserías venden hamburguesas, unas no muy diferentes de las otras. ¿Por qué entonces McDonald's y Burger Chef son cadenas tan grandes? Los locales y la publicidad cuentan mucho en el éxito de un negocio con tanta competencia.

Si pudiera darse una fórmula para el éxito en el negocio de los restaurantes incluiría los siguientes puntos:

- Identificación de un mercado potencial.
- Desarrollo de un menú apropiado para dicho mercado.
- Construcción de un local que se ajuste a las necesidades del menú y que sea apropiado para el mercado escogido.
- Ubicación del local, que resulte lo más conveniente posible para el mercado.
- Ajuste total del restaurante al mercado que va dirigido.
- Servicio masivo al mercado seleccionado.
- Disposición para efectuar los cambios de menú o de concepto del restaurante de acuerdo a las necesidades del mercado.
- Un diseño con estilo o que se ajuste a la moda para el restaurante.
- Establecer precios moderados para el menú.

FRACASOS EN EL NEGOCIO DE LOS RESTAURANTES

El negocio de los restaurantes ha adquirido, a lo largo de los años, la reputación de ser el que posee un mayor índice de fracasos. No se han realizado estadísticas pero es muy probable que este índice no sea, en realidad, tan elevado como se piensa.

Robert M. Riley, antiguo director general de la Asociación de Restaurantes de California, afirmaba que las cifras eran confusas. Riley aseguraba que existían por lo menos doce líneas de negocios en las que los índices de fracaso eran más elevados y que dicho índice no se había incrementado para el negocio de los establecimientos de comidas y bebidas en muchos años.

Para valorar este tema se debe definir también qué es lo que constituye un fracaso. El hecho de que una familia siga al frente de un restaurante aunque el ingreso sea bajo podría considerarse también un fracaso. Existen cientos y quizá miles de estos restaurantes, la mayoría de ellos muy pequeños para obtener grandes beneficios. Otros muchos están ubicados en viejas casas y otros funcionan en viejos graneros, yates, grandes botes y otras ubicaciones insólitas similares.

Contrariamente a lo que ocurre en Europa, los que explotan restaurantes en Estados Unidos han recibido muy poca o ninguna formación acerca de su profesión. Dentro de cada individuo al que le guste cocinar, estar con gente y ganar dinero, hay un futuro operador de un restaurante.

Las calles de todo el territorio de Estados Unidos se encuentran llenas de pequeños restaurantes, o lo que queda de ellos, que encierran las esperanzas y aspiraciones, y en algunos casos la fortuna, de estas personas.

Pocas posibilidades para los restaurantes pequeños

Muchos restaurantes pequeños no tienen nunca una oportunidad. Están muy aislados para sus mercados, y resultan poco impactantes para competir con los restaurantes ya establecidos. Por otro lado, muchos de los gerentes de restaurantes con mayor éxito de la actualidad comenzaron en pequeños establecimientos, no tuvieron ninguna formación profesional y contaban con un capital miserable. Un estudio completo de los «fracasos» en el negocio de los restaurantes podría resultar de gran valor y esclarecimiento para la industria.

Ocurre con demasiada frecuencia que un futuro restaurador permite que el optimismo anule sus recursos financieros y su agudeza. Un capital demasiado pequeño, demasiado poco capital trabajando, un análisis de mercado insuficiente o muy poca experiencia, suponen un terrible desengaño cuando los beneficios no se ven.

Mientras que muchos gerentes de restaurantes, actualmente millonarios, comenzaron desde muy abajo y tuvieron éxito desde que instalaron su primer establecimiento, muchos otros pasan por un período terrible desde el punto de vista financiero durante los primeros meses. Muchos pierden toda su inversión debido a la falta de liquidez. El período necesario para lograr estabilizarse es, en la mayoría de los restaurantes, más prolongado de lo que sus propietarios piensan.

ANÁLISIS DEL MENÚ

Los restauradores siempre están revisando sus menús para estar seguros de que están de acuerdo con su clientela y para determinar si cada uno de los platos es rentable. Los platos de un menú pueden clasificarse de la siguiente forma:

- Populares y rentables.
- Populares y poco rentables.
- Poco populares pero rentables.
- Poco populares y poco rentables.

Los platos poco rentables generalmente se anulan, a no ser que exista una buena razón para que permanezcan en el menú. En algunos casos, pueden incluirse platos que gocen de mayor prestigio, que se vendan con poca frecuencia y que no resulten muy rentables. Estos platos permanecen en el menú solamente para realzar su categoría. Las cadenas de restaurantes no incluirán nunca este tipo de platos. Conservarán los platos que tengan más salida y, preferentemente, una gran rentabilidad.

Un manual de instrucciones para el funcionamiento de clubs privados de las Fuerzas Aéreas recomienda un análisis minucioso del menú para determinar exactamente cuáles son los platos que contribuyen a lograr beneficios para la empresa (los precios se han ido actualizando, por lo que los porcentajes utilizados son sólo demostrativos).

En el ejemplo que incluimos a continuación el porcentaje total de costes de materia prima es del 43 por ciento, pero, como el menú está detallado, puede verse que los diferentes platos varían en sus costes:

Un 1 por ciento de los platos del menú tienen un coste del 25 por ciento.

Organización del restaurante

Un 10 por ciento de los platos del menú tienen un coste del 30 por ciento.

Un 10 por ciento de los platos del menú tienen un coste del 35 por ciento.

Un 15 por ciento de los platos del menú tienen un coste del 40 por ciento.

Un 23 por ciento de los platos del menú tienen un coste del 45 por ciento.

Un 32 por ciento de los platos del menú tienen un coste del 50 por ciento.

Un 9 por ciento de los platos del menú tienen un coste del 55 por ciento.

¿Qué platos deben ser modificados?, ¿cuáles deben suprimirse definitivamente de menú? Muchos expertos en restaurantes afirman que el menú debe limitarse exclusivamente a aquellos platos que son altamente rentables y que pueden prepararse rápidamente. En algunos tipos de restaurantes esto no es posible, pero donde sea posible debería hacerse, ya que permite conseguir grandes beneficios.

La elaboración del menú está considerada por muchos como un arte, pero más bien se está convirtiendo en una ciencia. Una investigación realizada en la Universidad de Tulane, con la garantía del Instituto Nacional de la Salud de Estados Unidos, ha establecido la forma de realizar un menú mediante ordenador. Actualmente muchos hospitales planifican sus menús utilizando un ordenador. El problema es seleccionar platos que tengan aceptación, un bajo coste y además un alto valor nutritivo. Las variantes son mínimas y no pueden manejarse de forma adecuada sin el uso de una computadora.

El primer paso consiste en ingresar en la memoria del ordenador todos los datos relevantes relacionados con la lista de platos que se utiliza habitualmente. Un hospital, por ejemplo, tiene una lista aproximada de 800 recetas y 19 factores de nutrición para cada una de las 2 500 sustancias alimenticias empleadas. Puede incluirse también el coste de cada alimento y se programa el ordenador para que la selección y combinación de alimentos no resulte aburrida, muchas veces el ordenador selecciona menús insulsos y poco apetecibles. Deben ponerse ciertas limitaciones al ordenador para que no seleccione siempre los mismos platos.

¿Cuál es el coste adecuado de cada alimento?

Lo que constituye el coste adecuado de cada alimento depende del volumen de servicios, del gasto que implica el ambiente y de otros factores que se ofrecen conjuntamente con la comida. En un res-

Los precios en los restaurantes difieren muchísimo según su categoría y ello se debe no tanto al precio de la materia prima como a la serie de servicios complementarios que se ofrecen en un restaurante lujoso que incrementan el precio total. A la derecha, comedor del famoso restaurante de lujo parisino La Perouse.

taurante caro y lujoso, el coste de la materia prima puede ser de solamente el 28 por ciento, pero el coste de la mano de obra será lo que influya, ya que puede significar un 35 y hasta un 40 por ciento, dependiendo de la zona en que esté ubicado el restaurante.

En los restaurantes de los clubs privados los costes de las materias primas alcanzan entre un 40 y un 50 por ciento. Así es como lo quieren sus socios, con las cuotas se compensará el déficit. Un restaurante con servicio para automovilistas podría tener gastos elevados de materia prima, de hasta un 40 por ciento, pero el bajo porcentaje de la mano de obra (20 por ciento) compensa el coste final.

Es como una balanza, si los costes de la mano de obra suben, los de la materia prima bajan. En otras palabras, los clientes obtienen menos comida por el mismo dinero. En los restaurantes con un ambiente especial, los clientes deben necesariamente pagar

por ese ambiente, y en la mayoría de los casos, desean hacerlo.

Una casa especializada en comidas a la brasa, con una rotación importante por plaza, tiene un porcentaje elevado de gastos de materia prima, que puede llegar a ser de un 45 por ciento de las ventas; el beneficio final será igualmente alto debido al bajo porcentaje que implica la mano de obra (aproximadamente un 20 por ciento).

En los restaurantes de comidas rápidas, el precio de los objetos de papel utilizados para servir se incluye en el porcentaje de costes de materia prima.

Una cadena de hamburgueserías tiene un porcentaje de costes de materia prima de aproximadamente el 37 por ciento. La razón es la siguiente: las cadenas de restaurantes de comidas rápidas elaboran hamburguesas de unos cien gramos de carne picada en un panecillo de bajo precio. A pesar de

que el valor de la materia prima es elevado (43 por ciento del precio de venta), la mano de obra necesaria para prepararla es muy poca, el porcentaje de coste de mano de obra es del 15 por ciento. Un porcentaje compensa el otro.

Las bebidas de cola y las naranjadas tienen solamente un coste de materia prima (incluyendo vaso desechable y bebida) del 20 por ciento del precio de venta, lo que añadido al precio final de materia prima de todos los alimentos del restaurante baja notablemente el porcentaje.

En el negocio de los restaurantes de comidas rápidas se realiza una práctica contable algo extraña de computación de gastos de materia prima. Generalmente se expresa el coste de materia prima como el precio total de los alimentos consumidos dividido por el monto de ventas. El coste de los alimentos incluye el de la comida de los empleados.

Organización del restaurante

Otros negocios computarían las comidas de los empleados de forma separada o la incluirían en el porcentaje de costes de mano de obra.

El coste de la materia prima no puede considerarse aparte del de la mano de obra. Tal como hemos afirmado anteriormente, cuando uno sube, el otro debe bajar inevitablemente. Cuando el valor de la mano de obra se incrementa, debe reducirse el de la materia prima y los clientes pagarán un poco más por un poco menos. La única forma de evitar el incremento de los precios del menú es aumentando la eficacia o haciendo que los clientes ayuden sirviéndose ellos mismos. Esto es lo que ha ocurrido en los cada vez más comunes restaurantes de comidas rápidas y otros establecimientos de autoservicio.

Relación entre los costes de mano de obra y los de materia prima

El considerar la relación entre ambos costes como una variable de acción recíproca resulta de gran ayuda; uno afecta necesariamente al otro si es que se quieren obtener beneficios. Por lo general, los demás costes (excluyendo los de mano de obra y materia prima) nunca inciden en más de un 20 por ciento en el total. Si la suma de los porcentajes de costes de mano de obra y materia prima puede mantenerse por debajo del 65 por ciento, se puede lograr un 15 por ciento de beneficios en las ventas. En otras palabras, el 65 por ciento es el máximo. Si la suma de ambos costes es inferior al 65 por ciento, como ocurre habitualmente, podría incrementarse el beneficio en más del 15 por ciento de las ventas.

Existen excepciones, la concesión de los restaurantes de aeropuertos y autopistas la obtiene siempre el mejor postor, ya que deben entregar un 15 por ciento de las ventas, en algunos casos más, a la administración del aeropuerto o a la autopista. Para lograr los mismos beneficios, el director debe aumentar el precio de las comidas y bebidas. El coste de las comidas representa en estos casos solamente un 30 por ciento y el de las bebidas es menor del 25 por ciento.

Los costes de los restaurantes especializados varían ampliamente, dependiendo del menú, el ambiente y los precios. Los restaurantes chinos tienen porcentajes muy bajos de coste de materia prima, generalmente inferior al 34 por ciento. La razón fundamental es el bajo precio del arroz, el alimento más utilizado para la elaboración de sus platos. Los costes de las bebidas son también muy bajos debido a la cantidad de ron que sirven a precios elevados. Los restaurantes mexicanos tienen un porcentaje de cos-

tes de materia prima inferior al 30 por ciento, ya que los alimentos básicos son el maíz, el arroz y los frijoles.

Existen otras combinaciones sorprendentes de los costes de materia prima y mano de obra, tal como lo indicaba la publicación *Institutions Magazine*. La cadena de pizzerías Village Inn Pizza tiene un porcentaje de solamente un 25 por ciento de gastos de materia prima, pero otro 25 por ciento de gastos de mano de obra; sumados resultan un 50 por ciento de las ventas. La cadena Little Red Hen, Inc., tiene sorprendentemente un porcentaje total de gastos del 52 por ciento, el 43 por ciento corresponde a gastos de materia prima y el 9 por ciento restante a la mano de obra.

Una cadena de restaurantes de carnes a la brasa con servicio de mesas llamada Lawry's tiene un porcentaje total de gastos del 43,3 por ciento de las ventas, el 25,4 por ciento corresponde a gastos de mano de obra.

Las combinaciones de costes que mejor funcionan

Es muy común en el negocio de los restaurantes establecer puntos límites para los porcentajes de costes de mano de obra y materia prima; límites que si no se sobrepasan con demasiada frecuencia, resultarían generalmente beneficiosos para el negocio. En los restaurantes con servicio de mesas, la combinación típica de costes podría ser la siguiente:

- Porcentaje de ventas dedicado a materia prima: 40 por ciento.

- Porcentaje de ventas dedicado a mano de obra: 25 por ciento.

Total 65 por ciento.

Si la suma de los demás costes no excede el quince por ciento de las ventas, el negocio producirá un beneficio del veinte por ciento antes de pagar los impuestos.

Se entiende por coste neto la combinación de los porcentajes de mano de obra y materia prima. Si el coste neto no excede del setenta por ciento de las ventas, el restaurante logrará como beneficio neto entre un diez y un quince por ciento de las ventas.

Los frecuentes «otros gastos» no deberían exceder del quince por ciento, aunque existen excepciones. Los costes de local son generalmente de un cinco a un diez por ciento, que pueden incrementarse a un quince por ciento en algunos locales, como por ejemplo los de los aeropuertos o autopistas.

Por otro lado, los gastos de ubicación podrían descender hasta llegar al dos por ciento en zona de alquileres muy bajos o si el propietario ha instalado su restaurante en un viejo local que él mismo ha remodelado. En algunos casos, un local en el que han fracasado varios restaurantes puede conseguirse por una renta mínima.

Los porcentajes de costes de materia prima y de mano de obra pueden variar notablemente, siempre y cuando el total de ambos no exceda de la cifra del setenta por ciento. Veamos a continuación algunas posibilidades de combinación de distintos porcentajes:

Restaurante que ofrece mayormente carne a la brasa:

Costes de materia prima 50
Costes de mano de obra 20

Total 70

Cafetería:

Costes de materia prima 38
Costes de mano de obra 26

Total 70

Restaurante mexicano de comida rápida:

Costes de materia prima 30
Costes de mano de obra 20

Total 50

Restaurante que ofrece como plato principal el roast-beef en una época en que el precio de la carne de vaca es relativamente barata:

Costes de materia prima 48
Costes de mano de obra 20

Total 68

Los restaurantes que realizan importantes ventas de bar, por lo general, controlan menos el coste neto de las comidas, siempre y cuando el promedio entre los costes de materia prima, mano de obra y del bar sumados no superen el cuarenta por ciento de las ventas. Por ejemplo, éstos son los costes de un restaurante de categoría, cuyo volumen alcanza casi los dos millones de dólares al año:

Costes de materia prima 46
Costes de mano de obra 32
Costes del bar   22

Total 100

Los cuadros 22.D y 22.E ofrecen los ejemplos de gastos variables en un establecimiento franquiciado de comida rápida y en uno tipo *steakhouse*, y como puede observarse queda para el restaurante un amplio margen de beneficios, siendo este tipo de restaurantes los que lo obtienen mayor, mientras que los restaurantes de categoría muestran muchas veces un beneficio neto inferior.

EL SERVICIO DETERMINA LOS COSTES DE MANO DE OBRA

Los gastos de mano de obra de un restaurante están influidos por el tipo de servicio y la elaboración que requieran los platos del menú. Los restaurantes de comidas rápidas, con un menú limitado y platos mínimamente elaborados, tienen un porcentaje de gastos de mano de obra muy inferior al de los restaurantes con servicio de mesas. Una de las cadenas de restaurantes estadounidenses con servicio para automovilistas más conocidas, llamada Frisch's, tiene un porcentaje de gastos de mano de obra de un

Cuadro 22.D Gastos variables en un establecimiento franquiciado de comida rápida (expresados en % sobre las ventas)	
Comida y embalajes	26,5
Costes de personal (Salario + Seguridad Social)	26
Reparación y mantenimiento	0,5
Agua, electricidad (suministros)	4
Impuestos, permisos, seguros	0,5
Publicidad	5
Promoción de ventas (marketing local)	0,5
Royalties	5
Otros gastos	2,5
Coste total anual de operaciones	70,5%
Total ventas	100
Beneficio neto	29,5

24,2 por ciento de las ventas y el porcentaje de gastos de materia prima asciende al 34,3 por ciento.

Bonanza, una cadena de restaurantes franquiciados, tiene un porcentaje de costes de mano de obra de solamente un 18 por ciento, lo que permite dedicar un porcentaje mayor a los costes de materia prima; en este caso, del 42 por ciento. Las cafeterías tipo *self-service* deberían tener un porcentaje de gastos de mano de obra inferior al de los restaurantes con servicio de mesas, ya que los clientes prácticamente se sirven solos. Sin embargo, en los restaurantes con servicio de mesas la mayor parte de los costes de mano de obra destinados al personal de servicio se recupera con las propinas.

«Forum Cafeterías», una enorme cadena de cafeterías tipo *self-service*, tiene un porcentaje del 33 por ciento de gastos de materia prima y un 35 por ciento de mano de obra, no muy diferentes a los de cualquier restaurante con servicio de mesas.

En Estados Unidos el equilibrio entre los gastos de materia prima y los de mano de obra varía también según la región. Donde los salarios son más altos, en las ciudades del norte y en la costa, los costes de materia prima deben ser necesariamente más bajos. Si el porcentaje medio de gastos destinados a mano de obra es en California del 34 por ciento, los gastos de materia prima deben ser también del 34 por ciento o menos. En el sur, donde los costes de mano de obra son inferiores, los destinados a materia prima son superiores. Si el porcentaje medio de costes de mano de obra de los restaurantes del estado de Misisipí es de un 20 por ciento, los costes de materia prima deben ser de un 40 por ciento o más.

Alguien dijo alguna vez: «Lo que engrosa las cuentas bancarias no son los porcentajes». Esto significa que si se pone un énfasis sobredimensionado en tratar de mantener los porcentajes de costes, podría distraerse la atención del propósito más importante: acrecentar al máximo los beneficios.

Una forma de aumentar al máximo los beneficios consiste en vender platos muy caros, siempre y cuando los clientes los vayan a pedir. El incrementar la caja diaria puede resultar un buen método para obtener mayores beneficios, ya que por lo general los platos más caros dan un beneficio desproporcionadamente más alto, aunque el coste de materia prima sea mayor.

El coste de preparación de cada uno de los platos del menú debe tenerse en cuenta a la hora de establecer los precios. Los platos de gran elaboración, cuyo coste de mano de obra es muy elevado, deberían suprimirse del menú. Harry Pope, propietario de la cadena Pope's Cafeterías de Saint Louis,

fue el pionero en la utilización del concepto «coste neto» para denominar la suma de los porcentajes de costes de mano de obra y materia prima de cada plato del menú. Pope afirmó que muchos platos pueden tener un coste muy bajo de materia prima, pero requieren una larga elaboración, lo que incrementa el precio de la mano de obra.

La mayor parte de las universidades que ofrecen cursos de administración o dirección de hoteles y restaurantes dedican al menos un semestre de trabajos al control de los costes de comidas y bebidas,

A la izquierda, proceso de elaboración de repostería industrial. Las pastas, los postres y los dulces elaborados de este modo proporcionan un amplio margen de beneficio a las industrias que adquieren y venden sus productos.

Cuadro 22.E Cuenta de explotación de un restaurante *Steakhouse* (en % sobre cifra de ventas)

Ventas	
Comidas	71
Bebidas	29
Total ventas	**100**
Coste de las ventas	
Comidas	25
Bebidas	7
Total coste de ventas	**32**
Beneficio bruto	**68**
Gastos de explotación	
Sueldos y salarios	21
Incentivos empleados	4
Vajilla, cubertería y cristalería	0,2
Gasoil	0,5
Lavandería y tintorería	1,2
Gastos tarjetas de crédito	0,9
Suministros	3
Publicidad	1
Utensilios	2,3
Reparaciones y mantenimiento	1
Total gastos de explotación	**35,1**
Beneficio antes de gastos fijos	**32,9**
Gastos fijos	
Alquileres	3,5
Contribuciones	1
Seguros	2
Intereses bancarios	1,8
Amotizaciones	3,2
Total gastos fijos	**11,5**
Beneficio neto	**21,4**

ya sea como un curso independiente o como complemento. El sistema y los mecanismos para establecer los precios de un menú determinado forman parte de todos estos cursos.

Tradicionalmente, la fijación de los precios del menú de un restaurante ha estado basada en reglas que se han pasado oralmente de restaurador a restaurador. El establecimiento de los precios es un tema polémico, ya que cada administrador utiliza un criterio diferente para fijar el valor de cada uno de los platos de su menú.

LOS SUELDOS EN EL SECTOR DE LA RESTAURACIÓN

La imagen pública del negocio de los restaurantes no es muy buena, o al menos los líderes de la industria, los que están representados en la Asociación Nacional de Restaurantes de Estados Unidos, así lo creen. Parte de la razón puede radicar en el hecho de que la mayoría de los puestos de trabajo en un restaurante están cubiertos por personas que necesitan muy poca o ninguna experiencia y preparación. Estos puestos son cubiertos por personas no especializadas y, muchas veces, de muy baja condición económica o social. En las ciudades de Estados Unidos, el trabajo de lavaplatos lo desempeñan muchas veces personas alcohólicas o inestables que solamente trabajan durante dos o tres días. Al menos un treinta por ciento de los empleados del negocio de los restaurantes trabajan a jornada parcial, un factor que provoca inestabilidad entre los empleados y contribuye a la deficiente imagen de la industria.

Quizás un factor más importante en el deterioro de la imagen se debe al bajo precio de los jornales, que muchas veces oscilan cerca del mínimo permitido por la ley.

Los sueldos de los cocineros están, en las ciudades del norte de Estados Unidos, muy controlados por los sindicatos, y los *chefs* de los restaurantes del sur del país cobran mucho menos trabajando más horas diarias. Los *chefs* que realmente tienen experiencia y conocimientos trabajan en los clubs privados y muchos dejan la industria de los restaurantes para trabajar como investigadores en la cocina de las grandes industrias alimentarias.

Como es de suponer, los salarios de los gerentes y directores también varían ampliamente.

Los jornales y sueldos en el negocio de los hoteles y restaurantes se incrementarán probablemente más rápidamente que en los demás negocios.

Las cadenas continuarán creciendo y proporcionarán más puestos de trabajo, que serán regulados en los convenios colectivos.

Empleados con y sin propina

En Estados Unidos dos tercios de los empleados de restaurantes que no reciben propinas están mal remunerados, aunque puedan estar bien pagados de acuerdo al nivel mundial. Debemos recordar que el treinta por ciento de los empleados de este negocio son adolescentes que trabajan por primera vez. El otro tercio de los empleados de la industria, los que reciben propinas, en la mayoría de los casos están bien remunerados debido al nivel de preparación y experiencia que sus trabajos requieren.

Las propinas varían de un lugar a otro del país. Por ejemplo, en la ciudad de Nueva York un cliente que gasta un dólar probablemente dejará más de la mitad de la misma suma como propina; en el oeste o en el sur, al igual que en casi todas las ciudades pequeñas o comunidades rurales de Estados Unidos, la propina será muy pequeña o inexistente.

En muchos de los puestos de trabajo del negocio de los restaurantes, el salario constituirá solamente una pequeña parte del ingreso del empleado. Los *someliers* de la mayoría de los mejores restaurantes de la ciudad de Nueva York no reciben un salario alto a la semana como paga, pero las propinas podrían alcanzar varias veces el salario. En estos establecimientos el *somelier* recibe entre un cinco y un diez por ciento del total de las ventas de vino. En los restaurantes de lujo, la propina es de aproximadamente el veinte por ciento de la cuenta.

Si un camarero puede servir a veinte personas en el transcurso de una noche y la factura media es de veinte dólares, las propinas sumarán por lo menos ochenta dólares por noche. Las camareras que sirven copas reciben mucho más.

Dejando a un lado el valor monetario de las propinas, éstas se utilizan también como punto de evaluación de la eficacia, la astucia y la habilidad de cada camarero. Para otros, la propina es una forma de extorsión o chantaje que un camarero astuto obtiene de un cliente reacio. Entre el personal de servicio la competencia acerca de la cantidad obtenida en propinas puede generar celos y fricciones.

Para promover el trabajo en equipo algunos restaurantes tienen un «bote» común con las propinas en el que cada camarero deposita lo que recibe y luego el total se divide en partes iguales entre todo el personal. En otros restaurantes los camareros y los ayudantes de camarero llegan a un acuerdo para compartir las propinas, los ayudantes reciben un porcentaje de lo que reúne él o los camareros a los que asisten.

En los lugares en que se realizan con frecuencia banquetes, especialmente en hoteles, la división de las propinas puede ser tema de disputa. El encargado de comidas y bebidas podría decidir unilateralmente cómo se dividirá el quince por ciento cobrado para el servicio, destinando una suma determinada para la cocina, otra para los empleados del comedor y otra para el *maître* y los jefes de camareros. En algunos casos la cantidad mayor será para el encargado de comidas y bebidas, especialmente si es de la escuela europea, en la que las propinas se dividen de acuerdo a la posición.

Los clubs privados generalmente prefieren que no se entreguen propinas al personal y que en cambio se cargue un diez o un quince por ciento a todas las cuentas del restaurante y el bar para destinarlo al servicio. En otros clubs la única propina se entrega al personal en forma de bonificación de Navidad en la que todos los socios del club participan.

Como hemos afirmado anteriormente, existen diferencias regionales en las propinas; también hay diferencias entre los distintos individuos de una región a la hora de entregar las propinas. Se dice que los fumadores de pipa se caracterizan por no dejarlas; las mujeres, por ser poco generosas y algunas personas adineradas por ser muy conservadoras con las propinas, mientras que otras son muy generosas.

En algunos países, el Departamento de Hacienda considera las propinas como parte de los salarios o jornales y como tal deben ser declaradas por el trabajador. Esto representa un problema para el departamento y para el trabajador. El Departamento de Hacienda tiene una gran dificultad a la hora de determinar la cantidad recibida por las propinas; el trabajador debe luchar con su conciencia para decidir cuánto declarar como parte de sus ingresos.

Un estudio realizado en los años ochenta indicaba que cada empleo del negocio de la restauración producía veinte mil dólares en ventas. En algunos casos la productividad alcanzaba los cuarenta mil dólares por año. La productividad por empleado determina en gran medida qué jornal debe pagársele. El negocio de los restaurantes es un negocio de servicio y gran parte del trabajo requiere dos manos y dos pies. Si cada trabajador produce por año solamente veinte mil dólares en ventas, los salarios no pueden ser nunca superiores a los seis mil dólares anuales, una cifra muy baja para la economía actual.

EL CONTROL DE LOS COSTES

Pocos negocios requieren tan gran atención para controlar los costes como el de los restaurantes. El control de costes es un ejercicio inacabable en el funcionamiento de un restaurante. Para realizar una perspectiva de los costes, diversos gastos y costes se dividen por aquellos que son controlables, fijos y los relativamente variables.

Los gastos fijos incluyen los impuestos, los gastos de local (alquiler o amortización), las licencias y los seguros.

Por supuesto, ningún gasto es inmutable. Se puede renegociar el alquiler, cuestionar los impuestos del estado o cambiar la póliza de seguros.

Otros gastos son semivariables o semifijos, entre ellos, los arreglos y el mantenimiento, los suminis-

tros (calefacción, luz, agua, etc.), las cuentas telefónicas, etcétera

Las compañías telefónicas cargan un mínimo fijo por tener el teléfono en funcionamiento. Las llamadas a larga distancia se cobran aparte y su precio es variable. También una parte de los gastos de suministros son fijos.

Entre los gastos que son controlables y variables se encuentran: los costes de comidas y bebidas consumidas; la nómina de pagos administrativa y general; los beneficios de los empleados; los gastos de administración; los gastos de publicidad y promoción; los gastos de lavandería; la vajilla y la cubertería; la limpieza y los artículos de limpieza; los contratos de servicio, etcétera.

Inclusive una parte de estos gastos «controlables» puede considerarse fija. Un grupo clave de empleados debe permanecer en la nómina de pago aunque el negocio no trabaje mucho, constituyendo así un gasto fijo. También los otros costes tienen una parte fija, pero al separar los costes en aquellos que pueden ser al menos parcialmente controlados, la dirección concentra la atención en ellos. Los costes de los alimentos y las bebidas son los más importantes, pues son los que pueden hacer que un restaurante se hunda en poco tiempo si no están controlados de forma apropiada. Hay otro tipo de gastos que también pueden resultar desastrosos. Supongamos, por ejemplo, que los gastos de suministros se incrementan repentinamente hasta alcanzar un diez por ciento de las ventas cuando deberían constituir el dos por ciento. El ocho por ciento que se ha incrementado podría aniquilar todos los beneficios.

Sin un conocimiento de los porcentajes que cada uno de los gastos debería tener, la gerencia de un restaurante se encuentra en gran desventaja. El gerente debería saber, por ejemplo, que los gastos de suministros no superan, en la mayoría de los establecimientos, el 4 por ciento de las ventas brutas; que el coste de las bebidas debe ser un 25 por ciento del total, e inclusive menos, o que los gastos del local no deberían exceder del 6 o el 8 por ciento de las ventas brutas en la mayoría de los casos. Por supuesto, el análisis de los porcentajes de costes debe hacerse de forma apropiada para cada tipo de restaurante: cafeterías tipo *self-service,* restaurantes de comidas rápidas, clubs privados u hoteles. De la misma manera, el estudio de porcentajes debe hacerse de acuerdo a la zona, ya que los gastos de mano de obra, por ejemplo, son comparativamente bajos en el sur del país y altos en las ciudades del norte, mientras que el coste de la materia prima de un restaurante es más bajo en el norte que en el sur. En otras palabras, los clientes obtienen por la misma cantidad de dinero más comida en el sur que en el norte debido a que los jornales que se paga a los empleados son más bajos en los establecimientos del sur.

¿CÓMO EVITAR LOS ROBOS?

Se han probado varios sistemas para reducir el índice de robos, entre los que se encuentran los que detallamos a continuación:

1. *Los almacenes permanecen bajo llave.* Se entregan las provisiones a cada sección controlando la cantidad necesaria para cubrir las necesidades del día.

2. *Control estricto de la llave.* Cada empleado tiene una llave con su firma y la debe devolver dando su nombre. Si un empleado se va sin devolver la llave, se guarda su paga hasta que la devuelva. Si se realiza un cambio de gerencia o dirección, las llaves se cambian de inmediato.

3. *Informes de control.* Se contrata una empresa comercial independiente para controlar el restaurante y para observar e informar sobre cada uno de los empleados a intervalos regulares. Uno de los factores que se observan es si todas las ventas se registran en las libretas de venta. La persona encargada de controlar podría adquirir productos pequeños, como por ejemplo un dulce, para verificar que la suma sea registrada. La persona encargada de realizar el informe podría guiarse de acuerdo con las siguientes preguntas:

- ¿Se registró correctamente la compra del cliente?
- ¿Cuántos clientes llevaba detrás cuando le tocó el turno en la caja?
- ¿Le cobraron en un tiempo razonable? ¿Cuánto?
- ¿Tenía el cajero abierta la caja registradora mientras trabajaba?
- ¿Se veían claramente los números registrados en la caja?
- ¿Volvió a pedir el cajero el importe o la suma de dinero entregado?
- El cambio, ¿fue correcto?

Algunos restaurantes están ubicados en lugares en que los robos son habituales. Para reducir el riesgo, algunos aplican la siguiente política: nunca debe haber en la caja una suma superior a 150 dólares. Cuando la suma supera esta cantidad, se deposita el dinero en un sobre y se guarda en un sitio especial al que es imposible acceder sin llave.

Se guarda un registro de todos los sobres que se ponen en la caja fuerte, anotando el día, la hora, la suma y la persona que lo realiza.

Control de las facturas de los clientes

Existe una gran tentación para los empleados si las facturas no están estrictamente contabilizadas. Si no lo estuvieran, el camarero podría presentar a los clientes una cuenta hecha por él mismo y guardarse el dinero en el bolsillo. Si las facturas no estuviesen numeradas, podrían ser alteradas o sustituidas por otras.

Para evitar la tentación, algunos restaurantes exigen a los camareros que firmen las facturas a medida que las reciben y devuelvan las que no han utilizado al final de la jornada.

Otros restaurantes entregan las facturas en blocs de 150 cada una. Para mantener un control estricto, se verifica cada una, se controla la suma y se clasifica cada factura con un número. La verificación de las facturas se realiza en una oficina central en las grandes cadenas, y si se trata de un restaurante individual, se hace en la oficina del administrador de contabilidad.

Muchos restaurantes utilizan duplicados, la segunda copia se entrega al cocinero tras anotar el pedido. Sin la nota no hay comida. Cada uno de los platos ordenados se registra en la nota del cliente, aunque solamente se trate de un café.

AMORTIZACIÓN Y *CASH FLOW*

Cuando un negocio genera ingresos y paga sus gastos inmediatos, incluyendo impuestos, sobra dinero, pero no todo será beneficio. En un restaurante, el edificio, el equipamiento del comedor y la cocina y el mobiliario se devalúan año tras año hasta perder totalmente su valor. Al menos teóricamente, el dinero para reemplazar los objetos desvalorizados se va ahorrando: esto es el fondo de amortización. En la actualidad, este fondo rara vez se guarda y los edificios, por lo general, se revalorizan con el tiempo en vez de devaluarse. De cualquier manera, el fondo de amortización es desgravable a la hora de pagar impuestos y el dueño administrador tiene derecho a tenerlo en cuenta. El dinero conseguido antes de separar el fondo de amortización es lo que se denomina *cash-flow*. El restaurador a veces se preocupa más por mantener el *cash-flow* que por atender a sus obligaciones.

El dueño de un restaurante obtiene un descuento por depreciación, el dueño del equipamiento tam-

Además del coste de la materia prima, son muchos los gastos fijos y variables que debe tener en cuenta la dirección de cualquier restaurante a la hora de fijar los precios. Un capítulo importante de estos gastos son los de personal, que serán mayores cuanto más cualificado éste sea. Sobre estas líneas, camarera encendiendo las velas de las mesas de un restaurante.

bién obtiene dicho descuento, el dueño del terreno en que está el restaurante no lo obtiene porque la tierra no es un bien que se devalúe, mientras que otros bienes tangibles que tienen una vida limitada se devalúan. El tema de la pérdida de valor pue-

de ser importante en el éxito de un restaurante, especialmente para el dueño del edificio. Los restaurantes son generalmente propiedad de una empresa, que es a su vez propiedad de otra que posee el terreno. Otra empresa diferente es la propietaria del edificio y el equipamiento. La idea es aumentar al máximo la depreciación para pagar el mínimo de impuestos posible, especialmente durante los primeros años del negocio. Algunas de las más famosas cadenas de restaurantes compran el terreno, construyen el edificio y venden terreno y local a un inversor. Luego, la cadena se lo alquila a una persona, conciertan un contrato de arrendamiento con opción de compra que tiene ventajas fiscales para el propietario y permite al empresario expandirse rápidamente con una inversión mínima.

LOS IMPUESTOS

En los negocios, todo el mundo tiene un socio: «el tío Sam». Este caballero está representado por el recaudador de impuestos, que está siempre al acecho de todas las transacciones que se realizan para poder sacar una tajada para el bien de la nación. El hombre de negocios trabaja sabiendo que Hacienda le está observando. Si es un buen ciudadano, el hombre de negocios quiere aportar una contribución justa a los impuestos recogidos. Pero cuál es la contribución justa es algo que puede interpretarse de formas diferentes de acuerdo a cómo esté establecido el negocio. Algunos pagan una contribución mayor de lo que sería lo justo y otros pagan muy poco o nada porque son lo suficientemente astutos como para consultar cuáles son las formas de evadir gran parte o el total de sus impuestos.

Las leyes impositivas y su interpretación cambian continuamente, de modo que lo que pueda decirse aquí es sólo una sugerencia. Los expertos aconsejan poner todos los bienes inmuebles y el equipo a nombre de una empresa de activos. Ésta posee el edificio, el terreno y el equipamiento.

Otra empresa es la explotada, que posee la menor cantidad de bienes posibles. Los expertos recomiendan mantener siempre las propiedades separadas de la empresa encargada del funcionamiento. La maquinaria y el equipo son bienes que pueden sufrir depreciación al igual que el edificio. Al comprar un negocio, se debe comprar un local y alojar en él todos los objetos legalmente desgravables: moquetas, árboles, vallas, cubos para la basura, arreglos florales, palas para recoger la basura, escobas, aspiradoras, lavaplatos, hornos, etcétera. La idea es formar una base fiscal desgravable lo más grande posible. Según los expertos, estos objetos deben devaluarse lo antes posible. El valor en dólares de esta depreciación es una cantidad que está exenta de impuestos.

La empresa encargada del funcionamiento, muy diferente de la propietaria, también puede incluir una cantidad de gastos libres de impuestos: un coche de la empresa, un plan de asistencia sanitaria o dental para los empleados, gastos de viajes, seguros de vida y gastos de espectáculos. Por lo general, los gastos individuales están libres de impuestos.

Los dueños de restaurantes que tengan familia deberían declarar la custodia de sus hijos, ya que también es desgravable. En una ocasión el dueño de un restaurante tenía 27 exenciones legales, incluyendo a doce hijos.

Siempre hay que considerar que con el negocio ocurrirá una de estas tres situaciones: fallará, se venderá o se fusionará. Al emprender el negocio es cuando deben tenerse en cuenta las consecuencias fiscales. Expondremos a continuación otro plan de evasión de impuestos:

Una corporación perteneciente a usted mismo y quizás a alguna persona más, le alquila a usted un trozo de terreno. A continuación usted construye un restaurante en el terreno arrendado y luego le realquila el restaurante a la empresa, de la cual usted es el propietario principal. Esto le convierte al mismo tiempo en arrendatario y arrendador; individualmente, ha arrendado la tierra a la empresa, individualmente, ha construido el edificio y lo ha realquilado a la corporación. Luego, individualmente, es el propietario del restaurante y está en condiciones de aprovechar la desvalorización del edificio y de cobrar dinero de la corporación en forma de pago por el contrato de arrendamiento.

FIJACIÓN DE OBJETIVOS

A largo plazo, las empresas deberían tener en cuenta los objetivos financieros y los no financieros al igual que los riesgos implicados. Los objetivos financieros más comunes son aquellos que tienen que ver con la rentabilidad, la expansión y el bienestar de los accionistas.

Las empresas dedicadas al negocio de los servicios turísticos utilizan como medida de rentabilidad los beneficios obtenidos de acuerdo al capital o a las acciones, y las ganancias anuales como punto de medida de expansión. Un objetivo de un quince o un veinte por ciento de incremento anual en las ganancias resulta una cifra bastante común en las aspiraciones de cualquier empresa implicada en el negocio de los restaurantes y otras instituciones de servicios alimentarios y hoteles; y muchas han conseguido alcanzarlo durante largos años.

Para medir la rentabilidad de los accionistas las empresas han utilizado tradicionalmente el valor comercial en la bolsa de valores. Las variaciones en la bolsa y las tendencias a bajar los precios han hecho que muchos se cuestionen lo práctico de esta medida.

Algunos creen que el desembolso de dividendos podría utilizarse como medida para evaluar la rentabilidad de las acciones y, además, como objetivo financiero, junto con las cifras de rentabilidad y expansión.

Hay dos tipos de objetivos no financieros que son cada vez más comunes. En primer lugar, las empresas realizan informes específicos en lo que se refiere a su rol con respecto a los empleados. Saga, por ejemplo, tiene una carta de derechos de los emplea-

dos. Otras empresas establecen objetivos en el área de desarrollo máximo personal de los empleados.

Las empresas establecen también objetivos en lo que se refiere a su rol con respecto a la sociedad. En los últimos años las empresas de manufacturación han estado estudiando detalladamente el área de contaminación afectada. Algunas empresas dedicadas al negocio del alojamiento y restauración han comenzado a definir su rol con respecto a la conservación de recursos naturales.

Las empresas deberían medir los riesgos al mismo tiempo que establecen los objetivos financieros. Típicamente, una sociedad que esté dispuesta a asumir los mayores riesgos debería poder alcanzar unos objetivos financieros más pretenciosos. Por ejemplo, si una empresa pide grandes créditos o adquiere varios negocios a un mismo tiempo, puede alcanzar objetivos financieros muy altos, pero el riesgo será enorme.

Los límites de riesgo

La mayoría de empresas establecen límites de riesgo específicos ante los cuales les será muy difícil alcanzar los objetivos financieros fijados. Al limitar la dependencia de créditos, la empresa utiliza muchas veces un tope de deudas basado en un porcentaje mínimo entre las ganancias libres de impuestos y los requisitos fijos de intereses. Por ejemplo, si una empresa puso como condición que los requisitos fijos de intereses permanecieran a menos de la mitad de las ganancias en curso libres de impuestos, esto aseguraría que una caída del cincuenta por ciento en las ganancias de la empresa no significaría que la empresa no fuese capaz de cubrir los requisitos de deudas.

Algunas empresas especifican el número máximo de nuevos negocios en los que pueden involucrarse a lo largo del año. Esta limitación se basa en la creencia de que la estructura de gerencia de una sociedad puede manejar solamente un número limitado de negocios por año sin que los negocios que ya están en funcionamiento sufran ningún deterioro por negligencia o falta de atención.

Finalmente, una empresa puede establecer las pautas para la combinación de los diferentes negocios que puede abarcar. Por ejemplo, una empresa dedicada a las instituciones de servicios de comidas y restaurantes puede establecer límites en el porcentaje dedicado al negocio de los restaurantes dentro del total de la empresa.

El vacío de rendimiento

El negocio de servicio de comidas para comunidades requiere poco capital y, consecuentemente, no presenta riesgos importantes; pero las posibilidades de expansión son comparativamente lentas. En contraste, los restaurantes requieren un riesgo financiero considerable como resultado de los compromisos de arrendamiento a largo plazo, pero la expansión potencial es enorme. Al establecer un límite en la dimensión global del negocio de los restaurantes, la empresa podría limitar los riesgos generales. La mayoría de las grandes cadenas hoteleras disminuyen los riesgos realizando inversiones en el extranjero y procurando hacer contratos de administración.

El tercer paso en el proceso estratégico de planificación consiste en evaluar los resultados financieros a largo plazo que la empresa puede producir, suponiendo que el negocio funcione en la forma habitual. Al desarrollar esta proyección financiera de base, la empresa podría realizar una evaluación general de todos los mercados que en ese momento cubre y analizar cada uno de los aspectos que conforman la ecuación de la rentabilidad: volumen, precios, costes e inversión.

Posteriormente, la empresa realiza la proyección tomando como base los niveles de eficacia de ese momento y la continuación de las tendencias del mercado. La diferencia entre la proyección básica y los objetivos de cada área financiera es lo que se llama vacío de rendimiento. Por ejemplo, vacío de rendimiento de ganancias es una medida de aquellas ganancias adicionales que deberán producirse ya sea a través de un mejor desarrollo de los negocios ya existentes o a través de la entrada en nuevas áreas para lograr los objetivos de ingresos a largo plazo.

En esta etapa del proceso del plan estratégico debería efectuarse un examen minucioso para saber si los riesgos que se están corriendo en conjunción con los objetivos a largo plazo no han sido alterados por la proyección básica.

Objetivos y proyección financiera

Las estrategias producto/mercado son relaciones breves que indican la dirección global que una empresa deberá tomar en las diferentes áreas referidas a los productos y sus respectivos mercados. Probablemente una empresa no debería tener más de cuatro o cinco estrategias a largo plazo por negocio. Como primera medida, las estrategias deberían desarrollarse para mejorar los resultados de los negocios ya existentes en la empresa. En general, estas estrategias surgen directamente de las tendencias desarrolladas con anterioridad y de una tasación de los puntos fuertes y débiles de la empresa.

Una vez que se han desarrollado dichas estrategias se realiza otra proyección financiera basada en los resultados probables de las nuevas estrategias. Nuevamente la proyección financiera realizada se compara con los objetivos financieros de la empresa.

Resulta muy común que la empresa tenga que probar varios tipos de estrategias para los negocios ya existentes hasta quedar satisfecha con los resultados proyectados. Si hay una diferencia entre las proyecciones financieras y los objetivos, la empresa deberá buscar un nuevo desarrollo del negocio como medio para alcanzar sus objetivos.

En el área de la empresa Saga dedicada al negocio de servicio de comidas a comunidades se evaluaron diferentes estrategias de desarrollo. Saga consideró la venta de nuevos productos en mercados ya existentes (por ejemplo, vender productos a los clientes B e I, empresas e industrias) para complementar el servicio de comida, ya existente. Probaban también la introducción de líneas de productos ya existentes en nuevos mercados, por ejemplo, el servicio de comidas tradicional en cinco colegios superiores. Finalmente, evaluaban combinaciones de producto/mercado completamente nuevas, como la alimentación en zonas aisladas (por ejemplo, la alimentación de los obreros de canteras y pozos petrolíferos de alta mar).

Si después de evaluar varias de estas estrategias en los negocios nuevos y los ya existentes la empresa no puede paliar la diferencia sin alterar los riesgos contraídos, deberán bajarse los objetivos financieros y repetir nuevamente todo el proceso.

Implicaciones de las estrategias para la empresa

Las estrategias de producto/mercado escogidas presentarán sin duda varias implicaciones para la empresa. Éstas están, por lo general, dentro de las tres categorías siguientes: financieras, organizativas y administrativas. Un restaurante o una empresa hotelera con una estrategia de expansión agresiva requerirá que se piense con detenimiento las alternativas para financiar la expansión. Otra empresa del negocio de alojamiento y restauración que elija como estrategia a seguir la adquisición activa de empresas dedicadas a diferentes industrias podría necesitar un especialista en adquisiciones de alto nivel y redefinir las responsabilidades organizativas entre los ejecutivos para asegurarse que las empresas recientemente adquiridas reciban la atención que necesitan por parte de la dirección. Finalmente, una empresa dedicada a la comida rápida que adopta una estrategia de reorientación de su línea de productos puede necesitar un control especial para determinar en qué locales un plato en particular no funciona y el porqué.

Todos éstos son buenos ejemplos de las implicaciones financieras, organizativas o administrativas que un nuevo paquete de estrategias puede tener. Éste es el paso final del proceso de planificación de estrategias. En algunos casos, si no se desean las implicaciones citadas anteriormente, el proceso de planificación puede empezarse de nuevo.

LA COCINA COMERCIAL

¿Cómo es la cocina comercial? La definición depende de numerosos factores y de quién la formule. Por una parte se la ha considerado como el infierno en la tierra, oculta en las zonas inferiores de un hotel o añadida de forma precaria a un restaurante autónomo; un lugar caliente y húmedo que es mejor olvidar; un lugar de muchas horas de trabajo, suelos duros y charcos de agua sucia; un lugar donde los jóvenes son tiranizados por el *chef* y los trabajadores envejecen antes de tiempo, consumidos por las llamas de sus hornillos y las presiones de su entorno.

La cocina también se ha asociado con una planta procesadora metódica con temperatura controlada, bien dirigida por personas experimentadas; un lugar de inmaculado acero inoxidable con grandes máquinas para lavar ollas, cuberterías y vajillas, enormes ollas que cuecen alimentos con el mero giro de una válvula; un lugar digno de respeto y en el cual el trabajo se convierte en una delicia. Quizás ambas descripciones sean correctas.

En 1526 Enrique VIII creyó necesario decretar que los pinches de cocina, los ayudantes del día, «no deben andar desnudos ni con vestimentas repugnantes como las que suelen llevar... ni morar en las cocinas de noche y de día... junto al fogón...».

George Orwell describió la cocina francesa de la década de los veinte como una suerte de purgatorio donde el lavaplatos estaba situado en un cuarto sin ventanas ni ventilación. El aire fresco habría enfriado el agua de lavar. De acuerdo con George Orwell, las expectativas de vida del lavaplatos era de tres años.

La cocina moderna puede ser, y con frecuencia lo es, un lugar de trabajo con aire acondicionado, bien ventilado, inmaculadamente limpio y agradable. Sin embargo, en otras cocinas la temperatura puede llegar a los 50°C y son cualquier cosa menos lugares agradables.

La historia de la cocina refleja la historia social del período del que se trate; revela la estima que tenía una sociedad por la cocina y las personas que en ella trabajaban. Cuando se abrieron los grandes hoteles en Nueva York, antes de 1930, era costumbre reclutar toda la brigada culinaria en Francia. La comunicación con el personal de cocina se realizaba a través del *chef*, quien con mucha frecuencia controlaba la vida y el destino de quienes se hallaban a sus órdenes.

Una disputa con el *chef* podía significar la pérdida del equipo en su totalidad, y el *chef*, casi con toda seguridad, sincronizaría su partida con el momento culminante del servicio de una comida importante. La posición social del *chef* sufrió altibajos a lo largo de los años, así como la del personal de cocina. Su posición ha dependido en gran medida de la disponibilidad de mano de obra y de la clase de la cocina.

Son pocos los *chefs* que han alcanzado cierta fama: hombres como Careme, reconocido como el fundador de la cocina clásica; Soyer, *chef* del Reform Club de Londres, y el único incluido en el *Dictionary of National Biography,* equivalente británico del *Who's Who;* y Escoffier, «*Chef* de reyes y rey de *chefs*». A éstos la fama les llegó en gran medida en virtud de su obra escrita y sus afiliaciones. Los millones de cocineros y ayudantes de cocina de toda la historia que también han prestado sus servicios han caído mayormente en el olvido.

Antiguamente las personas de baja condición, de una forma u otra, por lo general, engrosaban las filas de los puestos no cualificados de la cocina. Grupos de inmigrantes recién llegados nutrieron las

Racionalización, funcionalidad y un buen equipamiento son elementos imprescindibles para el buen funcionamiento de la moderna cocina comercial. Junto a estas líneas, cocina de un restaurante dotada de la tecnología más avanzada.

cocinas a lo largo del litoral marítimo oriental y de la costa occidental de Estados Unidos.

Los hoteles y restaurantes de hoy son requeridos para aceptar y enseñar a los empleados menos cualificados y a los disminuidos. En las cocinas de Nueva York el idioma probablemente sea el castellano; la mayoría de los puestos de trabajo semicualificados o no cualificados están cubiertos por portorriqueños. El cocinero, que anteriormente nacía en el negocio y probablemente era de origen europeo, se está reemplazando por estadounidenses nativos que han aprendido su oficio en su trabajo o que han asistido a una escuela profesional.

Antiguamente el personal de dirección de cocina estaba formado por personas que habían aprendido el oficio, pero más recientemente está integrado por quienes han cursado estudios durante al menos dos años en escuelas técnicas o en colegios comunitarios que ofrecen cursos de hostelería y restauración.

EVOLUCIÓN DEL EQUIPAMIENTO

El equipamiento de cocina comprende los materiales, la tecnología y la clase de combustible disponibles. El primer equipamiento de cocina probablemente haya sido una estaca sostenida sobre un fuego. La carne de la estaca se cocía mediante corrientes de conducción y energía infrarroja irradiada desde las llamas del fuego. Una forma de cocina más sofisticada apareció cuando se calentaron piedras y los alimentos, envueltos en hojas húmedas u otro material, se colocaban sobre las piedras y se cubrían, de modo que se cocinaban al vapor. Las aves podían envolverse en arcilla húmeda y dejarse sobre las cenizas, nuevamente cociéndose bajo la acción del vapor. Con los utensilios metálicos surgió la cocción a fuego lento y por ebullición, y se construyeron parrillas para colocar sobre el fuego o sobre las brasas de carbón de leña.

El desarrollo del equipamiento de cocina tuvo una historia interesante. El tabernero romano utilizaba cacerolas redondas y ovaladas para freír, cacerolas de mesa con asas para servir comidas calientes en el comedor, cazuelas semejantes a nuestros modernos braseros calentadores, ollas con tapa y coladores.

El fogón abierto servía de hornillo, pero también estaba la *cratícula,* una combinación de parrilla y cocina, aparato móvil que por lo general se colocaba sobre un horno de ladrillo alimentado con carbón de leña. Las cacerolas descansaban sobre barras deslizantes, y unas aberturas especiales en la parte posterior sostenían las ollas.

Luego surgió el *thermospodium,* una jarra de bebidas calientes similar a una cafetera. Calentada con carbón de leña, se utilizaba en el comedor y en los bares especializados en bebidas calientes.

La cocina en tiempos medievales

Podemos imaginarnos una cocina medieval a base de aves en el suelo, canastas de verduras y ubres de vaca sobre la mesa. Nos la imaginamos llena de humo porque la chimenea no tiene tiro. El lugar está lleno de cocineros, pinches y camareras, y quizás también haya un perro.

El perro se utilizaba para hacer girar el asador sobre el fuego. Corría dentro de una jaula de mimbre con una brasa encendida para asegurar su motivación (en Gran Bretaña los preferidos eran los basset hound); en Oxford aún quedan restos de jaulas para estos perros. Si el perro se quemaba, un niño sustituía al animal.

En un rincón había un grupo de personas triturando alimentos con morteros y majaderos. Todo debía machacarse, desmenuzarse o mezclarse. Sin refrigeración, las especias eran una necesidad para los ricos. Cuando llegó el azúcar desde las Indias Occidentales, se utilizó con desenfreno. Los *chef*s no tenían uniforme y no había acero inoxidable. Los ayudantes de cocina eran los hombres de más baja condición social.

Bajo estas líneas, detalle de un lienzo de Brueghel el Viejo que recrea las labores propias de una cocina en el siglo XVI. Como puede observarse faltaba un largo camino para llegar a la cocina que empezó a estructurarse en el siglo XIX.

La cocina colonial

La cocina colonial era un cuarto con un fogón y algunas ollas y cacerolas de hierro ennegrecidas. Hasta fines del siglo XVII, las ollas de cocina eran un artículo escaso y precioso. Pasaban de mano en mano, de una generación a otra; las ollas de hierro comúnmente se incluían junto con el resto de bienes en los testamentos.

Las principales herramientas de cocina eran un asador tosco (una corta varilla de hierro con un asa en un extremo, que descansaba sobre ejes de hierro cruzados), algunas cacerolas, sartenes de hierro y morteros y majaderos de cobre. El horno holandés, formado por una caldera de hierro para asar con tapa de hierro, diseñada de tal modo que se podía cubrir con brasas, también era muy utilizado.

En algunas de las tabernas y casas más grandes se podía encontrar una sorprendente variedad de artilugios hechos a mano: prensas para queso, rellenadoras de embutidos, prensas para mantequilla, trituradoras de coles, planchas para barquillos y tartas, afiladores, calentadores y asadores que giraban mecánicamente. Los platos tenían bases de peltre ahuecadas que se podían llenar con agua hirviendo para mantener caliente su contenido.

Benjamin Thompson, conde Rumford

La mayoría de las personas que se mueven en el campo de los servicios de comidas jamás han oído hablar del conde Rumford, aunque nació en Estados Unidos y se le reconoce como la primera persona que estudió científicamente el equipamiento de cocina.

Benjamin Thompson nació en Woburn, Massachusetts, en 1753, y vivió una vida intensa como militar, inventor y administrador.

Tal vez se lo conozca tan poco por haber luchado contra las tropas de Washington en la revolución norteamericana. Acabada la guerra, se dirigió a Gran Bretaña y luego a Baviera, donde fue nombrado inspector general de la artillería y edecán del rey loco Ludwig II de Baviera. Pronto tuvo a Baviera sometida a un régimen calculado para poner a todo el mundo a trabajar. Se recogió a los mendigos y se les puso a trabajar en correccionales. Inventó varias sopas nutritivas y económicas para los pobres, algunas de las cuales aún se sirven en Europa.

Rumford estudió también las formas de combustión, diseñó hornillos, asadores, marmitas y cacerolas para transferir la máxima cantidad de calor desde el combustible. Hasta su invención del hornillo de cocina, los abiertos que se usaban se instalaban sobre un hogar normal. Su hornillo fue una unidad completa instalada en la cocina, con sólo la parte posterior utilizada como cañón de chimenea. Tenía tapas y cubiertas, y era muy parecido al antiguo hornillo de carbón de las cocinas de antaño. Los asadores Rumford, con dos niveles de cocción, aún se pueden ver en algunas casas antiguas de Nueva Inglaterra.

Las ollas de vapor también las «inventó» Rumford, así como la marmita doble. Fue inventor de la cafetera «por goteo», y diseñó un dispositivo de una sola taza para quienes no pudieran permitirse la cafetera normal. Fue el primero que construyó un hogar con anaquel y tragante que separaba el aire caliente y frío en corrientes de convección ordenadas. Antes de Rumford, las chimeneas eran meramente grandes agujeros o hendiduras que conectaban un hogar con el techo.

Rumford también anticipó la planificación de la cocina. Sus grandes hornillos para hospitales militares tenían forma oval; el cocinero no tenía que ir caminando alrededor de sus marmitas sino que las observaba desde la zona de trabajo central.

Thomas Moore y el refrigerador de hielo

El refrigerador de hielo introdujo enormes cambios, tanto en la cocina doméstica como en la comercial. Se atribuye a Thomas Moore, un granjero de Maryland, la invención del primer refrigerador de hielo, que patentó en 1803. Era muy simple: dos cajas de madera, una dentro de la otra, y el espacio entre ambas lo rellenaba de carbón de leña o cenizas para el aislamiento. La parte superior de la caja interior sostenía un contenedor de hielo de hojalata.

Hacia 1838 el refrigerador de hielo era de uso común, y en Estados Unidos las carnes saladas o con especias ya no eran la dieta obligada durante el invierno. En 1846 se inventó una máquina fabricadora de hielo, y para la década de 1880 las fábricas de hielo se habían extendido a través de Estados Unidos. Ello no eliminó la antigua fresquera que aún se utiliza en muchos países.

El vendedor de hielo llegó y el vendedor de hielo desapareció. Casi todas las personas de mediana edad han visto al vendedor de hielo transportándolo con un par de tenazas sobre su ancha espalda. La mayoría de los adolescentes que habitan en las ciudades jamás han visto a un vendedor de hielo, al menos entregando hielo en una casa o en un restaurante. El vendedor de hielo, parte integrante del negocio de los restaurantes durante cien años, tuvo su hora y su final.

Las máquinas de hacer cubitos, las congeladoras y los refrigeradores operan mecánicamente. Los compresores para hacerlos funcionar cada vez son más pequeños y menos ruidosos. Podemos esperar que la miniaturización y quizá los dispositivos de cocción termoeléctrica, ya disponibles, se extiendan por todo el mundo, al menos para usos especiales.

Los cambios en las cocinas de finales del siglo XIX

A finales del siglo XIX algunos de los nuevos hoteles contaban con cocinas espaciosas, aireadas y bien equipadas. El primer hotel Waldorf de Nueva York, el más prestigioso de los nuevos hoteles, tenía una cocina en donde «todo era reluciente, los artefactos brillaban, los cuartos eran espaciosos, luminosos y ventilados, las paredes recién pintadas relucían inmaculadas, el equipamiento era modernísimo».

Delmonico's, uno de los dos o tres restaurantes con más fama del Nueva York de aquel entonces, era de un estilo diferente, más pintoresco; en realidad, no muy diferente de varias de las cocinas de restaurantes muy conocidos hoy en Nueva York, o en cualquier otro lugar. A la cocina se llegaba a través de un tramo de desgastadas escaleras que terminaban en un corredor tenuemente iluminado que daba a un cuarto subterráneo grande, de techo bajo, tan dividido por particiones y tan obstaculizado por innumerables mesas, refrigeradores y alacenas como para ser un auténtico laberinto para los extraños. Los hornillos abiertos cubrían todo el largo del cuarto y frente a ellos había hornillos para las verduras, dejando un pasillo sagrado para el uso de los cuarenta y cinco cocineros vestidos con gorro y de-

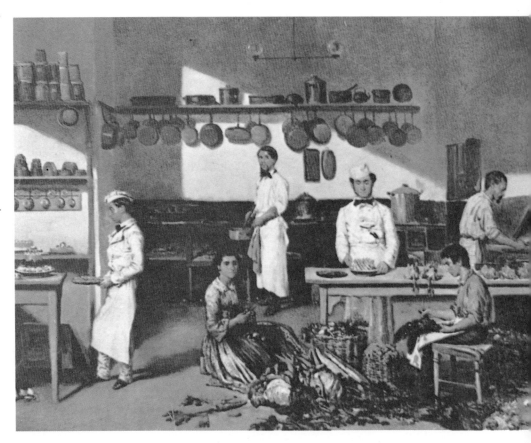

A finales del siglo XIX, algunos hoteles importantes ya disponían de cocinas amplias y ventiladas que cada vez contaban con un mejor equipamiento. Los hoteles de mayor prestigio contrataban generalmente un chef francés. Junto a estas líneas, aspecto que ofrecía, en aquel entonces, la cocina del famoso Café de París de Buenos Aires.

lantal, de cuyos esfuerzos finales dependía la fama de Delmonico's... Cuando esta lúgubre y superpoblada cocina, ajetreada y oscurecida por el humo, y brillante por las lustradas marmitas de cobre que colgaban de todas las vigas, era asaltada por una horda de ansiosos camareros, era verdaderamente maravilloso el fragor de lenguas y pedidos y el estruendo de los platos... El redil hasta el cual se permitía entrar a los camareros era necesariamente muy pequeño y accesible a la cocina propiamente dicha: sólo a través de dos oberturas en el enrejado de alambre que la separaba. Aquí el alboroto de los camareros era pasmoso. La multitud se empujaba y forcejeaba entre sí, en una riña maravillosa por concitar la atención de los cocineros. Por todas partes bullían los ayudantes del *chef*, haciendo pedidos; el propio *chef*, con su rostro pensativo y amable, surgía del diminuto despacho donde confeccionaba sus menús e inventaba sus obras maestras de cocina, caminaba de un lado a otro y los mantenía a todos en continuo movimiento.

La electricidad en la cocina

La electricidad se introdujo en la cocina hacia finales de siglo. Al principio los escépticos observaron que los alimentos cocinados mediante electrici-

dad tenían un «sabor eléctrico». El huevo tuvo el honor de ser el primer alimento cocido con electricidad, ya que en 1877 formó parte de un experimento. En la Columbian Exhibition de Chicago, en 1893, se exhibió una cocina «completamente eléctrica». Cacerolas, calentadores de agua, parrillas y calderos estaban todos calentados mediante una toma individual.

Los *hornillos eléctricos:* George Hughes construyó el primer hornillo eléctrico en 1910. En el mismo año, en Estes Park, Colorado, hubo parrillas, tostadoras y calentadores de comida que funcionaban con electricidad: la primera cocina totalmente eléctrica. En 1912 en algunas naves de la marina de Estados Unidos había en funcionamiento fogones totalmente eléctricos.

El *calrod:* una unidad calorífica para trabajo pesado que se introdujo en 1919, hizo realidad la cocción eléctrica al reducir la necesidad de reemplazar los elementos calentadores, lo que anteriormente era un hecho frecuente. Frank Lloyd Wright, arquitecto, electrificó una cocina de hotel, la del Imperial Hotel de Tokio, en el año 1919.

Durante la década de 1920 se desarrolló una pléyade de equipos de cocina eléctricos: hornos de múltiples niveles, ollas de freír, grills, planchas y parrillas.

LA COCINA EN LA ACTUALIDAD

Una cocina puede ser todo, desde un hornillo de un solo quemador hasta una compleja planta procesadora de alimentos elaborados. Richard Flambert, consultor de cocina, señalaba que una cocina es un almacén, una fábrica, un punto de distribución, una planta procesadora, un laboratorio de pruebas, un estudio de artista, un establecimiento sanitario, una planta para tratamiento de desperdicios, algunas veces una tienda detallista, un lugar de diversas habilidades y oficios, y a menudo una avenida de platos y sueños rotos.

Según Flambert, es la única clase de establecimiento donde todos los días se adquiere, recibe, almacena, procesa, sirve y consume un producto. Los productos alimenticios llegan por la puerta trasera, ya sean frescos, refrigerados, enlatados, empaquetados o congelados, y luego se colocan en algún tipo de alacena. Las verduras se colocan en muebles enrejados secos colgados unos pocos centímetros sobre el suelo; los productos diarios se refrigeran a una temperatura de entre –3 °C y 4 °C. La carne y el pescado frescos se someten a una temperatura algo más fría. Las frutas y verduras frescas se refrigeran a una temperatura ligeramente más elevada. Los productos elaborados con harina y cereales y las pastas frescas se guardan en un cuarto fresco a una temperatura de entre 10 °C y 16 °C, levantados del suelo. Los alimentos congelados se envían a los congeladores a una temperatura de entre –12 °C y –15 °C, mientras que los alimentos enlatados y envasados se guardan en un almacén en estantes dispuestos sobre la base de que el primero que entra es el primero que sale.

EQUIPAMIENTO DE UNA COCINA COMERCIAL

El equipamiento de la cocina puede ser todo, desde una olla de agua hirviendo sobre un hornillo de un solo quemador, hasta una planta de producción de alimentos de elevada ingeniería y coste millonario. Una operación de comida rápida quizás necesite solamente freidoras de profundidad y utilice sólo servicios de mesa desechables. Un gran restaurante de banquetes con un amplio menú puede utilizar una variedad de equipos de cocina, más una instalación de considerable tamaño para lavar la vajilla y la cubertería. Un economato puede ser como una pequeña planta procesadora de alimentos.

El restaurador puede escoger entre toda una gama de equipamientos de cocina, en gran medida determinados por el menú: hornos, parrillas, freidoras, planchas, hornillos, ollas a vapor y calentadoras. Así mismo necesita comodidades para el lavado de los servicios de mesa, refrigeradores y congeladores. Típicamente, una cocina de estas características posee superficies de hornillos, planchas y parrillas; las superficies de hornillos y las planchas son similares en cuanto a que transfieren calor desde un elemento calorífico a los alimentos a través de una superficie de cocción. La superficie de hornillos puede ser abierta, de quemadores separados controlados individualmente, o de placas calientes; un hornillo de superficie abierta para trabajo pesado, equipado con serpentines tubulares, se puede utilizar para cocinar cantidades de hasta cuarenta kilogramos de alimentos.

Los hornillos de superficie sólida o encerrada y las planchas tienen colocados los quemadores de gas o las bobinas eléctricas debajo de cubiertas de acero inoxidable o hierro fundido. Los mandos permiten calentar la superficie completa o bien una o más secciones. Las plantas y las superficies de hornillo se utilizan para freír y saltear. A continuación se ofrece un catálogo y una breve descripción de elementos estándares del equipamiento de cocina que se utilizan comúnmente en la cocina comercial estadounidense.

Los equipos de fritura intensa

Freidoras profundas (francesas) de grasas. Son marmitas eléctricas o a gas para albergar grasa o aceite en donde se sumergen canastillas para freír alimentos. La temperatura, en este tipo de freidoras, por lo general es controlable en una gama entre 162 °C y 240 °C.

Freidoras a presión. Estas freidoras profundas de grasas tienen tapas que, una vez cerradas herméticamente, actúan creando presión en el interior de la marmita de freír. La mayor presión que se ejerce de esta manera reduce el tiempo de cocción a la mitad, principalmente porque durante el tiempo de cocción se produce menos enfriamiento evaporatorio. Algunas freidoras a presión incluyen también sistemas de inyección de humedad. El agua inyectada se convierte en vapor.

Sartenes inclinables. En esencia, se trata de grandes marmitas freidoras que se pueden inclinar. También se las llama marmitas para dorar o sartenes plancha. Como cualquier marmita freidora con tapa, se las puede utilizar para cocer a fuego lento, saltear, guisar e incluso asar. Debido a que la temperatura se puede reducir y mantener a 65 °C, la sartén inclinable se puede utilizar para conservar comidas ya preparadas. Se trata de un equipo

Sobre estas líneas, cocina eléctrica de múltiples posibilidades, con horno, plancha a la izquierda y freidora a la derecha. Las cocinas de este tipo son especialmente indicadas para restaurantes pequeños o medianos.

sumamente versátil que, en razón del control de temperatura, se puede utilizar para dorar o asar carne, cocinar tartitas, hacer huevos revueltos o fritos, cocer a fuego lento y freír pollo. Puede servir como parrilla, superficie caliente, hornillo u horno; con una tapa puede convertirse en marmita de vapor.

La fritura profunda con grasa se ha venido realizando en ollas durante mucho tiempo, pero en 1918 Pitc, de Boston, comercializó una unidad integral, olla y quemador a gas, para uso comercial. Hotpoint introdujo su freidora eléctrica portátil en 1930. Posteriormente John Welch, profesor de la Universidad de Misuri, vendió diez de estas unidades en Chicago, y todas le fueron devueltas. Al igual que con la

mayoría de los equipos nuevos, surgió un «error» imprevisto. El cordón eléctrico se había probado para soportar la grasa que pudiera caer sobre él. Así mismo, fue sometido a la prueba de no deteriorarse cuando se vertiera detergente sobre él. Sin embargo, cuando la marmita estaba funcionando y el cable quedaba expuesto tanto a la grasa como al detergente, se deterioraba.

La popularidad de la fritura profunda en grasa se extendió una vez finalizada la Segunda Guerra Mundial, cuando se diseñaron termostatos que controlaban la temperatura de la grasa e impedían que llegara al punto de ebullición. El sabor de la grasa ligeramente dorada es irresistible para muchos de nosotros. Existen marmitas nuevas con bobinas autolimpiables, puntos fríos en donde se pueden recoger las partículas de comida, filtros de grasa que funcionan por acción de la gravedad, y rápida recuperación del calor.

La fritura bajo presión se introdujo con la freidora Henny Penny y la Broaster en la década de 1950. Con una tapa sobre una marmita de freír se forma presión rápidamente, creada por el vapor

producido a partir del alimento que se está friendo. Si la tapa es hermética, se crean grandes presiones y se debe liberar parte del vapor para evitar presiones peligrosas.

La Broaster introduce algo de agua en la marmita de freír; la Henny Penny sólo utiliza el agua de los alimentos. En la Henny Penny la presión se mantiene cuatro kilogramos por centímetro cuadrado; en la Broaster es mayor. Con la presión, el tiempo de fritura se reduce hasta casi la mitad.

La presión más elevada impide que se forme demasiado vapor en el alimento y reduce la cantidad de enfriamiento por evaporación, que normalmente se produce cuando el agua se convierte en vapor. Kentucky Fried Chicken, la cocina franquiciada, utilizó una cocina a presión similar a las de tipo doméstico.

La operación de fritura ha estado asociada durante mucho tiempo a los incendios de cocinas y hoteles. Se inician más incendios por la combustión de grasa que por ninguna otra causa. El punto de ebullición de la grasa es de 328 °C; la combustión se mantiene a 357 °C. La mayoría de los alimentos se fríen a una temperatura de 176 °C. En caso de que el cocinero se aleje unos minutos de la freidora, o de que el termostato de una marmita al freír falle, las llamas llegan rápidamente hasta el techo. Si éstas alcanzan la campana de escape, en poco tiempo en todo el edificio puede propagarse el fuego, porque la mayoría de las campanas de escape están recubiertas por una capa de grasa acumulada a la que también se prende fuego. Los conductos de esca-

pe pueden extenderse a través de varias plantas y llegar las llamas hasta la parte superior del edificio.

Arrojar agua sobre un incendio alimentado por grasa provoca la extensión del fuego; el agua forma bolsas de vapor que explotan, desperdigando grasa ardiente por toda la cocina. Cubra el fuego con una marmita plana para privar de oxígeno a las llamas o utilice extintores de CO_2.

Tipos de hornos

Hornos convencionales. Los hornos estándar asan, cuecen o doran los alimentos mediante el calentamiento del aire en una cámara. Este aire rodea los alimentos y los cuece.

Hornos de plataforma. Son como los hornos convencionales, con la excepción de que las cámaras son largas, profundas y por lo general rectangulares. Construido por secciones, cada «plataforma» está apilada una encima de la otra. Cada sección se puede trabajar por separado y a una temperatura diferente.

Hornos de asado lento. Estos hornos permiten temperaturas constantes y bajas y se utilizan fundamentalmente para asar carnes. Algunos de estos hornos se pueden regular con anticipación para asar durante dos o tres horas, supongamos a 148 °C, luego bajar a 60 °C y mantener esta temperatura hasta que se necesite la carne. Un cocinero puede colocar una carne para asar en un horno de este tipo a las once de la noche, dejar que se cueza durante tres horas a 121 °C y que luego se mantenga a 60 °C hasta que la necesite para el almuerzo del día siguiente. Cuando se utilizan estos hornos para asar carne vacuna, comúnmente se produce una pérdida de peso del diez por ciento o menos.

Hornos de convección forzada. Son similares a los hornos convencionales, a excepción de que un ventilador o rotor, por lo general ubicado en la parte posterior, produce una rápida circulación del aire y un calentamiento más rápido de la comida. Los tiempos de precalentamiento y los de cocción son considerablemente inferiores a los del horno convencional. Las instrucciones para cocinar en un horno de convección se deben seguir exactamente, porque de lo contrario algunos alimentos, como el bizcocho, se secarán excesivamente por la parte superior. Durante el horneado de algunos alimentos se coloca en el interior del horno un cuenco con un poco de agua para humidificar el aire y reducir la pérdida de humedad en el alimento que se esté cociendo.

Hornos de microondas. La cámara de cocción por lo general es pequeña y la capacidad muy inferior a la de los hornos convencionales más grandes u otros tipos de horno. Los magnetrones, por lo general en la parte superior del horno, emiten microondas. Éstas penetran en los alimentos de la cámara, agitando las moléculas de agua y grasa para producir calor, que se reparte a otras clases de moléculas de alrededor. No hay ningún tiempo de precalentamiento, puesto, que una vez producidas, las microondas viajan a la velocidad de la luz y penetran en el material alimenticio casi instantáneamente. Los hornos de microondas permiten la cocción de cantidades relativamente pequeñas de alimentos, en comparación con los hornos estándar. No obstante, son excelentes para recalentar comidas en pequeñas cantidades.

La cocción por microondas es una forma revolucionaria, que se basa completamente en que la energía radiada penetre en los materiales alimenticios y produzca fricción intermolecular, que calienta el alimento. El horno de microondas se desarrolló a partir del uso del radar durante la Segunda Guerra Mundial. Las ondas electromagnéticas se utilizaban para detectar objetos a una gran distancia, inalcanzable visualmente, para avistar objetos durante la noche e incluso los situados detrás de las nubes.

En 1947 la Raytheon Company comenzó a comercializar un horno de microondas conocido como RadaRange. Las ondas electromagnéticas de 915 megaciclos y 2 450 megaciclos penetran en las materias alimenticias que contienen agua y son absorbidas por ellas. Curiosamente, algunas materias son transparentes a las ondas y no las calientan. Los recipientes de vidrio, porcelana y papel no absorben las ondas. Los metales reflejan las ondas, de modo que en los hornos de microondas no se pueden utilizar recipientes metálicos. Una forma de cocción tan revolucionaria debía ciertamente estimular la imaginación y también la confianza en que los hornos de microondas sustituyeran a los equipamientos de cocción de la cocina tradicional. Se vendieron centenares de hornos de microondas y luego se descartaron, porque los propietarios no comprendieron las limitaciones de estos hornos. Los hornos disponibles eran excelentes para calentar raciones individuales de comidas o una reducida cantidad de ellas, pero no eran tan eficaces como los equipos convencionales para una producción de grandes cantidades de comida.

Puesto que es el agua la que absorbe preferentemente las microondas, la cocción no es uniforme. En lugar de aplicarse el calor a la superficie de la comida, y penetrar luego lentamente hasta el interior de la misma, la energía de microondas calienta la zona inferior del alimento. La superficie queda sin dorar y relativamente fría.

Ventajas de la cocción por microondas. La cocción por microondas tiene varias ventajas respecto a los métodos de cocción convencionales. La energía se puede dirigir; no se produce pérdida de calor desde el horno a la cocina y la velocidad de cocción es sorprendentemente rápida para pequeñas cantidades de comida. Su principal uso probablemente será para recalentar comidas congeladas que ya se hayan cocido con anterioridad. Su valor es escaso para producir masas horneadas o cualquier comida que suponga una acción leudante.

Cocinas a base de infrarrojos

Los equipos de cocción por infrarrojos hicieron su aparición en la década de 1950. Al igual que la energía por microondas, las ondas infrarrojas, transmitidas a la velocidad de la luz, pueden penetrar en la manta de vapor que rodea a los alimentos húmedos cuando se calientan. La longitud de ondas infrarrojas que se utilizan para la cocción es de unos pocos micrones. Se dice que las longitudes de onda de entre 1,4 y 5 micrones son las más eficaces para cocinar alimentos.

Calentando roca de lava, cerámica hecha por el hombre, hierro fundido o acero inoxidable se crean temperaturas de alrededor de 954 °C. Éstos, o unidades de cristal de cuarzo y *calrod,* emiten las longitudes de onda adecuadas para clasificarse como infrarrojos. El carbón de leña también emite ondas infrarrojas.

Las parrillas

Las parrillas de carbón de leña poseen briquetas que, al calentarse, desprenden el suficiente calor para asar alimentos.

Las parrillas de cerámica utilizan astillas de cerámica que se calientan a elevadas temperaturas y desprenden calor.

Las parrillas de fondo abierto producen calor desde arriba de las rejillas que sostienen la carne. Los modelos por infrarrojos producen rayos infrarrojos tras alcanzar temperaturas de 71 °C o más. El tiempo para precalentar una parrilla es una consideración que debe tenerse en cuenta; las parrillas por infrarrojos no requieren ningún tipo de precalenta-

miento. Una parrilla alimentada por horno puede formar parte de una plancha, de modo que los alimentos se puedan calentar simultáneamente desde arriba y desde abajo.

Las parrillas de salamandra, o de estante posterior, por lo general se utilizan en combinación con un horno para mantener o terminar de cocer los alimentos. En ocasiones se utilizan para crear una costra sobre la comida o para aplicarle un calor rápido a una comida muy sazonada.

Las planchas

Las planchas, o superficies planas calientes que se utilizan para cocinar alimentos tales como hamburguesas, huevos, beicon, salchichas y tortitas, son uno de los principales dispositivos de cocción de los restaurantes de comida rápida. Algunas planchas se pueden calentar por secciones.

En tiempos más recientes se ha utilizado ampliamente la plancha acanalada para cocer bistecs, y en muchos restaurantes de comida rápida ha sustituido a la parrilla. Las acanaladuras de la plancha producen en el bistec marcas similares a las de una parrilla y las muescas permiten el drenaje de la grasa y los jugos, evitando el humo que crea la parrilla convencional. La plancha acanalada cuece con más rapidez que la parrilla porque el alimento está en contacto directo con la plancha. Además, la plancha acanalada utiliza menos combustible que una parrilla. Las hamburguesas cocidas en una plancha acanalada tienen menos probabilidades de quemarse. En el caso de una parrilla bien caliente, si el cocinero se aleja uno o dos minutos, la hamburguesa se convierte en un trozo de carne picada carbonizada.

Equipos para cocinar al vapor

Marmitas a vapor de revestimiento. Las marmitas de entre cuatro y mil litros están rodeadas por un caparazón cerrado en donde se introduce vapor. El vapor no entra en contacto con los alimentos de la marmita, pero a medida que se condensa libera su energía latente. El calor pasa a través del caparazón a la comida del interior de la marmita. Si el vapor se halla bajo presión, las temperaturas superan los 100 °C.

Las marmitas a vapor con revestimiento aparecieron en 1874. De hecho, las marmitas con «envoltura de cobre» y las marmitas con forro de hierro fundido sin uniones de 1870 no parecerían demasiado fuera de lugar en la cocina de hoy. En 1879, la John Van and Company (posteriormente conocida como John Van Range Company) fomentaba el uso múltiple de las marmitas a vapor y las vendía «en cualquier tamaño» para hacer café «para grandes instituciones públicas».

Mesas calentadas a vapor. Son grandes mesas rectangulares en las cuales se colocan tanques que se llenan con alrededor de doce litros de agua. El agua se calienta mediante vapor, gas o electricidad. Las cacerolas de la mesa de vapor se sostienen firmemente sobre el agua.

Algunas mesas de vapor llamadas «secas» no utilizan agua, sino que calientan el aire de modo similar al del horno, con lo que las cacerolas insertadas en la mesa de vapor se mantienen en todo momento calientes. Las mesas calentadas a vapor están pensadas para mantener calientes alimentos más que para cocerlos, si bien la cocción se produce siempre que las temperaturas se eleven muy por encima de los 60 °C.

Baño María. Es el precursor de la mesa calentada al vapor y es una mesa que contiene agua caliente. Marmitas, cazuelas y cacerolas conteniendo alimentos se introducen directamente en el agua, que forma un cálido baño de agua y mantiene caliente la comida, o la cocina lentamente.

Ventajas de la cocción al vapor

Los dispositivos de cocción que emplean vapor tienen la ventaja de poder transferir más unidades de calor a un alimento que las que se pueden transmitir con aire caliente. Esta «energía latente» contenida en el vapor se libera cuando éste se vuelve a condensar en agua. Si el vapor está bajo presión, la temperatura sube, lo que también aumenta la velocidad de la cocción. En las cocinas en que se preparan grandes cantidades de sopas, compotas o cualquier alimento que se cueza en un líquido, es probable hallar equipos de cocción al vapor. Las cocinas de instituciones, como las de los hospitales, escuelas y pensionados, utilizan las marmitas envueltas en vapor para sopas, estofados, carnes y verduras. Las marmitas a presión también se utilizan en bares y restaurantes. Stouffer fue pionero en el empleo de ollas a presión para cocinar pequeñas cantidades de verduras. Debido a la velocidad de la coc-

ción, la olla a presión permite una «cocción progresiva», cociendo pequeñas cantidades de verduras a medida que se van necesitando. Este método representa una enorme mejora respecto a la cocción de verduras en las grandes marmitas a vapor de revestimiento, que resultaban de una cocción excesiva y ésta era muy lenta.

Las ollas a presión, las marmitas a vapor de revestimiento, las freidoras a vapor y los hornillos a presión se utilizan casi universalmente en las grandes cocinas y unidades de economato.

OTROS EQUIPAMIENTOS

Mezcladoras de gran velocidad. Estas mezcladoras activadas eléctricamente tienen diversos tamaños. En pocos segundos pueden cortar alimentos en

A la derecha, horno electrónico de convección programable que permite memorizar hasta 99 programas de cocinado, cada uno de ellos integrado por un máximo de cinco pasos o secuencias.

trozos diminutos o bien convertirlos en líquido si están mezclados con agua.

Batidoras verticales. Las llamadas batidoras verticales actúan como grandes mezcladoras capaces de trinchar verduras y otros alimentos en pequeños tamaños o mezclarlos en forma líquida. Fabricada originalmente en Alemania, la batidora vertical fue primero bautizada como cortadora Schnell (rápida).

Batidora de masa. Se utiliza para mezclar harina, agua y otros ingredientes para formar masas. Existen batidoras de masas especiales para bizcocho.

Amasadoras. Estas máquinas enrollan masa para elaborar láminas de masa de pan o bizcochos.

Máquinas cortadoras. Existe toda una variedad de máquinas para cortar verduras a mano. Las cortadoras accionadas por máquinas que emplean cuchillas rotatorias se utilizan para cortar casi cualquier alimento.

LAS MÁQUINAS LAVAPLATOS

Construir una máquina para que haga nuestro trabajo. ¿Por qué no evitar también el tener que mojarse las manos para lavar la vajilla? Un tenaz caballero llamado Haskins comenzó a fabricar máquinas lavavajillas. Unas pocas de sus máquinas se utilizaron en hoteles, pero los lavaplatos luchaban tanto con los platos como la máquina. Por último, tras varios fracasos, las máquinas se tiraban y se volvía a lavar la vajilla a mano.

Las patentes para la máquina las adquirió G. S. Blakeslee alrededor de 1890, y Haskins prosiguió el camino para alcanzar la gloria del lavado de platos. En una etapa de su desarrollo, la máquina se bautizó con el nombre «The Niagara», pero cuando un hostelero afirmó que el nombre le venía muy bien porque se necesita una catarata de agua para hacerla funcionar, su nombre se cambió por el de «Columbia». Otra máquina realizaba un lavado perfecto, pero desgastaba el esmalte de los bordes de los platos.

Las primeras máquinas no eran más que canastas que se podían introducir y extraer en tinas o depósitos de agua mediante poleas que se manejaban manualmente. Sus bombas de circulación, activadas por máquinas a vapor o gasolina, eran grandes y de una gran complejidad. Debido al enorme tamaño de las máquinas (una utilizaba vigas de apoyo de 10 por 10 centímetros y medía 280 centímetros de altura), con frecuencia era necesario reformar la cocina para instalarlas.

Finalmente se introdujeron atomizadores de agua, colocando los platos debajo de ellos. Hacia 1910 llegaron los motores eléctricos y el diseño específico para operaciones de comida de envergadura varia-

ble. En la década de 1920 se utilizó acero cromado con níquel (acero inoxidable) para las cubiertas, puertas y depósitos. El nuevo metal, denominado ascoloy, fue el precursor del acero inoxidable de hoy. Los fabricantes de equipamientos tardaron hasta los años treinta para aprender a soltarlo, moldearlo, estirarlo o romperlo.

Mejoras en las máquinas lavaplatos

Las mejoras en las máquinas lavaplatos han llegado con los años, y habrán de seguir llegando, puesto que la mayoría de los restauradores coinciden en que el área más problemática del sector es el fregadero. En la operación de gran volumen, aun cuando el inventario de vajilla sea el triple de lo que el establecimiento necesite en realidad, una avería en el lavaplatos convierte toda la operación en un caos. No transcurre mucho tiempo hasta que no queda ni un solo plato limpio. Un corte de fluido eléctrico, falta de agua caliente o un fallo del lavaplatos son experiencias por las que han pasado casi todos los que están en el negocio.

Es sabio el operario que conoce su lavaplatos con detalle, sabe cómo hacerlo funcionar y cómo enseñar su funcionamiento a los demás. A estas personas, por lo general, se las llama de vez en cuando para cambiar una pieza, ajustar una válvula o para hacer otras reparaciones a la máquina. Son pocas las personas interesadas en hacer una carrera en materia de lavaplatos; pero aún menos las personas deseosas de permanecer de pie junto a calientes fregaderos lavando ollas y cacerolas a mano.

Máquinas de una sola persona

En un intento de simplificar el lavado de los platos y reducir la cantidad de empleados necesarios, en los años cincuenta Clyde R. Weithe experimentó en el garaje de su casa durante varios años para producir una máquina que pudiera ser accionada por una sola persona. La máquina Adamation que surgió de estos experimentos (llamada así por la calle Adams, en Newton, Massachusetts, donde fue fabricada por vez primera) hizo posible la operación unipersonal y fue ampliamente utilizada por la Howard Johnson Company y por muchas otras firmas de la actualidad. La máquina tiene unida a ella una mesa circular que permite que un carrusel de rejillas con platos entre y salga continuamente.

La mesa circular horizontal permite que una persona cargue los platos sucios en la rejilla y espere a que la rejilla salga con los platos limpios, que pueden ser descargados por ella misma. La mesa se pue-

Dada la importancia que en toda cocina comercial tiene la zona de lavado, los equipos de lavaplatos no cesan de mejorarse tanto en funcionalidad como en el aspecto del ahorro de energía (agua caliente). A la derecha, moderna máquina lavaplatos de uso industrial.

de extender hasta el comedor y, de ser necesario, hacer que una camarera cargue la máquina desde allí. En un primer momento los fabricantes de máquinas lavaplatos no quedaron muy impresionados por esta modificación, pero posteriormente desarrollaron máquinas de «mesa rotatoria» similares y empezaron a comercializarlas.

En 1969 la G. S. Blakeslee Company, empresa establecidad en Chicago, fabricó una máquina lavaplatos de mesa rotatoria con una correa transportadora que lleva rejillas o bien se puede cargar a voluntad con platos, vasos o tazas. La carga a voluntad elimina la necesidad de preclasificar la vajilla sucia, tarea necesaria cuando se emplean rejillas. Colocando en la rejilla el servicio de mesa más delicado, la manipulación de los otros objetos se reduce, y también los destrozos, con el ahorro que ello supone. La comida sobrante se vuelca en una artesa situada delante y debajo de la correa transportadora, donde una hélice en espiral empuja los desperdicios a lo largo de la artesa hasta el cubo de basura.

La máquina posee «sensores» incorporados en el depósito de aclarado final que activan e interrumpen el agua caliente de aclarado final. El agua está abierta solamente cuando los platos están pasando a través de la máquina, por lo que se produce un considerable ahorro de agua caliente, aditivo de aclarado y se reduce la disolución de detergente en el depósito de lavado.

En la actualidad hay en funcionamiento enormes máquinas lavaplatos capaces de higienizar platos para miles de personas diariamente. Correas transportadoras acolchadas transportan los platos entre cuatro rociadores superiores e inferiores y después a través de un secador por aire. Las máquinas se fabrican en distintos tamaños.

Máquinas lavaplatos a baja temperatura

Como consecuencia del incremento de los costes que ha experimentado el calentamiento de agua han salido al mercado nuevas máquinas lavaplatos que eliminan la necesidad de emplear agua a 82 °C para su higienización. Mediante la adición de un bactericida de origen químico al agua del aclarado se puede utilizar agua a una temperatura de tan sólo 35 °C para el proceso de higienización. En algunos casos concretos, los directores de restaurantes han manifestado haber conseguido reducir el coste del lavado a la mitad mediante el empleo de sustancias y agentes químicos para higienizar el agua a 82 °C. En bares donde los sistemas de conexión de agua caliente no son muy prácticos, la higienización se realiza completamente mediante agentes químicos y sólo se emplea agua fría.

Los lavaplatos de baja temperatura se basan en la introducción de hipoclorito de sodio, además del detergente para higienizar el servicio de mesa. Se necesita un dispositivo de buena ingeniería para añadir en el aclarado el cloro necesario, ya que si contiene demasiado cloro, parte del mismo permanece en la vajilla y el cliente puede llegar a percibir su sabor. La presión del agua durante el ciclo de lavado debe ser alta para limpiar con eficacia.

En la mayoría de las máquinas no sólo se economizan unidades de calor sino que también se reduce el consumo de agua. Los lavaplatos a baja temperatura se pueden alquilar; un contador incorporado en la máquina cuenta la cantidad de rejillas lavadas y el gerente paga unos cuantos centavos por cada una (las máquinas de alquiler son de un único depósito y es probable que el gerente de la máquina lave solamente rejillas completas). Los restauradores que utilizan máquinas grandes con frecuencia las tienen en funcionamiento sin platos dentro o las utilizan con rejillas parcialmente llenas.

Otra ventaja que ofrece la máquina lavaplatos a baja temperatura es que no se produce vapor y, por lo tanto, no se necesita sistema de escape ni ventilación. El coste original es inferior al del lavaplatos convencional de agua caliente. Las máquinas han estado disponibles durante varios años, pero pasaron relativamente desapercibidas hasta que se produjo el aumento de los costes de agua y energía.

ORGANIZACIÓN INTERNA DE LA COCINA

Los antiguos grabados de las cocinas de los palacios reales muestran habitaciones inmensas de techo elevado, sin particiones ni separaciones. La organización era esencial. Durante la época de Napoleón, el *chef* francés llevaba un gorro largo y flojo, al estilo de un gorro de dormir, como símbolo de su autoridad. En el otro extremo del espectro estaba el humilde pinche. Se supone que la altura de la *toque blanc* tenía una relación directa con su jerarquía.

Si bien la gran cocina francesa se había departamentizado en secciones *(partis),* se le atribuye a Auguste Escoffier la sincronización de su funcionamiento.

Bajo el sistema antiguo, «huevos Meyerbeer», un plato compuesto de huevos, cordero, riñones y salsa de trufas, requería quince minutos de preparación. Con un *chef* en cada puesto, el plato se preparaba en una fracción de ese tiempo. Un *entremetier* horneaba los huevos en mantequilla. Un *rotisseur* asaba el riñón mientras un *saucier* preparaba la salsa de trufas. Se combinaba el trabajo de los tres especialistas y los huevos se llevaban con prontitud a la mesa.

A finales del siglo XIX y a principios del XX, la mayoría de los constructores de hoteles situaban las cocinas en el sótano, donde el espacio se considera-

ba menos valioso. Las cocinas eran espaciosas. El Astor Hotel de Nueva York abrió en 1904 y tenía una cocina de 64 metros de longitud con una anchura media de 42 metros.

Por supuesto, los arquitectos diseñadores no tenían en cuenta el coste de funcionamiento de las cocinas, de desplazar a las personas, los alimentos y los servicios de mesa de un nivel a otro y dentro de una cocina. Éstos son costes incorporados que prosiguen durante la vida del edificio.

Ellsworth Statler fue uno de los primeros en apreciar los méritos de colocar la cocina del hotel al mismo nivel que las zonas del comedor. En 1917 se construyó el St. Louis Statler, con la cocina situada en la misma planta que todos los comedores, construidos alrededor de tres de los lados de la cocina. Esta disposición hizo posible que una cocina sirviera al salón comedor, a la cafetería y al bar.

Desde entonces el plano se ha utilizado varias veces, siendo uno de los ejemplos más característi-

La racionalización del trabajo en una cocina comercial es muy importante habida cuenta de la cantidad de personal que en ella puede coincidir. Sobre estas líneas, varios chefs (gorro blanco), cocineros y pinches de cocina en el ejercicio de su labor.

cos el del Beverly Hilton Motel, donde la cocina tiene forma circular y se halla rodeada por los diversos departamentos.

La mayoría de los edificios de gran altura, especialmente allí donde la tierra representa uno de los costes más elevados, no pueden permitirse colocar la cocina y las zonas de servicio en el mismo nivel. En el New York Hilton, por ejemplo, la cocina y los departamentos para lavar la vajilla están situados

en un núcleo central del edificio, en varias plantas, conectadas entre sí y con los restaurantes mediante ascensores.

La práctica de colocar una cantidad de lugares de preparación uno junto a otro detrás de un mostrador se utiliza en la mayoría de las cocinas comerciales que preparan comidas según un menú extenso y complicado. La cocina del Waldorf Astoria, por ejemplo, se extiende a través de una larga distancia de puestos detrás de otra. El camarero entra en la cocina y deja su pedido en cada lugar, regresando luego para recoger la comida preparada.

Algunas cocinas de los hoteles más grandes son inmensas, siendo prodigiosas las distancias que recorren los camareros para hacer y recoger sus pedidos. Los camareros y camareras de los enormes hoteles de vacaciones del Plan Norteamericano, antes de acabar la temporada se convierten en atletas de carreras debido a las constantes carreras y caminatas requeridas, y a las distancias implicadas.

El control del espacio

En la mayoría de los casos, la planificación considera la cantidad de espacio asignado o disponible para la cocina. En los costosos lugares céntricos, las cocinas a menudo son minúsculas, con un empleado trabajando casi encima de otro. Sorprendentemente, las cocinas pequeñas resultan ser más eficaces que las grandes por la necesidad de planificar en detalle cada lugar de trabajo y la eliminación de pasos anteriormente exigidos cuando los empleados del servicio de comidas se trasladaban de un sitio a otro, y además a la bodega, dentro de un mismo lugar. En la mayoría de los casos, el hecho de reducir el número de platos del menú también mejora la eficacia.

Cuando la cocina tiene la forma de un cuadrado, el equipamiento se coloca con frecuencia en torno a tres paredes, formando un cuadrado abierto o una «U». El primer sitio, cuando el camarero entra a la cocina, puede ser la zona de lavar los platos, y el último antes de entrar al comedor es la despensa, o la estación del postre y el café.

Un ejemplo de cocina de restaurante diseñada para el funcionamiento y la rapidez de las operaciones fue la de Eddy's Restaurant, en Kansas City, que aparece en la figura 23.A.

El flujo de camareros es un circuito que comienza con el lavadero, apenas a seis pasos de la puerta de entrada desde el comedor. El circuito continúa a través del lugar de la carne y el pescado, el sitio de las verduras, el de las ensaladas y la despensa. Desde allí pasa a la barra de servicio y al compro-

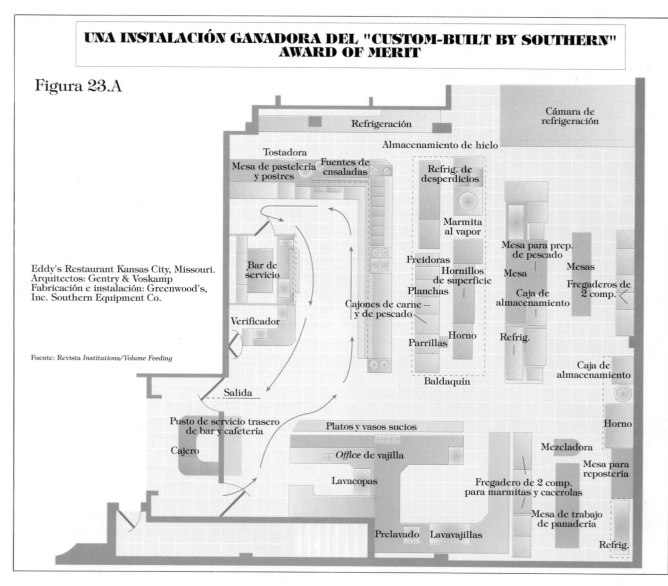

UNA INSTALACIÓN GANADORA DEL "CUSTOM-BUILT BY SOUTHERN" AWARD OF MERIT

Figura 23.A

Figura 23.A

Cámara de refrigeración

Refrigeración

Almacenamiento de hielo

Tostadora

Mesa de pastelería y postres

Fuentes de ensaladas

Refrig. de desperdicios

Marmita al vapor

Mesa para prep. de pescado

Bar de servicio

Freidoras

Hornillos de superficie

Mesa

Mesas

Planchas

Caja de almacenamiento

Fregaderos de 2 comp.

Eddy's Restaurant Kansas City, Missouri. Arquitectos: Gentry & Voskamp Fabricación e instalación: Greenwood's, Inc. Southern Equipment Co.

Verificador

Cajones de carne — y de pescado

Refrig.

Horno

Parrillas

Fuente: Revista *Institutions/Volume Feeding*

Baldaquín

Caja de almacenamiento

Salida

Horno

Pusto de servicio trasero de bar y cafetería

Platos y vasos sucios

Mezcladora

Cajero

Office de vajilla

Mesa para repostería

Lavacopas

Fregadero de 2 comp. para marmitas y cacerolas

Mesa de trabajo de panadería

Prelavado   Lavavajillas

Refrig.

---

bador de comidas. No hay ningún tráfico cruzado, ni largas distancias entre los distintos puestos.

Unidades de preparación apoyan a los puestos de servicio y están preparadas de modo tal que la comida pasa de un departamento al siguiente de camino hacia la línea de servicio. Cada empleado está adiestrado para desempeñar su puesto; cuando el trabajo se termina, el puesto pasa a otro punto del servicio.

Luces multicolores les indican a los camareros que los pedidos ya están listos.

Cajones refrigerados, situados directamente frente a las parrillas y los hornillos, mantienen los alimentos al alcance de la mano del *chef*.

Todos los equipos, incluyendo los hornillos, están elevados veinte centímetros sobre el suelo para facilitar la limpieza completa. Los interiores y los estantes son movibles por el mismo motivo. Se utili-

zan enfriadores y calentadores de platos de nivelación automática. Salientes que dan cabida a dos filas de bandejas facilitan la coordinación de los pedidos.

En este caso se planificó la cocina y el edificio se adaptó a ella. La mayoría de las cocinas deben adecuarse al edificio, con la pobre distribución resultante, lo que hace aún más necesario el análisis del flujo de procesos.

Las cocinas institucionales a menudo son más grandes de lo necesario y poseen más equipos de cocina de los necesarios. Los diseñadores de cocinas institucionales son partidarios de incluir equipos extras reconociendo que, una vez que se ha asignado dinero para una cocina, los presupuestos adicionales quizás tarden mucho tiempo en llegar. Es mejor contar con equipos de reserva a mano. Otra explicación para el excesivo equipamiento es que a la mayoría de los diseñadores profesionales de cocinas se les paga un porcentaje del coste total de la cocina; para las personas poco escrupulosas, cuanto mayor sea el coste, mayores serán los honorarios.

Desde siempre los diseñadores de cocinas profesionales se han asociado con casas de equipos para restaurantes. Las mayores firmas de equipamientos emplean a especialistas de distribución, a quienes se llama para planificar nuevas cocinas, incluyéndose sus servicios en el contrato para la compra del equipamiento de cocina.

Después de la Segunda Guerra Mundial se establecieron en el negocio unos pocos consultores de servicios alimentarios que a cambio de sus honorarios ofrecían sus conocimientos en materia de planificación de cocinas. En los años cincuenta un grupo de consultores independientes fundó la Food Facilities Engineering Society. Otro grupo, incluyendo tanto consultores independientes como diseñadores de cocinas empleados en casas de equipamiento, crearon la Internacional Society of Food Service Consultants. Más tarde, los dos grupos confluyeron en uno solo.

Debido a que la cantidad de distribuciones posibles en cualquier cocina es astronómica, no existen dos consultores de cocina que planifiquen dos cocinas iguales. Cada uno de ellos ha desarrollado patrones que prefiere sobre otros y que con el tiempo han demostrado funcionar de forma satisfactoria.

La necesidad de un enfoque científico

El intento por hacer más científica y exacta la planificación de la cocina se remonta al conde Rumford y a Alexis Soyer. En 1945 se publicó el libro *Kitchen Planning for Quantity Food Service,* de Arthur W. Dana. Fue el primer intento sistemático de enunciar los principios del diseño de cocinas y describir los tipos de problemas posibles y las clases de equipamiento disponibles para su uso.

En 1962 la American Gas Association publicó *Commercial Kitchens.* El libro es una declaración general de la planificación de cocinas y hace especial hincapié en el uso de equipos de cocción a gas. A la luz de la situación de competencia entre las empresas de servicios de electricidad y de gas, el diseñador de cocinas está acosado por las afirmaciones de superioridad del gas por un lado y de la electricidad por el otro.

Debido a que la mayoría de los *chefs* han aprendido el oficio utilizando equipos de gas, la tendencia entre ellos es favorecerlo como combustible de cocción. Su idea es que el gas, tal como se utiliza para la cocción encima de los hornillos, es más con-

trolable que el elemento de calentamiento eléctrico. La llama del gas responde instantáneamente al giro de la perilla y se puede ver a simple vista.

Las empresas de suministro eléctrico señalan que el gas ardiente consume oxígeno de la cocina y que si no hay una fuente constante de aire fresco el nivel de monóxido de carbono de una cocina puede subir peligrosamente. Las personas especialistas en la electricidad argumentan que el uso del fluido eléctrico en una cocina la mantiene más limpia, argumento discutible. Proporcionalmente, hay más cocinas institucionales que utilizan equipos de cocción eléctricos que lugares de comida comerciales.

El coste del combustible de cocción es una consideración prioritaria para el gerente. La American Gas Association admite abiertamemte que 252 calorías/gramo de energía eléctrica equivalen a 403 calorías/gramo de gas para cocción. La razón es que gran parte del calor producido por el gas se va por el sistema de ventilación junto con los humos producidos por la combustión del gas. Pero las personas relacionadas con la industria del gas dicen que aun aplicando las tarifas de gas y electricidad según esta proporción, los costes de cocción eléctrica en ciudades de Estados Unidos son de entre dos y diez veces superiores a los del gas (hay pocas zonas donde el suministro hidroeléctrico es barato y que la electricidad para la cocción sea más económica que el gas). Las personas relacionadas con la industria del gas también arguyen que su producto es más fiable, en tanto que no hay probabilidades de que el suministro de gas se corte, tal como sucede periódicamente con el suministro de fluido eléctrico.

No es necesario que la decisión gas *versus* electricidad se resuelva a favor de uno u otro, sino en términos de elementos específicos del equipamiento de la cocina. Se puede utilizar tanto gas como electricidad para producir el aire caliente necesario en los hornos, las temperaturas de 1 649 °C o más en la superficie de los hornillos, del vapor y la energía infrarroja.

Para los hornos de microondas hay que utilizar electricidad. Las parrillas a gas parecen ser más eficaces que las eléctricas; la freidoras de profundidad eléctricas, en las que las unidades de calentamiento están inmersas en la grasa, parecen más eficaces que las freidoras a gas, donde el calor se concentra en la parte inferior de la marmita; en el pasado algunos equipos eléctricos tuvieron un aspecto más atractivo y estaban mejor aislados que los equipos de gas comparables. Respecto al sistema autoprotector, los operadores de cocinas pueden protegerse a sí mismos contando con una combinación de equipos de gas y electricidad.

En la valoración de costes, muchos han sido los directores de hoteles y restaurantes que se han replanteado, guiados por razones económicas, la conveniencia de instalar las cocinas a gas para sustituir a las eléctricas, que presentan algunos inconvenientes, como el corte de suministro en algunas ocasiones. Arriba, cocinero frente a un equipo eléctrico.

En algunas cocinas institucionales se utiliza la disposición de todos los equipos de cocción en una isla en el centro de la habitación. No es probable que las cocinas institucionales estén tan departamentalizadas como las cocinas comerciales. La colocación del equipamiento en la isla permite que todo él esté situado bajo una campana de escape, que puede eliminar el aire caliente y los vapores creados por los equipos.

En años recientes la tendencia ha sido colocar la sección de lavavajillas lejos de la cocina o completamente separada de la misma. La del fregadero es una zona ruidosa, caliente y húmeda. Pertenece a la cocina sólo porque en el pasado los camareros, las camareras o los ayudantes de camareros dejaban allí los servicios de mesa sucios y retiraban los limpios.

Las cintas transportadoras pueden entregar los servicios de mesa sucios en una habitación de cualquier sitio y también pueden devolver los servicios lavados a punto para su uso. En algunas instalaciones grandes, el cuarto de vajilla está situado en un nivel inferior, en una planta separada de la cocina.

Temas discutibles a la hora de planificar una cocina

Los puntos de debate de la planificación de una cocina giran alrededor de si el personal de servicio debe entrar en la cocina y qué debe hacer si entra. Algunos gerentes quieren que el personal de servicio de comedor haga ensaladas y tostadas y otros trabajos de ayuda de cocina. Otros gerentes piensan que lo mejor es que el personal de servicio permanezca en la cocina el menor tiempo posible. Disponen que el servicio de mesa sucio se lleve a la cocina a través de una cinta transportadora. Otra forma de trasladar los servicios sucios consiste en instalar una máquina lavavajillas de tipo carrusel con una parte del sistema de rejillas rotatorias extendida hasta la cocina, donde los servicios sucios se pueden cargar directamente en las rejillas de la máquina.

La respuesta a la pregunta de cuánto tiempo debe pasar el personal de servicio en la cocina está parcialmente determinada por la velocidad del salón comedor. Si el desayuno y el almuerzo son relativamente lentos, el personal de servicio se podrá utilizar en la despensa o en cualquier otro lugar de la cocina. Si en el salón comedor el movimiento es rápido, el personal de servicio se puede utilizar más eficazmente en él que en la cocina, cuando aquí están apoyados por personal especializado.

Es característico que los suelos de las cocinas estén cubiertos con baldosas, que son fáciles de limpiar, relativamente impermeables al agua y duraderas. Las baldosas también son sumamente resbaladizas cuando están mojadas, lo que probablemente sea la mayor causa de accidentes en el negocio de la hostelería.

Son pocas las cocinas que han instalado alfombras. El administrador de una cafetería de Washington D.C. le proporcionaba a cada empleado una alfombrilla y gracias a ellas aumentó tanto su seguridad como la higiene. Las baldosas son ineficaces, fomentan la aparición de venas varicosas, y aumentan el cansancio; se las debe reemplazar por felpudos o alfombras.

Con frecuencia, detrás de los equipos de cocción se instalan entarimados de madera. Se pueden quitar y lavar en la máquina lavavajillas, y los desperdicios se pueden recoger entre los listones sin interferir con el trabajo del cocinero. Aunque por otra parte, algunos cocineros pueden sentir que están trabajando sobre un trampolín después de pasarse un día sobre los entarimados.

La cocina a la vista de los clientes

Muchos de los restaurantes de especialidades que se han desarrollado desde los años cincuenta incorporan cocinas a la vista en el comedor. En los restaurantes Charlie Brown, el *chef* y su equipo de ayudantes están instalados en el salón comedor. Las cocinas a la vista deben estar apoyadas por una cocina auxiliar situada en otro lugar, o bien utilizar un menú sumamente limitado. Los Rib Rooms están construidos alrededor de un menú compuesto por carne asada, patatas al horno y ensaladas. Algunos de los restaurantes de estilo japonés operan con los huéspedes sentados alrededor de una gran plancha, y el personal de servicio actúa tanto de cocinero como de camarero.

Entre las implantaciones de restaurantes más eficaces están los Friendly Ice Cream Shops de Nueva Inglaterra. Toda la preparación de comida se efectúa en un pasillo rodeado por mostradores y banquetas. El menú está limitado a bocadillos, sopa y helados, de modo que cada empleado puede ser parrillero además de camarero. The Chock Full O'Nuts,

La lógica distribución del espacio en una cocina comercial es muy importante para lograr una mayor rapidez en el servicio. Debe reservarse un espacio a los camareros donde recibirán los platos preparados sin necesidad de mezclarse con el personal de cocina. Arriba, bandejas de postres dispuestas para ser recogidas por el servicio de mesas.

con sede en Nueva York, posee un estilo de dirección similar con una necesidad de preparación y de instrucción del personal mínima. La distancia entre la zona de preparación y la zona de servicio es apenas de unos pocos pasos. La mayoría de la comida ya está preparada. El personal de servicio se la entrega al cliente a través de un mostrador.

El valor del color en la cocina está empezando a reconocerse. En lugar del habitual blanco antiséptico, las paredes y los techos se pueden pintar de color melocotón y amarillo, colores que, según se ha descubierto, son «sabrosos». Una iluminación adecuada es especialmente necesaria en la zona de recogida del lavavajillas y en los lugares donde se prepara la comida. La iluminación debe ser su-

La cocina comercial

Desde hace ya varios años muchos restaurantes, sobre todo de especialidades, han incorporado cocinas a la vista en los comedores, cocinas que generalmente cuentan para algunos platos con el apoyo de otra cocina interior. A la derecha, cocineros junto a una mesa dispuesta para preparar ciertos platos a la vista del cliente.

ficientemente clara como para que el empleado pueda ver si los platos están limpios y, en el caso de los cocineros, ver los resultados de su trabajo manual en el ornamento y la disposición de los platos.

Según Arthur Avery, un consultor de servicios alimentarios muy conocido, el cuarto de lavado debía tener entre veinte y treinta pies. En el extremo del lavavajillas, la iluminación se debe elevar a entre cinco y ocho metros. Los residuos de clara de huevo y cereal blanco son difíciles de apreciar sin suficiente luz. El cuarto de lavado se puede «refrescar», desde el punto de vista psicológico, mediante el empleo de colores azul y verde azulado en la pared.

Por lo general, la cocina es excesivamente ruidosa, especialmente el cuarto de lavado. Las rejillas plásticas reducen el matraqueo. Revistiendo la superficie inferior de las mesas de platos con un material de goma y mediante el uso de esteras de plástico o caucho sobre las mesas se reducen los decibelios. También son de ayuda las baldosas acústicas en las paredes y los techos. Se puede utilizar pintura acústica, o un sistema en panel de pantallas acústicas colgadas del techo. El aire acondicionado en una cocina o en un cuarto de lavado aumenta la productividad entre un diez y un quince por ciento. También reduce los accidentes y mejora el control de calidad.

Las mesas de trabajo de las cocinas casi siempre son demasiado bajas; tener que inclinarse demasiado para trabajar en la mesa puede crear problemas de espalda. Algún día habrá mesas regulables adecuadas a la altura del trabajador. Con frecuencia, los pasillos son demasiado estrechos o demasiado anchos. El ingeniero industrial nos dice que el espacio del pasillo debe ser al menos de 76 centímetros; de entre 91 y 96 centímetros, cuando la persona tiene que sacar algo de debajo del mostrador; de algo más de un metro, si uno ha de arrodillarse para trabajar. Cuando dos empleados trabajan a cada lado de un pasillo, se ha de conceder 1,20 metros. Los botones reguladores deben estar a la altura de los ojos para que se puedan leer fácilmente.

La necesidad de aumentar la precisión en la cocción

La cocción se está volviendo más precisa en la medida que se tienen más conocimientos técnicos acerca de su proceso. La fuente de pescador, que combina un filete de pescado, escalopes, ostras y patatas fritas, requerirá una cocción separada de los alimentos, en contra de lo que se hacía en el pasado. Cada artículo requiere un tiempo de cocción diferente; si se cocinan todos al mismo tiempo, algunos quedarán demasiado cocidos y otros poco hechos.

Richard Keating, de Chicago, decía que si bien todas las partes del pollo por lo general se cocinan a 177 °C, el verdadero tiempo de cocción y la temperatura deberían ser algo diferentes. A 177 °C la pata y el ala requieren diez minutos para quedar bien cocidas; la pechuga, del mismo pollo de unos

dos kilogramos, requiere veinte minutos; el muslo, trece minutos. Ello significa que si las piezas del pollo se colocan todas en un recipiente de freír al mismo tiempo, la pata y el ala resultarán con un treinta por ciento de sobrecocción. El resultado es la pérdida de peso y de sabor. La próxima vez que usted pida pollo frito, vea si el aspecto de la pata no es el de haber pertenecido a un pollo más pequeño.

Con la cocción por microondas, la temporización es aún más exacta, aquí cuentan los segundos. Para cocinar bien, el cocinero actual necesita algo más que destreza con el cuchillo. Quizás no haya que picar cebollas si se utilizan cebollas deshidratadas, que son más económicas, requieren menos trabajo y, para muchos platos, son igualmente sabrosas que la cebolla fresca.

La calidad de las patatas instantáneas varía enormemente, y el cocinero ha de ser una especie de ana-

lista para determinar cuáles son mejores desde el punto de vista de coste y calidad. El cocinero adquirirá algo del carácter de un técnico alimentario, y entenderá un poco de química de los alimentos y un poco de física en relación a la cocción.

La computerización en la planificación de las cocinas

Tenía que llegar, y llegó, la planificación de la cocina asistida por computadora. La disposición óptima de los equipos de una cocina podría parecer un problema bastante simple. La matemática del problema, sin embargo, es formidable. Se puede pensar en la cocina como un sistema de componentes en interacción.

Uno de los principales problemas del diseño de cocinas es distribuir los lugares de trabajo para minimizar los pasos dados entre estos lugares, los equipos y las zonas de almacenamiento. George Conrad ha calculado que si en una cocina hubiera diez puestos, los cálculos que se requerirían para llegar al mejor trazado posible necesitarían tres años. Con una computadora, los cálculos se pueden efectuar en cuestión de minutos.

Burger King, la cadena de comida rápida con base en Miami, utiliza la computadora para proyectar los niveles de ventas en los que es necesario ampliar los mostradores de cocina, y donde es necesario añadir puntos de terminales de ventas y estaciones de fritura. El análisis asistido por computadora ha reducido los costes de trabajo en un 1,5 por ciento.

La información necesaria para alimentar la computadora son patrones de llegada de clientes, estrategias de atención, interacciones cliente/cajero, características de los pedidos, estándares de tiempo de producción, reglas de almacenamiento e inventario. El objetivo es seguir sirviendo al cliente en tres minutos y utilizar al máximo el personal y el equipo.

Se utiliza un modelo por computadora para evaluar la cantidad de empleados necesarios para mantener cualquier volumen de ventas, basado en la disposición de la cocina, las ventas y el porcentaje de clientes que pasan en coche. El modelo también sugiere la colocación más eficaz de los empleados. Por referencia a diagramas elaborados a partir del modelo por computadora, los directores saben cuándo desviar empleados hacia lugares sobrecargados, tales como registradoras, mesas de preparación o estaciones de bebidas.

Este análisis asistido por computadora dio por resultado un alargamiento de la zona de espera para coches y la adición de una segunda ventana para coches.

Se descubrió que, a medida que las ventas alcanzaban un cierto nivel, el servicio disminuía y era necesaria una remodelación. Burger King es capaz de mantener los costes laborales en un 16 por ciento de las ventas. Se le reconoce al análisis por computadora la ayuda para hacer esto posible.

Terminales de puntos de venta

¿Es una caja registradora, una minicomputadora o parte de un sistema informático? El terminal de ventas puede ser las tres cosas, y se está instalando en numerosos restaurantes, especialmente en las operaciones en cadena. Como se utiliza comúnmente, el personal de servicio marca los artículos pedidos en una pequeña cónsola que contiene una cantidad de teclas. Cada tecla representa un artículo del menú. La información se conserva en esa máquina o, si la máquina forma parte de un sistema mayor, se transfiere electrónicamente a una computadora «central», que puede estar en otra caja registradora electrónica o en otro lugar (quizás a kilómetros de distancia). Como parte del sistema más grande y subordinado a la unidad central o «maestra», el terminal individual se denomina unidad «esclava».

En algunos sistemas, a medida que los camareros o camareras introducen información, el pedido sale impreso en las impresoras de la cocina. Los pedidos de bebidas aparecen simultáneamente en el bar. El pedido aparece con un comprobante para el cliente y es totalizado en la máquina. Esto ahorra tiempo y evita errores.

La información captada en el punto de venta puede ser «recuperada» en forma de ventas diarias, semanales y mensuales. La máquina contará la cantidad de cada artículo del menú vendido, lo que representa una valiosísima información al decidir si se debe dejar de servir un artículo a causa de una caída de las ventas.

Algunos sistemas eliminan la necesidad de hacer cuadrar los comprobantes repetidos, una práctica de uso común que lleva mucho tiempo. El sistema puede rastrear las ventas de cada persona de servicio y permite que la administración evalúe su rendimiento. El sistema acelera el movimiento total de cada plaza al acelerar la entrega. Debido a que los pedidos de bebidas se transfieren electrónicamente al bar, las personas de servicio pueden recoger sus pedidos al entrar en él. El personal de servicio no necesita entrar en la cocina hasta que el pedido no esté listo.

En el aspecto negativo, el sistema es bastante oneroso y vulnerable a las fluctuaciones del suministro eléctrico. Las reducciones o interrupciones del suministro pueden hacer que las minicomputadoras pierdan parte de sus memorias y que información importante se pierda de forma irrecuperable.

LA PREPARACIÓN DE COMIDAS EN ECONOMATOS CENTRALES

En lugar de operar numerosas cocinas, algunas administraciones centralizan la preparación de comidas en uno o varios economatos centrales de servicio de comidas. Bajo esta disposición, gran parte, o la totalidad de la preparación de los alimentos para un servicio de comidas de unidades múltiples se realiza en una cocina de producción central y no en cada uno de los establecimientos. El objetivo es sistematizar e industrializar la preparación de comi-

das, reduciendo en consecuencia los costes e incrementando el control de calidad.

La centralización posibilita las economías de escala. Las unidades de servicio no requieren equipos de preparación. Todas las compras las realiza un comprador de alimentos especializado. El almacenaje puede hacerse más eficaz mediante el uso de elevadores de carga y cintas transportadoras. Las tareas se pueden especializar y simplificar. Se pueden adquirir equipos de preparación de comidas más productivos y de mayor escala. Se puede contratar a un supervisor más cualificado y mejor retribuido como director del economato, consiguiendo una mejor supervisión y un mejor control de calidad.

Con los años, algunos economatos han sido sumamente eficaces; otros no. Los especialistas en servicio de comidas no coinciden en cuanto a los méritos de la centralización. Algunos son fervientes partidarios de ella; otros son enconados opositores. Quienes están a favor del economato señalan el valor de operar la cocina como si se tratara de una fábrica, utilizando recetas estandarizadas y equipos para economizar trabajo. Recomiendan operar el economato de modo muy similar a una planta procesadora de alimentos.

Quienes están en contra del economato mantienen que las dificultades para conectar el economato con la unidad son sumamente complicadas. La comida producida en el economato y finalmente entregada en el servicio de comidas unitario es, afirman, de inferior calidad a la que se produciría en la propia unidad.

Es importante recordar que siempre que una comida se elabora en un lugar y se entrega en otro, hay implicados costes de energía y existen grandes posibilidades de que ésta sufra una pérdida de calidad. Los servicios de comida de los aviones constituyen un buen ejemplo. La comida se debe refrigerar, mantener caliente a temperaturas relativamente bajas, o congelar. En el avión se ha de devolver a la comida la temperatura ideal para servirla. Casi todas las personas relacionadas con el servicio de comidas en los aviones coinciden en que, dadas las circunstancias, es sumamente difícil servir una carne que responda a la calidad de la que está preparada en un restaurante y servida automáticamente. Si son honestos consigo mismos, los expertos alimentarios coinciden casi unánimemente en que la mejor comida es la que se prepara de la nada y se sirve en el momento. Inevitablemente, la calidad disminuye cuando más tiempo se mantenga la comida alejada de su estado fresco. Por supuesto, es posible acostumbrarse a cualquier tipo de comida, preferir la margarina a la mantequilla, la achicoria al café, la leche desnatada a la leche normal, y quizás los platos congelados a aquellos preparados y servidos en el acto.

El paladar se educa originalmente en el hogar y por las preferencias culturales locales a texturas, olores y sabores particulares. Se le puede reformar para comidas diferentes. Por ejemplo, las personas con alta presión sanguínea pueden aprender a disfrutar de las comidas con muy poca sal o sin ella. El gusto puede adaptarse, incluso para bebidas tan amargas como la Guinness Stout.

Para mantener comidas en cualquier forma tras haberlas cocinado se requiere energía, energía para refrigerarla o congelarla y energía para «reconstituirla» (recalentarla). La comida de conveniencia puede ser de la mejor calidad; por ejemplo, copos de patata, panecillos congelados y algunas comidas preparadas. Una vez que se les aplica calor a estos productos para terminar de cocinarlos, por lo general la calidad disminuye cuanto más tiempo se mantenga el calor.

El debate sobre la utilización de economatos es particularmente importante para los servicios de comida de las universidades, ya que la mayoría de las facultades más grandes poseen una cantidad de establecimientos o instalaciones de comedor y tienen la opción de centralizar parcial o totalmente el servicio de preparación de comidas. Son muchas las universidades y colegios de todo el mundo que operan desde un economato central.

La centralización del programa de almuerzo escolar

La centralización del programa de almuerzo escolar se inició a finales de los años cincuenta, y en los años sesenta muchos sistemas escolares centralizaron la preparación de sus comidas. La comida se prepara mediante maquinaria y métodos industriales, luego se distribuye a cada una de las escuelas individuales. Con una cocina centralizada, se necesitan menos empleados que cuando cada escuela dirige su propia cocina. Parte de la economía en el trabajo, sin embargo, se pierde por el coste de transportar la comida desde la cocina centralizada hasta las escuelas.

Los economatos centralizados para restaurantes comerciales se remontan al año 1890, cuando la John R. Thompson Company de Chicago dirigía un economato central para tres restaurantes y luego distribuía la comida preparada a las unidades individuales mediante carromatos activados por electricidad. La Marriott Corporation comenzó la operación de economatos ya en la década de 1930 centralizando parte de la preparación de comidas en una tienda, y distribuyendo la comida preparada a las otras tiendas.

En 1941 se construyó un gran edificio y sede central de economato centralizado, que fue ampliado varias veces, hasta que en 1967 se construyó un edificio de economato completamente nuevo que abarcaba unos ochocientos metros cuadrados. Se convirtió en uno de los mayores y actualmente está en funcionamiento para el servicio de restaurantes. La comida se envía a lugares tan alejados como Chicago y Texas. Las implantaciones Marriott de California las sirve un economato aparte.

La operación Marriott es una de las más automatizadas del negocio. Las órdenes de compra de los establecimientos individuales se envían por teléfono al economato a través de teléfonos de datos. Este sistema no utiliza palabras como el lenguaje de pedidos, sino que se basa en un código de comunicación. El pedido se envía mediante llamada de larga distancia insertando una tarjeta perforada; el pedido se transmite a través de un código. Una computadora en el extremo receptor recoge los pedidos y los imprime.

La Howard Johnson Company es otra de las grandes empresas que hacen un uso intensivo del economato. Ya en 1952 gran parte del menú de Howard Johnson se preparaba en Miami y en una localidad cercana a Boston, para su congelación y entrega mediante camiones remolque. Miami surtía con platos congelados a establecimientos Howard Johnson tan alejados como Texas. En 1969 había 21 economatos centrales y centros de distribución que preparaban setecientos artículos.

Numerosas empresas han optado por producir comidas selectivamente en sus economatos, produciendo sólo aquellas comidas que suponían una economía a gran escala, y las comidas producidas son de igual o mejor calidad que las realizadas en el propio lugar o compradas a un proveedor. Artículos como sopas, chile, aderezos y salsa para barbacoa se pueden elaborar en un economato y distribuir posteriormente sin ninguna pérdida de calidad.

La preparación de comidas en economatos centrales

¿Cuándo resulta más económico optar por un economato central?

Que el economato central sea o no eficaz depende de su diseño, del menú que produzca, de la cantidad de unidades que sirva y de la extensión del territorio en que estén las unidades. Si una unidad individual posee un volumen de ventas suficientemente grande, puede, en realidad, dirigir su propia planta procesadora de alimentos en sus instalaciones. Si la unidad individual es suficientemente grande para obtener una economía a gran escala, no existe necesidad de apelar a otro economato que produzca lo mismo y lo transporte hasta la unidad.

Las grandes instalaciones de comedor de una universidad que sirva cinco mil comidas diarias probablemente puedan producir parte de sus comidas en la misma universidad y tan económicamente como lo podría hacer un economato.

El estilo de operación en economato se presta muy bien para la gran organización de unidades múltiples que poseen una gama relativamente reducida de artículos de menú. Estos artículos se pueden producir en grandes cantidades sobre una línea de producción. Por ejemplo, el pastel de coco que sirve la Howard Johnson Company se produce día a día, utilizando el mismo equipo y el mismo personal.

Se plantea la cuestión de si la comida para la unidad individual se la debe comprar o no a un fabricante de alimentos industriales. La respuesta debe decidirse en términos de contabilidad de costes, en una comparación del coste del artículo elaborado por la organización individual frente a lo que cuesta si lo elabora un fabricante de comida. También es importante, por supuesto, la calidad comparativa de los productos disponibles. La mayoría de los expertos en comida coinciden en señalar que la comida preparada y servida en el momento es superior en sabor y consistencia que la cocinada y mantenida de cualquier modo, ya sea refrigerada, congelada o tibia.

Según Woodrow Marriott, los alimentos enlatados de Marriott son de menor calidad que los congelados, debido a la alta temperatura y el prolongado tiempo de cocción que emplean los métodos convencionales para alimentos enlatados. Unas pocas comidas, como las judías estofadas y la sopa de crema de tomate, son tan buenas o mejores en lata que el mismo producto preparado en un economato y congelado. El nuevo método de enlatado de alta temperatura y poco tiempo quizás elimine algunas de la objeciones planteadas en el estudio de Marriott.

Otro factor a considerar en la operación de un economato es la distancia en el transporte de la comida hasta la unidad individual. En algún punto se hace necesario introducir otro economato o producir localmente a causa de los costes de producción. El sindicato estadounidense de conductores de camión ha sido otro factor en el incremento de los costes de transporte.

Cuando la comida se elabora y distribuye de forma centralizada, existe el problema de mantener su calidad desde el momento en que se la elabora hasta que se sirve. La congelación ha sido una respuesta; los contenedores calefaccionados constituyen otra.

De hecho, casi todos los grandes hospitales poseen un economato centralizado. La comida se prepara en una cocina central y se distribuye por el o los edificios.

Los economatos no siempre han tenido éxito. Se dice que la Horn and Hardart Baking Company, de Filadelfia, instaló un economato con unos costes millonarios sólo para descubrir que su capacidad era demasiado grande para el volumen de comida que se podía vender en las unidades individuales. Otras empresas han fundado economatos y los han descartado.

Muchas pequeñas cadenas de restaurantes se han introducido en el concepto de economato al tener una panadería central y hacer las carnes asadas, salsas y sopas en una cocina central. Las ensaladas y las frituras se efectúan en las instalaciones del establecimiento unitario.

¿Cómo mantener la comida preparada?

En el momento de instalar un economato centralizado el administrador posee varias alternativas en cuanto a los diferentes métodos de preparación de comida, la cantidad de realizada en el economato entral y la cantidad a preparar en la unidad donde se sirve la comida. Una seria decisión administrativa concierne a si la comida se debe mantener y transportar congelada, refrigerada o caliente. Ésta es una decisión muy importante que, de tomarse a la ligera, puede llevar a una empresa a la bancarrota.

Un esfuerzo pionero que se realizó en un restaurante comercial de Nueva York consistió en preparar la comida en el sótano, congelarla y transportarla al nivel de la calle, donde se calentaba y se le servía al cliente. Obviamente, no había necesidad de congelar la comida, dado que se la estaba sirviendo al siguiente nivel. Tampoco había necesidad de refrigerarla; se la podría haber llevado caliente hasta el siguiente nivel.

La cocina comercial

Una operación industrial de servicio de comida en Long Island cometió un error similar; preparaba la comida en una cocina central, la congelaban y luego la transportaban hasta un establecimiento cercano, donde la recalentaban y la servían.

Refrigerar en lugar de congelar

Congelar y recalentar cuesta dinero, y no es necesario congelar si la comida no se ha de mantener durante períodos prolongados. La Ford Motor Company refrigera gran parte de la comida que sirve en los comedores de sus factorías. Los alimentos más sólidos se pueden refrigerar hasta –2 °C, lo que para ellos no significa congelación. La comida se mantiene durante varios días.

Una gran empresa de servicios de comida para hospitales refrigera las comidas cocinadas en cantidades de cinco raciones, en bolsas cerradas al vacío. Su sistema se basa en el sistema de comidas sueco Nacka, así llamado por haberse originado en los hospitales Nacka de Estocolmo. La comida se empaqueta y se procesa en diversas etapas de consumo. Los artículos cocidos a fuego lento, como los pasteles de carne y pollo, se cuecen por completo. Los artículos a la parrilla, como el bistec de lomo, se ponen a la parrilla apenas el tiempo suficiente para darle color a la superficie. Otros alimentos se empaquetan en crudo o completamente cocinados dentro de la bolsa.

La comida se separa en raciones y se empaqueta al vacío. Luego se cocina en el punto de consumo en un baño de agua. La refrigeración rápida se realiza en agua fría y la comida se almacena en el refrigerador. Se dice que para tales alimentos la vida en los anaqueles del refrigerador es de al menos sesenta días. Cuando se ha de calentar la comida para servirla, se la coloca en un baño de agua caliente entre treinta y cuarenta minutos, hasta que alcanza una temperatura interna de 71 °C. Entonces se coloca en un plato y, antes de servirla, se introduce brevemente en un horno de microondas.

Utilizando esta cocción a baja temperatura, la pérdida de peso de la carne se reduce un veinte por ciento. Una ventaja del sistema es que en una semana de cinco días, de cuarenta horas, se pueden producir las necesidades de siete días. La producción por lotes, es decir, la producción de una cantidad de los mismos artículos al mismo tiempo, permite una mayor eficacia del servicio de comidas.

Muchas veces no es necesario refrigerar la comida, si la temperatura se puede mantener a 60 °C o más sin dañar su calidad. Una cadena de cafeterías de Georgia transporta costillas desde un economato central situado a unos ochenta kilómetros de varias cafeterías. Parte de la cocción tiene lugar durante el transporte, pero inicialmente la comida no está del todo cocida y el mantenimiento termina el proceso de cocción.

Artículos como sopas, salsas, jugos de carne y asados gruesos se pueden mantener durante cuarenta y ocho horas o más a temperaturas que no permitirán el desarrollo de bacterias. Hay unos pocos artículos que en realidad mejoran con el mantenimiento, pero la mayoría sufren una pérdida de calidad desde el punto de vista del sabor. Es verdad que algunas personas prefieren el pollo frío al caliente, pero por lo general le añaden mayonesa u otros condimentos para aumentar su sabor.

Respecto a los artículos fritos, la afirmación es taxativa: su calidad disminuye rápidamente, y ninguno se debe mantener durante más de quince minutos antes de servirse. Las ensaladas verdes se pueden preparar y mantener durante varias horas, si se guardan en un ambiente húmedo y fresco. Los aliños para ensaladas, sin embargo, no se deben añadir hasta justo antes de servirlas, porque de lo contrario la pérdida de calidad es grave. Las ensaladas, con o sin aliño, no se pueden mantener en la barra de la cafetería durante más de algunos minutos antes de que se produzca un deterioro de calidad.

LOS COSTES DE ENERGÍA

Los costes de energía en la cocina han sido siempre importantes, pero fueron objeto de poca atención hasta la crisis energética de 1973, cuando en algunas áreas esos costes se duplicaron. Puesto que la cocina típica consume el cuarenta por ciento o más de la energía total utilizada en el restaurante, la Asociación Nacional de Restaurantes, la Asociación Norteamericana de Hoteles y Moteles y varias cadenas de hostelería comenzaron a estudiar formas de reducir los costes del calentamiento del agua para los lavavajillas, el lavado de ollas y cacerolas, la cocción y la calefacción y refrigeración de la cocina. Entre los estudios más profundos que se llevaron a cabo estaba el del Sambo's Restaurants, una cadena de cafeterías, en colaboración con Elster's, una firma de planificación y equipamiento de cocinas. Como unidad de investigación se utilizó el restaurante Sambo's de Calabasas, California, y se instalaron y estudiaron varios sistemas de ahorro energético. Los conductos de escape situados sobre los equipos de cocción se alinearon con tubos transportadores de agua que recogían el calor emanado desde los equipos de cocción. El agua caliente se transportaba hasta un intercambiador de calor, un

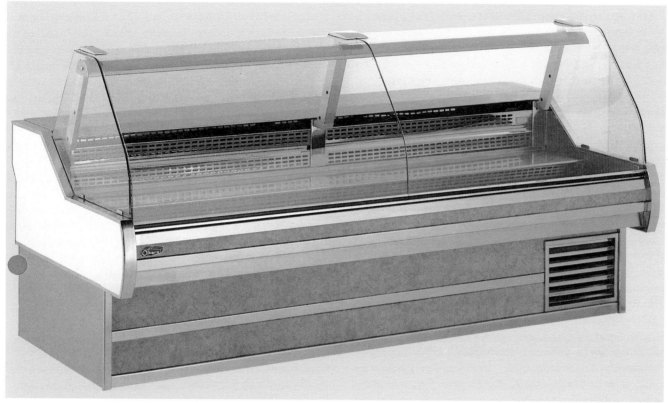

depósito de agua de once mil litros situado en el exterior del edificio. Allí el calor, recogido desde los equipos de cocción y transportado a través de las tuberías, calentaba el agua del grifo.

En la cocina habitual un gran flujo de aire pasa del salón comedor a la cocina y hacia afuera de los conductos de escape situados sobre los equipos de cocción, todo lo cual cuesta dinero. En la unidad experimental Sambo's sólo se mantenía en los conductos una pequeña presión negativa, de modo que solamente salía alrededor de un veinte por ciento del aire reunido en la cocina.

El calor generado por los compresores que dirigen unidades de acondicionamiento de aire y unidades de refrigeración, por lo general se canaliza hacia el edificio o hacia el exterior. En la unidad de Calabasas ese calor también se capturaba y transfería al tanque de once mil litros, donde era absorbido por el agua. El agua del tanque se calentaba aún más por la acción del sol, a través de la radiación solar recogida por una solución de glicol en la tubería del techo y transportada hasta el tanque de agua. De necesitarse más entrada de calor para el agua almacenada, se suministraba por gas. Gracias al estudio, se determinó que un intercambiador de calor de casi cuatro mil litros satisfaría las necesidades del restaurante. Con estos y otros dispositivos economizadores de energía, el uso de gas natural para cocinar, calentar agua y la calefacción del

Los sistemas de congelación de los alimentos suelen ser caros, por ello es recomendable que algunos platos que no se deban guardar preparados por períodos excesivamente prolongados, en lugar de congelarse se refrigeren. Sobre estas líneas, moderna vitrina refrigeradora en la que pueden exponerse los alimentos a dos niveles.

edificio se redujo en un 59 por ciento; el consumo de electricidad se redujo en un 80 por ciento.

Entre otras ideas para conservación de la energía se incluyen: la construcción de paredes gruesas sobre fachadas del restaurante orientadas hacia el oeste y el sur, la planificación de ventanas para el veinte por ciento o menos del espacio del suelo, utilizando iluminación por fluorescentes en todas las zonas a excepción de los espacios de comedor, la instalación de dispositivos para controlar los equipos eléctricos y reducir la carga de electricidad máxima en cualquier momento (las tarifas de la electricidad se basan en el consumo mínimo para un período de quince minutos más la cantidad total consumida), y la instalación de dispositivos de recuperación de calor, tales como capas en los humeros del incinerador, para utilizar el aire caliente generado con fines de calefacción.

Sistemas de calefacción, ventilación y acondicionamiento de aire de un restaurante

Por lo general los administradores de restaurantes no comprenden bien el funcionamiento del sistema CVAC (calefacción, ventilación y acondicionamiento de aire) de un restaurante. Como es comprensible, sus esfuerzos se orientan más a la organización y raras veces tienen algún interés por la ingeniería. No obstante, es útil conocer de modo general cómo se calienta y refresca un restaurante, y el sistema de mantenimiento para reparar o modificar un sistema si es necesario.

Normalmente, el sistema CVAC de cocina debe operar independientemente de las otras habitaciones. Los humos y olores de escape se deben canalizar a través de filtros separados y ventiladores de escape que desemboquen directamente al exterior. Los ventiladores extraen el aire a través de filtros que atrapan la grasa y los humos y los fuerzan hacia el exterior. La cocina se mantiene bajo una ligera presión negativa, de modo que el aire no pase desde la cocina hacia el salón comedor. En consecuencia, se produce un ligero movimiento de aire desde el comedor y otras habitaciones hacia el interior de la cocina y hacia los conductos de escape situados sobre los equipos de cocción y lavado de vajilla.

Puesto que el aire es extraído continuamente de los conductos, a menudo se bombea aire reunido directamente en la cocina, lo que contribuye a refrigerar la cocina durante el verano. De ser necesario, durante los períodos fríos, el aire reunido se puede calentar.

La presión del aire para la totalidad del restaurante debe ser ligeramente positiva, lo que significa que la cantidad de aire fresco o reunido debe ser ligeramente superior a la cantidad extraída. Cuando las puertas y ventanas están abiertas, el aire fluye suavemente hacia afuera; el aire de afuera no penetra dentro.

Algunos sistemas CVAC para restaurantes distribuyen aire a través de los conductos a la temperatura que necesite la habitación con mayores exigencias de refrigeración: como por ejemplo el salón comedor principal. Para las otras habitaciones, pequeños calefactores situados en el interior de los conductos recalientan el aire en la medida de lo necesario. Los calefactores de conductos funcionan a partir de termostatos situados en cada habitación. Durante el invierno, el aire se distribuye a través de conductos a una temperatura intermedia. Luego los calefactores de conducto calientan el aire de acuerdo a las necesidades de cada habitación individual. Estos sistemas se conocen como *sistemas de recalentamiento terminal*.

Los *sistemas de volumen variable* distribuyen el aire a la misma temperatura para todas las habitaciones; en cada habitación se instalarán reguladores de tiro situados en el interior de los conductos que dirigidos por termostatos desde las habitaciones, regulan la cantidad de aire que penetra en ella.

Si bien la mayoría de los administradores de restaurantes jamás diseñarán un sistema CVAC, deben interesarse por el funcionamiento del sistema, siguiendo los conductos desde donde se extrae el aire hasta donde se libera. Deberían conocer por razones prácticas la ubicación de cada ventilador, calefactor y enfriador.

LOS CAMBIOS EN LAS COCINAS COMERCIALES

La cocina de los hoteles y restaurantes ha venido cambiando durante cierto tiempo, pasando de ser una planta procesadora de producción «a partir de cero», a ser un lugar de terminación y montaje. Es probable que los procesos que entrañen asar y freír continúen formando parte de la mayoría de las cocinas durante algún tiempo; lo mismo sucederá también con el lugar donde se preparan las ensaladas. Pero la mayor parte de la preparación casi ha desaparecido de la cocina y se está realizando en la planta procesadora de alimentos industrializada. La imagen romántica de la cocina, con sus resplandecientes cacerolas y marmitas de cobre, ya ha pasado a formar parte de la nostalgia del pasado.

Cuando la investigación llegue finalmente a la cocina, piezas específicas del equipo de cocción se considerarán eficaces para un uso especial. El horno de microondas, por ejemplo, empieza a verse como un dispositivo de calentamiento limitado, para hacer hervir el agua existente en las materias alimenticias.

La cocina de hoy se ha vuelto más fresca, limpia y precisa desde el punto de vista técnico. Gran parte de la mística y la pericia ya se ha traspasado a la planta de fabricación de comida. Es probable que la cocina tradicional continúe existiendo durante algún tiempo en Europa y en unos pocos restaurantes y clubs caros de Estados Unidos. Por el momento, el restaurante de comida rápida ha depuesto al sumo sacerdote de la cocina y lo ha reemplazado por calentadores de comidas y ensambladores adolescentes de salario mínimo.

LA FRANQUICIA EN LOS RESTAURANTES DE COMIDA RÁPIDA

¿Qué factor individual produjo el mayor cambio en la industria de hoteles y restaurantes durante la década de 1960? La respuesta es, sin lugar a dudas, la franquicia, un método de operación que ha permitido que centenares de pequeños empresarios entren en el negocio de hoteles y restaurantes equipados con un producto previamente empaquetado, un formato, una imagen, un sistema de operación, un plan de mercado y un esquema de financiación.

La franquicia ha reducido enormemente las posibilidades de fracaso en el negocio de los hoteles y restaurantes. Ha fomentado productos y servicios de calidad superiores a lo que serían de ser producidos de forma individual. En resumen, ha motivado la imaginación de las personas que producen la franquicia: del franquiciador, del individuo que adquiere la franquicia y del público en general.

Desde el punto de vista del investigador individual, el *boom* de las franquicias de comida rápida de los años sesenta, en cierto modo, había declinado hacia mediados de los setenta. El motivo fue que varias de las empresas de franquicia con grandes éxitos que habían acumulado capital cambiaron drásticamente su política. Varias habían dejado de vender franquicias y volvían a adquirir las propiedades que eran rentables. También muchos franquiciados, así como varios franquiciadores, habían fracasado.

En 1980, según el Departamento de Comercio de Estados Unidos, los restaurantes en franquicia sumaban ya 63 mil. Las ventas totales eran de alrededor de 28 mil millones de dólares. Los que vendían hamburguesas, frankfurts y *roast beef* tenían las mayores ventas. A continuación estaban los restaurantes especializados en el consumo de pollo. Otros restaurantes franquiciados vendían *pizza*, tacos, mariscos y pescado, tortitas, bistecs y otros tipos de bocadillos. En 1981, las ventas de McDonald's superaron los seis mil millones de dólares, las de Kentucky Fried Chicken los dos mil millones de dólares, y numerosas empresas de comida rápida similares tenían un volumen de ventas que superaba los cien millones de dólares anuales. Las ventas de los restaurantes franquiciados constituían alrededor del 42 por ciento del mercado de casas de comida.

La palabra *franquicia* proviene del anti*guo francer* francés, que significa «liberar». Durante la Edad Media la palabra se utilizaba en relación con las franquicias concedidas por la Iglesia Católica a personas amables que actuaban como recaudadores de impuestos quedándose para ellos mismos una parte considerable y el resto se lo mandaban al papa. La franquiciación apareció en Estados Unidos apenas acabada la Guerra Civil, ofreciéndose franquicias a los comerciantes de las máquinas de coser Singer. Hacia finales de siglo XIX, los fabricantes de automóviles, fabricantes de bebidas sin alcohol, cerveceros y petroleros extendieron el concepto de la franquicia. Después de la Segunda Guerra Mundial existían unas 100 heladerías, pero hacia 1969 ya Frostee Freeze tenía 2 600 implantaciones en franquicia. En 1945 existían un total de 3 500 establecimientos de comida rápida.

La franquiciación de comida rápida se remonta a fines de los años veinte y los treinta, cuando A & W Root Beer y Howard Johnson Company franquiciaron algunas de sus unidades, pero el campo tuvo poco ímpetu hasta que en la década de 1950 aparecieron centenares de heladerías. La cantidad de franquiciadores se amplió rápidamente en los años sesenta, favorecidos por la prosperidad general y la oportunidad de que un individuo fuera propietario de su propio negocio con una inversión relativamente pequeña.

A finales de los sesenta la franquiciación de comida rápida tomó un nuevo rumbo, cuando las principales empresas de fabricación de comida rápida compraron cadenas establecidas o bien construyeron las suyas propias. Entre 1967 y 1969 Pillsbury Company adquirió Burger King; General Foods, Burger Chef; Consolidated Foods Corporation, Chicken Delight y Big Boy Restaurants; Ralston-Purina, Jack-in-the-Box; Pet Milk Company, Stuckeys; y AMK Corporation's, United Fruit Company y A & W Root Beer. Entre otras que han entrado en el negocio se incluyen Pepsi Cola Co., General Mills y Green Giant. Estas empresas, con su acceso al gran capital y recursos humanos, le confieren una nueva estabilidad al negocio de la franquicia.

Según un informe del Departamento de Comercio de Estados Unidos, los restaurantes en franquicia tenían cerca de novecientos mil empleados en 1976, alrededor del 27 por ciento de la cantidad total de personas empleadas en establecimientos de restauración. Alrededor de la mitad de ellos giraban en torno a hamburguesas, frankfurts o *roast beef,* con los establecimientos de mariscos y pescado creciendo rápidamente. Alrededor de la mitad de los sesenta mil establecimientos en franquicia estaban franquiciados o controlados directamente por once empresas.

En un estudio realizado en 1975 California era el estado que ocupaba el primer puesto en cantidad de restaurantes franquiciados, seguido de Texas, Ohio, Illinois y Michigan. Fuera de Estados Unidos, Canadá poseía, aquel año, 940 de tales unidades; el Reino Unido, 408; y Japón, 311.

A mediados de los años sesenta, la franquicia afectaba a la totalidad del negocio de los hoteles y restaurantes, estimulando, transformando los antiguos sistemas de los negociantes y en cierta manera acelerando el cambio. Al mismo tiempo fue en parte responsable de convertir en millonarios a una gran cantidad de franquiciadores y al menos en propietarios de pequeñas fortunas a centenares de pequeños empresarios.

Técnicamente, una franquicia, tal como se utiliza en el negocio de los hoteles y restaurantes, es un acuerdo entre dos partes, el franquiciador y el franquiciado. El franquiciador cede al franquiciado el derecho de comercializar ciertos bienes y servicios bajo condiciones estipuladas y dentro de un determinado territorio. En qué consisten esos bienes y servicios, se puede apreciar en todas las carreteras estadounidenses: Howard Johnson Restaurants, McDonald's, A & W Restaurants, Holiday Inn y Hilton Inns.

Mediante la franquicia los pequeños empresarios adquieren una proyección de imagen instantáneamente, extienden su poder económico y ganan una relativa seguridad de éxito. La franquicia combina el saber hacer del directivo de las altas esferas del negocio con el incentivo personal del propietario individual. Los controles de costes, planes de promoción, asesoramiento de compras y, por lo general, métodos operativos comprobados, se venden como parte del paquete.

La mayoría de los acuerdos de franquicia de moteles requieren que el franquiciado construya un edificio según ciertas especificaciones. Por lo general, el franquiciado también se aviene a comprar y erigir un rótulo determinado y a seguir una lista de prácticas operativas. En muchos casos se ha esperado que el franquiciado de un restaurante le compre al franquiciador ciertas comidas y equipos de cocina, y que siga procedimientos determinados. Bajo algunos acuerdos, el franquiciado puede comprar alimentos allí donde desee, pero debe seguir especificaciones de compra estipuladas por el franquiciador.

OBLIGACIONES DE LOS FRANQUICIADOS

Se espera que los franquiciados de comida rápida paguen:

- Unos derechos de franquicia iniciales.
- Derechos de royalty continuos que oscilan entre el 5 y el 7 por ciento de las ventas brutas de la unidad; contribuciones publicitarias de entre el 1,3 y el 4 por ciento de las ventas brutas.
- El precio de compra de los equipos o el coste de arrendamiento.
- El alquiler.

Las exigencias económicas para lanzar un restaurante en franquicia son de entre diez mil y quince mil dólares para una pequeña pizzería o establecimiento de pescados y mariscos, hasta más de cua-

A la derecha, inconfundible aspecto exterior de uno de los restaurantes franquiciados de comida rápida más extendidos por todo el mundo y el que factura mayor cantidad de dólares anuales: MacDonald's, en este caso en Tokio.

trocientos mil dólares para los más rentables establecimientos de hamburguesas o pollo.

La mayoría de las cadenas están catalogadas como establecimientos de comida rápida y poseen las siguientes características:

- Servicio muy rápido, casi en exclusiva a clientes que permanecen de pie.
- Servicio inmediato de comida o asignación de un número de turno para recogerla.
- Elevado movimiento global de clientes por hora.
- Menú limitado.
- Bajo promedio de facturas.
- Producción de comida por línea de ensamblaje.

- Estricto control de compras y raciones. Platos, tazas y utensilios desechables.
- Programas de entrenamiento especiales para directivos y trabajadores.

Los directivos de franquicias conocen el valor de las investigaciones de mercado y la promoción, por ello gastan hasta el siete por ciento de sus ventas brutas en anuncios en TV u otros medios de comunicación, y en artificios publicitarios. La McDonald's Corporation ostenta el récord de presupuestos de publicidad. Una cadena gastó un millón de dólares en un anuncio de ocho semanas para anunciar sus patatas fritas al estilo francés.

DERECHOS Y RESPONSABILIDADES DE LOS FRANQUICIADOS

Por los derechos que abona, el franquiciado puede esperar de un franquiciador bien establecido y de sólida reputación una imagen y una marca comercial, apoyados mediante publicidad, y por lo general un paquete de promoción completo: vallas publicitarias, un logotipo para imprimir en las cajas para llevar, en las bolsas, en las tazas de café, en las servilletas, en los fósforos y en prácticamente todos los objetos que están a la vista del cliente.

Así mismo, el franquiciado también puede esperar control de calidad en las compras, control al que algunas veces el franquiciado se resiste. Quizás lo más importante sea que si el franquiciador no está demasiado deseoso de contar con nuevos franquiciados, éste obtiene un concienzudo análisis de emplazamiento y cierta cantidad de asesoramiento financiero (e incluso ayuda de financiación en algunos casos). Finalmente, puede esperar que muchos planes de franquicia incluyan la contabilidad central como parte del servicio ofrecido.

Casi todos los franquiciadores proporcionan algún tipo de formación inicial en una Hamburger University, un Mr. Donut College o un centro de formación similar. Tras la formación inicial, un supervisor de zona o coordinador de campo vigila al franquiciado y a la implantación. Los libros del franquiciado los lleva o somete a auditoría el franquiciador de un modo u otro, para asegurar que se abonen los derechos correctos. La mayoría de los derechos de franquicia se basan, junto con otros derechos, en las ventas.

El aspirante a comprador de una franquicia posee una amplia gama de opciones en cuanto a franquicias de hospedaje o de restaurante, según el dinero que pueda reunir y el estilo y tamaño de la operación que desee. Para algunos de los restaurantes más pequeños se necesita una cantidad de dinero relativamente pequeña; para obtener en franquicia hoteles u moteles para automovilistas se necesitan varios cientos de miles de dólares. Entre los restaurantes franquiciados, el comprador posee una gama que va desde una operación relativamente pequeña y sencilla como Burger Chef, hasta una cafetería restaurante relativamente completa.

El franquiciador es el gran ganador, en cuanto que puede ampliar el negocio a través de todo el país meramente firmando acuerdos con cientos de franquiciados. El franquiciado casi siempre tiene la responsabilidad total, o una gran parte, de reunir el capital necesario para iniciar el negocio. El franquiciador se puede expandir tan rápidamente como puedan comprar los franquiciados. Los dos problemas principales del franquiciador son: mantener la calidad y el estándar del producto y los servicios franquiciados; y ocuparse de que pocos de los franquiciados, o ninguno, fracasen.

Cada franquicia de comida rápida ha desarrollado su propio menú y disposición de la unidad, de modo que los costes de alimentos y trabajo varían considerablemente. Los costes de capital por establecimientos y ventas también varían ampliamente.

EL ÉXITO DE LA FRANQUICIA

McDonald's, el franquiciador de restaurantes de más éxito, ha tenido una proporción de fracaso inferior al dos por ciento. En aquellos casos en que las unidades franquiciadas fracasan, la empresa franquiciadora trabaja en colaboración con el franquiciado para, tras la negociación, lograr que la unidad triunfe, o bien vuelve a comprar la unidad. No obstante, hacia 1969 se estaba dejando que algunas unidades franquiciadas cerraran.

La Howard Johnson Company y Denny's han decidido volver a comprar una cantidad de sus establecimientos franquiciados con la idea de que sus estándares puedan mantenerse más fácilmente si los establecimientos los dirige la empresa (o que la empresa matriz puede obtener mayores beneficios dirigiendo que otorgando en franquicia). Allí donde la franquicia supone fundamentalmente el uso de un nombre, como es el caso de la franquicia Sheraton Hotel, la empresa matriz puede simplemente declarar nulo el acuerdo, recuperar su marca y quitar el hotel/motel de la lista de Sheraton Hotels que forma parte del sistema de referencia Sheraton.

Desde el punto de vista del franquiciado, el acuerdo generalmente es restrictivo en relación al estilo de operación, el producto y los servicios ofrecidos. No se deja ninguna habitación en manos de la imaginación, ni los cambios en el menú, la decoración, el mobiliario o los equipos. Tampoco hay cabida para diferencias regionales en cuestión de gusto u otras preferencias del cliente. Algunos de los derechos de franquicia alcanzan hasta el quince por ciento de las ventas brutas, y más; esto puede ser una carga, especialmente durante los períodos flojos.

La franquicia favorece al franquiciador. Los términos de un acuerdo de franquicia los estipula el franquiciador; éste queda en libertad de comprar la franquicia o rechazarla. Por lo general, el acuerdo es fijo. La mayoría de los acuerdos de franquicia contienen cláusulas que le permiten al franquiciador comprar nuevamente la franquicia o cancelarla en caso de que el franquiciado no pudiera satisfacer los términos del acuerdo.

Cuando el franquiciador adquiere capital o cuando las unidades franquiciadas son particularmente rentables, entonces tiene la tentación de volver a comprarlas. Chock Full O'Nuts, una empresa de franquicias y restaurantes de la ciudad de Nueva York, tuvo esta tentación. En mayo de 1969, diez franquiciados hicieron piquetes en las oficinas centrales de la empresa, tomaron por asalto el edificio y amenazaron con permanecer allí toda la noche a menos que pudieran ver a William Black, el presidente. Los franquiciados protestaban por lo que ellos llamaban pillaje de la empresa, a la que no deseaban volver a venderle la franquicia. Además, afirmaban no haber recibido supervisión y que los precios de frankfurts, hamburguesas y sopas de la empresa matriz se habían aumentado arbitrariamente.

El primer restaurante franquiciado nació cuando A & W Root Beer abrió un puesto en Lodi, California, en 1919, y en los años veinte se le vendió una franquicia A & W Root Beer a J. Willard Marriott. Bill Marriott había estudiado en la universidad de Utah y había observado desde el campus que al otro lado de la calle otro puesto de los primeros franquiciados por A & W Root Beer estaba haciendo un negocio excepcional. Eso fue en 1926.

En 1927 Howard D. Johnson empezó a conceder en franquicia sus establecimientos y el nombre Howard Johnson habría de convertirse en una palabra de uso corriente en la costa este. Posteriormente la empresa extendió su operación hacia el medio oeste y, a mediados de los años sesenta, a California. En 1973 la Howard Johnson Company incluía más de 900 restaurantes y más de 450 hoteles para automovilistas.

La historia más pintoresca sobre franquicias pertenece al impulsor original de Kentucky Fried Chicken, el «coronel» Harland Sanders. Había sido peón de granja, pintor de carruajes, soldado, fogonero de ferrocarriles, herrero, conductor de tranvías, juez de paz, vendedor y empleado en una estación de servicio. A los sesenta y cinco años de edad estaba dirigiendo su propio motel/restaurante en Kentucky, pero se encontró sin negocio a causa de la construcción de una nueva carretera interestatal que pasaba a once kilómetros de distancia de su establecimiento. Sus únicos ingresos eran una ayuda de la seguridad social de 105 dólares mensuales.

Mientras estuvo en el negocio del restaurante había hecho experimentos friendo pollo y había descubierto que, cocinándolo en una olla a presión de tamaño doméstico, se obtenía un producto especialmente tierno.

El sistema de franquicia supone un acuerdo entre dos partes, y establece una serie de derechos y obligaciones para cada una. Entre las obligaciones del franquiciador se cuenta la de servir al franquiciado un paquete de promoción completo que incluye bolsas, cajas, servilletas, etc., todo ello marcado con el logotipo de la empresa, como puede apreciarse en la fotografía superior.

También había creado un revestimiento muy sabroso para el pollo. Inició un viaje por Estados Unidos vendiendo a los directivos de restaurantes una franquicia para producir Kentucky Fried Chicken (KFC), pollo frito al estilo de Kentucky. Puesto que se trataba de un paquete de promoción y un procedimiento para cocinar pollo, la franquicia se podía utilizar en cualquier restaurante ya existente. La inversión inicial era baja, sólo la suficiente para comprar unas pocas piezas de equipo necesarias para la cocción.

Con su primer franquiciado, Pate Harmon, hizo un programa de televisión sobre cocina en Salt Lake City. Para añadir un toque colorista, decidió convertirse en todo un coronel de Kentucky, vistiéndose con un uniforme blanco inmaculado y con la barba de chivo. «Hay que recordar», dijo, «que yo no tenía dinero para publicidad y promoción, de modo que tuve que arreglarme lo mejor que pude». Las ideas del coronel sobre marketing eran muy singulares: «Si tienes algo bueno, una cierta cantidad de personas se abrirán camino hasta tu puerta; todo lo que tienes que hacer es recibirlas».

El franquiciado le pagaba al coronel cinco centavos por cada pedido de pollo frito servido. Según Sanders, se detenía en un restaurante, demostraba su proceso de fritura, se quedaba unos días sin cobrar hasta que los clientes comenzaban a reaccionar ante el pollo, y luego continuaba viaje. Viajaba de ciudad en ciudad, a menudo pasando las noches envuelto en una manta en el interior de su coche. Al cabo de tres años los directores de restaurantes acu-

dían a él para procurarse una franquicia. Pero fue un joven abogado de 29 años quien puso a KFC en el mapa y, de paso, se procuró muchos millones para él mismo. John Brown Jr. era de la clase de personas que ganan quinientos dólares semanales vendiendo enciclopedias mientras asisten a clase en la Universidad de Kentucky. Él y un socio suyo convirtieron al establecimiento de pollo en un edificio estándar rojo y blanco y modernizaron las operaciones. Una inversión de cinco mil dólares en acciones de KFC en 1964 valía 3,5 millones de dólares cinco años después. Posteriormente Brown contrajo matrimonio con la ganadora de un concurso de belleza nacional y llegó a ser gobernador de Kentucky.

El coronel, que había recibido dos millones de dólares en efectivo y franquicias KFC en Canadá, fue empleado bajo contrato como constructor de imagen de relaciones públicas. Sus recetas «para chuparse los dedos» se cambiaron, de modo que, en palabras del coronel, quedaron «empalagosas». En 1971 la KFC fue adquirida por Heublein, una empresa de licores, por una suma que según se dijo alcanzó los 267 millones de dólares. En 1974 Sanders interpuso una demanda por 222 millones de dólares contra Heublein por tratar de interferir en sus planes para desarrollar una nueva operación de franquicia.

Keentucky Fried Chicken es el franquiciador de pollo número uno. A finales de los años ochenta las ventas superaban los cinco mil millones de dólares. Se ofrecían dos edificios, siendo el más popular una unidad de 7 por 18 metros. La situación recomendada es un solar de 35,2 por 35 metros, preferiblemente en una esquina o en la acera de la calle en el camino de «volver a casa». Según sus cálculos, el tráfico que pase por el lugar debe ser de al menos 16 mil coches diarios.

A diferencia de muchos franquiciadores que insisten en que sus unidades han de estar en centros de población de grandes dimensiones, los ejecutivos de KFC afirman que sus operaciones pueden totalizar hasta 250 mil dólares en comunidades de diez mil habitantes.

Como representante de Heublein, actual propietario de KFC, el coronel, vestido todo de blanco, con la corbata de lazo negra de coronel de provincia, bigote y barba de chivo blancos, salía en televisión y hacía otras apariciones.

El coronel se hizo un devoto cristiano tras su conversión durante una reunión evangelista a la edad de sesenta y siete años. Al intentar vivir en consonancia con sus nuevos estándares, solía decir que su mayor problema era abandonar su costumbre de blasfemar, práctica en la que pocos le igualaban. Dios, afirmaba, le curó lo que a través de las radiografías parecía un cáncer de colon. Siempre generoso, se convirtió en filántropo. Uno de sus regalos fue insólito. Todas sus acciones de la Kentucky Fried Chicken of Canada, Ltd., las donó a una fundación establecida en Toronto. Descontados los gastos de funcionamiento, todos los beneficios se destinan a fines de caridad. A cada franquiciado canadiense se le asigna una porción de los beneficios para que decidan a qué obra de caridad será destinada esa participación del franquiciado. En cuanto al coronel, sus obras de caridad personales incluían iglesias, el ejército de salvación, una misión y numerosas escuelas.

De todas las personas que han recibido el premio Horatio Alger Award, pocas fueron tan merecedoras como el coronel Harland Sanders. Pocas personas han pasado por más vicisitudes en su vida y han superado más circunstancias adversas que él. Su pollo frito a presión condimentado con once hierbas y especias secretas se encuentra en casi todas las comunidades de Estados Unidos y en otros países de todo el mundo. Al igual que Ellsworth Statler, Sanders se vio obligado a abandonar la escuela a temprana edad para ayudar a mantener a su familia. Como Statler, tuvo la indomable voluntad de triunfar y, afortunadamente, la perseverancia y habilidad para hacerlo. Fue un buen amigo de Ray Kroc, el fundador de McDonald's, y es fácil entender el motivo. Sanders murió en 1980 a los noventa años.

LAS FRANQUICIAS DE «NOMBRE»

A fines de los años sesenta, una cantidad de franquiciadores reunían un paquete de franquicias de restaurantes, le daban el nombre de una prominente figura del deporte o del espectáculo, hacían una oferta pública de acciones y se lanzaban al negocio con escasa o ninguna experiencia práctica en materia de restaurantes. El público en general, en aquellos momentos ansioso por cualquier acción con una etiqueta de restaurante en franquicia, devoraba la oferta de acciones el día en que ésta se producía.

Ha sido relativamente fácil para el público en general ofrecer acciones a través de un suscriptor, especialmente si la oferta de acciones asciende a tres-

cientos mil dólares o menos. La Securities Exchange Commission (SEC) permite tal oferta si ésta no supera la cifra de quinientos mil dólares, sin una experiencia demostrada. Se pueden hacer ofertas de acciones mucho mayores, pero la solicitud de aprobación de la SEC es más detallada y su aprobación requiere más tiempo.

Las emisiones de nuevas acciones tuvieron dos temporadas fértiles en los años sesenta. En 1960-1961 se ofrecieron grandes cantidades, pero el número disminuyó tras la recesión del mercado de 1962. El crecimiento realmente grande llegó en 1968 y se amplió en el verano de 1969. En 1968 más de doscientas empresas de restaurantes vendieron acciones al público o se presentaron para ello.

Típicamente, un franquiciador ofrecía cien mil acciones de capital al público en general, a tres dólares por acción. La oferta de acciones representaba quizás el quince o el veinte por ciento del capital total con derecho a voto en la recién creada empresa. A la personalidad del deporte o del mundo del espectáculo que se afiliaba con la empresa se le ofrecía el veinte por ciento del capital social total por el uso de su nombre. Por supuesto, la personalidad en cuestión sabía poco o nada sobre el negocio de restaurantes y probablemente jamás hiciera nada más que probar la comida en algunas de las operaciones de franquicia.

Durante este período las franquicias de restaurantes se vendían agresivamente. El 10 de julio de 1969, el *Wall Street Journal* incluía anuncios de Chefs International, Seat Host, Li'l Abner (propiedad de Longchamps), London Beef House, Hardee's, Mr. Pizza, Circus Wagon (hamburguesas, *hot-dogs, roast beef*, pollo, batidos, gaseosas, algodón de azúcar, cacahuetes, palomitas de maíz) y Zuider Zee Fish'n Puppies. El capital requerido para estas franquicias, según los anuncios, oscilaba entre 16 mil y 35 mil dólares.

En agosto de 1969 el capital de la mayoría de los franquiciadores de comida rápida había sufrido graves pérdidas. Broadway Joe's, Inc., cayó en la bolsa de valores de 17 a 1. Según el *New York Magazine*, Broadway Joe's perdió 243 978 dólares sobre entradas de 667 952 dólares en los ocho meses anteriores al 31 de julio de 1970, una especie de récord. Joe Namath, quien, obviamente, sabía más de fútbol que de comida, por haber actuado en las inauguraciones de establecimientos nuevos y haber posado para fotografías, se extinguió rápidamente. Al Hirt's, que salió a 10 1/2, estaba en 5. Mickey Mantle's bajó de 15 a 9. El sistema Minnie Pearl's Chicken, que en una ocasión había llegado a 70, había bajado a 7 y hacia 1974 ya no estaba en operación.

EL CONTROL DE LOS FRANQUICIADORES

Antiguamente, los franquiciadores prometían a los potenciales franquiciados los mayores éxitos y ventajas, pero en realidad era un sistema de «arrégleselas como pueda».

Posteriormente se introdujeron controles. En junio de 1969, el fiscal general del estado de Nueva York ordenó a Dutch Inns of America Incorporated que no vendiera más franquicias dentro del estado sin acatar el decreto «Real Estate Syndicate Act», parte de las leyes de seguridad. Dutch Inns, con sede en Miami, estaba vendiendo franquicias de hotel y, según la oficina del fiscal general, había «ampliado compromisos financieros con fondos inadecuados para satisfacer estos compromisos y, de hecho, estaba utilizando los derechos de franquicia para su propio capital circulante». Desde entonces otros estados han actuado para limitar lo que los franquiciadores pueden exigirle al franquiciado.

La franquicia ofrece una de las rutas más seguras y sencillas para que una cadena de hoteles o restaurantes se internacionalice. Los problemas especiales que surgen en cualquier zona determinada los puede resolver mejor el propietario de la franquicia del propio lugar, quien conoce mejor el entorno social y político. En muchos casos el tenedor de la franquicia ya es un director de hotel o de servicios de comida, que posee experiencia local y una organización establecida.

El franquiciado tiene una enorme desventaja si no se le ofrece protección territorial, la seguridad legal de que la propia empresa no instalará un establecimiento ni venderá nuevas franquicias dentro de una cierta distancia del tenedor de la franquicia. Así mismo, quizás los potenciales franquiciados no sean conscientes de las largas horas de trabajo que puede requerir el éxito.

LOS PELIGROS DEL EXCESO DE FRANQUICIAS

La cesión de franquicias hace muy fácil introducirse en el negocio del restaurante: quizás demasiado fácil. En algunas zonas han aparecido muchísimos establecimientos de comida en franquicia; tantos, que en realidad pocos pueden alcanzar un volumen de ventas satisfactorio. En Nashville, lugar de origen del Kentucky Fried Chicken, cuando también estaba trabajando Minnie Pearl Chicken había un total de diecinueve establecimientos de pollo frito.

Otro motivo para tomar precauciones frente a la rápida expansión de la franquicia es el aumento de

Una vez se ha vendido una franquicia, el franquiciador no debe desentenderse del franquiciado, sino que debe procurar por su buen nombre que la empresa obtenga éxito. Por ello antes de vender una franquicia se realiza un estudio de mercado a fondo que evite varios franquiciados en una misma zona. A la derecha, un típico Wimpy, restaurante de hamburguesas.

los valores del terreno. Un lugar que en 1963 se arrendaba por ocho mil dólares anuales, en 1969 costaba entre doce mil y veinte mil dólares. Muchos de los franquiciadores carecían de experiencia en cuestión de comidas y fracasaron. General Foods, empresa matriz de Burger Chef, cerró muchos de estos establecimientos en Estados Unidos.

FRANQUICIAR, UN MODO DE CRECER

Entre los franquiciadores con más éxito existe actualmente una tendencia a incrementar la cantidad de unidades de propiedad de la empresa. La dirección de Denny's, por ejemplo, ya no franquicia sus establecimientos, sino que están comprando de nue-

vo unidades para poder mejorar el control de menús, precios y operaciones. Motivo: si la cadena tiene éxito, la empresa matriz tiene más beneficios.

Mientras los establecimientos de comida en franquicia demostraban que la hamburguesa era la especialidad favorita, con el 35 por ciento del valor total de dólares, seguida por el pollo frito y los helados (20 % cada uno), muchos de los franquiciadores estaban elaborando el menú y la decoración para inducir al público a comer más y a salir a comer a un restaurante más a menudo. Las empresas de comidas como Pillsburyis (Burger King), General Foods (Burger Chef y Rix Roast Beef) y Green Giant estaban muy comprometidas en el negocio de la franquicia.

A finales de los años setenta estaba claro que las unidades individuales de una operación de franquicia situadas a alguna distancia de unidades franquiciadas similares estaban en desventaja en cuanto a promoción y publicidad. Los restaurantes en franquicia se asemejaban más al negocio del mercado minorista de comestibles, muy estandarizado y competitivo. La unidad individual no tenía suficiente dinero para publicidad y promoción como para competir con las unidades en cadena anunciadas como grupo. En consecuencia, algunas empresas de franquicia no vendían menos de cinco unidades a la misma zona para poder contratar los espacios en televisión y los anuncios en la prensa con carácter masivo. Los franquiciados, a menos que se tratara de

Los restaurantes franquiciados de comida rápida empezaron a multiplicarse en Estados Unidos hasta que el ejemplo de los hoteles que vendían franquicias fuera del país les llevó a internacionalizar el negocio. Sobre estas líneas, empleadas atendiendo al público de un MacDonald's en China.

operaciones familiares, necesitaban tres o más unidades para ser competitivos en beneficios y en promoción y publicidad.

En la franquicia apareció otra tendencia que podría denominarse «flexibilidad estandarizada», un concepto que permite alguna flexibilidad en la elaboración del menú y las operaciones. La corporación de restaurantes Lums ofrecía a los franquiciados paquetes opcionales A, B y C, o combinaciones de las tres opciones. El franquiciado podía utilizar el exterior del Plan A con el interior del Plan B o del Plan C. La flexibilidad estandarizada tenía que ser controlada para mantener la imagen general que necesitaba el franquiciador para conservar la identidad y la calidad.

Otra tendencia se hizo evidente, cuando una empresa de franquicia de la mayor importancia como

McDonald's introdujo un nuevo concepto y las otras siguieron rápidamente el mismo ejemplo. Cuando McDonald's empezó a promover ventas de desayunos, éstas también aumentaron en otros restaurantes, porque el consumidor estaba condicionado por la publicidad y la experiencia de tomar su desayuno fuera.

Se han sancionado leyes federales y estatales para supervisar más de cerca la venta y la franquicia y la relación poscontractual entre franquiciador y franquiciado. Varios estados regulan las condiciones bajo las cuales un franquiciador puede dar por terminada una franquicia o bien no reunir los requisitos para renovarla; numerosos estados pueden regular más estrechamente la inscripción y divulgación de información relativa a la adquisición de franquicias.

LA FRANQUICIA INTERNACIONAL

Intercontinental Hotels Corporation abrió el camino de la explotación de hoteles fuera de Estados Unidos y pronto fue imitada por Hilton International. Los franquiciadores de helados, Tastee Freez e International Dairy Queen, eran quienes poseían la mayor cantidad de unidades en el extranjero a finales de los años setenta.

A partir de entonces, los establecimientos franquiciados se han multiplicado en todo el mundo.

ÍNDICE

Índice

Índice

Índice